A. Leuzinger / Th. Luterbacher:

Mitarbeiterführung im Krankenhaus 1

Andreas Leuzinger / Thomas Luterbacher

Mitarbeiterführung im Krankenhaus

Band 1

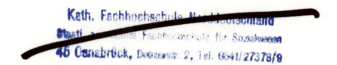

Verlag Hans Huber
Bern Stuttgart Toronto

Dr. phil. Andreas Leuzinger
Grantenegg

8784 Braunwald

cand. med. Thomas Luterbacher
Schneeglöggliweg 9

8048 Zürich

CIP-Kurztitelaufnahme der Deutschen Bibliothek

Leuzinger, Andreas:
Mitarbeiterführung im Krankenhaus / Andreas Leuzinger; Thomas Luterbacher. – Bern; Stuttgart; Toronto: Huber
   ISBN 3-456-81632-4

NE: Luterbacher, Thomas:

Bd. 1 (1987)

© 1987 Verlag Hans Huber, Bern
Satz und Druck: Lang Druck AG, Liebefeld/Bern
Printed in Switzerland

Inhaltsverzeichnis

	Vorwort	VII
1	**Führung – Bedeutung und Definition**	1
11	Phänomen Führung	2
12	Dimensionen der Führung	12
13	Macht und Autorität	28
14	Führungsprozess	45
15	Krankenhaus als Organisation	54
2	**Mitarbeiter**	67
21	Menschenbilder	69
22	Verhalten und Motivation	76
23	Motive und Motivation	87
24	Führung und Motivation	103
25	Arbeitszufriedenheit – ein wichtiges Thema	119
26	Individuum und Organisation	141
27	Einzelne Mitarbeitergruppen	191
3	**Gruppe**	209
31	Phänomen Gruppe	210
32	Gruppenstrukturen	221
33	Gruppenprozesse	234
34	Zur Führung von Gruppen	257
35	Kooperation in der Gruppe	276
4	**Der Vorgesetzte**	295
41	Rolle des Vorgesetzten	297
42	Führungsstile und Führungstechniken	323
43	Kooperative Führung	372
44	Kreislauf der Führung	387
45	Mitarbeiter beurteilen – eine wichtige Führungsaufgabe	483
5	**Kommunikation**	545
51	Grundlagen	547
52	Gespräche	580
53	Konferenztechnik	603
54	Verhandlungstechnik	624
55	Redetechnik	635
56	Information	649

6	**Organisationsstrukturen**	671
61	Grundlagen	673
62	Elemente der Organisation	688
63	Aufbauorganisation	701
64	Ablauforganisation	763
65	Beziehungsorganisation	779
66	Informale Organisation	794
67	Dokumentation organisatorischer Strukturen	802
68	Stellenbeschreibung – ein wertvolles Führungsinstrument	815
	Literaturhinweise	829
	Sachregister	837

Vorwort

Das Phänomen Führung spielt im Arbeitsbereich Krankenhaus eine eminent bedeutsame – nicht selten sogar lebenswichtige – Rolle: sowohl im administrativen wie auch im medizinischen und pflegerischen Sektor hängt nicht nur die Leistungsfähigkeit – und damit direkt und indirekt die Versorgung des Patienten –, sondern auch die Arbeitszufriedenheit der Mitarbeiter in entscheidendem Masse von der Qualität der Führung ab.

In Anbetracht dieser Bedeutung erstaunt es, dass sich der Umfang der Literatur zu diesem Thema innerhalb der unübersehbaren Flut von Veröffentlichungen zur Führungsproblematik sehr bescheiden ausnimmt. Diese Tatsache führte zu der Absicht, die Führungsaufgaben im Krankenhaus im Rahmen eines Buches darzustellen.

Das vorliegende Werk ist aus den ‚Führungsbrevieren für das Krankenhauskader' hervorgegangen, welche während Jahren in einer Vielzahl von VESKA-Kursen mit Führungskräften eingesetzt wurden. Es verfolgt den Zweck eines Lehrbuches und will dem Leser sowohl theoretische Grundlagen als auch praxisbezogene Hinweise vermitteln.

Zum Aufbau des Buches: Der erste Teil dient einer Grundlegung. Führung wird als soziales Geschehen wechselseitiger Beeinflussung von Führer und Geführten charakterisiert. Damit Führung stattfindet, braucht es immer zwei: einen, der führt, und einen, der sich führen lässt. Diese Feststellung erscheint sehr einfach und selbstverständlich, ist aber, wenn sie bis zu den notwendigen Konsequenzen durchdacht wird, keineswegs trivial. Sie bedeutet nämlich, dass alle Einwirkungsversuche des Vorgesetzten wirkungslos bleiben müssen, falls der Mitarbeiter nicht motiviert ist, ihnen zu entsprechen, also zu ‚folgen'.

Die individuelle Motivation des Geführten – dieses für das Führungsergebnis entscheidende Element – bildet das Grundthema des zweiten Teils. Nun wird das Verhalten des Mitarbeiters aber nicht nur durch eigene Bestrebungen, sondern ebenso durch die auf ihn gerichteten Erwartungen der Gruppe beeinflusst. Die dynamischen Aspekte der Gruppe kommen in einem dritten Teil zur Sprache.

Im vierten Teil steht der Vorgesetzte – als der andere Pol der Führungsbeziehung – im Mittelpunkt der Betrachtungen. Obwohl er das Verhalten seiner Mitarbeiter nicht bestimmen kann, so vermag er es doch entscheidend zu beeinflussen. Das Medium, durch welches Führer und Geführte wechselseitig aufeinander einwirken, ist die Kommunikation. Mit deren zentraler Problematik setzen wir uns im fünften Teil dieses Buches auseinander. Der sechste Teil schliesslich befasst sich mit der Organisationsstruktur, das heisst mit dem institutionellen Rahmen, innerhalb dessen sich das Führungsgeschehen vollzieht.

«Mitarbeiterführung im Krankenhaus» ist das Ergebnis konsequenter Bildungsarbeit der VESKA* für die Mitarbeiterinnen und Mitarbeiter mit Kaderfunktionen. Für

---

* VESKA: Vereinigung Schweizerischer Krankenhäuser, Aarau

die seit 1974 in ständigem Auf- und Ausbau begriffenen Aus- und Weiterbildungsmassnahmen mussten sukzessive spezifische Lehr- und Handbücher erarbeitet werden. Eine Folge von elf intensiv getesteten «VESKA-Brevieren» bildete die Basis der vorliegenden Führungstrilogie. Wenn deren Bände aufgrund ihrer ursächlichen Zielsetzung relativ starken Krankenhausbezug aufweisen, enthalten sie doch für alle Institutionen des Gesundheitswesens – und darüber hinaus – wegweisende Werte. Allen VESKA-Kursteilnehmern, die durch ihre Diskussionen, ihre Anregungen und kritischen Äusserungen zur Entwicklung des vorliegenden Buches beigetragen haben, möchten wir an dieser Stelle bestens danken. Unser Dank geht auch an den Verlag Hans Huber, insbesondere an Herrn Jürg Flury, für sein Interesse und sein Verständnis. Schliesslich gilt unser Dank auch Herrn Heinz Dübi von der Lang Druck AG für die ausserordentlich gute Zusammenarbeit.

So bleibt nur zu hoffen, dass der Inhalt der folgenden Seiten nicht bloss gelesen, sondern im – oft dornigen – Führungsalltag des Krankenhauses einen konkreten positiven Niederschlag finden wird. Wir würden uns freuen, wenn die drei Bände interessierten Führungspraktikern als brauchbares Werkzeug in Führungsfragen dienen könnten.

Andreas Leuzinger
Thomas Luterbacher

1 Führung – Bedeutung und Definition

1	**Führung – Bedeutung und Definition**	1
11	**Phänomen Führung**	2
111	«Und das Volk stand um Mose herum»	2
112	Führen heisst Bewegung-bewirken	4
113	Erklärungsversuche	4
114	Definitionsversuche	7
115	Begründungsversuche	9
12	**Dimensionen der Führung**	12
121	Zwei Zieldimensionen der Führung	12
122	Drei Handlungsdimensionen der Führung	16
123	Lokomotion und Autonomie (Sachbezug)	20
124	Motivation und Emanzipation (Sozialbezug I)	22
125	Kohäsion und Solidarität (Sozialbezug II)	23
126	Konformität und Identität (Personenbezug)	25
13	**Macht und Autorität**	28
131	Führung als Machtausübung	28
132	Grundlagen der Macht	29
133	Instrumente der Macht	32
134	Begriff der Autorität	37
135	Formen der Autorität	37
136	Verhaltenssteuerung in Organisationen	41
137	Macht des Mitarbeiters	43
14	**Führungsprozess**	45
141	Führung als Interaktion	45
142	Person A	49
143	Person B	50
144	Ablauf eines Beeinflussungsprozesses	52
145	Einflüsse auf den Führungsprozess	54
15	**Krankenhaus als Organisation**	54
151	Organisation als soziales System	55
152	Was ist ein System?	56
153	Merkmale des Systems Krankenhaus	61

Im einleitenden Kapitel werden einige grundsätzliche Aspekte des äusserst komplexen Phänomens Führung näher beleuchtet. Ein grosser Teil der gegenwärtig vorhandenen Literatur zum Thema Führung bietet ein umfangreiches Arsenal von Regeln an, wie man als Vorgesetzter mit seinen Mitarbeitern umzugehen habe.

Obschon manche dieser Verhaltensregeln ohne Zweifel helfen, den Führungsalltag zu bewältigen, erscheint fundamental wichtig, dass sich jemand, der Führungsfunktionen ausübt, mit der Führungsproblematik als solcher auch grundlegend auseinandersetzt.

Ein Vorgesetzter darf eine Regel nicht einfach anwenden, sondern muss sich bewusst sein, welche Auffassung von Führung hinter dieser Regel steht und ob sich diese Auffassung mit seiner eigenen Auffassung deckt. Andernfalls braucht er sich nicht zu wundern, wenn sein Verhalten ganz andere Auswirkungen zeigt als die, die er eigentlich beabsichtigte.

Zudem muss man sich vor Augen halten, dass *jeder Vorgesetzte* auf der Grundlage bestimmter Theorien handelt – ob ihm diese Theorien nun bewusst sind oder nicht. Auch wenn viele «Praktiker» diese Feststellung weit von sich weisen, so beruhen ihre Entscheidungen und Handlungen doch auf bestimmten Annahmen über Zweck und Ziele des Krankenhauses, über den Nutzen und die Wirksamkeit bestimmter Organisations- und Führungsmassnahmen. Grund genug also, sich mit gewissen theoretischen Grundlagen zu befassen.

11 Phänomen Führung

Führung stellt ein grundlegendes soziales Verhältnis und Geschehen dar, das immer dann auftritt, «wenn eine Gruppe von Menschen ein gemeinsames Ziel anstrebt, d.h. wenn ihre Aufgaben durch eine gemeinsame Zielsetzung verbunden sind»[1].

Führung existiert nicht nur in vielen Bereichen der menschlichen Gesellschaft, sondern auch im Tierreich, wobei «das Führungsphänomen bei keiner Tierspezies ein solches Ausmass, die Vielgestalt, Differenziertheit, Höhe und u.U. Pervertiertheit erreicht wie beim homo sapiens»[2].

Führung bzw. Gefolgschaft hat wie kaum eine andere soziale Erscheinung in jeder Epoche menschlicher Geschichte eine entscheidende Rolle gespielt. Seit jeher übt Führung eine starke Faszination aus – sowohl im Hinblick auf das praktische soziale Handeln, wie auch als Gegenstand theoretischer Reflexion.

111 Und das Volk stand um Mose herum

An einem Abschnitt aus dem 2. Buch Mose (18. Kapitel, Verse 13–24) lässt sich – kurz kommentiert mit heutigen Managementbegriffen – aufzeigen, dass viele Prinzipien aus der «modernen» Führungslehre schon damals bekannt waren (und auch genutzt wurden)[3].

---

1 Zeidler (1974)
2 Dahms (1963)
3 nach Becker/Nadler (1974), Bleicher/Meyer (1976)

2. Buch Mose, 18. Kapitel	Neuzeitlicher Kommentar
Am anderen Morgen setzte sich Mose, um dem Volke Recht zu sprechen.	Aufgabenstellung
Und das Volk stand um Mose herum vom Morgen bis zum Abend.	Patriarchalischer Führungsstil
Als aber sein Schwiegervater alles sah, was er mit dem Volk tat, sprach er: Was tust du denn mit dem Volk?	Ist-Aufnahme
Warum musst du ganz allein da sitzen, und alles Volk steht um dich her vom Morgen bis zum Abend?	Schwachstellenanalyse (mit der Interviewmethode)
Mose antwortete ihm: Das Volk kommt zu mir, um Gott zu befragen. Denn wenn sie einen Streitfall haben, kommen sie zu mir, damit ich richte zwischen dem einen und dem andern und tue ihnen kund die Satzungen Gottes und seine Weisungen.	Schiedsfunktion der Führung
Sein Schwiegervater sprach zu ihm: Es ist nicht gut, wie du das tust.	Wertanalyse
Du machst dich zu müde, dazu auch das Volk, das mit dir ist.	Analyse der physiologischen Leistungsbereitschaft
Das Geschäft ist dir zu schwer, du kannst es allein nicht ausrichten.	Mangelnde Arbeitsteilung
Aber gehorche meiner Stimme; ich will dir raten, und	Beratungsfunktion der Führung
Gott wird mit dir sein. Vertritt du das Volk vor Gott und bringe ihre Anliegen vor Gott,	Repräsentationsfunktion der Führung
und tu ihnen die Satzungen und Weisungen kund,	Führung durch Entscheidungsregeln
dass du sie lehrest den Weg, auf dem sie wandeln,	Systembezogene Führung
und die Werke, die sie tun sollen.	Führung durch Zielsetzung (management by objectives)
Sieh dich aber unter dem ganzen Volk um	Chancengleichheit
nach redlichen Leuten, die Gott fürchten, wahrhaftig sind und dem ungerechten Gewinn feind.	Eignungsmerkmale für die Personalauslese
Die setze über sie als Oberste. Über tausend, über hundert, über	Hierarchische Leitungsstruktur
fünfzig und über zehn,	Leitungsspanne
dass sie das Volk allezeit richten.	Führung durch Delegation
nur wenn es eine grössere Sache ist, sollen sie diese vor dich bringen, alle geringeren Sachen aber sollen sie selber richten.	Führung durch Ausnahme (management by exception)
So mach dir's leichter und lass sie mit dir tragen.	Partizipative Führung

Wirst du das tun, so kannst du ausrichten,
was dir Gott gebietet, ———————————— Zielerfüllung durch die Art des
und dies ganze Volk kann mit Frieden   Führungsverhaltens
an seinen Ort kommen. ————————————   Erfüllung menschlicher Bedürfnisse

Mose gehorchte dem Wort seines
Schwiegervaters und tat alles, was er sagte. ——— Implementation

112 Führen heisst Bewegung-bewirken

Die Ausdrücke «führen», «Führer» und «Führung» werden zur Bezeichnung recht unterschiedlicher Tatbestände verwendet. So sagt man, ein Staatsmann habe sein Volk durch schwere Zeiten hindurch geführt, ein Chirurg führe das Skalpell mit sicherer Hand, ein Chef führe seine Mitarbeiter autoritär.

Wenn für ein Wort so verschiedenartige Verwendungen und Definitionen existieren wie für das Wort «führen», so drängt sich die Frage auf, welches denn wohl seine ursprüngliche Bedeutung war. Sprachgeschichtlich geht das Wort «führen» auf dieselbe Wurzel zurück wie «fahren». Beide leiten sich vom germanischen Zeitwort «faran» ab, das die allgemeinere Bedeutung von «sich bewegen» hatte.

Das Wort «führen» stellt das Bewirkungszeitwort zu «faran» dar und bedeutete somit ursprünglich «fahren machen» oder allgemein «bewegen machen», «Bewegung bewirken». Diese Grundbedeutung ist auch im heutigen Sprachgebrauch noch erkennbar. So stellt man sich doch unter einem Vorgesetzten jemanden vor, der bewirkt, dass sich seine Mitarbeiter «bewegen», «etwas tun», sich einsetzen.

Zwei Elemente also sind es, die zusammen die Urbedeutung von «führen» ausmachen: Bewegen und Bewirken. Beide weisen auf etwas hin, was als bestimmendes Wesensmerkmal der Führung bezeichnet werden kann: die Dynamik. Nur wer Führung als ein zutiefst dynamisches Geschehen erfasst, hat vom Wesen der Führung etwas begriffen. Dass die beiden Grundelemente «bewegen» und «bewirken» auch in modernen Führungsdefinitionen explizit oder implizit bestimmend sind, lässt sich anhand der untenstehenden Beispiele unschwer erkennen.

113 Erklärungsversuche

Die Versuche zur Deutung und Erklärung des Führungsphänomens sind zahlreich und gehen von sehr verschiedenen Denkansätzen aus. Im folgenden werden sechs solcher Ansätze kurz skizziert. Dies soll einerseits zeigen, wie unterschiedlich die Blickwinkel sind, aus denen das Problem Führung betrachtet werden kann. Andrerseits hilft die Charakterisierung, eine bestimmte Führungsdefinition oder -regel dem entsprechenden ‚Lager' zuzuordnen.

Eigenschafts-Theoretischer Ansatz

Dieser Ansatz, der auf Gedanken von Platon und Aristoteles zurückgeht, hat lange Zeit das Nachdenken über Führung beherrscht. Führung wird hier als ein von einer Seite – nämlich von der des Führers – ausgehender Beeinflussungsakt verstanden.

Die Kraft zur Beeinflussung besitzt der Führer aufgrund bestimmter Eigenschaften, die ihn – unabhängig von anderen Personen und Situationen – zum Führer prädestinieren. Im Zentrum stand deshalb die Frage: Welche Eigenschaften sind es, durch die sich der Führer von den Geführten unterscheidet?

Die Anhänger dieser Theorie versuchten, Kataloge mit Führereigenschaften aufzustellen. Merkmale wie Mut, Intelligenz, Anpassungsvermögen, Wahrheitsliebe, Machtbewusstsein usw. wurden als solche Eigenschaften postuliert und untersucht, wie weit solche Merkmale mit Personen in Führungsfunktionen korrelieren.

Das Ergebnis: Trotz intensiver Bemühungen konnte weder ein einziges herausragendes Persönlichkeitsmerkmal, noch ein bestimmter Komplex von Merkmalen festgestellt werden, durch welche sich Führer von Geführten abheben. Ein Teil der Untersuchungen hat ergeben, dass einige der erfolgreichsten Führer Gebrechliche, Geisteskranke, Epileptiker oder Morphinisten gewesen sind.

Wer sich mit dem Führungsphänomen beschäftigt, kommt sicher nicht darum herum, auch Persönlichkeitsmerkmale des Führers miteinzubeziehen. Solche Merkmale aber als überdauernd, als allgemeine Führer-Charakteristika und unbeeinflusst von der Person des Geführten und der Situation zu betrachten, ist problematisch. Vom heutigen Standpunkt aus gilt der Eigenschaftsansatz deshalb als überholt.

Situations-Theoretischer Ansatz

Die Eigenschaftstheorie wurde von einem Ansatz abgelöst, der den Führungserfolg in Abhängigkeit sieht von der im Einzelfall gegebenen spezifischen Situation. Als situative Merkmale gelten Aufgabenstellung, Positionsmacht des Vorgesetzten, Führungsstil und Führungseinstellung. Daneben werden aber auch die Führer-Geführten-Beziehungen als wesentlicher Bestimmungsfaktor der Führung betrachtet.

Im Gegensatz zur Eigenschaftstheorie besteht das Ziel des situativen Ansatzes nicht darin, universell gültige Führungsregeln zu formulieren. Vielmehr wird die Entwicklung von Entscheidungsmodellen angestrebt, die eine Wahl zwischen Führungshandlungen für unterschiedliche Situationen ermöglichen sollen.

Am Situationsansatz wird kritisiert, dass er – ähnlich wie der Eigenschaftsansatz – ebenfalls nur bestimmte Aspekte des Führungsproblems relativ isoliert betrachte. Der Unterschied bestehe lediglich darin, dass hier nicht Persönlichkeitsmerkmale, sondern Situationsmerkmale als die entscheidenden Faktoren betrachtet werden.

Motivations-Theoretischer Ansatz

Bei diesem Ansatz steht nicht der Führer und nicht die Führungssituation, sondern der Geführte im Mittelpunkt der Betrachtungen. Die Grundfrage lautet hier: Warum verhält sich der Geführte so und nicht anders? Was bringt ihn dazu, sich führen zu lassen, zu «folgen» oder nicht zu «folgen»?

Die motivationstheoretische Antwort lautet: Der Geführte wählt diejenige Handlung, zu der er am meisten motiviert ist bzw. von der er sich den grössten Nutzen verspricht.

Von diesem Denkansatz wird somit versucht, die verschiedenen Elemente des Motivationsvorganges zu erfassen, um über die Beeinflussung dieser Elemente auf das Verhalten der zu Führenden Einfluss zu nehmen. Im 2. Kapitel wird auf diesen Ansatz näher eingegangen. Das motivationstheoretische Konzept erfasst als individualpsychologisches Modell weder die Führungssituation noch die soziale Beziehung zwischen Führer und Geführten.

Interaktions-Theoretischer Ansatz

Kern dieser Führungstheorie ist die Auffassung von Führung als wechselseitigem Beeinflussungsprozess zwischen Führer und Geführten. Führung wird nicht isoliert aus der Person des Führers, der Motivation des Geführten oder der gegebenen Situation erklärt, sondern aus dem komplexen Zusammenspiel dieser Faktoren.
Vom Konzept her kann der Interaktionsansatz deshalb als der am weitesten gefasste führungstheoretische Ansatz gelten. Vom Grundgedanken dieser Theorie sind auch die Ausführungen dieses Buches (in 3 Bänden) bestimmt.

System-Theoretischer Ansatz

In systemtheoretischer Sicht wird Führung als eine Funktion in einem sozialen System betrachtet, die primär der Harmonisation dieses Systems dient. Im Mittelpunkt der Betrachtung stehen Probleme der Integration und Koordination von Subsystemen im Hinblick auf die Erfüllung der Ziele des Gesamtsystems.
Der systemtheoretische Ansatz liefert in erster Linie einen begrifflichen Rahmen, der eine generalisierende Untersuchung verschiedenster Systeme ermöglicht. So können allgemeingültige Gesetze über Zustände und Verhaltensweisen von Systemen entwickelt werden, wie sie insbesondere im Bereich der organisatorischen Gestaltung erforderlich sind. (Siehe Kapitel 6)

Kybernetischer Ansatz

Im kybernetischen Ansatz wird Führung als Reglerfunktion in einem System von Regelkreisen verstanden. Besonders herausgestellt wird dabei die Tatsache, dass Führer und Geführte durch Informationsprozesse funktional zusammenhängen. So stellen Steuerung und Harmonisierung der Informationsprozesse in kybernetischer Sicht den eigentlichen Kern des Führungsgeschehens dar. Das Grundmodell dieser Führungstheorie ist der einfache Regelkreis der Kybernetik, den wir weiter unten näher erläutern.
Der kurze Abriss einiger führungstheoretischer Ansätze zeigt, dass das Führungsphänomen aus sehr unterschiedlichen Blickwinkeln betrachtet und erklärt werden kann. Dann wird auch ersichtlich, dass jeder der skizzierten Ansätze zwar wichtige *Teilaspekte,* nicht aber eine umfassende Gesamtschau des Führungsgeschehens zu liefern vermag. Dieser Tatsache haben wir uns bewusst zu sein, wenn uns im folgenden die zahlreichen Ansichten, Hypothesen, Regeln und Empfehlungen zu Gemüte geführt werden.

114 Definitionsversuche

Angesichts des weiten Spektrums der Führungsproblematik an sich und der unterschiedlichen Untersuchungsansätze erstaunt es nicht, dass in bezug auf die Definition von Führung alles andere als Einheitlichkeit herrscht.
Um die Begriffsverwirrung wenigstens im Rahmen dieses Buches so klein wie möglich zu halten, wird ein eindeutiger Führungsbegriff festgelegt, damit wird klar, was mit dem Wort «Führung» gemeint ist.
Vorgängig aber noch eine Auswahl von Führungsdefinitionen, welche die breite Palette von unterschiedlichen Führungsauffassungen illustrieren soll.

- «Führung ist jede zielbezogene, interpersonelle Verhaltensbeeinflussung mit Hilfe von Kommunikationsprozessen.»[5]
- «Führen heisst das Handeln aller an einer Aufgabe Beteiligten auf die gemeinsamen Ziele ausrichten.»[6]
- Führung bedeutet «Steuerung der verschiedenen Einzelaktivitäten in einer Organisation im Hinblick auf das übergeordnete Gesamtziel»[7].
- «Führen heisst Einwirken auf andere, ihnen eine Richtung auf ein Ziel weisen, sie in Bewegung auf ein Ziel halten.»[8]
- «Führung ist eine personenbezogene Handlung, bei der einzelne Personen oder Personenmehrheiten (Führende) auf andere Personen (Geführte) einwirken, um diese zu einem zielentsprechenden Handeln zu veranlassen.»[9]
- «Führung ist eine Interaktionsbeziehung, bei welcher der eine Beteiligte (der Führer) ein auf die Erreichung eines von ihm gesetzten Zieles gerichtetes Verhalten beim anderen Beteiligten (dem Geführten) auslöst und aufrecht erhält.»[10]
- Führung wird verstanden als «zielgerichtete Steuerung der Handlungen von Personen durch Personen»[11].
- «Führen bedeutet, Ziele zu setzen und diese mit Hilfe der Entfaltung von sachlichen wie menschlichen Leistungen anderer zu erreichen. Dazu müssen andere Menschen zu gemeinsamem Denken und Handeln miteinander und mit den Führenden gebracht werden.»[12]
- Führung wird verstanden als «Beeinflussung der Einstellungen und des Verhaltens von Einzelpersonen sowie der Interaktionen in und zwischen Gruppen, mit dem Zweck, gemeinsam bestimmte Ziele zu erreichen. Führung als Funktion ist eine Rolle, die von den Organisationsmitgliedern in unterschiedlichem Umfang und Ausmass wahrgenommen wird»[13].
- Führung bedeutet die «Durchsetzung von Herrschaft auf dem Wege der Motivierung»[14].

4 vgl. Neuberger (1984), Nieder/Naase (1977), Macharzina (1977/1981), Steinle (1978), Türk (1981)
5 Baumgarten (1977)
6 Bundesrat (1974)
7 Frese (1971)
8 Häusler (1974)
9 Heinen (1978)
10 Lattmann (1981)
11 Macharzina (1977)
12 Neumann (1969)
13 Staehle (1980a)
14 Stöber (1974)

- Führung bedeutet, «einen Mitarbeiter bzw. eine Gruppe unter Berücksichtigung der jeweiligen Situation auf ein gemeinsames Ziel hin beeinflussen»[15].
- Führung wird als «eine Tätigkeit definiert, die die Steuerung und Gestaltung des Handelns anderer Personen zum Gegenstand hat»[16].

Versucht man die zentralen Aussagen der zitierten Definitionen «herauszuschälen» und zu ordnen, so lassen sich folgende Grundauffassungen von Führung schlagwortartig unterscheiden (Abb. 1):

- *Führung als Ausübung von Einfluss:* Im Führungsgeschehen versuchen die Beteiligten, das Denken, die Einstellungen und das Verhalten von anderen Personen zu verändern.

Abbildung 1: Grundauffassungen von Führungen

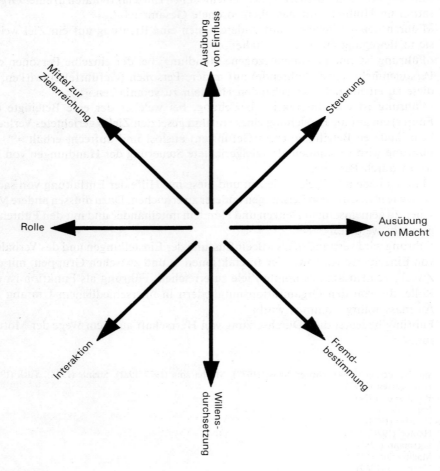

15 Stroebe (1977)
16 Wild (1974)

- *Führung als Steuerung:* Durch den Prozess der Führung wird das Verhalten der Geführten in eine bestimmte Richtung, auf ein bestimmtes Ziel hin gelenkt.
- *Führung als Ausübung von Macht:* Die Beziehung zwischen Führer und Geführten ist so, dass der Führer andere mehr beeinflusst, als er selbst beeinflusst wird.
- *Führung als Fremdbestimmung:* Wesentliche Bereiche des Handelns und Entscheidens werden nicht durch den Handelnden selbst (den Geführten), sondern durch den Führer bestimmt.
- *Führung als Willensdurchsetzung:* Führung besteht darin, dass ein Individuum (der Führer) einem anderen (dem Geführten) seinen Willen aufzwingt.
- *Führung als Interaktion:* Führung ist ein sozialer Vorgang, in dem Personen, die voneinander abhängig sind, wechselseitig aufeinander einwirken.
- *Führung als Rolle:* Wechselseitig aufeinander bezogene Erwartungen zwischen Mitgliedern einer Gruppe haben zur Folge, dass eine Führerrolle entsteht.
- *Führung als Mittel zur Zielerreichung:* Führungsaktivitäten werden als notwendig erachtet, um bestimmte Ziele zu erreichen und/oder Bedürfnisse zu befriedigen.

Unserem Führungsbegriff liegt primär die Auffassung von Führung als Beeinflussung/Interaktion zugrunde. So ist Führung als ein *zwischenmenschlicher Vorgang zu verstehen, bei welchem der Führer den Geführten im Hinblick auf die Erreichung bestimmter Ziele beeinflusst, gleichzeitig aber auch selbst von diesem beeinflusst wird.*

115 Begründungsversuche

Gerade im Arbeitsbereich Krankenhaus wird die Existenz von Führung und Führungshierarchie meist als etwas «selbstverständlich» Gegebenes betrachtet; es kommt beinahe einem Sakrileg gleich, die Frage zu stellen, ob denn Führung bzw. Hierarchie tatsächlich notwendig sei.
Diese Frage soll hier trotzdem aufgeworfen werden, weil die Meinung vorherrschend ist, dass sich jeder Vorgesetzte zumindest einmal in seiner Laufbahn mit ihr auseinandersetzen sollte.
Rechtfertigungen für die Existenz von Führung gibt es viele. Einige der meistgenannten werden im folgenden vorgestellt (Abb. 2). Bei diesen Aussagen handelt es sich insofern um *Führungsideologien,* als sie zusammenhängende gedankliche Gebäude darstellen, die als umfassende Rechtfertigungen einer bestehenden Wirklichkeit angeboten werden[17].
- *Führung gibt es, weil Menschen geführt werden wollen.*
  Argument: Die meisten Menschen sind unmündig (wie Kinder). Sie haben das Bedürfnis nach Schutz, nach einer starken Hand, die sie hält, nach einem überlegenen Menschen, der ihnen sagt, was sie tun sollen.
  Kritische Frage: Wird der Zustand der Unmündigkeit nicht gerade durch die sogenannte ‚starke Hand' erzeugt? Darf man ‚Furcht vor der Freiheit' einfach als etwas Gegebenes hinnehmen?

17 vgl. Neuberger (1984)

Abbildung 2: Begründungen von Führung

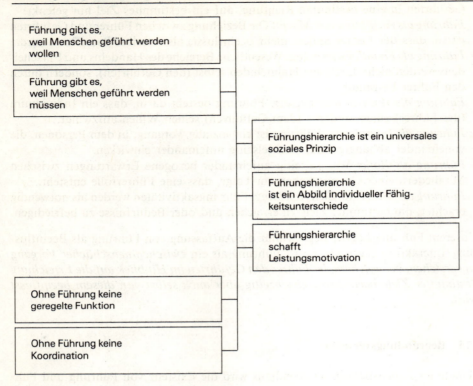

- *Führung gibt es, weil Menschen geführt werden müssen.*
  Argument: Ohne «starke Hand» zerfällt ein soziales Gebilde, weil sich dann Egoismus, Sonderinteressen und Rücksichtslosigkeit breitmachen. Führung ist nötig, um die Leute zu einem geschlossenen Handeln zu bewegen.
  Kritische Frage: Ist Führung wirklich die einzige Möglichkeit, um egoistischen Sonderinteressen zu begegnen? Gibt es keine ‚selbstregulierenden Mechanismen' der Gruppe? Ist ‚geschlossenes Handeln' immer sinnvoll? Auch wenn Kreativität erforderlich ist?
- *Führungshierarchie ist ein universales soziales Prinzip.*
  Argument: «Eine Weltanschauung, die sich bestrebt, unter Ablehnung des demokratischen Massengedankens, dem besten Volk, also den höchsten Menschen, diese Erde zu geben, muss logischerweise auch innerhalb dieses Volkes wieder dem gleichen aristokratischen Prinzip gehorchen und den besten Köpfen die Führung und den höchsten Einfluss im betreffenden Volk sichern.»[18]
  Kritische Frage: Kennen Sie eine Begründung von Führung, in der mehr Menschenverachtung zum Ausdruck kommt als in der faschistischen Ideologie des «Führers»?

18 Hitler (1931), zit. nach Neuberger (1984)

- *Führungshierarchie ist ein Abbild individueller Fähigkeitsunterschiede.*
Argument: Führungshierarchien sind Ausdruck der Tatsache, dass es in jedem Bereich Menschen gibt, die anderen in bezug auf bestimmte Fähigkeiten überlegen sind und denen dadurch eine Führerrolle zukommt.
Kritische Frage: Ist es wirklich sinnvoll, eine solche Führerrolle auf eine bestimmte Person zu fixieren und in Form einer Vorgesetztenfunktion zu institutionalisieren? Oder wäre es zweckmässiger, wenn die Führungsfunktion zu verschiedenen Zeiten von verschiedenen Personen wahrgenommen würde?
- *Führungshierarchie schafft Leistungsmotivation.*
Argument: Die Hierarchie ermöglicht es, besondere Leistungen durch «Aufstieg» zu belohnen (höherer Status, höheres Prestige, mehr Macht). Die Chance einer solchen Belohnung stimuliert zu Konkurrenz und höherer Leistung.
Kritische Frage: Ist es sinnvoll, dass Macht, Status und Prestige gesellschaftlich besonders ausgezeichnet werden, so dass sie von anderen Motivationen wie Interesse an der Arbeit, Entfaltung individueller Fähigkeiten, Solidarität usw. abzulenken vermögen?
- *Ohne Führung keine geregelte Funktion.*
Argument: In einem komplexen und dynamischen System wie dem Krankenhaus können nicht alle Abläufe organisatorisch geregelt werden. So braucht es Vorgesetzte als «flexible Steuerungsglieder», die dafür sorgen, dass auch bei Abweichungen und Störungen die vorgegebenen Ziele erreicht werden.
Kritische Frage: Stellt Führung wirklich nur einen solchen technischen Regelungsprozess dar? Oder sind vielleicht noch andere Interessen im Spiel? Welche Interessen sind in den «vorgegebenen Zielen» enthalten?
- *Ohne Führung keine Koordination.*
Argument: Mit steigender Grösse und Komplexität eines sozialen Systems kann der Einzelne, der nur beschränkten Einblick in die Zusammenhänge hat, sein Handeln nicht wirksam mit anderen koordinieren. Es braucht jemanden, der «über der Sache» (und den Menschen) steht.
Kritische Frage: Weshalb hat der Einzelne «nur beschränkten Einblick in die Zusammenhänge»? Werden ihm wichtige Informationen vorenthalten? Aus welchem Grund?

Die Begründungen von Führung und Hierarchie werden nicht einfach so vorgestellt, sondern mit kritischen - teilweise überspitzt formulierten - Bemerkungen angegriffen und in Frage gestellt. Gibt es denn keine Begründung, die weniger angreifbar ist?
Wenn man nochmals zum Stichwort Koordination (die sachliche Notwendigkeit der Koordination wird häufig zur Legitimation von Führung herangezogen) zurück geht, kann festgestellt werden, dass Führung unbestrittenermassen eine wirksame Möglichkeit ist, die Aufgabe der Koordination zu lösen, aber nur *eine* Möglichkeit unter mehreren.
Andere - von der Wirkung her gleichwertige - Möglichkeiten wären beispielsweise: umfassende oder gezielte Informationen für alle Handelnden oder Verinnerlichung der übergeordneten Zielsetzung. Gerade moderne Formen der Arbeit mit ihrem hohen Spezialisierungsgrad setzen Selbstkoordination der Spezialisten voraus.

Diese Überlegungen sollen eines zeigen: «Führung ist also keine notwendige Einrichtung, sondern bloss eine ökonomisch-sinnvolle: gewünschte Wirkungen können mit personaler Führung einfacher, schneller, billiger etc. erzielt werden.»[19]
«Führung hat neben der Sach-Funktion der Koordination, Motivation, Kontrolle fast immer auch eine soziale Funktion der Macht- oder Herrschaftssicherung, der es angelegen ist, Privilegien und Ressourcen unter eigene Verfügung zu bringen bzw. darin zu halten.»[19]

12   Dimensionen der Führung

Wie jedes Handeln besitzt auch Führung mehrere Dimensionen, die alle zusammen die ‚Gesamtdimensionalität' der Führung ausmachen. Jeder Versuch, eine der Dimensionen auszuklammern, muss in einer fatalen ‚Eindimensionalität' enden. Fatal nicht nur für das betreffende soziale System, sondern auch für die Mitarbeiter und Vorgesetzten als Individuen und soziale Wesen.

121   Zwei Zieldimensionen der Führung

Ein von Menschen geschaffenes dynamisches System wie das Krankenhaus soll nicht eine ziellose Dynamik entwickeln, sondern bestimmte Funktionen im Interesse seiner Umwelt erfüllen. Die Dynamik soll also zielgerichtet sein, und das soziale System soll bestimmte Zwecke verfolgen.
Zur begrifflichen Unterscheidung von «Zweck» und «Ziel»: «Unter *Zweck* eines Systems verstehen wir die *Funktionen,* welche ein System in seiner Umwelt ausübt bzw. ausüben soll, unter *Ziel* die vom System selbst angestrebten Verhaltensweisen oder Zustände irgendwelcher Outputgrössen.»[20]
So besteht der Zweck des Krankenhauses darin, kranke Menschen optimal zu versorgen, während ein Krankenhausziel sich beispielsweise auf die Erbringung hoher Leistungen, auf die Minimalisierung der Kosten oder auf die Erreichung von Zufriedenheit bezieht.
Eine Grundfunktion der Führung ist es nun, zur Erreichung solcher Ziele beizutragen, d.h. die Mitarbeiter in Richtung auf diese Ziele zu beeinflussen. Die Mitarbeiter selbst werden dabei als «Werkzeuge» bzw. «Instrumente» betrachtet, die der Erfüllung der Zwecke und der Erreichung der Ziele des Systems dienen. In bezug auf diese Ziele und Zwecke haben die Mitarbeiter somit instrumentale Bedeutung. Diese Grunddimension der Führung wird deshalb als *instrumentale* Dimension bezeichnet.
Nun erschöpft sich der Sinn des arbeitenden Menschen aber nicht in seinem Werkzeug-sein im Dienste des Systems, sondern liegt in ihm selber begründet. «Der Mensch trägt als Lebewesen einen Sinn in sich selbst und ist nicht nur Mittel zum Zweck; er weist einen *Selbstwert* auf und stellt selbst Anforderungen an seine Um-

19 Neuberger (1984)
20 Ulrich (1968)

welt. Vom menschlichen Standpunkt aus kehrt sich die Mittel-Zweck-Beziehung geradezu um: Nicht der Mensch ist ein Mittel zur Erreichung unternehmerischer Ziele, sondern die Unternehmung ist ein Mittel zur Erfüllung menschlicher Zwecke.»[21]
Aufgrund der Tatsache, dass es sich bei den zu führenden ‚Objekten' um Menschen handelt, erhält die Führung also eine zweite Dimension, in welcher die Mitarbeiter nicht als Instrumente zur Zielerreichung und Zweckerfüllung, sondern als Subjekte auftreten, als Individuen und soziale Wesen, die persönliche Ziele und Bedürfnisse in das System mitbringen und dort ihre Ziele erreichen und ihre Bedürfnisse befriedigen wollen. Diese zweite Dimension der Führung wollen wir als *non-instrumentale* Dimension bezeichnen.

Von entscheidender Wichtigkeit ist, dass die non-instrumentale Dimension als *eigenständige, eigenwertige Zieldimension* verstanden wird, die *um ihrer selbst willen* verwirklicht werden muss. Sie entspricht einer ethischen Forderung, die Immanuel Kant vor 200 Jahren so formulierte: «Denn vernünftige Wesen stehen alle unter dem Gesetz, dass jedes derselben sich selbst und alle anderen niemals bloss als Mittel, sondern jederzeit zugleich als Zweck an sich selbst behandeln solle.»[22]
Aufgrund ihres Eigenwertes darf diese Dimension nicht als Mittel zur Erreichung instrumentaler Ziele betrachtet und missbraucht werden, wie das beispielsweise dort geschieht, wo Zufriedenheit der Mitarbeiter nur deshalb angestrebt wird, weil zufriedene Untergebene mehr leisten und damit mehr zur Erfüllung der Systemzwecke beitragen (Stichwort: «Leistung dank Zufriedenheit»). *Instrumentale und non-instrumentale Dimension stehen gleichwertig nebeneinander.*
Durch Führung sollen also sowohl Ziele des sozialen Systems Krankenhaus, als auch individuelle und kollektive Ziele der Mitarbeiter erreicht werden. Für den Erfolg der Führung in Hinsicht auf die Erreichung der Krankenhausziele ist es von entscheidender Bedeutung, dass der Mitarbeiter motiviert ist, sich für diese Ziele einzusetzen. Seine Motivation aber ist vom Verhältnis zwischen diesen Krankenhauszielen und seinen eigenen Zielen abhängig. Zwischen beiden können vier verschiedene Typen von Beziehungen bestehen[23]:

Ziel-Harmonie/Ziel-Einklang (komplementäre Ziele): Zwei Ziele befinden sich in Harmonie, wenn die Annäherung an das eine Ziel zugleich eine Annäherung an das andere Ziel bedeutet. So ergibt beispielsweise die Einführung des ‚job-sharing' für die Mitarbeiter im Sinne individueller Ziele eine Vergrösserung des Spielraums, innerhalb dessen sie ihr Leben selbst gestalten können. Im Sinne der Krankenhausziele aber resultiert daraus eine Erleichterung bei der Gewinnung von neuen Mitarbeitern. Mitarbeiterziel und Krankenhausziel sind zwar verschieden, aber die Erreichung des einen führt mittelbar zur Erreichung des anderen. Ein Zieleinklang ergibt sich auch dann, wenn die Krankenhausleitung danach trachtet, die Mitarbeiter ihren Neigungen und Eignungen gemäss einzusetzen. Dadurch, dass die Tätigkeit ihm entspricht, findet der Mitarbeiter in ihr eine Befriedigung und führt eine solche Aufgabe auch besser aus als eine, die ihm nicht zusagt. (Grafische Darstellung der Zielharmonie in Abb. 3.)

---

21 Ulrich (1968)
22 Kant (1785, zit. nach Lattmann (1981)
23 vgl. Eckardstein (1978), Lattmann (1981)

Abbildung 3: Zielharmonie[1]

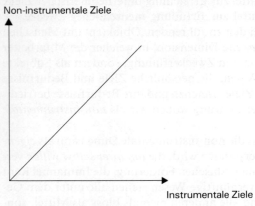

1 vgl. Eckardstein (1978)

Ziel-Widerspruch/Ziel-Antinomie (konkurrierende Ziele): Hier stehen Mitarbeiter- und Krankenhausziele in einem Gegensatz zueinander. Die Annäherung an das eine Ziel hat eine Entfernung vom anderen zur Folge (vgl. Abb. 4). Dieser Gegensatz kann von unterschiedlicher Tragweite sein. Er kann unbeabsichtigt und dem betreffenden Mitarbeiter nicht bewusst sein. Dies ist beispielsweise dann der Fall, wenn sich der Mitarbeiter keine Rechenschaft darüber gibt, dass er den Betrieb schädigt, indem er Betriebsmittel vergeudet.

Der Ziel-Widerspruch kann aber auch bewusst und beabsichtigt sein. Dies zeigt sich etwa bei der Einführung von Neuerungen, von denen sich der Mitarbeiter in irgendeiner Weise bedroht fühlt und denen er sich deshalb widersetzt.

Eine solche Ziel-Antinomie kann sich im Verhalten des Mitarbeiters in sehr verschiedener Form äussern: das Spektrum reicht von mangelndem Einsatz, häufigen Fehl-

Abbildung 4: Zielantinomie[2]

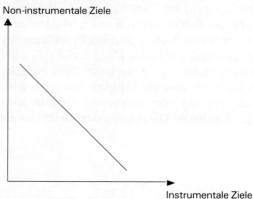

2 vgl. Eckardstein (1978)

zeiten, über psychosomatische Störungen oder passiven Widerstand bis zur Depression oder Sabotage.

Zielneutralität (indifferente Ziele): Zwei Ziele verhalten sich indifferent, wenn die Annäherung an das eine Ziel keine Auswirkung auf die Erreichung des anderen Zieles hat. So ist es möglich, dass ein Krankenhausziel und ein Mitarbeiterziel zwar verschieden sind, dass die Erreichung des einen aber die Erreichung des anderen nicht beeinträchtigt.

Eine Zielindifferenz liegt beispielsweise vor, wenn der Mitarbeiter anstrebt, seinen Urlaub so festzulegen, dass er ihn mit seiner Familie verbringen kann. Solange nicht zu viele Mitarbeiter zur selben Zeit abwesend zu sein wünschen, kann dieses Ersuchen ohne Nachteil für den Betrieb bewilligt werden (vgl. Abb. 5).

Abbildung 5: Zielneutralität[3]

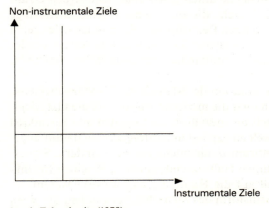

3 vgl. Eckardstein (1978)

Ziel-Kongruenz/Ziel-Übereinstimmung (identische Ziele): Hier weichen Krankenhausziel und Mitarbeiterziel nicht mehr voneinander ab. Der Mitarbeiter identifiziert sich mit dem Krankenhausziel und sieht in dessen Erreichung zugleich eine Bestätigung seiner selbst, in der Steigerung seiner Leistungen eine Entfaltung seiner Persönlichkeit.

Die zentrale und schwierige Führungsaufgabe des Vorgesetzten lässt sich im Hinblick auf das Gesagte auf eine sehr einfache Formel bringen[24]: Der Vorgesetzte hat:
- Zielübereinstimmungen zu schaffen
- Zieleinklänge zu fördern
- Zielwidersprüche zu vermeiden oder – wenn sie eintreten – aufzulösen.

24 Lattmann (1981)

122 Drei Handlungsdimensionen der Führung

Wie jedes Handeln besitzt auch die Führung einen sachlichen, einen sozialen und einen personalen Bezug[25]; die drei Bezüge lassen sich den Dimensionen Arbeit, Interaktion und Konsummation zuordnen[26]. Diese Dimensionen treffen grundsätzlich in jeder Handlung zusammen und bilden das Spannungsfeld, in dem sich der Einzelne mit organisierten Strukturen und Abläufen auseinanderzusetzen hat. Die drei Grundbegriffe sollen zunächst kurz umrissen werden.

Arbeit

Unter Arbeit wird eine spezifisch menschliche Tätigkeit verstanden, durch welche sich der Mensch seine Existenz sichert. Nach dem Philosophen A. Gehlen kann man «von der nicht zu bezweifelnden Tatsache ausgehen, dass menschliche Bedürfnisse jeder Art, angeborenene und neu entstehende durch gesellschaftliche Arbeit erfüllt werden, welche, allgemein gesagt, darin besteht, die unmittelbar vorfindbaren Dinge soweit zu verändern, dass jene mannigfaltigen Bedürfnisse sich an ihnen orientieren und erfüllen können... Zwischen die menschlichen Bedürfnisse und Antriebe jeder Art und ihre Erfüllungssituationen tritt... ein intelligentes, praktisches Verhalten, ein Handeln»[27].

Arbeit resultiert aus der biologischen Situation des Menschen als «Mängelwesen», meint Gehlen. Dieser Auffassung nach «hat die moderne Anthropologie klargelegt, dass der Mensch infolge seines Mangels an spezialisierten Organen und Instinkten in keine artbesondere, natürliche Umwelt eingepasst und infolgedessen darauf angewiesen ist, beliebige vorgefundene Naturumstände intelligent zu verändern. Sinnesarm, waffenlos, nackt, in seinem gesamten Habitus embryonisch, in seinen Instinkten verunsichert, ist er das existentiell auf die Handlung angewiesene Wesen»[28].

Arbeit wird hier als eine typische Daseinsform des Menschen verstanden, die einen gewissen Lastcharakter besitzt. Dieser Aspekt weist übrigens auf die Herkunft des Wortes «Arbeit» zurück: es bedeutete ursprünglich «schwere körperliche Anstrengung, Mühsal, Plage».

Nun darf aber Arbeit nicht ausschliesslich als Mittel zur rein biologischen Existenzsicherung gesehen werden. Vielmehr stellt Arbeit auch einen wesentlichen Bestimmungsfaktor der Persönlichkeitsentwicklung dar: Arbeit ist «sowohl Voraussetzung wie Ausdruck und Ergebnis menschlicher Entwicklung, Aktivität und Bewährung»[29]. In der Arbeit hat das Individuum die Möglichkeit, seine Fähigkeiten zu entfalten und zu entwickeln (Selbstverwirklichung), einen Sinn zu finden und seine Existenz (im Sinne von «Herausgeworfensein») mit dieser Welt in Beziehung zu setzen. Arbeit hat somit nicht nur eine ökonomische, sondern auch eine personale Dimension.

Aus arbeitspsychologischer Sicht wird Arbeit wie folgt definiert: «Arbeit ist Aktivität oder Tätigkeit, die im Rahmen bestimmter Aufgaben entfaltet wird und zu einem materiellen und/oder immateriellen Arbeitsergebnis führt, das in einem Normen-

---

25 vgl. Vontobel (1970)
26 vgl. Türk (1976)
27 Gehlen (1964), zit. nach Glaser (1972)
28 Gehlen (1964), zit. nach Glaser (1972)
29 Clauss (1976), zit. nach Lilge (1980)

system bewertet werden kann; sie erfolgt durch den Einsatz der körperlichen, geistigen und seelischen Kräfte des Menschen und dient der Befriedigung seiner Bedürfnisse. Leistung = Arbeit in der Zeit.»[30]

Neben dem ökonomischen und dem personalen Aspekt muss schliesslich auch der soziale Aspekt der Arbeit gesehen werden. «Zur Welt des Menschen gehört auch seine gesamte soziale Umwelt: Die menschlichen Institutionen, die öffentlichen Einrichtungen, Anstalten, Betriebe politischer und sozialer Natur. Selbst wenn alle rein wirtschaftlichen Motive und Zwänge zur Arbeit wegfielen, wenn der Beruf an wirtschaftlichen Gütern auf absehbare Zeit völlig gedeckt erschiene, bliebe die Notwendigkeit der Arbeit im Sinne der Weltgestaltung bestehen, nämlich als Erhaltung, Besorgung und Weiterführung der kulturellen Welt des Menschen.»[31]

Die hochgradige Arbeitsteilung, die zunehmende Spezialisierung und Aufspaltung von leitenden und ausführenden Tätigkeiten im modernen Arbeitsprozess aber bewirken, dass der Mensch in seiner Arbeit häufig nicht mehr zu seiner Sinnfindung gelangt und sich von der Arbeit und von sich selbst entfremdet.

Interaktion

Während Arbeit ein Handeln ist, das sich an Sachen orientiert, bezeichnet Interaktion ein Handeln, das an Personen orientiert ist. Dem Phänomen Interaktion kommt nicht nur in den modernen Sozialwissenschaften, sondern auch in der Praxis am Arbeitsplatz ganz zentrale Bedeutung zu (auch wenn es dort oft nicht als Interaktion erkannt oder benannt wird). Wie der Begriff «Führung» wird auch «Interaktion» von verschiedenen Ansätzen her recht unterschiedlich definiert. Was allen Begriffsbestimmungen gemeinsam ist, ist die Feststellung, dass bei der «Interaktion» das Handeln der einen Person auf das (tatsächliche oder erwartete) Handeln einer anderen Person bezogen ist.

«Mit der Rede von der Interaktion soll auf die Tatsache hingewiesen werden, dass zwischen den Individuen ein doppelseitiges Geschehen stattfindet. Jeder erfährt *Einwirkungen vom anderen ...* und zugleich gehen von ihm selbst *Wirkungen auf den anderen ...* aus. Mit dem Begriff der Interaktion bezeichnen wir also das Insgesamt dessen, was zwischen zwei oder mehr Menschen in Aktion und Reaktion geschieht.»[32]

Die in sozialen Systemen tätigen Menschen stehen in dauernder Interaktion miteinander. Einer beeinflusst den andern und wird selbst von diesem beeinflusst. Auf die Einflussprozesse, die sich im Rahmen der Interaktion zwischen zwei Personen abspielen, und auf den Führungsvorgang als eine besondere Art von Einflussprozess wird weiter unten ausführlich eingegangen.

Konsummation

Während Arbeit als «an Sachen» und Interaktion als «anderen Personen» orientiertes Handeln bezeichnet wurde, stellt Konsummation ein «am Handelnden selbst» (oder auch: «am handelnden Selbst») orientiertes Tun dar[33].

30 Hoyos (1974b), zit. nach Lilge (1980)
31 Kerber (1975), zit. nach Wunderer/Grunwald (1980)
32 Lersch (1965), zit. nach Nieder/Naase (1977)
33 vgl. Türk (1976)

Mit «Konsummation» wird der Aspekt der unmittelbaren Bedürfnisbefriedigung angesprochen (consummatio, lat. = Vollzug/Vollendung). Der Ausdruck «Konsummation» stammt nicht von «Konsum», Verbrauch her.
Folgende Begriffe sind in diesem Zusammenhang von Bedeutung:

- Bedürfnis: ein psycho-physischer Mangelzustand, der als Antrieb wirksam ist und das Individuum zum Handeln aktiviert.
- Trieb: ein biologisch vorgegebener Verhaltensmechanismus, der auf ein bestimmtes Objekt gerichtet ist, mit dem Ziel, ein bestimmtes Bedürfnis zu befriedigen.
- Motiv: die Absicht, die hinter einer Handlung steht und dieser die Richtung gibt.
- Selbstverwirklichung: das Bestreben, das eigene Selbstbild bezüglich Fähigkeiten, Ideen und Standards in die Realität umzusetzen.

Diese Begriffe werden im Verlauf dieser Ausführungen noch weiter von Interesse sein. Arbeit, Interaktion, Konsummation – diese drei Grunddimensionen sind grundsätzlich in jeder Handlung in einem organisierten sozialen System vorhanden. Dass eine Handlung damit grundsätzlich auch in allen drei Bereichen Wirkungen zeigt, wird allzu leicht übersehen.
Durch Kombination der drei Dimensionen lassen sich verschiedene Typen des Handelns charakterisieren[34]. Abbildung 6 veranschaulicht den dimensionalen Ansatz und gibt in den Ziffern I bis VIII Grenz- bzw. Mischtypen des Handelns an.
Als Grenztypen sind die Handlungen I, II, III, IV zu betrachten:

Abbildung 6: Handlungsdimensionen[4]

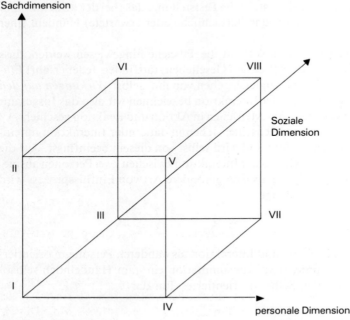

4 vgl. Türk (1976)

34 vgl. Türk (1976)

- Typ I stellt kein Handeln im eigentlichen Sinne dar. Es geht hier um ein Verhalten ohne Sach-, Sozial- oder Personenbezug (man könnte sich dies als rein reflexhaftes Verhalten vorstellen).
- Typ II weist ausschliesslich einen Sachbezug auf. Hier haben wir es offenbar mit einer total entfremdeten Situation zu tun.
- Typ III ist nur in der interaktionellen Dimension lokalisiert. Auch dies stellt ein entfremdetes Handeln dar, also etwa ein Hörigkeitsverhältnis oder eine extreme Macht eines Interaktionspartners.
- Typ IV ist ein Handeln ohne Sach- und Sozialbezug und wäre als rein konsumatorisch, also als isoliert-egozentrisch zu bezeichnen.

Bei den Fällen II, III und IV handelt es sich um pathologische Typen, denen wir weiter hinten wieder begegnen werden.
Die Handlungstypen V, VI und VII sind jeweils aus zwei Dimensionen gebildet. Auch hier stellen die Fälle V und VI anormale Situationen dar.

- Typ V bewegt sich nur im Sach- und im personalen Bereich und kann als sozial isolierte Tätigkeit bezeichnet werden. Innerhalb eines sozialen Systems lässt dies auf Störungen schliessen.
- Typ VI schliesst wieder den Personenbezug aus, meint also entfremdetes Handeln, das sich nur an der Sache und an anderen Personen orientiert.
- Typ VII ist eine «normale» Interaktion mit Ich-Beteiligung, aber ohne Sachbezug, also etwas das, was in einem organisierten System als «informales» Verhalten bezeichnet wird.
- Typ VIII beinhaltet den Normalfall, bei dem alle drei Dimensionen zugleich angesprochen sind (was nicht bedeutet, dass es sich dabei um einen spannungsfreien Zustand handelt).

Die sachbezogenen, sozialen und personalen Aspekte einer Handlung sind einerseits voneinander abgrenzbar und bilden andererseits je in sich einen Zusammenhang, so dass man von drei Systemen sprechen kann: die Sachdimension ist dem Organisationssystem, die soziale Dimension dem Interaktionssystem und die personale Dimension dem Personsystem zugeordnet. Eine Handlung in einem sozialen System liegt damit im Schnittfeld dieser drei Systeme (Abb. 7)[35].
Fazit dieser Überlegungen: Für jedes soziale Handeln lassen sich jeweils mehrere Gründe oder Motive finden, die vom Handelnden nicht vollständig genannt werden können. Jede Handlung hat mehrere (auch unbeabsichtigte) Konsequenzen: Wirkungen zeigen sich im Handelnden selbst, in seinen sozialen Beziehungen und im Sachbereich.
Die drei Handlungsdimensionen (Sachdimension, soziale Dimension, personale Dimension) können sowohl unter einem instrumentalen wie auch unter einem noninstrumentalen Aspekt betrachtet werden, so dass sich sechs Felder ergeben, die man in Form einer Matrix darstellen kann (Abb. 8). In der Spaltengliederung finden sich die beiden Zieldimensionen der Führung (instrumental/non-instrumental); in der Zeilengliederung sind die drei Handlungsdimensionen vermerkt (die soziale Dimen-

---

[35] vgl. Türk (1976)

Abbildung 7: Handlung im Schnittfeld dreier Systeme[5]

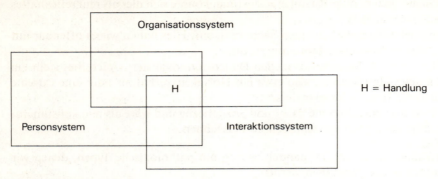

5 vgl. Türk (1976)

Abbildung 8: Führungsziele

Handlungsdimension		Zieldimension	
		Instrumental	Non-Instrumental
Sache (es): Arbeit		Lokomotion	Autonomie
Soziale Dimension (Du): Mitarbeiter (Interaktion)	einzelner Mitarbeiter (Sozialbezug I)	Motivation	Emanzipation
	Mitarbeitergruppe (Sozialbezug II)	Kohäsion	Solidarität
Personale Dimension (Ich): Vorgesetzter (Konsummation)		Konformität	Identität

sion ist dabei nochmals unterteilt), so dass sich insgesamt 8 Felder ergeben, in denen Führungsziele formuliert werden müssen.
Auf den folgenden Seiten werden die 8 Führungsziele erläutert.

123 Lokomotion und Autonomie (Sachbezug)

Die erste Handlungsdimension der Führung, ist die Sachdimension, also die Dimension der Arbeit bzw. der Sachaufgabe, die ein Mitglied des sozialen Systems Krankenhaus zu erfüllen hat.
Im *instrumentalen* Sinne, d.h. auf die Erreichung der Krankenhausziele bezogen, kommt der Führung eine Funktion zu, die im Fachjargon als *Lokomotion* bezeichnet wird. Der Ausdruck ist der Medizin entlehnt und bedeutet dort «Bewegung von einer Stelle zur anderen».
Mit dem Begriff wird also jene grundlegende Funktion der Führung angesprochen, die auch in der Herkunft des Wortes «Führung» erkennbar ist und in den meisten Führungsdefinitionen vorherrscht: Führung soll Menschen auf ein bestimmtes Ziel hin bewegen.

Unter Lokomotions-Funktionen werden Funktionen verstanden, «die der Lösung der jeweiligen Aufgabe der Gruppe, der Annäherung an das gegebene Gruppenziel oder der Bewältigung der äusseren Situation dienen»[36]. Der Funktionsbereich umfasst also Aktivitäten, die sachbezogen die Mitarbeiter auf das *Ziel* der betreffenden Kooperationseinheit ausrichten, ihre Tätigkeiten auf dieses hin *koordinieren* und damit die Lösung von Aufgaben *initiieren* und *steuern*. Solche Aktivitäten stehen im 4. Kapitel im Mittelpunkt der Betrachtung.
Im *non-instrumentalen* Sinne, d.h. auf die Erfüllung von Bedürfnissen der *Mitarbeiter* bezogen, ergibt sich in der Dimension der Arbeit für die Führung ein Ziel, das mit dem Stichwort *Autonomie* gekennzeichnet sei. Was der Mensch braucht, um mit sich selbst und seiner Arbeit zufrieden zu sein, ist eine Tätigkeit, die er und andere als *wertvollen Beitrag* empfinden. Die Tätigkeit muss ihm die Möglichkeit geben, sich für eine sinnvolle Phase des Arbeitsprozesses *verantwortlich* zu fühlen. Dies aber setzt voraus, dass ihm ein Bereich zugestanden wird, in dem er selbständig entscheiden und handeln kann, ein *Bewegungsspielraum,* und ihm die Chance gibt zur Selbstbestimmung, und ihm ermöglicht, die Dinge nach eigenem Urteil und aufgrund eigener Entscheidungen zu tun.
Ein Vorgesetzter erfüllt seine Führungsaufgabe nur dann, wenn er seine Mitarbeiter auf der Suche nach ihrer *Identität* unterstützt.
Das bedeutet, dass er ihnen einen Raum zugestehen muss, in dem sie die Auswirkungen ihres Handelns erfahren können, denn «der Mensch erfährt sich durch seine Wirkungen in der Welt. Um sein Selbst zu finden, muss er sich als Ursache erfahren, und die Ursache beweist sich erst in ihren Wirkungen. Durch sein Handeln erforscht der Mensch seine Welt, seinen Platz in dieser Welt und seine Möglichkeiten»[37].
Aufgabe des Vorgesetzten ist es, in seiner Einstellung und in seinem Verhalten dem Mitarbeiter solche Entscheidungs-, Tätigkeits- und Interaktionsspielräume zuzuerkennen, in denen er seine Arbeit innerhalb gewisser Grenzen autonom gestalten kann. Nur dann kann er das Arbeitsergebnis auf seine eigenen Anstrengungen zurückführen und sich persönlich für den Erfolg oder Misserfolg verantwortlich fühlen. Solche Spielräume vergrössern die Chance, in der Arbeit zu einer Sinnfindung und Selbstentfaltung zu gelangen, wie es dem Bedürfnis des Menschen entspricht. Denn das Verlangen nach einem individuellen Freiraum, das Bedürfnis, sinnvoll tätig zu sein und die Suche nach der eigenen Identität ist den meisten Menschen im Grunde genommen viel wichtiger als der Wunsch nach Konsum und sozialer Sicherheit.
Wenn hier von Autonomie gesprochen wird, ist damit nicht eine völlige Unabhängigkeit gemeint; eine solche ist weder realisierbar noch wünschenswert. Immer wird es bestimmte materielle (z.B. Geld) oder immaterielle (z.B. Zuwendung) Ressourcen geben, über die eine Person A verfügt und die eine andere Person B benötigt. In dem Masse, wie A auf diese Ressourcen und damit auf B angewiesen ist, muss er sich B's Ansprüchen beugen.
Autonomie soll vielmehr einen Zustand «reifer Abhängigkeit» herbeiführen: «Reife Abhängigkeit ist eine Fähigkeit differenzierter Individuen, mit anderen differenzierten Partnern zu kooperieren. Es ist eine Beziehung, die ein gleichgewichtig verteiltes Geben und Nehmen einschliesst zwischen zwei differenzierten Individuen, die gegen-

36 Lukascyk (1960)
37 Müller (1981)

seitig voneinander abhängig sind und zwischen denen es keine Unterschiede in der Abhängigkeit gibt.»[38]

124 Motivation und Emanzipation (Sozialbezug I)

Motivation und Emanzipation, hier unter Sozialbezug II erfasst, soll die soziale (interaktionelle) Dimension der Führung darstellen, die sich auf den *einzelnen Mitarbeiter* als *Individuum* beziehen.

Vom *instrumentalen* Standpunkt aus besteht das Ziel der Führung hier in der *Motivation* des Mitarbeiters, d.h. in einem Zustand, in dem dieser sein Verhalten auf die Krankenhausziele ausrichtet und sich für die Erreichung dieser Ziele einsetzt. Der Mensch ist ja wesentlich dadurch gekennzeichnet, dass er aus eigenen Antrieben und Absichten heraus handelt. Damit er ein bestimmtes Ziel anstrebt, muss dieses Ziel also in das Gefüge seiner eigenen Beweggründe eingehen und Teil seiner persönlichen Motivation werden, die sein Handeln anregt und steuert.

Unter diesem Aspekt stellt sich der Führung somit die Aufgabe, die Motivation des Mitarbeiters in einer bestimmten Richtung zu beeinflussen. Dies geschieht dadurch, dass *Beweggründe,* die für das Verhalten des Einzelnen massgeblich sind, *gezielt angesprochen* werden. (Mehr zum vieldiskutierten Thema «Motivation» im 2. Kapitel.)

In *non-instrumentaler* Hinsicht kommt der Führung die Aufgabe zu, die *Emanzipation* des Mitarbeiters zu fördern, d.h. die Fähigkeit, «informierte, freie und mit dem Selbstkonzept in Übereinstimmung stehende Entscheide zu fällen über das Eingehen (oder Auflösen) von Verpflichtungen und das Einlösen dieser Verpflichtungen durch qualifiziertes Handeln»[39].

Der Beitrag, den der Vorgesetzte leisten kann, um den Mitarbeiter in seiner Emanzipation zu unterstützen, umfasst drei Aspekte[40]:

– *Vorgesetzter als Teil der Arbeitswelt:* Der Vorgesetzte ist selber wichtiger Teil der Arbeitswelt des Mitarbeiters. Will er die Identität des Mitarbeiters respektieren und seine Emanzipation nicht blockieren, so muss er sich zunächst einmal über sein Bild von diesem Mitarbeiter Rechenschaft ablegen. So stellt sich ihm z.B. die Aufgabe, seine Meinung über die «Unfähigkeit» oder «Unselbständigkeit» eines Mitarbeiters im Zusammenhang mit sich selber zu überprüfen.

– *Vorgesetzte als Arbeitsgestalter:* Der Vorgesetzte hat Einfluss auf die Gestaltung der Arbeit um den Einsatz seiner Mitarbeiter. Dabei muss er den Tätigkeitsrahmen definieren und gleichzeitig Handlungsmöglichkeiten anbieten. Seine Aufgabe ist es, Gestaltungsräume aufzuspüren und sie seinen Mitarbeitern zur Verfügung zu stellen. Auch im Bereich reiner Routinetätigkeit bestehen immer Alternativen der Arbeitsgestaltung und seine Akzeptanz bei den Mitarbeitern ist stark davon abhängig, ob er von diesen Möglichkeiten Gebrauch macht (oder ob er sich selber ausschliesslich als Vertreter von Systemzwängen darstellt).

– *Vorgesetzter als Sender von Rückmeldungen:* Um über das Individuelle seiner Beiträge und über seine Wirkungen Aufschluss zu erhalten, ist der Mitarbeiter auf

---

38 Fairbairns (1952), zit. nach Wunderer/Grunwald (1980)
39 Müller (1981)
40 Müller (1981)

Reaktionen der ihn umgebenden und betroffenen Menschen angewiesen. Diese Wirkungen sind immer auch affektiver Art; affektive Reaktionen sind für den Mitarbeiter als Identitätssucher genauso wichtig wie sachliche Rückmeldungen über seine Arbeitsleistung.

Beim Verfolgen des Führungsziels der Mitarbeiter-Emanzipation «erleidet» der Vorgesetzte das Schicksal jedes Führers oder Erziehers, der die Mündigkeit seiner «Schützlinge» anstrebt: Die Abhängigkeit des Geführten wird durch seine Führung abgebaut. «Der Führer bewirkt seine eigene Überflüssigkeit, indem er zum Partner wird. Dieser Ablösungsprozess erfolgt jedoch nicht aufgrund von Reaktanz, sondern über die Einsicht des Führers, es von Anfang an mit selbstverantwortlichen und aktiven Individuen zu tun zu haben, die als Menschen dazu aufgerufen sind, *ihre* Welt zu gestalten.»[41]

Vom Vorgesetzten wird also verlangt, dass er seine Mitarbeiter als mündige und eigenständige Individuen betrachtet und freie Entscheide nicht bloss zulässt, sondern diese innerlich bejaht und durch sein Verhalten fördert (Mündigkeit ist eine Sache der Übung). Dazu gehört in erster Linie, dass er dem Mitarbeiter alle Informationen zukommen lässt, die dieser benötigt, um die Zusammenhänge zu verstehen und problemgerecht zu entscheiden. Es gilt also zwei Monopole abzubauen, die mancherorts sorgsam gehütet werden: das Informations- und das Entscheidungsmonopol des Vorgesetzten.

Solange nur der Vorgesetzte über die für das Verständnis der Zusammenhänge notwendigen Informationen verfügt und demzufolge besser entscheidet, sind seine Mitarbeiter in ihrem Denken, Fühlen und Handeln weitgehend von ihm abhängig (wie ein Kind von seinen Eltern abhängig ist). «Diese Abhängigkeit kann bis zur vollständigen Verfügbarkeit gehen. Welche Aufgaben jemand zugewiesen erhält, wieviel Geld er für seine Arbeit bekommt, mit wem er zusammenarbeitet, welche Informationen er erhält, mit wem er darüber sprechen darf, ja ob er Mitglied dieser Organisation bleibt oder nicht – all dies bestimmt oder beeinflusst in letzter Konsequenz der Vorgesetzte, und zwar im wesentlichen kraft seiner besonderen Kenntnisse und der damit verbundenen Einflussmöglichkeiten.»[42]

Die Verminderung dieser Abhängigkeit, d.h. die Emanzipation des Mitarbeiters, ist nicht nur ein ethisches Postulat, das sich aus dem Recht des Menschen auf Selbstbestimmung ergibt, sondern ebenso eine sach-rationale Forderung, die der höheren Qualifikation und Komplexität des modernen Arbeitsprozesses entspringt.

125 Kohäsion und Solidarität (Sozialbezug II)

Mit «Sozialbezug II» wird hier die soziale Dimension der Führung, die sich nicht auf den einzelnen Mitarbeiter, sondern auf die gesamte *Arbeitsgruppe* bezieht, bezeichnet.

Im *instrumentalen* Sinne wird das Ziel der Führung als *Kohäsion* bezeichnet. Unter Kohäsionsfunktionen sind Funktionen zu verstehen, «die dem Zusammenhalt, dem

---

41 Müller (1981)
42 Lauterburg (1980)

inneren Bestand der Gruppe sowie der Aufrechterhaltung von Ordnung und Aktionsfähigkeit dienen»[43]. Die Aufgabe des Vorgesetzten besteht darin, die sozialen Interaktionen innerhalb der Gruppe so zu beeinflussen, dass der innere Zusammenhalt der Gruppe gefestigt wird.

Diesem Führungsziel liegt die Annahme zugrunde, dass eine Gruppe langfristig die geforderte Leistung nur dann erbringt, wenn die *soziale Integration* innerhalb der Gruppe von den Mitgliedern als zufriedenstellend erlebt wird. Eine Beeinflussung der Gruppenaktivitäten in diesem Sinne erfordert vom Vorgesetzten neben einer grossen sozialen Sensitivität auch Kenntnisse über den Ablauf von Gruppenprozessen (siehe 3. Kapitel).

Im *non-instrumentalen* Sinne lautet das Führungsziel: *Solidarität*. Das Grundprinzip der Solidarität besagt: «Jede Handlung eines Menschen wirkt auf andere ein, die Menschen sind aufeinander angewiesen und zur Solidarität (einer für alle, alle für einen) verpflichtet. Als Wirtschaftsprinzip räumt der Solidarismus nicht dem Wettbewerb, den er an und für sich nicht verurteilt, sondern der Kooperation, dem auf Gegenseitigkeit beruhenden Zusammenwirken, den Vorrang ein.»[44]

Obschon es auch hier darum geht, das Zusammengehörigkeitsgefühl innerhalb der Gruppe zu fördern, so ist die Absicht doch eine ganz andere: Hier soll das «Wir-Gefühl» nicht entwickelt werden, um die Leistungsfähigkeit der Gruppe zu sichern, sondern um einem menschlichen Bedürfnis zu entsprechen, das in den vergangenen Jahren immer mehr an Bedeutung gewonnen hat. «Man sucht wieder einen Weg nach innen. Man sucht nach Befreiung vom Zwang zu hektischer Leistungsaktivität, zu permanenter Gefühlsunterdrückung, zu expansiver Rivalität als Prinzip. Man sehnt sich umgekehrt danach, seine verdrängten Gefühle wiederzuerwecken und in eine möglichst breite Kommunikation mit anderen einzubringen.
Integration in Gruppen und Solidarität sind wesentliche neue Ziele. Man will Isolation überwinden, wo immer man dieser ausgesetzt ist: am Arbeitsplatz, innerhalb der Familie, aber zugleich zusammen mit der Arbeitsgruppe und der Familie gegenüber der übrigen Gesellschaft.»[45] «Lernziel Solidarität» – diese Forderung entspricht nicht nur einem menschlichen Bedürfnis, sondern auch einer sachlichen Notwendigkeit:

Die modernen Arbeitsprozesse im Krankenhaus, die sich durch hohe Komplexität und Interdependenz auszeichnen, haben zur Folge, dass Mitarbeiter und Vorgesetzte zur Aufgabenerfüllung aufeinander angewiesen und voneinander abhängig sind. Durch den Kooperationszwang, der sich daraus ergibt, entwickelt sich bei den Beteiligten allmählich das Bewusstsein, dass sie das Interesse aller wahrnehmen müssen, wenn sie ihr eigenes Interesse realisieren wollen[46].

Die Aufgaben, mit denen sowohl die einzelne Arbeitsgruppe, als auch das Krankenhaus als soziales System und als Teil des «Supersystems» Umwelt in Zukunft konfrontiert werden, sind nur dann sinnvoll zu bewältigen, wenn das Prinzip von Konkurrenz und Rivalität durch das Prinzip von Kooperation und Solidarität ersetzt wird. Solidarität aber lässt sich weder anordnen noch «organisieren», sondern kann sich nur in

---

43 Lukasczyk (1960)
44 Bülow/Nell-Breuning (1969), zit. nach Staehle (1973)
45 Richter (1974)
46 vgl. Sahm (1977)

einem gemeinsamen Lernprozess entwickeln. Aufgabe des Vorgesetzten ist es, durch seine Einstellung und sein Verhalten diesen Lernprozess in Gang zu setzen und zu fördern.

126 Konformität und Identität (Personenbezug)

Nach der Sach-Dimension (Arbeit) und der sozialen Dimension (Interaktion) kommt im folgenden die dritte und letzte Handlungsdimension der Führung zur Sprache: die personale Dimension (Konsummation), die sich auf die Person des Führenden bezieht. In dieser Dimension geht es um die Tatsache, dass beim Führungsvorgang nicht ein Apparat funktioniert, sondern ein Mensch handelt, der sein Handeln einerseits auf bestimmte Erwartungen ausrichten und andrerseits mit sich selbst in Einklang bringen muss.

Im *instrumentalen* Sinne, d.h. im Sinne der Interessen des sozialen Systems Krankenhaus, wird vom Vorgesetzten *Konformität* verlangt. Es wird von ihm ein Führungsverhalten erwartet, das mit den Zielsetzungen, Normen, Anforderungen des Systems übereinstimmt. «Vom Vorgesetzten wird verlangt... wird erwartet...» – allein schon diese Formulierungen zeigen, dass dann, wenn von Konformität gesprochen wird, stets irgendeine Form von *Fremdbestimmung* eingeschlossen ist. Der Vorgesetzte hat sich in seinem Verhalten den Normen des Systems zu unterwerfen, sich in die vorhandenen Strukturen einzuordnen. Die Ansprüche des Systems dominieren.

Die Konformität, die der Vorgesetzte aufbringen soll, umfasst einerseits Anforderungen, die sich aus dem Arbeitsprozess ergeben, anderseits aber auch Erwartungen sozialer Art. Diese Ansprüche beziehen sich nicht nur auf das Verhalten des Vorgesetzten, sondern auch auf seine Einstellungen. Auf diese Weise ergeben sich vier Unterdimensionen der Konformität, die in Form einer Matrix dargestellt werden können (Abb. 9)[47]

Abbildung 9: Dimensionen der Konformität[6]

Ebene der Manifestation	Handlungsdimensionen	
	Arbeitsdimension	soziale Dimension
Verhalten	Fachliche Qualifikation	Fügsamkeit
Einstellung	Leistungsorientierung	Loyalität

6 vgl. Türk (1981)

- *Feld 1: Fachliche Qualifikation.* Im Hinblick auf das Arbeitsverhalten wird vom Vorgesetzten erwartet, dass er den Anforderungen, die sich aus dem Arbeitsprozess ergeben, gerecht wird.
- *Feld 2: Fügsamkeit.* Im Hinblick auf das Sozialverhalten wird vom Vorgesetzten erwartet, dass er sich den grundlegenden Normen/Regeln der Organisation anpasst.

47 vgl. Türk (1981)

- *Feld 3: Leistungsorientierung.* Im Hinblick auf die Einstellung zur Arbeit erwartet die Organisation von ihren Vorgesetzten, dass sie sich an bestimmten (verinnerlichten) Leistungsstandards orientieren.
- *Feld 4: Loyalität.* Im Hinblick auf die soziale Einstellung wird vom Vorgesetzten erwartet, dass er mit den generellen Zielen und Werten der Organisation konform geht.

Im *non-intrumentalen* Sinne besteht das Ziel des Führenden darin, die eigene *Identität* zu bewahren, d.h. das «Bewusstsein der eigenen Kontinuität und Unverwechselbarkeit sowie die Fähigkeit dazu»[48] durchzutragen. Unter Kontinuität ist hierbei eine relativ überdauernde Einheitlichkeit bzw. Stabilität und Konstanz zu verstehen. Zwei Aspekte der Identität sind in diesem Zusammenhang von Bedeutung[49]:

- *Rollenidentität (soziale Identität):* Das ist der Mensch als die Summe der Erwartungen, die von «aussen» an ihn gerichtet und von ihm als verpflichtend verinnerlicht werden.
- *Ich-Identität (persönliche Identität):* Das ist der Mensch als «stellungsbeziehendes, von Konformitätszwängen emanzipiertes Wesen». Im Unterschied zur Rollenidentität, die sich den sozialen Erwartungen ausliefert, ist Ich-Identität das Bild, das sich die Person von sich selber macht, das individuelle Konzept der eigenen Existenz. Dieses Konzept beantwortet Fragen wie: «Wer bin ich? Wie passe ich in diese Welt?»

Die Ich-Identität ist unersetzbare Voraussetzung dafür, dass jemand seiner eigenen Existenz einen Sinn zu geben vermag. Nur wer ein relativ stabiles und konstantes Bild hat von sich selbst und «im grossen und ganzen» mit diesem Bild zufrieden ist, weiss, warum er lebt. «Niemand vermag auf Dauer einfach so dahinzuleben, vielleicht noch ganz brauchbar sozial zu funktionieren, ohne doch eine persönliche Bedeutung der eigenen Existenz zu erkennen. Er verfiele in existentielle Verzweiflung. Objektive abstrakte Gewissheiten über die sozialen Funktionen des eigenen Lebens reichen nicht hin. Was jeder unverzichtbar für sich benötigt, ist eine subjektive konkrete Gewissheit des Sinnes seines Lebens für sich selbst.»[50]

«Soll es möglich sein, dass Interaktionspartner bei der Interaktion Identität durchhalten, müssen sie den widersprüchlichen Anforderungen gerecht werden: Sie müssen den Erwartungen und Bedürfnissen des Partners Rechnung tragen, ohne die eigenen Erwartungen und Bedürfnisse zu leugnen; sie müssen ihre Erwartungen und Bedürfnisse dem Hier und Jetzt anpassen, ohne auf persönliche Kontinuität zu verzichten. Nur dann sind die Individuen nicht blosser Reflex der jeweils anderen, bloss soziale Rolle; nur dann sind sie keine blossen Augenblickswesen, Sklaven der Situation. Sie sind dann mehr als ihr augenblickliches Verhalten und vermögen dies auch auszudrücken: Sie halten sich durch ihr jeweils besonderes Rollenspiel hindurch identisch, ohne sich Einflüssen von anderen und aktuellen Situationserfordernissen zu entziehen. Indem sie diese Einflüsse und Erfordernisse kontrolliert aufnehmen, vermögen sie sich, ihre Erwartungen, Bedürfnisse, Werte und ihr Selbstbild, auch zu verändern,

---

48 Preglau (1980)
49 vgl. Müller (1980), Neuberger (1984), Preglau (1980), Schimank (1981), Türk (1976)
50 Schimank (1981)

ohne die Balance zwischen sich und den anderen, Gegenwart und Vergangenheit zu verlieren.
Obwohl Identität Kontinuität verlangt, bedeutet sie also nicht ‚Sturheit', sondern Flexibilität also eine durch Wandlungsprozesse gebrochene Kontinuität.»[51] In sozialer Hinsicht dient die Ich-Identität somit als Steuerungszentrum der Persönlichkeit, welches die *Balance* halten muss zwischen Konformität und Abgrenzung, zwischen Fremdbestimmung und Selbstbestimmung, zwischen Determiniertheit durch «aussen» und personaler Autonomie. Diese Leistung wird deshalb auch als «balancierende Identität» bezeichnet.

Fragt man danach, welche Faktoren die Erbringung von Ich-Identität in einem sozialen System fördern, so lassen sich die folgenden *identitätsfördernden Strategien* erkennen (vgl. Abb. 10)[52]

- *Soziale Rollen* ermöglichen einerseits eine sinnhafte Identifikation: An ihnen können die eigenen Fähigkeiten erprobt, verwirklicht und demonstriert werden. Andererseits ermöglichen Rollen eine sogenannte «Partialinklusion», das heisst: Das Individuum kann bei mangelnder Identifikation mit einer Rolle auf eben diese Rollenhaftigkeit seines Handelns verweisen («als Vorgesetzter muss ich mich so verhalten»).

Abbildung 10: Identitätsfördernde «Strategien»[7]

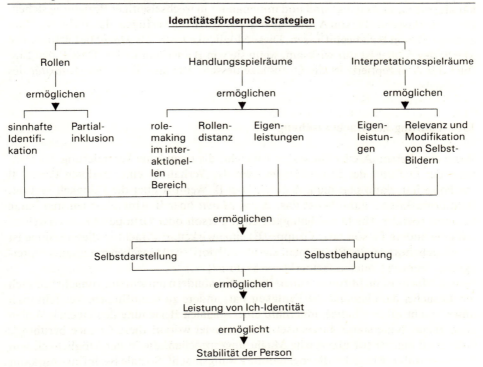

7 vgl. Türk (1976)

51 Preglau (1980)
52 vgl. Türk (1976)

- *Handlungsspielräume* ermöglichen die Neugestaltung von Rollen in der Interaktion mit anderen, Rollendistanz und Eigenleistungen des Individuums. Rollendistanz, d.h. die Distanzierung von den Erwartungen, die sich auf einen richten, erlaubt, widersprüchliche Situationen zu bewältigen, bewahrt das Individuum davor, in der Gruppe «aufzugehen» und erleichtert die Ablösung von Rollen (z.B. dann, wenn in einer Laufbahn eine neue Position eingenommen wird).
Eigenleistungen dagegen erlauben die Verwirklichung und Darstellung der eigenen Möglichkeiten.
- *Interpretationsspielräume* kommen dadurch zustande, dass die geltenden Normen/Regeln (absichtlich oder unabsichtlich) so formuliert sind, dass sie verschieden interpretiert werden können. Solche Spielräume erlauben dem Individuum ebenfalls Eigenleistungen und geben ihm die Möglichkeit, sein Selbstbild auf seine Bedeutung zu überprüfen und es zu verändern/anzupassen.

13 Macht und Autorität

Führung wurde als zielorientierte Einflussnahme zur Erfüllung von Aufgaben bezeichnet. Entscheidend für den Führungserfolg ist, in welchem Ausmass diese Einflussnahme gelingt. Das Resultat des Einflussprozesses ist von beiden Elementen abhängig, die daran beteiligt sind und miteinander in wechselseitiger Beziehung stehen: Die beeinflussende Person A muss über die Möglichkeit verfügen, das Verhalten einer anderen Person B zu beeinflussen. Diese Möglichkeit wird als *Macht* bezeichnet. Die Macht des A aber ist nur wirksam, wenn sie von B anerkannt wird. Dass B den Einfluss des A akzeptiert, ist die Grundlage dessen, was man unter der *Autorität* des A versteht.

131 Führung als Machtausübung

Wenn eine Person A eine Handlung vollzieht, die irgendeine Veränderung des Denkens, der Gefühle, der Einstellungen oder des Verhaltens einer anderen Person B zur Folge hat, dann sagt man: A *beeinflusst* B. Wenn A über die Fähigkeit verfügt, B zu beeinflussen, dann heisst das: A hat *Macht* über B. «Im allgemeinsten Sinne ist unter sozialer Macht die Fähigkeit einer Person oder Gruppe (A) zu verstehen, auf eine andere Person oder Gruppe (B) einzuwirken.»[53] Macht in diesem Sinne ist ein alltägliches soziales Phänomen, das überall dort, wo Menschen miteinander interagieren, bemerkt oder unbemerkt wirksam ist.

Soziale Macht ist nicht zum vornherein negativ, sondern umschreibt zunächst einfach die Tatsache, dass jemand die Fähigkeit hat, andere zu beeinflussen. Versteht man unter Macht «jede Chance, innerhalb einer sozialen Beziehung den eigenen Willen auch gegen Widerstand durchzusetzen, gleichviel worauf diese Chance beruht»[54], dann wird hierbei vor allem jene Macht angesprochen, die in der Möglichkeit von Zwangsausübung besteht: die sogenannte Zwangsmacht. Soziale Beeinflussung kann

[53] Klis (1971)
[54] Weber (1972), zit. nach Lehmann (1981)

aber auch ohne Ausübung von Druck zustande kommen, nämlich dann, wenn sich der Einfluss aufgrund von Einsicht oder Identifikation des Beeinflussten ergibt. Befasst man sich mit dem Thema Macht, muss ein entscheidender Sachverhalt ganz klar vor Augen gehalten werden: «Macht ist nicht Eigenschaft einer Person, sondern Merkmal einer Beziehung zwischen mindestens zwei Personen. Eine isolierte Person kann keine Macht ausüben.»[55] Mit anderen Worten stellt die Ausübung von Macht keine einseitige Einflussnahme dar, sondern ein interaktionelles Geschehen, zu dessen Vollzug es mindestens zwei braucht: einen, der Macht ausübt, und einen, der diese Macht akzeptiert. Das bedeutet aber auch, dass eine Machtbeziehung sowohl vom Macht-ausübenden als auch vom Macht-akzeptierenden her verändert werden kann.

Jede Machtbeziehung ist grundsätzlich eine Austauschbeziehung: Die Wirksamkeit der Macht des A über B findet dort ihre Grenzen, wo auch B Machtmittel in der Hand hat, wenn also gegenseitig Abhängigkeit besteht (wie das in vielen Vorgesetzten-Mitarbeiter-Beziehungen der Fall ist).

Im folgenden wird auf die Grundlagen und die Instrumente der Macht etwas eingehender eingegangen.

132 Grundlagen der Macht

Die Gegebenheiten, auf denen die Macht von A über B beruht, werden als Machtgrundlagen bezeichnet. Sie rufen bei B die Bereitschaft hervor, sich von A beeinflussen zu lassen bzw. dessen Macht zu akzeptieren. Die Wirkung der jeweiligen Machtgrundlage entspricht der Art der Beziehung zwischen «Machthaber» und «Machtunterworfenem». Von diesem Beziehungsverhältnis ausgehend lassen sich sechs Machtgrundlagen unterscheiden (Abb. 11)[56].

- *Macht durch Information:* Diese beruht auf der Überzeugung von B, dass A über Informationen verfügt, die er (B) zur Erreichung seiner Ziele benötigt. A kann B die gewünschten Informationen liefern, er kann diese aber auch filtern oder (auch unbeabsichtigt) verfälschen oder sie B zum Teil ganz vorenthalten.
- *Macht durch Belohnung:* Diese entsteht aus der Überzeugung des B, dass A, wenn er dessen Willen entspricht, eine «Belohnung» (positive Sanktion) gewähren wird. Als Belohnung kommt z.B. Entlöhnung, Beförderung oder Anerkennung in Frage.
- *Macht durch Bestrafung:* Sie bildet das Gegenstück zur Belohnungsmacht und stützt sich auf die Überzeugung des B, dass ihm A, wenn er dessen Willen nicht entspricht, eine «Bestrafung» (negative Sanktion) erlassen kann. Als Bestrafung ist z.B. Tadel, ausbleibende Beförderung/Gehaltserhöhung, Versetzung oder das Versagen von Hilfe, Information, Kooperation oder Anerkennung, Entlassung, Verachtung aufzufassen. Die Ausübung von Strafmacht gründet letzten Endes auf der Anwendung von Zwang. Weil diese Machtgrundlage bei B Widerstand hervorruft, «trägt sie – zumindest langfristig – die Ursache ihrer eigenen Schwächung in sich»[57].

---

55 Rüttinger (1981)
56 vgl. Klis (1975), Lattmann (1981), Steinle (1978), Wunderer/Grunwald (1980)
57 Lattmann (1981)

Abbildung 11: Grundlagen der Macht

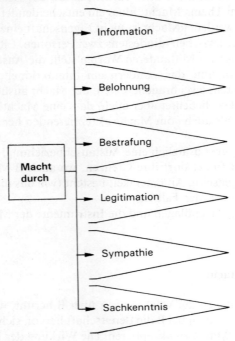

8 vgl. Lattmann (1981)

- *Macht durch Legitimation:* Diese Machtbasis beruht auf der Überzeugung des B, dass A zu Recht Macht auf ihn ausübt, und er (B) verpflichtet ist, Gehorsam zu leisten. Die Unterwerfung des B unter den Willen von A erfolgt aufgrund von Normen, die von B als gültig anerkannt werden. Diese Normen können z.B. in einem Anstellungsvertrag verankert oder aber von B verinnerlicht sein, so dass er sich nicht mehr bewusst ist, woher die Normen stammen und wie er sie erworben hat. Legitimierte Macht wird häufig als *Autorität* bezeichnet.
- *Macht durch Sympathie/Identifikation:* Mit diesem Ausdruck bezeichnet man zwei recht unterschiedliche Phänomene: Erstens wenn B sich mit A identifiziert, d.h. A zum Vorbild nimmt, dann wird B dadurch beeinflusst, dass er A ähnlich sein möchte und seine Ziele übernimmt. Zweitens wenn B A mag, dann kann A ihn beeinflussen, indem er ihm soziale «Belohnungen» (Zuwendung, Anerkennung, Hilfe) gewähren bzw. vorenthalten kann.
- *Macht durch Sachkenntnis:* Diese beruht auf der Überzeugung von B, dass A über grösseres Wissen oder grössere Fähigkeiten verfügt als er selbst.

Im allgemeinen sind in der Praxis mehrere der geschilderten Machtgrundlagen in unterschiedlicher Kombination und Gewichtung wirksam. Am Beispiel der Arzt-Patienten-Beziehung lässt sich dies verdeutlichen[58]: Ein Arzt wird, um seinen Einfluss zu vergrössern, seine legitime Macht ins Feld führen und den Patienten bitten, den

58 Wunderer/Grunwald (1980)

ärztlichen Anweisungen strikt zu folgen. Es ist aber auch möglich, dass der Arzt eine vertrauensvolle Beziehung herzustellen versucht, wodurch «Macht durch Sympathie» wirksam wird. Andererseits kann er sich im medizinischen Bereich stets auf den neuesten Stand der Forschung halten, um seine «Macht durch Sachkenntnis» zu sichern. Er kann aber auch Billigung oder Missbilligung aussprechen im Sinne von Zwang oder Belohnung. Weiterhin kann er informative Macht ausüben, indem er den Patienten über Symptome, Verlauf und Therapie der Krankheit aufklärt.
Im Rahmen von Untersuchungen wurden Arbeitnehmer der unteren und mittleren Ebene gebeten, die Machtgrundlagen ihrer Vorgesetzten zu bewerten[59]. Die Frage an die Mitarbeiter lautete: «Wenn Sie einmal darüber nachdenken, warum Sie eigentlich das tun, was Ihr Vorgesetzter von Ihnen erwartet oder verlangt, was würden Sie sagen?» Nach den gegebenen Antworten lassen sich die Machtgrundlagen nach ihrer Bedeutsamkeit in folgende Reihenfolge bringen:

- *Funktionale Legitimation* («Es ist notwendig, damit alles reibungslos funktioniert»)
- *Normative Legitimation* («Es ist meine Pflicht»)
- *Sachkenntnis* («Ich schätze das fachliche Können und Urteilsvermögen meines Vorgesetzten»)
- *Belohnung* («Mein Vorgesetzter kann mir helfen und mich fördern»)
- *Sympathie/Identifikation* («Mein Vorgesetzter ist ein netter Mensch»)
- *Bestrafung* («Mein Vorgesetzter kann mich benachteiligen oder sonstwie bestrafen»)

In einer zweiten Phase der Untersuchungen wurde dieselbe Frage mit der entsprechenden Umformulierung einer Reihe von Vorgesetzten zur Einschätzung ihrer eigenen Machtgrundlagen vorgelegt. Hier ergab sich folgende Reihenfolge: Sachkenntnis, funktionale Legitimation, Sympathie/Identifikation, Belohnung, Bestrafung, Normative Legitimation.
Der wesentliche Unterschied zwischen den beiden Bewertungen liegt darin, dass Vorgesetzte ihre «persönlichen» Machtgrundlagen (Sachkenntnis, Identifikation) stärker herausstellen als die Mitarbeiter.
Erstaunlich an diesen Ergebnissen ist, dass beide Gruppen der *Sanktionsmacht* (Belohnung/Bestrafung) relativ *geringe Bedeutung* einräumen. Daraus darf jedoch nicht geschlossen werden, dass Sanktionen in Betrieben selten vorkommen. Sie sind bloss in den unmittelbaren Beziehungen zwischen Vorgesetzten und ihren Mitarbeitern von untergeordneter Bedeutung gegenüber anderen Formen der Beeinflussung. Dies ist vor allem darauf zurückzuführen, dass die Sanktionsmacht von den mittleren und unteren Ebenen der Hierarchie auf übergeordnete Stellen verlagert worden ist.
Untersuchungen, welche die Wirkungen verschiedener Machtgrundlagen hinsichtlich Leistungen und Zufriedenheit zum Thema hatten, zeigten folgende Ergebnisse[60]: Gute Leistung und hohe Zufriedenheit sind vor allem mit den Machtgrundlagen *Information* und *Identifikation* verbunden. Negative Sanktionen führen demgegenüber zu schlechten Leistungsergebnissen und wirken sich auf die Zufriedenheit negativ aus. Die negative Wirkung auf die Leistung resultiert insbesondere daraus, dass

---

59 vgl. Zündorf/Grunt (1980), nach Becker (1984), Rüttinger (1981)
60 vgl. Steinle (1978)

der Mitarbeiter im wesentlichen nur Rückmeldungen über unerwünschte Verhaltensweisen erhält – somit im Kern die «falschen» Informationen – und damit die Übernahme von «richtigen» Verhaltensstandards und Wertvorstellungen erschwert wird.

133 Instrumente der Macht

Die Machtgrundlagen stellen ein Potential dar, über das jemand verfügt. Damit dieses Potential wirksam wird, bzw. damit eine Beeinflussung tatsächlich zustandekommt, muss dieses Potential durch gezielte Handlungen aktiviert werden. Die Mittel, die A benutzen kann, um B zu beeinflussen, lassen sich wie folgt gliedern (Abb. 12)[61].

Abbildung 12: Instrumente der Macht

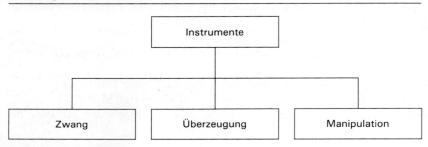

9 vgl. Rüttinger (1981)

Zwang: Die Einflussnahme erfolgt über Belohnungen und Vorteile, die B gewährt werden, falls er sich den Erwartungen von A entsprechend verhält. Die Wirkung von Zwang beruht darauf, dass B von A in irgendeiner Weise abhängig ist. B gehorcht aus Angst vor den Folgen des Ungehorsams. Der Zwang kann unterschiedliche Bereiche betreffen:
- *physischer Zwang:* Die körperliche Freiheit und Unversehrtheit von B oder ihm nahestehende Personen kann bedroht sein.
- *wirtschaftlicher Zwang:* Die materielle Existenzgrundlage kann in Frage gestellt sein (Androhung von Entlassung).
- *sozialer Zwang:* B kann in seiner sozialen Stellung bedroht sein (z.B. durch Verdrängung aus einer Gemeinschaft).
- *seelischer Zwang:* B kann der Verlust einer für ihn wichtigen Beziehung angedroht werden.

Die Beeinflussung durch Sanktionen hält B in einer gefängnisähnlichen Situation und schränkt seine Handlungsfreiheit und Entwicklungsfähigkeit stark ein[62]. Die Wirksamkeit der Führung durch Zwang hängt davon ab,
- ob Strafen bzw. Belohnungen zur Verfügung stehen, die für B so viel Gewicht besitzen, dass er es vorzieht das gewünschte Verhalten zu zeigen.

61 vgl. Zündorf/Grunt (1980), nach Becker (1984), Rüttinger (1981)
62 vgl. Müller/Hill (1977)

- ob für B ein direkter und klarer Zusammenhang zwischen der Sanktion und dem sanktionierten Verhalten einsehbar ist. Dies setzt voraus, dass das sanktionierte Verhalten klar definiert werden kann.
- ob starke Barrieren errichtet werden können, die ein Umgehen des erzwungenen Verhaltens zu verhindern vermögen, d.h. ob eine ständige Überwachung möglich ist.

Diese Voraussetzungen sind heute meistens nicht (oder nur teilweise) gegeben. «Problemlösendes Verhalten der Mitarbeiter und selbständiges Denken in Richtung eines gemeinsamen Zieles lässt sich durch Sanktionen nicht erzwingen. Es ist auch oft unklar, wer im Zeitalter der Spezialisten über grössere Sanktionsmöglichkeiten verfügt, der Vorgesetzte oder seine Mitarbeiter. Ausserdem ist der erforderliche Zwang im Lichte des heutigen Strebens nach individueller Freiheit äusserst zweifelhaft und dem Gedanken der persönlichen Entwicklung in der und durch die Arbeit diametral entgegengesetzt.»[63]

In den vergangenen Jahrzehnten hat man sich viele Gedanken darüber gemacht, wie man in organisierten sozialen Systemen Sanktionsmacht (Belohnung/Bestrafung) durch andere Formen der Beeinflussung ersetzen könnte. Macht durch Zwang setzt genaue Überwachung voraus, erregt Widerstand und Feindschaft und schafft Unmündigkeit. Auch Macht durch Belohnung verlangt Überwachung und liefert noch keine Gewissheit, dass die Mitarbeiter die Initiative und Kooperationsbereitschaft aufbringen, die zur Erfüllung komplexer und interdependenter Aufgaben erforderlich sind.

Weiter unten wird gezeigt werden, dass die effektivste Führung auf einem Führungsverhalten basiert, das eine innere Bindung an Ziele hervorruft und die individuelle Motivation des Mitarbeiters mit Zielen des sozialen Systems in Einklang bringt. Durch die grosse Gefahr des Missbrauchs dieser Erkenntnis zu Manipulations-Zwecken droht den Mitarbeitern erneute, diesmal unbewusste Abhängigkeit, indem die «Macht durch Zwang» von der «Macht durch Manipulation» abgelöst wird.

Überzeugung: Der Beeinflussende (A) strebt hier nicht danach, den anderen (B) mittels Drohung/Zwang zu einem bestimmten Verhalten zu bewegen. B soll sich vielmehr aufgrund einer freien Willensbildung für das Ziel des A entscheiden. «Von Überzeugung ist immer dann zu sprechen, wenn eine Person einer anderen Informationen zuleitet und der Empfänger die darin enthaltenen Schlussfolgerungen *freiwillig* – also ohne Drohung und Zwang – als Entscheidungsprämissen akzeptiert.»[64]

Dass B sich von A überzeugen lässt, ist im wesentlichen von der *Glaubwürdigkeit* des A abhängig. A wird dann als glaubwürdig betrachtet, wenn er den «wiederholten Beweis von *Vertrauenswürdigkeit*» erbracht hat[65]. Wenn mehrere Personen – sozusagen als Zeugen – die Vertrauenswürdigkeit von A beobachtet haben und ihre Beobachtungen übereinstimmen, wird sich ein Konsens herausbilden, wonach A glaubwürdig ist.

Vertrauenswürdig ist A dann, wenn man sich auf seine Worte verlassen kann und die Worte mit den Taten übereinstimmen. Nun wird aber A nicht immer so handeln

63 Müller/Hill (1977)
64 Klis (1971)
65 vgl. Lindskold (1981)

können, wie er es angekündigt hat, weil es konkurrierende Forderungen oder Umstände gibt, die sich seiner Steuerung entziehen. Dies wird B nicht daran hindern, A zu vertrauen, falls er überzeugt ist, dass A es gut mit ihm meint, dass er am Wohlergehen von B interessiert ist, dass seine Handlungen und Absichten grundsätzlich darauf ausgerichtet sind, dieses Wohlergehen zu erhalten und zu erhöhen.

Im weiteren hängt die Vertrauenswürdigkeit von A auch davon ab, wie stark von seiner Seite her *eigene Interessen* im Spiel sind. Wenn A versucht, B zu überzeugen, eine Handlung auszuführen, durch die er selbst in eine vorteilhafte Lage gerät, wird B ihm weniger vertrauen, als wenn die Handlung in keiner Beziehung zu Eigeninteressen des A steht. Aufrichtige und wohlwollende Handlungen von A werden vor allem dann als Ausdruck von Vertrauenswürdigkeit aufgefasst, wenn sie für A mit einem *Risiko* oder mit tatsächlichen «Kosten» verbunden sind.

Dass A von B als glaubwürdig betrachtet wird, hängt nicht nur vom Verhalten des A ab, sondern ebenso von persönlichen Merkmalen des B und von der Beziehung zwischen den beiden. So kann die Glaubwürdigkeit von A auch darauf beruhen, dass sich B mit ihm identifiziert, ihn für sachverständig, intelligent, gewissenhaft oder zuverlässig hält, beide derselben Gruppe angehören, gewisse Wertvorstellungen teilen, A hohes Ansehen besitzt oder im Gespräch zu faszinieren versteht. Die Bereitschaft von B, A zu vertrauen, kann auch aus seiner eigenen Hoffnungslosigkeit, Naivität, Impulsivität und Gutgläubigkeit erwachsen. Wie immer die Ursachen der Glaubwürdigkeit auch aussehen, grundsätzlich gilt: Je glaubwürdiger A in den Augen von B ist, desto eher wird B bereit sein, sich von ihm überzeugen zu lassen.

Manipulation: Im Gegensatz zur Überzeugung wird bei der Manipulation dem Beeinflussten (zumindest im Moment) nicht bewusst, dass er beeinflusst worden ist. Aus diesem Grund kann keine freiwillige und bewusste Übernahme der Ziele von A erfolgen. Manipulation liegt dann vor, wenn A *bewusst* und zum *eigenen Vorteil* das Erleben und Verhalten von B beeinflusst, ohne dass diesem die Art und Weise dieses Einflusses durchschaubar oder auch nur bewusst wird.

Manipuliert wird also immer dann, wenn der Handlungsspielraum eines anderen Menschen heimlich und bewusst auf solche Handlungen reduziert wird, die den eigenen Interessen und Zielen dienen. Der Kern der Manipulation besteht darin, dass A versucht, seine eigenen Ziele und Absichten zu verbergen und mittels bestimmter Strategien nicht nur die Informationen, sondern auch die soziale und physische Umwelt von B so zu gestalten, dass dieser seine Ziele übernimmt, «als wären es seine eigenen».

Manipulative Strategien bestehen schon seit langer Zeit. Sie wurden entwickelt, um ein spezifisches Problem zu lösen: das Problem, jemanden dazu zu bringen, dass er genau das tut, was man will, ohne dabei autoritär zu sein, d.h. offensichtlichen Druck auszuüben. *Die manipulativen Modelle haben fünf wesentliche Punkte gemeinsam.* Diese fünf Punkte sind[66]:

- *Der Manipulator versucht, seine Absichten/Ziele zu verschleiern.* A möchte beispielsweise, dass B für ihn eine unangenehme Arbeit erledigt. Er beginnt jedoch damit, B zu überzeugen, dass er (A) eigentlich gar nichts von ihm möchte, sondern lediglich vom Wunsch beseelt ist, ihm einmal ganz grundsätzlich für seine tadellose Aufgabenerfüllung zu danken.

66 vgl. Leavitt (1974)

- *Der Manipulator entwickelt eine Beziehung zum «Opfer»*, um diese Beziehung dann als Werkzeug zur Beeinflussung zu benutzen. Die meisten manipulativen Strategien sind zweistufige Prozesse: Zuerst wird eine Beziehung mit B entwickelt, so dass diese Beziehung für B wertvoll wird. Der zweite Schritt besteht dann darin, dass diese nun wertvolle Beziehung selbst als Instrument verwendet wird, um die Veränderung zu erreichen. Beispiel: Der Vorgesetzte A zeigt ein tiefes persönliches Interesse an seinem Mitarbeiter B und entwickelt damit persönliche Gefühle zwischen sich und ihm. Und dann, bewusst oder unbewusst, benutzt er diese Beziehung, indem er auf Freundschaft und Loyalität verweist, um das zu erreichen, was er erreichen will.

Der Manipulator benutzt aber nicht nur seine Beziehung zu B, sondern auch die Beziehungen zwischen B und anderen Menschen. So nutzt er auch den Druck aus, der von anderen Personen auf B ausgeübt wird (Gruppendruck).

- *Der Manipulator schafft und benutzt Abhängigkeiten.* Während er autoritäre Abhängigkeit offensichtlich und direkt ausnutzt, tut es der Manipulator heimlich und indirekt. So arbeitet der manipulative Vorgesetzte in beiden Richtungen der Machthierarchie und nutzt psychologische Macht anstatt Autorität. Er ermöglicht sich beispielsweise seinen Weg nach oben, indem er versucht, von höheren Vorgesetzten abhängig zu werden. Er sucht sich einen Förderer, jemanden, mit dem er eine Vater-Sohn-Beziehung herstellen kann. Steigt der Vater, wird der Sohn folgen. Gelingt es ihm, von einem Vorgesetzten abhängig zu werden, so wird auch dieser von ihm abhängig.

Nach unten verlässt sich der Manipulator nicht auf eine unpersönliche Vorgesetztenrolle, sondern lieber auf eine persönliche Abhängigkeit von sich selber als Individuum. So sucht er enge Abhängigkeitsbeziehungen mit seinen Mitarbeitern, um diese tiefen persönlichen Bindungen als Basis für Beeinflussungen zu benutzen (siehe oben).

- *Der Manipulator nutzt menschliche Bedürfnisse aus.* Im Gegensatz zum autoritären Beeinflusser, der Gefühle ignoriert, ist der Manipulator ausserordentlich hellhörig, wenn es um menschliche Schwächen und Gefühle geht. Er befriedigt menschliche Bedürfnisse nach physischem Wohlbefinden, nach Sicherheit, Zugehörigkeit, Zuwendung, Anerkennung, Bedeutung und Wertschätzung, um den anderen dann ausnutzen zu können.

- *Der Manipulator geht langsam vor.* Er bewegt sich nicht hastig und direkt. Er beeinflusst Stück für Stück. Er baut langsam eine Beziehung auf und bringt den anderen langsam, Schritt für Schritt, dahin, wo er ihn haben will.

Die meisten manipulativen Beeinflussungsmodelle entstanden wie gesagt dort, wo die Ausübung von direktem Druck nicht möglich ist wie z.B. im Verkauf (Werbung). Nun hat es sich aber aus verschiedenen Gründen – die teilweise schon genannt wurden – auch in der Arbeitswelt vielerorts als notwendig erwiesen, die autoritären Führungsmethoden durch andere Methoden zu ersetzen. Und es erstaunt nicht, dass es sich bei vielen dieser «anderen Methoden» um manipulative Modelle handelt.

Zahlreiche Regeln und Tips, wie sie in unzähligen Artikeln und Büchern zum Thema Führung beschrieben werden, laufen unter dem Motto: «Mitarbeiter arbeiten besser und williger, wenn man sie freundlich und wertschätzend behandelt und ihnen das Gefühl von Mitverantwortung gibt.» Nach dem gleichen Motto verlaufen auch viele

«Human-relation-trainings», in denen Vorgesetzte lernen, ihre Mitarbeiter optimal und zeitgemäss zu motivieren (sprich: manipulieren).
Weil Manipulation eine tiefe Missachtung der Würde und Eigenständigkeit der zu beeinflussenden Person darstellt, ist solche «Sozialtechnologie» als Führungsinstrument vollumfänglich abzulehnen. «Selbst wenn es gelingen sollte, den Mitarbeiter durch die empfohlenen Behandlungstechniken bei Laune zu halten – ist nicht der Preis zu hoch? Stellt nicht die Würdelosigkeit des Tuns und die Pervertierung mitmenschlicher Beziehungen einen Verrat an der eigenen Seele dar, der noch im diesseits ein Fegefeuer persönlicher Krisen und Sinnverfehlungen zu entfachen droht?»[67]
Zwei Gründe sind es, weshalb hier die fünf Merkmale der Manipulation vorgestellt wurden: Erstens ist jeder täglich den vielfältigsten Formen von Manipulation ausgesetzt. Es ist deshalb wichtig, die eigene Wahrnehmung diesbezüglich zu schärfen. Zweitens ist man selbst nicht frei von manipulativen Verhaltensweisen. Jeder verheimlicht in gewissen Situationen einen Teil seiner Absichten und benutzt Beziehungen, um einen anderen Menschen dahin zu bringen, wo er ihn haben will. Die fünf Merkpunkte sollen deshalb auch dazu anregen, das eigene Verhalten einmal etwas unter die Lupe zu nehmen.
Zum Schluss noch einige Fragen, deren Beantwortung zu empfehlen ist[68]: Kenne ich jemanden, der seine Beziehung zu mir ausnutzt, um mich zu beeinflussen? Wie reagiere ich darauf? Wie kann ich erkennen, ob es jemand «ehrlich» meint? Meine ich es immer ehrlich? Warum?
Mit Krankenschwestern wurden Untersuchungen durchgeführt, welche sich mit der Bedeutung der Machtmittel Überzeugung, Manipulation und Zwang befassten. Ergebnis der Untersuchungen war, dass Krankenschwestern als Beeinflussungsmethode gegenüber den Patienten zuerst Überzeugung (54%), Manipulation (38%) und dann Zwang aufgrund formaler Autorität (5%) anwenden[69]. Dies lässt sich möglicherweise so interpretieren, dass bei geringem Widerstand zunächst Überzeugung versucht wird, während mit zunehmendem Widerstand Manipulation und Zwang folgen. Darauf deutet auch die Tatsache hin, dass ein gewisses Vertrauen vorhanden sein muss, damit die Überzeugung Erfolg hat.

Abbildung 13: Manipulator

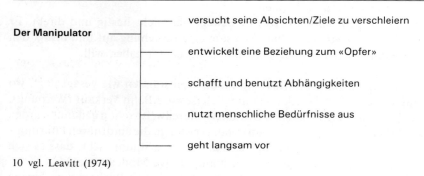

10 vgl. Leavitt (1974)

67 Schulz von Thun (1981)
68 vgl. Leavitt (1974)
69 vgl. Nieder/Naase (1977), Steinle (1978)

134 Begriff der Autorität

Der Begriff «Autorität ist auf das gleiche Phänomen bezogen wie der Begriff «Macht», nämlich auf den Vorgang der sozialen Beeinflussung. Um die beiden Begriffe voneinander abzugrenzen, soll zunächst die Herkunft des Wortes «Autorität» betrachtet werden: Das Wort leitet sich vom lateinischen «autoritas» her, was ursprünglich «Urheberschaft» bedeutete (auctor lat. = Urheber, Schöpfer, Förderer, verantwortlicher Ratgeber).

Im alten Rom wurden zwei Aspekte der Autorität unterschieden[70]: «auctoriats» und «potestas». Auctoritas war das Beratungsrecht des Senats, eine soziale Macht, die nicht als Befehl, sondern als gewichtiger Ratschlag wirksam war. Demgegenüber bezeichnete «potestas» die Amtsgewalt, die rechtlich zugeteilte Macht, die auch gegen den Willen des Betroffenen durchgesetzt werden konnte.

Die Vorstellung von Autorität als freiwillig akzeptiertem sozialem Einfluss geht auch in neuere Definitionen der Autorität ein. So wird Autorität etwa als «bejahte Abhängigkeit» oder als «legitimierte Macht» bezeichnet. Autorität umfasst somit alle Formen von sozialem Einfluss, die von den Beeinflussten als legitim angesehen und demzufolge akzeptiert werden.

Das Spektrum möglicher Einflussnahmen, die von B akzeptiert werden, ist auf den Bereich beschränkt, der von B als legitim betrachtet wird[71]. *Dieser Legitimationsbereich ist begrenzt*

- durch die spezifische Art der Autorität (formal, persönlich, fachlich), die A übertragen wird und
- durch das Ausmass, in welchem A mit seinem Einfluss diese Autorität strapaziert bzw. in welchem seine Einflussversuche mit den Interessen von B kollidieren.

Autorität wird im Grunde genommen nicht «von oben» delegiert, sondern «von unten», vom Beeinflussten übertragen, indem er den Einfluss akzeptiert (ob er das gern oder ungern tut und worauf dieses Akzeptieren beruht, ist ein anderes Problem). Was zur Macht allgemein festgestellt wurde, wird bei der Autorität zum konstituierenden Merkmal: Autorität ist nicht Eigenschaft einer Person, sondern entsteht und erhält sich immer in einer sozialen Beziehung.

135 Formen der Autorität

Der Ausdruck Autorität weist also darauf hin, dass B den Einfluss von A als legitim (berechtigt, rechtmässig) anerkennt. Diese von B zuerkannte Rechtmässigkeit kann verschiedene Quellen haben: die hierarchische Position von A (formale Autorität), die fachlichen Fähigkeiten von A (fachliche Autorität) oder die Persönlichkeit von A (persönliche Autorität) (Abb. 14).

---

70 vgl. Eschenburg (1976), nach Wunderer/Grundwald (1980)
71 vgl. Müller/Hill (1977)

Abbildung 14: Formen der Autorität

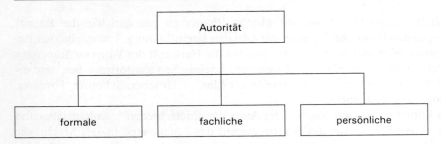

Formale Autorität (Hierarchische Position)

Die formale Autorität gründet sich auf die Position innerhalb der Hierarchie eines sozialen Systems und wird durch den Akt der Ernennung zum Vorgesetzten auf eine Person übertragen. Da dieselbe Position/Stelle von verschiedenen Individuen eingenommen werden kann, ist die formale Autorität grundsätzlich unabhängig von einer bestimmten Person. «Sie besteht in der Bereitschaft des Mitarbeiters, sich seinem Vorgesetzten zu unterstellen, weil er Vorgesetzter ist. In der Armee z.B. zeigt sie sich öfters darin, dass die Befehlsgewalt des Offiziers von der Zahl und der Breite der Streifen an seiner Mütze und nicht von dem in der Mütze steckenden Kopf abhängig ist.»[72]

Die Anerkennung der Einflussnahme erfolgt nicht für jeden beliebigen Einflussversuch, sondern ist auf einen bestimmten Bereich (Legitimationsbereich) beschränkt. Beispielsweise kann eine Röntgenassistentin die Einflussnahme des Arztes in Fragen der Stellung des Patienten als legitim anerkennen, ohne damit auch dessen Einflussnahme in Fragen der Wartung der technischen Anlage zu legitimieren.

Mittel zur Ausübung formaler Autorität sind z.B. Anweisung, Anordnung, Befehl, Auftrag, Instruktion, Kontrolle. Solange die Gefolgschaft des Mitarbeiters darauf beruht, dass er die Einflussnahme des Vorgesetzten als rechtmässig anerkennt, kann die formale Autorität als echte Form von Autorität bezeichnet werden. Wenn aber der Mitarbeiter die Entscheide des Vorgesetzten nicht akzeptiert, sondern sie nur unter mehr oder weniger grossem Zwang ausführt bzw. wenn der Vorgesetzte mit (negativen) Sanktionen droht oder solche verleiht, dann stellt dies nicht mehr die Ausübung von Autorität, sondern die Ausübung von Zwangsmacht (Sanktionsgewalt) dar.

Fachliche Autorität (Fachliche Fähigkeiten)

Die fachliche Autorität beruht auf der Überlegenheit des Autoritätsträgers in einem bestimmten fachlichen Bereich. Diese kann sich beziehen auf

- *die Beherrschung eines Sachgebietes* (Sachkompetenz). So kann die Anerkennung der Gruppenleiterin A durch die Schwesternhilfe B darin gründen, dass A die auszuführenden Arbeiten so gut beherrscht, dass sie B jederzeit Rat und Hilfe erteilen kann.

- *die Befähigung zur Führung seiner Mitarbeiter* (Führungskompetenz). Seine fachliche Autorität findet dann eine Anerkennung, selbst wenn er die auszuführenden Tätigkeiten seiner Mitarbeiter nicht beherrscht. Es ist diese Grundlage der fachlichen Autorität, die bei Vorgesetzten im Vordergrund steht.

Im Gegensatz zur formalen Autorität ist die fachliche Autorität von der Position in der Hierarchie unabhängig. Sie kann sowohl von oben nach unten, wie auch horizontal und von unten nach oben ausgeübt werden. Ebenfalls im Gegensatz zur formalen Autorität ist die fachliche Autorität an Personen gebunden. Sie kann aber nur als Einflussgrundlage dienen, wenn ein Aufgaben- oder Problemtyp angesprochen ist, der den Einsatz der besonderen Fähigkeiten von A gestattet, und wenn B die fachliche Überlegenheit bzw. besondere Befähigung von A zur Problemlösung anerkennt[73].

Auch die fachliche Autorität ist somit in ihrer Wirksamkeit an einen bestimmten Legitimationsbereich gebunden, der nicht von A, sondern von B festgelegt wird. B wird die fachliche Autorität und damit die Anweisungen von A umso eher akzeptieren, je wichtiger ihm das Problem ist, bei dem ihm A durch seine besonderen Fähigkeiten helfen kann, und je grösser die Problemlösungsfähigkeit von A im Vergleich zu seiner eigenen ist.

Die reine Linienorganisation, die auf eine strikte Hierarchie abstellt, geht von der Annahme aus, die fachliche Autorität im Sinne der Sachkompetenz sei mit der formalen Autorität verbunden, und die positionsspezifische Autorität des Vorgesetzten werde durch seine überlegenen Sachkenntnisse ergänzt. Diese Annahme ist jedoch unrealistisch, sobald in einem Bereich komplexe Probleme zu bearbeiten sind.

Der Vorgesetzte kann nämlich nicht führender Experte in allen ihm unterstellten Bereichen sein. Es tritt deshalb nicht selten der Fall ein, dass ein Mitarbeiter zwar über eine geringere formale, jedoch über eine grössere fachliche Autorität verfügt als sein Vorgesetzter. Dies kann beispielsweise dann zu Konflikten führen, wenn der Mitarbeiter eine Anweisung zu befolgen hat, von deren fachlicher Unverantwortbarkeit er überzeugt ist.

In der Praxis der Personalführung ist es häufig so, dass derjenige Mitarbeiter zum Vorgesetzten berufen wird, der sich durch fachliche Überlegenheit auszeichnet. Auf seine Führungsfähigkeiten achtet man weniger, als es eigentlich erforderlich wäre. Wie sich solche «Fehlbesetzungen» auswirken können, haben Sie bestimmt schon «am eigenen Leib» erfahren.

Persönliche Autorität

Von persönlicher Autorität wird dann gesprochen, wenn der Einfluss eines Menschen auf einer besonderen Wirkung beruht, die von seiner Persönlichkeit ausgeht. Man bezeichnet diese eigentümliche Persönlichkeitswirkung als *Charisma* oder Ausstrahlung, doch ist sie schwer in Worte zu fassen. Ein Mensch, von dem diese Wirkung ausgeht, mag sich noch so bescheiden im Hintergrund halten, er fällt auf. Wenn er etwas sagt, hören ihm die anderen zu. Seine Worte haben Gewicht.

---

73 vgl. Müller/Hill (1977)

Die Macht eines solchen Menschen basiert also weder auf seiner formalen Position noch auf seiner fachlichen Kompetenz, sondern auf einer besonderen Ausprägung von Persönlichkeitsmerkmalen, die nicht eindeutig zu identifizieren sind. Es gibt grosse Gelehrte, die keine persönliche Autorität besitzen, weil sie keine «Persönlichkeiten» sind. Und es gibt den völlig ungebildeten «Mann von der Strasse», der sehr wohl über eine persönliche Autorität verfügt.

Persönliche Autorität ist Ausfluss der «Substanz» eines Menschen. Diese Substanz entsteht, indem sich jemand eindeutig für die Werte einsetzt, von denen er überzeugt ist, und sich als ganzer Mensch mit seiner Umwelt und seinen Aufgaben aktiv auseinandersetzt.

Die Mittel zur Entfaltung von persönlicher Autorität sind ebenso schwer in Worte zu fassen wie der Begriff «individuelle Ausstrahlung». Es sind keine «Mittel» im eigentlichen Sinne, die man bewusst erwerben und einsetzen könnte, sondern eben «Wirkungen», die sich einer bewussten Steuerung weitgehend entziehen.

Die Gefolgschaft des Mitarbeiters beruht darauf, dass der Vorgesetzte als Persönlichkeit respektiert und anerkannt wird. Sein Legitimationsbereich ist weder durch seine Position, noch durch seine fachlichen Fähigkeiten begrenzt. Einem Vorgesetzten, der persönliche Autorität besitzt, «gehorcht» man nicht, sondern man «folgt» ihm, man geht für ihn «durchs Feuer».

Das Phänomen der persönlichen Ausstrahlung darf jedoch nicht zu der immer noch weit verbreiteten Annahme verführen, nur ein «geborener» Führer sei ein erfolgreicher Führer[74]. Erstens ist die Verteilung der «Führungsbegabung» wie diejenige jeder anderen menschlichen Eigenschaft fein abgestuft: jeder Mensch verfügt über mehr oder weniger des entsprechenden Talents. Zweitens ist Führen eine Kunst. Und «Kunst» hat mit «Können» zu tun. Können aber muss durch Arbeit erworben werden. So geht auch die Führung mit Vorteil von einem «soliden handwerklichen Boden» aus: Führungsverhalten muss erlernt und eingeübt werden.

Die Ausführungen zu den drei Autoritätsformen werden in einer Übersicht zusammengefasst:

Autoritätsform	Legitimationsbasis	Ursprung/Herkunft
Formale Autorität	Formale Position in der Hierarchie	Institution
Fachliche Autorität	fachliche Überlegenheit (Sachkompetenz/Führungskompetenz)	Individuum
Persönliche Autorität	Charisma/persönliche Ausstrahlung	Individuum

In der Literatur wird der *formalen* (= zugeordneten) Autorität, die auf der Stellung in einer Hierarchie beruht, zuweilen die *informale* oder funktionale (= erwirkte) Autorität gegenübergestellt. Die beiden Grundformen lassen sich nach strukturalem und personalem Aspekt wie folgt darstellen[75]:

---

74 vgl. Müller/Hill (1977)
75 vgl. Wunderer/Grunwald (1980)

strukturaler Aspekt	personaler Aspekt
formale Organisation	informale Organisation
formale Autorität	informale Autorität
zugeordnet	erwirkt
positionsbezogen	personenbezogen
Leitung	Führung
Herrschaft	Einfluss

Die verschiedenen Grundlagen der Autorität, die in diesem Abschnitt aus didaktischen Gründen isoliert dargestellt wurden, lassen sich in Wirklichkeit natürlich nicht so eindeutig voneinander abgrenzen. Die einzelnen Autoritätsformen greifen ineinander, überlagern sich und wirken zusammen.

Die ausgeübte Autorität hängt nicht nur von der *Beziehung* der beteiligten Personen, sondern auch von der *Aufgabe* ab, die zu bewältigen ist.

Die Mixtur von Autoritätsformen, die ein Vorgesetzter besitzen muss, um erfolgreich führen zu können, wird als *Führungsautorität* bezeichnet (siehe 4. Kapitel).

136 Verhaltenssteuerung in Organisationen

Die verschiedenen beschriebenen Formen der Macht bzw. Autorität geben dem Vorgesetzten die Möglichkeit, auf das Verhalten des Mitarbeiters bestimmenden Einfluss zu nehmen (falls dieser die jeweilige Machtgrundlage akzeptiert). Im Falle von Macht und personaler Autorität wird die Steuerung des Verhaltens unmittelbar durch bestimmte Personen (interaktional) vorgenommen; die Steuerungsfunktion kann aber auch durch den *Arbeitsprozess* als solchen und durch Maschinen/Apparate ausgeübt werden[76].

Bei dieser Art von Verhaltenssteuerung sind die Steuerungsfunktionen immanenter Bestandteil der Arbeitsprozesse. Diese sind in ihren Schritten so eindeutig geregelt, dass personale Entscheidungen, Anordnungen, Weisungen hinsichtlich des Vollzuges nicht mehr notwendig sind. Als Beispiel diene der administrative Sektor: Der Durchlauf formalisierter Datenträger (z.B. Formular) erfolgt nach einem bestimmten Schema. Das «Tätigwerden» der betreffenden Organisationsmitglieder wird durch den Datenfluss bestimmt: Erreichen einen Mitarbeiter bestimmte Daten, dann bearbeitet er sie und gibt sie weiter nach einem bestimmten Schema. Seine Arbeit ist derart schematisiert, dass Entscheidungssituationen hinsichtlich der Bearbeitung und Weiterleitung gar nicht auftreten können.

Diese *Verhaltenssteuerung durch den Arbeitsprozess* ist im Krankenhaus von grosser Bedeutung, weil hier viele Arbeiten so weit standardisiert (Wenn-dann-Entscheidungen) und manchmal bis ins kleinste Detail vorprogrammiert sind, dass sich Weisungen des Vorgesetzten weitgehend erübrigen; Vorgesetzte müssen nur noch dann in Erscheinung treten, wenn es bei der Arbeit Schwierigkeiten und Unklarheiten gibt oder wenn sich die Arbeitsverfahren infolge neuer Technologien oder Vorschriften grundlegend ändern. Diese «*Versachlichung der Herrschaft*» «stellt einen nicht hoch

---

76 vgl. Bosetzky/Heinrich (1980)

genug einzuschätzenden *Integrationsfaktor* dar, da sie vor der (möglichen) Dominanz und der (möglichen) Willkür der Vorgesetzten entlastet und dem Streben des einzelnen Organisationsmitgliedes nach Autonomie und handwerklich-eigenständigem Arbeitsvollzug entgegenkommt»[77].

Letztendlich ist natürlich auch der Arbeitsprozess, der hier verhaltenssteuernd wirkt, von Menschen zu einem bestimmten Zweck gestaltet worden, so dass es im Grunde auch hier um die Unterwerfung unter die bestehenden Machtverhältnisse geht (nur fällt sie wesentlich leichter, als wenn man den direkten Weisungen von Vorgesetzten Folge zu leisten hat). Mit «Unterwerfung» und «Folge leisten» sind zwei Stichworte gefallen, die uns zur wichtigen Frage führen: Warum leisten Tausende von Mitarbeitern grosser Organisationen tagtäglich den Aufforderungen und Weisungen ihrer Vorgesetzten Folge? So einfach diese Frage tönt, so schwer ist sie zu beantworten. Sicher ist nur, dass sich jede Organisation bemüht, das Verhalten ihrer Mitglieder so zu steuern, dass die Organisationsziele erreicht werden. Sie schafft das zum einen dadurch, dass sie bestimmte Mitglieder (die Vorgesetzten) mit Macht, Autorität und Manipulationsmöglichkeiten ausstattet (oder die damit ausgestatteten Personen auf Führungspositionen setzt).

Zum anderen baut sie auf die Selbst- (Innen-)steuerung ihrer Mitglieder, die diese im Laufe ihrer Sozialisation entwickelt haben. Das Ziel der Organisation besteht darin, die Mitglieder dahin zu bringen, «dass sie das tun wollen, was sie tun müssen»[78]. (Fromm)

Sucht man beim Mitarbeiter (als «Folger») nach den Gründen für seinen Gehorsam, so lassen sich vier massgebliche Gründe erkennen[79]:

- *Innerer Gehorsam:* Der Mitarbeiter stimmt innerlich (d.h. von seinen Werten und seinen Gefühlen her) mit dem überein, was die Organisation von ihm verlangt.
- *Kalkulierter Gehorsam:* Der Mitarbeiter leistet genau den Gehorsam, für den er glaubt, bezahlt oder anderweitig belohnt zu werden. Er bietet seinem Arbeitgeber soviel an Leistung und Loyalität, dass dieser ihn so hoch belohnt, wie er es wünscht (mit Geld, Statussymbolen, Anerkennung, sozialen Kontakten, Sinngebung) bzw. dass er ihn so wenig wie möglich bestraft.
- *Resignativer Gehorsam:* Der Mitarbeiter fügt sich in sein Schicksal als abhängiger Arbeitnehmer, weil er aufgrund seiner gesellschaftlichen Lage keine Alternative sieht oder hat.
- *Mechanischer Gehorsam:* Der Mitarbeiter reagiert unreflektiert und mechanisch auf bestimmte Signale, wie sie im Verlauf von normierten Arbeitsprozessen an seinen Arbeitsplatz gelangen (so wie etwa der Wagenführer «ganz automatisch» bremst, wenn ein Signal rot aufleuchtet).

Zahlreiche und vielfältige Kräfte sind es, die den Gehorsam eines Organisationsmitglieds bewirken; das wird anhand von Abbildung 15 verdeutlicht. Gehorsam beinhaltet dabei sowohl das Erbringen von Leistungen wie Unterwerfung unter die organisationalen Normen und Loyalität gegenüber der Organisation.

---

77 Bosetzky/Heinrich (1980)
78 Fromm (1975), zit. nach Bosetzky/Heinrich (1980)
79 vgl. Bosetzky/Heinrich (1980)

Abbildung 15: Bestimmungsfaktoren des Gehorsams

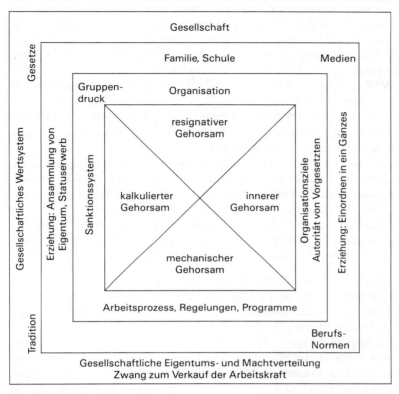

11 vgl. Bosetzky/Heinrich (1980)

137 Macht des Mitarbeiters

Bis hierher ist nur von der Macht des Vorgesetzten gesprochen worden. Es ist aber nicht so, dass alle in einer Organisation vorhandene Macht von der Spitze nach unten gleichmässig abnehmend auf die Vorgesetztenpositionen verteilt wäre und die Mitglieder in den Untergebenenpositionen völlig machtlos wären. Auch Mitarbeiter haben Macht, auch wenn ihnen diese nicht von der Organisation formal verliehen ist. Fragt man danach, *wie* sich denn von den Untergeordneten eine Gegenmacht zur «offiziellen» Macht der Vorgesetzten aufbauen lässt, so kann dies dadurch geschehen, dass sie *Koalitionen* gegen den Vorgesetzten bilden und/oder dass sie den Vorgesetzten von sich selbst abhängig machen[80].

Grundsätzlich besitzt der Mitarbeiter vier Möglichkeiten, seinen Vorgesetzten in ein Abhängigkeitsverhältnis zu bringen[81]:

- *Ergänzendes (= komplementäres) Abhängigkeitsverhältnis:* Ein solches kommt dadurch zustande, dass der Vorgesetzte zur Erfüllung seiner (Vorgesetzten-)Rolle

80 vgl. Bosetzky/Heinrich (1980)
81 vgl. Hartmann (1964) nach Bosetzky (1980)

auf die komplementäre Rolle des Mitarbeiters angewiesen ist. Dieses «Mitspielen» kann er nicht erzwingen, sondern er muss es dadurch erreichen, dass er den untergebenen Rollenpartner durch besondere Massnahmen (Nachsicht, Drüberwegsehen, Mal-was-durchgehen-Lassen) kooperativ stimmt. Hier lässt sich z.B. an ein «eingespieltes Team» rangungleicher Personen wie Arzt und Arztgehilfin denken.
- *Bedingungsgemässes (= konditionales) Abhängigkeitsverhältnis:* Damit ist gemeint, dass der Mitarbeiter über bestimmte Mittel verfügt, die der Vorgesetzte zur Erfüllung seiner Aufgabe benötigt. Wesentliche Arbeiten können unterbunden oder verzögert werden, wenn Pförtner, Küchenpersonal, Telefonistinnen oder Magaziner von ihrer untergeordneten Stellung aus die Mittel blockieren, die die zum reibungslosen Arbeitsablauf benötigt werden.
- *Aushelfendes (= auxiliares) Abhängigkeitsverhältnis:* Dieses entsteht dadurch, dass der Mitarbeiter dem Vorgesetzten bei der Erledigung seiner Aufgaben aushilft. Die Gründe können sein: Überbelastung des Vorgesetzten, Abneigung gegen bestimmte Aufgaben, Unsicherheit in einem Tätigkeitsbereich usw.
- *Fachliches (= funktionales) Abhängigkeitsverhältnis:* Diese Form der Abhängigkeit beruht darauf, dass der Mitarbeiter über besondere Kenntnisse oder Fähigkeiten verfügt, die im Zusammenhang der Aufgabenerfüllung unentbehrlich sind.

Diese vier Möglichkeiten zeigen sehr plastisch, wie die Machtposition eines normalen Vorgesetzten oft gar nicht so «grossartig», ist wie es nach aussen den Anschein macht. Nicht selten «kippen» die Machtverhältnisse sogar um, in dem Sinne, dass Mitarbeiter eine höhere faktische Macht ausüben als ihre Vorgesetzten.

Generell lässt sich folgendes sagen: «In sozialen Systemen besteht immer eine Tendenz zur Zerstörung bestehender Machtpositionen (zusammen mit der Tendenz zur Etablierung neuer Machtpositionen), so dass die Stellung des Chefs ständig bedroht ist (wenn er von sich aus nichts unternimmt, sie zu stärken).»[82] Die *Tricks,* die zur *Entmachtung eines Vorgesetzten* eingesetzt werden, sind in grossen Organisationen den meisten Mitarbeitern bekannt[83]. Man:

- sorgt dafür, dass ihm wichtige Informationen vorenthalten werden oder man manipuliert sie so, dass er Verluste erleidet («ins offene Messer läuft», «ins Fettnäpfchen tritt», «ins Schwimmen gerät» – wie es überaus plastisch im einschlägigen Jargon heisst).
- lässt ihm keine Einladungen mehr zukommen für private bzw. informale Veranstaltungen (vorklärende Absprachen, Feste, Ausflüge usw.). Damit wird erreicht, dass er keine strategisch wichtigen Informationen bekommt; dass er keine Möglichkeit mehr hat, seine Ziele zu erläutern, Intrigen zu spinnen oder Stimmen zu fangen; dass er merkt, wie unbeliebt er ist.
- unterstellt ihm Ambitionen für einen Posten in einem anderen Bereich des Krankenhauses oder sogar in einem fremden Krankenhaus, womit erreicht wird, dass seine Vorgesetzten wegen seiner mangelnden Loyalität über ihn enttäuscht sind.
- unterstellt ihm Unlust bei der Arbeit und verzögerte Aufgabenerfüllung, was seine fachliche Qualifikation und Leistungsmotivation in Frage stellt und ihn bei seinen Vorgesetzten diskreditiert.

82 Bosetzky (1980)
83 vgl. Bosetzky (1980)

- erweckt den Anschein, als wolle man ihn «wegloben», was ihn als Versager erscheinen lässt.
- sagt ihm Krankheiten nach oder bauscht vorhandene auf. Man sagt ihm Verhältnisse mit Untergebenen nach, die früher oder später zu Skandalen führen müssten (dies alles nach der Devise: Wenn's auch nicht wahr ist, es bleibt doch immer was hängen).
- unterstellt ihm, ein Mann einsamer Entscheidungen zu sein, mit dem keiner zusammenarbeiten könne («der macht ja doch alles allein»).
- übergeht ihn, wenn er bei Einhaltung des Dienstweges an der Reihe wäre.
- überträgt ihm Aufgaben, von denen feststeht, dass sie ihn unweigerlich dem Beschuss der Öffentlichkeit aussetzen.
- arbeitet langsam, wenn man mit ihm zusammenarbeiten muss, macht Fehler, für die er später verantwortlich gemacht wird, interpretiert seine Weisungen und Gedanken absichtlich falsch usw.

Mitarbeiter sind also bei weitem nicht so «ohn-mächtig» der Macht des Vorgesetzten ausgeliefert, wie es vielleicht oft auf den ersten Blick scheint.

14 Führungsprozess

Führung stellt also keine einseitige Einflussnahme, sondern ein wechselseitiges zwischenmenschliches Geschehen dar, bei welchem der Führer den Geführten im Hinblick auf die Erreichung bestimmter Ziele zu beeinflussen versucht, gleichzeitig aber auch selbst von diesem beeinflusst wird. Das Resultat des Beeinflussungsversuches hängt nicht nur von der Macht bzw. Autorität des Führenden, sondern zusätzlich noch von verschiedenen anderen Faktoren ab, die wir jetzt näher betrachten wollen.

141 Führung als Interaktion

Wenn man unter Führung die Ausübung von Einfluss versteht, handelt es sich beim Führungsprozess um ein Geschehen, in welchem eine Person versucht, das Denken, die Einstellungen und das Verhalten anderer Personen zu *verändern*. Ein solcher Prozess, in dem Menschen aufeinander einwirken, wird – wie oben festgehalten wurde – als *Interaktionsprozess* bezeichnet.
«Soziale Interaktion meint die wechselseitige Bedingtheit des Verhaltens von zwei oder mehr Personen aufgrund verbaler und nonverbaler Kommunikation, wobei das gemeinsame Verhalten als Ergebnis der Interaktion angesehen werden kann.»[84] Um die Art der Einwirkung zu präzisieren, soll im folgenden auf vier Aspekte der *Interaktion näher eingegangen werden*[85].

- *Interaktion als wechselseitige Einwirkung:* Interaktion ist primär dadurch gekennzeichnet, dass die beteiligten Personen aufeinander eine Wirkung ausüben (ohne dass die Art der Wirkung näher bestimmt wird).

84 Wunderer/Grunwald (1980)
85 vgl. Graumann (1972)

- *Interaktion als wechselseitige Steuerung:* Durch das Wechselspiel der Kräfte in der Interaktion wirkt jeder Veränderungstendenz eine beharrende Gegenkraft entgegen, die dafür sorgt, dass die soziale Beziehung bestimmten Regeln/Gesetzen gehorcht. Interaktion ist reziproke (wechselseitige) Verhaltenskontrolle.
- *Interaktion als Austausch:* Bei dieser Sicht von Interaktion wird davon ausgegangen, dass der eine Interaktionspartner über «etwas» verfügt, was der andere braucht (und umgekehrt). Interaktion wird demnach als Austausch von materiellen oder immateriellen Objekten betrachtet. Solche Objekte können beispielsweise sein: Geld, Buch, Information, Unterstützung, Anerkennung, Liebe.

  Die Grundannahme der Theorie des sozialen Austauschs ist die, dass Menschen miteinander in Beziehung treten, weil sie erwarten, dass sich dies als lohnend erweisen wird, und dass sie bestehende Beziehungen fortsetzen, weil sie dieses Tun als lohnend empfinden. Der Austausch wird somit als wechselseitige «Gratifikation» (Belohnung) gesehen.

  «Anderen Menschen Gratifikationen – im weitesten Sinne des Wortes – verschaffen, ist nicht nur eine Möglichkeit sozialer Verbindung (z.B. Gruppenbildung). Es ist auch die Möglichkeit, *Statusdifferenzen* zu schaffen und zu sichern. Wer anderen gibt, gleich ob es sich um Güter oder um soziale Anerkennung und Bestätigung handelt, verpflichtet sie sich ... und die sich wiederholende einseitige Versorgung mit wichtigen «Gratifikationen» stellt eine *Machtgrundlage* dar. Mit diesem Aspekt der Theorie des sozialen Austauschs wird eine Basis geschaffen für eine interaktionistische Konzeption von Macht und Machtverteilung.»[86]
- *Interaktion als Interdependenz:* Unter einem vierten Aspekt wird die wechselseitige Abhängigkeit der Interaktionspartner A und B hervorgehoben. Jedes Handeln von A steht im Zusammenhang mit dem Handeln von B. In Hinsicht auf das Ausmass des Einflusses von A bzw. B werden vier Interaktionsklassen unterschieden (siehe Abb. 16)[87]:

Pseudointeraktion: Hier liegt keine echte Interaktion vor, indem keine wechselseitige Beeinflussung stattfindet. Die Reaktion der Interaktionspartner sind von eigenen – vor Beginn der Interaktion festgelegten – Verhaltensplänen bestimmt. In einem «Gespräch» besteht z.B. die einzige Reaktion auf den Gesprächspartner darin, so lange zu warten, bis dieser zu sprechen aufgehört hat.

Reaktive Interaktion: Reaktive Interaktion liegt dann vor, wenn die Interaktionspartner fast ausschliesslich aufeinander reagieren und kaum keine eigenen Pläne verfolgen. Ein extremes Beispiel wäre etwa eine Paniksituation, in der selbstgesteuertes Verhalten fehlt.

Symmetrische Interaktion: Diese Form von Interaktion stellt einen echten Austausch von Beziehungen dar. Jeder Partner handelt zwar nach eigenen Vorstellungen, berücksichtigt aber in seinem Verhalten auch die Vorstellungen des anderen. Ein Beispiel ist die Auseinandersetzung zwischen politischen Parteien mit dem Ziel, einen Kompromiss zu schliessen.

Interaktionen bzw. interpersonelle Beeinflussungsprozesse sind Erscheinungen, die man überall beobachten kann, wo zwei oder mehr Menschen miteinander zu tun

---

86 Graumann (1972)
87 vgl. Jones/Gerard (1967), nach Nieder/Naase (1977), Piontkowski (1978)

Abbildung 16: Grundmuster sozialer Interaktion[12]

a) Pseudo-Interaktion

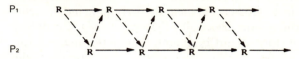

b) Asymmetrische Interaktion

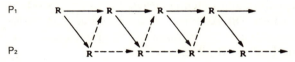

c) reaktive Interaktion

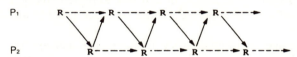

d) Symmetrische Interaktion

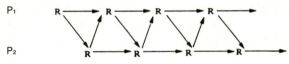

12 vgl. Piontkowski (1978)

haben. Ausserhalb von hierarchischen Systemen sind solche Interaktionen «neutral» in dem Sinne, als die Beziehung durch keine formale Über-/Unterordnung gekennzeichnet ist.

Wenn «neutral» gesagt wird, ist damit nicht gemeint, dass Einflussnahme und Einflussakzeptierung immer gleichmässig verteilt sind: Durch unterschiedliche Beeinflussungspotentiale in Form von Persönlichkeitsmerkmalen und Fähigkeiten der Interaktionspartner ergibt sich innert kürzester Zeit eine charakteristische Interaktionsstruktur; diese kommt beispielsweise darin zum Ausdruck, dass sich B in einem bestimmten Bereich mehr von A beeinflussen lässt, während in einem anderen Bereich er hauptsächlich auf A wirkt.

In der Phase, in welcher der Einfluss von A *dominant* ist, übt A eine *Führerrolle* aus. Diese Führerrolle hat eine Asymmetrie der Einflussbeziehung zur Folge, indem der Einfluss von A auf B stärker ist als der von B auf A. Die Asymmetrie aber ist in der Regel nicht auf eine Person fixiert, sondern wird von beiden/allen Beteiligten in unterschiedlichem Ausmass, zu verschiedenen Zeiten und in unterschiedlicher Weise wahrgenommen.

Auch in einem hierarchisch strukturierten sozialen System finden überall und immer Interaktionen statt – und zwar in alle Richtungen: sowohl von oberen nach unteren

Ebenen, als auch von unteren nach oberen Ebenen und zwischen Individuen auf gleicher hierarchischer Ebene.

Was diese Beeinflussungsprozesse von «privaten» Interaktionen zunächst unterscheidet, ist die Tatsache, dass sie zu einem grossen Teil nicht der Erfüllung individueller Bedürfnisse, sondern der Erreichung von Zielen des Systems dienen. Zu diesem Zweck ist die Führerrolle offiziell (formal) auf bestimmte Interaktionspartner (die «Vor-gesetzten») fixiert. Diesen ist die Aufgabe übertragen, andere Mitglieder des Systems (die Mitarbeiter) so zu beeinflussen, dass sie bestimmte Ziele anstreben. Zur Erfüllung dieser Führungsaufgabe sind die Vorgesetzten mit Macht- und Statusattributen versehen, welche ihr Beeinflussungspotential gegenüber untergeordneten Interaktionspartnern vergrössern sollen. Die Asymmetrie, die jede Führungsbeziehung kennzeichnet, wird damit formal fixiert (institutionalisiert): «Führungsverhalten ist eine asymmetrische soziale Einfluss-Beziehung.»[88]

Aufgrund der Asymmetrie von Beeinflussungsprozessen in organisierten sozialen Systemen wird leicht übersehen, dass diese Prozesse zwar in der Regel *asymmetrisch*, nicht aber einseitig, sondern *wechselseitig* ablaufen. In den Interaktionen spiegeln sich der unterschiedliche Grad des Einflusses und die Art der gegenseitigen Abhängigkeit der Beteiligten wider[89].

Unter den Bedingungen arbeitsteiliger Zusammenarbeit in einem sozialen System sind alle Beteiligten sowohl Beeinflussungsprozessen unterworfen als auch selbst Quellen von Beeinflussung. Wahrscheinlich aufgrund der institutionalisierten Führerrollen wird diese Tatsache der Gegenseitigkeit oft vernachlässigt und die Mitglieder eines Systems in Führer und Geführte bzw. Vorgesetzte und Mitarbeiter unterteilt. Diese Trennung in zwei Kategorien ist aber nur dann zutreffend, wenn der Einfluss der Geführten in der Führungsbeziehung gleich Null ist, was aber nur selten vorkommt.

«Die beiden Kategorien Führer und Geführte stellen somit nur die extremen Erscheinungsformen eines mehrdimensionalen Kontinuums dar, durch das der Einflussgrad einer interpersonalen Beziehung gekennzeichnet werden kann. In Wirklichkeit befinden sich alle Mitglieder zwischen diesen beiden extremen Polen, so dass sie entsprechend der Höhe ihres Einflusses entweder eher als «Führer» oder eher als «Geführter» zu bezeichnen sind.»[90]

Führen heisst: Menschen auf ein bestimmtes Ziel hin beeinflussen. Auf die Führung eines sozialen Systems bezogen bedeutet das, dass alle Personen am Führungsgeschehen beteiligt sind, die auf ihre Interaktionspartner einen zielorientierten Einfluss ausüben. Je höher der Grad ihrer Einflussnahme, umso stärker ist ihre Beteiligung an der Führung.

Um das Ausmass der Beteiligung eines Mitglieds am Führungsvorgang zu bestimmen, reicht es nicht aus, seine formale Position in der Hierarchie zu kennen. Man benötigt vielmehr Einsicht in die Höhe seines tatsächlichen Einflusses auf die Interaktionspartner. Zudem muss auch die Beziehung die Dimension bekannt sein, auf die sich der Einfluss bezieht.

---

88 Irle (1970)
89 vgl. Zeidler (1974)
90 Zeidler (1974)

In vielen Fällen ist nämlich zwischen gleichen Interaktionspartnern der Einfluss in verschiedenen Bereichen unterschiedlich gross. Genauso variiert die Höhe des Einflusses einer Person auf verschiedene Interaktionspartner: Der Einfluss einer Gruppenleiterin beispielsweise wird im Rahmen der selben Aufgabe gegenüber einer Lernschwester ganz anders sein als gegenüber der Abteilungsschwester.

Diese Überlegungen zeigen, dass die Erfüllung von Führungsfunktionen in einem sozialen System nicht auf eine bestimmte Gruppe von Mitgliedern beschränkt ist, sondern sich überall vollzieht. Führung erweist sich damit als komplexes Phänomen, das sich über das gesamte System erstreckt. Es tritt sowohl auf der Stufe der Lernschwester als auch auf der Stufe der Krankenhausleitung auf und stellt sich sowohl dem formalen als auch dem informalen Führer.

Die jeweilige Erscheinungsform der Führungsprobleme, mit denen ein Mitglied konfrontiert wird, und das Ausmass seiner Beteiligung am Führungsgeschehen wird durch zahlreiche Faktoren beeinflusst wie z.B. seine Persönlichkeitsstruktur und diejenige seiner Interaktionspartner, seine Position, die Kommunikations- und Organisationsstruktur des Systems.

142 Person A

Bevor im folgenden der Beeinflussungsprozess zwischen zwei Individuen zu analysieren versucht wird, soll nochmals kurz die Grundsituation vergegenwärtigt werden: Eine Person A versucht eine Person B zu beeinflussen, und B entscheidet, ob er dem Einflussversuch entsprechen und das von A gewünschte Verhalten zeigen will oder nicht. Die «Person A» wird wie bisher das Individuum genannt, das auf eine andere Person B Einfluss ausübt ausüben will oder soll.

Wie gezeigt wurde, beruht die Fähigkeit von A, B zu beeinflussen, darauf, dass er über bestimmte *Machtgrundlagen* verfügt, zu deren Aktivierung er verschieden *Machtmittel* einsetzen kann. Das Verfügen über Machtgrundlagen gibt A zwar die Möglichkeit, B zu beeinflussen, heisst aber nicht unbedingt, dass A von dieser Möglichkeit auch Gebrauch macht. Mit anderen Worten: Ebenso entscheidend wie das Vorhandensein von Machtgrundlagen ist die *Motivation* von A, auf das Verhalten von B einzuwirken. Die Entscheidung, ob A einen Einflussversuch unternimmt, hängt von mehreren Überlegungen ab[91]:

– *von der Bewertung der «Gewinne» bzw. «Kosten»*, die für ihn aus dem Einflussversuch entstehen. A wird dann versuchen, auf B Einfluss auszuüben, wenn das Verhältnis zwischen Kosten und Nutzen ihm günstig erscheint. Diese ‚Rechnung', in der Machtkosten (Nachteile) und Machtnutzen (Vorteile) eines Einflussversuchs einander gegenübergestellt werden, lässt sich als *Machtkalkül* bezeichnen[92].

– *von den Konsequenzen, die sich durch die Beeinflussung für B ergeben*. Dieser Punkt wird für A nur dann keine Rolle spielen, wenn ihm B als Person und die gegenseitige Beziehung völlig gleichgültig und er überzeugt ist, in keiner Weise von B abhängig zu sein.

---

91 vgl. Steinle (1978), Nieder/Naase (1977), Hill (1974), Macharzina (1977)
92 vgl. Steinle (1978)

- *von den Konsequenzen des Einflussversuchs für die Gruppe,* in der A Mitglied ist. A wird nicht nur seinen eigenen Vorteil «kalkulieren», sondern auch Kosten und Gewinn abschätzen, die durch die Beeinflussung für die Gruppe entstehen.
- *von der Aussicht, für konformes Verhalten belohnt zu werden.* Die Motivation von A wird auch durch die Rolle bestimmt, in der er sich befindet. Vom Inhaber einer Führungsposition wird erwartet, dass er Macht ausübt. Falls A die Position übernommen hat, wird er versuchen, diesen Erwartungen zu entsprechen.
- *von der Akzeptierung seiner Einflussnahme* durch die *Gruppe,* der er angehört. Auch die Erwartungen/Normen der Gruppe in bezug auf die Führerrolle und die Beeinflussung werden die Motivation von A bestimmen.
- *von seinem persönlichen Bedürfnis,* über B Macht auszuüben. Die Motivation von A wird dann besonders gross sein, wenn ihm die Machtausübung persönliche Befriedigung verschafft.

Dass jemand über Macht verfügt, heisst also noch lange nicht, dass er diese Macht auch einsetzt. Grundsätzlich wird A dann versuchen, auf B Einfluss auszuüben, wenn er glaubt, dass er bestimmte Ziele, die er erreichen will, nur durch eine Einflussnahme erreichen kann. Oder wenn er aus der Einflussnahme selbst Befriedigung zu gewinnen glaubt.

Neben dem Verfügen über Machtgrundlagen und dem Willen, Einfluss auszuüben, ist aber auch das *Können* des A von Bedeutung: Solange A nicht die Fähigkeiten besitzt, den Einflussversuch auch tatsächlich durchzuführen, nützt der beste Wille nichts. Ein weiterer Punkt schliesslich, der die Absicht und Form der Machtausübung bestimmt, ist das *Bild,* das A von B hat (Menschenbild). Ist A überzeugt, dass B nur arbeitet, wenn man ihn ständig antreibt, wird er dementsprechend auf ihn einzuwirken versuchen.

143 Person B

Der weitaus grösste Teil der Literatur zum Thema Führung beschäftigt sich fast ausschliesslich mit Techniken und Strategien, die A eine erfolgreiche Beeinflussung ermöglichen soll. B wird lediglich in einer passiven Rolle gesehen, obschon es offensichtlich ist, dass der Erfolg der Einflussnahme letzten Endes von B abhängt: Seine Beziehung zu A, Merkmale seiner Persönlichkeit, seine Fähigkeiten, seine Motivation veranlassen ihn, den Einfluss von A zu akzeptieren oder Widerstand zu leisten.
Die Reaktion von B auf die Einflussnahme des A kann von freiwilliger Annahme, passiver Hinnahme bis hin zur Ablehnung reichen. Zwischen den beiden Extremen ‚vollständige Akzeptierung' und ‚vollständige Ablehnung' eines Einflussversuchs liegt ein Kontinuum weiterer Verhaltensmöglichkeiten, die sich dadurch charakterisieren lassen, dass dem Einflussversuch mehr oder weniger stark nachgegeben wird. Wie dargestellt, wird B die Beeinflussung dann akzeptieren, wenn A seiner Ansicht nach über Belohnungs- oder Bestrafungsmöglichkeiten verfügt, wenn er von A Informationen braucht, wenn er den Einflussversuch als legitim betrachtet, wenn er A mag, sich mit ihm identifiziert oder wenn er ihn als Fachautorität ansieht.
Es ist klar, dass die Einflussakzeptierung grösser ist, wenn mehrere Machtgrundlagen zusammenkommen, wenn also beispielsweise eine Entscheidung von einem Vorge-

setzten getroffen wird, den B mag, den er zudem als Experten betrachtet und dessen Entscheidung er als legitim anerkennt.

Untersuchungen haben gezeigt, dass B einem Beeinflussungsversuch von A mehr Widerstand entgegensetzt, wenn er den Versuch als illegitim empfindet, wenn er A nicht mag und wenn der Versuch auf Zwang beruht[93].

Eng mit der Frage nach den Grundlagen der Einflussakzeptierung eines Individuums ist die Frage nach seiner *Motivation* verbunden, die ebenfalls darüber entscheidet, ob B den Einfluss von A akzeptiert oder nicht. Die Motivation von B, des A Einfluss zu akzeptieren, hängt – analog zur Motivation der Einfluss-ausübenden Person – unter anderem von folgenden Faktoren ab:

- *von der Bewertung der «Gewinne» und «Kosten»*, die für ihn aus der Akzeptierung entstehen. B wird den Einfluss dann akzeptieren, wenn das Verhältnis zwischen Kosten und Nutzen ihm günstig erscheint oder wenn die Kosten, die ihm für ein nicht-konformes Verhalten entstehen, grösser sind als die für ein konformes Verhalten. Diese «Rechnung», in der die Kosten (Nachteile) und Gewinne (Vorteile) der Einflussakzeptierung einander gegenübergestellt werden, kann man als *Widerstandskalkül* bezeichnen.
- von den *Konsequenzen, die sich durch die Akzeptierung bzw. Nicht-Akzeptierung für A* ergeben. Falls ihm die Beziehung mit A nicht gleichgültig ist, wird dies ein Grund für ihn sein, dessen Wünschen nachzukommen.
- von den *Konsequenzen der Akzeptierung für die Gruppe,* in der B Mitglied ist. Die Tatsache beispielsweise, dass B in einem wesentlichen Punkt nachgibt, kann für die ganze Gruppe schwerwiegende Konsequenzen haben, so dass B aus Solidarität sich dem Einflussversuch widersetzen muss.
- von *der Aussicht, für konformes Verhalten belohnt zu werden*. B wird einen Einfluss vielfach auch deshalb akzeptieren, um den Erwartungen zu entsprechen, die an seine untergeordnete Position in der Hierarchie geknüpft sind.
- von *der Akzeptierung der Beeinflussung durch die Gruppe,* der B angehört. Führen die Erwartungen/Normen der Gruppe zu einem Druck, der stärker ist, als der Druck «von oben», wird B die Einflussnahme ablehnen.
- von *seinem persönlichen Bedürfnis nach Sicherheit,* nach Unterwerfung bzw. nach einer «starken Hand», die zeigt, «wo es lang geht» einerseits und von seinem Bedürfnis nach Unabhängigkeit andererseits. Je stärker das Bedürfnis nach Unabhängigkeit ausgeprägt ist, desto grösser wird der Widerstand sein.

Neben der Motivation spielen auch die *Fähigkeiten* von B eine Rolle: Die Absicht, den Einfluss zu akzeptieren oder Widerstand zu leisten, hängt auch davon ab, ob B sich die Erreichung der ihm übermittelten Ziele zutraut. Der Widerstand von B wird umso grösser sein, je weniger er von seinen Fähigkeiten überzeugt ist je weniger vereinbar der von ihm erwartete Zustand nach der Beeinflussung mit dem Zustand vor der Beeinflussung ist und je fester der vorherige Zustand in B verankert ist[94]. Auch das *Bild,* das B von A hat, wirkt sich auf die Einflussakzeptierung aus: Falls er ihn als Manipulator sieht, wird er seinem Einflussversuch zum vornherein negativ gegenüberstehen. Schon diese kurzen Hinweise zeigen, dass B in der Regel keineswegs

---

93 vgl. Nieder/Naase (1977)
94 vgl. Nieder/Naase (1977)

einfach passiv der Einflussnahme von A ausgeliefert ist. Der Prozess der Beeinflussung stellt ein komplexes Geschehen dar, das in seiner Bedeutung lange nicht erkannt wurde und zu dem deshalb auch erst spärliche Untersuchungen vorliegen.

144 Ablauf eines Beeinflussungsprozesses

Überblickt man den Beeinflussungsprozess zwischen zwei Personen, so lassen sich zwei *Wirkpotentiale* feststellen, die einander gegenüberstehen: das *Machtpotential* des Beeinflussers einerseits und das *Widerstandspotential* der Person, die beeinflusst werden soll, andererseits. In Abbildung 17 werden diese beiden Potentiale und die erwähnten Faktoren, die sich auf den Verlauf eines Beeinflussungsprozesses auswirken, zusammenfassend dargestellt[95].
Die durch die numerierten Pfeile angedeuteten Abhängigkeitsbeziehungen sollen hier kurz erläutert werden:

- *Die Verfügung über Sanktionen und Informationen,* die hierarchische Position, die von B zuerkannte Legitimation/Autorität sowie dessen Sympathie/Identifikation können als *Machtgrundlagen* dienen und bilden in ihrer spezifischen Kombination das *Machtpotential* von A.
- *Das Bedürfnis nach Machtausübung, Machtkalkül* (Machtkosten/Machtgewinn) und Erfolgswahrscheinlichkeit bestimmt die Machtmotivation von A. Machtmotivation, Fähigkeiten von A und das Bild, das er von B hat, beeinflussen die *Machtintention,* welche die personale Grundlage der Beeinflussung darstellt.
- *Die Wahl der Machtmittel* (Zwang, Überzeugung, Manipulation) hängt von der Art und dem Ausmass der Machtgrundlagen (Machtpotential) sowie von der Machtintention ab.
- Die bislang *potentielle Macht zeigt sich als aktivierte Macht:* d.h. dass der Beeinflussungsprozess eingeleitet wird.
- *Erwartung von Belohnung/Vermeidung von Bestrafung,* Informationsbedürfnis, Sympathie/Identifikation oder Legitimation bzw. Autorisation (Ermächtigung zur Machtausübung) können *Grundlagen für die Einflussakzeptierung* sein. Sie stellen nichts anderes als die Machtgrundlagen von A dar, so wie sie von B aus wahrgenommen und an A übertragen werden. Aus ihnen resultiert das *Widerstandspotential* von B. Dieses wird ausserdem durch die Art und das Ausmass der von A eingesetzten Macht beeinflusst.
- *Bedürfnisse nach Unabhängigkeit, Widerstandskalkül* (Widerstandskosten/Widerstandsnutzen), Verträglichkeit mit dem vorherigen Zustand und Verankerung im vorherigen Zustand bestimmen die Widerstandsmotivation von B. Motivation, Fähigkeiten und das Bild, das B von A hat, beeinflussen die *Widerstandsintention.* Auch die Art und das Ausmass der von A eingesetzten Macht übt auf die Widerstandsintention eine Wirkung aus.
- Die *Wahl der Widerstandsmittel (passive/aktive Mittel)* hängt von den Grundlagen für die Einflussakzeptierung (Widerstandspotential) und von der Widerstandsintention ab.

[95] vgl. Steinle (1978), Nieder/Naase (1977), Hill (1974), Macharzina (1977)

Abbildung 17: Beeinflussungsprozess[13]

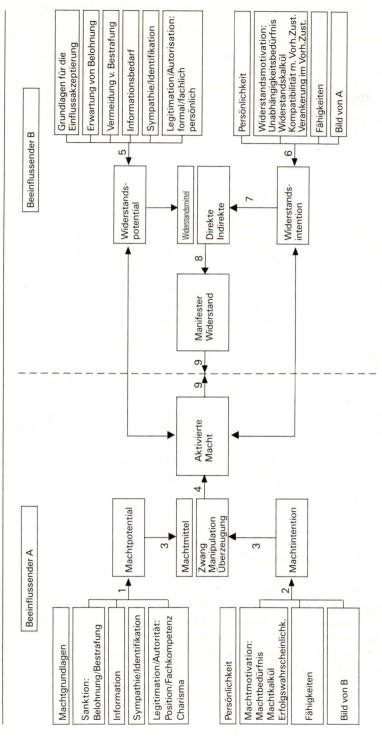

13 vgl. Steinle (1978), Nieder/Naase (1977), Hill et al. (1974), Macharzina (1977)

- Der bislang potentielle (oder latente) Widerstand zeigt sich als *manifester Widerstand*.
- *Aktivierte Macht von A einerseits und manifester Widerstand von B andererseits* treffen aufeinander und führen zu Annahme (= Einfluss) oder Ablehnung (= kein Einfluss) der durch den Einflussvorgang übermittelten Ziele. Es sind dabei unterschiedliche Arten und Grade von Akzeptierung möglich: erzwungene, gleichgültige und freiwillige Akzeptierung[96].
Die beiden Formen von freiwilliger Akzeptierung («zustimmend» und «duldend») sind dadurch gekennzeichnet, dass auf einen Einsatz des Widerstandspotentials verzichtet wird.

145 Einflüsse auf den Führungsprozess

Wird der Führungsprozess als besondere Form von sozialer Beeinflussung betrachtet, dann muss man sich bewusst sein, dass dieser Prozess nicht in einem Vakuum abläuft. Folgende Bestimmungsfaktoren üben eine Wirkung auf den Führungsprozess aus:

- *Individuelle Merkmale:* Neben Persönlichkeitsmerkmalen und Motivation der beteiligten Individuen ist insbesondere die Beziehung zwischen ihnen für den Verlauf und das Resultat des Führungsprozesses von ausschlaggebender Bedeutung.
- *Gruppen-Merkmale:* Sowohl die Grösse und Zusammensetzung der Gruppe, die Rollen und Normen, wie auch die emotionalen Beziehungen zwischen den Mitgliedern üben auf den Führungsprozess eine starke Wirkung aus.
- *Aufgaben-Merkmale:* Hier spielen Art der Aufgabe, Bekanntheit, Strukturiertheit, die Zeitspanne, in der sie zu vollbringen ist (Ausmass an Stress), die Konsequenzen von Erfolg und Misserfolg eine Rolle.
- *System-Merkmale:* Grösse des Systems, seine Aufbau-, Ablauf- und Beziehungsstruktur, seine Führungsphilosophie, -richtlinien und -prinzipien stellen ebenfalls bedeutende Bestimmungsfaktoren dar.
- *System-externe Merkmale:* Darunter sind die Anforderungen der Umwelt an das System zu verstehen. Auch sie üben auf das Führungsgeschehen einen Einfluss aus.

Diese situativen Elemente werden an anderer Stelle eingehend besprochen.

15 Krankenhaus als Organisation

Bei der Nennung der verschiedenen Faktoren, die den Führungsprozess beeinflussen, ist auch der Begriff des «Systems» aufgetaucht. Viele wichtige Erscheinungen und Vorgänge im Zusammenhang mit der Führung bzw. mit der Arbeitsleistung, Motivation und Zufriedenheit der Mitarbeiter lassen sich nur verstehen, wenn man sie vor dem Hintergrund betrachtet, dass es sich beim Krankenhaus um ein organisiertes soziales System, also um eine Organisation handelt.

---

[96] vgl. Steinle (1977)

151 Organisation als soziales System

Der Begriff «Organisation» wird in vielen verschiedenen Bedeutungen gebraucht (das Spektrum reicht von der Gestaltung einer Ferienreise bis zur Armee). Die drei wichtigsten Bedeutungen sind[97]:

- *Organisation als Struktur,* d.h. als Art und Weise der Relationen zwischen den Eigenschaften und Elementen eines sozialen Systems;
- *Organisation als Tätigkeit* des Organisierens bzw. deren Resultat, eine zielgerichtete *Formalstruktur;*
- *Organisation als konkretes soziales Gebilde* mit bestimmten Merkmalen.

In diesem Buch wird Organisation in allen drei Bedeutungen verwendet, wobei das Bemühen zielgebend ist, jeweils genauer zu sagen, welche Bedeutung gemeint ist. Der Schwerpunkt liegt in den ersten 5 Kapiteln auf «Organisation als soziales Gebilde»; Organisation als Tätigkeit des Organisierens steht im 6. Kapitel im Vordergrund.

Wie beim Führungsbegriff gibt es auch beim Organisationsbegriff viele unterschiedliche Versuche zur Definition. Hier fünf Beispiele:

- «Das gemeinsame Kennzeichen aller von der Soziologie als Organisationen bezeichneten Gebilde ist, dass in ihnen eine Mehrzahl von Menschen zur Erreichung eines spezifischen *Zieles* bzw. einer begrenzten Anzahl von spezifischen Zielen zweckbewusst und nach rationalen Gesichtspunkten handeln.»[98]
- «Eine Organisation ist die rationale Koordination der Aktivitäten einer Anzahl von Menschen, um einige explizit definierte *Ziele* und *Zwecke* zu erreichen, und zwar durch *Arbeitsteilung* und *Funktionsdifferenzierung* sowie eine *Hierarchie* der Autorität und Verantwortung.»[99]
- «Organisation ist die planmässige Zusammenfassung von Menschen und Sachen im Hinblick auf ein bestimmtes *Ziel.*»[100]
- «*Organisationen* sind *aus Individuen und Gruppen zusammengesetzt,* um *bestimmte Ziele und Zwecke zu erreichen,* mit Hilfe *differenzierter Funktionen,* die darauf angelegt sind, rational koordiniert und ausgerichtet zu sein und *zeitübergreifend auf einer kontinuierlichen Basis* existieren.»[101]
- «Man definiert nunmehr Organisationen als *soziale Systeme* mit einem *angebbaren Mitgliederkreis,* einer Vorstellung ihrer *kollektiven Identität* und *Verhaltensprogrammen,* die der Erreichung *spezifischer Ziele* dienen.»[102]

Trotz Unterschieden besteht offensichtlich Übereinstimmung darüber, dass es sich bei Organisationen um soziale Systeme handelt, die charakterisiert sind durch ein bestimmtes Niveau formaler Festlegung *(Formalisierung)* und *Zweckbindung* (Zielerreichung) der Erwartungen und Handlungen der Systemmitglieder.

---

97 vgl. Pfeiffer (1976)
98 Maynk (1961), zit. nach Wunderer/Grunwald (1980)
99 Schein (1970), zit. nach Wunderer/Grunwald (1980)
100 Hoffmann (1973), zit. nach Wunderer/Grunwald (1980)
101 Porter et al. (1975), zit. nach Wunderer/Grunwald (1980)
102 Maynk/Ziegler (1969), zit. nach Pfeiffer (1976)

Unsere Gesellschaft ist eine organisierte Gesellschaft «denn sie ist durch eine grosse Zahl von komplexen, zweckbewusst und rational aufgebauten sozialen Gebilden gekennzeichnet. Solche Gebilde sind die bürokratisierten Institutionen auf den wichtigsten Lebensgebieten, also Betriebe, Krankenhäuser, Gefängnisse, Schulen, Universitäten, Verwaltungsbehörden, Militärverbände und Kirchen... Alle diese zweckorientierten sozialen Gebilde sollen hier als Organisationen bezeichnet werden»[103].

152   Was ist ein System?

Um das Wesen der «Organisation Krankenhaus» besser zu verstehen, soll der Begriff des «Systems» genauer betrachtet werden. Was unter einem System zu verstehen ist, zeigt folgende Definition: «Ein System ist ganz allgemein ein Ganzes, das aus miteinander in wechselseitigen Beziehungen stehenden Elementen zusammengesetzt ist. Die jeweils besondere Beschaffenheit seiner Elemente, ihr Anordnungsmuster und die Beziehungen zwischen ihnen bedingen die konkrete Eigenart eines Systems. Innerhalb eines Systems wirkt die Veränderung eines Elementes auf die anderen Elemente fort. Ein System besitzt ein gewisses Mass von Integration und Geschlossenheit. Es hat eine Grenze, die es von seiner Umwelt trennt, steht jedoch mit dieser Umwelt in wechselseitigen Beziehungen. Darüber hinaus ist vielen Systemen eine Tendenz zur Selbsterhaltung bzw. zum Gleichgewicht und eine Tendenz zum Erreichen oder Bewahren bestimmter Merkmale, eine Ausrichtung der Systemprozesse auf bestimmte Ziele eigen. Ist diese letztgenannte Tendenz vorhanden, dann spricht man von zielgerichteten Systemen.»[104]
Ein solches zielgerichtetes System ist das Krankenhaus. Bevor die spezifischen Merkmale des «Systems Krankenhaus» beschrieben werden, sollen einige allgemeine grundlegende Gedanken über Systeme festgehalten werden[105].
Unter einem System versteht man also ganz allgemein eine *Menge von Elementen, die miteinander in Beziehung stehen und sich gegenseitig beeinflussen.* Wesentlich sind dabei weniger die Elemente selbst als deren funktionale Beziehungen. Grundlage der Systemtheorie, auf die Bezug genommen wird, ist eine ganzheitliche Betrachtungsweise, die auf der Erkenntnis beruht, dass *das Ganze oft mehr ist als die Summe seiner Teile.* Das heisst: Als Ganzes lässt sich ein System nicht dadurch erfassen, dass man seine Elemente betrachtet und die Informationen über die einzelnen Elemente summiert. Schematisch lässt sich ein System wie in Abbildung 18 darstellen. Systeme gibt es viele. Beispiele sind:

Systemart	Menschliche Gesellschaft	Betrieb
Elemente	Individuen	Stellen
Beziehungen	Kommunikation	Arbeitsabläufe

103 Maynk (1963)
104 Maynk (1963)
105 vgl. Steinbeck (1977)

Abbildung 18: System[14]

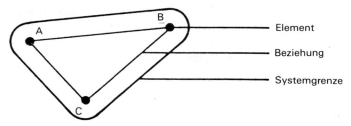

14 vgl. Steinbuch (1977)

Wenn innerhalb eines bestimmten Systembereichs die Beziehungen zwischen den Elementen deutlich intensiver sind als zwischen den übrigen Systemelementen, so spricht man von einem *Subsystem* oder Untersystem (vgl. Abb. 19).
Beispiele für Subsysteme sind:

System	Menschliche Gesellschaft	Krankenhaus
Subsystem	Familie	Abteilung

Abbildung 19: System und Subsystem (Untersystem)[15]

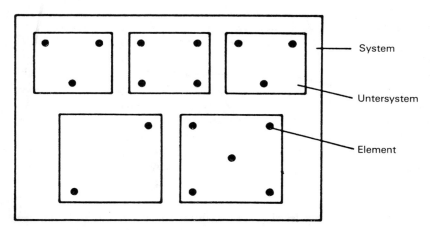

15 vgl. Steinbuch (1977)

Innerhalb dieser Subsysteme erfolgt eine weitere Gliederung in «Sub-sub-Systeme» und so weiter, bis man schliesslich bei der letzten Einheit, dem *Element* angelangt ist. Eine solche Gliederung wird als *Systemhierarchie* bezeichnet (vgl. Abb. 20). Jedes System ist Teil eines übergeordneten Systems. So stellt die Umwelt das sogenannte *Supersystem* des Systems Krankenhaus dar. Die Systemhierarchie kann dann wie in Abbildung 21 dargestellt werden.

Abbildung 20: Systemhierarchie

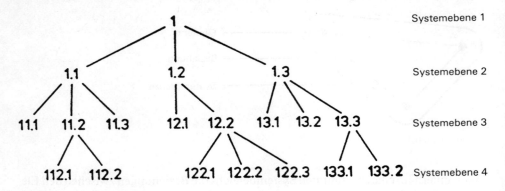

Abbildung 21: Systemhierarchie[16]

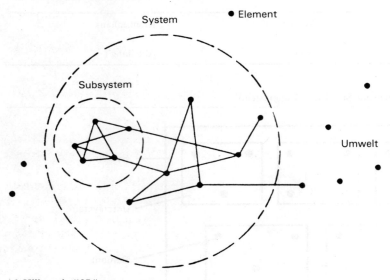

16 Hill et al. (1974)

Es hängt ausschliesslich von der jeweiligen Betrachtungsebene ab, was als Subsystem bzw. Supersystem gesehen wird: Für die erste Systemebene in unserem Beispiel sind 1.1, 1.2 und 1.3 Subsysteme. Betrachtet man die zweite Systemebene, so sind 1.1, 1.2 und 1.3 Systeme und alle auf der dritten Systemebene stehenden Systeme müssen als Subsysteme bezeichnet werden.
Beispiele für Systemhierarchie:

System	Krankenhaus	Departement	Pflegeabteilung
Subsystem	Departement	Pflegeabteilung	Pflegegruppe

Von den Subsystemen sind die *Teilsysteme* zu unterscheiden. Während bei der Bildung von Subsystemen das System gleichsam parzelliert wird, erfolgt bei der Betrachtung von Teilsystemen eine Gesamtschau des Systems unter einem bestimmten Aspekt wie beispielsweise der Kommunikation. Beispiele für Subsysteme und Teilsysteme:

System	Krankenhaus
Subsysteme	Departement, Abteilung, Arbeitsgruppe
Teilsysteme	Hierarchisches System, Kommunikationssystem, Statussystem

Systeme können aufgrund verschiedener Kriterien klassifiziert werden. Von besonderer Bedeutung sind die folgenden Merkmale[106]:

- *Abgrenzung.* Nach dem Ausmass der Abgrenzung gegen «aussen» bzw. der Intensität der Beziehungen zu anderen Systemen werden die folgenden Systemarten unterschieden:
  - *Offene Systeme:* stehen mit anderen Systemen in wechselseitiger Beziehung. Beispiel: Betrieb, Familie, Baum;
  - *Geschlossene Systeme:* stehen in keinem Austausch mit ihrer Umgebung. Beispiel: Thermosflasche.
- *Veränderlichkeit.* Nach der Veränderlichkeit eines Systems von sich aus, also danach, ob die Systemveränderung ohne äussere Einflüsse erfolgt, können folgende Systemarten unterschieden werden:
  - *Statische Systeme:* verändern sich nicht im Zeitablauf. Beispiel: Fahrrad, Zahlen;
  - *Dynamische Systeme:* sind durch ihre immanente Veränderung im Zeitablauf gekennzeichnet. Beispiel: Betrieb, Familie, Teich.
- *Komplexität.* Die Komplexität eines Systems ist abhängig von Art und Umfang der Systemelemente sowie von Art und Umfang der Systembeziehungen. Danach werden folgende Systemarten unterschieden:
  - *Einfache Systeme:* Beispiele: Fahrrad, Zahl, Hammer; (2) *Komplexe Systeme:* Beispiele: Programmiersprache, Planetensystem, Beatmungsapparat;
  - *Hochkomplexe Systeme:* Beispiele: Zentralnervensystem, Betrieb, Computer.
- *Entstehungsart.* Nach der Art der Entstehung von Systemen werden unterschieden:
  - *Natürliche Systeme:* sind naturgegebene Systeme. Beispiele: Planetensystem, Baum, Zentralnervensystem;
  - *Künstliche Systeme:* sind das Ergebnis menschlicher Gestaltung. Diese Systemart unterliegt im allgemeinen der menschlichen Planung, Steuerung und Überwachung. Beispiele: Betrieb, Fahrrad, Programmiersprache.
- *Art der Elemente.* Nach der Art der Systemelemente lassen sich folgende Systemarten unterscheiden:
  - *Ideelle Systeme:* sind nur gedanklicher Art. Sie werden häufig durch Symbole dargestellt. Beispiel: Buchstaben, Ziffern, Code;
  - *Soziale Systeme:* in ihnen stellt der Mensch das wesentliche und zentrale Element dar. Beispiele: Partei, Verband, Verein;
  - *Technische Systeme:* enthalten als Systemelemente materielle Objekte. Beispiele: Fahrrad, Beatmungsapparat, Computer;

106 vgl. Steinbeck (1977)

- *Soziotechnische Systeme:* enthalten als Systemelemente sowohl Menschen als auch materielle Objekte. Beispiele: Industriebetrieb, bemannte Mondrakete.
- *Vorherbestimmbarkeit.* Nach der Vorherbestimmbarkeit des Systemverhaltens wird in die folgenden Systemarten differenziert:
  - *Deterministische Systeme:* ihr Verhalten ist im vornhinein eindeutig erkennbar. Jede Ungewissheit ist ausgeschlossen. Beispiele: Fahrrad, Zahlen, Programmiersprache;
  - *Prohabilistische Systeme:* ihr Verhalten ist nur mit einer gewissen Wahrscheinlichkeit vorherzubestimmen. Beispiele: Betrieb, Familie, Roulette.

Aus kybernetischer Sicht kann ein soziales System als ein System von Regelkreisen aufgefasst werden, das aufgrund von Informationen gesteuert und geregelt wird. Der grundlegende Begriff der Steuerung soll im folgenden näher erläutert werden[107]. Unter *Steuerung* versteht man die Anweisung an ein Systemelement, Störungen unmittelbar bei ihrem Auftritt entgegenzuwirken. Die Störung selbst löst also die Gegenmassnahmen aus. Die Steuerung lässt sich durch sogenannte *Steuerketten* (Blockschaltbild ohne Rückkoppelung) darstellen (Abb. 22). Das *Steuerglied* stellt das lenkende Systemelement dar, während die *Steuerstrecke* den Vorgang repräsentiert, der gelenkt werden soll.

Abildung 22: Steuerketten[17]

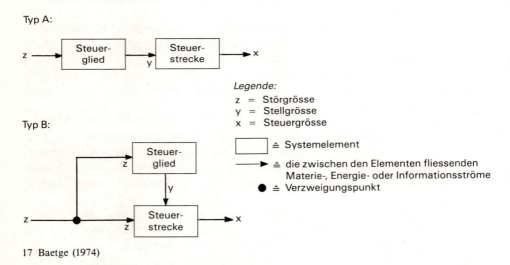

17 Baetge (1974)

Der Vorgang in der Steuerkette lässt sich so beschreiben:
- Die *Steuergrösse x* (= Ausgangsgrösse) soll einen bestimmten Sollwert erreichen oder beibehalten. Dieses Ziel wird durch entsprechende Konstruktion des Steuergliedes und der Steuerstrecke angestrebt.
- Auf das System wirkt eine bestimmte Eingangsgrösse, die als *Störgrösse z* bezeichnet wird, weil ihre Änderung eine Störung des Systems zur Folge hat.

107 vgl. Baetge (1974)

- Verändert sich die «Störgrösse», so dass die Steuergrösse x ihren Sollwert nicht erreichen oder beibehalten kann, hat das Steuerglied die Aufgabe, die Auswirkung der Störung zu beseitigen. Deshalb gibt es an die Steuerstrecke die Anweisung y, die als *Stellgrösse* bezeichnet wird. Diese beeinflusst nun die Steuerstrecke so, dass die Steuergrösse x ihren Sollwert erreicht oder beibehält.

Bei der *Regelung* tritt zur Steuerung ergänzend die *Rückkoppelung* (= feedback) hinzu, um die Stabilität des dynamischen Systems zu erhalten. Die Regelung lässt sich durch einen sogenannten *Regelkreis* darstellen. Ein solches Regelkreismodell wird bei der Besprechung des Führungsprozesses vorgestellt (siehe unten).
Bei der Betrachtung eines sozialen Systems unter kybernetischen Aspekten darf allerdings nie ausser acht gelassen werden, dass es sich dabei um ein System handelt, dessen «Steuerstrecken» bzw. «Regelstrecken» Menschen sind.
«‚Bausteine‘ sozialer Systeme sind keine zuverlässig-mechanisch steuerbaren Elemente, sondern selbst wieder Systeme, nämlich Menschen mit eigenen Zielen, besonderen Bedürfnissen und stets einem Rest an Spontaneität, die durch ein kaum erforschbares Geflecht wechselseitig aufeinander bezogener Rollenerwartungen wiederum mit einer Vielzahl ebenso ‚unberechenbarer‘ Menschen verbunden.»[108]

153 Merkmale des Systems Krankenhaus

Aufgrund der genannten grundlegenden Systemmerkmale kann das «System Krankenhaus» folgendermassen charakterisiert werden: Das Krankenhaus ist ein:
- *offenes System:* Es bestehen nicht nur wechselseitige Beziehungen zwischen den Elementen des Systems, sondern auch Beziehungen zu Elementen anderer Systeme: Die Struktur, der Einsatz, die Aktivitäten der Elemente des Systems werden beeinflusst z.B. durch die Technologie, durch Input-Output-Beziehungen, durch die Veränderungen der Umwelt. Eine vollständige Erfassung der Beeinflussungsfaktoren ist nicht möglich;
- *dynamisches System:* Die Struktur, der Einsatz und die Aktivitäten der Elemente ändern sich im Zeitablauf. Dies ist einerseits durch die Offenheit des Systems bedingt, indem die Veränderungen der Umwelt über die bestehenden Wechselbeziehungen zu einer Änderung des Systems führen. Andrerseits sind solche Veränderungen auch das Ergebnis einer systemimmanenten (innewohnenden) Dynamik;
- *probabilistisches System:* Exakte Voraussagen über das Verhalten des Systems (z.B. über Auswirkungen von Veränderungen der internen Beziehungen) lassen sich nicht machen. Das Verhalten ist nur mit einer gewissen Wahrscheinlichkeit vorauszubestimmen;
- *hochkomplexes System:* Die hohe Komplexität ist bedingt durch die grosse Zahl und die vielfältigen Arten der Systemelemente und Systembeziehungen. Aufgrund der Offenheit des Systems ist auch seine Komplexität in hohem Masse von der Komplexität der Systemumwelt abhängig. Die Komplexität kommt nicht nur in den Kommunikationsbeziehungen, sondern auch im Grad der Arbeitsteilung (Spezialisierung) zum Ausdruck (die ihrerseits wieder ein vermehrtes Mass an Kommunikation notwendig macht);

---

108 Bosetzky (1976), zit. nach Lilge (1982)

- *künstliches System:* Das Krankenhaus ist das Ergebnis menschlicher Gestaltung und unterliegt menschlicher Planung, Steuerung und Überwachung;
- *soziales System:* Im Krankenhaus ist der Mensch das wesentliche und zentrale Element. Berücksichtigt man indessen die Bedeutung sachtechnischer Mittel bei der Aufgabenerfüllung, so kann man das Krankenhaus auch als *soziotechnisches System* bezeichnen. Verwendung findet der Ausdruck «soziales System», weil im Krankenhaus nicht nur die entscheidenden Aufgabenträger, sondern auch die «Arbeitsobjekte» Menschen sind: *die Patienten.*

Weil in einem sozialen System der Mensch das wesentliche Element darstellt, kommt dem *Verhalten der Systemmitglieder fundamentale Bedeutung* zu. In diesem Verhalten lassen sich bestimmte systembedingte Gesetzmässigkeiten erkennen[109]:

- Der Einzelne steht in relativ stabilen Interaktionsbeziehungen zu anderen Systemmitgliedern: *Interaktionsstruktur.*
- Der Einzelne teilt mit den übrigen Systemmitgliedern gewisse Wertorientierungen, die sein Verhalten beeinflussen: *Systemkultur.*
- Die Beziehungen und Wertvorstellungen schliessen bestimmte Verhaltenserwartungen an die Systemmitglieder ein: *Rollenstruktur.*

Ob ein offenes soziales System wie das Krankenhaus effizient arbeitet oder nicht, hängt laut der *Kontingenztheorie der Organisation* (= Bedingtheitsansatz: Was bedingt das Sosein einer Organisation?) von folgenden Faktoren ab (vgl. Abb. 23)[110]:

- *Verhalten der Organisationsmitglieder* (Einstellungen, Neigungen, Arbeitsleistung, Arbeitszufriedenheit, Art der Konflikthandhabung)
- *Formale Organisationsstruktur* (Arbeitsteilung, Koordination, Hierarchie, Entscheidungsdelegation, Formalisierung)
- *Situation der Organisation* (Erwartungen/Anforderungen der Gesellschaft, speziell der Patienten, Grösse, Technologie, Rechtsform)

Abbildung 23: Effizienz der Organisation[11]

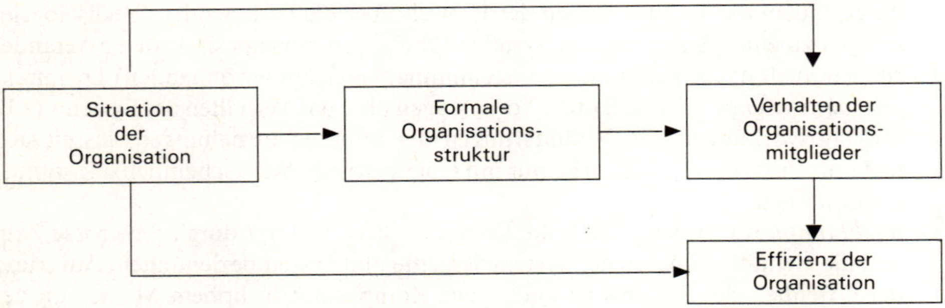

18 Bosetzky/Heinrich (1980)

109 vgl. Hill et al. (1974)
110 vgl. Bosetzky/Heinrich (1980)

Unter diesen drei Gruppen von Determinanten (Bestimmungsfaktoren) kommt dem Verhalten der Organisationsmitglieder die grösste Bedeutung zu.

Ein weiteres Merkmal des Systems Krankenhaus besteht wie gesagt darin, dass es sich um ein *organisiertes System* handelt. Fragt man danach, was das Wesen *organisierter Systeme* ausmacht, so lassen sich *folgende Charakteristika* erkennen:

- *Ordnung:* Ein organisiertes System ist immer ein geordnetes System. Das heisst: die einzelnen Elemente sind nach bestimmten Regeln «angeordnet», und auch die Beziehungen zwischen den Elementen in einer bestimmten Weise «geregelt». Dadurch unterscheidet sich das organisierte System nicht grundsätzlich, aber graduell von anderen sozialen Systemen wie z.B. einer politischen Gruppierung, die eine weniger durchgestaltete Ordnung erkennen lässt.
- *Ganzheit:* Unter einem organisierten System versteht man nicht nur eine Vielzahl von Elementen, deren Beziehungen untereinander geregelt sind, sondern ein Ganzes, das mehr ist als die Summe seiner Teile. Ziel der Organisation ist es, aus der Summe der einzelnen Elemente eine funktionelle Einheit zu bilden.

  Was das bedeutet, lässt sich bereits an einer so kleinen Ganzheit wie einem «gut organisierten» Arbeitsteam ersehen bzw. einem Arbeitsteam, das «gut funktioniert».
- *Integration:* Auf die Integration als bestimmendes Merkmal organisierter Systeme wurde bereits hingewiesen. Integration meint die Verflechtung der Elemente im Hinblick auf das Gesamtsystem: Es besteht eine enge innere Beziehung der einzelnen Elemente untereinander, so dass die Veränderung eines Elementes nicht auf dieses beschränkt bleibt, sondern sich auch auf andere Elemente und über diese auf das Verhalten des gesamten Systems auswirkt.
- *Dauer:* Die Organisation soll gemäss der verwendeten Definition die Strukturierung von Systemen zur Erfüllung von *Daueraufgaben* vornehmen. Daueraufgaben sind Aufgaben, die entweder kontinuierlich vorliegen oder in regelmässigen Abständen wiederkehren. Das bedeutet, dass die Organisationsstruktur ebenfalls eine Dauerwirkung haben muss. Andrerseits aber sollte diese Struktur nicht ausschliessen, dass Aufgaben, die einmalig oder diskontinuierlich anstehen, ebenfalls angemessen erfüllt werden.

  Organisation ist das Gegenteil von Improvisation: während Improvisation nur eine zeitlich begrenzte Wirkung haben soll, ist Organisation auf Dauer ausgerichtet.
- *Formalisierung:* Hinsichtlich der geltenden Regel unterscheidet sich ein organisiertes System von anderen geordneten Systemen in folgendem:
  - Die Regeln sind nicht einfach spontan und «natürlich» gewachsen (wie z.B. in einer Familie), sondern in einem eigens zu diesem Zweck durchgeführten Gestaltungsprozess erarbeitet worden;
  - Die Regeln bzw. Verhaltenserwartungen sind auch nicht unausgesprochen und unbewusst (wie häufig in sozialen Systemen), sondern explizit formuliert bzw. formalisiert (schriftlich fixiert) und damit einer bewussten Wahrnehmung viel eher zugänglich.

  Soziale Systeme, in denen alle herrschenden Regeln formal festgelegt sind, gibt es allerdings nicht. Immer werden weite und wesentliche Bereiche des Verhaltens durch andere, informale Faktoren gesteuert. Solche sind z.B. die individuelle Persönlichkeit, gruppendynamische Phänomene, «ungeschriebene Gesetze» und Traditionen.

Jede Formalisierung stellt eine Fixierung dar und birgt damit in sich die Gefahr der Starrheit/Unbeweglichkeit. Das moderne Krankenhaus aber (und im weiteren Sinne das gesamte Gesundheitswesen) ist alles andere als starr, sondern ganz im Gegenteil einem ununterbrochenen und raschen Wandel unterworfen.

Um diesen Veränderungen gerecht werden zu können, muss auch die Organisationsstruktur dauernd angepasst werden. Eine solche Anpassung aber wird immer mit Rückstand auf die aktuellen Erfordernisse erfolgen, weil die Organisation auf Dauer gerichtet und ihrem Wesen nach träge ist.

- *Zweck- und Zielorientierung:* Ordnung, auch wenn sie formalisiert ist macht noch nicht das Wesen einer organisierten Struktur aus. Das Zusammenwirken von Menschen in einem organisierten *System ist zusätzlich dadurch gekennzeichnet, dass es einem umschriebenen Zweck dient* und *nicht willkürlich erfolgt,* sondern sich an definierten *Zielen* orientiert. Das heisst: die Zusammenarbeit ist auf die Erreichung zukünftiger erstrebenswerter Zustände ausgerichtet. Durch eine solche Zielorientierung erst wird es möglich, umschriebene Zwecke zu erfüllen.

Bei den Zielen ist *zwischen Sach- und Formalzielen zu unterscheiden:* Das *Sachziel* ist das konkrete Leistungsziel des Systems. So beschreibt es z.B. bei einem Dienstleistungsbetrieb die Art der zu erbringenden Dienstleistung. Beispiel Sachziel Krankenhaus: Voll- und semistationäre Krankenversorgung.

Das *Formalziel* gibt die Kriterien an, aufgrund derer die Entscheidung über eine Handlungsalternative getroffen wird, also über den Einsatz und die Kombination der zur Verfügung stehenden Leistungsfaktoren Mensch und Sachmittel, über die anzuwendenden Verfahren usw. Beispiele: Bedarfsdeckung, Gewinnerzielung, Kostendeckung, Erhaltung der Arbeitsplätze.

Neben dieser Zielstruktur des Systems besitzen die Menschen als Elemente des Systems jeweils *individuelle Zielstrukturen.* Diese individuellen Ziele können mit den Zielen des Systems konkurrieren, zu diesen komplementären oder ihnen gegenüber indifferent sein (siehe oben).

Zielantinomie (konkurrierende Ziele), *Zielharmonie* (komplementäre Ziele) und *Zielneutralität* indifferente Ziele) beeinflussen auf unterschiedliche Art die Zielerreichung sowohl des Systems als auch der Menschen als den Mitgliedern des Systems.

- *Rationalität:* Ein organisiertes System ist ein typisches Produkt unserer rationalen, vom Verstand beherrschten Welt. *Seelische und soziale Einflussfaktoren* werden beim Organisieren *vernachlässigt:* Die Organisation baut auf sach-logischen Gegebenheiten und Zusammenhängen auf, und der Mensch soll sich in das sachlogische Gebäude der Organisationsstruktur einfügen.

Sicher ist auch der Mensch ein sachlich denkendes Wesen. Er hat aber auch (und vor allem) psycho-logische und sozio-logische Seiten und Schichten, die sich dieser Sach-Logik der Organisation widersetzen. Der Rationalität der Organisation steht also die andere Rationalität des lebendigen Menschen, seiner Seele, seines Charakters, seines Verhaltens in der Gruppe gegenüber.

Diese andere Rationalität darf nicht einfach als Feind der Organisation betrachtet werden, sondern stellt das dynamische sinngebende Element dar, ohne welches jede Organisationsstruktur zum hohlen, leblosen, sinn- und zweckentfremdeten Gebilde erstarrt.

- *Ökonomie:* Neben dem rationalen ist auch das rationelle Moment ein charakteristisches Merkmal organisierter Systeme. Die organisatorischen Regeln in einem System wie dem Krankenhaus sind nämlich nicht nur darauf ausgerichtet, *dass* bestimmte Ziele erreicht werden, sondern auch darauf, dass dies unter möglichst geringem Aufwand geschieht. Mit anderen Worten: Die Organisation ist an einem optimalen Aufwand – Nutzen – Verhältnis orientiert (oder sollte es zumindest sein).
- *Abstraktheit:* Die Organisationsstruktur eines Betriebs bezieht sich auf keine bestimmten, konkreten Personen, sondern auf *fiktive, gedachte «Aufgabenträger»,* denen gewisse Aufgabenbereiche zugeordnet werden. Dies ist nötig, weil es sich bei der Organisationsstruktur um ein auf Dauer gerichtetes System von Regelungen handelt, das unabhängig von bestimmten Individuen Gültigkeit besitzen muss.

  Dieses Grundmerkmal der Organisation zeigt aber gleichzeitig, wie wichtig es ist, dass von der Organisationsstruktur her genügend *Spielraum* gegeben ist, in dem der Einzelne seine individuellen Fähigkeiten entfalten kann und dass die Individualität des Mitarbeiters in einer *personenbezogenen Führung* zum Tragen kommt. Die grundsätzliche Abstraktheit einer Organisationsstruktur wird dann als «unpersönlich» oder sogar als unmenschlich empfunden und gefürchtet, wenn der Einzelne nicht mehr als Individuum mit seinen Bedürfnissen und Schwierigkeiten, sondern nur noch als blosser Funktionsträger betrachtet und behandelt wird.
- *Verbindlichkeit:* Als letztes ist schliesslich festzuhalten, dass die Anerkennung der systemeigenen organisatorischen Regeln eine grundlegende Bedingung für die Mitgliedschaft darstellt. Wer die Regeln nicht anerkennt, kann die Mitgliedschaft nicht erlangen bzw. wird von ihr ausgeschlossen.

Da Menschen keine Bienen oder Ameisen sind, sondern *Individuen,* d.h. hochkomplexe und von der Natur nicht vollkommen vorprogrammierte Systeme, stehen sie vor folgenden grundlegenden Problemen[111]: Wie lässt sich menschliches Handeln berechenbar machen? Wie lässt sich menschliche Aggressivität kanalisieren? Wie lassen sich Menschen zum notwendigen gemeinschaftlichen Handeln motivieren? Wie lassen sich die Abweichenden wieder auf den gemeinsamen Nenner bringen?
«Die grosse und rationale Antwort darauf ist: durch soziale Systeme. Soziale Systeme haben eine mehr oder minder festgelegte *Struktur,* d.h. ein System von Werten und Normen und ein meist hierarchisch angeordnetes Muster aufeinander abgestimmter Positionen und Rollen, deren Inhaber bzw. Spieler bestimmte *Funktionen* (= Aufgaben) wahrnehmen, die der Anpassung, der Zielerreichung, der Integration und der Bewältigung von Spannungen dienen.»[112]
Wer also Mitglied des sozialen Systems Krankenhaus wird, der findet dort ein Milieu vor, das auf die Reduzierung seiner möglichen Verhaltensweisen angelegt ist, d.h. er darf nicht tun und lassen, was *er* will, sondern muss das tun, was das Krankenhaus (die Gesamtheit der Vorgesetzten, der Kollegen und der Patienten) von ihm erwartet. Das ist mit folgenden Gegebenheiten verbunden[113]. Er:

---

111 vgl. Bosetzky/Heinrich (1980)
112 Bosetzky/Heinrich (1980)
113 vgl. Bosetzky/Heinrich (1980)

- bekommt eine bestimmte Position und die mit ihr verknüpfte Rolle zugeteilt;
- findet eine Reihe fest programmierter Entscheidungen vor, denen er lediglich zu folgen hat, und zwar meist in Form von Routineprogrammen der Art: «Jedesmal, wenn eine Situation A eintritt, ist mit dem Verhalten B zu reagieren»;
- gerät in eine Hierarchie, wo einige (die Vorgesetzten) wesentlich mehr Macht haben als er und für ihn Handlungen festlegen können;

Das alles (und noch mehr) reduziert für ein Organisationsmitglied die Vielzahl des Möglichen, mag das nun als Halt oder als Zwang empfunden werden.

2 Der Mitarbeiter

2	**Mitarbeiter**	67
21	**Menschenbilder**	69
211	Pessimisten und Optimisten	70
212	Vier Theorien über den arbeitenden Menschen	71
213	Bedeutung von Menschenbildern	75
22	**Verhalten und Motivation**	76
221	Zum Begriff der Motivation	77
222	Drei Motivationskonzepte	77
223	Ein Verhaltensmodell	79
224	Einflüsse auf den Motivationsprozess	83
23	**Motive und Motivation**	87
231	Was ist ein Motiv?	88
232	Hierarchie der Bedürfnisse	89
233	Dynamik der Bedürfnisse	93
234	Motivkonflikte	96
235	Leistungsbedürfnis	97
236	Stichwort: Frustration	101
24	**Führung und Motivation**	103
241	Anreize als aktivierende Komponente	103
242	Arbeitsintrinsische Anreize	105
243	Arbeitsextrinsische Anreize	107
244	Führung als Gestaltung der Anreizsituation	110
245	Erwartungen als prospektive Komponente	113
246	Führung als Beeinflussung von Erwartungen	116
247	10 Regeln zur Motivierung von Mitarbeitern	117
25	**Arbeitszufriedenheit – ein wichtiges Thema**	119
251	Erklärungsversuche	119
252	Verschiedene Aspekte der Arbeit	120
253	Ein Befriedigungsmodell	122
254	Motivatoren und Hygienefaktoren	124
255	Belohnungen	129
256	Zufriedenheit und Leistung	131
257	Fehlzeiten	133
258	Fluktuation	137

26 Individuum und Organisation ... 141

261 Aspekte gelungener Integration ... 141
262 Soziale Rolle ... 147
263 Aspekte gestörter Integration ... 158
264 Entfremdung ... 164
265 Zur Pathologie der Organisation ... 166
266 Konflikte in der Organisation ... 170
267 Teilsysteme der Organisation ... 181
268 Rechte und Pflichten des Mitarbeiters ... 187

27 Einzelne Mitarbeitergruppen ... 191

271 Mitarbeiterin ... 191
272 Jugendliche Mitarbeiter ... 196
273 Ältere Mitarbeiter ... 198
274 Ausländische Mitarbeiter ... 201
275 Schwierige Mitarbeiter ... 204

Das Verhalten der Menschen als der wichtigsten Elemente eines sozialen Systems übt den stärksten Einfluss auf das Verhalten des Systems als Ganzes aus. Obwohl sich menschliches Verhalten weder eindeutig beschreiben und erklären, noch genau vorhersagen oder steuern lässt, sind doch von den verschiedenen verhaltenswissenschaftlichen Disziplinen wertvolle Einsichten erarbeitet worden. Diese Erkenntnisse können helfen, sich selbst und seine Interaktionspartner zu verstehen, ihr Verhalten zu erklären und im Sinne der Führung zu steuern.

Thema dieses zweiten Teils ist also das *Erleben* und *Verhalten des einzelnen Mitarbeiters* bzw. die Bedürfnisse, Motive, Erwartungen und Einstellungen, die dieses Verhalten bestimmen. Als Mitarbeiter sind im Grunde genommen alle Mitglieder eines produktiven sozialen Systems zu betrachten, denn sie alle «arbeiten» an der gemeinsamen Aufgabenerfüllung.

Dass im allgemeinen Sprachgebrauch unter Mitarbeiter Personen verstanden werden, die anderen Personen (den Vor-gesetzten) formal unterstellt sind, ist in diesem Zusammenhang nicht wesentlich, weil diese Führungskräfte gleichzeitig auch Geführte (Mitarbeiter) sind.

Im Zentrum der Betrachtung steht also der Mitarbeiter als Individuum unter den beiden genannten Aspekten: Das soziale System sieht ihn als «Werkzeug», ohne das es seine Zwecke nicht erfüllen bzw. seine Ziele nicht erreichen kann (instrumentaler Aspekt). Der Mitarbeiter ist aber nicht nur «Mittel zum Zweck», sondern ein eigenständiges Subjekt mit einem Selbstwert. Aus dieser Sicht muss das System ihm die Möglichkeit bieten, eigene Bedürfnisse zu erfüllen und persönliche Ziele zu erreichen (non-instrumentaler Aspekt).

Diese beiden Dimensionen dürfen im folgenden nie aus den Augen verloren werden – vor allem dann nicht, wenn es um die Bedürfnis- und Motivationsstruktur des führenden Menschen geht. Andernfalls gerät man in eine Eindimensionalität, die allzu leicht in unverantwortbare Manipulation mündet.

21 Menschenbilder

Dem Verhalten anderen Menschen gegenüber liegen bestimmte Annahmen über das Wesen des Menschen zugrunde. Diese Grundannahmen, die man in ihrer Gesamtheit als Menschenbild bezeichnet, basieren auf Erfahrungen mit wichtigen Bezugspersonen in der frühen Kindheit; und der Zusammenhang zwischen den Erfahrungen als Kind und dem Verhalten als Erwachsener ist uns meist nur zum Teil bewusst. Die interpersonelle Wahrnehmung, die sozialen Interaktionen und damit auch die Führer–Geführten-Beziehungen werden durch diese Menschenbilder in hohem Masse beeinflusst. Es ist daher von grosser Wichtigkeit, verschiedene Menschenbilder zu kennen, um dann auch – in einem Prozess der Selbstreflexion – den Grundlagen des eigenen Verhaltens Vorgesetzten, Kollegen und Mitarbeitern gegenüber auf die Spur zu kommen.

211 Pessimisten und Optimisten

Naturgeschichtliche, naturwissenschaftliche und geisteswissenschaftliche Anthropologien (Lehren vom Menschen) finden sich bereits in den ersten Schöpfungsmythen und später auch in allen philosophischen, religiösen, biologischen, ökonomischen und psychologischen Schriften. Der Mensch wurde und wird als *biologisches* (triebgebundenes), soziales (gemeinschaftsbildendes, solidarisch handelndes, kulturschaffendes), *religiöses* (Abbild Gottes, Krone der Schöpfung), *personales* (sich selbst verwirklichendes, Entfremdung überwindendes) oder *rationales Wesen* (Heros der Vernunft, höchste Stufe des Geistes) verstanden[1].

Um die Mannigfaltigkeit von Menschenbildern zu illustrieren, werden im folgenden einige dieser Konstrukte vom Menschen zusammengestellt und nach positiven/negativen Einschätzungen geordnet[2].

Pessimistische Menschenbilder

Optimistische Menschenbilder

Machiavelli (1469-1527): Der Mensch ist undankbar, heuchlerisch, gewinnsüchtig. Er geht Gefahren aus dem Weg. Es ist sicherer, gehasst als geliebt zu werden.

Hobbes (1588-1679): Der Mensch begehrt Prestige, Macht und materielle Güter. Er fürchtet seine Nachbarn.

Smith (1723-1790): Der Mensch ist selbstsüchtig. Durch Verfolgen seiner egoistischen Interessen dient er sich und der Gesellschaft. Politik des laissez-faire.

Darwin (1809-1882): In einem natürlichen Selektionsprozess überleben die körperlich Tüchtigsten und geistig Beweglichsten. Nur die Stärksten obsiegen im Kampf um Nahrung und einen Lebensgefährten.

Freud (1856-1939): Der Mensch ist von Natur aus primitiv, wild und böse. Natürliche Triebe (Sex und Aggression) müssen unterdrückt werden.

Taylor (1856-1915): Der Mensch ist wie ein Teil einer Maschine. Er ist faul, egoistisch. Er hat nur Interesse an materiellen Gütern. Er muss kontrolliert und extern motiviert werden.

Locke (1632-1704): Der Mensch ist vernünftig, neigt zur Kooperation und gegenseitigen Unterstützung. Er kann sich selber kontrollieren und bevorzugt demokratische Herrschaft.

Neo-Freudianer (Sullivan, Fromm, Horney): Die Persönlichkeit wird primär von externen gesellschaftlichen Kräften beeinflusst und nicht durch biogenetische Triebe. Der Mensch strebt nach Befriedigung von Bedürfnissen gemeinsam mit anderen. Situative Faktoren in der Persönlichkeitsentwicklung beeinflussen sein Potential für Wachstum und Entwicklung.

Mayo (1880-1949): Der Mensch ist ein soziales Wesen. Als Gruppenmitglied entwickelt er gemeinsames Verhalten gegenüber der Umwelt. Das Individuum ist nur *eine* Variable zur Erklärung von Verhalten.

Maslow (1908-1970), McGregor (1906-1964): Der Mensch verfügt über eine Hierarchie von Bedürfnissen. Befriedigte Bedürfnisse motivieren nicht mehr. Werden geeignete Voraussetzungen geschaffen, bietet die Arbeit Gelegenheit für Wachstum, Entwicklung und Selbstverwirklichung. Wird die Gelegenheit geboten, leistet er konstruktive Beiträge zur Erreichung der Organisationsziele.

Der Motivationsforscher McGregor hat zwei extreme Menschenbilder in Form des Gegensatzpaares «Theorie X» und «Theorie Y» einander gegenübergestellt[3]:

1 vgl. Lilge (1956), Staehle (1980)
2 vgl. Staehle (1980)
3 vgl. McGregor (1970)

Theorie X	Theorie Y
Der Mensch hat eine angeborene Abneigung gegen Arbeit und versucht, ihr aus dem Weg zu gehen, wo immer er kann.	Der Mensch hat keine angeborene Abneigung gegen Arbeit: Der körperliche und geistige Einsatz in der Arbeit ist für ihn an sich genauso natürlich wie Spiel und Ruhe. Seine Einstellung zur Arbeit hängt von seinen Erfahrungen ab: Er erlebt Arbeit entweder als Quelle von Zufriedenheit (und verrichtet sie gern) oder Unzufriedenheit (und geht ihr nach Möglichkeit aus dem Weg).
Deshalb muss der Mensch durch Druck, Zwang, Strafandrohung und Kontrolle dazu gebracht werden, einen Beitrag zur Erreichung der Organisationsziele zu leisten.	Wenn der Mensch sich mit den Zielen des Systems identifiziert, ist er bereit, von sich aus Leistungen zu vollbringen und Selbstkontrolle zu üben. Wie sehr er sich mit den Zielen identifiziert, hängt von den Belohnungen ab, die mit ihrem Erreichen verbunden sind. Die wichtigsten solchen Belohnungen (Arbeitsanreize) sind Freude an der eigenen Arbeit und die Möglichkeit zur Entfaltung der eigenen Persönlichkeit.
Der Mensch möchte lieber geführt werden, als selber Verantwortung übernehmen. Er hat wenig Ehrgeiz und ist vor allem auf Sicherheit aus.	Unter geeigneten Bedingungen ist der Mensch nicht nur bereit, Verantwortung zu tragen, sondern er sucht sie sogar. Scheu vor Verantwortung ist nicht angeboren, sondern die Folge negativer Erfahrungen. Der Mensch ist erfinderisch und kreativ, wenn er es nur sein darf. Diese Potentiale werden jedoch am Arbeitsplatz kaum aktiviert und genutzt.

Sind Sie ein «X-Theoretiker» oder ein «Y-Theoretiker»? Diese Frage können Sie anhand eines Tests beantworten (Abb. 114/Anhangband).

Obwohl die beiden Menschenbilder sicher selten in so reiner Form vorkommen, wie sie hier beschrieben sind, so stellen sie doch zwei grundsätzliche Annahmen dar, von denen viele persönliche Einstellungen mehr oder weniger stark geprägt sind.

212 Vier Theorien über arbeitende Menschen

Nach der historischen Entwicklung werden vier Gruppen von Annahmen über «den» Menschen in sozialen Systemen unterschieden, aus denen sich bestimmte Menschenbilder konstruieren lassen[4]: der rational-ökonomische Mensch, der soziale Mensch, der nach Selbstentfaltung strebende Mensch und der komplexe Mensch.

Der rational-ökonomische Mensch (rational-economic man)

Dieser Typus wurde vor allem durch Taylor und seine Nachfolger geprägt: Als Ingenieure und von einem stark mechanistischen Denken bestimmt, waren sie überzeugt, dass Menschen genauso unproblematisch eingesetzt werden könnten wie jedes andere

---

[4] vgl. Schein (1970), nach Lilge (1980/1981), Moldenhauer/Grunwald (1978), Wunderer/Grunwald (1980), Staehle (1973/1980)

Werkzeug, vorausgesetzt, man kannte die Gesetze der «wissenschaftlichen Betriebsführung».

Die Charakteristika des *Mitarbeiters* sind die dominierenden materiellen Interessen und Bedürfnisse, die er mit einem Mindestaufwand an Arbeitsleistung zu befriedigen trachtet. Der Mitarbeiter ist typischerweise faul, oft unehrlich, ziellos, dumm und vor allem käuflich. Er geht der Verantwortung aus dem Weg, ist unfähig, eigene Ziele zu setzen, sich aus eigenem Antrieb für die Erreichung von Zielen zu engagieren und sich selbst zu kontrollieren.

Die Charakteristika des *Vorgesetzten* sind hauptsächlich die, dass er sich aufgrund eigener Zielsetzung selbst kontrollieren kann. Er bringt seine Ziele mit denen des Systems in Einklang, kann seine Gefühle rational selbst unter Kontrolle halten und bedarf daher keiner Motivation von aussen.

Vom Vorgesetzten wird erwartet, dass er den Arbeitsprozess effektiv gestaltet, das Personal zweckentsprechend auswählt, sich auf seine formale (Positions-) Autorität bezieht und dadurch eine hohe Arbeitsleistung möglichst unter Vermeidung von Konflikten gewährleistet.

Die *Beziehung* zwischen Vorgesetzten und Mitarbeitern ist ein rein formales Vorgesetzten–Untergebenen-Verhältnis. Der Vorgesetzte bestimmt aktiv das ganze Geschehen – der Untergebene hat sich passiv zu unterwerfen. Hinzu kommen organisatorische Regelungen, die im Sinne eines störungsfreien (konfliktfreien) Ablaufs konzipiert sind.

Der soziale Mensch (social man)

Dieser Typus erwuchs gewissermassen als Gegenpol zur mechanistischen Auffassung des Taylorismus aus der *Human-Relations-Bewegung*. Kern dieser neuen Sichtweise war, dass der Mitarbeiter nicht mehr als isolierte Produktionseinheit, sondern als soziales Wesen gesehen wurde, als Gruppenmitglied, dessen Handlungen durch seine Kollegen beeinflusst werden.

Die Charakteristika des *Vorgesetzten* bestehen erstens darin, dass er den Arbeitsprozess effektiv gestaltet und zweitens in der Fähigkeit, den Mitarbeiter als soziales Wesen mit seinen vielfältigen Bedürfnissen zu sehen und zu lenken. Der Vorgesetzte soll nicht nur Fachmann, sondern auch kompetenter Menschenführer und *Sozialtechnologe* sein. Hier setzt denn auch die hauptsächliche Kritik am Konzept des «social man» an: Die Bedeutung der zwischenmenschlichen Beziehungen wird zwar erkannt, deren «Pflege» aber instrumentalistisch als Mittel zur Steigerung der Arbeitsleistung benutzt.

Die Charakteristika des *Mitarbeiters* sind die eines aufgeschlossenen Mitglieds einer sozialen Gemeinschaft, welches in sozialen Beziehungen versucht, die unvermeidbare Sinnentleerung und Entfremdung am Arbeitsplatz zu kompensieren. Der Mitarbeiter wird primär durch soziale Bedürfnisse motiviert und entwickelt durch deren Befriedigung ein Gefühl der eigenen Bedeutung und Identität. In seiner Leistung lässt er sich mehr durch Einflüsse seiner Kollegen (Gruppendruck) als durch Anreizsysteme und Kontrolle steigern.

Die *Beziehung* zwischen Vorgesetzten und Mitarbeitern ist einerseits durch die «Sache» und andererseits durch den ‚Menschen' bestimmt. Welche Orientierung im einzelnen überwiegt, ergibt sich aus der spezifischen Situation.

Der nach Selbstentfaltung strebende Mensch (self-actualizing man)

Dieser Typus verdankt seine Entstehung einerseits der zunehmenden Qualifikation vieler Aufgaben im modernen Arbeitsprozess und andererseits dem Wandel in der Motivstruktur des Mitarbeiters. Diese Veränderungen spiegeln sich wider in den Theorien der *Human-Resources-Bewegung*. Deren zentraler Gedanke besteht darin, die persönlichen Fähigkeiten (human resources) des Mitarbeiters stärker in den Arbeitsprozess einzubringen. Die Erfüllung innerer Werte steht im Vordergrund.
Die Charakteristika des *Vorgesetzten* sind seine Fähigkeiten zum Verstehen individueller Bedürfnis- und Motivstrukturen. Er manipuliert seine Mitarbeiter weniger und lässt sie stärker an Entscheidungen teilhaben (partizipieren). Durch sinnvolle Aufgabenstellung und Arbeitsorganisation fordert er Fähigkeiten und Engagement der Mitarbeiter heraus und strebt insgesamt eine partnerschaftliche Kooperation mit ihnen an.
Die Charakteristika des *Mitarbeiters* lassen sich aus einem Katalog von Bedürfnissen ableiten, die hierarchisch geordnet sind. Unter günstigen Arbeitsbedingungen ist der Mitarbeiter bereit, seine Fähigkeiten zu unabhängigem, kreativem und langfristig orientiertem Handeln einzusetzen. Er ist fähig, sich aus eigenem Interesse für die Ziele des Systems einzusetzen und sich selbst zu kontrollieren. Er sieht die Arbeit nicht bloss als Mittel zum Zweck, sondern auch als Selbstzweck, um sich durch sie und in ihr zu entwickeln und innere Befriedigung zu verspüren.
Die *Beziehung* zwischen Vorgesetzten und Mitarbeitern ist durch ein vertrauensvolles Klima gekennzeichnet. Es herrscht eine kooperative Atmosphäre, in der die Mitarbeiter in ihrer Persönlichkeit gefordert werden.
Zweifellos ist das Bild des nach Selbstentfaltung strebenden Menschen wesentlich differenzierter als die Modelle des ökonomischen und sozialen Menschen. Kritik an diesem Konzept bezieht sich auf die zugrundeliegende Annahme, dass Interesse an der Aufgabe und an der eigenen persönlichen Entwicklung übereinstimmen. Diese Annahme lenkt von der Tatsache ab, dass stets Konflikte zwischen der – vom System gestellten – Aufgabe und persönlichen Zielen existieren[5].
«Harmonistische Menschenbildmodelle unterstützen die Tendenz, Konflikte zu verdecken und zu individualisieren. Für Vorgesetzte und Mitarbeiter bleibt der Ausweg, Konflikte im privaten Bereich ausserhalb der Organisation, etwa durch psychosomatische Reaktionen auszudrücken.»[6]
Aus der Unterschätzung von Interessenkonflikten resultiert die Diskrepanz zwischen den idealistischen Forderungen nach Selbstentfaltung des arbeitenden Menschen und der frustrierenden Wirklichkeit am Arbeitsplatz. Auch das Modell des nach Selbstentfaltung strebenden Menschen hat noch immer einen instrumentalistischen Anstrich: Noch immer wird der Mensch als Werkzeug manipuliert, wenn auch weniger ausgeprägt als früher. Noch immer wird die Entfaltung der Persönlichkeit des Mitarbeiters nicht als vollwertiges Ziel eines sozialen Systems anerkannt[7].

---

5 vgl. Wunderer/Grunwald (1980)
6 Wunderer/Grundwald (1980)
7 vgl. Hill et al. (1974)

Komplexer Mensch

Dieser Typus entstand aus dem Bestreben, den Anspruch der Allgemeingültigkeit der vorherigen Menschenbilder zu relativieren. Das Verhalten des Menschen wird als komplizierter Prozess gesehen, welcher aus den beiden Variablen Persönlichkeit und Umwelt resultiert.

Die Charakteristika des *Vorgesetzten* sind hauptsächlich die eines Diagnostikers, der – entsprechend der jeweiligen Situation – die individuellen Besonderheiten seiner Mitarbeiter erfasst und zu handhaben weiss. Er empfindet individuelle und situative Unterschiede nicht als ‚Störfaktoren', sondern ist darauf vorbereitet, eine Vielzahl unterschiedlicher interpersonaler Beziehungen und Autoritätsmuster anzutreffen.

Die Charakteristika des *Mitarbeiters* sind neben seiner Komplexität seine grosse Wandlungsfähigkeit: Er besitzt viele Motive, die irgendwie hierarchisch nach ihrer individuellen Bedeutung miteinander verbunden und geordnet sind. Diese Ordnung kann sich jedoch ständig verändern. Menschliche Motive werden bestimmt durch frühere Erfahrungen: Der Mensch ist lernfähig. Aufgrund solcher Erfahrungen verbergen oder unterdrücken Menschen gewisse Fähigkeiten. Ihre Reaktivierung kann nicht durch motivierende Massnahmen erzwungen werden.

Die persönliche Motivation ist nur einer unter mehreren Einflüssen, welche die Art und Weise bestimmen, wie befriedigend ein Mensch seine Tätigkeit erlebt. Faktoren wie soziale Beziehungen, persönliches Schicksal, materielle Gegebenheiten, Technologie sind ebenfalls von Bedeutung. Ein weiteres Charakteristikum des Mitarbeiters ist seine Flexibilität: Er kann sich an die unterschiedlichsten Führungsstrategien und Arbeitsbedingungen anpassen.

Die *Beziehung* zwischen Vorgesetzten und Mitarbeitern ist durch einen wechselseitigen Anpassungsprozess bestimmt: Beide Interaktionspartner müssen sich laufend den Wandlungen des anderen anpassen («mitwachsen»). Zudem müssen sie sich auch in den jeweiligen spezifischen Arbeitssituationen als anpassungsfähig erweisen («mitleben, mitgestalten»).

Ein Vergleich dieser Aussagen mit dem Modell des nach Selbstentfaltung strebenden Menschen zeigt eine wichtige Erweiterung[22]: Konflikte und Frustrationen sollen nicht verdrängt, sondern reflektiert werden und organisatorische bzw. soziale Prozesse in Gang setzen.

Die Reihenfolge der vier Menschenbilder folgt zwar Entwicklungen der Organisationstheorie, doch darf dies nicht als Zeichen für einen allgemeinen Fortschritt aufgefasst werden: Alle vier Menschenbilder lassen sich gegenwärtig nachweisen. (Sogar das allgemein abgelehnte Bild des «ökonomischen Menschen» ist in Theorie und Praxis noch mancherorts anzutreffen.)

Die vorgestellten Menschenbilder könnten den Anschein erwecken, dass man sich entweder für das eine oder für das andere ganz entscheiden müsste. Dem ist aber nicht so, denn es gibt kein generell gültiges Bild vom Menschen. Jedes dieser Konzepte kann in bestimmten Situationen und bei bestimmten Interaktionspartnern falsch sein. Menschenbilder sind ebenso Wandlungen unterworfen wie andere ethische Vorstellungen auch und können nicht aus der spezifischen Situation und dem gesellschaftlichen Kontext isoliert werden.

«Wenn also in jüngeren organisationswissenschaftlichen Untersuchungen verstärkt von *Partizipation* an Entscheidungen, *Emanzipation* von unnötigen organisatorischen Zwängen, *Demokratisierung* der Wirtschaft oder *Humanisierung* der Arbeit gesprochen wird *(Mitbestimmung),* so ist das u.a. das Resultat eines veränderten Menschenbildes in unserer Gesellschaft.»[8]

«Die starken Interdependenzen innerhalb des gesamtgesellschaftlichen sozio-ökonomischen Gefüges verlangen geradezu eine Reflexion der ethischen Grundlagen (Menschenbilder) unseres (Führungs-)Handelns und erfordern, falls nötig, eine Revision, beispielsweise von entscheidungszentrierter zu partizipativer Führung.»[9]

213 Bedeutung von Menschenbildern

Die vielfältigen Bilder vom Menschen können alle als Versuche betrachtet werden, die Komplexität menschlichen Erlebens und Verhaltens in vereinfachter Weise zu beschreiben, zu erklären, vorherzusagen, zu gestalten und – nicht zuletzt – steuerbar zu machen[10]. Mit anderen Worten: Menschenbilder sind vereinfachte Aussagen über das «Wesen» des Menschen, über dessen Stellung in der Welt.

Menschenbilder sind Einstellungen von Personen gegenüber anderen Personen und vor allem als *implizite Persönlichkeitstheorien* in Interaktionen und damit auch in Führungsbeziehungen wirksam.

Unter impliziter Persönlichkeitstheorie versteht man «das System von Überzeugungen des einzelnen, das bei der Wahrnehmung und Beurteilung anderer Menschen wirksam wird»[11]. Es handelt sich also um unbewusste bzw. eingeschlossene Annahmen über den Menschen, die wie gewachsene, verfestigte, verallgemeinerte und vereinfachte *Voraus-Urteile* über «den» Menschen wirken[12]. Voraus-Urteile sind im Unterschied zu Vorurteilen stark kognitiv geprägt (durch Denken, Lernen) und können leichter gelöscht werden.

Menschenbilder entstehen wie gesagt im Sozialisationsprozess aufgrund vergangener Erfahrungen im Umgang mit anderen, insbesondere in der frühen Kindheit. Sie sind demnach ein Teil der Persönlichkeit und als Ergebnis von «Lebenserfahrung» relativ stabil[13]. Ihre Stabilität wird noch dadurch gefördert, dass sie als *Filter* bei der Wahrnehmung anderer Personen wirksam sind; man sieht primär das, was man sehen *will.* Bei Menschenbildern handelt es sich stets um Typisierungen, Abstraktionen oder Verallgemeinerungen der in Wirklichkeit enormen Vielfalt menschlichen Verhaltens und Erlebens. Diese beeinflussen die soziale Realität in hohem Masse: «Das eigene Menschenbild begrenzt den Ausschnitt der sozialen Wirklichkeit, der wahrgenommen und als relevant für das eigene Handeln angesehen wird.»[14]

Betrachtet man die Funktion (also den praktischen Gebrauchswert) von Menschenbildern im Alltag, so lassen sich vier Bereiche unterscheiden[15]:

---

8 Staehle (1980)
9 Lilge (1981)
10 vgl. Lilge (1980)
11 Jahnke (1975), zit. nach Lilge (1981)
12 Moldenhauer/Grunwald (1978)
13 Graumann (1969)
14 Moldenhauer/Grundwald (1978)
15 vgl. Katz (1960), nach Moldenhauer/Grundwald (1978)

- *Wissensfunktion:* Das Wissen über die soziale Umwelt wird durch die Auswahl neuer Informationen abgesichert und stabilisiert.
- *Anpassungsfunktion:* Hervorgehobene Gemeinsamkeiten vermindern sogenannte Binnenkonflikte in Gruppen/sozialen Systemen und betonen die Abgrenzung gegenüber anderen Gruppen.
- *Selbstdarstellungsfunktion:* Prägnante Menschenbilder erleichtern Individuen und Gruppen die Bildung von Selbstbildern (Autostereotypen) und Fremdbildern (Heterostereotypen).
- *Selbstbehauptungsfunktion:* Menschenbilder helfen dem Individuum, Unsicherheit zu reduzieren, Angst abzuwehren und das Ich zu stabilisieren.

Nun müssen solche Annahmen über den Menschen nicht unbedingt wahr sein, um wirksam zu werden. Dies zeigt sich am Phänomen der *self-fulfilling-prophecy* (sich selbst erfüllende Prophezeihung)[16]. Darunter versteht man die Tatsache, dass ein anfängliches Bild von einem anderen Menschen bei diesem ein Verhalten hervorruft, das dieses Bild bestätigt.

Hat ein Vorgesetzter ein positives Bild von einem Mitarbeiter («ein fähiger Mensch»), so wird er ihn auch so behandeln (z.B. durch Delegation anspruchsvoller Aufgaben), dass dieser tatsächlich ein solches Verhaltens zeigt. Dies wiederum wird das anfängliche Bild bestätigen und stabilisieren. (Selbstverständlich laufen solche Prozesse auch unter negativen Vorzeichen ab.)

Bei Menschenbildern handelt es sich um Annahmen, die schwer widerlegbar sind. Der Grund dafür liegt sicher vor allem darin, dass diesen Menschenbildern, die im Alltag unreflektiert, unbewusst und gefühlsmässig gebraucht werden, jeweils ein «Körnchen Wahrheit» anhaftet[17]. Und jeder Mensch neigt dazu, Erfahrungen aus einem spezifischen Kontext herauszulösen, sie zu verallgemeinern und generell gültige Handlungsmaximen daraus abzuleiten.

Als Vorgesetzte/Mitarbeiter müssen wir wissen, dass wir alle bestimmte Menschenbilder in uns herumtragen, und dass diese Bilder – gleichgültig ob sie uns bewusst sind oder nicht – unser Verhalten gegenüber Vorgesetzten, Mitarbeitern und Kollegen entscheidend beeinflussen.

22 Verhalten und Motivation

Bei der Beobachtung menschlichen Verhaltens zeigt sich, dass dieses auf bestimmte Ziele ausgerichtet ist. Verfolgt man den Weg eines Individuums auf ein Ziel hin, so stellt man charakteristische Verläufe fest. Beim Erreichen eines Zieles lassen sich bestimmte Verhaltensänderungen erkennen wie beispielsweise eine Verminderung der Aktivität oder Äusserungen der Befriedigung.

Diese und ähnliche Befunde führten zu der grundlegenden Einsicht, dass «hinter» dem beobachtbaren Verhalten Kräfte und Prozesse wirksam sind, die dieses Verhalten auslösen und steuern, die selbst aber nicht beobachtbar sind. Diese Vorgänge, die als Motivationsprozess bezeichnet werden, stellen die für das Verhaltensergebnis –

16 vgl. Mestre (1968), nach Moldenhauer/Grunwald (1978)
17 vgl. Lilge (1980)

und damit auch für das Führungsergebnis – entscheidende Gegebenheit dar, die im folgenden näher betrachtet werden soll.

221 Zum Begriff der Motivation

«Motivation» ist ein komplexer und vieldeutiger Begriff. Ohne auf die verschiedenen Definitionen einzugehen, kann folgendes festgehalten werden: «Wie auch immer Motivation definiert werden mag, ihr Studium betrifft die Begründung menschlichen Verhaltens, meint immer dasjenige in und um uns, was uns dazu bringt, treibt, bewegt, uns so und nicht anders zu verhalten.»[18]
Motivation stellt also einen Sammelbegriff für Prozesse dar, die erklären sollen, «wie das Verhalten ausgelöst wird, durch welche Kraft es getrieben wird, wie es gesteuert wird, wie es aufhört, und welche subjektiven Reaktionen während dieser Phasen im Organismus stattfinden»[19].
Besonders im Hinblick auf das Arbeitsverhalten des Menschen wird der Begriff Motivation gewöhnlich in zwei Bedeutungen verwendet[20]:
- Menschen werden zu bestimmten Verhaltensweisen angeregt (sie «werden» motiviert).
- Menschen befinden sich in einem Zustand der Motivation/Motiviertheit (sie «sind» motiviert).

Der erste Ansatz geht davon aus, man könne durch Führungsmassnahmen bzw. äussere Anreize, also durch Stimulierung von aussen, das Verhalten des Individuums in eine gewünschte Richtung lenken. Unter diesem Aspekt wird der Vorgesetzte zur Person, die den Mitarbeiter motivieren bzw. zu bestimmten Verhaltensweisen anregen soll.
Der zweite Aspekt sieht das Individuum als – möglicherweise alleinige – Quelle für Intensität und Richtung des Verhaltens. Bei dieser Sichtweise stehen dann die individuellen Bedürfnisse des Mitarbeiters im Vordergrund. Beide Bedeutungen sind im Hinblick auf den individuellen Motivationsprozess wichtig, bringen aber nicht zum Ausdruck, dass bei der Motivation des Arbeitsverhaltens die Interaktion zwischen Individuum und Organisation eine entscheidende Rolle spielt.

222 Drei Motivationskonzepte

Zur Erklärung menschlichen Verhaltens in Organisationen wurden verschiedene Motivationsmodelle entwickelt, die sich in erster Linie mit der Beantwortung folgender Fragenkomplexe befassen[21]:
- Worauf ist es zurückzuführen, dass bestimmte Sachverhalte vom Menschen als erstrebenswert betrachtet werden?

---

18 Graumann (1969)
19 Jones (1956), zit. nach Lawler (1977)
20 vgl. Lawler (1977)
21 vgl. Lawler (1977)

- Welche Sachverhalte sind für den Menschen erstrebenswert und welche nicht?
- Welche Faktoren beeinflussen die Wünschbarkeit von Sachverhalten im Laufe der Zeit, und warum unterscheiden sich Individuen hinsichtlich der Bedeutung, die sie verschiedenen Sachverhalten beimessen?

Die Antworten auf diese Fragen fallen je nach Persönlichkeitstheorie (Menschenbild) des Untersuchers unterschiedlich aus. Dies kommt in den drei Motivationskonzepten, die im folgenden kurz vorgestellt werden, klar zum Ausdruck (vgl. Abb. 24)[22].

Abbildung 24: Bedürfnis, Reiz, Motiv und Verhalten[19]

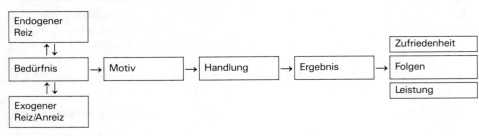

19 vgl. Steinle (1978)

Das Motivationskonzept des Taylorismus

Das oberste Ziel der «wissenschaftlichen Betriebsführung» von Taylor besteht in der Steigerung der Arbeitsleistung. Weil diese Führungstheorie auf dem Bild des «ökonomischen Menschen» beruht, dem es in erster Linie um die Befriedigung materieller Interessen und Bedürfnisse geht, wird *Entgelt* als primärer Motivator der Arbeitsleistung angesehen. Auch wenn diese verkürzte Auffassung über die Arbeitsmotivation für unsere heutige Gesellschaft überholt ist, so kam ihr doch für die Arbeitnehmer um die Jahrhundertwende eine nicht zu unterschätzende Bedeutung zu.

Das Motivationskonzept der Human-Relations-Bewegung

Die Human-Relations-Bewegung, welche die Bedeutung zwischenmenschlicher Beziehungen in sozialen Systemen aufdeckte und das Bild des «sozialen Menschen» konzipierte, kam aufgrund von Untersuchungen zum Schluss, dass weniger der Lohn als vielmehr die Beachtung sozialer Aspekte wie z.B. der Kontakt innerhalb der Gruppe, wechselseitige Wertschätzung und emotionale Wärme die Arbeitszufriedenheit und damit die Arbeitsleistung beeinflusse.
Wie bereits bemerkt, wird der Human-Relations-Ansatz vor allem dahingehend kritisiert, dass die Erkenntnisse über die sozio-emotionalen Beziehungen im Arbeitsprozess häufig als Manipulationsinstrument im Dienste der Leistungssteigerung missbraucht werden.

22 vgl. Wunderer/Grunwald (1980)

Zwei Varianten des Human-Resources-Konzeptes

Das Human-Resources-Modell ist sehr variantenreich. So wird z.B. in einer eher technokratischen Variante der Mitarbeiter primär als «Reservoir unentdeckter Ressourcen» betrachtet. Partizipation wird nur empfohlen, um die Qualität von Entscheidungen zu steigern. Arbeitszufriedenheit wird lediglich als Nebenprodukt der Ressourcennutzung gesehen: «Die Zufriedenheit der Untergebenen wird als Nebenergebnis verbesserter Arbeitsleistung und der Gelegenheit zu kreativen Beiträgen wachsen.»[23]
Eine sozialpsychologische Variante sieht den Mitarbeiter hauptsächlich als Träger von Bedürfnissen und versucht, über eine Befriedigung solcher Bedürfnisse ein hohes Ausmass an Arbeitszufriedenheit und damit ein hohes Ausmass an Produktivität zu erreichen.
An diesem Konzept wird kritisiert, dass es die Organisationsstruktur weitgehend ignoriert und davon ausgeht, dass Systeminteressen und Mitarbeiterinteressen übereinstimmen.
Der Grund, weshalb kein Motivationskonzept vorliegt, das auf dem Bild des «komplexen Menschen» beruht, liegt darin, dass im Rahmen dieses Modells der Vorgesetzte darauf verzichtet, die Motivation des Mitarbeiters gezielt und direkt zu beeinflussen. Es wird in dieser Hinsicht von folgenden Annahmen ausgegangen[24]:

- Der Mensch ist zwar fähig, sich den Aufgaben und Zielen der Organisation zuzuwenden. Er *muss* sich aber *nicht* so verhalten, etwa als Folge von Motivationsmassnahmen.
- Der Mensch hat gewisse Fähigkeiten, aber aufgrund seiner Erfahrungen verbirgt oder unterdrückt er sie zum Teil. Ein Führer kann ihn nicht veranlassen, sie anzuwenden und einzubringen.
- Motivation ist nicht allein Aufgabe des Managements oder des Führers, sondern eine Aktivität des *Arbeitnehmers*.

223 Ein Verhaltensmodell

Bevor im folgenden ein leistungsorientiertes Verhaltensmodell skizziert wird, muss eines ganz klar festgehalten werden: Damit eine Leistung zustandekommt, sind grundsätzlich zwei Faktoren erforderlich: Leistungsbereitschaft (-motivation) und Leistungsfähigkeit. Ganz gleichgültig, wie stark ein Mensch zu hoher Leistung motiviert sein mag: Er kann nicht viel leisten, wenn er nicht über die erforderlichen Fähigkeiten verfügt. Dieser Sachverhalt wird in der Regel in folgender Formel ausgedrückt[25]:
Leistung (L) = Funktion (f) von Fähigkeit (F) und Motivation (M) → (L = f[F × M])
Die Gleichung erfordert eine multiplizierende Kombination von Fähigkeit (F) und Motivation: Wenn einer dieser beiden Faktoren klein ist, muss daher auch die Leistung klein sein. Mit anderen Worten: Hohe Motivation kann geringe Fähigkeit nur begrenzt ausgleichen (dasselbe gilt auch bei ausgeprägter Fähigkeit und geringer Motivation).

23 Miles (1965), zit. nach Wunderer/Grunwald (1980)
24 vgl. Zaleznik (1958), nach Wunderer/Grunwald (1980)
25 vgl. Lawler (1977)

Ein weiterer wichtiger Punkt in bezug auf die genannte Formel soll hier erwähnt werden. Der Begriff «Fähigkeit» umfasst Ausbildung, Erfahrung und Eignung[26]. Das Wort Fähigkeit beschreibt, wieviel ein Mensch zur Zeit leistet.
Damit ist dieser Begriff nicht identisch mit dem Begriff der *Eignung,* der besagt, ob ein Mensch durch Ausbildung und Erfahrung zu einem bestimmten Fähigkeitsniveau gelangen kann. Die Eignung bestimmt, wie sehr bestimmte Verhaltensweisen entwickelt werden können. Indem man so zwischen Fähigkeit und Eignung unterscheidet, präsentiert sich die oben erwähnte Gleichung folgendermassen:
Leistung (L) = f (Fähigkeit × Motivation); dabei ist $L = f(F \times M)$
Fähigkeit = f (Eignung × [Ausbildung + Erfahrung]) $F = f(Ei \times [Au + Er])$
Daraus ergibt sich die wichtige Folgerung, dass nicht alle Leistungsprobleme in einem Krankenhaus durch niedrige Motivation entstehen. «Besonders auf höheren Ebenen werden Leistungsprobleme oft durch mangelnde Fähigkeit verursacht.»[27]
Bei der Untersuchung von Leistungsproblemen muss man daher immer herauszufinden versuchen, wieweit das Problem auf mangelnde Fähigkeit zurückzuführen ist und wieweit auf ungenügende Motivation. Die erforderlichen korrigierenden Massnahmen sind in diesen beiden Fällen sehr unterschiedlich.
Nun aber zum *Verhaltensmodell:* Wird nach den *Ursachen* für ein bestimmtes Verhalten und damit nach der Motivation gefragt, so bedeutet dies einen Rückschluss von beobachtetem Verhalten auf dahinterliegende (nicht beobachtbare) Verhaltensgründe. Dieser Rückschluss kann aber nicht anhand eines einfachen Reiz-Reaktions-Modells erfolgen: *Gute Bezahlung (Reiz)* führt nicht immer zu *guten Arbeitsergebnissen (Reaktion).* Oder anders herum: Gute Arbeitsergebnisse sind nicht immer die Folge von guter Bezahlung.
Da von beobachtbaren Reizen (gute Bezahlung) also noch nicht auf ein spezifisches Verhalten geschlossen werden kann, müssen anscheinend noch weitere Faktoren im Spiel sein. Diese Faktoren, denen sich keine direkt beobachtbaren Erscheinungen zuordnen lassen, sind hypothetische Konstrukte, welche die «Lücke» zwischen beobachtbaren Reizen und beobachtbarem Verhalten schliessen.
Inhaltlich werden diese Konstrukte mit so unterschiedlichen Begriffen wie Motive, Bedürfnisse, Triebe, Einstellungen, Überzeugungen oder Erwartungen umschrieben.
Verhalten ist weder eine reine Re-aktion des Individuums auf Reize der Umwelt, noch eine reine Aktion der Person aus sich selbst heraus, unabhängig von ihrer Umwelt. Verhalten entsteht vielmehr aus einer Wechselwirkung zwischen der Person und der spezifischen Situation bzw. zwischen individuellen Bedürfnissen/Dispositionen und situativen Gegebenheiten.
Bedürfnisse sind nicht andauernd als *Spannungszustände* wirksam: Sie treten auf und verschwinden wieder, nachdem sie befriedigt worden sind. Daraus kann man schliessen, dass sich der Organismus vor dem Auftreten eines Bedürfnisses in einer *Gleichgewichtslage* befindet. Damit diese Gleichgewichtslage verlassen wird, braucht es ein Ereignis. Dieses besteht in einem *Reiz (Stimulus),* d.h. in einer Veränderung der Innenwelt (endogener Reiz) oder Aussenwelt (exogener Reiz), die eine Veränderung des Zustandes bzw. des Verhaltens des Individuums zur Folge hat.

26 vgl. Lawler (1977)
27 Lawler (1977)

Im Rahmen der Arbeits- bzw. Leistungsmotivation werden situative Gegebenheiten, von denen angenommen wird, sie könnten der Befriedigung eines Bedürfnisses/ Motivs dienen und den Organismus veranlassen, entsprechende Handlungen zu vollziehen, als *Anreiz* bezeichnet. Die Arbeitssituation, in der sich der Mitarbeiter befindet, kann unter diesem Gesichtspunkt als *Anreizsituation* aufgefasst werden.
Reize können sowohl physischer wie psychischer Natur sein. Sie lösen nur dann Wirkungen aus – diese Tatsache ist im Hinblick auf die Führung von entscheidender Bedeutung – wenn sie auf eine entsprechende Ansprechbarkeit/Disposition des Organismus stossen, wenn also ein *latentes* («schlummerndes») *Bedürfnis* vorhanden ist. Unter dieser Voraussetzung löst der Reiz ein Gefühl des Strebens aus, das als *Motiv* bezeichnet wird.
Durch dieses Motiv wird dann eine *Handlung* induziert. Die Handlung wiederum führt zu einem entsprechenden *Ergebnis*, welches mit bestimmten *Folgen* verbunden ist. *Folgen zeigen sich in allen drei Dimensionen des Handelns* (vgl. Abschnitt): sowohl in der Sach-Dimension (Arbeit), wie auch in der *sozialen Dimension (Interaktion)* und *personalen Dimension (Konsummation)*.
Im vorliegenden Modell werden die Folgen, die sich auf den Menschen als Leistungsträger beziehen, als *Leistung* bezeichnet. Die Folgen, die den Menschen als Bedürfnisträger betreffen, sind unter dem Begriff der *Zufriedenheit* zusammengefasst. Sowohl Leistung wie auch Zufriedenheit, die aus einer Handlung hervorgehen, wirken auf Anreizsituation und Motivstruktur zurück und führen damit zu einer Modifikation (Veränderung, Anpassung) des Verhaltens. Abbildung 24 verdeutlicht diesen Zusammenhang[28].
Das hier skizzierte *Verhaltensmodell* wird nun noch *durch eine weitere Komponente ergänzt:* die *Erwartung*. Es kann nämlich festgestellt werden, dass sich nach einer gewissen Zahl, während der bestimmte Anreize ununterbrochen auf ein Individuum eingewirkt haben, Vorstellungen (innere Bilder) dieser Anreize formen, welche das Verhalten beeinflussen. Die wichtigste Komponente dieser Erwartung ist die sogenannte *Erfolgserwartung*.
Darunter ist die Vermutung zu verstehen, mit welcher Wahrscheinlichkeit das angestrebte Ziel erreicht werden kann. Die Erwartung kann sich auf das Erreichen von Zielen aller Art beziehen: Auf die Sicherheit des Arbeitsplatzes, auf Beförderung, auf Anerkennung durch Vorgesetzte und Kollegen. Bei entsprechender Erwartung resultiert aus dem Motiv eine *Handlungsintention,* welche dann schliesslich eine Handlung einleitet (vgl. Abb. 25).
Motive, Anreize und Erwartungen beziehen sich auf die Intention (das Wollen) des Handelnden, wobei darunter sowohl die bewusste als auch die unbewusste Absicht verstanden wird, eine bestimmte Handlung zu vollziehen. Nun reicht aber bekanntlich das Wollen allein noch nicht aus: Zur Erreichung eines Zieles sind nicht nur eine Bereitschaft zum Handeln, sondern auch spezifische *Fähigkeiten* erforderlich, welche die Umsetzung der Absicht in ein Ergebnis ermöglichen. Diese Fähigkeiten haben nicht nur auf den Handlungsakt, sondern auch auf die Erwartung einen Einfluss: Sie sind wesentlich an der Festlegung des Anspruchsniveaus beteiligt, d.h. des Schwierigkeitsgrades der Aufgaben, deren Bewältigung sich jemand zutraut.

---

28 vgl. Steinle (1978)

Abbildung 25: Motiv, Erwartung und Verhalten[20]

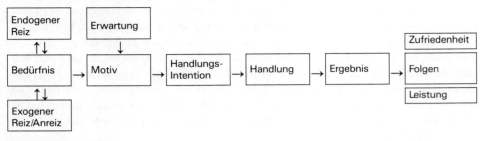

20 vgl. Steinle (1978)

Abbildung 26: Verhaltensmodell[21]

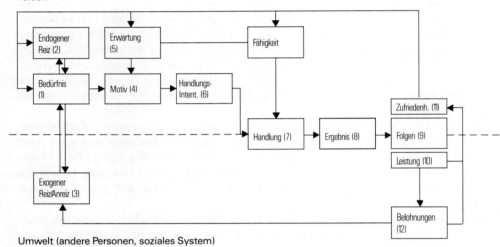

21 vgl. Steinle (1978)

Das *Verhaltensmodell* (vgl. Abb. 26)[29] kann somit durch die *vier Komponenten Motiv, Anreiz, Erwartung und Fähigkeit charakterisiert* werden, die untereinander in Wechselwirkung stehen. Sie bedingen Leistung und Zufriedenheit, wobei in einem komplizierten Rückkoppelungsprozess Leistung und Zufriedenheit wieder auf die bedingenden vier Komponenten zurückwirken.

Befasst man sich hier mit der Motivation des Verhaltens, so geht dies nicht ohne die Fragestellung, ob denn eigentlich alles Verhalten motiviert ist. Zunächst einmal lassen sich leicht Ereignisse im menschlichen Leben feststellen, die ohne Motivation zustande kommen[30]: Wenn ein Fussgänger von einem Fahrzeug angefahren und umgeworfen wird, ist sein Niederfallen nicht durch ein Motiv, sondern durch die äussere

29 vgl. Steinle (1978)
30 vgl. Lattmann (1981)

Ursache des Anpralls bedingt. In einem solchen Falle liegt aber auch kein eigenes Tun und daher auch kein Verhalten vor: Der Mensch befindet sich hier in einer rein duldenden Lage. Wenn er hingegen versucht, dem sich nähernden Fahrzeug auszuweichen, so zeigt er ein zielgerichtetes Verhalten, das einem Motiv entspringt, nämlich der Bewahrung vor einem Unfall bzw. der Aufrechterhaltung der körperlichen Integrität.

Auch bei den Reflexen und Instinkten fehlt das Streben auf ein bestimmtes Ziel hin, das für das Verhalten kennzeichnend ist.

«Zusammenfassend kann somit gesagt werden, dass *alles menschliche Verhalten motiviert* ist.»[31] «Man versuche, sich irgendein Handeln – eigenes oder fremdes – vorzustellen, das ohne ‚Grund' oder ohne ‚Ziel', das nicht ‚motiviert' sei. Es gelingt nicht.»[32]

Zusammenfassend ist festzuhalten (die Ziffern beziehen sich auf Abb. 26): *Latente Bedürfnisse (1)* werden einerseits durch *endogene Reize (2)*, andererseits aber – und das ist im Hinblick auf die Motivation als Führungsaufgabe von besonderer Bedeutung – auch durch *Anreize (exogene Reize) (3)* aktiviert, die von der jeweiligen Arbeitssituation ausgehen (z.B. Entlöhnung, soziale Kontakte, persönliche Entfaltung). In gegengerichteter Weise können aber auch schon aktivierte Bedürfnisse ein Aufsuchen entsprechender Anreizsituationen bewirken. Ergebnis der Wechselwirkung von situationsspezifischen Anreizen mit entsprechenden Bedürfnissen ist ein Spannungszustand, der als *Motiv (4)* bezeichnet wird. Auf dieses Motiv übt nun die *Erwartung (5)*, insbesondere die Aussicht auf Erfolg/Misserfolg einen modifizierenden Einfluss aus.

Die daraus resultierende *Handlungsintention (6)* leitet eine *Handlung (7)* ein, die selbstverständlich auch durch die *Fähigkeit* der handelnden Person bestimmt wird. Auch auf die Erwartung übt die Fähigkeit eine Wirkung aus, indem sie an der Festlegung des Anspruchsniveaus beteiligt ist. Die vollzogene Handlung führt zu einem *Ergebnis (8)*, das in einer Veränderung des ursprünglichen Zustandes zum Ausdruck kommt.

Unmittelbare und mittelbare *Folgen (9)* begleiten das Ergebnis, die sich sowohl auf die erbrachte *Leistung (10)*, als auch auf die *Zufriedenheit (11)* des Handelnden beziehen.

Der Vergleich der erbrachten Leistung mit einem Leistungsstandard dient als Basis für (materielle und immaterielle) *Belohnungen (2)*, die sich einerseits auf die Zufriedenheit auswirken und andererseits als Anreize fungieren. In den folgenden Abschnitten wird auf die drei Motivationskomponenten Motiv, Anreiz und Erwartung näher eingegangen.

224 Einflüsse auf den Motivationsprozess

Der Vorgang der Motivation wird sowohl durch innere wie auch durch äussere Gegebenheiten und Vorgänge beeinflusst, die zudem miteinander in Wechselwirkung stehen. *Innerer Natur* sind körperliche Vorgänge wie beispielsweise der Verbrauch von

---

31 Lattmann (1981)
32 Heckhausen (1981)

Energie, der zur Entstehung des Nahrungsbedürfnisses führt, oder die körperliche Grundkonstitution und Gesundheit. Aber auch seelische Gegebenheiten üben auf den Motivationsprozess eine starke Wirkung aus. Solche Gegebenheiten sind: Interessen, Werte, Einstellungen, Vitalität.

Interessen

Unter Interesse (von lat. «inter-esse» = dazwischen-sein, dabei-sein) versteht man allgemein die Tendenz, auf bestimmte Gegenstände oder Sachverhalte der Umwelt vermehrt zu achten (Selektivität der Aufmerksamkeit), die Tendenz, gesteigerte emotionale Anteilnahme an bestimmten Gegenständen, Ereignissen oder Ideen zu zeigen, die man für bedeutungsvoll hält. Das Phänomen des Angezogen- und Abgestossenwerdens durch Gegenstände und Tätigkeiten lässt sich ebenfalls unter dem Begriff «Interesse» einordnen.
Interesse, Dazwischen-sein, Dabei-sein macht den Menschen wesentlich aus: «Die Welt, in der wir leben, ist die Welt unseres Interesses. Ohne Interesse sind und vermögen wir nichts, ist nichts.»[33] Man kann einzelne Interessen entweder nach den Objekten unterscheiden, auf die sie sich richten, oder nach den Fähigkeiten, in denen sie sich auswirken, oder nach dem Grad ihrer Intensität.
«Interesse ist nicht ein statisch zu verstehender Zu-stand oder Be-stand, sondern ein dynamisch zu verstehendes Sich-in-etwas-hinein-bewegen, ein Etwas-Bewegen und zugleich Davon-bewegt-Werden. – Mein Interesse an etwas ist mein Sein bei/in/zwischen etwas. Dabei geht es entweder nur um mein Sein selbst (egoistisches, selbstsüchtiges Interesse) oder nur um das Sein des anderen (selbstflüchtiges Interesse) oder aber um mein Sein mit anderem, in wechselseitigem aneinander Wirken...»[34]
Weil Interesse das Menschsein wesentlich bestimmt, kann es nicht erzeugt, sondern nur geweckt oder gefördert werden.

Werte

Werte sind (explizite oder implizite) Auffassungen darüber, welche Handlungen oder Einstellungen in bezug auf die Umwelt erstrebenswert oder wünschenswert sind (im Sinne von gut und schlecht). Werte sind dynamische Konzepte, die dem Menschen als Ordnungs- und Orientierungshilfe dienen. Sie beeinflussen die Wahrnehmung und ermöglichen es dem Individuum, sein Verhalten durch verschiedene Situationen hindurch auf bestimmte Inhalte auszurichten.
Taucht ein Bedürfnis auf, so ist ein Mensch diesem Bedürfnis in der Regel ja nicht einfach machtlos ausgeliefert. Er hat häufig die Möglichkeit, die Befriedigung des Bedürfnisses zu verschieben, abzulehnen oder das Bedürfnis gar zu ignorieren bzw. zu verdrängen. So kann beispielsweise ein asketischer Mönch ein enormes Bedürfnis nach einer üppigen Mahlzeit verspüren – in Wirklichkeit aber begnügt er sich mit karger und einfacher Nahrung.
Das Motiv für dieses Verhalten besteht in den asketischen Werten, die seine «niederen» Bedürfnisse beherrschen: Durch das Bedürfnis, diese Werte (Ideal) zu verwirklichen, ist die einfache Lebensweise des Mönches motiviert.

33 Schleissheimer (1977)
34 Schleissheimer (1977)

«Werte nehmen im Leben und Handeln der Menschen eine Schlüsselposition ein. In der Gesellschaft, wo viele Personen zusammenleben und wo die Handlungen der Personen aufeinander abgestimmt sein müssen, sind gemeinsame Werte als Grundlage koordinierten Handelns notwendig. Wegen ihrer Schlüsselposition im Leben des Einzelnen und im Leben der Gesellschaft geniessen die Werte eine hohe Achtung. Sie werden als Grundlage eines sinnvollen Lebens geschätzt und gelten als Garantien der gesellschaftlichen Ordnung.»[35] Jedes Handeln erfolgt nicht voraussetzungsfrei, sondern stets aufgrund wertbezogener Vorstellungen des handelnden Menschen von sich und seiner Umwelt.

Die Entstehung des individuellen Wertsystems vollzieht sich im Laufe der wertenden Auseinandersetzung des Individuums mit seiner Umwelt – einer Auseinandersetzung, die sich als sinngebende Aktivität unablässig zwischen Menschen und Mitmenschen, Normen und Sachverhalten vollzieht.

Einstellungen

Unter Einstellungen versteht man Phänomene der Gerichtetheit des Organismus, welche in einer Ausrichtung des Erkennens und Handelns zum Ausdruck kommen[36]. Einstellungen haben einen Einfluss darauf, welche Sachverhalte und Vorgänge der Umwelt vom Individuum wahrgenommen, welche Erlebnisinhalte bewusst erfasst und welche Reize mit einer Reaktion beantwortet werden (selektive Wirkung).

Auch *wie* eine Gegebenheit erfasst bzw. welche Bedeutung ihr zugeordnet wird, ist u.a. von der Einstellung abhängig (kognitive Wirkung), im weiteren die Gefühle, die auf diese Gegebenheit gerichtet werden (affektive Wirkung) und schliesslich das Verhalten, das als Antwort darauf gezeigt wird (pragmatische Wirkung)[37].

Die Faktoren, welche diese Wirkungen bedingen, werden als «mitbewusst» bezeichnet: Darunter ist alles zu verstehen, «was man weiss, ohne dass man daran denkt, dass man es weiss»[38]. Der Begriff «Einstellung» wird im Sinne von «set» und von «attitude» verwendet:

- *Einstellung im Sinne von «set»:* Bezeichnung für eine relativ kurzzeitige Gerichtetheit des Organismus auf bestimmte Umweltreize, die dazu führt, dass diese Reize mehr oder weniger selektiv wahrgenommen und Reaktionen darauf begünstigt werden. (Dies lässt einen z.B. eine Handlung schneller ausführen als andere.)
- *Einstellung im Sinne von «attitude» (Attitüde):* Bezeichnung für ein relativ überdauerndes System von Anschauungen, Meinungen und Überzeugungen, die in spezifischen Situationen in bestimmter Hinsicht wirksam werden. Das System ist durch Umwelteinflüsse (z.B. Erziehung, Arbeitseinflüsse) und Erfahrungen im weitesten Sinne geprägt und beeinflusst sowohl die Motivation wie auch die Wahrnehmung, die Auffassung und die emotionale Bewertung.

Einstellungen können sich auf Gegenstände, Vorstellungen, Sachverhalte, Personen bzw. Gruppen von Personen beziehen. Ist eine Einstellung derart verfestigt, dass sie

---

35 Morel (1975), zit. nach Lilge (1980)
36 vgl. Fröhlich/Drever (1978)
37 Rohracher (1965), zit. nach Fröhlich/Drever (1978)
38 vgl. Lattmann (1981)

durch neue Informationen bzw. Erlebnisse kaum mehr beeinflusst/verändert werden kann, spricht man von einem *Vorurteil.*

Gewohnheiten

Unter einer Gewohnheit (habit) versteht man einen mehr oder weniger automatisierten Reaktionsablauf bzw. eine feste Reiz-Reaktions-Verbindung. Die einfachste Form ist der Reflex: Auf einen Reiz (z.B. Reiskorn in der Luftröhre) folgt eine spezifische Reaktion (Husten). Der neugeborene Organismus ist mit wenigen angeborenen Reflexen ausgestattet (z.B. Atemreflex, Saugreflex). Im Laufe der Entwicklung wird dann das gesamte Verhaltensinventar eines Individuums in der Weise aufgebaut, dass sich ein immer komplexeres System von Habits bildet (berufliche Habits, patriotische Habits, eheliche Habits usw.).
Eine gewohnheitsmässige Handlung wird nicht mehr durch ein bestimmtes Bedürfnis ausgelöst, sondern entspricht einer starren Antwort auf eine bestimmte Situation. Gewohnheiten können durch Übung und Lernen – auch im Sinne von Sozialisation (soziale Anpassung) – zustandekommen. Ein wichtiger Lernmechanismus besteht in einem Vorgang, der als *Verstärkung* bezeichnet wird: Ein bestimmter Reiz wird mit einer bestimmten Reaktion beantwortet.
Ist die Reaktion erfolgreich, so resultiert daraus eine Befriedigung. Die Verknüpfung dieser Befriedigung mit der Reaktion bewirkt dann, dass beim erneuten Auftreten des selben Reizes auf die gleiche Reaktion gegriffen wird. Das *Befriedigungserlebnis* dient somit als *Verstärker:* Es erhöht die Wahrscheinlichkeit, dass dasselbe Verhalten wieder auftritt.
Gewohnheiten sind also Verhaltensformen, die so stark verfestigt bzw. automatisiert sind, dass sie sich vom Motiv gelöst haben, das ursprünglich zu ihrer Entstehung führte. Dadurch, dass sie ihre Verankerung im Motiv verloren haben, können sie unzweckmässig werden (Beispiele für unzweckmässige Gewohnheiten lassen sich in jedem Krankenhaus ohne grosse Mühe finden). Aufgrund ihrer dauernden Ausübung kommt es zu einer ständigen Verfestigung, was der Grund dafür ist, dass das Ablegen von Gewohnheiten so grosse Schwierigkeiten bereitet.
Das Problem lässt sich angehen, indem man sich der Habits bewusst wird und versucht, aus bewusster Einsicht heraus die starren Abläufe zu durchbrechen.

Vitalität

Als Vitalität wird die seelisch-geistige Energie bezeichnet, über die ein Mensch verfügt bzw. die er zum Erreichen seiner Ziele einsetzt. Auf die Vitalität eines Menschen wird aus der Intensität und Ausdauer sowie aus dem Ausmass der Willenssteuerung seines Verhaltens geschlossen.
Die Vitalität kann als relativ überdauernde Charakterkonstante betrachtet werden, wobei natürlich Alter, Lebensweise oder Krankheit Schwankungen verursachen können.
Vitalität gilt zu einem guten Teil als Anlage, und nicht jeder ist mit gleichviel Vitalität ausgerüstet. Gegenüber dem vitalschwachen Menschen ist der vitalstarke in dem Sinne im Vorteil, als ihm grundsätzlich mehr Energien zur Verfügung stehen, um sich mit seiner Umwelt auseinanderzusetzen und sein Leben zu gestalten. Der vital-

starke Mensch sucht Schwierigkeiten zu überwinden; der vitalschwache weicht vor Hindernissen zurück und ist zur Auslösung und Aufrechterhaltung von Aktivität in hohem Masse auf äussere Anregung angewiesen.

Neben diesen inneren Gegebenheiten, die den Motivationsvorgang bzw. das Verhalten beeinflussen, sind auch Einwirkungen *äusserer Natur* von Bedeutung, d.h. Sachverhalte und Vorgänge in der Umwelt, durch die latente Bedürfnisse angesprochen und aktualisiert, Meinungen, Normen, Werte und Einstellungen geprägt und Verhaltensweisen vermittelt werden. *Die beiden Quellen dieser äusseren Einwirkungen* sind:

- *die gegenwärtigen Interaktionen:* Jeder Mensch steht mit seiner Umwelt in einer dauernden Wechselbeziehung, welche sein Verhalten entscheidend bestimmt. Von besonderer Bedeutung ist die Interaktion mit anderen Personen, welche sich in Form von *Kommunikation* vollzieht
- *die vergangenen Interaktionen:* Welche latenten Bedürfnisse in einem Menschen aktiviert werden können und mit welchem Verhalten er auf bestimmte Reize antwortet, ist weitgehend der Niederschlag seiner Lebensgeschichte: Die Art und der Ablauf der Motivation ist das Ergebnis von Lernvorgängen, die sich in Interaktion mit der Umwelt ereignet haben.

Besonders wichtig sind dabei Erlebnisse, die aus zwischenmenschlichen Beziehungen hervorgehen. Je früher sich diese ereignen, desto stärker ist ihre prägende Wirkung[45]. So kommt beispielsweise der Mutter-Kind-Beziehung im Säuglingsalter für die spätere Erwartungshaltung dem Leben gegenüber entscheidende Bedeutung zu: Wo das Kind zu einem «*Urvertrauen*» gelangt, wird sich dieses Grundgefühl der Zuversicht auch auf sein späteres Erleben und Verhalten auswirken.

Wenn ein Kind dieses Gefühl hingegen nicht erworben hat, so wird diese grundsätzliche Verunsicherung mehr oder weniger stark spätere Erfahrungen und Handlungen bestimmen.

Ein weiteres Beispiel ist die frühe Auseinandersetzung mit der *Autorität* der Eltern, welche für den Umgang mit späteren Autoritätsgestalten (Lehrern und Vorgesetzten) massgeblich ist. Im Rahmen der mannigfaltigen Interaktionen, die sich in Familie, Schule, Beruf und anderen Bereichen der Gesellschaft vollziehen, eignet sich der Mensch Werte und Normen an, welche die jeweilige *Soziokultur* kennzeichnen (Sozialisation). Wie stark diese unser Verhalten bestimmen, ist uns häufig gar nicht bewusst.

23 Motive und Motivation

Das Verhalten des Menschen wird durch bestimmte Gefühle des Begehrens und Strebens ausgelöst, ausgerichtet und aufrechterhalten. Diese Gefühle, die als Motive bezeichnet werden, stellen die zentrale Komponente des Motivationsgeschehens dar.

231 Was ist ein Motiv?

Von den genannten Komponenten des Motivationsvorganges Motiv, Erwartung und Anreiz wurde dem Motiv bislang das grösste Interesse gewidmet. Beim «Motiv» handelt es sich – wie oben bemerkt – um ein nicht beobachtbares Element, das erklären soll, warum ein Mensch ein bestimmtes Ziel anstrebt bzw. eine bestimmte Handlung vollzieht.

Das, was man mit «Motiv» bezeichnet, wird zwischen zwei beobachtbare Phänomene eingeschoben: die (äussere) Situation, in der sich der Mensch befindet und die auf ihn einwirkt, einerseits, und sein Verhalten (als Antwort auf die Situation) andererseits. «In diesem Sinne tritt das Motiv als eine zwischengeschaltete Gegebenheit (eine intervenierende Variable) auf, die sich der Wahrnehmung entzieht. Es erscheint als eine Annahme (ein hypothetisches Konstrukt), mittels welcher das beobachtete Verhalten verständlich gemacht wird[39].

Der Ausdruck «Motiv» leitet sich vom lateinischen Zeitwort «movere» ab, was «bewegen, in Bewegung setzen» bedeutet. Mit «Motiv» wird demnach der «Beweggrund» des Handelns, die «Ur-sache» des Verhaltens bezeichnet. «Motiv» schliesst alles ein, was mit Ausdrücken wie «Trieb», «Drang», «Begehren» und ähnlichem gemeint ist.

Allgemein versteht man unter Motiv eine *erworbene Disposition, eine bestimmte Art von Befriedigung anzustreben*[40]. Diese Definition macht keine näheren Angaben über die Natur des Motivs. Darüber wurden sehr unterschiedliche Überlegungen angestellt[41]: Motiv als angeborenes Bedürfnis, Motiv als Mangelzustand, Motiv als Störung eines inneren Gleichgewichts bzw. Störung eines Gleichgewichts mit der Umgebung.

Im oben skizzierten Verhaltensmodell wird das Motiv als *aktualisierter (aktivierter) Spannungszustand* verstanden, der bei entsprechender Erwartung in eine Handlungsintention mündet.

Das Motiv bestimmt das Verhalten in dreifacher Hinsicht[42]:

- es bewirkt seine *Auslösung* und *Aufrechterhaltung* – aktivierende Wirkung
- es legt seine *Richtung* fest – dirigierende Wirkung
- es verleiht ihm *Kraft* – energetisierende Wirkung

Ob es sich bei den verhaltensbestimmenden Komponenten um Motive, Bedürfnisse, Beweggründe, Dispositionen oder Tendenzen handelt – auf alle diese Konstrukte wird aus beobachtetem Verhalten *geschlossen*. Solche Rückschlüsse bringen zahlreiche Schwierigkeiten mit sich[43]:

- Einzelne Handlungen können verschiedene Motive repräsentieren.
- Motive können in verdeckter Form auftreten.
- Verschiedene Motive können durch ähnliche oder identische Handlungen zum Ausdruck kommen.

---

39 Lattmann (1981)
40 vgl. Atkinson (1964), nach Hoyos (1974a)
41 vgl. Hoyos (1974a)
42 vgl. Lattmann (1981)
43 vgl. Steers/Porter (1975), nach Wunderer/Grunwald (1980)

- Ähnliche Motive können sich in unterschiedlichem Verhalten äussern.
- Kulturelle und persönliche Unterschiede können die Ausdrucksformen bestimmter Motive beeinflussen.

Weiterhin sind auch die beträchtlichen individuellen Unterschiede hinsichtlich der Auswahl, Anordnung und Intensität von Motiven in Betracht zu ziehen. Darüber hinaus können Motive miteinander in Konflikt stehen, und die Zielerreichung kann bestimmte Motive verstärken.

Diese zahlreichen Faktoren und Schwierigkeiten müssen wir uns vor Augen halten, wenn wir uns mit Fragen der Motivation befassen. Immer wieder erliegen wir der Versuchung, wichtige Faktoren zu vernachlässigen und wesentliche Zusammenhänge allzu stark zu vereinfachen. Dies äussert sich dann beispielsweise so, dass wir von einem bestimmten Verhalten, das wir bei einem anderen Menschen beobachten, sofort auf ein bestimmtes Motiv schliessen, das diesem Verhalten zugrunde liegt. Über die Problematik eines solchen Rückschlusses machen wir uns oft sehr wenig Gedanken.

232 Hierachie der Bedürfnisse

Das Motiv, das eine bestimmte Handlung auslöst, beruht auf einem Bedürfnis. Dieses Bedürfnis bestimmt das *Ziel,* das durch die Handlung erreicht werden soll. Eine Gliederung von Bedürfnissen könnte somit aufgrund der Ziele menschlichen Handelns erfolgen. Da diese Ziele jedoch ausserordentlich vielfältig und oftmals auch situativ bedingt sind, ergeben sich aus diesem Vorgehen höchst unterschiedliche und unübersichtliche Bedürfniskataloge.

Um dennoch zu einer brauchbaren Liste möglicher und üblicher menschlicher Bedürfnisse zu gelangen, ist es notwendig, sich auf Bedürfnisse zu beschränken, die einigermassen generell und überdauernd vorhanden sind. Als Konzept zur Gliederung von Bedürfnissen hat die sogenannte *Bedürfnishierarchie* des humanistischen Psychologen A. Maslow die grösste Bedeutung erlangt.

Im Modell von Maslow sind die grundlegenden Bedürfnisse des Menschen auf fünf verschiedenen Ebenen in einer Hierarchie der *Vorrangigkeit* angeordnet: die niedrigeren (oder grundlegenderen) Bedürfnisse haben den Vorrang vor höheren (weniger grundlegenden) Bedürfnisse. Die Hierarchie wird meist in Form einer Pyramide veranschaulicht (s. Abb. 27). Die fünf Bedürfniskategorien sind[44]: physiologische Bedürfnisse, Sicherheitsbedürfnisse, soziale Bedürfnisse, Bedürfnisse nach Wertschätzung und das Bedürfnis nach Selbstverwirklichung.

Physiologische Bedürfnisse

Auf der untersten Ebene der Bedürfnispyramide finden sich die physiologischen Bedürfnisse, die bei einem Menschen, dem es im Leben extrem an allem mangelt, vor allen anderen Bedürfnissen den Vorrang haben. Als primäre physiologische Bedürfnisse gelten *Hunger, Durst* und *Sexualität.* Hat ein Mensch Hunger, so können alle anderen Bedürfnisse einfach aufhören oder werden in den Hintergrund gedrängt.

44 vgl. Maslow (1977)

Abbildung 27: Bedürfnishierarchie nach Maslow

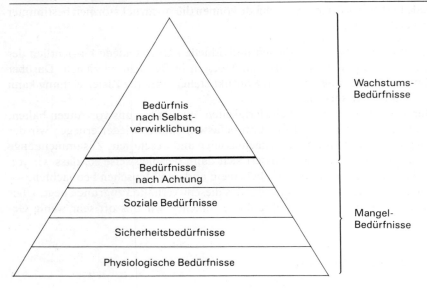

«Der Drang, Gedichte zu schreiben, das Verlangen nach einem neuen Auto, das Interesse an Geschichte, der Wunsch nach einem neuen Paar Schuhe sind im Extremfall vergessen oder werden zweitrangig.»[45]

Solche Notzustände existieren, aber nicht bei uns; wir haben Appetit und nicht Hunger, wenn wir sagen: «Ich habe Hunger.» Ist der Magen aber chronisch voll, so hört Hunger auf, ein vorrangiges, dominantes Bedürfnis zu sein. Sofort tauchen dann andere (und höhere) Bedürfnisse auf und beherrschen den Organismus. Das Analoge gilt für andere physiologische Bedürfnisse wie Durst, Sexualität, Bedürfnis nach Ruhe, nach Bewegung, nach Obdach und Schutz vor den Naturelementen.

Die Dinge dürfen allerdings nicht zu stark vereinfacht werden; folgendes muss Beachtung finden: Alle physiologischen Bedürfnisse können als Kanäle für alle möglichen anderen Bedürfnisse dienen. Das heisst, dass jemand, der glaubt, dass er hungrig ist, in Wirklichkeit vielleicht mehr nach sozialem Kontakt verlangt als nach Proteinen. Und wenn jemand einen erlesenen Wein trinkt, der in einem Kristallpokal gereicht wird, so kann er damit sicher auch seinen Durst stillen, aber in erster Linie wird er seinen Geschmackssinn und/oder sein Statusbedürfnis befriedigen. Die physiologischen Bedürfnisse hängen also mit den sozialen und kulturellen zusammen bzw. mit dem Bedürfnis, bestimmten Normen zu entsprechen, um damit von der sozialen Umgebung anerkannt zu werden[46].

Sicherheitsbedürfnisse

Sobald die physiologischen Bedürfnisse angemessen befriedigt sind, beginnen Bedürfnisse der nächsthöheren Ebene das Verhalten zu motivieren: Bedürfnisse nach

45 Maslow (1977)
46 vgl. Oldendorff (1970)

Sicherheit, Stabilität, Geborgenheit, Schutz, Angstfreiheit, nach Struktur, Ordnung und Gesetz. Solche Bedürfnisse können in einer Vorliebe für irgendeine Art ungestörter Routine, für einen glatten Ablaufrhythmus oder im Wunsch nach einem Sparkonto oder nach Versicherungen aller Art zum Ausdruck kommen oder auch in einer Angst vor jeder Veränderung, vor allem Neuen, Unbekannten, Unvertrautem und in der damit verbundenen Scheu vor jeglichem Risiko.
Verallgemeinert lässt sich feststellen, dass der durchschnittliche Mensch in unserer Gesellschaft eine sichere, ordentliche, voraussehbare, gesetzmässige, organisierte Welt bevorzugt, auf die er rechnen kann, in der unerwartete, unbewältigbare, chaotische oder anders gefährliche Dinge nicht geschehen[47].
In seinen Sicherheitsbedürfnissen ist der Mensch in unserer Kultur im grossen und ganzen befriedigt: Eine stabile, glatt funktionierende Gesellschaft lässt ihre Mitglieder sich sicher genug fühlen vor Kriminalität, politischem Chaos und dergleichen, so dass selten Sicherheitsbedürfnisse als Motivatoren anzutreffen sind.
Für den Menschen als Arbeitnehmer spielt am ehesten das Bedürfnis nach sozialer Sicherheit am Arbeitsplatz eine Rolle, vor allem in einer Zeit steigender Arbeitslosigkeit. Aktionen von Vorgesetzten, die beim Mitarbeiter beispielsweise Unsicherheit in bezug auf Weiterbeschäftigung erzeugen, können latente Sicherheitsbedürfnisse aktivieren, so dass diese zu verhaltensbestimmenden Motiven werden.

Soziale Bedürfnisse

Auf einer nächsten Ebene werden soziale Bedürfnisse zu Motivatoren des Verhaltens: Bedürfnisse nach Zugehörigkeit, Angenommensein, Zuneigung, Solidarität, Freundschaft und Liebe.
Werden diese Bedürfnisse in einem Menschen dominant, dann wird er Einsamkeit, Ächtung, Zurückweisung, Isolierung oder Entwurzelung besonders stark empfinden. Was das Zugehörigkeitsbedürfnis betrifft, so kennt man die «destruktiven Auswirkungen auf Kinder, wenn sie zu oft den Wohnort wechseln, die Auswirkungen der Desorientierung; der allgemein zu grossen Mobilität durch die Industrialisierung; der Entwurzelung, der Verachtung der eigenen Ursprünge, der eigenen Gruppe; des Herausgerissen-Werdens aus der eigenen Familie, dem eigenen Heim und der Umgebung von Freunden und Nachbarn; davon, ein Neuankömmling zu sein oder sich irgendwo nur vorübergehend aufzuhalten[48]».
Die unglaublich rasche Zunahme von Gruppen aller Art hat sicher zu einem grossen Teil mit dem unbefriedigten Hunger nach Kontakt, menschlicher Nähe, Zugehörigkeit zu tun und entspricht dem Bedürfnis, das weitverbreitete Gefühl der Entfremdung, Einsamkeit, Fremdheit und Isolation zu überwinden.
Auf dieser Ebene lässt sich ein wesensbestimmender Widerspruch erkennen: Einerseits hat der Mensch als soziales Wesen das Bedürfnis, zusammen mit anderen einer Gruppe anzugehören und in ihr als Gleicher anerkannt zu werden. Andererseits steht dem das Bedürfnis des Individuums gegenüber, sich von anderen Menschen bzw. von der Gruppe abzugrenzen und zu unter-scheiden. Dieses Bedürfnis erhält dann in einer Leistungsgesellschaft wie der unseren den zusätzlichen Aspekt, andere zu überragen und zu überholen.

[47] vgl. Maslow (1977)
[48] Maslow (1977)

Bedürfnisse nach Achtung

Jeder Mensch in unserer Gesellschaft hat das Bedürfnis oder den Wunsch nach einer hohen Wertschätzung seiner Person. Diese Wertschätzung hat zweierlei Quellen:
- Erstens besteht der Wunsch nach *Selbstachtung*. Dieser beinhaltet Bedürfnisse nach Stärke, Leistung, Bewältigung, Kompetenz, Unabhängigkeit und Freiheit.
- Zweitens gibt es den Wunsch nach *Achtung seitens anderer*. Dieser umfasst Bedürfnisse nach Würde, Wertschätzung, Aufmerksamkeit, Anerkennung, Ruhm, Bedeutung, nach einem «guten Ruf», nach Status und Prestige.

Die Befriedigung des Bedürfnisses nach Selbstachtung führt zu Selbstvertrauen, zum Gefühl, stark, fähig, nützlich und notwendig zu sein. Nicht-Befriedigung hingegen bewirkt Gefühle der Minderwertigkeit, der Schwäche und der Hilflosigkeit. Weil in unserer Kultur die Anerkennung durch andere in Form von Status und Prestige eine wichtige Stellung einnimmt, ist die Gefahr gross, «Selbstachtung auf der Basis der Meinung von anderen zu errichten und nicht auf wirklicher Fähigkeit, Kompetenz und Zulänglichkeit für eine Aufgabe.
Die stabilste und daher gesündeste Selbstachtung basiert auf *verdientem* Respekt anderer und nicht auf äusserem Ruhm und unverdienter Bewunderung[49]».
Im Gegensatz zu den Bedürfnissen tieferer Ebenen werden die Bedürfnisse nach Achtung in unserer Gesellschaft selten voll befriedigt, denn der typische hierarchische Aufbau sozialer Systeme bietet Mitgliedern auf den unteren Ebenen wenig Gelegenheit dazu. So kommt es, dass viele Mitarbeiter/Vorgesetzte unablässig mit der Suche nach stärkerer Befriedigung dieser Bedürfnisse beschäftigt sind.
Hier zeigt sich übrigens wieder, wie eng die verschiedenen Bedürfnisse miteinander verbunden sind. So hängt – wie oben angetönt – das Selbstwertgefühl in starkem Masse davon ab, dass man von anderen akzeptiert wird – Bedürfnisse nach Achtung und soziale Bedürfnisse treffen damit zusammen.

Bedürfnisse nach Selbstverwirklichung

Auch wenn alle physiologischen Bedürfnisse, alle Bedürfnisse nach Sicherheit, Zugehörigkeit und Achtung befriedigt sind, wird neue Unzufriedenheit und Unruhe im Menschen entstehen, wenn er nicht das tut, wozu *er* als Individuum geeignet ist. «Was ein Mensch sein *kann, muss* er sein.»[50] Dieses Bedürfnis nach Selbstverwirklichung bezieht sich somit auf die Realisation der eigenen Möglichkeiten, auf persönliches Wachstum, auf das Streben nach Gesundheit (im weitesten Sinne), nach Identität und Autonomie.
Da selbstverwirklichende Menschen vom Bedürfnis nach Wachstum und nicht vom Mangel an irgendwelchen Dingen angetrieben werden, sind sie von ihrer sozialen Umwelt relativ unabhängig. Diese Unabhängigkeit von der Umwelt bedeutet eine gewisse Stabilität hinsichtlich harter Schläge, Entbehrungen und Frustrationen. Solche Menschen können eine innere Gelassenheit aufrechterhalten inmitten von Umständen, an denen andere verzweifeln würden. Mangelmotivierte Menschen hin-

[49] Maslow (1977)
[50] Maslow (1977)

gegen sind mehr oder weniger stark von ihrer Umwelt abhängig, da die meisten ihrer Befriedigungen (Zuwendung, Sicherheit, Achtung, Prestige, Geborgenheit) nur von anderen Menschen kommen können.
Ein anderer Aspekt der Autonomie ist die Selbst-Entscheidung, die Selbst-Lenkung. Selbstverwirklichende Menschen sind aktive, verantwortliche, selbstdisziplinierte, selbstbestimmte und selbst-bewegende Individuen und nicht Schachfiguren, die bloss von anderen bewegt werden.

233 Dynamik der Bedürfnisse

Wie im Zusammenhang mit den physiologischen Bedürfnissen festgestellt wurde, beruht dieses Motivationsmodell auf der Annahme, dass der Wunsch nach Befriedigung höherer Bedürfnisse erst dann auftaucht, wenn die jeweils niedrigeren Bedürfnisse befriedigt sind. Solange die niedrigeren Bedürfnisse nicht befriedigt sind, haben die höheren keine entscheidende motivationale Kraft.
Umgekehrt gilt für die sogenannten Mangelbedürfnisse (Bedürfnisse der ersten vier Ebenen): *Ein befriedigtes Bedürfnis motiviert nicht.* Sobald ein Bedürfnis befriedigt ist, hört es auf, eine dominierende motivierende Rolle zu spielen. Oder anders gesagt: Die niedrigeren Bedürfnisse werden nicht wirksam, solange sie befriedigt sind.
Diese Dynamik der Bedürfnishierarchie wird häufig nur ungenügend berücksichtigt. Anders verhält es sich mit dem Bedürfnis nach Selbstverwirklichung, das als Wachstumsbedürfnis bezeichnet wird: Hier führt die zunehmende Befriedigung nicht zu einer Verringerung, sondern zu einer Erhöhung der Motivationsstärke. Wachstumsbedürfnisse drängen nach ihrer eigenen steten Steigerung: Der selbstverwirklichende Mensch strebt nach persönlichem Wachstum als Selbstzweck. Dieses Streben ist unbegrenzt, es kann niemals erfüllt oder befriedigt werden.
Wenn ein Bedürfnis befriedigt ist, taucht das nächste auf. Eine solche Feststellung könnte den falschen Eindruck erwecken, dass ein Bedürfnis hundertprozentig befriedigt sein muss, bevor das nächste auftritt. In Wirklichkeit aber sind die meisten Menschen zu einem bestimmten Zeitpunkt in ihren grundlegenden Bedürfnissen teilweise befriedigt und teilweise nicht befriedigt. In einer differenzierteren Darstellung der Bedürfnishierarchie wird versucht, diese Dynamik zu berücksichtigen (vgl. Abb. 28). Es ist auch nicht so, dass die Hierarchie der Bedürfnisse völlig starr festgelegt wäre. Es gibt Menschen, denen das Bedürfnis nach Achtung wichtiger ist als das Bedürfnis nach Zugehörigkeit und zwischenmenschlichen Beziehungen. Es gibt andere, deren Bedürfnis nach Selbstentfaltung alle übrigen Bedürfnisse zurückdrängt (etwa der Künstler, der hungert, um sein Werk zu schaffen).
Die Struktur des Bedürfnissystems und die Intensität der einzelnen Bedürfnisse ist von Mensch zu Mensch verschieden. Beim einen steht das im Vordergrund, beim anderen jenes. Ausserdem ist die individuelle Bedürfnisstruktur veränderlich: Nicht immer sind in einem Individuum die gleichen Bedürfnisse dominant. Und die dominanten Bedürfnisse sind auch nicht immer gleich stark.
Auch die *Lebensphasen spielen eine Rolle:* Das Bedürfnis nach Ruhe hat für einen älteren Mitarbeiter sicher eine andere Bedeutung als zur Zeit, als er noch jung war. Schliesslich muss nochmals die eminente Bedeutung von Werten betont werden: Ein Mensch ist imstande, *alles aufzugeben für ein Ideal,* von dem er überzeugt ist.

Abbildung 28: Vorrangigkeit und Stärke menschlicher Bedürfnisse[22]

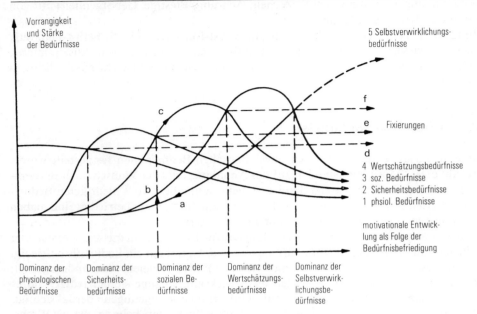

22 vgl. Nick (1974), nach Wunderer/Grunwald (1980)

Innerhalb jeder Kultur gibt es Menschen, die sich die kulturell anerkannten Bedürfnisse zu eigen machen, und solche, die ihnen gleichgültig oder ablehnend gegenüberstehen. «In einer Kultur, die unermüdliche Arbeit, Leistungsstreben und gesellschaftlichen Erfolg anpreist, finden wir stets Individuen, die diese Dinge nicht für erstrebenswert erachten und mit einer bescheidenen Position glücklich sind.»[51] Jeder Mitarbeiter, jeder Kollege, jeder Vorgesetzte ist ein Individuum, eine eigene, einmalige, unverwechselbare Persönlichkeit. Jeder hat seine eigenen, ganz persönlichen Bedürfnisse. Das müssen wir uns immer wieder von neuem vor Augen halten und uns davor hüten, unsere eigenen Bedürfnisse auf andere zu projizieren.

Bedürfnisse sind einerseits im Menschen angelegte, biologisch *verankerte, vererbte Tendenzen.* Darunter fallen die elementarsten menschlichen Bedürfnisse, die energetisiert als *Triebe* wirksam werden: Lebenstrieb, Nahrungs- und Trinktrieb, Sexualtrieb, Bewegungstrieb, Ruhe- und Schlaftrieb, Schutztrieb.

Zur Befriedigung solcher Bedürfnisse wird der Mensch oft regelrecht getrieben – allerdings nicht im Sinne eines Instinktes wie das Tier. Unter Instinkt versteht man ein gleichsam automatisch ablaufendes Verhalten zur Befriedigung eines Bedürfnisses, bei dem der Trieb am Anfang und die Erlangung des Triebziels am Ende steht. Instinkte aber sind beim Menschen – im Gegensatz zum Tier – nur noch in rudimentären Ansätzen vorhanden. Beim Menschen ist die Wahl des Objektes und des Verhaltens zur Triebbefriedigung nicht vererbt (genetisch programmiert), sondern erworben und im Laufe des Lebens erlernt.

51 Oldendorff (1970)

Nicht nur der Weg zu ihrer Befriedigung, sondern auch die *Bedürfnisse* als solche werden in hohem Masse auch *durch die Umwelt bestimmt:* Durch Erziehung, Bildung, Arbeit, soziale Normen und Einflüsse vielfältigster Art werden menschliche Bedürfnisse nicht nur aktiviert, sondern auch geformt, gelenkt und teilweise sogar geschaffen (Werbung).

Von besonderer Bedeutung sind auch hier die kulturellen Normen: Bestimmte Bedürfnisse bzw. Wege zu ihrer Befriedigung werden von der Gesellschaft anerkannt, andere mehr oder weniger toleriert, wieder andere abgelehnt. Ausserdem werden bestimmte Bedürfnisse von der Kultur anerzogen und gelehrt[52].

Das oben erwähnte Bedürfnis, in seinen Leistungen den Mitmenschen zu übertreffen, fehlt beispielsweise in manchen Kulturen, während es in anderen sorgfältig anerzogen wird.

Ein Problem, auf das oben bereits hingewiesen wurde, besteht darin, dass die *Bedürfnisse* selbst nicht sichtbar sind. Sie kommen nur *im gezeigten Verhalten zum Ausdruck*. Nicht nur Vorgesetzte haben manchmal grosse Mühe, die Bedürfnisse ihrer Mitarbeiter zu erkennen – oftmals sind diese Bedürfnisse sogar den Mitarbeitern selbst nicht klar. Oder haben Sie etwa noch nie erlebt, *dass* Sie etwas treibt, ohne genau zu wissen, *was* Sie eigentlich treibt? Den meisten Menschen sind ihre Bedürfnisse häufiger unbewusst als bewusst.

Die Bedürfnisse kommen im Verhalten zum Ausdruck. Dass diese Aussage alles andere als unproblematisch ist, wurde weiter oben angetönt: Ein und dasselbe Bedürfnis kann der Beweggrund sehr unterschiedlicher beobachtbarer Verhaltensweisen sein. So kann sich der Wunsch nach Kontakt sowohl in einer Einladung zum Essen als auch in einer dauernden Nörgelei äussern.

Umgekehrt kann das beobachtete Verhalten sehr verschiedenen Bedürfnissen entspringen: Eine Hilfeleistung kann aus einem sozialen Bedürfnis heraus oder aus blossem Geltungsdrang erfolgen.

Die geschilderten Schwierigkeiten dürfen uns jedoch nicht vom Versuch abhalten, Bedürfnisse zu erkennen bzw. bewusst zu machen. Denn das bewusste Erkennen von Bedürfnissen schafft die Möglichkeit, sich rational mit eigenen Bedürfnissen und den Bedürfnissen von Mitmenschen (Mitarbeitern, Kollegen und Vorgesetzten) auseinanderzusetzen.

Durch eine solche rationale Auseinandersetzung verringert sich die Gefahr, dass wir in Beziehungen unbewusst bloss re-agieren, anstatt uns bewusst zu entscheiden, *welchen* (eigenen und fremden) Bedürfnissen wir *wie* begegnen wollen. Damit vergrössert sich nicht nur die Chance, eigenes manipulatives Verhalten zu entdecken, sondern auch Manipulationen durch andere auf die Spur zu kommen (die Fragen in Abb. 115/116/Anhangband sollen als Hilfe dienen).

«Wir haben unseren Leuten alles gegeben: gute Bezahlung, angenehme Arbeitsbedingungen, alle Vorteile, die am Arbeitsplatz möglich sind – und trotzdem sind sie unzufrieden.» Aus einer solchen Bemerkung spricht Verständnislosigkeit. Mitarbeiter zeigen oft Verhaltensweisen und Reaktionen, die auf den ersten Blick unverständlich sind.

Wird die «Bedürfnispyramide» zu Rate gezogen, dann könnte der Grund für die Unzufriedenheit in unserem Beispiel vereinfacht gesagt der folgende sein: Die Be-

---

52 vgl. Oldendorff (1970)

dürfnisse der drei unteren Ebenen sind anscheinend befriedigt (und daher nicht mehr dominant und motivierend) – und nun stehen die Bedürfnisse der vierten Ebene im Vordergrund: die Bedürfnisse nach Achtung.

Und selbst wenn auch diese Bedürfnisse befriedigt sind, lässt sich voraussagen, dass die Mitarbeiter/Vorgesetzten noch immer nicht zufrieden sein werden, weil ihnen das soziale System auf der nächsthöheren Ebene der Selbstverwirklichung nie genug zu bieten vermag.

Die Hierarchie der Bedürfnisse ist demnach ein Hinweis darauf, dass Mitarbeiter nie restlos zufrieden, sondern immer nach noch mehr streben werden.

Zusammenfassend ist festzuhalten, dass das Verhalten des einzelnen Menschen durch das Streben motiviert ist, das Bedürfnis zu befriedigen, das zum jeweiligen Zeitpunkt am wichtigsten ist. Die Stärke eines Bedürfnisses wird von seiner Position in der Hierarchie und vom Ausmass der Befriedigung der niedrigeren Bedürfnisse bestimmt.

Die Bedürfnispyramide erlaubt somit die Voraussage eines dynamischen Prozesses der menschlichen Motivation, der durch fortlaufende (aber grundsätzlich voraussagbare) Änderungen in bezug auf subjektiv wichtige Bedürfnisse bestimmt wird.

Das Wissen um die motivierende Bedeutung und die grundsätzliche «Organisation» menschlicher Bedürfnisse ist eine grosse Hilfe für jeden, der mit anderen Menschen zu tun hat; also für jeden von uns. Durch dieses Wissen und seine Übertragung auf konkrete Situationen wird manches Unverständliche verständlich.

234 Motivkonflikte

In einem Menschen ist nie nur ein einziges, sondern stets eine Vielzahl von Motiven wirksam. Die einzelnen Motive können zueinander in unterschiedlicher Beziehung stehen[53]:

- *Motivindifferenz:* Zwei Motive sind auf Ziele ausgerichtet, die voneinander völlig unabhängig sind. Sie bleiben damit ohne Einfluss aufeinander. Beispiel: Ich möchte jetzt noch einen kurzen Spaziergang machen und nachher das angefangene Buch fertiglesen.
- *Motivharmonie:* Zwei Motive stehen in Einklang miteinander. Dies ist dann der Fall, wenn beide Ziele durch dasselbe Verhalten erreicht werden können oder wenn das Erreichen des einen Zieles das Erreichen des anderen erleichtert. Beispiel: Ich habe Hunger und gleichzeitig das Bedürfnis, einen Freund zu sehen – also gehen wir zusammen essen.
- *Motivkonflikt:* Zwei Motive stehen zueinander in einem Gegensatz. Die Erfüllung des einen Bedürfnisses schliesst die Erfüllung des anderen Bedürfnisses aus. Der Konflikt lässt sich nur durch eine Entscheidung (entweder – oder) lösen. Beispiel: Ich möchte mir unbedingt heute abend ein einmaliges Konzert anhören, aber genauso gerne möchte ich ins Theater, wo zum letzten Mal «König Lear» gespielt wird.

53 vgl. Lattmann (1981)

Das tägliche Leben jedes Menschen ist voll von Motivkonflikten und entsprechenden Wahl- bzw. Entscheidungssituationen (auch wenn uns solche Konflikte oft nicht bewusst werden und die Entscheidung häufig völlig «automatisch» erfolgt). Im einzelnen lassen sich drei Arten von Motivkonflikten auseinanderhalten[54]:

- *Äquivalenz-Konflikt:* Hier wird der Mensch zur Wahl zwischen zwei Zielen gezwungen, die er gleichzeitig und mit gleicher Intensität anstrebt. Es ist die Lage des Esels, der verhungert, weil er sich nicht entscheiden kann, ob er den links oder rechts hängenden Ballen Heu fressen soll. In einer ähnlichen Lage ist auch der Stellensuchende, dem zwei gleichwertige Stellen angeboten werden.
- *Vitations-Konflikt:* Hier besteht der Konflikt darin, dass eine Unannehmlichkeit nur dadurch vermieden werden kann, dass eine andere in Kauf genommen wird. In dieser Lage befindet sich der Mitarbeiter, der zwischen einer Lohnkürzung und einer Versetzung an einen anderen Arbeitsort zu wählen hat, der sehr weit von seinem Wohnort entfernt ist.
- *Ambivalenz-Konflikt:* Hier ist das Erreichen eines angestrebten Zieles mit irgendwelchen nachteiligen Folgen verbunden. Ein Beispiel für diese Form des Konflikts ist die Lage eines Mitarbeiters, dem eine Beförderung angeboten wird, deren Annahme aber infolge vieler zusätzlicher Verpflichtungen zu einer Belastung des Familienlebens führen würde.

Solange die beiden gegensätzlichen Motive gleich stark sind, ist kein Entscheid möglich: Unter diesen Bedingungen verfällt der Mensch in einen Zustand der Handlungsunfähigkeit, aus dem er sich nur befreien kann, indem er die widersprüchlichen Motive neu gewichtet.

235 Leistungsbedürfnis

In einem produktiven sozialen System, das auf das Erbringen von Leistungen ausgerichtet ist, spielt ein menschliches Bedürfnis eine besondere Rolle: das Leistungsbedürfnis. Darunter wird das Bedürfnis verstanden, welches das Erbringen einer Leistung zum Gegenstand hat. Befriedigung ergibt sich hier also aus der Tätigkeit selbst und nicht erst aus den Folgen, die aus der Tätigkeit hervorgehen. Die Tätigkeit besitzt demnach einen Selbstwert und wird nicht als Mittel zum Zweck eingesetzt.

Bevor auf das Bedürfnis nach Leistung eingegangen wird, soll der Begriff der Leistung geklärt werden. Physikalisch wird Leistung ganz einfach als «Arbeit pro Zeiteinheit» definiert. Aus motivationspsychologischer Sicht versteht man unter Leistung «alles, was sich aus dem ununterbrochenen Verhaltensstrom als Aktivitätsfolge mit gleichbleibender Zielgerichtetheit heraushebt, einen Anfang und ein Ende hat»[55]. Damit von einer Leistung gesprochen werden kann, müssen die folgenden fünf Bedingungen erfüllt sein[56]:

- Ein Handlungsergebnis muss erzielt sein. Das *Handlungsergebnis muss objektivierbar sein und Aufgabencharakter besitzen.*

---

54 vgl. Lewin (1935), zit. nach Lattmann (1981)
55 Heckhausen (1974), zit. nach Wunderer/Grunwald (1980)
56 Heckhausen (1974), zit. nach Wunderer/Grunwald (1980)

- Das Handlungsergebnis muss auf einen Massstab der Schwierigkeit und/oder des nötigen Kraftaufwands beziehbar und daran beurteilbar sein. Man muss *Art und Grad der Aufgabenanforderungen abschätzen können,* um ein erfolgreiches Handlungsergebnis zu erzielen.
- Handlungen müssen in ihren Ergebnissen überhaupt gelingen oder misslingen können. Die *Aufgabenanforderungen müssen zwischen den Randbereichen des Zu-Leichten und des Zu-Schweren* hinsichtlich der zu überwindenden Schwierigkeiten und/oder des aufzubringenden Kraftaufwands liegen.
- *Massstäbe der Schwierigkeit oder des nötigen Kraftaufwandes,* nach denen ein Handlungsergebnis beurteilt werden kann, müssen vom Handelnden als ein für ihn verbindlicher Tüchtigkeitsmassstab übernommen sein, d.h. als Indikator für seine eigene Fähigkeit (Gütemassstab) oder den von ihm aufzubringenden Kräfteaufwand (Anstrengungsmassstab) anerkannt sein.
- *Das Handlungsergebnis muss vom Handelnden selbst verursacht sein.* Das heisst genauer, sowohl von ihm beabsichtigt wie zustande gebracht worden sein. Handlungsergebnisse, die sich unbeabsichtigt einstellen, unter Zwang oder falls beabsichtigt – durch Zufall, mit Hilfe oder Behinderung von aussen zustande kommen rechnet man sich nicht als Leistung zu.

Die Entstehung des Bedürfnisses nach Leistung kann man sich folgendermassen vorstellen: Wenn es einem Menschen gelingt, eine (selbst oder von aussen gestellte) Aufgabe erfolgreich zu bewältigen, so resultiert aus diesem Erfolgserlebnis ein Gefühl der Befriedigung. Wird dieses Gefühl nun in der Folge wieder angestrebt bzw. wird es zum Gegenstand eines Begehrens, so ist ein Leistungsbedürfnis zustande gekommen.

Damit ein Gefühl der Befriedigung entsteht, muss die Leistung bestimmten Ansprüchen genügen, die sich auf einem bestimmten individuellen Niveau befinden. Damit ist der wichtige Begriff des individuellen *Anspruchsniveaus* angesprochen, der demnach den individuellen Leistungsanspruch in einer gegebenen Situation umschreibt[57]. Die Höhe des Anspruchsniveaus hängt einerseits vom angestrebten Leistungsziel und seiner Bedeutung ab und andererseits von früheren Erfolgs- bzw. Misserfolgserlebnissen in der konkreten Situation. Erfolg steigert in der Regel durch seine bestätigende und anspornende Wirkung das Anspruchsniveau; Misserfolg hat den gegenteiligen Effekt.

Es wird angenommen, dass sich wirkliche Befriedigung nur dann einstellt, wenn die erbrachte Leistung grösser ist als erwartet. Da sich die Erwartung über kurz oder lang den tatsächlich erbrachten Leistungen anpasst und erst das Überschreiten der Erwartung Befriedigung auslöst, führt dies dazu, dass das Anspruchsniveau nach wiederholtem Erreichen angehoben wird.

Das Leistungsbedürfnis trägt daher einen Antrieb zu seiner eigenen Steigerung in sich[58]. Aufgaben bzw. Leistungen, die unter dem Anspruchsniveau liegen, stellen keine Herausforderung dar und werden nicht angestrebt.

Um ein Gefühl der Befriedigung aus einer Leistung zu erhalten, muss diese als gut beurteilt werden. Eine solche Beurteilung setzt bestimmte Kriterien voraus, die als

57 vgl. Fröhlich/Drever (1978)
58 vgl. Lattmann (1981)

Gütestandard bezeichnet werden. Der Gütestandard kann durch eine absolute Norm, durch eine von anderen erbrachte Leistung oder eine eigene früher erzielte Leistung bestimmt sein. Neben allgemeinen Gütestandards sind also auch individuelle Gütestandards vorhanden, die von Mensch zu Mensch verschieden sind und dem erwähnten Anspruchsniveau entsprechen.

Untersuchungen haben ergeben, dass folgende Gegebenheiten das Zustandekommen des Leistungsbedürfnisses positiv beeinflussen[59]:

- *Verantwortung:* Indem einem Mitarbeiter die Verantwortung übertragen wird, eine Aufgabe selbständig zu erfüllen, wird nicht bloss seine Selbständigkeit gefördert, sondern auch sein Bedürfnis nach Eigenständigkeit befriedigt. Aufgrund des ihm zugestandenen Handlungsspielraumes kann er ein bestimmtes Arbeitsergebnis als Auswirkung seines eigenen Tuns erleben. Dies ist Voraussetzung dafür, dass er ein Gefühl der Befriedigung erhalten kann.
- *Klare Anforderungen:* Durch das Formulieren klarer Anforderungen an die Leistungen des Mitarbeiters erhält dieser einen Massstab, an dem er seine Leistungen messen und allfällige (positive und negative) Abweichungen feststellen kann.
- *Hohes Anspruchsniveau der Gruppe:* In jeder Gruppe herrschen bestimmte Gütemassstäbe bzw. Erwartungen in bezug auf die Leistungen, die von den Mitgliedern erbracht werden bzw. erbracht werden sollen. Sind diese Gütemassstäbe hoch, so wirkt sich das auf das Leistungsbedürfnis des einzelnen positiv aus.
- *Gute zwischenmenschliche Beziehungen:* Werden die sozialen Beziehungen in der Gruppe vom betreffenden Mitglied als zufriedenstellend erlebt, so geht davon eine Stärkung des Selbstvertrauens aus. Dies fördert nicht nur die Entstehung von Leistungsbedürfnissen, sondern hat auch eine Anhebung des Anspruchsniveaus zur Folge.
- *Sozio-kulturelle Leistungsnormen:* Auf die Tatsache, dass sich die Bejahung des Leistungsstrebens durch die Gesellschaft auf das Leistungsbedürfnis des Einzelnen in hohem Masse auswirkt, wurde bereits hingewiesen.

Während früher das Leistungsprinzip, das unsere Gesellschaft beherrscht, durchwegs bejaht wurde, ist es seit den sechziger Jahren immer heftiger unter Beschuss geraten. Auf das Leistungsprinzip ist «das (masslose) Wachstumsstreben der Wirtschaft, die Überbeanspruchung des Menschen, welche eine starke Vermehrung der psychosomatischen Krankheiten bewirkt hat, zurück geführt werden. Hinzu kommt die Materialisierung der Weltanschauung, welche zu einer Verdrängung der geistigen Werte geführt hat, die Vergällung kindlichen Glücks in der Schule durch deren ständigen Leistungsdruck und viele weiteren Schattenseiten unserer Gesellschaft. Die Berechtigung dieser Kritik kann – so weit sie Auswüchse trifft – nicht zurückgewiesen werden»[60].

Es stellt sich demnach die Frage, ob das Leistungsbedürfnis als solches ungesund ist und infolgedessen versucht werden sollte, es zu beseitigen. Wird unter dem Leistungsbedürfnis das Bedürfnis verstanden, sich mit einem herausfordernden Ziel auseinanderzusetzen, Hindernisse zu überwinden, ein Problem so gut und so rasch als

---

59 vgl. Lattmann (1981)
60 Lattmann (1981)

möglich zu lösen oder eine Aufgabe mit Energie und Ausdauer bis zum erfolgreichen Abschluss zu bearbeiten, so ist das wohl kaum als schädlich zu bezeichnen.
Es kann deshalb in unseren Augen nicht darum gehen, das Leistungsbedürfnis als solches auszurotten, sondern seine negativen asozialen und krankmachenden Auswüchse zu beseitigen und ihm eine neue, humane und soziale Ausrichtung zu geben. Das Erreichen eines Leistungszieles vermittelt dem Leistungsmotivierten ein Gefühl der Befriedigung, das Nicht-Erreichen ein solches der Versagung (Frustration). Das Leistungsbedürfnis kann demnach auf das Erzielen von Erfolg oder auf das Vermeiden von Misserfolg ausgerichtet sein.
Entsprechend bestehen bei Individuen unterschiedlich ausgeprägte Tendenzen, *Erfolg aufzusuchen* («Hoffnung auf Erfolg») oder *Misserfolg zu vermeiden* («Furcht vor Misserfolg»). Ob jemand sich als ««Erfolgsorientierter» oder als «Misserfolgsvermeider» verhält, ist weitgehend eine Folge von Lernvorgängen: Bei einem, der immer wieder für gute Leistungen belohnt wurde, bildet sich ein Streben nach Erfolg aus, während ein anderer, der wiederholt für Fehler bestraft wurde, danach strebt, Misserfolge zu vermeiden.
Die beiden Typen zeigen in ihrem Leistungsverhalten starke Unterschiede[61]: Aufgaben mit einem mittleren Schwierigkeitsgrad sprechen Erfolgsorientierte am meisten an, während sie von Misserfolgsorientierten am meisten gemieden werden. Erfolgsorientierte bevorzugen Aufgaben mit einer etwas geringeren Erfolgswahrscheinlichkeit; Misserfolgsorientierte aber bevorzugen nicht ausschliesslich leichte Aufgaben (bei denen die Erfolgsaussicht zwar hoch ist, ein Misserfolg aber umso stärker ins Gewicht fällt), sondern auch besonders schwierige Aufgaben (bei denen die Erfolgsaussicht zwar gering, der Misserfolg aber umso entschuldbarer ist).
Die beiden Typen unterscheiden sich nicht nur in ihrem Leistungsverhalten, sondern auch in ihrer Grundeinstellung dem Leben gegenüber[62]. Bei Erfolgsorientierten treten folgende Züge hervor:

- Ihr Erwartungshintergrund ist von Hoffnungen getönt.
- Sie vertrauen auf ihre Fähigkeiten. Beim Setzen von Zielen rechnen sie primär damit, dass diese Ziele erreicht werden können.
- Ihre Zielsetzungen sind wirklichkeitsbezogen.
- Sie fühlen sich nicht zu Aufgaben hingezogen, deren Gelingen auch vom Zufall abhängt.

Demgegenüber zeigt sich bei denjenigen, die primär versuchen, Misserfolg zu vermeiden, folgendes:

- In ihrem Erwartungshintergrund überwiegt die Ängstlichkeit.
- Da ihre Motivation von der Befürchtung eines Misserfolgs geprägt ist, liegt ihrem Verhalten ein Vermeidungsstreben zugrunde.

Die Existenz dieser beiden unterschiedlichen Grundeinstellungen bedeutet nicht, dass alles Verhalten eines Individuums entweder auf Erfolgserzielung oder auf Misserfolgsvermeidung gerichtet sein muss. Die alltägliche Erfahrung zeigt vielmehr, dass man in einigen Bereichen mehr erfolgs-, in anderen mehr misserfolgsmotiviert ist.

---

61 Lattmann (1981)
62 Lattmann (1981)

236   Stichwort: Frustration

Bis anhin ist nur die Situation betrachtet worden, in der die angestrebten Ziele erreicht und dadurch dominante Bedürfnisse befriedigt werden. Werden die angestrebten Ziele jedoch nicht erreicht, so bleiben aktualisierte Bedürfnisse unbefriedigt und es tritt ein Gefühl der Enttäuschung/Versagung ein, das als Frustration bezeichnet wird. Damit eine Frustration entsteht, müssen zwei Voraussetzungen gegeben sein:

- Erstens muss das Erreichen eines angestrebten Bedürfniszieles verhindert sein;
- zweitens muss die Aktualität des Bedürfnisses weiterbestehen.

Es tritt demnach keine Frustration ein, wenn das Ziel zwar nicht erreicht, jedoch ohne Bedauern aufgegeben wird.

Charakteristisch für frustrierende Erfahrungen ist die Entwicklung von emotional geladenen Einstellungen gegenüber der Umwelt und/oder sich selbst. Solche sind etwa Aggressionen gegen (echte oder vermeintliche) Ursachen der Frustration oder Schamgefühle wegen Misserfolgen[63].

Frustrationen können sich sehr verschieden auf das Verhalten auswirken; typische Reaktionen sind[64]:

- *Aktivismus:* Ein frustrierendes Erlebnis erzeugt eine mit starker Unlust verknüpfte Spannung, die nach Entladung drängt. Eine solche Entladung kann aufgrund von blosser Betätigung erreicht werden (sogar ziellose Aktivität wirkt entspannend). Durch Frustration ausgelöstes Verhalten weist oft infantile Züge auf, wie Rückgriff auf Haltungen und Verhaltensweisen, die dem erreichten Reifeniveau nicht entsprechen (sogenannte Regressionen), sowie das Verharren bei ihnen (sogenannte Fixierungen), das bis zu ihrer gleichbleibenden Wiederholung (sogenannte Perseverationen) reichen kann.
Beispiel: Ein frustrierter Vorgesetzter beginnt ein Übermass an Emsigkeit zu entwickeln und überschwemmt seine Vorgesetzten mit einer Vielzahl von (unbrauchbaren) Vorschlägen.
- *Aggressionen:* Eine der häufigsten Reaktionen auf Frustrationen sind Aggressionen, die eine Schädigung der Personen anstreben, denen die Versagung zugeschrieben wird.
Die Aggressionen können offen zutage treten (z.B. als Beschimpfung oder körperlicher Angriff). Aus Rücksicht auf gesellschaftliche Konventionen und aus Angst vor Sanktionen nehmen Aggressionen aber im Arbeitsalltag des Krankenhauses häufig verschleierte Formen an (z.B. sogenannt «sachliche» Kritik, passiver Widerstand). Wo auch das unterbunden wird, kann eine *Verschiebung* der Aggression auf andere Personen eintreten. Beispiel: Ein Vorgesetzter, dem eine Beförderung versagt wurde, lässt seinen Unmut an seinen Mitarbeitern und zuhause an seiner Familie aus.
- *Abwehrmechanismen:* Statt der blossen Spannungsentladung kann die Beseitigung des Gefühls der Frustration angestrebt werden. Dies kann dadurch erreicht

---

63 vgl. Leavitt (1974)
64 vgl. Hill et al. (1974), Lattmann (1981), Leawitt (1974)

werden, dass die Versagung durch sogenannte Abwehrmechanismen aus dem Bewusstsein verbannt wird (Verdrängung, Verneinung, Ungeschehenmachen usw.). Die Frustration setzt ihre Wirkung aber im Unbewussten fort und kann dadurch zur Ursache neurotischer Störungen werden.

Ein häufiger Abwehrmechanismus ist die *Rationalisierung,* d.h. die vernunftmässige Umformung des nicht erreichten Zieles.

Beispiel: Der nicht beförderte Vorgesetzte entwertet die angestrebte Position, indem er ihre Nachteile (wie etwa den Verlust an Freizeit) betont.

Eine weitere Möglichkeit, das Gefühl der Frustration abzubauen, besteht darin, eine Ursache, die bei einem selbst liegt, nach aussen zu verlagern (z.B. auf die widrigen Umstände, den missgünstigen Vorgesetzten, den verflixten Apparat).

- *Flucht:* Ein Mensch kann sodann durch den *Ausstieg* aus seinem Erlebnisfeld der frustrierenden Lage ausweichen. Seine Flucht kann eine physische sein (z.B. wenn ein nicht beförderter Mitarbeiter seine Stelle kündigt). Sie kann aber auch seelisch sein, indem sich der betreffende durch Tagträume in seine eigene Phantasiewelt zurückzieht, der Unlustquelle durch den Genuss von Alkohol oder Drogen entweicht oder infolge psychoneurotischer und psychosomatischer Störungen dem Arbeitsplatz öfters fernbleibt.
- *Verlagerung:* Das Individuum kann dasselbe Bedürfnis durch das Erreichen anderer Ziele zu befriedigen suchen. Dies ist z.B. dann der Fall, wenn ein nicht beförderter Mitarbeiter seinen Aufstiegswunsch aufgibt und sein Bedürfnis nach Anerkennung/Kompetenz im erfolgreichen Züchten von seltenen Kakteen befriedigt.
- *Resignation:* Wenn das Erreichen des angestrebten Zieles oder eines annehmbaren Ersatzzieles als aussichtslos betrachtet wird, so kann dies zu einer Ergebenheit in das «Schicksal» führen. Die Resignation ist umso ausgeprägter, je wichtiger das versagte Bedürfnis war. Sie hat einen Verlust an Antriebskraft und eine Verödung des Daseins zur Folge. Die Versagung kann zum dauernden zwanghaften Gegenstand des Denkens und Fühlens werden, der die ganze Kraft eines Menschen zu verschlingen vermag.
- *Bewältigung:* Das Individuum kann an seinen Zielvorstellungen festhalten und die Hindernisse zu überwinden suchen, die dem Erreichen des angestrebten Zieles im Wege stehen. Der betreffende Mitarbeiter modifiziert das Bild der Situation (indem er z.B. andere Faktoren in Betracht zieht) und sucht mit erhöhter Intensität nach wirksameren Verhaltensweisen.

Wie weit sich frustrierende Erlebnisse in der Entwicklung von emotional geladenen Einstellungen auswirken, und wie sie das Verhalten beeinflussen, hängt stark von früheren Erfahrungen mit frustrierenden Erlebnissen ab: Je häufiger es einem Individuum gelungen ist, trotz Hindernissen doch noch das angestrebte Ziel zu erreichen, desto mehr Selbstvertrauen besitzt es; umso eher wird es mit Gelassenheit auf Frustrationen reagieren, an seinen Zielen festhalten und sie mit anderen Verhaltensweisen zu erreichen suchen.

Als entscheidend wichtig wird die Fähigkeit betrachtet, sich der Wirklichkeit angepasst zu verhalten. Die Aufrechterhaltung dieser Fähigkeit hängt in hohem Masse davon ab, dass Versagungen ertragen werden können. Dieses Aushalten-Können von Versagungen ohne Zuflucht zu unangemessenen Verhaltensformen bezeichnet man als *Frustrationstoleranz.* «Eine hohe Frustrationstoleranz erscheint als eine insbesondere für die Erfüllung von Führungsaufgaben erhebliche Eigenschaft.»[65] Eine Fallstudie zu dieser Thematik findet sich in Abbildung 71/Anhangband.

24 Führung und Motivation

Wie oben festgestellt wurde, können latente Bedürfnisse sowohl durch innere (endogene) wie auch durch äussere (exogene) Reize aktiviert/aktualisiert werden, so dass ein Spannungszustand bzw. ein Motiv entsteht.

Die situativen Gegebenheiten, die in der Aufgabe und in der Umgebung der handelnden Person als exogene Reize wirksam sind (oder wirksam werden können) – also die sogenannten Anreize – stellen denjenigen Faktor dar, der durch Führung am unmittelbarsten beeinflusst werden kann.

Mit dieser aktivierenden Komponente des Motivationsprozesses und dann auch mit den Erwartungen als der prospektiven Komponente werden wir uns im folgenden näher befassen.

241 Anreize als aktivierende Komponente

Bei der Auseinandersetzung mit der Problematik menschlicher Bedürfnisse wird das Individuum primär als Organismus betrachtet und von Antriebskräften ausgegangen, die in der Person vorhanden sind. Wie gezeigt wurde, sind diese Antriebskräfte jedoch keineswegs konstant und unabhängig von der konkreten Situation, sondern in hohem Masse durch die (materielle und immaterielle) Umwelt – und damit auch durch die als Anreize bezeichneten Stimuli – bedingt.

Unter einem Anreiz wird jede Gegebenheit der Umwelt verstanden, die für die handelnde Person Bedeutung und *Aufforderungscharakter* besitzt, die der Befriedigung eines Bedürfnisses dienen kann und den Organismus veranlasst, Handlungen zum Erreichen des Bedürfniszieles zu vollziehen.

Anreize aktivieren latente Bedürfnisse bzw. vorhandene Dispositionen und richten das Verhalten auf eine Erfüllung dieser Bedürfnisse aus. Demnach kann durch eine Änderung der Anreizstruktur Einfluss genommen werden darauf, *welche* Bedürfnisse aktiviert werden und welche Handlungen daraus resultieren.

Hierbei spielen nicht die objektiven Anreize – so wie sie von mehreren neutralen Beobachtern festgestellt werden könnten – die entscheidende Rolle, sondern die *subjektive Wahrnehmung* dieser Anreize durch die handelnde Person. Erst dieses Bild, das für ein bestimmtes Individuum spezifisch ist, besitzt Aufforderungscharakter und wird als Stimulus wirksam.

Voraussetzung dafür, dass jemand auf einen bestimmten Anreiz reagiert, ist somit erstens, dass er die dargebotenen Stimuli wahrnimmt und versteht. Zweitens muss in ihm ein latentes Bedürfnis vorhanden sein, das durch die entsprechenden (korrespondierenden) Stimuli angesprochen wird.

65 Lattmann (1981)

Aus der Sicht des sozialen Systems stellen Anreize vom System – mehr oder weniger bewusst – gestaltete Gegebenheiten/Bedingungen dar, welche die Mitglieder dazu bewegen sollen, einen optimalen Beitrag zum Erreichen der Systemziele zu leisten. Die Gesamtheit dieser Bedingungen kann als *Anreizsystem* bezeichnet und in Form eines S-O-R-Modells (Stimulus-Organismus-Reaktions-Modells) dargestellt werden (vgl. Abb. 29)[66].

Unter einem Anreizsystem versteht man

- ein System betriebsinterner exogener Stimuli (1)
- die abgeleitet aus Betriebszielen (2)
- in Verbindung mit betriebsexternen exogenen Stimuli (3)
- auf die Person gerichtet werden (4),
- um diese entsprechend ihrer kognitiven und motivationalen Verarbeitung von Stimuli (5)
- zu einer Erreichung der Betriebsziele zu bewegen (6).

Abbildung 29: Anreizsystem[23]

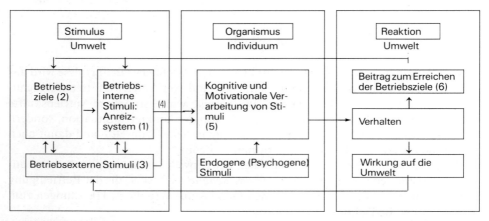

23 vgl. Reber (1980)

Wie im vorgestellten Verhaltensmodell (vgl. Abb. 26) gezeigt wurde, sind die in der Umgebung des Mitarbeiters vorhandenen Anreize nicht unabhängig von seinem Verhalten wirksam, sondern müssen vielmehr auch als Rückmeldung auf dieses aufgefasst werden: Das Verhaltensergebnis bzw. die daraus erwachsenden Folgen sind als Basis für (materielle und immaterielle) *Belohnungen* zu sehen, die als neue Anreize fungieren können.

Nach der Quelle (Ursprung) lassen sich zwei Gruppen von Anreizen unterscheiden: *arbeitsintrinsische und arbeitsextrinsische Anreize*. Die intrinsischen Anreize stammen aus der Arbeit an sich, während die extrinsischen Anreize aus Gegebenheiten hervorgehen, die ausserhalb der Aufgabe liegen und von der Umgebung – insbesondere vom sozialen System und den Vorgesetzten – abhängen.

66 vgl. Reber (1980)
67 vgl. Hackmann/Oldham (1980), nach Lattmann (1981)

242 Arbeitsintrinsische Anreize

Arbeitsintrinsische Anreize sind Anreize, die *aus der Arbeit als solcher* – ihrem Vollzug oder ihrem Ergebnis – hervorgehen. Allgemein gesagt ist ein Ereignis intrinsisch motivierend, wenn das Individuum unmittelbar – ohne Vermittlung durch andere – einen Vorgang oder ein Ergebnis als in sich («intrinsisch») befriedigend erlebt. Damit von der Arbeit intrinsische Anreize ausgehen, müssen folgende *Erlebnismerkmale* gegeben sein[67]:

- *Kenntnis des Arbeitsergebnisses:* Wer das Ergebnis seiner Anstrengungen nicht erfährt, hat keine Möglichkeit, sich über ein gutes Gelingen zu freuen.
- *Erlebter Sinn:* Der Mitarbeiter muss seine Arbeit als etwas Sinnvolles erleben, dem im Rahmen seines persönlichen Wertsystems eine Bedeutung zukommt.
- *Erlebte Verantwortung:* Wer das Ergebnis einer Arbeit auf äussere Einflüsse (Vorgesetzte, Kollegen usw.) und nicht auf eigene Anstrengungen zurückführt, kann kein Gefühl der persönlichen Befriedigung erleben.

Eine ausgeprägte intrinsische Arbeitsmotivation entsteht nur, wenn alle drei Voraussetzungen erfüllt sind; sie werden deshalb auch als *kritische Erlebnismerkmale* bezeichnet. Die Entstehung dieser Merkmale ist hauptsächlich von folgenden fünf *Arbeitsmerkmalen* abhängig[68]:

- *Vielfältigkeit:* Darunter ist die Forderung zu verstehen, dass zur Erfüllung einer Aufgabe verschiedenartige Verrichtungen notwendig sind, so dass ein ausreichendes Mass an Abwechslung gegeben ist und ein ausreichend breites Spektrum von Fähigkeiten erfordert wird.
- *Ganzheitlichkeit:* Die Arbeit muss eine beträchtliche Veränderung herbeiführen, die als ein Ganzes erlebt werden kann. Der Vorgang der Veränderung muss demnach einen klar erkennbaren Anfang und Abschluss haben. Dies steht mit der Feststellung im Einklang, dass durch das Streben nach einem Ziel eine Spannung entsteht, die durch dessen Erreichen gelöst wird.
- *Bedeutung:* Wenn einer Arbeit hohe Bedeutung beigemessen wird, ist dies mit vermehrtem Einsatz, besseren Ergebnissen und höherer Zufriedenheit verbunden. Eine Arbeit wird als umso bedeutender empfunden, je mehr sie das Leben anderer Menschen beeinflusst.
- *Eigenständigkeit:* Die Arbeit muss dem Mitarbeiter einen Raum der Freiheit, der Selbstbestimmung und der eigenen Entscheidung gewähren.
- *Rückmeldung:* Aus der Arbeit muss eine rückkoppelnde Information über den Erfolg/Misserfolg ergehen an den, der sie ausgeführt hat. Diese ist umso wirkungsvoller, je unmittelbarer sie aus der Arbeit selbst hervorgeht (und daher vom Mitarbeiter selbst gewonnen werden kann) und je rascher sie erfolgt.

Vielfältigkeit, Ganzheitlichkeit und Bedeutung sind insbesondere für das Erleben der Sinnhaftigkeit der Arbeit wesentlich, während Eigenständigkeit die Voraussetzung bildet für das Entstehen eines Gefühls der Verantwortung für die Arbeit. Für die Kenntnis des Arbeitsergebnisses schliesslich ist eine entsprechende rückkoppelnde Information erforderlich.

68 vgl. Hackmann/Oldham (1980), nach Lattmann (1981)

Die fünf Arbeitsmerkmale können unterschiedlich ausgeprägt sein. Da für das Entstehen einer intrinsischen Arbeitsmotivation alle drei Erlebnismerkmale bestehen müssen, besteht also zwischen ihnen eine multiplikative Beziehung, die in folgender Formel ausgedrückt werden kann[69]:

$$A = f\ (S \times E \times R)$$

A (Arbeitsmotivation) = Funktion von (f) Sinnhaftigkeit (S) × Eigenständigkeit (E) × Rückmeldung (R)

Dieses Motivationspotential bewirkt allein noch keine intrinsische Arbeitsmotivation, sondern schafft erst die Voraussetzung dafür, dass eine solche entstehen kann. Das Ausmass, in dem ein Mitarbeiter auf die fünf Arbeitsmerkmale anspricht, hängt insbesondere von drei *persönlichen Merkmalen* ab, denen damit die Bedeutung von «Moderatoren» zukommt[70]:

- *Kenntnisse und Fertigkeiten:* Auch bei einem hohen Motivationspotential führt nur eine gute Leistung zu einem Erfolgserlebnis und trägt damit zur Selbstbestätigung und Selbstachtung bei. Dass ein gutes Ergebnis erbracht werden kann setzt voraus, dass die Aufgabe den individuellen Fähigkeiten entspricht.
  Eine Aufgabe kann dem Fähigkeitspotential angemessen (adäquat) sein, dieses übersteigen oder nur zum Teil nutzen; entsprechend empfindet der Mitarbeiter Heraus-, Über- oder Unterforderung, was zu unterschiedlicher Leistung und unterschiedlicher Zufriedenheit führt.
  Eine Arbeit ist dann mit hoher Befriedigung verbunden, wenn sie den Einsatz von Fähigkeiten fordert, die der Mitarbeiter besitzt oder die er hoch bewertet.
- *Wachstumsbedürfnis:* Ein Mitarbeiter, der stark nach Entfaltung und persönlichem Wachstum strebt, wird durch eine Arbeit mit einem hohen intrinsischen Motivationspotential (starke Ausprägung der fünf Merkmale) mehr angesprochen als einer, bei dem dieses Bedürfnis gering ist. Auch das Gefühl der Befriedigung durch die Arbeit wird beim ersten grösser sein.
- *Zufriedenheit mit den Arbeitsbedingungen:* Ein Mitarbeiter, der mit seinem Lohn, mit der Sicherheit seines Arbeitsplatzes, mit seinen Beziehungen zu Vorgesetzten und Kollegen und ähnlichem zufrieden ist, wird ein ihm gebotenes hohes Motivationspotential eher ausschöpfen als einer, bei dem dies nicht der Fall ist.
  Wenn ein Mitarbeiter mit den Umständen ausgesprochen unzufrieden ist, kann dies dazu führen, dass er sich den ihm gebotenen Möglichkeiten überhaupt nicht öffnet.

Die hier erwähnten arbeitsintrinsischen Anreize und ihre Stellung im Gefüge der intrinsischen Arbeitsmotivation sind in Abbildung 30 zusammenfassend schematisch dargestellt.

Wird das Gesamt aller Anreizgruppen betrachtet, die in einem sozialen System wirksam sind, so zeigt sich, dass dem Inhalt der Arbeit von den Mitarbeitern im Durchschnitt eine *hohe Bedeutung* beigemessen wird. Die wichtigste Auswirkung der oben genannten fünf Arbeitsmerkmale bzw. des Zusammenspiels von Erlebnismerkmalen mit persönlichen Merkmalen ist das Ausmass an *intrinsischen Arbeitsmotivation*,

---

69 vgl. Hackmann/Oldham (1980), nach Lattmann (1981)
70 vgl. Hackmann/Oldham (1980), nach Lattmann (1981)

Abbildung 30: Intrinsische Arbeitsmotivation[24]

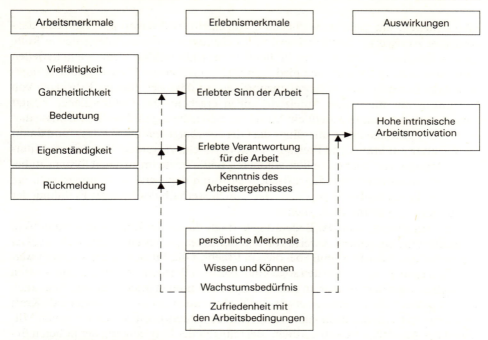

24 vgl. Hackmann/Oldham (1980), nach Lattmann (1981)

die sich in entsprechende *Arbeitszufriedenheit, Arbeitseinsatz* und *Arbeitsergebnisse* umsetzen kann.

Die intrinsischen Anreize spielen vor allem deshalb eine so entscheidende Rolle, weil sie direkt aus der Arbeit als solcher hervorgehen und damit die unmittelbarste Wirkung haben. Die intrinsische Arbeitsmotivation ist somit grundsätzlich wirksamer als die extrinsische – das kann jeder aus eigener Erfahrung bestätigen: Die beste Arbeitsmotivation ist die Freude an der Arbeit selbst.

243 Arbeitsextrinsische Anreize

Unter arbeitsextrinsischen Anreizen sind alle jene Anreize zu verstehen, deren Quelle nicht die Arbeit als solche ist, sondern irgendeine Bedingung/Gegebenheit ausserhalb der Arbeit.

Im folgenden sollen drei Gruppen solcher Anreize in ihrem Inhalt und ihrer Wirkung auf Leistung und Zufriedenheit näher betrachtet werden[71]: Entlohnung, soziale Kontakte und Beförderung/Ausbildung.

71 vgl. Steinle (1978)

Entlohnung

«Wir arbeiten, um Geld zu verdienen». Allgemein wird davon ausgegangen, dass monetäre Anreize für das Erbringen von Leistungen eine ausschlaggebende Rolle spielen. Dennoch ist die Aussage in dieser Form nicht haltbar, denn die materiellen Anreize sind hauptsächlich den niedrigen Bedürfnisebenen (physiologische Bedürfnisse und Sicherheitsbedürfnisse) zuzuordnen, so dass sich für das Erbringen von Leistungen nur mittelbare Anreizwirkungen ergeben: Das Geldverdienen besitzt nicht Selbstwert, sondern stellt ein Mittel zur Befriedigung anderer Bedürfnisse dar. In diesem Zusammenhang allerdings darf der *Symbolgehalt* des Geldes – und damit die Wirkung auf Status und Prestige – nicht unterschätzt werden. Ist es einem Mitarbeiter/Vorgesetzten nicht möglich, «höhere» Bedürfnisse im sozialen System zu befriedigen, so kann er diese Unzufriedenheit durch den Versuch kompensieren, ein möglichst hohes Einkommen zu erzielen, um ausserhalb des Systems Erfüllung der betreffenden Bedürfnisse zu suchen.

Werden Mitarbeiter nach der Bedeutung gefragt, die sie der Entlohnung beimessen, so erhalten die monetären Anreize von den Befragten jeweils eine *mittlere Wertigkeit* zugesprochen. Allerdings muss bei diesem Ergebnis die Tatsache berücksichtigt werden, dass es sich – speziell in den sogenannt sozialen Berufen – nicht «schickt», offen zuzugeben, dass man primär an einem hohen Einkommen interessiert ist. Aber auch wenn hierdurch die Ergebnisse etwas verfälscht werden, so ist die aktivierende Kraft der monetären Anreize insgesamt sicher nicht besonders hoch, sondern etwa im Mittelfeld der Anreizpalette einzuordnen. Bei mangelnder Befriedigung der höheren Bedürfnisse allerdings kommt den materiellen Anreizen grosse Bedeutung zu.

Zur Beziehung zwischen *Entlohnung und Leistung* lässt sich folgendes festhalten: Mitarbeiter streben ein als gerecht empfundenes Verhältnis an zwischen ihren «Arbeits-Inputs» und ihren «Arbeits-Outputs.

Unter Arbeits-Inputs werden z.B. eigene Fähigkeiten, berufsspezifische Kenntnisse, Ausbildungsstand, aber auch die Leistungsanstrengung verstanden.

Die Arbeits-Outputs zeigen sich in Form der Entlohnung, der Nutzung hochbewerteter Fähigkeiten und zunehmender persönlicher Entfaltung.

Auf ein empfundenes Ungleichgewicht zwischen Input und Output reagiert der Mitarbeiter mit Ausgleichsbestrebungen. Dabei kann er sowohl versuchen, den Input wie auch den Output zu verändern: Eine als zu niedrig empfundene Entlohnung kann demnach sowohl zu einer niedrigeren Leistung (Input-Verringerung) führen, wie auch zur Forderung nach höherem Lohn (Output-Erhöhung).

Untersuchungen zeigen es ganz klar: Empfundene Unterbezahlung führt zu niedriger Leistung, Überbezahlung nur zu geringer – und kurzfristiger – Mehrleistung.

Zwischen *Entlohnung und Zufriedenheit* besteht ein positiver Zusammenhang: Eine als gerecht empfundene Entlohnung führt tendenziell zu hoher Zufriedenheit, wobei hier der soziale Vergleich eine wichtige Rolle spielt: Das Gefühl einer subjektiv «gerechten» Entlohnung entsteht dann, wenn das eigene Einkommen in bezug auf das Einkommen anderer als angemessen empfunden wird, wobei Faktoren wie eigener und fremder Ausbildungsstand, Alter, Dauer der Betriebszugehörigkeit modifizierend wirken.

Eine letzte interessante Feststellung bezieht sich auf das Anfangsgehalt: Wird dieses als zu niedrig empfunden, so führt dies zu einer langdauernd negativen Einstellung dem Betrieb gegenüber.

Soziale Kontakte

Soziale Kontakte zwischen Vorgesetzten und Mitarbeitern dienen im non-instrumentalen Sinne dazu, das Bedürfnis nach zwischenmenschlicher Beziehung zu erfüllen. In instrumentaler Sicht können soziale Kontakte nicht bloss dazu eingesetzt werden, um bestimmte Leistungen zu induzieren, sondern auch, um persönliche Machtbedürfnisse zu befriedigen.

Kontakte zwischen Mitarbeitern gewinnen dann besondere Bedeutung, wenn die Arbeit unbefriedigend ist, weil dann nach einem Ausgleich für die mangelnde Befriedigung gesucht wird.

Bei Befragungen wird den sozialen Kontakten im Gesamt aller Anreizgruppen eine mittlere bis eher geringe Bedeutung beigemessen. Der Kontakt mit dem Vorgesetzten wird hierbei im Vergleich zum Kollegenkontakt als relativ wichtiger bewertet.

Wie sich unterschiedliche Führungsstile und -formen auf Leistung und Zufriedenheit der Mitarbeiter auswirken, kommt im 4. Kapitel ausführlich zur Sprache. Eines soll jedoch bereits hier festgehalten werden: Konsideratives Verhalten des Vorgesetzten (Interesse an der Arbeit des Mitarbeiters, helfende und unterstützende Haltung) wirkt sich sowohl auf die Leistung wie auch auf die Zufriedenheit positiv aus.

Soziale Kontakte in der Arbeitsgruppe können zu höherer, gleichbleibender oder niedrigerer Leistung des einzelnen Mitglieds führen; günstige Einflüsse auf die Leistung sind bei entsprechend akzeptierter Leistungsnorm zu erwarten, wobei der Gruppendruck als Verstärker wirkt.

Ob Mitarbeiter oder Vorgesetzter – jeder hat den Wunsch, sich fähig zu fühlen. Entsprechende soziale Kontakte, welche dieses Gefühl vermitteln, führen zu Zufriedenheit. Lob bewirkt ebenso wie konsideratives Verhalten hohe Zufriedenheit; es muss allerdings ein Bezug zum Leistungsergebnis vorhanden sein.

Soziale Kontakte in der Gruppe führen dann zu Zufriedenheit, wenn das betreffende Mitglied akzeptiert wird, wenn häufige Interaktionen stattfinden, wenn die gegenseitige Konkurrenz gering ist, wenn die Gruppe relativ klein ist und die Gruppenziele mit den individuellen Zielen im Einklang sind.

Beförderung/Ausbildung

Gemäss der Bedürfnispyramide von Maslow spielt das Bedürfnis nach Wachstum und Entfaltung in unserer Kultur eine überaus bedeutende Rolle. In der Arbeitswelt äussert sich dies in einer dauernden Suche nach Erweiterung und Vertiefung von Fähigkeiten und Kenntnissen, verbunden mit einer entsprechenden Erweiterung des Entscheidungs- und Kompetenzrahmens. Aufstieg und Ausbildung wird insbesondere von jüngeren Mitarbeitern/Vorgesetzten, die am Beginn ihrer Berufslaufbahn stehen, eine hohe Bedeutung beigemessen.

Allgemein lässt sich folgendes feststellen: Solange eine als erwünscht angesehene Position noch nicht erreicht worden ist, besitzen Aufstieg und Ausbildung eine hohe Priorität; nachdem die angestrebte Stellung erreicht ist, werden andere Anreize dominant.

Was den Zusammenhang von Beförderung bzw. *Ausbildung und Leistung* betrifft, kann folgendes festgehalten werden: Wenn jemand Aufstieg als wichtig empfindet und anstrebt, so setzt er sich nur dann stark ein, wenn er davon überzeugt ist, dass dies seine Beförderungschancen erhöht.

Das Streben nach Beförderung ist nicht durchgängig für alle Mitarbeiter von Bedeutung; entsprechende Anreize führen daher nur bei Aufstiegsorientierten zu besseren Leistungen.

Das Analoge gilt auch für die Aus- bzw. Weiterbildung: Bei aufstiegsorientierten Mitarbeitern wirken sich mögliche Bildungsmassnahmen auf die Leistungsbereitschaft positiv aus. Unterforderung – Nichtauslastung der Fähigkeiten in einer Stelle – führt zu Frustration und Leistungsabnahme.

Karriereerwartungen und Anspruchsniveau werden stark von den Anforderungen der ersten Arbeitsstelle geprägt. Ziel jedes sozialen Systems sollte es daher sein, die Mitglieder entsprechend ihren Fähigkeiten einzusetzen und zu fordern. Tendenzielle Überforderung – bei möglicher Hilfestellung durch den Vorgesetzten – wirkt sich dabei positiver aus als tendenzielle Unterforderung, weil sie zum «Wachsen» stimuliert.

Bei Mitarbeitern, die den Wunsch nach Aufstieg haben, sind Aufstiegschancen bzw. erfolgte Beförderung klar mit erhöhter Zufriedenheit verbunden; enttäuschte Aufstiegserwartungen wirken sich auf die Zufriedenheit sehr negativ aus. Die Frustration, die aus einer Unterforderung resultiert, hat nicht nur einen Leistungsabfall, sondern auch Unzufriedenheit zur Folge. Stehen die vorhandenen/erwarteten Aus- und Weiterbildungsmassnahmen mit den Wachstumszielen des Mitarbeiters in Einklang, führen diese Massnahmen zu hoher Zufriedenheit.

Neben den drei wichtigsten arbeitsextrinsischen Anreizgruppen Entlohnung, Soziale Kontakte und Beförderung/Weiterbildung üben noch andere Anreize auf die Arbeitsmotivation des Mitarbeiters einen Einfluss aus. Solche Anreize können sein:

- *Sicherheit des Arbeitsplatzes:* Sicherheit der betreffenden Stelle, Existenzsicherheit des Krankenhauses
- *Allgemeine Arbeitsbedingungen:* Betriebsorganisation, Arbeitsplatzausstattung (Raum, Personal, Etat), Dauer der täglichen/wöchentlichen Arbeitszeit
- *Sozialleistungen:* Urlaub, Pension, Lebensversicherung, Verpflegung, ärztlicher Dienst, Unterkunft, sonstige Sozialleistungen
- *Betriebsklima:* Dass das Klima bzw. die Atmosphäre, die in einem ganzen Krankenhaus, in einer Abteilung oder einer einzelnen Arbeitsgruppe herrscht, die Befriedigung bei der Arbeit – und damit auch die Leistungsbereitschaft – beeinflusst, wird kaum bestritten.
- *Betriebsimage:* Auch das Bild/Ansehen des Krankenhauses in den Augen der Öffentlichkeit kann als Anreiz wirksam sein, sich für dessen Ziele und Aufgaben einzusetzen.

244 Führung als Gestaltung der Anreizsituation

Nach der Darstellung der Leistungs- und Zufriedenheitswirkungen von vier bedeutenden Anreizgruppen (Aufgaben-Gehalt, Entlohnung, Soziale Kontakte und Beförderung/Ausbildung) sollen die Folgerungen für die Führung, die sich hieraus ergeben, aufgezeigt werden[72].

72 vgl. Steinle (1978), Lattmann (1981)

Aufgaben-Gehalt

Untersuchungen weisen auf die hohe Bedeutung des Aufgaben-Gehaltes im Gesamt aller Anreize hin. Massnahmen zur Erhöhung von Leistung und Zufriedenheit der Mitarbeiter müssen daher primär in diesem Bereich ansetzen.

Der Einbau intrinsischer Anreize in die Aufgabe, der als *Arbeitserweiterung* bezeichnet wird, muss persönliche Merkmale der Mitarbeiter berücksichtigen: Mitarbeiter, die den Wunsch nach Erfüllung «höherer» Bedürfnisse (Entfaltung/Wachstum) im Betrieb haben, reagieren auf Arbeitserweiterung mit verbesserter Leistung und erhöhter Zufriedenheit.

Nach ihrem Ansatzpunkt lassen sich zwei Formen der Arbeitserweiterung unterscheiden:

- *Arbeitsvergrösserung (job enlargement):* Diese führt zu einer Erweiterung des *Tätigkeitsspielraumes*. Dieser hängt von der Zahl der unterschiedlichen Verrichtungen ab, die zur Aufgabenerfüllung erforderlich sind. Er kann daher eintönig oder abwechslungsreich sein, was primär vom Ausmass der Spezialisierung abhängt. Der Führung stellt sich demnach die Aufgabe, einer übermässigen Spezialisierung entgegenzuwirken und die Arbeitsvollzüge so zu gestalten, dass sie aufgrund ihrer Ganzheit dem Mitarbeiter das Erlebnis vermitteln, ein «Werk» vollbracht zu haben. In diesem Sinne gelangen dann zwei Kernmerkmale der intrinsischen Arbeitsmotivation zur Verwirklichung: *Vielseitigkeit und Ganzheitlichkeit*.

- *Arbeitsbereicherung (job enrichment):* Diese führt zu einer Erweiterung des *Entscheidungsspielraumes* des Mitarbeiters, indem lenkende Aufgaben in seinen Bereich eingegliedert werden. Meist beginnt dies mit der Überprüfung des Arbeitsergebnisses (Selbstkontrolle) und schreitet dann weiter zur Planung und Organisation des eigenen Arbeitsvollzuges. Hier gelangen die beiden Kernmerkmale *Eigenständigkeit und Rückmeldung* zur Verwirklichung.

Die *horizontale Erweiterung des Handlungsspielraumes durch Arbeitsvergrösserung* und seine *vertikale Erweiterung durch Arbeitsbereicherung,* kann sowohl durch Führungs- wie auch durch organisatorische Massnahmen erreicht werden.

Der erste Weg hängt vom Führungsstil des Vorgesetzten ab; dieser Weg setzt voraus, dass der Vorgesetzte darauf bedacht ist, seinem Mitarbeiter Tätigkeiten zu übertragen, die dieser als ein sinnvoller in sich zusammenhängendes Ganzes wahrnimmt. Zur Erfüllung der Aufgaben muss ihm ein möglichst weiter Raum der Eigenständigkeit (Autonomie) gewährt werden, damit ein Gefühl der Verantwortlichkeit entstehen kann.

Der zweite Weg – die organisatorische Lösung – ist im allgemeinen vorzuziehen, da sie zu einer festeren Verankerung der Arbeitserweiterung führt und der Mitarbeiter für seine intrinsische Befriedigung weniger stark von seinem Vorgesetzten abhängig ist. Organisatorisches Mittel hierzu kann eine entsprechende Stellenbeschreibung sein. Eine Anpassung des Arbeitsfeldes an die individuellen Fähigkeiten des Mitarbeiters und an seine Entwicklung kann jedoch nur im Rahmen der Führung erfolgen. Bedeutung erhält die Arbeitsaufgabe auch durch das Erleben von Erfolg. Im Rahmen der laufenden Beurteilung der Arbeitsergebnisse (Kritik/Anerkennung) und im Beurteilungsgespräch sollte dieses Erfolgserlebnis «sichergestellt» werden. Erfolg aber setzt voraus, dass die Aufgabe den individuellen Fähigkeiten entspricht.

Ziel der Gestaltung der Arbeit ist eine Aufgabe, die eine Herausforderung an das Wollen und Können des Mitarbeiters darstellt.

Entlöhnung

Den monetären Anreizen kommt im Hinblick auf die Leistungsmotivation nur eine relativ geringe aktivierende Wirkung zu. Dennoch darf dieser Faktor nicht vernachlässigt werden, da er zur Erzielung und Aufrechterhaltung der *Zufriedenheit* erforderlich ist. Nach dem Motivationsmodell von Maslow ist eine Befriedigung monetärer Bedürfnisse zudem die Voraussetzung dafür, dass «höhere» Bedürfnisse verhaltensbestimmend werden können.
Damit Entlöhnung zur Leistung motiviert, sollte sie sich möglichst unmittelbar am erbrachten Arbeitsergebnis orientieren. Nur dann wird sie als Rückmeldung/Belohnung aufgefasst und als Verstärker positiver Leistungen wirksam.
Da ein solcher direkter Lohn-Leistungs-Bezug in den meisten Sektoren des Krankenhauses nicht vorhanden ist, ist Entlöhnung überwiegend als «Zufriedenmacher» und nicht als potenter Aktivator zu verstehen.
Jeder Mangel, der an der Entlöhnung wahrgenommen wird, löst Unzufriedenheit aus und beeinträchtigt meist auch das Arbeitsverhalten. Daraus ergibt sich die Forderung nach einem Lohnsystem, das klar (transparent) und verständlich ist und als gerecht empfunden wird.
Die Gerechtigkeitsvorstellungen beziehen sich einerseits darauf, dass der Lohn den Anforderungen der Aufgabe gerecht wird; dem soll durch die Festlegung eines Grundlohnes mittels einer Arbeitsplatzbewertung Rechnung getragen werden.
Andererseits kommen solche Gerechtigkeitsvorstellungen auch in der Forderung nach Dienstalterszulagen (Belohnung der Betriebstreue), Teuerungszulagen (Erhaltung des Lebensstandards) und Sozialzulagen (soziale Gerechtigkeit) zum Ausdruck.
Da ein zu niedrig empfundenes Anfangsgehalt zu lang anhaltenden negativen Einstellungen gegenüber dem Betrieb führt, ist dieser Grösse besondere Aufmerksamkeit zu schenken.

Sozialer Kontakt

Durch entsprechende zwischenmenschliche Beziehungen kann insgesamt eine Integration des Mitarbeiters in das soziale System und eine Befriedigung sozialer Bedürfnisse erreicht werden.
Soziale Kontakte sprechen weniger eine direkte Leistungsänderung an; sie sorgen vielmehr dafür, dass die Bereitschaft zum Erbringen von Leistungen im Betrieb überhaupt entsteht bzw. erhalten bleibt.
Die Gestaltung der Beziehungen zwischen Vorgesetzten und Mitarbeitern kommt im 4. Kapitel ausführlich zur Sprache. Auf die Beziehungen zwischen den Mitarbeitern bzw. die Kontakte innerhalb der Arbeitsgruppe wird im 3. Kapitel eingegangen.

Beförderung/Weiterbildung

Anreize, die sich auf die persönliche Entfaltung des Mitarbeiters beziehen, ergeben sich durch die Schaffung eines Angebots an Entwicklungsmöglichkeiten, von dem entsprechend dem individuellen Wollen und Können Gebrauch gemacht werden kann.

Ein zentraler Faktor stellt der «richtige» Einsatz dar; er sollte den Fähigkeiten und dem Wollen entsprechen. Dabei geht es darum, speziell eine Unterforderung auszuschliessen und eher eine leichte Überforderung – verbunden mit einer helfenden Haltung des Vorgesetzten – anzustreben.

Beförderungspolitik und Schulungsmassnahmen sind aufeinander abzustimmen. Zu früh begonnene Weiterbildung beispielsweise hat eine Unterforderung des betreffenden Mitarbeiters zur Folge, falls er in derselben Stelle zu verbleiben hat.

Die Aufstiegchancen müssen so dargestellt werden, wie sie in Wirklichkeit sind; enttäuschte Aufstiegserwartungen wirken sich auf die Zufriedenheit sehr negativ aus. Dies erfordert vom Vorgesetzten klare und wahre Information.

Eine Beförderung sollte nur mit eindeutiger Zustimmung des Mitarbeiters erfolgen, da sonst leicht Gefühle der Überforderung entstehen.

Weiterbildungsmassnahmen führen einerseits im allgemeinen zu erhöhter Zufriedenheit, andererseits aber auch zu entsprechenden Erwartungen hinsichtlich Aufstieg bzw. Arbeitserweiterung – ein Aspekt, der nicht immer genügend berücksichtigt wird.

Grundsätzlich soll eines festgehalten werden[73]: Nicht formalisierte Schulungsmassnahmen sind die zentralen Elemente der Mitarbeiterförderung, sondern die Schaffung eines Klimas, das die Entwicklung stimuliert. Ein solches Klima ist durch Elemente wie Mitwirkung bei der Willensbildung, Möglichkeiten zur Selbstkontrolle und herausfordernde Aufgaben charakterisiert; es wirkt anregend auf das Bedürfnis des Mitarbeiters nach Entfaltung und Wachstum. (Fallstudien zu dieser Thematik finden sich in Abb. 72–74/Anhangband.)

245 Erwartungen als prospektive Komponente

Neben den Motiven und Anreizen spielen als dritte Komponente die Erwartungen eine wichtige Rolle im Motivationsprozess. Was beinhalten diese Erwartungen? Welches sind ihre Wirkungen auf Leistung und Zufriedenheit?

Wie bei den Anreizen sind auch bei den Erwartungen mehrere Arten zu unterscheiden. Erwartungen verknüpfen verschiedene Stadien im Ablauf eines Handlungsprozesses. Grob gesehen gibt es vier Stadien, nämlich die *Situation* (mit ihren situativen Anreizen), die eigene *Handlung,* das *Ergebnis* und die *Folgen,* die mit dem Ergebnis verbunden sind (und dessen Anreize bestimmen).

Die Verknüpfung des Ergebnisses mit jedem der drei übrigen Stadien macht die drei Arten von Erwartungen aus, die im Motivationsprozess von Bedeutung sind, nämlich Situations-Ergebnis-Erwartungen, Handlungs-Ergebnis-Erwartungen und Ergebnis-Folge-Erwartungen (vgl. Abb. 31)[74].

---

[73] vgl. Steinle (1978), Lattmann (1981)
[74] vgl. Heckhausen (1981), Steinle (1978)

Abbildung 31: Arten von Erwartungen[25]

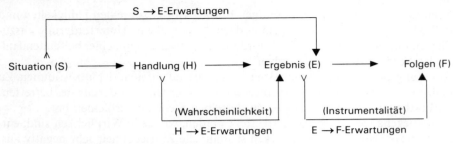

25 vgl. Heckhausen (1965), nach Kleinbeck/Schmidt (1976)

Situations-Ergebnis-Erwartungen (S-E-Erwartungen)

Das sind Erwartungen, in welchem Ausmass die gegenwärtige Situation von sich aus – ohne eigenes Zutun – zu einem angestrebten Ergebnis führt (eigenes Handeln wird dabei zunächst ausser Betracht gelassen). S-E-Erwartungen beziehen sich also auf die Geeignetheit/Ungeeignetheit der Situation zum Erreichen eines bestimmten Ergebnisses.

Verhaltensbestimmend sind solche Erwartungen vor allem dann, wenn der Handelnde keine Möglichkeit sieht, die Ereignisse durch sein eigenes Handeln wesentlich zu beeinflussen.

Ausnahmen – und damit hohe Bedeutung – sind im Bereiche des Krankenhauses jedoch beispielsweise dann zu erwarten, wenn ein Krankheitsgeschehen «seinen Lauf nimmt».

Handlungs-Ergebnis-Erwartungen (H-E-Erwartungen)

Das sind Erwartungen, mit welcher Wahrscheinlichkeit das erwünschte Ergebnis durch *eigenes Handeln* erbracht werden kann (Eintrittswahrscheinlichkeit) bzw. mit welcher Wahrscheinlichkeit das eigene Handeln zum Erfolg führt (Erfolgswahrscheinlichkeit bzw. Erfolgserwartung).

Wie oben gezeigt wurde, können im Rahmen der Leistungsmotivation zwei Tendenzen unterschieden werden: die Tendenz, Erfolg aufzusuchen und die Tendenz, Misserfolg zu vermeiden.

Erfolgsorientierte und misserfolgsorientierte Mitarbeiter unterscheiden sich stark in ihrem Leistungsverhalten, wobei die individuelle Erfolgserwartung eine entscheidende Rolle spielt.

Die Erfolgserwartung wird durch folgende Faktoren bestimmt[75]:

- *Vergangene Erfahrungen hinsichtlich Erfolg/Misserfolg:* Je häufiger die Anstrengungen in der Vergangenheit von Erfolg gekrönt waren, desto stärker wird der Glaube in die eigenen Fähigkeiten. Während sich diese Zuversicht anfänglich auf ähnliche/bekannte Situationen beschränkt, kann mit der Zeit ein allgemeines *Selbstvertrauen* entstehen, das auch die Auseinandersetzung mit unbekannten Problemen prägt.

75 vgl. Wunderer/Grunwald (1980), Lattmann (1981), Steinle (1978)

- *Selbstbeurteilung:* Die Beurteilung der eigenen Fähigkeiten bzw. des Ausmasses, in dem diese Fähigkeiten der (wahrgenommenen) Schwierigkeit der Aufgabe entsprechen, wird ebenfalls weitgehend von den bisherigen Erfahrungen bestimmt. Voraussetzung für eine Beurteilung ist das Vorhandensein eines eindeutigen *Gütemassstabs,* an dem das Ergebnis gemessen werden kann.
- *Selbstbild:* Je stärker das Selbstwertgefühl eines Menschen ist, desto eher wird er sich die Fähigkeiten zusprechen, die zur Bewältigung einer Aufgabe erforderlich sind.
- *Persönliche Verantwortlichkeit:* Ein Erfolgserlebnis kann nur dann zustandekommen, wenn die erfolgreiche Erfüllung einer Aufgabe den eigenen Ideen und Anstrengungen und nicht etwa anderer Personen oder dem Zufall zugerechnet wird. Die persönliche Verantwortung wird durch Selbst- und Mitbestimmung am Arbeitsplatz gefördert bzw. erst ermöglicht.
- *Rückmeldung:* Wissen über das Ergebnis bzw. den Erfolg der eigenen Anstrengungen beeinflusst die Leistungsmotivation in hohem Masse. Speziell in komplexen und hochgradig arbeitsteiligen Systemen mit schwierigen Aufgaben ist eine möglichst unmittelbare Rückmeldung für die langfristige Arbeitsmotivation unerlässlich.

Ergebnis-Folge-Erwartungen (E-F-Erwartungen)

Für den arbeitenden Menschen erhält eine Handlung ihren Wert und ihre Bedeutung nicht nur durch das unmittelbare Handlungsergebnis, sondern hauptsächlich durch die Folgen, die sich daraus ergeben (wie z.B. Anerkennung, Aufstieg, Lohnerhöhung).

Die E-F-Erwartungen sind Erwartungen darüber, wie weit ein Ergebnis eine erwünschte Folge nach sich zieht bzw. wie weit es dazu dient, Befriedigung zu verschaffen (diese Art von Erwartung wird deshalb auch als «Instrumentalität» bezeichnet). Eine wichtige Rolle spielt in diesem Zusammenhang der Begriff der *Valenz:* Darunter wird der Wert verstanden, den die handelnde Person den Folgen eines Handlungsergebnisses beimisst. Diese Folgen können angenehm oder unangenehm sein; im ersten Fall werden sie angestrebt, im zweiten gemieden. Die Valenz kann daher positiv oder negativ sein: Ist sie positiv, löst sie ein anstrebendes Verhalten aus, fällt die Bewertung negativ aus, resultiert daraus ein Verhalten, das auf Vermeidung gerichtet ist. Im einzelnen wird die Valenz durch folgende Gegebenheiten *beeinflusst*[76]:

- *Die Vermeidung von Bestrafung* kann einen ebenso starken Leistungsanreiz auslösen wie das Streben nach Belohnung, ist jedoch mit Gefühlen der Ablehnung verbunden gegenüber der Person, deren negative Sanktionen vermieden werden. Diese Gefühle können sich zu Hassgefühlen steigern und in Widerstand münden.
- *Sanktionen* positiver und negativer Art (d.h. Belohnungen und Bestrafungen) können nicht nur vom Vorgesetzten bzw. Arbeitgeber, sondern auch von den Kollegen oder von der Aufgabe ausgehen: Im ersten Fall haben sie beispielsweise die Form von Gewährung oder Vorenthaltung von Gehaltserhöhung/Beförderung, im zweiten Fall z.B. von Anerkennung oder Ablehnung des gezeigten Verhaltens und im

76 vgl. Lattmann (1981)

dritten Fall z.B. die Form von Gewährung oder Vorenthaltung von Entfaltungsmöglichkeiten.
- *Ambivalenzkonflikt:* Ein und dieselbe Massnahme kann sowohl Belohnungen wie Bestrafungen auslösen. So kann z.B. eine Beförderung die bis anhin guten Beziehungen zu den Kollegen trüben und bei diesen Neid und Missgunst auslösen. In einem solchen Fall entsteht im Mitarbeiter ein Ambivalenzkonflikt.
- *Motive:* Damit einer Belohnung eine positive Valenz zukommt, muss beim Mitarbeiter ein Bedürfnis/Motiv vorhanden sein, das durch die Belohnung befriedigt werden kann. Wenn er sich vor der Übernahme von Verantwortung scheut, kann eine in Aussicht gestellte Erweiterung seines Kompetenzbereichs etwas sein, das er nicht anstrebt, sondern zu vermeiden sucht.
Welche Belohnungen eine Valenz aufweisen, ist damit von der Art der vorhandenen Bedürfnisse abhängig.
- *Aufwand-Nutzen-Verhältnis:* Die Valenz hängt auch vom Verhältnis ab zwischen der Bedürfnisbefriedigung und der Anstrengung, die erforderlich ist, um diese Befriedigung zu erlangen. Wird die Anstrengung als übermässig empfunden, so tritt eine Verringerung der Leistungsbereitschaft ein.
- *Sozialer Vergleich:* Das Verhältnis der in Aussicht gestellten Belohnung zum eigenen Einsatz wird mit der Belohnung bzw. dem Einsatz anderer Personen verglichen. Treten bei diesem Vergleich Unterschiede zutage, so werden diese als Ungerechtigkeiten empfunden, welche die Valenz der Belohnung verringern.
- *Befriedigung:* Die Valenz einer Belohnung wird umso höher, je häufiger diese Belohnung erfolgt ist und zu einem Gefühl der Befriedigung geführt hat. Umgekehrt wird die Valenz abgeschwächt, wenn dieses Gefühl nicht eintritt.

246 Führung als Beeinflussung von Erwartungen

Was die Bedeutung der Erwartungen im Gesamtzusammenhang von Motiven und Anreizen betrifft, so lässt sich grundsätzlich sagen, dass diese einen wichtigen Faktor darstellen, der zu besseren Leistungen und höherer Zufriedenheit führen kann. Hierbei ist die Erfolgserwartung zur Hauptsache von der individuellen Persönlichkeit geprägt und kann durch das Verhalten des Vorgesetzten nur mittelbar beeinflusst werden.
Die Instrumentalität (E-F-Erwartung) hingegen ist überwiegend durch Faktoren bestimmt, die im Gestaltungsbereich des Vorgesetzten liegen. Die Konsequenzen für die Führung: Kurzfristig kann der Vorgesetzte Leistung und Zufriedenheit mittels «Belohnungen» positiv beeinflussen. Langfristig dagegen muss durch eine entsprechende Gestaltung des «Klimas» Einfluss auf die Erfolgserwartung genommen werden: Er muss dem Mitarbeiter Gelegenheit geben, eine Erfolgszuversicht zu erlangen. Dies setzt voraus, dass der Mitarbeiter sich als sachlich kompetent erlebt und die Möglichkeit hat, sich an der Festlegung der Leistungsziele zu beteiligen.
Eine Gestaltung des «Klimas», die zur Erfolgszuversicht beiträgt, verlangt[77]

77 vgl. Steinle (1978)

- eine *Arbeitssituation,* deren Anforderungen so sind, dass ungefähr eine mittlere Erfolgswahrscheinlichkeit besteht, die von erfolgsorientierten Mitarbeitern bevorzugt wird
- die «*Anreicherung» monotoner Aufgaben,* da sich eine Mehrleistung nur unter der Bedingung von Nicht-Routineaufgaben einstellt
- eine *aufgabenorientierte Hilfe des Vorgesetzten,* damit Misserfolge vermieden werden. Nach erfolgreicher Bewältigung von Aufgaben kommt es zu einer Erhöhung des Anspruchsniveaus. Diese Erhöhung sollte durch eine entsprechende Vergrösserung des Aufgabenbereichs «belohnt» und verstärkt werden
- eine umfassende, unmittelbare *Rückmeldung des Leistungsergebnisses*
- einen *Bereich relativ hoher Selbständigkeit.* Dies lässt sich dadurch verwirklichen, dass der Mitarbeiter bei der Festlegung der Leistungsziele (= Ergebnisse) mitwirkt und deren Erreichung weitgehend selbst kontrolliert
- *kein innovatives Klima,* wie es sich in Form von Ausbildungsbedingungen schaffen lässt, welche die persönliche Entwicklung stimulieren.

Was den Zusammenhang zwischen Erwartungen und Zufriedenheit betrifft, so muss sich der Vorgesetzte bemühen, seine Mitarbeiter so einzusetzen, dass die Handlungsergebnisse, die er erwartet, von ihnen auch erwünscht werden. Hohe Zufriedenheit wird sich insbesondere dann einstellen, wenn der Einsatz der eigenen Fähigkeiten möglich ist und durch eine herausfordernde Gestaltung der Aufgabe (mittlere Erfolgswahrscheinlichkeit) eine «Bewährung» dieser Fähigkeiten erfolgt.
Hohe Zufriedenheit entsteht auch dadurch, dass mit den Mitarbeitern ein selbstverantwortlicher Handlungsraum vereinbart und damit die Selbstachtung und Selbstverwirklichung gefördert bzw. ermöglicht wird.
Wird eine hohe Zufriedenheit der Mitarbeiter angestrebt, so lässt sich dies durch Partizipation erreichen: Durch Mitwirkungsmöglichkeiten erhöht sich die Wahrscheinlichkeit, dass die Folgen des eigenen Handelns solche sind, die man selber als wünschenswert betrachtet.

247 Zehn Regeln zur Motivierung von Mitarbeitern

- *Betrachten Sie den Mitarbeiter als Menschen und nicht bloss als Arbeitskraft* und Kostenfaktor. Er möchte nicht nur Mittel zum Zweck sein, sondern er strebt – wie Sie selbst – danach, als Selbstzweck Achtung zu finden. Er möchte nicht nur von der rationalen Sachlogik regiert werden.
Er wünscht sich, als ganzer Mensch, nicht nur aufgrund seiner Fertigkeiten und intellektuellen Fähigkeiten, sondern auch aufgrund seiner Gefühle von Vorgesetzten und Kollegen angenommen und respektiert zu werden.
- *Gehen Sie auf die Bedürfnisse, Probleme, Beschwerden und Ideen Ihrer Mitarbeiter ein.* Engagieren Sie sich nicht nur für Ihre eigenen Interessen und die Interessen des Betriebs.
Kümmern Sie sich um die Bezahlung und Beförderung Ihrer Mitarbeiter. Helfen Sie ihnen, sich weiterzuentwickeln. Zeigen Sie Verständnis bei der Feststellung von Fehlern. Geben Sie Ihr Wissen und Können weiter (Sie verlieren nichts dabei).
- *Ermöglichen Sie Ihren Mitarbeitern eine sinnvolle Tätigkeit.* Teilen Sie Ihren Mit-

arbeitern Aufgaben zu, die diese als bedeutend und persönlich sinnvoll empfinden. Stellen Sie ihnen Aufgaben, die ihren Fähigkeiten entsprechen; überfordern und – vor allem – unterfordern Sie sie nicht.

Ermöglichen Sie Ihren Mitarbeitern Erfolgserlebnisse. Beachten Sie die fünf Merkmale einer befriedigenden Tätigkeit: Vielfalt, Ganzheitlichkeit, Eigenständigkeit, Bedeutung, Rückmeldung.

- *Geben Sie Ihren Mitarbeitern Rückmeldungen.* Interessieren Sie sich für das, was Ihre Mitarbeiter tun und äussern Sie sich dazu. Anerkennen Sie gute Leistungen. Beurteilen Sie die Tätigkeit Ihrer Mitarbeiter laufend (die Beurteilungskriterien müssen den Mitarbeitern bekannt und von ihnen akzeptiert sein).
- *Informieren Sie Ihre Mitarbeiter regelmässig und umfassend* über alles, was für ihre Aufgabenerfüllung von Bedeutung ist, über wesentliche Sachverhalte/Zusammenhänge auf Abteilungs- und Betriebsebene.

Gehen Sie auf die individuellen Informationsbedürfnisse der Mitarbeiter ein. Machen Sie Ziele und Entscheidungen transparent. Begründen und erklären Sie.

- *Sorgen Sie für Klarheit.* Teilen Sie Ihren Mitarbeiter klar umrissene Arbeitsgebiete mit genau formulierten Aufgaben zu (Arbeitspläne, Stellenbeschreibungen, Funktionsdiagramme).

Sorgen Sie für eine klare Abgrenzung von Kompetenzen und Verantwortung. Setzen Sie klare, unmissverständliche Ziele.

- *Beziehen Sie Ihre Mitarbeiter ein.* Verlangen Sie mehr von ihnen als die tägliche Routine. Regen Sie sie zu spontanem und kreativem Verhalten an. Beteiligen Sie sie an Entscheidungsprozessen. Beraten Sie sich mit ihnen. Ziehen Sie sie bei Planungsaufgaben bei. Decken Sie Absichten und Hintergründe von Entscheidungen auf (sachliche und persönliche).
- *Fordern Sie Selbständigkeit.* Gestehen Sie Ihren Mitarbeitern einen Raum zu, in dem sie eigenständig entscheiden und handeln können. Fordern Sie von Ihnen, diesen Raum mit ihrer eigenverantwortlichen Aktivität zu gestalten und sich selbst zu kontrollieren.

Legen Sie Wert auf eine vollständige Lösung der übertragenen Aufgaben. Nehmen Sie Aufgaben, die Sie einmal delegiert haben, nicht mehr zurück.

Halten Sie Ihre Mitarbeiter nicht klein und abhängig, nur um selbst «der Grösste» zu sein. Haben Sie keine Angst, entbehrlich zu sein.

- *Geben Sie Ihren Mitarbeitern Sicherheit.* Versuchen Sie das individuell unterschiedlich ausgeprägte Bedürfnis nach Führung und Beratung beim einzelnen Mitarbeiter zu erkennen und zu befriedigen. Hüten Sie sich vor Bevormundung.

Vermeiden Sie plötzliche und radikale Veränderungen. Denken Sie daran: Willkür und Launenhaftigkeit verunsichern den Betroffenen.

- *Arbeiten Sie an sich selbst.* Glauben Sie an die Möglichkeit, sich selbst und andere zu verändern. Lassen Sie sich durch Ereignisse in Ihrer Umwelt in Frage stellen. Bemühen Sie sich, offen zu bleiben gegenüber Anregungen, Ideen anderer und Kritik.

Denken Sie nicht nur an Ihre eigenen Vorteile (das rächt sich schneller, als man glaubt). Haben Sie den Mut, Verantwortung zu übernehmen. Setzen Sie sich ein für Inhalte, von denen Sie überzeugt sind.

25 Arbeitszufriedenheit – ein wichtiges Thema

Dass die Befriedigung bei der Arbeit das Arbeitsverhalten stark beeinflusst, ist klar. (Wer mit seiner Arbeit unzufrieden ist, hat in Gedanken schon mehrmals gekündigt.) Die Arbeitszufriedenheit aber wirkt sich nicht nur auf das Verhalten am Arbeitsplatz – insbesondere auf die Fehlzeiten und Austritte – sondern auch auf die allgemeine Zufriedenheit des arbeitenden Menschen aus: «Was mit Menschen während eines Tages am Arbeitsplatz geschieht, wirkt sich tiefgreifend auf das Leben des einzelnen und der Gesellschaft aus.»[78]

251 Erklärungsversuche

Im Vergleich zu dem, was über Motivation bekannt ist, weiss man über die Bestimmungsfaktoren und Konsequenzen der Befriedigung relativ wenig. Zu einem Gegenstand der Untersuchung wurde die Arbeitszufriedenheit erst recht spät. Ursprünglich wurden die Begriffe Arbeit und Zufriedenheit als unvereinbar betrachtet. Arbeit erschien als etwas seiner Natur nach Unlustvolles: «Im Schweisse deines Angesichts sollst du dein Brot essen.»

Der Aspekt der Befriedigung in der Arbeit bzw. die Möglichkeit, durch die Arbeit und in der Arbeit mit Ideen, Dingen und Menschen in Beziehung zu treten, wurde stark vernachlässigt. Das in letzter Zeit sichtbare Interesse an der Befriedigung bei der Arbeit hängt direkt mit dem wachsenden Interesse an der Lebensqualität in unserer Kultur zusammen.

Mehr und mehr wird erkannt, dass materielle Güter und wirtschaftliches Wachstum nicht unbedingt hohe Lebensqualität bewirken und gefühlsmässige Einstellungen und Reaktionen eine ganz bedeutende Rolle spielen.

Zufriedenheit und Unzufriedenheit sind Gefühlszustände, also subjektive Befindlichkeiten, nicht objektiv feststellbare Merkmale. Das gilt auch für die Arbeitszufriedenheit (und -unzufriedenheit): Wenn von Arbeitszufriedenheit oder «Befriedigung bei der Arbeit» gesprochen wird, so ist darunter die gefühlsmässige Einstellung zur eigenen Arbeit zu verstehen. Die Entstehung der Befriedigung bei der Arbeit wird unterschiedlich erklärt. Vier Erklärungsansätze sollen im folgenden kurz umrissen werden[79].

- *Erfüllungstheorie:* Nach diesem Ansatz hängt der Grad der Arbeitszufriedenheit davon ab, wie weit bei der Arbeit menschliche Bedürfnisse befriedigt werden. Die Befriedigung wird als abhängig davon betrachtet, was ein Mensch aus einer Situation heraus erhält oder wieviel die Umgebung ihm gibt.
  Nun wird die Zufriedenheit aber nicht bloss durch das Mass dessen bestimmt, was jemand von seiner Umgebung erhält, sondern auch davon, wie stark er nach dem Empfangenen verlangt. Dieser Aspekt der individuellen Verschiedenheiten im Verlangen wird bei diesem Ansatz nicht berücksichtigt.
- *Diskrepanztheorie:* Nach dieser Theorie wird die Befriedigung des arbeitenden Menschen durch den Unterschied (die Diskrepanz) bestimmt zwischen der tatsäch-

---

78 Lawler (1977)
79 vgl. Lawler (1977), Lattmann (1981)

lich erhaltenen Belohnung und der Belohnung, die er für angemessen hält. Als *Belohnung* ist hierbei jede Folge eines Arbeitsergebnisses zu sehen, die dem Mitarbeiter ein Gefühl der Befriedigung vermittelt.

Eine Belohnung kann im Rahmen des Anreizsystems der Absicht des Betriebes entspringen oder sich ohne eine solche Absicht aus der Arbeit als solcher ergeben.

- *Ausgleichstheorie:* Die Ausgleichstheorie, die im Zusammenhang mit der motivierenden Wirkung von Entlöhnung bereits erwähnt worden ist, geht davon aus, dass die Befriedigung davon abhängt, wie ein Mensch das Gleichgewicht sieht zwischen seinen «Arbeits-Inputs» (Anstrengung, Fähigkeiten, Zeit usw.) und den «Arbeits-Outputs» (interessante Arbeit, Entlohnung, Anerkennung usw.).
Zufriedenheit stellt sich ein, wenn subjektiv ein Gleichgewicht empfunden wird, und Unzufriedenheit tritt dann auf, wenn aus der Sicht des Betreffenden ein Ungleichgewicht besteht.
- *Zweifaktorentheorie:* Nach diesem Ansatz werden die verschiedenen Aspekte der Arbeit danach eingeteilt, ob sie hauptsächlich zur Befriedigung oder zur Unzufriedenheit beitragen. (Auf diese Theorie des Motivationspsychologen F. Herzberg, die viel Aufmerksamkeit erregt hat, wird weiter unten speziell eingegangen.)

252 Die verschiedenen Aspekte der Arbeit

Bei der Beschäftigung mit dem Thema Arbeitszufriedenheit sollte zwischen spezieller und allgemeiner Befriedigung bei der Arbeit unterschieden werden[80]. Spezielle Befriedigung bezieht sich auf einzelne Aspekte der Arbeit und die damit verbundenen gefühlsmässigen Reaktionen.

Oft untersuchte Aspekte sind Bezahlung, Beaufsichtigung und Beförderungsmöglichkeiten. Wenn wir jedoch hier von Arbeitszufriedenheit sprechen, meinen wir die emotionalen Reaktionen eines Menschen auf *alle* Aspekte seiner Arbeit.

Verschiedene Wissenschafter haben die besonderen Aspekte der Arbeit auf sehr verschiedene Arten studiert. Manche von ihnen untersuchten sehr konkrete, spezifische Faktoren (z.B. Kantinen, Nebenvergütungen) und haben lange Listen entwickelt. Andere entschieden sich für die Untersuchung von Faktorengruppen (wie Sicherheit, Selbständigkeit).

Wieviele besondere Arbeitsfaktoren gibt es? Auf diese Frage gibt es genau so wenig eine Antwort wie auf die Frage nach der Anzahl menschlicher Bedürfnisse. Abbildung 32 zeigt solche Arbeitsfaktoren, geordnet nach der Bedeutung, die ihnen im Rahmen von gross angelegten Untersuchungen beigemessen wurde[81].

Interessant ist, dass *Sicherheit* und *Interesse an der Arbeit selbst* als die bedeutendsten Faktoren bezeichnet wurden. Der Faktor Bezahlung ist in diesen Untersuchungen auf dem siebten Platz; in anderen Studien jedoch taucht er an dritter Stelle auf. So lassen sich hinsichtlich Wichtigkeit der einzelnen Faktoren aus diesen Untersuchungen zwar keine eindeutigen Schlussfolgerungen ziehen. Was man den Ergebnissen aber sicher entnehmen kann, ist folgendes: Bei der Einstellung zur Arbeit spielen

80 vgl. Lawler (1977)
81 vgl. Lawler (1977)

Abbildung 32: Durchschnittliche Bedeutung von Arbeitsfaktoren[26]

(aus 16 Untersuchungen mit über 11 000 Arbeitnehmern). Aus: Herzberg et al., Job Attidudes: Review of Research and Opinion, Psychological Service of Pittsburgh, 1957.

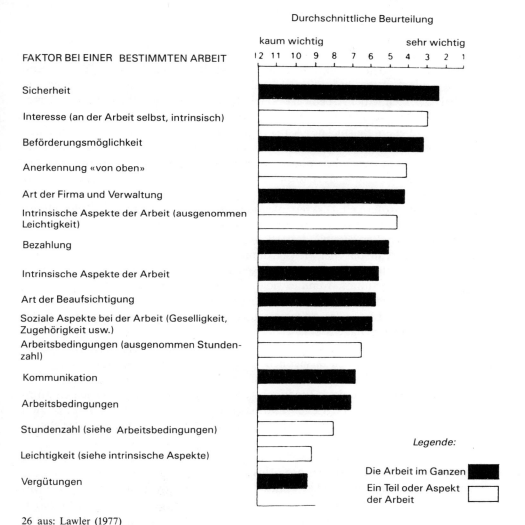

26 aus: Lawler (1977)

verschiedene Aspekte eine Rolle. Einige dieser Aspekte werden als sehr wichtig empfunden, andere kaum wichtig. Einige Faktoren beziehen sich mehr auf die unteren Bedürfnisebenen, andere mehr auf die oberen.

Welche Faktoren sind für Sie als Mitarbeiter wichtig? Diese Frage können sie anhand der Aufstellung in Abbildung 116/Anhangband überlegen. – Was glauben Sie als Vorgesetzter, ist für ihre Mitarbeiter wichtig? Auch diese Frage ist von grosser Bedeutung, da ihre Antwort darauf ihre Einstellung den Mitarbeitern gegenüber wesentlich bestimmt.

Einen wichtigen Faktor für die Arbeitszufriedenheit stellt das *Betriebsklima* dar. Anhand der Fragen in Abbildung 118/Anhangband können Sie das Betriebsklima an ihrem Arbeitsplatz unter die Lupe nehmen.

253 Ein Befriedigungsmodell

Wir können die Arbeitszufriedenheit eines Mitarbeiters nur dann beeinflussen, wenn wir eine Ahnung davon haben, welche Faktoren die Zufriedenheit eines Menschen mit allen Aspekten seiner Arbeit bestimmen. Das Modell, das in Abbildung 33 dargestellt ist, soll das Verständnis dieser Faktoren erleichtern[82].

Das Modell zeigt am Beispiel des Aspekts «Bezahlung», wie man sich das Entstehen von Befriedigung vorstellen kann. Dabei wird angenommen, dass die Befriedigung bei allen Aspekten der Arbeit durch dieselben psychologischen Vorgänge bewirkt wird – von der Bezahlung über die Beaufsichtigung bis zur Zufriedenheit mit der Arbeit selbst.

Das Modell ist insofern ein Diskrepanzmodell, als es die Befriedigung als den Unterschied zwischen «a» (was ein Mensch erhalten zu sollen glaubt) und «b» (was er tatsächlich zu erhalten glaubt) darstellt.

Das Modell deutet an, dass der Mensch dann zufrieden sein wird, wenn seine Vorstellung von der erhaltenen Belohnung mit seiner Vorstellung von der angemessenen Belohnung übereinstimmt. Wenn er sieht, dass die Belohnungen unter das Niveau dessen sinkt, was er für angemessen hält, wird er unbefriedigt sein. Wenn jedoch die Belohnung die Ebene des Angemessenen übersteigt, so stellen sich Gefühle der Schuld und des Unbehagens ein.

Die Vorstellung von der erhaltenen Belohnung wird zur Hauptsache durch die Belohnung bestimmt, die jemand tatsächlich erhält. Daneben wird die Vorstellung aber auch vom Vergleich mit anderen beeinflusst: Je höher die Belohnungen von vergleichbaren anderen Personen, desto niedriger werden die eigenen Belohnungen empfunden. Wegen dieses psychologischen Einflusses kann z.B. der gleiche Lohn von zwei Menschen ganz unterschiedlich gesehen werden: Dem einen erscheint der Betrag gross, dem anderen klein.

Das Modell zeigt auch, dass die Vorstellung eines Menschen von der angemessenen Belohnung von vielen Faktoren beeinflusst wird. Der wichtigste Einfluss sind die eigenen *«Arbeits-Inputs»* (und zwar nicht die tatsächlichen/objektiven Inputs, sondern die Inputs, wie sie in der subjektiven Wahrnehmung des Individuums erscheinen). Diese «Inputs» bestehen – wie an anderer Stelle erwähnt – aus den Fähigkeiten und der Ausbildung, die ein Mensch zur Arbeit mitbringt, und aus seinem Verhalten in bezug auf die Arbeit. Je grösser er sich seine Inputs vorstellt, desto höher wird seine Vorstellung von den Belohnungen sein, die er erhalten sollte.

Aufgrund dieses Zusammenhangs müssen Menschen mit hohen Inputs auch höhere Belohnungen erhalten, da sie sonst unzufrieden werden. Aus dem Zusammenhang zwischen persönlichen Inputs, Belohnungen und Arbeitszufriedenheit erklärt sich auch die Wichtigkeit der Übereinstimmung der Stellenmerkmale mit der Selbstcharakterisierung (Selbstbild) des Individuums.

82 Oldendorff (1970)

Abbildung 33: Modell der Bestimmungsfaktoren der Befriedigung[27]

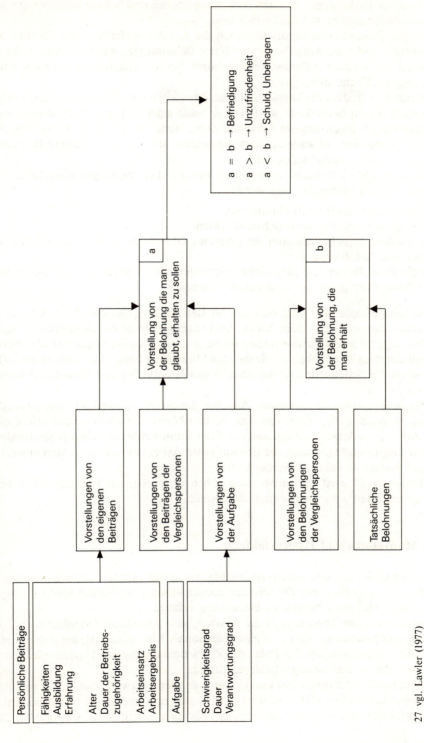

[27] vgl. Lawler (1977)

Je grösser die Diskrepanz zwischen Stellenmerkmalen und Selbstbild, desto geringer wird die Befriedigung bei der Arbeit sein.

Neben den persönlichen Inputs übt auch die Art der *Aufgabe* einen Einfluss aus: Je anspruchsvoller die Aufgabe, desto höhere Belohnungen werden erwartet. Zu den Ansprüchen, die eine Aufgabe stellt, gehören Schwierigkeitsgrad, Verantwortung, hierarchische Ebene usw.

Das Modell zeigt, dass die Vorstellung eines Menschen von der angemessenen Belohnung auch davon beeinflusst wird, wie er seine eigenen Inputs und Belohnungen im Vergleich zu denen anderer Personen sieht. Wenn ein Mitarbeiter feststellt, dass er soviel leistet wie ein anderer, dass der andere aber eine viel höhere Belohnung erhält, so wird er unzufrieden sein.

Aufgrund des Modells kann vorausgesagt werden, dass diejenigen Mitarbeiter/Vorgesetzten eher unzufrieden sein werden,

- die ihre Leistungen hoch einschätzen
- die ihre Aufgabe für anspruchsvoll halten
- die glauben, dass bei anderen ein grösseres Gleichgewicht besteht zwischen Leistung und Belohnung
- die glauben, dass andere für gleiche Leistungen höhere Belohnungen oder dieselbe Belohnung für geringere Leistungen erhalten.

Die Arbeitszufriedenheit setzt sich aus der Befriedigung der einzelnen Aspekte der Arbeit zusammen. Nicht jeder Aspekt aber trägt gleichviel zur Gesamtbefriedigung bei: Die *Zufriedenheit mit der Arbeit selbst,* mit der *Beaufsichtigung (Führungsstil)* und mit der *Bezahlung* scheinen die meisten Mitarbeiter besonders stark zu beeinflussen, wobei die Bedeutung der einzelnen Aspekte natürlich von Mensch zu Mensch verschieden ist.

Bei der Betrachtung der einzelnen Aspekte der Arbeit müssen wir uns ausserdem bewusst sein, dass die Arbeit von den meisten Menschen als Ganzheit erlebt wird: «Die Arbeit, die Arbeitsbedingungen und der Lohn werden durchwegs als ‚totale Situation' empfunden; Gefühle, die sich auf *einen* Aspekt beziehen, werden unwillkürlich auf andere Aspekte übertragen.»[82]

In Abbildung 34 wird die Entstehung von 6 verschiedenen Formen der Arbeits(un)zufriedenheit sehr anschaulich dargestellt.

254 Motivatoren und Hygienefaktoren

Unter den verschiedenen Ansätzen zur Erklärung der Arbeitszufriedenheit hat die sogenannte *Zwei-Faktoren-Theorie* des humanistisch orientierten Motivationspsychologen F. Herzberg besondere Bedeutung erlangt.

Im Mittelpunkt der Theorie steht die Aussage, dass Arbeitszufriedenheit nicht – wie bisher angenommen wurde – eine eindimensionale Einstellung ist, die sich auf *einer* laufenden Skala zwischen den Polen der Zufriedenheit und der Unzufriedenheit bewegt, wie das in Abbildung 35 dargestellt ist.

Vielmehr werden Zufriedenheit und Unzufriedenheit als zwei voneinander unabhängige Dimensionen betrachtet, so dass *zwei* Skalen entstehen: eine von zufrieden bis nicht-zufrieden und eine von unzufrieden bis nicht-unzufrieden (siehe Abb. 36).

Abbildung 34: Formen der Arbeits- (Un)zufriedenheit[28]

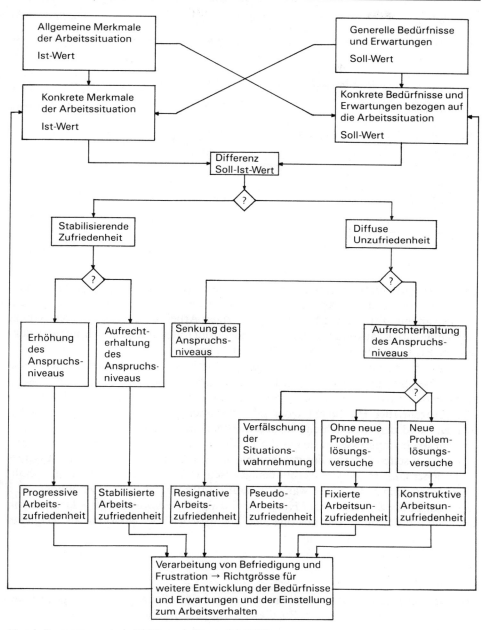

28 vgl. Bruggemann et al. (1975), nach Rosenstiel (1980)

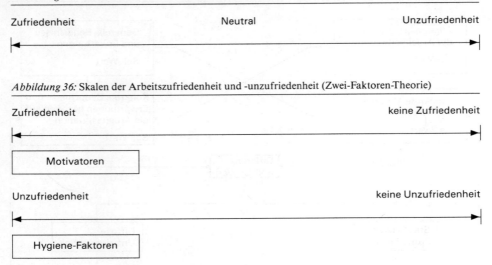

Abbildung 35: Traditionelle Skala der Arbeitszufriedenheit

Abbildung 36: Skalen der Arbeitszufriedenheit und -unzufriedenheit (Zwei-Faktoren-Theorie)

Herzberg verwendete bei seinen Untersuchungen die «Methode der kritischen Ereignisse». Dabei wurden Mitarbeiter gebeten, die folgende Frage zu beantworten: «Denken Sie an eine Zeit, zu der Sie bei ihrer jetzigen Arbeit oder einer anderen Arbeit, die Sie je hatten, aussergewöhnlich zufrieden (oder aussergewöhnlich unzufrieden) waren. Erzählen Sie mir, was sich ereignet hat.»[83]

Die legendäre Studie, die 1959 in Pittsburgh durchgeführt wurde, erbrachte für die «Zufrieden-Situation» wie für die «Unzufrieden-Situation» eine grosse Zahl konkreter Schilderungen, die in 16 Gruppen eingeteilt wurden. Abbildung 32 zeigt, in welcher prozentualer Häufigkeit jeder der 16 Faktoren im Zusammenhang mit den «guten» und den «schlechten» Situationen genannt wurde.

Ein Beispiel: Ereignisse, in denen die Leistung die wichtigste Rolle gespielt hatte, wurden nur selten (7%) im Zusammenhang mit Situationen erzählt, die mit aussergewöhnlicher Unzufriedenheit verbunden gewesen waren. Das Gefühl aussergewöhnlicher Zufriedenheit hingegen war sehr häufig (41%) mit Leistung verbunden.

Die Gruppe der Zufriedenheits-Faktoren wird als *Motivatoren* («Zufriedenmacher», satisfiers) bezeichnet, die Gruppe der Unzufriedenheits-Faktoren als *Hygiene-Faktoren* («Unzufriedenmacher»).

Motivatoren

Motivatoren resultieren unmittelbar aus dem Arbeitsvollzug und führen bei positiver Ausprägung zu *Zufriedenheit.* Zu dieser Gruppe gehören:

- Leistungserfolg
- Anerkennung
- Arbeit selbst
- Verantwortung
- Beförderung
- Entfaltungsmöglichkeiten

83 vgl. Neuberger (1977)

Das Fehlen von Motivatoren führt nicht zu Unzufriedenheit, sondern lediglich zu Nicht-Zufriedenheit.
Die beiden unterschiedlichen Gruppen von Einflussfaktoren lassen sich nicht völlig auseinanderhalten, sondern weisen Überschneidungen auf. So trägt beispielsweise Anerkennung nicht nur zu Zufriedenheit bei, sondern stellt – bei ihrem Fehlen – auch eine Quelle der Unzufriedenheit dar.
Wie aus Abbildung 37 ersichtlich wird, sind solche Überlappungen bei den «Zufriedenmachern» ausgeprägter als bei den «Unzufriedenmachern».
Die Theorie besagt zudem, dass die Motivatoren bzw. Hygiene-Faktoren nicht in allen Fällen, sondern bloss überwiegend zur Arbeitszufriedenheit bzw. -unzufriedenheit beitragen.
Nach der erweiterten Theorie von Herzberg besitzt der Mensch eine Doppelnatur[84]:

- Einerseits eine animalische Seite seines Wesens, aufgrund derer er Schmerz und andere unangenehme Einflüsse zu vermeiden trachtet,
- andererseits eine humane Seite, die nur ihm als Menschen zukommt und die ihn nach Sinnerfüllung streben lässt.

Sinnbild für das Animalische ist der zum ständigen Ringen mit der Mächtigkeit der Natur verurteilte *Adam,* Sinnbild des Humanen der durch seinen Gottesbund vom Druck der Lebensnot befreite *Abraham.*
Das Streben nach arbeitsintrinsischer Befriedigung ist demnach nicht zum vornherein vorgegeben, sondern es ist die Folge einer Entwicklung. Es kann erst wirksam werden, wenn der Mensch von seinen Beengungsgefühlen befreit ist. Mit anderen Worten: Abraham kann nicht in Erscheinung treten, solange die Lage der Bedürftigkeit Adams nicht überwunden ist.
Die Bedeutung der Zwei-Faktoren-Theorie liegt insbesondere darin, dass sie das Augenmerk auf etwas richtet, was lange vernachlässigt worden ist: der *Arbeitsinhalt.*
Die Möglichkeit zur Selbstentfaltung in und durch die Arbeit und das Tragen von Verantwortung sind für die Arbeitszufriedenheit von entscheidender Bedeutung. Zufriedenheit entsteht durch Selbstverwirklichung, persönliche Entfaltung, seelisches Wachstum.
Verbesserte Arbeitsbedingungen und eine reibungslos funktionierende Organisation können dazu nichts beitragen; Voraussetzung für Zufriedenheit sind Erfolgserlebnisse und die Möglichkeit, seine eigenen Fähigkeiten in eine interessante, herausfordernde und verantwortungsvolle Arbeit einzubringen. (Eine Fallstudie zu dieser Problematik findet sich in Abb. 75/Anhangband.)

Hygiene-Faktoren

Die sogenannten Hygiene-Faktoren hängen nicht unmittelbar mit der Arbeit selbst zusammen, sondern stellen (positive oder negative) *Bedingungen* des Arbeitsvollzuges dar. Zu dieser Gruppe gehören:

- Gehalt
- Zwischenmenschliche Beziehungen zu Untergebenen, Vorgesetzten und Kollegen
- Betriebspolitik, -leitung
- Physische Arbeitsbedingungen
- Arbeitsplatzsicherheit
- Persönliches

84 vgl. Lattmann (1981)

Abbildung 37: Befriedigende und unbefriedigende Arbeitsfaktoren (Pittburgh-Studie)[29]

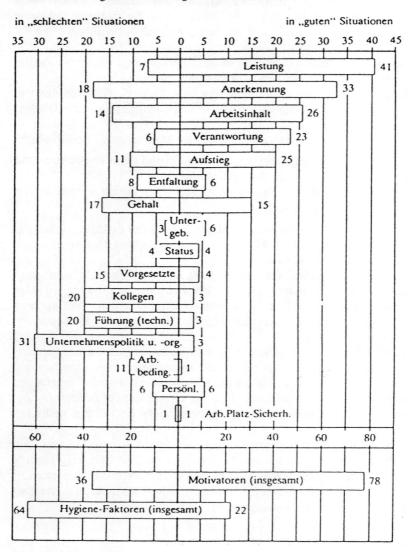

29 nach: Neuberger (1974a)

- Status
- Technische Aspekte der Führung

Diese Faktoren zeichnen sich dadurch aus, dass sie bei einer bestimmten negativen Ausprägung zu Unzufriedenheit der Mitarbeiter führen, also als «Unzufriedenmacher» wirksam sein können. Sie haben die Bedeutung *psycho-hygienischer* Faktoren, d.h.: Die Erfüllung der auf sie bezogenen Erwartungen bewirkt lediglich, dass sich der Mensch nicht unwohl fühlt.
Eine ausserordentlich positive Ausprägung der H-Faktoren kann wohl Unzufriedenheit verhindern, indessen keine Zufriedenheit schaffen. So empfindet ein Mensch, der von Zahnschmerzen befreit wird, seinen neuen Zustand sicher als wohltuend, aber er erlebt nicht die Befriedigung, wie sie aus der Selbstentfaltung hervorgeht.

255 Belohnungen

Unter einer Belohnung versteht man jede Folge des Vollzugs oder Ergebnisses einer Handlung, die der handelnden Person ein Gefühl der Befriedigung verschafft.
Eine Belohnung stellt demnach ein angenehmes Ereignis dar, das auf ein Verhalten hin eintritt und als *Rückmeldung* für die handelnde Person fungiert. Die Belohnung für ein bestimmtes Verhalten kann als *Anreiz* dienen und das betreffende Verhalten hinsichtlich der Intensität oder der Häufigkeit des Auftretens positiv beeinflussen, also zu einer sogenannten *Verstärkung* des betreffenden Verhaltens führen.
Diese Tatsache der Rückkoppelung verweist auf die Möglichkeit, auch den Motivationsprozess als Regelkreis aufzufassen (vgl. Abb. 26).
Der Grad des Einflusses, den eine bestimmte Belohnung ausübt bzw. wieweit eine Belohnung als Anreiz/Verstärker wirkt, wird natürlich durch den Wert bestimmt, den die betreffende Person ihr beimisst. Dieser wiederum hängt von den Bedürfnissen ab, die bestehen bzw. durch die Belohnung geweckt werden. Die Auswirkung einer Belohnung ist deshalb von Mensch zu Mensch sehr verschieden.
Wie bei den Anreizen lassen sich auch bei den Belohnungen nach dem Ursprung bzw. nach der Quelle zwei Arten unterscheiden: arbeitsintrinsische und arbeitsextrinsische Belohnungen.
Arbeitsintrinsische Belohnungen gehen aus der Arbeit selbst – aus ihrem Vollzug oder ihrem Ergebnis – hervor und üben deshalb auf das Erleben des Mitarbeiters den unmittelbarsten Einfluss aus.
Wie bei der Darstellung der intrinsischen Anreize gezeigt wurde, hängt die Befriedigung davon ab, dass der Mitarbeiter eine Aufgabe erfolgreich bewältigt, die folgende fünf Merkmale aufweist: Vielfältigkeit, Ganzheitlichkeit, Bedeutung, Eigenständigkeit und Rückmeldung.
Es soll an dieser Stelle nochmals betont werden, dass nicht die objektiven (tatsächlichen) Arbeitsmerkmale ausschlaggebend sind, sondern die Aufgabe, wie sie der Mitarbeiter sieht bzw. erlebt. Dass dem Mitarbeiter eine Belohnung aus der Arbeit als solcher zuteil wird, setzt primär voraus, dass er diese Tätigkeit als *sinnvoll* empfindet. Dies wird dann der Fall sein, wenn die Tätigkeit ihm das Gefühl gibt, etwas Wichtiges/Wertvolles/Bedeutendes zu vollbringen, wobei sich dies sowohl auf die eigene Person wie auch auf andere Personen (Patienten, Kollegen, Vorgesetzte) oder das betreffende soziale System beziehen kann.

Die *arbeitsextrinsischen Belohnungen* entspringen der physischen und psychosozialen Umgebung, in welche die Arbeit eingegliedert ist. Unter den verschiedenen Faktoren, die auf die Zufriedenheit des Mitarbeiters einwirken, kommt dem Führungsverhalten des Vorgesetzten besondere Bedeutung zu. Dies zeigt sich auch in einer Studie, in der die Beziehung zwischen dem Verhalten des Vorgesetzten und der Einstellung seiner Mitarbeiter untersucht wurde. Die interessanten Ergebnisse dieser Studie finden sich in Abbildung 38.

Der Mitarbeiter befindet sich dem Vorgesetzten gegenüber in einer starken Abhängigkeit: Von ihm in erster Linie hängen die Belohnungen ab, die der Mitarbeiter als Rückmeldung auf sein Arbeitsverhalten erhält.

Abbildung 38: Beziehung zwischen Vorgesetztenverhalten und Einstellung der Mitarbeiter[30]

Verhalten des Vorgesetzten	Teilnehmer in Arbeitsgruppen mit positiven Einstellungen berichten, dass die Vorgesetzten sich wie folgt verhalten (in Prozenten) %	Teilnehmer in Arbeitsgruppen mit negativen Einstellungen berichten, dass die Vorgesetzten sich wie folgt verhalten (in Prozenten) %
Empfiehlt Beförderung, Versetzung, Gehaltserhöhung	61	22
Teilt Männern mit, was in der Firma vor sich geht	47	11
Teilt Männern mit, wie gut sie abschneiden	47	12
Hört sich Beschwerden an	65	32
Betrachtet Arbeitnehmer als Menschen und nicht als Produktionsmittel	97	33
Setzt sich im Notfall ein, ergreift meine Partei	87	30
Setzt sich gewöhnlich für die Männer ein, oder für die Männer und die Firma, nicht nur für sich selbst und die Firma	86	29
Zeigt Interesse an mir und versteht meine Probleme	81	29
Er gehört wirklich zur Arbeitsgruppe und teilt die Interessen der Mitglieder	66	16
Er hört sich gern unsere Ideen an und versucht, sie anzuwenden	62	17

30 aus: Lawler (1977)

Der Vorgesetzte kann

- *durch seine Beurteilung des Mitarbeiters* auf dessen *Beförderung* – und damit meist auch auf seine *Entlohnung* – Einfluss nehmen.
- *dem Mitarbeiter Rückmeldungen* über sein Arbeitsverhalten geben oder zurückbehalten, was sich auf die Erfolgserlebnisse und die Entwicklung des Mitarbeiters in hohem Masse auswirkt.
- *dem Mitarbeiter Selbständigkeit* gewähren oder verweigern und damit auf die intrinsische Arbeitsmotivation Einfluss nehmen. Indem er seinen Mitarbeiter eine Arbeit selbständig vollziehen lässt, kann er eine unbefriedigende Arbeit in eine motivierende Arbeit verwandeln. Umgekehrt kann er dafür sorgen, dass aus einer motivierenden Arbeit eine unbefriedigende Arbeit wird, indem er den Mitarbeiter streng überwacht und sowohl seinen Tätigkeits- wie auch seinen Entscheidungsspielraum stark einschränkt.

- dem Mitarbeiter *Lob* und *soziale Anerkennung* gewähren und damit zu einer Befriedigung des menschlichen Bedürfnisses nach Achtung und Bestätigung beitragen. Umgekehrt kann er durch ununterbrochene und/oder ungerechtfertigte Kritik sowie durch eine Einstellung, die den Mitarbeiter als reinen «Arbeitsfaktor» betrachtet, seine Mitarbeiter nicht nur verärgern, sondern sie auch in ihrem Selbstvertrauen treffen.
- durch einen kooperativen Führungsstil Bedürfnisse des Mitarbeiters nach *Selbstachtung* und *Zuständigkeit* befriedigen oder durch ein autoritäres Verhalten deren Befriedigung vereiteln.

Belohnungen werden aber nicht nur vom Vorgesetzten gewährt (oder vorenthalten), sondern auch von der *Arbeitsgruppe,* der der Mitarbeiter angehört. Die anderen Mitglieder können durch ihr Verhalten

- den Grad der *Selbständigkeit* beeinflussen, den das einzelne Mitglied bei seiner Arbeit empfindet.
- das Ausmass der *Rückmeldungen* bestimmen, das der Einzelne auf sein Arbeitsverhalten von der Gruppe erhält.
- den *Leistungswillen* des einzelnen Mitglieds heben oder senken (was sich wiederum auf seine intrinsischen und extrinsischen Belohnungen auswirken kann).
- durch ihre Beurteilung des Arbeitsverhaltens auch auf Belohnungen wie *Beförderung* oder *Entlohnung* Einfluss nehmen. (Betriebe zögern oft – wenn auch nicht immer –, Mitarbeiter zu befördern, die von ihren Kollegen nicht geschätzt werden.)
- *Lob* und *soziale Anerkennung* gewähren. Die von Kollegen gewährten zwischenmenschlichen «Belohnungen» werden meist sehr hoch geschätzt.

Bei der Betrachtung der verschiedenen Gruppeneinflüsse stellt sich die Frage, wie denn dieser Einfluss zustandekommt. Eine eingehende Antwort auf diese Frage findet sich im 3. Kapitel. Hier soll vorläufig nur folgendes festgehalten werden: In jeder Gruppe bestehen bestimmte *Normen.* Aufgrund dieser Normen werden Verhaltensweisen eines Mitglieds entweder durch Anerkennung belohnt oder aber durch Anlehnung bestraft.
Gruppen mit grossem innerem Zusammenhalt haben einen stärkeren Einfluss als locker gefügte Gruppen, weil sie einerseits mit grösserer Einstimmigkeit vorgehen und andererseits ihre Sanktionen für das einzelne Mitglied mehr Gewicht besitzen. Die Anerkennung durch die Gruppe bzw. das Gefühl der Zugehörigkeit stellt ein elementares menschliches Bedürfnis dar, das für jeden eine mehr oder weniger bedeutende Rolle spielt. Ablehnung durch die Gruppe wird somit grundlegende soziale Bedürfnisse unbefriedigt lassen und sich auf die Arbeitszufriedenheit negativ auswirken.

256 Zufriedenheit und Leistung

Der Mensch arbeitet, um in der Arbeit und durch die Arbeit bestimmte Bedürfnisse zu befriedigen. Je mehr ihm dies gelingt, desto höher ist seine Arbeitszufriedenheit. Es liegt nahe, anzunehmen, dass mit höherer Befriedigung bei der Arbeit auch die Bereitschaft zunimmt, hohe Leistungen zu erbringen. Diese – scheinbar offensichtliche – Beziehung lag dem Führungsleitbild der Human-Relations-Bewegung zu-

grunde, die von der Annahme ausging, ein zufriedener Mitarbeiter erbringe einen höheren und wirksameren Einsatz als ein unzufriedener.
Leisten zufriedene Mitarbeiter wirklich mehr? Diese Frage wird heute nicht mehr uneingeschränkt mit Ja beantwortet. In den meisten Studien, die zu diesem Thema gemacht wurden, fanden sich keine engen Beziehungen zwischen Zufriedenheit und Leistung. Der Zusammenhang ist offensichtlich viel komplexer, als die Human-Relations-Bewegung angenommen hatte. Er wird verständlicher, wenn er unter dem Aspekt der Erwartungstheorie der Motivation betrachtet wird[85]: Diese sagt voraus, dass eine hohe Arbeitszufriedenheit dann mit einer hohen Arbeitsleistung verbunden ist, wenn die Befriedigung von der Leistung abhängt. Ein Mensch strengt sich dann besonders an, wenn er überzeugt ist dass das Erreichen eines angestrebten Zieles eine solche Anstrengung erfordert.
Aus dieser Sicht wird die Leistung somit zum «Instrument», Befriedigung zu erlangen. Das bedeutet, dass sich die obengenannte Beziehung umkehrt: Die Arbeitsleistung stellt nicht die Folge, sondern die Ursache der Arbeitszufriedenheit dar. Leistung und Zufriedenheit stehen in einem komplexen Wirkungsverhältnis, das durch vielfältige Faktoren bestimmt wird. Der Bezug «Leistung beeinflusst Zufriedenheit» lässt sich dabei noch am ehesten als direkte Wirkungskette annehmen[86] (wie das auch im oben vorgestellten Verhaltensmodell zum Ausdruck kommt): Eine Handlung/Leistung führt zu Belohnungen. Diese Belohnungen wiederum führen zu Befriedigung.
Die Wirkung der Zufriedenheit auf die Leistung ist demgegenüber weit weniger streng bestimmt, da die individuelle Bedürfnisstruktur, die spezifische Anreizsituation, die persönlichen Erwartungen und Fähigkeiten die Handlung/Leistung in hohem Masse beeinflussen (vgl. Abb. 26).
Diese Überlegungen machen deutlich, dass alle denkbaren Beziehungen zwischen der Arbeitszufriedenheit und der Arbeitsleistung vorkommen. Im einzelnen lassen sich folgende Beziehungen feststellen[87]:

- *Hohe Arbeitszufriedenheit verbunden mit hoher Arbeitsleistung:* Dies ist dann der Fall, wenn die Befriedigung von der Leistung abhängt. Dabei müssen wir uns nochmals vor Augen halten, dass der Mitarbeiter nicht nur arbeitsextrinsische Belohnungen anstrebt (z.B. einen hohen Verdienst, der entsprechende Leistungen erfordert), sondern auch solche arbeitsintrinsischer Natur, bei denen die Befriedigung aus der Arbeit selbst stammt.
- *Hohe Arbeitszufriedenheit verbunden mit niedriger Arbeitsleistung:* Dieser Bezug findet sich dann, wenn die Befriedigung nicht von der Leistung, sondern von anderen Gegebenheiten abhängt (z.B. von den zwischenmenschlichen Kontakten) oder wenn sie gar die Unterlassung der Arbeitsleistung voraussetzt (z.B. bei der Erledigung privater Angelegenheiten während der Arbeitszeit).
- *Niedrige Arbeitszufriedenheit verbunden mit niedriger Arbeitsleistung:* Dieser Fall liegt dann vor, wenn die Leistung weder zu arbeitsintrinsischen noch zu arbeitsextrinsischen Belohnungen führt und der Mitarbeiter in der Lage ist, der Leistung, die von ihm gefordert wird, auszuweichen.

---

85 vgl. Lattmann (1981)
86 vgl. Steinle (1978)
87 vgl. Lattmann (1981)

– *Niedrige Arbeitszufriedenheit verbunden mit hoher Arbeitsleistung:* Diese Beziehung ist dann gegeben, wenn die Arbeit keinerlei Befriedigung bewirkt, das Erbringen der geforderten Leistung aber durch Druck erzwungen wird.

Dass nicht nur die Arbeitsleistung die Arbeitszufriedenheit beeinflusst, sondern auch selbst von dieser beeinflusst wird, steht ausser Zweifel: Eine ausgesprochene Unzufriedenheit beeinträchtigt die Einstellung des Mitarbeiters zum Betrieb, wodurch zumindest langfristig eine Senkung der Arbeitsleistung eintritt. Diese kann unmittelbar in Erscheinung treten oder aber – wie weiter unten eingehender dargestellt wird – mittelbar durch eine hohe Fluktuationsrate (Personalumschlag) und häufige Abwesenheiten (Absentismus).

Andererseits schafft eine hohe Zufriedenheit bei der Arbeit eine positive Einstellung, welche zwar nicht ohne weiteres erhöhte Leistungen zur Folge hat, den Mitarbeiter aber in höherem Masse auf Leistungsanreize ansprechen lässt.

Neben dieser Bedeutung, die der Zufriedenheit in der instrumentalen Dimension zukommt (Mitarbeiter als Instrument zur Zielerreichung des Systems), stellt im noninstrumentalen Sinne die Zufriedenheit der Mitglieder eines sozialen Systems ein eigenständiges Führungsziel mit einem Eigenwert dar.

257 Fehlzeiten

Unter Fehlzeiten werden alle Abwesenheiten von der Arbeit verstanden, die sich auf eine Arbeitszeit beziehen, zu der der Mitarbeiter – aufgrund von vertraglichen Regelungen – anwesend sein müsste.

Laut Statistiken gehen jährlich 9–10% der normalen Arbeitszeit infolge Krankheit, Unfällen sowie entschuldigtem und unentschuldigtem Fernbleiben vom Arbeitsplatz verloren.

Der wichtigste Grund für Fehlzeiten ist Krankheit (mit etwa 7 Prozentpunkten). Was vor allem beunruhigt, ist die Tatsache, dass die Krankenziffern ständig im Ansteigen begriffen sind: Von 1962 bis 1969 hat die Krankheitshäufigkeit im Arbeitsleben um 60% zugenommen.

Bevor wir uns mit möglichen Ursachen und Massnahmen zur Verminderung vermeidbarer Fehlzeiten auseinandersetzen, sollen zunächst ein paar wichtige Begriffe geklärt werden[88].

Die Tatsache, dass die Begriffe Fehlzeiten, Krankenstand und Absentismus häufig undifferenziert verwendet werden, trägt dazu bei, dass die Diskussion des Problems «Fehlzeiten» oft relativ unsachlich geführt wird. Eine Definition des Begriffs *Fehlzeiten* findet sich am Anfang dieses Abschnitts: Es geht hierbei ganz allgemein gesagt um das Fehlen von Zeiten, auf die der Betrieb einen Anspruch hat. Dabei stellt sich die Frage, für welche Zeiten ein solcher Anspruch von seiten des Betriebs besteht bzw. während welcher Zeit die Anwesenheit des Arbeitnehmers erwartet werden darf. Die Basis der betrieblichen Anwesenheitserwartung bildet ein Gefüge von Regelungen einzelvertraglicher und kollektivvertraglicher Art (Arbeitsrecht).

---

88 vgl. Nieder (1981)

Innerhalb dieser Fehlzeiten stellen die krankheitsbedingten Abwesenheiten, also der sogenannte *Krankenstand* die herausragende Grösse dar. Obwohl darunter grundsätzlich eine Abwesenheit verstanden wird, deren Legitimation auf einem ärztlichen Attest beruht, ist die Sache nicht unproblematisch (was beispielsweise im Begriff des «Krankfeierns» zum Ausdruck kommt).
Hinsichtlich der Unterscheidung von Gesundheit und Krankheit eröffnet sich eine Grauzone. In dieser Grauzone kann eine Krankheit durch den Arbeitnehmer geltend gemacht und durch den Arzt attestiert werden, wobei in Wirklichkeit eine andere Ursache für die Abwesenheit bzw. für die «Krankheit» besteht.
Die durch ärztliches Attest legitimierten Fehlzeiten können grob in drei Kategorien eingeteilt werden[89]:

- *Kategorie A:* die physische Unmöglichkeit, zu arbeiten, die sich infolge Bettlägerigkeit wegen Krankheit oder Unfall ergibt.
- *Kategorie B:* die physische Bedingtheit der Abwesenheit, die auf Unpässlichkeit infolge leichter Krankheit oder kleinem Unfall beruht; die Initiative, zum Arzt zu gehen und sich die Krankheit bestätigen zu lassen, liegt beim Patienten.
- *Kategorie C:* die psychosozialen Gründe der Abwesenheit, also alle psychischen und sozialen Faktoren, die den Menschen in seiner Gesundheit, d.h. in seinem «Zustand vollkommenen körperlichen, geistigen und sozialen Wohlbefindens» (Definition der WHO) dermassen beeinträchtigen, dass er der Arbeit fernbleibt.

Unter dem Begriff des *Absentismus,* der im Zusammenhang mit dem Problem der Fehlzeiten häufig erscheint, wird in der Regel das häufige, «gewohnheitsmässige» Fernbleiben vom Arbeitsplatz verstanden, also eine spezielle Verhaltensweise, die im Zusammenhang mit Fehlzeiten auftaucht und als *motivationsbedingte Abwesenheit* betrachtet wird.
Absentismus kann auftreten im Rahmen der hier mit B und C bezeichneten Kategorien, wobei aber zu beachten ist, dass ein Patient nach Arbeitsunfähigkeit im Sinne von A mit fortschreitender Heilung in die Kategorie B oder C überwechseln kann. Es ist nicht möglich, eine bestimmte Gruppe von Abwesenheitsfällen als sichere Absentismusfälle zu identifizieren, so dass man lediglich von einer unterschiedlichen Absentismuswahrscheinlichkeit sprechen kann.
Die Auswertung betrieblicher Fehlzeiten-Statistiken zeigt eine starke Tendenz zu den relativ kurzfristigen Krankheitsfällen, bei denen die Absentismuswahrscheinlichkeit besonders hoch ist. Sucht man nach den Ursachen von vermeidbaren Fehlzeiten, so muss man davon ausgehen, dass sich der Arbeitnehmer jeden Tag von neuem entscheidet, ob er zur Arbeit kommen will oder nicht (wobei dieser Entscheid meist unbewusst erfolgt).
Was motiviert Menschen, täglich zur Arbeit zu kommen? Oder umgekehrt: Wodurch wird ihre Entscheidung bestimmt, der Arbeit fernzubleiben? Der Entschluss, seinem Arbeitsplatz fernzubleiben, ist ein Prozess, der durch mindestens drei Ursachenfelder bestimmt wird durch:

89 vgl. Nieder (1981)
90 vgl. Nieder (1981)

- medizinisch-organische Befunde,
- die psychosoziale Situation und
- die Arbeitssituation.

Beim Problem Fehlzeiten handelt es sich also um ein hochkomplexes Phänomen. Weitgehend nur auf den letzten Bereich «Arbeitssituation» kann Einfluss genommen werden.

Je zufriedener jemand mit seiner Arbeit ist, umso eher wird er sich in Situationen, in denen keine objektive Arbeitsunfähigkeit gegeben ist, entschliessen, zur Arbeit zu gehen. Wenn jemand sagt, er sei unzufrieden mit seiner Arbeit, so sagt er damit, dass die Arbeit ihm nicht die Belohnungen bietet, die er für angemessen hält.

Da vorausgegangene Erfahrungen die Erwartungen beeinflussen, glauben unzufriedene Mitarbeiter öfters, es lohne sich nicht, zur Arbeit zu gehen; folglich neigen sie auch dazu, von der Arbeit fernzubleiben. Zwei Faktoren sind es hauptsächlich, die erwiesenermassen einen starken Einfluss auf die Abwesenheit ausüben[90]: Soziale Faktoren und Aufgaben-Gehalt.

Untersuchungen haben gezeigt, dass Mitglieder einer Gruppe mit einem starken *inneren Zusammenhalt (Kohäsion)* weniger Fehlzeiten aufweisen. Für diese Mitarbeiter ist die Arbeit anscheinend mit grösserer Befriedigung verbunden als für solche, die keiner derartigen Gruppe angehören. Die Arbeit zu verpassen, bedeutet für sie, das Leben mit der Gruppe zu verpassen. Nicht selten sind die sozialen Kontakte bei der Arbeit wichtiger als die Arbeit selbst: Viele Menschen kommen zur Arbeit nicht so sehr, um zu arbeiten, sondern um ihre Kollegen zu sehen. Auf den ersten Blick mag es scheinen, dass Vorgesetzte wenig Einfluss haben darauf, ob in einer Gruppe ein starker innerer Zusammenhalt entsteht; dies ist aber nicht der Fall. Welcher Art dieser Einfluss sein kann, erfahren Sie im 3. Kapitel.

Neben der Gruppenkohäsion wirkt sich auch die Beziehung zum Vorgesetzten auf die Abwesenheit aus. Das kommt in der untenstehenden Studie deutlich zum Ausdruck[91]:

Prozentsatz Büroangestellter, die angeben, Arbeitsprobleme mit den Vorgesetzten jederzeit frei diskutieren zu können				Prozentsatz von Arbeitern, die angeben, mit ihrem Vorgesetzten persönliche Probleme jederzeit besprechen zu können			
69%	63%	57%	29%		67%	65%	43%
1	2	3	4 und mehr	Anzahl der Abwesenheitsfälle in 6 Monaten (Gruppenmittel)	3	4	5 und mehr

In einer andern Untersuchung zeigt sich folgender interessanter Zusammenhang: Je grösser – nach Ansicht der Mitarbeiter – die Bereitschaft des Vorgesetzten zum Gespräch ist, desto geringer sind die Fehlzeiten! (Abb. 39)

Aber nicht nur durch die sozialen Kontakte, sondern auch durch die *Arbeit selbst* wird die Abwesenheit beeinflusst. Wenn ein Mitarbeiter seine Aufgabe als interessant

91 vgl. Rosenstiel (1972)

Abbildung 39: Fehlzeiten und Vorgesetztenbild[31]

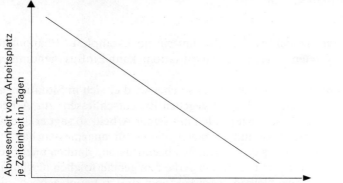

31 vgl. Rosenstiel (1972)

und herausfordernd empfindet, ist er stärker motiviert zur Arbeit zu kommen. Dies lässt sich damit erklären, dass eine solche Aufgabe ihm die Möglichkeit zu einer Befriedigung der «höheren» Bedürfnisse nach Entfaltung und Wachstum bietet.

Monotone Routinearbeit vermag diese Bedürfnisse nicht zu befriedigen. Es erstaunt deshalb nicht, dass Mitarbeiter mit einfachen, sich wiederholenden Tätigkeiten mehr zur Abwesenheit neigen als solche, die mit interessanten Aufgaben betraut sind. Es ist klar erwiesen, dass die Abwesenheitsraten gewaltig sinken, sobald das Interesse an der Arbeit und die Vielfalt der Aufgabe ansteigt.

Man darf jedoch nicht vergessen, dass eine interessantere Aufgabe nur jene Mitarbeiter motiviert, zur Arbeit zu kommen, welche arbeitsintrinsische Belohnungen schätzen. Daneben gibt es Menschen, die anspruchsvollen Aufgaben aus dem Weg gehen, weil sie ihnen zu komplex oder zu anstrengend erscheinen oder sie sich deren Bewältigung nicht zutrauen.

Beim Phänomen Fehlzeiten handelt es sich wie gesagt um einen hochkomplexen Problemkreis, dem nicht mit irgendwelchen Patentrezepten zu begegnen ist.

Weil vom Betrieb aus nur der Bereich «Unzufriedenheit mit der Arbeitssituation» beeinflusst werden kann, ist das der Punkt, an dem die Anstrengungen zur Verminderung von Fehlzeiten ansetzen müssen. Folgende Massnahmen sind in diesem Zusammenhang von Bedeutung:

- *Arbeitsintrinsische Anreize:* Vielfalt, Ganzheitlichkeit, Bedeutung, Eigenständigkeit, rückkoppelnde Information, Erfolgserlebnisse, Einsatz individueller Fähigkeiten (Herausforderung) in der Aufgabe.
- *Arbeitsextrinsische Anreize:* Integration in die Gruppe, gutes Gruppenklima, Besprechung von Arbeitsproblemen mit dem Vorgesetzten, Anerkennung von guten Arbeitsergebnissen.

Merke: Jede Verringerung der Arbeitsfreude verstärkt den – bewussten oder unbewussten – Wunsch, der Arbeit fernzubleiben. (Fallstudien zum Thema Fehlzeiten finden sich in Abb. 76–78/Anhangband.)

258 Fluktuation

Wegen seiner Konsequenzen für das soziale System und für das betreffende Individuum ist die Fluktuation (Personalwechsel) ein wichtiges Problem. Der Begriff Fluktuation umfasst sowohl

- *natürliche,* d.h. biologisch bedingte *Abgänge* (infolge Tod, Invalidisierung, sonstiger gesundheitlich bedingter Ursachen),
- wie auch sozialrechtlich bedingte Abgänge (betriebsinterner Übergang in ein anderes Arbeitsverhältnis bei Versetzung oder Beförderung) und
- *echte Austritte* infolge Auflösung des Arbeitsverhältnisses durch den Arbeitgeber (Entlassung) oder duch den Arbeitnehmer und durch Vereinbarung beider.

Wichtig sind an dieser Stelle die sogenannten echten Austritte und zwar besonders diejenigen, die durch eine Auflösung des Arbeitsverhältnisses durch den Arbeitnehmer bedingt sind.

Es gibt viele Untersuchungen, in denen Faktoren wie Alter, Geschlecht, Dauer der Betriebszugehörigkeit usw. mit dem Ausmass der Fluktuation in Verbindung gesetzt werden; Trotzdem ist das Wissen, wie ein Individuum seine Entscheidung zum Austritt fällt, noch sehr lückenhaft[92].

Was genau einen Menschen dazu bewegt, einen Betrieb zu verlassen, ist ebenso schwierig zu erfassen wie die Gründe, die ein Individuum dazu bewegen, in einen Betrieb einzutreten und zu bleiben.

Die möglichen Gründe für einen Arbeitsplatzwechsel umfassen eine Vielzahl von Faktoren, die sich primär in zwei verschiedene Bereiche einteilen lassen: Die Ursachen können im persönlichen bzw. familiären Bereich liegen oder in der Arbeitssituation. Jeder Auflösung eines Arbeitsverhältnisses durch den Arbeitnehmer geht immer ein komplizierter individueller Entscheidungsprozess voraus, in dem einzelne Faktoren aus beiden Ursachengruppen eine Rolle spielen können.

Ein Mitarbeiter wird dann seinen Arbeitsplatz wechseln, wenn er mit der bestehenden Arbeitssituation sehr unzufrieden ist, wenn er Alternativen zur derzeitigen Arbeit sieht und wenn nicht Faktoren aus dem familiären Bereich einem Arbeitsplatzwechsel im Wege stehen[93].

Der Wunsch eines Mitarbeiters, den Betrieb zu verlassen, wird zunächst durch das Ausmass seiner *Arbeitszufriedenheit* bestimmt. Eine wichtige Rolle spielt dabei die Übereinstimmung der Stellenmerkmale mit der Selbstcharakterisierung (Selbstbild) des betreffenden Individuums. Je grösser die Diskrepanz zwischen Stellenmerkmalen und Selbstbild, desto geringer wird die Befriedigung bei der Arbeit sein.

Vom Ausmass der Arbeitszufriedenheit hängt es weitgehend ab, wie stark der betreffende Mitarbeiter nach *Alternativen* zur derzeitigen Tätigkeit sucht. Diese Suche erstreckt sich auf einen anderen Arbeitsplatz im gleichen Betrieb oder auf ausserbetriebliche Alternativen.

Welche Alternativen jemand sieht, ist einerseits vom Ausmass der Unzufriedenheit abhängig, andererseits aber auch von der *Arbeitsmarktlage* und von der Veränderungsfähigkeit (Mobilität) des betreffenden.

---

92 vgl. Nieder (1981)
93 vgl. Nieder (1981)

Im folgenden werden mögliche Gründe für den Austritt von Mitarbeitern aufgezeigt; sie stehen alle mit der Zufriedenheit bei der Arbeit in einem unmittelbaren oder mittelbaren Zusammenhang.

- *«Ich möchte mehr verdienen.»* Der Personalmangel, insbesondere im Pflegesektor, hat zur Folge, dass sich der Mitarbeiter seines «Marktwertes» immer stärker bewusst wird. Gute Saläre machen allgemein unternehmungslustiger, und zudem winkt andernorts der höhere Verdienst.
Angst vor Arbeitslosigkeit, Streben nach Sicherheit des Arbeitsplatzes, aber auch Betriebstreue sind in solchen Beschäftigungssektoren im Abnehmen begriffen.
- *«Ich bin hier ja doch nur eine Nummer.»* Der Mitarbeiter will sich als Mensch fühlen, nicht als blosser ‚Arbeitsfaktor'. Er hat das Bedürfnis, seine individuellen Bedürfnisse und Fähigkeiten in die Tätigkeit einzubringen.
- *«Man redet mir dauernd in meine Arbeit hinein.»* Der Vorgesetzte, der alles selber machen will, seine Nase in jede Kleinigkeit hineinsteckt und kein Vertrauen zeigt, enthält seinem Mitarbeiter einen Raum vor, in dem dieser selbständig handeln und Verantwortung empfinden könnte.
- *«Hier kann ich ja doch nichts mehr lernen.»* Besonders aktive und junge Mitarbeiter haben das Bedürfnis, sich zu entwickeln. Falls sie keine Möglichkeit bekommen, sich weiterzubilden, werden sie unzufrieden.
- *«Hier komme ich ja doch nicht weiter.»* Strebsame Mitarbeiter wollen eine reelle Aufstiegschance. Entweder ist die Möglichkeit einer Beförderung tatsächlich nicht vorhanden, oder – und das ist nicht selten der Fall – die betreffenden Mitarbeiter werden nicht «erkannt» (viele Vorgesetzte begehen den allgemein-menschlichen Fehler, das zu unterschätzen, was man hat).
- *«Ich bin denen noch nicht alt genug.»* Immer wieder kommt es vor, dass junge, tüchtige Menschen aus lauter Rücksicht auf die sogenannt «verdienten» älteren Mitarbeiter nicht zum Zuge kommen.
- *«Ich will endlich mal was anderes tun.»* Geistig regsame Menschen haben das Bedürfnis nach Veränderung. Einer Aufgabe, die sie langweilt, die sie nicht mehr fordert, laufen sie davon.
- *«Ich möchte wissen, wozu ich eigentlich da bin.»* Arbeiten, ohne richtig ausgelastet zu sein, ist bedrückend. Ein Mitarbeiter, der unterfordert ist, geht entweder weg oder beeinträchtigt durch seine Frustration die Einstellung der anderen.
- *«Die halten ja doch nie, was sie versprechen.»* Nichts wirkt sich so negativ auf die Zufriedenheit aus wie enttäuschte Erwartungen (z.B. hinsichtlich versprochene Beförderung).
- *«Es ist ja doch nichts recht, was ich mache.»* Viele Mitarbeiter verlassen den Betrieb, weil sie sehr unzufrieden sind mit der Anerkennung ihrer Leistung und zuwenig das Gefühl von Erfolg erleben.
- *«Ich habe nicht das richtige Parteibuch.»* Das – berechtigte oder unberechtigte – Gefühl, aufgrund der «falschen» Einstellung/Gesinnung/Vereins- oder Parteizugehörigkeit abgelehnt oder isoliert zu werden, kann ebenfalls zum Austritt führen.

Viele dieser Aussagen weisen auf tieferliegende Ursachen der Fluktuation hin. Als solche kommen beispielsweise in Frage:

- *Unerfülltsein:* Viele Menschen unserer Zeit sind zutiefst unbefriedigt von ihrer Tätigkeit, weil sich das, was sie tun, nicht deckt mit dem, was sie sind. Sie sind unerfüllt, ohne genau zu wissen warum.
Im betriebsamen Wechsel von Stelle zu Stelle versuchen sie, sich selbst über die eigene innere Leere hinwegzutäuschen. Wonach sich der Mensch insgeheim am stärksten sehnt, das findet er selten: eine echte Aufgabe, die ihn ganz erfüllt.
- *Entfremdung:* In vielen modernen Arbeitsprozessen empfindet der Mensch Gefühle der Machtlosigkeit, Bedeutungslosigkeit, Normlosigkeit, Isolierung und Selbstentfremdung. Weil er sich von seiner eigenen Person entfremdet, wird ihm auch der Mitmensch fremd.
Die Entfremdung von der Arbeit kommt auch im sogenannten «Job-Denken» zum Ausdruck: Hier wird die berufliche Tätigkeit nur noch als Mittel betrachtet, um Bedürfnisse zu befriedigen, die ausserhalb dieser Tätigkeit liegen. In der Tätigkeit selbst wird keine Befriedigung angestrebt.
Dadurch wird der arbeitende Mensch zum «Funktionär», der überall dort bestimmte Funktionen erfüllt, wo diese gefragt sind und angemessen honoriert werden. Ohne inneren Bezug zur Aufgabe stellt der «Funktionär» ein völlig auswechselbares Element dar.
Die Führung von Mitarbeitern degeneriert damit zum «kalten» Herumschieben von Schachfiguren; das menschliche Moment tritt in den Hintergrund; eine *Enthumanisierung* findet statt.
- *Entpersönlichung:* Im «Computer-Zeitalter» werden viele Arbeitsbeziehungen immer mehr «entpersönlicht»: Viele Kommunikationen, die zwischen Vorgesetzten und Mitarbeitern oder zwischen Kollegen ablaufen, stellen versachlichte Verfahren dar, in denen echte zwischenmenschliche Bezüge unterdrückt werden. Auch dies hat eine Enthumanisierung der Arbeit zur Folge.
Das Arbeitsleben wird vom Prinzip der nüchternen Rationalität bestimmt; der einzelne fühlt sich der Macht des kalten Zweckmässigkeitsdenkens oft hilflos ausgeliefert. Intellektuelle Kräfte werden überbewertet.
Gefühle sind im Gegensatz dazu nicht gefragt, sondern werden als störend empfunden. Die hieraus entstehenden Spannungen führen zu Unzufriedenheit, Reizbarkeit und psychosomatischen Leiden. Viele Mitarbeiter erhalten in ihrer Tätigkeit kaum Anerkennung und fühlen sich im wahrsten Sinne des Wortes gekränkt.
«Kränken» bedeutet Krank-Machen: Menschen, die auf Verletzungen durch die Umwelt nicht mit Aggressionen gegen diese Umwelt reagieren, sondern diese Aggressionen gegen sich selbst richten, die ihren Kummer «in sich hineinfressen», werden krank.

Während der Austritt eines Mitarbeiters für diesen das Ende eines komplizierten Entscheidungsprozesses bedeutet, stellt der Austritt aus der Sicht des Betriebs häufig den Anfang einer Reihe von Problemen dar. Jeder Austritt eines Mitarbeiters ist für den Betrieb mit Kosten verschiedener Art verbunden. Solche Kosten sind:
- *Verminderte Leistung:* Zwischen dem Zeitpunkt der Kündigung und dem eigentlichen Austritt ist mit einem Rückgang der Arbeitsleistung zu rechnen, der bei Fachkräften auf 30% geschätzt wird.
Bei angespannter Lage des Arbeitsmarktes kann die freiwerdende Stelle zudem häufig nicht sofort wieder besetzt werden, so dass die betroffene Arbeitsgruppe unvollständig ist und nicht die volle Leistung zu erbringen vermag.

Wenn der neue Mitarbeiter eingestellt ist, muss er eingearbeitet werden. Während der Einarbeitungszeit erbringt er noch nicht die «Normalleistung», da er sich die spezifischen Fähigkeiten erst aneignen muss.
- *Finanzielle Kosten:* Austritte und Neueinstellungen führen zu einem erhöhten Arbeitsaufwand der damit betrauten Stellen. Dazu kommen Kosten der Anwerbung (Inserate), der Prüfung, Auswahl und Einarbeitung der neuen Mitarbeiter.
- *Gestörte Salärstrukturen:* Bei der Einstufung der Löhne neueingestellter Mitarbeiter in die bestehenden Salärstrukturen können sich Probleme ergeben, weil diese Löhne oft höher sind, als sie eigentlich sein dürften.
- *Soziale Kosten:* Austritte alter und Eintritte neuer Mitarbeiter belasten nicht nur die Arbeitsabläufe, sondern auch die zwischenmenschlichen Beziehungen: Strukturen in der Arbeitsgruppe zerbrechen und müssen in gruppendynamischen Prozessen neu geschaffen werden.
- *Führungskosten:* Eine individuelle Führung, die sich am einzelnen Mitarbeiter orientiert, setzt eine Vorgesetzten-Mitarbeiter-Beziehung voraus, die nicht von heute auf morgen entstehen kann.
- *Zusätzliche Belastung des Vorgesetzten:* Das Delegieren von Aufgaben, Kompetenzen und Verantwortung ist erst möglich, wenn der neue Mitarbeiter ganz eingearbeitet ist. Bis zu diesem Zeitpunkt muss der Vorgesetzte manche früher delegierte Aufgabe selber bewältigen.
- *Fluktuation führt zu Fluktuation:* Durch Störungen in den Arbeitsvollzügen, zusätzliche Arbeitsbelastungen, Störungen des Arbeitsklimas usw. werden Voraussetzungen für weitere Austritte geschaffen.

Nur ein Teil der Faktoren, die einen Mitarbeiter zum Austritt bewegen, lässt sich durch betriebliche Anstrengungen beeinflussen. Fluktuation ist deshalb grundsätzlich nicht zu vermeiden. Trotzdem gibt es bestimmte Massnahmen, die zur Verminderung der Fluktuation beitragen. Solche Massnahmen sind:

- *Anforderungsprofile und Eignungsmerkmale des potentiellen Stelleninhabers aufeinander abstimmen:* Dies lässt sich durch rechtzeitige und ausreichende Information (mittels Stellenbeschreibung/Anforderungsprofil) erreichen und verhindert die Entstehung falscher Erwartungen.
Eignung und Neigung des Stelleninhabers sind nach Möglichkeit zu berücksichtigen. Zu hohe bzw. zu geringe Qualifikation führt zu Unter- bzw. Überforderung und damit zu Spannungen und Unzufriedenheit.
- *Keine falschen Versprechungen* bezüglich Lohnveränderungen und Aufstiegsmöglichkeiten. Wie schon mehrmals betont wurde, wirken sich enttäuschte Erwartungen verheerend aus.
- *Sorgfältige Einarbeitung* in die Aufgabe mittels Informationsgesprächen, Betriebsbesichtigungen, Hilfestellungen usw. Jeder neue Mitarbeiter, der zu einem langjährigen, dauerhaften Mitarbeiter wird, verringert die Fluktuationsquote.
Aufgrund dieser Erkenntnis ist dem Problem der Einarbeitung und Einführung neuer Mitarbeiter besondere Aufmerksamkeit zu widmen.
- *Hilfe bei der sozialen Integration:* Es reicht nicht aus, neuen Mitarbeitern die fachlichen Qualifikationen zu vermitteln, die sie zur Bewältigung ihrer Aufgaben benötigen. Dem Mitarbeiter muss geholfen werden, sich im neuen Betrieb zurecht-

zufinden. Jede Stelle erfordert ein bestimmtes Mass an Soziabilität, d.h. an Fähigkeit, Kontakte zu schliessen und mit anderen zusammenzuarbeiten.

Während sich die formellen Beziehungen aus organisatorischen Gründen sehr bald einspielen, wird die Aufnahme von informellen Beziehungen durch die bereits bestehenden festen Gruppenstrukturen erschwert.

Der Prozess der Integration kann durch die Hilfestellung eines «Paten» erleichtert werden, der dem neu eingestellten Mitarbeiter als Ansprechpartner für alle Probleme, die mit dem neuen Arbeitsplatz zusammenhängen, zugeordnet wird.

- *Interviews mit Mitarbeitern* sollten auch nicht erst dann geführt werden, wenn sie sich bereits zum Austritt entschlossen haben. Es ist viel sinnvoller, mit dem neuen Mitarbeiter beispielsweise nach einem, drei, sechs und zwölf Monaten ein Gespräch zu führen, in dem Probleme rechtzeitig besprochen werden können. Dadurch wird es möglich, eventuelle Ursachen für Fluktuation frühzeitig zu erkennen und sie abzubauen.

Eine Vielzahl von Massnahmen, die erst verwirklicht werden, wenn eine hohe Fluktuation festgestellt wird, versuchen lediglich, Symptome zu kurieren mit dem Effekt, dass sie höchstens kurzfristig wirken[94]. So findet z.B. das *Austrittsinterview* immer erst dann statt, wenn die Entscheidung für den Austritt bereits gefallen ist. Dabei ist es dann häufig so, dass von seiten des Arbeitnehmers nur wenig Interesse an diesem Gespräch besteht.

Auch werden im Gespräch Ursachen erfasst, die bei der Austrittsentscheidung nur eine geringe Rolle spielten, weil der Mitarbeiter die tatsächlichen Gründe nicht angibt oder in dem Gespräch vielleicht noch «offene Rechnungen begleichen» möchte. Ein langfristiger Erfolg bei der Senkung der Fluktuationsrate wird sich nur bei Massnahmen einstellen, die auf eine allgemeine Verbesserung der Arbeitsbedingungen und auf ein positiveres Image des betreffenden Krankenhauses zielen.

26 Individuum und Organisation

Bis anhin fand der Mitarbeiter in erster Linie eine Betrachtung unter einem individualistischen Gesichtspunkt: als einzelnen Menschen mit seinen Bedürfnissen, Erwartungen und Wertvorstellungen. In diesem Abschnitt rückt der Mitarbeiter als Teil eines organisierten sozialen Systems – also als Mitglied einer Organisation – in den Mittelpunkt.

Zwischen Individuum und Organisation können unterschiedliche Beziehungen bestehen. Verschiedene Formen der Verkoppelung sowie einige Probleme der Integration und der gegenseitigen Anpassung sollen im folgenden dargestellt werden.

Im weiteren wird auf verschiedene organisationale Teilsysteme, in die das Individuum «eingewoben» ist und auf spezifische Probleme einzelner Mitarbeitergruppen eingegangen.

---

94 vgl. Nieder (1981)

261 Aspekte gelungener Integration

Wie in der Einleitung festgestellt wird, sind in Organisationen Leistungen möglich, die ein einzelner oder ein unorganisiertes Zusammenwirken von Menschen nicht zu erbringen vermag. Diese Überlegenheit beruht darauf, dass es sich bei einer Organisation um ein *soziales System* handelt, also um ein Ganzes, das aus Elementen zusammengesetzt ist, die miteinander in wechselseitigen Beziehungen stehen.
Aufgrund dieser Wechselwirkungen sowie aufgrund von Arbeitsteilung und Koordination ist dieses Ganze mehr als die Summe seiner Teile.
Die Effizienz einer Organisation wird durch eine Trennung von organisationalem Zweck und individuellem Motiv erkauft[95]: Individuen müssen in Organisationen Handlungen verrichten, die ihren eigentlichen Motiven nicht oder nur zum Teil entsprechen. So dürfte es kaum das Motiv einer Abteilungsschwester sein, Dienstpläne zur Einteilung der Arbeitsschichten zu erstellen. Und trotzdem führt sie diese Handlung aus, die im Rahmen der Gesamtaufgabe des Krankenhauses ihren Zweck erfüllt.
In Organisationen bzw. durch sie werden Zwecke verselbständigt und von konkreten momentanen, individuellen Bedürfnissen losgelöst. Dadurch werden Bereiche geschaffen, in denen das menschliche Handeln nicht mehr unmittelbar, sondern nur noch mittelbar (instrumental) der Befriedigung von aktuellen Bedürfnissen dient.
Die Koppelung von organisationalem Zweck und individuellem Motiv erfolgt folgendermassen: Die Organisation vermag ihren Zweck nur dadurch zu erfüllen, dass sie individuelle Bedürfnisse ihrer Mitglieder befriedigt, während das Individuum seine Bedürfnisse dadurch erfüllt, dass es zur organisationalen Zweckerfüllung beiträgt; diese beidseitigen «Umwege» sind in Abbildung 40 schematisch dargestellt.
Bis anhin wurde davon ausgegangen, dass ein Individuum eine Handlung vollzieht, um bestimmte Bedürfnisse zu befriedigen. Diese Aussage muss nun präzisiert werden: Als Mitglied einer Organisation wird der arbeitende Mensch wichtige individuelle Bedürfnisse nur dann befriedigen können, wenn er zur Zweckerfüllung der Organisation seinen Beitrag leistet; denn bestimmte Folgen, die er anstrebt, setzen diesen Beitrag voraus. So ist beispielsweise die Erhaltung der Mitgliedschaft und die Erzielung von Einkommen nur gewährleistet, wenn das Arbeitsverhalten bestimmten Normen entspricht (vgl. Abb. 40).
Indem Individuen in einer Organisation zu Handlungen veranlasst werden, die nicht ihren eigentlichen Motiven entsprechen, wird *Herrschaft* über sie ausgeübt[96]. Unter der Ausübung von Herrschaft soll hierbei der Sachverhalt verstanden werden, dass jemand einen anderen dazu bringt, etwas zu tun, was dieser von sich aus nicht tun würde. Dies wirft eine Reihe von Problemen auf, was die Beziehung zwischen Individuum und Organisation betrifft:

- *Wie wird erreicht, dass ein Mitglied seine Tätigkeit* überhaupt grundsätzlich *akzeptiert,* hinnimmt oder duldet?
- *Wie gelingt es dem einzelnen Mitglied, seine Individualität* in der Organisation *aufrechtzuerhalten?* Welche Folgen ergeben sich, wenn organisationale Bedingungen dies beeinträchtigen? Zur Untersuchung dieses Problems hat sich das Konzept der sozialen Rolle als hilfreich erwiesen.

95 vgl. Türk (1978)
96 vgl. Kieser (1980)

Abbildung 40: Verkoppellung von organisationaler Zweckerfüllung und individueller Bedürfnisbefriedigung[32]

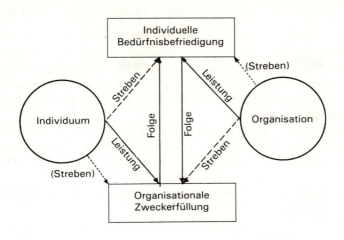

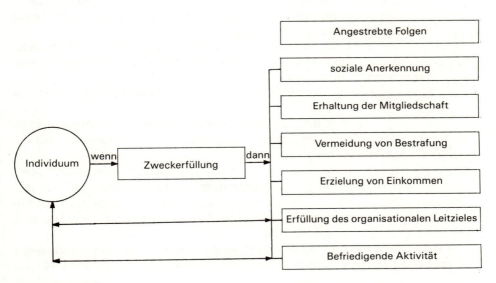

32 vgl. Türk (1978)

- *Wie wird erreicht, dass die Mitglieder* die Organisation nicht nur generell akzeptieren, sondern *sich aktiv für das Erreichen organisationaler Ziele einsetzen?* Diese Frage nach der Motivation fand Beachtung in den vorangehenden Abschnitten.

Was das Problem der generellen Akzeptanz der Tätigkeit betrifft, so wird angenommen, dass Menschen gegenüber der Arbeit in einer Organisation ein bestimmtes *Grundverhältnis* entwickeln. Wenn die Organisation in der Gestaltung der Arbeitsbedingungen diesem Grundverhältnis entspricht, kommt eine relativ stabile Bindung an die Organisation zustande, aufgrund derer eine gezielte Beeinflussung (=Führung) erfolgen kann.

Dieses Grundverhältnis, das auch als «Einbindung» bezeichnet wird, ist kein Merkmal der Person, sondern die spezifische Beziehung, die eine Person aufgrund ihrer Motivstruktur und der konkreten Arbeits- und Anreizsituation in einer Organisation aufbaut.

Ähnlich wie die persönliche Motivation Motivierungsmöglichkeiten von seiten der Organisation bestimmt, legt das Grundverhältnis die Einflusschancen der Organisation fest bzw. die Chancen, die Mitglieder zu konformem Verhalten zu bewegen. Nach der Ebene, auf der die Bindung erfolgt, können folgende Basisbeziehungen unterschieden werden[97]:

- *Instrumentalistisches Verhältnis:* Hier sieht das Mitglied konformes Verhalten in erster Linie als Mittel, um bestimmte Belohnungen zu erhalten (wie z.B. Geld, Macht, Anerkennung) oder um Bestrafungen zu vermeiden (wie z.B. ausbleibende Lohnerhöhung/Beförderung, Ablehnung).
- *Bürokratisches Verhältnis:* Ein solches liegt dann vor, wenn das Grundverhältnis auf einer «Identifikation» mit den durchzuführenden Arbeitsvollzügen, Richtlinien, hierarchischen Strukturen.

  Diese Bindung ist weniger auf Ziele, Werte, Zwecke als vielmehr auf die Verfahren gerichtet.
- *Professionalistisches Verhältnis:* Es kommt zustande, wenn eine Organisation ihren Mitgliedern Gelegenheit gibt, mehr oder weniger stark verinnerlichte Berufsstandards zu verwirklichen.

  Diese Orientierung findet sich bei der Ausübung gelernter, meist relativ stark spezialisierter Berufe (z.B. bei Mitarbeitern, die in der Forschung tätig sind).
- *Organisationspolitisches Verhältnis:* Dieses Grundverhältnis ist dadurch gekennzeichnet, dass die obersten Ziele, die von der Organisation verfolgt werden, auch die des Organisationsmitglieds sind.

  Das Individuum fühlt sich an die Organisation gebunden, weil es die Ziele dieser Organisation unterstützt, auch wenn manche Handlungen keinen unmittelbaren Bezug zu diesen Zielen aufweisen.

Jedes dieser Verhältnismuster hat bestimmte Auswirkungen auf das Verhalten. Das *instrumentalistische* Verhältnis führt zu einer Orientierung an Folgen wie Belohnung oder Bestrafung. Das Gefühl von Erfolg oder Misserfolg wird deshalb auch nicht primär durch das Arbeitsergebnis bestimmt, sondern durch das Ausmass der erlangten Belohnung bzw. vermiedenen Bestrafung.

[97] vgl. Türk (1978)

Der Mitarbeiter mit einer instrumentalistischen Bindung sucht die Befriedigung seiner Bedürfnisse eher ausserhalb der Organisation als im System selbst. Eine strenge Trennung zwischen Arbeit und Freizeit ist die Folge.

Für den Mitarbeiter mit einer *bürokratischen* Bindung ist die Organisation selbst ein Ort der Bedürfnisbefriedigung. Er fühlt sich den Organisationsnormen verpflichtet und der Organisation positiv verbunden. Erfolg erlebt er dadurch, dass er den Erwartungen entspricht, die an eine Person in seiner Position gerichtet werden bzw. dass er sich rollenkonform verhält.

Aufgrund einer bürokratischen Beziehung ist der Mitarbeiter in der Lage, auch bei Wechseln in der Organisationsführung und -zielsetzung dem System loyal zu dienen.

Der *professionalistisch* gebundene Mitarbeiter empfindet weniger Loyalität gegenüber der Organisation als vielmehr gegenüber der Berufsgruppe, der er angehört (z.B. Ärzte). Er ist stets bereit, die Organisation zu wechseln, wenn er dadurch seine beruflichen Ziele besser erreichen kann (z.B. die Vervollkommnung berufstechnologischer Fähigkeiten).

Im Gegensatz zum «Bürokraten» interessiert ihn die Verwaltung der Organisation nicht. Erfolg erlebt er dadurch, dass er verinnerlichten beruflichen Standards entspricht oder Anerkennung von Fachkollegen erhält.

Der *«Organisationspolitiker»* schliesslich ist von allen vier Typen am stärksten an die Organisation als Ganzheit gebunden. Seine Erfolgserlebnisse sind mit der Erfüllung organisationaler Ziele und Werte untrennbar verbunden. Werden Ziele der Organisation nicht erreicht, so kann er dies als Misserfolg erleben, auch wenn das Nichterreichen in keinem Zusammenhang zu seinem Verhalten steht (man denke an einen Buchhalter in einer karitativen Organisation, der Misserfolg empfindet, wenn ein Hilfsprogramm scheitert, ohne dass dies durch ihn verschuldet worden wäre).

In der folgenden Übersicht sind einige Verhaltenskonsequenzen der vier Beziehungsmuster zusammenfassend dargestellt[98].

Verhaltenskonsequenzen verschiedener Grundmuster von Individuum-Organisations-Beziehungen

	instrumentalistisches Grundverhältnis	bürokratisches Grundverhältnis	professionalistisches Grundverhältnis	organisationspolitisches Grundverhältnis
Orientierungsgegenstand	positive oder negative Sanktionen (z.B. Einkommen, Freizeit)	Normen der Organisation	berufliche Standards, Berufsethos	Ziele und Werte der Organisation
Erfolgsdefinition	über Grad des Erreichens von Belohnungen bzw. Vermeidens von Bestrafungen	über Erfüllung verinnerlichter Rollenerwartungen	über berufliche Vervollkommnung und Leistung	über Verwirklichung organisationaler Ziele und Werte
affektive Bindung an den Betrieb	eher neutral bis negativ	eher positiv	eher neutral bis positiv	positiv
Zeitperspektive	eher kurz	eher kurz	eher lang	eher lang
normative Verhaltenskontrolle	durch Regeln und Sanktionen	durch Loyalität dem System gegenüber	durch Berufskollegen als Setzer von Normen	durch Verinnerlichung von organisationalen Leitideen

[98] vgl. Türk (1981b)

	instrumentalistisches Grundverhältnis	bürokratisches Grundverhältnis	professionalistisches Grundverhältnis	organisationspolitisches Grundverhältnis
Autoritätsgrundlage	Macht durch Verfügen über Sanktionen	formale Autorität	fachliche Autorität	Macht durch Identifikation
Einflussmittel	personbezogene Sanktionen wie Entlohnung, Anerkennung, Freizeit	organisationsbezogene Sanktionen wie Titel, Laufbahn, formelle Anerkennung, Disziplinarmassnahmen	Anerkennung von Arbeitserfolg, Gewährung von Freiräumen	Partizipation

Allein mit dem Grundverhältnis zwischen Individuum und Organisation ist die Gesamtbeziehung zwischen beiden noch nicht ausreichend beschrieben. Vielmehr gibt es eine Reihe von «Steuerungsstrategien», die das Verhalten des einzelnen in der Organisation regeln oder in Gang setzen[99].

Diese Strategien sind hauptsächlich auf drei Bereiche bezogen, in denen sich für die Organisationsmitglieder Probleme ergeben:

- *Orientierungsprobleme* können deshalb entstehen, weil die Komplexität der Organisation die individuelle Kapazität zur Informationsverarbeitung übersteigt. Orientierungsfördernde Strategien sind Subjektivierung, Differenzierung und Standardisierung.

Unter *Subjektivierung* versteht man die Tatsache, dass innerhalb einer Organisation jeweils nur ein bestimmter Ausschnitt aus der Welt gleichsam in den Brennpunkt gerückt wird. Diesem Ausschnitt an Problemen wird dann zusätzlich noch eine bestimmte Bedeutung zugeordnet, so dass Richtlinien entstehen.

Die Strategie der *Differenzierung* bezieht sich auf die Zerlegung von Arbeitsprozessen, die Abgrenzung von Aufgaben-, Kompetenz- und Verantwortungsbereichen, die Strukturierung von Kommunikationsbeziehungen und die Festlegung von Rangordnungen.

Durch *Standardisierung* schliesslich werden Handlungen normiert; dies erfolgt z.B. durch die Festlegung von dauerhaften «wenn-dann-Beziehungen» (wenn Situation X, dann Handlungen Y) oder die Ausbildung von Verhaltensgewohnheiten.

- *Motivationsprobleme* sind vor allem wegen der erwähnten Differenzierung und Standardisierung in Organisationen zu erwarten, wie auch wegen der Objektivierung: Eine Organisation stellt ein von den konkreten einzelnen Mitgliedern losgelöstes soziales Gebilde dar (es ist für das Krankenhaus relativ gleichgültig, ob Herr Müller oder Herr Meier Pfleger ist, solange beide ihre vorgegebene Funktion gleich gut erfüllen).

Motivationsfördernde Strategien betreffen in erster Linie die Gestaltung der Anreizsituation, also die Formung der Aufgabenstruktur (arbeitsintrinsische Anreize) und der Sanktionsstruktur (arbeitsextrinsische Anreize).

- *Identitätsprobleme* ergeben sich dadurch, dass die Organisationsstrukturen in der Regel fremdbestimmt sind und die Aufrechterhaltung der Individualität oft gefährdet oder gar unmöglich ist.

[99] vgl. Türk (1976/1978)

Zu den identitätsfördernden Strategien gehören soziale Rollen, Handlungs- und Interpretationsspielräume.

262 Soziale Rolle

Alle Mitglieder des sozialen Systems Krankenhaus stehen in gewissen Beziehungen zueinander. Insofern kann das Krankenhaus als ein grosses Netz gesehen werden, in dem jeder Knoten (z.B. die Gruppenleiterin) durch einen durchlaufenden Faden (nämlich die Arbeitsbeziehungen) mit anderen Knoten (z.B. mit den anderen Mitgliedern der Arbeitsgruppe) in Beziehung steht. Die Knoten werden – soziologisch ausgedrückt – als *Positionen* bezeichnet[100].

Die einzelne Position – Abteilungsschwester, Abteilungsarzt und Gruppenleiterin beispielsweise – ist also eine bestimmte Stelle oder ein bestimmter Ort im sozialen System; sie steht in Beziehungen zu anderen Positionen. Vom Inhaber einer solchen Position werden jeweils gewisse Verhaltensweisen erwartet. Die *Summe der Erwartungen,* die sich auf das Verhalten des Inhabers einer sozialen Position beziehen, bezeichnet man als *soziale Rolle.* Der Rollenbegriff kommt aus dem Bereich des Theaters, wo die Rolle – die Schriftrolle des Textes – bestimmt, was der Schauspieler wem zu sagen hat und wie er es auszudrücken hat.

Zu jeder Position gehört eine Rolle, die das Verhalten des Positionsinhabers steuert. Da das Krankenhaus als soziales System beschrieben wurde, in dem die Handlungen der Mitglieder aufeinander bezogen sind, kann gesagt werden: Das Krankenhaus ist ein System aufeinander bezogener Rollen.

Von der Gruppenleiterin z.B. erwartet man, dass sie ihr Team sicher und zielorientiert führt, auftretende Probleme innerhalb eines umschriebenen Rahmens selbständig bewältigt sowie sonstigen organisationalen Normen/Regelungen pflichtbewusst folgt. Diese Erwartungen machen in ihrer Gesamtheit die Rolle der Gruppenleiterin aus.

Ähnlich ist es bei der Position des Küchenchefs, des Offiziers, des Arztes und des Leichenbestatters – immer hat die Umwelt bestimmte Vorstellungen darüber, wie sich der Träger der betreffenden Position zu verhalten hat, wie er seine Rolle zu «spielen» hat. So darf ein Leichenbestatter – will er nicht «aus der Rolle fallen» – nicht fröhlich pfeifend über den Friedhof schlendern.

Rollen legen also fest, was der Rollenträger tun *muss* (Aufgaben/Pflichten), was er *nicht* tun *darf* (Verbote/Tabus) und was er tun *kann*) (Rechte/Privilegien). Nach dem Grad der Sanktionierung und Verbindlichkeit lassen sich die Rollenerwartungen in Muss-, Soll- und Kann-Erwartungen einteilen.

Dies kann am Beispiel eines Vereins-Kassiers veranschaulicht werden[101]:

Art der Erwartung	Art der Sanktion		Beispiel
	positiv	negativ	
Muss-Erwartungen	–	gerichtliche Bestrafung	ehrliches Finanzgebahren
Soll-Erwartungen	(Sympathie)	sozialer Ausschluss	Teilnahme an allen Clubveranstaltungen
Kann-Erwartungen	Wertschätzung	(Antipathie)	freiwilliges Sammeln von Geldern

100 vgl. Golas (1982)
101 vgl. Dahrendorf (1961), nach Bosetzky/Heinrich (1980)

Die Erwartungen, die eine Rolle ausmachen, werden von einer Vielzahl verschiedener Mitmenschen gehegt, die als *Bezugsgruppe* des Rollenträgers bezeichnet wird. Damit sind alle diejenigen gemeint, mit denen das Individuum aufgrund seiner jeweiligen Position zu tun hat und die es in seinem Verhalten berücksichtigen muss.

Für die Gruppenleiterin sind dies z.B. die unmittelbaren Mitarbeiter und Vorgesetzten, die Patienten, die übrigen Teamchefs nebst anderen Personen, mit denen sie aufgrund ihrer Funktion/Position in Verbindung steht. Diese Leute, die als sogenannte *Rollensender* in Erscheinung treten, geben durch ihre Äusserungen, Normen, Regelungen und Reaktionen dem betreffenden Positionsinhaber zu verstehen, welches Verhalten sie von ihm erwarten.

Die Erwartungen werden durch die Abgrenzung von Aufgaben in Form von Stellenbeschreibungen, die Vorgabe von Richtlinien für den Arbeitsvollzug, die Festlegung von Über- und Unterordnungen und weitere Regelungen spezifiziert.

Darüber hinaus bestehen nicht formalisierte Erwartungen, die nirgends schriftlich festgehalten sind; so erwartet «man» z.B. von einem Mitarbeiter die Bereitschaft zu selbständigem Handeln und Entscheiden, zur Beratung und Information des Vorgesetzten, zu kooperativem Verhalten usw. ohne dass dies normalerweise schriftlich festgelegt wird. Die soziale Rolle erweist sich somit als *Bindeglied zwischen Individuum und Organisation*[102].

Grundsätzlich weist die Rolle eines Individuums in einer Organisation drei Komponenten auf (vgl. Abb. 41)[103]:

- organisatorische Regelungen, bilden das *formale Rollensegment;*
- Technologien, die die Bedingungen für die Aufgabenerfüllung schaffen, bilden die zweite Komponente der organisationalen Rolle;
- Erwartungen von Bezugsgruppen (Vorgesetzte Kollegen, Mitarbeiter, organisationsexterne Interaktionspartner wie z.B. Patienten) an das Verhalten des Positionsinhabers bilden schliesslich die dritte Komponente.

Die Erwartungen der Rollensender beziehen sich nicht nur auf das *Rollenverhalten,* sondern auch auf bestimmte persönliche Eigenschaften, die der betreffende Positionsinhaber haben sollte. Solche Eigenschaften werden als *Rollenattribute* bezeichnet.

Während Rollenerwartungen beinhalten, was bestimmte Personen in sozialen Positionen zu *tun* haben, bestimmen Rollenattribute darüber, wie diese Personen «zu *sein*» haben. Als solche Merkmale kommen in Betracht: Grösse, Rassenzugehörigkeit, Alter, Aussehen (Kleidung, Haartracht), «Auftreten», Gewandtheit, Ausdrucksweise.

In diesem Zusammenhang stellt sich die grundsätzliche Frage, ob soziale Rollen ein unangenehmer Zwang oder ein notwendiger Halt für den Menschen bedeuten. Soziale Rollen sind insofern ein *Zwang,* als ihre Übernahme stets auch mit Unterwerfung verbunden ist. Zudem bestehen zwischen aufeinander bezogenen Rollen (z.B. Arbeitgeber – Arbeitnehmer) in der Regel erhebliche Abhängigkeitsbeziehungen, denen der schwächere Partner nur schwer entgehen kann[104].

---

102 vgl. Kieser (1980)
103 vgl. Kieser/Kubicek (1977)
104 vgl. Bosetzky/Heinrich (1980)

Abbildung 41: Organisationale Rolle[33]

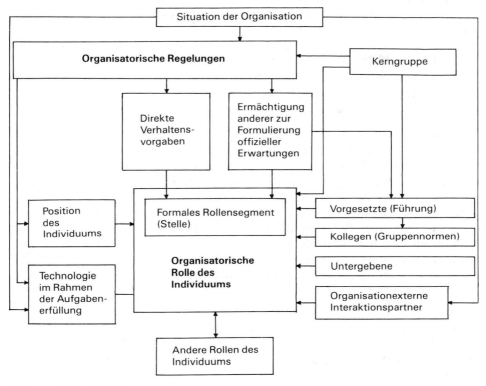

33 Kieser/Kubicek (1977)

Soziale Rollen stellen andererseits aber auch einen *Halt* dar: Durch die Rolle wird das Verhalten des einzelnen verallgemeinert und dadurch vorhersehbarer, jedenfalls in der Interaktion mit den Bezugspersonen. Die Komplexität sozialen Lebens wird damit grundsätzlich reduziert.

Kann man das Verhalten einer anderen Person innerhalb eines gewissen Rahmens vorhersehen, so kann man sicherer agieren und reagieren. Aber auch derjenige, der die Rolle gelernt hat, der sie «spielen» kann, gewinnt Sicherheit in seinem sozialen Umfeld und wird von der ständigen Angst, sich «falsch» zu verhalten, entlastet. Die Rolle verschafft also Sicherheit hinsichtlich der Art und Weise, auf die man sich selbst zu verhalten hat und hinsichtlich dessen, was man von anderen erwarten kann/darf/muss. Zudem erlaubt die Erkenntnis der Rollenhaftigkeit menschlichen Handelns, viele Äusserungen der Mitmenschen als weitgehend funktionsbedingt zu erkennen und zu akzeptieren («ich verstehe – er sagt das in seiner Funktion als Küchenchef»).

Dass die soziale Umwelt an den Inhaber einer Position bestimmte Rollenerwartungen richtet, heisst aber noch nicht, dass dieser diese Erwartungen auch wahrnimmt und

sich dann – falls er sie wahrnimmt – den Erwartungen entsprechend verhält. Es sind hier also drei Elemente im Spiel[105]:
- *Rollenerwartungen:* Das sind die Erwartungen der Rollenpartner an den Rollenträger.
- *Rollenselbstdeutung:* Das sind die Vorstellungen des Rollenträgers selbst über seine Position bzw. die Art und Weise, wie er seine Rolle interpretiert.
- *Rollenverhalten:* Das tatsächliche Rollenverhalten ist die jeweilige individuelle Ausgestaltung der Rolle durch den Rollenträger.

Das tatsächliche Verhalten des Rollenträgers wird in erster Linie durch folgende drei Variablen bestimmt:
- *Legitimation:* Der Mensch tendiert dazu, berechtigten Erwartungen zu entsprechen und unberechtigte Erwartungen zurückzuweisen. Dabei kommt es nicht darauf an, welche Erwartungen objektiv berechtigt sind, sondern darauf, welche Erwartungen eine Person als berechtigt ansieht.
- *Sanktionen:* Der Mensch tendiert dazu, von zwei Verhaltensweisen (entsprechend zwei verschiedenen Rollenerwartungen) diejenige zu wählen, die mit den meisten positiven bzw. mit den wenigsten negativen Sanktionen verknüpft ist.
- *Persönliche Orientierung:* Legitimation und Sanktionen können gegengerichtet sein. Jetzt muss sich die Person entscheiden: Sie kann der Berechtigung von Rollenerwartungen den Vorrang geben (moralistische Orientierung) oder den Sanktionen (zweckhafte Orientierung).

Dass ein soziales System wie die Gruppe oder die Organisation gut funktioniert, setzt voraus, dass die einzelnen Mitglieder ihre Rolle kennen bzw. richtig interpretieren und sie auch richtig spielen. Seine Rolle in der Organisation lernt das Individuum dadurch kennen, dass es:
- aus festgelegten Rollenvorschriften (z.B. Stellenbeschreibung) ein Bild seiner Rolle entwirft;
- vergleichbare Positionsträger beobachtet;
- Reaktionen seiner sozialen Umgebung (Rollenpartner) wahrnimmt.

«Dass der Mensch willens und fähig wird, sich in seine Rolle zu fügen, dafür sorgt der Prozess der Sozialisation, in dem wir lernen, zu wollen, was wir sollen, und es schliesslich tun, ohne es zu merken...» (H. Popitz).
Jeder muss sich auch bewusst sein, dass die verschiedenen Rollen, die er täglich zu spielen hat, auch durch die spezifische *Situation* bestimmt werden. So ist beispielsweise die Rolle in der Arbeitsgruppe auch abhängig von den konkreten augenblicklichen Erwartungen (bzw. Befürchtungen) der übrigen Gruppenmitglieder und von der Funktion, die im jeweiligen Augenblick von der Gruppe benötigt wird.
Das Lernziel in dieser Hinsicht lautet: Bewusster und sensibler wahrnehmen, welche Rollenfunktion jeweils erforderlich ist. Rollen müssen *flexibel* und *funktional* sein. Jeder Mensch gehört nicht nur einer, sondern mehreren sozialen Gruppen an, in denen er jeweils eine bestimmte Position einnimmt. Und jede Position steht jeweils in Bezug zu anderen Positionen. Insofern spielt jeder Mensch eine Mehrzahl von Rollen wie[106]

---

105 vgl. Withauer (1981)
106 vgl. Golas (1982)

- *Altersrollen* (Säugling, Kind, Jugendlicher, Erwachsener...)
- *Geschlechtsrollen* (Mann, Frau)
- *Kulturrollen* (Schweizer, Deutscher, Jugoslawe...)
- *Verwandtschaftsrollen* (Vater, Mutter, Schwiegermutter...)
- *Berufsrollen* (Vorgesetzter, Mitarbeiter; kfm. Angestellter, Koch; Krankenschwester AKP, Krankenpflegerin FA-SRK, Schwesternhilfe)

Jeder Mensch hat also mit seinen verschiedenen Positionen eine Vielzahl sozialer Rollen zu spielen bzw. Erwartungen zu erfüllen (vgl. Abb. 42). Dieser sogenannte *Rollensatz* eines Individuums umfasst zugewiesene Rollen (wie Alters- und Geschlechtsrollen) und erworbene Rollen (wie Berufsrollen und z.T. Verwandtschaftsrollen).

Abbildung 42: Person im Zentrum von Erwartungen

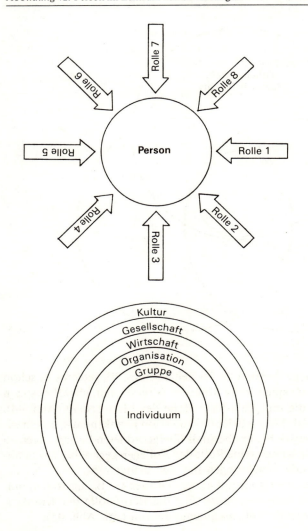

Der Rollensatz einer Person soll am Beispiel von Küchenchef Blaser veranschaulicht werden: Dem Küchenteam gehört er in der Rolle des Teamchefs an, seiner Familie in der Rolle des Ehemannes und Familienvaters, der Öffentlichkeit in der Rolle des Bürgers (dass er noch Kassier des Kynologischen Vereins und Mitglied der Sozialdemokratischen Partei ist sowie jeden Mittwochabend in der «Krone» an einer Jassrunde mitmacht, soll hier nur am Rande vermerkt werden). Die Überschneidungen verschiedener Rollenerwartungen werden in Abbildung 43 vereinfachter Form dargestellt. Da also der einzelne durch seine Verbundenheit mit mehreren Gruppen, Organisationen und sozialen Kategorien (z.B. Lebensalter, Geschlecht) *Träger mehrerer Rollen* ist, die in einem widersprüchlichen Verhältnis zueinander stehen können, kommt es nicht selten zu Rollenkonflikten (siehe unten).

Abbildung 43: Individuum im Schnittfeld von Rollenerwartungen

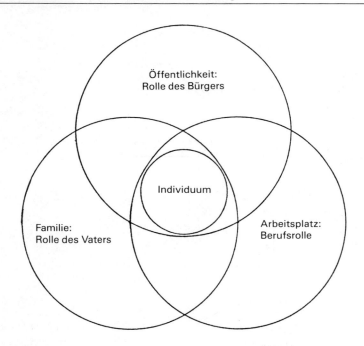

Aber auch die scheinbar einfache Berufsrolle des Leiters eines Pflegeteams ist schon komplex: In seinem Arbeitsteam spielt er die Rolle des Vorgesetzten, im Arbeitsteam seines Vorgesetzten spielt er die untergeordnete Rolle des Mitarbeiters (Abb. 44). Dazu kommt noch seine Rolle als Mitglied der Organisation Krankenhaus; als einzelnes Mitglied sowie als Vorgesetzter hat er abermals übergeordneten Erwartungen zu entsprechen. Schliesslich ist auch noch seine Rolle den Kollegen gegenüber zu erwähnen, die ebenfalls entsprechende Erwartungen mit sich bringt.

Durch die Verbindung der einzelnen Rolle mit anderen Rollen (= Bezugsrollen) umfasst die Rolle somit mehrere *Rollensegmente.* Für die Berufsrolle der Krankenschwester können wir uns folgende Rollensegmente denken (vgl. Abb. 45):

Abbildung 44: Verschiedene Rollensegmente der Berufsrolle (Rollenträger B als Mitarbeiter, Kollege, Vorgesetzter)

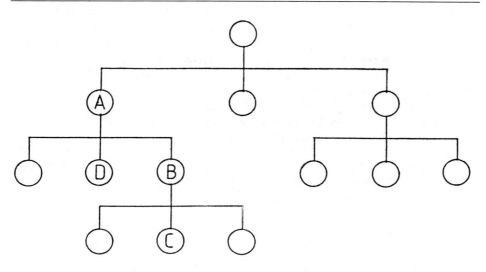

Abbildungen 45: 8 Rollensegmente der Berufsrolle «Krankenschwester»

Krankenschwester – Vorgesetzter
Krankenschwester – Mitarbeiter
Krankenschwester – Kollege
Krankenschwester – Patient

Krankenschwester – Arzt
Krankenschwester – Schüler
Krankenschwester – Berufsverband/ Gewerkschaft
Krankenschwester – Öffentlichkeit (Massenmedien)

Die Rolle der Krankenschwester ist also mit den Rollen der Mitarbeiter, Vorgesetzten, Ärzte, Patienten usw. verknüpft und dadurch entsprechend segmental strukturiert. Dass es nicht immer einfach ist, alle diese Segmente «unter einen Hut» zu bringen, dürften die meisten Krankenschwestern schon erfahren haben.

Zu einem *Rollenkonflikt* kommt es dann, wenn widersprüchliche, unvereinbare Rollenerwartungen bestehen. Es lassen sich verschiedene Formen von Rollenkonflikten unterscheiden, die in Abbildung 46 grafisch dargestellt sind (die folgende Numerierung bezieht sich auf diese Grafik)[107].

Abbildung 46: Rolle und Person[34]

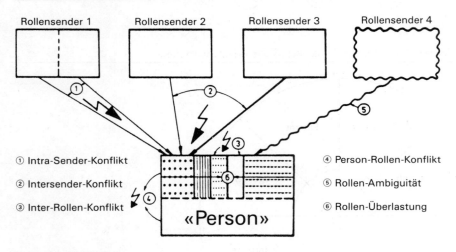

① Intra-Sender-Konflikt
② Intersender-Konflikt
③ Inter-Rollen-Konflikt
④ Person-Rollen-Konflikt
⑤ Rollen-Ambiguität
⑥ Rollen-Überlastung

34 Neuberger (1984)

- *Intra-Sender-Konflikt:* Darunter versteht man eine Situation, in der ein und dieselbe Bezugsperson gegenüber dem Positionsinhaber in sich widersprüchliche Forderungen stellt. Beispiel: Ein Vorgesetzter verlangt von seinem Mitarbeiter gleichzeitig rasche, fehlerfreie und kostenminimale Erledigung seiner Aufgaben. Bei diesem Konflikt handelt es sich um widersprüchliche Erwartungen, die innerhalb ein und derselben Rolle auftreten, also um eine Form des *Intra-Rollenkonflikts*.

107 vgl. Neuberger (1984), Wiswede (1977)

- *Inter-Sender-Konflikt:* Hier richten zwei verschiedene Bezugspersonen unvereinbare Erwartungen an die Person (Abb. 46/47). Beispiel: Die Abteilungsschwester erwartet von der Gruppenleiterin, dass sie ihre Mitarbeiter zu Überstunden anhält, während die Mitarbeiter ihrerseits von der Gruppenleiterin erwarten, dass sie ihnen Überstunden vom Halse hält. Auch hier handelt es sich um einen Intra-Rollenkonflikt. In der Abbildung ist einer der beiden «Erwartungspfeile» etwas stärker gezeichnet, um auszudrücken, dass die Erwartungen einen unterschiedlichen Verbindlichkeitsgrad haben können («Muss»-, «Kann»-, «Soll»-Erwartungen).

Zu einem Inter-Sender-Konflikt kommt es also dann, wenn in der betreffenden Bezugsgruppe keine Übereinstimmung hinsichtlich der Rolle einer Person besteht, was widersprüchliche Rollensegmente zur Folge hat. Es ist bekannt, dass die Position des Gruppenleiters fast durchwegs einen solchen Konflikt mit sich bringt, weil sich die Erwartungen von Chefs und Mitarbeitern im allgemeinen nicht decken. Verschiedene Möglichkeiten, mit einem derartigen Konflikt umzugehen, kommen weiter unten zur Sprache.

Abbildung 47: Inter-Sender-Konflikt

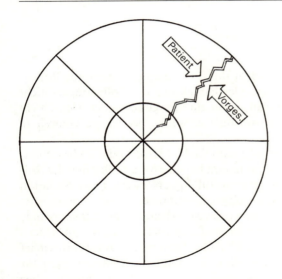

- *Inter-Rollen-Konflikt:* Hier bestehen widersprüchliche Erwartungen zwischen verschiedenen Rollen, die eine Person zu spielen hat (Abb. 48). Beispiel: Dr. Sturzenegger soll Überstunden machen (Berufsrolle), seine Frau aber verlangt, dass er in der fraglichen Zeit mit ihr ins Kino geht (Rolle Ehemann). Die Person steht hier sozusagen im Schnittpunkt mehrerer sozialer Systeme, in denen sie jeweils verschiedene Positionen einnimmt. Es stellt sich ihr damit die Aufgabe, allfällige unterschiedliche Forderungen auszubalancieren. Die verschiedenen Systeme können für die Person unterschiedliches Gewicht haben; diese Möglichkeit ist in der Abbildung durch die verschieden grossen Felder symbolisiert.

Abbildung 48: Inter-Rollenkonflikt

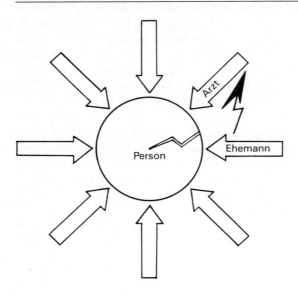

- *Person-Rollen-Konflikt:* Zu einem solchen Konflikt kommt es, wenn die Rollenerwartungen den Bedürfnissen, Werten oder Fähigkeiten des Rollenträgers nicht entsprechen. Dies ist z.B. dann der Fall, wenn ein umweltbewusster Mensch ein Reinigungsprodukt anwenden muss, von dem er weiss, dass es die Umwelt in hohem Masse belastet.
- *Rollen-Mehrdeutigkeit:* Darunter versteht man die Unklarheit oder Unbestimmtheit von Rollenerwartungen. Rollen-Ambiguität hat eine Verunsicherung des Rolleninhabers zur Folge, welche die Aufgabenerfüllung erschwert. Diese Situation ist dort gegeben, wo die übertragenen Aufgaben, Kompetenzen und Verantwortlichkeiten ungenügend definiert sind oder wo der Mitarbeiter keine rückkoppelnde Information über sein Arbeitsergebnis erhält, so dass er nicht weiss, ob sein bisheriges Arbeitsverhalten zweckmässig war oder nicht. Der positive Aspekt unscharf formulierter Erwartungen besteht darin, dass sich durch die Mehrdeutigkeit für die persönliche Gestaltung der Rolle wesentlich grössere Spielräume eröffnen, als wenn die Forderungen präzise umschrieben sind.
- *Rollen-Überlastung:* Zu einer Rollen-Überlastung kommt es, wenn die auf den Rolleninhaber gerichteten Erwartungen zwar nicht widersprüchlich sind, jedoch ein Ausmass erreichen, dem er nicht mehr gewachsen ist (es ist dies die Lage des überlasteten Mitarbeiters/Vorgesetzten). Eine solche Situation zwingt den Betreffenden, *selbst* Prioritäten zu setzen, Abstriche zu machen oder durch schrittweises Abarbeiten einer Überforderung zu entgehen. Die Belastungen werden geringer, wenn ein *Rollentransfer* möglich ist, d.h. wenn das Beherrschen einer Rolle das Spielen anderer Rollen erleichtert. Beispiel: Der Leiter des Rechnungswesens eines Krankenhauses wird aufgrund seines ständigen Umgangs mit Zahlen ohne weiteres in der Lage sein, Kassier in einem Ortsverein zu werden.

Wenn eine Person eine Rolle vollumfänglich annimmt bzw. «in ihr aufgeht», spricht man von *Rollenidentifikation*. Andererseits kann sich jemand auch von einer Rolle distanzieren. Eine solche *Rollendistanz* kann Ausdruck mangelnder Identifikation mit der Rolle sein oder aber Ausdruck einer kritisch-reflexiven Haltung der Rolle gegenüber.

Stehen zwei Rollen in einem Verhältnis der Über- und Unterordnung zueinander, wie etwa Küchenchef und Küchenbursche, so wird dies als *Rollenasymmetrie* bezeichnet. Dieses Verhältnis schliesst eine gegenseitige Ergänzung bzw. Komplementarität – im positiven wie im negativen Sinne – nicht aus, wenn der untergeordnete Partner die Ungleichheit für legitim hält (Autorität) oder aber, wenn er resigniert.

Für die seelische Gesundheit eines Menschen ist es von grosser Bedeutung, dass er sich nicht nur mit der einen Rolle zufriedengibt, die ihm seine Organisation zuweist. Er muss weitere Rollen innerhalb und ausserhalb der Organisation übernehmen z.B. in einem Betriebsrat, einem Freundeskreis oder einem Verein. Diese sogenannte *Rollenakkumulation* trägt zur Bereicherung der Persönlichkeit und zur Entwicklung des Selbstbildes wesentlich bei (solange sie nicht mit einer Rollen-Überlastung verbunden ist)[108].

Die Beschäftigung mit der Problematik der sozialen Rolle wirft die Frage auf, ob der Mensch denn als blosser Rollenspieler zu bezeichnen ist. Durch Technisierung und Bürokratisierung werden die sozialen Rollen des einzelnen sehr detailliert ausgeprägt und das Verhalten des Rollenträgers sehr weitgehend determiniert. Seine Individualität wird durch funktionsnotwendige Rollen nahezu erschöpfend umschrieben. Die Gefahr der Entfremdung des «ganzen» Menschen zu einem einseitig funktionalisierten, unfreien, fremdgesteuerten Rollenspieler ist gross.

Was kann dagegen getan werden?

- Erstens: die vorhandenen Spielräume ausschöpfen. Keine Rolle ist so detailliert ausgeprägt, dass sie das gesamte Denken, Fühlen und Handeln des Rollenträgers total zu determinieren vermag. Keine Fremdsteuerung durch Verinnerlichung von Rollenerwartungen ist so perfekt, dass der einzelne Positionsinhaber zur Marionette erniedrigt wird. Vor allem die formal weniger definierten Rollen (wie die Rolle des Kollegen, des Freundes, der Eltern) beinhalten erhebliche Spielräume.

  An jedem einzelnen liegt es, diese Spielräume individuell-kreativ auszugestalten. Auch die Rolle des Vorgesetzten wird nie so vollkommen, eindeutig, konfliktfrei und starr gefasst werden können, dass keine persönlichen Deutungs- und Gestaltungsmöglichkeiten bleiben.

- Zweitens ist eine gewisse *Rollendistanz* erwerbbar. Der Mitarbeiter kann Rollenerwartungen, die auf ihn gerichtet werden, sich bewusst machen und sich ihnen gegenüber reflektierend-flexibel verhalten.

  Fragen wie die folgenden sind in dieser Hinsicht von Bedeutung: Was wird von mir erwartet (als Mitarbeiter, Vorgesetzter, Ehefrau, Bürger usw.)? Welche Rollen übernehme ich gerne? Welche nicht? Aus welchen Rollen, die ich innerlich ablehne, kann ich mich befreien? Wie? (Arbeitsfragen «Beeinflussung durch die Umwelt» finden sich in Abb. 79/Anhangband.)

108 vgl. Wiswede (1977)

263 Aspekte gestörter Integration

In den beiden vorangehenden Abschnitten gelangen Aspekte und Möglichkeiten einer gelungenen Integration von Individuum und Organisation zur Darstellung. Bei der Besprechung der sozialen Rolle – dem zentralen Bindeglied zwischen Individuum und Organisation – sind auch bereits einige Probleme gegenseitiger Anpassung angesprochen worden.

Rollenkonflikte sind keineswegs die einzigen Schwierigkeiten, die sich in der Interaktion zwischen Individuum und Organisation ergeben können. Auf verschiedene weitere wesentliche Aspekte gestörter Integration, die sich nicht nur auf die Arbeitsleistung und Arbeitszufriedenheit, sondern auch allgemein auf die Lebensqualität des einzelnen und seines sozialen Umfelds in hohem Masse auswirken, soll im folgenden eingegangen werden.

Als erstes soll die Beziehung zwischen formaler Struktur einer Organisation und Individuum zur Sprache kommen.

Betrachtet man zunächst die menschliche Persönlichkeit, so lassen sich in der Regel folgende grundlegende Eigenschaften feststellen[109]: Der Mensch in unserer Kultur entwickelt

- sich von einem passiven Zustand zu einem Zustand zunehmender Aktivität.
- sich von einem fremdbestimmten Zustand in der Kindheit fort zu einem Zustand zunehmender Selbstbestimmung als Erwachsener.
- sich von einem Zustand der Abhängigkeit von anderen zu einem Zustand relativer Unabhängigkeit (was Anerkennung gesunder Abhängigkeiten nicht ausschliesst).
- aus einer Kurzzeitperspektive als Kind (d.h. die Gegenwart bestimmt weitgehend das Verhalten) eine sehr viel längere Zeitperspektive als Erwachsener (das Verhalten wird stärker durch Vergangenheit und Zukunft beeinflusst).
- seine Neigung, Phänomene in ihrer vollen Ganzheit, Komplexität und Tiefe zu erfahren.
- sich von geringer Bewusstheit und Kontrolle über das Selbst zu einem Zustand grösserer Bewusstheit und Kontrolle.

Vergleicht man in einem nächsten Schritt diese Eigenschaften mit einigen grundlegenden Prinzipien der Organisation, so lässt sich folgendes festhalten:

- *Prinzip der Rationalität:* Die Organisation ist ihrem Wesen nach ein rationales Gebilde, das auf einem logischen Fundament aufbaut.
  Das menschliche Wesen aber umfasst neben einem rationalen, sach-logischen Bereich auch einen irrationalen, emotionalen bzw. psycho-logischen Bereich, was einen Teil des «Unbehagens in der Organisation» verursacht.
- *Prinzip der Aufgabenspezialisierung:* Die Organisation erreicht ihre Ziele auf der Grundlage einer Aufgaben- bzw. Arbeits-Spezialisierung.
  Dieses Prinzip widerspricht dem menschlichen Bedürfnis, Phänomene in ihrer vollen Ganzheit und Komplexität zu erfahren. Zudem wird vom Individuum der Gebrauch nur eines Teils seiner Fähigkeiten gefordert, was keineswegs die «ewige Herausforderung» bedeutet, wie sie von einer gesunden Persönlichkeit gewünscht wird.

109 vgl. Argyris (1975)

- *Prinzip der Hierarchie:* In einer Organisation sind die einzelnen Elemente des sozialen Systems auf verschiedenen Ebenen angeordnet, so dass das Element der höheren Ebene das Element der unteren Ebene steuert und kontrolliert.
  Dieses Prinzip wirkt so, dass es vier der Reifungstendenzen der Persönlichkeit behindert: Es bewirkt Abhängigkeit, Unterordnung, geringe Kontrollbefugnis und eine kurze Zeitperspektive (weil die Untergebenen nicht über die notwendigen Informationen für die Vorhersage ihrer Zukunft verfügen).
- *Prinzip der Einheit der Leitung:* Dieses Prinzip behauptet, dass die Effektivität ansteigt, wenn die Aufgabenerfüllung einer Arbeitseinheit durch eine leitende Instanz geplant und gesteuert wird. Damit werden ideale Bedingungen für Misserfolgserlebnisse geschaffen.
  Erfolgserlebnisse setzen aber voraus, dass das Individuum in der Lage ist, seine eigenen Ziele in Beziehung zu seinen Bedürfnissen und in Beziehung zu den Hindernissen, die zur Zielerreichung überwunden werden müssen, zu definieren.
- *Prinzip der kleinen Leitungsspanne:* Dieses Prinzip besagt, dass die Effektivität ansteigt, wenn einem Vorgesetzten nicht mehr als sechs Mitarbeiter direkt unterstellt sind.
  Das Prinzip betont eine strenge Beaufsichtigung, weil es die Zahl der Untergebenen möglichst gering halten will. Dies führt dazu, dass das Gefühl der Abhängigkeit, Unterordnung und Passivität verstärkt wird. Kurz: Es wird eine Arbeitssituation geschaffen, die eher unreife als reife Mitarbeiter erfordert.

«Wenn die Befunde aus der Betrachtung des Einflusses formaler Organisationsprinzipien auf das Individuum zusammengetragen werden, muss daraus geschlossen werden, dass es einige grundsätzliche Inkongruenzen zwischen den Reifungsdimensionen einer gesunden Persönlichkeit in unserer Kultur und den Erfordernissen formaler Organisation gibt.»[110]

Die Prinzipien formaler Organisation sind auf die Schaffung einer Arbeitssituation gerichtet, in der die Mitarbeiter

- ihre tägliche Arbeitswelt nur minimal selbst bestimmen können
- zu Passivität, Unselbständigkeit und Unterordnung erzogen werden
- eine kurze Zeitperspektive entwickeln
- dazu gebracht werden, den fortgesetzten Gebrauch weniger Fähigkeiten zu vervollkommnen und zu schätzen
- unter Bedingungen arbeiten, die zu psychischen und psychosomatischen Schäden führen können.

Alle diese Sachverhalte decken sich nicht mit den Sachverhalten, die gesunde Menschen sich wünschen. Mitglieder einer Organisation, die ein Bedürfnis nach gesunder, reifer Selbstverwirklichung haben, werden im allgemeinen

- *frustriert* sein, weil ihre Selbstverwirklichung verhindert wird.
- *Versagen* empfinden, weil ihnen weder ermöglicht wird, ihre eigenen Ziele, noch die Wege zu diesen Zielen in bezug auf ihre zentralen Bedürfnisse zu bestimmen.
- eine *kurze Zeitperspektive* entwickeln, weil sie keinen Einfluss auf die Klarheit und Stabilität ihrer Zukunft haben.

110 vgl. Argyris (1975)

- *Konflikte* erleben, weil sie als gesunde Individuen eine Abneigung gegen Frustration, Versagen und kurze Zeitperspektive haben.

Wegen des Ausmasses an Abhängigkeit und Unterordnung und weil die Zahl der Positionen auf der nächsthöheren Ebene der Hierarchie abnimmt, werden Mitarbeiter, die nach Aufstieg streben, sich in *Konkurrenz* und *Rivalität* zueinander finden. Weil der Mitarbeiter so geführt und belohnt wird, dass er seine eigene Aufgabe gut erledigt, wird er das Schwergewicht eher auf die Teile als auf das Ganze legen.
Diese Orientierung verstärkt die Notwendigkeit, Aktivitäten der einzelnen Teile zu koordinieren, um das Ganze zu erhalten. Dadurch aber erhöht sich wiederum die Abhängigkeit, Unterordnung usw. des Mitarbeiters (vgl. Abb. 49).

Abbildung 49: Koordination und Abhängigkeit

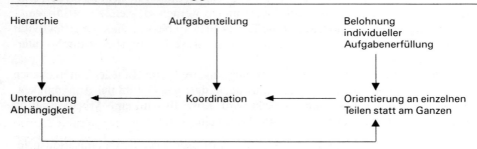

Gibt es einen Ausweg aus diesem Circulus vitiosus? Sicher trägt eine *partizipative Führung* zur Verbesserung der Situation bei; das Grundproblem jedoch lässt sich nicht aus der Welt schaffen: «Das Dilemma zwischen individuellen Bedürfnissen und organisationalen Erfordernissen ist ein grundlegendes, andauerndes Problem, das der Führungskraft ewige Herausforderung bietet.»[111]

Kräfte in einer Organisation, die ihr Funktionieren stören, aber auch Mitarbeiter frustrieren – d.h. Ursachen für ein von gültigen Normen abweichendes negatives Verhalten – können sein[112]:

- *Sozialisationsdefizite:* Erfolgt die Verinnerlichung der massgebenden Werte und Normen (wie Fleiss, Gewissenhaftigkeit, Ehrlichkeit usw.) in der familialen, schulischen und besonders in der beruflichen Sozialisation nicht richtig oder unvollständig, so können diese Defizite zu abweichendem Verhalten führen.
- *Ungleichheit:* Zwischen dem Einkommen, dem Status und der Macht eines Chefarztes auf der einen und eines Hilfspflegers auf der anderen Seite bestehen so grosse Unterschiede, dass sie sensible und frustrierte Mitarbeiter durchaus zu abweichendem Verhalten treiben können (etwa Leistungszurückhaltung oder Absentismus).
- *Gruppeneinflüsse:* Abweichendes Verhalten in Organisationen wird sehr häufig in informellen Gruppen vorbereitet/gelernt bzw. von ihnen ausgelöst.
- *Etikettierungen:* Negative Sanktionen wie öffentliche Kritik oder formelle Verweise können einen Mitarbeiter so abstempeln, dass er sich dann erst recht so ver-

111 vgl. Argyris (1975)
112 vgl. Bosetzky/Heinrich (1980)

hält bzw. – da die anderen ihn ausschliessen – so verhalten muss, wie man es von einem ‚Abweichler' erwartet.
- *Neutralisierung:* Abweichendes Verhalten kann auch auf Rechtfertigungen beruhen, die zwar nicht vom Normensystem der Organisation, jedoch von dem des Individuums als gültig angesehen werden.
  So kann z.B. jemand die Verantwortung ablehnen («soll er sich doch an die Verwaltung wenden, wenn er's so eilig hat; ist doch nicht meine Schuld, wenn die so komplizierte Vorschriften machen»).
- *Integrationsfunktion:* Mitarbeiter, die für alle sichtbar abweichendes Verhalten zeigen und dafür bestraft werden, sind für das Funktionieren einer Organisation von essentieller Bedeutung, weil sie den Angepassten unter den Kollegen vier für sie notwendige Reaktionen ermöglichen:
  - *Solidarisierung* (abweichendes Verhalten vereinigt die «aufrechten Gemüter»)
  - *Normenfestigung* (durch das Verhängen von Sanktionen werden die Normen stets aufs neue ins Gedächtnis gerufen),
  - *Selbstbestätigung* (man selbst kann sich zu den Guten zählen)
  - *Schuldprojektion* (das eigene Ungenügen wird in den Sündenbock hineinverlagert und dessen Bestrafung als eigene Reinigung erlebt).
- Nimmt man noch den *Innovations-Effekt* hinzu (abweichendes Verhalten löst oftmals notwendige Neuerungen aus), so lässt sich folgendes festhalten:
  Abweichendes Verhalten negativer Art weist zwar auf die Desintegration einzelner hin, fördert aber gleichzeitig die Integration der vielen anderen; mitunter dient es sogar der Integration aller Mitarbeiter und damit der Erreichung der offiziellen Ziele (womit es dann eigentlich nicht mehr als «negativ» bezeichnet werden kann).

Betrachtet man die desintegrativen Wirkungen abweichenden Verhaltens, so lassen sich vier unerwünschte Wirkungen feststellen[113]:

- *Belastungs-Effekt:* Abweichungen stören den Arbeitsablauf und verursachen aufwendige Kontrollen.
- *Desorganisations-Effekt:* Abweichungen erwecken Zweifel am Sinn bestehender organisationaler Ziele und Strukturen.
- *Aushöhlungs-Effekt:* Haben Abweichende mit ihrem Handeln Erfolg, schwindet auch die Normentreue der anderen.
- *Ungewissheits-Effekt:* Kann man sich nicht mehr darauf verlassen, dass die anderen sich den Normen entsprechend verhalten werden, so hat dies eine Verunsicherung zur Folge.

In jeder Organisation haben Vorgesetzte wie Kollegen ein ganzes Arsenal an negativen Sanktionen zur Hand, um Abweichler wieder zu konformem Verhalten zu bewegen. Neben den formellen Sanktionen, die als *Disziplinarmassnahmen* bezeichnet werden (z.B. Tadel, Ermahnung, Verweis) steht dem Vorgesetzten ein reichhaltiges Reservoir an informellen (ungeschriebenen) Sanktionen zur Verfügung[114]:

- Ignorieren   – ironisch überhöhtes Loben

---

113 vgl. Wiswede (1973), nach Bosetzky/Heinrich (1980)
114 vgl. Bosetzky/Heinrich (1980)

- unpersönlicher/kalter Umgangston
- unfreundliche Blicke
- «von oben herab» behandeln
- verbale Missbilligung
  (auch in Form von Scherzen)

- Arbeitsverschärfung (Zuteilung von mehr oder unbeliebten Arbeiten, Erhöhung des Zeitdrucks)
- Entzug von Privilegien (Arztbesuche während der Dienstzeit, private Telefongespräche vom Arbeitsplatz aus usw.)
- Verbauen von Beförderungschancen (schlechtere Beurteilungen, keine Empfehlungen)

Der grösste Teil dieser ungeschriebenen negativen Sanktionen steht nicht nur Vorgesetzten, sondern auch Kollegen und Mitarbeitern zur Verfügung. Diese können ein Gruppenmitglied, das sich in ihren Augen falsch oder unpassend verhält, vor allem durch *Störungen der Arbeitskooperation* treffen: ihm nicht helfen, es von Informationen abschneiden, es ruhig einen Fehler begehen lassen, es direkt bei der Arbeit stören. Sie können es aber auch durch eine ganz bestimmte Art von *kollegialem Psychoterror* «fertigmachen», indem sie es dauernd necken, veralbern und verspotten. Negative Sanktionen sind zwar von der Leitung der Organisation aus als Mittel zur Integration gedacht, haben aber häufig die gegenteilige Wirkung. Die *desintegrierenden Folgen von Bestrafungen* sind[115]:

- *Vermeidungsverhalten:* Der Mitarbeiter geht allem aus dem Wege, was auch nur im entferntesten mit negativen Sanktionen verbunden sein könnte; damit kommt es auch zur Unterdrückung wünschenswerter Verhaltensweisen und zu Beziehungsverlusten.
- *Fluchtverhalten, Apathie:* Der Mitarbeiter distanziert sich von seiner Rolle, widmet sich verstärkt privaten Aktivitäten, verrichtet seine Arbeit teilnahmslos.
- *Aggressionen:* Der Mitarbeiter intrigiert gegen seinen Vorgesetzten und dessen Gefolgsleute und arbeitet gegen sie, wo immer er kann.
- *Hintergehen des Vorgesetzten:* Der Mitarbeiter versichert zwar, die betreffenden Dinge nicht mehr zu tun, tut sie aber meist trotzdem noch und entwickelt immer neue Techniken, seinen Chef zu täuschen.

Mitglieder, die ihrer Organisation weitgehend entfremdet sind, sind zwar immer um die Erfüllung der Mindesterwartungen im Hinblick auf ihre Mitgliedschafts- und Arbeitsrolle besorgt, fallen aber dennoch durch eine Reihe typischer Verhaltensmuster und Strategien auf[116]:

- *Hohe Absentismusquote:* Der Mitarbeiter bleibt bei jeder sich bietenden Gelegenheit der Arbeit fern.
- *Permanenter Wunsch nach Urlaub:* Der Mitarbeiter sehnt sich dauernd danach, ‚wegfahren' zu können, endlich mit Arbeiten aufhören zu können, pensioniert zu werden.
- *Ausweichen in Tagträume:* Der Mitarbeiter weicht auf andere Realitätsebenen aus; er träumt vor sich hin und begibt sich in «andere Welten».

---

[115] vgl. Bosetzky/Heinrich (1980)
[116] vgl. Bosetzky/Heinrich (1980)

- *Ausweichen in Alkohol/Drogen:* Der Mitarbeiter versucht mittels Medikamente, Alkohol oder Drogen der unangenehmen Arbeitsrealität zu entfliehen.
- *Ausweichen in private Aktivitäten:* Der Mitarbeiter liest z.B. bei jeder sich bietenden Gelegenheit Zeitung, telefoniert mit Bekannten und bereitet private Anlässe vor.
- *Rückfall in kindliche Verhaltensweisen (Regression):* Der Mitarbeiter bewirft z.B. Kollegen mit Papierkugeln, versteckt anderen die Arbeitsmittel und ist unablässig dabei, in irgendeiner Art herumzublödeln.
- *Lächerlichmachen:* Der Mitarbeiter macht sich bei jeder Gelegenheit über die eigene Organisation und insbesondere den Vorgesetzten lächerlich.
- *Verbale Aggression:* Der Mitarbeiter schimpft dauernd über die eigene Organisation und die Vorgesetzten.
- *Flucht in informelle Beziehungen:* Der Mitarbeiter sucht seine Befriedigung nicht mehr in der Arbeit, sondern ausschliesslich in informellen Kontakten.
- *Nur-nicht-Auffallen:* Der Mitarbeiter versucht, nirgendwo aufzufallen oder anzuecken, allen Konflikten aus dem Weg zu gehen und sich im richtigen Moment «abzuseilen» (er weiss, wie er sich Situationen, die mit Arbeit oder Ärger verbunden sind, entziehen kann).
- *Mikropolitik:* Der Mitarbeiter betreibt exzessive Mikropolitik, d.h. er versucht mit allen Mitteln, die Organisation, in der er beschäftigt ist, zum Erreichen seiner persönlichen Ziele zu benutzen.

Alle diese Verhaltensweisen sind Aspekte organisationaler Desintegration: Sie weisen darauf hin, dass die Bedürfnisse des Individuums und die Realität der Organisation auseinanderklaffen und das Mitglied diese Realität nur durch die Distanzierung von der unangenehmen Berufsrolle bewältigen kann.

Es sind Anzeichen von *Rollendistanz,* die deutlich auf eine mangelnde Identifikation mit der Rolle hinweisen: Der Mitarbeiter spielt seine Rolle nur widerwillig und gezwungenermassen und würde sie am liebsten ablegen, wenn er könnte.

Dass es sich bei den Elementen eines sozialen Systems um Menschen handelt mit eigenen Zielen, besonderen Bedürfnissen und stets einem Rest an Spontaneität, zeigt sich auch in der bekannten Typologie des *Organisationsmenschen* mit ihren charakteristischen Verhaltensorientierungen[117]:

- Der *aufgabenbezogene Aktivist* tut stets (quantitativ) ein wenig mehr;
- Der *innovatorische Expandist* trachtet permanent danach, seinen Aufgaben- und Einflussbereich zu vergrössern;
- Der *innovatorische Rezeptionist* ist ständig auf der Suche nach neuen technischen und organisatorischen Modellen, um sie auf die eigene Organisation zu übertragen;
- Der *Schieber* meidet wenn möglich Arbeit, Kompetenz und Verantwortung;
- Der *Raffer* drängt sich in allem nach vorn, auch dort, wo er gar nichts zu suchen hat;
- Der *Treiber* trägt zum Wachstum und zur Festigkeit der Organisation bei;
- Der *Bremser* verlangsamt durch seine Unschlüssigkeit und Scheu bzw. «Besonnenheit» den organisationalen Prozess bzw. bringt ihn zum Stillstand;

117 vgl. Lilge (1982)

- Der *Dschungelkämpfer* ist listig oder kraftbetont jederzeit zu einem «organisationalen Rundumschlag» bereit;
- Der *Firmenmensch* hat sich mit «Haut und Haaren» der Organisation verschrieben;
- Der *Spielmacher* fasst den betrieblichen Alltag als Spielsituation auf und kalkuliert seinen Einsatz entsprechend.

Diese Menschentypen, «aus der Ferne beschmunzelt und aus der Nähe gefürchtet» verhalten sich alle in irgendeiner (positiven oder negativen) Weise nicht erwartungskonform und zeigen somit ein abweichendes Verhalten.

264 Entfremdung

Entfremdung ist eine Erscheinung des modernen Lebens, die uns allen vertraut ist; sie äussert sich zunächst in einem Gefühl der Leere, Resignation und Hoffnungslosigkeit. Menschen offenbaren ihre Entfremdung, wenn sie[118]

- von zu Hause weglaufen (Entfremdung von der Familie)
- in ein anderes Land auswandern (Entfremdung von der eigenen Heimat)
- sich scheiden lassen (Entfremdung vom Ehepartner)
- nicht in die Kirche gehen (Entfremdung von der Kirche)
- ihren Stimmzettel in den Papierkorb werfen (Entfremdung vom politischen System)
- Schaufensterscheiben einschlagen (Entfremdung vom bürgerlichen Wertsystem)
- bei der Arbeit immer nur auf die Uhr schauen und darauf warten, nach Hause gehen zu können (Entfremdung von der Arbeit)
- einen Selbstmordversuch unternehmen (Entfremdung von der sozialen Umwelt und/oder sich selbst).

Entfremdung ist die «Bezeichnung für einen Prozess, in dem eine Beziehung oder ein Verhältnis zu einer Sache, zu einer Situation, einem Menschen oder einer sozialen Gruppe zerstört wird oder verlorengeht, und für das Ergebnis dieses Prozesses».[119] Als Hauptursache für die Entfremdung in unserer Zeit wird der allgemeine Zustand unserer Gesellschaft gesehen, die traditionellen Werte besitzen keine Autorität mehr und neue Ideale, Ziele und Normen noch keine Kraft. Jeder sucht für sich oder jede Gruppe für sich ihren Weg, ohne verbindliche Ordnung – ein Zustand, der nicht nur für den Bestand der Gesellschaft lebensgefährlich ist, sondern auch für die Individuen innerhalb der Gesellschaft, die aus individuellen Gründen besonders anfällig für Verzweiflung sind: «Wo die Ordnungskraft der Gesellschaft versagt, breitet sich Traurigkeit aus.»[120]

Das Erlebnis der Entfremdung kann durch folgende fünf Gefühle gekennzeichnet werden[121]:

---

118 vgl. Bosetzky/Heinrich (1980)
119 Lexikon zur Soziologie (1973), zit. nach Bosetzky/Heinrich (1980)
120 Seger (1970), zit. nach Bosetzky/Heinrich (1980)
121 vgl. Seemann (1970), zit. nach Bosetzky/Heinrich (1980)

- *Machtlosigkeit:* Das Individuum empfindet sich als unfähig, sein Schicksal selbst zu bestimmen und durch eigenes Handeln Einfluss auf die Befriedigung seiner Bedürfnisse zu nehmen.
- *Bedeutungslosigkeit:* Das Individuum hat das Gefühl, die Ereignisse, in die es einbezogen ist und das Funktionieren der sozialen Umwelt nicht mehr zu verstehen.
- *Normenlosigkeit:* Das Individuum ist überzeugt davon, in einer Welt zu leben, in der sich die meisten einig sind, dass von der Gesellschaft missbilligte Verhaltensweisen erforderlich sind, um gegebene Ziele zu erreichen.
- *Isoliertheit:* Die Ziele der Gesellschaft oder der Organisation, der das Individuum angehört, werden von diesem nicht akzeptiert.
- *Selbstentfremdung:* Dem Individuum fehlt der Stolz auf seine Arbeit, und es empfindet sich als sinn- und bedeutungslos.

Die Arbeitsteilung brachte zwar einerseits eine gewaltige Steigerung der Produktivität mit sich, durch die die Basis für den Massenkonsum gelegt wurde. Andererseits aber führte sie dazu, «dass für die Mehrzahl der Arbeitenden der Sinnzusammenhang der Tätigkeit innerhalb des gesamten Arbeitsablaufs und innerhalb der gesamtgesellschaftlichen Bedürfnisstruktur nicht mehr erkennbar war und die Selbstbestimmung über Arbeitsinhalt und -ablauf verloren ging.»[122]

Marx (1844) prägte in diesem Zusammenhang den Begriff der *Entfremdung* und führte dazu aus: «dass die Arbeit dem Arbeiter äusserlich ist, d.h. nicht zu seinem Wesen gehört, dass er sich daher in seiner Arbeit nicht bejaht, sondern verneint, nicht wohl, sondern unglücklich fühlt, keine freie physische und geistige Energie entwickelt, sondern seine Physis abkastet und seinen Geist ruiniert. Der Arbeiter fühlt sich daher erst ausser der Arbeit bei sich und in der Arbeit ausser sich. Zu Hause ist er, wenn er nicht arbeitet, und wenn er arbeitet, ist er nicht zu Hause. Seine Arbeit ist daher nicht freiwillig, sondern gezwungen, Zwangsarbeit. Sie ist daher nicht die Befriedigung eines Bedürfnisses, sondern ist nur ein Mittel, um die Bedürfnisse ausser ihr zu befriedigen.»[123]

Durch die extreme Arbeitsteilung wurde somit die Befriedigung von Bedürfnissen ausserhalb der Arbeit - im Konsum - gefördert. Der Preis dafür war (und ist) eine Frustration grundlegender Bedürfnisse bei der Arbeit selbst. Bedingt durch die Arbeitsteilung und bestimmte formale Zwänge ist ein gewisses Mass an Entfremdung in jeder Organisation angelegt. Dabei gilt grundsätzlich: *Je niedriger die hierarchische Position, desto grösser die Entfremdung*[124].

Das liegt daran, dass von oben nach unten die Arbeit repetitiver und monotoner wird, die Handlungsspielräume enger werden und Akzeptanz der Tätigkeit, Arbeitsmotivation und Arbeitszufriedenheit abnehmen. Auch sinkt die Sinnerfüllung der Arbeit ab: geringere Identifikation mit der Organisation, geringere Kompensation von Frustrationen und Belastungen durch die Bezahlung, geringerer Durchblick durch die ablaufenden Prozesse.

Ebenfalls die höheren Vorgesetzten sind von der Entfremdung nicht ausgenommen. Auch sie fühlen sich oft nur als «Rädchen im Getriebe» und müssen aufgrund ihrer

---

122 Rosenstiel et al. (1983)
123 Marx (1966), zit. nach Rosenstiel et al. (1983)
124 vgl. Bosetzky/Heinrich (1980)

Stellung den Normen der Organisation noch in besonderem Masse entsprechen. Zudem kann paradoxerweise auch ihre Macht ein Gefühl der Entfremdung erzeugen, weil nämlich der Machtbesitz Abhängigkeit von anderen bedeutet: Abhängigkeit von denen, die einem die Macht verleihen, und Abhängigkeit von denen, die die Macht akzeptieren sollen.

So stellt sich die Aufgabe an alle Mitglieder von Organisationen – ob in ihrer Rolle als Vorgesetzte, Mitarbeiter oder Kollegen – im Rahmen ihrer Möglichkeiten zu einem Abbau der Entfremdung beizutragen. Dieser Aufgabe kommt in unserer Zeit im Krankenhaus auch im Hinblick auf das Wohl des Patienten ganz zentrale Bedeutung zu.

265 Zur Pathologie der Organisation

Wenn wir alle die Kräfte in der Organisation betrachten, die ihr Funktionieren stören und den einzelnen frustrieren, dann zeigt sich, dass in modernen Organisationen bestimmte *pathologische Grundmuster* vorhanden sind, die mit den Begriffen Überkomplizierung, Übersteuerung und Überstabilisierung bezeichnet werden können[125]. Eine *Überkomplizierung* liegt vor, wenn die Organisation so komplex ist, dass die Mitglieder überfordert sind, wenn sie begreifen wollen, was wo warum geschieht. Dies kann im einzelnen heissen:

- *Strukturelle Überlastung:* Der Mitarbeiter ist überlastet, weil die *Vielfalt* der an ihn gestellten Erwartungen oder der zu berücksichtigenden Sachverhalte zu gross ist.
- *Strukturelle Ambivalenz:* Hier ist nicht die Vielfalt, sondern die Unsicherheit zu gross. Unklare Ziele, unklare Abgrenzung der Aufgaben, Kompetenzen und Verantwortlichkeiten und ungenügende Information haben mehrdeutige Rollenerwartungen (Rollenambiguität) zur Folge.
- *Strukturelle Widersprüchlichkeit:* Widersprüche in den Zielen (Zielkonflikte) und in den Rollenerwartungen (Rollenkonflikte) schaffen ebenfalls eine Überkomplizierung.

Die *Übersteuerung* stellt das Gegenteil der Überkomplizierung dar: Hier sind die Strukturen der Organisation so einfach, dass die Mitglieder unterfordert werden. Entsprechend lassen sich folgende drei Erscheinungsformen unterscheiden:

- *Strukturelle Simplizität:* Hier ist das Individuum deshalb unterfordert, weil die Arbeit zu stark standardisiert und routinisiert ist; die Tätigkeiten sind monoton und wiederholen sich oft.
- *Strukturelle Rigidität:* Die Handlungsspielräume sind zu klein; alles, was in einer bestimmten Situation zu tun ist, ist zum vornherein starr festgelegt.
- *Strukturelle Repressivität:* Diese liegt dann vor, wenn diejenigen Verhaltensweisen aus dem Verhaltensrepertoire eines Menschen unterdrückt werden, die die Organisation nicht benötigt, also z.B. Gefühle oder Subjektivität.

125 vgl. Türk (1976/1978/1980)

Von einer *Überstabilisierung* der Organisation spricht man dann, wenn die Mitglieder ihre Organisation als etwas Unveränderliches, Festes betrachten, dem man gleichsam wie einem Naturereignis unterworfen ist. Zwei Erscheinungsformen können unterschieden werden:
- *Verselbständigung:* Ziele, Rollen oder Hierarchien verselbständigen sich (man erlebt sich nicht mehr als Mensch, sondern z.B. nur noch als Krankenschwester). Die Organisation wird als ein eigengesetzliches Ganzes erlebt.
- *Verdinglichung:* Hier wird die verselbständigte Organisation sozusagen als Mittelpunkt der Welt gesehen. Normen und Regelungen werden gleichsam zu «Dingen», zu sogenannten Sachzwängen, denen der einzelne unterworfen ist.

Der pathologische Charakter von Organisationsstrukturen kommt typischerweise in folgenden Verhaltensstörungen zum Ausdruck:
- *Orientierungsstörungen* (Unsicherheit, Apathie)
- *Motivationsstörungen* (mangelnde Leistung und/oder Zufriedenheit)
- *Identitätsstörungen* (mangelnde Selbstwertgefühle)
- *Konformitätsstörungen* (abweichendes Verhalten)
- *Abstimmungsstörungen* (mangelhafte gegenseitige Abstimmung zwischen Interaktionspartnern führt zu Konflikten, Abbruch der Kommunikation usw.)
- *Etablierungsstörungen* (ungenügende Bildung von funktionsfähigen sozialen Einheiten und Isolierung einzelner)
- *Kooperationsstörungen* (Manipulation von Informationen, Konkurrenzdenken, Sabotage).

Verhaltensstörungen schlagen sich als «Kosten» verschiedenster Art nieder. Je nach Zieldimension lassen sich folgende Kosten unterscheiden:
- *Herrschaftskosten:* Diese Kosten fallen dann an, wenn man die mangelnde Übereinstimmung zwischen Organisations- und Persönlichkeitsstrukturen bezahlen muss. Sie zeigen sich beispielsweise in erhöhtem Aufwand aufgrund von Fluktuation, ungenügender Leistung, Sabotage oder schlechter Qualität der Entscheidungen.
- *Psychische Kosten:* Darunter fallen auf seiten des Individuums Frustrationen, erhöhte Anstrengungen zur Überwindung von Motivationsstörungen sowie psychische Störungen wie Angst, Minderwertigkeitsgefühle, Gefühl der Nutzlosigkeit bis hin zu psychischen und psychosomatischen Krankheiten.
- *Soziale Kosten:* Damit ist gemeint, dass z.B. Arbeitsbeziehungen nur aufrechterhalten werden können, wenn positive sozio-emotionale Beziehungen preisgegeben werden. Oder dass die Fähigkeit von Gruppen zur Kompensation von Frustrationen und Konflikten überbeansprucht wird.

Überkomplizierung, Übersteuerung und Überstabilisierung sind drei pathologische Zeichen einer Organisation. Einige typische Zusammenhänge zwischen Ursachen, Störungen und «Kosten» sind dargestellt in den Abbildungen 50–52.

Abbildung 50: Folgen der Überkomplizierung[35]

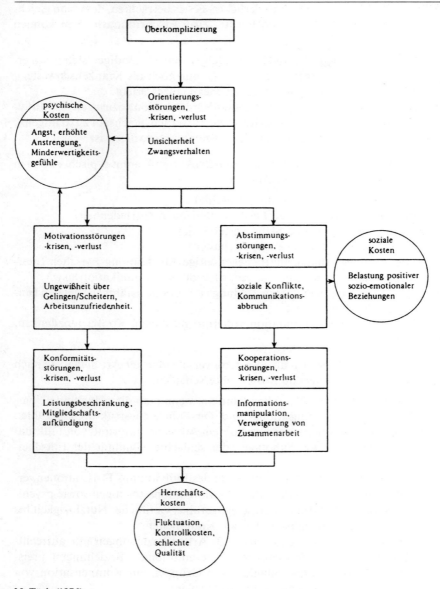

35 Türk (1976)

Abbildung 51: Folgen der Übersteuerung[36]

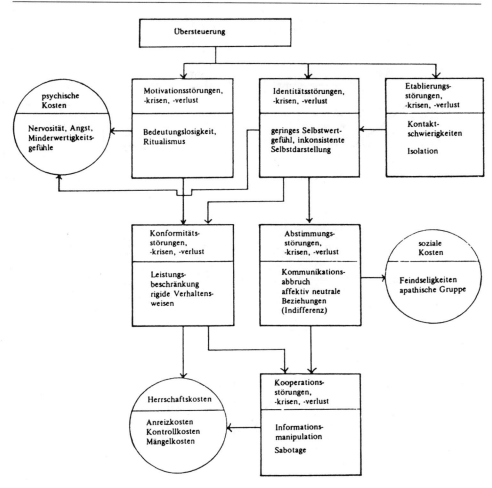

36 Türk (1976)

Abbildung 52: Folgen der Überstabilisierung[37]

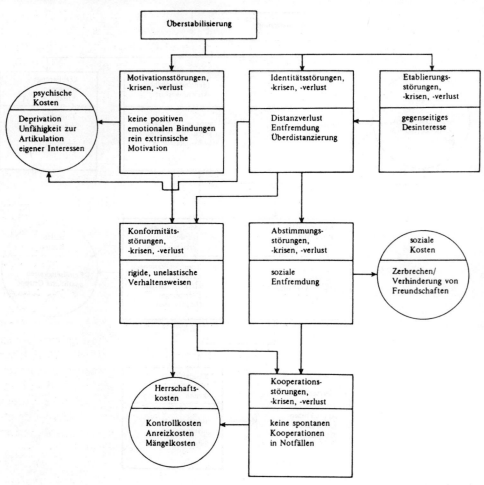

37 Türk (1976)

266 Konflikte in der Organisation

In jedem Krankenhaus und in jeder anderen Organisation treten täglich Konflikte auf. Konflikte gehören unvermeidbar zur Lebenswirklichkeit des Menschen. Das tägliche Erleben solcher Spannungssituationen und ihre Unvermeidbarkeit verleiten häufig dazu, sie als störende Ereignisse «abzutun», ohne sich der Folgen dieses Handelns bewusst zu sein. Wird nicht versucht, den Ursachen von Konflikten auf die Spur zu kommen und eine reflektierte und konstruktive Handhabung von Konflikten einzuüben, geraten Konflikte zu dem, was sie in den Augen der meisten schon sind, nämlich zu lästigen oder destruktiven Ereignissen, die es unter allen Umständen zu vermeiden gilt.

Weil jeder Mensch sich im Laufe seines Lebens unweigerlich mit Konflikten auseinandersetzen muss, «weiss» auch jeder schon, was das Wort Konflikt bedeutet. Nun ist aber bekanntlich dort die Vielfalt von Bedeutungen am grössten, wo scheinbar jeder weiss, was mit dem betreffenden Ausdruck gemeint ist; wir wollen uns deshalb zunächst kurz dem Begriff des Konfliktes zuwenden. Das Wort leitet sich vom lateinischen «confligere» her, was «zusammenstossen» bedeutet (damit wird allerdings noch nichts über das Wesen dieses «Zusammenstosses» ausgesagt). Der Begriff des Konfliktes wird nicht nur im Alltag, sondern auch in der wissenschaftlichen Literatur nicht einheitlich verwendet. Den meisten Definitionen jedoch ist gemeinsam, dass dann von einem Konflikt gesprochen wird, wenn die folgenden drei Merkmale gegeben sind[126]: Gleichzeitigkeit, Gegensätzlichkeit und/oder Unvereinbarkeit von Verhaltenstendenzen. Ein Konflikt kann demnach definiert werden als die *Spannung, die eine Person aufgrund von zwei gleichzeitigen, gegensätzlichen oder unvereinbaren Verhaltenstendenzen erfährt.*

Der Mensch erlebt den Konflikt als eine Herausforderung, der er sich nicht entziehen kann: Er muss sich entscheiden, muss Stellung beziehen[127]. In dieser Tatsache des Sich-nicht-entziehen-Könnens liegt die Dramatik echter Konflikte. Der Mensch weiss im Grunde sehr genau, dass alle Versuche, der Konfliktsituation auszuweichen, diesen Konflikt nicht lösen oder beseitigen. «Die ambivalente Einstellung zu Konflikten allgemein hat wohl hier ihre Wurzel: Wer wünscht sich schon freiwillig Situationen, die immer auch mit Risiko verbundene Entscheidungen fordern? Das Wissen, dass ein Mensch in und durch solche Situationen wachsen und reifen könne, ist untrennbar mit der Ahnung verbunden, dass er auch ebenso gut daran zerbrechen könne.»[128] Diese Ahnung löst *Angst* aus: Angst vor einer Gefährdung der eigenen Person. Konflikte sind aus diesem Grund untrennbar mit Angst verbunden. Jeder weiss aus eigener Erfahrung, dass Konfliktsituationen meist intensive Erregungen auslösen, die es schwierig machen, einen «kühlen Kopf» zu bewahren und dem Konflikt rational zu begegnen. Als Ursache des emotionalen oder irrationalen Verhaltens in solchen Situationen kann die erwähnte Angst gesehen werden. Die Erregung als Aktivierung des Organismus in einer Konfliktsituation ist durchaus sinnvoll, indem die Person zusätzliche Kräfte mobilisiert, um den Konflikt zu bewältigen.

Die gegensätzlichen Tendenzen, die einen Konflikt kennzeichnen, können zunächst in der einzelnen Person vorhanden sein. Ein solcher Konflikt wird dann als *intrapersonaler Konflikt* bezeichnet. Handelt es sich um einen Kampf zwischen zwei gegensätzlichen Motiven, die gleichzeitig aktuell sind («Zwei Seelen wohnen, ach, in meiner Brust»), spricht man von einem *Motivkonflikt*. Ergibt sich der Konflikt aus der Existenz von widersprüchlichen Rollenerwartungen an ein und dieselbe Person, liegt ein *Rollenkonflikt* vor. Einen solchen intrapersonalen Konflikt versucht die Person mit Hilfe ihres individuellen Wert- und Normensystems zu lösen. Werden die gegensätzlichen Tendenzen von verschiedenen Personen getragen, so kommt es zu einem interpersonalen Konflikt, der auch als *sozialer Konflikt* bezeichnet wird.

---

126 vgl. Berkel (1978)
127 vgl. Berkel (1978)
128 Berkel (1978)

Mit intrapersonalen Konflikten haben wir uns weiter vorne beschäftigt, so dass wir uns hier auf den interpersonalen (sozialen) Konflikt konzentrieren können. «Soziale Konflikte sind Spannungssituationen, in denen zwei oder mehr Parteien, die voneinander abhängig sind, mit Nachdruck versuchen, scheinbar oder tatsächlich unvereinbare Handlungspläne zu verwirklichen und sich dabei ihrer Gegnerschaft bewusst sind.»[129] Die einzelnen Teile dieser Definition sollen genauer erläutert werden:

- *Spannungssituation:* Die Beziehung zwischen den Konfliktpartnern ist gespannt. Sie ist oft – wenn auch nicht immer – gekennzeichnet durch Feindseligkeit und Angst. Selbst wenn es sich beim Konfliktgegenstand um eine Sache handelt, besteht allgemein die Tendenz, Konflikte zu personalisieren. Der andere wird als Bedrohung erlebt, auf die man mit Spannung oder mit Angst, Antipathie und Aggressionen reagiert und der gegenüber die eigentliche Streitfrage in den Hintergrund rückt.
- *Zwei oder mehr Parteien:* Ein sozialer Konflikt erfordert mindestens zwei eigenständig handelnde Parteien. Solche Parteien können sein: Individuen, Gruppen, Organisationen.
- *Gegenseitige Abhängigkeit:* Das Verhalten und die Zielerreichung der einen Partei hat Konsequenzen auf die Durchführung des Handlungsplans und die Zielerreichung der anderen Partei. Das Verhalten der einen Partei erhöht oder vermindert die Wahrscheinlichkeit, dass die andere Partei ihren Plan ausführen kann. Auf die Tatsache der wechselseitigen Abhängigkeit der Konfliktpartner (Interdependenz), die ein wichtiges Konfliktpotential darstellt, wird unten näher eingegangen.
- *Mit Nachdruck versuchen:* Häufig möchte eine Partei einen gegensätzlichen Handlungsplan gegenüber einer anderen Partei verwirklichen, bringt ihr Vorhaben jedoch nur zaghaft oder vorsichtig vor oder lässt sich schnell davon abbringen. Diese Situation wird hier nicht als sozialer Konflikt bezeichnet.
- *Scheinbar oder tatsächlich unvereinbare Handlungspläne:* Bei einem Konflikt geht es um *Pläne,* die man verwirklichen will, nicht um Meinungen oder reine Gedankenspiele. Diese Pläne müssen nicht objektiv unvereinbar sein. Eine Situation kann auch irrtümlich von zwei Parteien als Konfliktsituation wahrgenommen werden und ein entsprechendes Erleben und Verhalten auslösen.
- *Zu verwirklichen:* Der Versuch einer Partei, ihren Handlungsplan zu verwirklichen, kann sehr verschiedener Art sein. Die Partei kann aggressiv vorgehen, mit physischer, verbaler oder psychischer Gewalt; oder sie kann passiven Widerstand leisten. Sie kann aber auch die andere Partei zu überreden, manipulieren oder überzeugen versuchen. Entscheidend ist, dass dieses Verhalten eingesetzt wird, um die Durchführung des eigenen Plans zu fördern.
- *Ihrer Gegnerschaft bewusst sind:* Hindern sich zwei Parteien zufällig und unbeabsichtigt, dann fehlen dieser Situation viele Merkmale, die für das Erleben und Verhalten von Konfliktpartnern typisch sind: die Wahrnehmung des anderen als Gegner, die Erwartungen über sein Verhalten, die gezielten Gegenreaktionen, das Bewirken sich selbst erfüllender Prophezeiungen, feindselige Gefühle usw. Der andere muss also als Gegner identifiziert werden (was nicht ausschliesst, dass sich zwei Parteien fälschlicherweise als Gegner betrachten).

Fragt man nach den *Ursachen* von Konflikten in Organisationen, so zeigt sich, dass die Fülle möglicher Einzelursachen auf vier Grundkategorien bzw. *generelle Ursachen* zurückgeführt werden kann[130]:

- *Spannungsverhältnis von Zielen und Mitteln:* Das Ausmass der Bedürfnisse, die von einzelnen Organisationsmitgliedern, von Gruppen oder von aussen als Ziele artikuliert werden, ist in der Regel grösser als die Mittel, die zur Befriedigung dieser Bedürfnisse vorhanden sind.
- *Multipersonalität und Komplexität des Systems:* In einem produktiven sozialen System wirken die einzelnen Mitglieder bzw. die einzelnen Subsysteme arbeitsteilig an der Aufgabenerfüllung mit. Sie stehen dabei in teils wechselseitigen Arbeitsbeziehungen, was die Entstehung *horizontaler* Reibungen begünstigt. Das komplexe System muss gestaltet und gesteuert werden; daraus resultieren vor allem *vertikale* Konflikte (Spannungen im Zusammenhang mit der Aufbau-, Ablauf- und Beziehungsstruktur des Systems, mit der Divergenz von formalen und informalen Strukturen oder der Machtverteilung).
- *Unvollkommenheit der Information:* Management- und Führungsprozesse sind auch informationsverarbeitende Prozesse. Die einzelnen am Prozess Beteiligten besitzen einen unterschiedlichen Informationsstand, was zu unterschiedlicher Einschätzung der Wirksamkeit von Massnahmen führen kann.
- *Umweltverbundenheit des Systems:* Aussenkonflikte der Organisation wie z.B. Einflussversuche der Öffentlichkeit entstehen erst aufgrund der Offenheit des Systems gegenüber seiner Umwelt. Innenkonflikte werden davon zwangsläufig ebenfalls beeinflusst.

Diese vier generellen Ursachen und die sich daraus ergebenden speziellen Ursachen lassen sich zwar abschwächen, teilweise auch beseitigen – aber vollständig aufheben lassen sie sich nicht. Demzufolge sind auch die durch sie verursachten Konflikte nicht alle lösbar. Das praktische Handeln sollte sich daher statt an der Vorstellung der *Konfliktlösung* eher am Bild der *Konflikthandhabung* orientieren.
Es sind immer wieder ganz ähnliche Anlässe, die zum Konflikt führen bzw. gleichartige Gegenstände, an denen sich sachliche und emotional Auseinandersetzungen entzünden. Als häufigste *Konfliktarten* in Organisationen werden genannt[131]:

- *Zielkonflikte:* Solche ergeben sich, wenn in einer Organisation gegensätzliche oder unvereinbare Ziele angestrebt werden. Beispiel: Die einen haben das Ziel, die Arbeitsprozesse in Abteilung C neu zu regeln, während die anderen der Meinung sind, man solle alles so lassen wie es ist.
- *Ziel-Mittel-Konflikte:* Ist man sich zwar über die Ziele einig, nicht aber über die Wege, dorthin zu gelangen, spricht man von Ziel-Mittel-Konflikten. Beispiel: Auseinandersetzung zwischen Oberschwester und Personalchef über Methoden zur Anwerbung neuer Mitarbeiter.
- *Kompetenzkonflikte:* Zu solchen Konflikten kommt es aufgrund von unklaren oder fehlenden Kompetenzregelungen. Beispiel: Abteilungsarzt kontra Abteilungsschwester.

130 vgl. Krüger (1980)
131 vgl. Bosetzky/Heinrich (1980)

- *Wertkonflikte:* Solche entstehen dann, wenn in einer Organisation einzelne Mitglieder oder ganze Gruppen von widersprüchlichen politischen, ethischen oder religiösen Werten überzeugt sind. Solche Konflikte können den tiefsten und daher am stärksten gefühlsgeladenen Gegensatz aufweisen. Beispiel: Verweigerung der Kooperation zwischen Gewerkschaftern und Gewerkschaftsgegnern.
- *Konkurrenzkonflikte:* Solche ergeben sich meist aus der Knappheit begehrter Arbeitsmittel, Machtpositionen und Belohnungen. Beispiel: Zwei Leiterinnen eines Pflegeteams intrigieren gegeneinander um die freigewordene Stelle der Abteilungsschwester.
- *Kommunikationskonflikt:* Hier handelt es sich um Mängel oder Störungen beim Informationsaustausch, die vor allem darauf beruhen, dass einzelne Mitglieder und Gruppen unterschiedliche Sprachen sprechen sowie darauf, dass Informationen zurückgehalten oder manipuliert werden. Beispiel: Ein Assistenzarzt vertuscht einen Fehler, um den negativen Sanktionen des Chefarztes zu entgehen.
- *Führungskonflikte:* Solche Konflikte entstehen immer dann, wenn Mitarbeiter ihrem Vorgesetzten nicht freiwillig («von innen heraus») folgen, sondern seine Führung als Zwang empfinden. Beispiel: Versuchen Sie sich an eigene diesbezügliche Erfahrungen zu erinnern.
- *Wahrnehmungskonflikte:* Konflikte dieser Art treten dann auf, wenn verschiedene Personen ein zu unterschiedliches Bild der Wirklichkeit haben. Beispiel: Der eine betrachtet die Hierarchie als Unterdrückungsinstrument, während ein anderer sie als geeignetes Mittel betrachtet, die Aufgabenerfüllung zu steuern. Wahrnehmungskonflikte können auch aus negativen Fremdbildern resultieren. Beispiel: «Alle Ärzte sind autoritär und arrogant».
- *Frustrationskonflikte:* Solche ergeben sich dann, wenn bestimmte Ziele nicht erreicht werden, und die daraus resultierenden Enttäuschungen und Versagungen zu Aggressionen gegen die Mitglieder führen, die als Verursacher betrachtet werden (oder gegen unbeteiligte andere – meist schwächere – Kollegen). Beispiel: Ein Vorgesetzter, dem eine angestrebte Beförderung versagt wurde, lässt jetzt seinen ganzen «Frust» an den Mitarbeitern aus.
- *Professionskonflikte:* Das sind einmal Konflikte zwischen verschiedenen Berufsgruppen bzw. in den Berufsgruppen selbst, zum anderen Konflikte zwischen den «Spezialisten» und den «Bürokraten» in einer Organisation. Beide Arten von Konflikten spielen in der Wirklichkeit des Krankenhauses eine wichtige Rolle. Beispiele: Ärzte kontra Pflegepersonal, Pflegepersonal kontra Verwaltung.

Im konkreten Einzelfall können Konflikte die Folge von *persönlichen Merkmalen* der an ihnen beteiligten Personen sein; in diese Kategorie sind die vielfältigen Probleme des sogenannt «schwierigen» Interaktionspartners – sei dieser nun Mitarbeiter oder Vorgesetzter – einzureihen. Nun sind aber bei weitem nicht so viele Konflikte von solchen persönlichen Eigenschaften abhängig, wie gewöhnlich angenommen wird. Vielmehr sind zahlreiche Konflikte durch die Struktur des Systems selbst bedingt. Solche *strukturale Organisationsmerkmale,* die zum Entstehen von Konflikten beitragen, sind[132]:

---

132 vgl. Rüttinger (1977), Bosetzky/Heinrich (1980), Krüger (1980)

- *Koordinationszwang:* Verschiedene Parteien sind – aus unterschiedlichen Gründen – gezwungen, bei ihren Handlungen die anderen Parteien zu berücksichtigen.
- *Einengung des Handlungsspielraums:* Wird eine solche Einengung bewusst, so entsteht Reaktanz (siehe unten), die sich in Widerstand ausdrückt und Konflikte nach sich zieht.
- *Gleiche oder unklare Machtverhältnisse:* Keine der voneinander abhängigen Parteien ist in der Lage, der anderen Ziele und Wege des Verhaltens verbindlich vorzuschreiben.
- *Struktur des Belohnungssystems:* Das Belohnungssystem ist dann konfliktfördernd, wenn die Belohnung der einen Partei eine Bestrafung bzw. ausbleibende Belohnung der anderen Partei mit sich bringt.
- *Heterogenität der Parteien:* Potentielle Konfliktparteien unterscheiden sich in wichtigen Merkmalen wie etwa Wertauffassungen, Informationsstand usw.
- *Wettbewerbshaltung:* Potentielle Konfliktpartner sehen ihre Umwelt unter dem Aspekt des Wettbewerbs auch dort, wo Konkurrenzverhalten dysfunktional ist und kooperatives Verhalten angebracht wäre.
- *Professionalisierung:* Die Übernahme unterschiedlicher Teilaufgaben durch die Organisationsmitglieder (Spezialisierung) ist mit einer entsprechenden Spezialisierung der Kenntnisse und Fähigkeiten verbunden (Professionalisierung), die zu Unterschieden in der Wertorientierung führt. Diese Entwicklung bildet den Hintergrund vieler Konflikte zwischen Berufsgruppen (z.B. Ärzte kontra Verwaltungspersonal).
- *Entscheidungszentralisation:* Die Konzentration von Entscheidungsbefugnissen auf den oberen Ebenen der Hierarchie und die damit verbundene mangelnde Selbständigkeit auf den mittleren und unteren Ebenen wirkt meist demotivierend und hat oft vertikale Spannungen zur Folge.

Jedes Individuum besitzt die Freiheit, innerhalb eines bestimmten Spielraumes sein Verhalten selbst zu bestimmen. Wenn ein Individuum nun seinen Verhaltensspielraum bedroht oder gar verunmöglicht sieht, dann entsteht *Reaktanz*[133]. Das ist eine Motivation, die verlorene oder bedrohte Freiheit zurückzugewinnen bzw. zu erhalten. Die Stärke der Reaktanz hängt hauptsächlich von drei Bedingungen ab: von der Wichtigkeit der Freiheit für die Person, bestimmte Dinge zu tun, vom Verhältnis der bedrohten oder beeinträchtigten Verhaltensweisen zu den übrigen, noch freien Verhaltensweisen und von der Stärke der Freiheitseinengung.

Die Reaktanz-Motivation, die darauf gerichtet ist, die verlorene oder bedrohte Freiheit wiederherzustellen, äussert sich in unterschiedlichen Effekten.

Vier wichtige *Reaktanz-Effekte* sollen anhand eines einfachen Beispiels dargestellt werden: Herrn K., Psychiatriepfleger, wird von seiner Vorgesetzten untersagt, die Patienten weiterhin zu duzen. Er sieht das partout nicht ein denn gerade sein kollegialer Umgangston hat ihm bisher immer nur gute Beziehungen zum Patienten eingebracht. Um seinen bedrohten Freiheitsraum zu erhalten bzw. wiederherzustellen, kann K. sich auf folgende Arten verhalten:

- *Direkte Versuche:* K. kann seine Patienten weiterhin duzen (er wird es aber bleiben lassen, wenn die damit verbundenen «Kosten» ihm zu hoch sind).

[133] vgl. Berkel (1978), Bosetzky/Heinrich (1980)

- *Indirekte Versuche:* K. kann die Patienten zwar siezen, aber dafür mit ihrem Vor- oder Spitznamen anreden; oder er kann sie in Gegenwart von Vorgesetzten siezen, sonst aber immer das Du gebrauchen.
- *Aggressive Handlungen:* K. kann der Person gegenüber, die ihn einengt, d.h. also seiner Vorgesetzten gegenüber feindselige Gefühle entwickeln und sie angreifen, um sie – allein oder mit Hilfe von Verbündeten – zur Rücknahme ihrer Entscheidung zu zwingen oder sich an ihr zu rächen.
- *Einstellungsänderung:* K. kann die Attraktivität der eingeengten Verhaltensweise ändern, das Duzen also z.B. mit einem Mal gar nicht mehr gut finden. Allerdings ist auch das Gegenteil möglich: dass die Attraktivität des Duzens nicht abnimmt, sondern zunimmt und der Wunsch, diese Verhaltensweise zurückzugewinnen, stärker wird.

Sieht eine Person, deren Freiheit bedroht wird, keine Möglichkeit, diesen Zustand zu ändern, dann wird sich bei ihr mit der Zeit ein Gefühl der *Hilflosigkeit* und *Resignation* einstellen. Die Person wird sich passiv und depressiv verhalten. Häufig bleibt es nicht bei depressiven Symptomen wie Passivität oder Bedrücktsein, sondern es treten psychosomatische Erkrankungen auf.

Die Folgerungen, die sich aus dem Gesagten für die Gestaltung organisatorischer Strukturen und die Führung ergeben, sind klar: Es müssen *Verhaltensspielräume* geschaffen und garantiert werden, und zwar sowohl Tätigkeits-, Entscheidungs- und Kontroll-, wie auch Interaktionsspielräume.

Eine wichtige strukturale Bedingung, die das Auftreten von Konflikten in einer Organisation begünstigt, ist die *Interdependenz* (wechselseitige Abhängigkeit) der Organisationsmitglieder bzw. Subsysteme, die hauptsächlich auf der arbeitsteiligen Durchführung von Aufgaben beruht[134]. Individuen oder Gruppen können ihre Handlungspläne nicht unabhängig von anderen Organisationsmitgliedern durchführen, sondern müssen sie mit den Plänen anderer abstimmen. Dies bedeutet, dass häufig Abstriche an den eigenen Vorhaben gemacht werden oder diese völlig zurückgestellt werden müssen. Vier Arten der Abhängigkeit stehen dabei im Vordergrund:

- gemeinsame Erfüllung einer Arbeitsaufgabe;
- an das Tempo einer Gruppe oder einer technischen Anlage gebundene Arbeitsgeschwindigkeit;
- zeitliche und sachliche Abhängigkeit von Aufgabenträgern mit anderen Aufgaben (Arbeitsverkettung);
- Abhängigkeit von der Güte einer vorangehenden Tätigkeit (qualitative Arbeitsabhängigkeit).

Durch diese Abhängigkeiten – vor allem durch die Arbeitsverkettung und die Arbeit in der Gruppe – entsteht ein hohes Konfliktpotential. Konfliktanlässe sind vor allem:

- gegenseitige Behinderungen bei der Arbeit;
- Schwierigkeiten bei der gemeinsamen Benutzung von Apparaten;
- schlechte oder falsche Arbeitsausführungen bei vorgelagerten Tätigkeiten;
- Wartezeiten durch verzögerte Arbeit von Kollegen.

---

134 vgl. Bosetzky/Heinrich (1980)

Der Konflikt ist ein dynamischer Vorgang. Folgende charakteristische Phasen (Episoden) lassen sich unterscheiden (vgl. Abb. 53)[135]:

- *Konfliktentstehung:* In dieser ersten Phase bilden sich die Ursachen des Konflikts heraus. Die Grundlage für ein mögliches Aufbrechen der Gegensätze ist also bereits gelegt, der Konflikt ist aber erst *latent* vorhanden. In diesem Stadium bestehen zwar die Voraussetzungen für einen Konflikt, dieser wird aber von den Beteiligten nicht wahrgenommen.
- *Konfliktwahrnehmung:* Jetzt nehmen die Beteiligten eine der eigenen Verhaltenstendenz entgegengesetzte Tendenz wahr, die als Hindernis, Bedrohung oder Versagung erlebt wird. Wichtig ist, dass nicht das tatsächliche Bestehen von Gegensätzen den Konflikt hervorruft, sondern deren Wahrnehmung. Mit anderen Worten: Die Wahrnehmung kann richtig oder falsch bzw. der Widerspruch kann ein tatsächlicher oder bloss ein vermeintlicher sein. Die Wahrnehmung kann sich – bei unterschwellig brodelnden Gegensätzen – allmählich herausbilden, oder aber auch plötzlich mit Heftigkeit erfolgen. In dieser Phase wird der andere als Gegner identifiziert (was wie gesagt nicht ausschliesst, dass diese Identifikation fälschlicherweise erfolgt). Erst wenn ein Konflikt auch als solcher wahrgenommen und erlebt wird, kann darauf reagiert werden.
- *Konfliktreaktion:* In dieser dritten Phase erfolgt die jeweilige Reaktion, also die Vermeidung oder Austragung des Konflikts. Im ersten Fall bleibt der Konflikt latent bestehen, im zweiten Fall wird er *manifest*.

Abbildung 53: Konfliktprozess[38]

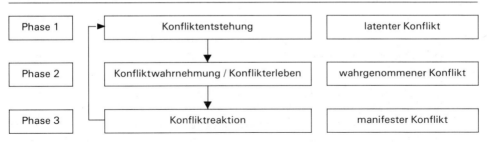

38 vgl. Krüger (1980), Kirsch/Esser (1974)

Grundsätzlich sind in einem sozialen Konflikt im Hinblick auf die Befriedigung der Konfliktpartner folgende Situationen denkbar (s. Abb. 54)[136]:

- *Entweder-oder-Situationen* (Positionen A und B im Schema) sind Handlungspläne, die jeweils die eine Partei völlig befriedigen und die andere Partei völlig leer ausgehen lassen (z.B. Konflikt um eine Oberschwesterstelle).
- *Nullsummen-Situation* (A-E-B): Hier geht der Zuwachs in der Befriedigung der einen Partei auf Kosten der anderen (z.B. wenn ein fester Geldbetrag auf zwei Parteien verteilt werden soll).

135 vgl. Krüger (1980), Lattmann (1981), Rüttinger (1977)
136 vgl. Rosenstiel et al. (1983)

Abbildung 54: «Gemeinsamer Ergebnisraum» bei Konflikten[39]

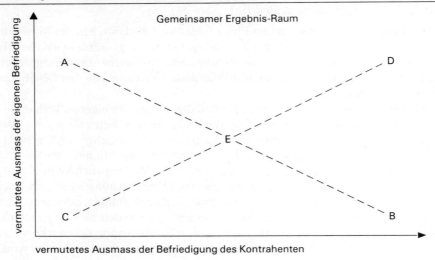

39 Rosenstiel et al. (1983)

- *Unlösbare Situation* (C): Obwohl hier keine Partei auf Kosten der anderen gewinnen kann, liegt ein Konflikt vor, da die andere Partei jeweils die eigene Zielerreichung blockiert.
- *Offene Situation:* Hier werden (noch) keine spezifischen Lösungsmöglichkeiten gesehen.

Welche Situation von einem Konfliktpartner angestrebt wird, hängt in erster Linie von seiner allgemeinen *Orientierung* ab. Vier typische Orientierungen können unterschieden werden:

- *Individualistische Orientierung:* Die Person strebt Lösungen an, die ihr am meisten nützen, ohne Rücksicht darauf, welchen Nutzen der andere hat.
- *Kompetitive Orientierung:* Die Person verfolgt Lösungen, die für sie selbst möglichst nützlich und gleichzeitig für den anderen möglichst schädlich sind.
- *Kooperative Orientierung:* Die Person sucht Handlungspläne zu verwirklichen, die möglichst beide Konfliktpartner zufriedenstellen.
- *Soziale Orientierung:* Die Person sucht Kompromisse, wobei sie sich bestehenden Normen und Konventionen verpflichtet fühlt.

Die Orientierungen bestimmen weitgehend die Handlungen der Parteien, beispielsweise ob eine offene Aussprache gesucht wird oder Informationen zurückgehalten werden.

Die *Auswirkungen* von Konflikten hängen in entscheidendem Masse von der jeweiligen Konfliktreaktion ab (die verschiedenen Reaktionsformen werden weiter unten beschrieben). Was uns hier noch beschäftigen soll, ist das grundsätzliche Problem der *funktionalen Ambivalenz* von Konflikten. Was ist darunter zu verstehen? Das Wort Konflikt ruft bei den meisten Menschen sofort negative Gefühle hervor, die negative emotionale Erfahrungen mit Konflikten widerspiegeln.

Im Krankenhaus wie auch in anderen sozialen Systemen werden Konflikte gewöhnlich als peinliche Zwischenfälle oder schädliche Ereignisse angesehen, die es zu vermeiden oder zu beseitigen gilt: «Konflikte sind schädlich, weil sie die Ordnung und den Frieden stören und die Leistung beeinträchtigen.» Ist das richtig? Versucht man die Auswirkungen der beiden Interaktionsformen Konflikt und Kooperation auf die Arbeitsleistung zu erfassen, so zeigt sich, dass konfliktfreie Kooperation nicht unbedingt produktiv und konfliktgeladene Aufgabenerfüllung nicht von vornherein unproduktiv sein muss (vgl. Abb. 55). Anhand der Matrix lassen sich folgende mögliche Konstellationen erkennen[137]:

Abbildung 55: Interaktion und Arbeitsleistung[40]

Auswirkungen Interaktionstyp	produktive Leistung	Leistungseinbussen
Kooperation	produktive Kooperation 1	unproduktive Kooperation 2
Konflikt	produktiver Konflikt 3	unproduktiver Konflikt 4

40 vgl. Krüger (1983)

- *Feld 1: Produktive Kooperation:* Dieses Feld zeigt den Zusammenhang, der üblicherweise als normal und erwünscht angesehen wird. Die Kooperation führt zu einer im Sinne des Gesamtsystems produktiven Leistung. Dies wird in vielen Fällen auch zutreffen.
- *Feld 2: Unproduktive Kooperation:* Es kommt auch vor, dass mehrere Personen oder Gruppen reibungslos zusammenarbeiten, dies aber durchaus nicht im Interesse der Gesamtleistung ist. So ist es z.B. möglich, dass Gruppenmitglieder kooperieren mit dem Ziel, ihren Leistungsbeitrag gering zu halten.
- *Feld 3: Produktiver Konflikt:* Konflikte können durchaus produktive Leistungen fördern, z.B. wenn sich Gruppen im Sinne eines schöpferischen Wettbewerbs gegenseitig durch bessere Argumente übertrumpfen wollen. Formen konstruktiver Konflikthandhabung begünstigen derartige Wirkungen. Wesentliche Voraussetzungen sind eine vertrauensvolle Atmosphäre, freier Informationszugang und ausreichend Zeit.
- *Feld 4: Unproduktiver Konflikt:* Konflikte können auch zu Reibungsverlusten führen, insbesondere dann, wenn sich Konfliktpartner gegenseitig behindern oder blockieren. Schwelende Konflikte und dauerhafte Patt-Situationen können im Extremfall ein ganzes (Sub-)System lähmen. Versuche einseitiger Interessendurchsetzung, Kämpfe mit anschliessendem Rückzug sind u.a. als unproduktive Konfliktreaktionen zu nennen.

137 vgl. Krüger (1983)

Konflikte können vielfältige positive Funktionen und Folgen haben, nämlich[138]:
- *Wandel und Veränderung bewirken:* Ohne Konflikte als treibende Kräfte gäbe es nur Erstarrung und Stillstand. Konflikte sichern der Organisation die notwendige Flexibilität und Wandlungsfähigkeit in einer sich ständig wandelnden Umwelt. Auseinandersetzungen sind Voraussetzung dafür, dass Stagnation überwunden wird, neu auftretende Probleme erkannt und kreative Wege zu ihrer Lösung gefunden werden. In der Auseinandersetzung kommen neue Ideen ins Spiel und traditionelle Sichtweisen, Abläufe und Methoden werden in Frage gestellt.
- *die Verarbeitung der hochkomplexen und in sich widerspruchsvollen Umwelt ermöglichen:* Organisationen als offene soziale Systeme sind eingebettet in eine Umwelt voller Widersprüche und Konflikte, die latent oder manifest wirksam sind und die Konflikte in der Organisation beeinflussen. Um in einer solchen Umwelt zu bestehen, muss die Organisation ein hohes Mass an Widersprüchlichkeit aufweisen.
- *zur Klärung von Problemen beitragen:* Indem ein Gegenstand unter verschiedenen Gesichtspunkten betrachtet wird, tritt er klarer hervor.
- *die Qualität von Entscheidungen erhöhen:* Durch das Einbringen unterschiedlicher Gesichtspunkte kann eine anstehende Entscheidung umfassender und gründlicher auf ihre Konsequenzen hin untersucht werden. Mit der umfassenden Bestandesaufnahme kommen auch neue Ideen in die Diskussion.
- *die Befriedigung von Bedürfnissen ermöglichen:* Ein konfliktloser Zustand bedeutet meist nicht, dass die Mitarbeiter mit dem bestehenden Zustand zufrieden sind, sondern dass sie es nicht wagen, ihre Bedürfnisse und Vorstellungen offen zu äussern. Durch die Austragung von Konflikten ergibt sich die Chance, dass die Konfliktpartner ihre Interessen zumindest teilweise verwirklichen können und damit zufriedener werden.
- *trennende Elemente in einer Beziehung beseitigen:* Gegensätzlichkeiten werden erkennbar und können zum Gegenstand einer fruchtbaren Auseinandersetzung gemacht werden. Damit lassen sich Missverständnisse oder Vorurteile, die einer positiven Beziehung im Wege stehen, ausräumen, trennende Ansichten durch Überzeugen und Verhandeln einander annähern und damit eine Einigung herbeiführen.
- *Spannungen beseitigen:* Ein Konflikt, der zur Lösung von Spannungen beiträgt, hat eine *stabilisierende Funktion* und stellt eine *integrative Komponente* jeder Beziehung dar. Ohne die Möglichkeit, Aggressionen gegeneinander auszudrücken, würde sich der einzelne vom Ganzen erdrückt fühlen und mit Rückzug reagieren. Indem bei der Austragung von Konflikten unterdrückte Aggressivität abgeleitet wird, dienen diese dazu, die Beziehungen aufrechtzuerhalten.
- *Bindungen schaffen:* In der Auseinandersetzung mit sich selbst und anderen findet die einzelne Person und die Gruppe ihre Identität und ihre Grenzen. Spannungen sind keineswegs nur und immer Anzeichen für labile Beziehungen in der Gruppe und gegenüber anderen Gruppen. Labile Beziehungen sind vielmehr durch «unverbindliches» Hinnehmen der anderen gekennzeichnet. Wer mit anderen leicht in Konflikt gerät, hat oft besonders feste Bindungen zu diesen.

138 vgl. Rüttinger (1977), Bosetzky/Heinrich (1980), Krüger (1980)

- *zur Aufrechterhaltung der Individualität und Entwicklung der Persönlichkeit beitragen:* Konflikte sind notwendig, um sich selbst als Individuum von seiner sozialen Umwelt abzugrenzen. Ist der einzelne nicht gewillt, mit allem konform zu gehen, was sein soziales Umfeld von ihm verlangt, so findet er im Konflikt eine Möglichkeit, seine persönlichen Bedürfnisse und Vorstellungen zur Sprache zu bringen. Ohne Austragung von Konflikten wird der einzelne von der Macht der Gruppe erdrückt. «Ein Mensch entwickelt sich nur weiter, wenn er seine Bedürfnisse und Ansprüche anmeldet, durchsetzt und lebt. Ansonsten bleibt er passiv und manipuliert, von anderen geführt und bevormundet.»[139]
- *der Diagnose dienen:* Anhand von Konflikten lässt sich nicht nur die Ursache einer Spannung erkennen, sondern auch herausfinden, wie wichtig dem Konfliktpartner die Wahrnehmung seiner Interessen ist. Beim Skatspielen wird durch Provozieren ermittelt, welche Trümpfe der andere in der Hand hat und welche Risiken er eingehen will. So lässt sich auch bei der Austragung von Konflikten feststellen, «was gespielt wird», welcher Einsatz der andere zu geben bereit ist und wer mit wem zusammenspielt.

Neben diesen positiven Wirkungen aber können – wie wir alle wissen – Konflikte auch dysfunktionale und zerstörerische Wirkungen haben. Die nachstehenden negativen Folgen sozialer Konflikte sind hierbei von besonderer Bedeutung[140]:
- *Hohe Fluktuation:* Mitarbeiter, die das Austragen von Konflikten satt haben, durch Niederlagen frustriert sind oder sich als Minderheit unterdrückt fühlen, können zum Entschluss kommen, die Organisation zu verlassen.
- *Verminderte Arbeitsmotivation:* Aus ähnlichen Gründen können Mitarbeiter – statt auszuscheiden – demotiviert werden und in ihrer Arbeitsleistung nachlassen.
- *Hoher Energieverbrauch:* Konflikte können – vor allem wenn sie verschoben werden – zum Selbstzweck werden und enorm viel Energie und Zeit aus dem Arbeitsprozess abziehen.
- *Erhöhter Krankenstand:* Der erhöhte Energieverbrauch hat eine erhöhte Belastung des Organismus zur Folge, die hohe krankheitsbedingte Fehlzeiten nach sich ziehen kann.
- *Dogmatismus:* Gruppen, die sich in ständiger Auseinandersetzung mit anderen Gruppen befinden, neigen dazu, im Innern intolerant zu sein und den einzelnen Mitgliedern nur noch begrenzte Abweichungen zu erlauben.

Konflikte sind also zum einen offenbar zerstörerisch und dysfunktional und zum anderen schöpferisch und funktional. Das ist es, was oben als «funktionale Ambivalenz» von Konflikten bezeichnet wurde. Die positiven Wirkungen kommen allerdings nur dann zustande, wenn Konflikte kooperativ und konstruktiv ausgetragen werden. «Ein Konflikt ist also nicht von sich aus nützlich oder schädlich, er wird vielmehr von den beteiligten Parteien zu einer konstruktiven oder destruktiven Auseinandersetzung gestaltet.»[141]

---

139 vgl. Rüttinger (1977), Bosetzky/Heinrich (1980), Krüger (1980)
140 vgl. Bosetzky/Heinrich (1980)
141 Rüttinger (1977)

267 Teilsysteme der Organisation

Betrachtet man das soziale System Krankenhaus unter einem bestimmten Aspekt wie etwa der Kommunikation, so lässt sich ein entsprechendes *Teilsystem* erkennen: das Kommunikationssystem des Krankenhauses. Andere Aspekte, aufgrund derer sich wichtige Teilsysteme ergeben, sind Macht (Machtsystem), Status (Statussystem) und soziale Rolle (Rollensystem). Allen diesen verschiedenen Teilsystemen gehört der einzelne als Mitglied an, wobei jede Mitgliedschaft mit besonderen Problemen verbunden ist. Im folgenden sollen die erwähnten Teilsysteme etwas näher beleuchtet werden.

Machtsystem

Wie im ersten Kapitel festgehalten wurde, sind bestimmte Positionen in einer Organisation (die sogenannten Führungs- oder Vorgesetztenpositionen) offiziell mit Machtbefugnissen ausgestattet, die es ihnen ermöglichen, das Verhalten anderer Mitglieder (deren Macht geringer ist) zu steuern. Diese Positionsmacht bedeutet die «Chance, innerhalb einer sozialen Beziehung den eigenen Willen auch gegen Widerstreben durchzusetzen, gleichviel, worauf diese Chance beruht[142]». So gesehen ist Macht eng verwandt mit Zwang.

Für das Individuum als Mitglied des Machtsystems bedeutet das, dass es seinem Vorgesetzten, der mit mehr Macht ausgestattet ist, zu gehorchen hat, falls es seine Mitgliedschaft nicht verlieren will (wobei dieser Vorgesetzte seinerseits wieder Vorgesetzte hat, die noch höhere Machtpotentiale haben). In Theorie und Praxis herrscht weitgehend Einigkeit darüber, dass ohne eine unterschiedliche Machtverteilung in einer Organisation eine wirkungsvolle Aufgabenerfüllung nicht möglich sei. Das zeigen die zwei folgenden Zitate deutlich.

«Macht ist das Medium, mit dessen Hilfe allgemeine Autorität in wirksames, kollektives Handeln umgesetzt wird. Machtausübung *zwingt* die betreffenden Gruppenmitglieder dazu, den für die Erfüllung der Gruppenziele notwendigen Verpflichtungen nachzukommen.»[143]

«Und gerade darin besteht die Funktion von Macht: Sie stellt mögliche Wirkungsketten sicher, unabhängig vom Willen des machtunterworfenen Handelnden – ob er will oder nicht.»[144]

«Mit anderen Worten: Ohne Macht, aber zumindest ohne die permanente Drohung ihrer Anwendung funktionieren grosse Organisationen auf Dauer nicht, da mit der freiwilligen Leistungs- und Unterwerfungsbereitschaft nicht immer und in jedem Fall als feste Grösse gerechnet werden kann. Bei absoluter Gleichverteilung von Macht in Grossorganisationen, beim Vorliegen von Machtentropie also, ist zu befürchten, dass eine Verlangsamung und Lähmung ihrer Prozesse stattfindet, dass es zu Chaos und Zerfall kommen wird.»[145]

Obwohl formale Macht für das Funktionieren eines grösseren sozialen Systems notwendig ist, dürfen wir die entscheidende Frage nicht aus den Augen verlieren, «wer

---

142 Weber (1972)
143 Parsons (1964), zit. nach Bosetzky/Heinrich (1980)
144 Luhmann (1975), zit. nach Bosetzky/Heinrich (1980)
145 Bosetzky/Heinrich (1980)

nämlich im konkreten Fall in wessen Auftrag und mit welcher Legitimation Machtpositionen innehat[146]». Das ist wichtig, weil in allen grossen Organisationen – und in Krankenhäusern in besonderem Masse – die Problematik der Macht weitgehend tabuisiert ist. Wenn Machtpositionen in Frage gestellt werden, werden immer auch die Privilegien derer gefährdet, die sie innehaben. Und diese Privilegien sind ja bekanntlich oft nicht gerade klein.

Statussystem

Wenn ein Individuum in einem sozialen System eine bestimmte Position einnimmt, so kann diese Position von verschiedenen Seiten gesehen werden: Man kann vor allem das Einkommen sehen, oder aber die Verantwortung und die Entscheidungsbefugnisse. Jeder dieser Aspekte kann den *sozialen Status* der Position entscheidend beeinflussen. Der soziale Status ist also nicht identisch mit der formalen Position, die jemand bekleidet, sondern stets an die *soziale Bewertung* dieser Position gebunden. Dabei werden vor allem Merkmale folgender Art bewertet[147]: Beruf, Einkommen, Macht, Herkunft und Ausbildung. Diese und noch weitere Faktoren bestimmen die Bewertung einer bestimmten Position und damit die Stellung eines Individuums unter den anderen Individuen der Gesellschaft.
Der soziale Status – und damit Berufsposition und Berufserfolg – entscheidet in unserer Gesellschaft weitgehend über die soziale Sicherheit des einzelnen sowie über seine Beziehungen und Kontaktmöglichkeiten. Er bestimmt auch das *Prestige,* also das Ansehen, das die jeweilige Position in den Augen der Organisation oder der Gesellschaft geniesst.
Das moderne Krankenhaus weist zwar ineinander verflochtene, aber doch schwer vergleichbare Statusysteme auf. Die eine Status-Pyramide umfasst die «Büro-Hierarchie», die zweite die ‚Medizin-Hierarchie' und die dritte die «Pflege-Hierarchie». Innerhalb einer Pyramide lassen sich Positionen ohne weiteres miteinander vergleichen; der Vergleich von zwei Positionen aus verschiedenen Pyramiden jedoch ist nicht mehr so leicht möglich, da die Pyramiden sich der Art nach unterscheiden. Wie will man beispielsweise den Status einer Krankenschwester mit dem Status einer Sekretärin vergleichen? Diese Schwierigkeit ist ein Grund dafür, dass beispielsweise das Verhältnis der «Medizin-Hierarchie» zur «Pflege-Hierarchie» oft Gegenstand schwerer – wenn auch nach aussen hin meist unsichtbarer – Konflikte ist.
Das Streben nach einem höheren Status, nach grösserem sozialem Ansehen (Prestige) nimmt in unserer Gesellschaft einen wichtigen Platz ein. Die Befriedigung oder Unzufriedenheit, die ein Mitarbeiter/Vorgesetzter bei seiner Arbeit empfindet, hängt in entscheidendem Masse vom Status ab, den seine Tätigkeit einnimmt. Wie bei der Besprechung der «Bedürfnispyramide» dargestellt wurde, ist das Streben nach einem hohen Status im Drang nach Erhaltung und Steigerung des Selbstwertgefühls begründet, wobei die Intensität des Statusstrebens in dem Masse abnimmt, als im Individuum Bedürfnisse nach Selbstentfaltung wichtig werden.
Die Statusunterschiede sind an verschiedenen Zeichen zu erkennen: Da sind zunächst die *Statusprivilegien,* also die besonderen Vorrechte, die mit einem bestimmten Status

146 Bosetzky/Heinrich (1980)
147 vgl. Golas (1982)

verbunden sind. Dazu gehören beispielsweise Zeichnungsvollmacht, ein reservierter Parkplatz oder eine grosszügige Arbeitszeitregelung. Als *Statussymbole* – also Kennzeichen, die den Status anzeigen sollen – gelten beispielsweise[148]: Titel, besondere Kleidung, Lage, Grösse und Ausstattung des Zimmers, Vorzimmerdame, direkte Telefonverbindung nach aussen, Grösse und Preis des Wagens, Ziel der Urlaubsreise usw. Es lässt sich immer wieder beobachten, dass der noch fehlende höhere Status durch die Anschaffung von Symbolen des höheren Status (wie etwa Wagen oder Wohnung) sozusagen vorweggenommen wird. Wie wichtig Statussymbole sein können, zeigt die folgende kleine Geschichte: «In einer Verwaltungsbehörde wurde der Direktor durch einen der Subdirektoren ersetzt, der es vorzog, in seinem bisherigen vertrauten Zimmer zu bleiben. Ein anderer Subdirektor erhielt den Raum des ehemaligen Generaldirektors, der durch die rote Lampe mit der Aufschrift «Nicht stören» über der Tür gekennzeichnet war. Nach einer Woche verlangten die anderen Subdirektoren die gleichen Lampen für ihre Türen.
Sie konnten es nicht ertragen, dass ein Gleichrangiger durch die als Statussymbol empfundene Lampe den Eindruck erweckte, eine höhere Position zu bekleiden.»[149] Je weniger der Status nach aussen offen sichtbar ist, desto bedeutender ist das «sichtbare Zubehör», also das Statussymbol, mit dem sich der Betreffende soziale Geltung verschaffen will. Ist der Status einer Person für jedermann sichtbar, kann am ehesten auf Statussymbole verzichtet werden.
Das Statussystem in einer Organisation bringt manche Probleme mit sich. Vier solche pathologischen Aspekte sollen kurz erwähnt werden[150]:

- Statusunterschiede können die Delegation von Kompetenzen und Verantwortung erheblich behindern: Manche Vorgesetzte haben grosse Mühe, Befugnisse an Mitarbeiter zu übertragen, weil sie – mehr oder weniger unbewusst – einen Statusverlust befürchten.
- Statusunterschiede erschweren die Kommunikation: Die wenigsten Mitarbeiter äussern sich einem Vorgesetzten gegenüber frei (vor allem nicht kritisch). Sie scheuen sich auch davor, nach dem Sinn einer Anordnung zu fragen, was im Extremfall dazu führen kann, dass ein Auftrag – obwohl er sinnlos oder gar gefährlich ist – dennoch ausgeführt wird.
- Die Statusempfindlichkeit führt zu vielen Spannungen und Konflikten – zu Reibereien zwischen Personen, aber auch zu inneren Spannungen, die einen Menschen in seiner Arbeitsfähigkeit völlig lähmen können.
- Das Statussystem schränkt die vertikale Mobilität ein: Aus verschiedenen Gründen finden sich in einer Organisation immer wieder Mitglieder, die ihrer Funktion nicht gewachsen sind. Eine Versetzung auf eine andere Position aber kommt aus Statusgründen sehr oft nicht in Frage.

Gegen diese pathologischen Erscheinungen von Statussystemen lässt sich wenig tun. Auf jeden Fall ist es wichtig, dass das formale Statussystem deutlich festgelegt wird und die Beförderungspraxis in der Organisation transparent ist. Nur so lässt sich die Vergeudung von wertvoller Energie durch endlose wechselseitige Vergleiche und ständige Vermutungen vermeiden (oder zumindest verringern).

148 vgl. Golas (1982)
149 aus: Oldendorff (1970)
150 vgl. Oldendorff (1970)

Die hauptsächliche Statusproblematik im Krankenhaus folgt aber aus dem Nebeneinander von verschiedenen Funktionsbereichen; nahezu jede der – gesamtgesellschaftlich gesehen – wesentlichen Berufskategorien ist vertreten. Zudem tritt im Krankenhaus ein Problem besonders scharf in Erscheinung: die (vertikale) *Mobilitätsblokkade*[151]. Allenfalls in einigen administrativen und betrieblichen Bereichen gibt es die Möglichkeit oder auch nur die Illusion eines Aufstiegs. So kann z.B eine Schwesternhilfe nie hoffen, durch gute Leistungen eines Tages zur Krankenschwester zu avancieren und damit an deren Status teilzuhaben. Oder die Operationsschwester: Sie mag in langen Jahren der Erfahrung Kenntnisse und Fähigkeiten ansammeln, wie sie kein junger Assistenzarzt mitbringt – dies setzt sie dennoch nicht in den Stand (Status) des Arztes. Das Bedürfnis nach einem höheren Status lässt sich demnach im Krankenhaus kaum befriedigen. «Man kann im Krankenhaus nichts werden. Man ist, was man ist.»[152] Eine funktionale Seite des Statussystems besteht darin, dass es den verschiedenen Positionen entsprechende Zeichen zuordnet, die sofort zeigen, mit wem man es zu tun hat. Daraus folgt auch sofort, wie man sich zu verhalten hat. In dieser Hinsicht kann das organisationale Statussystem die Zusammenarbeit erleichtern.

Rollensystem

Eng mit dem Statussystem verbunden ist das Rollensystem: Mit der Position, die ein Individuum innehat, ist einerseits ein bestimmter Wert (Status) und andererseits ein Komplex von Erwartungen (Rolle) verknüpft. Auf die Problematik der Rolle wurde oben eingegangen, so dass wir uns hier auf eine einzige Bemerkung beschränken können. Betrachtet man das Krankenhaus als ein System von aufeinander bezogenen Rollen, so muss man sich bewusst sein, dass es sich dabei um ein hochkomplexes Gebilde handelt.
Voraussetzung für die Stabilität und Zweckerfüllung bzw. Zielerreichung dieses Systems ist einerseits, dass die zahlreichen und vielfältigen Rollen wechselseitig aufeinander ausgerichtet sind und sich gegenseitig ergänzen. Dies allein reicht jedoch nicht aus. Zu dieser formalen Komplementarität muss noch eine informale Komplementarität kommen. So wird der Begriff der *Rollenkomplementarität* erst dann gebraucht, wenn sich beide Rollenspieler in ihrem Verhalten wechselseitig aneinander orientieren und einer dem anderen – in einem Prozess der gegenseitigen Verstärkung – beim Erreichen seiner Ziele hilft.
Dieser Prozess funktioniert jedoch nur dann, wenn beide Rollenspieler ein gemeinsames Wertsystem verinnerlicht haben. Erst dann kann von einem eigentlichen «System» aufeinander bezogener Rollen gesprochen werden, wenn das Zusammenwirken verschiedener Rollen nicht nur eine additive, sondern eine potenzierende Wirkung hat, wenn also ein echter *Synergie-Effekt* zustandekommt. Erst dann «ist das Ganze mehr als die Summe seiner Teile».

Kommunikationssystem

Das Kommunikationssystem in der Organisation wird oft mit dem Nervensystem des Organismus verglichen. Ein funktionierendes Nervensystem ist erste Vorausset-

151 vgl. Rohde (1974)
152 vgl. Rohde (1974)

zung für die Aufrechterhaltung lebenswichtiger Abläufe im Organismus. Ebenso ist das Funktionieren des Kommunikationssystems eine Grundvoraussetzung für das Leben der Organisation. Da wir uns im 5. Kapitel eingehend mit dem Thema Kommunikation befassen, begnügen wir uns hier mit einigen kurzen Bemerkungen. Zunächst einmal soll festgehalten werden, dass der einzelne nicht nur einem, sondern gleichzeitig zwei Kommunikationssystemen angehört: dem formalen und dem informalen Kommunikationssystem.

Das *formale Kommunikationssystem* beruht auf formalen Arbeitsbeziehungen, die im Organisationsplan festgelegt sind. Neben diesen offiziell vorgesehenen Beziehungen aber gibt es in jeder Organisation ein nicht festgelegtes Netz von Beziehungen, das nicht von den Erfordernissen der Organisation, sondern in erster Linie von den Bedürfnissen der Mitglieder bestimmt ist. Hier spielen psychologische und soziologische Momente wie Sympathie und Antipathie, Egoismus und Hilfsbereitschaft, Rivalität und Solidarität, Machtstreben, Konkurrenzdenken usw. eine Rolle.

Im formalen Organigramm treten diese Beziehungen nicht in Erscheinung; sie werden deshalb als informale Beziehungen bezeichnet und bilden die Grundlage für das *informale Kommunikationssystem*. Während die formalen Kommunikationswege hauptsächlich vertikal verlaufen, ziehen sich die informalen Kommunikationswege kreuz und quer durch die Organisation.

Im weiteren darf hier eine kurze Bemerkung über die Bedeutung des hierarchischen Systems nicht fehlen. Die Position in der Hierarchie bestätigt die Legitimität der Nachricht (die ja das Kernstück der Kommunikation darstellt). Die Position bestimmt darüber, ob der Absender die Kompetenz hat, die Nachricht weiterzugeben. Ein klares hierarchisches System ist deshalb für eine wirksame formale Kommunikation in vertikaler Richtung unerlässlich.

Das hierarchische System kann aber wie das Statussystem auch Störungen, Verstopfungen und Verzerrungen verursachen. Zudem vollzieht sich die vertikale Kommunikation in der Richtung von oben nach unten leichter und häufiger als umgekehrt. Mitarbeiter mit niedrigem Status sind oft durch Vorgesetzte mit höherem Status eingeschüchtert; sie fühlen sich nicht frei genug, aus eigener Initiative mit ihnen in Kontakt zu treten; sie scheuen sich davor, dieser erhabenen Person lästig zu fallen. Wenn sie eine Nachricht oder einen Auftrag nicht gut verstehen, wagen sie kaum, um nähere Erklärungen zu bitten, aus Furcht, dann als dumm angesehen zu werden. Vor allem aber wagen sie es nicht, Kritik vorzubringen. Dadurch erhalten Vorgesetzte nur ganz selten das Feedback (Rückmeldung), das sie doch so notwendig brauchen[153].

«Als jemand auf einen sehr hohen Posten befördert worden war, beglückwünschte ihn auf dem Empfang einer seiner Gäste und fügte seinen Worten hinzu: Von jetzt ab werden Sie nie mehr eine schlechte Mahlzeit zu sich nehmen und nie mehr ein ehrliches Wort zu hören bekommen.»[154]

---

153 vgl. Oldendorff (1970)
154 Oldendorff (1970)

268 Rechte und Pflichten des Mitarbeiters

Wie oben festgestellt wurde, ist jede Rolle in einem sozialen System mit ganz bestimmten Rechten und Pflichten ausgestattet. Zur Rolle gehören also nicht nur die Verhaltenserwartungen, die die Umwelt auf den Träger einer Position richtet, sondern auch die Erwartungen, die jemand in der betreffenden Position an seine soziale Umwelt stellen kann. In diesem Abschnitt wollen wir die Rolle des Mitarbeiters unter die Lupe nehmen und uns fragen, mit welchen Rechten und Pflichten diese Rolle verbunden ist.

Pflichten eines Mitarbeiters

Das Wort «Pflicht» ist eine Bildung zum Verb «pflegen», welches ursprünglich «für etwas einstehen, sich für etwas einsetzen» bedeutete. Für etwas einstehen, mich für eine Sache einsetzen kann ich jedoch nur, wenn ich ein Motiv dafür habe. Fehlt mir dieses Motiv, dann wird Pflicht für mich zu einer Forderung, der ich nur ungern nachkomme oder gar zu einer eigentlichen Last. Der Ausdruck «jemandem eine Pflicht aufbürden» wird von daher gut verständlich.
Stellenbeschreibungen, Pflichtenhefte zu erstellen, ohne den Bedürfnissen bzw. Motiven der Mitarbeiter Beachtung zu schenken, ist also eigentlich ziemlich sinnlos. Eine Organisation, die das tut, schneidet sich sozusagen ins eigene Fleisch. Die Erwartungen, denen ein Mitarbeiter ausgesetzt ist, gehen wie gesagt nur zum Teil aus der Stellenbeschreibung oder anderen schriftlichen Dokumenten hervor; zum anderen Teil handelt es sich um ungeschriebene, unausgesprochene Erwartungen, die aber im folgenden ebenfalls «zur Sprache kommen» sollen.

Pflicht zum persönlichen Einsatz: Der Mitarbeiter

- bemüht sich, seine persönlichen Kenntnisse, Fähigkeiten und Fertigkeiten im Rahmen seiner Tätigkeit in der Organisation zum Einsatz zu bringen.
- strebt intensiv danach, seine Aktivitäten auf das Erreichen organisationaler Ziele bzw. auf das Erfüllen organisationaler Aufgaben auszurichten.

Pflicht zu selbständigem Handeln und Entscheiden: Der Mitarbeiter

- bearbeitet die ihm übertragenen Aufgaben innerhalb des ihm zugestandenen Handlungs- und Entscheidungsspielraums selbständig.
- hält sich in seinem Handeln und Entscheiden an die geltenden Richtlinien (gesetzliche Vorschriften, Dienstvorschriften, Handbücher, Weisungen, Beschlüsse usw.).
- übernimmt vom Zeitpunkt der Aufgabenübertragung an die ihm zugewiesenen Aufgaben und Kompetenzen sowie die damit verbundene Verantwortung.
- gibt die ihm zugewiesene Aufgabe nicht wieder an seinen Vorgesetzten zurück (so wie dieser seinerseits eine einmal delegierte Aufgabe nicht mehr zurücknehmen darf).
- entscheidet im allgemeinen, *wie* (auf welchem Weg) er die gestellte Aufgabe bewältigen will (während meistens der Vorgesetzte bestimmt, *Wer was* bis *wann* mit *welchen Mitteln* zu erreichen hat).

Pflicht zum Einholen eines Vorgesetztenentscheids: Der Mitarbeiter holt Entscheide seines Vorgesetzten ein,

- wenn die ihm zugestandenen Kompetenzen zur Erfüllung der gestellten Aufgabe nicht ausreichen.
- wenn eine anfallende Aufgabe besondere, übergeordnete Bedeutung besitzt.
- wenn eine anfallende Aufgabe den Rahmen des ihm zugewiesenen Aufgabenbereichs sprengt.

Pflicht zur Information: Der Mitarbeiter

- fordert aus eigener Initiative alle Informationen an, die er zur Erfüllung der ihm übertragenen Aufgaben benötigt.
- informiert seinen Vorgesetzten regelmässig, ausreichend und unaufgefordert über wesentliche Ereignisse in seinem Aufgabenbereich, so dass dieser den Überblick behält und alle Sachverhalte und Zusammenhänge kennt, die für seine Entscheidungen von Bedeutung sind (vertikale Information).
- informiert seine Kollegen und andere interessierte Stellen über alles, was diese zur Bewältigung der Aufgaben in ihrem Bereich wissen müssen (horizontale Information).
- beachtet die formalen Kommunikationswege, holt aber im Bedarfsfall auch Informationen auf informalen Wegen ein.
- stellt sich seinem Vorgesetzten und anderen befugten Stellen für Auskünfte und Ratschläge zur Verfügung.
- wahrt das Berufsgeheimnis (Schweigepflicht).

Pflicht zu innovativem Denken: Der Mitarbeiter

- bemüht sich um Verbesserungen bzw. um die Entwicklung neuer Ideen, Methoden und Möglichkeiten zur optimalen Erfüllung seiner Aufgaben.
- leistet spontane Beiträge zur Erfüllung von organisationalen Aufgaben – Beiträge, die über die festgelegte Rollenerwartung hinausgehen.
- bringt Anregungen und Vorschläge.

Pflicht zur Zusammenarbeit: Der Mitarbeiter

- verhält sich so, dass er die formal vorgesehene Zusammenarbeit ermöglicht bzw. fördert.
- ist bereit zu einer spontanen – formal nicht vorgeschriebenen – Kooperation bei Ausfällen, plötzlichen Auftragsänderungen und anderen unvorhergesehenen Ereignissen.
- strebt intensiv danach, seine Aktivitäten auf das Erreichen von gemeinsamen Zielen auszurichten.
- führt in Ausnahmefällen auch Einzelaufträge aus, die in seiner Stellenbeschreibung nicht ausdrücklich vermerkt sind.

Pflicht zur Weiterbildung: Der Mitarbeiter

- bildet sich in allen Bereichen, die sein Aufgabengebiet betreffen, ständig weiter (Zulernen, Umlernen, Neulernen), um die ihm übertragenen Aufgaben optimal erfüllen zu können.
- betrachtet seine Tätigkeit als Lernsituation, die es ihm ermöglicht, sich nicht nur fachlich, sondern auch menschlich weiterzuentwickeln.

Rechte eines Mitarbeiters

Beim folgenden Versuch, die Rechte des Mitarbeiters zu beschreiben, beziehen wir uns auf die selben Punkte wie auf den vorangehenden Seiten, aber gewissermassen «unter umgekehrten Vorzeichen».

Recht auf persönlichen Einsatz: Der Mitarbeiter

- hat das Recht auf eine Tätigkeit, die den Einsatz seiner persönlichen Kenntnisse, Fähigkeiten und Fertigkeiten erlaubt bzw. erfordert. In diesem Postulat trifft sich das Bedürfnis des Individuums nach Selbstentfaltung mit der organisationalen Forderung nach dem «richtigen Mann am richtigen Platz».
- darf seine Bedürfnisse, Interessen und Vorstellungen äussern. Im Rahmen der organisationalen Möglichkeiten soll versucht werden, diese zu berücksichtigen.

Recht auf selbständiges Handeln und Entscheiden: Der Mitarbeiter

- hat Anspruch darauf, innerhalb des ihm zugestandenen Entscheidungs- und Handlungsspielraumes selbständig handeln und entscheiden zu können.
- hat Anspruch darauf, dass die ihm zugewiesenen Aufgaben klar, eindeutig und verständlich umschrieben und die entsprechenden Kompetenzen und Verantwortlichkeiten klar abgegrenzt sind.
- hat Anspruch darauf, dass sein Aufgaben- bzw. Delegationsbereich von seinem Vorgesetzten und anderen Stellen respektiert wird.
- hat Anspruch auf die Zuerkennung aller Befugnisse, die zur Erfüllung seiner Aufgaben erforderlich sind.
- muss Gewissheit haben, dass ihm eine einmal übertragene Aufgabe nicht wieder weggenommen wird.

Recht auf Einholen eines Vorgesetztenentscheids: siehe oben

Recht auf Information und Qualifikation: Der Mitarbeiter

- hat das Recht auf Zugang zu allen Informationen, die er zur Erfüllung seiner Aufgaben benötigt.
- hat Anspruch auf regelmässige und ausreichende Rückmeldung (Feedback) auf seine Arbeit von seiten seines Vorgesetzten; er hat das Recht auf Anerkennung und Kritik sowie auf periodische Qualifikation. Qualifiziert ein Vorgesetzter seinen Mitarbeiter nicht regelmässig, so ist dieser berechtigt, es zu verlangen.

- hat das Recht, Fragen zu stellen, Auskünfte und Ratschläge einzuholen, die ihm bei der Erfüllung seiner Aufgaben helfen.
- hat Anspruch darauf, von seiten seiner Kollegen und anderer Stellen über alles informiert zu werden, was er zur Bewältigung seiner Aufgaben wissen muss.

Recht auf innovatives Denken: Der Mitarbeiter

- darf Ideen äussern; er hat ein Recht darauf, dass seine Ideen angehört und diskutiert werden.
- darf spontane Beiträge zur Erfüllung organisationaler Aufgaben leisten, auch wenn diese Beiträge über die geschriebenen Rollenerwartungen hinausgehen (positiv abweichendes Verhalten).
- darf Anregungen und Vorschläge vorbringen; insbesondere hat er das Recht, auf Fehler und Störungen hinzuweisen, also Kritik anzubringen, gleichgültig wen oder was diese Kritik betrifft.

Recht auf Zusammenarbeit: Der Mitarbeiter

- hat das Recht auf spontane – formal nicht vorgesehene – Zusammenarbeit mit anderen Stellen, falls die Erfüllung seiner Aufgaben dies erfordert.
- hat Anspruch auf ein Verhalten seiner Vorgesetzten und Kollegen, das die Zusammenarbeit mit ihnen ermöglicht bzw. fruchtbar macht.

Recht auf Förderung und Weiterbildung: Der Mitarbeiter

- hat das Recht, sich in allen Bereichen, die sein Aufgabengebiet betreffen, weiterzubilden (sofern er bereit ist, selbst auch einen angemessenen Beitrag daran zu leisten).
- hat Anspruch darauf, entsprechend seinen Fähigkeiten bzw. Qualifikationen gefördert zu werden.

Recht auf angemessene Entlohnung und zeitgemässe Sozialleistungen

Recht auf humane Arbeitsbedingungen: Der Mitarbeiter

- hat Anspruch auf eine Organisationsstruktur, die ihm eine rationelle Erfüllung seiner Aufgaben erlaubt.
- hat das Recht auf einen Arbeitsplatz, der ihn in seiner physischen und psychischen Gesundheit nicht beeinträchtigt.
- hat Anspruch auf die gesetzlich und vertraglich festgelegten Arbeitszeiten, Ruhetage und Ferien.

Recht auf Wiedererwägung, Rekurs und Beschwerde: Der Mitarbeiter

- ist berechtigt, Wiedererwägung zu verlangen, also von seinem Vorgesetzten zu fordern, dass dieser Entscheid in Fach- oder Führungsfragen überprüft.

- hat das Recht, beim nächsthöheren Vorgesetzten mündlich oder schriftlich Rekurs einzureichen, also Einspruch gegen einen Entscheid seines unmittelbaren Vorgesetzten zu erheben.
- hat das Recht, beim nächsthöheren Vorgesetzten eine mündliche oder schriftliche Beschwerde über seinen unmittelbaren Vorgesetzten einzureichen.

27 Einzelne Mitarbeitergruppen

Die bisherigen Ausführungen bezogen sich ganz allgemein auf «den Mitarbeiter» - gleichgültig ob es sich dabei um Mann oder Frau, um jüngere oder ältere Mitarbeiter handelte. In diesem Abschnitt nun werden im Sinne einer Ergänzung und Differenzierung einige mehr oder weniger spezifische Probleme einzelner Mitarbeitergruppen etwas genauer betrachtet.

271 Mitarbeiterin

Dass die Frau im Arbeitsbereich Krankenhaus eine ganz zentrale Rolle spielt, steht wohl ausser Zweifel: Laut Daten der Volkszählung 1980 waren 74% des gesamten Personalbestandes im schweizerischen Gesundheitswesen Frauen (vgl. Abb. 56). Betrachtet man nur die Krankenhäuser, so sehen die Zahlen etwa gleich aus (vgl. Abb. 57). Man könnte damit das Krankenhaus als eigentlich «weibliches Gebilde» bezeichnen. Aber eben nur in bezug auf die numerischen Verhältnisse und nicht in bezug auf den Geist, der diese Organisation bestimmt.

Die Vorherrschaft patriarchaler Normen, durch welche die moderne Medizin geprägt ist, kommt auch in der Organisation Krankenhaus zum Ausdruck. Wie der Medizin ist auch ihr «das Yin-Prinzip: die weibliche Seite mit ihrer intuitiven Weisheit, ihrer Synthesefähigkeit und ihrem ökologischen Bewusstsein verlorengegangen. Den Frauen wurde allzu sehr das Yang-Prinzip: das männlich-Rationale, Analytische, Expansive aufgepfropft, was unter anderem in maskulin-aggressiven Frauenbewegungen, in der Medizin selber in der Gestalt von harten, vermännlichten Frauen entgegentrifft»[155].

Abbildung 56: Personalbestände im Gesundheitswesen am 2.12.1980[41]

	Total	Frauen		Männer	
Arzt	16 624	2 828	17.0%	2 456	14.8%
Krankenschwester(-pfleger)	37 360	34 356	91.9%	7 858	21.0%
Dipl. Spitalgehilfin	5 789	5 398	93.2%	1 518	26.2%
Sonstige Krankenpflege (Alterskrankenpfleger, techn. Operationsassistent, Hilfsschwester usw.)	11 959	9 460	79.1%	2 758	23.0%
Total	140 027	103 675	74.0%	22 804	16.3%

41 vgl. Bundesamt (1984a)

155 Nager (1985)

Abbildung 57: Personalbestände der Krankenhäuser am 31.12.1983[42]

	Total	Frauen		Ausländer	
Ärzte					
Ärzte	8316	1540	18.5%	990	11.9%
Apotheker, andere Akademiker	464	165	35.6%	84	18.1%
Pflegepersonal					
Krankenschwestern(-pfleger)	26998	23737	87.9%	5966	22.1%
Übriges Pflegepersonal	23347	21252	91.0%	4080	17.5%
Andere medizinische Fachbereiche					
Med.-techn. Personal	17805	14699	82.6%	4438	24.9%
Sekretariat	3035	2984	98.3%	211	6.9%
Fürsorge, Seelsorge	673	443	65.8%	45	6.7%
Verwaltung, Oekonomie, Unterhalt					
Verwaltungspersonal	6023	4214	69.9%	487	8.1%
Oekonomie, Transport- und Hausdienstpersonal	22701	17050	75.1%	11902	52.4%
Handwerker, techn. Personal	3080	104	3.4%	338	10.9%
Total	114873	87841	76.5%	28894	25.1%

42 vgl. Bundesamt (1984b)

Da die Organisation Krankenhaus also ausgesprochen «männliche» Strukturen aufweist und über weite Bereiche männliche Verhaltens- und Leistungsnormen massgebend sind, kommt es nicht selten zu Schwierigkeiten. Diese Schwierigkeiten sind zum Teil tief in den Werten und Normen unserer Gesellschaft verwurzelt und damit einer unmittelbaren Einflussnahme weitgehend entzogen.

Was Möglichkeiten zur Behebung der Schwierigkeiten in der Organisation anbelangt, so dürfte es nicht darum gehen, die Frauen weiter an die Erfordernisse einer so gearteten Berufswelt anzupassen, sondern eine Veränderung dieser Berufswelt anzustreben im Sinne eines vermehrten Einbezugs des weiblichen Elementes.

Denn die Frauen «verkörpern jenen not-wendigen und heilsamen weiblichen Geist, dessen Integration unserer patriarchalen Medizin zu ihrer Sinnesänderung und Ergänzung not tut. Das Aufkeimen und mutige Sich-Behaupten matriarchaler Kräfte (nicht nur in Frauen, sondern auch in Männern) gilt allgemein als Merkmal des neuen integrativen Zeitgeistes und seiner Einheitstendenz...

Sind sich unsere Krankenschwestern und Ärztinnen bewusst, welch zentrale Bedeutung zur Wende unserer Spitalmedizin gerade ihnen zukommt? Mögen sie alle den Mut haben, in unserer männlich rationalen Medizin an ihrer weiblichen Seele festzuhalten und sich der Überschätzung des sondernden Intellekts nicht übermässig unterzuordnen... Solche Wende, inspiriert durch weibliche Werte und Normen, erfolgt weder revolutionär noch krisenhaft überstürzt, noch in dramatischen Zusammenbrüchen oder radikalen Änderungen. Sie ist eine ‚sanfte Verschwörung' und naht – wie alles Grosse – auf leisen Sohlen»[156].

156 Nager (1985)

Auf die Organisationsstrukturen des Krankenhauses bezogen, könnte sich ein solcher Wandel beispielsweise durch den Abbau hierarchischer, individualistisch-autoritärer Organisationsformen ergeben.

Nach diesem Hinweis auf die Notwendigkeit einer grundsätzlichen Wende in Medizin und Krankenhaus wollen wir uns jetzt etwas konkreter mit der besonderen Situation der berufstätigen Frau befassen. Zunächst einmal wollen wir uns den *Rollenkonflikt* zwischen der – immer noch zentralen – Geschlechtsrolle der Frau als Hausfrau und Mutter einerseits und der Rolle als berufstätige Frau andererseits vor Augen halten (über die Hälfte aller berufstätigen Frauen ist verheiratet).

Neben den vielfältigen und zum Teil widersprüchlichen Erwartungen, die mit dieser Doppelrolle verknüpft sind, resultiert daraus eine ganze Reihe von Belastungen. Die allgemeine Situation der berufstätigen Frau lässt sich schwerpunktmässig wie folgt kennzeichnen[157]:

- Die Doppelrolle als Berufstätige und Hausfrau führt zu erheblichen physischen und psychischen Belastungen.
- Die Mehrzahl der berufstätigen Frauen führt Tätigkeiten aus, die in den Ebenen der gesellschaftlichen und organisationalen Hierarchie lokalisiert sind.
- Die meisten berufstätigen Frauen führen Tätigkeiten mit geringem Anforderungsniveau aus (Routinearbeiten). Diese Arbeiten werden entsprechend gering entlohnt.
- Die meisten berufstätigen Frauen stehen unter dem Zwang zur Unterordnung unter den Mann, der in der Hierarchie der Organisation als Vorgesetzter der Frauen fungiert.

Diese Aussagen über die allgemeine Situation der berufstätigen Frau müssen für den speziellen Bereich des Krankenhauses in dem Punkt modifiziert werden, wo es um das Anforderungsniveau der Tätigkeiten geht: Aufgrund der Tatsache, dass viele weibliche Berufstätige im Pflegesektor beschäftigt sind, ergbit sich im Krankenhaus ein relativ höherer Anteil an qualifizierten Tätigkeiten als in anderen Erwerbsbereichen.

Das Problem der Unterordnung unter den Mann hingegen tritt im Krankenhaus infolge der Statusunterschiede zwischen Ärzten und Pflegepersonal noch verschärft in Erscheinung. Vergleicht man den Anteil der Frauen in der Berufsgruppe der Ärzte mit dem Anteil der Frauen in der Berufsgruppe der Krankenschwestern(-pfleger), so zeigt sich ein gewaltiger Unterschied (vgl. Abb. 56): Während im Jahre 1980 nur 17% der Ärzte weiblichen Geschlechts waren, betrug der Anteil Frauen bei den Krankenschwestern(-pflegern) über 90%.

Das bedeutet, dass in der Berufsgruppe mit dem höchsten sozialen Status und den umfassendsten Machtbefugnissen ganz klar die Männer das Sagen haben. Diese Diskrepanz zwischen numerischer Überlegenheit der Frauen und ihrer Unterlegenheit in bezug auf die Machtbefugnisse stellt kein geringes Konfliktpotential im Krankenhaus dar.

Die Lösung der genannten Probleme, d.h. der Abbau der Barrieren, die die Frau an der Entfaltung ihrer Persönlichkeit hindern, fordert sowohl von der Gesellschaft – insbesondere den Männern – als auch von der Frau selber ein völliges Umdenken

---

157 vgl. Golas (1982)

und Umlernen in bezug auf ihre Rolle in der Familie, im Beruf und in der Öffentlichkeit.

Zur Gleichberechtigung der Frau gehören gleiche berufliche *Aufstiegs- und Entfaltungsmöglichkeiten*. Diese sind noch ungenügend vorhanden. Die geringeren Aufstiegschancen sind nur zum Teil durch die meist schlechtere Ausbildung der Frau bzw. ihre geringere fachliche Qualifikation bedingt. Vielmehr führen das kulturelle Stereotyp von der angeblichen weiblichen Inkompetenz sowie die Seltenheit weiblicher Karrieren zu einer negativen Erwartungshaltung bei denjenigen, die über Aufstieg zu entscheiden haben, so dass in der Regel eine erheblich bessere Qualifikation der Frauen erforderlich ist, um in Konkurrenzsituationen mit Männern erfolgreich zu sein. Diese restriktive Behandlung von Frauen schlägt sich natürlich wiederum in einer geringeren Aufstiegsmotivation bei den jungen Frauen nieder[158].

Die mancherorts herrschende Auffassung, Frauen seien schlechtere Arbeitskräfte als Männer, weil sie häufiger *Fehlzeiten* aufzuweisen hätten, muss ebenfalls etwas genauer betrachtet werden. Ungelernte Arbeitskräfte weisen generell höhere Fehlzeiten auf. Weil nun der Anteil der Frauen an unqualifizierten Tätigkeiten höher ist als der der Männer, werden die dem weiblichen Geschlecht zugeschriebenen höheren Ausfälle in erster Linie aus diesem höheren Anteil erklärt.

Beim Versuch, die besonderen Eigenschaften der Frau zu beschreiben, muss man ausserordentlich vorsichtig sein. Denn sowohl die «weiblichen» wie auch die «männlichen» Eigenschaften erweisen sich als in hohem Masse kulturell bedingt und veränderbar. Die Geschlechtsrollen-Stereotypen, also die festen Vorstellungsklischees über «den Mann» bzw. «die Frau» üben hier eine entscheidende Wirkung aus; diese schreiben den Männern zu, unabhängiger, objektiver, aktiver, logischer usw. zu sein. Frauen hingegen seien sanfter, ordentlicher, einfühlsamer, emotionaler, ausgeglichener, ausdrucksfähiger etc.

Die Zugehörigkeit zur weiblichen Geschlechtsgruppe ist in jedem Falle nur eines unter vielen Momenten, die das Erleben und Verhalten eines Individuums in seiner sozialen Umwelt bestimmen. Je nach persönlicher Biografie und je nach persönlicher Lebens- bzw. Arbeitssituation sind die Verhaltensweisen der Mitarbeiterinnen von höchst individuellem Charakter. Vor generalisierenden Aussagen über «den weiblichen Arbeitnehmer» sollte man sich deshalb genauso hüten wie vor generalisierenden Feststellungen über «den männlichen Arbeitnehmer».

Entsprechend der traditionellen geschlechtsspezifischen Arbeitsteilung zwischen Mann und Frau beinhaltet der «weibliche Lebenszusammenhang» die Gestaltung von Situationen, die mit unmittelbaren Bedürfnissen und Erfahrungen zu tun haben. Die für diesen Lebenszusammenhang wichtigen Fähigkeiten wie *Erfahrungswissen, Intuition und Fürsorglichkeit* sind aber in der Berufswelt kaum gefragt[159]. Bei der Frau ist die *soziale Intelligenz,* d.h. die Fähigkeit, Menschen nach ihrem Geistes- und Gefühlszustand zu beobachten und zu behandeln, stärker ausgeprägt.

Aufgrund dieser besonderen Fähigkeit streben Mitarbeiterinnen in der Regel zu personen- statt zu rein sachbezogener Arbeit. Das weibliche Verhalten wird viel stärker als das des Mannes durch biologische Vorgänge bestimmt (z.B. Menstruation, Klimakterium). Gefühlsschwankungen treten bei ihr häufiger und stärker auf als bei Männern.

---

158 vgl. Fischer (1981)
159 vgl. Fischer (1981)

Dem Mann bzw. dem männlichen Vorgesetzten fällt es oft schwer, Reaktionen, Denkweisen und Bedürfnisse seiner Mitarbeiterinnen zu verstehen, weil ihr Erleben und Denken in vielem anders ist als das des Mannes.
Ihr Denken wird primär nicht von der Sach-Logik als vielmehr von einer Psycho-Logik bestimmt. Von einer anderen Logik als der männlichen also. Von einer Logik, durch deren vermehrten Einbezug in die Berufswelt der Mensch von vielen unangemessenen Arbeitsabläufen und -bedingungen verschont worden wäre.
Im Zentrum des weiblichen Interesses steht grundsätzlich nicht die Sache, sondern der Mensch. Da nun aber gerade im Berufsfeld Krankenhaus immer mehr Arbeitsabläufe immer stärker durch das Technisch-Sachliche als durch das Menschlich-Persönliche bestimmt werden, fällt es der Frau nicht leicht, ihr Frau-Sein zu behaupten. Die Gefahr besteht, dass sie – um Anerkennung zu erlangen oder bloss um zu überleben – sich mit den sachlichen Verhaltensnormen identifiziert und ihre intuitive Seite – weil sie nicht gefragt ist – verkümmert (siehe oben).
Eine Verallgemeinerung erlauben wir uns noch: Die Frau ist auf der einen Seite gefühlssicherer als der Mann, auf der anderen Seite ist sie aber auch gefühlsabhängiger als er. Das bedeutet: Sie ist stärker auf eine menschliche Arbeitsatmosphäre angewiesen, die es ihr erlaubt, als Mensch mit anderen Menschen in persönlichem Kontakt zu sein. Die stärkere Gefühlsbetonung macht sie auch gegenüber persönlicher Kritik besonders empfindlich. Andererseits ist sie für persönliche Anerkennung sehr empfänglich und weiss verständnisvolles Eingehen auf ihre Probleme sehr zu schätzen.
Unsere bisherigen Ausführungen machen deutlich, dass es äusserst schwierig ist, generelle Regeln für das Verhalten gegenüber Mitarbeiterinnen zu geben. Wir wollen es trotzdem versuchen und das Risiko eingehen, dass sich manche Leserin in solchen Tips nicht «findet».

- Tragen Sie zu einer menschlichen Arbeitsatmosphäre bei. Die zwischenmenschlichen Beziehungen am Arbeitsplatz wirken sich auf die Zufriedenheit und die Leistungsbereitschaft im positiven wie im negativen Sinne aus.
- Nur für Männer: Behandeln Sie die Frau als gleichwertig und bleichberechtigt. Je genauer Sie Ihre (männlichen) Verhaltensweisen beobachten, desto besser werden Sie verstehen, dass der Ruf nach Gleichberechtigung noch immer seine Berechtigung hat...
- Nur für Männer: Versuchen Sie die Psycho-Logik der Frau zu verstehen. Nur wenn Sie sich bemühen, eine Sache oder eine Beziehung mit den Augen einer Frau zu sehen (das heisst sich in ihre Welt einzufühlen), werden sich scheinbare Widersprüchlichkeiten auflösen.
- Persönliche Appelle sind wirksamer als sachlich-formale Regeln des Arbeitsverhaltens. In welchem Ton ein Appell oder eine Anweisung erfolgt, spielt dabei eine ausschlaggebende Rolle.
- Sorgen Sie für die richtige Einführung einer neuen Mitarbeiterin. Neben der sachlichen Einarbeitung ist es besonders wichtig, dass es Ihnen gelingt, einen menschlichen Kontakt mit der Gruppe entstehen zu lassen.

(Fragen und eine Fallstudie zum Thema finden sich in Abb. 80/81/Anhangband.)

272 Jugendliche Mitarbeiter

«Die Jugend liebt heutzutage den Luxus. Sie hat schlechte Manieren, verachtet die Autorität, hat keinen Respekt vor älteren Leuten und schwatzt, wo sie arbeiten sollte. Die Jugendlichen stehen nicht mehr auf, wenn Ältere den Raum betreten. Sie widersprechen ihren Eltern, reden in der Gesellschaft dazwischen, schlagen die Beine übereinander und tyrannisieren die Lehrer.»[160] Dies sagte Sokrates vor rund 2500 Jahren. Die Klage der Erwachsenen über die «heutige Jugend» ist also nicht so neu, wie man oft meint.

Das Alter zwischen 14 und 22 Jahren ist diejenige Phase im Leben des Menschen, in der er aus allen Bindungen hinausdrängt – aus der Schule, aus dem Elternhaus, aus den sozialen Gruppen, in die er als Kind integriert war. Es ist eine Zeit des Aufbruchs und Umbruchs in vielerlei Beziehung.

Entwicklungspsychologisch gesehen handelt es sich um die Phasen der Pubertät (14–18) und der Adoleszenz (18–22), also um Phasen, die durch einschneidende Veränderungen in physischer, psychischer und sozialer Hinsicht gekennzeichnet sind. Das Gefühlsleben ist unausgeglichen; der jugendliche Mensch ist starken Gefühls- und Stimmungsschwankungen unterworfen («himmelhoch jauchzend, zu Tode betrübt») und neigt zu heftigen Gefühlsausbrüchen; er ist leicht erregbar reizbar und meist sehr empfindlich. Die Hochpubertät erfordert eine Auseinandersetzung mit der eigenen körperlichen Entwicklung, mit der eigenen Geschlechtsrolle und mit dem eigenen Verhalten gegenüber dem anderen Geschlecht.

Die Pubertät ist in der Regel durch eine starke Vorliebe für das Alleinsein geprägt; der Jugendliche glaubt sich in seinen Ideen und Gefühlen oft unverstanden. Auf seiner Suche nach sich selbst lässt er sich von Vorbildern und Leitbildern beeinflussen (Idole und Stars). Probleme der Berufswahl und der Richtigkeit dieser Wahl beschäftigen ihn. Mit der Aufnahme der Berufstätigkeit kommt es zu Konflikten, die sich aus dem Widerspruch zwischen individuellen Erwartungen und objektiven Anforderungen ergeben.

In Hinsicht auf die berufliche Sozialisation stehen jedoch die Probleme im Vordergrund, die aus dem Zwang entstehen, sich in ein neues Rollengefüge – z.B. das des Krankenhauses mit seiner besonderen Anforderungsstruktur – einzuordnen.

Aufgrund des Strebens nach Unabhängigkeit lehnt der Jugendliche sich auf gegen Eltern und andere Erwachsene und stellt ganz allgemein Autoritäten in Frage. Den Werten der ihn umgebenden Erwachsenenwelt tritt er in der Regel kritisch, oft sogar feindlich gegenüber (Jugendunruhen). Diese Ablehnung gesellschaftlicher Normen und Werte darf aber keinesfalls als blosse «Pubertätserscheinung» abgetan werden, sondern stellt in mancherlei Hinsicht ein Symptom dar. Ein Symptom beispielsweise für die Unzufriedenheit mit einer Gesellschaft, die sich hauptsächlich an materiellen Werten orientiert (Konsumgesellschaft).

Die Opposition gegen die Werte, die unsere Gesellschaft beherrschen bzw. gegen die Menschen, die diese Werte vertreten, ist für viele Jugendliche zum eigentlichen Lebensinhalt geworden. Zu einem Lebensinhalt aber, der nie wirklich zu befriedigen vermag, weil sich echte Befriedigung nie aus der Ablehnung von etwas, sondern stets nur aus der Zuwendung zu etwas (anderem) ergibt. Der entscheidende Schritt von

---

160 Zit. nach Müller (1973)

der Ablehnung des «Alten» zur Zuwendung zu etwas «Neuem» scheint klein, ist aber in Wirklichkeit ein «Siebenmeilenschritt». Diesen Schritt zu schaffen, bedeutet eine der Hauptschwierigkeiten des jungen Menschen in unserer Gesellschaft (die ihm diesen Schritt weit eher noch erschwert, als ihm dabei zu helfen).
Die psychische, physische und soziale Umbruchsituation ist mit einer starken *Unsicherheit* verbunden. In intellektueller Hinsicht kann sich diese Unsicherheit darin äussern, dass der jugendliche Mensch häufig voreilig urteilt, Probleme vereinfacht, rasch verallgemeinert und extreme Behauptungen aufstellt. Auf die innere Unruhe, Unausgeglichenheit und die starken Gefühlsschwankungen als emotionale Zeichen der Verunsicherung wurde bereits hingewiesen. In dieser Phase seines Lebens zweifelt der junge Mensch oft an sich selbst; wenn er sich mit anderen vergleicht, bekommt er leicht Minderwertigkeitsgefühle.
Die Unsicherheit im sozialen Verhalten kommt auf zwei verschiedene Arten zum Ausdruck: Auf der einen Seite ist der Jugendliche schüchtern und unbeholfen, auf der anderen Seite versucht er diese Unsicherheit und allfällige Minderwertigkeitsgefühle durch Angeberei, Flegelhaftigkeit, Selbstüberschätzung ode Schroffheit zu (über-)kompensieren. Einerseits ist er scheu und zurückgezogen, andrerseits will er beachtet werden und auffallen.
Diese entwicklungspsychologisch bedingte Unsicherheit wird durch die allgemein herrschende Unsicherheit der Zukunft unserer Welt gegenüber natürlich noch erheblich verstärkt. Probleme wie Umweltzerstörung, Aufrüstung, Gewalt, Elend in der Dritten Welt usw., mit denen der junge Mensch durch die Massenmedien tagtäglich konfrontiert wird, ergeben alles andere als heitere Aussichten auf eine strahlende Zukunft.
Diese trüben Prognosen sind es, die so viele Menschen dazu treiben, in den Tag hineinzuleben, ohne allzuviel an die Zukunft zu denken. Diese Aussichten sind auch für viele Jugendliche mit ein Grund zur Auflehnung und Rebellion gegen eine Gesellschaft, die solche Probleme mitverursacht. Diese Aussichten sind es schliesslich auch, die das Grundgefühl so vieler junger Menschen prägen: das Gefühl der Hoffnungslosigkeit. Dass aus diesem Gefühl heraus der Schritt ins Engagement noch zusätzlich erschwert wird, liegt auf der Hand.
Die Haltung, die aus diesem Grundgefühl resultiert, ist vielmehr die der *Resignation,* also des Verzichts auf Engagement und aktive Teilnahme an gesellschaftlicher Interaktion. Phänomene wie Interesselosigkeit, Langeweile und Apathie sind vor diesem Hintergrund eher zu verstehen.
Die geschilderten Verhaltensweisen sind individuell natürlich in unterschiedlicher Stärke und Ausprägung vorhanden. Trotz dieser Unterschiede aber ergeben sich bestimmte grundlegende Konsequenzen für die Führung jugendlicher Mitarbeiter:

- Suchen Sie den persönlichen Kontakt; nur dann kann eine Beziehung gegenseitigen Vertrauens entstehen.
- Versuchen Sie, die Situation, die Probleme und Gedanken des Jugendlichen zu verstehen (dieser merkt übrigens rasch, ob Ihr Verständnis echt oder bloss gespielt ist).
- Nehmen Sie die jungen Menschen ernst. Informieren und befragen Sie sie in Dingen, die sie betreffen. Übertragen Sie ihnen Aufgaben zur selbständigen Erfüllung. Übergeben Sie ihnen Verantwortung.

- Überfordern Sie sie nicht. Vieles von dem, was bei den Erwachsenen als Selbstverständlichkeit gilt, wäre von Jugendlichen zu viel verlangt: völlige Einordnung in den Betrieb, angepasstes Verhalten, Ausdauer und Zuverlässigkeit, ausgeglichenes Wesen, Fleiss...
- Unterfordern Sie sie nicht. Auf die Bedeutung der Anforderungen der ersten Stelle wurde schon mehrmals hingewiesen.
- Berufen Sie sich nicht auf Ihre Stellung. Jugendliche widersetzen sich einer Autorität, die sich auf Alter, Titel oder Stellung gründet. Andererseits aber anerkennen sie die Autorität eines Menschen, der sie ernst nimmt und sich persönlich mit ihnen auseinandersetzt.
- Überzeugen Sie durch Ihr Verhalten. Nur wenn Ihre Worte mit Ihren Taten einigermassen übereinstimmen, wenn Sie die Werte, die Sie Jugendlichen gegenüber vertreten, auch für sich selbst als verbindlich betrachten, wirken Sie glaubwürdig und vermögen zu überzeugen.
- Helfen Sie im Hintergrund. Die meisten jungen Menschen stellen sich unter der Berufswelt etwas ganz anderes vor als das, was sie dann tatsächlich antreffen. Helfen Sie Ihnen solche Ent-täuschungen zu verarbeiten. Helfen Sie ihm, sich in das neue unbekannte Rollengefüge des Krankenhauses einzuordnen. Halten Sie sich aber mit ihrer Hilfe im Hintergrund und hüten Sie sich davor, den jungen Mitarbeiter zu bevormunden.
- Schenken Sie Ihrem jugendlichen Mitarbeiter besondere Aufmerksamkeit. Geben Sie ihm laufend Rückmeldungen (Feedback) auf seine Arbeit. Anerkennen und loben Sie. Kritisieren Sie auch, aber ohne zu verletzen. Vermeiden Sie unter allen Umständen Situationen, in denen er ein Gefühl der Minderwertigkeit erhalten könnte. Beachten Sie seine Ideen und Vorschläge.
- Behandeln Sie jeden jungen Mitarbeiter als Individuum. In noch stärkerem Masse als der Erwachsene erwartet der Jugendliche von seiner sozialen Umwelt, dass sie seiner individuellen Eigenart Rechnung trägt. Versuchen Sie, ihm möglichst ohne Vorurteile zu begegnen (oft erzeugen erst die Vorbehalte, Vorurteile und Fehleinstellungen die als negativ angeprangerten Verhaltensweisen der Jugendlichen).
- Motivieren Sie ihn. Versuchen Sie, den Jugendlichen für eine Aufgabe zu begeistern. Ermöglichen Sie ihm Erfolgserlebnisse.
- Erwarten Sie keinen Dank. (Übrigens: Dass jemand seinen Dank nicht ausdrückt, heisst noch lange nicht, dass er nicht dankbar ist.)

(Fragen zum «Jugendlichen Mitarbeiter» finden sich in Abb. 84–88/Anhangband.)

273 Ältere Mitarbeiter

Die Zuordnung eines Menschen zur Gruppe der «älteren Mitarbeiter» bedeutet oft von vornherein eine Zuordnung zur Gruppe der «Problemfälle». Höheres Alter wird mit geringerer Leistungsfähigkeit, höherer Anfälligkeit für Krankheit und geistiger Unbeweglichkeit gleichgesetzt. Dass eine solche *Diskriminierung* älterer Menschen einem Vorurteil entspringt und sich durch keine objektiven Daten rechtfertigen lässt, davon sollen Sie die folgenden Ausführungen überzeugen[161].

161 vgl. Lehr (1975), Fischer (1981)

Was die *Leistungsfähigkeit* älterer Mitarbeiter betrifft, so lässt sich eine Abnahme all jener Fähigkeiten feststellen, die mit dem Ausdruck «*fluid intelligence*» umschrieben werden. Dieser Sammelbegriff umfasst in erster Linie intellektuelle Umstellungsfähigkeit, Kombinationsfähigkeit, Wendigkeit, Orientierung in neuen Situationen. Die nachlassende *Flexibilität* darf jedoch nicht ausschliesslich als Folge des höheren Alters gesehen werden, sondern ist unter anderem auch das Resultat einer wenig anregenden Arbeitssituation. Fest steht jedoch gleichzeitig eine Zunahme all jener Fähigkeiten, die unter dem Begriff der «*cristallized intelligence*» zusammenzufassen sind, also Allgemeinwissen, Erfahrungswissen, Urteils- und Entscheidungsfähigkeit und Sprachverständnis.

Diese Ergebnisse lassen darauf schliessen, dass bei Tätigkeiten, die ein hohes Mass an Flexibilität erfordern, ein Maximum an Produktivität in relativ jungen Jahren erreicht wird, die dann in späteren Jahren wieder etwas zurückgeht. Bei komplexeren Tätigkeiten – insbesondere geistigen Tätigkeiten – hingegen wird das Maximum relativ spät erreicht und hält sich dann über lange Zeit. Differenzierend auf die Leistungsfähigkeit wirken Ausgangsbegabung, Schulbildung und insbesondere die Art der Berufstätigkeit: Das Training geistiger Fähigkeiten vermag intellektuelles Altern entscheidend zu beeinflussen.

Betrachtet man die *Lernfähigkeit* älterer Menschen, so zeigt sich, dass selbst 90jährige Menschen nicht schlechter lernen als jüngere (nur brauchen sie mehr Zeit). Eine Voraussetzung allerdings muss gegeben ein: Es muss sich um «sinnvolles Material» handeln, also um Inhalte, die ein Verstehen von Sinnzusammenhängen erfordert (im Lernen sinnlosen Materials – z.B. im Memorieren sinnloser Silben – sind die jüngeren stark überlegen). Die herabgesetzte Lerngeschwindigkeit wird in der Regel durch *erhöhte Genauigkeit* ausgeglichen. Und auch hier zeigt sich, dass den Übungsfaktoren ausschlaggebende Bedeutung zukommt, also dem Ausmass geistigen Trainings während des ganzen Erwachsenenalters.

Bei den *körperlichen Fähigkeiten* zeigt sich eine Abnahme der Wahrnehmungsfähigkeit (ältere Menschen sehen und hören weniger scharf). Der ältere Mitarbeiter ermüdet rascher als der jüngere, arbeitet aber in der Regel ökonomischer. Die Reaktionsgeschwindigkeit lässt mit dem Alter ebenfalls nach; ältere Menschen neigen aber grundsätzlich dazu, der Genauigkeit mehr Bedeutung beizumessen als der Geschwindigkeit.

Zusammenfassend kann somit festgehalten werden, dass eine generelle und nur altersbedingte Abnahme der geistigen Leistungsfähigkeit nicht nachzuweisen ist. Eine differenzierte Betrachtung der Erscheinungen des Alterns zeigt, dass dem kalendarischen Alter eine sehr geringe Bedeutung zukommt. Das Phänomen des Leistungsabfalls muss nach Arbeitsformen und Persönlichkeiten differenziert werden.

Es zeigt sich, dass ältere Mitarbeiter sich von folgenden Situationen leicht überfordert fühlen: von Situationen, die schnelles Reaktionsvermögen erfordern; in denen schnell vielfältige Informationen erfasst werden müssen; die körperliche sehr anstrengend sind. Dagegen sind ältere Mitarbeiter im Vergleich zu jüngeren eher in der Lage, Arbeiten zu erledigen, die eine grosse Berufserfahrung, Geschick im Umgang mit Menschen, gute Kenntnisse der betrieblichen Zusammenhänge und ein hohes Mass an Verantwortung, Selbständigkeit, Genauigkeit, Gewissenhaftigkeit und Kollegialität erfordern.

Was die oft erwähnte Behauptung der grundsätzlich höheren *Unfallhäufigkeit* bei älteren Mitarbeitern betrifft, so lässt sich diese Behauptung nicht belegen. Die geringste Unfallhäufigkeit wird bei den 40–50jährigen nachgewiesen und auf das Zusammentreffen von schon vorhandener Erfahrung und noch vorhandener Wendigkeit zurückgeführt.

Die Untersuchungen der *Fehlzeiten* zeigen, dass ältere Mitarbeiter seltener fehlen als jüngere. Wenn sie allerdings krank sind, bleiben sie über einen erheblich längeren Zeitraum der Arbeit fern, was hauptsächlich durch ihre längere Rekonvaleszenzzeit zu erklären ist.

Studien zum Problem der *Fluktuation* weisen auf ein Absinken der Mobilität mit zunehmendem Alter hin. Schwierigkeiten beim Finden eines neuen Arbeitsplatzes und Scheu vor einer Umorientierung scheinen hier ausschlaggebend zu sein. Die geringere Fluktuationsquote älterer Mitarbeiter darf deshalb nicht gleich als Zeichen grösserer Zufriedenheit oder stärkerer Bindung an die Organisation interpretiert werden.

Wie die Aufnahme der Berufstätigkeit in der Jugend stellt auch ihre Aufgabe im Alter eine *labile Übergangsphase* dar, in der die bisherige Persönlichkeitsstruktur des Betreffenden eine Anfechtung erfährt. Es wäre aber sicher falsch, das Ausscheiden aus dem Berufsleben grundsätzlich mit Schlagworten wie «Pensionierungstod» zu belegen. Dieses Ausscheiden kann für den einzelnen sehr verschiedene Konsequenzen haben: Es kann Entlastung von einer aufreibenden Tätigkeit und konfliktreichen Rollenerwartung bedeuten, aber auch als Verlust von Macht, sozialem Kontakt, Rhythmisierung des Tagesablaufs, sozialem Status und persönlichem Selbstwertgefühl empfunden werden.

Entsprechend unterschiedlich kann auch die Erwartungshaltung in bezug auf das Ende der Berufstätigkeit aussehen: Es kann als der verdiente Ruhestand gesehen werden (auf den man vielleicht ein Leben lang hingearbeitet hat) oder es kann den «Anfang vom Ende» bedeuten, ein Zustand, in dem man nicht mehr gebraucht und damit überflüssig wird. Die Pensionierung selbst wird meist als Krise erlebt, die überwunden werden muss. Aus dem Gesagten können folgende Konsequenzen für die Führung älterer Mitarbeiter abgeleitet werden:

- Fordern Sie Ihren Mitarbeiter (aber überfordern Sie ihn nicht). Gehen Sie von einer vorhandenen Leistungsfähigkeit aus. Denn: Die Leistungserwartung der Umwelt beeinflusst die Leistungsfähigkeit des Individuums. Vermeiden Sie es auch, den Mitarbeiter zu unterfordern: Zu niedrige Anforderungen lassen leicht das Gefühl der Degradierung aufkommen, vor allem wenn ein solcher «Altersposten» einen niedrigeren Status und finanzielle Einbussen mit sich bringt. Eine Kürzung der Wochenstunden und Verlängerung der Urlaubszeit wirkt sich meist günstiger aus als die Übergabe einer «leichteren» Arbeit.
- Trainieren Sie die geistigen Fähigkeiten. Jede Funktion, die nicht gebraucht wird, verkümmert (Inaktivitäts-Atrophie). Die Bedeutung der «Education permanente» kann nicht hoch genug bewertet werden.
- Achten Sie auf adäquate Arbeitsbedingungen. Die Bedingungen am Arbeitsplatz müssen der besonderen Situation des älteren Mitarbeiters Rechnung tragen (Lichtquellen, Temperatur, Lärmpegel, Arbeitsmittel usw.).

- Beachten Sie das Ruhebedürfnis. Älteren Menschen soll Gelegenheit geboten werden, sich von Zeit zu Zeit ausruhen zu können (Kurzpausen).
- Beachten Sie die verlängerte Reaktionszeit. Teilen Sie einem älteren Mitarbeiter keine Aufgaben zu, die von ihm rasches Reagieren und rasches Verarbeiten vieler und vielfältiger Informationen erfordern. Schalten Sie wenn immer möglich den Zeitdruck aus.
- Setzen Sie Ihre älteren Mitarbeiter richtig ein. Für Beratungsfunktionen, Koordinationsaufgaben, Überwachungs- und Kontrolltätigkeiten und Spezialaufgaben, die besondere Gründlichkeit und Genauigkeit verlangen, sind ältere Mitarbeiter besonders geeignet.
- Beachten Sie die Abneigung gegen plötzliche und radikale Veränderungen. Versuchen Sie das Intersse zu wecken für eine neue Tätigkeit und Anreize zu schaffen bei der Einarbeitung in ein neues Aufgabengebiet, bei der Durchführung von Neuerungen und Veränderungen. Gehen Sie behutsam und schrittweise vor.
- Vermeiden Sie alles, was einem älteren Menschen das Gefühl geben könnte, er werde nicht mehr gebraucht.

(Arbeitsfragen und eine Fallstudie finden sich in Abb. 89/90/Anhangband.)

274 Ausländische Mitarbeiter

Wenn wir hier einige Probleme ausländischer Mitarbeiter betrachten, dann meinen wir damit in erster Linie diejenigen unselbständigen Erwerbstätigen ausländischer Staatsangehörigkeit, die der sozialen Unterschicht angehören, also beispielsweise nicht die ausländischen Ärzte, die an schweizerischen Krankenhäusern tätig sind. Wie Abbildung 56 zeigt, waren am 2.12.1980 insgesamt 22 804 ausländische Arbeitnehmer im schweizerischen Gesundheitswesen tätig. Das entspricht einem Anteil von 16,3% aller Beschäftigten. Während dieser Anteil bei den Ärzten 14,8% beträgt, macht er beispielsweise bei den Spitalgehilfinnen 26,2% aus.
Das weist darauf hin, dass ausländische Mitarbeiter im Durchschnitt geringer qualifizierte Tätigkeiten ausüben. Diese Tatsache tritt noch klarer hervor, wenn man die Ergebnisse der VESKA-Teilerhebungen vom 31.12.1983 betrachtet (vgl. Abb. 57): Hier beträgt der Anteil Ausländer bei den Ärzten 11,9%, während er im Sektor «Ökonomie, Transport und Hausdienstpersonal» 51,4% ausmacht. Über die Hälfte aller Beschäftigten in diesem Sektor sind somit ausländischer Staatsangehörigkeit.
Es bedarf im Grunde genommen keiner Zahlen, um festzustellen, dass ausländische Mitarbeiter zum alltäglichen Bild des Arbeitsgeschehens im Krankenhaus gehören. Die formale Organisation und auch das informale Beziehungsgefüge des Krankenhauses werden in ihrer Struktur und in ihren Abläufen durch den Einsatz ausländischer Mitarbeiter erheblich beeinflusst. Die Beziehungen zu den inländischen Mitarbeitern, zu den Vorgesetzte, zu anderen Gastarbeiternationalitäten sind Problemfelder, die lange Zeit zu wenig beachtet worden sind. Ein grosser Teil der auftretenden Schwierigkeiten ist sicher auf die dreifache Belastung zurückzuführen, der die ausländischen Mitarbeiter ausgesetzt sind:

- Sie gehören meistens zur sozialen Unterschicht und sind demzufolge mit ungünstigen Lebensbedingungen konfrontiert (Wohnverhältnisse, geringere berufliche Qualifikation usw.).

- Sie müssen den kulturellen Unterschied zwischen ihrer – meist wirtschaftlich unterentwickelten, agrarisch strukturierten – Heimat und unserer hochindustrialisierten, städtischen Kultur bewältigen. Dieser Unterschied bezieht sich u.a. auf Mentalität, Sprache, Ausbildung, Lebensgewohnheiten, Arbeitsmotivation.
- Sie sind als Ausländer benachteiligt. Sie haben weniger Rechte und leiden häufig unter der Fremdfeindlichkeit zahlreicher einheimischer Bürger. Viele ausländische Arbeitnehmer haben Angst, ihre Arbeitsstelle zu verlieren und in ihre Heimat zurückkehren zu müssen.

Noch immer – und gegenwärtig in vermehrtem Masse – werden ausländische Arbeitnehmer vielerorts als kulturell niedriger stehende Menschen zweiter Klasse betrachtet, die vor allem für die körperlich schweren, aber sonst anspruchslosen Arbeiten eingesetzt werden können. Dass der Ausländer ein Mensch ist wie wir alle – mit Fähigkeiten, Problemen, Fehlern und Schwächen wie wir alle – und demzufolge ein Recht hat, genauso behandelt zu werden, wie jeder andere, ist anscheinend für gewisse Kreise doch nicht so klar, wie es eigentlich sein sollte.
Die meisten bei uns beschäftigten ausländischen Mitarbeiter stammen aus dem Mittelmeerraum. Sie sind ein anderes Klima, eine andere Sprache, andere Wertvorstellungen und andere soziale Verhaltensmuster gewöhnt. Diese anderen Lebensgewohnheiten, ihr anderes Verhalten, ihre andere Mentalität sowie ihre Sitten und Gebräuche stossen bei uns oft auf Unverständnis.
Natürlich ist häufig auch das Umgekehrte der Fall: Dem ausländischen Mitarbeiter geht es ähnlich, mit vielem, was er bei uns beobachtet. Das beidseitige Unverständnis führt dann fast zwangsläufig zu Spannungen, Reibereien und Konflikten. Das beidseitige Unverständnis erleichtert zudem das Entstehen einer Erscheinung, das sich in jeder Beziehung verheerend auswirkt: das Entstehen von *Vorurteilen* nämlich, also von negativ gefärbten Einstellungen gegenüber dem anderen, die sich als stereotype Überzeugungen äussern und sich kaum auf Erfahrungen stützen. Sprüche wie «Italiener sind faul» oder «Italiener sind dreckig» sind leider immer wieder zu hören. Solche Vorurteile sind auf beiden Seiten vorhanden und beeinflussen nicht nur das Verhalten, sondern auch die Wahrnehmung in hohem Masse (ich sehe am anderen vor allem das, was ich erwarte).
Zumindest die erste Zeit des ausländischen Mitarbeiters am neuen Arbeitsplatz im Ausland ist mit vielfätigen *Anpassungsschwierigkeiten* verbunden. Sprachprobleme, das Fehlen der vertrauten Umwelt und das allgemeine Unvertrautsein mit der neuen Umgebung, mit der hochtechnisierten Arbeitswelt führen zu Spannungen, die in relativ hoher Unfallhäufigkeit, Fluktuation sowie hohem Krankenstand Ausdruck finden können. So stellt nicht selten schon der andere Arbeitsrhythmus kein geringes Problem dar: Der heimatliche Lebensrhythmus des Südländers weicht infolge des Klimas von dem unsrigen erheblich ab, indem im Süden lange Mittagspausen und entsprechend Arbeit bis spät in den Abend hinein üblich sind.
Vorurteile und Anpassungsschwierigkeiten werden nun meist noch durch *Verständigungsschwierigkeiten* verstärkt. Ausreichende Kenntnisse der deutschen Sprache auf der einen Seite und/oder der italienischen bzw. spanischen Sprache auf der anderen Seite sind Voraussetzung und wichtigstes Mittel der Integration. Sie erleichtern die zwischenmenschlichen Beziehungen und das Eingewöhnen am Arbeitsplatz.

Der Vorgesetzte sollte wenigstens die grundlegendsten Umgangsworte und die wichtigsten Fachausdrücke in der Sprache seiner Mitarbeiter beherrschen. Damit sichert er nicht nur die Aufgabenerfüllung, sondern fördert er auch ganz entscheidend die Entstehung einer guten Beziehung.
Von grosser Bedeutung ist die Übersetzung wichtiger betrieblicher Informationen, z.B. von Hygiene- oder Unfallverhütungsvorschriften. Ausländische Mitarbeiter verstehen die Anweisungen und Mitteilungen der Vorgesetzten und Kollegen häufig gar nicht, unvollständig oder falsch. Ausreichende Sprachkenntnisse sind auch Voraussetzung für die berufliche Qualifikation und den sozialen Aufstieg.
Aufgrund des meist niedrigen Ausbildungsstandes ausländischer Arbeitnehmer sind ihre Einsatzmöglichkeiten oft recht begrenzt. Als Ungelernte und Angelernte haben sie nur *geringe Mobilität* und *geringe Aufstiegschancen,* was zusätzlich zur an sich schon bestehenden Isolation beiträgt. Für die Führung ausländischer Mitarbeiter lassen sich aus dem Gesagten folgende Konsequenzen ableiten:

- Betrachten Sie Ihren ausländischen Mitarbeiter als einen Menschen, der – wie Sie selbst – persönliche Schwierigkeiten, Stärken und Schwächen hat.
  Betrachten Sie ihn als Individuum mit seiner individuellen Biografie und seiner spezifischen Lebenssituation.
- Bauen Sie Vorurteile ab. Bringen Sie dem ausländischen Mitarbeiter grundsätzlich gleichviel Offenheit entgegen wie jedem inländischen Mitarbeiter. Hüten Sie sich davor, allzu schnell zu verallgemeinern und unüberlegte und kaum an der Erfahrung überprüfte Meinungen zu übernehmen.
  Raffen Sie sich auf, zu beobachten, wie er wirklich ist und geben Sie sich nicht mit dem zufrieden, was «man» über «den Italiener» sagt.
- Machen Sie sich seine besonderen Probleme bewusst. Versuchen Sie sich in seine Mentalität und seine Wertvorstellungen einzufühlen.
  Halten Sie sich vor Augen, dass der ausländische Mitarbeiter einer schlecht integrierten sozialen Minderheit angehört, die vielfältigen Belastungen ausgesetzt ist.
- Führen Sie ausländische Mitarbeiter sorgfältig ein. Bereiten Sie sich selbst und Ihre anderen Mitarbeiter auf die Eingliederung des neuen Mitarbeiters vor.
  Klären Sie sie auf über die besonderen Schwierigkeiten, denen ausländische Arbeitnehmer ausgesetzt sind. Gewähren Sie diesen mehr Zeit für die Einarbeitung; zeigen Sie Geduld und schrauben Sie Ihre Erwartungen am Anfang nicht zu hoch. Verwechseln Sie mangelhafte Ausbildung nicht mit Dummheit. Setzen Sie gegebenenfalls einen Paten ein, der die Eingliederung und Betreuung übernehmen und den Ausländer auch in ausserbetrieblichen Fragen beraten kann.
- Stellen Sie Kontakte her. Ziehen Sie wenn nötig einen sprachkundigen Betreuer bei. Besuchen Sie einen Sprachkurs und fordern Sie auch den fremdsprachigen Mitarbeiter dazu auf. Durch Bildungskurse und gesellige Veranstaltungen wird das gegenseitige Verständnis für die andere Mentalität wesentlich gefördert.
  Denken Sie daran, dass schon wenige verständnisvolle Worte oder Blicke dem ausländischen Mitarbeiter ganz entscheidend helfen können, sich in der fremden Umgebung zurechtzufinden. Haben Sie keine Angst, durch den Kontakt mit Ausländern Ihre schweizerische Eigenart zu verlieren (die steht auf festen Füssen).
  Lassen Sie sich nicht durch politische Interessengruppen aufhetzen und zu einer ablehnenden Haltung verführen.

- Lassen Sie in Ihren Bemühungen nicht nach. Zu oft erwarten beide Teile, dass es Sache des anderen sei, den Anfang zu machen oder sich anzupassen. Seien Sie sich bewusst, dass Ihr eigenes Verhalten immer als Vorbild wirkt.

Von Ihrem tagtäglichen Verhalten im Umgang mit ausländischen Mitarbeitern wird auch die Haltung beeinflusst, in der Ihre Mitarbeiter Ausländern begegnen. Die heutigen betrieblichen Aufgaben und Probleme lassen sich nur im echten «Miteinander» bewältigen.

275 Schwierige Mitarbeiter

Sind Sie selbst ein «schwieriger» oder ein «einfacher» Mitarbeiter, Vorgesetzter oder Kollege? Aufgrund welcher Verhaltensweisen ist jemand zur Problemgruppe der «schwierigen Mitarbeiter» zu rechnen?

Zunächst einmal bezeichnen wir einen anderen Menschen dann als «schwierig», wenn er uns Schwierigkeiten macht. Wenn sein Verhalten «stört» oder nicht dem entspricht, was wir von ihm erwarten, wenn er sich also im negativen Sinne abweichend verhält. Wenn sein Verhalten «unangepasst» oder «anders als das der anderen» ist.

Alle diese Definitionsversuche machen zwei Sachverhalte deutlich: Erstens ist es alles andere als einfach, «den schwierigen Mitarbeiter» zu umschreiben (dafür oft umso einfacher, einen Mitarbeiter als solchen zu betiteln). Und zweitens spielen wir selbst dabei eine wichtige Rolle: Du machst *mir* Schwierigkeiten; du verhältst dich nicht so, wie *ich* es von dir erwarte.

An dieser Tatsache wollen wir anknüpfen und uns eine erste Frage stellen. Diese Frage lautet: Wie weit bin ich selbst die Ursache der Schwierigkeiten? Wenn wir mit einem Menschen Schwierigkeiten haben, können wir diese Schwierigkeiten nicht beseitigen, bevor wir nicht wissen, *warum* er sich so verhält. Auf der Suche nach der Ursache seines Verhaltens beginnen wir am besten bei uns selbst. Es empfiehlt sich, grundsätzlich so vorzugehen[162]:

- Beschreiben Sie die Schwierigkeit, der Sie gegenüberstehen.
- Versuchen Sie, die Schwierigkeit in überschaubare Teile zu zerlegen. Ein Teil geht sicher auch auf Ihr Konto.
- Was hat Sie dazu bewogen, diesen Fehler zu machen?
- Wie gedenken Sie den Grund des Fehlers zu beseitigen? Entwerfen Sie einen Plan.
- Gestehen Sie Ihren Fehler nicht nur vor sich selbst ein, sondern auch vor dem Betroffenen; entschuldigen Sie sich bei ihm (es fällt Ihnen dadurch kein Stein aus der Krone – im Gegenteil). Versuchen Sie, mit ihm über die Schwierigkeit zu sprechen.
- Bemühen Sie sich, den selben Fehler zukünftig nicht mehr zu machen.

Erst in einem zweiten Schritt kommen wir zur Frage: Wie weit liegt die Ursache der Schwierigkeit beim anderen? Jeder Mensch – also auch Ihr «schwieriger» Mitarbeiter – hat persönliche Probleme, Bedürfnisse, Ziele, Eignungen und Neigungen. Diese sollten Sie nun unter die Lupe nehmen.

162 vgl. ATW (1975)

- Welche *Bedürfnisse* hat Ihr «schwieriger» Mitarbeiter (vielleicht hilft Ihnen bei der Beantwortung dieser Frage die Bedürfnispyramide)?
  Welche davon vermag er im Rahmen seiner Tätigkeit zu befriedigen? Welche nicht? Gibt es innerbetriebliche Möglichkeiten, auch diese Bedürfnisse zu berücksichtigen? Möglichkeiten zur Aufgabenerweiterung? Änderung des Führungsverhaltens?
- Welche *Kenntnisse, Fähigkeiten* und *Fertigkeiten* besitzt Ihr «schwieriger» Mitarbeiter? Wieweit vermag seine Tätigkeit diesen zu entsprechen? Wieweit nicht? Gibt es Möglichkeiten, auch diese Fähigkeiten einzusetzen?
- Welche *persönlichen Probleme* hat Ihr «schwieriger» Mitarbeiter? Oft ist auffallendes oder störendes Verhalten eines Mitarbeiters durch Probleme persönlicher Art bedingt: Probleme mit sich selbst und mit anderen, in der Familie, mit Freunden/Freundinnen oder Arbeitskollegen.
  Sie haben bestimmt selbst schon erlebt, wie es ist, wenn man zuhause Probleme hat, «angeschlagen» zur Arbeit kommt und für dieses Angeschlagensein noch zusätzlich «eins aufs Dach» kriegt.
  Wenn Sie bei einem Mitarbeiter das Gefühl haben, sein «schwieriges» Verhalten sei durch persönliche Probleme zuhause oder mit Arbeitskollegen bedingt, dann versuchen Sie, mit ihm darüber zu sprechen (allerdings wird er sich Ihnen nur dann öffnen, wenn er Vertrauen zu Ihnen hat).

Durch eine sorgfältige Abklärung der Frage, *warum* jemand Schwierigkeiten macht (oder hat), lassen sich die Ursachen vieler Probleme erfassen und dadurch eher beseitigen.

Das Krankenhaus als leistungsorientiertes und hierarchisch gegliedertes soziales Gebilde stellt – wie jede andere Organisation – zuweilen den Nährboden für recht seltsame und unangenehme «Blüten» dar. Sechs berüchtigte «Blüten» möchten wir Ihnen im folgenden kurz vorstellen[163]:

- *Der Superstreber:* Er unterscheidet sich von anderen ehrgeizigen Mitarbeitern dadurch, dass er seinen Trieb ohne Rücksicht auf andere entfaltet. In krassen Fällen nimmt er sogar bewusst das Risiko in Kauf, andere zu schädigen. Erklärbar ist sein Verhalten aus dem Machtstreben, also aus dem Bedürfnis, über andere zu dominieren.
  Was einen solchen Menschen erst recht gefährlich macht, ist die oft geschickte Täuschung, mit welcher er sein Strebertum als besondere Leistungsbereitschaft zu tarnen sucht.
  Dass es wichtig ist, einen Superstreber rechtzeitig zu erkennen und ihn in seine Schranken zu weisen, liegt auf der Hand.
- *Der Geltungssüchtige:* Von einem Geltungsbedürfnis spricht man dann, wenn jemand das Verlangen hat, im Werturteil seiner sozialen Umwelt einen möglichst hohen Rang einzunehmen. Als Geltungswerte können ihm Beachtung, Beifall, Ruhm, Ehre, Anerkennung, Bewunderung oder Respekt erscheinen.
  Das Geltungsbedürfnis eines Mitarbeiters/Vorgesetzten wird dann zur Geltungssucht, wenn er bei jeder denkbaren Gelegenheit versucht, sich ohne Rücksicht auf andere in den Vordergrund (ins «Rampenlicht») zu drängen.

---

163 vgl. Scheitlin (1971), Müller (1973)

Einem solchen Menschen sein asoziales, unkollegiales Verhalten bewusst zu machen und es in ungefährlichere Bahnen zu lenken, ist keineswegs einfach.
- *Der Intrigant:* Unter Intrige versteht man ein hinterlistig angelegtes Ränkespiel, mit welchem jemand Vorteile für sich selbst oder einen allfälligen Auftraggeber herauszuschlagen versucht. Man kann die Intrige als die «Kunst des Schwächlings» sehen, der aus einer Unterlegenheit heraus versucht, einen Stärkeren zu Fall zu bringen, um sich dann an dessen Stelle zu setzen.

  Besteht irgendwo der Verdacht, ein Vorfall könne auf Intrigen beruhen, empfiehlt es sich, alle wichtigen Fakten genau festzuhalten und festzustellen, wem geschadet wurde und wer davon profitieren könnte.

  Durch genaue Beobachtung und geschickte Fragen kann es schliesslich gelingen, den Schöpfer der Verstrickung zu überführen.
- *Der Querulant:* Er fällt durch notorischen Widerstand auf, hat immer etwas zu nörgeln und beschwert sich über jede Kleinigkeit. Er hat eine Vorliebe, Dinge und Menschen durcheinanderzubringen, Wirbel zu veranstalten und sich daran zu freuen.

  Einem Mitarbeiter, der zum Querulieren neigt, begegnet man am besten dadurch, dass man am Anfang auf seinen Widerstand eingeht, ihn um fundierte Gegenvorschläge bittet und parallel dazu versucht, den eigenen Standpunkt überzeugend zu begründen.
- *Der Kriecher:* Er versucht, sich bei seinen Vorgesetzten auf unterwürfige Weise einzuschmeicheln, weil ihm die Fähigkeit fehlt, sich mit echten Leistungen zu profilieren.

  Das richtige Verhalten ihm gegenüber besteht darin, dass man zwar auf seine Art eingeht, aber dann im richtigen Moment durch geschickte Fragen seine Schwächen anspricht und ihn zu besseren Leistungen motiviert.
- *Der Denunziant:* Er leitet mit schädigender Absicht gegenüber dem, den er denunziert oder um für sich Vorteile herauszuschlagen, Meldungen weiter (wobei diese Meldungen wahr oder erfunden sein können).

  Als Motive für ein solches Verhalten könnte u.a. Neid, Geltungsbedürfnis, Minderwertigkeitsgefühle, Wichtigtuerei, Strebertum, Frustration in Frage kommen.

  Einem Denunzianten muss klargestellt werden, dass sein Verhalten grundsätzlich nicht geduldet werden kann, dass man der Sache nachgehen wird und er zu seinen Behauptungen zu stehen hat.

Wir brauchen wohl nicht besonders zu betonen, dass diese «Blüten» kaum in der beschriebenen Reinheit anzutreffen sind. Sie stellen typisierte Verhaltensweisen dar, die sich in bürokratischen Organisationen immer wieder in Ansätzen beobachten lassen.

Spricht man von «schwierigen» Mitarbeitern, dann muss man auch festhalten, dass eine der «inneren» Aufgaben des sozialen Systems Krankenhaus darin besteht, solche Mitarbeiter zu *tragen*. Allerdings kann dies nur im Rahmen gewisser Toleranzgrenzen geschehen.

Aus der Sicht des Vorgesetzten ist die Toleranzgrenze dann erreicht, wenn der Zeitaufwand für die Betreuung/Auseinandersetzung zu gross wird, wenn andere Mitarbeiter dadurch verlorengehen oder wenn die Leistungsfähigkeit anderer Mitarbeiter darunter leidet.

Aus der Sicht der Kollegen dürfte die Toleranzgrenze dann erreicht sein, wenn die Erfüllung der gestellten Aufgaben nicht mehr möglich oder in unzumutbarer Weise erschwert ist oder wenn Arbeitsatmosphäre und Zusammenarbeit zu stark beeinträchtigt werden.
Als Grundregel gilt: Ein Mitarbeiter ist dann nicht mehr tragbar, wenn die Sicherheit der Patienten nicht mehr gewährleistet ist.
Bei der Beschäftigung mit dem Problem des «schwierigen» Mitarbeiters soll ein Pukt noch besonders hervorgehoben werden, der leider allzu oft gar nicht gesehen wird: Der sogenannt «schwierige» Mitarbeiter ist auch eine Chance – eine Chance zu lernen nämlich. Die Schwierigkeiten, die er mir macht, sind sehr häufig eine *Reaktion* und damit ein *Feedback* auf mein Verhalten. Durch seine Schwierigkeiten zeigt er mir, was ich falsch mache und gibt mir dadurch die Möglichkeit, es besser zu machen. Und noch etwas: Nicht selten sind die sogenannt «Schwierigen» die Fähigsten. Wie ist das zu verstehen? Eine «auffällige» oder «unangepasste» Verhaltensweise eines Mitarbeiters ist oft Ausdruck davon, dass der betreffende gewisse Missstände oder negative Vorgänge wahrnimmt und diese Wahrnehmung dann in einer Form äussert, die ihn uns als «schwierig» taxieren lässt. Auch in dieser Hinsicht ist der «schwierige» Mitarbeiter also eine Chance. Die Chance, solche Missstände zu erfassen und damit eher in den Griff zu bekommen.
Schliesslich ist ein «schwieriges» Verhalten oft auch ein Hinweis darauf, dass die einem Mitarbeiter zugewiesene Tätigkeit diesen nicht ausfüllt. Dadurch, dass er sich «schwierig» zeigt, können seine brachliegenden Fähigkeiten entdeckt und ebenfalls eingesetzt werden.
Wir müssen uns also davor hüten, einen Mitarbeiter einfach als «schwierig» einzustufen und es dabei bewenden zu lassen. Was wir vielmehr versuchen müssen, ist den Ursachen seines Verhaltens auf die Spur zu kommen. Darin liegt eine grössere Chance, als man denkt. Eine Chance für Sie selbst, für Ihren Mitarbeiter und für den Betrieb.
(Fallstudien «Schwierige Mitarbeiter» finden sich in Abb. 91/93/Anhangband.)

Abbildung 58: Bedeutung von Arbeitsfaktoren (Ergebnisse einer Befragung von Führungskräften)[43]

	Was ist für Sie als Mitarbeiter wichtig?	Was glauben Sie als Führungskraft, ist für ihre Mitarbeiter wichtig?
Anerkennung	1	8
Fachwissen	2	10
Unterstützung durch Führungskraft	3	9
Sicherheit	4	2
Bezahlung	5	1
Arbeitsinhalt	6	5
Aufstiegsmöglichkeiten	7	6
Loyalität der Führungskraft	8	6
Arbeitsbedingungen	9	4
Führungsstil	10	7

43 vgl. Stroebe (1978)

3 Gruppe

3	**Gruppe**	209
31	**Phänomen Gruppe**	210
311	Zum Begriff der Gruppe	210
312	Entstehung von Gruppen in Organisationen	211
313	Bedeutung der Gruppe	213
314	Gruppenarten	216
315	Jeder gehört mehreren Gruppen an	218
316	Gruppengrösse	219
32	**Gruppenstrukturen**	221
321	Zielstruktur	221
322	Normenstruktur	222
323	Rollenstruktur	226
324	Machtstruktur	231
33	**Gruppenprozesse**	234
331	Gruppenentwicklung	234
332	Innerer Zusammenhalt der Gruppe	239
333	Gefühle	242
334	Konflikte	245
335	Persönlichkeitsentwicklung in der Gruppe	248
336	Gruppendruck	249
337	Gruppenverhalten	254
34	**Zur Führung von Gruppen**	257
341	Die Führerrolle	257
342	Vorgesetzter = Führer?	262
343	Marginalkonflikt des Vorgesetzten	265
344	Hauptaufgabe: Beobachten	268
345	Themenzentrierte Interaktion	272
35	**Kooperation in der Gruppe**	276
351	Merkmale und Formen der Kooperation	276
352	Gruppenleistung	279
353	Verhalten in Arbeitsgruppen	284
354	Kooperation oder Konkurrenz?	286
355	Teamarbeit	290

Die Aufgaben, die das soziale System Krankenhaus zu bewältigen hat, werden häufig durch Zusammenarbeit von mehreren Individuen erfüllt. So ist beispielsweise die Leiterin eines Pflegeteams gemeinsam mit ihren Mitarbeitern/-innen für die Pflege der ihnen zugewiesenen Patienten verantwortlich.

Man könnte das Krankenhaus in gewissem Sinne als ein aus vielen kleinen Arbeitsgruppen zusammengesetztes Gebilde betrachten, die aus je einem Vorgesetzten und seinen unmittelbaren Mitarbeitern bestehen. Gruppen stellen also *Subsysteme* im sozialen System dar, wobei sich diese Subsysteme oft nur vorübergehend oder periodisch konstituieren; ein Mitglied kann deshalb auch gleichzeitig Mitglied mehrerer Gruppen sein. Die Strukturen, die in solchen Gruppen entstehen und die Prozesse, die das Leben solcher Gruppen ausmachen, stellen das Thema dieses Kapitels dar.

31 Phänomen Gruppe

Vor einer Beleuchtung der Strukturen und dynamischen Vorgänge in der Gruppe, einige grundlegende Gedanken zum Phänomen der Gruppe! Was versteht man eigentlich unter einer «Gruppe»? Durch welche Merkmale lässt sich eine Gruppe charakterisieren? Wie kommt es zur Bildung von Gruppen? Das sind Fragen, mit denen es sich an dieser Stelle zu beschäftigen gilt.

311 Zum Begriff der Gruppe

«Das Wort ‚Gruppe' geht auf das schon im Althochdeutschen nachgewiesene Wort ‚Kropf' zurück, das nicht nur die krankhaft vergrösserte Schilddrüse, sondern auch den ‚Knoten' (ital. groppo) bezeichnet. *Wo sich die Lebens- und Erlebens-Linien mehrerer Wesen miteinander mehr oder minder fest und dauerhaft verknoten, haben wir eine Gruppe vor uns.*»[1] Sucht man nach einer einheitlichen Definition des Begriffes «Gruppe», so sucht man vergebens: Weder in der Soziologie und Sozialpsychologie, noch in der Alltagssprache wird der Begriff «Gruppe» einheitlich verwendet; es existieren beinahe so viele Definitionen wie Autoren.

Einige solcher Definitionen finden sich nachfolgend. Unter Gruppe versteht man

- «eine Anzahl von Organismen, deren Verhalten einer *wechselseitigen Steuerung* unterliegt: Was ein Mitglied der Gruppe tut, beeinflusst das Tun aller oder einzelner anderer und ist seinerseits auf die Aktionen dieser anderen abgestimmt. Dies gilt in stärksten Masse für relativ kleine Gruppen, deren Mitglieder einander von Angesicht zu Angesicht kennen, bewahrheitet sich jedoch auch bei grösseren, sekundären Gruppen von der Art der Belegschaft eines Werkes der Grossindustrie oder sogar der Nation.
Die kleinste Gruppe ist das Paar»[2]
- «jede Mehrzahl von Personen, die in ihrem Erleben und Verhalten unmittelbar oder mittelbar *aufeinander bezogen* und *voneinander abhängig* sind, und nicht

1 Hofstätter (1979)
2 Hofstätter (1979)

nur nach aussen als zusammengehörig erscheinen, sondern sich auch selbst als *zusammengehörig* erleben und dies im Bewusstsein des ‚Wir' zum Ausdruck bringen»[3]
- «zwei oder mehr Personen, die bezüglich bestimmter Dinge und Fragen *gemeinsame Normen* haben und deren *soziale Rollen eng miteinander verknüpft sind*»[4]
- «eine Mehrzahl von Personen, die in *direkter Interaktion* stehen, durch *Rollendifferenzierung* und *gemeinsame Normen* gekennzeichnet sind und die ein *Wir-Gefühl* verbindet»[5].

Betrachtet man diese Begriffsbestimmungen, so lassen sich folgende *charakteristischen Merkmale von Gruppen* erkennen:
- *Interaktionen:* Die Mitglieder einer Gruppe sind in ihrem Verhalten wechselseitig voneinander abhängig (*Interdependenz* einer Gruppe). Diese Tatsache hat zur Folge, dass die Mitglieder sich in ihrem Denken und Handeln wechselseitig beeinflussen: Was ein Mitglied der Gruppe tut, beeinflusst das Verhalten aller oder einzelner anderer und ist seinerseits auf das Verhalten dieser anderen bezogen.
- *Wir-Gefühl:* Die Mitglieder sind durch ein Gefühl des Zueinander-Gehörens miteinander verbunden. Sie erleben sich als zusammengehörig und sprechen deshalb von der Gruppe als «wir» im Gegensatz zu den «anderen», die nicht zur Gruppe gehören.
- *Gemeinsame Normen:* In jeder Gruppe entwickeln sich bestimmte allgemein anerkannte Erwartungen darüber, wie man in bestimmten Situationen denken und handeln sollte.
- *Komplementäre Rollen:* Die Gruppe hat eine Struktur, in der jedes Mitglied eine bestimmte Position einnimmt. An diese Position sind entsprechende «Bündel von Erwartungen» (Rollen) geknüpft. Die Rollen sind wechselseitig aufeinander bezogen und ergänzen sich gegenseitig.
- *Gemeinsame Ziele:* Unter den Mitgliedern einer Gruppe herrscht Übereinstimmung über bestimmte Ziele, die erreicht werden sollen. Im Hinblick auf die Zielerreichung ist das Verhalten der verschiedenen Gruppenmitglieder verknüpft und auf eine gemeinsame Richtung ausgerichtet. Dieses Merkmal kennzeichnet die Gruppe als ein nach Gleichgerichtetheit strebendes Gebilde[6].

Aufgrund dieser Merkmale soll unter einer Gruppe ein soziales System verstanden werden, dessen Mitglieder in direkter Interaktion stehen und in ihrem Verhalten durch komplementäre Rollen und gemeinsame Normen und Ziele bestimmt werden.

312 Entstehung von Gruppen in Organisationen

Die Bildung von Gruppen in einer Organisation wird durch das Zusammenspiel zweier Faktoren begünstigt: durch die organisatorische Notwendigkeit, zur Erreichung von Zielen mehrere Mitglieder in Kooperationseinheiten zusammenzufassen

---

[3] Lersch (1965)
[4] Newcomb, zit. nach Sbandi (1973)
[5] Rosenstiel (1977)
[6] Lattmann (1981)

sowie durch die menschliche Tendenz, sich bei häufigen Kontakten als zusammengehörig zu empfinden. Diese beiden Einflussfaktoren sollen im folgenden näher erläutert werden[7].

Einfluss des Organisationsplans

In einer Organisation werden die Tätigkeiten einer Anzahl von Menschen koordiniert, um einen gemeinsamen Zweck durch Arbeits- und Funktionsteilung und eine Hierarchie von Autorität und Verantwortung zu erreichen.
Aus zweckdienlichen Gründen werden im Organisationsplan bestimmte Positionen zu Einheiten zusammengefasst, was dazu führen kann (aber nicht muss), dass die Träger dieser Positionen sich zur Gruppe zusammenschliessen. So schafft die Organisation selbst Bedingungen, die auf die Entstehung von kleinen funktions- und aufgabenbestimmter Gruppen hindrängen.
Dass bestimmte Positionen im Organisationsplan zu einer Arbeitseinheit zusammengefasst werden, heisst noch lange nicht, dass die Inhaber dieser Positionen sich dann auch als zusammengehörig und in diesem Sinne als Gruppe erleben. Denn die Position im Organisationsplan werden unabhängig von den Merkmalen der Personen – gleichsam als Leerstellen – festgelegt. Es wäre deshalb falsch, die im Plan zusammengefassten Positionen als reale Gruppen zu bezeichnen; sie stellen *Planeinheiten* dar.
Allerdings darf man den Plan auch nicht einfach als «blosses Papier» abtun, dem jeder Bezug zur Realität fehlt. Der Organisationsplan ist ein Einflussfaktor unter vielen, welche die beobachtbare soziale Wirklichkeit bestimmen. Der Plan bringt es mit sich, dass zum Zwecke einer arbeitsteiligen Aufgabenerfüllung betimmte Personen besonders häufig miteinander in Interaktion treten.
Es handelt sich meist um Personen, die aus der gleichen sozialen Schicht kommen, eine ähnliche Ausbildung erhalten haben und somit auch von daher durch ähnliche Interessen, Normen und Verhaltensweisen gekennzeichnet sind.

Einfluss individueller Verhaltenstendenzen

Wenn Menschen zur Erfüllung von Aufgaben zusammengefasst werden, so führt dies noch nicht zur Existenz einer Gruppe, selbst wenn diese Menschen gewisse Ähnlichkeiten aufweisen. Zwar wird dadurch erreicht, dass sie häufig miteinander interagieren, aber nur in bezug auf Arbeitsinhalte, die im Organisationsplan vermerkt sind. Eine häufige Interaktion in Sachfragen besagt aber noch keineswegs, dass diese Menschen sich als Gruppe erleben, dass sie ein Gefühl der Zusammengehörigkeit oder gemeinsame Normen entwickeln. Dass dort, wo Menschen aus bestimmten Gründen zu Kooperationseinheiten zusammengefasst werden, meistens auch echte Gruppen (im psychologischen Sinne) entstehen, liegt in der Natur des Menschen.
Es zeigt sich nämlich, dass *mit der Häufigkeit der Kontakte auch die zwischenmenschliche Sympathie ansteigt.* Wenn also aufgrund des Organisationsplans häufige Kontakte zwischen bestimmten Positionsinhabern erforderlich werden, ist steigende Sympathie und damit ein Gefühl der Zusammengehörigkeit zu erwarten.

Allerdings ist es nicht allein die Häufigkeit der Kontakte, die zur Bildung von Gruppen führt; sie ist eine wesentliche, aber keine ausreichende Bedingung. Kontakthäufigkeit wirkt sich auf die Gruppenbildung nur dann positiv aus, wenn die einzelnen Mitglieder für sich aus diesen Kontakten positive Konsequenzen erwarten; dagegen wirkt sich negativ aus, wenn die Kontakte als lästig, unangenehm oder enttäuschend erlebt werden.

Eine Gruppe besitzt umso mehr Anziehungskraft, je grösser die Belohnungen sind, die durch Mitgliedschaft in der Gruppe erworben werden können und je grösser die Erwartung ist, sie zu erwerben. Dazu ist jedoch folgendes zu bemerken: Der Mensch ist ein soziales Wesen (Aristoteles: «zoon politicon»), und soziale Kontake entspringen seiner Natur. Soziale Kontakte sind deshalb nicht nur Mittel zum Zweck (um «Belohnungen» zu erlangen), sondern auch Selbstzweck: Der Mensch hat Kontakte mit anderen Menschen, um sein Menschsein zu erfüllen.

Erwartet jemand ausgesprochen negative Konsequenzen eines Kontakts, so dürfte in der Regel der Verzicht auf Kontaktaufnahme die wahrscheinlichere Verhaltensweise sein. Was dabei als positive oder negative Konsequenz betrachtet wird, hängt von der aktuellen Bedürfnislage der Person ab und der spezifischen Situation, in der sie sich befindet.

Für die Bereitschaft, mit anderen Personen Kontakt aufzunehmen, scheint die wahrgenommene *Ähnlichkeit* des anderen eine wichtige Rolle zu spielen. Diese Ähnlichkeit kann sich z.B. auf die existentielle Situation, bedeutsame Einstellungen oder angestrebte Ziele beziehen. Nimmt man andere Individuen als ähnlich wahr, so führt dies zu Sympathie. Diese Sympathie wiederum erhöht die Wahrscheinlichkeit, dass man mit ihnen Kontakt aufnimmt und sich zu einer Gruppe zusammenschliesst.

Das Zusammenfassen von Positionen zur gemeinsamen Aufgabenerfüllung im Organisationsplan erfordert eine spezifische Auslese der Personen, die diese Positionen übernehmen sollen. Dies bewirkt wie gesagt, dass sich diese spezifisch ausgelesenen Menschen in mancherlei Hinsicht weitgehend ähnlich sind (Art der Ausbildung, soziale Schicht usw.); dies macht den Zusammenschluss zur Gruppe noch wahrscheinlicher.

Zusammenfassend lässt sich somit sagen, dass die Bildung von (echten) Gruppen in der Organisation auf der spezifischen Kombination beruht zwischen *formalen* Bestimmungsfaktoren, die aus dem Organisationsplan stammen und *individuellen* Einflüssen, die sich aus den persönlichen und durch die gegebene Situation aktivierten Bedürfnissen ergeben.

313 Bedeutung der sozialen Gruppe

Wenn vorhin an erster Stelle als grundlegendes Bestimmungsmerkmal der Gruppe die wechselseitige Abhängigkeit ihrer Mitglieder (Interdependenz) bzw. die wechselseitige Beeinflussung des Verhaltens (Interaktion) genannt wurde, so ist das kein Zufall. Diese wechselseitige Abhängigkeit beruht nämlich letztlich auf dem dialektischen Zusammenhang, in dem der Mensch mit seiner Umwelt steht und der ihn zutiefst bestimmt.

«Wir sind keine selbstgenügsamen Monaden, die keinen Effekt aufeinander erzielen ausser unseren Reflexionen. Wir sind beides: von anderen Menschen Behandelte –

im Guten oder im Bösen – und Handelnde, die andere verschieden behandeln und beeinflussen. Jeder von uns ist der andere für die anderen. Der Mensch ist ein Erleidend-Handelnder, ein Handelnd-Erleidender in Intererfahrung und Interaktion mit seinen Mitmenschen. Ich sehe dich, und du siehst mich. Ich erfahre dich, und du erfährst mich. Das Verhalten des anderen ist eine meiner Erfahrungen. Mein Verhalten ist eine seiner Erfahrungen.»[8]

Die Frage «Wer bin ich»? und «Wer ist der andere»? lassen sich nicht isoliert voneinander beantworten. Der einzelne Mensch entwickelt sich erst im Wechselspiel mit der sozialen Umwelt zu seiner Persönlichkeit. Er wird nur in der Beziehung zu anderen Menschen er selbst: *«Der Mensch wird am Du zum Ich»* (Buber).

Die Einsicht, dass der einzelne des Kontaktes mit anderen Menschen bedarf, um sich als Mensch finden und entwickeln zu können, hat Aristoteles dazu bewegt, den Menschen als «zoon politikon», als soziales Wesen zu bezeichnen. Viele Bedürfnisse des Menschen – wie Kontakt, Anerkennung, Freundschaft und Liebe – können nur andere Menschen befriedigen.

Auch das Bedürfnis nach Zugehörigkeit, das für die Zufriedenheit der meisten Menschen besonders wichtig ist, kann nur durch andere Menschen bzw. durch eine Gruppe befriedigt werden. Wie stark in unserer Zeit der Hunger ist nach Zusammensein mit anderen, nach Solidarität, nach einem Platz in einer Gruppe, von der man sich als gleiches vollwertiges Mit-glied angenommen weiss, wurde bereits bei der Besprechung der sozialen Bedürfnisse betont.

Die Gruppe vermag aber nicht nur soziale Bedürfnisse, sondern auch Bedürfnisse nach Sicherheit zu erfüllen: In der Gruppe fühlt sich der einzelne geborgen. Für jeden ist es beruhigend, zu wissen, dass er im Falle der Not auf Hilfe und Schutz rechnen kann. Sicherheit erhält der einzelne auch in bezug auf sein Verhalten:

Der Mensch ist im Vergleich zum Tier instinktarm; er kennt kaum angeborenes Verhalten. Er ist unsicher und formbar und benötigt die soziale Gruppe, um Verhaltenssicherheit zu erlangen[9]. Die Gruppe gibt ihm mittels ihrer sozialen Normen Orientierungshilfen und entlastet ihn damit von Unsicherheit. Was bei den Tieren der Instinkt leistet, leisten in der sozialen Gruppe die Verhaltensregeln – die sozialen Normen. Schliesslich ist das Individuum auch zur Befriedigung seines Bedürfnisses nach Achtung seitens anderer auf eine soziale Umwelt angewiesen: Den Wunsch nach sozialer Anerkennung, nach einem hohen Status, nach Prestige, nach einem «guten Ruf» oder nach Ruhm und Berühmtheit können nur die Mitmenschen erfüllen.

Im Umgang mit Mutter und Vater, mit Geschwistern, Schulfreunden und Lehrern lernt das Kind die Erwartungen seiner sozialen Umwelt kennen und ihnen zu entsprechen. Diesen Lernprozess, während dessen der nur mit rudimentären Instinkten geborene Mensch allmählich die Verhaltenssicherheit eines Erwachsenen erwirbt und zum sozial handlungsfähigen und «brauchbaren» Individuum gemacht wird, bezeichnet man als *Sozialisation*. Bei diesem Begriff steht die «Brauchbarkeit» des Menschen im Hinblick auf das Überleben seiner Gesellschaft im Vordergrund[10]:

Eine Gesellschaft kann nur dann überleben, wenn ihre Mitglieder aufeinander abgestimmte Rollen erfüllen, die der Befriedigung bestimmter Grundbedürfnisse dienen.

---

8 Laing (1977)
9 vgl. Golas (1982)
10 vgl. Bosetzky/Heinrich (1980)

Also muss sie bemüht sein, ihren Mitgliedern von klein auf Fähigkeiten, Fertigkeiten und soziale Antriebe zu vermitteln, die sie später befähigen, gesellschaftlich nützliche Rollen zu übernehmen. In diesem Prozess der Sozialisation besteht aber für das Individuum auch die Chance, in eine bestimmte Kultur hineinzuwachsen und zu einer Persönlichkeit heranzureifen. Auch wenn deshalb der Sozialisationsprozess zuweilen als Zwang und Ärgernis empfunden wird, so ist er für die Entwicklung der Person doch unabdingbar notwendig.

Die Prozesse der Sozialisation des Menschen wird ermöglicht und gefördert durch Interaktionen mit sozialen Gruppen. Diese Interaktionen führen dazu, dass sich der einzelne mit den Werten, Normen und Verhaltensweisen einer bestimmten Gesellschaft *identifiziert* (sie als in Übereinstimmung mit sich selbst erachtet) und sie sich aneignet, sie in sich hineinnimmt, verinnerlicht, *internalisiert*[11].

So lernt das Kind beim Gruss die Hand zu geben – eine Norm unserer Gesellschaft. Die Anwendung einer solchen Norm läuft schliesslich automatisch ab; sie ist zur Gewohnheit geworden; man denkt nicht mehr darüber nach. So wird einem oft erst im Vergleich mit anderen klar, welche Werte und Normen man eigentlich verinnerlicht hat (wenn man beispielsweise mit Engländern zusammentrifft, bei denen das Händeschütteln nicht üblich ist). Der (lebenslange) Prozess der Sozialisation kann in drei Phasen eingeteilt werden[12]:

- *primäre Sozialisation:* Sie erfolgt in Familie, Kindergarten und Spielgruppen. Im Laufe dieser Phase wird das Kind ein «soziales Wesen», eine Person, die nicht nur reagiert, sondern selbst aktiv sozial handelt, d.h. sein Handeln auf das Handeln anderer Personen bezieht. Die sozialen Werte und Normen – was «gut» und was «böse» ist – werden dabei in erster Linie über die Sprache, aber auch durch nonverbale Kommunikation vermittelt.

Es ist hinreichend erwiesen, was für einen einmalig hohen Stellenwert die gelungene Sozialisation in einer intakten Familie für das Leben des Menschen hat: Ohne sie besteht in starkem Masse die Gefahr, dass er all das nicht lernt, was zur vollen Integration in Beruf und Gesellschaft notwendig ist

- *sekundäre Sozialisation:* Sie vollzieht sich in Schule, Kirche, Vereinen usw. Weil das Ziel gelungener Sozialisation darin besteht, den Menschen zur Ausübung von gesellschaftlich nützlichen Rollen zu befähigen, sind die Lehrpläne der Schulen auf drei Ziele ausgerichtet: Die Schulen sollen sicherstellen, dass die jungen Menschen für die spätere Berufstätigkeit qualifiziert werden (Qualifikationsfunktion), nach ihrer Brauchbarkeit für die anspruchsvollen und die weniger anspruchsvollen Berufe «aussortiert» werden (Selektionsfunktion) und in das bestehende Gesellschaftssystem mit seinen Werten und Normen eingegliedert werden (Integrationsfunktion)

- *tertiäre Sozialisation:* Sie ist die berufliche Sozialisation und dient der Einführung in bestimmte Berufsrollen. Sie kann extern in besonders darauf spezialisierten Organisationen erfolgen (z.B. Pflegeschule) oder in der eigentlichen Arbeitsorganisation selbst (z.B. Anlehre als Hilfspfleger); sie kann aber auch dual ablaufen (z.B. Ausbildung der Oberschwester in VESKA-Kursen).

11 vgl. Golas (1982)
12 vgl. Bosetzky/Heinrich (1980)

Die berufliche Sozialisation ist sehr oft eine Phase voller Ängste, Frustrationen und Konflikte. Dies ist hauptsächlich auf die hohe Arbeitsteilung zurückzuführen, die eine Trennung von organisationalem Zweck und individuellem Motiv zur Folge hat.

Dazu kommt die «Mortifikationsangst», nämlich die Angst davor, in einer Organisation allmählich sein altes Selbst zu verlieren und eine neue Identität anzunehmen (Mortifikationsangst).

Der Integration durch die Arbeitsgruppe und der Führung durch den Vorgesetzten kommt hier ganz wesentliche Bedeutung zu.

Die soziale Gruppe stellt also in vielerlei Hinsicht eine ganz zentrale Erscheinung im Leben jedes Menschen dar. Eine besondere Funktion erfüllt die Arbeitsgruppe in einer Organisation im Hinblick auf die Befriedigung grundlegender menschlicher Bedürfnisse.

Die extreme Arbeitsteilung hat eine Frustration solcher Bedürfnisse in der Arbeit selbst zur Folge. Arbeitsgruppen sind nun einerseits Ausdruck der Arbeitsteilung; andererseits aber sind sie auch ein Mittel zur Befriedigung basaler Bedürfnisse – die durch den Arbeitsinhalt selbst nicht mehr erfolgen kann – am Arbeitsplatz[13].

Welche Einstellung zur Gruppe haben Sie? Diese Fragen können Sie anhand des Tests in Abbildung 117/Anhangband beantworten.

314 Gruppenarten

Gruppen lassen sich nach sehr unterschiedlichen Merkmalen gliedern; so können beispielsweise die Grösse der Gruppe, die Enge der in ihr bestehenden zwischenmenschlichen Beziehungen oder die Entstehungsquelle der Gruppenregelungen als Ordnungskriterien verwendet werden. Zudem handelt es sich bei einer Gruppe nie um ein statisches, sondern stets um ein dynamisches Gebilde, so dass die Bezeichnung für eine bestimmte Gruppenart nur eine Aussage macht: unter welchem Aspekt die Gruppe im Moment betrachtet wird. Im folgenden werden einige Gruppenbezeichnungen herausgegriffen, die an dieser Stelle als wesentlich erscheinen.

- *Primäre und sekundäre Gruppen:* Bei dieser Unterscheidung steht die Enge der in einer Gruppe bestehenden zwischenmenschlichen Beziehungen im Vordergrund. Von einer *Primärgruppe* spricht man dann, wenn es sich um eine überschaubare Gruppe handelt, in der man sich «von Angesicht zu Angesicht» kennt. Die sozialen Beziehungen sind hier persönlich, unmittelbar, oft emotional bestimmt und häufig. Als primäre Gruppen können z.B. Familie, Spielgruppe oder Arbeitsteam bezeichnet werden.

  Der Ausdruck *Sekundärgruppe* ist für grosse Gruppen, Gruppierungen und Organisationen gedacht, deren Mitglieder sich nicht alle von Angesicht zu Angesicht kennen. Die Beziehungen sind oft unpersönlich, rational (stärker vom Verstand geprägt), förmlich und auch seltener; sie sind ausserdem auf die Erfüllung bestimmter Aufgaben ausgerichtet, die beispielsweise von der Organisation vorgegeben sind. Persönliche Interessen, Gefühle, Zu- und Abneigungen müssen dabei

13 vgl. Rosenstiel et al. (1983)

zurücktreten. Eine Sekundärgruppe kann in sich mehrere Primärgruppen enthalten. Beispiele von sekundären Gruppen: Krankenhaus, Partei, Berufsgruppe.
- *Formale und informale Gruppen:* Diese Bezeichnungen beziehen sich auf die Grundlagen der Bildung von Gruppen in Organisationen. Der ungeschickte Ausdruck *formale Gruppen* meint die im Organisationsplan sichtbaren Zusammenfassungen mehrerer Positionen zu Kooperationseinheiten. Diese sind somit in bezug auf Grösse, Zusammensetzung und Dauer ihres Bestehens ganz von der formalen Struktur der Organisation abhängig. Zielsetzung, Information und Koordination werden von den betreffenden Arbeitsabläufen her bestimmt und gesteuert. Formale Gruppen stellen deshalb keine echten Gruppen dar (können aber zu solchen werden).
- *Informale Gruppen* sind Gruppen im eigentlichen Sinne. Sie gehen spontan aus den Interaktionen ihrer Mitglieder hervor (sind aber deswegen niht weniger durch bestimmte Regeln bestimmt). Sie sind nicht planbar, sondern entstehen und vergehen, ohne dass sie aus der Sicht der Organisation immer erwünscht sind oder verhindert werden können. Sie können im Hinblick auf die organisationale Aufgabenerfüllung förderlich und ergänzend wirken, sich indifferent (gleichgültig oder neutral) verhalten, aber auch stören.

Informale Gruppen entstehen aufgrund von gemeinsamen Interessen der Mitglieder, gemeinsamem Beruf, gemeinsamem Wohnort, Arbeitsweg oder Arbeitsplatz, einem gemeinsamen Lebensschicksal, aufgrund von Sympathie und vielen anderen möglichen Gemeinsamkeiten.

Informale Gruppen sind von aussen oft schwer zu erkennen. Ihr Vorhandensein lässt sich durch das Soziogramm (siehe unten) feststellen. Auf die Bedeutung informaler Gruppen wird weiter unten eingegangen.
- *Clique:* Die Clique ist eine Sonderform der informalen Gruppe, die sich gegenüber anderen informalen Gruppen abschliesst und einen *Fremdkörper* in der Sozialstruktur der Organisation darstellt. Zumeist verfolgt sie betont gruppenegoistische Interessen und wirkt übergeordneten Interessen gegenüber störend oder destruktiv. Ein Clique entsteht oft durch die aggressive oder resignative Solidarität von «Frustrierten». Das Vorhandensein von Cliquen zeigt, dass es innerhalb eines grösseren Ganzen zu Spannungen, Reibereien und Konflikten kommt, die für den einzelnen zu schweren Belastungen führen können.
- *Organisierte und nicht-organisierte Gruppen:* Diese Gruppenarten unterscheiden sich in bezug auf die Festlegung von Funktionen innerhalb der Gruppe.

In einer *organisierten Gruppe* ist eine Aufteilung der Funktionen in Hinsicht auf die zu erfüllenden Gruppenaufgaben festgelegt; diese Funktionen werden von bestimmten Mitgliedern übernommen.

In einer *nicht-organisierten Gruppe* sind die Funktionen weniger aufgeteilt; sie können zudem von verschiedenen Mitgliedern ausgeübt werden.
- *Offene und geschlossene Gruppen:* Diese Bezeichnungen beziehen sich auf den Zugang zur Gruppe, also auf die Frage, wie offen sich die Gruppe gegenüber neuen Mitgliedern zeigt.

Im Krankenhaus, wo die Fluktuation eine bedeutende Rolle spielt, wird sich jede Gruppe mit dem Problem des Abgangs alter bzw. der Aufnahme neuer Mitglieder auseinanderzusetzen haben. Die bestehende Struktur wird dadurch gestört, was sich sowohl positiv wie auch negativ auswirken kann.

- *Eigene und fremde Gruppe:* Mit diesen Begriffen wird zwischen Mitgliedschaft zur Gruppe und Nicht-Mitgliedschaft unterschieden. Die Gruppe, der sich eine Person zugehörig fühlt, wird von ihr als *Eigengruppe* (Wir-Gruppe) betrachtet, eine solche, der sie nicht zugehört, als *Fremdgruppe*.
  Die Wir-Gefühle, von denen die Gruppe zusammengehalten wird, nehmen zu, wenn die ‚Andersartigkeit' der Fremdgruppe betont wird: Durch die Abgrenzung von der «Andersartigkeit» der «anderen» tritt die «Gleichartigkeit» der eigenen Gruppe umso deutlicher hervor.
- *Bezugsgruppe:* Das ist die Gruppe, der sich ein Individuum gefühlsmässig zugehörig fühlt. Sie stellt für das Individuum einen Bezugsrahmen dar, der es ihm ermöglicht, sich selbst zu bewerten und einzuschätzen. Die Bedeutung einer Bezugsgruppe kann auch einer Gruppe zukommen, der das Individuum nicht einmal angehört, zu der es aber gerne gezählt würde.
  Häufig stellt die Bezugsgruppe die Zielgruppe eines Individuums dar, das seine eigene Gruppe zu verlassen wünscht. Im Stadium des Übergangs gerät es leicht in einen unsicheren Zustand, weil die erforderliche Übernahme der Normen der Bezugsgruppe es in Konflikt mit seiner Ausgangsgruppe bringt: Der Ausgangsgruppe gehört es nicht mehr ganz, der Bezugsgruppe noch nicht ganz an.
- *Homogene und heterogene Gruppen:* Diese Unterscheidung betrifft das Streuungsmass der persönlichen Merkmale der Mitglieder einer Gruppe. Je mehr gemeinsame Merkmale bzw. je mehr Ähnlichkeit die Mitglieder einer Gruppe besitzen, desto grösser wird die *Homogenität* der Gruppe sein und umgekehrt.
  Bei der Zusammenstellung von Arbeitsgruppen kann nach dem Prinzip der Homogenität oder nach dem Prinzip der Heterogenität vorgegangen werden.
- *Arbeitsgruppe:* Eine Arbeitsgruppe, die häufig auch synonym als Arbeitsteam bezeichnet wird, ist dadurch gekennzeichnet, dass sie in erster Linie eine bestimmte Aufgabe mit Leistungscharakter vollbringen will.
- *Selbsterfahrungsgruppe:* Das ist eine Gruppe, in der über ihr eigenes (Gruppen-)Verhalten und über das ihrer Mitglieder nachgedacht und gesprochen wird.
  «Selbsterfahrung» bedeutet, dass die Person die Möglichkeit erhält, ein aktuelles Bild des eigenen Selbst herzustellen. Sie soll eine Vorstellung davon erreichen, was der Mensch als Ganzes für sich selbst bedeutet.
  Selbsterfahrung führt zu grösserer Offenheit und Aufnahmefähigkeit gegenüber der eigenen inneren Welt – im Gegensatz zur alltäglichen, eher selektiven Selbstwahrnehmung.
  Jede Gruppe, in der die Mitglieder unmittelbar und intensiv miteinander kommunizieren, wird zeitweise zur «Selbsterfahrungsgruppe».

315 Jeder gehört mehreren Gruppen an

Aus der Beschreibung verschiedener Gruppenarten geht hervor, dass jeder Mensch nicht nur einer, sondern gleichzeitig mehreren Gruppen angehört bzw. angehören kann. Darin unterscheidet sich der Mensch wesentlich vom Tier: Das Tier kann sich seine Aufgaben nicht selber stellen; es lebt für seine Funktion und ist erblich auf diese fixiert. Erst der Mensch vermag seine Ziele bzw. Aufgaben selbst zu definieren.
Das bedeutet erstens, dass wir als Menschen jeder Gruppe gegenüber ein gewisses

Mass an Freiheit bewahren können. Zweitens wird uns damit ermöglicht, gleichzeitig Mitglieder mehrerer Gruppen zu sein. In diesen Belangen unterscheidet sich die menschliche Gruppe von der tierischen Herde ganz grundsätzlich.
Die verschiedenen Gruppen oder Gruppierungen, denen eine Person angehört/angehören kann, lassen sich grob in zwei Kreisen zusammenfassen:
- Der *innere soziologische Kreis* umfasst Familie, Verwandtschaft und Freundeskreis.
- Zum *äusseren soziologischen Kreis* zählen Arbeitsplatz, Betrieb, Vereine, Parteien, Militär.

Der einzelne nimmt innerhalb dieser verschiedenen sozialen Gebilde recht unterschiedliche Positionen bzw. Rollen ein, was nicht selten zu Rollenkonflikten führt. Zudem bewegt er sich zwischen zwei extremen Polen: Der eine Pol heisst *beziehungslose Vereinsamung,* der andere *zerstörende Vermassung.* Wer ohne mitmenschliche Beziehungen zu seiner sozialen Umwelt lebt und sich in die Isolation begibt, vereinsamt und verpasst wesentliche Möglichkeiten zur Selbstwerdung: «Der Mensch wird am Du zum Ich» (Buber).
Wer auf der anderen Seite seine individuellen Bedürfnisse und Fähigkeiten nicht beachtet und seine Identität nur aus irgendwelchen Gruppen oder Organisationen bezieht, verkümmert ebenfalls. Denn als Individuum ist der Mensch auch auf die Beziehung zu sich selbst angewiesen. Auch das Bedürfnis nach Selbstentfaltung ist ein Grundbedürfnis, dessen Nichtbeachtung den Verlust der persönlichen Identität zur Folge hat.
Zwischen diesen beiden gefährlichen Polen seine Persönlichkeit zu finden bzw. sie nicht zu verlieren, ist keineswegs einfach. Die Situation ist paradox: Einerseits findet der Mensch seine Persönlichkeit in «natürlicher» Selbstbehauptung und Selbständigkeit, andererseits durch eine Beziehung, die den Untergang der selbständigen und sich selbst behauptenden «Natur» fordert. Diese Paradoxie ist unaufhebbar und wesentlich der Ausdruck menschlicher Lebendigkeit. Um zwischen den beiden extremen Polen den «rechten Weg» zu finden, bedarf es des Lebens in überschaubaren Gruppen.
Eine überraschende Erkenntnis der Gruppenforschung war, dass die Zahl der Gruppen weitaus grösser ist als die Zahl der Individuen einer Gesellschaft. Zudem müssen wir uns vor Augen halten, dass der einzelne nicht nur mehreren Gruppen angehört, sondern dass sich diese Gruppen auch mehrfach überlappen können.

316 Gruppengrösse

Dass sich die Grösse einer Gruppe auf das Verhalten ihrer Mitglieder auswirkt, weiss jedermann aus eigener Erfahrung: Es macht einen Unterschied, ob ein Kurs mit 12 Kollegen oder eine Tagung mit 50 Teilnehmern besucht wird. Die Frage nach der «optimalen Gruppengrösse» hat deshalb die Forschung immer wieder beschäftigt. Im folgenden finden sich einige wesentliche Ergebnisse solcher Untersuchungen[14]. Wenn es darum geht, herauszufinden, welche Gruppengrösse zum Erreichen eines

---

14 vgl. Sjolund (1976)

bestimmten Zieles zweckmässig ist, so gilt es zunächst einmal grundsätzlich die folgenden beiden Umstände gegeneinander abzuwägen:
- Je kleiner die Gruppe ist, umso häufiger kommt es zu freien Diskussionen. Mit zunehmender Grösse sagen immer weniger immer mehr, während immer mehr immer weniger sagen. Je mehr man eine gleiche Beteiligung aller in der Gruppe wünscht, desto kleiner muss die Gruppe sein.
- Je kleiner die Gruppe ist, umso kleiner ist auch die Anzahl der Meinungen.

Es gilt also abzuwägen, was in bezug auf die Zielsetzung wichtiger ist: Ob man alle Mitglieder aktivieren will, oder ob man möglichst viele Meinungen zur Verfügung haben will.

Was den inneren Zusammenhalt der Gruppe (Kohäsion) und die Zufriedenheit der Mitglieder betrifft, lässt sich folgendes sagen:
- Fünfergruppen schneiden in dieser Beziehung am besten ab. In Gruppen von mehr als fünf Mitgliedern zeigt sich ein zunehmend aggressives und konkurrierendes Verhalten. In Gruppen mit weniger als fünf Mitgliedern neigen diese dazu, die anfallenden Probleme zu behutsam anzufassen, um die Gefahr der Auflösung zu vermeiden.
- In Gruppen mit 6 oder mehr Mitgliedern besteht die Tendenz zur Aufspaltung in Untergruppen bzw. Cliquen. Das Verantwortungsgefühl des einzelnen nimmt mit zunehmender Gruppengrösse ab.
- Zu grosse Gruppen mit mehr als 30 Mitgliedern verlieren ihren eigentlichen Gruppencharakter. Die Gruppe ist nicht mehr überschaubar. Die Rollen sind nicht mehr klar verteilt. Die Mitglieder bilden keine dynamische Einheit mehr.
- Mit zunehmender Gruppengrösse lässt der persönliche Meinungsaustausch nach. Je kleiner die Gruppe ist, desto intimer ist ihr Charakter.

Bei Gruppengrössen von vier oder weniger Mitgliedern stehen öfter persönliche Bezüge im Vordergrund als sachliche, während in den grösseren Gruppen eher der aufgabenbetonte Bezug vorherrscht. Bei einer Zunahme der Gruppengrösse ergeben sich folgende Verschiebungen:
- Weniger Spannungen, während die Mitglieder sich mehr an der Tätigkeit der Gruppe beteiligen (mehr Vorschläge).
- Mehr Solidariät bei gleichzeitiger Zunahme des (sachbezogenen) Informationsaustauschs (mehr Orientierungshilfen).
- Aufkommen von Einigkeit, Nachlassen des Fragens nach Meinungen, Nachlassen der Meinungsäusserungen selbst.

Es zeigt sich deutlich, wie der Austausch persönlicher Meinungen nachlässt, während Vorschläge, Orientierungshilfen und Solidarität zunehmen – eine klare Verschiebung vom Persönlichen zum Aufgabenorientierten hin.

Trotz dieser Ergebnisse verschiedener Untersuchungen lassen sich allgemeine Rückschlüsse auf die optimale Gruppengrösse nur schwer ziehen, weil die Funktionsfähigkeit der Gruppe noch durch verschiedene andere Faktoren bedingt ist. Im Hinblick auf das Arbeitsteam im Krankenhaus, wo die Gruppengrösse meist durch die Organisationsstruktur bestimmt wird, können uns die gemachten Feststellungen als Hilfe dienen, bestimmte Vorgänge oder Probleme im Team besser zu verstehen.

32   Gruppenstrukturen

Es zeigt sich, dass in neugebildeten Gruppen schon nach kurzer Zeit gruppenspezifische Strukturelemente vorhanden sind. Diese Elemente, die im Leben einer Gruppe eine ganz zentrale Rolle spielen, sind auch dort vorhanden, wo sie weder von den Gruppenmitgliedern bewusst wahrgenommen noch von unerfahrenen Beobachtern entdeckt werden. Auf Zielstruktur, Normenstruktur, Rollenstruktur und Machtstruktur wird im folgenden eingegangen; die Kommunikationsstruktur kommt im 6. Kapitel zur Sprache.

321   Zielstruktur

Unter Gruppenziel versteht man nicht einfach die Summe der Ziele der einzelnen Mitglieder. Ein Gruppenziel ergibt sich vielmehr in dem Moment, wo die Strebungen der einzelnen Mitglieder zu einem gemeinsamen Streben verschmelzen, wenn also die Motivationen annähernd auf einen gemeinsamen Nenner gebracht werden können.
Die Wege, auf denen ein gemeinsames Gruppenziel zustandekommt, können ganz verschieden sein. So kann das Gruppenziel aus einem ausdrücklichen Entscheid aller Beteiligten hervorgehen. Es kann aber auch durch gegebene Arbeitsabläufe, durch einen Kompromiss der zwischen den Mitgliedern oder von einem einzelnen Mitglied bestimmt werden.
Wird das Ziel durch den Führer der Gruppe bzw. durch den Vorgesetzten vorgegeben, kann man nur dann von einem gemeinsamen Gruppenziel sprechen, wenn alle Mitglieder dieses Ziel bejahen.
Das Bedürfnis der Gruppenmitglieder, das Gruppenziel zu erreichen, hängt vom Ausmass ab, in dem sie es akzeptieren. Die Mitglieder, die das Gruppenziel stärker akzeptieren, haben auch ein stärkeres Bedürfnis, das Ziel zu erreichen. Diejenigen, die sich nur fügen, zeigen wenig Bedürfnis nach Zielerreichung. Diejenigen, die das Ziel ablehnen, bleiben bei ihren «privaten» Motivationen und verfolgen ihre eigenen Ziele und Interessen.
Wenn alle Mitglieder ein Gruppenziel akzeptieren, wird in der Gruppe eine starke Kraft wirksam, die das Verhalten der Mitglieder beeinflusst. Wird hingegen das Gruppenziel von einem Grossteil der Mitglieder nicht akzeptiert, so ist zu erwarten, dass die Aktivitäten wenig koordiniert sind und sich mehr einzelmotiviertes Verhalten zeigt[15].
Der wichtigste Faktor, der die Mitglieder einer Gruppe zum Akzeptieren eines Gruppenzieles bewegt, besteht in der Erwartung von Vorteilen, die sich die Gruppenmitglieder durch die Erreichung des Gruppenzieles für sich selbst versprechen.
Wenn die Folgen, die sich aus der Zielerreichung ergeben, für die Gruppenmitglieder eine geringe Wertigkeit (Valenz) besitzen, wird die Motivation zu einem zielorientierten Denken und Handeln gering sein.
Im Rahmen der Tätigkeit in der Organisation können hauptsächlich dann gemeinsame Gruppenziele entstehen, wenn die Ziele nicht nur «von oben» vorgegeben, son-

15 vgl. Sbandi (1973)

dern auch gemeinsam mit den Gruppenmitgliedern/Mitarbeitern vereinbart werden. Das Ausmass, in dem das Gruppenziel verhaltensbestimmend wirkt, hängt von seiner *Klarheit* ab: Je grösser die Klarheit der Gruppensituation ist (Ziel und Wege zum Ziel)[16], umso:

- mehr fühlt sich ein Gruppenmitglied von einer Aufgabe, die in engem Bezug zum Gruppenziel steht, angezogen
- mehr empfindet der einzelne die Spannung, die von einer nicht auf dieses Ziel gerichteten Tätigkeit stammt
- weniger feindselige Gefühle werden entwickelt
- positiver wird die eigene arbeit eingeschätzt
- stärker ist die Identifikation mit der Gruppe und das Gefühl der Mitverantwortung für die Arbeit
- besser wird die Aufteilung der Rollen unter den Mitgliedern von ihnen erkannt
- stärker wird der einzelne von der Gruppe beeinflusst.

(Eine «Analyse des Betriebsklimas» findet sich in Abb. 118/Anhangband.)

322 Gruppennormen

Infolge der wechselseitigen Einflussnahme der Gruppenmitglieder bilden sich in jeder Gruppe bestimmte – von allen Gruppenmitgliedern anerkannte – Verhaltensrichtlinien heraus: Es pendelt sich ein, welche Einstellungen und Überzeugungen akzeptiert werden und welches Denken und Handeln in bestimmten Situationen am Platz ist.

Diese Verhaltensrichtlinien werden als *soziale Normen* bezeichnet. «Norm» hat hier den Sinn des «rechten Handelns», übertragen auf das menschliche Verhalten.

Im sozialen Leben stellen die Normen ein relativ festgefügtes und akzeptiertes *Bezugssystem* dar; sie sind ein Massstab, der festlegt, wie etwas wahrgenommen wird und aufgrund dessen Handlungen beurteilt werden.

Normen sind *Ordnungsprinzipien,* die eine Einteilung in «angemessenes» und «unangemessenes» Verhalten erlauben. Daneben werden Normen auch als *Regulatoren* für konkretes Verhalten im menschlichen Zusammenleben betrachtet.

Normen legen das für eine bestimmte Situation angemessene Verhalten fest und induzieren konformes Verhalten[17]. Das heisst: Normen fordern nicht nur von einem selbst ein bestimmtes Verhalten, sondern rufen gleichzeitig die Erwartung hervor, dass die anderen ihnen ebenfalls entsprechen: Wir fahren nicht nur rechts, sondern erwarten es auch von anderen. Jeder *Verhaltensnorm* entspricht somit eine *Erwartungsnorm.* In jeder Gruppe finden sich solche Anforderungen an das Verhalten ihrer Mitglieder; in jeder Gruppe bilden sich bestimmte Regeln, Gewohnheiten und Bestimmungen; sie sagen aus, was man darf und was man nicht darf, was richtig ist und was falsch. Je wichtiger solche Normen für die Gruppe sind, desto grösser ist der Druck der Mitglieder, der auf *Konformität* zielt. Dieser Druck wird mittels verschiedener *Sanktionen* ausgeübt, die negativer oder positiver Art sein können, also entweder strafend oder belohnend.

16 vgl. Sbandi (1973)
17 vgl. Brandt/Köhler (1972)

«Die ganze Regulierung des Verhaltens eines Mitglieds in einem sozialen Verband, sowohl das Normensystem als auch das Sanktionssystem, bezeichnet man als *soziale Kontrolle.*»[18] Soziale Kontrolle kann entweder formal oder informal sein, je nachdem ob sie von einer formalen Organisation oder von einer informalen Gruppe ausgeübt wird. Was die soziale Kontrolle so wirkungsvoll macht, ist: dass sie meist wie Selbstkontrolle aussieht.

Die Normen für das Verhalten der Mitglieder einer Gruppe in bestimmten Situationen sind in der Regel «ungeschriebene Gesetze» und werden zumeist unbewusst gehandhabt. Es handelt sich um etwas, das «man» tut bzw. nicht tut. So herrscht in einem Arbeitsteam z.B. die (stillschweigende) Norm, dass nur über Sachprobleme, nicht aber über zwischenmenschliche Beziehungen gesprochen wird. Solche Verhaltensregeln werden von den meisten Mitgliedern einer Gruppe befolgt, ohne dass die betreffenden jemals klar darüber nachgedacht haben.

Normen haben auf das Kommunikationsverhalten einer Gruppe einen erheblichen Einfluss[19]. Wer zu wem was, wann und auf welche Weise sagt – das ist nicht nur vom betreffenden Thema abhängig, sondern wird in hohem Masse durch die in der Gruppe etablierten – in der Regel unbewussten – Normen mitgeprägt: «Hier darf ich über meine persönlichen Wünsche und Gefühle nicht reden.» – «Hier ist es verboten, lustig zu sein.» «Hier darf dem Vorgesetzten nicht widersprochen werden.» – Solche und ähnliche Vorstellungen über das, was in einer bestimmten Situation getan oder nicht getan werden darf, verhindern oft, dass Probleme und Spannungen offen angesprochen und gelöst werden können.

In einer Gruppe zeigen sich häufig Normen folgender Art[20]:

- *Beziehungsnormen:* Wer spricht mit wem? Wer sitzt bei wem? Wer wird um Rat gefragt? Wer macht Vorschläge? Wer gibt Anordnungen? Wer wird übergangen? Wer wird gemieden? Wer wird geschützt? Wer spricht am meisten? Wer spricht am wenigsten?
- *Kommunikationsnormen:* Werden Aggressionen geäussert? Welche Themen werden übergangen (Tabus)? Wie rational/sachbezogen müssen die Beiträge in Gruppendiskussionen sein?
- *Bedürfnisnormen:* Werden Wünsche offen geäussert? Werden Bedürfnisse nach Einfluss ausgesprochen? Werden Bedürfnisse nach Zuneigung ausgesprochen?
- *Gefühlsnormen:* Kann Freude ausgesprochen werden? Wird gelacht? Darf Trauer ausgedrückt werden? Darf Langeweile und Frustration ausgedrückt werden? Wird Zuneigung ausgesprochen? Wird Abneigung ausgesprochen?
- *Sanktionsnormen:* Welche bestrafenden oder belohnenden Verhaltensweisen (verbal und nonverbal) zeigt die Gruppe bei Verletzung welcher Gruppennormen?

Unbewusste Gruppennormen prägen das Verhalten einer Gruppe in hohem Masse. Wenn eine Gruppe stillschweigend übereingekommen ist, wichtige Probleme, Bedürfnisse oder Gefühle nicht anzusprechen, wird die Gruppe niemals zu einer echten Integration gelangen.

---

18 vgl. Sjolund (1976)
19 vgl. Kirsten/Müller (1979)
20 vgl. Kirsten/Müller (1979)

Die in einer Gruppe herrschenden Normen werden hauptsächlich durch die *Einstellungen* der jeweiligen Gruppenmitglieder geprägt, die sie zu sich und ihrer Umwelt haben. Erziehung und Bildung kommt dabei sehr grosse Bedeutung zu.
Die Gruppennormen werden den einzelnen Mitgliedern mehr oder weniger nachdrücklich aufgezwungen. Die Mitglieder eignen sich die Normen nach und nach an (Verinnerlichung), so dass sie ein Bestandteil der eigenen Werte und Überzeugungen werden, die sie dann anderen gegenüber, sowohl innerhalb als auch ausserhalb der Gruppe vertreten.
Normen wären nicht so verbreitet und so dauerhaft, wenn sie sich nicht als nützlich erweisen würden. Ihr Nutzen für die Gruppe besteht allgemein gesagt darin, dass sie ihr «ihre spezifische Identität, einen verhaltenssteuernden und sinngebenden Bezugspunkt geben»[21].
Normen können folgende Funktionen im Leben der Gruppe erfüllen:
- *angstreduzierende Funktion:* Die Unsicherheit im Verhalten wird vermindert oder beseitigt
- *konfliktreduzierende Funktion:* Das Verhalten der Gruppenmitglieder untereinander wird geregelt
- *abgrenzende Funktion:* Durch das gruppeneigene Normensystem wird eine Abgrenzung der Gruppe gegen aussen sichtbar
- *ökonomische Funktion:* Die Gruppe wird von der Aufgabe entlastet, konkrete Ereignisse stets umfassend neu zu definieren. Im Hinblick auf die Erreichung des Gruppenziels werden die Kräfte innerhalb der Gruppe ökonomisch verteilt.

Mit der Erfüllung dieser Funktionen fördern Normen innerhalb einer Gruppe deren inneren Zusammenhalt. Allerdings gilt es auch die «Kehrseite der Medaille» zu beachten: Die Normen einer Gruppe oder Gesellschaft schränken die Möglichkeiten eines variationsreichen, spontanen Verhaltens ein. Dies zeigt sich darin, dass die Unterschiede im Denken, Fühlen und Handeln, welche die einzelnen Mitglieder vor dem Eintritt in die Gruppe gezeigt hatten bzw. ausserhalb der Gruppe zeigen, sehr viel grösser sind als innerhalb der Gruppe (Abb. 59).
Die wechselseitige Anpassung der Gruppenmitglieder lässt sich vor allem bei jenen Erlebens- und Verhaltensweisen feststellen, die innerhalb der Gruppe für wichtig gehalten werden. Die Dynamik der dabei ablaufenden Prozesse ist in vielen Experimenten untersucht worden.
Normen nivellieren, vereinheitlichen und setzen Grenzen. Sind diese Grenzen zu eng, wird dem Individuum die Entfaltung seiner Persönlichkeit und der Aufbau befriedigender zwischenmenschlicher Beziehungen verunmöglicht. Auf solche Normen gibt es nur zwei Antworten: Auflehnung oder Verkümmerung (Mauerspruch, hingesprayt während der Zürcher Jugendunruhen 1980: «Wer sich nicht wehrt, lebt verkehrt»). Aufgrund der Normen bildet sich somit in jeder Gruppe eine Spanne des gebilligten bzw. tolerierten Verhaltens. Je bedeutender eine Norm für die Gruppe ist, umso enger ist diese Spanne. Ein Verhalten ausserhalb dieser Spanne wird von der Gruppe missbilligt (negativ sanktioniert). Bei Untersuchungen von Arbeitsgruppen in einem Industriebetrieb wurden Normen gefunden, die sich da als generell erwiesen haben,

Abbildung 59: Verteilung des Verhaltensunabhängiger und durch Gruppendruck bestimmter Individuen[44]

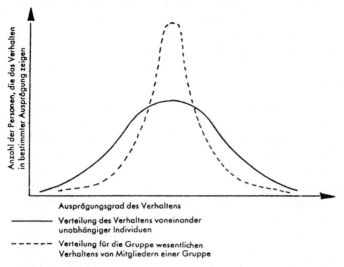

—————— Verteilung des Verhaltens voneinander unabhängiger Individuen
– – – – – Verteilung für die Gruppe wesentlichen Verhaltens von Mitgliedern einer Gruppe

44 Rosenstiel (1983)

wo es darum geht, sich gegen Druck von aussen zu schützen. Die wichtigsten dieser Normen lauten[22]: Du sollst:

- nicht mehr tun als die anderen (schuften)
- nicht unter dem Qualitätsstandard bleiben (pfuschen)
- nichts sagen, was der Gruppe oder einem Gruppenmitglied schaden kann (klatschen)
- dich bei deinen Vorgesetzten nicht beliebt machen (katzbuckeln)
- dich nicht für mehr als wir anderen halten (angeben).

Diese oder ähnliche Normen lassen sich in vielen Gruppen finden (auch in Schulklassen oder im Militär). Ihre nivellierende, gleichschaltende Funktion ist offensichtlich. Zu gleichschaltenden Normen kommt es immer dann, wenn die Gruppe unter äusserem Druck steht, gegen den sie sich zur Wehr setzen muss.

Die Normen sollen dazu dienen, die Solidarität unter den Mitgliedern zu stärken. Eine Gruppe, die unter günstigen äusseren Verhältnissen fungiert, hat es nicht nötig, derart nivellierende Normen zu entwickeln (obwohl natürlich die Tendenz zur gleichschaltenden Einordnung in jeder Gruppe vorhanden ist).

Wie oben festgehalten, steht das einzelne Gruppenmitglied unter einem gewissen Druck, die Normen seiner Gruppe einzuhalten. Dieser Druck kann nun nicht nur in Form von Sanktionen von der Gruppe ausgeübt werden, sondern er kann auch aus den persönlichen Bedürfnissen des Mitglieds resultieren.

Bedürfnisse nach Zugehörigkeit, Sicherheit, Anerkennung, Geltung, Leistung, Kontakt usw. können den einzelnen dazu bewegen, sich in eine Gruppe einzuordnen und ihren Normen zu entsprechen. Die Erfüllung solcher Bedürfnisse wird dann als Be-

22 vgl. Sjolund (1976)

lohnung empfunden für das an den Tag gelegte normkonforme Verhalten. Je weniger solche inneren Kontrollen ausreichen, um normkonformes Verhalten zu erreichen, umso mehr werden äussere soziale Kontrollen funktional bedeutsam:

- *normkonformes Verhalten* wird durch positive Sanktionen (Belohnungen) verstärkt/stimuliert (z.B. Anerkennung, Zuwendung, Hilfestellung)
- *normabweichendes Verhalten* löst negative Sanktionen (Strafen) aus (z.B. ironische Bemerkungen, Feindseligkeit, Blossstellung).

Da die negativen Sanktionen mehr in die Augen fallen, wird der Begriff «Sanktionen» im allgemeinen Sprachgebrauch ausschliesslich im negativen Sinne verwendet (z.B. Sanktionen gegen einen «Faulpelz»). Die unzureichende «Einverleibung» von Normen, Zweifel an der Legalität von Normen, Widersprüche zwischen Gruppennormen einerseits und individuellen Wertorientierungen andererseits können zu normabweichendem Verhalten führen; dieses wird dann von der Gruppe «bestraft». Jede Gruppe hält ein ganzes Arsenal an wirksamen Verhaltensweisen bereit, um einen solchen «Abweichler» zu ächten oder ihn schnell wieder an seine «Pflichten» zu erinnern. Solche Sanktionen werden häufig auch unbewusst angewendet, wenn ein Gruppenmitglied – vielleicht ebenso unbewusst – beispielsweise gegen die in der Gruppe geltenden Gesprächsnormen verstösst. Man «überhört» den Sprecher einfach oder ist schnell bemüht, ein anderes Thema zu finden...[23].

323 Rollenstruktur

Wie in jedem sozialen System nimmt auch in der Gruppe jedes Mitglied eine bestimmte Position/Stellung ein. Eine solche soziale Position ist in einem Geflecht sozialer Beziehungen mit anderen Positionen verbunden, so dass die jeweiligen Rollen zum Teil aufeinander bezogen sind und sich eine bestimmte *Rollenkonstellation* ergibt[25]. Die Herausbildung solcher Rollenstrukturen ist von folgenden Gegebenheiten abhängig:

- von den *Merkmalen der Gruppe:* Die Gruppenstruktur und die Gruppenprozesse sind die wichtigsten Bestimmungsfaktoren für die Festlegung von Gruppenrollen
- von den *persönlichen Merkmalen* der Mitglieder: Die Interaktionen in der Gruppe führen oft zu einer geradezu erstaunlich zweckmässigen, nicht selten aber auch zu einer dysfunktionalen und für den einzelnen unbefriedigenden Rollenverteilung
- von den *Merkmalen der Situation:* Solche Merkmale sind beispielsweise die Position eines Gruppenmitglieds als Knotenpunkt im Kommunikationsgefüge; der Bedarf der Gruppe nach einem Sündenbock, wenn sie versagt hat; der Bedarf nach einem Spezialisten, wenn die Gruppe mit Sachproblemen konfrontiert wird.

Die in einer Gruppe auffindbaren Rollenstrukturen sind ein «Einschmelzungsprodukt» von formalen und informalen Beziehungen: Einerseits sind die Rollen weitgehend durch formale Gegebenheiten geprägt, andererseits aber lässt sich soziales Leben nicht völlig formalisieren, so dass das tatsächliche Verhalten der Rollenträger

23 vgl. Kirsten/Müller (1979)
24 vgl. Kirsten/Müller (1979)
25 vgl. Wiswede (1977)

das Ergebnis von komplexen Einflüssen ist, wie das in Abbildung 60 dargestellt wird. Welche Rollen in einer Gruppe entstehen, hängt stark von den Bedürfnissen der Gruppe und vom Grad ihres inneren Zusammenhalts ab. In jeder Arbeitsgruppe lassen sich aber – als Ausdruck vorhandener Rollen – gewisse immer wiederkehrende Verhaltensmuster beobachten, die die einzelnen Gruppenmitglieder mehr oder weniger ausgeprägt zeigen. Diese Rollen sind wie gesagt nicht unabhängig voneinander, sondern wechselseitig aufeinander bezogen und voneinander abhängig. Eine bestimmte Grundform dieser Wechselbeziehungen kehrt in den meisten Gruppen wieder; sie ist in Abbildung 61 dargestellt. Die Buchstaben in der Zeichnung bedeuten[26]:

Abbildung 60: Bestimmungsfaktoren des tatsächlichen Verhaltens[45]

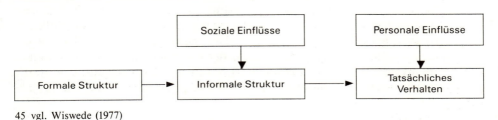

45 vgl. Wiswede (1977)

Abbildung 61: Typische Rollenkonstellation[46]

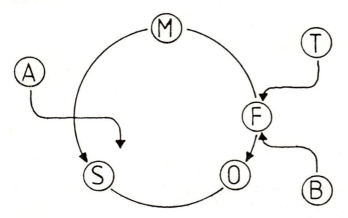

46 vgl. Kirsten/Müller (1979)

- *F – Der Gruppenführer:* Er hat die Funktion, die Gruppenziele zu bestimmen und die Aktivitäten innerhalb der Gruppe bzw. zwischen der eigenen und fremden Gruppen zu koordinieren. Er ist meist der formale Führer (Vorgesetzte). In der Wirklichkeit ist die Führerrolle jedoch häufig in B und T aufgeteilt.
- *B – Der Beliebte:* Er hat die Funktion, die Gruppe zusammenzuhalten. Er verkörpert die ‚menschliche' Seite der Gruppenbedürfnisse.

26 vgl. Kirsten/Müller (1979)

- *T – Der Tüchtige:* Er verkörpert die sachlichen Bedürfnisse der Gruppe. Er verhält sich im wesentlichen nicht gruppen- sondern zielorientiert.
- *M – Der Mitläufer:* Er orientiert sich hauptsächlich am Gruppenführer.
- *O – Der Opponent:* Er hat auch Führungsqualitäten. Da er aber nicht Gruppenführer geworden ist, geht er in die Opposition. Er hat eine besondere Beziehung zum Gruppenführer, weil er diesem unbewusst die Position streitig macht.
- *S – Der Sündenbock:* Er wird für Schwierigkeiten und Fehler verantwortlich gemacht und bildet das Ziel der Aggression in Konflikten.
- *A – Der Aussenseiter:* Er hat keinen bestimmten Platz in der Gruppe. Er wird aber bei entsprechenden intellektuellen Fähigkeiten oft als Berater beigezogen.

Die Rolle des Sündenbocks (der all das tut, was falsch und schlecht ist) oder des schwarzen Schafs (dessen sich die Gruppe schämt) ist für das Gruppenmitglied, dem diese Rolle auferlegt wird, alles andere als angenehm. Dasselbe gilt für die Rolle des Dummerjahns (den die Gruppe für dumm hält) oder des Clowns (über den die Gruppe lacht). Eine derartige Rolle verdankt der betreffende übrigens nicht immer der Gruppe als ganzer, sondern häufig dem Unverstand des Gruppenleiters, der durch sein Führungsverhalten das Mitglied – bewusst oder unbewusst – in eine solche Position drängt.

Um die Rollen der einzelnen Gruppenmitglieder deutlich zu machen, kann ein *soziometrischer Test* durchgeführt werden. Mit ihm versucht man, die zwischenmenschlichen Beziehungen – zum Ausdruck gebracht durch Sympathie, Antipathie und Gleichgültigkeit – unter den Mitgliedern zu erfassen. Dazu werden sie zu möglichst spontanen Meinungsäusserungen übereinander veranlasst. Die Äusserungen sollen sich auf eine konkrete Situation beziehen.

So soll jedes Gruppenmitglied beispielsweise überlegen, wen es in der Gruppe wählen würde als:

- Chef
- Vertrauten bei einem persönichen Problem
- Begleiter auf einer schwierigen und gefährlichen Situation
- Diskussionspartner bei der Besprechung einer neuen Idee
- Gefährten auf einer einsamen Insel
- Gegener in einem sportlichen Wettkampf

Die Befragten sollen soviele Gruppenmitglieder wählen oder ablehnen können, wie sie wollen. Dabei müssen die Gründe für die Wahl angegeben werden. Die Mitglieder sollen die Wahlen unbeobachtet vornehmen können.

Die sich auf die obengenannten Fragen ergebenden Antworten können drei Formen annehmen:

- Das Mitglied wird gewählt (z.B. weil es sympathisch ist, weil es akzeptiert wird).
- Dem Mitglied wird Gleichgültigkeit entgegengebracht; es wird weder gewählt noch abgelehnt.
- Das Mitglied wird abgelehnt (z.B. weil es unsympathisch ist, weil es nicht für «voll» genommen wird).

Die Intensität der Beziehungen zwischen den Gruppenmitgliedern wird durch die Anzahl der Wahlen (= Wahlen im engeren Sinne als auch Ablehnungen) zum Ausdruck gebracht. Die Wahlen – positiv, negativ oder neutral – die ein Mitglied auf sich vereinigt, können in Form einer *Soziomatrix* zusammengefasst werden. Diese besteht jeweils aus Reihen und Spalten. Die Matrixeingänge sind nach den Gruppenmitgliedern benannt (in gleicher Reihenfolge), so dass die Zellen der Matrix die verschiedenen Beziehungen zwischen den Gruppenmitgliedern der Reihe und denen der Spalten zum Ausdruck bringen.

Eine Soziomatrix könnte beispielsweise so aussehen wie in Abbildung 62, 1 steht für «wählt», 0 für «verhält sich gleichgültig», –1 für «lehnt ab»[27].

Abbildung 62: Soziomatrix[47]

	A	B	C	D	E	F
A	–	1	–1	0	0	0
B	0	–	0	1	–1	0
C	0	1	–	0	–1	0
D	0	1	0	–	–1	0
E	0	1	–1	0	–	0
F	0	1	–1	0	–1	–
Σ	0	5	–3	1	–4	0

47 Golas (1982)

Im Beispiel ist B von 5 Gruppenmitgliedern gewählt, E von 4 Gruppenmitgliedern abgelehnt worden usw. Ergebnis: B ist der «Star» der Gruppe, C und E stellen offensichtlich Aussenseiter dar, während A und F in der Gruppe isoliert sind, da sie weder gewählt noch abgelehnt werden. D bleibt weitgehend unbeachtet.

Anschaulicher wird die Struktur der Gruppe durch das *Soziogramm* erfasst. Im Soziogramm wird jedes Mitglied durch einen Kreis dargestellt. Die Kreise werden anschliessend durch Pfeile verbunden, die die Wahlen des Tests darstellen. Positive Wahlen werden durchgezogen, negative Wahlen (Ablehnungen) gestrichelt gezeichnet. Das Soziogramm zum Beispiel findet sich unter Abbildung 63.

Im Soziogramm entstehen regelmässig folgende soziometrische Muster:

- Der *Führer* oder *Star* vereinigt die meisten positiven Wahlen auf sich. Die anderen Gruppenmitglieder gruppieren sich sternförmig um den Star. In unserem Beispiel ist B der Star der Gruppe.
- Der *Aussenseiter* oder das «schwarze Schaf» vereinigt die meisten negativen Wahlen auf sich. Der «Igel» lehnt aber auch selbst andere Mitglieder ab. In unserem Beispiel trifft das auf C und E zu.
- Der *Isolierte* oder die «Randfigur» ist ein Gruppenmitglied, das weder gewählt noch abgelehnt wird. A und F in unserem Beispiel sind solche Randfiguren. Liegt eine gegenseitige Beziehung zum Star vor, dann wird der andere auch als «graue Eminenz» bezeichnet, weil er den Star aus dem Hintergrund beeinflusst. Das trifft eventuell auf D zu.

27 vgl. Golas (1982)

Abbildung 63: Soziogramm[48]

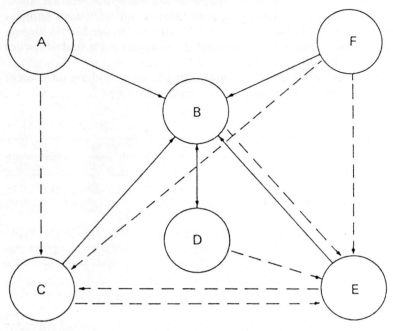

48 Golas (1982)

- Die *Clique* besteht aus Gruppenmitgliedern, von denen jedes alle anderen Mitglieder der Clique wählt, jedoch weder aussenstehende Gruppenmitglieder wählt noch von diesen gewählt wird.
- Der *Vergessene* wählt, wird aber nicht gewählt.
- Der *Abgelehnte* empfängt nur Ablehnungen. Das ist z.B. bei C und E der Fall.
- Das *Paar:* B und D wählen sich gegenseitig.
- Das *Dreieck:* Drei Mitglieder wählen sich gegenseitig, weil sie z.B. untereinander befreundet sind (und eine informale Untergruppe bilden).

Das Soziogramm kann für den Vorgesetzten ein Hinweis für besondere Beobachtungen und Bemühungen sein (insbesondere, wenn Positionen wie der Aussenseiter oder das schwarze Schaf vorhanden sind).
Die Rollendifferenzierung bzw. die Entwicklung einer Rollenkonstellation besteht aus der Differenzierung der Erwartungen hinsichtlich der Funktionen und hinsichtlich emotionaler Gehalte. Dieser Prozess soll an einem Beispiel illustriert werden[28]. In einer Studie wurde die Zusammenarbeit von drei Leitern einer Klinik untersucht. Der Ranghöchste, der Direktor, widmete sich dem Aufbau der Voraussetzungen für die zukünftige Entwicklung der Klinik. Der zweite Leiter, der leitende Arzt, sah seine Hauptaufgabe darin, junge Ärzte zu «kompetenten Professionellen» heranzubilden

28 vgl. Wunderer/Grunwald (1980)

und ihnen das nötige Wissen, professionelle Einstellungen und Fähigkeiten zu vermitteln. Der dritte Leiter, sein Stellvertreter, konzentrierte sich auf Forschung und Förderung kreativer Kollegen und ihrer Ideen sowie auf deren Umsetzung innerhalb der Organisationsstruktur der Klinik.
In dieser Führungsgruppe entwickelte sich folgende Spezialisierung in drei Rollen: Der Direktor übernahm es, auch unangenehme Entscheidungen «hart» durchzusetzen. Der leitende Arzt übte wenig direkten Einfluss aus; in Konfliktfällen war er die vermittelnde Person. Während beide ihre Mitarbeiter deutlich dominierten, baute der dritte Leiter egalitäre Beziehungen auf.
Zum Schluss muss noch auf einen problematischen Punkt von Rollenstrukturen hingewiesen werden, nämlich auf ihre Tendenz zur *Starrheit*. Wie *starr und beharrlich* Rollenerwartungen sind, zeigt sich immer wieder: z.B. ein Vorgesetzter kommt begeistert von einem Weiterbildungskurs an seinen Arbeitsplatz zurück und versucht neue Führungsideen, die er kennengelernt hat, zu verwirklichen. Die Rollenerwartungen seiner Bezugsgruppe bzw. seiner Rollensender jedoch haben sich in der Zwischenzeit nicht geändert.
Der Vorgesetzte merkt, dass man sein neues Verhalten mit einigem Befremden beobachtet. Das führt dann meistens dazu, dass der Betreffende wieder in alte Verhaltensweisen zurückfällt. Es heisst dann vielleicht: «Er ist schon zu alt, um neue Dinge zu lernen». Man vergisst dabei, dass Rollenerwartungen zu einem Gefängnis werden können, aus dem auszubrechen vor allem deshalb so schwierig ist, weil Ausbruchsversuche häufig äusserst scharf sanktioniert werden.
Dieses Übel kann vermieden oder zumindest vermindert werden, indem einer den anderen (und auch sich selbst) grundsätzlich für fähig hält, sich zu verändern. Indem er ihm z.B. offen begegnet und ihm hilft, sich von einer Rolle zu befreien, die dieser als einengend, frustrierend oder sonstwie negativ empfindet.
Jeder, der den Versuch macht, sich persönlich weiterzuentwickeln und zu verändern, hat gegen solche beharrenden Kräfte zu kämpfen: in sich selbst und in sozialen Systemen. Da kann man nur eines tun: Sich nicht entmutigen lassen; dort kämpfen, wo der Kampf sinnvoll erscheint; den Kampf lassen, wo man sich aufreibt (das Schwierigste dabei ist: den Unterschied zu sehen – wer ihn sieht, der ist weise).
Es heisst: «Wer sich selbst zurechtstutzt, um es jedermann recht zu machen, von dem ist bald nicht mehr viel übrig.»
Die Aufstellung verschiedener Rollenfunktionen (Abb. 94/Anhangband) soll als Hilfe bei der Rollenbeobachtung in der Gruppe dienen. Eine Fallstudie zum Thema findet sich Abbildung 95/Anhangband. Anhand des Tests in Abbildung 119/Anhangband kann das Rollenverhalten in der Arbeitsgruppe unter die Lupe genommen werden.

324 Machtstruktur

Die oben beschriebenen Rollen können als (vertikale) Machtstruktur einer Gruppe in Erscheinung treten. Diese Machtstruktur gibt Auskunft darüber, welche Chance die einzelnen Gruppenmitglieder haben, Einfluss auf das Verhalten der Gruppe zu nehmen. Sie kennzeichnet die Verteilung der Macht auf bestimmte Positionen bzw. Personen.

Wie festgestellt wurde, ist die tatsächlich ausgeübte Macht nicht immer identisch mit der in der Stellenbeschreibung vermerkten Anordnungsbefugnis. Neben den erwähnten Formen der Macht (Macht durch Information, Belohnung, Bestrafung, Legitimation, Sympathie/Identifikation, Sachkenntnis) sind kombinierte Formen ebenso möglich wie *subtile* Formen der wenig sichtbaren Machtausübung.

Aufgrund von Beobachtungen wurde festgestellt, dass bei Hühnern eine sogenannte *Hackordnung* besteht[29]. Es gibt auf jedem Hühnerhof ein Huhn, das alle anderen Hühner hacken kann, ohne von ihnen zurückgehackt zu werden; ein zweites, das nur vom ersten gehackt wird und alle anderen hacken kann, und eine weitere Folge solcher Unterwerfungen bis zum letzten Tier, das von allen anderen gehackt wird und kein weiteres unter sich hat, das es hacken kann. Das erste Tier wurde als das Alpha-Tier, das zweite als das Beta-Tier und das letzte als das Omega-Tier bezeichnet. «Solche *Rangordnungen* finden sich ebenfalls bei anderen Tieren und – von den Wirkungen der Bildung und Erziehung mehr oder weniger übertüncht – auch beim Menschen.»[30] Beim Menschen weisen diese Rangordnungen jedoch eine vielfältigere Ausformung auf.

Die Stellung in der Einfluss- oder Machtordnung der Gruppe hängt einerseits von Merkmalen der Gruppe ab (insbesondere ihren Zielen und der Art der Schwierigkeiten, die der Zielerreichung entgegenwirkt), andererseits auch von Merkmalen der Person (wobei sich diese nicht eindeutig identifizieren lassen). Die drei oben erwähnten Positionen in dieser Ordnung sollen im folgenden etwas näher betrachtet werden:

- Das *Alpha-Glied* nimmt in der Gruppe eine beherrschende Stellung ein. Es ist dasjenige, welches das Verhalten der anderen Gruppenmitglieder am stärksten beeinflusst. Die Aussicht eines Mitglieds, eine solche Stellung zu erlangen, ist umso günstiger, je stärker sein Machtbedürfnis ausgeprägt ist und je mehr seine Fähigkeiten und Eigenschaften den jeweiligen Bedürfnissen der Gruppe entsprechen. In Ausnahmefällen können diese Gruppenbedürfnisse sogar bewirken, dass die Alpha-Stellung einem Mitglied geradezu aufgezwungen wird, ohne dass es nach ihr strebt.
- Das *Beta-Glied* nimmt in der Gruppe den zweithöchsten Rang ein. Auch es weist ein ausgeprägtes Machtbedürfnis auf. Bei der Bildung der Rangordnung tritt es meist als ein Mitbewerber um die Alpha-Stellung auf. Entweder vermeidet es dann die Austragung des Kampfes um diese, oder es unterliegt in ihm. Es kann sich dem Alpha-Glied unterwerfen oder sein Rivale bleiben; es kann eine Gefolgschaft um sich scharen, die ihm mehr zugetan ist als dem Alpha-Glied. Dies birgt dann die Gefahr eines Machtkonfliktes in der Gruppe.
- Das *Omega-Glied* ist jenes mit dem geringsten Einfluss, das sich allen anderen unterwirft. In persönlicher Hinsicht fehlt ihm jegliches Selbstvertrauen, und im Hinblick auf die Gruppe verfügt es auch nicht über die Fähigkeiten, die für das Erreichen der Gruppenziele wichtig sind. Um der Gruppe angehören zu können, erduldet es die Unterdrückung durch die anderen.

Die Rangordnung in einer Gruppe lässt sich ebenfalls mithilfe eines *Soziogramms* erfassen. Beobachter können die Wortergreifungen zählen, und die Wortnahmen re-

29 vgl. Lattmann (1981)
30 Lattmann (1981)
31 vgl. Sahm (1980)

Abbildung 64: Rollenfunktionen und Rangpositionen in der Gruppe[49]

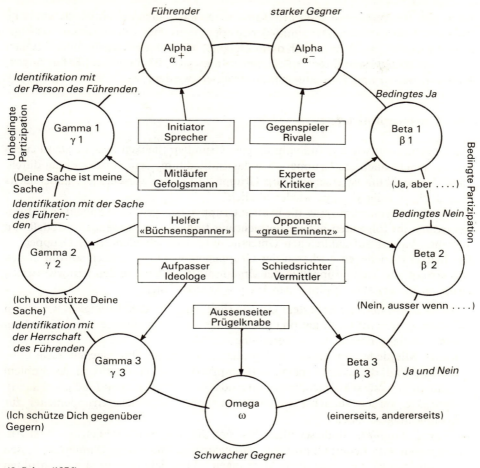

49 Sahm (1976)

gistrieren, die für den Interaktionsprozess und sein Ergebnis bedeutsam sind. Zudem wird festgehalten, wenn zwischen Gruppenmitgliedern Verbindungen und Gegensätze entstehen, sich Konstellationen zwischen den Beteiligten verändern und sich eine meinungs- und entscheidungsbestimmende Gruppierung in der Gruppe entwickelt.

Das Soziogramm in Abbildung 64 zeigt die typischen Stellungen in der Rangordnung einer Gruppe, bezeichnet mit Buchstaben des griechischen Alphabetes. E hat sich während der Zeit der Beobachtung als Alpha+, als siegreicher Wortführer profiliert. B geriet in die Situation des Alpha-, also des starken Gegners, der jedoch unterliegt. D übernahm als Gefolgsmann des E die Gamma-Stellung, während A als Beta-Glied kritisch abwägend und als «Zünglein an der Waage» fungierte. C blieb Omega-Glied und Aussenseiter im Interaktionsprozess.

Anhand des Tests in Abbildung 120/Anhangband lässt sich das Autoritätsverhalten in Arbeitsgruppen aufzeigen.

33 Gruppenprozesse

Nach der Beschäftigung mit Strukturelementen der Gruppe einige dynamische Aspekte! Wenn hier von «Dynamik» der Gruppe gesprochen wird, ist damit das *Kräftespiel* gemeint, das sich immer dann ereignet, wenn Menschen in Interaktionen treten und dadurch mit ihren verschiedenen Interessen, Bedürfnissen, Erfahrungen, Reaktionsweisen und Einstellungen konfrontiert werden.

331 Gruppenentwicklung

Die Gruppe stellt wie das Individuum eine Grundwirklichkeit des sozialen Lebens dar. So macht auch die Gruppe – wie das Individuum – eine Entwicklung durch. Diese Entwicklung ist einerseits von Gruppe zu Gruppe verschieden, andererseits aber doch in jeder Gruppe wieder ähnlich.

Solche Entwicklungsprozesse, die in allen Gruppen eine gewisse Ähnlichkeit aufweisen, sollen im folgenden nähere Betrachtung finden. Das verwendete Modell von Tuckman basiert auf zahlreichen Untersuchungen verschiedenartiger Gruppen[32]. Die hier beschriebenen 4 Phasen der Gruppenentwicklung dürften sowohl in den aufgabenorientierten Gruppen in der Organisation als auch in den lernorientierten Gruppen in der Weiterbildung den Prozess kennzeichnen.

- *Phase 1: Formierung:* Es besteht Unsicherheit, Angst und Abhängigkeit von einem Führer. Man prüft die Situation und die Frage nach dem angemessenen Verhalten. Ein wichtiges Thema ist die Verteilung der Macht.
  Einige Mitglieder versuchen zu dominieren, indem sie ihre eigenen Ziele ohne Rücksicht auf die anderen verfolgen (Kampfverhalten). Andere lösen das Problem dadurch, dass sie schweigen, resignieren oder sich zurückziehen (Fluchtverhalten). Konflikte werden zunächst ängstlich vermieden oder dem Gruppenleiter zur Lösung hingeschoben.
- *Phase 2: Konflikte:* In dieser Phase löst sich die Gruppe allmählich von ihrer Abhängigkeit vom Leiter; Opposition wird geäussert. Paare oder Cliquen schliessen sich zusammen. Gegensätzliche Meinungen bilden sich; es kommt zu Konflikten zwischen Untergruppen, zu Widerstand gegen die Kontrolle durch die Gruppe. Im weiteren treten Konflikte über die Intimität der Gruppe auf (gegenseitige Nähe). Zudem besteht emotionaler Widerstand gegen die Anforderungen der Aufgabe.
- *Phase 3: Normierung:* Allmählich beschäftigt das Problem der gegenseitigen Zu- und Abneigung die Gruppenmitglieder. Langsam wird das gegenseitige Misstrauen abgebaut. Die Gruppenmitglieder sind jetzt viel eher bereit, aufeinander zu hören, unterschiedliche Zielvorstellungen zu akzeptieren und sich bei Problemen gegenseitig zu helfen. So entwickelt sich ein Gruppengefühl, ein innerer Zusammenhalt. Normen kommen auf. Widerstände sind überwunden und Konflikte beigelegt. Es besteht ein offener Austausch von Ansichten und Gefühlen; Kooperation entwickelt sich.
- *Phase 4: Arbeit:* Wichtige zwischenmenschliche Probleme sind gelöst. Die interpersonale Rollenstruktur steht im Dienste der Aufgabenerfüllung. Die Rollen sind

32 vgl. Sbandi (1973), Kirsten/Müller (1979)

flexibel und funktional. Sachprobleme tauchen auf; es bestehen konstruktive Anstrengungen, diese Probleme zu lösen und die Aufgabe zu beenden. Die Energien der Gruppe sind in dieser Phase für effektive Arbeit verfügbar. Dies ist die Hauptarbeitsperiode.

Die Phase, die eine Gruppe erreichen soll, damit die Gruppenmitglieder auf befriedigende Art und Weise miteinander leben und wirksam zusammenarbeiten können, wird als Phase der *Interdependenz* bezeichnet. Interdependenz in diesem Sinne bedeutet, dass die Grupenmitglieder die Illuson einer völligen Unabhängigkeit ebenso wie das Gefühl einer völligen Abhängigkeit von anderen Gruppenmitgliedern (insbesondere vom Gruppenleiter) aufgegeben haben.

In dieser Phase hat jeder seine Rolle bzw. Funktion gefunden, bei der es ihm möglich ist, entsprechend seinen Fähigkeiten und Bedürfnissen zur Erfüllung der Gruppenaufgaben beizutragen. Interdependenz bedeutet also, dass die Gruppenmitglieder gelernt haben, Abhängigkeit zu akzeptieren, wenn sie sinnvoll bzw. wirklich notwendig ist. Die Mitglieder akzeptieren diese wechselseitige Abhängigkeit, weil sie erkannt haben, dass sie zur Aufgabenerfüllung und zur befriedigenden zwischenmenschlichen Beziehung aufeinander angewiesen sind.

Bei der Betrachtung der Gruppenentwicklung muss man sich bewusst sein, dass diese Entwicklung kein geradliniger stetiger Vorgang ist, sondern eher als ein spiralförmiges Kreisen verläuft. In der Abbildung 65 ist jede der oben beschriebenen vier Phasen als Spiralbogen dargestellt.

Abbildung 65: Phasen der Gruppenentwicklung[50]

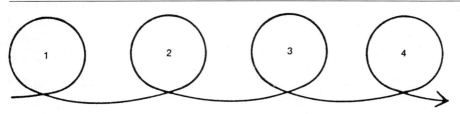

50 Antons (1976)

Wird ein Bogen genauer betrachtet, so kann man in jeder Phase einen charakteristischen Kreislauf von Verhaltensweisen erkennen (Abb. 66)[33]:

- A1: Unzufriedenheit mit alten Verhaltensweisen führt zur Problemstellung.
- B1: Eine neue Verhaltensmöglichkeit wird gesehen.
- C1: Das neue Verhalten wird ausprobiert und angewendet.
- D1: Neues Verhalten wird erlebt (auch von anderen); es gilt als Beweis der neuen Möglichkeiten.
- E1: Generalisierung: Anwendung des neuen Verhaltens auf andere Bereiche und Integration.
- A2: Beginn einer neuen Phase.

33 vgl. Antons (1976)

Abbildung 66: Kreislauf der Verhaltensweisen bei der Gruppenentwicklung[51]

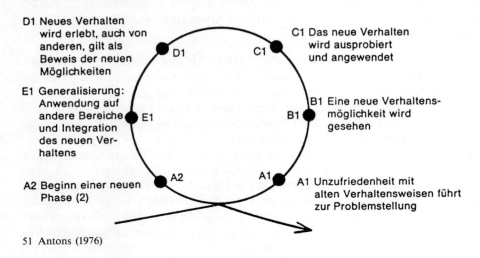

51 Antons (1976)

Die einzelnen Phasen haben nicht unbedingt in der angegebenen Reihenfolge zu erscheinen; sie können auch verschieden lang dauern und sich wiederholen.

Auf eine Situation, in der bei den Gruppenmitgliedern spezifische Ängste vorhanden sind, soll im folgenden näher eingetreten werden: die *Anfangssituation.* Anfangssituationen bestehen nicht nur in Gruppen, die sich neu gebildet haben. Solche Situationen gibt es vielmehr auch in älteren Gruppen immer wieder, weil die Gruppe kein statisches, sondern ein dynamisches Gebilde ist. Die Gruppenmitglieder wissen in einer solchen Situation nicht (oder nicht mehr), was sie zusammenhält. Rollen und Normen sind entweder noch nicht genügend entwickelt, oder sie sind unzweckmässig, mehrdeutig oder sogar sinnlos geworden.

Unter den vielen Befürchtungen/Ängsten, die in solchen Situationen auftauchen können, werden einige in Form von Fragen formuliert[34]:

- Bin ich ihm/ihr sympathisch? Wird der andere mich akzeptieren? Kann ich mich auf ihn verlassen? Was weiss der andere von mir? Was weiss ich von ihm? Wird er/sie mich verstehen? Werde ich mich verständlich machen können?
- Wer wird von wem akzeptiert? Einige haben sich schon zusammengetan; werde ich von ihnen eingeladen? Soll ich sie fragen, ob sie mich aufnehmen oder soll ich noch warten? Benehmen sich die anderen anders oder bin ich anders geworden? Wen soll ich fragen?
- Was wollen die anderen? Was wollen «wir»? Haben wir ein gemeinsames konkretes Ziel? Was ist aus unseren früheren Zielen geworden?
- Wer ist der Führer? Wie wird er mir gegenüberstehen? Was wird er von mir halten/hält er von mir? Wer hat im Moment überhaupt die Führung der Gruppe? Wieviele «Führer» gibt es?
- Was wissen die anderen mehr als ich? Werde ich mich blamieren, wenn ich jetzt spreche? Was sagen sie mir nicht? Warum nicht?

34 vgl. Sbandi (1973)

- Wird er/sie engeren Kontakt mit mir haben wollen? Werde ich es schaffen, mit diesem oder jener engere Kontakte aufzunehmen? Soll ich nicht meine Bedürfnisse zurückstellen? Bin ich eifersüchtig? Sind es die anderen auf mich?
- Was denken/reden die anderen über mich, wenn ich nicht da bin? Was werden sie sagen, wenn ich mich ganz spontan benehme? Werden sie über mich lachen? Werden sie mich bewundern? Versuchen die anderen, meine bisherige Position in der Gruppe zu schwächen?
- Was wird passieren? Wird das eintreten, was man gehört hat? Werden alle schweigen? Werde ich die Spannungen einer solchen Situation aushalten?

Alle Menschen reagieren gegenüber Situationen, die sie als wenig strukturiert empfinden, mit Angst. Diese Angst ist im Grunde nichts anderes als ein Signal, das Kräfte mobilisiert, um mit der Situation fertigzuwerden.

Ein sicheres Rezept, um solche angstgefärbten Situationen zu ändern, gibt es nicht. Was in diesem Zusammenhang aber eine sehr wichtige Rolle spielt, ist die *gruppeninterne Kommunikation*.

Für die Entwicklung einer Gruppe ist es entscheidend, wieweit es den Mitgliedern gelingt, ihre Ängste/Unsicherheiten durch den Austausch von Informationen zu reduzieren, die ihnen wichtig sind. Wagt es niemand, seine persönliche Meinung zu äussern oder über seine Gefühle zu sprechen, so wird die Gruppe über solche «Anfangssituationen» nicht hinauskommen.

Auch hier gilt: Vorstellungen begrenzen Erwartungen! Wenn z.B. Konferenzteilnehmer «wissen», dass Konferenzen selten effizient verlaufen, dann sind diese auch tatsächlich ein Leerlauf. Oder: Wenn Gruppenmitglieder «wissen», dass ihr Führer alles bestimmt, dann beraten sie selten demokratisch. «Unsere Gruppen nähern sich also den Modellen an, die wir uns von ihnen machen» (Mills). «Anfangssituationen» einer Gruppe werden also stark von den Erwartungen ihrer Mitglieder bestimmt.

Es gibt Gruppen, die wegen der Intensität der vorhandenen Konflikte eine solche «Anfangssituation» nicht überwinden können. Dazu kommt, dass in den Arbeitsteams in der Organisation die Aufgaben, Normen und Rollen vorwiegend von aussen bestimmt werden. Die Mitglieder können sich nur noch darüber einigen, diese Struktur, die nicht aus der inneren Dynamik der Gruppe entstanden ist, nicht zu zerstören. Dieses Sich-Einigen aber beinhaltet einen gruppendynamischen Prozess, der sich immer wieder neu abspielt und von dem auch bei betrieblichen Arbeitsteams die Stabilität der Gruppe abhängt.

(Gruppendynamische Arbeitsaufgaben finden sich in Abb. 97/Anhangband.)

Jedes Mitglied einer Arbeitsgruppe hat in bezug auf die Gruppe bestimmte Erwartungen, Vorstellungen, Wünsche und Ziele; es wird aufgrund seiner Mitgliedschaft durch verschiedene Fragen bewegt. Hauptsächlich vier Fragenkomplexe sind es, die die Mitglieder einer Arbeitsgruppe beschäftigen:

- *Frage der Identität:* Wer bin ich in dieser Gruppe? Wo ist mein Platz? Welche Rolle werde/soll/will ich spielen? Welches Verhalten wird hier verlangt/akzeptiert/abgelehnt?
- *Frage der Ziele und Bedürfnisse:* Was möchte ich von der Arbeitsgruppe bekommen? Lassen sich meine eigenen Ziele/Bedürfnisse mit denen der Gruppe in Übereinstimmung bringen? Was habe ich der Gruppe anzubieten?
- *Frage der Macht und des Einflusses:* Wer ist im Besitz der Machtpositionen? Wer

bestimmt das Gruppengeschehen? Wieviel Macht und Einfluss habe ich selbst in dieser Gruppe?
- *Frage der sozialen Nähe:* Wie nahe werden wir einander kommen? Wie offen kann ich sein? Wieviel von mir (meinen Gefühlen und Einstellungen) soll ich in dieser Gruppe zeigen? Wieweit können wir einander trauen? Wie kann es uns gelingen, das gegenseitige Vertrauen zu vergrössern?

Diese Fragen (und natürlich die Antworten darauf) werden das Verhalten der Gruppenmitglieder immer beeinflussen. Manche Verhaltensweisen von sich selbst und anderen können vor dem Hintergrund dieser vier Fragen besser verstanden werden. Jede Gruppe steht – ebenso wie jedes einzelne Gruppenmitglied – einer Reihe von Schwierigkeiten gegenüber, die erkannt, in Angriff genommen und bewältigt werden müssen, damit eine effektive und befriedigende Zusammenarbeit möglich ist[35]:

- *Problem der gegenseitigen Annahme:* Ziel ist, dass sich die Gruppenmitglieder gegenseitig annehmen, aber auch bereit sind, sich nötigenfalls zu ändern.

  Vor der Bewältigung:
  Furcht, Argwohn, Misstrauen;
  Sich-Verstecken hinter Fassen;
  Verfahrensdiskussionen;
  Drang zur Konformität

  Nach der Bewältigung:
  Sicherheit, Zugehörigkeitsgefühl;
  Abbauen der Fassaden; sachliche
  Arbeit; freie Äusserung

- *Problem der Kommunikationsbereitschaft:* Ziel ist, den Gruppenmitgliedern mitteilen zu können und zu wollen, was man denkt, weiss und empfindet.

  Vor der Bewältigung:
  Unsicherheit, wie mich die
  anderen einschätzen;
  Unsicherheit, was die anderen
  denken und wissen;
  Unsicherheit, was ich sagen
  darf und soll; Datenarmut.

  Nach der Bewältigung:
  Sicherheit darüber, wie ich auf die
  anderen wirke; gegenseitiger
  Austausch von Kenntnissen und
  Gedanken; Sicherheit darüber, wieweit
  ich mich frei äussern darf;
  Datenreichtum.

- *Problem der Zielvorstellung:* Ziel ist, die Zielvorstellungen der einzelnen Gruppenmitglieder integrieren und kreative, aufgabenorientierte Arbeit leisten zu können.

  Vor der Bewältigung:
  Jeder verfolgt seine eigenen
  Ziele. Die Folge ist Widerstand;
  geringe Bereitschaft, Verpflichtungen zu übernehmen; nicht-ziel-
  gerechter Übereifer und Arbeits-
  besessenheit einzelner.

  Nach der Bewältigung:
  Alle suchen eine Einigung in der
  Form eines Gruppenzieles. Die Folge
  ist eine motivierende Kooperation;
  jeder leistet seinen Beitrag zur
  Lösung der gemeinsamen Aufgabe.

- *Problem der Kontrolle und Organisation:* Ziel ist Annehmen der Rollenverteilung in der Gruppe und Bereitschaft zum Austausch von Rollenfunktionen.

  Vor der Bewältigung:
  Unsicherheit über die Machtverhältnisse in der Gruppe; Gruppe ist
  desorganisiert oder überorganisiert;
  Abhängigkeit oder Auflehnung.

  Nach der Bewältigung:
  Sinnvolle Abhängigkeiten werden
  gegenseitig akzeptiert; Festlegung
  einer formalen und/oder flexiblen
  Rollenverteilung; Einordnung.

35 vgl. Kirsten/Müller (1979)

Die Entwicklung einer Gruppe wird durch viele verschiedene veränderliche Faktoren beeinflusst. Die wichtigsten dieser Variablen sind in Abbildung 67 in Form einer Übersicht dargestellt.

Abbildung 67: Bestimmungsfaktoren der Gruppeneffektivität[52]

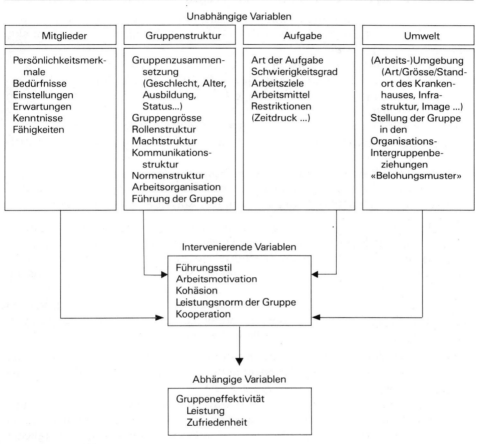

52 vgl. Forster (1982)

332 Innerer Zusammenhalt der Gruppe

Dass eine Gruppe, deren Mitglieder sich gegenseitig zerfleischen, nicht in der Lage ist, Berge zu versetzen, leuchtet jedem ein. Voraussetzung für die Leistungsfähigkeit einer Gruppe ist ihr innerer Zusammenhalt (Kohäsion). Wodurch wird der innere Zusammenhalt einer Gruppe gestärkt? Wodurch wird er vermindert? Das sind die Leitfragen zu diesem Abschnitt.

Der innere Zusammenhalt einer Gruppe ist in erster Linie das Ergebnis von Kräften, die mit der Befriedigung von individuellen Bedürfnissen durch die Gruppe zusammenhängen. Diese Kräfte, die auf das Individuum einwirken, kann man als *Anziehungskraft* der Gruppe bezeichnen[36].

Die Anziehungskraft ist dann gross, wenn ein *Gleichgewicht* besteht zwischen den Bedürfnissen der Gruppenmitglieder und den konkreten Möglichkeiten der Gruppe, diese Bedürfnisse zu befriedigen.

Die Anziehungskraft, die von der Gruppe auf einen einzelnen ausgeübt wird, wächst

- mit der Gewissheit der Gruppenmitglieder, dass ihre Bedürfnisse befriedigt werden (Bedürfnisse nach Zugehörigkeit, Anerkennung, zwischenmenschlichem Kontakt, Sicherheit usw.)
- mit dem *Ansehen der Gruppe* in den Augen der sozialen Umwelt
- mit dem Ausmass der Schwierigkeit, die mit der Erlangung der Mitgliedschaft verbunden ist: Je mehr Mühe es bereitet, etwas zu erlangen, desto höher wird sein Wert eingeschätzt
- mit dem *Erfolg* der Gruppe bei der Erreichung ihrer Ziele
- mit dem Ausmass der Teilnahme des Gruppenmitglieds am Vorgang der Zielerreichung
- mit dem *Ansehen,* das jemand in einer Gruppe geniesst
- mit dem *Grad der Kooperation* in der Gruppe. Wird die Gruppe von Konkurrenzdenken und gegenseitiger Rivalität dominiert, sinkt die Anziehungskraft.

Das wichtigste Bedürfnis, dessen Befriedigung sich der einzelne von der Gruppe erhofft, scheint das Bedürfnis zu sein, dazuzugehören. Gelingt es der Gruppe, den einzelnen Gruppenmitgliedern ein Zugehörigkeitsgefühl zu vermitteln, so wird die Anziehungskraft der Gruppe sehr stark und der Wunsch, die Grupe zu verlassen, nicht vorhanden sein.

Da das *Zugehörigkeitsgefühl* für die Zufriedenheit des einzelnen und den inneren Zusammenhalt der Gruppe so grosse Bedeutung hat, drängt sich die Frage auf, welche Elemente denn zur Verstärkung dieses Gefühls beitragen:

- Ein *erstes wichtiges Element* ist der *Konsens* der Gruppe, also das Ausmass der Übereinstimmung unter den Gruppenmitgliedern bezüglich der Rollenverteilung in der Gruppe.

  Wenn die meisten Mitglieder einer Gruppe der Meinung sind, dass die Aufteilung der Rollen sehr unzweckmässig (dysfunktional) ist, verliert das Zusammensein in der Gruppe an Anziehungskraft. Mit anderen Worten: Wenn Gruppenmitglieder Rollen übernehmen müssen, die mit ihren Neigungen und Eignungen kaum vereinbar sind, wird die Gruppe überfordert und kann ihre Aufgabe nicht erfüllen. Auch ihre Attraktivität nimmt ab.

  Diese schädliche Situation zeigt sich besonders häufig in Organisationen, weil da die Funktionsaufteilung von aussen vorgenommen und damit auch die Rollenverteilung in hohem Masse fremdbestimmt wird. Dies muss nicht unbedingt unzweckmässig sein; es wird dies aber in dem Moment, wo die Kriterien der Organisation nicht mit den Kriterien, nach denen die Gruppenmitglieder die Funktionen verteilen würden, übereinstimmen.

  Die Übereinstimmung innerhalb der Gruppe bezüglich der Person des Gruppenleiters ist von besonderer Bedeutung: Wird der Gruppenleiter nämlich von aussen

(von «oben») bestimmt, kann die Situation eintreten, dass sich zwei Strukturen ergeben: eine formale (mit dem «gruppenfremden» Leiter) und eine informale mit dem Gruppenführer, der aus der Dynamik der Gruppe entstanden ist. Wird also der Leiter der Gruppe von aussen aufgezwungen, schafft dies einen Konsens-Mangel (eine Situation, die leider allzu häufig die Regel ist).
- Der innere Zusammenhalt einer Gruppe erhöht sich *zweitens* auch dadurch, dass die Gruppenmitglieder *Fortschritte wahrnehmen* im Hinblick auf die Erreichung der Gruppenziele. Gemeinsame Erfolgserlebnisse verbinden: *Wir* schaffen es zusammen. Wichtig ist, dass es dabei nicht auf die tatsächlichen Fortschritte ankommt, sondern auf die, welche von den Gruppenmitgliedern wahrgenommen werden. Der Rückmeldung durch den Vorgesetzten kommt somit auch von daher grosse Bedeutung zu.
- *Ein drittes Element,* durch welches das Zugehörigkeitsgefühl verstärkt wird, ist schliesslich die *körperliche Teilnahme* an der Gruppentätigkeit. Jedes Gruppenmitglied muss das Gefühl haben, dass seine aktive Teilnahme erwünscht und auch möglich ist. Je intensiver die Teilnahme, umso grösser die Befriedigung.

Auf der anderen Seite aber gibt es auch Umstände, die die Anziehungskraft der Gruppe vermindern. Das Zugehörigkeitsgefühl nimmt ab,
- wenn keine genügende Einigung besteht in der Frage, wie gruppeninterne Probleme gelöst werden können
- wo ein Gruppenmitglied zu spüren bekommt, dass es eine Verantwortung nicht übernehmen kann oder darf
- wenn einzelne Mitglieder zu stark dominieren
- wenn selbst-orientierte gegenüber gruppen-orientierten Verhaltensweisen vorherrschen
- wo aufgrund bestimmter Einstellungen/Normen Kommunikationsbarrieren entstehen: Wird z.B. jede Art von Aggression als unanständig angesehen, kann eine Auseinandersetzung nicht produktiv verlaufen
- wenn eine Gruppe von aussen (oder von «oben») ständig negativ bewertet wird.

Dass der innere Zusammenhalt einer Grupe nicht nur die Zufriedenheit des einzelnen und die Gruppenleistung, sondern auch die *Fluktuation* und die *Fehlzeiten* in hohem Masse beeinflusst, wurde bereits erwähnt.
«Wir Schweizer...», «Wir vom Segelclub...» – dieses magische «WIR» signalisiert Zugehörigkeit und damit in gewissem Sinne auch Geborgenheit[37]. Überall kann man beobachten, dass neugebildete Gruppen sehr rasch bestimmte Verhaltensweisen und «Riten» entwickeln, die sie von anderen Gruppen unterscheiden.
Zum Zugehörigkeitsgefühl gehört eben auch das gleichzeitige Distanzieren von anderen, die dann als «fremd» oder sogar feindlich betrachtet werden (in manchen Sprachen gibt es nur ein Wort für «Fremder» und «Feind»). Es ist eine Tatsache, dass der innere Zusammenhalt grösser wird, wenn eine andere Gruppe vorhanden ist, mit der man sich streiten kann. (Dieser Tatsache wissen sich vor allem die Politiker zu bedienen.)

37 vgl. Kirsten/Müller (1979), Sjolund (1976)

Ein solches feindliches Verhältnis zu einer fremden Gruppe wird dahin tendieren, dass eine ganz bestimmte Gruppenhaltung zustandekommt, oft mit irgendwelchen *stereotypen Meinungen und Vorurteilen* über die «anderen». Die fremde Gruppe wird zu einer Art Sündenbock, dem alles Böse angelastet wird, das einem selbst widerfuhr: Die Bösen sind immer die anderen (und wir sind natürlich die Guten). Welche verheerenden Auswirkungen ein solches Schwarz-weiss-Denken haben kann, zeigt die Geschichte mit aller Deutlichkeit.

Dabei ist der Beweggrund meist recht harmlos: Wenn ein Arbeitsteam davon redet, wie dumm und unfähig die auf der anderen Abteilung sind, dann richtet sich eine solche Überzeugung eigentlich gar nicht gegen die anderen, sondern demonstriert nur die Solidarität der eigenen Gruppe: «Wir gehören zusammen».

Dass wir dazu neigen, die Verhaltensweisen unserer unmittelbaren sozialen Umwelt als «allein richtig» zu sehen, ist eine Tatsache. Gefährlich und schädlich wird es dann, wenn uns diese Sicht daran hindert, mit anderen Gruppen zusammenzuarbeiten und ein übergeordnetes Gefühl von Solidarität zu entwickeln. Gerade im Krankenhaus ist es sehr wichtig, dass sich der einzelne nicht nur als Mitglied seiner Gruppe, sondern als Teil eines grösseren Kooperationszusammenhanges fühlt.

Zwei Ebenen bestimmen die Entwicklung des Wir-Gefühls in einer Arbeitsgruppe[38]: die sachliche Ebene der Übereinstimmung und die emotionale Ebene des Vertrauens. Diese Ebenen müssen sich nicht unbedingt decken – so kann beispielsweise einem Freund auch dann vertraut werden, wenn man seine Meinung nicht teilt.

Entsprechend der Entwicklung von Übereinstimmung und Vertrauen lassen sich bei der Entwicklung des Wir-Gefühls folgende Phasen feststellen:

- *Phase 1: Konflikt.* Gegenseitiges Misstrauen, geringe Übereinstimmung über die Gruppenziele und Arbeitsverfahren – kein Wir-Gefühl.
- *Phase 2: Anpassung.* Wenig persönliches Vertrauen, aber Annäherung der sachlichen Standpunkte – Ansätze eines Wir-Gefühls.
- *Phase 3: Uneinigkeit.* Wachsendes Vertrauen auf der persönlichen Ebene, aber noch keine Übereinstimmung auf der sachlichen Ebene – wachsendes Wir-Gefühl.
- *Phase 4: Einigkeit.* Hoher Vertrauensgrad zwischen den Mitgliedern und gemeinsame Gruppeninteressen – starkes Wir-Gefühl.

333 Gefühle

Befasst man sich mit «dynamischen Aspekten» der Gruppe, muss auch das Thema «Gefühle» zur Sprache gebracht werden. Die Gefühle der Grupenmitglieder sind es ja vor allem, die das Leben einer Gruppe so dynamisch, so spannend und oft auch so schwierig machen.

«Man muss sich beherrschen können.» Diese Norm wird jedem Menschen von klein auf beigebracht[39]. Ein Kind «kocht» vor Empörung, wenn es zu etwas gezwungen wird, was es nicht einsehen kann. Es stampft zornig mit den Füssen, wenn es ins Bett geschickt wird, obwohl es noch gerne spielen möchte. Ein Kind kann seinen

---

38 vgl. Kirsten/Müller (1979)
39 vgl. Kirsten/Müller, Schulz von Thun (1981)

Gefühlen noch ungehemmt Ausdruck geben. Diese Fähigkeit haben Erwachsene weitgehend verlernt.

Die ständige Forderung, «sich zu beherrschen», führt dazu, dass nicht nur die eigenen Emotionen unterdrückt werden; sie werden oft gar nicht mehr wahrgenommen oder im Falle der Wahrnehmung, einfach nicht akzeptiert werden. Die meisten Menschen «helfen» uns noch dabei, unsere Gefühle zu verneinen oder zu ignorieren, indem sie uns diese «ausreden»: «Kopf hoch»! – «Beruhige dich»! – «Sei doch vernünftig»! – «Bleib doch sachlich»!

Den «Bleib-doch-sachlich-Standpunkt» findet man in den meisten Arbeitsgruppen. Mit diesem Appell wird versucht, das Unerwünschte zu unterbinden. «Für einen reibungslosen Schnellverkehr mag diese Methode eine zeitsparende Notlösung sein. Für eine langfristige Kooperation aber ist es wenig aussichtsreich, den Deckel der Sachlichkeit auf die Schlangengrube der menschlichen Gefühle zu pressen.»[40]

Denn die Bewältigung von Sachaufgaben braucht den «Aufwind» positiver menschlicher Beziehungen, andernfalls herrscht auch sachliche Flaute.

Gefühle können zwar verneint oder unterdrückt werden, aber «abschalten» lassen sie sich nicht. Gefühle lassen sich nicht aus der Welt schaffen. Sie sind Teil der Lebenswirklichkeit und gehen bei offiziellem Verbot in den «Untergrund». Die Entwicklung der Gruppe, das sachbezogene Arbeiten, die Kommunikation werden dann aus dem Verborgenen gestört und erschwert.

Gefühle, die sozial unerwünscht und damit «geächtet» sind, werden oft – völlig verdrängt und äussern sich dann in unbewussten körperlichen Reaktionen (chronischen Magenbeschwerden, Kopfschmerzen, plötzlicher Müdigkeit usw.). Gefühle lassen sich nicht einfach dadurch aus der Welt schaffen, indem sie ignoriert oder «wegdiskutiert» werden – weil «nicht sein kann, was nicht sein darf». Wie aber soll mit eigenen Gefühlen und den Gefühlen der anderen Gruppenmitglieder umgegangen werden? Der einzig sinnvolle Weg, mit Gefühlen umzugehen, besteht darin, sie bei sich selbst und anderen zu *akzeptieren*. «Es kann nie falsch sein, ein Gefühl zu haben. Ihre Gefühle gehören Ihnen, und Sie haben ein unbedingtes Recht darauf. Vergessen Sie die Meinung, dass Sie einige Gefühle nicht haben dürften. Sie schaden sonst sich selbst und Ihren Beziehungen.»[41]

Natürlich ist es nicht richtig, jedes Gefühl auszuleben – zum Beispiel einen Mitarbeiter bei jeder Gelegenheit anzuschnauzen. Es kann aber nie falsch sein, das Gefühl zu *haben* – zum Beispiel einen Mitarbeiter nicht zu mögen. Wer diese Gefühle nicht erkennt und an-erkennt, dann kommen diese auf andere Weise heraus. So werden dem betreffenden Mitarbeiter die unangenehmsten Arbeiten zugewiesen. Oder aber es stellen sich Kopfschmerzen oder Depressionen ein, weil sich die Aggression nach innen wendet.

Erkennen und akzeptieren der Gefühle ist die Lösung. Dann:

- können bestimmte Gefühle reflektieren (und das ist die beste Voraussetzung, um sie gegebenenfalls zu ändern)
- lassen sich Gefühle auch eindeutig und unmissverständlich ausdrücken (und dadurch mit anderen befriedigender kommunizieren)

40 Schulz von Thun (1981)
41 Schwäbisch/Siems (1979)

- lässt sich lernen, beispielsweise Ärger-Gefühle so zu zeigen, dass es den anderen nicht verletzt (die meisten von uns haben das in ihrer Kindheit nicht oder zu wenig gelernt, weil wir damals schon dafür bestraft wurden, wenn wir ärgerliche Gefühle zeigten)
- können auch die Gefühle anderer Menschen besser erkannt und akzeptiert werden (wer seine eigenen Gefühle verdammt, verdammt auch die Gefühle anderer).

Eine Beziehung lässt sich nur dann als wirklich befriedigend erleben, wenn in dieser Beziehung die Möglichkeit besteht, die eigenen Gefühle offen auszudrücken. Der zweite Schritt auf dem Weg zu einem sinnvollen Umgang mit Gefühlen wäre der, Gefühle offen zu äussern; «wäre», weil die Angst, es zu tun, viele der Beziehungen (vor allem am Arbeitsplatz) beherrscht!
Woher kommt diese Angst? Ist sie neurotisch oder überflüssig? Die Ursprünge dieser Angst liegen in unserer Kindheit. Ein Kind merkt sehr bald, dass nur bestimmte Gefühle, Gedanken und Verhaltensweisen, die in ihm sind, von seiner Umwelt akzeptiert werden. Dass es beispielsweise Anerkennung findet, wenn es «brav» ist, dass es aber auf Ablehnung stösst, wenn es ärgerliche Gefühle zeigt. Es erlebt, dass seine Eigenarten mit den gesellschaftlichen Normen teilweise unvereinbar sind.
Zwei grundlegende Emotionen, die im Zusammenleben mit anderen wirksam werden, sind das *Bedürfnis nach Liebe und Anerkennung* auf der einen sowie der *Wunsch nach Macht und Einfluss* auf der anderen Seite[42]. Beide Gefühle sind im Menschen gleich stark wirksam, aber eigentlich gegensätzlicher Natur. Der Versuch, beide Gefühle gleichzeitig zu befriedigen, führt zu Konflikten: Der Beliebte ist in Gruppen meist nicht der Mächtige, und der Mächtige ist nicht beliebt.
Meist wird versucht, diesen Konflikt dadurch zu lösen, dass die eine oder sogar beide Gefühlsrichtungen unterdrückt werden. Nach der Art dieser Unterdrückung lassen sich in einer Gruppe die folgenden drei Typen unterscheiden[43]:

- *Der macht-orientierte Typ:* Sein oberstes Ziel ist die Überlegenheit in der Gruppe. Auch die anderen Gruppenmitglieder beurteilt er hauptsächlich aufgrund ihres Einflusses und ihrer Macht in der Gruppe: Wer hat Recht? Wer wird sich durchsetzen? Wer hat die meisten Anhänger? Er versucht, die anderen durch Dominanz, Einschüchterung, Befehle und Kontrollen zu beeinflussen.
- *Der zuwendungs-orientierte Typ:* Sein oberstes Ziel ist es, von der Gruppe akzeptiert zu werden. Andere Menschen stuft er nach dem Grad ihrer menschlichen Wärme ein: Wer ist am nettesten zu mir? Zu wem kann ich selbst freundlich sein? Wen kann ich zum Freund gewinnen? Seine Methoden der Einflussnahme sind Lob, Freundschaft, kleine Geschenke und allgemeine «Nettigkeit».
- *Der rational-orientierte Typ:* Diesem Typ sind weitgehend alle Arten von Emotionen unangenehm. Sein oberstes Ziel heisst Korrektheit. Andere Menschen beurteilt er vorwiegend nach ihren intellektuellen Fähigkeiten. Entsprechend versucht er, sich mit logischen Argumenten, sachlicher Kritik und scharfem Verstand durchzusetzen.

Am idealsten ist es, wenn die Bedürfnisse nach Macht und Liebe eine Koexistenz führen, das heisst beide nebeneinander akzeptiert werden. Man spricht von *emotionaler*

---

42 vgl. Kirsten/Müller (1979)
43 vgl. Kirsten/Müller (1979)

Kompetenz eines Menschen, wenn dieser nicht einen oder beide Bereiche seines Gefühlslebens unterdrückt, sondern beide Gefühlsbereiche in ausgeglichener Form als gegeben akzeptiert und befriedigt.
Dies kann natürlich nicht immer gleichzeitig geschehen. Tatsache ist, dass der Mensch dazu zeigt, in manchen Gruppen mehr die Bedürfnisse nach Liebe, in anderen dagegen mehr die nach Macht zu befriedigen.
Nicht nur Gruppenmitglieder, auch eine ganze Gruppe kann danach beurteilt werden, in welchem Mass sie sich um Gefühle kümmert, d.h. Gefühle der einzelnen Gruppenmitglieder akzeptiert und darüber spricht. Die Art, wie Gefühle behandelt werden, können erfahrene Gruppenleiter sogar als eine Art Barometer benutzen, um den Grad der Integration einer Gruppe festzustellen.
In Abbildung 121/Anhangband ist ein «Gefühls-Fragebogen» aufgeführt, der als Anregung zur Selbstreflexion und zur Diskussion dienen soll.

334 Konflikte

Mit den Konflikten verhält es sich ähnlich wie mit den Gefühlen: Werden sie unterdrückt, so rächen sie sich aus dem «Untergrund». Manche Vorgesetzte betrachten das Auftreten von Konflikten in der Gruppe als Zeichen «ungeordneter Verhältnisse», in die sofort wieder «Ruhe und Ordnung» einkehren müssen. Sie versuchen deshalb, die Austragung von Konflikten unter den Gruppenmitgliedern im Keim zu ersticken. Mit Rückgriff auf ihre formale Autorität weisen sie Mitarbeiter in ihre Schranken und drohen mit Sanktionen. Damit werden die Mitarbeiter gezwungen, die Konflikte auf verschobene Weise auszutragen. Falls die Streitfragen, deren direkte Austragung unterdrückt wird, für die Mitarbeiter von Bedeutung sind, werden diese versuchen, auf indirekte Weise das Ziel zu erreichen oder sich zu rächen.
Durch ein solches Vorgehen werden die Konfliktursachen nicht beseitigt, sondern bloss in den «Untergrund» verbannt, von wo aus sie die Zusammenarbeit empfindlich stören. Der Vorgesetzte, der die Konflikte in seiner Umgebung autoritär «regelt» (sprich: unterdrückt), wird häufig als «starke Persönlichkeit» angesehen. Dieses Ansehen verdient er keineswegs. Denn eine starke Persönlichkeit ist jemand, der es sich leisten kann, sich in echte und offene Auseinandersetzungen einzulassen.
Der beste Weg, mit einem Konflikt in der Gruppe umzugehen, besteht darin, ihn als gemeinsames Problem zu betrachten und in der kooperativen und konstruktiven Austragung gemeinsam nach einer Lösung zu suchen. Interesse an der Lösung von Konflikten besteht allerdings nur dann, wenn Interesse an der Gruppe selbst vorhanden ist. Ungelöste Konflikte aber stellen immer eine Bedrohung für das Leben der Gruppe dar.
Im folgenden sind verschiedene Arten des Umgangs mit Konflikten skizziert, die in zunehmendem Masse die Reife einer Gruppe spiegeln. Sie können mit diesem «Integrations-Barometer» messen, wie durch die Art der Konflikthandhabung in einer Gruppe ihr Weg zur Integration gekennzeichnet ist [44]:
- *Vermeidung:* Konflikte in der Gruppe werden übergangen, ängstlich totgeschwiegen oder nicht erkannt.

[44] vgl. Antons (1976), Kirsten/Müller (1979)

- *Eliminierung:* Opponenten werden diffamiert, verspottet, kaltgestellt oder ignoriert und dadurch aus der Gruppe ausgeschlossen.
- *Unterdrückung:* Bei Meinungsverschiedenheiten gilt das «Recht der Mehrheit». Entscheidungsprobleme werden per Abstimmung gelöst, Minderheiten werden unterdrückt.
- *Zustimmung:* Die Gemeinsamkeit der Gruppe wird betont. Die Minderheit wird zwar von der Mehrheit beherrscht, aber sie gibt ihre Zustimmung. Man will Einigkeit um jeden Preis.
- *Allianz:* Gegensätzliche Standpunkte bleiben unverändert; man geht auf eine begrenzte Zeit ein Bündnis ein, um ein gemeinsam akzeptiertes Ziel zu erreichen. Der Konflikt wird sozusagen «aufs Eis» gelegt, bis das Ziel erreicht ist.
- *Kompromiss:* Bei abweichenden Wünschen werden Zugeständnisse gemacht, um die Gruppe zu erhalten. Dieses Aushandeln wird aber insgeheim nicht als befriedigende Lösung empfunden.
- *Integration:* Konflikte und Meinungsverschiedenheiten, unterschiedliche Zielvorstellungen werden offen ausgesprochen und diskutiert. Die Interessen der Gruppenmitglieder werden gemeinsam gegeneinander abgewogen, neu formuliert und eine Lösung erarbeitet, die alle befriedigt.

Kooperatives Verhalten im Umgang mit Konflikten in der Gruppe bedeutet[45]:
- die unterschiedlichen Interessen der verschiedenen Gruppenmitglieder akzeptieren
- bereit sein, andere Interessen anzuhören und zu verstehen
- sich bemühen, Lösungen zu finden, mit denen alle Gruppenmitglieder einverstanden sein können.

Der Grund, weshalb Konflikte so oft nicht kooperativ ausgetragen werden, liegt primär in der Art und Weise der gruppeninternen Kommunikation. «Zu häufig wird die Äusserung von fremden Interessen als Bedrohung der eigenen aufgefasst, so dass im Gespräch jede Interessengruppe klarmachen will, dass sie ‚recht' hat und die andere Gruppe im ‚Unrecht' ist. Da kein Mensch das Gefühl mag, dass er unrecht hat und ‚falsch' denkt, kommt es dann zu Angriffen, Verteidigungen, Rechtfertigungen, Argumentationen, um die anderen zu überreden und zu überzeugen. Auf diese Weise verhärten sich die Fronten, und die Gruppenmitglieder lehnen sich ab, weil sie verschiedene Interessen haben.»[46]

Diese negativen Begleitumstände von Konfliktgesprächen können vermieden werden, wenn sich jeder folgendes ganz klar vor Augen hält: Jeder Mensch hat ein Recht auf seine Gefühle, Wünsche, Abneigungen und Interessen. Diese können nicht «falsch» sein.

«Die meisten Menschen können es akzeptieren, dass es ihnen durch die Umstände und durch die Interessen anderer Menschen nicht möglich ist, alles zu verwirklichen, was sie sich erträumen. Was sie aber nicht akzeptieren können, ist: dass man ihnen vermittelt, dass sie kein Recht auf ihre Wünsche haben oder dass sie ‚falsche' Wünsche haben. Dann fühlen sie sich berechtigterweise verletzt und unverstanden. Sie versu-

45 vgl. Schwäbisch/Siems (1979)
46 Schwäbisch/Siems (1979)

chen den anderen zu erklären, wie ‚richtig' sie doch liegen und versteifen sich auf ihre Forderungen.»[47]

Ein Gruppenmitglied ist erst dann in der Lage, sich auf realistische Weise mit den Interessen anderer auseinanderzusetzen, wenn es mit seinen Wünschen erst einmal angehört wird, diese verstanden werden und akzeptiert wird, dass es diese Wünsche hat.

Damit in einer Gruppe Konflikte kooperativ gelöst werden können, muss also jedes Gruppenmitglied das Vertrauen in die Gruppe haben, das in der folgenden Aussage formuliert wird[48]:

- Ich weiss, dass ich in dieser Gruppe meine Schwierigkeiten und Wünsche äussern kann.
- Ich weiss, dass die anderen versuchen werden, sie zu verstehen und zu akzeptieren.
- Ich vertraue darauf, dass sie sich bemühen, mit mir zusammen Lösungen zu finden, die uns allen gerecht werden.
- Ich weiss, dass meine Wünsche/Probleme und meine Person wichtig genommen werden.

Da es in Gruppen häufig schwierig ist, zunächst einmal die eigenen Störungen in die Gruppe einzubringen, ist es günstig, *Konfliktstunden* einzurichten, deren ausgesprochenes Ziel ist, über all das zu sprechen, womit man unzufrieden ist.

Beim konkreten Konfliktgespräch empfiehlt es sich, nach folgendem Schema vorzugehen[49]:

- *Störungen anmelden:* Ein Gruppenmitglied spricht davon, was es in der Gruppe stört. Es soll dabei seine Gefühle direkt ausdrücken und den anderen Gruppenmitgliedern keinen Vorwurf und kein schlechtes Gewissen für seine Störungen machen.
- *Meinungen summieren:* Die anderen Gruppenmitglieder stellen nun ihre Meinungen dar. Dabei sollen alle diese verschiedenen Einstellungen zu dem Konfliktpunkt additiv nebeneinandergestellt werden, das heisst mit der Haltung: «Du bist der Meinung und ich bin dieser Meinung». Die Gruppenmitglieder sollten darauf achten, dass sie nicht das Spiel spielen: «Meine Meinung ist besser als deine».
- *Hintergrundbedürfnisse herausarbeiten:* Das Gruppenmitglied, das zunächst seine Störung geäussert hat, erhält die Gelegenheit, seine Bedürfnisse weiter zu klären und alle seine Gefühle zu äussern, die mit dem Punkt zusammenhängen. Auch die anderen Gruppenmitglieder sollten ihre Hintergrundbedürfnisse klären können. Wichtig ist dabei, dass zunächst nicht an Lösungen gedacht wird und es in dieser Phase nur darum geht, erst einmal zu hören und zu verstehen, was denn die verschiedenen Motive und Interessen sind.
- *Wünsche formulieren:* Alle Gruppenmitglieder formulieren ihre Störungen und ihren Ärger in Wünsche um. Diese Wünsche müssen ganz konkret sein, so dass die anderen auch Stellung dazu nehmen können. Auf den Wunsch: «Ich wünsche mir, dass du netter zu mir bist», kann man z.B. schwerer reagieren als auf den

---

47 Schwäbisch/Siems (1979)
48 vgl. Schwäbisch/Siems (1979)
49 vgl. Schwäbisch/Siems (1979)

Wunsch: «Ich wünsche mir, dass du nicht mehr ironisch lachst, wenn ich von mir erzähle».
- *Brainstorming über mögliche Lösungen:* Alle Gruppenmitglieder beteiligen sich an einem Brainstorming, bei dem alle möglichen Lösungsmöglichkeiten aneinandergereiht werden, ohne dass sie auf ihre Durchführbarkeit untersucht werden. Es soll also kein Vorschlag kritisiert werden, und es sollen so viele Vorschläge wie möglich aufgezählt werden. Diese können lustig oder unsinnig sein (dadurch wird die Phantasie angeregt). Die Gruppe erlebt, dass es auch bei unterschiedlichen Interessen lustig und entspannt zugehen kann – und auf diese Weise können kreative Lösungen gefunden werden.
- *Sich bemühen, eine Lösung zu finden, die alle zufriedenstellt:* Die Gruppe bemüht sich, sich auf eine Lösung zu einigen, die alle oder die meisten Gruppenmitglieder befriedigt. Die Wahrscheinlichkeit für «gute» Lösungen ist jetzt recht gross, da die Gruppenmitglieder sich verstanden fühlen und im Laufe des Konfliktgesprächs gemerkt haben, dass die anderen ihre Interessen wichtig nehmen und darüber nachdenken.

(Arbeitsfragen «Konflikte» und Fallstudien «Konflikte» finden sich in Abb. 97–99/Anhangband.)

335   Persönlichkeitsentwicklung in der Gruppe

Dass die Mitglieder einer Gruppe sich wechselseitig beeinflussen, ist ein wichtiges Definitionsmerkmal der Gruppe. Dass die wechselseitige Beeinflussung sich nicht nur auf die Gruppe, sondern auch auf die Persönlichkeit des einzelnen Gruppenmitgliedes auswirkt, ist eine Tatsache: dies haben alle an sich selbst schon erfahren: *Beziehungen verändern!*
Wie jeder bestätigen kann, hat das Lernen aus eigener Erfahrung die weitaus grösste Bedeutung im Entwicklungsprozess einzelner Personen wie auch ganzer Gruppen. Wirkliche Veränderungen durch Erfahrung kommen in erster Linie durch die Interaktion mit der sozialen Umwelt zustande. Eine soziale Beziehung ist umso fruchtbarer, je ehrlicher ich mich verhalten kann: Die äusserliche Fassade einer Überzeugung/Haltung, die auf einer tieferen Ebene nicht vorhanden ist, hat keine konstruktive Wirkung. Ehrlichkeit meint auch die Bereitschaft, sich in Worten und Verhalten zu den vorhandenen Gefühlen und Einstellungen zu bekennen und sie auszudrücken. Auf diese Art und Weise kann eine Beziehung «Realität» besitzen. Nur indem ich die in mir verankerte Realität biete, kann der andere mit Erfolg nach der «Realität» in sich suchen.
Je mehr ich den anderen zu akzeptieren vermag, desto leichter kann ich eine für ihn fruchtbare Beziehung schaffen: Akzeptieren heisst hier Anerkennen des andern als Person, was auch immer seine Lage, sein Verhalten oder seine Gefühle sind. Das bedeutet einerseits Respekt und Bereitschaft, ihm seine Gefühle auf seine Art haben zu lassen. Anderseits bedeutet dies Annahme seiner Gefühle, Rücksicht auf seine momentanen Einstellungen, gleichgültig wie negativ oder positiv sie sind.
Das grundsätzliche Akzeptieren der verschiedenen Aspekte des anderen Menschen lässt die Beziehung für ihn zu einer Beziehung der Wärme und Sicherheit werden:

Die Sicherheit, als Mensch gemocht und geschätzt zu werden, ist ein zentrales Element einer hilfreichen Beziehung.
Akzeptieren heisst: grundsätzlich ja sagen zu der Tatsache, dass es den anderen gibt und zu der Art, wie er ist. Damit eine Beziehung befriedigend ist, muss neben dem Akzeptieren auch Verständnis vorhanden sein. Erst wenn ich die Gefühle und Gedanken des Partners verstehe und akzeptiere, fühlt er sich frei, all die ängstlich gemiedenen Nischen seiner oft begrabenen Erfahrung zu erforschen. Diese Freiheit ist eine wichtige Bedingung der Beziehung. Sie schliesst die Freiheit ein, sich selbst auf bewussten wie unbewussten Ebenen zu erforschen.
Jeder Mensch hat das Bedürfnis nach Entfaltung und Entwicklung; er muss aber die Fähigkeit zur Entfaltung zuerst in sich selber entdecken. Jedes Individuum besitzt die latente – wenn auch oft nicht manifeste – Fähigkeit, psychisch zu reifen. Diese Fähigkeit kann in einem motivierenden psychischen Klima frei werden. Die Tendenz zur Selbstentfaltung kommt im Willen zur dauernden Arbeit an der eigenen Persönlichkeit zum Ausdruck; sie stellt eine Haupttriebfeder des Lebens dar. Es ist der Drang, der sich in allem organischen und menschlichen Leben zeigt: Sich auszuweiten, auszudehnen, zu entwickeln, autonom zu werden, zu reifen.
Diese Tendenz kann tief hinter psychischen Abwehrmechanismen versteckt sein. Die Überzeugung, dass sie in jedem einzelnen existiert und nur auf die richtigen Bedingungen wartet, um sich freizusetzen und auszudrücken, sollte in jedem Vorgesetzten vorhanden sein.
Es ist keine Frage: Beziehungen können zu unglaublich konstruktiven Veränderungen und Persönlichkeitsentwicklungen führen. Die Hypothese ist, dass der einzelne sich auf den bewussten wie unbewussten Ebenen seiner Persönlichkeit neu strukturiert; er wird mit dem Leben auf eine konstruktivere, intelligentere, sozialere und auch befriedigendere Art und Weise fertig.
Beziehungen, die durch gegenseitiges Akzeptieren und Verstehen gekennzeichnet sind, bringen für Persönlichkeit, Einstellung und Verhaltensweisen der Beteiligten bedeutsame Veränderungen, die sich in vergleichbaren Kontrollgruppen nicht ereignen. Der einzelne wird in solchen Beziehungsfeldern effektiver. Er zeigt weniger Eigenschaften, die man gewöhnlich als neurotisch bezeichnet; er zeigt mehr die Eigenschaften einer gesunden, voll aktionsfähigen Persönlichkeit.
Der einzelne sieht sich realistischer in seinem Selbstverständnis. Er wird mehr der Mensch, der er sein möchte; er ist selbstbewusster und stärker selbstbestimmend; er hat ein besseres Verständnis von sich selbst, wird offener für seine Erfahrung. Er wird auch offener in seinen Einstellungen anderen gegenüber, indem er eine grössere Ähnlichkeit zwischen sich und ihnen feststellt. Die Veränderungen zeigen sich auch in seinem Verhalten. Belastende Situationen frustrieren ihn weniger; er erholt sich schneller davon. Sein Verhalten ist durch zunehmende Reife geprägt: Er ist weniger abwehrend, anpassungsfähiger, eher in der Lage, Situationen kreativ zu begegnen.

336 Gruppendruck

Es ergäbe sich ein falsches Bild von der Gruppe, wenn diese nur als Raum beschrieben würde, in dem der einzelne sich zufrieden, entlastet, aufgehoben fühlt und seine Persönlichkeit optimal entwickelt. Eine Gruppenmitgliedschaft kann das Individuum in gleichem Masse unzufrieden machen, belasten, verunsichern und an seiner Entfaltung hindern.

Das einzelne Mitglied einer Gruppe steht nämlich unter dem Zwang, die Einheitlichkeit des Gruppenverhaltens dadurch zu gewährleisten, dass es seine eigenen Ziele und Wünsche im Zweifelsfall denen der Gruppe unterordnet. Die Gruppe übt einen Druck auf den einzelnen aus, sich ihren Werten und Normen anzupassen und ihren Rollenerwartungen zu entsprechen; umgekehrt hat auch der einzelne die Möglichkeit, seinerseits die Vorgänge und Strukturen in der Gruppe zu beeinflussen, wenn er über die erforderliche Macht verfügt.

Die Anpassung an die Gruppe kommt wie gesagt darin zum Ausdruck, dass sich der einzelne ausserhalb der Gruppe anders verhält als innerhalb der Gruppe. Vorgänge, welche eine solche Anpassung bewirken, sind:

- *Spontane Anpassungstendenz:* Erscheint dem einzelnen die Gruppe attraktiv, so zeigt er die in der Gruppe üblichen Auffassungen und Verhaltensweisen als Zeichen seiner Mitgliedschaft; es wäre ihm unangenehm, «anders zu sein als die anderen».
- *Interaktionen:* Die wechselseitige Abstimmung und Beeinflussung des Verhaltens bewirkt, dass dieses im Laufe der Zeit gemeinsame Züge annimmt, die umso ausgeprägter sind, je häufiger die Interaktionen stattfinden.
- *Meinungsdruck:* Vielfältige Experimente haben gezeigt, dass das Individuum in der Gruppe Meinungen vertritt, die es allein nicht (oder anders) geäussert hätte. Durch diesen Effekt kann eine Angleichung an die Gruppe erreicht werden, die bis in Wahrnhemungsvorgänge hinein reicht.
- *Normendruck:* Die Gruppe fordert vom einzelnen ein Verhalten, das den Gruppennormen entspricht. Zur Durchsetzung dieser Forderung übt die Gruppe in Form von Sanktionen Druck aus.
- *Rollendruck:* Entspricht das Verhalten des einzelnen nicht den Rollenerwartungen, die sich aufgrund der Interaktionen ergeben haben, so wird dies ebenfalls negativ sanktioniert.

Die beim Gruppendruck wirkenden Vorgänge veranschaulicht Abbildung 68: Auf der horizontalen Achse wird das betreffende Verhalten der Gruppenmitglieder (hier: Intensität der Leistung) aufgetragen. Je nach Ausprägung dieses Verhaltens reagieren die übrigen Gruppenmitglieder mit Zustimmung oder Ablehnung; diese Reaktionen sind auf der vertikalen Achse skaliert.

Die Verhaltensausprägung, die die höchste Zustimmung findet (Punkt a) entspricht am ehesten der in der Gruppe geltenden Norm. Punkt b bezeichnet die Spanne des tolerierten Verhaltens, das noch keine negativen Sanktionen hervorruft.

Der Amerikaner Asch liess in einem Experiment seine Versuchspersonen eine Standardlinie mit drei anderen Linien vergleichen. Durch paarweises Vergleichen von Karten (auf denen die Linien aufgezeichnet waren) sollten die Versuchspersonen, die in Achtergruppen eingeteilt waren, diejenige Linie bezeichnen, die die gleiche Länge hatte wie die Standardlinie. Die Urteile wurden mündlich abgegeben, für alle hörbar. In Wirklichkeit war nur eine Person in jeder Gruppe eine echte Versuchsperson. Die anderen 7 waren vorher instruiert worden, alle einstimmig an bestimmten Stellen falsche Urteile abzugeben. So wurden im ganzen 123 Versuchspersonen nacheinander dem «Gruppendruck» ausgesetzt. Das Resultat des Experimentes: Ein Drittel der Versuchspersonen erlag dem Gruppendruck und wählte die gleiche falsche Linie, die

Abbildung 68: Gruppendruckmodell[53]

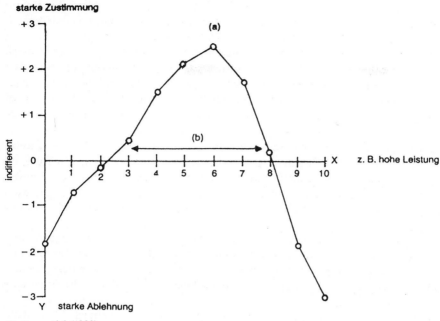

53 Rosenstiel (1983)

die unechten Versuchspersonen als die richtige bezeichnet hatten. Aufgrund ihrer Erklärungen im Verlaufe der Interviews, die im Anschluss an den Versuch stattfanden, konnte man bei diesen «Konformen» zwischen drei Kategorien unterscheiden[78]:

- Personen, die so stark von der Gruppe abhängig waren, dass sie selbst glaubten, sie hätten richtig gesehen und richtig geantwortet.
- Personen, die ihr Urteil nach der Gruppe richteten, indem sie unkritisch aufgrund des «Rechts der Mehrheit» den Schluss zogen, sie müssten sich getäuscht haben, wenn alle anderen etwas anderes sagten.
- Personen, die bewusst falsch geantwortet hatten, weil sie nicht «anders» sein wollten.

Dies ist nur eines unter vielen Experimenten, die mit dem gleichen Ziel unternommen wurden: den Einfluss einer Gruppe auf eine einzelne Person zu beobachten. Die Ergebnisse aller dieser Versuche sind klar und übereinstimmend: Sie zeigen, dass in Situatioen, in denen sich jemand allein anderen gegenüber erlebt, bei diesem die Tendenz besteht, sich der Verhaltensweise der anderen anzugleichen bzw. sich dem Gruppendruck zu beugen.

Wie stark der *soziale Effekt,* also die Beeinflussung des einzelnen durch die Gruppe sein kann, zeigt auch folgendes Experiment, an dem 168 Studenten teilnahmen[73]: Der Versuchsleiter zeigte dem Auditorium eine Flasche mit einer Flüssigkeit und bat die Versammelten, zu sagen, wenn sie bemerkten, dass der Duft sich bis zu ihnen verbreitet hätte. Schon nach Verlauf weniger Sekunden kamen einige Meldungen aus der ersten Reihe, gleich darauf weitere aus der zweiten und schliesslich immer mehr aus allen Reihen. Nach 3 Minuten hatten 33 Studenten den Duft bemerkt. Davon stammten 23 Meldungen von nahe zusammensitzenden Teilnehmern. Tatsächlich enthielt die Flasche Leitungswasser.

Dass der einzelne sich anders verhält, sobald er nicht mehr allein ist, wird schliesslich auch am folgenden originellen Versuch deutlich[79]: In einer schalldichten Kabine sitzt eine Person, die über Kopfhörer einige Witze hört. Ihre Reaktion wird auf Band aufgenommen. Zugleich muss sie noch eine schriftliche Beurteilung des betreffenden Witzes abgeben. Dafür stehen ihr vier Möglichkeiten von «überhaupt nicht lustig» bis «äusserst lustig» zur Verfügung.

Zu jedem Witz hört sie auch die Reaktion von vier anderen Leuten. Wie sie glaubt, sitzen diese in den Nachbarkabinen. In Wirklichkeit jedoch spielt man ein Tonband ab. Die Reaktionen der vier anderen sind unterteilt in vier Stufen, von eisigem Schweigen bis zu brüllendem Gelächter. Was war das Ergebnis? Es zeigte sich, dass zwei von drei Personen die Witze schriftich anders beurteilten als sie in der Kabine unmittelbar reagiert hatten.

Schriftlich beurteilten sie beispielsweise einen Witz als «überhaupt nicht lustig», auch wenn sie entsprechend der Reaktion der vier anderen Personen ganz fürchterlich mitgelacht hatten. 2 von 3 Personen hatten also die Stärke ihres Gelächters dem der vermeintlichen 4 anderen Versuchspersonen angepasst, obwohl sie schriftlich eine andere Meinung fixiert hatten.

Experimente machen nochmals deutlich, dass ein Mensch, der allein ist, Meinungen vertritt, die er im Beisein anderer nicht (oder anders) geäussert hätte. Obschon die Wirkung anderer auf das Verhalten des Individuums nicht immer offensichtlich ist, lässt sich doch grundsätzlich folgendes sagen[80]:

In zahlreichen Experimenten wurde der Einfluss einer Gruppe auf das einzelne Gruppenmitglied beobachtet. Die Ergebnisse aller dieser Experimente sind klar und übereinstimmend; sie zeigen, dass beim einzelnen die Tendenz besteht, sich den Verhaltensweisen der anderen anzugleichen bzw. sich dem Gruppendruck zu beugen. Grundsätzlich lässt sich folgendes sagen[50]:

- Niemand bleibt in einer Situation völlig unbeeinflusst, in der er sich plötzlich allein anderen gegenüber erlebt. Solche Situationen sind keinem fremd. Sie treten u.a. überall dort ein, wo sich mehrere Menschen zum ersten Mal treffen (im Zugabteil, im Kurs, am neuen Arbeitsplatz usw.).
- In solchen Situationen besteht allgemein bei demjenigen, der sich allein erlebt, die Tendenz, sich der Verhaltensweise der anderen anzugleichen, ohne dass es von ihm ausdrücklich verlangt wird.
- Dies scheint darauf hinzuweisen, dass der «einzelne» eine Situation nicht ertragen kann, in der er sich in Gefahr erlebt, isoliert zu werden.

Der Druck, den die Gruppe auf den einzelnen ausübt, ist nicht immer so harmlos. Je nach der Wichtigkeit der Norm, von der abgewichen wird, kann die «Bestrafung» durch die Gruppe für das einzelne Mitglied schwerwiegende Konsequenzen haben. Werden die Folgen des Gruppendrucks allgemein betrachtet, so ist feststellbar, dass er zu einer Vereinheitlichung (Normierung) bzw. Gleichförmigkeit (Konformität) des

50 vgl. Sbandi (1973)

Verhaltens führt. Dies zeigt sich wie gesagt darin, dass die Unterschiede im Verhalten der einzelnen Gruppenmitglieder innerhalb der Gruppe geringer sind als ausserhalb. Warum ist eine solche Gleichförmigkeit für die Gruppe von Vorteil? Zwei Gründe stehen hier im Vordergrund[75]: Es ist die Gleichförmigkeit, die der Gruppe zur Zielerreichung hilft (wenn ein Fussballclub gewinnen will, muss jeder trainieren). Es ist aber auch die Gleichförmigkeit, die für den «inneren Haushalt» der Gruppe unerlässlich ist (einige Gruppennormen sichern schlichtweg das Überleben der Gruppe). Angesichts der Vorteile, die die Integration des einzelnen in einer Gruppe diesem bietet, kann er ein gewisses Mass an Gruppendruck durchaus verkraften (zu grosse Empfindlichkeit gegenüber der Einschränkung der eigenen Person gilt als Kennzeichen fehlender Gruppenfähigkeit). Wenn aber der Druck, den die Gruppe ausübt, eine gewisse Toleranzschwelle überschreitet, wird der einzelne mehr unter der Gruppe leiden, als dass er durch sie Befriedigung und Geborgenheit erlebt. In diesem Falle können drei Konsequenzen beobachtet werden[76]:

- *Entwicklungsstillstand* des Gruppenmitglieds: Hier könnte man sich eine junge Krankenschwester vorstellen, die an ihrem ersten Arbeitsplatz auf eine Gruppe von Kolleginnen trifft, deren Einstellungen von der Abwehr alles Neuen und der Perfektionierung der Routine geprägt ist, letztere hat im übrigen durch ihre reiche Erfahrung und ihr hohes Mass an Kameradschaftlichkeit eine grosse Bedeutung für Claudia.
In diesem Fall muss befürchtet werden, dass der Druck der Gruppe in Richtung Mittelmässigkeit und Routine die junge initiative Claudia zur Unterordnung unter die Gruppennorm und zum Verzicht auf die Verwirklichung neuer Ideen führt.
- *Dissoziation* zwischen Mitglied und Gruppe: Geht man in diesem Beispiel davon aus, dass Claudia ein genügendes Mass an innerer Stabilität besitzt, dann ist denkbar, dass sie sich lediglich einer nur äusseren Konformität unterwirft. Sie macht sich die Gruppennorm nicht wirklich zu eigen, sondern passt sich nur äusserlich an, um ein unangenehmes Auffallen und unangenehme Reaktionen der Gruppe zu vermeiden.
Das bedeutet aber, dass sie sich mit der Gruppe nicht wirklich identifiziert, dass eine innere Distanz zwischen ihr und der Gruppe besteht und wächst, die bei nächster Gelegenheit zum Austritt aus der Gruppe führt.
- *Niveauverlust* der Gruppe: Der vielzitierte Leistungsvorteil der Gruppe geht verloren, wenn die einzelnen Mitglieder nicht frei sind, ihre eigene Kreativität zum Nutzen der Gruppenleistung einzubringen. Eine Gruppe, die vom Geist der Mittelmässigkeit, von der arroganten Selbstgefälligkeit der Inkompetenz beherrscht wird, dürfte kaum durch hervorragende Leistungen auffallen.
Zu hoher Gruppendruck ist innovationsfeindlich und führt zu einer Abwanderung qualifizierter Mitarbeiter. Leistungsdefizite durch Gruppendruck entstehen umso eher, je stärker die Erfüllung der Gruppenaufgaben auf die Bereitschaft zu ständigem Neu- und Umlernen angewiesen ist.

337 Gruppenverhalten

Die beschriebenen Vorgänge in der Gruppe wirken sich nicht nur auf das Verhalten des einzelnen Mitglieds, sondern auch auf das Verhalten der Gruppe als ganzes aus. Im folgenden wird ein Modell vorgestellt, das erklären soll, wie sich Gruppen als ganze Einheiten verhalten, welche Faktoren dieses Verhalten bestimmen und wie sich dieses Verhalten nach aussen (auf die Umwelt der Gruppe) und nach innen (auf die einzelnen Gruppenmitglieder) auswirkt (Abb. 69)[51].

Ausgegangen wird von einer Gruppe mit n-Mitgliedern; das Gruppenverhalten entsteht aus der Interaktion zwischen diesen n-Mitgliedern, also aus dem Zusammenwirken ihres individuellen Verhaltens, dabei verhält sich das Individuum innerhalb der Gruppe anders als ausserhalb: Das Gruppenverhalten ist «mehr als die Summe des Verhaltens der einzelnen Mitglieder».

Das individuelle Verhalten wird bestimmt durch die individuellen «Psychosysteme», auf die Stimuli einwirken. In sozialen Systemen sind unter den Faktoren, die das individuelle Verhalten bestimmen, vor allem die *Beeinflussungsversuche,* wie sie von anderen Mitgliedern unternommen werden, von Bedeutung. Diese Beeinflussungsversuche nehmen die Form von *Verhaltenserwartungen (Rollen)* an, die an das einzelne Mitglied gerichtet werden. Dabei werden hier unterschieden:

- *Gruppenextern definierte Rollen:* Das sind die von der Leitung des sozialen Systems und anderen Instanzen im System formulierten Verhaltenserwartungen gegenüber einzelnen Gruppenmitgliedern. Diese Verhaltenserwartungen können in Form von Stellenbeschreibungen, Zielvorgaben, Verhaltensrichtlinien usw. fixiert werden.
- *Gruppenintern definierte Rollen:* Das sind Verhaltenserwartungen, die im Verlauf der Interaktionen innerhalb der Gruppe entstehen und von den übrigen Gruppenmitgliedern auf ein einzelnes Mitglied gerichtet werden.

Ein Individuum in einer Gruppe lebt also in zwei «Umwelten», die beide Anforderungen an sein Verhalten stellen: einer gruppenexternen Umwelt (dem sozialen System) und einer gruppeninternen Umwelt (den übrigen Gruppenmitgliedern).

Die so durch gruppenexterne und gruppeninteren Faktoren («Vorgaben») bestimmten individuellen Verhaltensweisen der Gruppenmitglieder werden durch die *Interaktion* in der Gruppe zueinander in Beziehung gesetzt. Dabei wird diese Interaktion wiederum beeinflusst durch gruppeninterne und -externe Faktoren («Vorgaben»), die sich jedoch nicht auf die einzelnen Gruppenmitglieder, sonderrn auf die Gruppe als ganzes beziehen:

- *Gruppenexterne Bestimmungsfaktoren:* Darunter fallen «Vorgaben», die der Gruppe als ganzes von der Leitung des sozialen Systems bzw. von anderen Instanzen gemacht werden. Beispiele sind die zu erfüllenden *Aufgaben* und die zu erreichenden *Ziele,* wie auch die positiven und negativen *Sanktionen,* die der Gruppe in Aussicht gestellt werden. Dasselbe gilt für die *Technologie,* auf die die Gruppe bei der Aufgabenerfüllung zurückgreifen muss (Arbeitsmittel, Ausstattung der Arbeitsplätze usw.). Und vor allem bewirkt das *Rang- und Statussystem* eine verti-

[51] vgl. Hill et al. (1974)

Abbildung 69: Modell des Gruppenverhaltens[59]

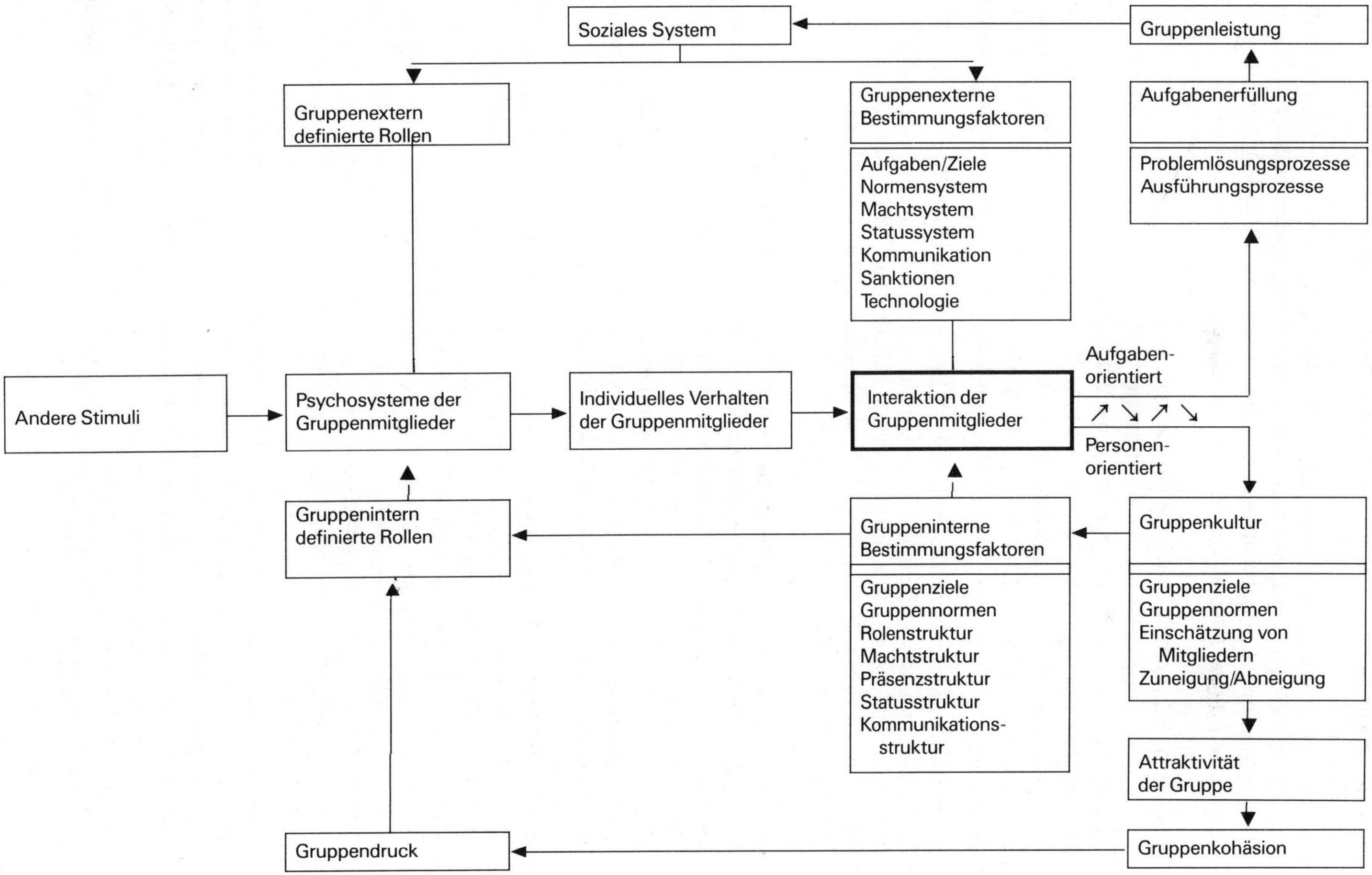

54 vgl. Hill et al. (1974)

kale (hierarchische) und horizontale (funktionale) Differenzierung der Gruppenmitglieder.
- *Gruppeninterne Bestimmungsfaktoren:* Dazu gehören die von der Gruppe selbst entwickelten *Ziele* und *Normen* sowie das Netz zwischenmenschlicher *Präferenzen* (Sympathien und Antipathien zwischen den Gruppenmitgliedern) und die gruppeninterne *Rollen- und Machtstruktur.*

Neben diesen Faktoren hat auch die *Grösse* der Gruppe einen Einfluss auf die Interaktion in der Gruppe. Die so durch gruppenexterne und -interne Faktoren, durch die Gruppengrösse, vor allem aber durch die individuellen Merkmale der einzelnen Gruppenmitglieder bestimmte Interaktion innerhalb der Gruppe, besteht im gegenseitigen Austausch von Informationen. Hinzu kommen die wechselseitigen Einflussversuche, die gemeinsame Aufgabenerfüllung, das Austragen von Konflikten usw. In bezug auf den Inhalt der Interaktion lassen sich zwei Aspekte unterscheiden:

- *Personenorientierte Interaktionen:* Solche Interaktionen bzeiehen sich auf Probleme, die ihren Ursprung in den individuellen Bedürfnissen der Gruppenmitglieder haben und in den Beziehungen der Mitglieder zum Ausdruck kommen.
- *Aufgabenorientierte Interaktionen:* Diese beziehen sich auf Probleme, die bei der Erfüllung der Gruppenaufgaben auftreten.

Die meisten Interaktionsprozesse beziehen sich sowohl auf aufgabenorientierte wie auf personenorientierte Probleme, und die personenorientierten und aufgabenorientierten Inhalte der Interaktion beeinflussen sich gegenseitig.
Die personenorientierten Interaktionsprozesse führen zur Bildung einer *Gruppenkultur,* d.h. zur Entwicklung von Ziel-, Normen-, Macht-, Präferenz-, Rollen- und Kommunikationsstrukturen. Die in der Gruppenkultur enthaltenen Werte bestimmen sowohl das individuelle Verhalten der einzelnen Gruppenmitglieder wie auch die Interaktion.
Die Ausprägung der Gruppenkultur bestimmt auch die *Attraktivität* der Gruppe und damit die *Gruppenkohäsion.* Diese wiederum stellt eine wichtige Determinante des *Gruppendrucks* dar, durch den die einzelnen Mitglieder zur Einhaltung der Gruppennormen bzw. zur Erfüllung der Gruppenrollen bewegt werden.
Die aufgabenorientierten Interaktionsprozesse sollen zu einer kollektiven Erfüllung der Gruppenaufgaben führen. Der Auftrag zur kollektiven Aufgabenerfüllung kann sich auf Entscheidungsfindung (Problemlösung) und/oder auf Ausführung (Realisation der Problemlösung) beziehen. Die Aufgabenerfüllung stellt die *Gruppenleistung* dar, d.h. die Leistung, die die Gruppe für das übergeordnete System erbringt.
Je nachdem, ob die Gruppenleistung den Vorstellungen des übergeordneten sozialen Systems entspricht, werden die (positiven oder negativen) Sanktionen, die für die Gruppe als ganzes und für die einzelnen Gruppenmitglieder in Aussicht gestellt wurden, verwirklicht oder nicht. Darüber hinaus kann das übergeordnete System mit Änderungen der gruppenexternen «Vorgaben» reagieren, also etwa mit

- Änderungen der Verhaltenserwartungen gegenüber einzelnen Grupenmitgliedern
- Zuweisung von anderen/neuen Aufgaben
- Änderungen des zu erreichenden Zielniveaus.

Schliesslich kann das übergeordnete System – z.B. dann, wenn die der Gruppe übertragene Aufgabe einmaligen Charakter hatte oder wenn die Leistungen der Gruppe völlig ungenügend sind – die Gruppe selbst auflösen (oder auch nur einem Teil der Gruppenmitglieder die künftige Mitgliedschaft absprechen).
Damit ist das in Abbildung 69 dargestellte Modell in sich geschlossen: Das Gruppenverhalten wird einerseits bestimmt durch die individuellen Verhaltensweisen der Mitglieder und durch gruppeninterne und -externe «Vorgaben», die die einzelnen Mitglieder und die Gruppe als ganzes beeinflussen. Das Gruppenverhalten bewirkt aber andererseits wieder eine Änderung bzw. Bildung dieser Bestimmungsfaktoren und evtl. eine Änderung der Mitgliedschaft der Gruppe.

34 Zur Führung von Gruppen

Der Vorgesetzte ist sich häufig der besonderen Kräfte nicht bewusst, die das Verhalten des einzelnen in der Gruppe oder das Verhalten der Gruppe als Ganzes bestimmen. Vorgängig wurde versucht, verschiedene solcher Kräfte, Strukturen und Vorgänge in Gruppen zu beschreiben. In diesem Abschnitt soll auf einzelne Fragen der Führung von Gruppen eingegangen werden. Im Mittelpunkt stehen dabei Probleme der Führer- bzw. Vorgesetztenrolle und ihrer Gestaltung.

341 Führerrolle

Der Rolle des Führers der Gruppe kommt besondere Bedeutung zu. Führung wurde als eine Interaktionsbeziehung umschrieben, als ein zwischenmenschlicher Vorgang, bei welchem der Führer den Geführten im Hinblick auf die Erreichung bestimmter Ziele beeinflusst, gleichzeitig aber auch selbst von diesem beeinflusst wird.
Im folgenden wird Führung als eine besondere Art von Einflussprozessen in Gruppen behandelt[52]. Gruppen wurden charakterisiert als Subsysteme, deren Mitglieder sich für die Erfüllung gemeinsamer Aufgaben einsetzen. Bei der Aufgabenerfüllung werden Ziele verfolgt; diese können von aussen vorgegeben sein oder sie können von den Gruppenmitgliedern selbst festgelegt werden. Die selbst festgelegten Ziele können sich entweder auf die Erfüllung der Gruppenaufgabe oder auf die Beziehungen zwischen den Gruppenmitgliedern beziehen.
Zwei Arten von Gruppen sind grundsätzlich zu unterscheiden:
- Gruppen *ohne* offiziell designierten (formalen) Vorgesetzten. Es zeigt sich, dass auch in solchen Gruppen ohne formale Rollendifferenzierung Führer auftreten.
- Gruppen *mit* offiziell designiertem (formalem) Vorgesetzten. Es zeigt sich, dass dieser nicht immer auch der tatsächliche Führer der Gruppe ist.

In diesem Abschnitt werden zunächst einmal Gruppen beleuchtet, denen kein offizieller Vorgesetzter vorsteht. Während der Interaktion zwischen den Gruppenmitgliedern finden vielfältige (und oft sehr subtile) Beeinflussungsprozesse statt. Dabei kann

52 vgl. Hill et all. (1974)

- in einer bestimmten *Situation* (etwa bei Auftreten eines spezifischen Typs von Problemen) und
- bezogen auf einen bestimmten *Aspekt* des Gruppenlebens (also auf den aufgabenorientierten oder den personenorientierten Aspekt)
- der *Einfluss* eines Gruppenmitglieds *dominant* werden (d.h. seine Einflussversuche erhalten eher und stärkere Gefolgschaft als die Einflussversuche anderer Gruppenmitglieder).

Dieser Vorgang der Führung, also die dominante Einflussnahme eines Gruppenmitglieds (des Führers) auf die übrigen Gruppenmitglieder (die Geführten) kommt dann zustande, wenn:

- diese Einflussnahme auf die Erreichung von Zielen gerichtet ist, mit denen sich die übrigen Gruppenmitglieder identifizieren.
- sich die übrigen Gruppenmitglieder von dieser dominanten Einflussnahme einen starken positiven Beitrag zur Erreichung der gemeinsamen Ziele versprechen.

Sind diese beiden Kriterien erfüllt, so «wählt» die Gruppe dieses Gruppenmitglied zum Führer und anerkennt damit die Rechtmässigkeit seiner dominanten Einflussnahme. Aufgrund dieser Anerkennung folgen dann die Gruppenmitglieder den Beeinflussungsversuchen des Führers *motiviert* (weil angestrebte Ziele betroffen sind) und *emotional verpflichtet* (weil die Einflussnahme als «richtig» empfunden wird).
Die dominante Einflussnahme des Führers kann sich auf die zwei genannten Aspekte des Gruppenlebens beziehen; entsprechend werden *Aspekte der Führung* unterschieden:

- *Aufgabenorientierte Führung:* Hier bezieht sich der dominante Einfluss auf Probleme, die bei der Erfüllung der Gruppenaufgabe auftreten. Diesem Aspekt von Führung entspricht ein *aufgabenorientiertes Verhalten* des Führers: Er definiert die Gruppenaufgabe, setzt Ziele fest, verteilt die Funktionen der einzelnen Gruppenmitglieder, plant und ergreift Massnahmen zur Erreichung der Ziele und treibt die Gruppe zu Leistung an.
- *Personenorientierte Führung:* Hier bezieht sich der dominante Einfluss auf Probleme, die durch die Beziehungen zwischen den Gruppenmitgliedern entstehen. Dieser Form von Führung entspricht ein *personenorientiertes Verhalten* des Führers: Er berücksichtigt die Bedürfnisse der Gruppenmitglieder und bemüht sich, die Beziehungen innerhalb der Gruppe zu intensivieren, eine Atmosphäre des Vertrauens zu schaffen und die Gruppenkohäsion zu erhalten.

Aufgabenorientierte Führung und personenorientierte Führung kann von verschiedenen Gruppenmitgliedern ausgeübt werden; in einer Gruppe können also gleichzeitig mehrere Führer bestehen.
Im Konfliktfall (etwa bei unvereinbaren Einflussversuchen des aufgaben- und des personenorientierten Führers) setzt sich derjenige Führer durch, dessen Grundorientierung den jeweiligen Zielen/Bedürfnissen der Gruppe entspricht. Selbstverständlich können die aufgabenorientierte und die personenorientierte Führerrolle auch in einer Person vereint sein.

In der Sprache der Gruppendynamik spricht man in einem solchen Falle vom *grossen Mann* und meint damit dasjenige Gruppenmitglied, das an erster Stelle steht in bezug auf Tüchtigkeit oder Beliebtheit:
Tüchtigkeit bezieht sich auf den aufgabenorientierten Aspekt, also den Beitrag, den einer zur Erfüllung der Gruppenaufgabe leistet; Beliebtheit bezieht sich auf den personenorientierten Aspekt, also das Ausmass, in dem sich einer für den Zusammenhalt in der Gruppe einsetzt.
In Untersuchungen, die sich mit der Funktion des «grossen Mannes» beschäftigen, stellte sich heraus, dass die Anwesenheit eines «grossen Mannes» auf eine Gruppe entspannend, zielfördernd und stabilisierend wirkt. Es zeigt sich aber, dass die Existenz des sogenannten «grossen Mannes» eine Seltenheit ist. Meist wird die Führerrolle in zwei Teile aufgespalten, die jeweils die «halbe» Seite der Führung verwirklichen: auf der einen Seite der sachliche, leistungsorientierte Typ (der «Tüchtige»), auf der anderen Seite der emotionale, personenorientierte Typ (der «Beliebte»). Schon in der Schule kann man die Beobachtung machen, dass Klassenprimus (der «Tüchtige») und Klassensprecher (der «Beliebte») meist nicht identisch sind.
Diese Aufspaltung ist keineswegs unproblematisch, sondern ein Hinweis darauf, dass der in unserer Gesellschaft verwendete Leistungsbegriff die emotionale Seite des Menschen zwar unbewusst, aber dennoch sehr wirksam auszuschliessen oder zumindest in einen anderen Lebensbereich zu verweisen scheint[53].
Der Grund für die Aufspaltung dürfte darin liegen, dass der «Tüchtigste» in bestimmten Situationen die übrigen Gruppenmitglieder dazu drängen muss, bestimmte Aufgaben zu erfüllen und dadurch einen Teil seiner Sympathie einbüsst. Im Gegensatz ist der «Beliebteste» oft derjenige, der zwischenmenschliche Konflikte nicht ertragen kann und somit kaum in der Lage ist, ein aufgabenorientiertes Verhalten der Gruppenmitglieder zu fördern.
In Studien wurden Mitarbeiter gebeten, das Verhalten ihrer Vorgesetzten zu beurteilen. Die Analysen dieser Beurteilungen haben zur Isolierung von zwei Dimensionen geführt, die als «Mitarbeiter-Orientierung» und «Arbeits-Orientierung» bezeichnet werden. Diese beiden Dimensionen entsprechen sehr genau den aus gruppendynamischen Beobachtungen gefolgerten beiden Komponenten der Tüchtigkeit (Arbeits-Orientierung) und der Beliebtheit (Mitarbeiter-Orientierung). Die Amerikaner Blake und Mouton haben diese beiden Komponenten in einem *Verhaltensgitter* dargestellt und kennzeichnen damit verschiedene Führungsstile.
Neben der gleichzeitigen Existenz von mehreren Führern ist es auch möglich, dass sich verschiedene Gruppenmitglieder in der Führung der Gruppe ablösen, je nach Situation, d.h. je nach der zu erfüllenden Aufgabe und der Umwelt, in der die Aufgabenerfüllung stattfindet. Ob ein bestimmtes Gruppenmitglied in einer Gruppe (aufgaben- oder personenorientierter) Führer wird, hängt also insgesamt von folgenden Faktoren ab:

- *Merkmale der Person* (Motivation, Einstellungen, Erwartungen, Kenntnisse und Fähigkeiten).
- *Merkmale der Gruppe* (Verhalten der anderen Gruppenmitglieder als Individuen und als ganze Gruppe; hierbei spielen vor allem die Gruppenkultur, die Gruppenkohäsion und der Gruppendruck eine Rolle).

53 vgl. Kirsten/Müller (1979)

- *Merkmale der Situation* (die zu erfüllende Aufgabe und das der Gruppe übergeordnete soziale System).

Dabei dürfen diese Bestimmungsfaktoren nicht isoliert, sondern nur durch ihr *Zusammenwirken* das Auftreten von Führern erklären. «Führung kann also weder allein aus der Person des Führers, noch allein aus der Gruppe der Geführten, noch allein aus der Situation, in der sich diese Gruppe befindet, abgeleitet werden; statt dessen ergibt sich Führung daraus, dass der Führer den Erwartungen der Gruppe und den Anforderungen der Situation entspricht.»[54]

Ungeachtet dieser vielfältigen Bestimmungsfaktoren wird meist nur vom Führungsverhalten gesprochen. «Vom Verhalten der Nicht-Führer ist wenig die Rede (...). Ihnen wird allenfalls auferlegt, kooperativ oder fair zu sein, sie sollen auch den Führer kontrollieren, aber am besten ist es eigentlich, sie sind gehorsam und lenkbar[55]».

Dabei sind Führungsphänomene oft mehr das Ergebnis des Verhaltens von Nicht-Führern als des Verhaltens des Führers selbst. Das Bedürfnis nach Geborgenheit, nach Unterwerfung unter den «Grossen Mann», nach Opfer-bringen-Dürfen, nach Verehren-Dürfen und Anbeten-Dürfen dürfte eine viel bedeutendere Rolle spielen, als gemeinhin angenommen wird[56].

«Leider ist die psychische Struktur dessen, der einen Führer sucht, gern jemandem gehorchen möchte, viel Macht und Grösse über sich wissen möchte, noch wenig untersucht und zumeist nur geringschätzig behandelt worden.»[57]

Mit der Position des Alpha-Gliedes in der Rangordnung der Gruppe sind bestimmte *Erwartungen* verknüpft. Der Führer ist daher nicht frei, sondern er hat eine Rolle zu erfüllen, eben die *Führerrolle*. Aufgrund seiner Stellung darf er zwar von den Gruppennormen mehr abweichen als andere; im Hinblick auf seinen Beitrag zur Zielerreichung jedoch ist er mehr gebunden als irgendein anderes Gruppenmitglied. Die sehr starke Rollenbindung des Führers zeigt sich deutlich in primitiven Kulturen, wo der Stammeshäuptling mehr Tabus einzuhalten hat als die übrigen Stammesangehörigen[58].

Die Rollenerwartungen, die an den Führer einer Gruppe gerichtet werden, kommen in den unterschiedlichen Funktionen zum Ausdruck, die ein Führer auszuüben hat[59]:
Der Führer als:

- *Koordinator:* Er regelt die Funktionsaufteilung, richtet das Verhalten der Gruppenmitglieder auf die Gruppenziele aus und stimmt die Einzelaktivitäten aufeinander ab.
- *Planer:* Er entscheidet über die Wege und Mittel, mit denen die Gruppe ihre Ziele anstrebt.
- *Entscheidungsinstanz:* Er fällt Grundsatzentscheidungen und setzt Ziele.
- *Experte:* Er stellt eine Quelle wichtiger Informationen und Fähigkeiten dar.
- *Repräsentant:* Er fungiert als Sprecher der Gruppe und vertritt ihre Interessen gegen aussen.

54 Hill et al. (1974)
55 Sader (1976)
56 vgl. Sader (1976)
57 Sader (1976)
58 vgl. Lattmann (1981)
59 vgl. Krech (1962), nach Neuberger (1976)

- *Integrator:* Er sorgt dafür, dass der innere Zusammenhalt der Gruppe erhalten bleibt.
- *Politiker:* Er bestimmt die Politik der Gruppe, d.h. die Art und Weise, in der die Gruppe im Hinblick auf das Ziel vorwärtskommt.
- *Schiedsrichter und Vermittler:* Er vermittelt in Konflikten zwischen den Gruppenmitgliedern und versucht, einen Konsens zu erreichen.
- *Sanktionsfigur:* Er belohnt konformes Verhalten und bestraft abweichendes Verhalten.
- *Gruppensymbol:* Er stellt eine Art kognitiven Brennpunkt dar, der die Gruppenkontinuität versinnbildlicht.
- *Vorbild:* Sein Verhalten wird besonders beachtet; es hat Modellcharakter.
- *Meinungsbildner:* Er beeinflusst die Meinungen der anderen und fördert damit die Entstehung einer Gruppenmeinung.
- *Initiant:* Er löst in der Gruppe Interaktionen aus und setzt zielgerichtetes Verhalten in Gang.
- *Ideologe:* Er fungiert als Quelle der Überzeugungen, Werte und Normen der Gruppe.
- *Vaterfigur:* Er legt Normen fest, formuliert Ziele und dient als ideale Identifikationsfigur.
- *Mutterfigur:* Er gibt den Gruppenmitgliedern Wärme und Geborgenheit und bildet das Ziel positiver emotionaler Zuwendung.
- *Sündenbock:* Ihm wird die Schuld am Versagen der Gruppe zugeschrieben; er dient als Aggressionsziel für die enttäuschte, frustrierte Gruppe.
- *Stellvertreter:* Er übernimmt stellvertretend für andere Verantwortung und löst stellvertretend für andere Probleme und Konflikte.

Dieser Katalog zeigt, dass die Erwartungen der Gruppe an ihren Führer sehr unterschiedlich sein können. Die Erfüllung dieser Erwartungen erfordert sehr unterschiedlich geartete Fähigkeiten, die nicht ohne weiteres in der gleichen Person vereinigt sind. Dies hat dazu geführt, dass man häufig statt von der «Führerrolle» von *Führungsrollen* spricht.
Wie bei der Charakterisierung der Führung als besonderer Form von Interaktion festgestellt wurde, ist die Erfüllung von Führungsfunktionen in Wirklichkeit nicht auf bestimmte Mitglieder eines sozialen Systems beschränkt. Führung stellt vielmehr ein überall vorkommendes Geschehen dar, das sich zwischen den verschiedensten Interaktionspartnern vollziehen kann.
Die Führung der Gruppe ist ein komplexer Vorgang, der von *allen* Gruppenmitgliedern zu unterschiedlichen Zeiten in unterschiedlichen Situationen in unterschiedlichem Ausmass getragen wird.
Bestand und Leistungen der Gruppe sind von der Erfüllung bestimmter Anforderungen abhängig; es ist jedoch sekundär, *wer* diese Anforderungen verwirklicht. Die objektiven Funktionen, die wahrgenommen werden müssen, sind also auf alle Gruppenmitglieder verteilt und nicht allein auf eine einzige Person (des «Führers») konzentriert und fixiert.
Zwischen Führer- und Mitgliederfunktionen bzw. zwischen Führer- und Mitgliederrollen lässt sich kein scharfer Trennungsstrich ziehen. Der Mythos von der «Omnipotenz des Führers» wird mit dieser Auffassung von Führung abgebaut: Der Führer

muss nicht mehr alle Funktionen, die der Führung der Gruppe dienen, selbst übernehmen, sondern er ist primär ein *Katalysator* und *Moderator,* der dafür sorgen muss, dass die erforderlichen Funktionen zum richtigen Zeitpunkt wahrgenommen werden. (Arbeitsfragen zur Führerrolle finden Sie in Abb. 30/Anhangband, eine Fallstudie zum Thema in Abb. 101/Anhangband).

342 Vorgesetzter = Führer?

In einer Organisation ist die Behandlung des Führungsproblems dadurch kompliziert, dass in den meisten Fällen den Gruppen ein offiziell designierter (von der Leitung der Organisation bestimmter) *Vorgesetzter* vorsteht, der die Aufgabe hat, seine Untergebenen zu führen. In solchen Gruppen ist also eine formale Rollenverteilung vorgegeben.

«Der offiziell designierte Vorgesetzte stellt das «Bindeglied» zwischen dem übergeordneten sozialen System und der Gruppe dar; seine Funktion ist es, für eine den Anforderungen des sozialen Systems entsprechende Aufgabenerfüllung zu sorgen.»[60]
Dazu muss er einen Einfluss auf seine Gruppe ausüben, indem er ihr Ziele setzt, Entscheidungen trifft und sich um die Realisation dieser Entscheidungen kümmert. Der offizielle Vorgesetzte kann nun versuchen, aufgrund seiner formalen Autorität einen dominanten Einfluss auf die Gruppe auszuüben. Selbst wenn ihm das gelingt, so kann dies doch nicht als Führung im eigentlichen Sinne bezeichnet werden. Denn die Einflussnahme erfolgt nicht aufgrund einer «Wahl» durch die Gruppe, sondern aufgrund einer von aussen verliehenen Basis (nämlich der hierarchischen Position und den damit verknüpften Sanktionen). Der Einflussnahme eines Vorgesetzten, der sich nur auf seine formale Autorität abstützt, folgen seine Mitarbeiter deshalb auch weder motiviert noch emotional verpflichtet.

Der offizielle Vorgesetzte kann aber auch gleichzeitig der Führer der Gruppe sein, nämlich dann, wenn ihn die Gruppe – aufgrund seines Verhaltens – zum Führer macht («wählt»). Die «Wahl» des offiziellen Vorgesetzten zum Führer der Gruppe hängt von folgendem ab:

- Der Vorgesetzte muss *positive Beiträge zum Erreichen von Gruppenzielen* leisten. Dies kann sowohl in aufgaben- als auch in personenorientierter Hinsicht geschehen. Für sein Verhalten gegenüber den Mitarbeitern ist vor allem sein *Menschenbild* massgebend.
- Die Gruppenmitglieder müssen sich *mit den vom Vorgesetzten vertretenen Zielen identifizieren.* Diese Identifikation hängt wiederum weitgehend vom Verhalten des Vorgesetzten ab, insbesondere vom Ausmass, in dem er seine Mitarbeiter am Prozess der Zielformulierung beteiligt (Partizipation).

Damit ergeben sich grundsätzlich zwei Möglichkeiten, einen dominanten Einfluss in einer Gruppe auszuüben: Ein Gruppenmitglied kann einerseits von der Leitung des sozialen Systems zum offiziellen Vorgesetzten *designiert* werden, und andrerseits von den übrigen Mitgliedern der Gruppe zum Führer *gewählt* werden.

Stellt man diese beiden Möglichkeiten einander gegenüber, so ergibt sich folgende Tabelle[61]:

		von der Leitung des sozialen Systems designiert	
		ja	nein
von der Gruppe gewählt	ja	designierter Führer	nicht-designierter Führer
	nein	nur designierter Vorgesetzter („head')	Geführter

Dabei gilt tendenziell folgendes:
- Ein offiziell designierter *Führer* kann auf eine Gruppe einen stärkeren Einfluss ausüben als ein nur designierter *Vorgesetzter* (denn seinen Einflussversuchen folgt die Gruppe motiviert und aufgrund einer emotionalen Verpflichtung).
- Nicht-designierte Führer verhalten sich der Organisation gegenüber weniger loyal als designierte Führer (die Organisation kann von offiziell designierten Führern eher eine Aufgabenerfüllung erwarten, die ihren Anforderungen entspricht).

Die Leitung der Organisation wird deshalb darum bemüht sein, dass die offiziell designierten Vorgesetzten von der Gruppe ihrer Mitarbeiter auch zum Führer gemacht werden. Zumindest in aufgabenorientierter Hinsicht wird die Übernahme der Führerrolle durch den Vorgesetzten – verglichen mit irgendeinem Gruppenmitglied – dadurch begünstigt, dass er aufgrund seiner höheren hierarchischen Position
- über (formale) Autorität bei seinen Mitarbeitern verfügt (wodurch seine Einflussversuche von vornherein eine grössere Chance haben, akzeptiert zu werden).
- über Informationen und materielle Arbeitsmittel verfügt, zu denen seine Mitarbeiter keinen Zugang haben (womit er grössere Chancen hat, aufgabenorientierte Beiträge zu leisten).
- oft über eine bessere Ausbildung und grössere Erfahrungen verfügt als seine Mitarbeiter (womit er ebenfalls grössere Chancen hat, aufgabenorientierte Beiträge zu leisten).

Auf die Aufspaltung der Führerrolle in einen leistungs- und einen personenorientierten Führungstyp (hier als «Integrator» bezeichnet) wurde bereits hingewiesen. In Gruppen, denen ein offiziell designierter (formaler) Vorgesetzter vorsteht, tritt diese Aufspaltung dadurch in Erscheinung, dass meist neben dem designierten (formalen) Vorgesetzten gleichzeitig noch ein nicht-designierter, d.h. von der Gruppe gewählter (informaler) Führer existiert, der die sozio-emotionale Seite der Führung verkörpert. Dieser Führer verhütet oder beseitigt Aggressionen und Konflikte und hält dadurch den Zusammenhalt in der Gruppe aufrecht. Es ist dies die Teilrolle der Führung, die am häufigsten ausgesondert wird.
Für dieses Auseinanderklaffen der Führerrolle lassen sich eine Reihe von Gründen anführen. Ein wichtiger Grund besteht, wie gesagt darin, dass der geltende Leistungsbegriff die emotionale Seite des Menschen weitgehend ausschliesst. Auf diesem Leistungsbegriff basiert auch die Beförderungspolitik der Organisation, durch welche eine solche Aufspaltung der Führerrolle sogar in einem gewissen Sinne induziert wird: Bei Beförderungen rangiert nämlich das Kriterium der «Tüchtigkeit» vor

---
[61] Hill et al. (1974)

dem der «Beliebtheit», so dass in der Regel der «Tüchtige» und nicht der «Beliebte» zum Vorgesetzten gemacht wird.
Weitere Gründe für die Aufspaltung sind[62]:

- Der hohe *Status des Führers* hat einen sozialen Abstand von den anderen Gruppenmitgliedern zur Folge, welcher dem Austausch von Gefühlen im Wege steht.
- Der *aufgabenorientierte Führer* zwingt die anderen Gruppenmitglieder zu einem aufgabenbezogenen Verhalten, das ihren Freiheitsraum begrenzt.
- Der *leistungsorientierte Führer* wendet zur Durchsetzung seines Willens auch Strafen an (z.B. Tadel); dies löst Frustrationen aus.
- Seine Ausrichtung auf die Aufgabe beschränkt seine Möglichkeiten, Bedürfnisse der Gruppenmitglieder nach zwischenmenschlichem Kontakt zu befriedigen.

Eine zweite Teilrolle, die häufig abgespalten wird, ist jene des *Meinungsbildners*. Dieser hat den stärksten Einfluss während der Entstehung der Gruppe sowie in Zeiten, in denen die bisherigen Ziele und Werte/Normen in Frage gestellt werden. Weil seine Meinungen die Meinungen der übrigen Gruppenmitglieder stark beeinflussen, wird er häufig auch als «informaler Führer» bezeichnet.
Die Beziehung zwischen formalem Vorgesetztem und Meinungsbildner wirkt sich nicht nur auf den Erfolg der Führung, sondern auch auf das Klima in der Gruppe entscheidend aus. Grundsätzlich sind folgende fünf Beziehungsmuster denkbar:

V = M *Dies ist der beste Fall.* Der formale Vorgesetzte und der Meinungsbildner sind in ein und derselben Person vereint (was allerdings nur in etwa 15% aller Fälle vorkommen soll).

V ⇌ M Formaler Vorgesetzter und Meinungsbildner verstehen sich gut. Die Gruppe funktioniert gut.

V ⇌ M Hier fühlt sich der formale Vorgesetzte vielleicht in seiner Position durch den informalen Führer bedroht. Da M ihm gegenüber positiv eingestellt ist, sollte er versuchen, dessen Rolle zu akzeptieren.

V ⇌ M Das ist gefährlich. Hier kann man sich den Fall vorstellen, dass der formale Vorgesetzte aufgrund seiner positiven Einstellung M gegenüber blind geworden ist und gar nicht realisiert, dass M die Gruppe gegen ihn beeinflusst.

V ⇌ M Wenn formaler Vorgesetzter und Meinungsbildner nicht miteinander auskommen, kann die Gruppe nicht funktionieren. Hier hilft wahrscheinlich nur eine «Operation»: Entweder V oder M muss die Gruppe verlassen.

Dem Phänomen, dass der formale Vorgesetzte selten mit dem Meinungsbildner identisch ist, liegen hauptsächlich folgende Gegebenheiten zugrunde:

- Die traditionelle Distanz zwischen «Vor-gesetztem» und «Untergebenen», die auf bewusster Vermeidung informaler Kontakte basiert, spielt – gerade im Krankenhaus – häufig noch immer eine wichtige Rolle.
- Die ausgeprägten Statusunterschiede im Krankenhaus erschweren die informale Kommunikation in hohem Masse.
- Die formalen Vorgesetzten schenken den informalen (gruppendynamischen) Vorgängen in der Gruppe häufig zu wenig Beachtung.

Die Rolle des Vorgesetzten ist eine besondere. Auch wenn ein Gruppenleiter persönlich nicht so viel Wert auf diese Position innerhalb der Gruppe legt, so hebt er sich auf jeden Fall durch seine von der Organisation verliehene Stellung aus der Gruppe hervor. Sein Verhalten wird besonders beachtet; es hat Modellcharakter: Ist der Gruppenleiter aggressiv, werden auch die übrigen Gruppenmitglieder diese Tendenz haben. Spricht er offen über sich und seine Ziele, wird sein Vorbild auch andere dazu ermutigen.

Die Art der Zusammenarbeit in der Gruppe wird also durch das Verhalten des Vorgesetzten stark beeinflusst. Dass auch die Gruppe eine Vorbild-Funktion ausübt, kommt in der bekannten Kindergarten-Untersuchung von Merei zum Ausdruck[63]. Das Experiment wies folgende Etappen auf:

- Zuerst wurden die Kinder beobachtet.
- Dann wurden 12 Gruppen von je 3 bis 6 Kindern gebildet. Die Gruppen waren homogen hinsichtlich Alter, Geschlecht usw.
- In jeder der neuen Gruppe entwickelte sich eine Art «Kultur» wie z.B. ein Gruppenjargon und eine bestimmte Tradition bezüglich Spielzeugverteilung, Zuordnung der Plätze usw.
- Nach einer Woche wurde jeder Gruppe ein weiteres, etwas älteres Kind dazugegeben. Es waren Kinder, die in der ersten Etappe eine deutlich dominierende Rolle unter den anderen eingenommen hatten und von diesen oft nachgeahmt worden waren. Der Zweck dieser neuen Zusammensetzung war: zu beobachten, ob die «Führer-Typen» auch in der neuen Situation ihre Rolle beibehalten könnten.

Und das Ergebnis? Es wurde festgestellt, dass die meisten «Führer» schon nach einer Stunde Zusammenspiels ihre Machtansprüche revidieren mussten. Sie konnten keine Führerfunktion ausüben, solange sie nicht bereit waren, die sich inzwischen gebildeten «Gruppentraditionen» zu akzeptieren. So kam es zu der merkwürdigen Situation, «in der ein Befehlsgeber nachahmt, während die Vorbilder den Weisungen ihres Nachahmers Folge leisten» (Merei).

Obschon die Untersuchung in einem Kindergarten stattfand, zeigt die Erfahrung, dass das Ergebnis auch für die Situation Erwachsener Gültigkeit besitzt. Daraus lässt sich folgende *Führungsmaxime* ableiten: Nur derjenige Vorgesetzte wird effizient führen können, der die in seiner Gruppe geltenden Normen, Gewohnheiten, Einstellungen, Erwartungen und Traditionen berücksichtigt.

343 Marginalkonflikt des Vorgesetzten

Ein Rollenkonflikt entsteht dann, wenn an den Inhaber einer Position widersprüchliche, miteinander unvereinbare Erwartungen gerichtet werden. Die Position des Vorgesetzten ist für einen solchen Konflikt deswegen in hohem Masse prädisponiert, weil sie auf der Grenze zwischen zwei sozialen Systemen angesiedelt ist: zwischen dem Leitungssystem der Organisation und dem Subsystem der zu führenden Gruppe. Diese Position wird deshalb als Marginalposition bezeichnet.

---

63 vgl. Hofstätter (1979), Sbandi (1973)

Wenn die Erwartungen, die von beiden Seiten an sein Verhalten gestellt werden, sich gegenseitig ausschliessen, spricht man von einem *Marginalkonflikt,* der also eine besondere Form des Intra-Rollenkonflikts darstellt.

Grundsätzlich lassen sich somit zwei Arten von Erwartungen unterscheiden:

- *Erwartungen der Organisation:* Damit eine arbeitsteilig und hierarchisch gegliederte Organisation funktioniert, muss ihre Leitung relativ sicher sein, dass ihre Anordnungen generell erwartungsgetreu ausgeführt werden, so dass nicht jede einzelne Anweisung des Konsenses und der spezifischen Motivation der Mitglieder bedarf.

  Vor allem den «mittleren» und «unteren» Vorgesetzten fällt in dieser Situation die Aufgabe zu, die Entscheidungen der «Spitze» in die Tat umsetzen zu lassen. Die Leitung der Organisation erwartet vom Vorgesetzten Loyalität, Leistungsorientierung und Durchsetzung ihres Willens.

- *Erwartungen der Gruppe:* Der Vorgesetzte ist eingefügt in den Kooperationszusammenhang einer Gruppe und auch von daher starken Erwartungen ausgesetzt. Die Gruppenmitglieder erwarten von ihrem Vorgesetzten, dass er sich für ihre Interessen bzw. für die Verwirklichung ihrer Ziele und die Befriedigung ihrer Bedürfnisse einsetzt. Gute Arbeitsbedingungen, eine persönliche, kooperative Atmosphäre, angemessene Belohnungen (Bezahlung, Arbeitsinhalt, Aufstieg usw.) und Möglichkeiten der Mitsprache soll er ihnen verschaffen.

Der Vorgesetzte muss nun versuchen, die Interessen seiner Mitarbeiter mit denen der Organisation in Einklang zu bringen. Er soll nach «unten» die Interessen des Managements vertreten, sich andererseits aber nach «oben» für die Belange der Mitarbeiter einsetzen. Es ist ausreichend erwiesen, dass an den Vorgesetzten von «oben» her andere Erwartungen gerichtet werden als von «unten» her, so dass er sich in der erwähnten Konfliktsituation befindet.

Bis zu einem gewissen Grad ist der Konflikt allein schon in den Erwartungen der Organisation angelegt: So soll der Gruppenleiter nämlich sowohl die Auffassungen seiner Vorgesetzten teilen und durchsetzen als auch gleichzeitig die Gruppe zum Mitgehen bewegen. Ein solches Mitgehen aber setzt voraus, dass er auch die Bedürfnisse der Gruppe erkennt und berücksichtigt. So sieht er sich mit dem Gegensatz zwischen den Anforderungen von «oben» und den Anforderungen der Beliebtheit konfrontiert: Sieht er nur auf die organisationalen Ziele (und ist in diesem Sinne «tüchtig»), dann verliert er in der Gruppe rasch an Beliebtheit und ist gezwungen, zur Durchsetzung dieser Ziele mehr formale Autorität einzusetzen (was seine Popularität zusätzlich verringert).

Wie sehr ein Gruppenleiter in Zwiespalt gerät, hängt vor allem davon ab, wie widersprüchlich die Erwartungen sind, die von den beiden Seiten an ihn gerichtet werden. Dass die Erwartungen weit auseinanderklaffen können, ist allgemein bekannt. Diese Diskrepanz leitet sich hauptsächlich von den widersprüchlichen Interessen des formalen und des informalen Systems her. Die Art und Weise, in der ein Vorgesetzter mit einem solchen Marginalkonflikt umgeht, kann sehr unterschiedlich sein. Folgende – bewusste oder unbewusste – Strategien sind zu beobachten[64]:

---

64 vgl. Holm (1968), nach Bosetzky/Heinrich (1980)

Zunächst einmal besteht die Möglichkeit der *Wahrnehmungsabwehr.* Die betroffene Person verschliesst sich der Konfrontation mit dem Konflikt.

- *Verleugnung:* Es wird ein «blinder Fleck» entwickelt; die Existenz von Konflikten wird geleugnet («bei uns gibt es keine Probleme, wir sind eine grosse harmonische Familie»).
- *Verdrängung:* Die Konflikte werden verdrängt, so dass sie im Bewusstsein der Person nicht auftauchen (sich aber auf andere Weise bemerkbar machen).

Eine zweite Form der Reaktion ist die des *Rückzugs.* Hier entzieht sich die Person den an sie gerichteten widersprüchlichen Erwartungen.

- *Aus-dem-Felde-Gehen:* Die Belastungen werden als so gross erlebt, dass eine weitere Auseinandersetzung überfordert. Die Reaktion kann von Passivität und Resignation bis zur totalen Verweigerung führen (z.B. kündigen).
- *Aus-dem-Weg-Gehen:* Hier wird der Kontakt mit einer der beiden Parteien stark verringert oder nach Möglichkeit abgebrochen.

Bei der *Konfliktregelung* wird der Konflikt zwar gesehen, aber als unvermeidbar und unlösbar betrachtet. Die Person versucht, die Intensität des Konflikts abzuschwächen. Die darauf ausgerichteten Aktivitäten können an die Adresse anderer gerichtet sein (Veränderung der «Konflikt-Optik») oder der Suche nach einer individuellen Anpassungsstrategie dienen.
Strategien zur Veränderung der «Konflikt-Optik» sind:

- *Verzögerung:* Durch Hinhaltemanöver entzieht sich die Person einer eindeutigen Stellungnahme und wartet, bis sich die Konfliktsituation von selbst erledigt hat oder vergessen wird. Im Extremfall führt diese Haltung zur absoluten Scheu vor Verantwortung und zum sozialen Rückzug, indem die Person versucht, den Kontakt mit ihren Bezugspersonen wenn immer möglich zu vermeiden.
- *Verschleierung:* Die Person vollzieht zwar eine Handlung, gibt sich dabei jedoch die grösste Mühe, die Wahrnehmung der Handlung durch die eine oder durch beide Seiten zu trüben. Sie versucht, durch mehrdeutiges Verhalten es beiden Seiten recht zu machen.
- *Alternierende Erwartungstreue:* Die Person betreibt eine Art Schaukelpolitik: Um es nicht völlig mit einer der beiden Seiten zu verderben, entspricht sie in ihrem Handeln einmal den Erwartungen der einen und einmal den Erwartungen der anderen Seite.
- *Rollentrennung:* Hier versucht die betreffende Person, sich in ihren Kontakten mit den jeweiligen Partnern ganz auf diese einzustellen und die konfliktären Ansprüche der anderen Seite durch eine entsprechende Definition der Situation auszuschliessen («in meiner Eigenschaft als...»). Voraussetzung für das Funktionieren dieser Strategie ist es natürlich, dass es nicht zu einer simultanen Rollenüberlappung kommt. Bei Perfektionierung dieser Technik führt die Person schliesslich ein richtiges Doppelleben.
- *Rechtfertigung:* Die betroffene Person versucht, die Konfliktparteien von einer Priorität in der Behandlung der widersprüchlichen Forderungen zu überzeugen. Oder sie entschuldigt ihre Entscheidungen mit «höherer Gewalt», erklärt sich also selbst für unzuständig und stellt sich als machtloses Werkzeug höherer Mächte dar.

Bei den Strategien der *Konflikt-Anpassung* akzeptiert die betreffende Person den Konflikt als unveränderbare Realität und versucht, ihr Verhalten optimal anzupassen.

- *Integration:* Die Person versucht, durch erhöhten Einsatz, vermehrte Anstrengungen, bessere Planung und Organisation usw. die konkurrierenden Ansprüche zu vereinen und beide Seiten zufriedenzustellen. Sie versucht somit gewissermassen, das Unmögliche möglich zu machen.
- *Koalition:* Die Person erkennt, dass die eigenen Kräfte zur Lösung der Konflikte nicht ausreichen und versichert sich deshalb der Mithilfe anderer.
- *Parteinahme:* Hier trifft die Person eine grundsätzliche Entscheidung für eine der beiden Parteien. Sie stellt sich auf die Seite, die die stärksten Sanktionsmittel besitzt (das ist in der Regel die Leitung der Organisation). Diese «Lösungsart» – in wechselnder Kombination mit einer anderen – ist vermutlich diejenige, die in der sozialen Wirklichkeit am häufigsten praktiziert wird.
- *Isolierung:* Der Konflikt wird in einem beschränkten Lebensbereich toleriert und ertragen. Als Gegengewicht dazu aber wird ein anderer, konfliktfreier Lebensraum geschaffen (der belastenden Arbeit wird z.B. ein entspannendes Hobby gegenübergestellt).
- *Neutralitätserklärung:* Die betreffende Person identifiziert sich mit keiner der Gruppen, hält sich aus der Auseinandersetzung heraus, steht aber jederzeit als Vermittler/Schiedsrichter zur Verfügung. Die persönliche Verantwortung für den Konflikt wird abgelehnt und die Parteien direkt miteinander konfrontiert, so dass die Gegensätze nicht mehr indirekt und stellvertretend an der eigenen Person ausgetragen werden. Oft verbirgt sich allerdings hinter einer Maske der Neutralität nichts anderes als Rückzug und Erklärung von Unzuständigkeit.
- *Neudefinition:* Hier entzieht sich die Person in gewissem Masse den Anforderungen der Rollenpartner, indem sie ihre Rolle selbst neu definiert («ich bin nur verantwortlich für die technischen Probleme, alles andere geht mich nichts an»).

Bei der *Konfliktlösung* schliesslich wird die Existenz des Konflikts zum Anlass genommen, nach seinen Ursachen zu fragen, um die Widersprüche ein für allemal zu beseitigen. Eine Voraussetzung für das Gelingen dieser echten Lösungsform ist die Bereitschaft der beteiligten Rollenpartner, das Bestehen von Konflikten als Problem zu akzeptieren und gemeinsam nach Lösungsmöglichkeiten zu suchen.

344 Hauptaufgabe – Beobachten

Während die Führung des einzelnen Mitarbeiters primär darin besteht, seine Motivation zu beeinflussen, bedeutet Führung einer Gruppe von Mitarbeitern Einflussnahme auf die Strukturen, die sich in einer Gruppe herausbilden und der Vorgänge, die in Gruppen ablaufen. Im einzelnen ergeben sich für den Vorgesetzten einer Gruppe in bezug auf die Aufgabe und die Gruppe als soziales System in instrumentaler und non-instrumentaler Hinsicht folgende Führungsziele:

- *Lokomotion:* Lösung der jeweiligen Gruppenaufgabe, Erreichung der Gruppenzeile, Ausrichtung der Gruppenziele auf die Ziele der Organisation.
- *Autonomie:* Schaffung und Aufrechterhaltung eines Bewegungsspielraumes, innerhalb dessen die Gruppe (teil-)autonom handeln und entscheiden kann.

- *Kohäsion:* Förderung des Zusammenhalts der Gruppe, Erhöhung ihrer Attraktivität, Aufrechterhaltung ihrer Aktionsfähigkeit.
- *Solidarität:* Förderung des Zusammengehörigkeitsgefühls, der zwischenmenschlichen Nähe, des gegenseitigen Vertrauens.

Die erste Voraussetzung für eine Erreichung dieser Führungsziele ist die Erfassung der Strukturen in der Gruppe sowie der Vorgänge, die sich in ihr abspielen. Dazu ist in erster Linie genaues *Beobachten* erforderlich. Es zeigt sich, dass manche Vorgesetzte im Laufe der Zeit ein eigentliches «*Gespür*» für Vorgänge in der Gruppe entwickeln. Damit der Vorgesetzte jedoch die benötigten Informationen aus eigener Beobachtung gewinnen und sein Gespür einsetzen kann, darf er den (inneren und äusseren) Kontakt mit der Gruppe nicht verlieren.

Sowohl der innere Aufbau einer Grupe als auch die in ihr ablaufenden Prozesse beruhen auf dem spezifischen *Interaktionsgefüge;* dieses stellt somit den wichtigsten Ansatzpunkt für die Einflussnahme auf die Gruppe dar.

Im einzelnen kommen folgende Massnahmen in Frage[65]:

- Die *Entstehung/Entwicklung einer (echten) Gruppe* kann durch die Schaffung der entsprechenden Voraussetzungen gefördert oder durch ihre Unterbindung erschwert werden.
- Die *Machtstruktur* der Gruppe kann über den Arbeitsvollzug beeinflusst werden: Die Zuweisung von Schlüsselstellungen (z.B. in Knotenpunkten des Informationsaustausches) oder von wichtigen Aufgaben verstärkt von vornherein den Einfluss des betreffenden Mitglieds in der Gruppe.
- Auf die *Rollenstruktur* der Gruppe kann dadurch eingewirkt werden, dass entsprechende Erwartungen bewusst gemacht und zum Gegenstand der Reflexion gemacht werden. Auch durch die Delegation von Aufgaben, Kompetenzen und Verantwortung lassen sich Rolleninhalte schaffen und verändern.
- Die *Kommunikationsstruktur* bzw. das Kommunikationsverhalten lässt sich auf vielfältige Weise beeinflussen. Grosse Bedeutung kommt hier dem Führungsstil des Vorgesetzten zu. Wichtig ist die Meta-Kommunikation: Die Art und Weise des Miteinander-Umgehens in der Gruppe soll selber zum Thema gemacht werden.
- Die *Zusammensetzung* der Gruppe, welche ihre Entwicklung stark bestimmt, lässt sich meist nur in Gruppen steuern, die zeitweise zur Erfüllung von Spezialaufgaben gebildet werden.
- *Spannungen* und *Konflikte* innerhalb der Gruppe lassen sich auf konstruktive und kooperative Art und Weise handhaben und sollten nicht nur als Störungen des Arbeitsablaufes betrachtet werden.
- Die *Ziele* der Gruppe können durch die Gestaltung der Gruppenaufgabe und der Kooperation bei der Aufgabenerfüllung beeinflusst werden. Indem die Aufgabe als wichtig, bedeutsam und ihre Erfüllung durch die Gruppe als befriedigend erlebt wird, kommt es zu einer Übereinstimmung von Gruppenzielen mit Zielen der Organisation.

65 vgl. Lattmann (1981)

Die Hauptaufgabe des Vorgesetzten besteht wie gesagt darin, das Interaktionsgefüge der Gruppe zu beeinflussen. Zur Beobachtung von Interaktionsprozessen bzw. zur Erfassung von Interaktionsmustern in Gruppen hat der amerikanische Psychologe Bales ein System von Beobachtungskategorien entwickelt, das sich in der Praxis gut bewährt hat (s. Abb. 70). Er geht davon aus, dass jede Gruppe bestimmte Probleme zu bewältigen hat: Neben Problemen der *Orientierung,* Probleme der *Bewertung,* Probleme der *Kontrolle,* Probleme der *Entscheidung,* Probleme der *Spannungsbewältigung* und Probleme der *Integration.*

Aufgrund langwährender theoretischer Überlegungen und praktischer Anwendungen seines Beobachtungsschemas fand Bales zwölf Interaktionsformen, die die Lösung der genannten Probleme entweder fördern (Formen 1-6) oder hemmen (Formen 7-12). Um die Interaktionsmuster einer Gruppe oder einzelner Gruppenmitglieder zu erfassen, muss auf einer Liste festgehalten werden, wie oft die verschiedenen Interaktionsformen auftreten.

Anhand der Liste lässt sich auch erkennen, ob ein Gruppe Fortschritte macht in der Art ihrer Zusammenarbeit und in der Integration ihrer Mitglieder: Die Interaktionskategorien 1 bis 6 müssten dann immer häufiger beobachtet werden.

Zur Beobachtung des Verhaltens der einzelnen Gruppenmitglieder eignet sich auch das folgende System, das sich an den verschiedenen Phasen der Gruppenentwicklung orientiert[66].

- *Kampf-Verhalten:* Attacken, Aggressionen, Verlachen, Verspotten, Ironisieren, negative Gefühle zeigen, Rivalisieren
- *Flucht-Verhalten:* Probleme ausweichen, Rückzug, Witzeln, Thematisches Ausweichen, Überintellektualisieren
- *Paarungs-Verhalten:* Freundlichsein, Intimität, Unterstützung, Übereinstimmungen
- *Abhängigkeits-Verhalten:* Warten auf Unterstützung oder Massgaben des Leiters, ständiges Bemühen um Strukturierung und Definition der Arten des Vorgehens
- *Gegenabhängigkeits-Verhalten:* Rebellion, Aufsässigkeit, Verneinung von Strukturierungsbemühungen
- *Arbeits-Verhalten:* Probleme bearbeiten, Probleme in der Gruppe lösen.

Im weiteren können auch die verschiedenen funktionalen und dysfunktionalen Rollenfunktionen beobachtet werden, die im Laufe der Interaktion innerhalb der Gruppe auftreten. Eine sehr wirksame Methode zur Beeinflussung der Interaktion und damit zur Führung von Gruppen ist die Themenzentrierte Interaktion. Auf dieses wichtige Führungsinstrument gehen wir weiter unten näher ein.
(Eine Fallstudie zum Thema findet sich in Abb. 102/Anhangband, Tests zum Thema in Abb. 122-127/Anhangband.)

---

[66] vgl. Antons (1976)

Abbildung 70: Interaktionskategorien[55]

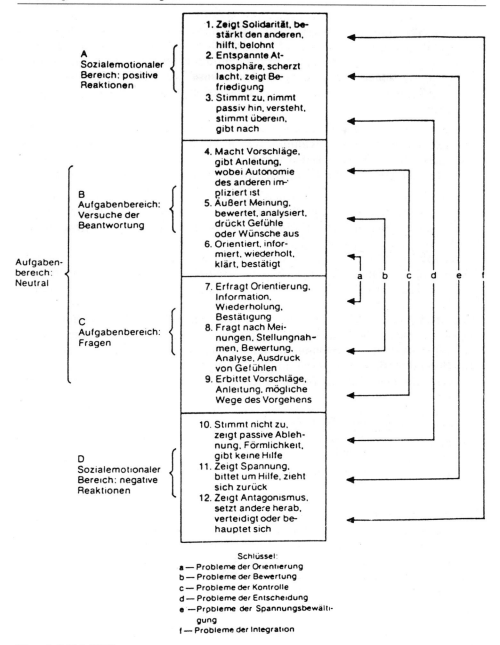

55 nach Seidel (1978)

345 Themenzentrierte Interaktion

In diesem Abschnitt wird ein System der Führung von Gruppen vorgestellt, das auf der Grundlage eines ganzheitlichen Menschenbildes und einer humanistischen Einstellung von Ruth Cohn entwickelt wurde. Um die Erfordernisse der Aufgabe mit den Erfordernissen des Menschlichen und Mitmenschlichen in Einklang zu bringen, werden im System der Themenzentrierten Interaktion (TZI) drei gleichwertige Faktoren postuliert:
- das *Es:* die *Sache,* das Thema, die gemeinsame Aufgabe
- das *Ich:* die *Person,* das Individuum, der einzelne in der Gruppe mit seinen Gefühlen, persönlichen Möglichkeiten und Problemen
- das *Wir:* die *Gruppe* mit ihrem Beziehungsnetz und ihren Interaktionen.

«Solange dynamisches Gleichgewicht dieser drei Faktoren erarbeitet wird, existieren optimale Bedingungen für die Teilnehmer als *Personen,* für die Interaktion der *Gruppe* und für die zu leistende *Aufgabe.* Selbstverwirklichung, Kooperation und Aufgabenlösung gehen Hand in Hand.»[67]

Die Aufgabe des Gruppenleiters und der Gruppe als Ganzes ist es, die drei Faktoren gleichwertig zu behandeln und in einer *dynamischen Balance* zu halten (entsprechend einem Fahrrad, das nur in Bewegung Balance hat). Die Gruppe lässt sich demnach als gleichseitiges Dreieck darstellen, dessen Ecken durch die drei auszubalancierenden Elemente Ich – Wir – Es gebildet werden (vgl. Abb. 71). Dieses Dreieck hilft dem Gruppenleiter als Hintergrundfigur, die seine Aufmerksamkeit ständig begleitet, während er sich um das dynamische Balancieren der drei Faktoren bemüht.

Grundlegend für das TZI-System sind die beiden Axiome der Autonomie und Interdependenz der menschlichen Existenz. Aus den Axiomen leiten sich zwei *Postulate* ab[68]:

Abbildung 71: Die 3 Grundelemente der Gruppe[56]

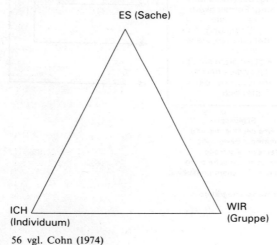

56 vgl. Cohn (1974)

67 Cohn (1975)
68 vgl. Cohn (1974, 1975)

- *Postulat 1: Sei dein eigener Chairman.* (chairman = Leiter, Vorsitzender) Mit diesem Postulat ist gemeint: Jeder ist der verantwortliche Leiter seiner selbst (chairman of myself). Jeder bestimmt selbst, wann er reden und wann er schweigen will. Jeder versucht sich seine inneren Gegebenheiten (seine Bedürfnisse, Gefühle, Strebungen) und die Gegebenheiten seiner Umwelt bewusst zu machen. Jeder nimmt die gegebene Situation als Angebot für seine eigenen Entscheidungen. Jeder entscheidet selbst, was er in den Gruppenprozess einbringen und was er ihm entnehmen will. Jeder nimmt und gibt, wie er es in der Verantwortung für sich selbst und andere will.
- *Postulat 2: Störungen haben Vorrang.* Störungen haben de facto den Vorrang, ob solche Direktiven gegeben werden oder nicht. Störungen fragen nicht nach Erlaubnis, sie sind da: als Schmerz, als Freude, als Angst, als Zerstreutheit; die Frage ist nur, wie man sie bewältigt.
Antipathien und Verstörtheiten können den einzelnen versteinern und die Gruppe unterminieren; unausgesprochen und unausgedrückt bestimmen sie Vorgänge in Schulklassen, in Vorständen, in Regierungen.
Verhandlungen und Unterricht kommen auf falsche Bahnen oder drehen sich im Kreis. Leute sitzen am Pult und am grünen Tisch in körperlicher Gegenwart und innerer Abwesenheit. Entscheidungen entstehen dann nicht auf der Basis von realen Überlegungen, sondern unterliegen der Diktatur der Störungen – Antipathien zwischen den Teilnehmern, unausgesprochenen Interessen und persönlichen depressiven und angstvollen Gemütsverfassungen. Die Resultate sind dementsprechend geist- und sinnlos und oft destruktiv.
Die unpersönlichen «störungsfreien» Klassenzimmer, Hörsäle, Fabrikräume, Konferenzzimmer sind dann angefüllt mit apathischen und unterwürfigen oder mit verzweifelten und rebellierenden Menschen, deren Frustration zur Zerstörung ihrer selbst oder ihrer Institutionen führt.
Das Postulat, dass Störungen und leidenschaftliche Gefühle den Vorrang haben, bedeutet, dass wir die Wirklichkeit des Menschen anerkennen; und diese enthält die Tatsache, dass unsere lebendigen, gefühlsbewegten Körper und Seelen Träger unserer Gedanken und Handlungen sind. Wenn diese Träger wanken, sind unsere Handlungen und Gedanken so unsicher wie ihre Grundlagen.

Jeder einzelne Mensch mit seinen Fähigkeiten, Sorgen und Freuden, ist ein betragendes Ich der Interaktion in Gruppen. Gruppengefühle und Gruppenaktionen beruhen auf diesen Ich-Bausteinen, die zum tragenden Wir dann werden, wenn sie in gemeinsamem Gefühl, Denken oder Handeln zueinander gehören.
Das Wir bildet sich um ein gemeinsames Thema, das von den einzelnen in ihrer Perspektive erlebt wird. Das Wir braucht Gemeinsamkeiten und Verschiedenheiten der Ichs. Wenn die Störungen einzelner Personen unter den Tisch gewischt werden, entsteht ein zerstückeltes Wir.
Wenn die Gruppe das unveräusserliche Recht des Ichs anerkennt, zu seinen Gedanken, Gefühlen und Wertungen zu stehen und es nicht zu beschneiden versucht, entsteht die Notwendigkeit, Ich-Störungen mit in die Interaktion einzubeziehen. Der Zeitverlust solcher Nebenthemen wird fast immer durch die Vertiefung der Wir-Solidarität kompensiert – nicht nur in der Dimension der Menschlichkeit, sondern auch in der Dimension der Leistung.

Sich mitteilen zu dürfen und wirklich gehört zu werden, genügt meistens, um das innere Gleichgewicht eines Menschen soweit wiederherzustellen, dass er sich der Gruppe und der gestellten Aufgabe zuwendet und seine Probleme und Emotionen zurückstellt, ohne sie zu verdrängen[69].

Neben den zwei Postulaten gibt es neun *Hilfsregeln,* die helfen, die Postulate zu verwirklichen und erfahrungsgemäss in interaktionellen Gruppen – und damit auch in Arbeitsgruppen – sehr nützlich sind[70]:

- *Vertritt dich selbst.* Sprich per «Ich» und nicht per «Wirt» oder per «Man». Die verallgemeinernden Man- und Wir-Formulierungen («man sollte unbedingt etwas machen») sind fast immer persönliche Versteckspiele. Der Sprechende übernimmt nicht die volle Verantwortung für das was er sagt.
- *Sage dich selbst aus.* Mache Aussagen über dich selbst, statt Fragen zu stellen. Wenn du eine Frage stellst, sage gleichzeitig, warum du fragst und was deine Frage für dich bedeutet. Stelle nur echte Fragen, die ein Verlangen nach Information ausdrücken. Unechte Fragen haben unechte Antworten und Gegenfragen zur Folge.
- *Sei authentisch und selektiv.* Mache dir bewusst, was du denkst und fühlst, und wähle, was du sagst und tust. Wenn ich etwas nur sage oder tue, weil ich soll, dann handle ich nicht eigenständig; ich fälle Entscheidungen, ohne wirklich zu entscheiden. Wenn ich alles authentisch (ungefiltert) sage, beachte ich nicht meine und des anderen Vertrauensbereitschaft und seine Verständnisfähigkeit. Wenn ich andererseits lüge oder manipuliere, verhindere ich menschliche Nähe und Kooperation. Wenn ich hingegen selektiv *und* authentisch bin, ermögliche ich Vertrauen und Verständnis.
- *Sei zurückhaltend mit Interpretationen von anderen.* Sprich stattdessen deine persönlichen Reaktionen aus. Interpretationen können richtig oder falsch sein («du redest, weil du immer im Mittelpunkt stehen willst»). Nicht-interpretative direkte persönliche Reaktionen auf das Verhalten des anderen führen zu spontaner Interaktion («ich möchte jetzt selbst etwas sagen»).
- *Sei vorsichtig mit Verallgemeinerungen.* Verallgemeinerungen haben die Eigenart, den Gruppenprozess zu unterbrechen.
- *Sage nichts über den anderen, ohne auch zu sagen, was es dir bedeutet, dass er so ist.* Die Aussage über einen anderen ist immer eine Aussage darüber, wie *ich* ihn sehe, ist immer meine persönliche Meinung. Wenn ich hinzufüge, was deine Einstellung, dein Verhalten mir bedeuten, wird ein echter Dialog begünstigt.
- *Betrachte Seitengespräche als wichtig.* Seitengespräche haben Vorrang; sie würden sich nicht ereignen, wenn sie nicht wichtig wären (wenn einer mit seinem Nachbarn spricht, so ist er wahrscheinlich stark beteiligt). «Vielleicht wollt ihr uns erzählen, was ihr miteinander sprecht?» (diese Regel soll als Aufforderung und nicht als Zwang erlebt werden).
- *Konzentriert euch aufeinander.* «Nur immer einer sprechen bitte». Niemand kann mehr als einer Äusserung zur gleichen Zeit konzentriert zuhören.
- *Verständigt euch in Stichworten, über was ihr zu sprechen beabsichtigt,* wenn mehr als einer gleichzeitig sprechen will. So erhält die ganze Gruppe einen Überblick

69 Cohn (1974)
70 vgl. Cohn (1974, 1975)

über die Vielfalt der Gesprächsthemen, die später wieder aufgenommen werden können, und niemand fühlt sich übergangen. Wenn diese Regel nicht aufgestellt wird, zeigt sich oft verstärktes Rollenverhalten: Der Scheue geht noch weniger aus sich heraus, der Dominante dominiert noch mehr.

Der *Gruppenleiter* ist einerseits Teilnehmer/Gruppenmitglied und übernimmt andererseits auch die Aufgabe der dynamischen Balance der drei Faktoren: *Ich – Wir – Es*. Er leitet die Gruppe als Person, als Ich, unter Einsatz seiner Gedanken und Gefühle, die er wie jeder andere Teilnehmer hat – das heisst: als sein eigener Chairman. Er ist aber zugleich auch Chairman der Gruppe, der die Regulation des dynamischen Gleichgewichts übernimmt: Er versucht, Verschiebungen des dynamischen Gleichgewichts auszugleichen, die sich zwischen den in verschiedenen Richtungen wirksamen Faktoren in der Gruppe immer wieder ergeben.

Falls eines der drei Elemente auf Kosten des anderen überwiegt, hat der Leiter die Aufgabe, das Element zu stärken, das jeweils zu kurz kommt, und es zu einer besseren Entfaltung zu bringen. Gelingt eine solche Balancierung nicht, dann kann es zu Ungleichgewichten kommen[71]:

- Ein Überwiegen von persönlichen Inhalten und Beziehungsbildung führt letztlich zu einer Art Selbsterfahrungsgruppe unter Vernachlässigung der Arbeitsaufgabe.
- Ein Überwiegen von persönlicher Selbstdarstellung und Aufgabenzentriertheit führt zu egozentrischer Aufgabenbezogenheit unter Vernachlässigung des Interaktionsprozesses und der Beziehungsbildung.
- Ein Überwiegen von Aufgabenorientierung und Beziehungsbildung begünstigt die Entwicklung einer Gruppe zu einem aufgabenzentrierten Kollektiv unter Ausschaltung persönlicher Inhalte, wie sie bis heute für das Arbeitsleben in der Regel als erstrebenswert gilt.

Der Gruppenleiter balanciert die Gruppe folgendermassen:

- Bei einer Tendenz in Richtung Selbsterfahrungsgruppe betont er durch eigene Sachbeiträge die Aufgabe, um mehr Sachbeiträge von seiten der anderen hervorzurufen.
- Bei einer Tendenz zur egozentrischen Aufgabenbezogenheit, bei der die Aufgabe bzw. das Thema als Mittel zum Zweck dient, betont er die Beziehungsbildung und ermuntert zur Interaktion zwischen den Gruppenmitgliedern. Er teilt z.B. mit, dass er sich gestört fühlt, weil sich in der Gruppe keine Interaktionen entwickeln oder dass er das Klima in der Gruppe als kühl empfindet.
- Bei einer Tendenz zur funktionalisierten Gruppe, bei der persönliche Inhalte ausgeschaltet werden, betont er die Individualität, indem er seine Gefühle in die Gruppe einbringt (selektiv authentisch).

Das TZI-System kann verstanden und verwirklicht werden als[72]

- System einer kooperativ-partizipativen Führung von Gruppen;
- System einer partnerschaftlichen Interaktion zwischen selbst- und mitbestimmenden, selbst- und mitverantwortlichen Gruppenmitgliedern, die gemeinsam zu erreichende Ziele vereinbart und sich gemeinsam zu lösende Aufgaben gestellt haben;

---

71 vgl. Heigl/Evers (1973)
72 vgl. Sahm (1980)

- System von sozialen Lernprozessen, in denen ein Interaktionsverhalten erlernt und eingeübt wird, das der Autonomie und Interdependenz des Menschen entspricht;
- System einer partnerschaftlichen Kommunikation, die es Gruppen ermöglicht, nicht nur ihre Aufgaben besser zu bewältigen, sondern auch ihre Interaktionen humaner zu gestalten.

35 Kooperation in der Gruppe

In einem so ausgeprägt arbeitsteilig strukturierten Leistungszusammenhang wie dem Krankenhaus sind die Tätigkeiten der einzelnen Aufgabenträger in hohem Masse aufeinander bezogen und voneinander abhängig. Dies gilt besonders für die Arbeitsgruppe, deren Leistungserfolg entscheidend davon abhängt, wieweit ihre Mitglieder zur Kooperation bereit und fähig sind. Wie stark sich die Zusammenarbeit auf die Zufriedenheit des einzelnen auswirkt, weiss jeder aus eigener Erfahrung.

351 Merkmale und Formen der Kooperation

Kooperation (lat. cooperare = zusammenarbeiten, mitarbeiten) bedeutet Zusammenarbeit, Mitwirkung. Allgemein wird unter Kooperation jede Form sozialer Zusammenarbeit zwischen Personen, Gruppen oder Organisationen verstanden; häufig wird Kooperation auch als Gegenbegriff zu Konkurrenz gesetzt.

Wird Kooperation einfach als «Zusammenarbeit» oder «gemeinsame Aufgabenerfüllung» definiert, so sagt dies nicht viel über das Wesen der Kooperation aus (man will ja eben gerade wissen, was Kooperation = Zusammenarbeit = gemeinsame Aufgabenerfüllung bedeutet).

Aus den verschiedenen Auffassungen über Kooperation lassen sich fünf grundlegende *Merkmale* herauskristallisieren[73]:

- *Zielorientiertes Verhalten:* Kooperation ist eine Verbindung oder Zusammenarbeit, die auf ein bestimmtes Ziel hin orientiert ist; die Erreichung dieses Zieles ist für die Kooperationspartner mit Befriedigungswerten verbunden (und dadurch erstrebenswert).
- *Belohnungen für jeden Kooperationspartner:* Das Verhalten des einen Kooperationspartners wirkt für den anderen als Belohnung und als positiver Verstärker (ein positiver Verstärker ist eine positive Reaktion auf mein Verhalten, welche die Wahrscheinlichkeit erhöht, dass ich dieses Verhalten beibehalte oder öfters zeige). In dieser Hinsicht lassen sich zwei Formen der Kooperation unterscheiden: Eine *symmetrische* Kooperation liegt dann vor, wenn die Abhängigkeit der Belohnungen vom Verhalten wechselseitig ist; *asymmetrisch* ist die Kooperation dann, wenn die Belohnungen des einen Partners vom Verhalten des anderen Partners völlig abhängen (wie z.B. in traditionellen Vorgesetzten-Untergebenen-Beziehungen).
- *Verteilte Aktionen der Kooperationspartner:* Bei der Kooperation werden verschiedene Aufgaben gemeinsam bewältigt (Arbeitsteilung); die Arbeitsprozesse der Kooperationspartner hängen wechselseitig zusammen.

73 vgl. Grunwald (1982), Wunderer/Grunwald (1980)

- *Sachliche Koordination:* Die Zusammenarbeit ist dadurch gekennzeichnet, dass eine quantitative, qualitative, zeitliche, räumliche, kostenmässige Abstimmung arbeitsteiliger Prozesse und Ergebnisse im Hinglick auf ein gesetztes Ziel erfolgt.
- *Soziale Koordination:* Arbeitsprozesse und -ergebnisse sind auch in personeller Hinsicht aufeinander abgestimmt.

Die Ausprägung dieser Merkmale bzw. der Stil der Kooperation in einer Arbeitsgruppe wird in erster Linie durch das Verhalten der Gruppenmitglieder – in besonderer Weise durch den Führungsstil des Gruppenleiters – bestimmt. Neben diesen psychologischen Grössen üben auch Faktoren wie die zu lösende Aufgabe und die Umwelt der Gruppe einen wichtigen Einfluss auf die Kooperation aus.

Für die Form der Zusammenarbeit ist aber sicher das zwischenmenschliche Verhalten der Gruppenmitglieder (einschliesslich des Vorgesetzten) von entscheidender Bedeutung: von ihm hängt es primär ab, ob die Kooperation den Charakter einer partnerschaftlichen und humanen Zusammenarbeit hat.

Die Art der Aufgaben, die in einem Krankenhaus bewältigt werden müssen, macht verschiedene Formen der Zusammenarbeit erforderlich. Die Art dieser Zusammenarbeit ist wie gesagt einerseits durch das spontane Verhalten der Kooperationspartner geprägt; andererseits ist sie aber auch vorstrukturiert und z.B. formalisiert in einem Plan niedergelegt oder durch den Arbeitsprozess determiniert.

Grundsätzlich lassen sich drei *Formen der Zusammenarbeit* unterscheiden[74]:

- *Koagierend* ist die Zusammenarbeit dann, wenn jeder unabhängig von den anderen einen Teil der Aufgabe erledigt, so dass das Leistungsergebnis weitgehend von der Motivation und den Fähigkeiten des einzelnen und nicht von der Tätigkeit der anderen bestimmt wird. Die Leistung der Gruppe ergibt sich in diesem Fall also aus der Summe der Einzelleistungen.

    Ein Beispiel hiefür wäre das Räumen von Schnee in einem grösseren Ort. Es arbeiten also hier mehrere Menschen nebeneinander, ohne sich dabei durch direkte Kommunikation zu beeinflussen (wobei allerdings bereits die blosse Anwesenheit anderer das individuelle Leistungsverhalten beeinflusst).
- *Interagierende* Zusammenarbeit ist dort gegeben, wo eine Kooperation zwischen den einzelnen für das Erbringen der Leistung erforderlich ist. Die Interaktion ist hier wesentlicher Bestandteil des Arbeitsprozesses; der Fehler eines einzelnen Gruppenmitglieds führt zu einer Beeinträchtigung der Gesamtleistung. Ein Beispiel hiefür wäre etwa ein Forschungsteam. Die Strukturen einer solchen Arbeitsgruppe können das Leistungsergebnis in hohem Masse behindern, es aber auch fördern (s. oben).
- *Kontraagierende* Zusammenarbeit liegt dann vor, wenn die Aufgabe darin besteht, bei widersprüchlichen Meinungen eine Einigkeit zu erzielen oder divergierende Ziele aufeinander abzustimmen. Hier wird also das Konflikthafte des Handelns in einer Organisation thematisiert. Ein Beispiel für kontraagierende Zusammenarbeit wäre dort zu sehen, wo Krankenhausleitung und Betriebsrat um Personalentscheidungen ringen.

74 vgl. Rosenstiel et al. (1983)

Aufgrund der Beobachtung der Arbeitsvollzüge auf einer Station lassen sich zwei Formen der Kooperation unterscheiden[75]: die assoziative und die teamartige Kooperation:

Die *assoziative Kooperation* ist durch lockere, zwanglose, von Fall zu Fall abgesprochene Aufteilung einzelner Arbeitsakte einer Tätigkeit auf mindestens zwei Arbeitskräfte gekennzeichnet. Im ärztlichen Bereich findet sich eine Kooperation diesr Art nur ganz selten; die ärztliche Arbeit wird dort, wo ein Assistent (Stationsarzt) und ein Unterassistent vorhanden sind, in der Regel mengenmässig aufgeteilt (wobei dem Unterassistenten die weniger privilegierten Tätigkeiten zugewiesen werden). Die ärztlichen Arbeiten liegen also weitgehend in einer Hand; lediglich Konsultationen und kollektive Entscheidungsfindungen kommen als verfestigte kooperative Phänomene vor.

Demgegenüber zeigt sich im pflegerischen Bereich ein ganz anderes, vielfältigeres Bild: Hier lässt sich vor allem bei Tätigkeiten wie «Essenausteilen» oder «Fiebermessen und Pulsen» assoziative Kooperation sehr häufig beobachten. Wird das Essen in Wärmewagen auf die Station geliefert, bildet sich hier z.B. oft eine Arbeitsteilung zwischen Füllen und Austragen der Teller. Assoziative Kooperation geht aus den Anforderungen hervor, die sich in personeller und zeitlicher Hinsicht an die Flexibilität des Stationsbetriebes ergeben. Es handelt sich dabei um mögliche, sinnvolle, aber vom Arbeitsvollzug her nicht zwingend notwendige Aufteilungen, die fast ausschliesslich informal geregelt sind. Bei diesen Regelungen spielen Positions- und Qualifikationsunterschiede eine Rolle.

Von *teamartiger Kooperation* spricht man bei Arbeitsvollzügen, die ohne Zusammenarbeit, ohne unmittelbares Hand-in-Hand-Arbeiten gar nicht erfolgen können. Hier besteht kein Kooperationsangebot, sondern ein Kooperations*zwang*. Beispiele regelmässiger teamartiger Kooperation auf Stationen sind im pflegerischen Bereich das Betten schwerkranker bzw. bewegungseingeschränkter Patienten, zwischen Arzt und Pflegepersonal die Visite. Bei der Verbandvisite liegt ein besonderer Fall vor: Der Zweck der Verbandvisite besteht darin, Operationsklammern zu entfernen, die Wunde zu behandeln oder einen neuen Verband anzulegen. Die dazu erforderlichen Utensilien liegen auf dem Verbandswagen, teilweise in Kästen, in steriler Form bereit. Der Arzt ist darauf angewiesen, dass sie ihm jeweils frisch aus den Sterilkästen gereicht werden. Hier liegt also ein Fall vor, wo bestimmte Vorsichtsmassregeln die Verteilung von Arbeitsakten desselben Vollzuges auf verschiedene Personen gebieten. Eine Einschätzung der Kooperation durch die Beteiligten, wie sie im Rahmen von Untersuchungen erfolgte, zeigt eine Diskrepanz zwischen den Aussagen der Befragten und den Beobachtungen der Befrager: Die Aussagen der Beteiligten fallen um einiges positiver aus. So wird die Zusammenarbeit des Pflegepersonals untereinander nur von 20% als mittel, schlecht oder sehr schlecht beurteilt; 62% finden sie gut, 17% sogar sehr gut[76].

Die Zusammenarbeit zwischen Pflegepersonal und Arzt wird dagegen von jeder dritten Pflegeperson als mittel oder schlecht bezeichnet, 52% finden sie gut, 16% sogar sehr gut.

---

75 vgl. Siegrist (1978)
76 vgl. Siegrist (1978)

Diese Ergebnisse zeigen «die begrenzte Gültigkeit schriftlicher Erhebungsmethoden in einem Untersuchungsfeld, in welchem Konformitätsdruck und Kontrollängste, aber auch eine gewisse Spitzfindigkeit bezüglich möglicher Fragestellungen sozialwissenschaftlicher Untersuchungen bestehen»[77].

Ganz eindeutig ist hingegen die Beziehung zwischen Kooperation und Bindung an den Betrieb: Je besser die Beurteilung der Kooperation, desto stärker die Bindung an den Arbeitsplatz (vgl. Abb. 72).

Abbildung 72: Kooperation und Bindung an den Betrieb[57]

Zusammenhang zwischen Bindung an den Betrieb und Einschätzung der Kooperation durch Pflegepersonal (N = 113)

Bindung an Betrieb*			Kooperation					
	gut		mittel		schlecht			
stark	43	90	9	10	0	0	48	(100%)
mittel	31	60	19	36	2	4	52	(100%)
schwach	6	46	4	31	3	23	13	(100%)
	N	%	N	%	N	%	SN	%

* Vgl. Frage 28 des Personalfragebogens
Chi² = 23.90   df = 4   p < 0.01

57 Siegrist (1978)

352 Gruppenleistung

Schon die blosse Anwesenheit anderer Personen beeinflusst die Arbeitsleistung des Individuums (wenn es also noch gar nicht zur Gruppenbildung gekommen ist). Mehr noch: Diese Anwesenheit muss nicht einmal real, sondern kann bloss vorgestellt sein. Welcher Art aber dieser Einfluss ist, darüber gehen die Meinungen stark auseinander. Ob die Gruppenleistung bei der Bewältigung einer Aufgabe höher ist als die Summe der Individualleistungen ihrer Mitglieder, hängt von verschiedenen Faktoren ab. Solche Determinanten der Gruppenleistung sind[78]:
- *Gruppengrösse* (hier besteht ein bestimmter Schwellenwert der Effizienz).
- *Gruppenstruktur* (z.B. die Rollendifferenzierung, die Macht- und Statusstruktur, insbesondere jedoch die Kommunikationsstruktur).
- *Gruppenkohäsion* und *Interdependenzen* der Gruppenmitglieder.
- *Merkmale der Gruppenmitglieder* (z.B. Kommunikationsbereitschaft und -fähigkeit, Homogenität/Heterogenität, Fachkompetenz).
- *Art der Aufgabe.*

Die Auswirkungen verschiedener Kommunikationsstrukturen auf die Gruppenleistung wurde bereits besprochen. Auf einige weitere Bestimmungsfaktoren soll im folgenden eingegangen werden. Begonnen wird mit der *Art der Aufgabe; hier werden drei Typen von Gruppenleistungen unterschieden, in denen sich ein Vorteil gegenüber der Individualleistung zeigt*[79]:

77 Siegrist (1978)
78 vgl. Wiswede (1981)
79 vgl. Hofstätter (1979)

- *Typ des Tragens und Hebens:* Solche Leistungen beruhen auf dem mechanischen Prinzip der addierten Kombination von Einzelleistungen. Dass hier ein Leistungsvorteil der Gruppe besteht, liegt auf der Hand (wobei es sich hier nicht um einen echten Gruppeneffekt, sondern um die blosse Summation von Einzelleistungen handelt).
- *Typ des Suchens und Beurteilens:* Beim Bewerten, Beurteilen und Suchen nach Lösungen/Ideen zeigt sich ebenfalls ein Leistungsvorteil. Solchen Leistungen liegt das statistische Prinzip des Fehlerausgleichs zugrunde. Die Gruppenleistung ist hier den Durchschnittsleistungen der Gruppenmitglieder deshalb überlegen, weil die Urteilsfehler der einzelnen Personen einander die Waage halten.
- *Typ des Bestimmens:* Wo die Suche nach Lösungen nicht zu einer Stabilisierung der Gegebenheiten führt, vermag die Gruppe eine Problemlage zu fixieren, indem sie bestimmte Normen entwickelt. So legt beispielsweise eine Gruppe die Minima und Maxima von Einzelleistungen fest. Als Regel gilt, dass diese Normen geringfügig unterhalb des Durchschnitts der Einzelleistungen liegen.

Die Ergebnisse von Untersuchungen über die Effektivität von Gruppen und Einzelpersonen hinsichtlich der Qualität von Problemlösungen zeigen folgendes[80]:
- Gruppenlösungen sind besser als Einzellösungen bei komplexen und unstrukturierten Problemen und wenn die Gruppenmitglieder komplementäre Kenntnisse, Fähigkeiten und Mängel haben.
- Einzellösungen sind besser als Gruppenlösungen, wenn es sich um einfachere und strukturierte Probleme handelt.

Die Überlegenheit der Gruppe bei der Bearbeitung von komplexen und unstrukturierten Problemen lässt sich in erster Linie auf folgende Mechanismen zurückführen[81]:
- *Integration:* In der Gruppe sind mehr Informationen und Problemlösungsansätze gespeichert als in einem einzelnen Individuum. In der Gruppe wird nun das Problemlösungspotential der einzelnen Mitglieder nicht nur addiert, sondern durch die zielgerichtete Interaktion integriert.
- *Irrtumsausgleichs-Mechanismus:* Jedes Gruppenmitglied geht von seinem persönlichen Rahmen von Motiven, Einstellungen, Erwartungen, Kenntnissen und Fähigkeiten aus. Die Gruppe als Ganzes hat einen breiteren Horizont als der einzelne; sie geht unvoreingenommener an die Problemlösung heran. Die Interaktion wirkt nun als Irrtumsausgleichs-Mechanismus, indem Fehl- und Vorurteile einzelner Mitglieder zum Vorschein kommen und korrigiert werden können.
- *Soziale Unterstützung:* Die Interaktion in der Gruppe stellt für das einzelne Gruppenmitglied eine Quelle sozialer Unterstützung dar. Dies kann die Ängste, die vor allem bei sehr wichtigen Entscheidungen entstehen, mildern und damit die Sachbezogenheit des Urteils verstärken.

Damit diese Mechanismen aber tatsächlich zum Spielen kommen, müssen grundsätzlich einmal folgende Bedingungen gegeben sein:

80 vgl. Müller/Hill (1977)
81 vgl. Müller/Hill (1977)

- Die Gruppe muss sich aus Personen zusammensetzen, die von ihren Einstellungen und Fähigkeiten her auch wirklich in der Lage sind, an der Problemlösung mitzuarbeiten. Je mehr sich diese Eigenschaften ergänzen, desto grösser ist die Urteilsüberlegenheit der Gruppe.
- Die Gruppenstruktur muss «offen» sein, d.h. die Gruppenaktivität darf nicht durch enge formale Regelungen eingeengt werden und die Interaktionen müssen sich ohne Barrieren vollziehen können.

«Echte Gruppeneffekte entstehen durch die motivierende, stimulierende und kontrollierende Funktion der Anwesenheit anderer. Diese Effekte wirken keineswegs immer im Sinne einer Leistungssteigerung. Überaktivierung, Angst vor Blamage, sozialer Stress sowie Koordinationsschwierigkeiten trüben den Leistungsvorteil der Gruppe oftmals sehr stark ein.»[82]

Die oft gehörte These, dass die Pflege der Gruppenbeziehungen den inneren Zusammenhalt (Kohäsion) und damit die Gruppenleistung erhöhe, ist in dieser undifferenzierten Form sicher nicht haltbar. Ganz von der Hand zu weisen ist jedoch die Möglichkeit einer direkten Beziehung zwischen der Gruppenkohäsion und der Gruppenleistung nicht. Allerdings ist diese Beziehung nicht so, dass man einfach sagen könnte: Je höher die Kohäsion einer Gruppe, desto höher die Leistung.

Der Zusammenhang zwischen Kohäsion und Leistung ist komplexer. Das zeigt sich auch im folgenden Zitat (wobei hier für Kohäsion der Ausdruck «Kohärenz» verwendet wird). «Bei geringer Kohärenz verbrauchen die Mitglieder ihre Energie weitgehend für die Schaffung, Aufrechterhaltung und Verbesserung ihres Status und für andere Gruppenprozesse; für die Aufgabe selbst bleibt wenig. Bei mittleren Graden von Kohärenz werden viele Energien für die Sache freigesetzt. Bei hoher Kohärenz kann die Leistung wieder absinken; die Mitglieder haben sich einen Kaffee gekocht, spielen Skat und finden sich wahnsinnig nett.»[83]

Es kommt also nicht allein auf die Kohäsion an, ob die Gruppenleistung hoch ist oder niedrig. Eine ganz entscheidende Rolle spielen auch hier – wie bei jedem Verhalten des einzelnen in der Gruppe – die *Gruppennormen*.

Ist die Leistungsnorm – also die Gruppennorm bezüglich der zu leistenden Arbeitsmenge – hoch, so wirkt sich dies auf die Arbeitsleistung des einzelnen und auf die Leistung der Gruppe als Ganzes anders aus, als wenn die Leistungsnorm tief angesiedelt ist. Nun ist es aber so, dass eine Gruppennorm dort am stärksten verhaltensbestimmend wirkt, wo die Gruppenkohäsion hoch ist. Das ist leicht einzusehen, wenn man bedenkt, dass die Sanktionen durch die Gruppe bei Einhaltung/Nichteinhaltung der Gruppennormen umso gewichtiger sind, je wichtiger die übrigen Gruppenmitglieder für ihn sind und je wertvoller ihm die Mitgliedschaft ist.

Das Abweichen von Normen ist deshalb umso weniger wahrscheinlich, je höher die Kohäsion der Gruppe ist. In Arbeitsgruppen mit hoher Kohäsion ist deshalb eine strikte Beachtung der gruppenspezifischen Leistungsnorm zu erwarten, in Gruppen mit geringer Kohäsion dagegen nur eine mässige Beachtung dieser Norm und demzufolge eine grosse interindividuelle Leistungsstreuung innerhalb der Gruppe.

82 Wiswede (1981)
83 Sader (1976)

Das Fazit dieser Überlegungen[84]: eine *hohe Gruppenleistung* ist dort zu erwarten, wo die Leistungsnorm und die Gruppenkohäsion hoch sind; niedrige Leistungen dort, wo die Leistungsnorm niedrig, aber die Gruppenkohäsion ebenfalls hoch ist (z.B. bei bestimmten Cliquen). Die Streuung der Einzelleistungen innerhalb der Gruppe wird in diesen Fällen sehr gering sein, weil aufgrund der Kohäsion die Normen von der Gruppe stark beachtet werden.

Bei geringer Gruppenkohäsion sind hohe Leistungsstreuungen innerhalb der Gruppe zu erwarten; die Leistungen werden mittelmässig sein, und zwar unabhängig von den Leistungsnormen, da sich diese infolge der geringen Gruppenkohäsion nicht durchsetzen. In der folgenden Tabelle sind diese wichtigen Zusammenhänge zusammenfassend dargestellt:

	Gruppenleistung	Leistungsstreuung
Hohe Leistungsnormen + hohe Gruppenkohäsion	hoch	gering
Hohe Leistungsnormen + niedrige Gruppenkohäsion	mittel	hoch
Niedrige Leistungsnormen + hohe Gruppenkohäsion	niedrig	gering
Niedrige Leistungsnormen + niedrige Gruppenkohäsion	niedrig	hoch

Die praktische Bedeutung dieser Ergebnisse liegt in der Möglichkeit, sowohl die Leistungsnorm wie auch die Kohäsion der Gruppe zu beeinflussen. Die Einflussnahme auf die *Kohäsion* ist u.a. möglich durch[85]

- organisatorische Massnahmen (z.B. sozialbezogene Gestaltung der Arbeitsvollzüge).
- Möglichkeit, dass Personen selbst Einfluss auf die Mitgliedschaft haben.
- Steigerung der Interaktion während der Arbeit.
- Schaffung kleinerer Arbeitsgruppen.
- Anreiz zu privaten Kontakten.
- Förderung der Übereinstimmung von Gruppen- und Individualzielen

Ob in der Gruppe eine hohe oder eine niedrige *Leistungsnorm* entwickelt wird, hängt in erster Linie davon ab, ob die Einstellung der Gruppenmitglieder zur Organisation, zur Leitung der Organisation, zum unmittelbaren Vorgesetzten und auch zur Arbeitsaufgabe positiv oder negativ ist. Massnahmen zu einer positiven Beeinflussung der Leistungsnorm richten sich deshalb hauptsächlich auf vermehrte *Partizipation an Entscheidungen*, eigene *Strukturierung von Aufgaben* (etwa in teilautonomen Arbeitsgruppen) und die *Transparenz von Zielen*.

Eine gleichzeitige Erhöhung von Leistungsnorm und Gruppenkohäsion kann durch Steigerung der Kommunikation in der Gruppe im Rahmen partizipativer Gespräche über Aufgaben und Ziele angestrebt werden (wodurch die Identifikation mit der Aufgabe und damit auch die Leistungsnorm gesteigert wird).

---

84 vgl. Rosenstiel (1980)
85 vgl. Wiswede (1981)

Als Grund für den sogenannten Leistungsvorteil der Gruppe wird häufig auch die *Konkurrenz* unter den Gruppenmitgliedern angeführt: Die Interaktion fördere den Wettstreit unter den Gruppenmitgliedern um die Anerkennung in der Gruppe; diese versuchten durch die besondere Qualität ihrer Beiträge einen hohen Status zu erlangen, was sich auf die Gruppenleistung positiv auswirke.

Dazu ist folgendes zu sagen: Konkurrenz unter den Gruppenmitgliedern steht nicht nur im Gegensatz zum Effekt der «sozialen Unterstützung» in Gruppen, sondern schadet auch der Gruppenkohäsion; beides wirkt sich auf die Gruppenleistung negativ aus.

«Ganz allgemein gesprochen ist also Wettbewerb innerhalb der Gruppe dem Klima und damit auf die Dauer auch der Leistung abträglich. So sehr es uns daher gelegentlich auch reizt, die Motivation des einzelnen in der Gruppe durch Wettbewerb mit seinem Nebenmann zu steigern: für das Gruppenklima wäre es besser, dies zu unterlassen und allenfalls den Wettbewerb zwischen Gruppen anzuregen.»[86]

Neben der Leistungsnorm und der Kohäsion der Gruppe üben noch verschiedene andere Faktoren auf die Leistung einer Arbeitsgruppe einen Einfluss aus. In Abbildung 67 sind die wichtigsten Bestimmungsfaktoren der Gruppenleistung dargestellt. Als *unabhängige Variablen* sind zu nennen:

- *Gruppenmitglieder:* Persönlichkeitsmerkmale, Bedürfnisse, Einstellungen und Erwartungen, Kenntnisse und Fähigkeiten in fachlicher und sozialer Hinsicht usw.
- *Gruppenstruktur:* Zusammensetzung der Gruppe (nach Geschlecht, Alter, Ausbildung, Status usw.), Gruppengrösse, Rollenstruktur, Machtstruktur, Kommunikationsstruktur, Normenstruktur, Führung der Gruppe, Arbeitsorganisation (z.B. Arbeitsplan, Problemlösungstechniken) usw.
- *Aufgabe:* Art der Aufgabe (Klarheit, Eintönigkeit/Vielfältigkeit, Über-/Unterforderung, Gleichmässigkeit der Belastung usw.), Schwierigkeitsgrad, Arbeitsziele, Restriktionen (z.B. zur Verfügung stehende Zeit), Arbeitsmittel (personeller, materieller, finanzieller Natur), Patientengut usw.
- *Umwelt:* (Arbeits-)Umgebung der Gruppe (Art, Grösse und Standort des Krankenhauses; bauliche, technische und hygienische Einrichtungen; infrastrukturelle Voraussetzungen; kulturelle und sportliche Angebote; wirtschaftliche und gesundheitspolitische Gegebenheiten; Image des Krankenhauses in der Öffentlichkeit usw.), Stellung der Gruppe in der Organisationsstruktur des Krankenhauses (funktionale und hierarchische Stellung, Status), Intergruppenbeziehungen, «Belohnungsmuster» usw.

Als *intervenierende Variablen* spielen hauptsächlich folgende Faktoren eine Rolle: *Führungsstil* des Vorgesetzten, *Arbeitsmotivation* der Gruppenmitglieder, *Zusammenhalt* (Kohäsion) unter den Gruppenmitgliedern, *Leistungsnorm* der Gruppe und *Kooperation* in der Gruppe.

353 Verhalten in der Arbeitsgruppe

Bei der Bearbeitung von Aufgaben in der Arbeitsgruppe kann man im Verhalten der Gruppenmitglieder zueinander folgende drei Grundformen unterscheiden[87]: selbst-orientiertes Verhalten, interaktions-orientiertes Verhalten und aufgaben-orientiertes Verhalten.

Selbst-orientiertes Verhalten: Dieses zeigt sich, wenn ein Gruppenmitglied mehr an der Erfüllung eigener Bedürfnisse interessiert ist als daran, der Gruppe bei ihrem Aufbau oder ihrer Aufgabe zu helfen. Folgende Verhaltensweisen lassen sich beobachten:

- nicht zuhören können
- über Argumente hinweggehen
- Aggressionen zeigen (andere herabsetzen, verspotten, ablehnen)
- übererregt und empfindlich reagieren
- blockieren (trotzen, widersprechen, stur beharren)
- Verantwortung ablehnen
- Beachtung suchen (prahlen, sich hervortun, Aufmerksamkeit erregen, gefallen wollen, Clownerie)
- Selbstgeständnisse machen (Gefühle, Erlebnisse, Einsichten, Ideologien äussern)
- rivalisieren
- sich distanzieren (Desinteresse, Ironie, Zynismus, Nonchalance)
- dominieren (sich hervortun, befehlen, die Diskussion zu beherrschen versuchen)
- Hilfe erbitten (durch Unsicherheit, Verwirrung, Selbsterniedrigung)
- für Sonderinteressen plädieren

Interaktions-orientiertes Verhalten: Dieses zeigt sich, wenn ein Gruppenmitglied hauptsächlich an den anderen Gruppenmitgliedern interessiert ist und ihnen hilft, wirksam zusammenarbeiten zu können. Folgende Verhaltensweisen lassen sich beobachten:

- zuhören
- andere ansprechen, andere in die Diskussion hereinziehen
- ermutigen (loben, zustimmen, akzeptieren, solidarisieren)
- harmonisieren (vermitteln, Spannungen abbauen, Differenzen klären)
- Beiträge anderer beachten und aufgreifen
- Kompromisse schliessen (wenn eine eigene Idee oder Position betroffen ist)
- Diskussion kanalisieren und regeln
- Standards festlegen
- Gruppenprozesse beachten und kommentieren
- Gefolgschaft leisten
- Protokoll führen
- zur Kooperation ermutigen

Aufgaben-orientiertes Verhalten: Dieses zeigt sich, wenn ein Gruppenmitglied sein Hauptinteresse darauf richtet, die Gruppenaufgabe zu erfüllen. Folgende Verhaltensweisen lassen sich beobachten:

[87] vgl. Kirsten/Müller (1979), Neuberger (1976)

- Initiative zeigen (Arbeitsprozesse in Gang setzen, Anregung geben, energetisieren)
- Ziele formulieren
- Probleme klären
- orientieren
- Lösungen vorschlagen
- Informationen suchen
- Informationen mit anderen teilen
- Meinungen erbitten
- Meinungen äussern
- ausarbeiten
- Ergebnisse zusammenfassen
- koordinieren
- Arbeitsabläufe organisieren
- bewerten und kritisieren
- Protokoll führen
- Übereinstimmung festhalten

Diese Klassifizierungen, die nur als Hilfe für die Beobachtung und die Steuerung gedacht sind, dürfen keineswegs als starre Rollen gesehen werden, sondern als ein mögliches, wechselndes Verhalten oder als Funktionen, die von den verschiedenen Gruppenmitgliedern zeitweilig übernommen werden.

Bei den selbst-orientierten Verhaltensweisen muss man sich vor der Tendenz in jeder Gruppe hüten, andere oder sich selbst zu beschuldigen, wenn dieses Verhalten vorübergehend eintritt. Es ist sinnvoller, solches Verhalten als Symptom für die Tatsache zu betrachten, dass die Gruppe nicht fähig ist, individuelle Bedürfnisse ausreichend durch gruppenzentrierte Arbeit zu befriedigen.

Hinzu kommt, dass dieselben Verhaltensweisen auch unterschiedliche Wirkungen haben können. So kann unter Umständen ein aggressiv geäusserter Beitrag auf durchaus positive Weise die Luft reinigen und einer Gruppe neue Impulse geben.

Als Regel kann man annehmen, dass jede Gruppe besser und erfolgreicher arbeiten kann, wenn ihre Mitglieder[88]

- sich der jeweils erforderlichen Funktion bewusst werden.
- sensibler und bewusster das Erforderliche tun, um das Gewünschte tatsächlich zu erreichen.
- ein Selbsttraining beginnen, um den Umfang ihrer Gruppenfunktionen zu prüfen und die Fähigkeit einzuüben, sie tatsächlich zu erfüllen.

Bei einer selbstkritischen Überprüfung des eigenen Verhaltens in der Arbeitsgruppe wird vielleicht feststellbar, dass im Interaktionsstil – also in der Art, wie mit den anderen umgegangen wird – eine der drei oben beschriebenen Verhaltensorientierungen besonders stark vertreten ist. Ideal wäre eine Mischung der drei Komponenten, die der jeweiligen Aufgabe und Situation der Arbeitsgruppe entspricht.

Besonders am Anfang wird aber meist ein selbst-orientiertes Verhalten der einzelnen Gruppenmitglieder überwiegen und besonders das Eingehen auf die anderen (interaktions-orientiertes Verhalten) vernachlässigt. Das Verfolgen persönlicher Bedürfnisse nach Macht, Anerkennung usw. kann den Arbeitsprozess in der Gruppe erheblich behindern. Ein interaktions-orientiertes Verhalten wirkt sich dagegen positiv auf die Zusammenarbeit der Gruppe aus und fördert ein emotionales Klima der gegenseitigen Anerkennung, das der einzelne braucht, um «mitgerissen» zu werden. (Fragen zum Verhalten in Arbeitsgruppen finden sich in Abb. 128/Anhangband.)

---

88 vgl. Brocher (1976)

354 Kooperation oder Konkurrenz?

Die Frage, wie man eine Arbeitsgruppe zu hohen Leistungen anspornt, ist für jeden Vorgesetzten, für jedes produktive soziale System von grosser Bedeutung. Manche Vorgesetzte sind der Auffassung, dass die Einführung konkurrenzbetonter Momente eine stimulierende Wirkung habe. Andere behaupten das Gegenteil. Was ist richtig? Bevor auf diese Frage eingegangen wird, soll kurz der Begriff der Konkurrenz geklärt werden. Das Wort leitet sich vom lateinischen Verb «concurrere» her, was «zusammenlaufen, zusammentreffen» bedeutet. In bezug auf zwischenmenschliche Arbeits- und Sozialbeziehungen spricht man dann von Konkurrenz (Wettstreit, Wettbewerb), wenn mehrere Parteien zusammen etwas erlangen wollen, das nicht von allen erlangt werden kann. Es liegt also eigentlich ein Verteilungsproblem vor: Die (materiellen oder immateriellen) Güter, die verteilt werden müssen, sind knapp. Beispiele: Aufgrund einer Zeitungsannonce konkurrieren mehrere Bewerber um einen begehrten Arbeitsplatz. Oder Studenten konkurrieren um das beste Examen.

Konkurrenz wird üblicherweise als das Gegenteil von Kooperation betrachtet: Während in einer Kooperationssituation A und B ihre Ziele nur gemeinsam erreichen können, vermag in der Konkurrenzsituation A seine Ziele nur auf Kosten von B zu erreichen.

Kooperation und Konkurrenz sind beides Formen sozialer Interaktion, aber sozusagen mit umgekehrten Vorzeichen: Bei der Kooperation findet eine gleichgerichtete Wechselwirkung zwischen A und B statt; bei der Konkurrenz ist die Wechselwirkung entgegengerichtet. Die beiden Interaktionsformen lassen sich aufgrund verschiedener Merkmale unterscheiden[89]:

	Kooperation	Konkurrenz
Wechselbeziehung	gleichgerichtet	entgegengerichtet
Substitutabilität (Bereitschaft, Handlungen eines anderen an die Stelle der eigenen treten zu lassen)	positiv	negativ
Cathexis (Entwicklung positiver und negativer Einstellungen)	positiv	negativ
Induzierbarkeit (Bereitschaft, sich von anderen positiv beeinflussen zu lassen)	positiv	negativ
Stellvertretung, Arbeitsteilung und Rollenspezialisierung	positiv	negativ

89 vgl. Deutsch (1976), nach Wunderer/Grunwald (1980)

	Kooperation	Konkurrenz
Ökonomischer Einsatz von Personal und Mitteln	positiv	negativ
Grundlegung für dauerhafte Beziehungen	positiv	negativ
Kommunikation	offen, aufrichtig	mangelnd oder irreführend Bereitschaft zur Spionage
Wahrnehmung	Sensitivität für Ähnlichkeiten und gemeinsame Interessen, Förderung von Annäherung und Übereinstimmung	Sensitivität für Unterschiede und Gefahren, reduzierte Wahrnehmung von Ähnlichkeiten
Einstellung zueinander	vertrauensvoll, freundlich; Neigung, auf Nöten und Bitten des anderen zu reagieren	misstrauisch, feindselig; Neigung, Bedürfnisse des anderen auszubeuten und auf Forderungen der Mitmenschen nicht zu reagieren
Aufgabenorientierung	divergierende Interessen werden zu einem Problem; widerstreitende Tendenzen werden eingeschränkt	Ausweitung des Konflikts, Verstärkung der emotionalen Erregungen; beiderseitige Katastrophe ist eher annehmbar als begrenzte Niederlage

Der Wandel der Arbeitsanforderungen und die erhöhte Bedeutung der Kooperation erfordern eine neue Art von Denken, in der das Prinzip der Konkurrenz und Rivalität durch das Prinzip der Kooperation und Solidarität ersetzt wird.

«Nach dem bisherigen Konkurrenzdenken ist es selbstverständlich, dass man nur auf Kosten des anderen etwas für sich erreichen kann, und dass man nur etwas für sich gewinnt, indem man anderen soviel wie möglich abnimmt oder vorenthält. Es ist dies eine *Logik der ‚Subtraktion‘*, eine Denkart des Wegnehmens, die im Erfolg des einen den Misserfolg des anderen, im Wohlstand des einen den Übelstand des anderen sieht.»[90]

Diese Art von Denken ist den Anforderungen des modernen Arbeitsprozesses nicht mehr angemessen, in dem die Mitarbeiter zur Erfüllung ihrer Aufgaben sehr häufig aufeinander angewiesen und voneinander abhängig sind und nur gemeinsam ihre Ziele erreichen.

In vielen Arbeitsbereichen herrscht ein eigentlicher Kooperationszwang, indem der Arbeitserfolg des einzelnen von der Zusammenarbeit mit anderen abhängig ist.

90 Sahm (1977)

Durch diesen Kooperationszwang entwickelt sich bei einigen Beteiligten das «Bewusstsein, dass sie das Interesse aller wahrnehmen müssen, wenn sie ihr eigenes Interesse realisieren wollen. Wer will, dass es ihm wohlergeht, muss wollen, dass es allen wohlergeht. Der Mitarbeiter lernt eine Logik der ‚Addition', eine Denkart des Dazugebens, die den Erfolg des einen im Erfolg des anderen, den Wohlstand des einen im Wohlstand des anderen erkennt»[91].

Allgemein wird Kooperation positiv, Konkurrenz negativ bewertet. Das kommt auch in einer interessanten Studie zum Ausdruck, in der verschiedenen Berufsgruppen ein Polaritätsprofil vorgegeben wurde, in dem Kooperation/Konkurrenz mit Eigenschaftswörtern in Verbindung gesetzt werden mussten[92]. Konkurrenz wird mit hart, stark, aktiv, ernst, egoistisch, kühl aggressiv, nüchtern usw. assoziiert, Kooperation dagegen mit tendenziell entgegengesetzten Eigenschaften.

Besonders Krankenschwestern/Erzieher haben aufgrund ihrer berufsspezifischen Sozialisation, die ein ausgeprägt sozial-ethisches Wertsystem vermittelt, ausgesprochen positive (negative) Vorstellungen in bezug auf Kooperation (Konkurrenz).

Studenten der Wirtschaftswissenschaften hingegen haben nicht so extrem positive (negative) Assoziationen. Dies lässt sich zu einem guten Teil darauf zurückführen, dass den Studenten (wirtschaftliche) Konkurrenz als etwas grundsätzlich Neutrales oder gar Wünschenswertes vermittelt wird. Ein Vergleich der Kooperationsprofile von Krankenschwestern/Erziehern und Studenten macht diese Unterschiede deutlich (vgl. Abb. 73).

Fragt man nach den *sozialen Folgewirkungen* der Konkurrenz, so zeigt sich, dass diese Wirkungen unbefriedigend sind. Dies ergab sich beispielsweise auch in den Experimenten von Deutsch mit Gruppen, die zur Kooperation und solchen, die zur Konkurrenz motiviert wurden. Kooperative Gruppen (also Gruppen, bei denen eine gleichgerichtete Wechselwirkung besteht) weisen im Vergleich zu auf Wettbewerb ausgerichtete Gruppen (kompetitive Gruppen) folgende Eigenschaften auf[93]:

- Die Kommunikation zwischen den Mitgliedern ist besser. Es werden mehr Ideen verbalisiert, die Gruppenmitglieder sind aufmerksamer zueinander, sie akzeptieren Ideen anderer Gruppenmitglieder leichter und werden stärker von ihnen beeinflusst. Sie haben weniger Schwierigkeiten, sich zu verstehen oder miteinander zu sprechen.
- In den Diskussionen kommen stärker Freundlichkeit und Hilfsbereitschaft zum Ausdruck als Hemmung. Die Mitglieder sind mit ihren Lösungen zufriedener und haben von den Beiträgen der anderen Gruppenmitglieder eher einen guten Eindruck. Ausserdem schätzen sich Mitglieder kooperativer Gruppen selbst höher ein; einerseits in der Hoffnung, den Respekt ihrer Kollegen zu gewinnen, andererseits in Verpflichtung gegenüber den anderen Mitgliedern.
- In kooperativen Gruppen werden die Bemühungen besser koordiniert; es gibt mehr Arbeitsteilung, mehr Leistungsorientierung, geordnetere Diskussionen und höhere Produktivität (wenn die Gruppenaufgabe gute Kommunikation, Koordination der Bemühungen, Arbeitsteilung oder Verteilung von Ressourcen verlangt).

---

91 Sahm (1977)
92 vgl. Grunwald (1982)
93 Deutsch (1982)

Abbildung 73: Vergleich der Konkurrenzprofile[58]

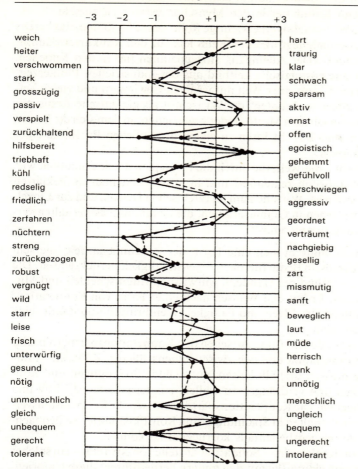

Vergleich der *Konkurrenz*profile von Krankenschwestern/Erziehern. (N = 27) (————)
und Studenten (N = 47) (-------) (vgl. Ab. 1 und 2).

58 Grunwald (1982)

— In kooperativen Gruppen erreicht man eher Zustimmung, Gleichartigkeit in den Ideen und mehr Vertrauen in die eigenen Leistungen und in den Wert, den die übrigen Mitglieder diesen Ideen beimessen.

Dass bei Aufgaben, die Zusammenarbeit voraussetzen – wie das im Krankenhaus meistens der Fall ist –, diese Unterschiede noch frappanter werden, liegt auf der Hand. Obwohl die Ablösung des Prinzips der Konkurrenz durch das Prinzip der Kooperation allgemein als das einzig Vernünftige und wirtschaftlich Notwendige erkannt ist, funktioniert Zusammenarbeit in der Praxis selten wirklich gut. Die «neue Denkart», die neue «Logik der Addition», die im anderen nicht den Rivalen/Konkurrenten sondern den Kooperationspartner sieht, ist noch immer recht selten anzutreffen. Fragt

man sich weshalb, so ist die Antwort darauf sicher nicht einfach. Das Konkurrenzprinzip scheint in unserer Kultur tief in den Menschen verwurzelt zu sein.
Ein Phänomen spielt dabei zweifellos eine wichtige Rolle – ein Phänomen, das bereits unserem Schulsystem zugrundeliegt und den Keim legt für den Konkurrenzkampf: der *Kult der Einzelleistung.* «Der Alleingang sitzt uns allen tief in den Knochen. Der ‚Selfmademan' ist das nostalgische Leitbild aus der industriellen Pionierzeit. Mit ihm verbindet sich die Vision einer Welt mit wenigen Gewinnern und vielen Verlierern, das Denken in ‚oben' und ‚unten', die Wirtschaft als gigantische Arena mit einem Dauerfreistilringen nach dem Motto ‚Jeder gegen jeden', in dem sich die Besten aus Heeren von Namen und Gesichtslosen zu einem persönlichen Profil, zu einer eigenen Identität hochboxen.
Das ist – etwas vereinfacht – die Welt, die durch die Prinzipien der sogenannten wissenschaftlichen Betriebsführung zementiert und in unsere scheinbar aufgeklärten Tage hinübergerettet worden ist. Wir sind zum hierarchischen Denken und zur Einzelleistung erzogen, und wir leben in Organisationen, die hierarchisches Verhalten verlangen und Einzelleistung prämieren.»[94]

Jeder arbeitende Mensch wünscht sich eine Form der Zusammenarbeit, die sein Selbstwertgefühl stärkt und sein Bedürfnis nach Eigenständigkeit berücksichtigt. Die Zusammenarbeit soll ihm mündiges Handeln, Mitwissen, Mitentscheiden und Mitverantworten ermöglichen. Er hat den Wunsch nach einer Form von Kooperation, in die er auch eigene Interessen, Ideen und Fähigkeiten einbringen und damit seine Persönlichkeit entfalten kann.
Spannungen und unbewältigte Konflikte zwischen den Kooperationspartnern beeinträchtigen das Kooperationsklima und den zwischenmenschlichen Kontakt. Mitarbeiter und Vorgesetzte müssen deshalb lernen, auftretende Spannungen und Konflikte nicht unterdrücken und verdrängen zu wollen, sondern sie konstruktiv und partnerschaftlich anzugehen. Die Kooperationspartner müssen ihr Kooperationsverhalten – insbesondere ihr Verhalten in Spannungs- und Konfliktsituationen beobachten und reflektieren, um es gegebenenfalls korrigieren zu können.
Kooperation anstelle von Konkurrenz – Solidarität anstelle von Rivalität – ein solcher Wandel lässt sich nicht von einem Tag auf den andern herbeiführen; diese Umorientierung setzt sowohl ein gesellschaftliches Umdenken voraus wie auch intensive interaktionelle Lernprozesse, die von Vorgesetzten, Mitarbeitern und Kollegen gemeinsam vollzogen werden müssen.

355 Teamarbeit

Unter dem Ausdruck «Teamarbeit» soll hier eine besondere Form der Zusammenarbeit verstanden werden. Die wesentlichsten Merkmale eines *Teams* sind[95]:
- *Kleine, funktionsgegliederte Arbeitsgruppe:* Ein Team ist eine kleine, überschaubare Arbeitsgruppe, in der jedes Mitglied mit jedem anderen «face-to-face» kommunizieren kann. In einem Team erfüllt jedes Mitglied eine spezielle Funktion.

94 Lauterburg (1980)
95 vgl. Forster (1982)

- *Gemeinsame Zielsetzung:* Ein Team ist eine zielstrebig zusammenarbeitende Gruppe, wobei sich die Teammitglieder mit dem Ziel identifizieren können.
- *Relativ intensive wechselseitige Beziehungen:* Die wechselseitigen – arbeitsbedingten und/oder rein menschlichen – Beziehungen sind in einem Team stärker, intensiver als in einer anderen Gruppe.
- *Ausgeprägter Gemeinschaftsgeist (Teamgeist):* Damit ist die befürwortende Einstellung und die geistige Haltung der einzelnen Mitglieder gegenüber der Arbeit in Gruppen gemeint. Teamgeist ist sowohl durch ein starkes Zusammengehörigkeitsgefühl als auch durch die Bereitschaft zur engen, intensiven und gleichgerichteten Zusammenarbeit mit Engagement gekennzeichnet. Erst eine gewisse Begeisterung, Kontaktfähigkeit und selbsterhaltendes, zielbewusstes Zusammenarbeiten lassen Teamgeist entstehen.
- *Relativ starke Gruppenkohäsion:* Das Team besitzt gegenüber anderen Gruppen einen stärkeren inneren Zusammenhalt.
- *Spezifische Arbeitsform:* Die Arbeitsform (Art der Zusammenarbeit) in einem Team ist spezifisch, d.h. die Teamarbeit (teamwork) stellt eine spezielle Form der Gruppenarbeit bzw. der Zusammenarbeit dar.

Teamarbeit stellt also eine spezielle Form der Kooperation dar, bei der versucht wird, durch bewusste Intensivierung der Gruppenprozesse eine zusätzliche Leistungssteigerung gegenüber der sonstigen Arbeit in Gruppen oder anderen Arbeitsformen zu erreichen (Abb. 74).

Abbildung 74: Teamarbeit als spezielle Form der Zusammenarbeit[59]

59 Forster (1982)

Die Existenz einer Gruppe ist zwar eine günstige Voraussetzung für die Teamarbeit, aber Teamcharakter und Teamgeist können auch dort angetroffen werden, wo keine eindeutigen Gruppenverhältnisse gegeben sind.
Versucht man die Vor- und Nachteile der Teamarbeit gegenüber der Einzelarbeit aufzuzeigen, so muss man sich bewusst sein, dass diese stark durch die jeweilige *Teamsituation* (charakteristische Merkmale der Teammitglieder, der Aufgabe, der Teamstruktur oder der Umwelt) bestimmt sind. Die *Teameffektivität* lässt sich somit aus

dem Zusammenspiel der verschiedenen Elemente der Teamsituation erklären. Wichtige *Vorteile* eines Teams können sein[96]:

- In einem Team können sich der unterschiedliche Wissens- und Informationsstand sowie die verschiedenartigen Fähigkeiten und Erfahrungen der einzelnen Teammitglieder bei der Aufgabenerfüllung fruchtbar auswirken.
- Teamarbeit kann zu einem gründlicheren Durchdenken und damit u.U. zu einer Versachlichung, Neutralisierung und Objektivierung eines anstehenden Problems führen.
- Die Mitarbeit in einem Team kann für den einzelnen motivierend wirken (wer an der Problemlösung beteiligt wird, ist viel eher bereit, diese Lösung zu akzeptieren und gegebenenfalls in die Tat umzusetzen).
- Teamarbeit bringt für den einzelnen eine zusätzliche Entfaltungs- und Entwicklungsmöglichkeit. So ergibt sich z.B. für einen Spezialisten ein Lerneffekt aus der Diskussion mit anderen Spezialisten oder mit Teammitgliedern, die in anderen Bereichen tätig sind.
- Teamarbeit kann dazu beitragen, eventuell bestehende Hemmungen einzelner Mitglieder zu vermindern und Sicherheit zu verleihen, was mehr Originalität und Spontaneität nach sich ziehen kann. Der einzelne wird befreit von falschen Zweifeln an der Bedeutung eigener Erfahrungen oder an der Richtigkeit eigener Meinungen.
- Teamarbeit schafft die Möglichkeit, vorhandene Vorurteile einzuschränken und abzubauen. Allerdings sollten in einem echten Team keine Vorurteile gegenüber einem anderen Teammitglied bestehen, da sich sonst kein Teamgeist bilden kann.
- Teamarbeit ermöglicht den Teammitgliedern, kooperative Verhaltensweisen zu lernen und einzuüben. So kann der einzelne lernen, auf die anderen einzugehen, sich auf knappe, problembezogene und klare Äusserungen zu beschränken, sachlich zu argumentieren und Kritik zu ertragen.
- Durch den direkten Informationsaustausch im Team ergibt sich die Möglichkeit, gewisse Kommunikationsbarrieren, die eine hierarchische Organisationsstruktur mit sich bringt, abzubauen.
- Teamarbeit bewirkt ganz allgemein eine Verbesserung der zwischenmenschlichen Beziehungen (u.a. die Möglichkeit, sich kennenzulernen, die Förderung des gegenseitigen Verständnisses).

Neben diesen Vorteilen der Teamarbeit gibt es auch *Nachteile*. Die Teamarbeit wirft auch Probleme auf und birgt gewisse Gefahren in sich.

- Teamarbeit erfordert einen Zeitaufwand, der bedeutend grösser sein kann als bei Einzelarbeit. So brauchen die Teammitglieder eine Anlaufzeit, um sich aufeinander einzustellen (es braucht Zeit, bis eine Gruppe zu einem Team wird). Zudem können Teams in ihrer Arbeitsweise schwerfällig und langsam sein, weil sich unterschiedliche Auffassungen oft erst nach langwierigen Diskussionen koordinieren und in Einklang bringen lassen. Es besteht die Gefahr von weitschweifenden Auseinandersetzungen und Aneinander-Vorbeireden.
- Die relativ starke Kohäsion in einem Team hat den Nachteil, dass die Argumentationsbreite abnimmt und die Unabhängigkeit der eigenen Meinung verlorengehen kann.

96 vgl. Forster (1982)

- Bei der Teamarbeit kann auch die Gefahr der Dominanz eines oder mehrerer Mitglieder bestehen, sei es aufgrund des Fachwissens, der Redegewandtheit oder anderem mehr. Fühlen sich jedoch einzelne zurückgesetzt, so sind sie u.U. nicht mehr bereit, sich voll einzusetzen, sodass ein Team erst gar nicht entstehen oder aber auseinanderfallen kann.
- Bei der Teamarbeit kann das eigentliche Ziel – nämlich das Erreichen einer optimalen Problemlösung – untergehen, weil einzelne Mitglieder bewusst oder unbewusst ihre eigenen Interessen in den Vordergrund stellen.
- Teamarbeit stellt hohe Anforderungen an die einzelnen Teammitglieder, (insbesondere an den Teamleiter) in fachlicher und vor allem in charakterlicher Hinsicht. Autoritäres Denken, Geltungssucht, Prestigedenken, unkritisches Denken, Mangel an Flexibilität und Anpassungsfähigkeit usw. können eine wirksame Mitarbeit im Team verhindern.
- Teamarbeit kann zu Unterdrückung von Individualismus und zu konformem Verhalten führen, indem sie von jedem einzelnen eine gewisse Zurückhaltung und Einordnung verlangt.
- Ein Problem der Teamarbeit liegt darin, dass dem einzelnen für seine Leistungen im Team keine persönliche Belohnung zuteil wird (fehlender Anreiz). Da in der Regel nur individuelle Leistung individuell honoriert wird, in der Teamarbeit aber das Gegenteil gefordert wird, können sich von daher Konflikte ergeben.

Sollen die Vorteile der Teamarbeit gegenüber der Einzelarbeit zum Tragen kommen und die möglichen Nachteile beziehungsweise Gefahren vermieden werden, so müssen bestimmte Voraussetzungen erfüllt sein. In Abbildung 67 sind die wichtigsten Bestimmungsfaktoren der Gruppen- bzw. Teamleistung dargestellt.

Die Hauptvoraussetzung für den Erfolg der Teamarbeit ist die positive Einstellung der Teammitglieder und ihre Bereitschaft, miteinander zusammenzuarbeiten. Neben den erforderlichen fachlichen Fähigkeiten müssen die Teammitglieder vor allem auch über bestimmte soziale Fähigkeiten verfügen, die man auch als *Teamfähigkeit* bezeichnet. Insbesondere sollten die Teammitglieder[97]

- ihre Tätigkeit ganz auf die dem Team übertragene Aufgabe konzentrieren bzw. ihre Fähigkeiten ganz in den Dienst der Sache stellen.
- sich bewusst sein, dass alles, was sie tun, vom Tun der anderen abhängig ist (und umgekehrt).
- ihr Wissen und Können dem Team uneingeschränkt zur Verfügung stellen.
- wissen, dass alles, was vom Team erarbeitet worden ist, dem Team als Ganzem gehört (dass also der einzelne nicht Ruhm und Anerkennung erlangen kann).
- den Teamkollegen ohne Vorurteile und ohne Überheblichkeit gegenübertreten.
- den Teamkollegen gegenüber aufrichtig sein und ihnen Vertrauen schenken.

Erfolgreiche Teamarbeit setzt *Teamführung* voraus. Im Gegensatz zu anderen Gruppen ist der Teamführer jedoch «primus inter pares». Seine Rolle ist in erster Linie die eines Moderators und Integrators. Als Führungsfunktionen sind alle Gruppenfunktionen zu verstehen, die der Erfüllung der Teamaufgabe dienen (aufgaben-

---

97 vgl. Forster (1982)

orientierte Funktionen) oder den Zusammenhalt und damit die Arbeitsfähigkeit des Teams stärken (interaktions-orientierte Funktionen).

–*Aufgaben-orientierte Funktionen:* Bekanntgeben der Ziele, Festlegen der Arbeitsmethoden, Koordination einzelner Beiträge, Vorschlagen von Lösungen, Überprüfen vorgeschlagener Lösungen, Zusammenfassen von Ergebnissen, Organisieren des Arbeitsablaufs, In-Gang-Setzen und In-Gang-Halten der Diskussion, Fassen von Beschlüssen, Gliedern der Aufgabe usw.

–*Interaktions-orientierte Funktionen:* Stille Gruppenmitglieder zum Reden ermutigen, Dauerredner unterbrechen, bei Spannungen ausgleichen und vermitteln, Missverständnisse klären, Gruppenprozesse beobachten und kommentieren, zur Kooperation ermutigen usw.

Führungs- und Steuerungsfunktionen sollten nicht immer von der gleichen Person ausgeübt, sondern wechselnd verschiedenen Teammitgliedern übertragen werden.

Andreas Leuzinger / Thomas Luterbacher

Mitarbeiterführung im Krankenhaus

Band 2

Verlag Hans Huber
Bern Stuttgart Toronto

Dr. phil. Andreas Leuzinger
Grantenegg

8784 Braunwald

cand. med. Thomas Luterbacher
Schneeglöggliweg 9

8048 Zürich

CIP-Kurztitelaufnahme der Deutschen Bibliothek

Leuzinger, Andreas:
Mitarbeiterführung im Krankenhaus / Andreas
Leuzinger; Thomas Luterbacher. – Bern;
Stuttgart; Toronto: Huber
  ISBN 3-456-81632-4

NE: Luterbacher, Thomas:

Bd. 2 (1987)

© 1987 Verlag Hans Huber, Bern
Satz und Druck: Lang Druck AG, Liebefeld/Bern
Printed in Switzerland

4 Der Vorgesetzte

4	**Der Vorgesetzte**	295
41	**Rolle des Vorgesetzten**	297
411	Beförderung zum Vorgesetzten	297
412	Führungsautorität	302
413	Merkmale der Führungspersönlichkeit	306
414	Erwartungen an den Vorgesetzten	309
415	Rechte und Pflichten des Vorgesetzten	311
416	Dilemmata der Führung	313
417	Zur Motivation des Vorgesetzten	316
418	Der ideale Vorgesetzte	322
42	**Führungsstile und Führungstechniken**	323
421	Autoritär oder kooperativ?	324
422	Verhaltensgitter	333
423	Welcher Führungsstil ist der beste?	342
424	Führung durch Delegation	347
425	Führung durch Zielsetzung	359
426	Führungskonzept – eine wichtige Grundlage	367
43	**Kooperative Führung**	372
431	Grundwerte kooperativer Führung	372
432	Merkmale kooperativer Führung	375
433	Soziale Kompetenz	379
434	Vertrauen – eine Grundkategorie kooperativer Führung	380
44	**Kreislauf der Führung**	387
441	Führungskreislauf und Führungsspirale	387
442	Problemlösungsprozess	393
443	Das kreative K	404
444	Das Kommando-K	415
445	Das Koordinations-K	426
446	Das Kontroll-K	437
447	Das Korrektur-K	449
448	Konflikte regeln – Spannungen abbauen	471
45	**Mitarbeiter beurteilen – eine wichtige Führungsaufgabe**	483
451	Wozu ein Beurteilungssystem?	483
452	Was soll beurteilt werden?	487

453 Mitarbeiterbeurteilung als Prozess 491
454 Methoden der Mitarbeiterbeurteilung 497
455 Beurteilungsgespräch 508
456 Wer beurteilt wen? 514
457 Beurteilungsfehler 519
458 Zur Problematik der Mitarbeiterbeurteilung 527
459 Das VESKA-Modell 533

Führung wurde definiert als zwischenmenschlicher Vorgang, bei welchem der Führer den Geführten im Hinblick auf die Erreichung bestimmter Ziele beeinflusst, gleichzeitig aber auch selbst von diesem beeinflusst wird. An dieser Auffassung von Führung als einem dynamischen Wechselspiel soll auch weiterhin festgehalten werden. Wenn im folgenden der Vorgesetzte in den Vordergrund der Betrachtungen gerückt wird, dann nie in der Meinung, dass er allein es ist, der das Verhalten des Mitarbeiters bestimmt. Sein Führungsverhalten stellt vielmehr nur einen Einflussfaktor unter mehreren dar.

Diese Sicht nimmt zwar der Führung ihren bisher elitären Anspruch, soll aber andererseits nicht dazu verleiten, den Einfluss des Vorgesetzten als gering zu betrachten. Ganz im Gegenteil: Vom Führungsverhalten des Vorgesetzten hängt es weitgehend ab, wieweit ein Mitarbeiter Initiative entwickeln, seine Fähigkeiten entfalten, mitwissen, mitdenken, mitbestimmen und mitverantworten kann.

Der Vorgesetzte ist es, der durch sein Verhalten den Mitarbeitern Handlungsspielräume gewährt (oder versagt), Eigenständigkeit zulässt (oder verhindert), Erfolgserlebnisse ermöglicht (oder erschwert) und Anerkennung gewährt (oder vorenthält). Nicht nur auf die Zufriedenheit, sondern auch auf die Arbeitsleistung des einzelnen Mitarbeiters und der Arbeitsgruppe wirkt sich das Verhalten des Vorgesetzten entscheidend aus: Es ist alles andere als gleichgültig, wie wir uns als Vorgesetzte verhalten.

41 Rolle des Vorgesetzten

Führen meint in einem gewissen Sinne auch «aus-führen» – nämlich den Rollenerwartungen entsprechen, die ein soziales System an den Inhaber einer Führungsposition richtet. Grundlegendes über das Konzept der sozialen Rolle und die Rolle des Führers einer Gruppe ist bereits besprochen worden, sodass im folgenden das Schwergewicht auf einige besondere Aspekte der Rolle des (formalen) Vorgesetzten in einem organisierten System gelegt werden kann.

411 Beförderung zum Vorgesetzten

Schwester Karin wird eines Tages zur Oberschwester gerufen. Diese eröffnet ihr die Ernennung zur Abteilungsleiterin und gibt ihr am Schluss des Gesprächs folgende Worte mit auf den Weg: «Vergessen Sie nie, dass Sie jetzt mit ganz anderen Augen betrachtet werden als vorher. Sie sind nun zur Vorgesetzten aufgerückt».
Vorher – nachher: Welche Konsequenzen hat diese Beförderung für Schwester Karin? Wodurch unterscheidet sich die Abteilungsleiterin Karin von der Mitarbeiterin Karin? Welche Merkmale kennzeichnen einen Vorgesetzten im Vergleich zu einem – ihm unterstellten – Mitarbeiter? Wie verändert sich die Rolle eines Mitarbeiters durch die Ernennung zum Vorgesetzten? Das sind die Fragen, die sich schwergewichtig stellen. Wodurch unterscheidet sich die Abteilungsleiterin Karin von der Mitarbeiterin Karin? Eine unbefangene Antwort auf diese Frage könnte lauten: *Vor* der Ernennung hatte Schwester Karin «nichts zu sagen», *nachher* «hat sie etwas zu sagen». Diese Redewendung liefert uns einen Schlüssel zum Verständnis der Veränderung, die mit der Ernen-

nung zum Vorgesetzten verbunden ist: Wer «Etwas zu sagen hat», ist berechtigt, *Weisungen* zu geben, also andere Personen verbindlich zum Handeln aufzufordern. Diese Weisungsbefugnis ist es also primär, die den Vorgesetzten vom Mitarbeiter unterscheidet. Der Unterschied beruht somit in erster Linie auf der Position im hierarchischen System der Organisation: Vor-gesetzter-Sein bedeutet Oben-Sein, Übergeordnet-Sein. Mitarbeiter aber sind Unter-gebene, Nach-geordnete.

Unter dem Aspekt der hierarchischen Position tritt eindeutig das Moment des Elitären hervor, nicht so sehr im Sinne des Ersten bei der Bewältigung von Aufgaben, sondern im Sinne des «Obersten». Das Oben-Sein aber ist nicht einfach eine wertfreie Standortbestimmung, sondern zugleich Ausdruck von Einflussmöglichkeiten und Wertschätzung. Anders gesagt: Die hierarchische Position ist mit Macht, Status und Prestige verbunden[1]. Die übergeordnete Position ist eine sozial höher bewertete Position, der mehr Ansehen zukommt. Sie ist deshalb auch mit dem Recht gekoppelt, ein «mehr» zu beanspruchen (an Achtung, Gehorsam usw.). In einer Formalen Organisation wie dem Krankenhaus spielt diese Komponente eine ganz bedeutende Rolle. Die Ernennung zur Abteilungsleiterin bringt also für Karin nicht nur eine höhere Position im Machtsystem, sondern auch eine Erhöhung des sozialen Status mit sich. Das heisst beispielsweise, dass Karin nicht nur «mehr zu sagen hat», sondern dass sie auch mehr verdient, sich ein anderes Auto leisten kann usw.

Auch durch ihren neuen Status unterscheidet sich Schwester Karin somit von ihren früheren Kollegen. Das führt vor allem dann zu Unsicherheiten und Reibereien, wenn Karin selbst dem neuen Status grosse Bedeutung beimisst und ihn nach aussen z.B. durch die Anschaffung von Statussymbolen stark zum Ausdruck bringt.

Eng verbunden mit der Statuserhöhung ist die Prestigezunahme (unter Prestige wird das Ansehen bzw. die gefühlsmässige Achtung verstanden, die dem Inhaber einer Position entgegengebracht wird). Als Gruppenleiterin wird Schwester Karin von ihren früheren Kollegen anders betrachtet und behandelt als vorher. Das kommt in den Blicken, Worten und Gesten der ehemaligen Kollegen zum Ausdruck. Eine Mischung aus Vorsicht, Respekt, Bewunderung, Neid, Misstrauen und Eifer spricht aus den Mienen und Reaktionen ihrer alten Kollegen und macht ihr bewusst, dass sie nicht mehr gleich wie früher zu ihrem Kreis gehört.

Das mit einer Führungsposition verbundene Prestige ist eine Erscheinung, die für den betreffenden Vorgesetzten leicht zur Falle werden kann. Die ihm entgegengebrachte Achtung bzw. das Ansehen, das er geniesst, verschaffen ihm Bestätigung und das Gefühl, dass er «jemand ist». Aus diesem Gefühl heraus entsteht jedoch allzuoft ein gruppen- und leistungsfeindliches Verhalten: Das Bedürfnis nach Prestige dominiert dann das Bedürfnis nach Leistung, Zusammenarbeit und sozialem Kontakt. Die Funktion in der Organisation wird dann mehr oder weniger dazu missbraucht, das persönliche Prestige zu pflegen.

Dass ein solches Verhalten sich auf die Arbeitsatmosphäre, Zusammenarbeit, Kommunikation und Arbeitsleistung negativ auswirkt, braucht nicht näher erklärt zu werden. Die Jagd nach Prestige ist eine Sucht, die uns selbst und andere vergiftet.

Neben der Veränderung der hierarchischen Position bringt die Ernennung zum Vorgesetzten auch eine Veränderung der *Funktion* mit sich, diese Veränderung besteht

[1] vgl. Neuberger (1976)

grundsätzlich darin, dass zu den Fachaufgaben jetzt noch Führungsaufgaben hinzukommen.

Die Bewältigung von Führungsaufgaben erfordert vom Vorgesetzten andere Kenntnisse und Fähigkeiten als die Erfüllung von Fachaufgaben ausführender Art und ist mit anderen Pflichten verbunden.

Als «gewöhnliche» Mitarbeiterin war Schwester Karin verpflichtet, ihr Tagespensum weisungsgemäss zu erledigen. Als Fachmann/Fachfrau ist jemand nur für seine eigene Arbeit zuständig. Beispiele:

- Ein Spitalgärtner ist für den Bereich des Gartens bzw. den Komplex von Tätigkeiten zuständig, der ihm vom Chef der Gärtnerei zugewiesen worden ist.
- Eine Apothekergehilfin, der keine Hilfskräfte unterstellt sind, ist für die Abgabe von Medikamenten zuständig.
- Ein Forscher, der ohne Unterstellte an einem Projekt arbeitet, ist für die Erfüllung seiner Forschungsaufgabe zuständig.

Als «Fachfrau» verfügt Schwester Karin über das erforderliche Wissen und Können, um ihre Arbeit fachkompetent auszuführen. Diese Fachkompetenz nützt ihr jedoch wenig bei der Ausübung ihrer neuen Führungs-Funktion. Hier hat sie sich überwiegend um die Arbeit anderer Personen zu kümmern: Sie muss deren Aufgabenerfüllung planen, organisieren, koordinieren und kontrollieren.

Um als Vorgesetzte ebenso erfolgreich zu sein wie vorher als fachkompetente Mitarbeiterin, muss Schwester Karin neue Kenntnisse erwerben und andere Fähigkeiten entwickeln. Die Summe dieser zum Führen erforderlichen Kenntnisse und Fähigkeiten wird als *Führungsqualifikation* bezeichnet.

Wie erwähnt bestand lange die Ansicht, dass sich Vorgesetzte und Mitarbbeiter in einer Reihe von persönlichen Eigenschaften unterscheiden, die in ihrer spezifischen Ausprägung und Kombination diese Führungsqualifikation ausmachen und Voraussetzung für das Erringen einer Führungsposition sind: Führer wird nur der, der gewisse Führungseigenschaften hat. Da sich solche allgemeinen und überdauernden Führer-Charakteristika aber trotz grosser Bemühungen nicht identifizieren liessen, gilt der Mythos vom «geborenen Führer» heute als überholt.

Führungsqualifikation wird als eine Fähigkeit gesehen, die sich eine Person aufgrund der Interaktion mit ihrer Umwelt erwerben kann, eine Fähigkeit aber auch, die nicht isoliert von der jeweiligen Situation gesehen werden darf.

Bei der Beschäftigung mit den Begriffen Fachkompetenz und Führungsqualifikation stellt sich die Frage, wie weit die Fachkompetenz des Vorgesetzten reichen soll. Muss ein Vorgesetzter Spezialist sein? Eine Abbildung (Abb. 75) soll die Antwort auf diese Frage verdeutlichen. Die Diagonale stellt den Aufstieg eines Vorgesetzten in der Hierarchie der Organisation dar. Wie das Schema zeigt, verkleinert sich nun mit dem Aufstieg die Fläche des Anteils der Fachaufgaben, während die Fläche des Anteils der Führungsaufgaben zunimmt. Mit dieser Darstellung soll ausgedrückt werden, dass Vorgesetzte keine Spezialisten sein müssen (und sollen) wie ihre Mitarbeiter. Deren Wissen geht in die Tiefe: Sie wissen – zugespitzt gesagt – von immer weniger immer mehr. Das Wissen des Vorgesetzten dagegen soll in die Breite gehen: Die Tendenz geht dahin, dass er von immer mehr immer weniger weiss.

Den Vorgesetzten könne man somit im Unterschied zum Spezialisten als Generalisten bezeichnen (Abb. 76): Er nimmt übergreifende Aufgaben wahr, die darin bestehen,

Abbildung 75: Fach- und Führungsaufgaben

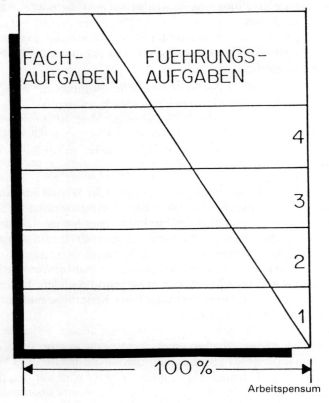

Abbildung 76: Vom Spezialisten zum Generalisten

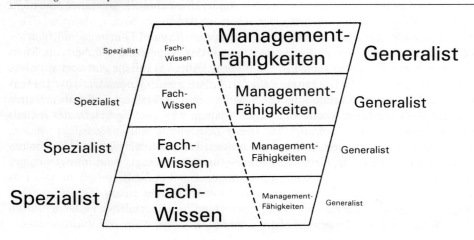

den Arbeitsprozess «aus höherer Warte» zu überblicken, die Tätigkeiten der Spezialisten zu organisieren, zu koordinieren und zu kontrollieren.
Zur Erfüllung solcher Aufgaben benötigt der Vorgesetzte in erster Linie nicht Fachwissen, sondern Führungswissen. Das Fachwissen, über das ein Vorgesetzter verfügen soll, ist ein Grundwissen über die Tätigkeiten seiner Mitarbeiter. Dieses Wissen soll es ihm ermöglichen, seine Mitarbeiter richtig einzusetzen, sie koordinierend zu unterstützen und ihre Arbeitsergebnisse zu beurteilen. Wie sieht bei Ihnen das Verhältnis zwischen Fach- und Führungsaufgaben aus?
Im Anhang finden Sie einen Fragebogen, der Ihnen hilft, diese Frage zu beantworten (Abb. 129/Anhangband).
Vorgesetzte müssen keine Spezialisten sein. Viele Konflikte, viel Unsicherheit, Überforderung und Stress lassen sich vermeiden, wenn ein Vorgesetzter dazu steht, dass er Vorgesetzter ist und nicht versucht, seinen Mitarbeitern ein Spezialwissen vorzugaukeln, das er nicht hat bzw. gar nicht haben soll (weil zuviel Detailkenntnisse dem Überblick im Wege stehen).
Mit der Zuweisung neuer Aufgaben ist auch die Übertragung neuer Verantwortung verbunden. Auf unser Beispiel bezogen heisst das: Als Abteilungsschwester ist Schwester Karin nun nicht mehr bloss für die Erfüllung ihrer Fachaufgaben, sondern zusätzlich auch für die Erfüllung ihrer Führungsaufgaben verantwortlich. Zur *Handlungsverantwortung*, die aus der Fachaufgabe und den damit verbundenen Kompetenzen erwächst, kommt die *Führungsverantwortung*, die aus den Führungsaufgaben und den damit verbundenen Befugnissen entsteht. Diese Führungsverantwortung des Vorgesetzten erstreckt sich nicht auf alles, was der Mitarbeiter tut, sondern kann u.a. auf folgende Punkte beschränkt sein:

- die Auswahl der Mitarbeiter, denen er Aufgaben delegiert;
- eine klare Auftragserteilung, die erforderliche Information aller Beteiligetn und die Koordination der Realisation seiner Weisungen;
- die Bereitstellung der ihm zur Prüfung stehenden sachlichen und personellen Mittel, die zur Aufgabenerfüllung benötigt werden;
- eine angemessene Aufsicht über die Tätigkeit bzw. Kontrolle der Arbeitsergebnisse der Mitarbeiter.

Eine weiterreichende Führungsverantwortung hätte zur Folge, dass der Vorgesetzte sich trotz der Delegation von Aufgaben selber um alles kümmern müsste und daher nicht imstand wäre, seine eigenen Aufgaben zu erfüllen.
Die Führungsverantwortung lässt sich in folgende Worte fassen: Der Vorgesetzte ist für das Ganze, nicht aber für alles verantwortlich, was in seinem Zuständigkeitsbereich geschieht[2]. Die Verantwortung äussert sich rechtlich in der Haftung für verschuldeten Schaden; faktisch kommt sie darin zum Ausdruck, dass der Betreffende gegenüber seinem Vorgesetzten oder gegen «aussen» für die Folgen seines Handelns einzustehen hat.
Als frisch bestallte Vorgesetzte sieht sich Schwester Karin somit gänzlich unvorbereitet Erfahrungen in dieser neuen Rolle ausgesetzt, die man so zusammenfassen kann[3]:

---

2 Bundesrat (1974)
3 vgl. Bosetzky/Heinrich (1980)

- Sie kann plötzlich darüber entscheiden, in welchem Mass andere Mitarbeiter ihren Bedürfnissen entsprechen können.
- Sie kann sich nicht mehr so frei wie früher verhalten, da ihr Verhalten automatisch weitere Konsequenzen nach sich zieht.
- Andere verhalten sich ihr gegenüber anders als in ihrer vorherigen Rolle.
- Was sie sagt, ist automatisch mit Autorität versehen und zeigt irgendwelche Wirkungen.

Die frischgebackene Vorgesetzte wird – kurz gesagt – merken, dass ihr Verhalten plötzlich Vorgesetztenverhalten ist, und sie wird sich überlegen müssen, auf welche Art und Weise sie den neuen Erwartungen gerecht werden will.

Durch den Akt der Ernennung zur Gruppenleiterin ändert sich für Schwester Karin ihre Position, ihr Status und Prestige, ihre Aufgaben und ihre Verantwortung, nicht aber ihre Persönlichkeit; ihr Charakter und ihre Einstellungen bleiben (zunächst) dieselben.

Auf die Dauer jedoch prägen die neue Funktion, der höhere Status, das höhere Prestige, die neuen Erfahrungen, Erwartungen, Pflichten, Aufgaben und Normen ihr Denken, Fühlen und Handeln. Das heisst: Kurzfristig ändert sich nur ihre Position und Funktion, langfristig aber ändert sich auch ihre Person. Es ist sehr wichtig, dass sich uns als Vorgesetzte dieser Tatsache bewusst sind. Denn die erwähnte Veränderung kann nicht nur positiver Art sein. Sicher kommt es immer wieder vor, dass ein Vorgesetzter an seiner Aufgabe wächst und reift. Nicht selten aber ist das Gegenteil der Fall: Wesentliche Werte gehen mit der Zeit (oft unmerklich) verloren; die Persönlichkeit entwickelt sich nicht, sondern verkümmert.

Die Erwartungen von «oben», «unten», «innen» und «aussen» oder der Zuwachs an Macht und Prestige machen leider häufig aus einem anfänglich engagierten Menschen einen «Funktionär», der menschliche Werte, die ihm einstmals wichtig waren, verkümmern lässt und sich Schritt für Schritt von ihnen entfernt. Der Preis für dieses «Abweichen» ist hoch: Er besteht im (bewussten oder unbewussten) Verlust der Achtung vor sich selbst oder darin, dass jemand allmählich sein altes Selbst verliert und eine neue Identität annimmt.

Stellen Sie sich bitte einmal selbstkritisch die folgenden Fragen:

- Welche Werte/Vorstellungen/Ideen waren mir zu Beginn meiner Vorgesetzten- (oder Berufs-)Tätigkeit wichtig?
- Welche dieser Werte habe ich unterdessen «begraben»?
- Ist es richtig, dass ich sie begraben habe? Oder wäre es wichtig, sie wieder auszugraben und wiederzubeleben? Wenn ja – wie?
- Wie habe ich mich in den Augen meiner Familie und Freunde verändert? Was ist meiner eigenen Ansicht nach anders geworden? Welche Veränderungen sind positiv? Welche nicht?

412 Führungsautorität

Im vorhergehenden Abschnitt wurde die formale (positionsspezifische) Autorität als untrennbarer Bestandteil der Vorgesetztenfunktion bezeichnet. Es stellt sich nun die Frage: Reicht diese formale Autorität aus, um die Mitarbeiter erfolgreich führen zu können? Darauf gibt es eine klare Antwort: Nein. Die formale Autorität ist zwar eine wichtige Voraussetzung für die Ausübung der Führungsfunktion, aber sie ist keine hinreichende Voraussetzung.

Die Hauptgründe für dieses Nein liegen in den Anforderungen, die sich aus dem modernen Arbeitsprozess und den veränderten gesellschaftlichen Werten an die Führung ergeben:

- Vom Mitarbeiter werden Aktivität, Selbständigkeit und Verantwortungsbewusstsein verlangt. Ein Vorgesetzter, der sich vorwiegend auf seine formale Autorität beruft und mittels Befehlen und Instruktionen «regiert», erzieht seine Mitarbeiter zum Gegenteil: zu Passivität, Unselbständigkeit und zum Abschieben von Verantwortung.
- Der Vorgesetzte ist nicht mehr unbedingt in allen Fachgebieten der Überlegene. Mitarbeiter besitzen ebenfalls fachliche (und natürlich auch persönliche) Autorität. Der Grundsatz, dass der Vorgesetzte «kraft seiner Position», die ihm aufgrund seines grösseren Wissens übertragen wurde, das Verhalten seiner Mitarbeiter bestimmt, ist von daher nicht mehr gültig.
- In vielen Arbeitszusammenhängen ist der Vorgesetzte mehr von seinen Mitarbeitern abhängig als umgekehrt. Eine «Herrschaft» auf der Basis formaler Autorität ist auch aus diesem Grund nicht mehr vertretbar.
- Die Mitarbeiter haben das Bedürfnis nach Mitsprache, Mitwirkung und Mitverantwortung. Führung, die nur als Ausübung formaler Autorität verstanden wird, läuft diesem Bedürfnis entgegen.
- Wir leben in einer Zeit, in der die Grundlagen der Ausübung von sozialer Macht ganz allgemein in Frage gestellt werden – in einer Zeit skeptischer, kritischer oder gar feindlicher Einstellung gegenüber den Trägern von formaler Macht. Autorität, die sich auf Rang oder Position einer Person innerhalb einer Hierarchie gründet, reicht je länger je weniger aus, um wirksamen Einfluss zu nehmen.

Grundsätzlich kann man also sagen: Formale Autorität verpflichtet, aber sie überzeugt und motiviert nicht.

Eine weitere Machtquelle bzw. -grundlage besteht im Sachverstand und in der fachlichen Tüchtigkeit des Vorgesetzten. Vor allem auf den unteren Führungsebenen ist der Erfolg bei der Ausübung der Fphrungsfunktion wesentlich davon abhängig, ob die Mitarbeiter von der Sachkenntnis und den fachlichen Fähigkeiten ihres Vorgesetzten überzeugt sind.

Einem Vorgesetzten, der nicht über objektiv bewiesene (oder auch nur subjektiv zuerkannte) Sachkundigkeit verfügt, «folgen» die Mitarbeiter nicht gerne, weil sie nicht:

- sicher sind, ob die Wege, auf denen sie geführt werden, auch die richtigen sind, das heisst ob man auf ihnen auch wirklich die gesetzten Ziele erreicht.
- einsehen und akzeptieren, dass jemand, der nicht über grössere fachliche Fähigkeiten verfügt als sie selbst, eine höhere Position bekleidet.

Die fachliche Autorität besitzt wie erwähnt auf den unteren Ebenen der Hierarchie grösseres Gewicht als auf den höheren Ebenen. Denn je höher der Vorgesetzte in der Hierarchie steht, umso

- weniger fachliche Überlegenheit besitzt er gegenüber den ihm unterstellten Mitarbeitern;

- grösser wird der Anteil der Führungsaufgaben gegenüber den eigentlichen Fachaufgaben;
- leichter lässt sich fehlendes Fachwissen oder geringe praktische Erfahrung durch andere (eben Führungs-)Fähigkeiten ausgleichen. Dieser Sachverhalt wird durch den ironisch gemeinten Satz verdeutlicht: «Wer eine Sache beherrscht, erledigt sie selbst; wer keine Ahnung hat, gibt die Sache in Auftrag und lässt sich dann berichten, worum es eigentlich geht»[4].

Wie soll sich nun aber ein Vorgesetzter verhalten, dem seine Mitarbeiter in ihrem speziellen Aufgabenbereich fachlich überlegen sind? «Selbstsicher auftreten – Selbstsicherheit ist alles.» Machen Sie ja nicht den Fehler, diesen «klugen» Ratschlag zu befolgen (denn er ist gar nicht klug).

Auf die Dauer kann man nämlich fachliche Unsicherheit nicht hinter «selbstsicherem Auftreten» verstecken. Ein Vorgesetzter, der versucht, seinen Mitarbeitern Fachkenntnisse vorzugaukeln, die er gar nicht hat, erreicht damit genau das Gegenteil: Er untergräbt seine Autorität. Der Vorgesetzte aber, der seine allfällige Unerfahrenheit und «Lückenhaftigkeit» zugibt und sich von seinen Mitarbeitern beraten lässt, weckt dadurch die Bereitschaft der Mitarbeiter zur Zusammenarbeit mit ihm. Jeder macht Fehler.

Die Bereitschaft des Vorgesetzten, eigene Fehler, Unzulänglichkeiten und Lücken zu erkennen und offen zu korrigieren, festigt seine persönliche Autorität.

Formale Autorität und fachliche Autorität sind Grundlagen, um das (Leistungs-)Verhalten der Mitarbeiter zu beeinflussen. Das ist keine Frage! Und doch reichen auch sie noch nicht aus, um erfolgreich führen zu können. Die dritte und wichtigste Machtquelle, die sich ein Vorgesetzter erschliessen kann, liegt in seiner Persönlichkeit: die persönliche Autorität. Sie ist es, die letzten Endes die *Führungsautorität* des Vorgesetzten ausmacht und echte Erfolgsgewähr bietet. Der Vorgesetzte, der persönliche Autorität besitzt, wird von seinen Mitarbeitern als Mensch anerkannt; er gilt als Vorbild; man schenkt ihm Vertrauen. Er kann sicher sein, dass seine Mitarbeiter ihm freiwillig «folgen».

Die Führungsautorität des Vorgesetzten stellt also eine Mischung aus den drei Formen von Autorität dar. Auf die Frage, in welchem «Mischungsverhältnis» die drei Komponenten stehen müssen, lässt sich wiederholend folgendes sagen:

- Die formale Autorität reicht als alleinige Machtgrundlage nicht aus. Vorgesetzte, die sich allein auf sie stützen, dürften wegen der fachlichen und persönlichen Emanzipation der Mitarbeiter scheitern.
- Der fachlichen Autorität kommt auf den unteren Ebenen der Hierarchie grösseres Gewicht zu als auf den höheren Ebenen.
- Die persönliche Autorität ist auf allen Ebenen von ausschlaggebender Bedeutung.

Wer ein allgemeingültiges Rezept für die «Erfolgsmischung» erwartet, wird enttäuscht: Ein solches Rezept gibt es nicht, weil die «richtige» Führungsautorität von verschiedenen Variablen (veränderlichen Faktoren) bestimmt wird. Zunächst spielt natürlich die *Person des Vorgesetzten* eine entscheidende Rolle. So ist es nicht gleichgültig, ob er die Ausübung von Autorität

[4] zit. nach Bordemann (1978)

- als Mittel einsetzt, um sein Machtbedürfnis zu befriedigen, indem er Befehle austeilt, seine (positionale) Überlegenheit ausspielt und sich mit einem Kreis unterwürfiger Opportunisten umgibt.
- als legitime Form betrachtet, seine Aggressionen auszuleben oder sich ein Ventil dafür zu schaffen, die von «oben» erfahrene Autorität nach ‚unten' weiterzugeben.
- als Mittel einsetzt, um der grundsätzlichen Faulheit, Passivität und Verantwortungslosigkeit der Mitarbeiter zu begegnen.
- dazu benutzt, Voraussetzungen zu schaffen, dass der einzelne Mitarbeiter und die Arbeitsgruppe sich leistungsmässig optimal entfalten und eigene Bedürfnisse befriedigen kann.

Die *Eigenschaften und Erwartungen der Mitarbeiter* oder der Arbeitsgruppe beeinflussen die Autorität in hohem Masse. So spielt es beispielsweise eine Rolle,

- welche Form von Autorität die Mitarbeiter erwarten bzw. gewohnt sind: Ein Vorgesetzter, der die Rollenerwartungen seiner Mitarbeiter nicht beachtet, wird grosse Mühe haben, sich zu behaupten.
- wie die Motivation der Mitarbeiter strukturiert ist: Das Bedürfnis nach Autonomie oder Partizipation ist z.B. nicht bei jedem in gleichem Masse ausgeprägt.
- wie qualifiziert die Mitarbeiter sind: Der eine vermag z.B. eine Aufgabe selbständig zu erfüllen, während ein anderer auf Instruktionen des Vorgesetzten angewiesen ist.
- wie hoch der Kooperationsgrad in der Gruppe ist: Die Art und Häufigkeit der Kommunikation, die Art der Handhabung von Konflikten usw. wirken sich ebenfalls aus.

Auch die *Erwartungen vonseiten der Organisation* sind von Bedeutung. So ist es nicht gleichgültig, welche (schriftlich fixierten oder ungeschriebenen) Führungsgrundsätze gelten und welche Form von Autorität von «oben» auf den Vorgesetzten ausgeübt wird. Schliesslich kommt es auch auf die zu erfüllende *Aufgabe* an: Wenn unter starkem Zeitdruck gehandelt werden muss (etwa in Notfällen), kann der Rückgriff auf formale Autorität sinnvoll sein. Kooperative Aufgaben erfordern eine kooperative Ausübung von Autorität.

Die Frage nach der «Erfolgsmischung» lässt sich also nicht allgemeingültig beantworten. Die «richtige Mischung» hängt von der Führungssituation ab, in dem sich der Vorgesetzte befindet. Aufgabe des Vorgesetzten ist es, die situativen Bedingungen zu erkennen und die drei Komponenten der Führungsautorität entsprechend wirksam werden zu lassen.

Aus dem Gesagten wird deutlich, dass die Führungsautorität in steigendem Mass ihren Herrschaftscharakter verliert. Die Funktion der Führungsautorität besteht nicht mehr darin, durch formalen Druck und Zwang auf die Mitarbeiter Macht auszuüben, sondern sie hat lediglich Voraussetzungen zu schaffen, dass eine zielorientierte Kooperation möglich ist.

Indem die Ausübung von Autorität zur Entfaltung von Fähigkeiten der Mitarbeiter beiträgt, erlangt sie ihre ursprüngliche Bedeutung zurück (lat. augere = Mehren, fördern). Führungsautorität in diesem Sinne wird nicht nur akzeptiert, sondern gewünscht, weil sie dem Mitarbeiter hilft, zu seinen eigenen Möglichkeiten zu finden. «Führungsautorität als Bedingung der Selbstentfaltung und Selbstverwirklichung

des Mitarbeiters kann als kommunikative Fähigkeit gelernt und eingeübt werden.»[5]
Ein Vorgesetzter, der ein selbständiges und mitverantwortliches Arbeitsverhalten seiner Mitarbeiter erreichen will, vermag dies weniger durch unbekümmerte Selbstsicherheit zu leisten, sondern braucht mehr Problembewusstsein und Selbstkritik gegenüber dem eigenen Autoritätsstil. Eine Autoritätsform, die mehr Menschenkenntnis und Einfühlungsvermögen in den anderen verlangt, setzt mehr Selbsterkenntnis und Beobachtung des eigenen (Führungs-)Verhaltens voraus. Gerade in bezug auf Autorität ist es äusserst wichtig, das eigene Verhalten kritisch zu überprüfen. Der Fragebogen in Abbildung 120/Anhangband kann dabei helfen. Besonders interessant (und wahr) wird das Ergebnis dann, wenn man sich zuerst selbst beurteilt und anschliessend den Fragebogen durch die Mitarbeiter ausfüllen lässt.
Bis hierhin ging es um die Autorität des Vorgesetzten. Der Vorgesetzte ist aber nicht der alleinige Träger von Autorität. Auch der Mitarbeiter besitzt aufgrund seines Fachwissens und aufgrund von Merkmalen seiner Persönlichkeit fachliche bzw. persönliche Autorität. Der Mitarbeiter, der in seinem Tätigkeitsbereich selbständig handelt und entscheidet und die ihm übertragenen Aufgaben erfüllt, erwirbt sich dadurch eine Mitarbeiterautorität, die er legalerweise der formalen Autorität des Vorgesetzten gegenüberstellen kann. Dies ist eine sehr wichtige Feststellung. Denn erfolgreiche Führung basiert auf gegenseitiger Achtung und Anerkennung.
Die Achtung, die ein Vorgesetzter seinen Mitarbeitern entgegenbringt, ist nicht nur menschlich, sondern auch sachlich begründet: Die Zielerreichung bzw. Aufgabenerfüllung der Organisation ist ein Ergebnis der Zielerreichung und Aufgabenerfüllung der einzelnen Mitarbeiter und ihrer gegenseitigen Zusammenarbeit. Diese Achtung und Anerkennung trägt der Tatsache Rechnung, dass jeder Mitarbeiter auf seinem Platz notwendig ist.

413 Merkmale der Führungspersönlichkeit

Der Vorgesetzte steht «oben» oder ist seinen «Unter-gebenen» zumindest «vorgesetzt». Er hat das «Sagen» – auch wenn er seine formale Überordnung nicht betont, so ragt er doch stets hervor. Was unterscheidet nun den Vorgesetzten von einem Mitarbeiter? Oder allgemein formuliert: Was unterscheidet den Führer von den Geführten? Diese Frage beschäftigt die Menschen, seit es Individuen mit herausragenden Fähigkeiten gibt. Som kommen bereits in der Ilias von Homer verschiedene Führungsideale der Antike zum Ausdruck[6]: Gerechtigkeit und Urteilskraft (Agamemnon), Weisheit und Rat (Nestor), Scharfsinn und List (Odysseus), Tapferkeit und Aktion (Achilles). Platon (Der Staat, 6./7. Buch) stellte folgende Eigenschaften eines Führers heraus[7]: Wissbegierde, Wahrheitsliebe, besonnene Mässigung und Abwesenheit aller Gewinnsucht, Abwesenheit von Niederträchtigkeit und Gemeinheit, gerechte und humane Seele, Gelehrigkeit, gutes Gedächtnis und Sinn für schöne Form. Macchiavelli, als einflussreicher politischer Denker der Renaissance fordert folgende Eigenschaften

---

5 Sahm (1980)
6 vgl. Wunderer/Grunwald (1980)
7 vgl. Wunderer/Grunwald (1980)

von einem idealen Führer[8]: Kraft/Entschlossenheit, Treue, Milde, Menschlichkeit, Aufrichtigkeit/Redlichkeit, Frömmigkeit/Gottesfurcht, Grossmut und Kühnheit.
Die Liste berühmter Namen aus der Geistesgeschichte, die sich mit den Eigenschaften von Führungspersönlichkeiten beschäftigt haben, liesse sich beliebig verlängern. Die Beispiele genügen jedoch, um zu zeigen, dass bestimmte Idealnormen in bezug auf «den Führer» immer existiert haben.
In neuerer Zeit wurden unzählige Untersuchungen durchgeführt mit dem Ziel, jene Persönlichkeitsmerkmale zu ermitteln, die in ihrer spezifischen Ausprägung und Kombination die Führungspersönlichkeit kennzeichnen. Im Jahre 1948 wurden von Stogdill die Ergebnisse von 112 Studien gesichtet und geordnet. Die Zusammenfassung ergab, dass Personen mit Führungspositionen in bezug auf folgende fünf Faktoren den Durchschnitt der Mitglieder ihrer Gruppe übertreffen[9]:

- *Befähigung* (Intelligenz, Wachsamkeit, verbale Gewandtheit, Originalität, Urteilskraft)
- *Leistung* (Schulleistung, Wissen, sportliche Leistungen)
- *Verantwortlichkeit* (Zuverlässigkeit, Initiative, Ausdauer, Aggressivität, Selbstvertrauen, Wunsch, sich auszuzeichnen)
- *Teilnahme* (Aktivität, Soziabilität, Kooperationsbereitschaft, Anpassungsfähigkeit, Humor)
- *Status* (sozio-ökonomische Position, Popularität)

Stogdill bemerkt jedoch ausdrücklich, dass eine Person nicht aufgrund einer Kombination von Persönlichkeitseigenschaften zum Führer wird, sondern durch die *Anordnung und wechselseitige Beziehung der Persönlichkeitsmerkmale* des Führers. Diese muss *den Zielen der Geführten sowie bestimmten Anforderungen der Situation entsprechen,* um wirksam zu sein.
Eine zweite grosse Übersicht über weitere 163 Studien wurde 1974 veröffentlicht. Aufgrund dieser Untersuchungen sind Führer durch folgende Eigenschaften charakterisiert[10]: Verantwortungsbewusstsein, Aufgabenerfüllung, Energie und Ausdauer im Hinblick auf die Zielerreichung, Kreativität bei der Problemlösung, Selbstvertrauen; Bereitschaft, Konsequenzen von Entscheidungen zu akzeptieren; Bereitschaft, interpersonalen Stress und Frustration zu ertragen sowie die Fähigkeit, andere zu beeinflussen.
In einer andern Übersicht wurden schliesslich die Ergebnisse von Studien zusammengestellt, die sich mit der Beziehung zwischen Persönlichkeitsmerkmalen von Individuen und deren Führungsverhalten in Gruppen befassen[11]. Diese Arbeit von Mann (1959) ist deshalb besonders interessant, weil hier der Aspekt der Gruppe einbezogen wird. Aus der Sammelstudie geht hervor, dass eine starke positive Beziehung besteht zwischen *Intelligenz, Anpassung* und *Extraversion* einerseits und Führungsverhalten andererseits. *Dominanz, Maskulinität* und *interpersonelle Sensitivität* stehen in einem etwas schwächeren positiven Zusammenhang mit Führung, während Konservativismus mit Führung negativ korreliert ist.

---

8 vgl. Wunderer/Grunwald (1980)
9 vgl. Wunderer/Grunwald (1980)
10 vgl. Wunderer/Grunwald (1980)
11 vgl. Wunderer/Grunwald (1980)

Fazit dieser Untersuchungen: «Es ist unbestritten, dass Eigenschaften in Führungsbeziehungen eine grosse Rolle spielen. Lediglich die klassische Version der Eigenschafts-Theorie, wonach Führungsverhalten und -erfolg auf Persönlichkeitseigenschaften der Führer zurückzuführen ist, dürfte als überholt gelten.»[12] Es wäre falsch, die jeweiligen Bedingungen wie z.B. Erwartungen der Interaktonspartner, Günstigkeit der Situation, Art der Aufgaben, vorhandene Arbeitsmittel, organisationale Gegebenheiten usw. ausser acht zu lassen.

Bei der Auswahl von Führungskräften aufgrund von Persönlichkeitsmerkmalen wird oft übersehen, dass es keine Eigenschaften gibt, die unabhängig von ihrer Beziehung zu den Geführten, zur spezifischen Aufgabe und Situation den Führungserfolg endgültig charakterisieren können. Immer wird es auch auf die zu führenden Mitarbeiter ankommen, auf deren Ziele, Erwartungen und Erfahrungen.

Führungsqualitäten müssen immer im sozialen Kontext gesehen werden. «Eigenschaften» eines Vorgesetzten haben immer auch einen Bezug zu den Eigenschaften der Mitarbeiter bzw. Arbeitsgruppe. Fragt man verschiedene Arbeitsgruppen in einer Organisation, welche Fähigkeiten und Eigenschaften Vorgesetzte haben sollten, so zeigt sich, dass Führung zu einem grossen Teil eine Funktion der jeweiligen Gruppe, ihrer Ziele, Struktur und Situation ist.

Das tatsächliche, momentane Führungsverhalten eines Vorgesetzten resultiert somit aus dem Zusammenwirken mehrerer Einflusskomponenten (Abb. 77)[13]: Das grundlegende *individuelle* Führungsverhalten wird durch die Anlagen und die Erfahrungen des betreffenden Individuums bestimmt. «Angeborene» Merkmale lassen sich dabei lediglich vermuten, da stets nur menschliche Verhaltensweisen beobachtet werden können, die bereits durch Interaktionen bzw. Erfahrungen mit der Umwelt geprägt sind.

Hinsichtlich der Führung rühren wesentliche Erfahrungen aus dem Geschehen in Gruppen, denen die führende Person selbst einmal angehört hat. Der Führer einer bestimmten Gruppe zeigt ein Führungsverhalten, das durch den Einfluss der spezifischen Gruppe modifiziert wird und deshalb als *modifiziertes* Führungsverhalten be-

Abbildung 77: Bestimmungsfaktoren des Führungsverhaltens[60]

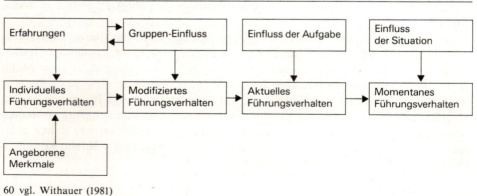

60 vgl. Withauer (1981)

12 Wunderer/Grunwald (1980)
13 vgl. Withauer (1981)

zeichnet werden kann. Im weiteren ist das Verhalten des Führenden abhängig von der speziellen Aufgabe und der äusseren Situation, in der sich die Gruppe befindet. Diese Einflüsse bewirken, dass ein der Führungssituation entsprechendes *momentanes* Führungsverhalten zustandekommt. (Zur Selbsteinschätzung Ihres Führungsverhaltens können Sie die Fragebogen in Abb. 130/131/Anhangband benützen.)

414 Erwartungen an den Vorgesetzten

Die Rolle des Vorgesetzten ist durch vielfältige geschriebene und ungeschriebene Erwartunge mehr oder weniger klar umrissen. In Büchern und in Seminarunterlagen, die sich mit Führungsaufgaben befassen, findet man zahlreiche Versuche, die grundlegenden Erwartungen oder Anforderungen an einen Vorgesetzten zu definieren. So heisst es zum Beispiel[14]:

- Der Vorgesetzte muss ein Führer sein. Eine Führungskraft muss die Fähigkeit besitzen, sich ihren Mitarbeitern gegenüber mitteilen zu können.
- Der Führende muss verantwortungsbewusst und verantwortungsbereit sein. Führungskräfte müssen ein soziales Verantwortungsbewusstsein besitzen.
- Ein Manager muss nicht nur in der Lage sein, das wissenschaftliche Management, die Management-Techniken zu verstehen, er muss sie auch anwenden können.
- Eine gute Urteilsfähigkeit und die Gabe zu entscheiden sowie die Fähigkeit zu unterscheiden, was bedeutsam und was unbedeutend ist, sind wesentliche Voraussetzungen einer Führungskraft.
- Ein Führer ist nicht an seiner Persönlichkeit zu messen, sondern an dem, was er tut, d.h. daran, ob er in jeder Situation das Notwendige und Zweckmässige tut usw.

In den Seminarunterlagen eines bekannten Managementtrainers finden sich folgende «Erwartungen an den kooperativen Führer»[15]: «Die Haltung des kooperativen Führers ist positiv, wenn er Vertrauen in seine Mitarbeiter hat, die Mitarbeiter gut informiert und in seine Überlegungen einbezieht, Verständnis für ihre Lage hat und gerecht ist.
Des weiteren ist die Haltung des kooperativen Führers positiv, wenn er jedem das Gefühl gibt – gleich wichtig zu sein; für seine Entscheidungen die Verantwortung übernimmt und eigene Fehler eingesteht, sachlich kritisiert und belehrt – und nicht nachträgt; sein besseres Wissen und Können für seine Mitarbeiter einsetzt und vor allem hilfsbereit ist, jeden seinen Fähigkeiten entsprechend einsetzt und fördert.
Und nicht zuletzt ist die Haltung des Führers positiv, wenn er persönliche Anliegen persönlich behandelt und Vorbild ist. Damit entspricht er den Normen und Erwartungen, die im Betrieb und in der gesellschaftlichen Umwelt heute allgemein anerkannt sind.
Der kooperative Führer ist natürlich auch Manager:

- Er bekennt sich zur zielorientierten Leitung, löst die notwendigen Aktivitäten für die Erreichung der Ziele aus, weiss, dass er letzten Endes daran gemessen wird, was seine Mitarbeiter tun und was er mit ihnen gemeinsam – kooperativ – erreicht hat;

14 vgl. Rosner (1983)
15 vgl. Rosner (1983)

- Er erarbeitet die zu erreichenden Ziele gemeinsam mit seinen Mitarbeitern, delegiert Aufgaben und Entscheidungsbefugnisse, sorgt dafür, dass seine Mitarbeiter im Rahmen ihrer Delegationsbereiche die Verantwortung für die zu erreichenden Ziele und die getroffenen Entscheidungen übernehmen und bekennt sich, wo immer nur möglich, zum Teamstil – und praktiziert ihn.»

Es braucht nicht besonders betont zu werden, dass ein solcher Vorgesetzter, wie er hier geschildert ist, nur im Bereich der Wunschwelt existiert.

In einem dritten Beispiel schliesslich werden an einen Vorgesetzten folgende Anforderungen gestellt[16]:

- Fähigkeit, die Achtung und das Vertrauen der Mitarbeiter zu gewinnen, diese für ihre Aufgabe zu begeistern und sie zu selbständigem, initiativem Denken und Handeln anzuspornen; Fähigkeit zum Umgang mit Untergebenen – und Vorgesetzten;
- klares Denken, Sinn für die grossen Zusammenhänge und geistige Beweglichkeit; Organisationstalent;
- Sachkenntnis;
- Verantwortungsbewußtsein und Verantwortungsfreude;
- geistige Unabhängigkeit und Mut; Selbstdisziplin;
- echter Humor;
- Sinn für Gerechtigkeit und Verständnis für die Mitarbeiter; Bereitschaft, für seine Mitarbeiter einzustehen;
- die Fähigkeit, seine persönlichen Interessen der Sache unterzuordnen;
- Sicherheit; Durchsetzungsvermögen;

Solche allgemeinen Erwartungen bzw. «Soll-Profile» sind in erster Linie als Absichtserklärungen oder als Forderungskataloge der Leitung der betreffenden Organisation zu verstehen. Sie sind in ihrer generalisierenden und abstrakten Aussage weit weg von der Alltagspraxis und helfen dem Vorgesetzten kaum, seine Führungsprobleme im konkreten Organisationsalltag erfolgreich zu bewältigen.

Der konkrete Vorgesetzte wird seine Rolle aufgrund der vielfältigen Interaktionen im Arbeitsalltag so modifizieren und differenzieren, dass er als Zielperson der zahlreichen (und zum Teil widersprüchlichen) Erwartungen seine Aufgabe so gut und so befriedigend wie möglich erfüllen kann.

Ein Vorgesetzter, dem es gelingt, die verschiedenen – teilweise sehr hohen – Erwartungen «unter einen Hut» zu bringen, besitzt jene Merkmale einer Führungspersönlichkeit, die es ihm in der konkreten Situation möglich machen, in hohem Masse zur Aufgabenerfüllung und Zufriedenheit der Gruppe beizutragen ohne mit den Vorgaben und Erwartungen seiner Vorgesetzten in Kollision zu geraten. Dies wird aber keinesfalls immer möglich sein, und es lassen sich im Grunde genommen auch keine allgemeingültigen Anforderungen formulieren, deren Erfüllung die Bewältigung jeder Führungssituation garantieren würde; denn in jeder spezifischen Situation sind jeweils wieder andere Anforderungsmerkmale entscheidend.

415 Rechte und Pflichten des Vorgesetzten

Wie die Rolle des Mitarbeiters ist auch die Rolle des Vorgesetzten mit bestimmten Rechten und Pflichten ausgestattet. Unter den *formalen Rechten* bzw. *Kompetenzen* des Vorgesetzten sind neben den Eigenkompetenzen (die auch Mitarbeiter besitzen) vor allem die *Fremdkompetenzen* von Bedeutung, also die Befugnisse, die sich auf die Aufgabenerfüllung *anderer* Personen beziehen.
Unter diesen Fremdkompetenzen, die auch als *Führungskompetenzen* bezeichnet werden, lassen sich folgende Arten unterscheiden[17]:
- *Integrationskompetenz:* Diese tritt in zwei Formen auf: einerseits in der Strukturkompetenz mit dem Recht, Verteilungs- und Arbeitsbeziehungen in einem System zu regeln; andererseits in der Zielkompetenz mit dem Recht, sich an der Bildung von ökonomischen und sozialen Sach- und Formalzielen zu beteiligen.
- *Koordinationskompetenz:* das Recht, Massnahmen zur koordinierten Aufgabenerfüllung zu ergreifen.
- *Persönlich-disziplinarische Kompetenz (= disziplinarische Weisungsbefugnis):* das Recht, in Fragen der Umgangs- und Verhaltensnormen bei der Aufgabenerfüllung, der Förderung und Weiterbildung Weisungen zu erteilen.
- *Sachlich-funktionale Kompetenz (= fachliches Weisungsrecht):* das Recht, in fachlichen Fragen Weisungen zu erteilen. Zwei Formen werden unterschieden: die Anordnungskompetenz mit dem Recht, eine getroffene Entscheidung durchzusetzen, d.h. andere Personen zur Realisation der Entscheidung zu veranlassen, sowie die Kontrollkompetenz mit dem Recht, die Aufgabenerfüllung anderer Personen in fachlicher Hinsicht zu kontrollieren.

Damit der Vorgesetzte von diesen Kompetenzen Gebrauch machen kann, müssen bestimmte Bedingungen erfüllt sein. Jedes Recht, das dem Vorgesetzten zusteht, muss:
- ihm inhaltlich und formal bekannt sein; er muss genau wissen, wozu er berechtigt oder ermächtigt ist.
- wenn immer möglich schriftlich fixiert sein (Stellenbeschreibung).
- von Zeit zu Zeit daraufhin überprüft werden, ob es nicht mit Kompetenzen der Mitarbeiter oder anderer Vorgesetzten kollidiert.

Das Einhalten dieser Bedingungen ist die Voraussetzung dafür, dass Entscheidungen und Massnahmen konsequent realisiert werden und optimal ineinandergreifen. Sind die eigenen Rechte nicht (oder nicht genau) bekannt, die Kompetenzen unklar, so ergeben sich daraus ebenso häufig Unzufriedenheit, Verwirrung und Fehlentscheidungen wie wenn der Vorgesetzte seine Kompetenzen vernachlässigt oder überschreitet.
Neben diesen formalen Rechten hat jeder Vorgesetzte bestimmte *rechtliche Verpflichtungen*. Im Vordergrund stehen hierbei
- *Aufsichtspflicht:* Der Vorgesetzte ist verpflichtet, die Prozesse zur Aufgabenerfüllung angemessen zu überwachen und die Arbeitsergebnisse zu kontrollieren.

---

17 vgl. Bleicher/Meyer (1976)

- *Fürsorgepflicht:* Der Vorgesetzte hat die Pflicht, sich um den Schutz des Mitarbeiters vor Gefahren und um die Erhaltung seiner Gesundheit und seines Wohlbefindens zu bemühen.

In den beiden genannten Pflichten ist die Ursache vielfältiger Konflikte angelegt. Denn die Fürsorgepflicht kann durchaus mit der Aufsichtspflicht oder den Weisungsbefugnissen kollidieren. Manche Anordnung, die der Vorgesetzte an seine Mitarbeiter richten muss, kann deren Bedürfnisse missachten, verletzen oder sogar in ihre Schutzrechte eingreifen. Auch hier, in dieser doppelten Verpflichtung einerseits der Organisation und andererseits dem Mitarbeiter gegenüber, kommt einmal mehr die konfliktträchtige Position des Vorgesetzten zum Ausdruck.

In der Art und Weise, wie ein Vorgesetzter mit solchen Konflikten umgeht, zeigt sich wie kaum irgendwo sonst, in welchem Ausmass er seiner Führungsaufgabe gewachsen ist. Ein Vorgesetzter, der nicht fähig ist, für seine Mitarbeiter einzustehen, wirkt unglaubhaft.

Zu diesen rechtlichen Verpflichtungen kommen auch *persönliche Pflichten.* Wie diese formuliert weden können, soll an einem Beispiel gezeigt werden[18]:
«Jeder Vorgesetzte ist innerhalb der Verwaltung zugleich auch Mitarbeiter und Kollege. In dieser dreifachen Eigenschaft soll er *als Vorgesetzter:*

- die Führungsaufgaben unter vollem Einsatz seiner Persönlichkeit erfüllen. Der Vorgesetzte wirkt durch sein Beispiel.
- seinen Mitarbeitern Anregungen bieten.
- im Rahmen der allgemeinen Prinzipien seinen eigenen Führungsstil entfalten; sich so geben, wie er ist;
- über die eigene Zuständigkeit hinaus das Ganze im Auge behalten;
- klare, präzise Antworten verlangen (Vorgesetzte müssen fragen können);
- die Lage reifen lassen, ohne jedoch seinen Entscheid auf die lange Bank zu schieben; zu verantwortende Risiken in Kauf nehmen;
- klare Forderungen stellen;
- Kritik ertragen; trotz Enttäuschungen und Rückschlägen nicht resignieren.
- um die Unvollkommenheit menschlichen Handelns (auch seines eigenen) wissen.

als Mitarbeiter

- sich für die Erfüllung seiner Aufgaben einsetzen.
- im Rahmen der Richtlinien selbständig und initiativ handeln und die Verantwortung für seine Tätigkeit übernehmen.
- seinen Vorgesetzten beraten, ihn entlasten und seine Zeit nie unnötig beanspruchen.
- Vorlagen dem Vorgesetzten rechtzeitig und in einer Form unterbreiten, die ihm den Entscheid erleichtert.
- sich seinem Vorgesetzten unterordnen, ohne zum unkritischen Ja-Sager zu werden. Er verhält sich ihm gegenüber so, wie er es von seinen Mitarbeitern verlangt.

---

18 vgl. Bundesrat (1974)

als Kollege
- mit allen an der Lösung einer Aufgabe Beteiligten frühzeitig Kontakt aufnehmen und mit ihnen eng zusammenarbeiten.
- für umfassende gegenseitige Information über alle wesentlichen Tatsachen und Zusammenhänge sorgen.
- eine kameradschaftliche Haltung einnehmen und alles tun, um das gemeinsame Ziel zu erreichen.
- die Leistungen der Kollegen würdigen.

416 Dilemmata der Führung

Zu welchen Konflikten die vielfältigen Erwartungen an den Vorgesetzten führen können, wurde bereits erwähnt. Im folgenden soll auf bestimmte Grundwidersprüche eingegangen werden, die untrennbar mit der Rolle des Vorgesetzten verbunden sind[19]. Damit wird die abstrakte Rede von den widersprüchlichen Erwartungen von «oben» bzw. von «unten» konkreter, und es zeigt sich, dass ein Vorgesetzter notwendig in Widersprüchen leben muss, aus denen es keinen eindeutigen und gesicherten Ausweg gibt.

- *Objekt und Subjekt:* Hier geht es um die Frage, ob der Vorgesetzte den Mitarbeiter als Mittel oder als Zweck bzw. als Kostenfaktor oder als Mitmenschen und Partner betrachtet. Soll der Vorgesetzte das Arbeitsverhalten des Mitarbeiters von aussen her bestimmen oder ihm Selbstbestimmung zuerkennen? Unter den bei uns gültigen Bedingungen kann keiner der beiden Pole vernachlässigt werden, wenn die wichtigsten Aufgaben einer Organisation erfüllt werden sollen.
- *Einzigartigkeit und Gleichartigkeit:* Jeder Vorgesetzte hat es mit Menschen zu tun, von denen keiner dem anderen gleicht. Er hat diese Individualität zu respektieren und die Würde des «ganzen» Menschen zu achten. Andererseits aber ist dieser «ganze» Mensch in Organisationen nicht gefragt – nur ein Teil von ihm interessiert: die Fähigkeit, die für die Aufgabenerfüllung benötigt wird.
- *Bewahrung und Veränderung:* Damit in der Organisation gegenseitig abgestimmtes Handeln möglich ist, muss man sich aufeinander verlassen und Handlungen vorhersagen können. Dies bedeutet, dass Einstellungs- und Verhaltensregeln erhalten und verankert werden müssen. Konstanz, Stabilität, Tradition schaffen Verhaltenssicherheit; sie gefährden jedoch dann den Bestand und Entwicklung, wenn Menschen und Umwelten sich ändern und das Festhalten am Bewährten zur Anpassung unfähig macht. Deshalb besteht die Aufgabe des Vorgesetzten nicht nur darin, Strukturen zu erhalten, sondern auch zu erneuern, zu verändern und Entwicklungen einzuleiten.
- *Freiheit und Zwang:* Ein Vorgesetzter ist verantwortlich dafür, dass sich seine Mitarbeiter ordnungsgemäss und regelkonform verhalten. Dies heisst, dass er ihnen Beschränkungen auferlegen muss, weil nur bestimmte Fähigkeiten zu bestimmten Zeiten gefragt sind. Eine solche Reduzierung und Einschränkung bringt die Gefahr mit sich, dass sowohl Leistungspotentiale wie Einsatzfreudigkeit und Kreativität verkümmern.

19 vgl. Neuberger (1984)

- *Herausforderung und Fürsorge:* Ein (instrumentales und individuales) Ziel der Führung ist Zufriedenheit der Mitarbeiter. Wenn Zufriedenheit jedoch den Beigeschmack von Sattheit, Sich-zufrieden-Geben, Sich-Abfinden und Desinteresse bekommt, dann ist es auch Führungsaufgabe, herauszufordern, zu belasten, vorübergehend unzufrieden zu machen.
  Durch die Erfahrung der eigenen Kompetenz und die Steigerung des persönlichen Anspruchsniveaus soll der Mitarbeiter angeregt werden, seine Fähigkeiten und Neigungen zu entwickeln, statt sie bloss zu vermarkten.
- *Zurückhaltung und Offenheit:* Im Sinne einer partnerschaftlichen Führung wird vom Vorgesetzten erwartet, dass er unnötige Fassaden und Panzerungen abbaut und fähig ist, mit seinen Mitarbeitern authentisch, unverstellt, frei und offen zu kommunizieren. Er soll eigene Unwissenheit, Ratlosigkeit, Wünsche und Ängste zugeben können. Andererseits läuft er damit Gefahr, sich auszuliefern und – weil er den verbreiteten Kult der heroischen Selbstdarstellung nicht mitmacht – abgewertet zu werden.
- *Sachlichkeit und Emotionalität:* Nach verbreiteter Auffassung geht es in produktiven sozialen Systemen sachlich zu: Aufgaben und Ziele stehen im Vordergrund, Emotionalität ist tabuisiert. Viele Vorgesetzte sind wie ihre normierte Umwelt selbst versachlicht: cool, beherrscht, distanziert, neutral – sie leben die Fiktion des «organization man», der seine Person hinter der Funktion zum Verschwinden gebracht hat (die Inszenierung von Sachlichkeit ist Selbstschutz und Imagefaktor in einem).
  Die andere Variante wird durch Vorgesetzte repräsentiert, die auf einer persönlichen Ebene Kontakte pflegen und Wärme, Nähe, Herzlichkeit und Aggressivität unmittelbar ausdrücken. Unter dem Schlagwort des «Führungsduals» ist die Personalisierung dieses Dilemmas bekannt geworden: In vielen Gruppen gibt es einen «Tüchtigen» (meist der formale Vorgesetzte) und einen «Beliebten».
- *Spezialisierung und Generalisierung:* Von einem Vorgesetzten wird auf der einen Seite Sachverstand und Detailwissen verlangt, um seine Mitarbeiter kompetent beraten und beurteilen zu können. Auf der anderen Seite aber soll er «Generalist» sein und sich nicht allzusehr in die Einzelheiten vertiefen, damit er den Überblick und die Integrationsfähigkeit nicht verliert.
- *Einzelverantwortung und Gesamtverantwortung:* Insbesondere bei der Verwirklichung des Delegationsprizips wird festgehalten, der Mitarbeiter sei für die übertragenen Aufgaben selbst voll verantwortlich, der Vorgesetzte habe lediglich die Führungsverantwortung. In der Praxis jedoch lässt sich eine derart säuberliche Trennung nicht vollziehen. Hier wird der Vorgesetzte (zumindest indirekt und langfristig) für ein Versagen seiner Mitarbeiter zur Rechenschaft gezogen; er wird erwartet, dass er sich für alle zu seinem Bereich gehörigen Ergebnisse verantwortlich fühlt.
- *Kontrolle und Selbständigkeit:* Der Vorgesetzte soll im Vertrauen auf Fähigkeiten, Einsatz und Loyalität seiner Mitarbeiter lediglich die vorgelegten Ergebnisse prüfen, ansonsten die Mitarbeiter zur Selbstkontrolle erziehen. Dieses Vorgehen setzt selbständige, kompetente und verlässliche Mitarbeiter voraus; dies ist jedoch für viele Vorgesetzte eine Utopie, weshalb sie häufiger kontrollieren.
- *Individuelle und kollektive Entscheidung:* Als allgemeine Empfehlungen sind beide Extremfälle unrealistisch. Ihre Bedeutung erhalten diese polaren Gegensätze

aus den Prinzipien, die ihnen zugrundeliegen: Während die Allein-Entscheidung dem Modell des «Grossen Mannes» verpflichtet ist, verabsolutiert die Kollektiv-Entscheidung basisdemokratische Überzeugungen.

- *Konkurrenz und Kooperation:* Vom Vorgesetzten wird einerseits Zusammenarbeit, Hilfeleistung und Förderung erwartet; andererseits hängt seine Karriere davon ab, wie geschickt er andere übervorteilt, manipuliert und für die eigenen Interessen ausnutzt. Die Formel vom «kooperativen Tiger» trifft genau den Kern dieses Konflikts. Zudem werden Ergebnisse individualisiert, obwohl allen bewusst ist, dass die meisten Leistungen das Produkt von Zusammenarbeit sind.

Den olympischen Mehr-Werten (schneller, höher, weiter) kann man auch andere Werte gegenüberstellen: Freundlichkeit, Genügsamkeit, Geduld, Genuss, Besinnlichkeit, Mitleid, Hilfsbereitschaft usw. Diese oft als «weiblich» bezeichneten Werte sind für das Überleben und die Leistungsfähigkeit eines sozialen Systems genauso unentbehrlich wie die «männlichen» Werte der Aggressivität, Dynamik und Durchsetzung.

- *Eigennutz und Gemeinnutz:* Bedingt durch das bestehende System wird ein Vorgesetzter im Interesse der eigenen Karriere bemüht sein, für sich selbst Vorteile zu erringen. Aber er darf dies aus taktischen und grundsätzlichen Überlegungen nicht zu weit treiben, weil er sonst Missgunst und Gegenstrategien auf sich lenkt. Er wird nicht nur nach seinen Ergebnissen bewertet, sondern – gerade von den Konkurrenten und den Abhängigen – auch nach den Mitteln, die er für seine Zwecke einsetzt (siehe Abb. 78).

Abbildung 78: Dilemmata der Führung

Objekt	Subjekt
Einzigartigkeit	Gleichartigkeit
Bewahrung	Veränderung
Freiheit	Zwang
Herausforderung	Offenheit
Zurückhaltung	Fürsorge
Sachlichkeit	Emotionalität
Spezialisierung	Generalisierung
Einzelverantwortung	Gesamtverantwortung
Kontrolle (Unselbständigkeit)	Selbständigkeit
Individuelle Entscheidung	Kollektive Entscheidung
Konkurrenz	Kooperation
Eigennutz	Gemeinnutz

61 vgl. Neuberger (1984)

Durch diese Grundwidersprüche ist die Vorgesetztenrolle wesentlich bestimmt. Das Führungs-Verhalten wäre nicht rational erklärbar, wenn man es nicht als einen Versuch verstehen würde, diese Konfliktsituation zu bewältigen. Weil in der Vorgesetztenrolle die Verantwortung für diese Bewältigung personalisiert ist, verwundert es nicht, wenn sich die Träger dieser Rolle unter einer starken psychischen Belastung erleben.

Vorgesetzter sein ist nicht leicht. Neben den genannten Grundwidersprüchen, mit denen der Vorgesetzte zu leben hat, machen es ihm oft auch die Bedingungen schwer, unter denen er arbeiten muss. Folgende Problemkreise zeichnen sich dabei ab:

- *Erfolgs-Erlebnisse:* Da die Ergebnisse bzw. Folgen des Führungsverhaltens des Vorgesetzten meist nicht unmittelbar sichtbar – geschweige denn irgendwie messbar – sind, ist es für den Vorgesetzten oft schwierig, den Nachweis einer persönlichen Leistung zu erbringen bzw. ein bestimmtes Ereignis als persönlichen Erfolg zu erleben.
- *Rollen-Mehrdeutigkeit:* Nicht wenige Vorgesetzte beklagen sich darüber, dass ihre Rolle oft mehrdeutig, unklar und unbestimmt umschrieben ist. In einer Befragung zeigte sich folgendes[3]: 35% der Befragten stört die unklare Definition ihres Tätigkeitsfeldes und des Verantwortungsbereiches ihrer Position; 20% beklagen sich über unklare Rollenerwartungen ihrer Mitarbeiter; 38% sind deshalb unzufrieden, weil ihr Informationsbedarf, der nach ihrer Auffassung zur Aufgabenerfüllung notwendig sei, nicht gedeckt werde.
- *Kompetenzen:* Häufig werden die mit der Führungspositin verbundenen Aufgaben nicht von den Kompetenzen abgedeckt, die dem Stelleninhaber eingeräumt werden, sodass die Verantwortung, die sich aus der Aufgabe ergibt, nicht getragen werden kann.
- *Rollen-Konflikte:* Weil die meisten Vorgesetzten Führer und gleichzeitig Geführte sind, ist ihre Position für Rollenkonflikte besonders anfällig.

Auch diese vier Punkte machen verständlich, weshalb Vorgesetzte so oft unter Stress leiden.

417 Zur Motivation des Vorgesetzten

Auch bei den günstigsten Voraussetzungen in bezug auf Merkmale des Vorgesetzten, der Gruppe, der Aufgabe und der Situation kommt eine wirksame Führung nicht zustande, wenn der betreffende Vorgesetzte zur Führung nicht motiviert ist. Betrachtet man den Vorgang der Führung als solchen und die mit dem Vorgang verbundenen Folgen für den Führenden selbst und sein soziales Umfeld, so zeigt sich, dass eine Vielzahl von recht unterschiedlichen Motiven ein Individuum dazu bewegen können, eine Führungsposition anzustreben. Als Motiv kommen in Frage:

- *Erwerbs-Motiv:* Führungspositionen sind meist mit guter Entlöhnung verbunden. Menschen mit ökonomischer Einstellung werden von ihnen angezogen. Im instrumentalen Sinne kann das Geld auch als Mittel zur Befriedigung nicht-materieller Bedürfnisse angestrebt werden.
- *Status-Motiv:* Eine Führungsposition kann das Verlangen nach einem hohen sozialen Status, nach gesellschaftlicher Anerkennung und Prestige befriedigen.
- *Sicherheits-Motiv:* Das Verlangen nach geordneten und gesicherten Verhältnissen und Abläufen kann jemanden zur Übernahme einer Führungsposition bewegen («Lieber trage ich selbst die Verantwortung, dass nichts passiert, als dass ich mich auf andere verlasse»)[19].
- *Leistungs-Motiv:* Hier wird die Führungstätigkeit als solche angestrebt; sie wird als Herausforderung empfunden; die Auseinandersetzung mit ihr besitzt einen Selbstwert und motiviert.
- *Risiko-Motiv:* Führung birgt im allgemeinen ein grösseres Risiko als die Arbeit eines Sachbearbeiters. Für manche Menschen ist das Risiko geradezu ein Bedürfnis und kann sie zur Übernahme von Führungsfunktionen motivieren.

- *Selbstachtungs-Motiv:* Ein Individuum kann aus dem Verlangen nach persönlicher Stärke, nach Unabhängigkeit, nach selbständiger Gestaltung der Umwelt eine Führungsposition anstreben.
- *Macht-Motiv:* Eine Führungsposition ermöglicht wie keine andere soziale Position die Befriedigung des Verlangens, andere in seinem Sinne zu beeinflussen. Dabei handelt es sich nicht nur darum, Ziele setzen, organisieren, disponieren und entscheiden zu können, sondern auch um das Bedürfnis, andere von sich abhängig zu wissen, über sie bestimmen zu dürfen, sie sich zu unterwerfen, sie zu beherrschen.
  Menschen mit autoritärer Persönlichkeitsstruktur erleben Befriedigung, wenn man ihnen gestattet, Macht über andere Menschen auszuüben. Diese Befriedigung kann sich aus der Machtausübung als solcher ergeben oder um damit persönliche Ziele erreichen zu können. Dem Machtstreben können (müssen aber nicht) Minderwertigkeitsgefühle oder -komplexe zugrunde liegen, die durch die Ausübung von Macht kompensiert werden können.
- *Selbstentfaltungs-Motiv:* Für manche Vorgesetzte stellt die Führungsaufgabe eine Möglichkeit dar, sich selbst zu erfahren, zu entdecken, auszudrücken und zu entwickeln. Für sie ist der Prozess der Führung von Menschen mit einem Prozess der Reifung und Differenzierung der Person verbunden. Die Betonung liegt bei dieser Art von Motivation auf der Aktualisierung latenter Fähigkeiten bzw. Fähigkeitspotentiale.

Führung besitzt soviele Seiten und Möglichkeiten, dass durch sie die verschiedenartigsten Motive aktualisiert werden können. Diese Motive können einzeln oder kombiniert und in unterschiedlicher Stärke vorkommen. Welche Motivation eine Person tatsächlich dazu bewegt, eine Führungsposition anzustreben oder zu übernehmen, wird nie eindeutig zu entscheiden sein, weil die Motive selbst nie sichtbar sind und ein und dasselbe Verhalten durch die unterschiedlichsten Motive bvedingt sein kann. Die wirklichen Motive sind auch den Vorgesetzten selbst meist nicht bewusst. Zudem werden die eigentlichen Motive sehr häufig kaschiert, um Ansehen und Autorität nicht zu gefährden.

In einer Umfrage im Jahre 1980 wurden 208 Führungskräfte zwar nicht nach ihrer Motivation zur Führung, aber nach ihrer Motivation zur Leisung befragt[20]. Die Vorgesetzten hatten zu 16 formulierten Motivationsfaktoren Stellung zu nehmen, die unterschieden wurden nach solchen, die durch äussere Bedingungen gegeben sind (Arbeitsverhältnis zu Kollegen und Vorgesetzten, Einkommen, Sicherheit der eigenen Position) und solchen, die im Individuum selbst entwickelt werden (Selbstbestätigung, Kommunikation). In der Übersicht «Faktoren der Leistungsmotivation» (Abb. 79) sind diese Faktoren mit ihren möglichen Wechselwirkungen dargestellt.

Die Selbsteinschätzung der Befragten hinsichtlich der prozentualen Wirkung solcher «Motivatoren» auf Leistung und Zufriedenheit setzte *Erfolg* und *Verantwortlichkeit*, *Aufgabe* und *Anerkennung* an die Spitze der Wirkungsskala (Abb. 80). Werden die Gewichtungen den «Motivatoren» und «Hygienefaktoren» von Herzberg zugeordnet, so zeigt sich, dass über zwei Drittel der Motivationswirkungen den «echten» Motivatoren zugerechnet werden können, während knapp ein Drittel den Hygiene-

20 vgl. Sahm (1981, 1984)

Abbildung 79: Faktoren der Leistungsmotivation[62]

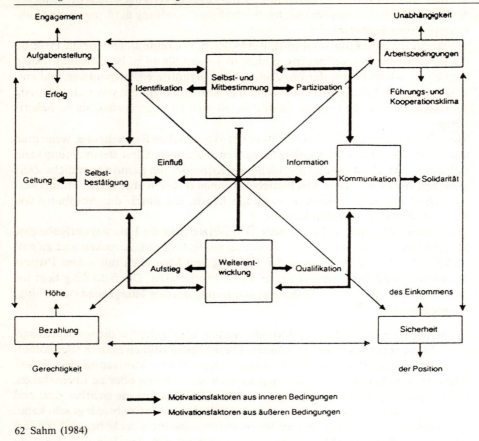

62 Sahm (1984)

faktoren angehören, die zwar als Voraussetzung für die Leistungsmotivation gelten, selbst aber nicht motivatorisch wirksam sind (Abb. 81).

Werden die Ergebnisse der Umfrage auf das Motivationsschema von Maslow übertragen, so wird deutlich, dass die Bedürfnisse nach Selbstentfaltung (hier «Selbst»-Bedürfnisse) und nach Achtung (hier «Ich»-Bedürfnisse) in der Selbsteinschätzung der Führungskräfte eine grössere motivierende Bedeutung besitzen als die sozialen Bedürfnisse (hier «Wir»-Bedürfnisse) und die Bedürfnisse nach Sicherheit (hier «materielle» Bedürfnisse). Die befragten Führungskräfte beziehen ihre Leistungsmotivation demnach vorwiegend aus den höheren Bedürfnisebenen (Abb. 82). Dies zeigt sich auch in einer bekannten Untersuchung, in der 2000 Führungskräfte nach der Bedeutung gefragt wurden, die sie verschiedenen menschlichen Bedürfnissen beimessen: Die Bedürfnisse der höheren Ebenen spielen laut eigenen Aussagen deutlich die grösste Rolle (Abb. 83).

Obschon sicher von den formulierten Motiven nicht einfach auf die tatsächlichen Motive der Vorgesetzten geschlossen werden darf, so machen die Ergebnisse der Umfrage doch interessante Aussagen darüber, wie Führungskräfte sich selbst sehen. «Ist

Abbildung 80: Selbsteinschätzung der Bedeutung von Motivationsfaktoren[63]

Faktoren der Leistungsmotivation	Alle %
1. Erfolg erzielen	14
2. Über ein festes Einkommen verfügen	2
3. Anerkennung bekommen	10
4. Selbständig Verantwortung tragen	14
5. Weiter nach „oben" wollen	4
6. „Durchblick" besitzen	6
7. „Besser sein" als andere	4
8. Das „Sagen" haben	2
9. In kollegialer Atmosphäre kooperieren	7
10. Keine Rivalen fürchten müssen	1
11. Weittragende Entschlüsse fassen können	5
12. Eine leistungsgerechte Bezahlung erhalten	7
13. Sich auf die Arbeitspartner verlassen können	4
14. „Von der Sache" gefesselt sein	12
15. Mehr als andere verdienen	2
16. Den Beruf als „Hobby" erleben	6

63 Sahm (1984)

es ein Anzeichen wachsender Humanität in den Arbeitsverhältnissen, wenn Führungskräfte die Grundlagen ihrer Motivation in oberen «Etagen» der Bedürfnispyramide sehen und darüber zu reflektieren beginnen? Könnte sich das auch auf ihr Motivationsverhalten gegenüber ihren Mitarbeitern auswirken?»[21] Diese Umfrage kann als Impuls dienen, einmal seine eigene Motivation unter die Lupe zu nehmen.

21 Sahm (1981)

Abbildung 81: Zuordnung von Motivationsfaktoren zur Theorie von Herzberg[64]

Motivatoren	Motivationsfaktoren	Hygienefaktoren	Motivationsfaktoren
Selbständig Verantwortung tragen	14 %	In kollegialer Atmosphäre kooperieren	7 %
Erfolg erzielen	14 %	Leistungsgerechte Bezahlung erhalten	7 %
Von der Sache gefesselt sein	10 %	„Durchblick" besitzen	6 %
Anerkennung bekommen	12 %	Sich auf die Arbeitspartner verlassen können	4 %
Den Beruf als „Hobby" erleben	6 %	Das „Sagen" haben	2 %
Weittragende Entschlüsse fassen können	5 %	Mehr als andere verdienen	2 %
Weiter nach „oben" wollen	4 %	Über ein festes Einkommen verfügen	2 %
„Besser sein" als andere	4 %	Keine Rivalen fürchten müssen	1 %
	69 %		31 %

64 Sahm (1984)

Abbildung 82: Zuordnung von Motivationsfaktoren zur Theorie von Maslow[65]

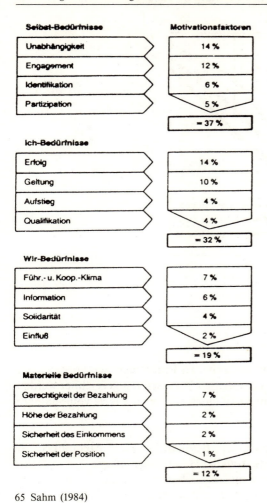

65 Sahm (1984)

Abbildung 83: Bedeutung der 5 Grundbedürfnisse in den Augen von Führungskräften[66]

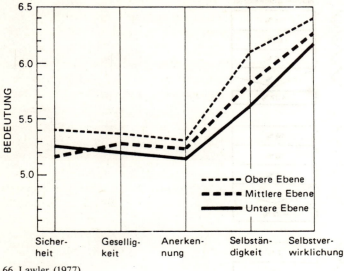

66 Lawler (1977)

418 Der ideale Vorgesetzte

Nachdem eine Auseinandersetzung mit wesentlichen Problemen der Vorgesetzten-Rolle stattgefunden hat, soll ein Bild eines idealen Vorgesetzten gezeichnet werden. Es handelt sich dabei um ein «Qualitätsprofil eines Führers», wie es von Saamann entworfen worden ist[22].

Echtheit und Offenheit: persönliche Interessen, Bedürfnisse, Ziele, Meinungen kalkulierbar machen; selbst überlegte Denkmodelle, Handlungsmaxime, Normen und Grenzen transparent machen; sich öffnen und anfassbar machen durch Zeigen eigener Gefühle und Empfindungen; Mut zum Aussergewöhnlichen.
Handlungsaktivität: entscheidungsfähig (entschlossen) sein; Leistungs- und Wirtschaftlichkeitsdenken mit Humanität am Arbeitsplatz verbinden; Impulse geben und pro-aktiv lenken; den Überblick behalten, um im richtigen Augenblick die richtigen Schritte einzuleiten;
Integrationstalent: Mitarbeiter positiv anzünden; Teamentwicklung fördern; Gemeinsamkeiten und wechselseitige Ergänzungen unterstützen; Experimentier-Mut mit neuen Denkrichtungen und Handlungsmaximen; in die Mitte treten, ohne die Mitarbeiter in die Ecke zu drängen; Interessen und Neigungen erkennen und berücksichtigen.
Konfrontationsstabilität: Konflikten nicht ausweichen; Konsequent sein; Kritische Begegnungen nicht vertagen.

22 Saamann (1984)

Persönliches Engagement: nicht nur delegieren, sondern auch selbst einspringen, wenn Not am Mann ist; vorleben, vormachen, Vorbild sein; von Mitarbeitern nur das verlangen, was man selbst zu tun bereit ist; sich hinter die Mitarbeiter stellen, auch wenn von oben Druck kommt; nicht über, sondern in dem Geschehen stehen; hinter sich selbst stehen; eigene Überzeugungen nach oben, unten und zur Seite klar vertreten.

Positive Ausstrahlung: Vertrauen in andere setzen; Lern- und Entwicklungsprozesse von Mitarbeitern durch positive Unterstützung und Mitmachen unterstützen und begleiten; Krisenstimmung entschärfen, Panik und Stress (psychischen) vermeiden helfen; Kreativität fördern, Experimente zulassen, hoffnungsvoll in die Zukunft blicken.

Psychische Stabilität: Kontakt-Aufgeschlossenheit: echtes Interesse an anderen Menschen (Mitarbeitern, Kollegen); ausgeglichene Gefühlsstimmung; persönliche Eigenständigkeit: Selbstverantwortung für das eigene Denken und Handeln, Fähigkeit zur Selbstkritik, auch streckenweise ohne Anerkennung des eigenen Tuns auskommen können, positive Grundhaltung ohne Selbstüberschätzung; Stress-Belastbarkeit: emotionale Belastungen aushalten können, Durchstehen von länger anhaltenden Stress- bzw. Spannungszuständen, mit Aggressionen bei anderen und bei sich selbst umgehen können, Ertragen von Misserfolgen und Verkraften von Rückschlägen.

Realitätsnähe: Wunschdenken von Wirklichkeit unterscheiden können; Erkennen von Gruppenkonflikten, Machtstrukturen und Rivalitätszonen; Frustrationsphasen von Mitarbeitern aufspüren und bearbeiten, anstatt sie durch Wegschauen ungeschehen machen zu wollen; Erkennen von manipulativen Absichten und taktischen Spielen; Unterscheiden zwischen wirklichen und scheinbaren Sachthemen. Kommunikations- und Verhaltensprobleme als Realität akzeptieren, anstatt sie durch Sachbetonung überdecken zu wollen; Akzeptieren, dass der äussere Rahmen den inneren Kern beeinflusst, konkret, dass Arbeitsbedingungen und -klima die Leistung machen oder blockieren können; auch das verstehen, was man selbst nicht erlebt, erfahren, durchgemacht hat.

Vertrauen schaffen: kalkulierbar und verstehbar sein; an eigenen Zusagen festhalten, die eigene Strategie erkennbar machen; Verspannungen, Ängste, Hemmnisse, Blockaden abbauen; eine Persönlichkeits- und keine Machtautorität sein; verständnisvoll und ebenso gerecht sein; auf Tricks und Manöver verzichten; nicht über, sondern mit dem Mitarbeiter sprechen.

Verlässlich und gerecht sein: sich an gemeinsam Vereinbartes konsequent halten (positiv wie negativ); Zusagen so schnell wie möglich, aber immer im Rahmen des versprochenen Zeitraums erfüllen; sich für den Mitarbeiter verwenden, ihn stützen und beschützen; auf persönliche Parteinahme verzichten.

Bereitschaft zur eigenen Entwicklung: sich fachlich weiterbilden und das Verhalten weiterentwickeln; permanent an der eigenen Persönlichkeit arbeiten.

42 Führungsstile und Führungstechniken

Das Führungsverhalten des Vorgesetzten bewirkt bei den Mitarbeitern Reaktionen. Diese Reaktionen sind abhängig von der Art des Führungsverhaltens. Betrachtet man die mit Führung verbundenen Aktivitäten eines Vorgesetzten, so zeigen sich gewisse typische, regelmässig wiederkehrende Züge; eine bestimmte Grundausrichtung ist erkennbar.

Dieses charakteristische, überdauernde Gepräge des Führungsverhaltens eines Vorgesetzten wird als *Führungsstil* bezeichnet. Der Ausdruck «Stil» leitet sich vom lateinischen «stilus» ab; so wurde der Griffel benannt, der zum einritzenden Schreiben auf einer Wachstafel verwendet wurde. Je nach der Art, wie ein solcher Griffel geführt wird, erhält die Schrift ein anderes Gepräge[23].

Spätere Bedeutungen von «Stil» betrafen die «Schreib- und Redeart», dann auch andere Formen menschlichen Gestaltens. Im folgenden sollen einige Grundtypen von Führungsstilen dargestellt und ihre Wirkung auf Arbeitszufriedenheit und -leistung des Mitarbeiters untersucht werden.

421 Autoritär oder kooperativ?

Die klassische Gliederung von Führungsstilen besteht in der polaren Gegenüberstellung des autoritären und des kooperativen Führungsstils. Mit diesen beiden Grundformen bestehen extreme Bezugspunkte, an denen sich die meisten anderen Führungsstile orientieren. Die beiden Grundformen die ein weites Spektrum an Variationsmöglichkeiten aufweisen, können aufgrund mehrerer Merkmale unterschieden werden[24].

Organisatorisch relevante Merkmale des Führungsverhaltens sind: Art der Willensbildung; Verteilung von Entscheidungsaufgaben, Art der Willensdurchsetzung; Art der Kontrolle; Informations- und Kommunikationsbeziehungen; Formalisierungs- und Organisationsgrad.

Als *sozial-psychologisch relevante Merkmale des Führungsverhaltens* werden angesehen:
- Einstellung des Vorgesetzten zum Mitarbeiter sowie Eisntellung des Mitarbeiters zum Vorgesetzten
- Grundlage des Kontaktes zwischen Vorgesetztem und Mitarbeiter sowie Häufigkeit des Kontaktes zwischen Vorgesetztem und Mitarbeiter
- Handlungsmotive des Vorgesetzten sowie Handlungsmotive des Mitarbeiters
- Bindung der Mitarbeiter an das Führungssystem
- Soziales Klima

Je nach Führungsstil sind diese Merkmale unterschiedlich ausgeprägt. In Abbildung 84 sind die Merkmale in Form eines Polaritätsprofils abgestuft dargestellt[25]. Sie umfassen in den Ausprägungen von 1 bis 7 das gesamte Spektrum des Führungsverhaltens von extrem-autoritär bis extrem-kooperativ.

Ein extrem-autoritärer Führungsstil liegt demnach vor, wenn sämtliche Merkmale in der Ausprägung 1 auftreten. Das Profil des in der Praxis häufig anzutreffenden *autokratischen (autoritär/imperativen)* Führungsstils ergibt kein so extremes Bild, sondern sieht etwa aus wie in Abbildung 84.

Geht man das Schema durch, so ergibt sich folgende Kennzeichnung: Der Vorgesetzte

---

23 vgl. Lattmann (1975, 1981)
24 vgl. Baumgarten (1977)
25 vgl. Baumgarten (1977)

Abbildung 84: Profil des autoritär-imperativen Führungsstils[67]

		1	2	3	④	5	6	7	
①	Art der Willensbildung	individuell							kollegial
②	Verteilung von Entscheidungsaufgaben	zentral							dezentral
③	Art der Willensdurchsetzung	bilateral							multilateral
④	Informationsbeziehungen	bilateral							multilateral
⑤	Art der Kontrolle	Fremdkontrolle							Selbstkontrolle
⑥	Formalisierungs- und Organisationsgrad	stark							schwach
⑦	Einstellung des Vorgesetzten zum Mitarbeiter	Mißtrauen							Offenheit
⑧	Einstellung des Mitarbeiters zum Vorgesetzten	Respekt, Abwehr							Achtung, Vertrautheit
⑨	Grundlage des Kontaktes zwischen Vorgesetztem und Mitarbeitern	Abstand							Gleichstellung
⑩	Häufigkeit des Kontaktes zwischen Vorgesetztem und Mitarbeitern	selten							oft
⑪	Handlungsmotive des Vorgesetzten	Pflichtbewußtsein, Leistung							Integration
⑫	Handlungsmotive des Mitarbeiters	Sicherheit, Zwang							Selbständigkeit, Einsicht
⑬	Bindung der Mitarbeiter an das Führungssystem	schwach							stark
⑭	Soziales Klima	gespannt							verträglich

[67] Baumgarten (1977)

- trifft alle Entscheidungen selbst, während seine Mitarbeiter diese Entscheidungen nur auszuführen haben.
- trifft (auch komplexe) Entscheidungen allein ohne Konsultation der Mitarbeiter.
- verkehrt mit jedem Mitarbeiter isoliert und individuell; Gruppenbesprechungen finden nicht statt.
- empfängt Informationen nur über den Dienstweg und gibt sie ausschliesslich über diesen ab; er beschränkt sich auf Informationen, die zur Aufgabenerfüllung unbedingt erforderlich sind.
- betreibt die Kontrolle der Aufgabenerfüllung ausschliesslich als Fremdkontrolle, ohne dass den Mitarbeitern eine Form der gemeinsamen oder gar Selbstkontrolle eingeräumt wird; den Mitarbeitern steht kein Kontrollrecht gegenüber dem Vorgesetzten zu.

- wird – wie seine Mitarbeiter auch – durch eine Vielzahl organisatorischer Regeln eingeengt; es besteht nur ein geringer Spielraum für informale Beziehungen.
- geht davon aus, dass er über den höheren Sachverstand verfügt. Er fühlt sich deshalb berechtigt, alle Handlungen seiner Mitarbeiter anzuleiten, zu kontrollieren und mit Misstrauen zu verfolgen. Er ist ein «X-Theoretiker».
- wird von den Mitarbeitern – sofern diese den grösseren Sachverstand anerkennen – fachlich respektiert. Andernfalls ist ihre Einstellung eher durch Gleichgültigkeit, Feinseligkeit oder passiven Widerstand bestimmt.
- tritt den Mitarbeitern gegenüber distanziert auf. Er betont die formale Autorität; Rang, Status, Prestige sind ihm wichtig.
- achtet darauf, dass der Abstand nicht durch häufigen Kontakt mit den Mitarbeitern in Frage gestellt wird.
- handelt vor allem aus Pflichterfüllung und Leistungsorientierung. Er sieht sich gezwungen, der vermeintlichen Arbeitsscheu seiner Mitarbeiter entgegenzutreten. Häufig vermittelt er das Bild eines sich pflichtbewusst aufopfernden, um alle Details kümmernden, überarbeiteten Menschen, der glaubt, dass ohne sein ständiges Eingreifen keine Leistung zustandekommt.
- vermag bei seinen Mitarbeitern nur Bedürfnisse nach Sicherheit zu befriedigen. Mitarbeiter, bei denen solche Bedürfnisse dominieren, werden zufrieden sein; solche, die nach Erfüllung höherer Bedürfnisse trachten, werden unzufrieden sein.
- erreicht bei den Mitarbeitern im allgemeinen eine geringe Bindung an das Führungssystem, da er ihnen kaum Spielraum für Erfolgserlebnisse, Verantwortung, Initiative gewährt.
- fördert – bei der Dominanz höherer Bedürfnisse bei seinen Mitarbeitern – ein soziales Klima, das durch Spannungen und Misstrauen geprägt ist. Erscheinungen wie Cliquenbildung oder Isolierung des Vorgesetzten sind häufig.

Der autokratische Führungsstil wird im Krankenhaus häufig in modifizierter Form angetroffen. Autokratische Vorgesetzte können es sich heute kaum noch leisten, rein befehlend oder gar herrschend aufzutreten; so sind sie nach aussen eher freundlich und liebenswürdig und meiden nicht mehr unbedingt den Kontakt mit den Mitarbeitern. Statt von «Befehl» sprechen sie von «Empfehlung» oder «Ratschlag», ohne indes ihre misstrauische und auf Abstand bedachte Grundeinstellung geändert zu haben. Diesen Führungsstil könnte man als «humane Variante» des autoritären Führungsstils bezeichnen.

Ist das Merkmal «Art der Willensbildung» so ausgeprägt, dass den Mitarbeitern eine Einflussnahme auf die zu treffenden Entscheidungen gewährt wird, so spricht man von einem *kooperativen Führungsstil*. Der extrem-kooperative Führungsstil, der grunsätzlich keinen Unterschied mehr macht zwischen Führer und Geführten, ist in Organisationen nirgends verwirklicht. Ein Beispiel eines kooperativen Führungsstils, bei dem die Ausprägungen in den einzelnen Merkmalen nicht so extrem sind und der sich deshalb auch in der Praxis realisieren lässt, ist der *kooperativ-partizipative* Führungsstil. Er ist wie folgt gekennzeichnet (Abb. 85)[27]:

26 vgl. Baumgarten (1977)
27 vgl. Baumgarten (1977)

Abbildung 85: Profil des kooperativ-partizipativen Führungsstils[68]

			1	2	3	④	5	6	7	
1	Art der Willensbildung	individuell								kollegial
2	Verteilung von Entscheidungsaufgaben	zentral								dezentral
3	Art der Willensdurchsetzung	bilateral								multilateral
4	Informationsbeziehungen	bilateral								multilateral
5	Art der Kontrolle	Fremdkontrolle								Selbstkontrolle
6	Formalisierungs- und Organisationsgrad	stark								schwach
7	Einstellung des Vorgesetzten zum Mitarbeiter	Mißtrauen								Offenheit
8	Einstellung des Mitarbeiters zum Vorgesetzten	Respekt, Abwehr								Achtung, Vertrautheit
9	Grundlage des Kontaktes zwischen Vorgesetztem und Mitarbeitern	Abstand								Gleichstellung
10	Häufigkeit des Kontaktes zwischen Vorgesetztem und Mitarbeitern	selten								oft
11	Handlungsmotive des Vorgesetzten	Pflichtbewußtsein, Leistung								Integration
12	Handlungsmotive des Mitarbeiters	Sicherheit, Zwang								Selbständigkeit, Einsicht
13	Bindung der Mitarbeiter an das Führungssystem	schwach								stark
14	Soziales Klima	gespannt								verträglich

68 Baumgarten (1977)

Der Vorgesetzte:

- ist in seinem Handeln vor allem auf die Integration von organisationalen Zielen und individuellen Zielen der Mitarbeiter ausgerichtet.
- ist nicht mehr nur der, der entscheidet und Anweisungen gibt (und der Mitarbeiter der, der nur ausführt); die beim autoritären Führungsstil übliche interpersonelle Trennung zwischen Entscheidung/Anweisung einerseits und Ausführung andererseits entfällt.
- beteiligt die Mitarbeiter an Entscheidungen; er berät sich mit ihnen, Lösungsvorschläge werden gemeinsam erarbeitet, Entscheidungen in der Gruppe vorbereitet.
- bezieht und gibt Informationen über sämtliche Kommunikationswege (vertikal, horizontal, diagonal); Informationen sind nicht auf ein Minimum beschränkt, sondern reichlich vorhanden und leicht zugänglich.

- räumt seinen Mitarbeitern ein ausreichendes Mass an Freiheit und Selbständigkeit bei der Aufgabenerfüllung zu und beschränkt sich auf die klare Festlegung von Aufgaben, Kompetenzen und Verantwortung sowie auf Verhaltensregeln, die unbedingt notwendig sind.
- gesteht seinen Mitarbeitern einen Raum zu, in dem sie selbständig handeln und sich damit für die Arbeitsergebnisse persönlich verantwortlich fühlen können. Damit vergrössert sich die Wahrscheinlichkeit von Erfolgserlebnissen und persönlicher Entfaltung.
- erreicht durch das Übertragen von Verantwortung, das Zugestehen von Eigenständigkeit und das Eingehen auf individuelle Bedürfnisse bei den Mitarbeitern eine positive Einstellung und meist starke Bindung zum Führungssystem.
- strebt eine weitgehende Selbstkontrolle der Mitarbeiter an; seine Aufsicht beschränkt er auf Stichproben; die Ergebniskontrolle führen Vorgesetzter und Mitarbeiter gemeinsam durch.
- unterhält einen ständigen und intensiven Kontakt zu den Mitarbeitern. Er weiss über ihre Bedürfnisse, Fähigkeiten und Probleme Bescheid; er beteiligt sich an den Grundprozessen.
- führt, ohne seine formale Autorität zu betonen; einen hierarchischen Abstand betrachtet er im Hinblick auf die Zusammenarbeit eher als hinderlich; Förmlichkeiten und Statussymbole empfindet er als störend und versucht sie so weit wie möglich abzubauen.
- wird von den Mitarbeitern in erster Linie nicht aufgrund seiner formalen Position respektiert, sondern eher fachlich und/oder persönlich geachtet. In der Arbeitsgruppe empfindet sich der Mitarbeiter gegenüber dem Vorgesetzten als gleichberechtigt.
- lässt sich in seiner Einstellung vom Prinzip der Partnerschaft und dem Grundsatz von Vertrauen und Offenheit leiten. Durch offene Aussprachen über sachliche und persönliche Angelegenheiten begegnet er der Gefahr, dass Konflikte unterdrückt werden.
- fördert ein soziales Klima, das durch Vertrauen und Offenheit geprägt ist. Rivalitäten, Cliquenbildung und Isolierung des Vorgesetzten treten kaum auf.

Mögliche Auswirkungen autoritärer und kooperativer Führungsformen sind in Abbildung 86 in einer Übersicht dargestellt. Zwischen den beiden extremen Ausprägungen autoritärer und kooperativer Führung gibt es wie gesagt eine Vielzahl von Übergängen. Diese Tatsache lässt sich anhand einer kontinuierlichen Skala (Kontinuum) darstellen, bei dem das Leitmerkmal «Art der Willensbildung» detailliert abgestuft ist (Abb. 87). Wie stark kooperativ/autoritär geführt wird, bestimmt primär das Ausmass, in dem dieses Hauptmerkmal ausgeprägt ist.

Im *Konzept der situativen Führung* werden auf der Basis dieser Einflussskala folgende Führungsstile unterschieden (s. Abb. 88)[28]:

- *Autoritäre Führungsstile:* Das ist ein Führungsverhalten, das auf der linken Seite des Einflusskontinuums liegt. Der Einfluss des Vorgesetzten ist dabei allein massgebend oder aber doch stark vorherrschend für den zu treffenden Entscheid.

28 vgl. Müller/Hill (1980)

Abbildung 86: Auswirkungen autoritärer und kooperativer Führungsnormen[69]

	Der autoritär-imperative Führungsstil und seine Auswirkungen auf die Gruppe		Der kooperativ-partizipative Führungsstil und seine Auswirkungen auf die Gruppe	
	Kennzeichen	Gruppenreaktionen	Kennzeichen	Gruppenreaktionen
Beziehungen	Furcht Misstrauen Fassade	Misstrauen im gegenseitigen Umgang Befürchtung persönlicher Unzulänglichkeit Widerstand gegen Initiativen formelle Höflichkeit Schutzsuche in der Paarbildung Suche nach Anerkennung konformes und rituelles Verhalten	Offenheit Vertrauen Selbstvertrauen	positive Gefühle für Gruppenmitglieder Gefühl persönlicher Zulänglichkeit Akzeptieren der Motive anderer, offener Ausdruck von Gefühlen und Konflikten
Informationen	Strategie Verzerrung Geheimhaltung	Austausch von strategischen Informationen Anwendung von Kniffen und Tricks Geheimhaltung und Verzerrung von Informationen Unterdrückung von Informationen Flüsterpropaganda/Gerüchte Verstellung und Vorsicht	Spontanität Wiedergabe Klärung	Offener Austausch von Informationen Akzeptierung neuer Informationen hohes Ausmass an gegenseitigem Feedback die hinter den Zielen liegenden Informationen und Bedürfnisse werden mitgeteilt hohes Ausmass an Informationen mit (explizitem) emotionalem Gehalt Abbau eines fassadenhaften Kommunikationsverhaltens
Ziele	Manipulation Überredung Drohung	Aktiver oder passiver Widerstand geringes Engagement übersteigerter Ehrgeiz extrem hektisches oder extrem apathisches Arbeiten Konkurrenz, Rivalität und Eifersucht Rufe nach Autoritäten und Führern	Vereinbarung Anerkennung Problemlösung	Lösung von Konflikten grosses Engagement/starke Beteiligung gemeinsame Lösungsvorschläge Abbau von Konkurrenzverhalten Solidarität
Organisation	Formalitäten Kontrolle Hierarchie	Besorgnis um Macht und Einfluss in der Hierarchie Formalisierung von Strukturen und Verfahrensfragen formelle Arbeitsvorschriften Verteilung der Arbeit nach Machtgesichtspunkten Chaos oder rigider Zwang	Sachbezogenheit Aufgabenteilung Interdependenz	Geringes Bedürfnis nach einer Formalisierung der Arbeitsstruktur die Arbeitsverteilung ist sachorientiert flexible Organisation der Arbeit gemeinsame Verteilung der Aufgaben spontane und kreative Aufgabenlösung geringes Interesse an Hierarchie- oder Statusfragen

[69] vgl. Kirsten/Müller (1979)

Abbildung 87: Zusammenhang zwischen Führungsverhalten, Führungsorientierung und Menschenbild[70]

Kontinuum des Führverhaltens

Entscheidungsspielraum des Vorgesetzten ⟶ *Entscheidungsspielraum der Gruppe*

Der Führer fällt die Entscheidung autonom; unter starker Betonung der Positionsautorität versucht er, eine hohe Effizienz zu erreichen (Despotismus)	Der Führer versucht unter Einsatz der ihm zur Verfügung stehenden Macht (Autorität) seine Entscheidungen zu vermitteln; dabei steht die konsequente Zielerreichung im Mittelpunkt	Der Führer versucht seine Mitarbeiter von der Richtigkeit seiner Entscheidungen zu überzeugen, wobei der Mitarbeiter durch Fragen etc. selbst zu einem besseren Zielverständnis (Identifikation) gelangen soll	Der Führer präsentiert einen Entscheidungsentwurf, wobei die Problemidentifikation (Diagnose) und die Problemlösung (Therapie) beim Führer verbleiben; Änderungen sind grundsätzlich möglich	Der Führer präsentiert das Problem (Diagnose), sammelt Entscheidungsalternativen und entscheidet dann unter Einbeziehung der Mitarbeitervorschläge selbst	Der Führer umreisst das Entscheidungsproblem, steckt einen Entscheidungsrahmen ab und fordert das Team auf, einen Entschluss zu fassen	Der Führer gibt einen weitgesteckten Rahmen vor, innerhalb dessen das Entscheidungsteam sowohl die Problemidentifikation als auch die Problemlösung autonom steuert

(Zeile: **Verhaltensmuster**)

Grundmuster der Führerorientierung

rational-ökonomische Führerorientierung: Die funktionalistische Orientierung steht im Vordergrund; durch Planen, Organisieren und Kontrollieren soll eine effektive Zielerreichung gewährleistet werden; personale Konflikte sollen vermieden werden; irrationales und affektives Verhalten sollen durch organisatorische Gestaltungsmuster unterbunden werden; das Personal wird entsprechend geschult

soziale Führerorient.: Die personale Orientierung bildet neben dem sachlichen Entscheidungsproblem den Schwerpunkt; der Führer besitzt nicht nur Sachkompetenz, sondern ist auch ein kompetenter Menschenführer und Sozialtechnologe; den Gefühlen und Bedürfnissen der Mitarbeiter steht er wohlwollend und offen gegenüber; er versucht, den ganzen Menschen anzusprechen; ein gutes Informationssystem, Gruppen-Anreiz-Systeme etc. sind Voraussetzung bzw. Multiplikator

sozialpsych. Führerorient.: Sinnvolle Aufgabenstellung unter gleichzeitig weitgehender Partizipation der Mitarbeiter an dem Entscheidungsproblem sind das dominierende Merkmal; angestrebt wird eine partnerschaftliche Kooperation, wobei sich der Führer mehr als Katalysator und Förderer begreift; es wird ein Wechsel von extrinsischer zu intrinsischer Motivation angestrebt

komplexe Führerorientierung: Der Führer ist bestrebt, komplexen Situationen mit jeweils variantem Verhalten zu entsprechen; eine Teilung zwischen aufgabenbezogener und personenbezogener Führungsorientierung entfällt; der Führer ist mehr ein Diagnostiker, der versucht, die der Situation adäquate Therapie anzuwenden; individuelle und situationsbedingte Unterschiede werden nicht als Störfaktoren gesehen; es gibt keinen universal gültigen Führungsstil, keine pauschalen Organisationsschemata und keine uniformen Mitarbeiter

Zugrundeliegende Menschenbilder

rational-ökonomischer Mensch	Der Mitarbeiter ist charakterisiert durch ein definiertes ökonomisches Selbstinteresse, wobei organisatorische Massnahmen eine Kollision dieser rationalen egoistischen Interessen verhindern sollen; der Mitarbeiter trennt strikt zwischen Berufs- und Privatleben; er ist zumeist ein angepasstes, passives, williges Wesen, welches darüber hinaus weitgehend fremdbestimmt ist
sozialer Mensch	Der Mitarbeiter ist vorrangig durch soziale Bedürfnisse motiviert; er orientiert sich in seinem Leistungsverhalten eher an internen Gruppennormen als an anderen Anreizsystemen; er sucht eine Art Ersatzbefriedigung (Kompensation) für die von ihm als sinnentleert bzw. entfremdet wahrgenommene Arbeit in Form sozialer Beziehungen am Arbeitsplatz; er akzeptiert die Führung (Vorgesetzte) unter der Bedingung persönlicher Zuwendung, Anerkennung etc.
nach Selbstentfaltung strebender Mensch	Weitgehende Autonomie, Einbringung persönlicher Fähig- und Fertigkeiten sowie ein starker Drang nach Selbstkontrolle sind hier die dominierenden Merkmale des Mitarbeiters; darüber hinaus ist der Mitarbeiter bereit, seine Fähigkeiten zu autonomem, unabhängigem, kreativem und langfristig orientiertem Handeln einzusetzen; er zeigt eine starke intrinsische Motivation, wobei kein grundsätzlicher Konflikt zwischen Eigenziel (Selbstverwirklichung) und Organisationsziel existiert
komplexer Mensch	Der Mensch wird in seinem Denken und Handeln durch die Komplexität seiner Umwelt beherrscht; er präferiert Motive und Bedürfnisse entsprechend der jeweiligen Situation und der Bedeutung, die diese für ihn haben; er ist extrem lernfähig und passt sich jeder neuen Situation schnell an; durch vielfältige situationale Bedingungen entwickelt er eine flexible und vielschichtige Motivationsstruktur; er sucht seine Bedürfnisse nach zwischenmenschlichen Bedürfnissen auch neben offiziellen Führungshierarchien zu befriedigen; er akzeptiert durchaus den Zwangscharakter einer Situation, wobei ihm die Identifikation mit den Organisationszielen nicht als zwingend oder notwendig unterstellt werden darf

70 vgl. Tannenbaum et al. (1961), Lilge (1981)

Abildung 88: Führungsstile auf dem Einflusskontinuum[71]

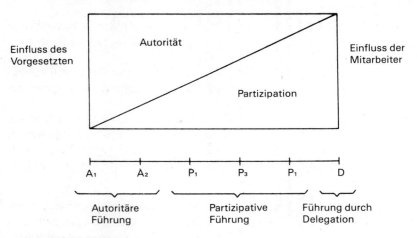

71 Müller/Hill (1980)

A1: Der Vorgesetzte löst das Problem oder entscheidet allein aufgrund der ihm zu diesem Zeitpunkt zur Verfügung stehenden Informationen.
A2: Der Vorgesetzte entscheidet allein, aber erst nachdem er von seinen Mitarbeitern die notwendigen Informationen eingeholt hat.
- *Partizipative Führungsstile:* Das ist das Führungsverhalten, das tendenziell in der Mitte oder auf der rechten Seite des Einflusskontinuums plaziert ist. In der Reihenfolge, in welcher der Einfluss der Mitarbeiter zunimmt, lassen sich folgende Führungsstile beschreiben:
P1: Der Vorgesetzte macht seine Mitarbeiter *einzeln* mit dem Problem bekannt und fordert sie auf, Ideen und Anregungen zur Problemlösung vorzubringen. Danach trifft der Vorgesetzte den Etnscheid, der möglicherweise die Meinung seiner Mitarbeiter wiederspiegelt, aber von dieser auch unabhängig sein kann.
P2: Der Vorgesetzte macht seine Mitarbeiter als *Gruppe* mit dem Problem bekannt und versucht, in der Gruppe Ideen, Vorschläge und mögliche Problemlösungen zu erarbeiten. Den Entscheid jedoch trifft der Vorgesetzte wiederum allein, wobei der Entscheid von der Gruppenmeinung unabhängig sein kann.
P3: Der Vorgesetzte macht seine Mitarbeiter als *Gruppe* mit dem Problem bekannt und versucht, in der Gruppe alternative Problemlösungen zu entwickeln und zu bewerten, bis sich die Gruppe (der Vorgesetzte eingeschlossen) auf eine Lösung einigt (Konsens).
- *Delegation:* Das ist das Führungsverhalten, das ganz rechts auf dem Einflusskontinuum liegt: Der Vorgesetzte übergibt das Problem an seine Mitarbeiter. Dabei wird er natürlich alle ihm verfügbaren Informationen zur Lösung des Problems mitgeben, aber der problemlösende Entscheid liegt beim Mitarbeiter.

Im Rahmen von Untersuchungen des *Betriebsklimas im Krankenhaus* wurden verschiedene Funktionsgruppen nach ihrer Meinung über das Führungsverhalten des

Vorgesetzten befragt[29]. Die Merkmale der einzelnen Stilvarianten wurden im Fragebogen wie folgt erläutert:

- *autoritär:* Der Vorgesetzte gibt Anordnungen (Befehle) und duldet ungern Widerspruch. Alle orientieren sich am Chef. Der Vorgesetzte ist wenig selbstkritisch. Er trifft gern einsame Entscheidungen.
- *formalistisch:* Der Vorgesetzte klammert sich an die Vorschrift, strebt nach Perfektion und entwickelt wenig Eigeninitiative (starr, umständlich, «der Paragraph regiert»);
- *kooperativ:* Der Vorgesetzte gibt Empfehlungen und Anregungen statt Befehle; er informiert seine Mitarbeiter und ist gegenüber deren Anregungen zugänglich;
- *laisser-faire:* Der Vorgesetzte kümmert sich wenig um seine Aufgaben, Verantwortlichkeiten und die ihm unterstellten Mitarbeiter. Er lässt «den Laden laufen» («Hauptsache die Kohlen stimmen»).

Die Ergebnisse der Untersuchung zeigen in fast allen Bereichen ein Überwiegen des kooperativen Führungsverhaltens (Ausnahme: Wirtschafts- und Versorgungsdienst). In der gleichen Studie wurde auch die Zufriedenheit mit dem Verhältnis zum Vorgesetzten und mit dem Betriebsklima erfasst (Abb. 89). Die Resultate sind allerdings vorsichtig zu interpretieren, da es sich beim Krankenhaus um ein Untersuchungsfeld handelt, in welchem der Konformitätsdruck und die Angst vor Indiskretion bei sozialwissenschaftlichen Befragungen hoch ist.

Bei der Gliederung der Führungsstile in autoritäre und kooperative Führungsformen handelt es sich um eine *eindimensionale* Betrachtungsweise, die sich als «Entweder-oder-Standpunkt» charakterisieren lässt: Entweder ist der Führungsstil stärker kooperativ oder stärker autoritär. Ein Weniger an kooperativer Führung bedeutet automatisch ein Mehr an autoritärer Führung (Abb. 90).

In Wirklichkeit vollzieht sich Führung aber nicht nur in dieser einen Dimension, sondern in mehreren, voneinander unabhängigen Dimensionen, wie in Untersuchungen festgestellt wurde. Die Komplexität des Führungsgeschehens lässt sich nicht mit einem einzigen Gegensatzpaar (autoritär – kooperativ) erfassen. Um eine differenziertere Beschreibung des Führungsverhaltens zu erhalten, sind mindestens zwei Dimensionen erforderlich: An die Stelle des «Entweder-oder-Standpunktes» muss der «Sowohl-als-auch-Standpunkt» treten. Im «Verhaltensgitter», das im nächsten Abschnitt dargestellt wird, ist diese Forderung verwirklicht.

422 Verhaltensgitter

Die Amerikaner Blake und Mouton haben eine zweidimensionale Ordnung von Führungsstilen entwickelt: das Verhaltensgitter (managerial grid). Die beiden verwendeten Merkmalsdimensionen sind[30]:

- *Aufgaben-Orientierung:* der Grad der Wichtigkeit, den der Vorgesetzte auf die Erfüllung der Aufgabe bzw. die Erzielung von Leistung legt.
- *Mitarbeiter-Orientierung:* der Grad der Wichtigkeit, den der Vorgesetzte auf die zwischenmenschlichen Beziehungen legt.

29 vgl. Thiele/Britzke (1974)
30 vgl. Blake/Mouton (1977)

Abbildung 89: Führungsformen[72]

1) Zufriedenheit mit dem Verhältnis zu den Vorgesetzten

	sehr zu-frieden	zu-frieden	teil-weise zu-frieden	wenig zu-frieden	unzu-frieden	ohne Ant-wort			Ausprägung 1 = sehr zufrieden ... bis 5 = unzufrieden
	%	%	%	%	%	%	%	Anzahl	
Insgesamt	16	35	26	13	7	3	100	364	2,6
Funktionsgruppen									
ÄD	20	27	30	7	14	2	100	56	2.7
MTA	(15)	(41)	(20)	(20)	(4)	0	100	46	2.6
PFLED	20	36	27	12	4	2	100	168	2.4
VD	13	40	12	15	15	4	100	52	2.8
WVD	(2)	(31)	(40)	(12)	(7)	(7)	100	42	2.9

2) Meinung über das Führungsverhalten des Vorgesetzten

	autoritär	forma-listisch	kooperativ	laissez-faire	ohne Antwort		
	%	%	%	%	%	%	Anzahl
Insgesamt	32	21	42	10	3	100	364
Funktionsgruppen							
ÄD	36	11	41	21	0	100	56
MTA	(28)	(17)	(39)	(15)	(4)	100	46
PFLED	34	24	45	5	1	100	168
VD	23	13	48	8	8	100	52
WVO	(36)	(31)	(29)	(10)	(10)	100	42

Mehrfachnennung

3) Führungsverhalten, Zufriedenheit mit dem Verhältnis zum Vorgesetzten und Betriebsklima

Beurteilung des Führungsverhaltens	%	Zufriedenheit mit ... (Ausprägung: 1 = sehr zufrieden ... bis 5 = unzufrieden)	
		Verhältnis zum Vorgesetzten	Betriebs-klima
Insgesamt	100	2.6	3.0
– autoritär	32	3.1	3.4
– formalistisch	21	3.0	3.2
– kooperativ	42	1.9	2.6
– laissez-faire	10	3.3	3.2
– ohne Antwort	3	–	–

Mehrfachnennungen

72 Thiele/Brikke (1974)

Abbildung 90: Eindimensionale Betrachtungsweise der Führung[73]

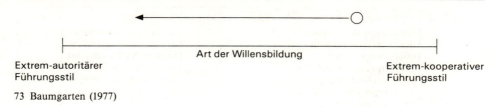

Extrem-autoritärer
Führungsstil

Art der Willensbildung

Extrem-kooperativer
Führungsstil

73 Baumgarten (1977)

Die beiden Merkmale treten im Verhaltensgitter in 9 verschiedenen Ausprägungen auf (1 = niedrigste Intensität, 9 = höchste Intensität). Durch Kombination ergeben sich so 81 mögliche Führungsstile, die mit Ausdrücken wie 1.1 Führungsstil, 9.1 Führungsstil usw. bezeichnet werden (vor dem Punkt steht die Ausprägung der Aufgaben-Orientierung, hinter dem Punkt die Ausprägung der Mitarbeiter-Orientierung. Von den 81 möglichen Führungsstilvarianten werden aber nur die vier Eckfelder und das Mittelfeld eingehend untersucht (Abb. 91). Die einzelnen Führungsstile lassen sich in Kurzform hinsichtlich der Kriterien: Entscheidung, Überzeugung, Anstrengung, Konflikt, Emotionen wie folgt beschreiben[31]:

«Ich halte mich heraus» (1.1 Führungsstil): Vorgesetzter akzeptiert die Entscheidungen anderer; er schliesst sich den Meinungen, Verhaltensweisen und Vorstellungen anderer an und versucht, nicht Partei zu sein; er strengt sich nur soweit wie unbedingt nötig an; wenn Konflikte auftauchen, versucht er, neutral zu bleiben und sich herauszuhalten; da er sich aus allem heraushält, regt er sich nur selten auf.

Der 1.1-Vorgesetzte ist in keiner Weise engagiert: Weder interessieren ihn die Arbeitsleistungen noch die Menschen. Aufgrund dieser Gleichgültigkeit vermag er auch niemanden zu überzeugen. Sein einziges Ziel besteht darin, möglichst unauffällig zu bleiben und die Mitgliedschaft zur Organisation aufrechtzuerhalten. Bezeichnend für ihn ist, dass er sich für Fehler in seinem Arbeitsbereich nie verantwortlich fühlt, vielmehr die Schuld immer bei anderen sucht und findet. Meist ist ein solches Verhalten Ausdruck von Resignation: «Ich tue nur soviel, wie unbedingt nötig ist – alles andere führt zu noch tieferer Frustration und Entmutigung». Ein solcher Vorgesetzter verbreitet nur Desinteresse; lustlose und demotivierte Mitarbeiter sind die Folge.

«Seid nett zueinander» (1.9 Führungsstil): Vorgesetzter legt wenig Wert auf Entscheidungen, vielmehr auf gute zwischenmenschliche Beziehungen; er zieht es vor, Meinungen, Verhaltensweisen und Vorstellungen anderer zu übernehmen, anstatt die eigenen durchzusetzen; er treibt nirgends an, hilft vielmehr überall; er versucht die Entstehung von Konflikten zu verhindern. Wenn trotzdem Konflikte auftreten, versucht er die Wunden zu heilen und eine gute Zusammenarbeit sicherzustellen; er weiss, dass Spannungen Störungen verursachen. Deshalb versucht er auf eine warme und freundliche Art zu reagieren.

Hier handelt es sich um das genaue Gegenteil des extrem aufgaben-orientierten Verhaltens. Hier steht der Mensch im Mittelpunkt. Die 1.9-Orientierung basiert auf der Annahme, dass ein unaufhebbarer Widerspruch besteht zwischen den Zielen der Organisation und denen der Individuen. Da für diesen Vorgesetztentyp die Individual-

31 vgl. Baumgarten (1977)

Abbildung 91: Das Verhaltensgitter[74]

hoch 9	**1.9 Führungsstil** Sorgfältige Beachtung der zwischenmenschlichen Beziehungen führt zu einer bequemen und freundlichen Atmosphäre und zu einem entsprechenden Arbeitstempo							**9.9 Führungsstil** Hohe Arbeitsleistung von begeisterten Mitarbeitern. Verfolgung des gemeinsamen Ziels führt zu gutem Verhalten	
8									
7									
6				**5.5 Führungsstil** Genügende Arbeitsleistung, möglich durch das Ausbalancieren der Notwendigkeit zur Arbeitsleistung und zur Aufrechterhaltung der zu erfüllenden Arbeitsleistung					
5									
4									
3								**9.1 Führungsstil** Wirksame Arbeitsleistung wird erzielt, ohne dass viel Rücksicht auf zwischenmenschliche Beziehungen genommen wird.	
2	**1.1 Führungsstil** Geringstmögliche Einwirkung auf Arbeitsleistung und auf die Menschen								
niedrig 1									
	1 niedrig	2	3	4	5 arbeitsorientierte Dimension	6	7	8	9 hoch

(y-axis: mitarbeiterorientierte Dimension)

74 Blake/Mouton, nach Baumgarten (1977)

ziele höher rangieren als die Organisationsziele, versucht er die Arbeitsbedingungen so zu gestalten, dass die Mitarbeiter daraus ihren höchsten individuellen und sozialen Nutzen ziehen. Durch sorgfältige Beachtung der zwischenmenschlichen Kontakte strebt er eine freundliche und entspannte Atmosphäre an. Insbesondere ist charakteristisch für ihn, dass er herauszufinden sucht, was seine Mitarbeiter gerne möchten, um ihnen dabei helfen zu können.

Hier besteht die Gefahr, dass die Arbeitsziele völlig in den Hintergrund geraten. Eine Leistungsmotivation findet kaum statt. Auch unterbleibt infolge der Konfliktvermeidungs-Strategie jegliche konstruktive Kritik.

«Nur Autorität und Gehorsam halten die Welt zusammen» (9.1-Führungsstil): Vorgesetzter legt grossen Wert darauf, Entscheidungen zu treffen und durchzusetzen; er tritt für Ideen, Meinungen und Verhaltensweisen ein, selbst wenn er dadurch jemandem auf die Zehen treten muss; er treibt sich und andere an; wenn Konflikte auftreten, beseitigt er sie oder setzt sich durch; wenn etwas schiefläuft, verteidigt er sich, leistet Widerstand oder kommt mit Gegenargumenten.

Wie der 1.9-Vorgesetzte geht auch dieser Vorgesetzte von der Annahme aus, dass Organisations- und Individualziele sich nicht simultan in höchstem Masse erfüllen lassen. Da für ihn aber die Organisationsziele vorrangig sind, versucht er die menschlichen Elemente daran zu hindern, die Leistung negativ zu beeinflussen. Er wird nur von einem Gedanken beherrscht: Leistung. Der Mensch spielt nur insofern eine Rolle, als er Mittel zum Zweck ist; er wird ersetzt, wenn seine Leistung nicht genügt. Vom Mitarbeiter wird erwartet, dass er sich kommentarlos jeder Anweisung fügt. Seine Arbeit wird ständig überwacht. Der Vorgesetzte lässt keine Gefühle, Wärme oder Kontaktbereitschaft erkennen.

Aufgeschlossene Mitarbeiter lehnen diesen Führungsstil infolge der ständigen Kontrolle, mangelnden Information, der Vernachlässigung des emotionalen Bezuges, der fehlenden Sensitivität für Gruppenprozesse und der Unterdrückung eigener Ideen und Initiative ab.

«Kompromisse sind alles» (5.5-Führungsstil): Vorgesetzter legt grossen Wert auf Entscheidungen, die durchführbar, wenn gleich nicht immer perfekt sind; bei Meinungen, Ideen oder Verhaltensweisen, die sich von den eigenen unterscheiden, nimmt er eine mittlere Position ein; er versucht, ein gutes und gleichmässiges Arbeitstempo zu halten; wenn Konflikte auftreten, versucht er, eine für alle Seiten annehmbare Lösung zu erreichen; unter Spannungen fühlt er sich unsicher, welche Richtung er einschlagen soll oder ob er seine Meinung ändern muss, um weiteren Druck zu vermeiden.

Dieser Vorgesetzte sucht den Kompromiss, um gleichzeitig Organisationsziele und Individualziele erreichen zu können. Seine Haltung gründet sich auf die Erfahrung, dass extreme Positionen nur geringe Chancen der Verwirklichung haben. Entsprechend handelt der 5.5-Vorgesetzte meist sehr routiniert. Dabei stützt er sich stark auf formale Regeln und Anweisungen, was ihn eher als Verwalter denn als Menschenführer kennzeichnet.

Er vermag seine Mitarbeiter nicht zu begeistern (wie er selbst sich nicht voll engagiert). Neuerungen wird er kaum durchsetzen. Er schafft aber eine recht ausgewogene Atmosphäre, die nicht durch starke Spannungen und Konflikte gekennzeichnet ist.

«Führen heisst sich-engagieren in Menschen und Aufgaben» (9.9-Führungsstil): Vorgesetzter legt grossen Wert auf schöpferische Entscheidungen, die im Einverständnis getroffen werden; er hört zu und sucht nach Ideen, Meinungen und Verhaltensweisen, die sich von seinen eigenen unterscheiden. Er hat klare Überzeugungen, reagiert aber auf gute Ideen, indem er seine Meinung ändert; er strengt sich selbst sehr an und motiviert dadurch andere; wenn Konflikte auftreten, versucht er, die Gründe herauszufinden und zu beseitigen; wenn er erregt ist, beherrscht er sich.

Dieser Vorgesetzte hält eine gleichzeitige Erfüllung von Organisations- und Individualzielen für möglich. Unter dem Schlagwort «Integration von Mensch und Arbeit» spezifiziert der 9.9-Führungsstil die Theorie Y. Der Vorgesetzte versucht, seine Mitarbeiter sachlich *und* persönlich zu motivieren. Er strebt in jeder Situation die bestmögliche Lösung an und übernimmt nicht einfach die, die durch Tradition oder Regeln vorgegeben ist. Er bemüht sich deshalb, Ideen, Fähigkeiten und Initiative der Mitarbeiter im Hinblick auf eine optimale Aufgabenerfüllung zu nutzen. Er versucht, im Prozess der gemeinsamen Zielfestlegung ein hohes Mass an Verständnis für die Arbeitsziele, die Arbeitsanstrengungen, die Eigenverantwortlichkeiten und die gemeinsame Verpflichtung zu erreichen. Dadurch wird die traditionelle Fremdkontrolle weitgehend überflüssig und durch die gemeinsame Kontrolle ersetzt. Durch die konstruktive Austragung von Konflikten können sich diese schöpferisch auswirken. Es herrscht ein allem Neuen gegenüber aufgeschlossenes Klima.

Abbildung 92: Führungsformen nach Blake/Mouton[75]

Führungsformkennziffer	9.1	1.9	1.1	5.5	9.9
Allgemeine Darstellung	Starkes sachliches Interesse an der Aufgabenerfüllung. Humane Ziele werden bei der Führung nicht berücksichtigt (sollen ausserhalb der Unternehmung erfüllt werden – «Freizeitproblem»). Unterstellungen: Mitarbeiter sind unselbständig, haben Abneigung gegen Arbeit; Ordnung ergibt sich aus Uniformität. Andere Führungsformen schaffen Zweifel an der Autorität.	Starkes Interesse der Führung an humanen Elementen. Werden als leistungsbestimmend angesehen. Unterstellungen: Mitarbeiter finden Erfüllung in der Arbeit bei entsprechenden Arbeitsbedingungen. Sie können selbständig arbeiten. Ordnung und Leistungsstreben sind natürliches Resultat des Vertrauens, das dieser Führungsform zugrunde liegt.	Geringes Interesse an persönlichen Belangen und sachlichen Aufgabenerfüllungsaspekten (fraglich, ob «Führung»). Ziel des Führenden: Überleben, meiden von Kritik, da potentielle Schwächung der eigenen Position, Ursache oft: Resignation.	Ausgeglichene, mittlere Berücksichtigung humaner und sachlicher Elemente. Kein Maximum angestrebt («das wäre zu ideal»). Unterstellungen: Beide Ziele allein nur im Idealfall erreichbar, daher Kompromiss, Regelgerichtetes Funktionieren garantiert automatisch Erreichen von Sach- und Formalzielen.	Gleichmässige Betonung der persönlichen Probleme und der Aufgabenerfüllungsnotwendigkeiten ergibt Maximum an formalem Ergebnis. Arbeitsbedingungen müssen den Anforderungen geistig reifer Menschen entsprechen. Unterstellungen: Mitdenken und Einfluss wirken positiv auf Ergebnis. Fehler nur durch Missverständnisse (durch Lernprozess vermeidbar).
Sachzielbezug Organisationsgrad	hochgradige Konkretisierung der Aufgaben	geringe Konkretisierung der Aufgaben (management by objectives)	tendenziell gering	mittelmässig	gering
Aufgabenverteilung	starke Entscheidungsdezentralisation	starke Entscheidungsdezentralisation	starke Entscheidungsdezentralisation	mittlere Entscheidungszentralisation	Entscheidungen weitgehend dezentral, Gruppen- und Einzelentscheidung
Leistungsbeziehungen Rolle des Vorgesetzten	Autoritätsperson, Zwang zur Subordination	er sorgt für Arbeitsbedingungen, die Leistungswillen anregen	«Chamäleon»	Funktionär, Repräsentant der Organisation	helfender Lehrer
Unterstellungsverhältnisse	streng hierarchisch, klare Kompetenzen	formale Organisation durch informale Beziehungen ergänzt oder gar substituiert	zumeist hierarchisch (Organisationsplan)	hierarchische Züge (Organisationsplan)	Vorgesetzter steht Gruppe der Untergebenen gegenüber
Art der Anordnung	verbindliche Anordnung, keine Begründung (diszipl. Drohung)	gemeinsame Lösung, Überzeugung, fachliche Autorität, zusätzliche Informationen	unverbindliche Weiterleitung	verbindliche Anordnung mit background Informationen	gemeinsame Lösung und Überzeugung

Arbeitsbeziehungen	Kommunikation folgt Instanzenzug; keine kollegialen Arbeitsbeziehungen	informale Kanäle erlaubt. Direktverkehr; kollegiale Arbeitsbeziehungen	wenig frequentiert; Tendenz: Isolation, keine kollegialen Formen	formale und informale Kommunikation. Kollegien betont	kollegiale Formen stark betont; auch Entscheidungskonferenzen
Formalzielbezug	unmittelbar (Mengen-, Zeit-, Geldstandards)	kaum Standards; menschliche Erfüllung zählt	persönlichkeitsbezogen: Überleben	Funktionieren der Organisation	leistungsbezogen; Blick auf Gruppenerlebnis
Förderung	effizientester Mitarbeiter wird gefördert	Teamarbeiter bevorzugt	keine Förderung	Förderung organisationsgerechten Verhaltens	menschliche Qualifikation und Problemlösungsfähigkeiten sind als Beförderungskriterium gleichbedeutend
Konflikt	persönliche Einordnung oder Wechsel	geleugnet oder geglättet	vermieden	= Verletzung der Organisationsregeln	direkte Konfrontation, rationale Lösung
Innovation	Idee nur von «oben» (Führung)	gering, da Spannung und Widerspruch fehlen	dient Erhaltung des «status quo»	sachliche Innovation	grosse Bereitschaft
Motivation	fast ausschliesslich materielle Anreize, Zwang, Folgemotiv: Erhaltung der ökonomischen Existenzgrundlage	hohe persönliche Motivation über Möglichkeit der Selbstverwirklichung	reines Erhaltungsstreben. Keine besondere Leistungsmotivation	Kompromiss zwischen Zielen des Einzelnen und der Organisation. Materielle und immaterielle Anreize	sozialbezogene Leistung, hohe Motivation über Gruppe: Materielle und immaterielle Anreize harmonisch abgestimmt
Entwicklung von Führungsfähigkeiten	gering, sachliche Leistung dominiert	gering, sachliche Förderung fehlt	fehlt (mangelnde Führung)	organisierte Verfahren	starke Förderung

75 Bleicher/Meyer (1976)

Abbildung 93: Kooperative und autoritäre Führungsstile im Verhaltensgitter[76]

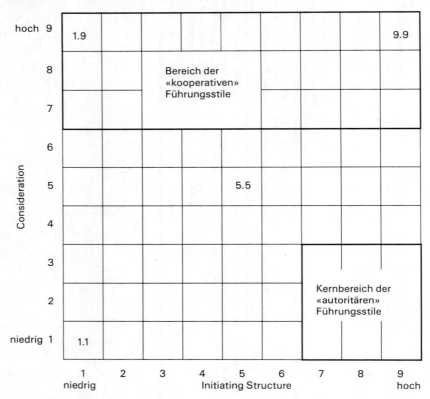

76 Baumgarten (1977)

Welche personalpolitischen und organisatorischen Konsequenzen die fünf Führungsstile haben, lässt sich aus der Übersicht in Abbildung 92 ersehen. Grundsätzlich ist das Verhaltensgitter als Anleitung für den Vorgesetzten zu verstehen, sich auf den 9.9-Führungsstil hin zu orientieren und zu entwickeln. Da dieser Führungsstil aber neben tiefgreifenden persönlichen Verhaltensänderungen Veränderungen der organisationalen Ziele, hierarchischen Strukturen und Arbeitsprozesse beinhaltet, erscheint seine Verwirklichung unrealistisch. Zudem ist es problematisch, einem bestimmten Führungsstil ganz bestimmte Wirkungen zuzuordnen, ohne die jeweiligen Umstände zu berücksichtigen, unter denen Führungsverhalten auftritt. Je nach Bedingungen kann ein und derselbe Führungsstil nämlich ganz verschiedene Auswirkungen haben. Versucht man in das Verhaltensgitter die kooperativen und autoritären Führungsstile einzuordnen, zeigt sich, dass ein einzelnes Teilquadrat zur Kennzeichnung nicht ausreicht; vielmehr muss für jeden der eindimensionalen Führungsstile ein grösserer Bereich reserviert werden (Abb. 93).

Wie beim Verhaltensgitter wird auch beim *situativen Reifegrad-Modell* von einem aufgaben-orientierten und mitarbeiter-orientierten Führungsstil ausgegangen. Allerdings wird hier nicht ein «optimaler» Stil empfohlen, sondern die Wirksamkeit des jeweiligen Führungsverhaltens vom sogenannten *Reifegrad* des Mitarbeiters abhängig gemacht[32].

Dieser Reifegrad, der vor allem durch die Merkmale «Fähigkeit» und «Motivation» bestimmt ist, wird vom Vorgesetzten anhand verschiedener Kriterien ermittelt. Aufgrund des Reifegrades wird dann der situativ «richtige» Führungsstil gewählt, der dann in Delegieren, Partizipieren, Überzeugen oder Unterweisen zum Ausdruck kommt (Abb. 94):

Abbildung 94: Das situative Reifegrad-Modell[77]

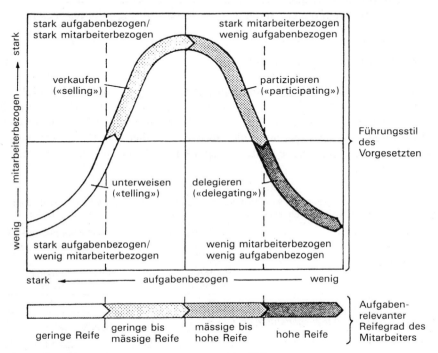

77 Hersey/Blanchard, nach Wunderer/Grunwald (1980)

- *Unterweisen:* Bei geringer Reife (mangelnde Fähigkeit und Motivation) muss der Mitarbeiter aufgaben-orientiert geführt werden. Der Vorgesetzte steuert das Verhalten des Mitarbeiters durch präzise Zielvorgabe und genaue Definition der Aufgaben.
- *Verkaufen:* Bei mässiger Reife (mangelnde Fähigkeit, aber stärkere Motivation) soll der Vorgesetzte aufgaben- und mitarbeiterorientiert führen. Der Mitarbeiter soll aufgrund der überzeugenden Argumentation des Vorgesetzten handeln und entscheiden.
- *Partizipieren:* Bei höherem Reifegrad (mangelnde Motivation bei gegebener Fähigkeit) ist der Vorgesetzte erfolgreich, wenn er sich mehr mitarbeiter- als aufgaben-

32 vgl. Hersey/Blanchard, nach Wunderer/Grunwald (1980)

orientiert verhält. Er soll den Mitarbeiter mehr und mehr an der Entscheidungsfindung beteiligen, um ihn damit stärker zu motivieren.
- *Delegieren:* Bei hoher Reife (fähig und willig) soll der Mitarbeiter am besten weitgehend selbständig arbeiten können.

Obschon das Konzept auf den ersten Blick gerade auf Vorgesetzte sehr überzeugend wirkt, birgt es in hohem Masse die Gefahr in sich, dass damit vom Vorgesetzten jedes Führungsverhalten legitimiert werden kann («Meine Mitarbeiter sind noch nicht genügend reif für einen mitarbeiter-orientierten Führungsstil»). Der Vorgesetzte fühlt sich damit leicht von der Aufgabe enthoben, seine Mitarbeiter zu immer höherer Reife zu führen (was nur möglich ist, indem er sie selbständig arbeiten lässt).

423 Welcher Führungsstil ist der beste?

Die Auswirkungen verschiedener Führungsstile auf Leistung, Zufriedenheit und Zusammenhalt sind von zahlreichen Forschern untersucht worden. Abgesehen davon, dass bei solchen Untersuchungen immer die Einstellung des betreffenden eine massgebende Rolle spielt, sind die Ergebnisse alles andere als einheitlich. Die umfassendste Auswertung aller Ergebnisse, die heute vorliegt (Abb. 95), lässt folgende generelle Schlussfolgerungen zu[33]:

Abbildung 95: Beziehungen zwischen den verschiedenen Führungsstilen und der Arbeitszufriedenheit, dem Zusammenhalt und der Produktivität auf Grund der Sekundäruntersuchung von R. M. Stogdill[78]

Führungsstil	Anzahl empirischer Befunde mit einer positiven (+), einer fehlenden (0) und einer negativen (−) Korrelation mit:								
	Arbeitszufriedenheit			Zusammenhalt			Produktivität		
	+	0	−	+	0	−	+	0	−
Vorwiegend auf den Mitarbeiter ausgerichtete Stile									
− demokratisch	7	1	1	2	1		3	11	
− permissiv	8	2	3	2	1	3	7	3	4
− mitarbeiterbezogen	13	2	1	3		2	19	5	4
− partizipativ	8	3	1	8	2	1	10	5	3
− Consideration	12	1	1	5	1		8	8	3
	48	9	7	20	5	6	47	32	14
Vorwiegend nach Leistung strebende Stile									
− autokratisch		1	3		1	2	3	10	1
− restriktiv			3		1		2	3	1
− aufgabenbezogen	2	1	1				3	3	3
− sozial distanzierend		1	1	1	1		16	1	1
− direktiv	2	2	2	2	1	1	10	4	1
− initiation of structure	10	3	1	6			13	5	
	14	8	11	9	4	3	47	26	7

78 Lattmann (1981)

33 vgl. Lattmann (1981)

- Die Wirkungen vieler Führungsstile, die einander gegenübergestellt werden, halten sich die Waage (so z.B. die Wirkungen des autoritären und des kooperativen Führungsstils im Hinblick auf die Leistung).
- Auch dort, wo ein Führungsstil dem anderen überlegen ist, zeigen sich keine durchgehenden Gesetzmässigkeiten. In den weitaus meisten Fällen gibt es neben überwiegend positiven auch negative und neben überwiegend negativen auch positive Befunde.
- Viele Befunde zeigen gar keine Beziehung zu Leistung, Zufriedenheit und Zusammenhalt.
- Die Zufriedenheit ist beim kooperativ-partizipativen Führungsstil im allgemeinen höher als beim autoritär-direktiven Führungsstil.
- Der Zusammenhalt ist beim kooperativ-partizipativen Führungsstil im allgemeinen stärker als bei den übrigen Stilen.
- Bei der Arbeitsleistung zeigt sich in beiden Stilgruppen ein sehr hoher Anteil an Befunden, die eine fehlende Korrelation aufweisen. Offensichtlich hängen die Auswirkungen auf die Leistung noch von vielen anderen Faktoren ab.

Am eingehendsten sind die Auswirkungen des *kooperativ-partizipativen* Führungsstils untersucht worden. Es lassen sich dabei folgende zusammenfassende Feststellungen machen[34]:

- Da die Zielfestlegung in Interaktion zwischen Vorgesetztem und Mitarbeiter erfolgt, wird die soziale Distanz abgebaut, was beim Mitarbeiter Zufriedenheit bewirkt.
- Je stärker ein Mitarbeiter die Entscheidungsfindung beeinflussen kann, desto mehr betrachtet er das gesetzte Ziel als sein eigenes und desto mehr strebt er demzufolge danach, es zu erreichen.
- Der Mitarbeiter wird durch den partizipativen Führungsstil nur angesprochen, wenn er sich in der Lage fühlt, mitzuentscheiden und wenn ihn der Gegenstand der Entscheidung genügend betrifft.
- Bei partizipativer Führung sind diejenigen Mitarbeiter am zufriedensten, deren Bedürfnis nach Unabhängigkeit hoch ist.

Der Grund, weshalb diese Forschungsergebnisse dargestellt werden, ist der: In der Praxis wird – gerade im Krankenhaus – häufig eine intensive (und nicht selten sehr emotionale) Auseinandersetzung geführt in der Frage: Autoritär oder kooperativ? Die Tendenz in die eine oder die andere Richtung ist bei vielen Vorgesetzten zu einer Art «Credo» geworden. Die Anhänger mehr autoritärer Führungsstile argumentieren[35]:

- Der Vorgesetzte verfüge über die bessere Übersicht, sehe die Zusammenhänge besser und lasse sich weniger durch partikulare (Gruppen-)Interessen leiten; er habe einen besseren Zugang zu den wichtigen Informationen und sei letztlich auch für die Entscheidungen verantwortlich.
- Durch den Einbezug vieler in die Entscheidungsbildung würden die Entscheide verzögert («Es wird zuviel geredet und zu wenig entschieden»), verwässert und

34 vgl. Lattmann (1981)
35 vgl. Müller/Hill (1980)

verpolitisiert («fauler Kompromiss»). Der einzelne fühle sich für die in der Gruppe getroffenen Entscheide nicht mehr verantwortlich.
- Viele Mitarbeiter wünschten sich eine straffe Führung (eine «starke Hand») und würden durch die Partizipation nur verunsichert.

Argumente der Vertreter partizipativer Führung sind:
- Die Partizipation verbessert sowohl die Qualität von Entscheidungen wie auch die Identifikation der Mitarbeiter mit den Entscheiden und mit ihren Aufgaben.
- Durch die partizipative Führung werden somit die Interessen der Mitarbeiter mit den Interessen der Organisation besser in Einklang gebracht; viele unnötige Konflikte können von vorneherein ausgeschaltet werden. Insbesondere wird durch diesen Führungsstil das alte Problem des Widerstandes gegen Veränderungen besser bewältigt, indem die Mitarbeiter an den Neuerungen mitwirken und sich damit eher mit ihnen identifizieren.
- Da sich die Mitarbeiter mit ihren Zielen identifizieren und die notwendige Einsicht in die Zusammenhänge erlangen, können sie selbständiger arbeiten, sich neuen Situationen besser anpassen und ihre Fähigkeiten besser einsetzen. Der Entfremdung in der Arbeit wird entgegengewirkt, es wird mehr geleistet und die Zufriedenheit ist höher.
- Die Mitarbeiter können sich durch die Arbeit und in der Arbeit ständig weiterentwickeln; sie denken mit, lernen grössere Zusammenhänge zu sehen und anspruchsvollere Aufgaben zu bewältigen. Da sie sich mit den Zielen identifizieren, ist auch ihre Lernmotivation hoch. Sie sind bereit, vermehrte Verantwortung zu übernehmen und sich entsprechend weiterzubilden.

Isoliert betrachtet haben die beiden Argumentationen zweifellos viel für sich. Aus diesem Grund überrascht es eigentlich nicht, dass die Untersuchungsergebnisse so uneinheitlich sind. Ist es somit unmöglich, dem Vorgesetzten klare Verhaltensempfehlungen zu geben? Doch es ist möglich: Grundsätzlich ist ein kooperativer Führungsstil zu befürworten. Was im einzelnen darunter zu verstehen ist, wird im Verlauf der weiteren Ausführungen hoffentlich sichtbar. Weshalb kooperative Führungsformen grundsätzlich zu befürworten sind, soll im folgenden näher erläutert werden. Zunächst einmal ist festzuhalten, dass die Sachzusammenhänge und Arbeitsprozesse im Krankenhaus in weiten Bereichen komplexer und differenzierter geworden sind. Dies stellt höhere Anforderungen an alle Beschäftigten als früher. Solche Anforderungen sind:

- *Lernprozesse:* Um den fachlichen und sozialen Anforderungen in der Dynamik des modernen Arbeitslebens gewachsen zu sein, müssen wir ständig zulernen, umlernen und neulernen. Dabei gilt es nicht nur fachbezogenes Wissen und Können zu erwerben, sondern auch persönlichkeits- und gemeinschaftsbezogene Fähigkeiten. Deren Erwerb aber setzt nicht nur individuelle, sondern auch soziale Lernprozesse voraus, die nur in einem kooperativen Sinne vollzogen werden können.
- *Selbständigkeit:* Der Anteil komplexer, nicht vollständig determinierter Tätigkeiten, bei denen das Ziel vorgegeben, die Art und Weise der Ausführung aber dem Mitarbeiter überlassen ist, nimmt zu. Auch Arbeitsbereiche, in denen ein Entscheidungsspielraum über Arbeitsaufgaben und -ziele gegeben ist, nehmen zu. Zudem sind viele Tätigkeiten im Krankenhaus mit hoher Verantwortung verbunden. In

solchen qualifizierten Aufgabenzusammenhängen ist der Vorgesetzte je länger je mehr auf das selbständige «Funktionieren» seiner Mitarbeiter angewiesen. Und zwar nicht nur auf ihre fachlich selbständige Aufgabenerfüllung, sondern auch auf ihr *selbstverantwortliches Handeln*, auf ihre Loyalität und Solidarität.

- *Motivation:* Qualifizierte Arbeitsvollzüge, die von den Mitarbeitern Selbständigkeit und Mitverantwortung erfordern, können nicht durch äusseren Druck gesteuert werden. Hohe Leistungen dieser Art erbringen nur Mitarbeiter, die von innen heraus motiviert sind, also aus eigenen Antrieben ihr Bestes geben.
- *Mitdenken:* Die Komplexität der Aufgaben an sich und ihre gegenseitige Verkettung erfordert vom Mitarbeiter mehr Einsicht in Sachverhalte und Zusammenhänge als früher. Mitarbeiter müssen mitdenken und verstehen, um mitverantwortlich handeln zu können. Weil diese Einsicht nicht mehr ein Privileg des Vorgesetzten ist bzw. sein darf, wird der Abstand zwischen anweisender und ausführender Tätigkeit auf allen Stufen geringer. Gleichzeitig ist auch das Bedürfnis des Mitarbeiters nach Mitsprache und Mitverantwortung gewachsen. Er will mit seiner Arbeit nicht bloss Geld verdienen, sondern in erster Linie das Gefühl haben, mit ihr einen sinnvollen und bedeutenden Beitrag zu erbringen. Dieses Gefühl bekommt er nur dann, wenn man ihn mitdenken und mitwirken lässt. Beides – sachliche Notwendigkeit und menschliches Bedürfnis – macht eine verantwortlichere Partizipation des Mitarbeiters erforderlich.
- *Spezialisierung:* Infolge der Anwendung immer höherer und differenzierterer Technologien kommt es zu immer stärkerer Spezialisierung und Professionalisierung. Durch Einsicht in grössere Zusammenhänge vermögen Mitarbeiter den Sinn ihrer eigenen spezialisierten Tätigkeit besser zu erkennen.
- *Qualifikation:* Die bessere Ausbildung und höhere Qualifikation, die aus den veränderten Anforderungen der modernen Arbeitsprozesse resultiert, hat ein anderes Selbstverständnis und Selbstbewusstsein des Mitarbeiters zur Folge. Er will mitwissen und Mitverantwortung übernehmen. Zudem gibt es nicht wenige Bereiche, in denen er seinem Vorgesetzten überlegen ist, was sich auch auf seine Erwartungen in bezug auf die Führung auswirkt.
- *Integration:* Infolge der wechselseitigen Verkettung der verschiedenen Einzelaufgaben geraten die Tätigkeiten der einzelnen Mitarbeiter in einen stärkeren Kooperationszusammenhang. Die individuelle Tätigkeit ist stärker in die Zusammenarbeit aller integriert. Damit verliert die Arbeit den ausschliesslichen Charakter eines Mittels zur persönlichen Bedürfnisbefriedigung; der soziale Aspekt gewinnt an Bedeutung, was sozialere Kommunikation erfordert[36].
- *Kooperationszwang:* Die Erfüllung der Gesamtaufgabe eines Krankenhauses ist viel stärker als früher auf die Zusammenarbeit im Team, die gemeinsame Anstrengung aller angewiesen. Sehr oft ist es gar nicht mehr möglich, von Leistungen einzelner zu sprechen, weil diese Leistungen das Resultat von Teamkooperationen sind, in denen alle Mitglieder von einander abhängen, aufeinander angewiesen sind. Der hohe Grad an Spezialisierung und Differenzierung zwingt zur Zusammenarbeit, zur Arbeit im Team. Die Teamarbeit wiederum erfordert kooperative Verhaltensweisen, die von Vorgesetzten und Mitarbeitern gemeinsam erlernt und eingeübt werden müssen.

36 vgl. Sahm (1977)

- *Verändertes Wertsystem:* Mit der allgemeinen Verbesserung und weitgehenden Absicherung der existentiellen Lebensbedingungen einerseits und der besseren Ausbildung andererseits werden mehr und mehr Bedürfnisse wirksam, die auf die freie Entfaltung der eigenen Fähigkeiten, auf Selbstbestimmung sowie ganz allgemein auf Selbstentfaltung ausgerichtet sind. Die partizipative Führung gibt dem Mitarbeiter die Möglichkeit dazu.

Ohne Kooperation und gegenseitiges Vertrauen sind die heutigen Aufgaben und Probleme im Krankenhaus je länger je weniger zu bewältigen. Eine neue Form von *Solidarität* ist erforderlich. Echte Kooperation und Solidarität aber können nur auf der Grundlage kooperativer Führung entstehen.

Die Überzeugung, dass der kooperative Führungsstil grundsätzlich der richtige ist, besagt aber nicht, dass er in *jeder Situation* der richtige ist. Damit kommen wir zum Stichwort der *situativen Führung*. Was ist darunter zu verstehen? «Situative Führung bedeutet die Berücksichtigung aller Situationsfaktoren bei der Wahl des Partizipationsgrades.»[37]

«Partizipative Führung» heisst nicht, dass man in jeder Situation und in bezug auf alle Aufgaben mit allen Mitarbeitern gemeinsame Entscheidungen fällt, sondern dass je nach situativen Gegebenheiten der angemessene Grad an Partizipation gewählt wird. So fallen beispielsweise in einem bestimmten Arbeitsbereich oder auf einer bestimmten Ebene der Hierarchie durchschnittlich mehr oder weniger komplexe, unstrukturierte Aufgaben an, und die Mitarbeiter erwarten aufgrund ihrer Erfahrung und ihres Ausbildungsstandes mehr oder weniger Partizipation. «Es ist eine Erfahrungstatsache, dass die Mitarbeiter umso weniger Partizipation erwarten, je weniger Probleme zu lösen sind, die eine partizipative Führung erfordern und je weniger ihre Ziele durch diese Probleme berührt werden.»[38]

Der kooperativ-partizipative Führungsstil muss deshalb je nach den Partizipationsmöglichkeiten differenziert werden. Diese Möglichkeiten sind hauptsächlich von den *Situationsfaktoren* abhängig, die als Determinanten des Führungsprozesses genannt worden sind:

- Individuelle Merkmale der Mitarbeiter (Fähigkeiten, Ansprüche, Erwartungen),
- Merkmale der Gruppe (Grösse, Zusammensetzung, Normen, Rollen, Beziehungen),
- Merkmale der Aufgabe (Dringlichkeit, Bekanntheit, Strukturiertheit),
- Merkmale des sozialen Systems (Grösse, Aufbau-, Ablauf- und Beziehungsstruktur, Führungskonzept),
- systemexterne Merkmale (Wertsystem der Gesellschaft, Anforderungen an das System).

Situativ führen heisst *flexibel führen:* sich nicht versteifen, sondern bereit sein, auf verschiedene Situationen verschieden zu reagieren. Gerade im Krankenhaus kommt es tagtäglich zu unvorhergesehenen Situationen, die nicht aufgrund starrer Verhaltensmuster zu bewältigen sind, sondern von den Beteiligten ein hohes Mass an Flexibilität erfordern.

[37] Müller/Hill (1980)
[38] Müller/Hill (1980)

Das Schlagwort «situative Führung» ist jedoch nicht ungefährlich, weil durch die situationsspezifische Anwendung einer Vielzahl von Partizipationsgraden die Gefahr besteht, dass gar kein eigentlicher Führungsstil mehr existiert, sondern eine *Führungswillkür*, die

- bei den Geführten ein Gefühl der Unsicherheit hervorruft: Sie wissen nicht, woran sie sind, weil sich der Vorgesetzte nach «Lust und Laune» verhält.
- dem Vorgesetzten einen zu grossen Kompetenzbereich zugesteht: Er entscheidet, wann welcher Partizipationsgrad am Platz ist. So kann er beispielsweise unter dem Vorwand von «Krisensituationen» seinen Machtwillen durchsetzen.

«Situative Führung» darf aus diesem Grund nur dort propagiert und angewendet werden, wo gleichzeitig ein klares *Führungskonzept* besteht, in welchem Grundvorstellungen der kooperativ-partizipativen Führung unmissverständlich und verbindlich festgehalten sind.

Der Vorgesetzte besitzt zur Erfüllung seiner Führungsaufgaben einen weiten Spielraum. Viel wichtiger als die Anwendung bestimmter Führungstechniken oder Führungsprinzipien ist die Art seiner Beziehungen zu den Mitarbeitern und das «Vertrauen», das diese in ihn haben. Das Vertrauen aber hängt nicht von einzelnen Verhaltensformen ab, sondern von der ganzen Persönlichkeit des Führenden[39]. Einem Vorgesetzten, der partizipative Verfahren anwendet, kann es versagt bleiben und einem anderen, der ausgeprägt autoritäre Züge aufweist, rückhaltlos entgegengebracht werden.

Auf die Dauer lässt sich Vertrauen und Glaubwürdigkeit nur erhalten, wenn das vom Vorgesetzten gezeigte Führungsverhalten *echt* ist, wenn es also mit seinen Einstellungen übereinstimmt. Sicher kann er sich ein bestimmtes Verhalten «zulegen», das ihm zur Erreichung bestimmter Ziele zweckmässig erscheint. Eine Zeitlang wird es ihm damit vielleicht sogar gelingen, bei den Mitarbeitern das Bild von sich zu schaffen, das er angestrebt hat. Aber früher oder später – wenn die Mitarbeiter draufkommen, dass er sich lediglich im Hinblick auf bestimmte Zwecke so verhalten hat – wird ein solcher Vorgesetzter seine Glaubwürdigkeit verlieren.

424 Führung durch Delegation

Delegation bedeutet die Übertragung von Aufgaben, Kompetenzen und Verantwortung auf nachgeordnete Stellen. Delegation hat grundsätzlich zwei Aspekte[40]: Sie ist Organisationsprinzip, und sie ist Stilprinzip der Führung von Mitarbeitern.

Als *Organisationsprinzip* bedeutet Organisation:

- Dem Mitarbeiter werden langfristige *Aufgaben* bzw. Aufgabenbereiche zur Erfüllung zugewiesen.
- Der Mitarbeiter erhält die *Kompetenz* (formale Rechte/Befugnisse), die zur ordnungsgemässen Aufgabenerfüllung erforderlich sind.
- Der Mitarbeiter übernimmt die *Verantwortung*, die mit der Übertragung von Aufgaben und Kompetenzen verbunden ist.

39 vgl. Lattmann (1981)
40 vgl. Sahm (1977)

- Der Mitarbeiter erhält damit einen *Zuständigkeitsbereich,* innerhalb dessen er *selbständig* zu planen, zu entscheiden und zu handeln berechtigt und verpflichtet ist. Der Vorgesetzte darf ohne Notwendigkeit in diesen Zuständigkeitsbereich nicht eingreifen.

Als *Stilprinzip* bedeutet Delegation: Der Vorgesetzte gesteht dem Mitarbeiter einen Raum zu, in dem dieser (teil-)autonom handeln und entscheiden kann. Damit trägt der Vorgesetzte dazu bei, dass sich
- der Freiheitsgrad des Mitarbeiters vergrössert;
- die Bereitschaft und Fähigkeit des Mitarbeiters zu selbständigem Entscheiden und Handeln erhöht;
- das Selbstwertgefühl und Verantwortungsbewusstsein des Mitarbeiters verstärkt.

Im folgenden sollen die drei Bausteine der Delegation: Aufgabe, Kompetenzen und Verantwortung näher betrachtet werden. Auf die Frage, welche *Aufgaben* delegiert werden können (oder sollen), lässt sich grundsätzlich folgendes sagen: Jede Aufgabe soll delegiert werden, die der betreffende Mitarbeiter aufgrund seiner Person und Position zu erfüllen imstande ist. Nicht delegiert werden können Führungsaufgaben wie Auswählen von Mitarbeitern, Vereinbaren von Zielen, Motivieren und Qualifizieren der Mitarbeiter.

Der *Zuständigkeitsbereich* des Mitarbeiters wird primär durch die Zielsetzung der Aufgabe bzw. die Stellenbeschreibung, allgemeine Vorschriften und Richtlinien umgrenzt. Durch diesen *Handlungsspielraum* unterscheidet sich die Delegation von anderen Weisungsformen, die vom Mitarbeiter die blosse Ausführung einer Arbeit verlangen (die Rolle des Mitarbeiters ist dabei weitgehend die eines Hilfsarbeiters). In diesen Zuständigkeitsbereich (= Delegationsbereich) darf der Vorgesetzte ohne Notwendigkeit nicht eingreifen. Er muss die delegierten Aufgaben respektieren. Er darf in diesem Bereich keine Entscheidungen fällen und dem Mitarbeiter nicht seinen Arbeitsstil aufzwingen wollen.

In zwei *Ausnahmefällen* ist der Vorgesetzte berechtigt, in den Kompetenzbereich des Mitarbeiters *einzugreifen:* wenn die Fehlleistung eines Mitarbeiters schwerwiegende Folgen hat und wenn eine Entscheidungssituation eintritt, welche die Kompetenz des Mitarbeiters übersteigt.

Ohne diese Befugnis, im Notfall direkt zu intervenieren, könnte der Vorgesetzte seine (Führungs-)Verantwortung für das Ganze nicht tragen. Da jedoch solche Eingriffe die generell festgelegte Ordnung durchbrechen und den Mitarbeiter in seiner Eigenständigkeit und Verantwortung einschränken, muss sich der Vorgesetzte in dieser Hinsicht grösste Zurückhaltung auferlegen. In jedem Falle ist er verpflichtet, sein Eingreifen dem Mitarbeiter gegenüber zu begründen. Erst durch diese Rechtfertigungspflicht «nach unten» werden die Vorteile einer «Führung durch Delegation» wirksam.

Das Ausmass der Delegation kann nicht nur dem individuellen Ermessen des Vorgesetzten überlassen werden. Stattdessen sollte bereits beim Gestalten der Organisationsstrukturen, beim Verfassen der Stellenbeschreibung und beim Formulieren der Führungsrichtlinien von folgendem *Grundsatz* ausgegangen werden. Jede Aufgabe soll von der untersten Stelle im hierarchischen System erfüllt werden, die dazu noch in der Lage ist. Oder anders gesagt: «Jede Entscheidung soll von der untersten Stelle gefällt werden, die noch über den dazu nötigen Überblick verfügt»[41]. Denn dieser Mitarbeiter/Vorgesetzte steht dem betreffenden Problem näher als der nächsthöhere Vorgesetzte und vermag die Folgen verschiedener Entscheidungen besser zu ermessen.

Im Hinblick auf das Ausmass der Delegation kommt das sogenannte *Ausnahmeprinzip* zur Anwendung: *Management by exception*. Danach behält sich der Vorgesetzte die Entscheidung in Ausnahmefällen vor und delegiert alle Routinefälle an seine Mitarbeiter. Vor dem Hintergrund dieses Ausnahmeprinzips lassen sich die Aufgaben eines Mitarbeiters also in zwei Gruppen einteilen:

- *Aufgaben im Delegationsbereich:* Das sind Aufgaben, zu deren Erfüllung dem Mitarbeiter die notwendigen Kompetenzen übertragen sind; die Aufgabenerfüllung erfolgt hier völlig selbständig. Solche Aufgaben werden als «Normalfälle» bezeichnet.
- *Aufgaben ausserhalb des Delegationsbereichs:* Das sind Aufgaben, die zwar fachlich in den Bereich des Mitarbeiters gehören; die Entscheidungskompetenzen jedoch sind dem Vorgesetzten oder einer noch höheren Instanz vorbehalten. Solche Fälle werden als «aussergewöhnliche Fälle» bezeichnet.

Für eine Delegation im Sinne kooperativer Führung ist es unerlässlich, dass[42]

- die Aufgabendelegation mit entsprechenden Kompetenzen und entsprechender Verantwortung verbunden ist;
- die Delegation entsprechend den Fähigkeiten und Interessen der Mitarbeiter erfolgt;
- möglichst vollständige Aufgaben und nicht nur isolierte Teilaufgaben übertragen werden;
- eine umfassende Information der Stelleninhaber erfolgt.

Um die ihm übertragenen Aufgaben erfolgreich bewältigen zu können, benötigt der Mitarbeiter entsprechende *Kompetenzen*. Der Begriff Kompetenz wird in zwei unterschiedlichen Bedeutungen verwendet:

- *Kompetenz als formales Recht/Befugnis,* innerhalb eines Bereichs frei zu handeln und zu entscheiden. Diese Kompetenz beruht auf der Position in der Hierarchie der Organisation und wird dem Positionsinhaber von der Organisation verliehen.
- *Kompetenz als personale Fähigkeit/Zuständigkeit in einem bestimmten Fachbereich.* Diese (Sach-)Kompetenz beruht auf objektiv bewiesener Sachkundigkeit. Das Individuum hat sie sich durch eigenes Bemühen erworben.

Die Delegationsmöglichkeiten hängen in erster Linie vom *Grundprinzip* ab, dass die Fachkompetenz eines Mitarbeiters mit seinen formalen Kompetenzen (Befugnissen) im Gleichgewicht sein sollen. Über beide Aspekte von Kompetenz muss ein Mitarbeiter verfügen, um eine ihm übertragene Aufgabe erfüllen zu können:

- Fehlen erforderliche Kompetenzen im Sinne von Befugnissen, dann ist der Mitarbeiter zwar von seinen Fähigkeiten her in der Lage, die Aufgabe zu bewältigen. Es fehlen ihm aber die formalen Mittel (Recht auf selbständiges Handeln und Entscheiden).

41 Hill et al. (1974)
42 vgl. Wunderer/Grunwald (1980)

- Fehlen erforderliche Kompetenzen im Sinne von Fähigkeiten/Kenntnissen, dann ist der Mitarbeiter zwar mit den notwendigen formalen Befugnissen ausgestattet, aber es mangelt ihm an der fachlichen Qualifikation, die es ihm erlaubt, von den Befugnissen sinnvollen Gebrauch zu machen.

Sowohl (formale) Befugnisse wie auch (persönliche) Fähigkeiten sind zur Bewältigung einer Aufgabe notwendig. Die fachlichen Fähigkeiten kann der Mitarbeiter sich durch seine Aus- und Weiterbildung sowie seine Tätigkeit am Arbeitsplatz erwerben. Die Entscheidungs- und Handlungsbefugnisse jedoch müssen ihm von seinem Vorgesetzten übertragen werden.

Der Vorgesetzte, der einem Mitarbeiter Kompetenzen delegiert, ist selbst für den betreffenden Bereich nicht mehr zuständig bzw. kompetent und auch nicht mehr handlungsverantwortlich. Er trägt aber weiterhin die übergeordnete Verantwortung (= Führungsverantwortung) für das «Ganze».

Kompetent – im Sinne von befugt – sein heisst: persönliche Handlungsfreiheit besitzen. Ein Beispiel: Herr Kauer wird mit der Aufgabe betraut, Sicherheitsmassnahmen zu ergreifen und durchzusetzen. Seinem Ermessen bleibt es nun überlassen, wann, wie oft und in welchem Ausmass er solche Massnahmen ergreifen will.

Das Ausmass der Befugnisse, die dem Inhaber einer bestimmten Position verliehen werden, ist von Organisation zu Organisation verschieden: Stationsschwester Margareta im Spital A kann bestimmte Termine selbst festlegen oder verschieben, während Stationsschwester Sabine im Spital B zuerst die Genehmigung der Oberschwester einholen muss. Eine Kompetenz kann zudem von der Befugnis zu einer kommentarlosen Weiterleitung eines Formulars bis zur völlig selbständigen Bearbeitung einer Sache reichen.

Der Mitarbeiter muss grundsätzlich das Recht haben, alle Entscheidungen zu treffen bzw. Handlungen zu vollziehen, die zur Erfüllung seiner Aufgaben erforderlich sind. Unter den verschiedenen Arten von Kompetenzen sind insbesondere folgende von Bedeutung:

- *Entscheidungskompetenz:* das Recht, Entscheidungen zu treffen.
- *Anordnungskompetenz:* das Recht, das Verhalten anderer Personen zu bestimmen.
- *Verfügungskompetenz:* das Recht, über Sachen und Werte der Organisation zu verfügen.
- *Informationskompetenz:* das Recht auf alle zur Aufgabenerfüllung erforderlichen Informationen.

Wer eine Aufgabe und die zu ihrer Erfüllung notwendigen Kompetenzen übernimmt, übernimmt damit auch eine *Verantwortung*. Verantwortung wird in der Regel nicht speziell übertragen, sondern ergibt sich aus der Übertragung von Aufgaben und Kompetenzen (es gibt keine Aufgabe, die nicht eine Verantwortung mit sich bringt). Verantwortung übernehmen bedeutet: einstehen für das eigene Tun und Lassen. «Wer Verantwortung übernimmt und trägt, ist damit eine persönliche Verpflichtung eingegangen, sein Handeln an den möglichen Folgen zu messen und für diese Folgen persönlich einzustehen.»[43] Verantwortung ist das Korrelat der Handlungsfreiheit. Das heisst: Handlungsfreiheit bedingt Verantwortung und Verantwortung bedingt Handlungsfreiheit.

43 Bordemann (1978)

Wenn über die Delegation von Verantwortung gesprochen wird, taucht immer wieder die Frage auf: Kann man Verantwortung denn überhaupt delegieren? Bleibt sie nicht letztlich doch immer beim Vorgesetzten? Muss das nicht auch so sein? Und: Verführt die Delegation von Verantwortung nicht allzu leicht dazu, dass die Vorgesetzten sich bei Fehlschlägen hinter der «Delegation» von Verantwortung verschanzen können und am Ende dann überhaupt niemand mehr verantwortlich ist? Dazu ist das zu sagen, was bei der Besprechung der Vorgesetzten-Rolle festgehalten wurde:

- Der Mitarbeiter, dem eine Aufgabe mit entsprechenden Befugnissen delegiert wurde, trägt für die Erfüllung dieser Aufgabe die *Handlungsverantwortung.* Das ist eine Form der Eigenverantwortung, indem sie sich nur auf die eigene Person bezieht.
- Der Vorgesetzte trägt ebenfalls eine Handlungsverantwortung, die aus der Fachaufgabe und den damit verbundenen Kompetenzen erwächst. Zusätzlich aber trägt er die *Führungsverantwortung,* die sich aus den Führungsaufgaben und der damit verbundenen Verpflichtung ergibt. Das ist eine Form der Fremdverantwortung, da sie sich auf andere Personen bezieht.

Der Vorgesetzte kann nur dann für Fehlleistungen eines Mitarbeiters in dessen Aufgabenbereich verantwortlich gemacht werden, wenn er seine Führungsaufgaben nicht ordnungsgemäss erfüllt hat. Seine Führungsverantwortung nimmt er wahr, wenn er dafür sorgt, dass die Personen, an die er Aufgaben und Kompetenzen überträgt, über die erforderlichen Voraussetzungen verfügen, und dass durch geeignete Zielsetzungs-, Informations- und Kontrollverfahren die Aufgabenerfüllung sichergestellt wird[44].

Eine weiterreichende Führungsverantwortung, die den Vorgesetzten für jeden Fehler seiner Mitarbeiter verantwortlich machen würde, hätte zur Folge, dass:

- der Vorgesetzte sich trotz der Delegation selber um alles kümmern müsste und daher nicht in der Lage wäre, seine eigenen Aufgaben zu erfüllen.
- der Vorgesetzte für fremdes Verschulden einstehen müsste (was unserem Rechtsempfinden widerspricht).
- der Vorgesetzte seine Mitarbeiter dann kaum selbständig handeln liesse. Er würde verständlicherweise sein Risiko durch eine totale Überwachung und ständiges Eingreifen zu mindern suchen. Selbständiges Handeln der Mitarbeiter und Totalverantwortung des Vorgesetzten schliessen sich gegenseitig aus.

Man könnte also folgendes sagen: Der Vorgesetzte ist für das Gesamte, nicht aber für alles verantwortlich, was in seinem Aufgabenbereich geschieht. Ein Bestandteil der Führungsverantwortung des Vorgesetzten besteht darin, die Verantwortungsbereitschaft der Mitarbeiter zu fördern. Die Tendenz, sich der Mit-Verantwortung zu entziehen, ist heute weitverbreitet.

Mit der wachsenden Komplexität unserer technisierten Welt werden für den einzelnen die Folgen seines Verhaltens immer weniger abschätzbar. Damit stellt sich jedem Vorgesetzten die Aufgabe, ein Bewusstsein *kooperativer Verantwortung* heranzubilden bzw. eine Verantwortungs-Gemeinschaft aller, in der der einzelne sich zugleich persönlich respektiert, getragen und gefordert erfährt.

44 vgl. Hill et al. (1974)

Das Grundprinzip der Delegation lautet: Aufgabe, Kompetenzen und Verantwortung müssen sich genau entsprechen bzw. kongruent sein: *Kongruenzprinzip*. Falls sich die drei Elemente nicht decken, hat dies Kompetenzlücken, Kompetenzüberschneidungen, mangelhafte Aufgabenerfüllung, Konflikte oder unverantwortliches Handeln zu Folge. Folgende Fälle sind denkbar (Abb. 96):

Abbildung 96: Nicht-kongruente Delegationselemente

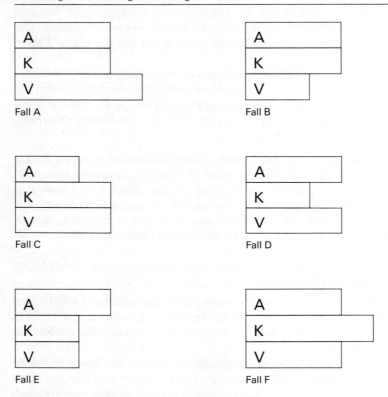

- *Fall A:* Ein Mitarbeiter versieht im Rahmen seines Aufgabenbereichs verschiedene Sonderaufgaben. Er besitzt die zur Erfüllung notwendigen Kompetenzen (Befugnisse und Fähigkeiten). Solange alles «rund» läuft, sagt niemand etwas. «Stirbt» ihm jedoch einmal etwas ab, kriegt er (ungerechtfertigte) Vorwürfe. Der Vorgesetzte macht ihn für mehr verantwortlich, als der Mitarbeiter aufgrund seiner Fähigkeiten und Befugnisse vermag. Oder: Der Mitarbeiter fühlt sich für mehr verantwortlich, als er eigentlich müsste.
- *Fall B:* Dieser Mitarbeiter ist nicht bereit, für das was er tut verantwortlich einzustehen; er versucht nach Möglichkeit die Verantwortung auf andere abzuschieben. Mögliche Gründe für ein solches Verhalten wären: Der Mitarbeiter hat Angst vor der Verantwortung, weil er sich nicht genügend kompetent (fähig) fühlt oder tatsächlich nicht genügend Fähigkeiten/Kenntnisse hat. Oder: Der Mitarbeiter verfügt nicht über die Befugnisse, die erforderlich wären, um so zu handeln, wie er

es verantworten könnte. Auf jeden Fall bilden Mitarbeiter und Vorgesetzte, die der Verantwortung aus dem Weg gehen, für den «Kooperationszusammenhang Krankenhaus» eine echte Gefahr, die nicht ernst genug genommen werden kann.

- *Fall C:* Ein Mitarbeiter, der erstens kompetent (fähig) wäre, zusätzliche oder anspruchsvollere Aufgaben zu bewältigen und zweitens bereit, für deren Ausführung auch die entsprechende Verantwortung zu tragen.
Durch die ihm zugewiesenen Aufgaben sind seine Fähigkeiten nicht voll beansprucht. Sein Aufgabenbereich müsste erweitert oder bereichert werden. Solche Leute müssen erkannt und gefördert werden. Jeder fähige und strebsame Mitarbeiter wird ständig dazulernen und danach trachten, neue Aufgaben zu übernehmen. Nun ist aber auch eine negative Variante dieses Falles denkbar: Der Mitarbeiter fühlt sich kompetent und verantwortlich in Dingen, die ihn gar nichts angehen, die gar nicht seinen Aufgabenbereich betreffen. Dass die Zusammenarbeit mit solchen Leuten alles andere als einfach ist, liegt auf der Hand. Hier hilft nur eines: Aufgaben, Befugnisse und Verantwortung ganz klar und eindeutig festlegen.
- *Fall D:* Ein Mitarbeiter, der die ihm gestellten Aufgaben nicht zu bewältigen vermag. Dies kann verschiedene Gründe haben: Entweder reichen seine Befugnisse nicht aus, oder er ist in bezug auf seine Fähigkeiten überfordert, oder es fehlt ihm an beidem. Im ersten Fall müsste er mit zusätzlichen Befugnissen ausgestattet werden. Im zweiten Fall könnte er sich die mangelnde Qualifikation mit Hilfe seines Vorgesetzten bzw. mit Hilfe von Schulungsmassnahmen vielleicht noch erwerben (wenn er wollte). Im dritten Fall müssten sowohl zusätzliche Fähigkeiten/Kenntnisse erworben wie auch zusätzliche Befugnisse übertragen werden.
- *Fall E:* Ein Mitarbeiter, dem ein grösserer oder anspruchsvollerer Aufgabenbereich zugewiesen ist als er zu bewältigen vermag. Der Fall liegt ähnlich wie der vorherige, mit dem Unterschied, dass hier der Mitarbeiter nicht bereit ist, die Verantwortung für seinen Aufgabenbereich voll zu tragen. Entweder spürt er, dass seine Qualifikation nicht ausreicht (wer keine Handlungsfreiheit hat, kann auch die persönliche Verantwortung für sein «diktiertes» fremdbestimmtes Handeln nicht übernehmen). Falls die mangelnde Aufgabenerfüllung bzw. Verantwortungsbereitschaft nur auf unzureichende Befugnisse zurückzuführen sind, müssten diese den Aufgaben entsprechend erweitert werden.
- *Fall F:* Ein Mitarbeiter mit einem Aufgabenbereich, für den er auch persönlich einsteht; das Problem liegt bei den Kompetenzen. Mann kann diese Konstellation auf verschiedene Weise interpretieren: Entweder sind die Fähigkeiten des Mitarbeiters durch die ihm zugewiesene Aufgabe nicht voll beansprucht (er ist unterfordert). Oder ihm sind Befugnisse übertragen, die grösser sind, als es seiner Aufgabe entspricht. Oder er masst sich selbst Befugnisse an, die den Rahmen seines Zuständigkeitsbereiches sprengen.

Die möglichen Vor- und Nachteile bzw. Gefahren der Delegation lassen sich wie folgt zusammenfassen[45]:

	Vorteile	Nachteile
Kapazitätsaspekt	– Entlastung der übergeordneten Stellen von jenen Entscheidungen, die ihrer Leitungsfunktion nicht entsprechen – vermehrte Delegation macht eine wasserkopfartige Stabstruktur überflüssig – Entlastung der Kommunikationskanäle durch Reduktion der notwendigen Anrufungen und Anordnungen	– Vergrösserung des gesamthaften «Entscheidungsvolumens» in der Unternehmung – Bedarf an qualifizierten Mitarbeitern auf untereren Ebenen steigt (kann auch als Vorteil interpretiert werden)
Koordinationsaspekt	– Relativ autonome Handlungsfähigkeit der unteren Stellen durch Übereinstimmung von Aufgaben und Kompetenzen – «Selbstkoordination» der unteren Stellen durch Selbstverwaltung – Zwang zur sorgfältigen Analyse des «Entscheidungshaushaltes» im gesamten sozialen System – ermöglicht «Management by exception»	– Abbau dere autonomen Entscheidungsfähigkeit der Leitungsspitze (kann auch als Vorteil interpretiert werden) – erhöhtes Konfliktpotential – Notwendigkeit vermehrter Ergebniskontrolle
Aspekt der Entscheidungsqualität	– Konzentration der Leitungsspitze auf wichtige politische und strategische Entscheidungen – Ausnützung des vorhandenen «Human Capital» – Entscheidung dort, wo ihre Folgen unmittelbar wirksam werden – frühzeitiges Entscheidungstraining des Kadernachwuchses	– Homogenität zwischen den verschiedenen Entscheidungen kann verlorengehen (Gefahr der Suboptimierung)
Personenbezogener Aspekt	– Entfaltungsraum für die persönliche Entwicklung nicht nur an der Spitze, sondern auch auf unteren Ebenen – positiver Lernprozess durch erhöhte Anforderungen an den Stelleninhaber stärkt Leistungsfähigkeit und Leistungsbereitschaft – Ermöglichung psychologischer Erfolgserlebnisse fördert Sicherheit, Selbstvertrauen, Arbeitsbefriedigung	– Gefahr der Überforderung einzelner Stelleninhaber, was zu Misserfolgserlebnissen, Frustration und damit Reduktion der Leistungsbereitschaft führen kann (negativer Lernprozess) – erhöhter psychischer Leistungsdruck auf unteren Ebenen (Stress durch Verantwortung)

Die Notwendigkeit der Delegation im Arbeitsbereich Krankenhaus ergibt sich hauptsächlich aufgrund folgender Sachverhalte:

- Der Freiheitsgrad des Mitarbeiters wird vergrössert, ebenso seine Bereitschaft und Fähigkeit, selbständig und eigenverantwortlich zu handeln und zu entscheiden. Durch die selbständige Bearbeitung von Aufgaben wird die *Leistungsmotivation gefördert*.

- Die Mitarbeiter haben die Möglichkeit, mitzudenken und mitzuwirken. Sie sind nicht mehr bloss «Ausführungsorgane»; ihre Subjektstellung wird erweitert. *Mitarbeiter* können auf diese Weise *erprobt* und *gefördert* werden.
- Das *Verantwortungsbewusstsein* und das *Selbstwertgefühl* werden *gestärkt* (die Kompetenzübertragung wird als Vertrauensbeweis empfunden; es besteht mehr Raum für Erfolgserlebnisse).
- Delegation ermöglicht *raschere und sachgerechtere Aufgabenerfüllung und Entscheidungen*.
- Der *Vorgesetzte* wird *von Detailaufgaben entlastet* und damit frei für die Erfüllung seiner Aufgaben. Es ist sinnlos, wenn er sich mit Aufgaben überlastet, die ebenso gut von seinen Mitarbeitern bewältigt werden könnten. Wegen mangelnder Bereitschaft und Fähigkeit zur Delegation kommt es oft dazu, dass Vorgesetzte überfordert sind und ihre Führungsaufgaben nur mangelhaft erfüllen. Ein hilfsreiches Diagramm zur Selbstentlastung finden Sie in Abbildung 97.
- Die *zunehmende Spezialisierung* und die *Arbeitszeitverkürzung* im Krankenhaus erfordern eine Übertragung von Aufgaben, Kompetenzen und Verantwortung an die Mitarbeiter.
- Durch die ständig wachsenden Anforderungen kann die volle (Handlungs-)Verantwortung für einen Arbeitsbereich kaum mehr von einem Einzelnen getragen werden. Die *Verantwortung* muss *aufgeteilt* bzw. delegiert werden.
- Der Vorgesetzte kann nicht mehr in allen Fachgebieten seines Verantwortungsbereichs der Überlegene sein. Er hat Mitarbeiter zu führen, die aufgrund ihrer höheren Qualifikation eigenständiger und selbstbewusster werden.

Er kann deshalb nicht mehr wie früher nur durch Einzelanweisungen führen, sondern muss *«Auftragspakete» vergeben und Leistungsziele vereinbaren*, deren Erreichung er der selbständigen Aufgabenerfüllung von Mitarbeitern überlassen muss.

Bei entsprechenden individuellen Voraussetzungen trägt Delegation wesentlich zur Arbeitszufriedenheit bei. Arbeitszufriedenheit vermag die Bindung an die Aufgabe und den Betrieb zu erhöhen und der Fluktuation entgegenzuwirken.

Delegation fördert die Kreativität und erleichtert die Überwindung unvorhergesehener Schwierigkeiten, weil die Mitarbeiter in der Lage sind, eigenständig zu reagieren. Obwohl das Prinzip der «Führung der Delegation» unbestrittene Vorteile bringt, ist es doch nicht unproblematisch. Es besteht die *Gefahr*, dass:

- Delegation mit Abschieben von uninteressanten Aufgaben verwechselt wird (dies geschieht sehr oft).
- Vorgesetzte häufig unberechtigt in die Arbeit ihrer Mitarbeiter eingreifen (und damit den Kerngedanken der Führung durch Delegation mit Füssen treten).
- zwar das selbständige Denken im eigenen Bereich, nicht aber das übergreifende Denken gefördert wird.
- der Papierkram oft überhand nimmt. Besonders bei Stellenbeschreibungen erfolgt oft eine zu detaillierte Schilderung von Aufgaben – nicht von Zielen, was zu Einengung des Handlungsspielraums und zu Starrheit führt.
- der Vorgesetzte mehr oder weniger immer allein entscheidet und den Mitarbeitern die blosse Ausführung seiner Anordnungen überlässt.
- nach wie vor auf der Grundlage der Zielvorgabe (durch den Vorgesetzten) statt Zielvereinbarung geführt wird.

Abbildung 97: Selbstentlastung[71]

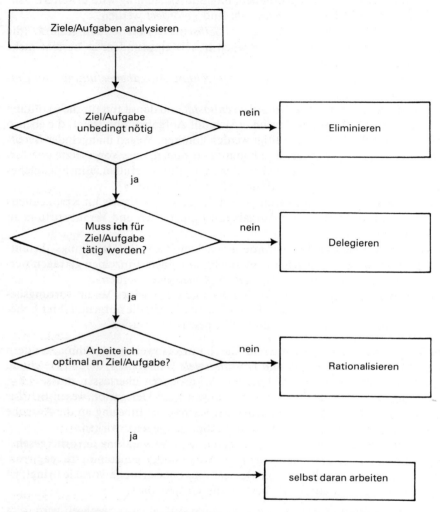

79 Steinherr (1979), nach Stroebe (1984)

Aus diesen Gründen wird die «Führung durch Delegation» von Kritikern auch als «versteckt autoritär» bezeichnet. Je nach Menschenbild bzw. Führungsstil oder -konzept, das der Führung durch Delegation zugrundeliegt, lässt sich Delegation eher als Instrument kooperativer oder als Instrument autoritärer Führung einsetzen. Zwischen der Delegation bei nicht-kooperativen und der Delegation bei kooperativen Führungsformen zeigen sich folgende Unterschiede[46]:

46 Wunderer/Grunwald (1980)

Delegationsunterschiede

Nicht-kooperative Führungsformen	kooperative Führungsformen
Delegation von Aufgaben und/oder Entscheidungen nur soweit wie nötig, um Vorgesetzten zu entlasten	Delegation so weit wie möglich nach Massgabe des Subsidiaritätsprinzips unter Berücksichtigung der einschränkenden Bedingungen der Arbeitsteilung und der kooperativen Interaktion
Abgrenzung von Kompetenzen zwischen Vorgesetztem und Mitarbeiter nicht immer präzise und schriftlich geregelt; durch intermittierende Eingriffe der Vorgesetzten erhöhte Unsicherheit und Abhängigkeit der Mitarbeiter	Relativ klare und schriftlich fixierte Kompetenzregelungen
Grosser individueller Ermessenspielraum der Vorgesetzten bei Art und Ausmass der Delegation	
Keine Übertragung von Verantwortung d.h. keine Übereinstimmung von Aufgabe, Kompetenzen und Verantwortung	Übertragung von Verantwortung; weitgehende Kongruenz zwischen Aufgabe, Kompetenzen und Verantwortung
Trennung zwischen Führungs- (Vorgesetzter) und Handlungsverantwortung (Mitarbeiter)	Keine Trennung: gemeinsame Verantwortung
Individuelle Entscheidung des Vorgesetzten über Delegation	Möglichst gemeinsame Entscheidung mit Mitarbeitern oder Gruppe über Delegation
Verlaufskontrolle in Form der Fremdkontrolle	Grundsätzlich Selbstkontrolle, allenfalls gemeinsame Ergebniskontrolle

Die fehlende Bereitschaft und/oder Fähigkeit zur Delegation hat wie gesagt einerseits zur Folge, dass Vorgesetzte vielfach überfordert sind und ihre Führungsaufgaben nur mangelhaft erfüllen. Auf der anderen Seite aber hat sie auch für den Mitarbeiter schwerwiegende Konsequenzen: Ein Mitarbeiter, der nicht gelernt hat, selbständig und eigenverantwortlich zu handeln und zu entscheiden, ist den Erfordernissen des heutigen Arbeitsprozesses je länger je weniger gewachsen. Und wie lernt er, selbständig zu handeln und zu entscheiden? Indem man ihm Aufgaben delegiert!

Delegieren stellt somit eine Führungsaufgabe dar, um die kein Vorgesetzter herumkommt. Manche Vorgesetzte aber haben Angst, Aufgaben zu delegieren. Sie fürchten, dass

- der Mitarbeiter es nicht schafft (wer seinen Mitarbeitern nichts zutraut, nimmt ihnen die Möglichkeit, Erfolg zu erleben).
- es der Mitarbeiter nicht gut genug macht (im Gefühl, dass es niemand besser machen kann als sie selbst ...).
- es der Mitarbeiter anders macht (es führen viele Wege nach Rom).
- es der Mitarbeiter besser macht als sie und dadurch mit der Zeit ihre Position gefährdet (sich selber zu überlasten erscheint Ihnen weniger gefährlich).
- sie an Ansehen verlieren, wenn der Mitarbeiter erfolgreich ist (dabei wird durch gut arbeitende Mitarbeiter Ihre eigene Kompetenz als Vorgesetzter bestätigt).
- ihnen «etwas abgeht». Delegieren bedeutet: ein Stück vom eigenen Boden jemand anderem zur Bearbeitung überlassen (manche brechen lieber fast zusammen, als eine Aufgabe mit anderen zu teilen).
- sie die Kontrolle verlieren (Kontrolle im Sinne von Ausübung formaler Macht bzw. Herrschaft hat mit kooperativer Führung wenig zu tun).

- sie den Überblick verlieren (weil sie mit ihren Mitarbeitern nicht auf der Grundlage gegenseitiger Information verkehren).
- ihr Chef wütend reagiert, wenn etwas «danebengeht» (dabei kann eine solche Angst die Aufgabenerfüllung viel mehr gefährden als jeder Fehler).
- ihre Arbeit Sie dann nicht mehr befriedigt (weil es sie mehr befriedigt, alles selber zu machen und sich zu überfordern ...).
- sie an Autorität verlieren (in Wirklichkeit ist es genau umgekehrt: Wer fähig ist zur Delegation, gewinnt an Autorität).

Hemmnisse beim Delegieren gibt es genug. Um diese Hemmnisse beseitigen zu können, muss der Betreffende wissen, wo sie genau liegen. Bei jedem Vorgesetzten sind solche Hemmnisse wieder anders gelagert. Deshalb sollte sich jeder, der es «schwierig» findet, Aufgaben an Mitarbeiter zu delegieren, folgende Frage stellen: Welches «Unsicherheits-Angst-Syndrom» liegt bei mir vor? Warum sperre ich mich gegen ein Delegieren von Aufgaben?
Was jeder Vorgesetzte lernen muss, ist die besonderen psychologischen Hürden zu erkennen, die er überwinden muss, um mit Erfolg delegieren zu können sowie diese Hürden nach ihrem Schwierigkeitsgrad zu bewerten und sie wenn irgendwie möglich zu überspringen.
Aber nicht nur Vorgesetzte haben oft Angst vor der Delegation, sondern auch Mitarbeiter. Vielleicht wehrt sich ein Mitarbeiter gegen die Delegation, weil:

- er weiss, dass es ihm an fachlichen Qualifikationen fehlt (welche Lernmöglichkeiten kommen in Frage?).
- er meint, dass er es nicht schafft (Erfolgserlebnisse ermöglichen, das gibt Selbstvertrauen).
- er erfahren hat, dass ihm wohl die Aufgaben, nicht aber die entsprechenden Befugnisse übertragen werden (auch dem können Sie abhelfen).
- er Angst hat vor dem Risiko bzw. vor der Verantwortung (vielleicht sieht er das Problem grösser, als es tatsächlich ist).
- er überlastet ist (wurde eine Tätigkeitsanalyse durchgeführt?).
- es ihm an Einsatzbereitschaft mangelt, weil er zu «bequem» ist (wer sich nicht einsetzt, ist nicht motiviert – wo liegen die Motivationsprobleme?).

Welches auch immer die Gründe der ablehnenden Haltung gegenüber Delegation sind – sie reichen nicht aus, das Problem einfach festzustellen und es dabei bewenden zu lassen. Zum Schluss noch einige praktische Ratschläge zur Delegation:

- Delegieren ist nicht mit Veranlassen zu verwechseln. Mitarbeitern ist nicht ausschliesslich die Ausführung von Aufgaben zu übertragen, sondern nebst der Aufgabe die Entscheidungs- und Handlungsbefugnisse, die erforderlich sind, um die Aufgabe selbständig bearbeiten zu können.
- Nicht ohne zwingende Notwendigkeit in den Delegationsbereich des Mitarbeiters eingreifen. Falls man zur Intervention gezwungen ist, muss ein Eingreifen dem Mitarbeiter gegenüber begründet werden.
- Dem Mitarbeiter ist zu helfen, zu erkennen, wann ein kritischer Ausnahmefall gegeben ist, in dem er den Chef informieren und einschalten muss, um die Zielerreichung sicherzustellen.

- Nicht den Fehler machen, Delegation zwangsweise zu «verordnen». Damit werden Mitarbeiter, die sich nicht fähig fühlen und kein dominantes Bedürfnis nach Eigenständigkeit haben, überfordert.
- Sich davor hüten, bei Fehlern innerhalb des delegierten Aufgabenbereiches dem Mitarbeiter persönliche Vorwürfe zu machen oder gar die Delegation zurückzunehmen. Sich vielmehr darum bemühen, die Ursachen von Fehlern zu erforschen.
- Vereinbaren der Ziele (Was soll erreicht werden?) und Grundsätze (Innerhalb welchen Rahmens soll gehandelt werden?).
- Anbieten von Hilfe, ohne den Mitarbeiter zu bevormunden (und Wort halten).
- Übergeben mit der Aufgabe auch sämtliche notwendigen Informationen.
- Verwechseln der Delegation nicht mit Abschieben von uninteressanten Aufgaben, sonst wehrt sich der Mitarbeiter – zu Recht – dagegen.
- Die Aufsichtspflicht nicht als Pflicht zur Dauerüberwachung oder Totalkontrolle verstehen. Aufsicht ist zulässig mit dem Ziel, sich zu informieren, nicht aber, um sich in die Arbeitsweise des Mitarbeiters einzumischen.
- Vereinbaren von Erfolgskontrollen, die zeigen, ob oder wieweit die Ziele erreicht wurden. Dem Mitarbeiter Rückmeldungen auf seine Arbeit geben.
- Wenn möglich keine Lösungswege vorschreiben. Dem Mitarbeiter so viel Spielraum wie nur möglich lassen. Akzeptieren zweckentsprechender Lösungen, auch wenn sie anders ausfallen, als vorgestellt. (Sonst wird die Leistungsbereitschaft und Eigeninitiative gehemmt, statt sie zu fördern).

Die wichtigsten Ziele und Tätigkeiten bei der Führung durch Delegation sind in Abbildung 98 zusammenfassend in Form eines Schemas dargestellt. (Einige Fragen zur Delegation finden sich in Abb. 132/Anhangband.)

425 Führung durch Zielsetzung

Führung durch Zielsetzung = *Management by objectives* stellt die zur Zeit umfassendste und meistdiskutierte Führungstechnik dar. Das Modell existiert in drei Varianten: Führung durch Zielvorgabe (autoritäre Variante), Führung durch Zielvereinbarung (kooperative Variante) und Führung durch Zielorientierung (neutrale Variante). In diesen Bezeichnungen drückt sich das Ausmass der Beteiligung der Mitarbeiter an der Festlegung von Zielen aus. Im konzentriert sich die Darstellung auf die *Führung durch Zielvereinbarung,* da diese Variante den heutigen Vorstellungen von kooperativer Führung entspricht.
Der Kerngedanke des MbO-Modells besteht darin, aufgabenbezogene und mitarbeiterbezogene Ziele in einer Organisation in Einklang zu bringen. Das Verlangen nach Anerkennung individueller Unterschiede, Stolz auf eigene Leistung, Nutzung, Wachstum und Entwicklung der persönlichen Fähigkeiten kann durch MbO angesprochen und erfüllt werden.
Der Prozess der Führung durch Zielvereinbarung ist stark auf den Mitarbeiter als Individuum bezogen und soll die Ziele so weit als möglich auf die Interessen und Fähigkeiten des Mitarbeiters ausrichten. Diese MbO-Variante ist also von der Grundidee her nichgt nur ein leistungs- sondern auch ein zufriedenheits-orientiertes Führungsmodell, das auch die Selbstentfaltung der Mitarbeiter zu berücksichtigen sucht:

Abbildung 98: Ziele und Aufgaben bei der Delegation[80]

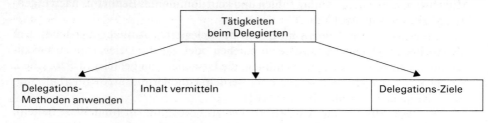

Zielvereinbarung	Ziele setzen. Aufgaben erkären	Partizipation
Information	über Sachverhalte und Zusammenhänge unterrichten	Koordination
Kompetenz-übertragung	Entscheidungs- und Handlungsbefugnisse sowie Verantwortungsrahmen definieren	Motivation
Kontrolle	Vorschriften/Richtlinien erläutern	kooperative Steuerung

Gespräch	Ziele, Verfahren, Probleme besprechen	Kommunikation
Mitwirkung	Teamarbeit aktivieren	Kooperation
Förderung	Initiativen mobilisieren	Persönlichkeits-entfaltung
Beratung	Probleme und Konflikte lösen helfen	Fähigkeit zur Problemlösung, Kritik/Selbstkritik

80 vgl. Sahm (1980)

«Mehr Leistung durch klare Ziele und zielorientiertes Verhalten, mehr Zufriedenheit durch Identifizierung mit den Zielen und Anerkennung und Belohnung der «richtigen Leistung»[47].

Die Grundannahmen der Führung durch Zielvereinbarung sind[48]:

- *Ziele bestimmen das Verhalten:* Das Verhalten eines Menschen wird in ausschlaggebender Weise durch die Ziele bestimmt, die er anstrebt. Damit ein Ziel auf das Arbeitsverhalten des Mitarbeiters bestimmend wirkt, muss es allerdings vom Individuum akzeptiert sein.
- *Ziele erhöhen die Wirksamkeit:* Klare Ziele ermöglichen dem Mitarbeiter einen zweckmässigen Kräfteeinsatz, was die Effizienz seines Arbeitsverhaltens erhöht.
- *Ziele geben Sicherheit:* Durch klare Ziele erhalten auch die Rollenerwartungen klarere Umrisse, was die Sicherheit in der Interaktion mit der Umwelt erhöht.

47 Hill et al. (1974)
48 vgl. Lattmann (1977, 1981)

- *Ziele ermöglichen eine Erfolgskontrolle:* Indem der Mitarbeiter weiss, was man von ihm erwartet und woran man seine Leistung misst/bewertet, wird er in die Lage versetzt, sein Verhalten auf der Basis von *Selbstkontrolle* zu steuern. Auch die kombinierte Selbst- und Fremdkontrolle der Arbeitsergebnisse erhält mit klar formulierten Zielen und Standards ein festes Fundament.
- *Vereinbarte Ziele fördern die Annahme:* Der Mitarbeiter wird ein Ziel eher akzeptieren, wenn es von ihm vorgeschlagen oder wenigstens unter seiner Mitwirkung bzw. mit seiner Zustimmung vereinbart wurde. Durch die Annahme eines Zieles erhöht sich nicht nur die Arbeitszufriedenheit, sondern über einen gesteigerten Arbeitseinsatz auch die Arbeitsleistung (diese Wirkungen treten natürlich nur dann ein, wenn der Mitarbeiter eine solche Beteiligung wünscht).
- *Schwierige Ziele erhöhen den Anreiz:* Eine Steigerung des Schwierigkeitsgrades der Zielerreichung erhöht den Anreiz, den Einsatz und über diesen die Leistung. Dies ist allerdings nur so lange der Fall, als die Zielerreichung noch möglich scheint (scheint sie hingegen unmöglich, wird das Ziel nicht akzeptiert).
- *Erreichte Ziele verschaffen Erfolgserlebnisse:* Positive Rückmeldungen über erreichte Ziele führen zu höheren Leistungen, wenn sie rechtzeitig erfolgen und eindeutig sind. Ein erreichtes Ziel vermittelt ein *Erfolgserlebnis;* dieses löst ein Gefühl der *Befriedigung* aus, bewirkt eine *Verstärkung* des erfolgreichen Verhaltens und eine Anhebung des *Anspruchsniveaus.*
- *Erreichte Ziele verschaffen Belohnungen:* Die Erwartung einer Belohnung für die Zielerreichung hat eine Steigerung der Leistung zur Folge. Die Belohnung selbst verschafft Befriedigung und kann als Anreiz wirksam werden.
- *Festgelegte Ziele ermöglichen Eigenständigkeit:* Indem die Ziele festgelegt, die Entscheidung über die Wege und Mittel zu ihrer Erreichung jedoch dem Mitarbeiter überlassen wird, ist die Eigenständigkeit grösser, als wenn er Arbeiten auszuführen hat, die durch genaue Handlungsprogramme bzw. -anweisungen festgelegt sind. Eigenständigkeit aber löst bei Mitarbeitern, die ein entsprechendes Bedürfnis aufweisen, eine Steigerung der Zufriedenheit und des Einsatzes aus.

Grundgedanke des MbO ist die Überlegung, dass jede Organisation arbeitsteilig aufgebaut ist und dass mit der Arbeits- und Aufgabenverteilung eine entsprechende Zielaufteilung notwendig ist[49]. Das Bestimmen der grundlegenden Ziele erfolgt von der Spitze der Organisation aus, und zwar in einem *Kaskadenverfahren* (Abb. 99): Zunächst formuliert die Leitung der Organisation ihre Globalziele. Diese werden in einem Informationsgespräch an die nächstniedrigere Ebene der Hierarchie übermittelt, wobei diese Übermittlung keine Anweisungen enthält, sondern ein Vertrautmachen mit Zuständen, die erreicht werden sollen. In diesem Gespräch erfolgt auch eine Abgrenzung von Zielen, die noch aushandlungsfähig sind von solchen, die als bereits fixierte Grundelemente dastehen.

Jeder Vorgesetzte der zweiten Stufe entwickelt aufgrund dieser Informationen Ziele, Handlungspläne und Leistungsstandards für seinen eigenen Aufgabenbereich, und zwar *Leistungs- und Entwicklungsziele.* In einer erneuten Besprechung werden diese Ziele mit der obersten Leitung abgestimmt und festgelegt. Der Prozess der Zielfestlegung verläuft immer in zwei Richtungen gleichzeitig: Einerseits werden vom Mitar-

49 vgl. Steinle (1978)

Abbildung 99: Das Kaskadenmodell der Zielfestlegung[81]

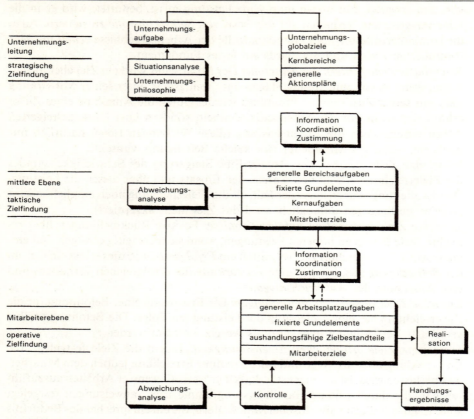

81 Steinle (1980)

beiter Aufgabenziele und persönliche Neigungs- und Entwicklungsziele formuliert, andererseits werden vom Vorgesetzten Stellen- und Aufgabenziele aus übergeordneten Zielen der Organisation abgeleitet. Zwischen beiden Prozessen findet eine Abstimmung in Form mehrmaliger Treffen statt.

Jeder Vorgesetzte der zweiten Stufe führt seinerseits ein Informationsgespräch mit seinen Mitarbeitern und gibt die Ziele und Vereinbarungen bekannt, denen er zugestimmt hat. Gleichzeitig erläutert und verdeutlicht er für jeden seiner Mitarbeiter den Bereich eigener Entscheidungskompetenz. Aufgrund dieses Informationsgesprächs bereitet jeder Mitarbeiter der dritten Hierarchieebene Ziele und Handlungspläne vor, die in einem nachfolgenden Treffen wiederum abgestimmt und dann fixiert werden.

Dieser Kaskadenprozess durchläuft die ganze Organisationshierarchie. Dabei wird die Möglichkeit der Realisation individueller Vorstellungen der Mitarbeiter im Basisbereich geringer sein, da der Grad der Spezialisierung der Teilaufgaben mit dem Herabschreiten innerhalb der Hierarchie zunimmt. Ein solcher Prozess der Zielfestlegung muss einerseits Sachzwänge (die sich aus den abgeleiteten Organisationszielen ergeben) und andererseits die unterschiedlichen Bereitschaften der Mitarbeiter berücksichtigen (nicht jeder ist gleichermassen bereit, an Zielformulierungen und Entscheidungen mitzuwirken).

Instrumente zur Durchsetzung der Leistungsziele sind nicht Drohung, Bestrafung und formale Autorität, sondern Information, Koordination und Zustimmung. Dies zeigt sich ganz deutlich bei der Zielfestlegung, wo – nach ausführlichem Informationsgespräch – eine wechselseitige Übereinkunft, nicht aber eine Durchsetzung via Befehl angestrebt wird. Form und Inhalt des Kaskadenprozesses bringen die zentrale Stellung der *Information* als Machtbasis – verbunden mit der Überzeugung – ebenfalls zum Ausdruck. Grundsätzlich werden zwei Arten von Zielen vereinbart:

- *Leistungsziele:* Das sind Ziele, die sich auf die Zweckerfüllung des Krankenhauses beziehen. Zwei Formen von Leistungszielen sind zu unterscheiden: *Routineziele* (die beispielsweise auf die Sicherung eines bestimmten Arbeitsablaufs gerichtet sind) und *Innovationsziele* (die den Mitarbeiter auffordern, mitzudenken und kreativ zu werden).
- *Entwicklungsziele:* Das sind Ziele, die sich auf den Einsatz und die Entwicklung von persönlichen Kenntnissen und Fähigkeiten des Mitarbeiters beziehen.

Aus der Sicht der Organisation erfüllt die Festlegung solcher Ziele nur dann ihren Zweck, wenn diese den Zielen der Organisation entsprechen. Wenn aber das Streben des Mitarbeiters auf organisationale Ziele gerichtet sein soll, so ist es erforderlich, zwischen diesen und seinen eigenen Zielen einen Einklang zu schaffen. Gemäss der Erwartungstheorie der Motivation richtet ein Mensch seine Anstrengungen dann auf die Ereichung eines Zieles, wenn folgende Voraussetzungen erfüllt sind[50]:

- *Valenz:* Die Ereichung des Zieles muss ihm einen Befriedigungswert vermitteln, also zur Erfüllung eigener Bedürfnisse führen.
- *Instrumentalität:* Die Zielerreichung muss von der eigenen Leistung abhängig sein; diese dient dann als Mittel/Instrument zur Zielerreichung.
- *Erreichbarkeit:* Die Zielerreichung muss aufgrund der eigenen Anstrengung möglich sein.

Der angestrebte Einklang zwischen den Zielen der Organisation und den Zielen des Mitarbeiters wird also dann zustandekommen,

- wenn die Zielerreichung mit Belohnungen verknüpft wird, die für den Mitarbeiter einen Befriedigungswert besitzen; hier können arbeitsintrinsische Bedürfnisse (interessante Arbeit, Selbstentfaltung) wie arbeitsextrinsische Bedürfnisse (Anerkennung, Beförderung) angesprochen werden.
- wenn die Zielerreichung bzw. Belohnung von der Leistung des Mitarbeiters abhängt (eine Gehaltserhöhung, die aufgrund des Dienstalters erfolgt, wird anstrengungslos erreicht; die Leistung ist hier keine Bedingung zur Erlangung von Befriedigung).
- wenn die Zielerreichung dem Mitarbeiter als erreichbar erscheint.

Bei der Führung durch Zielerreichung wird versucht, diese Punkte zu berücksichtigen. Im folgenden soll das konkrete Vorgehen besprochen werden.

50 Vroom (1964), nach Lattmann (1977)

Erster Schritt: Vereinbaren von Zielen: Zur Vereinbarung von Leistungs- und Entwicklungszielen hat sich folgendes dreistufiges Vorgehen bewährt[51]:

- *Phase 1: Teamgespräch:* In einem Gespräch mit seinen Mitarbeitern informiert der Vorgesetzte über die Leistungsziele, die aus übergeordneten Zielen der Organisation abgeleitet worden sind. Anschliessend werden die Beiträge besprochen, die vom Team als Ganzes und von den einzelnen Teammitgliedern zum Erreichen dieser Ziele erwartet werden. Das Gruppengespräch findet zweckmässigerweise vor Beginn eines neuen Arbeitsabschnitts statt. Es vermittelt dem Team und dem einzelnen Mitarbeiter einen Einblick in den Sinnzusammenhang, in den ihre Tätigkeit eingegliedert ist.
Werden die abgeleiteten Ziele als *Teamziele* bzw. als gemeinsame Ziele akzeptiert, vergrössert sich das Wir-Gefühl der Mitglieder; zur Erreichung der Ziele bilden sich Teamnormen, die ihrerseits das Verhalten der Teammitglieder auf die Zielerreichung ausrichten. Um solche gruppendynamischen Prozesse auszulösen, ist es erfoderlich, dass der Vorgesetzte unmittelbare und ununterbrochene Kontakte zwischen sich und seinen Mitarbeitern und zwischen diesen initiiert und pflegt.
- *Phase 2: Individuelle Zielformulierung:* Nach dem Teamgespräch erarbeitet jeder Mitarbeiter seine Leistungsziele selber und formuliert zugleich persönliche Entwicklungsziele. Die selbständige Erarbeitung der Leistungsziele gewährleistet nicht nur, dass der Mitarbeiter sich mit ihnen identifiziert, sondern dass er sich auch mit Fragen auseinandersetzt, die mit ihrer Erreichung zusammenhängen.
- Phase 3: Zielvereinbarungsgespräch: In dieser Phase werden die Leistungsziele und Entwicklungsziele zwischen dem einzelnen Mitarbeiter und seinem unmittelbaren Vorgesetzten besprochen.

Im Zielvereinbarungsgespräch sollte der Vorgesetzte seine Aufmerksamkeit auf folgende Fragen richten:

Welche persönlichen Ziele und Erwartungen hat der Mitarbeiter? Häufig lassen sich die individuellen Ziele im ersten Gespräch nicht ausreichend klären. Es braucht Zeit, um sich über die persönlichen Ziele der Mitarbeiter klar zu werden, sie zu artikulieren. Folgende Fragen an den Mitarbeiter können dabei helfen: In welchen Situationen haben Sie Erfolg empfunden? – Welche Arbeiten haben Sie bisher am meisten befriedigt? – Durch solche helfende Fragen kann dem Mitarbeiter z.B. bewusst werden: Will ich lieber eine Fachlaufbahn als qualifizierter Spezialist oder lieber eine Linienlaufbahn als Führungskraft anstreben? Parallel zu den Zielen der Organisation ist also der rote Faden zu finden, der die Ziele des Mitarbeiters kennzeichnet.

Welche dieser persönlichen Ziele möchte der Mitarbeiter in seiner jetzigen Tätigkeit verwirklichen? Welche lassen sich verwirklichen? – Sind die vom Mitarbeiter formulierten Leistungsziele auf meine eigenen Ziele und die übergeordneten Ziele der Gruppe, Abteilung usw. abgestimmt? Sind die vom Mitarbeiter entworfenen Handlungspläne zweckmässig? (Wenn nicht: beraten – nicht anordnen). – Sind die zur Zielerreichung notwendigen Mittel vorhanden? – Sind die Ziele tatsächlich durch die Anstrengungen des Mitarbeiters zu erreichen? – Ist ihre Erreichung schwierig genug, um für ihn eine Herausforderung darzustellen?

---

51 vgl. Lattmann (1977, 1981)

Verfügt der Mitarbeiter über die Fähigkeiten/Kenntnisse, die zur Zielerreichung notwendig sind? (Nicht erreichbare Ziele motivieren nicht, sondern frustrieren.) Es zeigt sich immer wieder, dass Mitarbeiter bei der Einführung von MbO dazu neigen, ihre Ziele zu weit zu stecken und dann am Ende der Zielperiode enttäuscht sind. Die Mitarbeiter müssen deshalb zu einer realistischen Einschätzung der eigenen Fähigkeiten und der Umwelt angehalten werden.

Die Aufgabe des Vorgesetzten besteht darin, dem Mitarbeiter zunächst aufmerksam zuzuhören und ihm zu helfen, sich zu äussern. Stellt er Widersprüche oder Unvereinbarkeiten fest, so sollte er diese nicht selber berichten, sondern sie dem Mitarbeiter als ein von ihm zu lösendes Problem vorlegen. Wirklich fruchtbar wird ein solches Zielvereinbarungsgespräch natürlich nur, wenn es in einer Atmosphäre stattfindet, die von Offenheit und gegenseitigem Vertrauen geprägt ist.

Zweiter Schritt: Vereinbaren von Leistungsstandards: Leistungsstandards sind Massstäbe, die den angestrebten Zielerreichungsgrad beschreiben, also angeben, wann ein Leistungsziel als erreicht gilt. Als Leistungsstandards kommen neben quantitativen Grössen (z.B. Termin/Zeitdauer, Leistungsmenge, Kosten) auch qualitative Standards in Betracht: Diese beschreiben verbal die erwarteten Merkmale des Arbeitsergebnisses. Ein qualitativer Standard wäre beispielsweise: «Weniger Reklamationen von seiten der Patienten». Können weder quantitative noch qualitative Leistungsstandards gefunden werden, sind konkrete Aktionen zu vereinbaren. Ein Ziel gilt möglicherweise dann als erreicht, wenn der Mitarbeiter mit dem Patienten Y ins Gespräch gekommen ist.

Ziele und Leistungsstandards haben bestimmten Anforderunge zu genügen, damit sie wirklich brauchbar sind. Zu diesem Zweck sollte der Mitarbeiter zunächst allein und dann gemeinsam mit seinem Vorgesetzten die folgenden Fragen beantworten[52]:
Sind die Ziele und Leistungsstandards

- *präzis formuliert?* Ungenaue Ziele führen zu Konflikten, wenn das erreichte Ergebnis mit dem angestrebten Ergebnis verglichen wird.
- *terminbezogen?* Es muss ein genauer Zeitraum für die Zielerreichung festgelegt werden.
- *durch Ober- und Untergrenzen bestimmt?* Toleranzgrenzen müssen definiert werden.
- *integriert?* Ziele müssen vertikal und horizontal aufeinander abgestimmt sein.
- *widerspruchsfrei?* Das Ziel darf weder widersprüchliche Erwartungen enthalten noch die Erreichung eines anderen Zieles gefährden oder erschweren.
- *realistisch?* Die Ziele müssen von der Eignung und Leistungsfähigkeit des Mitarbeiters und von den organisational gegebenen Bedingungen her erreichbar sein.
- *beurteilbar?* Der Mitarbeiter muss selbst beurteilen können, ob er sich dem Ziel nähert oder nicht bzw. ob er auf dem richtigen Weg ist.

Dritter Schritt: Vereinbaren von Kontrollverfahren: In einem letzten Schritt sind die Verfahren/Methoden zu vereinbaren, die der Kontrolle der Zielerreichung dienen. Dabei sind folgende Arten von Kontrollen vorzusehen:

---

52 vgl. Wild (1973), Stroebe (1978)

- *Verlaufskontrollen:* Diese finden während der vereinbarten Periode statt und beziehen sich auf einen bestimmten Arbeitsabschnitt; mit ihrer Hilfe kann festgestellt werden, ob man sich auf dem richtigen Weg befindet und ein allfälliges Abweichen frühzeitig erkannt werden; ebenso lassen sich möglicherweise unrealistische Ziele frühzeitig anpassen.
- *Ergebniskontrollen:* Diese stellen Art und Ausmass des erreichten Leistungsergebnisses fest. Hinsichtlich des Zeitpunktes der Durchführung empfiehlt sich die jährliche Kontrolle.

Ziel jeder Bewertung ist die künftige positive Änderung des Arbeitsverhaltens bzw. -ergebnisses. So ist die Bewertung nicht auf Verurteilung/Bestrafung gerichtet, sondern auf die gemeinsame Problemlösung im Hinblick auf die Erreichung der vereinbarten Ziele. Es gilt: So wenig Kritik wie nur möglich. Die Leistungsergebnisse sollen sachlich festgestellt und in bezug auf die Standards bewertet werden; aufgrund dieser Feststellung wird der Mitarbeiter von sich aus sein Verhalten anzupassen suchen. Eine positive Abweichung (Überschreitung) der Leistungsziele erfordert ausdrücklich Lob/Belohnung, um so eine Erfolgsorientierung sicherzustellen.

Die Bewertung des Leistungsergebnisses anhand des vereinbarten Kontrollstandards soll als *Bewertungsgespräch* durchgeführt werden, in dem der Vorgesetzte seine Einschätzung mit dem Mitarbeiter diskutiert, der seinerseits eine *Selbstbewertung* vorgenommen hat. Als fruchtbar erweist sich auch die Kombination von Selbsteinschätzung und der Aufzeichnung kritischer Vorfälle durch den Vorgesetzten. An die Bewertung schliesst sich eine *Analyse der Zielabweichung* an.

Ursachen von Zielabweichungen können sein: unrealistische Ziele; unrealistische Planung der zur Zielerfüllung erforderlichen Mittel und Verfahren; unvorhergesehene Mängel in der fachlichen Eignung/Leistungsfähigkeit des Mitarbeiters; äussere Störungen wie schlechte Führung, Behinderung durch Kollegen, Mangel an Informationen usw.

Das Bewertungsgespräch bietet somit Gelegenheit zur gegenseitigen Information, zur Überbrückung auftauchender Schwierigkeiten und zu einer Anpassung der Ziele und/oder des Verhaltens an veränderte Umstände. Ziele, Leistungsstandards und Kontrollverfahren werden im sogenannten *Zielbild* schriftlich festgehalten (Abb. 100). Geheime Ziele können allerdings auch mündlich vereinbart werden.

Das Konzept der Führung durch Zielvereinbarung stellt ein wirksames Führungsinstrument dar. Dies lässt sich anhand folgender Feststellungen verdeutlichen[53]:

- Generell werden die «höheren» Bedürfnisse nach Entfaltung/Wachstum angesprochen. Durch die grundlegende Ausrichtung auf den Mitarbeiter und seine Anerkennung als Individuum wird darüber hinaus jedoch die individuelle Bedürfnisstruktur berücksichtigt.
- Durch den Einsatz und die Förderung von persönlichen Fähigkeiten wird erreicht, dass sich der Mitarbeiter langfristig auf Entfaltung hin orientiert.
- Aufgrund dieses Angebots wird das Krankenhaus für entfaltungsorientierte und leistungsbezogene Mitarbeiter interessant; ihr Wunsch nach einem anderen Arbeitsplatz wird gering sein.

53 vgl. Wunderer/Grunwald (1980)

Abbildung 100: Schema eines Zielbildes[82]

Mitarbeiter		Datum
Vorgesetzter		gültig bis
Leistungsziele	Leistungsstandards	Kontrollverfahren
Entwicklungsziele		

[82] vgl. Wild (1973)

- Auch Mitarbeiter, die primär sicherheits-orientiert sind, können durch die Zielvereinbarung ihr Bedürfnis nach klaren Erwartungen und Massstäben ausreichend befriedigen.
- Die Mitarbeiter werden in den Prozess der Willensbildung, Willensdurchsetzung und Willenssicherung mit einbezogen: Ziele werden nicht einfach vorgegeben, sondern vereinbart; ihre Erreichung wird nicht mittels Befehl, sondern mittels Überzeugung angestrebt; der Erreichungsgrad wird durch eine Kombination von Selbst- und Fremdkontrolle festgestellt.

Das Konzept der Führung durch Zielvereinbarung kann damit als ein wirksames Instrument kooperativ-partizipativer Führung betrachtet werden. (Fragen zum Thema Zielsetzung finden sich in Abb. 133/Anhangband.)

426 Führungskonzept – eine wichtige Grundlage

Wie bei der Besprechung verschiedener Führungsstile betont wurde, gibt es keinen Führungsstil, der für alle Mitarbeiter und Vorgesetzten in jeder Situation der richtige wäre. Vielmehr gilt es die spezifischen situativen Bedingungen zu berücksichtigen (Art der Aufgabe, Fähigkeiten/Erwartungen der Mitarbeiter, Zeit, Risiko, Konflikte) und innerhalb dieses situativen Rahmens den jeweils richtigen Partizipationsgrad zu wählen. Wenn trotzdem für das soziale System als Ganzes ein möglichst einheitlicher Führungsstil bestimmt wird, dann ist dies in erster Linie als Ausdruck einer *Tendenz* und als *genereller Rahmen* zu verstehen. Dieser generelle Rahmen wird in Form von Führungsrichtlinien oder -grundsätzen umrissen, die in ihrer Gesamtheit das Führungskonzept eines sozialen Systems darstellen.

«Unter *Führungsrichtlinien* ist der Zusammenhang der vom obersten Willensträger der Unternehmung formalisierten, d.h. schriftlich niedergelegten, Grundsätze zu verstehen, welche von den Führungskräften ihrer Aufgabenerfüllung zugrunde zu legen sind.»[54] Führungsrichtlinien erfüllen den Zweck, eine gemeinsame Grundlage in bezug auf die Führung zu schaffen und damit jenes Ausmass an Übereinstimmung von Führungsverhalten sicherzustellen, das erforderlich ist, um Widersprüche in den Arbeitsvollzügen zu vermeiden.

Die Regelung des Führungsverhaltens durch Führungsrichtlinien kann mehr oder weniger weit gehen[55]. Sie bewegt sich zwischen den beiden Polen einer völligen Handlungsfreiheit der Vorgesetzten und ihrer völligen Bindung durch Handlungsvorschriften, die mehr oder weniger jede Verhaltenssituation erfassen. Im ersten Fall ergeben sich aus Gegensätzen bei der Lenkung von Arbeitsvollzügen «Reibungsverluste» – im zweiten Fall werden die schöpferischen Kräfte bzw. die persönlichen Ausdrucksmöglichkeiten des Vorgesetzten blockiert. Führungsrichtlinien müssen das erste dadurch verhindern, dass sie ein Handeln aus einer gemeinsamen Auffassung heraus bewirken, das zweite aber dadurch, dass sie in die Form *allgemeiner Grundsätze* gekleidet werden, die Raum lassen für eine Apassung an die jeweilige Situation und für eine persönliche Prägung des Vorgehens (Abb. 101).

Abbildung 101: Regelung des Führungsverhaltens durch Führungsrichtlinien[83]

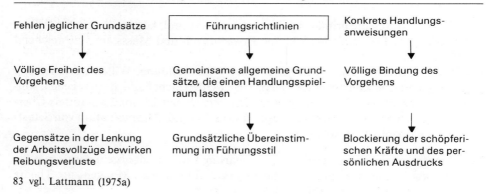

83 vgl. Lattmann (1975a)

Führungsrichtlinien enthalten Forderungen an das Verhalten der Vorgesetzten, d.h. es sind *Normen*, die den «richtigen» Weg nicht einfach be-schreiben, sondern vorschreiben. Diese Normen werden von einflussreichen Mitgliedern der Organisation (der sogenannten «Kerngruppe») gesetzt, die ihre bewussten und/oder unbewussten Werte, Absichten, Bedürfnisse, Erwartungen usw. mit einbringen. Diese persönlichen Vorstellungen erfahren von zwei Seiten her eine Einschränkung: einerseits von den organisationsspezifischen Grenzen und Notwendigkeiten her und andererseits von den gesellschaftlichen Werten und Normen her, denen sich der einzelne niemals ganz zu entziehen vermag. Aus dem Zusammenwirken der Wertvorstellungen/Ziele der Organisationsleitung und diesen organisations- und gesellschaftsspezifischen Ein-

54 Lattmann (1975a)
55 vgl. Lattmann (1975a)

flüssen entstehen dann die *Organisationsgrundsätze* (auch «Unternehmungsleitbild», «Unternehmensphilosophie», «Organisationsphilosophie» genannt). In ihnen kommt zum Ausdruck, wie die Organisation sich selbst sieht (bzw. gesehen werden möchte) und wie sie ihr Verhältnis zu Gesellschaft, Organisationsmitgliedern, Patienten usw. beschreibt und regelt.

Aus diesen Organisationsgrundsätzen werden dann bestimmte *Verhaltensleitsätze* abgeleitet. Das sind «wertorientierte, generalisierte und formalisierte Verhaltenserwartungen zur Sicherung eines erwünschten organisations- und mitgliedergerechten Sozial- und Leistunsverhalten nach einem einheitlichen Kooperations- und Führungskonzept»[56]. Soweit sich diese Verhaltensleitsätze auf das Führungsverhalten der Vorgesetzten beziehen, stellen sie Führungsrichtlinien dar. Betreffen sie das (Kooperations-)Verhalten der Mitarbeiter, so werden sie als «Kooperationsrichtlinien» bezeichnet.

In den meisten sogenannten «Führungsrichtlinien» werden Regeln für das Verhalten von Vorgesetzten *und* Mitarbeitern festgelegt, so dass sie besser allgemein als «Verhaltensleitsätze» bezeichnet würden. Die Verhaltensleitsätze bilden die Grundlage für die *Rollenerwartungen* der Organisation an ihre Mitglieder. Der Zusammenhang der Umsetzung von Werten und Normen in Organisationsgrundsätze, Verhaltensleitsätze und Rollenerwartungen ist in Abbildung 102 schematisch dargestellt.

Dass eine Norm verhaltensbestimmend wirkt, setzt nicht voraus, dass diese Norm formalisiert (schriftlich festgelegt) sein muss. Auch – und vor allem – *informale Normen* können starken Einfluss auf das Verhalten ausüben (vgl. Gruppennormen). Auch dort also, wo ein Krankenhaus keine schriftlich festgelegten Führungsrichtlinien besitzt, sind (informale) führungspolitische Normen wirksam. Anderseits be-

Abbildung 102: Umsetzung von Werten und Normen in Rollenerwartungen[84]

84 vgl. Preiser (1977), nach Wunderer/Grunwald (1980)

56 Wunderer (1978), zit. nach Wunderer/Grundwald (1980)

wirkt die Formalisierung von Normen noch lange nicht zwangsläufig ihre Wirksamkeit: Sie können bloss auf dem Papier existieren und keinen Einfluss auf das Verhalten der Organisationsmitglieder ausüben. Dies zeigt sich insbesondere dort, wo die Führungsrichtlinien – wie dies oft der Fall ist – gewissermassen als Aushängeschild dienen, um ein gutes Bild der Organisation zu schaffen.

Die Beschränkung auf informale Führungsrichtlinien kann nachteilige Folgen haben: So können sich unzweckmässige Gewohnheiten und «Traditionen» oder weit voneinander abweichende Auffassungen entwickeln. Die Formalisierung von Führungsrichtlinien erfüllt folgende Zwecke[57]:

- *Deklarationszweck:* In der schritlichen Fassung der Führungsrichtlinien äussert sich der Wille der Krankenhausleitung, sich ihnen entsprechend zu verhalten und für ihre Einhaltung besorgt zu sein.
- *Orientierungszweck:* Die Führungsrichtlinien dienen der Orientierung aller Mitarbeiter über die Gestaltung der Führungsaufgaben durch die Führungskräfte (wie es dem Willen der obersten Leitung entspricht).
- *Appellzweck:* Die Führungsrichtlinien stellen Forderungen bzw. Erwartungen an das Verhalten aller Vorgesetzten dar.
- *Motivationszweck:* Die Führungsrichtlinien sollen die Vorgesetzten zum gewünschten Führungsverhalten motivieren. Dies wird umso eher eintreten, je mehr sie von ihnen innerlich bejaht werden.
- *Koordinationszweck:* Die Führungsrichtlinien sollen eine gemeinsame Grundlage und eine einheitliche geistige Ausrichtung des Führungsverhaltens bewirken.
- *Aktionszweck:* Die Führungsrichtlinien sollen die Vorgesetzten zum gewünschten Handeln aktivieren. Damit eine solche Wirkung zustandekommt, sind sie als Muss- und nicht als Soll-Normen zu formulieren.

Führungsrichtlinien sollen den Vorgesetzten in seiner Persönlichkeit und Eigenständigkeit nicht einengen und ihn nicht zu einer Art der Aufgabenerfüllung zwingen, die seinem Wesen nicht entspricht. Sie sollen ihm vielmehr – wie der Name sagt – lediglich als Richtlinien dienen, nach denen er sein Verhalten ausrichten kann.

Die *Inhalte* von Führungsrichtlinien sollen organisationsspezifisch festgelegt werden. Sie beziehen sich auf gleichartige Aufgaben innerhalb der Organisation, die somit auch gleichartig geregelt werden können. Vorteile einheitlicher Regelungen der Führungsrichtlinien sind[58]:

- *Transparenzeffekt:* Der Führungsvorgang wird für Vorgesetzte wie Mitarbeiter durchsichtig/einsehbar/verstehbar.
- *Kontrolleffekt:* Der Führungsvorgang ist nicht mehr willkürlich gestaltbar.
- *Wirtschaftlichkeitseffekt:* Die einmalige Festlegung von Richtlinien erspart das wiederholte Abfassen von im Grunde gleichen Prinzipien.

Aufgrund der Inhaltsanalyse von Führungsrichtlinien zeigt sich, dass diese hauptsächlich zu folgenden Themenbereichen Aussagen machen: Zielsetzung, Delegation, Information und Kommunikation, Kooperation, Kontrolle, Beurteilung, Entscheidung, Verantwortung, Motivation, Konfliktregelung, Mitarbeiterförderung.

---

57 vgl. Lattmann (1977, 1981)
58 vgl. Baumgarten (1977)

Der folgende Vorschlag für Inhalte von Führungsrichtlinien ist als weiterzuentwickelndes Grundkonzept zu verstehen[59]:

- Kriterien des *Führungserfolges*
- Grundsätze für die *Delegation* (Festlegung von Aufgaben, Kompetenzen und Verantwortung; Trennung Führungsverantwortung – Handlungsverantwortung; Eingriff in den Delegatinsbereich nur im Ausnahmefall); Vorgesetzter ist nicht für alle Fehler seiner Mitarbeiter verantwortlich, nur wenn unklare Delegation, mangelhafte Anleitung, ungenügende Auswahl der Mitarbeiter, unzureichende Information und falsche Kontrolle
- Regelung der *Pflichten des Vorgesetzten*, z.B. Sorge für fachliche Qualifikation der Mitarbeiter, sachliches Lob und Kritik, Förderung der Aus- und Weiterbildung der Mitarbeiter, Schaffung adäquater Leistungsbedingungen, Standortbestimmung (Leistungsbeurteilung) der Mitarbeiter, Vertretung der Mitarbeiter gegen höhere Instanzen
- Regelung der *Pflichten der Mitarbeiter*, z.B. Selbständigkeit des Handelns im Normalfall, Beratung des Vorgesetzten in aussergewöhnlichen Fällen
- Grundsätze für die *Information* in vertikaler und in horizontaler Richtung
- Grundsätze zur *Kontrolle*: Art, Ausmass, Durchführung
- Grundsätze zur *Gruppenarbeit*: Einschaltung, Ablauf, Ausmass und Art der Teilnahme der Mitarbeiter an der Zielsetzung, der Festsetzung von Massnahmen, der Lösung von Einzelproblemen
- Regelung der *Stellvertretung*: Informatinsrechte und -pflichten, Kompetenz- und Verantwortunsabgrenzung

(Beispiele von Führungsrichtlinien finden sich in Abb. 14-17/Anhangband.)

Die Erarbeitung und Inkraftsetzung von Führungsrichtlinien sollte – im Sinne kooperativer Führung – nicht einseitig durch die Leitung der Organisation, sondern im Rahmen von Aushandlungsprozessen aller interessierten Organisationsmitglieder erfolgen. Dabei treten in der Regel folgende Probleme auf, die Gegenstand des Aushandelns sein sollten[60]:

- *Einheitlicher Führungsstil:* Es müssen einheitliche Auffassungen über die wesentlichen Bedingungen des Führungsvorganges formuliert werden ohne der Gefahr zu verfallen, einen Einheits-Führungsstil zu proklamieren, der ein in vielen Bereichen unangemessenes Führungsverhalten institutionalisiert.
- *Umfang und Detaillierungsgrad der Führungsrichtlinien:* Führungsrichtlinien sind oft sehr umfangreich. Vorgesetzte und Mitarbeiter müssten – wollten sie alles «richtig» machen – ständig mit einem dicken Katalog herumlaufen. Zu umfangreiche Führungsrichtlinien sind wenig praktikabel und werden von den Organisationsmitgliedern nicht beachtet.
- *Formalisierung der Führungsrichtlinien:* Führungsrichtlinien sind häufig sehr formalistisch aufgebaut und berücksichtigen neuere sozialpsychologische Erkenntnisse nur unzureichend. Sie reglementieren zum Teil Einzelheiten, wo Freiheitsräume angebracht wären. Ein allzu starres Festlegen von Aufgaben und Befugnissen fördert weder die Identifizierung mit der Organisation noch das Vertrauen zwischen Vorgesetzten und Mitarbeitern.

59 vgl. Baumgarten (1977)
60 vgl. Baumgarten (1977)

- *Verträglichkeit mit anderen Regelungen:* Die in den Führungsrichtlinien enthaltenen Grundsätze dürfen nicht im Widerspruch zu anderen Organisations- und Personalgrundsätzen stehen. Beispielsweise nutzt die Pflicht des Vorgesetzten, die Weiterbildung seiner Mitarbeiter zu fördern, wenig, wenn keine Einsatzmöglichkeiten für besser ausgebildete Mitarbeiter geschaffen werden.
- *Konsequenzen bei Verstoss:* Welcher Stellenwert den Führungsrichtlinien in einer Organisation beigemessen wird, lässt sich am besten an den vorgesehenen Konsequenzen bei Nichtbeachtung ablesen. Bei kooperativer Führung werden informale Sanktionen (Gruppendruck) stärker einsetzen.

43 Kooperative Führung

Seit jeher wird versucht, Individuen, Gruppen und Organisationen durch mehr oder weniger direktive Führung in Richtung auf bestimmte Ziele hin zu beeinflussen. Nachdem sich vielfach gezeigt hat, dass soziale Systeme mit direktiven Führungskonzepten nicht flexibel genug auf die komplexen und dynamischen Anforderungen der modernen Arbeitsprozesse zu reagieren vermögen, verlieren rein autoritär-direktive Führungsformen zunehmend an Bedeutung. Neue Werte wie Kooperation und Partizipation gewinnen an Einfluss und werden als Forderungen immer stärker auch an eine Institution wie das Krankenhaus herangetragen. Dies macht neue, zeitgemässe Führungsformen notwendig, die in der Lage sind, den veränderten technologischen und soziokulturellen Anforderungen zu genügen.

Diese neuen Führungsformen werden gewönlich unter dem Sammelbegriff der kooperativen Führung zusammengefasst. «Kooperative Führung» ist ein schillernder Begriff; um das Wesen kooperativer Führung zu erfassen, sollen im folgenden einige grundlegende Aspekte dieses Konzepts dargestellt werden.

431 Grundwerte kooperativer Führung

Die drei sozialethischen Wertgrundlagen kooperativer Führung lauten[61]: Arbeit und Leistung, Wechselseitigkeit und Selbstverwirklichung (Abb. 103). Diese drei zentralen Prinzipien werden im folgenden näher untersucht[62].

Arbeit und Leistung: Wie im ersten Kapitel festgestellt wurde, darf Arbeit nicht nur als Mittel zur rein biologischen Existenzsicherung gesehen werden, sondern stellt ebenso einen wesentlichen Bestimmungsfaktor der Persönlichkeitsentwicklung dar: Arbeit ist nicht nur Voraussetzung, sondern auch Ausdruck und Ergebnis menschlicher Entwicklung. Hinzu kommt das natürliche menschliche Bedürfnis nach Betätigung bzw. der im Menschen innewohnende «Drang nach Arbeit». Diese Merkmale der Arbeit führen fast zwangsläufig dazu, das Prinzip der individuellen Bedürfnisbefriedigung (Selbstverwirklichung) dem Prinzip der Arbeit gleichberechtigt zur Seite zu stellen[63].

---

61 vgl. Wunderer/Grunwald (1980)
62 vgl. Wunderer/Grunwald, Lilge (1980)
63 vgl. Lilge (1980)

Abbildung 103: Interdepenenz der Grundwerte kooperativer Führung[85]

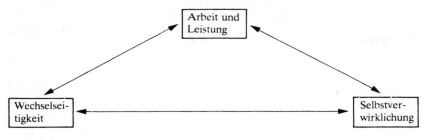

85 Wunderer/Grunwald (1980)

Eng mit dem Prinzip der Arbeit zusammen hängt das Prinzip der Leistung (Leistung = Arbeit in Zeit), das in unserer Gesellschaft eine so bedeutende Rolle spielt. Leistungsprinzip und Selbstverwirklichungsprinzip müssen sich nicht ausschliessen: Leistung kann im Dienste der Selbstverwirklichung stehen und umgekehrt. Gerade dieser Wechselbeziehung kommt bei kooperativen Führungsformen grosse Bedeutung zu, denn trotz kooperativer Strukturen und Beziehungen ist auch bei diesen Führungsformen das Leistungsprinzip nicht aufgehoben. Die Arbeit wird bei kooperativer Führung weder leichter noch weniger – sie kann jedoch einen neuen Sinn erhalten für den, der sie ausführt.

Wechselseitigkeit: Das Prinzip der Wechselseitigkeit (Reziprozität) ist als Grundwert kooperativer Führung von fundamentaler Bedeutung. Das Prinzip bezeichnet die *Gleichgewichtigkeit* in interpersonalen Beziehungen, die so umschrieben werden kann: Wenn A sich B gegenüber positiv oder negativ verhält, dann reagiert B gegenüber A in entsprechender (äquivalenter) Weise. Unter Wechselseitigkeit versteht man eine *symmetrische soziale Beziehung* (jeder Partner hat Rechte und Pflichten), während es sich bei der *Komplementarität* um eine asymmetrische soziale Beziehung handelt (die Rechte des einen Partners sind gleichbedeutend mit den Pflichten des anderen). Drei Formen der Wechselseitigkeit sind zu unterscheiden:

- Generalisierte *(Altruistische)* Wechselseitigkeit: A lässt dem B etwas zukommen, ohne etwas von B zu erwarten (z.B. in engen Verwandtschaftsbeziehungen).
- Gleichgewichtige *(ökonomische)* Wechselseitigkeit: Die wechselseitigen Zuwendungen von A und B sind äquivalent (z.B. bei Tauschgeschäften).
- Negative *(egoistische)* Wechselseitigkeit: A bereichert sich auf Kosten von B («jeder gegen jeden»).

Diese drei Formen spiegeln unterschiedliche Grade des *Vertrauens* zwischen Personen wieder. Auf das Vertrauen, das für die kooperative Führung von ausserordentlicher Bedeutung ist, wird in Abschnitt 434 speziell eingegangen.

Ein ähnliches Prinzip wie das der Wechselseitigkeit stellt der *Kategorische Imperativ* dar, der von Kant in drei Varianten formuliert wurde[64]:

- «Handle nur nach derjenigen Maxime, durch die du zugleich wollen kannst, dass sie ein allgemeines Gesetz werde.» (der umfassende Imperativ)

64 Kant (1786), zit. nach Lilge (1980)

- «Handle so, als ob die Maxime deiner Handlung durch deinen Willen zum allgemeinen Naturgesetze werden sollte.» (der allgemeine Imperativ der Pflicht)
- «Handle so, dass du die Menschheit sowohl in deiner Person, als in der Person eines jeden anderen jederzeit zugleich als Zweck, niemals bloss als Mittel brauchst.» (der praktische Imperativ)

Auf das kooperative Führungsverhältnis zwischen Vorgesetzten und Mitarbeitern bezogen, bedeutet das, dass Vorgesetzte *und* Mitarbeiter in *gleichem* Masse zum kooperativen Verhältnis beizutragen haben. In der Regel werden Forderungen zur Verwirklichung kooperativer Führung ausschliesslich an Vorgesetzte gerichtet. Damit entstehen bei vielen Vorgesetzten Probleme und Ängste in bezug auf die Realisierung kooperativer Führungsformen; sie werden dadurch noch verstärkt, dass Mitarbeiter zuweilen glauben, aus kooperativen Führungskonzepten lediglich Rechte und Forderungen an ihre Vorgesetzten ableiten zu können (und die Anforderungen an sie selbst übersehen).

Besonders deutlich wird das Prinzip der Wechselseitigkeit, wenn man die folgenden zwei Subprinzipien betrachtet[65]:

- *Solidaritätsprinzip:* Die Interaktonspartner sind aufeinander angewiesen und üben einen wechselseitigen Einfluss aufeinander aus; entsprechend sind sie zur Solidarität (einer für alle, alle für einen) verpflichtet.
- *Subsidiaritätsprinzip:* Das Subsidiaritätsprinzip (lat. subsidium = Hilfe) besagt, dass der Vorgesetzte nur da helfend eingreifen soll, wo die Fähigkeiten des Mitarbeiters nicht ausreichen, um die gestellten Aufgaben zu erfüllen.

Viele Prinzipien zwischenmenschlicher Beziehungen lassen sich auf den Grundwert der Wechselseitigkeit zurückführen bzw. unter ihm zusammenfassen. Wenn es um kooperative Beziehungen geht, steht vor allem die Wechselseitigkeit immaterieller Pflichten und Rechte im Vordergrund, so z.B. gegenseitige Achtung, Toleranz und gegenseitiges Verständnis. Eine an den Prinzipien der Solidarität, Subsidiarität und Wechselseitigkeit orientierte Führung vermag die Mängel jener instrumentalistisch ausgerichteten Führungsansätze zu überwinden, die Mitentscheidung, Pflege zwischenmenschlicher Beziehungen usw. als Mittel zur Manipulation der Mitarbeiter im Interesse der Leistungssteigerung betrachten.

Selbstverwirklichung: Der dritte Grundwert kooperativer Führung bezieht sich auf das Individuum, ohne jedoch die das Individuum beeinflussende Umwelt zu negieren. Hinter dem Begriff der Selbstverwirklichung bzw. Selbstentfaltung steht nach Maslow «das Verlangen nach Selbsterfüllung, nach vollem Erblühen der Fähigkeiten und Möglichkeiten der Person; die Tendenz, das wirklich zu werden, was man der Möglichkeit nach ist»[66].

Selbstverwirklichung meint die «fortschreitende Verwirklichung der Möglichkeiten, Fähigkeiten und Talente, als Erfüllung einer Mission (oder einer Berufung, eines Geschicks, eines Schicksals oder eines Auftrages), als bessere Kenntnis und Annahme der eigenen inneren Natur, als eine nicht endende Entwicklungstendenz zur Einheit, Integration oder Synergie innerhalb der Person»[67].

65 vgl. Staehle (1973)
66 Maslow (1943), zit. nach Lilge (1980)
67 Maslow (1973), zit. nach Wunderer/Grunwald (1980)

Selbstverwirklichung als Grundwert kooperativer Führung meint nicht, den Organisationsmitgliedern uneingeschränkte Möglichkeiten zu ichbezogenem, asozialem Handeln zu eröffnen. Ein solches Streben nach Selbstverwirklichung stellt ein narzisstisches, individualistisches Selbstidealisieren dar, verbunden mit einem schier «neurotischen Stolz»[68].

Als Grundwert kooperativer Führung muss Selbstverwirklichung im Kontext der jeweiligen gesellschaftlichen und organisationalen Bedingungen und der zwischenmenschlichen Interaktion gesehen werden. Eine Auffassung von Selbstverwirklichung, die nur auf Kosten anderer denkbar ist, kann kein Grundwert kooperativer Führung sein.

Obwohl diese Auffassung von Selbstverwirklichung die Realität und die Diskussion weitgehend beherrscht und im Hinblick auf kooperative Führung abgelehnt werden muss, darf dies doch nicht dazu führen, dass der Gedanke der Selbstverwirklichung als solcher verworfen wird. Selbstverwirklichung bedeutet Verwirklichung/Entwicklung des Selbst, wobei dieses Selbst immer in Interaktion mit seiner Umwelt gesehen werden muss. Selbstverwirklichung in diesem Sinne sollte in jeder Organisation uneingeschränkte Daseinsberechtigung haben und stellt ein zentrales Prinzip kooperativer Führung dar. Stark vereinfacht gesagt gibt es zwei Typen von Menschen: solche mit aktuellen Bedürfnissen nach Selbstverwirklichung und die Mehrheit der anderen, die aufgrund ungünstiger Bedingungen keine Chance hatten, entsprechende Motivationsstrukturen zu entwickeln. Kooperative Führung muss also Selbstverwirklichung nicht bloss ermögliche, sondern sie zugleich als gewünschte Wirkung beabsichtigen und anstreben[69].

432 Merkmale kooperativer Führung

Kooperative Führung kann man anhand von neuen grundlegenden Merkmalen beschreiben. Diese Merkmale dürfen nicht als voneinander isoliert und unabhängig gesehen werden, sondern stellen interdependente Dimensionen dar. Die neun Dimensionen sind stets vor dem Hintergrund der Prinzipien Arbeit und Leistung, Wechselseitigkeit und Selkbstverwirklichung zu interpretieren[70].

Merkmal 1: Gemeinsame Einflussausübung: Machtverteilung und Machtgrundlagen werden nicht mehr als feststehende Gegebenheiten, sondern als dynamische, funktionale Beiträge zur Aufgabenerfüllung aufgefasst. Der jeweils Geeignete soll seinen Einfluss ohne Zwang, Druck oder Manipulation geltend machen können.

Merkmal 2: Funktionale Rollendifferenzierung: Die strikte, situationsunabhängige und auf formale Autorität ausgerichtete Trennung zwischen Vorgesetztem und Mitarbeiter wird aufgegeben und eine für die gemeinsame Aufgabenerfüllung zweckmässige (funktionale) Rollendifferenzierung angestrebt. Damit rücken situative Bedingungen wie Aufgabenart, Dringlichkeit, Sachautorität ins Blickfeld.

Merkmal 3: Multilaterale Informations- und Kommunikationsbeziehungen: An die Stelle vorwiegend hierarchisch strukturierter (vertikaler) tritt ein umfangreiches Netz vertikaler, horizontaler und diagonaler Informations- und Kommunikationsbezie-

---

68 vgl. Horney (1951), nach Lilge (1980)
69 vgl. Girschner (1978), nach Lilge (1980)
70 vgl. Wunderer/Grunwald (1980)

hungen, um die sachgerechte Aufgabenerfüllung und die sozialen Beziehungen zwischen den Organisationsmitgliedern zu fördern.

Merkmal 4: Konfliktregelung durch Aushandeln und Verhandeln: Anstelle der «Konfliktregelung per Dienstweg» (einseitige Entscheidungen des Vorgesetzten) wird versucht, die konfliktären Interessen der Organisationsmitglieder in Prozessen des Aushandelns und Verhandelns fruchtbar zu machen.

Merkmal 5: Gruppenorientierung: Die traditionellen «Mann-zu-Mann-Beziehungen» zwischen Vorgesetztem und einzelnem Mitarbeiter treten zugunsten einer gruppenorientierten Führung zurück. Gruppenstrukturen und -prozesse werden berücksichtigt.

Merkmal 6: Vertrauen als Grundlage der Zusammenarbeit: Wechselseitiges Vertrauen wird als Grundvoraussetzung für eine partnerschaftliche Zusammenarbeit zwischen Vorgesetzten und Mitarbeitern betrachtet und gefördert.

*Merkmal 7: Befriedigung individueller Bedürfnisse: Befriedigung persönlicher Bedürfnisse von Mitarbeitern und Vorgesetzten wird nicht nur – im instrumentalen Sinne – als Mittel zur Leistungssteigerung gesehen, sondern auch – im noninstrumentalen Sinne – als Mittel und Ziel der persönlichen und/oder beruflichen Entwicklung der Organisationsmitglieder. Kooperative Führung gilt in dem Masse als erfolgreich, wie sie die Arbeitsleistung und die Arbeitszufriedenheit der Organisa*tionsmitglieder sichert bzw. erhöht.

Merkmal 8: Ziel- und Leistungsorientierung: Autonomie von Organisations- und Individualzielen wie auch Konkurrenz und Unvereinbarkeit wird akzeptiert. Durch aktive Mit- und Selbstbestimmung aller Beteiligten bzw. durch Abbau von Fremdbestimmung können Unvereinbarkeiten gemildert oder aufgehoben werden.

Merkmal 9: Bedürfnisorientierte Personal- und Organisationsentwicklung: Kooperative Führung wird als stetiger Entwicklungsprozess gesehen, durch den ein bestimmter (jedoch nur selten erreichter) Soll-Zustand angestrebt wird. Es wird von einer ständigen Lernbereitschaft und -fähigkeit der Organisationsmitglieder ausgegangen und versucht, durch Aus- und Weiterbildungsmassnahmen persönliche/berufliche Entwicklungsziele der Mitarbeiter mit Zielen der Organisation in Einklang zu bringen.

Im folgenden wird die Frage untersucht, in welcher Weise ein steigender Ausprägungsgrad der genannten Merkmale die Verwirklichung kooperativer Führung beeinflusst[71].

- *Lineare Beziehung* (Abb. 104): Eine lineare Beziehung liegt vor, wenn mit zunehmender Ausprägung eines Merkmals auch der Realisierungsgrad kooperativer Führung proportional steigt. Beispiel: Je grösser das gegenseitige Vertrauen, desto ausgeprägter die kooperative Führung. Die lineare Beziehung scheint bei den folgenden Merkmalen vorzuliegen: (2) Funktionale Rollendifferenzierung, (5) Gruppenorientierung, (6) Vertrauen als Grundlage der Zusammenarbeit und (8) Ziel- und Leistungsorientierung.
- *Nicht-lineare Beziehung* (Abb. 105): Eine nicht-lineare Beziehung, insbesondere eine umgekehrt u-förmige Beziehung scheint bei den restlichen Merkmalen vorzuliegen: Eine «hinreichende» oder «günstige» Ausprägung dieser Merkmale fördert

Abbildung 104: Lineare Beziehung[86]

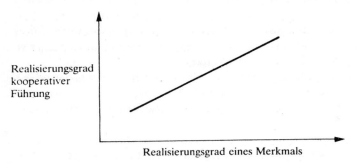

86 Wunderer/Grunwald (1980)

Abbildung 105: Nicht-lineare (umgekehrt U-förmige) Beziehung[87]

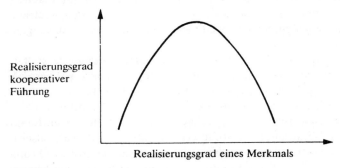

87 Wunderer/Grunwald (1980)

kooperative Führung; eine zu geringe oder übermässige Ausprägung hindert sie. Diese Beziehung dürfte bei folgenden Merkmalen zu erwarten sein: (1) Gemeinsame Einflussausübung, (3) Multilaterale Informations- und Kommunikationsbeziehungen, (4) Konfliktregelung durch Aushandeln, (7) Befriedigung individueller Bedürfnisse und (9) Bedürfnisorientierte Personal- und Organisationsentwicklung.

Die genannten neun Merkmale werden im folgenden in einer Definition kooperativer Führung berücksichtigt[72].

- *Führung*
  - Führung wird verstanden als *Einflussnahme* auf andere Menschen, die auf Veränderungen ihrer Ziele, Einstellungen und Verhaltensweisen zielt.
  - Führung wird verstanden als *soziale Einflussnahme:* Führung ist ein zwischenmenschlicher Vorgang; sie wird durch Personen initiiert und ist persönlich zu verantworten.

72 vgl. Wunderer/Grundwald (1980)

- Führung wird verstanden als *zielorientierte soziale Einflussnahme:* Führung ist auf die Erreichung von Zielen gerichtet, die von der Organisation als wichtig angesehen werden.
- Führung wird verstanden als *zielorientierte soziale Einflussnahme zur Erfüllung gemeinsamer Aufgaben:* Führung dient der Integration von Teilaufgaben in einen übergreifenden Aufgabenzusammenhang.
- *Führung in Arbeitsorganisationen:* Führung erfolgt in einer *strukturierten Arbeitssituation,* in der bestimmte Einflussmittel, Normen, Aufgaben existieren (Struktur bezieht sich hier ebenso auf soziale wie sachliche Strukturen der Arbeitsbeziehung).
- *Partizipativer Aspekt*
  - Führung in den Arbeitsorganisationen geschieht unter *wechselseitiger* Einflussausübung: Vorgesetzte und Mitarbeiter sind in ihrem Verhalten aufeinander bezogen und nehmen in ihrem Handeln erwartete Reaktionen des anderen vorweg.
  - Die Einflussausübung erfolgt *tendenziell symmetrisch.* Einzelne Interaktionen zwischen Führer und Geführten sind immer asymmetrisch: Der Führer steuert und koordiniert die Handlungen der Geführten; langfristig jedoch wechseln Führungsfunktionen entsprechend der jeweiligen funktionalen Anforderungen.
- *Prosozialer Aspekt*
  - Bei koopeerativer Führung werden *Arbeits- und Sozialbeziehungen* gestaltet. Die Mitarbeiter werden nicht auf ihre Leistungsfunktion reduziert, sondern als Individuen mit vielfältigen privaten und beruflichen Interessen.
  - Die Gestaltung der Beziehungen ist auf *Konsens* ausgerichtet. Damit ist für einmal das für jeden sozialen Einfluss notwendige Akzeptieren dieses Einflusses angesprochen: Sowohl Mitarbeiter wie Vorgesetzte akzeptieren die wechselseitigen Abhängigkeiten. Darüber hinaus werden Grundwerte kooperativer Führung angesprochen, auf deren Basis Konsens entstehen kann: wechselseitige Akzeptanz, Toleranz, Unterstützung, Achtung, Solidarität, Empathie, Vertrauen, Sensitivität.

Aus den genannten Elementen ergibt sich folgende umfassende Definition kooperativer Führung: *Kooperative Führung* wird verstanden als:

- Zielorientierte soziale Einflussnahme zur Erfüllung gemeinsamer Aufgaben	Ziel-Leistungs-Aspekt	Führung in Organisationen
- in/mit einer strukturierten Arbeitssituation	Organisations-Aspekt	
- unter wechselseitiger, tendenziell symmetrischer Einflussausübung	partizipativer Aspekt (Machtgestaltung)	Qualität kooperativer Führung
- und konsensfähiger Gestaltung der Arbeits- und Sozialbeziehungen	prosozialer Aspekt (Beziehungsgestaltung)	

433 Soziale Kompetenz

Es ist schwierig, eindeutige Persönlichkeitsmerkmale zu ermitteln, die sich auf die kooperative Führung fördernd oder hemmend auswirken. Vorgesetzte und Mitarbeiter bringen die unterschiedlichsten Lernerfahrungen, Erwartungen und Disopositionen mit, welche die soziale Interaktion innerhalb kooperativer Führungsbeziehungen wesentlich beeinflussen. Man darf auch nie vergessen, dass das Verhalten eines Menschen nicht nur abhängig ist von seiner Persönlichkeit, sondern auch von der Situation, in der er sich befindet. In der bekannten Formel von Lewin wird dies so ausgedrückt: $V = f(P \times U)$: Verhalten = abhängig von Person $\times$ Umwelt.

Im folgenden soll ein Persönlichkeitsmerkmal besprochen werden, dem in der Kooperation besondere Bedeutung zukommt: die soziale Kompetenz. Darunter versteht man die «Fähigkeit, mit Vorgesetzten und Kollegen in sozialen Situationen erfolgreich zu interagieren»[73]. Sozial verantwortliches Handeln basiert auf sozialer Kompetenz, sozialer Motivation, sozialen Werten und Normen in einer bestimmten sozialen Situation (Abb. 106)[74].

- *Soziale Kompetenz:* die kognitiven, sprachlichen und interaktiven Fähigkeiten, die für soziales Handeln bedeutsam sind.
- *Soziale Motivation:* die Antriebe, Ziele und Absichten einer Person, die ihr soziales Handeln bestimmen.
- *Soziale Situation:* die Interaktionspartner, die besondere Art ihrer Beziehung, die Umweltbedingungen.

Abbildung 106: Soziale Kompetenz[88]

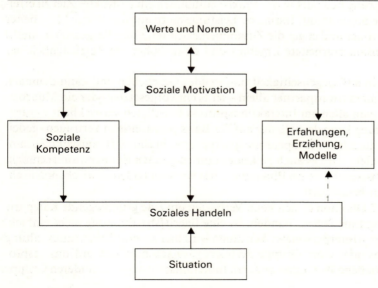

[88] vgl. Preiser (1977), nach Wunderer/Grunwald (1980)

[73] Wunderer/Grunwald (1980)
[74] vgl. Preiser (1977), zit. nach Wunderer/Grunwald (1980)

Sozial verantwortliches Handeln setzt voraus, dass das Individuum einen Handlungsspielraum hat und die Konsequenzen seines Handelns erkennen/abschätzen kann. So muss ein Mitarbeiter beispielsweise erkennen, in welchem Ausmass andere Personen bzw. ihre Aufgabenerfüllung von seinen Handlungen oder Unterlassungen (wie Informations-Weitergabe oder Nicht-Weitergabe) betroffen sind. Organisationsmitglieder werden umso stärker sozial verantwortlich handeln, je mehr sie in ihrem Handeln die Ziele und Interessen ihrer Interaktionspartner berücksichtigen. Soziale Kompetenz wird deshalb auch definiert als die «Fähigkeit, die Bedingungen, Alternativen, Ziele und Konsequenzen eigenen und fremden Verhaltens zieladäquat zu berücksichtigen»[75].

Soziale Kompetenz ist Voraussetzung für Selbst- und Mitbestimmung, für Selbstkontrolle und verantwortliches Engagement. Wie in Abbildung 83 angedeutet, entwickeln sich soziale Kompetenz und soziale Motivation auf der Grundlage sozialer Erfahrungen wie eigene und beobachtete soziale Interaktionen in Familie und Arbeitsorganisation: Hinzu kommen eigene und beobachtete Formen von Engagement und ihre Konsequenzen (z.B. Vorbild des eigenen Vorgesetzten bzw. die Art und Weise, wie seine Vorgesetzten oder andere Gruppenmitglieder auf sein Verhalten reagieren).

Kooperative Führung hat diese Erkenntnis zu berücksichtigen und zur Entwicklung sozialer Kompetenz beizutragen. In Abbildung 107 sind dieser Entwicklungsprozess und die darauf bezogenen Lernziele zusammenfassend dargestellt.

434 Vertrauen – eine Grundkategorie kooperativer Führung

«Kooperative Führung bedeutet in der Praxis: zusammen ein gestecktes Ziel zu erreichen. Je höher die Spontanität, Initiative, Leistungsmotivation usw. der Mitarbeiter und je vertrauensvoller und enger die Zusammenarbeit mit ihren Vorgesetzten, desto höher das gemeinsam erarbeitete Ergebnis und desto höher die Zufriedenheit der Mitarbeiter.»[76]

Kooperation ist ein auf Gegenseitigkeit basierendes Geschehen und kann demnach nicht von einem Interaktionspartner allein – sei es ein Vorgesetzter oder ein Mitarbeiter – sondern nur von allen am Interaktionsprozess Beteiligten verwirklicht werden. Kooperative Führung kann deshalb nur auf der Basis gegenseitigen Vertrauens gedeihen. Ist kein Vertrauen in die Kooperationspartner bzw. in eine wirkungsvolle Zusammenarbeit vorhanden, wird es auch zu keiner befriedigenden Kooperation kommen. Vertrauen bzw. Misstrauen ist ein Phänomen, das wie kein anderes zwischenmenschliche Beziehungen beeinflusst.

Was ist Vertrauen? Obschon es sich beim Vertrauen um eine grundlegende Kategorie menschlichen Zusammenlebens handelt, ist eine Begriffsbestimmung nicht einfach. Ein Versuch lautet: «Interpersonales Vertrauen wird hier als eine Erwartungshaltung eines Individuums oder einer Gruppe definiert, wonach man sich auf das gesprochene oder geschriebene Wort eines anderen Individuums oder einer anderen Gruppe verlassen kann»[77].

---

75 Preiser (1977), zit. nach Wunderer/Grunwald (1980)
76 Neuberger (1972), zit. nach Wunderer/Grunwald (1980)
77 Rotter (1971), zit. nach Lindskold (1982)

Abbildung 107: Soziale Kompetenz als Entwicklungsprozess[89]

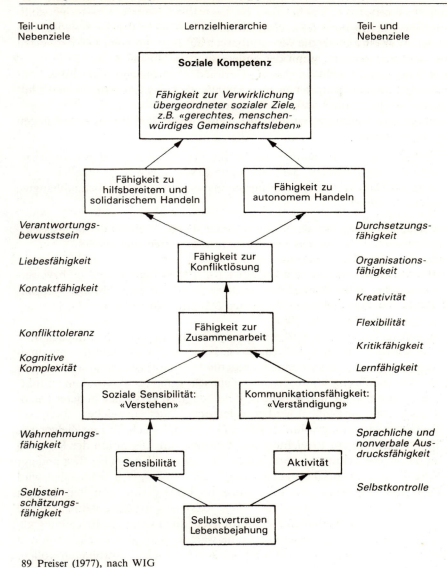

89 Preiser (1977), nach WIG

Unter Vertrauensverhalten versteht man eine «Verhaltensweise, die (a) die eigene Verwundbarkeit steigert, (b) gegenüber einer Person erfolgt, die nicht unserer persönlichen Kontrolle unterliegt und (c) in einer Situation besteht, in der der Schaden, den man erleidet, wenn ein anderer die Verwundbarkeit ausnutzt, grösser ist als der Vorteil (Nutzen), den man gewinnt, wenn der andere sie nicht ausnutzt.
Das heisst: Vertrauen ist nicht ein globales Gefühl der Wärme oder Zuneigung, sondern die bewusste Regulierung der eigenen Abhängigkeit von einem anderen, die mit der Aufgabe, Situation oder anderen Personen variiert.»[78]
Drei Probleme des Vertrauens im täglichen Leben sowie in Führungsbeziehungen sind hier angesprochen:

- die Verwundbarkeit durch andere (das Risiko des Missbrauchs durch andere)
- die Furcht des Vertrauenden, dass sich seine Erwartungen nicht erfüllen
- die Erkenntnis, dass Vertrauen keine ausnahmslos gültige, situationsunabhängige Verhaltensmaxime ist.

Vertrauen schenken heisst also: ein Risiko eingehen. Dieses Moment der wechselseitigen Risikobereitschaft ist für das Entstehen von Vertrauen unerlässlich.
Wer Vertrauen (oder Misstrauen) hat, wird sich auch vertrauensvoll (oder argwöhnisch) verhalten, was wiederum sein Vertrauen (oder Misstrauen) bestätigt bzw. verstärkt. Im folgenden soll ein Modell vorgestellt werden, das diese zyklischen Wirkungen und die Beziehungen zwischen Vertrauen (Misstrauen), Information, Einfluss und Kontrolle beschreibt (Abb. 108)[79].
Wer einem anderen nicht traut, wird einschlägige Informationen verheimlichen oder verzerren; er wird es vermeiden, Fakten, Ideen, Folgerungen oder Gefühle mitzuteilen, von denen er glaubt, dass sie anderen gegenüber seine Verwundbarkeit steigern. Die Informationen, die er gibt, werden also nicht sehr genau, umfassend und pünktlich sein und sich wenig mit der Wirklichkeit decken. Den Versuchen anderer Personen, Einfluss auf ihn auszuüben, wird er widerstreben oder ausweichen. Ihren Ansichten gegenüber wird er argwöhnisch sein und unempfänglich für ihre Zielvorstellungen, ihre Vorschläge zur Erreichung des Ziels und ihre Definition der Kriterien und Verfahren zur Bewertung der Fortschritte. Obwohl er selbst den Einfluss anderer abweist, wird er von anderen Übernahme seiner Ansichten erwarten. Schliesslich wird er versuchen, sein Angewiesensein auf andere möglichst gering zu halten. In dem Gefühl, sich nicht darauf verlassen zu können, dass sie getroffene Abmachungen einhalten, versucht er ihr Verhalten zu kontrollieren, auch wenn zur Erreichung gemeinsamer Ziele eher Koordination notwendig wäre; er wird aber erschrocken und widerspenstig sein, wenn die anderen ihrerseits sein Verhalten kontrollieren wollen. Wenn die anderen in seinem Verhalten Misstrauen finden, werden sie ihrerseits zögern, Informationen bekanntzugeben; sie werden Einflussnahmen zurückweisen und Kontrollen ausweichen. Dieses Kurzschluss-Feedback verstärkt wiederum das anfängliche Misstrauen des ersten; und wenn keine Verhaltensänderungen auftreten, verfestigt sich die Beziehung auf einem niedrigen Niveau von Vertrauen. Insgesamt wird dieses Verhalten, das aus mangelndem Vertrauen folgt, negativ sein für den Informationsaustausch, die Wechselseitigkeit von Einflussnahmen und die Ausübung

---

78 Zand (1973)
79 vgl. Zand (1973)

Abbildung 108: Modell der Beziehungen zwischen Vertrauen, Information, Einfluss und Kontrolle

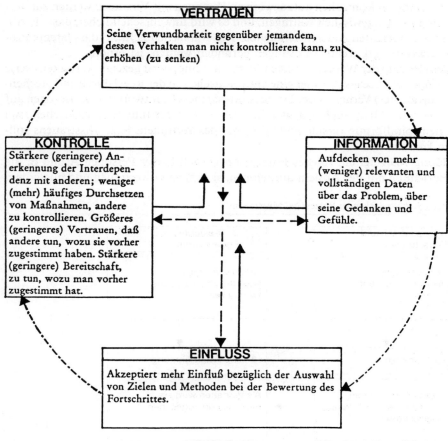

1) Anfängliches Vertrauen prädeterminiert Informationsfluß und Kontrolle.
2) Rückgemeldete Reaktionen anderer verändern Vertrauensniveau.
3) Beziehung stabilisiert sich.

90 Zand (1973)

von Selbstkontrolle; es wird den Erfolg der Führung und der gemeinsamen Aufgabenerfüllung vermindern.

Das Zurückhalten und Verzerren von Informationen hat sowohl eine sachliche wie auch eine soziale Ungewissheit zur Folge. Die Wahrscheinlichkeit von Missverständnissen und Fehldeutungen wird damit grösser. Die soziale Ungewissheit macht es wahrscheinlicher, dass latente Probleme nicht entdeckt oder vermieden werden. Personen, die einander vertrauen, werden einander wichtige, umfassende, genaue und rechtzeitige Informationen geben, die sich mit der Realität decken. Sie werden weniger darum bemüht sein, sich keine Blössen zu geben, die ausgenützt werden könnten, und werden daher dem Einfluss anderer zugänglicher sein. In der Zuversicht, dass die anderen ihr Verhalten selbst im Sinne der getroffenen Abmachungen kontrollieren, werden sie wechselseitige Abhängigkeit akzeptieren und es so weniger nötig haben, den anderen Kontrollen aufzuzwingen. Personen mit Vertrauen werden zur Verringerung von Ungewissheit beitragen, und es wird unwahrscheinlicher, dass sie Absichten und Verhalten anderer fehldeuten. Die Wahrscheinlichkeit, dass latente Probleme erkannt und kreative Lösungen gefunden werden, ist erhöht.

Aus dem Prinzip der Wechselseitigkeit folgt, dass eine zuerst gezeigte Verhaltensweise – sei es eine vertrauensvolle oder eine argwöhnische – in der Regel durch entsprechendes (äquivalentes) Verhalten des Interaktionspartners beantwortet wird. Bezogen auf Vertrauen bzw. Misstrauen bedeutet das, dass sich in der Interaktion zwischen zwei Personen spiralförmig verstärkende Prozesse des Vertrauens bzw. Misstrauens vollziehen können.

Abbildung 109 zeigt ein solches Interaktionsmodell zweier Personen A und B, die eine Beziehung mit der Absicht aufnehmen, sich nicht zu vertrauen und ausserdem

Abbildung 109: Verstärkender Prozess des Misstrauens[91]

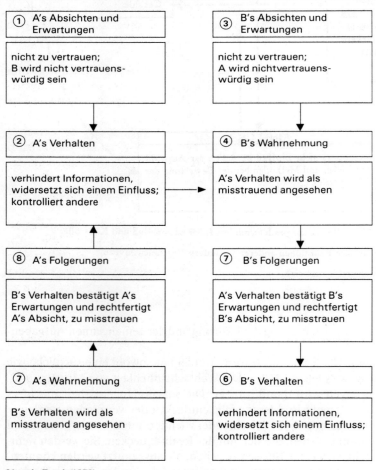

91 vgl. Zand (1973)

erwarten, der andere sei nicht vertrauenswürdig[80]: Da A beabsichtigt, zu misstrauen, wird er nur wenig relevante oder präzise Informationen geben. Er wird sich Einflüssen widersetzen und wird Massnahmen zu Kontrolle von B ergreifen. B erwartet nicht, dass A vertrauenswürdig ist; er stellt fest, dass A's anfängliches Verhalten tatsächlich nicht vertrauensvoll ist; B schliesst daraus, dass er mit der Erwartung, A sei nicht zu trauen, Recht hatte; B wird so eine Rechtfertigung für geringes Vertrauen gegenüber A empfinden. A wird B's Verhalten als misstrauisch ansehen, was wiederum A's anfängliche Erwartung, B sei nicht vertrauenswürdig, bestärkt.

Die Interaktion wird sich in dieser Schleife fortsetzen, indem B und A veranlasst werden, immer weniger Vertrauen zu zeigen, bis sie sich auf einem Gleichgewichtsniveau befinden, das niedriger ist als ihr anfängliches Vertrauen. Das Modell der spiralförmigen Verstärkung würde sich konstruktiv auswirken, wenn wir annehmen, dass A und B sich zu Anfang ihrer Beziehung gegenseitig vertrauen und gegenseitige Vertrauenswürdigkeit erwarten.

Das Modell zeigt, dass der Vorgesetzte als Multiplikator/Verstärker sowohl einer argwöhnischen wie auch einer vertrauensvollen Atmosphäre wirken kann. Sind seine Erwartungen und Absichten primär von Misstrauen/Argwohn bestimmt, so ergibt sich trotz äusserlich kooperativem Verhalten keine echte Kooperation. So kann eine scheinbar offene, kooperative Atmosphäre eine innere Verkrampfung der Kooperationspartner zur Folge haben[81]. Die misstrauende Erwartungshaltung des Vorgesetzten oder Mitarbeiters führt zu einem schein-kooperativen Verhalten voller Argwohn und Falschheiten; Konflikte werden nicht konstruktiv ausgetragen, sondern umgeleitet oder unterdrückt. Eine solche Situation läuft den Grundabsichten kooperativer Führung natürlich völlig zuwider.

Vertrauen ist nicht nur eine Bedingung, sondern auch eine Folge kooperativer Führung[82]. *Vertrauen als Folge* lässt sich wie gesagt zurückführen auf das Prinzip der Wechselseitigkeit, wonach vertrauensvolles bzw. argwöhnisches Verhalten als Bedingung bildet die Basis für ein Grundmerkmal kooperativer Führung, nämlich für eine offene Kommunikation (eine solche kann nur aufgrund von gegenseitigem Vertrauen entstehen).

Die Wechselseitigkeit kommt also auch darin zum Ausdruck, dass Kooperation ebenso vertrauensfördernd wie Vertrauen kooperationsfördernd wirkt (Abb. 110). Vertrauen lässt sich weder anordnen noch kaufen – Vertrauen kann nur entstehen oder geschenkt werden. Für das Entstehen bzw. für die Entwicklung vertrauensvoller Beziehungen scheinen hauptsächlich folgende Dimensionen eine wichtige Rolle zu spielen[83]:

- *Akzeptierung:* Vertrauen zu sich selbst und gegenüber anderen
- *Datenfluss:* Kommunikation von Einstellungen, Gefühlen und Wahrnehmungen
- *Zielbildung:* Problemlösungs- und Entscheidungsverhalten
- *Kontrolle:* intra- und interpersonale Regulationsmechanismen, die zu koordinierendem Verhalten führen.

---

[80] vgl. Zand (1973)
[81] vgl. Lilge (1980)
[82] vgl. Lilge (1980)
[83] vgl. Gibb (1964), nach Wunderer/Grunwald (1980)

Abbildung 110: Wechselbeziehung zwischen Kooperation und Vertrauen[92]

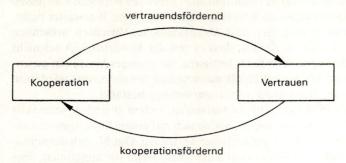

92 vgl. Lilge (1980)

Je nachdem, ob manipulativ-autoritäre oder kooperative Techniken in den zwischenmenschlichen Beziehungen vorherrschen, ergeben sich für jede Dimension unterschiedliche Verhaltensweisen. Folgende Tabelle soll Dimensionen, Verhaltensweisen und Folgen manipulativer und partizipativer Techniken aufzeigen[84].

Dimension	Technik	Verhalten	Reaktion
Akzeptierung	manipulativ	Furcht Misstrauen	Aufbau von Fassaden Zynismus, Argwohn
	partizipativ	Selbstvertrauen Vertrauen	Vertrauen, Vielfalt Nutzbarmachung
Datenfluss	manipulativ	Strategien Fassaden	Umgehung, Verzerrung
	partizipativ	Offenheit Spontaneität	Feedback, Sich-Öffnen, potentieller Konsens
Zielbildung	manipulativ	Manipulation Überredung	Apathie, Flucht, Argwohn Zynismus
	partizipativ	Selbsteinschätzung Problemlösen	Ich-Stärke, Kreativität
Kontrolle	manipulativ	Kontrolle Verhandeln	Dependenz, Feindseligkeit
	partizipativ	Gewährenlassen, Interdependenz	partizipative Form, partizipative Funktion

Untersuchungen über die *Folgen wechselseitigen Vertrauens* zeigen, dass sich in dem Masse, wie sich das wechselseitige Vertrauen erhöht, auch folgende Faktoren erhöhen[85]:

- Akzeptanz des Einflusses durch andere, der Motive anderer, der vielfältigen Verhaltensweisen anderer und misstrauischen Verhaltens anderer
- Bedürfnis, eher Kontrolle über Prozesse als über Personen auszuüben
- Freiheit, von der Gruppenmeinung abzuweichen
- Angebote von anderen zum wechselseitigen Vertrauen
- Kommunikation mit anderen, Austausch persönlicher Meinungen und Werturteile
- Sympathien mit den Interaktionspartnern

84 vgl. Gibb (1964), nach Wunderer/Grunwald (1980)
85 vgl. Golembiewski (1975), nach Wunderer/Grunwald (1980)

Zwischen Kommunikation und Vertrauen besteht eine enge Wechselbeziehung: Kommunikation kann das Vertrauen erhöhen und Vertrauen erhöht die Kommunikation. Im einzelnen führt wechselseitiges Vertrauen zu [86]:
- Verringerung der Angst, dass Selbstöffnung missbraucht werden könnte
- grössere Offenheit gegenüber dem Einfluss anderer Personen
- grössere Akzeptanz der Interdependenzen mit anderen
- grössere Bereitschaft, richtige und pünktliche Informationen bereitzustellen
- Verringerung von Fehlinterpretationen von Verhalten und Einstellungen
- Vergrösserung der Möglichkeit, reale Probleme ausfindig zu machen und sie in wechselseitig akzeptabler Weise zu lösen

Auf die situativen Bedingungen kommt es an, ob mehr Vertrauen oder mehr Misstrauen angebracht ist. Grenzenloses Vertrauen kann genauso falsch sein wie grenzenloses Misstrauen. (Eine Checkliste zum Thema finden Sie in Abb. 134/Anhangband.)

44 Kreislauf der Führung

Der Prozess der Führung von Mitarbeitern vollzieht sich in Teilprozessen (Phasen), die in ihrem logischen Zusammenhang einen Kreislauf ergeben, der sich ständig wiederholt. Dieser Kreislauf der Führung als Ganzes, seine einzelnen Phasen und die Führungsaufgaben, die sich in den verschiedenen Phasen ergeben, sollen im folgenden näher beschrieben werden.

441 Führungskreislauf und Führungsspirale

Der Aufgabenerfüllungsprozess eines organisierten sozialen Systems wie des Krankenhauses kann rein formal aufgefasst werden als ein fortgesetztes Lösen von Problemen. Um die logische Struktur dieser *Problemlösungsprozesse* zu erfassen, wurden verschiedene schematische Gliederungen entwickelt. Ein Beispiel finden Sie in Abbildung 111 [87].
Im Zentrum dieses Prozesses steht die *Entscheidung,* also die bewusste Wahl zwischen verschiedenen Handlungsalternativen. Die der Entscheidung vorgelagerten Phasen können als Entscheidungsvorbereitung (oder -bildung) aufgefasst werden, die nachfolgenden als solche der Verwirklichung (Realisation) des getroffenen Entscheids. Der ganze Prozess wird deshalb häufig auch als *Entscheidungsprozess* bezeichnet. Anhand dieses allgemeinen Problemlösungs- oder Entscheidungsprozesses lassen sich zwei grundlegende Probleme eines produktiven sozialen Systems unterscheiden [88]:
- *Gestaltungsproblem:* In jedem sozialen System müssen durch Gestaltungsvorgänge Bedingungen und Regeln geschaffen werden, die den Ablauf der Arbeitsprozesse ermöglichen.

---

86 vgl. Golembiewski (1975), nach Wunderer/Grunwald (1980)
87 vgl. Ulrich (1968)
88 vgl. Steinle (1978)

Abbildung 111: Führungsprozess als Problemlösungsprozess[93]

1. *Anregungs-Phase*

   - Erkennen eines Problems
   - Feststellen der Ausgangslage und der Umweltbedingungen
   - Klären der möglichen Absichten

2. *Such-Phase*

   - Bestimmen der Ziele bzw. der Entscheidungskriterien
   - Suchen und Ausarbeiten von alternativen Lösungsmöglichkeiten
   - Ermitteln und Beurteilen der Konsequenzen alternativer Lösungen

3. *Entscheidungs-Phase*

   - Beurteilen der Lösungsmöglichkeiten
   - Wahl der günstigsten Lösung

4. *Realisierungs-Phase*

   - Bestimmen der Sollwerte
   - Umsetzen in Massnahmen und Handlungsvorschriften (Programmierung)
   - Anordnen, Instruieren, Orientieren
   - Ausführen der vorbestimmten Handlungen

5. *Kontroll-Phase*

   - Überwachen der programmgemässen Ausführung (Fortschrittskontrolle)
   - Ermitteln der Ergebnisse
   - Bewerten der Ergebnisse

93 Ulrich (1968)

- *Steuerungsproblem:* Die Arbeitsprozesse, die zur Zielerreichung bzw. zur Zweckerfüllung des Systems erforderlich sind, müssen gesteuert werden.

Diese beiden Probleme können nun unter zwei verschiedenen Aspekten betrachtet und angegangen werden:

- *Sachlich-materieller Aspekt:* Werden die Gestaltungs- und Steuerungsprobleme primär unter einem sachlich-materiellen Aspekt gesehen, spricht man von *Management*.
- *Verhaltensbezogen-personeller Aspekt:* Stehen verhaltensbezogen-personelle Aspekte von Gestaltungs- und Steuerungsmassnahmen im Vordergrund, spricht man von *Führung*.

Abbildung 112 verdeutlicht diese Unterscheidungen. Die Frage beispielsweise nach der sachlichen Qualität einer Entscheidung ist zunächst ein Problem des Bereichs «Management»; wird über den rein sachlich-materiellen Gehalt hinaus nach Verhal-

Abbildung 112: Management und Führung[94]

Grundprobleme des Arbeitsprozesses	Sichtweisen des Arbeitsprozesses	
	sachlich-materielle Sicht	Verhaltensbezogen-personnelle Sicht
Gestaltungsproblem	Systemgestaltung zum Vollzug der Güterprozesse	Systemgestaltung zum Vollzug von Verhaltensprozessen
Steuerungsproblem	Steuerung der Güterprozesse	Steuerung von Verhaltensprozessen
	MANAGEMENT	FÜHRUNG

94 vgl. Steinle (1978)

tensursachen und Verhaltenswirkungen gefragt, dann fallen diese Fragen in den Bereich «Führung».
Entsprechend lassen sich auch Management- und Führungsfunktionen unterscheiden:
Grundlegende *Managementfunktionen* sind[84]:

- *Planen:* zukunftsbezogenes Denken und Handeln; Vorbereiten von Entscheidungen, wobei Ziele entwickelt, integriert und Massnahmen angeordnet werden.
- *Organisieren:* Strukturieren, Gestalten des Systems zur Erfüllung der grundlegenden Systemzwecke.
- *Steuern:* Überwachen von Vorgängen, Erfassen von Abweichungen und korrigierendes Eingreifen.

Grundlegende *Führungsfunktionen* sind:

- *Willensbildung:* Festlegen von (Handlungs-)Zielen.
- *Willensdurchsetzung:* Veranlassen von Handlungen zur Zielerreichung.
- *Willenssicherung:* Überprüfen der Handlungsergebnisse und allfälliges korrigierendes Einwirken auf künftiges Handeln.

Führungs- und Managementfunktionen lassen sich in Form einer *Matrix* darstellen (Abb. 113)[89]. In der Spaltengliederung finden sich die drei Phasen des Managementprozesses: Planen, Organisieren und Steuern (sachlich-materieller Aspekt); in der Zeilengliederung sind die drei Phasen des Führungsprozesses vermerkt: Willensbildung, -durchsetzung und -sicherung (verhaltensbezogen-personeller Aspekt). Die 9 Felder der Matrix umschreiben insgesamt den vielschichtigen *Aufgabenerfüllungsprozess,* den das soziale System zur Erreichung seiner Ziele bzw. zur Erfüllung seiner Zwecke durchzuführen hat.
Die Betrachtung der 9 Felder zeigt, wie kompliziert und vielgestaltig die einzelnen (Teil-)Prozesse sind, die zur Aufgabenerfüllung vollzogen werden müssen. Es wird auch deutlich, dass der Führungsprozess selbst einer Planung, Organisation und Steuerung zugänglich ist (z.B. Feld 1.2: Organisieren der Willensbildung). Gleichzeitig gilt aber auch der umgekehrte Bezug (Feld 1.2: Willensbildung – im Sinne von

89 vgl. Steinle (1978)

Abbildung 113: Führungs- und Managementfunktionen[95]

Führungs-prozess \ Management Prozess	planen	organisieren	steuern
Willenbildung	1.1	1.1	1.3
Willensdurchsetzung	2.1	2.2	2.3
Willenssicherung	3.1	3.2	3.3

95 Steinle (1978)

Zielbildung – wirkt auf das Organisieren); auch der Managementprozess wird also durch den Führungsprozess beeinflusst. Dies soll in bezug auf die drei Managementfunktionen näher erörtert werden[90].

- *Planen:* Beim Planen lassen sich wie beim allgemeinen Problemlösungsprozess folgende Teilphasen unterscheiden: Problem erkennen und analysieren, Ziele formulieren, Lösungsalternativen suchen, Lösungsalternativen bewerten und Entscheiden.
  In verhaltensbezogener Sicht entspricht der Planung die erste Phase des Führungsprozesses: die *Willensbildung.* Steht aus der Sicht des Management der sachliche Aspekt der Planung im Vordergrund, so werden aus der Sicht der Führung die genannten Teilphasen unter einem personellen Aspekt betrachtet; es wird versucht, personale Verhaltensursachen (Motive, Anreize, Erwartungen und Fähigkeiten) in den Willensbildungsprozess zu integrieren und insbesondere vom Mitarbeiter kommende Handlungsabsichten aufzunehmen.
  In der Art und Weise der Gestaltung der Willensbildung kommen unterschiedliche Verhaltensmuster der Führung (Führungsstile) zum Ausdruck.
- *Organisieren:* Beim Organisieren können folgende Aktivitäten unterschieden werden: Information der Durchführungsträger, Interpretation (Konkretisierung) der zu erfüllenden Aufgaben, Festlegung der Zuständigkeiten und Abläufe, Terminplanung, Soll-Vorgabe (Konkretisierung der Handlungsziele).
  Dem Organisieren entspricht unter verhaltensbezogenem Aspekt die zweite Phase des Führungsprozesses: die *Willensdurchsetzung.* Sie bildet den Kern des Führungsprozesses, weil hier die direkte, zielorientierte Beeinflussung des (Mitarbeiter-)Verhaltens erfolgt. Wie weiter oben gezeigt wurde, kann die Einflussnahme auf Druck/Zwang, Manipulation oder Überzeugung basieren.
  Auch die Phase der Willensdurchsetzung kann somit nach unterschiedlichen Merkmalen und Prinzipien gestaltet werden: Die Einflussnahme kann durch Anordnung/Befehl erfolgen, aber auch unter Mitwirkung des betroffenen Mitarbeiters.
- *Steuern (Kontrolle):* Die Steuerungs- und Kontrollaufgabe schliesst sich an die Durchführungs- (Realisations-)Phase an: Steuern bezieht sich auf die korrigierende Überwachung des gesamten Prozesses (Ziel- und Verhaltensanpassungen),

90 vgl. Steinle (1978)

während Kontrolle primär den Vergleich von Soll-Werten mit Ist-Werten (Arbeitsergebnissen) umfasst.

Teilphasen der Kontrolle sind: Bestimmen des Kontrollgegenstandes und -zeitpunktes, Festlegen der Kontrollstandards, Erfassen der Ist-Werte, Soll–Ist-Vergleich. Festlegen der Kontrollstandards, Erfassen der Ist-Werte, Soll–Ist-Vergleich. Unter verhaltensbezogenem Aspekt entspricht der Steuerungs-(-Kontroll-)aufgabe die letzte Phase des Führungsprozesses: die *Willenssicherung*. Willenssicherung und Willensdurchsetzung sind in engem Zusammenhang zu sehen: Abhängig von der Art der gewählten Willensdurchsetzung (Befehl – Veranlassung – Überzeugung) ergeben sich Massnahmen der Willenssicherung wie Fremdkontrolle (Kontrolle z.B. nur durch den Vorgesetzten), kombinierte Fremd- und Selbstkontrolle oder aber weitgehende Selbstkontrolle.

Betrachtet man die Phasen des Führungsprozesses insgesamt, so ergibt der logische Zusammenhang einen Kreislauf, der als *Führungskreislauf* bezeichnet wird (Abb. 114). Beginnend mit der Willensbildung, die wiederum in primär sachliche (Management) und primär verhaltensbezogene (Führung) Teilphasen gegliedert werden kann, folgen Willensdurchsetzung, Realisation (Durchführung) und Willenssicherung.

Die Realisation stellt dabei keine Führungsphase dar, sondern den Gegenstand bzw. das Bezugsobjekt der Führung. In der Realisationsphase ist an den (Leistungs-)Verhaltensprozesses zu denken, wie er weiter oben beschrieben wurde. Die dort untersuchten Bedingungsfaktoren individuellen Leistungsverhaltens, also Motive, Anreize, Erwartungen und Fähigkeiten sind somit Gegenstand der Führung.

Die Phase der Willenssicherung umfasst nicht nur die Kontrolle, sondern auch die Abweichungsanalyse und Belohnung. In der Abweichungsanalyse wird festgestellt, welche Ursachen für die Nicht-Erreichung von Zielen verantwortlich sind, um dann korrigierend direkt in den Verhaltensprozess einzugreifen (Realisation) oder aber Änderungen der Willensbildung (Zielanpassung) oder der Willensdurchsetzung vorzunehmen. Durch (materielle und immaterielle) Belohnungen kann erwünschtes Verhalten verstärkt und damit das Erreichen erwünschter Ergebnisse positiv beeinflusst werden.

Zwischen den einzelnen Phasen bestehen enge Beziehungen (so erfordert beispielsweise die Mitsprache bei der Entscheidung eine entsprechende Gestaltung der Willenssicherung); diese Interdependenzen sind für den Führungskreislauf kennzeichnend. Die verhaltensbezogenen Teilschritte können aus der Sicht des «Realisators» (Mitarbeiters) als Anreize bzw. Belohnungen aufgefasst werden (z.B. Entscheidung in Form der Mitbeteiligung, Soll-Vorgabe in Form der Vereinbarung/Überzeugung). Die hier skizzierte Phasengliederung zeigt eine logische, «geradlinige» Folge von Phasen und Teilphasen. In der Führungspraxis können jedoch durchaus einzelne Teilphasen übersprungen, verkürzt durchlaufen oder aber erweitert werden (Vor- und Rückläufe).

Nicht ein «geradliniger» Verlauf ist für Führungsprozesse charakteristisch, sondern eher ein *zyklisches Voranschreiten*[91]: Nach der Phase der Willenssicherung ist der Prozess noch nicht beendet; neue Willensbildungs-, -durchsetzungs- und -sicherungs-

---

[91] vgl. Steinle (1978)

Abbildung 114: Führungskreislauf[96]

Führungsaufgaben		Führungsverfahren und -Instrumente	Kennwort
Sachbezogen	Verhaltensbezogen		
WILLENSBILDUNG			
Probleme erkennen	Einbezug von Mitarbeiterwissen	Mitarbeitergespräch	
Probleme analysieren			
Ziele formulieren	Forderungen erkennen		
Handlungsalternativen suchen	Ideen suchen	Kreativitätstechniken	Kreatives K
Handlungsalternativen bewerten	Wertkonsens herstellen	Information, Beratung Diskussion der Stellenaufgaben, Konfliktbewältigung	
Entscheiden	Mitwirkungsmodus bestimmen	Entscheidungstechniken Abstimmungsregeln	
WILLENSDURCHSETUNG			
Soll-Werte formulieren	Einsetzen von Machtbasen	befehlen, anordnen, veranlassen, überzeugen	Kommando-K
Informieren	Information, Interpretation	Informationsverfahren Kommunikationstechn.	
Festlegen der Zuständigkeiten planen der Abläufe und Termine	Sach- und Mitarbeiterbezogene Aufgaben- und Ablauforganisation, koordinieren, delegieren	Organigrammme, Organisationsrichtlinien, Stellenbeschreibung, Arbeitsverteilungsübersicht, Funktionendiagramm	Koordinations-K
REALISATION			
Bezugsobjekt der Führung (keine Führungsphase) (Leistungs-)Verhalten des Mitarbeiters Einflussnahme auf Motive, Anreize und Erwartungen			
WILLENSSICHERUNG			
Kontrollobjekte und -Standards bestimmen	Ergebnis- oder Verhaltenskontrolle Fremd- oder Selbstkontrolle	Checklists	
Ergebnisse (Ist-Werte) ermitteln			
Soll-Ist-Vergleich	Fremd- und Selbsteinschätzung	Bewertungsgespräch und -Bogen	Kontroll-K
Lernprozess initiieren		Anerkennen und kritisieren	
Abweichungsursachen ermitteln	Diagnose von Fähigkeitsdefiziten und Mängeln im Arbeitsprozess/-Kontext	Gespräch Checklists	
Korrekturmassnahmen festlegen	Verbesserung des Arbeitsklimas Eingriff in Willensbildung und Realisation Persönliche Entwicklung	Förderungsgespräch Schulung Entwicklungsprogramm	Korrektur-K

[96] vgl. Steinle (1978)

prozesse schliessen sich an. So entsteht ein «zyklischer Führungspfad». Abbildung 115 stellt eine solche *Führungsspirale* vereinfacht dar: Vor- und Rückläufe sowie die in den einzelnen Phasen enthaltenen Teilphasen wurden nicht berücksichtigt, um die «voranschreitende» Wiederkehr der Phasen besser zeigen zu können.

Abbildung 115: Führungsspirale[97]

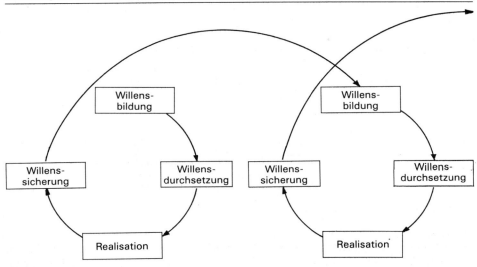

97 vgl. Steinle (1978)

Wie aus der Abbildung 114 (Führungskreislauf) hervorgeht, haben wir fünf wichtige Aufgabenbereiche in den einzelnen Phasen des Führungsprozesses unter fünf Kennwörtern zusammengefasst, die alle mit dem Buchstaben K beginnen: Kreatives K, Kommando-K, Koordinations-K, Kontroll-K, Korrektur-K. Der *«Führungskreislauf der fünf k»*, der sich daraus ergibt, ist in Abbildung 116 schematisch dargestellt. Im Zentrum des Kreislaufs steht ein 6. K: Kommunikation. Kommunikation ist das zentrale Instrument, mit dessen Hilfe der Vorgesetzte seine Führungsaufgaben erfüllt bzw. das Medium, in dem sich das Führungsgeschehen vollzieht. Dem «Kommunikations-K», das also gewissermassen die «Drehscheibe» des Führungsprozesses darstellt, ist das 5. Kapitel gewidmet. Bevor wir auf die einzelnen K's näher eingehen, soll im folgenden Abschnitt der allgemeine Problemlösungsprozess besprochen werden.

442 Problemlösungsprozess

Im vorangehenden Abschnitt wurde der Führungsprozess allgemein als Problemlösungsprozess charakterisiert. Der Prozess der Problemlösung bzw. das Lösen von Problemen stellt für jeden Vorgesetzten eine zentrale Führungsaufgabe dar und soll im folgenden näher beschrieben werden. Der Problemlösungsprozess lässt sich in

Abbildung 116: Führungskreislauf der fünf K

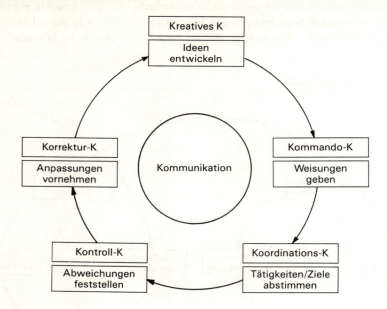

die folgenden 8 Teilschritte zerlegen[92]: Probleme erkennen, Lösungsprozess initiieren, Probleme analysieren, Ziele formulieren, Ideen entwickeln, Ideen bewerten, Ideen verwirklichen, Erfolg überprüfen.

In Abbildung 117 sind die 8 Phasen des Problemlösungsprozesses in ihrer logischen Folge in Form eines Kreislaufs dargestellt. Auch bei diesem Schema darf von der logischen Abfolge her nicht auf die strenge zeitliche Abfolge geschlossen werden. Der Prozess kann zudem – je nach Problemstellung – mit jedem der Schritte beginnen; einzelne Phasen können übersprungen oder mehrmals durchlaufen werden. Je nach dem zu lösenden Problem kommen den einzelnen Phasen unterschiedliches Gewicht zu. Im folgenden sollen die einzelnen Schritte näher betrachtet werden.

Erster Schritt: Probleme erkennen

Wird dem allgemeinen Sprachgebrauch gefolgt, liegt ein Problem dann vor, wenn etwas nicht so ist, wie es sein sollte, wenn also ein gegebener Zustand nicht den Vorstellungen entspricht; oder anders gesagt: wenn eine Soll–Ist-Abweichung besteht. Um Probleme als solche erkennen zu können, muss man somit Klarheit über den Soll-Zustand haben sowie den Ist-Zustand aufmerksam beobachten und mit dem Soll-Zustand vergleichen.

Leider ist es in der Praxis selten der Fall, dass der Soll-Zustand ausreichend umschrieben ist. Diese Tatsache macht ein Erkennen (und erst recht ein zielorientiertes Lösen von Problemen) oft nicht leicht.

92 vgl. Grochla (1982)

Abbildungen 117: Problemlösungsprozess als Kreislauf[98]

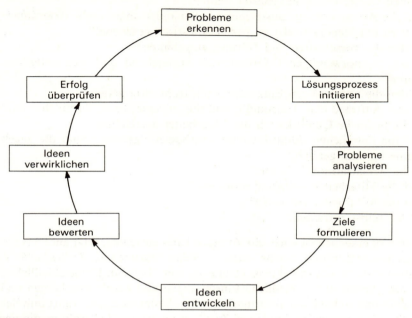

98 vgl. Grochla (1979)

Um gegenüber bestehenden Problemen nicht «blind» zu werden, empfiehlt es sich, für den eigenen Aufgabenbereich eine *Checklist* anzulegen. Die darin enthaltenen Punkte sollen helfen, den Blick auf «problemverdächtige» Punkte zu lenken und das Auge für die Problemwahrnehmung zu schärfen. Folgende Fragen können als Ausgangspunkt für die Erstellung einer eigenen Checklist betrachtet werden, die spezifisch auf den anvertrauten Tätigkeitsbereich zugeschnitten ist. Die Fragen lauten[93]:

- Ist der Zustand X/Arbeitsablauf Y noch zufriedenstellend? Wo sind Verbesserungen notwendig?
- Wo können bessere Ergebnisse erzielt werden? Dazu drei Vorfragen: Was weiss ich über das Leistungspotential meiner Mitarbeiter? – Wie gross ist die Differenz zwischen derzeitiger Leistung und optimaler Leistungsmöglichkeit? – Wie intensiv ist das Leistungsinteresse aller Beteiligten?
- Treffen die Voraussetzungen und Ausgangsdaten noch zu, unter denen ein bestimmter Zustand, Arbeitsablauf usw. damals geschaffen wurde?
- Welche Veränderungen haben sich im Bereich X, in der Umwelt, in den personellen Voraussetzungen usw. ergeben?
- Treffen die Voraussetzungen noch zu, die zu den heutigen Vorschriften und Normen geführt haben?
- Welche Änderungen im technologischen Bereich können als Grundlage für Verbesserungen benutzt werden?

93 vgl. Weisser (1979)

- Kann der Aufwand für Material verringert werden?
- Können Geräte besser ausgelastet werden?
- Sind die Arbeitsvollzüge ausreichend aufeinander abgestimmt (koordiniert)?
- Wird zu oberflächlich oder zu perfektionistisch gearbeitet?
- Werden die Vorschriften und Normen eingehalten?
- Stehen die notwendigen Informationen ausreichend und rechtzeitig zur Verfügung?
- Werden die notwendigen Entscheidungen rechtzeitig gefällt?
- Werden Aufträge klar, vollständig und mit angemessenen Terminen erteilt?
- Ist die fachliche Qualifikation der Mitarbeiter ausreichend?
- Sind die räumlichen Voraussetzungen verbesserungsfähig? Sind die gegebenen Räume optimal genutzt?
- Ist die Arbeitsatmosphäre gut?
- Sind die Mitarbeiter genügend motiviert?
- Sind die Mitarbeiter zufrieden?
- Bin ich selbst zufrieden?

Probleme zu erkennen ist einerseits Aufgabe jedes einzelnen, setzt andererseits aber auch die Einsicht weiterer Kreise voraus[110]. Beim Erkennen auf *individueller Ebene* handelt es sich um ein subjektives Feststellen von Mängeln. Unterschiedliche Menschen aber haben unterschiedliche Einstellungen und Idealvorstellungen und verfügen über unterschiedliche Informationen und Kenntnisse. Dies führt unweigerlich dazu, dass die bestehenden objektiven Zustände unterschiedlich wahrgenommen und bewertet werden.

Obwohl dem individuellen Erkennen von Problemen grosse Bedeutung zukommt, ist es damit noch nicht getan. Häufig muss – damit sich wirklich etwas ändert – auch auf *kollektiver Ebene* ein Problem als solches erkannt werden. Je mehr Personen der Meinung sind, da müsse «man» etwas tun, desto grösser ist die Wahrscheinlichkeit, dass dann tatsächlich etwas getan wird.

Weichen die Ansichten der einzelnen Beteiligten voneinander ab, so kommt es zu Auseinandersetzungen, die sich auf Problemsicht sehr fruchtbar auswirken können. Wie immer, wenn man etwas von verschiedenen Seiten betrachtet, vertieft und verbreitert sich die Sicht und allfällige «Sehfehler» können korrigiert werden.

Der Prozess kollektiver Problemerkennung beinhaltet stets auch politische Momente. So kann z.B. jemand «grundsätzlich an seinem Standpunkt festhalten», ein anderer diejenigen Aspekte des Problems besonders betonen, die sein Fachgebiet betreffen und wieder ein anderer daran interessiert sein, ein Problem gar nicht erst «auftauchen» zu lassen. Nicht selten wird durch solche Aktivitäten das Erkennen und die Lösung wichtiger Probleme erschwert oder verhindert.

Zweiter Schritt: Lösungen initiieren

Ist ein Problem – auch von mehreren Personen – als solches erkannt, so heisst das noch lange nicht, dass es auch angepackt wird bzw. angepackt werden kann, denn

- der Vorgesetzte, die Arbeitsgruppe, die Abteilung bzw. das soziale System Krankenhaus als Ganzes ist meist mit einer Vielzahl von Problemen konfrontiert, so dass *Prioritäten* gesetzt werden müssen.

- bei vielen Problemen finden sich nicht nur Befürworter, sondern auch Gegner. Diese wehren sich gegen Änderungen, entweder weil sie sie unnötig finden oder weil sie die eigenen Interessen in irgendeiner Weise gefährdet sehen.
- vielleicht zeigt sich bereits in dieser Phase, dass der Aufwand, den eine Problemlösung erfordern würde, mit den zu erwartenden Verbesserungen in einem Missverhältnis steht. Oder die entsprechenden Änderungen sind mit Folgeproblemen verbunden, deren Ausmass den jetzigen Zustand als das geringere Übel erscheinen lässt.

Es ist nicht jedes Problem so dringend (oder so «reif»), als dass es sofort angegangen werden müsste (oder könnte). Ob ein Problem einer Lösung zugeführt werden soll, und – wenn ja – zu welchem Zeitpunkt, das ist ein Grundsatzentscheid, der in dieser Initiierungsphase getroffen werden muss. Um diesen Entscheid fällen zu können, müssen die Chancen und Risiken abgewogen werden, die mit der Inangriffnahme eines Problemlösungsprozesses verbunden sind. In diesem Zusammenhang empfiehlt es sich, zuerst die folgenden Fragen zu beantworten:

Frage 1: *Muss ich eingreifen?:* Die Erreichung welcher Ziele wird durch das Problem gefährdet? – Welche Auswirkungen/Konsequenzen lassen sich abschätzen? – Wer oder was ist davon betroffen? – Handelt es sich bloss um eine Störung, die durch vorübergehende Veränderungen bedingt ist? (Ein Checkschema zur persönlichen Arbeitstechnik findet sich in Abb. 135/Anhangband.)

Frage 2: *Wann muss ich eingreifen?* (diese Frage stellt sich, wenn die erste Frage mit Ja beantwortet wird) Welche Priorität hat das Problem?

- *Priorität 1:* Droht eine unmittelbare Gefahr? Wenn ich unter Zeitdruck stehe und eine unmittelbare Gefahr droht, muss ich unverzügliche Massnahmen zu ihrer Abwehr ergreifen. Die Beseitigung der Ursachen wird auf später verschoben. Wann will ich das Problem gründlich untersuchen?
- *Priorität 2:* Ist das Problem sehr wichtig/dringend? Dann darf ich mit dem Eingreifen nicht zuwarten, sondern muss mich unbedingt so bald als irgendwie möglich mit dem Problem befassen.
- *Priorität 3:* Ist das Problem wichtig/ziemlich dringend? Wenn noch dringendere Aufgaben zu erledigen sind, kann ich die Bearbeitung dieses Problems zurückstellen. Wann (spätestens) muss eine Lösung gefunden sein?
- *Priorität 4:* Ist das Problem nicht so wichtig/dringend? Wenn eine Lösung zwar erwünscht, aber nicht unbedingt notwendig ist, kann ich die Problembearbeitung auf später verschieben (ohne das Problem ganz «ad acta» zu legen). Wann will ich mich damit befassen?

Frage 3: *Wen muss ich informieren?:* Wer wird durch das Problem direkt betroffen? – Wer wird durch das Problem am Rande betroffen? – Wann muss ich wem welche Informationen übermitteln?

Wie schon angedeutet, kann die Inangriffnahme eines Problems durch verschiedene Aktivitäten behindert werden. Folgende *Barrieren* kommen in Betracht[94]:

- *Wissensbarrieren:* Solche können einmal dadurch entstehen, dass jemandem die Informationen fehlen, die für eine richtige Auswertung/Einordnung des betreffen-

---

94 vgl. Grochla (1982)

den Problems erforderlich sind. Aber auch ein «Mehrwissen» kann die Initiierung behindern, z.B. das Wissen um negative Nebenwirkungen und Folgeprobleme.
- *Motivationsbarrieren:* Jedes Problem bzw. jeder Lösungsvorschlag wird – bewusst oder unbewusst – auch aufgrund persönlicher Bedürfnisse/Interessen beurteilt. Dass von daher nicht alle Betroffenen in gleichem Masse motiviert sind, das Problem anzugehen, lässt sich nicht vermeiden.
- *Machtbarrieren:* Wissen um die Wichtigkeit eines Problems und Interesse an einer Lösung bleiben ohne Wirkung, wenn die Kompetenz fehlt, die Inangriffnahme zu beschliessen. Umgekehrt kann jemand über die entsprechende Befugnis verfügen, diese aber dazu verwenden, eine Problemlösung zu verhindern. Eine besondere Form von Macht können mittlere Instanzen durch Informationsfilterung ausüben: Es werden nur die Informationen weitergeleitet, deren Inhalt den eigenen Interessen dient.
- *Organisationsbarrieren:* Die bestehende Organisationsstruktur kann Problemlösungen erschweren oder verhindern. Wenn z.B. klare Zuständigkeiten fehlen, verläuft manche gute Idee im Sand. Oder wenn die kompetenten Stellen nur über verschlungene «Dienstwege» zu erreichen sind, die vielleicht noch von «Torwächtern» kontrolliert werden. Das betriebliche Vorschlagswesen erfüllt da eine sehr notwendige Funktion.

In der Initiierungsphase ist also eine Reihe von Aktivitäten erforderlich, die sich unter folgenden Stichworten zusammenfassen lassen: *Sensibilisieren* (für die Problemstellung), *Motivieren* (zur Inangriffnahme) und *Mobilisieren* (von Machtpotentialen).

Dritter Schritt: Probleme analysieren

«Ein Problem ist halb gelöst, wenn es klar formuliert ist.» (Dewey) Um herauszufinden, worum es wirklich geht bzw. um von den «Symptomen» zu den Ursachen vorzudringen, ist es notwendig, das Problem möglichst umfassend zu *beschreiben*. Es empfiehlt sich, hierbei systematisch vorzugehen (sonst besteht die Gefahr, dass nicht alle wesentlichen Informationen beschafft werden). Zu diesem Zweck kann das folgende Fragen Raster verwendet werden, das aus den wesentlichen Problemdimensionen abgeleitet ist: *Wer? Wer* ist vom Problem betroffen?

Was?	Welche *Ziele* sind durch das Problem gefährdet? Welche Wirkungen sind zu erkennen?
Wie?	*Wie* zeigt sich das Problem genau?
Wo?	*Wo* tritt das Problem auf?
Wann?	*Wann* tritt das Problem auf? Welchen zeitlichen Verlauf hat es?
Ausmass?	Welches *Ausmass* hat das Problem?
Tendenz?	Welche *Tendenz* ist erkennbar?

Das Frageraster kann als Vorgabe für eine kurze *schriftliche* Problembeschreibung benutzt werden. Insbesondere aber kann es als *Leitlinie für Gespräche* dienen, in denen man sich über ein Problem informieren möchte. Dabei empfiehlt es sich allerdings, durch entsprechende Zusatzfragen jeweils zu prüfen, ob es sich bei den erhaltenen Informationen um Fakten oder um blosse Vermutungen handelt:

- An wen und wie und worüber will ich Fragen stellen?
- Sind die Informationen zuverlässig und ausreichend?
- Wie kann ich die erhaltenen Informationen nötigenfalls noch hinterfragen?

Nach dieser *Definition* des Problems gilt es in einem zweiten Teilschritt das Problem auf seine möglichen *Ursachen* hin zu untersuchen. Erst wenn die Ursachen eines Problems zumindest ansatzweise feststehen, können Ideen zu seiner Lösung entwickelt werden (erst die Diagnose, dann die Therapie).

Die allgemeinste Form der Problemanalyse ist die *Problemgliederung*. Hierbei wird das Problem schrittweise in seine Teile zerlegt. Wieder kann ein Frageraster helfen, die einzelnen Teile bzw. Teilbereiche eines Problems zu erfassen:

- Aus welchen Elementen (Teilproblemen) besteht das Problem?
- Was beeinflusst das Problem/Teilproblem? (personelle, sachliche, zeitliche Einflüsse)
- Wovon ist das Problem/Teilproblem abhängig? (personelle, sachliche, zeitliche Abhängigkeiten)
- Wurde etwas verändert? (personelle, sachliche, zeitliche Veränderungen)
- Wo entstehen Problemeinflüsse, Abhängigkeiten, Veränderungen?
- Wie hat sich das Problem entwickelt? Wie ist der Werdegang des Problems, von verschiedenen Standpunkten aus betrachtet?

Das Ergebnis der Problemgliederung ist eine übersichtliche Darstellung der Problemteile, die das Finden der Ursachen wesentlich erleichtert (oder erst ermöglicht).
Lösungsideen für Probleme zu entwickeln ist oft schon schwer genug. Häufig sind dann aber noch Schwierigkeiten oder Grenzen menschlicher, organisatorischer oder technischer Art vorhanden, die die Problemlösung hemmen oder zusätzlich erschweren. Solche Lösungshemmnisse gilt es bei der Analyse eines Problems ebenfalls einzukalkulieren (soweit sie sich einkalkulieren lassen). Die beste Voraussetzung dafür, dass ich ein Hindernis beseitigen oder umgehen kann, ist: dass ich das Hindernis zum voraus kenne; dass ich weiss, wo es liegt und wie gross es ist.

Eine Analyse ganz spezieller Probleme stellt die *Störungsanalyse* dar. Sie wird dort angewendet, wo in einem System, das über längere Zeit erfolgreich gearbeitet hat, plötzlich eine Störung aufgetreten ist. Bei dieser Analyse geht man davon aus, dass in einem solchen System nur dann eine Störung auftreten kann, wenn sich etwas verändert hat. Der Störung muss also irgendeine Veränderung zugrundeliegen. Um diese Veränderung herauszufinden, wird am besten folgendermassen vorgegangen[95]:

- Beschreiben der Störung.
- Suchen nach Veränderungen. Mögliche Elemente sind: die beteiligten Menschen, die eingesetzten Sachmittel, die zugrundeliegenden Informationen/Daten, die Regelungen für den Arbeitsablauf, die Aufgabenverteilung, die Umwelteinflüsse.
- Bilden von Hypothesen darüber, warum die Veränderungen Störungsursachen sein könnten.
- Vergleichen der Hypothesen mit den Fakten der Störungsbeschreibung; aufgrund dieses Vergleichs muss dann auf die wahrscheinlichste Ursache geschlossen werden.
- Überprüfen der wahrscheinlichsten Störungsursache.

95 vgl. Weisser (1979)

Werden die Ursachen eines Problems bzw. einer Störung nicht sorgfältig herausgearbeitet, so ist wohl eine «Symptombehandlung», nicht aber eine echte Problemlösung möglich.

Vierter Schritt: Ziele formulieren

Nachdem das Problem sowohl an sich wie auch in allen wesentlichen Zusammenhängen klar ist und auch die Ursachen bekannt sind, muss überlegt werden, was mit der Lösung genau erreicht werden soll. Es geht also jetzt darum, die Ziele und Bedingungen zu formulieren, die mit der Lösung erreicht werden sollen. Auch beim Prozess der Problemlösung gilt: «Wer nicht weiss, wohin er will, braucht sich nicht zu wundern, wenn er ganz woanders ankommt» (Mager). Ziele sind notwendig, denn

- ohne Ziele keine klaren Entscheidungen: Wenn der Bestimmungsort nicht klar ist, ist auch nicht klar, welche Weichen wann wie gestellt werden müssen. So wird überhaupt nicht, nur zögernd, unsicher, «aufs Geratewohl» oder ganz einfach falsch entschieden.
- ohne Ziele kein zielgerichtetes Vorgehen: Man packt das Problem zwar an und arbeitet möglicherweise hart, aber eben ziellos und damit ineffizient.
- ohne Ziele keine wirksame Erfolgskontrolle: Wenn der gewünschte Zustand nicht umschrieben ist, kann auch nicht festgestellt werden, ob er mit den getroffenen Massnahmen erreicht wurde oder nicht.

Ziele sind notwendig, und zwar klare Ziele. Ein Ziel wie «Verminderung der Fluktuation und der Fehlzeiten in Bereich X» ist viel zu vage gefasst, um wirklich brauchbar zu sein. Ein Ziel ist dann brauchbar, wenn es erreichbar, eindeutig, überprüfbar und der Zeitraum seiner Erreichung festgesetzt ist. Wie schwierig es ist, bei der Festsetzung von Zielen diese vier Forderungen zu erfüllen, soll an einem Beispiel illustriert werden. Das Ziel lautet: «Die Fluktuationsrate in Bereich X soll bis zum 30.6. um 25% gesenkt werden».

- *Kriterium 1: Erreichbarkeit:* Wie Untersuchungen zeigen, hängt die Fluktuationsrate in einer Organisation von Faktoren wie Arbeitszufriedenheit, Führungsverhalten des Vorgesetzten oder Gruppenzugehörigkeit ab. Das bedeutet, dass das genannte Ziel durch Massnahmen allein in einem der drei Bereiche nicht zu erreichen ist.
- *Kriterium 2: Eindeutigkeit:* Das Ziel ist eindeutig formuliert.
- *Kriterium 3: Überprüfbarkeit:* Durch die Angabe des Prozentsatzes von 25% kann das Ausmass der Zielerreichung nicht nur qualitativ, sondern quantitativ erfasst werden. Die Formulierung solcher messbarer Ziele ist jedoch bei weitem nicht immer einfach und gestaltet sich vor allem in der sozialen Zieldimension äusserst schwierig.
- *Kriterium 4: Erreichungszeitraum:* Der Zeitraum, innerhalb dessen die Fluktuationsrate gesenkt werden soll, ist festgesetzt: 30. Juni.

Werden Ziele formuliert, die erreicht werden *müssen* bzw. nicht über- oder unterschritten werden dürfen, so spricht man von *Bedingungen*.

Fünfter Schritt: Ideen entwickeln

Die Phase des Suchens nach Ideen/Lösungsmöglichkeiten spielt im Problemlösungsprozess eine ganz zentrale Rolle. Die besten Problemanalysen helfen nichts, wenn keine Idee zur Lösung des Problems gefunden wird. Nach Möglichkeit sollte nicht nur eine, sondern *möglichst viele Ideen* für Lösungsansätze gefunden werden. Denn mit zunehmender Zahl an Lösungsvarianten steigt auch die Wahrscheinlichkeit, dass sich eine sehr gute darunter befindet. Eine grosse Zahl von Lösungsalternativen aber erfordert zahlreiche Ideen. Und diese Ideen zu finden ist nicht immer einfach. Um möglichst viele Alternativen zu erhalten, darf nicht einfach ein Inventar der bereits bestehenden (und oft recht ausgetretenen) Wege erstellt werden. Vielmehr geht es darum, in einem kreativen Akt möglichst viele *neue* Ideen zu entwickeln. Grundsätzlich gilt es hierbei folgende drei Prinzipien zu beachten[96]:

- *Prinzip der Verfremdung:* Es soll versucht werden, sich von der konkreten Problemstellung zu lösen und auch scheinbar unergiebige Assoziationen zu verfolgen. So können Blockierungen, die auf Einstellungen, Gewohnheiten und Traditionen beruhen, aufgelockert und durchbrochen werden.
- *Prinzip der verzögerten Bewertung:* Während der Ideenfindungsphase sollen die auftauchenden Ideen auf keinen Fall bewertet werden. Jede Bewertung unterbricht den Prozess der Ideenentwicklung. Mit anderen Worten: Es ist völlig unwichtig, ob eine Idee durchführbar oder utopisch, phantastisch oder kurios ist.
- *Prinzip der zufälligen Anregung:* In dieser Phase soll dem Zufall die Tore geöffnet werden, indem jede Äusserung zugelassen wird, wie belanglos und zusammenhanglos sie auch erscheinen mag. Nur so können einem glückliche, unerwartete Entdeckungen «zufallen».

Auf das wichtige Thema Kreativität und verschiedene Methoden zum Finden von Ideen wird in Abschnitt 443 eingegangen.

Sechster Schritt: Ideen bewerten

Was es in der Phase der Ideenfindung strikte zu vermeiden galt, wird jetzt zur Aufgabe: die Bewertung der vorhandenen Lösungsvarianten, um aufgrund dieser Bewertung die günstigste Variante auswählen zu können. Die einzelnen Alternativen unterscheiden sich aufgrund der Konsequenzen, die sie für die betreffenden Strukturen oder Personen haben.
Um diese Unterschiede beurteilen zu können, müssen die Konsequenzen der einzelnen Varianten nach einheitlichen Gesichtspunkten geordnet werden, d.h. es sind *Kriterien* erforderlich. Idealerweise sind solche Kriterien in Form von *Zielen* vorhanden, die – sofern sie klar formuliert sind – den optimalen Beurteilungsmassstab abgeben. Dann lautet die zu beantwortende Frage: Welche der zur Auswahl stehenden Lösungsalternativen verspricht anhand ihrer zu erwartenden Konsequenzen auf die angestrebten Ziele die höchste Wirksamkeit?
Wie wir festgestellt haben, ist die Formulierung von Zielen nicht immer einfach, so dass wir bei der Bewertung oft nicht auf Ziele zurückgreifen können. Aus diesem

[96] vgl. Sikora (1976)

Grund werden wir häufig so vorgehen müssen, dass wir nach *Merkmalen* suchen, aufgrund derer sich die vorhandenen Alternativen unterscheiden. Solche Kriterien lassen sich meist ohne grosse Schwierigkeiten finden. Im Hinblick auf das zu lösende Problem sind dann zu diesen Kriterien Ziele oder *Bedingungen* zu formulieren, die eingehalten werden müssen.

In dieser Phase des Problemlösungsprozesses geht es also darum die Konsequenzen der einzelnen Lösungsalternativen abzuschätzen. Besondere Beachtung muss dabei möglichen *unerwünschten Konsequenzen* geschenkt werden. Zum Erfassen von möglichen Folgeproblemen, Risiken und Schwierigkeiten eignen sich Fragen wie die folgenden:

- Welche Fakten/Zusammenhänge/Annahmen, die der Lösung zugrundeliegen, können sich ändern?
- In welchen Bereichen liegt noch wenig Erfahrung vor?
- Wo gibt es Engpässe?
- Welche Bereiche sind besonders komplex und undurchsichtig?
- Wo gibt es Lücken oder Überschneidungen in den Zuständigkeiten?
- Wo existieren Interessen, die sich gegen die Lösung richten?
- Welche Hemmnisse/Schwierigkeiten personeller, zeitlicher, sachlicher, räumlicher Art sind zu erwarten?

Anhand solcher Fragen lassen sich Lösungsalternativen modifizieren bzw. vorbeugende Massnahmen einbeziehen, um möglichen Begleit- und Folgeproblemen begegnen zu können.

Um die Kriterien, Ziele und Bedingungen für die Problemlösung sowie die Vor- und Nachteile der einzelnen Lösungsvarianten übersichtlich darzustellen, empfiehlt es sich, ein vorgegebenes Schema zu verwenden (Abb. 118).

Zur Veranschaulichung ist die Analyse verschiedener Alternativen am Beispiel «Mietwohnung» durchgeführt (Abb. 18/Anhangband). Anhand einer solchen Aufstellung

Abbildung 118: Schema zur Bewertung von Lösungsproblemen[99]

	PROBLEM		
Bedingungen	Alternativen		
	A	B	C
1. 2.			
Kriterien Ziele	R	R	R
1. 2.			

[99] vgl. Weisser (1979)

können die Alternativen schon recht gut überblickt und beurteilt werden. Häufig ist eine derartige Analyse ausreichend, um sich die notwendige Sicherheit für die Entscheidungen zu verschaffen. Will man die Alternativen auch zahlenmässig bewerten, bietet sich die Bildung von *Ziel-Rangreihen* an: Die Alternativen werden nacheinander jeweils hinsichtlich eines Zieles verglichen und die Urteile mit Rangzahlen festgehalten (Kolonne «R» im Schema). Im Beispiel käme bei Ziel 8 Wohnung C auf den ersten, A auf den zweiten, B auf den dritten Platz. Das so entstehende Zahlenbild kann das abschliessende Urteil wesentlich erleichtern.

Ist Ihnen dieses Vorgehen zu systematisch? Oder zu aufwendig? Manche Vorgesetzten sind der Meinung, wer entschlossen und fähig sei, Entscheidungen zu treffen, der habe es nicht nötig, Entscheidungen so systematisch und aufwendig vorzubereiten. Darauf ist folgendes zu sagen:

- Der Aufwand für die Entscheidungsvorbereitung muss natürlich in einem vernünftigen Verhältnis zur Bedeutung der Entscheidung stehen.
- Die Wahl einer Alternative darf aber immer erst dann erfolgen, wenn man die Möglichkeiten kennt, und wenn man weiss, was man will. Wir wissen nicht immer so genau, welche Ziele wir mit unserem Handeln verfolgen (soll die Wohnung möglichst billig oder möglichst gross sein)? Oft verfolgen wir mit unseren Handlungen auch konkurrierende Ziele (die Wohnung soll möglichst billig und zugleich möglichst gross sein).

Charakteristisch für die Phase der Bewertung und Auswahl ist ihre hohe *Konflikthaltigkeit*. Dies kann darauf zurückgeführt werden, dass

- die Ziele der Problemlösung nur vage formuliert sind und daher unterschiedlich interpretiert werden.
- unterschiedliche Ansichten über die zu erwartenden Wirkungen der einzelnen Alternativen bestehen.
- auch individuelle Interessen der Beteiligten die Bewertung beeinflussen (Macht/Status/Prestige ...).

Die eigentliche Entscheidung für eine der vorliegenden Lösungsalternativen ist ganz von den Vorarbeiten abhängig: Je klarer die Ziele und je sorgfältiger die Analyse, umso klarer treten die Unterschiede zwischen den einzelnen Möglichkeiten hervor, und umso leichter fällt die Wahl.

Siebter Schritt: Ideen verwirklichen

Eine Lösung für ein Problem zu finden ist oft schon schwer genug. Genauso schwierig jedoch ist es häufig auch, eine gewählte Lösung/getroffene Entscheidung in die Wirklichkeit umzusetzen. Folgende Aktivitäten stehen hier im Vordergrund:

- Detailliertes Ausarbeiten der Durchführung
- Veranlassen der Durchführung (Willensdurchsetzung)
- Durchführung (Realisation)

Auf die verschiedenen Aspekte, die in der Phase der Willensdurchsetzung und der Realisation von Bedeutung sind, wird an anderern Stellen ausführlich eingegangen. Diese Phasen stellen wie gesagt den eigentlichen Kern der Führung dar, indem hier die direkte unmittelbare Einflussnahme auf das (Arbeits-)Verhalten des Mitarbeiters stattfindet. Bei der detaillierten Ausarbeitung des Realisationsprozesses – die durch den Vorgesetzten oder den Mitarbeiter erfolgen kann – geht es in erster Linie darum, die zur Verwirklichung der Lösung notwendigen Arbeitsschritte vollständig zu erfassen und in ihrer Abfolge zu ordnen sowie Termine festzulegen und die verfügbaren Kapazitäten an Personen und Sachmitteln optimal einzusetzen. Es soll nochmals betont werden, dass die Verwirklichung einer Idee letztlich davon abhängt, ob sie von denen, die sie realisieren sollen, akzeptiert wird. Ihren Mitarbeitern geht es genauso wie Ihnen selbst: Sie werden eine Idee umso eher akzeptieren, je mehr sie an ihrer Entwicklung beteiligt waren.

Achter Schritt: Erfolg überprüfen

Nehmen wir an, die Durchführung einer Entscheidung sei in vollem Gange – ist der Problemlösungsprozess damit abgeschlossen? Nein, sicher nicht – denn wie der Bogenschütze nach dem Schuss erfahren muss, wo sein Pfeil gelandet ist, so muss auch derjenige, der an der Lösung eines Problems beteiligt war, erfahren, wie sich die beschlossenen Massnahmen ausgewirkt haben. So stellt sich hier nach einiger Zeit die Aufgabe, die realisierte Problemlösung hinsichtlich ihrer Wirkungen zu beurteilen und den Erfolg des Realisationsergebnisses festzustellen. Um die Lösung eines Problems zu sichern, gilt es einerseits Abweichungen vom angestrebten Zustand zu erkennen und andererseits diese Abweichungen anhand von regulierenden Massnahmen zu korrigieren. Fragen der Kontrolle und Korrektur werden in den Abschnitten 446 und 447 näher besprochen.
Eine systematische Erfolgskontrolle bildet die Voraussetzung für eine systematische Problemerkennung. Wird ein Problem erkannt, beginnt der beschriebene Prozess von vorne, weshalb man vom *Problemlösungs-Kreislauf* spricht. (Eine Checkliste zur Problemlösung finden Sie in Abb. 1/Anhangband.)

443 Das kreative K

Überall, wo Menschen mit Menschen oder Menschen mit Dingen zu tun haben, tauchen Probleme auf – überall, wo versucht wird, bestimmte Ziele zu erreichen. Wer – wie der Vorgesetzte – Probleme zu lösen und Entscheidungen zu fällen hat, dem muss etwas einfallen. Der muss fähig sein, Ideen zu entwickeln, die im wesentlichen neu sind und ihm vorher unbekannt waren. Das heisst: Ein Vorgesetzter muss fähig sein, kreativ zu denken und handeln.
Bevor wir uns einzelnen kreativen Methoden und Techniken zuwenden, wollen wir uns zum Thema Kreativität einige grundlegende Gedanken machen. «Kreativität» kommt vom lateinischen Verb «creare», was soviel bedeutet wie: *zeugen, gebären, erschaffen*. Wenn wir weiter fragen, *was* denn erzeugt, geboren, erschaffen wird, lässt sich dies am ehesten mit «etwas Neues» umschreiben.
Kreativität ist die Fähigkeit, Ideen zu produzieren, die im wesentlichen neu sind und demjenigen, der sie produziert, vorher unbekannt waren. «Kreativität zeigt sich überall dort, wo *neue* Lösungen gefunden, *neue* Verfahren eingesetzt, *neue* Wege begangen, bestehendes *neu* gestaltet, *neues* Denken eingeschlagen oder *neue* Formen ge-

wählt werden. Das Hervorbringen von *Neuem* muss als wesentlichstes Merkmal der Kreativität angesehen werden.»[97]
«Allen kreativen Prozessen liegt die eine gemeinsame Fähigkeit zugrunde, nämlich die Fähigkeit, Beziehungen zwischen vorher unbezogenen Erfahrungen zu finden, die sich in Form neuer Denkschemata als neue Erfahrungen, Ideen oder Produkte ergeben.»[98] Diese Feststellung hilft uns auch, die Bedeutung der Kreativität für die Problemlösung klarer zu erfassen. Denn ein Problem liegt dann vor, wenn ein Individuum ein bestimmtes Ziel erreichen will, jedoch nicht weiss, wie es zu diesem Ziel gelangen kann, also nicht auf wohlbekannte, spezifische Verfahren oder spezifische Techniken und Operationen zurückzugreifen vermag. Wer keine gewohnten Wege einschlagen kann, um ein bestimmtes Ziel zu erreichen, muss neue Wege suchen (und finden), das heisst: Er muss kreativ sein.
Sofort stellen sich nun die folgenden Fragen:
- Gibt es Methoden/Strategien, um Ideen zu produzieren? Und: Kann man diese erlernen?
- Kann man lernen, wie man verschiedene, ungewohnte und nichtzusammenhängende Elemente zu neuen Strukturen verbindet?
- Kann man die Fähigkeit erwerben, Informationen anders als sonst üblich zu kombinieren?

Diese Fragen sind für jeden von uns von Bedeutung. Denn allzu oft gehen wir von der Vorstellung aus, dass Kreativität einigen begnadeten Genies vorbehalten sei, die als Wissenschafter oder Künstler Neues schaffen oder bereits Geschaffenes in einmaliger Weise darzustellen vermögen. Die noch junge wissenschaftliche Kreativitätsforschung und die Trainingserfahrungen aber beweisen[99]:
- Jeder Mensch hat in unterschiedlichen Ausprägungsformen ein kreatives Potential, das jedoch wenig ausgeschöpft, sondern durch Erziehung, Ausbildung und Umwelt eher blockiert wird.
- Kreatives Denken und Verhalten kann durch Training, d.h. Erlernen von kreativitätssteigernden Denkmethoden und Verhaltensformen gefördert werden.
- Die Art der «Spielregeln» in einer Organisation (Organisationsstrukturen, Führungsstil, Motivationssystem) bestimmt wesentlich die kreative Leistungsfähigkeit der Mitarbeiter.

Kreativität ist somit nicht etwas, was einem in die Wiege gelegt wurde (oder eben nicht), sondern eine Fähigkeit, die in jedem von uns schlummert und geweckt werden kann. Die Fragen, die uns natürlich am meisten interessieren lauten: *Wie* kann die Entwicklung der Kreativität gefördert werden? *Welche* Ansatzpunkte bieten sich an für eine solche Förderung der Kreativität? Im folgenden sollen einige wesentliche Ansatzpunkte kurz umrissen werden[100].
- *Einstellungen:* Sie bestimmen die Reaktionen des Individuums Personen, Gegenständen und Ideen gegenüber in hohem Masse; sie üben eine *Filter-Funktion* aus:

[97] Delhees (1983)
[98] Landau (1969)
[99] vgl. Sahm (1980)
[100] vgl. Sikora (1976)

Informationen werden solange «gefiltert», bis eine Konformität mit den eigenen Normen, Meinungen, Handlungen und Erfahrungen erreicht wird. Diese Filter haben eine Schutzfunktion: Sie bewahren das Individuum vor einer permanenten Identitätskrise.

Die Tendenz von Einstellungen, zu erstarren und Verunsicherungen zu vermeiden, wirkt sich auf die Kreativität negativ aus. *Typische Denkkombinationen* («stets») und *gewohnte Verhaltensnormen* («habits») erschweren neue Kombinationen oder verhindern sie sogar. Um kreativ zu werden, ist es notwendig, aus gewohnten Denk- und Verhaltensmustern *auszubrechen.*

- *Motivation:* Hier lautet die Frage: Was motiviert zu Kreativität? Was richtet das Erleben und Verhalten des Individuums auf kreative Leistungen aus? Grundsätzlich sollte die Motivationsstruktur die folgenden zwei Merkmale aufweisen: (1) eine grössere *Sensitivität* für die ‚Lücken' in den eigenen Erfahrungen und für das Fehlen von Geschlossenehit, das in der Umwelt existiert und (2) eine stärkere *Leistungsmotivation:* Kreative Menschen haben ein starkes Bedürfnis, die eigenen Leistungen in all jenen Bereichen zu steigern (oder möglichst hoch zu halten), in denen sie eine persönliche Leistungsnorm gesetzt haben.
- *Fähigkeiten:* Für das kreative Denken sind vor allem drei Fähigkeiten von Bedeutung: *Flüssigkeit* (Gesamtzahl der Ideen, die in einem vorgegebenen Zeitraum produziert werden); *Flexibilität* (Anzahl deutlich voneinander zu unterscheidenden Kategorien von Assoziationen); *Originalität* (Seltenheit/Einzigartigkeit von Assoziationen).

Weitere bedeutende Fähigkeiten sind: *Problemsensitivität* (Empfindsamkeit/ Offenheit für Probleme; Gespür für Differenzierungen der Wirklichkeit), *Elaboration* (Fähigkeit zur genauen Ausarbeitung einer Sache), *Bewertung* (Fähigkeit, die wesentlichsten Bewertungskriterien für Ideen zu finden). Diese 6 Fähigkeiten lassen sich durch Übung fördern.

- *Persönlichkeitsmerkmale:* Folgende Persönlichkeitsmerkmale begünstigen Kreativität: *Autonomie* im Denken und Verhalten/Unabhängigkeit in der Urteilsfindung; *Offenheit* gegenüber neuen Erfahrungen; *Neigung, vom Herkömmlichen abzugehen* und sich nicht in eingefahrenen Gleisen zu bewegen: *Nonkonformismus; Expression* innerer Prozesse (Emotionen, Imaginationen, Denken); *Widerstand gegen Hemmungsvorgänge beim Lernen* (Verhindern von Stereotypen und überstarken Gewohnheiten, Freiheit von Vorurteilen und Tabus); aktives *Verarbeiten von Konflikten;* sich besonders von Situationen angezogen fühlen, die von anderen als auswegslos betrachtet werden; *produktive Unzufriedenheit* mit dem Bestehenden (ständige Frage: Was kann verbessert bzw. verändert werden?).

Diese Eigenschaften können jedoch keinesfalls als absolute Kriterien betrachtet werden; einen sicheren Nachweis für die Bestimmung der Kreativität einer Persönlichkeit vermögen sie nicht zu liefern.

Der *kreative Prozess* kann in vier Phasen unterteilt werden[101]:
- *Vorbereitungsphase:* In dieser ersten Phase erfolgt die Sammlung des vorhandenen Wissens, der Informationen, der Beobachtungen, Feststellungen und Assoziationen, die mit dem Problem irgendwie zusammenhängen. Diese Phase ist mit harter Denkarbeit verbunden.

101 vgl. Höhn (1978)

- *Inkubationsphase:* Dies ist die Zeit des Wartens vom Abschluss der Vorbereitung bis zum Finden von Ideen. Diese Phase verläuft als Zeit der Reifung der Gedanken weitgehend im Unterbewusstsein.
- *Einsichtsphase* (Illuminationsphase): Das ist die Phase des «Aha-Erlebnisses». Hier gelangt der um die Lösung des Problems Ringende zur Lösung selbst.
- *Gestaltungsphase* (Verifikationsphase): In dieser letzten Phase wird versucht, die Lösung in die Wirklichkeit umzusetzen. Die besten kreativen Ideen sind nutzlos, wenn sie sich aufgrund der gegebenen Situation nicht realisieren lassen.

Auf die zentralen drei Prinzipien, die beim Suchen nach Ideen beachtet werden müssen, wurde bei der Beschreibung des Problemlösungsprozesses bereits hingewiesen; sie sollen hier deshalb nur nochmals kurz in Erinnerung gerufen werden: Prinzip der verzögerten Bewertung, Prinzip der Verfremdung, Prinzip der zufälligen Anregung. Von der Einhaltung dieser Prinzipien ist der Erfolg der Ideenfindung in entscheidendem Masse abhängig.

Wie im Zusammenhang mit den Einstellungen bereits angetönt wurde, gibt es viele Faktoren, die eine solche neue Kombination von Informationen erschweren oder sogar ganz verhindern. Solche *Kreativitätsbarrieren* lassen sich grob in kognitive, emotionale und kulturelle Barrieren gliedern[102]. Unter den *kognitiven Barrieren* versteht man Schwierigkeiten mit intellektuellen Fertigkeiten, die das Finden von neuen Lösungen behindern (es heisst dann, dass jemand «vor lauter Bäumen den Wald nicht mehr sieht»). Kognitive Barrieren sind:

- *Wahrnehmungsmässige Barrieren:* Diese bestehen im Bild, das man sich von einer Szene macht und einen daran hindert, das Problem unbelastet zu betrachten.
- *Funktionale Gebundenheit:* Das bedeutet, dass spezifische Vorerfahrungen das Verhalten in der Problemlösungssituation derart beeinflussen, dass der in einer bestimmten Situation zweckmässige Weg in einer neuen Situation überhaupt nicht in Erwägung gezogen wird.
- *Lösungsweg-Fixierung:* Darunter versteht man die «mechanische», unreflektierte, starre Vorgehensweise bei der Lösung von Aufgaben.
- *Wenn-dann-Sätze:* Solche werden dann zu Barrieren, wenn einer Aussage keine echte, sondern eine sogenannte Schein-Korrelation zugrunde liegt (wenn also im Grunde genommen gar keine Wenn-dann-Beziehung besteht).
- *Dominante Theorien:* Eine beherrschende Idee kann ein Hindernis statt ein Vorteil sein.

Unter *emotionalen Barrieren* werden alle die individuellen Ängste, Befürchtungen, Unsicherheiten verstanden, die den einzelnen daran hindern, schöpferisch tätig zu werden. Besonders ausgeprägte emotionale Blockierungen sind:

- *Fehler-Angst:* Die Furcht davor, Fehler zu machen ist zum einen häufig eine Frucht negativer Schulerfahrungen; zum anderen trägt auch das unsere Gesellschaft beherrschende Leistungs- und Konkurrenzprinzip dazu bei.
- *Zeitdruck:* Meist steht der Problemlöser unter Zeitdruck; er soll so schnell wie möglich Lösungsvorschläge entwickeln. Dieses Gefühl, dass hinter einem jemand steht, der auf das Ergebnis wartet, wirkt als Blockade.

102 vgl. Sikora (1976)

- *Sicherheitsbedürfnis:* Übertriebenes Streben nach Sicherheit wirkt sich auf den kreativen Prozess ebenfalls negativ aus. Wer sich nämlich in den Prozess des Suchens nach Ideen einlässt, der verliert zumindest für geraume Zeit den festen Boden unter den Füssen. Er bewegt sich in Bereichen und Dimensionen, in denen die Abläufe und Ergebnisse nicht vollumfänglich vorausgesagt werden können. Diese Situation kollidiert mit dem (verständlichen) Bedürfnis nach Sicherheit. So heisst Kreativ-Sein immer: das Wagnis unternehmen, Sachverhalte und sich selbst in Frage zu stellen.
- *Mangelndes Vertrauen:* Viele Menschen trauen sich selbst überhaupt nicht zu, schöpferisch zu sein. Aber wie oben festgestellt wurde, ist Kreativität nicht einfach nur die Gabe einer guten Fee, die nur wenige beschenkt, sondern eine Art des Denkens, die in der herkömmlichen Erziehung zu wenig ausgebildet, teilweise sogar untersagt wird. Jeder Mensch hat kreative Fähigkeiten, bloss erkennt er sie oft nicht, weil sie selten gefragt, geübt und entwickelt werden.

Mit *kulturellen Blockierungen* sind vor allem kreativitätsfeindliche *Normen und Werte* gemeint, die im Laufe der Sozialisation der jeweils nachwachsenden Generation vermittelt werden. Kulturelle Blockierungen in unserer Gesellschaft sind vor allem:

- *Konformitätsdruck:* Wer die übernommenen Verhaltensnormen einhält (wer tut, was «man» tut), wird belohnt. Wer von solchen Verhaltensmustern abweicht, verunsichert seine Umwelt. Konformismus wird belohnt, Nonkonformismus in der Regel bestraft (wobei gerade Nonkonformismus eine wichtige Voraussetzung für Kreativität darstellt).
- *Trennung von Arbeit und Spiel:* Wer in unserer Gesellschaft Arbeit und Spiel in Verbindung zu bringen wagt, dem wird im positivsten Fall mangelnder Wirklichkeitssinn bescheinigt. Gerade die Trennung dieser beiden Sphären ist eine der grundlegenden Ursachen für mangelnde Kreativität im Berufsleben. Arbeit bedeutet die mehr oder minder routinierte Handhabung erlernter Methoden und Techniken. Sehr häufig tritt Hilflosigkeit ein, wenn man dabei auf ein Problem stösst, bei dem die gewohnten Lösungswege nicht mit Erfolg eingesetzt werden können.

Schliesslich gibt es in jeder Organisation spezifische *organisationale Kreativitätsbarrieren;* solche sind[103]:

- *Autoritärer Führungsstil:* Greift der Vorgesetzte ständig in den Aufgabenbereich des Mitarbeiters ein, so kann dieser keine Kreativität entwickeln.
- *Formalisierung:* Richtlinien, Regelungen und Anordnungen, die mehr oder weniger jedes Verhalten vorschreiben, engen den Handlungsspielraum des Mitarbeiters ebenfalls zu stark ein (Kreativität setzt Freiheit voraus).
- *Abblocken neuer Ideen:* «Das ist bei uns nicht möglich.» Viele wertvolle Ideen werden durch diese und ähnliche ‚Killerphrasen' ums Leben gebracht (siehe unten).
- *Fehlende Anerkennung:* Kreative Ansätze werden entweder gar nicht wahrgenommen oder – wenn sie wahrgenommen werden – wenig geschätzt.
- *Kritik:* Werden Ideen eines Mitarbeiters vor Dritten lächerlich gemacht, so wirkt sich dies extrem negativ aus: Wer sich blossgestellt fühlt, wird in Zukunft mit eigenen Gedanken zurückhaltend sein.

- *Falsche Kontrolle:* Vorgesetzte, die Aufsicht mit Dauerüberwachung verwechseln, haben eine demotivierende, kreativitätshemmende Wirkung.
- *Demotivierendes Verhalten:* Wie im zweiten Kapitel gezeigt wurde, steht dem Vorgesetzten ein breites Spektrum an Möglichkeiten offen, die (Leistungs-)Motivation seiner Mitarbeiter negativ zu beeinflussen. Wer nicht motiviert ist, wird nicht mehr tun als unbedingt nötig (und sich auf keinen Fall um neue Ideen, Wege, Verfahren bemühen).

Zwei Fallstudien zum Thema finden sich in Abbildungen 106/107/Anhangband. Nachdem wir uns mit einigen grundlegenden Fragen der Kreativität beschäftigt haben, wenden wir uns jetzt verschiedenen Methoden/Strategien zu. In den letzten Jahren wurden sehr viele neue Kreativitäts-Methoden entwickelt und erprobt, und es soll an dieser Stelle darauf verzichtet werden, alle diese Verfahren aufzulisten. Auf vier grundlegende Methoden wird im folgenden näher eingegangen: Brainstorming, Reizwortanalyse, Morphologische Analyse und Synektik.

Brainstorming

Diese wohl bekannteste Methode wurde von Osborn entwickelt; sie besteht in der «Ideenfindungs-Sitzung» einer Gruppe. Diese Sitzung dient dazu, möglichst viele Ideen zu gewinnen, die zur Lösung eines Problems beitragen sollen. Die vier *Grundregeln* lauten:

- Jede *Kritik* ist *verboten.*
- Jede *Idee* ist *willkommen.* Je spontaner, ausgefallener, ungewöhnlicher, verschrobener, unorthodoxer eine Idee ist, desto besser.
- *So viele Ideen wie nur möglich.*
- Die *Ideen anderer aufnehmen* und weiterentwickeln.

Beim Brainstorming werden *drei Phasen* unterschieden:

- *Phase 1: Ideensturm:* In der ersten Phase (Dauer ca. 20 Minuten) werden unter Einhaltung der genannten vier Spielregeln spontan möglichst viele Ideen «abgefeuert». Die Äusserungen werden entweder notiert oder mittels Tonbandgerät festgehalten.
- *Phase 2: Ventilieren:* In der zweiten Phase können die gewonnenen Ideen verbessert und weitere Iden hinzugefügt werden. Osborn schlägt vor, jede einzelne Idee unter Verwendung der folgenden *Checklist* zu überprüfen[104]:
Anders verwenden? Welchen Gebrauch kann man von der Idee noch machen?
Anpassen? Was ist so ähnlich wie die geäusserte Idee? Welche Parallelen lassen sich ziehen? Auf welche anderen Ideen weist sie hin?
Verändern? Kann man einzelne Elemente verändern bzw. umgestalten?
Vergrössern? Was kann man hinzufügen? Mehr Zeit? Grössere Häufigkeit?
Verkleinern? Was kann man wegnehmen? Kleiner? Konzentrierter? Weglassen? Aufteilen?
Ersetzen? Wass kann man an der Idee ersetzen? Wodurch? Anderes Material? Verlauf anders gestalten? Andere Bedingungen?

104 vgl. Sahm (1980)

- *Umstellen?* Kann man Teile austauschen? Andre Teile einfügen? Andere Reihenfolge? Anderer Zeitplan?
- *Umkehren?* Kann man Elemente umkehren? Vertauschen?
- *Kombinieren?* Kann man Elemente miteinander in Verbindung bringen? Ideen oder Personen in Beziehung setzen? Zusammenfassung? Mischen?
Die Effizienz eines Brainstormings ist wesentlich von der gekonnten Handhabung dieser Checkliste abhängig. Meistens wird dieser Teil der Methode jedoch übergangen, vielfach ist er gar nicht bekannt.
- *Phase 3: Bewerten:* In dieser Phase empfiehlt es sich, die Ideensammlung in vier Gruppen zu gliedern: sofort auswertbare Ideen, später auswertbare Ideen, noch einmal neu zu durchdenkende Ideen, unbrauchbare Ideen.

Die vier eingangs genannten Regeln bilden das Grundgerüst jedes Brainstormings. Alles andere lässt sich verändern oder variieren. So sind beispielsweise folgende *Varianten* möglich:
- Die Gruppenarbeit wird durch Einzelarbeit oder Inter-Gruppen-Kontakte ergänzt und/oder ersetzt.
- Die verbale Kommunikation wird durch schriftliche Kommunikation ergänzt.
- Der Beginn ohne vorliegende Ideen wird durch einen Start mit einem «Ideenpool» abgeändert.
- Anstelle einer präzisen Problemstellung kann eine bewusst vage gehaltene Problemstellung treten.
- Die Ideensammlung ohne Bewertung wird durch eingeblendete Bewertungsphasen unterbrochen werden (Vorsicht).

So können einzelne Elemente in beliebiger Form miteinander kombiniert werden, und jedesmal hat man es mit einer neuen «Technik» zu tun. Eine Checkliste zum Brainstorming findet sich in Abbildung 2/Anhangband.

Reizwortanalyse

Diese Methode besteht darin, dass Begriffe in Elemente zerlegt und diese Elemente dann zueinander in Beziehung gesetzt werden. Die zwei Phasen sind[105]:
- *Phase 1: Begriffe auswählen:* Wenn die Problemstellung klar ist, stellt man eine vom Zufall bestimmte Reihe von etwa zehn Dingen zusammen, die in keinem direkten Zusammenhang mit dem zu behandelnden Problem stehen. (Dabei kann man sich z.B. eines Wörterbuches bedienen, in dem man wahllos blättert).
- *Phase 2: Begriffe kombinieren:* Jetzt geht es darum, jeden der auf der Liste enthaltenen Begriffe dem gestellten Problem anzunähern und zu untersuchen, welche seiner Eigenschaften übernommen werden könnten.

Am *Beispiel* «Vergaserproblem» könnte das vielleicht so aussehen:
- *Phase 1:* Koffer, Waschbär, Bibliothek, Reissverschluss, Polizist ...

105 vgl. Sikora (1976)

- *Phase 2:* Beim Koffer kämen z.B. die leicht zu öffnenden Verschlüsse oder der Deckel in Frage. – Beim Waschbär kommt vielleicht die Vorstellung von irgendeinem besonderen Schwimmer, der beim Vergaser die Brennstoffzufuhr regelt.

Auch hier sind *Varianten* denkbar:

- *Katalog-Technik:* Man kann nach dem Zufallsverfahren aus dem Katalog eines Versandhauses verschiedene Objekte auswählen und diese dann in der gezeigten Form miteinander kombinieren (z.B. nach dem Kriterium Gemeinsamkeit).
- *Force-Fit-Spiel:* Die Verknüpfung der Objekte geschieht in einer Art Wettkampf: Zwei (oder mehr) Gruppen werden gebildet, die sich jeweils entsprechende Verknüpfungsworte zurufen.
- *Nebenfeldintegration:* Randbereiche oder andere Gegebenheiten, die in Beziehung zum Problem stehen, werden aufgeschrieben und anschliessend sukzessive mit dem Problem in Verbindung gebracht.

Morphologische Analyse

Darunter versteht man eine von Zwicky entwickelte Technik, im sogenannten «Morphologischen Kasten» die Gesamtheit aller möglichen Lösungen eines gegebenen Problems sichtbar zu machen («morphologisch bedeutet: die äussere» Gestalt/ den Aufbau betreffend). Die Konstruktion eines «Morphologischen Kastens» und die Auswertung der in ihm enthaltenen Informationen geht so vor sich[106]:

- *Schritt 1:* Genaue Umschreibung/Definition sowie zweckmässige Verallgemeinerung des vorgegebenen Problems.
- *Schritt 2:* Genaue Bestimmung und Lokalisierung aller Umstände, die die Lösung des Problems beeinflussen, d.h. der Bestimmungsfaktoren (Parameter) des Problems.
- *Schritt 3:* Aufstellung des «Morphologischen Kastens» oder des «Morphologischen vieldimensionalen Schemas», in dem alle möglichen Lösungen des Problems ohne Vorurteile eingeordnet werden.
- *Schritt 4:* Analyse aller im «Morphologischen Kasten» enthaltenen Lösungen aufgrund bestimmter gewählter Wertnormen.
- *Schritt 5:* Wahl der optimalen Lösung und Weiterverfolgung derselben bis zu ihrer endgültigen Realisierung oder Konstruktion.

Das Vorgehen soll anhand eines *Beispiels* verdeutlicht werden:

- *Phase 1:* Problem: Wie kann man ein bestimmtes Objekt mit einem Auto von einem Ort A zu einem Ort B bringen?
  Verallgemeinerung: Wie kann man ein Ding von einem Ort zu einem anderen bewegen, indem man irgendein Fahrzeug benutzt?
- *Phase 2:* Parameter (1) Typ des Fahrzeuges, (2) Medien, in denen ein Fahrzeug operieren kann, (3) Kraftquelle des Fahrzeuges.

[106] vgl. Zwicky (1971), nach Sahm (1980)

- *Phase 3:*

Parameter	Ausprägungen		
Typ	Schiff	Flugzeug	Auto
Medium	Luft	Wasser	Öl
Kraftquelle	Druck	Strom	Atomkraft
			Magnetfeld

- *Phase 4:* Analyse aller möglichen Lösungen (z.B. elektrisch angetriebenes Luftkissenauto). Bewertung der Lösungen gemäss Wertsystem.
- *Phase 5:* Auswahl der besten Lösung und Entwicklung einer Realisationsstrategie.

Die Erstellung eines «Morphologischen Kastens» (Abb. 119) ist dann möglich, wenn für die Problemlösung nur drei Parameter von Bedeutung sind. Die möglichen Ausprägungen der drei Parameter werden in je einer Dimension des Kastens eingetragen. Jeder Würfel des Kastens entspricht einer Kombination möglicher Ausprägungen der Parameter und stellt somit eine Lösung des Problems dar. Sind mehr als drei Parameter vorhanden, so ist die Konstruktion eines Kastens nicht mehr möglich. Man muss dann ein *Morphologisches Schema* (Abb. 120) konstruieren, in dem die Zeilen die Ausprägungen der Parameter darstellen. Jedes Element einer Zeile kombiniert mit irgendeiner Zusammenstellung der Elemente der anderen Zeilen stellt eine Lösung des Problems dar.

Abbildung 119: Morphologischer Kasten[100]

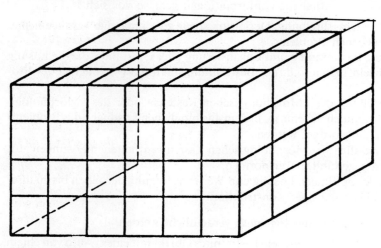

100 Sahm (1980)

Synektik

Der Begriff stammt aus dem Griechischen («Synechie» = Zusammenhang). Bei dieser Methode, die von Osborn entwickelt wurde, geht es um das Verbinden von verschiedenen, auf den ersten Blick unzusammenhängenden Elementen. Mit der Synektik-Methode wird versucht, den unbewusst ablaufenden schöpferischen Prozess bewusst zu simulieren. Die drei *Phasen* des Vorgehens sind[107]:

107 vgl. Sahm (1980)

Abbildung 120: Morphologisches Schema mit 5 Parametern mit je 5 Ausprägungen[101]

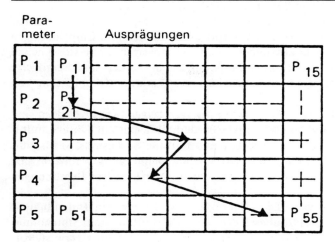

101 Sahm (1980)

- *Phase 1:* Das Problem wird durch Analyse und Erläuterungen bekannt und vertraut gemacht.
- *Phase 2:* Das Problem wird durch Analogiebildung schrittweise verfremdet.
- *Phase 3:* Zwischen dem Problem und den Analogien werden Beziehungen gesucht, was zu neuen und überraschenden Lösungsansätzen für das Problem führt.

Schwerpunkt der synektischen Methode ist die *Verfremdung* durch *Analogien* oder Metaphern. Analogien sind Übereinstimmungen/Ähnlichkeiten zwischen Dingen (z.B. Vergleich zwischen einem Computer und dem Hirn des Menschen). Metaphern sind bildhafte, übertragene Ausdrücke (z.B. «kalt» für «gefühlslos»).
Vom Vorgesetzten wird nicht nur erwartet, dass er selbst beim Erfüllen seiner Aufgaben kreativ vorgeht, sondern auch, dass er die Kreativität seiner Mitarbeiter fördert. Damit stellt sich ihm die Frage: Wie ist der Mitarbeiter zu führen, damit sich dessen kreatives Potential entfaltet? Um es vorwegzunehmen: Ein Allerweltsrezept für den kreativitätsfördernden Führungsstil gibt es nicht und kann es nicht geben, weil die Problemstellung, die jeweilige Situation und die betreffenden Mitarbeiter immer wieder anders sind. Die folgenden 10 Maximen sollen helfen, den Mitarbeiter zur Kreativität hinzuführen[108]:

- *Konstruktiv statt destruktiv bewerten:* Wo kreative Bemühungen durch den Vorgesetzten abwertend beurteilt werden und nur ihre Mängel im Zentrum der Beurteilung stehen, herrscht ein destruktives Denken vor, das ausgesprochen kreativitätstötend wirkt.
- *Anreiz und Bestätigung vermitteln:* Die grösste Bestätigung für den kreativen Menschen bleibt die kreative Leistung selbst (intrinsische Anreize). Doch stärken äussere Anreize und Belohnungen durch den Vorgesetzten seine Motivation (extrinsi-

108 vgl. Delhees (1983)

sche Anreize). Für die Erhaltung der Kreativität ist eine Bestätigung, ein Feedback auf die kreativen Bemühungen wichtig.
- *Aktiv zuhören:* Wer nur mit «halbem Ohr» zuhört und bloss ungeduldig wartet, selber zu Wort zu kommen, vermag die kreativen Gedanken und Empfindungen eines anderen Menschen nicht aufzunehmen und auszuwerten. Er verstösst genau gegen die Regeln, die für das Brainstorming aufgestellt worden sind: verzögerte Bewertung, tolerante Atmosphäre, Quantität vor Qualität, Kombination von Ideen.
- *Toleranz und Interesse für neue Ideen und Lösungen zeigen:* Kreative Ideen sind eher unvertraut und ungewöhnlich; sie stossen deshalb leicht auf Unverständnis und Intoleranz. Dies mag sich in verstecktem Spott, Ironie, Sarkasmus, Kopfschütteln oder vorschneller Ablehnung äussern. Solchen Demütigungen möchte sich kein Mitarbeiter länger aussetzen; er wird deshalb in seinen kreativen Bemühungen nachlassen.
- *Starre Rangordnung aufgeben:* Die Unterdrückung der eigenen Individualität schwächt die Kreativität. Dies ist überall dort der Fall, wo Rang- und Statusunterschiede betont werden, wo das Denken, wer «mehr» oder wer «weniger» ist, vorherrscht. Individuen mit niedrigerem Rang/Status halten in einem solchen System ihre Ideen zurück, setzen deren Bedeutung herab oder stellen sich hinter die Ideen von Personen mit höherem Rang, damit diese sich nicht angegriffen fühlen.
- *Missverständnisse ausräumen:* Kreativitätshemmende Reibereien zwischen Menschen sind oft auf Missverständnisse zurückzuführen. In den seltensten Fällen wird darüber in klärender Weise gesprochen. Der Missverstandene zeigt sich zunächst destruktiv oder passiv. Er kritisiert laufend konstruktive Vorschläge und blockiert neue Ideen. Dies lässt sich nur verhindern, wenn versucht wird, die bestehenden Missverständnisse zu beseitigen.
- *Ausreichend informieren:* Jemand, der über wenig Informationen verfügt, kann subjektiv gesehen zwar kreativ sein (indem er die wenigen Daten gut kombiniert). Objektiv gesehen aber werden seine Lösungen weniger fundiert sein als die Lösungen von einem, der auf einem Optimum an Informationen aufbaut. Der Mitarbeiter muss deshalb mit allen Informationen versorgt werden, die für ihn von Bedeutung sind.
- *Kreatives Potential aktivieren:* Der Vorgesetzte muss versuchen, eine besondere Sensibilität für fremde und eigene Fähigkeiten zu entwickeln. Auf die Dauer vermag er die Kreativität seiner Mitarbeiter nur zu fördern, wenn er sich um die Entwicklung seines eigenen persönlichen kreativen Potentials bemüht.
- *Gruppeneinfluss ausnützen:* Die Gruppe kann Kreativität fördern oder hemmen. Wo der eigene kreative Beitrag in ein motivational gleich orientiertes Kraftfeld einmündet, hat die Gruppe einen kreativitätsfördernden Einfluss. Komplexe Probleme können je länger je mehr nur im Team gelöst werden. Auf der anderen Seite Spannungen und unterschwellige Konflikte den Ideenfluss und die Lösungsqualität stark hemmen.
- *Eigenart respektieren:* Allzu grosser Anpassungsdruck schränkt die Individualität ein, blockiert die Imagination, verhindert differenziertes Erfassen von Problem und Lösung und hemmt die Eigeninitiative. Es bedarf deshalb einer ständigen Bejahung der eigenen Individualität und der Individualität des Mitarbeiters.

Auf die Phase der Willensbildung, in der es um das kreative Bewältigen von Problemen, das Treffen von Entscheidungen und das Formulieren von Zielen geht, folgt die Phase der *Willensdurchsetzung,* also die eigentliche *Kernphase des Führungsprozesses,* in der die *unmittelbare Einflussnahme* des Vorgesetzten im Mittelpunkt steht. Wie im ersten Kapitel ausgeführt wurde, ist diese Einflussnahme als eine Form der *Machtausübung* zu verstehen, wobei Macht ganz allgemein als Möglichkeit gesehen wurde, andere Menschen zu beeinflussen.

Von zentraler Bedeutung ist hierbei die Erkenntnis, dass die Phase der Willensdurchsetzung *nicht* erforderlich ist, wenn die Ziele von beeinflussender und beeinflusster Person übereinstimmen[109]. Sind nämlich die im Prozess der Willensbildung erarbeiteten/vereinbarten Zielvorstellungen weitgehend oder völlig gleich, dann wird die Einflussnahme zur Zielerreichung – und damit die Phase der Willensdurchsetzung – überflüssig. Bei einer solchen Zielharmonie könnte Führung sich auf die Koordination und Integration von Teilaufgaben und Teilzielen beschränken, da alle Beteiligten dieselben Ziele verfolgen.

Wie jedoch schon ein kurzer Blick auf die Führungswirklichkeit zeigt, ist die Annahme einer solchen Zielharmonie utopisch: Die Ziele der beeinflussenden Person (bzw. der Organisation, der diese ihre Position verdankt) und die Ziele der beeinflussten Person stimmen nicht grundsätzlich überein; der Führungsprozess ist durch auseinanderklaffende Interessen, durch das Aufeinandertreffen unterschiedlicher Bedürfnisse, Absichten und Erwartungen gekennzeichnet.

Weil dem so ist und die Organisation nicht immer und in jedem Fall mit einem – im organisationalen Sinne – zielorientierten Verhalten ihrer Mitglieder rechnen kann, ist sie auf zielorientierte Einflussnahme (= Führung) bzw. auf Machtausübung angewiesen. Die Möglichkeit, Macht auszuüben und somit Ziele durchzusetzen, ist an das Vorhandensein von «Machtgrundlagen» gebunden (Information, Sanktion, Sachkenntnis, Legitimation, Identifikation).

Zur Durchführung des Beeinflussungsprozesses kann der Vorgesetzte unterschiedliche *Machtinstrumente* benutzen: Zwang, Manipulation oder Überzeugung. Während Überzeugung und Manipulation sich vor allem auf die Machtgrundlagen Information und Identifikation stützen, beruht Zwang primär auf der Verfügbarkeit über (negative) Sanktionen.

Wie gezeigt wurde, sind gute Leistungen und hohe Zufriedenheit hauptsächlich mit den Machtgrundlagen *Information* und *Identifikation* verbunden; die Willensdurchsetzung sollte demnach in erster Linie von diesen Grundlagen ausgehen. Durch Information als Machtgrundlage wird jene Wechselseitigkeit der Beeinflussung erreicht, die ein Grundelement kooperativer Führung darstellt (Anregungen können auch von «unten» erfolgen). Zudem ist der Vorgesetzte bei dieser Machtgrundlage gezwungen, sein Wissen und Können (den «Gehalt» seiner Machtgrundlage) immer wieder unter Beweis zu stellen, wodurch eine «Legitimation durch Leistung» erreicht und dem Vorgesetzten Fachautorität zuerkannt wird.

Was die Instrumente der Beeinflussung angeht, sollte wenn immer möglich *Überzeugung* versucht werden, weil nur dann der Beeinflusste die Beeinflussung freiwillig

---

[109] vgl. Steinle (1978)

akzeptiert. Der Einsatz des Machtinstruments Überzeugung gibt dem, der der Macht unterworfen ist, Möglichkeiten, selbstbestimmend agieren, statt nur fremdbestimmt reagieren zu können. Diese Zusammenhänge müssen wir uns vor Augen halten, wenn wir uns im folgenden mit Fragen des Weisungsrechts und der Weisungstechnik befassen.

Zuvor einige Bemerkungen zum «Kommando-K». Beim Wort «Kommandieren» denken wir unwillkürlich ans Militär. Wir sehen einen Offizier «alter Schule» vor uns, der mit bellender Stimme seinen Untergebenen Befehle erteilt. Er befiehlt – sie führen seine Befehle aus. Im Militär, wo es um das Verhalten in Notsituationen geht, mag ein solches autoritär-imperatives Erteilen von Weisungen und Aufträgen notwendig sein. Im Arbeitsalltag des Krankenhauses aber, wo durch das gegenseitige Aufeinander-angewiesen-sein die echte «Kooperation aller» und die *Motivation des Einzelnen* eine immer bedeutendere Rolle spielen, haben Vorgesetzte, die ihre Mitarbeiter «herumkommandieren», je länger je weniger Erfolg.

Das lateinische Verb «commendare», auf das unser Wort «kommandieren» zurückgeht, bedeutete ursprünglich: anvertrauen, übergeben, Weisung geben, beauftragen. Die heutige Bedeutung des Wortes (= befehlen/Befehligen) und dessen autoritärer Beigeschmack haben sich erst durch den militärischen Gebrauch ergeben. Der Grund, weshalb wir dieses Kapital mit «Kommando-K» überschrieben haben, liegt einzig und allein in der Prägnanz: der «Führungskreislauf der fünf K» (die Überschrift soll in keiner Weise den autoritär-imperativen Führungsstil verherrlichen).

Vorgesetzter sein heisst: weisungsberechtigt sein. Wie bei der Besprechung der Vorgesetztenrolle ausgeführt wurde, ist das Weisungsrecht des Vorgesetzten untrennbarer Bestandteil seiner Funktion. Grundsätzlich versteht man unter der Weisungsbefugnis das Recht, andere Personen zu einem bestimmten Verhalten zu veranlassen. Dieses formal zugeteilte Recht ist wie gesagt erforderlich, um die Mitarbeiter zu zielorientiertem Handeln zu bewegen bzw. um eine – in der Phase der Willensbildung getroffene – Entscheidung auch durchsetzen zu können (Willensdurchsetzung).

Der Vorgesetzte kann diese Funktion nicht ausüben, wenn ihm nicht gleichzeitig das Recht verliehen wird, dass er seine Mitarbeiter veranlassen darf (und auch muss), bestimmte Arbeiten zu erledigen. Wie jede formale Befugnis (Kompetenz) ist auch die Weisungsbefugnis eine entscheidende *Grundlage formaler (positionsspezifischer) Autorität* und damit eine Basis für die Einflussnahme des Vorgesetzten auf seine Mitarbeiter (Machtgrundlage Legitimation).

Dass der Vorgesetzte anordnen darf, ist keine Frage (aber *wie* er es tut, ist oft mehr als fragwürdig). Bevor auf einzelne Probleme der Weisungstechnik eingegangen wird, sollen zunächst einmal die Grenzen der Weisungsbefugnis abgesteckt werden. Hier lassen sich Geltungsgebiet und Verfügungsrahmen unterscheiden[110]:

Geltungsgebiet: Der Kreis der Personen, an den ein Vorgesetzter Weisungen richten darf, ist nicht unbegrenzt gross; Weisungen dürfen nur an Personen gerichtet werden, die zum *Geltungsgebiet* zählen, das der Weisungsbefugnis zugeordnet ist. In der Regel sind alle direkt unterstellten Mitarbeiter auch Weisungsempfänger und dadurch gleichzeitig der arbeitsrechtlich definierten Gehorsamspflicht unterworfen.

Immer dann, wenn diese Beziehung zwischen Vorgesetztem und dem ihm gegenüber weisungsgebundenen Mitarbeiter nicht klar festgelegt ist, können Schwierigkeiten

[110] vgl. Bordemann (1978)

bei der Ausführung von Anordnungen entstehen. Dies ist beispielsweise bei Praktikanten der Fall, die nur vorübergehend – im Sinne einer Ausbildungsstation – unter einem Vorgesetzten tätig sind. Ähnlich kompliziert verhält es sich manchmal bei Mitarbeitern, die mehr als einem Vorgesetzten gegenüber verpflichtet sind (ein typischer Fall ist die Krankenschwester, die sowohl von der Abteilungsschwester wie auch vom Arzt und dem Personalbüro Weisungen entgegenzunehmen hat). Ein Versuch zur Lösung dieses Dilemmas ist die Unterscheidung von zwei Gegenstandsbereichen des Weisungsrechts:

- *Disziplinarisches Weisungsrecht:* Das ist das Recht, in Fragen der Umgangs- und Verhaltensnormen bei der Aufgabenerfüllung, der Förderung und der Weiterbildung Weisungen zu erteilen.
- *Fachliches Weisungsrecht:* Das ist das Recht, in fachlichen Fragen Weisungen zu erteilen. Hier werden zwei Formen unterschieden: (1) *Anordnungskompetenz:* das Recht eine getroffene Entscheidung durchzusetzen, d.h. andere Aufgabenträger zur Realisation der Entscheidung zu veranlassen; (2) *Kontrollkompetenz:* das Recht, die Aufgabenerfüllung anderer Aufgabenträger in fachlicher Hinsicht zu kontrollieren.

Verfügungsrahmen: Wenn die Personen bestimmt sind, denen der Vorgesetzte Weisungen geben darf und der Gegenstand festgelegt ist, auf den sich die Weisungen beziehen, muss noch der Verfügungsrahmen abgesteckt werden. Mit diesem Begriff soll ausgedrückt werden, dass die «Verfügungsgewalt» des Vorgesetzten über die Mitarbeiter nur innerhalb gewisser organisations- und mitarbeiterbedingter Grenzen ausgeübt werden darf. Eine erste äussere Grenze ist *zeitlicher* Art: Nur während der Dienstzeit kann der Vorgesetzte seine Mitarbeiter verbindlich anweisen. Ausserhalb der Dienstzeit und in den Arbeitspausen erteilte Anordnungen sind rechtlich nicht verpflichtend.

Neben der zeitlichen Begrenzung spielt die *biologisch bedingte Grenze der Leistungsfähigkeit* jedes Mitarbeiters eine wichtige Rolle bei der Festlegung des Verfügungsrahmens. Ein Vorgesetzter darf nicht mehr an täglicher Arbeit auf einen Mitarbeiter übertragen, als dieser tatsächlich zu leisten vermag. Aber nicht nur die Menge der angeordneten Arbeit (= Arbeitspensum), sondern vor allem auch deren unterschiedlicher Schwierigkeitsgrad und spezifischen Anforderungen müssen den Kapazitäten bzw. Fähigkeiten des Mitarbeiters entsprechen. Konkret heisst das: Erst wenn der Vorgesetzte davon überzeugt ist, dass die vorgesehene Aufgabe vom betreffenden Mitarbeiter auch tatsächlich erfüllt werden kann – quantitativ als Pensum und qualitativ als Beanspruchung von Fähigkeiten – sollte er den Auftrag erteilen. Beachtet er diese Regel nicht, sind mehrere Fälle denkbar, bei denen ungünstige Folgen auftreten (siehe untenstehende Tabelle)[111]

111 vgl. Bordemann (1978)

Ausfüllung des Verfügungsrahmens durch den Vorgesetzten	Auswirkungen auf den Mitarbeiter	
	quantitativer Aspekt (= Zumessung des Arbeitspensums)	qualitativer Aspekt (= Zuteilung von Aufgabenarten mit unterschiedlicher Schwierigkeit
Überschreiten des Verfügungsrahmens durch Überschätzung der Kapazität des Mitarbeiters (kein «Blick» für Leistungsgrenzen biologischer Art)	Der Mitarbeiter muss mehr leisten, als er vermag und wird dadurch überlastet (ansteigende Fehlerquote, Unlust, Dauerschäden an Organen ...)	Der Mitarbeiter muss sich mit Aufgaben beschäftigen, die er nicht bewältigen kann und wird dadurch überfordert («halb Arbeit», Versagen, Resignation, Aggression ...)
Nicht-Ausfüllung des Verfügungsrahmens durch Unterschätzung der Kapazität des Mitarbeiters	Der Mitarbeiter muss weniger leisten, als er vermag und wird dadurch unterbelastet (Flüchtigkeitsfehler, mangelnde Arbeitsdisziplin, Verwöhnung, Nachlassen der Leistungsmotivation)	Der Mitarbeiter muss sich mit Aufgaben beschäftigen, die ihn unterfordern, sodass er seine Fähigkeiten nicht nutzen kann (sinkendes Selbstwertgefühl, Unlust, Langeweile, Desinteresse, Nachlassen der Leistungsmotivation)

Die Tabelle macht deutlich, dass der Vorgesetzte sich ständig bemühen muss, das Pensum des Mitarbeiters richtig zu bemessen und gleichzeitig die Art der Aufgaben an die vorhandenen Fähigkeiten anzupassen, um ein Gleichgewicht zwischen Mensch und Aufgabe herzustellen. Dass die einem Mitarbeiter übertragenen Aufgaben seinen Kapazitäten/Fähigkeiten entsprechen, ist die wichtigste Voraussetzung dafür, dass der Mitarbeiter mit seiner Arbeit zufrieden ist.
Von richtiger *Auslastung* kann dann gesprochen werden, wenn dem Mitarbeiter weder zuviel noch zuwenig Arbeit übertragen wird. In qualitativer Hinsicht wird der gewünschte Zustand zwischen Überforderung und Unterforderung als richtige *Beanspruchung* der Fähigkeiten bezeichnet. Damit ein Mitarbeiter weder überfordert noch unterfordert ist, muss der Vorgesetzte seine Leistungsfähigkeit richtig einschätzen. Die optimale Beanspruchung eines Mitarbeiters setzt somit eine genaue Kenntnis seiner Qualifikation und eine richtige Beurteilung seiner Selbständigkeit voraus.
Unsere bisherigen Überlegungen haben zweierlei deutlich gemacht: Erstens ist das Weisungsrecht des Vorgesetzten ein untrennbarer Bestandteil seiner Funktion, zweitens sind dem Vorgesetzten bei der Ausübung seiner direktiven Befugnisse bestimmte Grenzen gesetzt. Wir wenden uns nun den verschiedenen *Weisungsformen* bzw. Auftragsarten zu und fragen uns, welche Form jeweils zweckmässig und angemessen ist.
Die verschiedenen Weisungsformen lassen sich nach den drei folgenden Kriterien unterscheiden[112]: Geltungsdauer der Weisung, Umfang der angewiesenen Arbeit und Handlungsspielraum des angewiesenen Mitarbeiters. In der untenstehenden Tabelle werden diese Kriterien mit einzelnen Weisungsformen in Verbindung gesetzt. Auf den folgenden Seiten werden einzelne Weisungsformen näher untersucht.

[112] vgl. Bordemann (1978)

Kriterien zur Einteilung von Weisungsakten	Beispiele für einzelne Weisungsformen		
Dauer der Geltung des Weisungsaktes	«kurzfristig in Kraft»	«mittelfristig in Kraft»	«langfristig in Kraft»
	eiliger Auftrag Notfallmassnahme improvisatorische Regelung Ausnahmeregelung	Arbeitsanweisung Projektarbeit Verkaufskampagne	Arbeitsordnung Führungsrichtlinie Direktive organisatorische Regelung
Umfang und Komplexität der auszuführenden Arbeit	«kleine Arbeiten»	«mittlere Aufträge»	«Grossaufträge»
	einfacher Vorgang Einzelauftrag Tagespensum Routinearbeit	Delegation umfangreicher oder schwieriger Aufträge	Delegation von ganzen Aufgabengebieten Zuteilung von Führungsverantwortung
Striktheit der Geltung und Grösse des Handlungsspielraums	«strikte Weisungen»	«verbindliche Anordnungen»	«Ermessens-Akte»
	zwingende Vorschrift direkter Befehl Verbot «Muss-Bestimmung»	Bestimmungen der Arbeitsordnung «Soll-Bestimmung»	Rahmenvorgaben Forschungsaufträge Studien Ratschläge und Anregungen «Kann-Bestimmung»

Einzelauftrag

In Einzelaufträgen werden *besondere, einmalige und kurzfristige Aufgaben* zur Erledigung übertragen; eventuell notwendige besondere Kompetenzen werden befristet eingeräumt. Einzelaufträge können sich auf aussergewöhnliche Fälle, auf zeitlich begrenzte Phasen/Projekte oder Planungsaufgaben beziehen.

Die Erteilung eines Einzelauftrages soll folgende Elemente umfassen: Zielsetzung, Begründung, notwendige Informationen, Handlungsspielraum, zu übernehmende Verantwortung, Koordination, Anfangs-, Zwischen- und Endtermin. Dies gilt auch bei der mündlichen Erteilung von Aufträgen.

Auch hier ist eine sorgfältige Vorbereitung der Auftragserteilung unerlässlich. Ungenügende Vorbereitung hat meist zur Folge, dass Aufträge nicht oder nur mangelhaft ausgeführt werden. Bei einfachen Aufträgen kann folgendes Frageschema helfen: *Was* soll getan werden? – *Wer* soll es tun? – *Warum* soll er es tun? – *Wie* soll er es tun? – Bis *wann* soll es erledigt sein?

Wichtig ist, dass der Vorgesetzte genau weiss, wann er welchen Auftrag an wen mit welchem Termin erteilt hat. Es reicht nicht aus, sich das einfach zu «merken». Eine schriftliche Notiz ist unerlässlich. Die Eintragung kann im Terminkalender erfolgen. Sie können aber auch ein spezielles Formular verwenden (Abb. 19/Anhangband). Mit diesem Formular kann wie folgt gearbeitet werden:

- Sobald Sie einen *Auftrag* für einen Mitarbeiter haben, tragen Sie diesen stichwortartig in die mittlere breite Spalte ein.
- Vergessen Sie nicht, das *Datum* der Auftragserteilung zu notieren.
- Den *Namen des Auftragsempfängers* schreiben Sie in die Spalte links.
- Wenn Sie den Auftrag erteilt haben, tragen Sie in die Spalte rechts den vereinbarten *Erledigungstermin* ein.

- Wenn der *Auftrag erledigt* ist, ziehen Sie in der Mitte einen senkrechten Strich. Wenn der Strich von oben bis unten ganz durchgezogen ist, sind alle Aufträge erledigt (dann können Sie das Blatt wegwerfen).
- Statt einer Liste kann auch für jeden Auftrag ein kleiner Zettel ausgefüllt werden. So wird es möglich, die Aufträge nach Mitarbeiter oder nach Erledigungsterminen zu ordnen.

- Sie können in diese Liste auch *Aufträge von «oben» an Sie selbst* eintragen. Statt des Namens eines Mitarbeiters setzen Sie Ihren eigenen Namen in die Spalte links. Damit erhalten Sie eine einfache und wirksame Kontrollmöglichkeit.

Dauerauftrag

In Daueraufträgen werden *gleichartige und wiederkehrende Arbeitsvorgänge* zur Erledigung übertragen. Für jede Stelle im Krankenhaus ergibt sich eine Anzahl *täglich, wöchentlich* oder sonst *periodisch wiederkehrender Aufgaben*, die *routinemässig verrichtet* werden. Indem solche Aufgaben in Form von Daueraufträgen verbindlich übertragen werden, wird der *Vorgesetzte wirksam entlastet* und sein *Weisungsaufwand vermindert*.
Aber nicht nur das: Daueraufträge, die z.B. mit schriftlich fixierten Richtlinien gekoppelt sind, bieten auch dem ausführenden Mitarbeiter einen *festen Halt* in der Vielfalt des täglichen Arbeitsanfalls und machen es ihm einfach, sich selbst zu kontrollieren. Der Vorgesetzte muss allenfalls noch anhand von Stichproben überprüfen, ob die übertragenen Aufgaben weisungsgemäss erledigt werden. Die dadurch gewonnene Zeit lässt sich zur Koordination oder für andere wichtige Führungsaufgaben einsetzen.
Häufige Einzelaufträge, ad-hoc-Massnahmen, eilige Sachen und improvisierte Regelungen halten den Vorgesetzten übermässig in Atem und zehren an seiner Kraft. Gegenüber diesem vergleichsweise hohen Aufwand an Zeit und Mühe, den der Vorgesetzte immer wieder von neuem aufbringen muss, nimmt sich der Aufwand für die Erteilung von Daueraufträgen weit niedriger aus. Es ist also auf jeden Fall zweckmässig, sich die Mühe zu nehmen, Daueraufträge zu formulieren und Richtlinien niederzuschreiben, wo es um gleichartige und wiederkehrende Arbeiten geht.
Was die *Form* von Daueraufträgen betrifft, gilt grundsätzlich dasselbe wie bei der Erteilung von Einzelaufträgen; die gleichen Elemente sind wesentlich. Der Unterschied besteht darin, dass beim Dauerauftrag in Form von Richtlinien/Normen/Rahmenvorgaben bindend vorgeschrieben wird, *wie* bestimmte Arbeitsvorgänge zu verrichten sind. Gegen feste Richtlinien wird häufig eingewendet, dass sie zu «starr» seien und keine Handlungsanleitung für Sonderfälle und Ausnahmesituationen enthielten. Darauf lässt sich nur sagen: Für solche Situationen sind Daueraufträge auch gar nicht gedacht. Sie können und sollen nicht jeden konkreten Einzelfall regeln, sondern die Normen festlegen, nach denen der Mitarbeiter bei der Verrichtung bestimmter Arbeitsabläufe vorzugehen hat.
Regelungen sind Hilfsmittel bei der Auftragserteilung; sie enthalten *Normen*, die den Ablauf von Arbeitsvorgängen regeln. Diese Normen sind für einzelne, mehrere oder alle Stellen verbindlich. Sie werden erlassen in Form von: Richtlinien, Weisungen, Ordnungen, Handbüchern, Reglementen, Bestimmungen und Grundsätzen. Richtli-

nien dienen als *Richtschnur* und haben den Zweck, ein gleichgerichtetes (nicht: gleichgeschaltetes) Verhalten und Handeln aller angesprochenen Mitarbeiter sicherzustellen. Regelungen können beinhalten: Aufgabenpläne, Aufgabenübersichten, Aufgabenverteilungspläne, Organisatinspläne (Organigramme), Arbeitsablaufregelungen, Kompetenzordnungen.

Unter den verschiedenen Arten der Auftragsübermittlung stellt der *Auftrag per Telefon* einen Sonderfall dar. Die Frage, ob sich das Telefon zur Auftragserteilung eignet, lässt sich wie folgt beantworten: Günstig ist diese Art der Auftragserteilung dann, wenn der Auftrag besonders dringend, ein direkter Kontakt mit dem Auftragsempfänger wichtig (aber kein unmittelbarer, persönlicher Kontakt möglich) ist. Eher ungünstig ist der telefonische Auftrag deshalb, weil der Auftragsempfänger «überfallen» wird (er muss sich oft sofort entscheiden) und weil er oft nicht allein ist (und deshalb vielleicht nicht frei sprechen kann).

Falls Sie einen Auftrag per Telefon erteilen, sollten Sie folgende Punkte beachten:

- Überlegen Sie sich die Einführungsworte.
- Notieren Sie sich Stichworte (diese dienen später als Beieg und vermindern die Gefahr, dass wichtiges vergessen wird).
- Ist die richtige Person am Apparat?
- Ist sie frei? Kann sie frei sprechen? – Sind Sie frei? Können Sie frei sprechen?
- Haben Sie Zeit? – Hat sie/er Zeit?
- Haben Sie Notizmaterial? – Lassen Sie Daten wiederholen. – Fassen Sie zusammen, was vereinbart wurde.
- Sprechen Sie langsam, buchstabieren Sie wichtige Passagen.
- Lassen Sie sich den Auftrag entweder schriftlich bestätigen oder machen Sie sich selber eine Aktennotiz.

Damit der Mitarbeiter den Auftrag, den er erhält, auch tatsächlich erledigen kann, braucht er dazu die entsprechende Zeit. «Ich habe unmöglich Zeit» – «Ich bin doch jetzt schon völlig überlastet» – «Ich weiss nicht, wie der sich das vorstellt» – «Was? Das auch noch, ich kann doch nicht zaubern». Solche und ähnliche Hilferufe bekommt man in unserem stressgeplagten Arbeitsalltag immer wieder zu hören. Ein Grund für die vielerorts herrschende Überlastung besteht sicher darin, dass manche Arbeitsabläufe schlecht organisiert und viele Arbeitsplätze nicht auf den Menschen und seine psycho-physischen Bedürfnisse ausgerichtet sind. Ein anderer Grund aber ist der, dass wir selbst unsere Kräfte oft nicht optimal einsetzen.

In fast jedem Arbeitsablauf gibt es bestimmte schwache Stellen, wo die Kräfte und Mittel nicht optimal eingesetzt sind. Diese Stellen gilt es zu erkennen. Sie sind der Ort, wo jeder für sich den «Hebel der Verbesserung» ansetzen kann. Die beste Methode, um solchen Schwachstellen auf die Spur zu kommen, ist die *Tätigkeitsanalyse*. Der erste Schritt besteht darin, dass ich mir einen Überblick über alle meine Tätigkeiten verschaffe. Der zweite Schritt ist dann der, dass ich diese Tätigkeiten (vor allem auch die Unterbrechungen) kritisch unter die Lupe nehme. Am besten lässt sich eine solche Tätigkeitsanalyse mit Hilfe eines Formulars durchführen, wie es in Abbildung 121 skizziert ist. Konkret gehen Sie bzw. Ihre Mitarbeiter so vor:

- Füllen Sie *einmal pro Jahr während einer Woche* jeden Tag ein solches Formular aus.

Abbildung 121: Formular Tätigkeitsanalyse

Name				Datum	
No.	Art der Tätigkeit	Beginn	Dauer	Unterbrechungen/ Störungen	Verbesserungsmöglichkeiten

- *Numerieren Sie die verschiedenen Tätigkeiten* (bei wiederkehrenden Tätigkeiten brauchen Sie dann jeweils nur noch die betreffende Nummer einzusetzen).
- Vermerken Sie unter *Beginn* die Zeit, wann Sie eine Tätigkeit beginnen.
- Die *Dauer* der einzelnen Tätigkeiten errechnen Sie erst am Schluss des Tages aufgrund der aufeinanderfolgenden «Beginn-Zeiten» (in Minuten).
- *Halten Sie alle Unterbrechungen/Störungen fest* (auch die kurzen). Verwenden Sie zur Aufzeichnung geeignete Buchstaben (z.B. T = Telefon, P = Pause).
- *Fassen Sie* auf einem separaten Blatt die Tätigkeiten samt der Zeit, die Sie gesamthaft dafür aufgewendet haben, *zusammen*.
- *Beurteilen Sie* anschliessend die *Tätigkeiten*. Folgende vier Fragen sind dabei von Bedeutung: (1) Musste diese Tätigkeit überhaupt ausgeführt werden? (2) Ist der Zeitaufwand für diese Tätigkeit gerechtfertigt? (3) War die Ausführung zweckmässig? (4) Musste die Tätigkeit zu diesem Zeitpunkt ausgeführt werden?
- *Beurteilen Sie auch die Unterbrechungen/Störungen* anhand der Frage: Ist diese Unterbrechung bzw. Störung tragbar/unumgänglich oder untragbar/vermeidbar?
- Sammeln Sie Ideen, suchen Sie nach *Verbesserungsmöglichkeiten*. Diskutieren Sie die Ideen/Verbeserungsvorschläge mit Ihrem Mitarbeiter bzw. Vorgesetzten.

Anhand einer solchen Tätigkeitsanalyse ergibt sich für Ihren Mitarbeiter wie auch für Sie selbst die Möglichkeit, die Arbeitslawine besser in den Griff zu bekommen. Sie können bestimmte Tätigkeiten aus Ihrem Aufgabenbereich an Mitarbeiter übertragen, die freie Kapazitäten gewonnen haben. Sie können aber auch die Tätigkeiten Ihrer Mitarbeiter besser aufeinander abstimmen. Es ergibt sich die Möglichkeit, überflüssige Tätigkeiten zu streichen (oder solche, die bis anhin doppelt ausgeführt wurden, nur noch einfach ausführen zu lassen). Zudem lassen sich anspruchsvollere Aufgaben einem Mitarbeiter übertragen, der Zeit gewonnen hat und ihn so mit mehr Verantwortung betrauen. Tätigkeitsanalyse ist ein Aufwand, der sich lohnt.

Jeder Auftrag muss die folgenden Fragen klar und deutlich beantworten: Wer? Was? Warum? Wann? Wie? Wo? – Wir wollen diese sechs Elemente im folgenden etwas näher erläutern.

- *Was?* Bei jeder Auftragserteilung muss klar zum Ausdruck kommen, was mit der Erfüllung des betreffenden Auftrages erreicht werden soll. Früher hiess Mitarbeiterführung (im imperativen Sinne): Aufgaben stellen und dafür sorgen, dass sie erfüllt werden; Anweisungen geben und überwachen, dass sie befolgt werden.

Heute, wo kooperative Führungsformen als Voraussetzung gesehen werden, um die komplexen Aufgaben im Krankenhaus zu bewältigen, heisst Mitarbeiterführung: Ziele aufzeigen und vereinbaren und gemeinsam mit den Mitarbeitern erreichen.

- *Wer?* Dass es unbedingt nötig ist, den Mitarbeiter der den Auftrag auszuführen hat, eindeutig zu bezeichnen, liegt auf der Hand. (Aufträge, die an die Gruppe adressiert werden, gehen entweder «verloren» oder werden gleich dreifach ausgeführt). Bevor Sie aber einem Mitarbeiter einen Auftrag erteilen, sollten Sie sich vergewissern, dass die betreffende Arbeit von dem dafür vorgesehenen Mitarbeiter auch tatsächlich geleistet werden kann (sowohl vom Pensum wie vom Schwierigkeitsgrad her). Zweitens muss darauf geachtet werden, dass der Auftrag *gerecht* zugeteilt ist: Alle Mitarbeiter sollen möglichst gleich ausgelastet sein. Auch sollen nicht immer dieselben Mitarbeiter mit den angenehmen bzw. mit den undankbaren Arbeiten betraut werden.

Sind klare *Stellenbeschreibungen* vorhanden, entfällt die Wahl des Auftragsempfängers. Der Auftrag geht dann einfach an den Mitarbeiter, zu dessen Aufgabenbereich er gehört. Ist ein Vorgesetzter ausnahmsweise (z.B. aus zeitlichen Gründen) gezwungen, einem Mitarbeiter eine Aufgabe zuzuweisen, die nicht zu dessen eigentlichem Aufgabenbereich gehört, so hat er diese *Ausnahme* zu *begründen;* sowohl dem betreffenden Mitarbeiter gegenüber als auch gegenüber demjenigen Stelleninhaber, in dessen Arbeitsbereich die Aufgabe von Rechts wegen gehörte.

- *Warum?* Die wachsende Komplexität der Tätigkeiten an sich und ihre wechselseitige Verkettung sowie die wachsende Emanzipation des Mitarbeiters machen *Mitdenken* erforderlich. Echte Kooperation setzt voraus, dass der Einzelne das Gruppenziel akzeptiert und sich aus eigenem Antrieb dafür einsetzt. Eine solche Motivation aber ergibt sich nur, wenn der Mitarbeiter über das Warum und Wozu Bescheid weiss und das Gefühl hat, mit seiner Arbeit einen für den Betriebserfolg wesentlichen Beitrag zu erbringen. Dieses Gefühl erhält er nur, wenn ihm *Einsicht in Sachverhalte und Zusammenhänge* gewährt wird. Mitarbeiter müssen verstehen, um mitverantwortlich handeln zu können.

- *Wann?* In jedem Auftrag soll präzis umschrieben sein, wann die Arbeit ausgeführt und wann sie beendet sein soll. Dabei sind folgende Regeln zu beachten: Bei feststehenden, unbedingt einzuhaltenden Terminen (z.B. Eilaufträgen) hat der Vorgesetzte dem Mitarbeiter die besonderen Umstände, die zum «diktierten» Endtermin geführt haben, zu erklären. Bei den übrigen Aufträgen soll der Termin wenn möglich gemeinsam vereinbart werden. Der Mitarbeiter soll zumindest eine «freiwillige» Terminzusage geben. Bei schwer überschaubaren Aufgaben (z.B. Untersuchungsarbeiten) werden Zwischentermine festgelegt und ein ungefährer Endtermin vereinbart. Wurde der Auftrag auf den vereinbarten Endtermin erledigt, ist die Einhaltung des Termins nebst der geleisteten Arbeit selbst anzuerkennen.

- *Wie?* Wieweit ein Vorgesetzter seinem Mitarbeiter bindend vorschreibt, wie (auf welche Weise/mit welchen Mitteln) der Auftrag zu erledigen ist, hängt einerseits von der Art der Aufgabe und andererseits von der Selbstständigkeit des Mitarbeiters ab. Den richtigen Weg zwischen Bevormundung und «Laissez-faire» zu finden bzw. den Handlungsspielraum des Mitarbeiters richtig zu bemessen, ist oft nicht leicht. Wichtig ist, dass ich als Vorgesetzter davon ausgehe, dass es mein Mitarbeiter «schafft». Dass ich ihm also die Bewältigung der Aufgabe zutraue. Im Sinne

kooperativer Führung ist es zudem selbstverständlich, dass der Vorgesetzte den Mitarbeiter auf besonders kritische Punkte, auf Gefahrenquellen und Möglichkeiten zur Arbeitserleichterung hinweist (ohne ihm «von oben herab» Ratschläge zu erteilen).
- *Wo?* In vielen Fällen ist der Ort der Auftragserledigung selbstverständlich und bedarf keiner besonderen Erwähnung oder Erläuterung. Manchmal aber kann es wichtig sein, auch diesen Punkt klarzustellen, um Missverständnisse auszuschliessen.

Nach diesen Überlegungen zu verschiedenen Weisungsformen und zu den einzelnen Weisungselementen wenden wir uns jetzt der Frage zu, worauf es in der Praxis ankommt, damit die beabsichtigte Wirkung der Auftragserteilung tatsächlich eintritt. Zu diesem Zweck sollen die folgenden drei Phasen während der Auftragserteilung unterschieden werden[112]: Ankündigung, Übermittlung und Dialog.
- *Ankündigung:* Indem der Vorgesetzte seinen Mitarbeiter darüber unterrichtet, dass Arbeit auf ihn zukommt (ihn «vorwarnt»), hilft er ihm, seine Arbeit einzuteilen und sein zukünftiges Pensum zu überschauen. Die Vorankündigung sollte *rechtzeitig* erfolgen; kommt sie zu spät, fühlt sich der Mitarbeiter «überrumpelt» und meist auch unter Druck gesetzt. Es ist klar, dass eine solche «Vorwarnung» nicht immer möglich ist. Sie sollte aber, wenn immer die Umstände es erlauben, ausgesprochen werden. Schon in dieser Startphase (wie auch in den folgenden Phasen) spielt neben dem Inhalt die sprachliche Formulierung sowie der Tonfall eine wichtige Rolle (c'est le ton qui fait la musique).
- *Übermittlung:* In der Übermittlungsphase vollzieht sich der eigentliche direktive Akt oder die mit dem Ausdruck «Weisung» gemeinte Führungsaktivität. Für den Mitarbeiter bedeuten die Worte und Gesten des Vorgesetzten, wenn er die geforderte Arbeit beschreibt und die gewünschten Leistungen bestimmt, gleichsam das *Signal zum Handeln*. Die Übermittlungsphase endet dann, wenn der Vorgesetzte alles ausgesprochen hat, was zum Gegenstand des Auftrages gesagt werden muss.
- *Dialog:* Dass ein Auftrag nur dann richtig ausgeführt werden kann, wenn Auftragserteiler und Auftragsempfänger das gleiche darunter verstehen, bedarf keiner besonderen Erläuterung. Als Vorgesetzter muss ich mich deshalb nach jedem Weisungsakt vergewissern, ob mein Auftrag auch tatsächlich verstanden wurde. Zu diesem Zweck trete ich in den Dialog mit meinem Mitarbeiter ein.

Sinn und Zweck der Dialogphase ist die Sicherung der übermittelten Informationen durch eine Kontrolle ihres Empfangs beim angesprochenen Partner. Indem ich dem Mitarbeiter sachliche Kontrollfragen stelle, die den Inhalt der Weisung von anderen Gesichtspunkten aus beleuchten, kann ich zwanglos feststellen, ob er die Weisung verstanden hat. Für den Mitarbeiter ist der Dialog mit dem Vorgesetzten eine Gelegenheit, um Einhelheiten der Auftragserledigung anzusprechen und allfällige Unklarheiten zu beseitigen.

Bis anhin wurde nur vom Recht des Vorgesetzten gesprochen, seinen Mitarbeitern Weisungen zu erteilen. Auf die Tatsache, dass auch er seinem Vorgesetzten gegenüber verpflichtet ist, Aufträge anzunehmen und auszuführen, also auf die Situation des Vorgesetzten als Weisungsempfänger, soll hier kurz eingegangen werden.

Wurde mir als Vorgesetzter ein Auftrag erteilt, muss ich mir folgende Fragen stellen:

- Ist mir klar, was genau erreicht bzw. getan werden soll?
- Habe ich die Absichten meines Chefs klar erfasst (bestimmten Zielen liegen bestimmte Absichten zugrunde)?
- Reichen meine Fähigkeiten, Kenntnisse und meine Kompetenzen für die Auftragserledigung aus?
- Steht mir die Zeit zur Verfügung, die erforderlich ist, um den vereinbarten Endtermin einzuhalten?
- Welche Varianten der Durchführung sind mir innerhalb meiner Kompetenzen möglich?
- Welche Rückfragen muss ich meinem Chef noch stellen?
- Muss ich Unteraufträge an mir unterstellte Mitarbeiter weitergeben?
- Welche Informationen benötige ich noch?
- Sind alle notwendigen Hilfsmittel verfügbar?

Erst wenn diese Punkte geklärt sind, kann ich die Ausführung der angeordneten Arbeit in Angriff nehmen.

Zum Schluss dieses Abschnitts über Weisungsrecht und Weisungstechnik sollen im Sinne einer Zusammenfassung einige *praktische Ratschläge* zur Erteilung von Aufträgen notiert werden[113]:

- Machen Sie sich die *Grenzen ihrer Weisungsbefugnis* klar. Überschreiten Sie sie nicht. Erteilen Sie Weisungen nur an Personen, die dem Geltungsgebiet Ihrer Befugnis zugeteilt sind.
- Scheuen Sie sich nicht, die Kapazität Ihrer *Mitarbeiter voll auszulasten*. Beachten Sie dabei die Grenzen der individuellen Leistungsfähigkeit, die von biologischen und psychologischen Faktoren abhängig und daher nicht konstant sind.
- Bemühen Sie sich, die *Arbeitspensen gerecht* festzusetzen (gleichmässige Auslastung des Personals, individueller «Zuschnitt»).
- Sprechen Sie Weisungen in der *richtigen Form* aus. Handelt es sich um eine Massnahme, die auf schnelle Verwirklichung oder auf eine Dauerregelung wiederkehrender Vorgänge gerichtet ist? Ist die Befolgung der Weisung zwingend vorgeschrieben oder sind Ermessensspielräume beim Vorgehen erlaubt?
- Achten Sie darauf, *Weisungen richtig* zu «*adressieren*». Sprechen Sie den betreffenden Mitarbeiter mit seinem Namen an.
- Wählen Sie (wenn möglich) für Ihren Auftrag den *richtigen Zeitpunkt*. (Tageszeit, Menge an unerledigter Arbeit ...).
- Vereinbaren Sie *feste Erledigungstermine*. Bei wirklich eiligen Aufträgen hat sich die Frage bewährt: «Bis wann können Sie frühestens damit fertig sein?»
- *Halten Sie den Dienstweg ein*. Vermeiden Sie den Führungsfehler, direkt bis zur «Basis durchzuregieren».
- *Kündigen Sie umfangreiche Aufträge rechtzeitig an*. Der Mitarbeiter kann sich so darauf einstellen.
- *Begründen Sie Sinn und Zweck des Auftrages ausreichend*. Mitarbeiter wollen nicht nur wissen, was sie zu tun haben, sondern auch, warum eine bestimmte Arbeit jetzt in dieser Form ausgeführt werden soll.
- Formulieren Sie den Auftrag in der *Sprache des Mitarbeiters*.

113 vgl. Bordemann (1978)

- Seien Sie sich bewusst, dass der *Tonfall*, in dem eine Weisung ausgesprochen wird, oft eine grössere Rolle spielt als ihr Inhalt.
- Halten Sie sich an den *Grundsatz des «Selbst-Erarbeitens»*. Sprechen Sie selbst in der Dialogphase nicht zu viel. Versuchen Sie, den Mitarbeiter durch geeignete Fragen zum Mitdenken anzuregen und seine Leistungsbereitschaft zu wecken.
- Vergewissern Sie sich, ob Ihr Auftrag *tatsächlich verstanden* wurde. Fordern Sie den Mitarbeiter auf, zu fragen, wenn etwas nicht klar ist.
- *Machen Sie Ihrem Mitarbeiter Mut.* Zeigen Sie ihm, dass Sie ihm die Bewältigung der gestellten Aufgabe zutrauen.
- Erteilen Sie nur Weisungen, die wirklich notwendig sind. Vorgesetzte, die Weisungen aus Wichtigtuerei oder aus Mangel an Selbstsicherheit erlassen, werden nicht ernst genommen.
- Lassen Sie Ihrem Mitarbeiter bei der Ausführung des Auftrages *so viel Handlungsspielraum wie möglich*. Allzu enge oder starre Vorschriften töten den schöpferischen Geist. Es ist entmutigend für einen Mitarbeiter, wenn Sie ihn beauftragen, etwas zu tun, was er gerade von sich aus tun wollte.
- Seien Sie sich bewusst, dass es letztlich die *menschlichen Belange* sind, die den *entscheidenden Ausschlag geben;* sie sind es, die die Bereitschaft der Mitarbeiter zum Engagement sichern; sie sind es, die eine optimale Ausführung des Auftrages gewährleisten.
- Halten Sie sich die ursprüngliche Bedeutung von «Kommandieren» vor Augen: Nicht «befehlen», sondern Aufgaben «anvertrauen». Ein Auftrag soll ein Zeichen Ihres Zutrauens sein.

(Eine Checkliste zur Auftragserteilung findet sich in Abb. 3/Anhangband.)

445   Das Koordinations-K

In jedem Krankenhaus herrscht weitgehende *Arbeitsteilung*. Das heisst: Die Gesamtaufgabe des Krankenhauses ist in viele verschiedene Teilaufgaben zerlegt, die sich durch Ableitung aus der Gesamtaufgabe ergeben. Beispiel einer Aufgabenhierarchie: Gesamtaufgabe – Abteilungsaufgabe – Gruppenaufgabe – Stellenaufgabe (Abb. 122).
Diese Aufgaben bzw. Teilaufgaben müssen durch das Leisten von Arbeit erfüllt werden, sodass der Aufgabenteilung eine *Arbeitsteilung* entspricht. Arbeitsteilung tritt in zwei grundlegenden Formen auf[114]:
- *Berufsdifferenzierung* (job-specialization): Das ist die soziale (berufliche) Arbeitsteilung; sie führt zur Bildung definierter Berufe, deren Inhaber über eine bestimmte Expertenmacht verfügen und als echte *Spezialisten* bezeichnet werden können.
- *Arbeitszerlegung* (task-specialization): Das ist die rein arbeitstechnische Arbeitsteilung. Ausgehend vom Prinzip der Arbeitsvereinfachung spaltet sie Arbeitsprozesse in elementare, routinemässig auszuführende Aktivitäten auf; sie schafft damit nicht echte Spezialisten (Berufsexperten), sondern bloss «*Spezialisierte*». Zwei

114 vgl. Hill et al. (1974)

Abbildung 122: Zerlegung der Gesamtaufgabe in Teilaufgaben (Aufgabengliederung)[102]

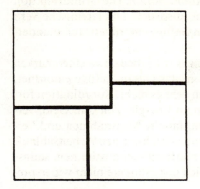
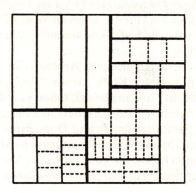

102 Ulrich (1968b)

Formen der Arbeitszerlegung sind zu unterscheiden: (1) mengenmässige Arbeitszerlegung (verschieden grosse Arbeitsteile) und (2) artmässige Arbeitszerlegung (verschieden geartete Arbeitsteile), die zur Spezialisierung führt.

Die Komplexität vieler Aufgabenbereiche im Krankenhaus ist derart hoch, dass der einzelne nicht mehr in der Lage ist, die gesamten Bereiche zu überblicken und demzufolge von der Sache her ein hoher Grad an Arbeitsteilung erforderlich ist. Spezialisten müssen in Zusammenarbeit Teilbereiche der Gesamtaufgabe bearbeiten, was ein hohes Mass an *Koordination* notwendig macht.

Bevor wir auf diese wichtige Führungsaufgabe näher eingehen, noch eine Bemerkung zur Arbeitsteilung: Sie bringt zwar einerseits eine gewaltige Leistungssteigerung mit sich; sie führt aber andererseits dazu, dass für die Mehrzahl der arbeitenden Menschen der Sinnzusammenhang der eigenen Tätigkeit innerhalb des gesamten komplexen Arbeitsablaufs nicht (oder kaum) mehr erkennbar ist und die Selbstbestimmung über Arbeitsinhalt und -ablauf verlorengeht. Auf das Problem der *Entfremdung*, das damit angesprochen ist, wurde bereits hingewiesen.

Koordination im Sinne des «Zusammenfügens von Teilen» bzw. des «Schaffens von Zusammenhängen» erfüllt somit auch von daher eine wichtige Funktion.

Mit der Aufgaben- und Arbeitsteilung wird auch eine entsprechende *Zielaufteilung* notwendig. Die Gesamtzielsetzung des Krankenhauses, die sich aus seinem Zweck in bezug auf die Umwelt ergibt, wird auf den verschiedenen Ebenen der Hierarchie immer weiter (detaillierter) aufgeschlüsselt, bis dann – in einem letzten Schritt – die Leistungsziele einzelner Mitarbeiter festgelegt bzw. vereinbart werden. Das bedeutet aber, dass auf jede einzelne Organisationseinheit (Abteilung, Gruppe, Individuum) nur Teilziele entfallen.

Das Gesamtziel aber wird erst dann erreicht, wenn alle Teilziele erreicht sind. Dazu sind in einem arbeitsteiligen System wie dem Krankenhaus entsprechende Steuerungs-, Integrations- und Koordinationsprozesse und -instrumente erforderlich.

Damit die angestrebten Ziele erreicht werden, müssen die verschiedenen Aufgaben bzw. die einzelnen Vorgänge der Aufgabenerfüllung aufeinander abgestimmt und auf das gesamte Ziel ausgerichtet sein. *Dieses zielgerichtete, gegenseitige Abstimmen verschiedener Faktoren oder Vorgänge nennt man Koordination.* Die Grundfunktion der Koordination kommt schon im Wort selbst zum Ausdruck: Das lateinische Verb «con-ordinare» bedeutet «zusammen-ordnen, in ein Gefüge einordnen, aufeinanderabstimmen».

Damit aus den verschiedenen Arbeitsteilen ein Ganzes wird, bedarf es einer starken zusammenfassenden Kraft, die die einzelnen Teile in das Gesamtgefüge einordnet, miteinander in Einklang bringt: Ohne Koordination geht es nicht. Koordination fördert den Zusammenhalt, ermöglicht Einsparungen an Energie, Zeit und Geld, vermindert Missverständnisse und Doppelspurigkeiten, falsche Massnahmen und Verzögerungen, Spannungen, Reibungen, Konflikte und erleichtert den Arbeitsablauf. Koordination heisst: die Tätigkeiten der Mitarbeiter aufeinander abstimmen, sodass sie sich gegenseitig ergänzen und verstärken (und sich insbesondere nicht widersprechen).

«Unter Koordination versteht man die *sachliche* (mengenmässige, qualitative, terminliche, kostenmässige) und *personale* Abstimmung arbeitsteiliger Prozesse und Ergebnisse im Hinblick auf ein gesetztes Ziel»[115]. Eine andere Definition lautet: «Unter Koordination verstehen wir die mittelbare oder unmittelbare gewünschte *Abstimmung interdependenter sach- und/oder personenbezogener Tatbestände und Prozesse hinsichtlich eines definierten Zieles.* Unter *Koordination von Verhalten* verstehen wir die gewünschte arbeitsorganisatorische und psychosoziale *Integration interdependenter Aktoren* hinsichtlich eines definierten Zieles»[116].

Fragt man nach dem *Gegenstand* der Koordination, d.h. nach dem, was koordiniert werden soll, so sind es zunächst *Funktionen* im Arbeitsprozess, dann aber auch *Personen:* Der Mensch als Verursacher und Träger des Arbeitsprozesses tritt hier als Individuum – und damit als schwer kontrollierbarer, kalkulierbarer und koordinierbarer – «Faktor» in Erscheinung. Weitere Gegenstände der Koordination sind: *Zeit, Raum* und *Sachmittel.*

Die wichtigste *Ursache* der Koordination ist – wie anfangs erwähnt – in der organisationalen *Differenzierung* zu sehen, also in der Verteilung von Aufgaben (Arbeitsteilung), Information und Macht sowie die Bildung von Subsystemen[117]. Auf die *Spezialisierung,* die mit der Aufgabenteilung verbunden ist, wurde bereits hingewiesen: Der hohe Grad der Spezialisierung macht – gerade im Krankenhaus – vielfältige abstimmende Aktivitäten erforderlich.

Mit steigender Differenzierung wachsen auch die *funktionalen wechselseitigen Abhängigkeiten* (Interdependenzen) zwischen den Funktionsträgern, was den Koordinationsbedarf ebenfalls erhöht. Im weiteren stellen *organisatorisch-strukturelle Interdependenzen* eine grundlegende Koordinationsursache dar. Dabei werden folgende Arten von Interdependenzen unterschieden[118]:

- *Gebündelte Interdependenzen:* Die Subsysteme der Organisation sind aufgrund von knappen Ressourcen (z.B. Dienstleistungen) oder aufgrund von gemeinsamer Beschränkung (z.B. Budget) wechselseitig voneinander abhängig.

---

115 Meier (1969), zit. nach Wunderer/Grunwald (1980)
116 Lilge (1982)
117 vgl. Lilge (1982)
118 vgl. Lilge (1982)

- *Sequentielle Interdependenzen:* Der Output des einen Subsystems (z.B. Operationssaal) wird zum Input eines anderen Subsystems (z.B. Intensivpflegestation).
- *Reziproke Interdependenzen:* Zwischen den Subsystemen bestehen auch unmittelbare Input–Output-Beziehungen (z.B. sowohl Einsatz als auch Wartung technischer Anlagen).

Die drei Formen sind in der Reihenfolge steigender Abhängigkeit aufgeführt, die zum Einsatz unterschiedlicher Koordinationstechniken führt. Sie erfordern standardisierte Entscheidungsregeln, Pläne und Programme sowie permanente Interaktion. Als bestimmender Faktor für den Koordinationsbedarf gilt die *Grösse einer Organisation.* Mit zunehmender Grösse[119]

- steigt der Grad der Differenzierung: Funktions- und Positions- (Rollen-)Differenzierung;
- steigt der Grad der Spezialisierung und Professionalisierung;
- nimmt die Planung, Programmierung und damit auch die Formalisierung zu;
- erhöht sich die Komplexität der Informations- und Kommunikationsstruktur;
- nimmt die Anzahl hierarchischer Ebenen zu;
- steigt das Ausmass der Entscheidungsdelegation.

Eine weitere Ursache der Koordination stellt die *Delegation* von Aufgaben, Kompetenzen und Verantwortung dar. Mit der Institutionalisierung von Handlungs- und Entscheidungsspielräumen ist eine grössere Eigenständigkeit der Mitarbeiter verbunden, die koordinierende Massnahmen erfordert (wobei hier die *Selbst-Koordination* im Vordergrund steht).

Grundsätzlich kann man sagen, dass mit zunehmender Komplexität der Organisation auch der Koordinationsbedarf wächst: Die Anzahl der Elemente eines sozialen Systems sowie deren Verschiedenartigkeit und Veränderlichkeit (= Komplexität) bestimmen Art und Ausmass der Koordination.

Unter den *Koordinationsinstrumenten* lassen sich nach der Art ihrer Wirkung auf die Organisationsmitglieder zwei Grundformen unterscheiden:

- *Unmittelbare (interaktionelle) Koordinationsinstrumente:* Hier erfahren die Mitarbeiter die Koordinationsentscheidungen in der unmittelbaren, persönlichen Interaktion. Solche Instrumente sind z.B. persönliche Weisungen/Eingriffe des Vorgesetzten, Konferenzen, Teams.
- *Mittelbare (strukturelle) Koordinationsinstrumente:* Hier erfahren die Mitarbeiter die Koordinationsentscheidungen über organisationale Strukturen/Medien wie Führungsgrundsätze, Richtlinien, Planung, Hierarchie, Standardisierung/Formalisierung des Arbeitsablaufs usw.

In Abbildung 123 sind verschiedene Koordinationsinstrumente schematisch aufgeführt. Zur Koordination durch persönliche Weisungen ist zu sagen, dass diese Koordinationsform dem partizipativen Aspekt der kooperativen Führung stark zuwiderlaufen kann; sie birgt folgende Gefahren in sich: – Überlastung des Vorgesetzten, – Überlastung vertikaler Kommunikationskanäle und asymmetrische Kommunikation von oben nach unten.

---

[119] vgl. Lilge (1982)

Abbildung 123: Koordinationsinstrumente[103]

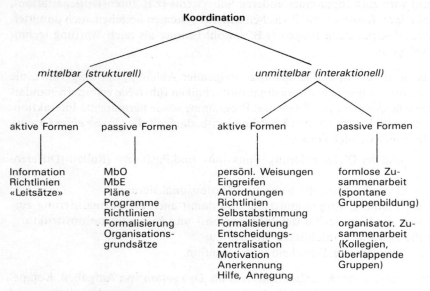

[103] Wunderer/Grunwald (1980)

Was die Auswahl der Koordinationsinstrumente betrifft, so ist – gerade auch im Hinblick auf kooperative Führung – grundsätzlich den interaktionellen Instrumenten der Vorzug zu geben. Hierbei lassen sich drei Formen unterscheiden[120]:

- *Sporadische Interaktionen:* Diese laufen nach eigenem Ermessen der Interaktionspartner ab. Sie setzen eine hohe, oft gleichgerichtete Motivation («Wir ziehen alle am gleichen Strang») und die Bereitschaft zur Kooperation voraus. Diese Interaktionsform findet man oft in Verbindung mit der Koordination durch *Selbstabstimmung* (Selbstkoordination), bei der die Koordinationspartner ihre Aktivitäten selbst aufeinander abstimmen. Keine Organisation kann (und soll) für alle auftretenden Probleme Verhaltensregeln angeben, sodass immer ein bestimmtes Ausmass an sporadischer Interaktion nach eigenem Ermessen erforderlich ist.
- *Fallgebundene Interaktionen:* Hier bestimmen generelle Regeln, wann und in welcher Situation eine Abstimmung stattfinden muss. Darüber hinaus bestehen keine Richtlinien, sodass auch hier – wie bei der Selbstabstimmung – die Modalitäten des Koordinationsablaufs durch die Koordinationspartner selbst festgelegt werden.
- *Institutionalisierte Interaktionen:* Hier handelt es sich um verordnete, fest eingerichtete Interaktionen zwischen Koordinationspartnern. Als permanente Formen sind das «Modell der überlappenden Gruppen» (linking-pin-model) und das Colleague-Model zu sehen. Als temporäre Form kann z.B. ein Kollegium verstanden werden.

[120] vgl. Lilge (1982), Wunderer/Grunwald (1980)

Wie bereits angetönt wurde, kann die Funktion der Koordination nicht nur durch Personen und Regeln ausgeübt werden, sondern auch durch den *Arbeitsprozess* als solchen und durch Maschinen/Apparate. Normierte Arbeitsprozesse sind so konzipiert, dass personale Entscheidungen hinsichtlich der Koordination der Teilprozesse nicht mehr erforderlich sind. Die Arbeitsabläufe sind in ihren Teilschritten so eindeutig geregelt, dass Varianten gar nicht auftreten können und die Notwendigkeit der Koordination somit entfällt[121].

Damit Interaktionen zwischen den Organisationsmitgliedern auf ein Ziel hin koordiniert werden können, ist ein minimaler Konsens zwischen den Koordinationspartnern erforderlich.

Folgende psychologische *Bedingungen der Koordination* sind von Bedeutung[122]:

- *Gemeinsame Werte:* Wo Rollen und Verhalten vieler Personen aufeinander abgestimmt werden müssen, sind gemeinsame Werte als Grundlage koordinierten Handelns unbedingt notwendig.
- *Vertrauen:* Wie im Hinblick auf die Kooperation gezeigt wurde, ist Vertrauen ein Bedingungsfaktor, der wie kein anderer zwischenmenschliche Beziehungen beeinflusst. Im Falle der Koordination ist es zunächst die koordinierte Stelle (Vorgesetzter bzw. andere Instanz), der Vertrauen entgegengebracht werden soll; diese bringt ihrerseits den Organisationsmitgliedern Vertrauen hinsichtlich der Aufgabenerfüllung entgegen.
- *Toleranz:* Ohne Toleranz, also ohne «aktive Duldsamkeit», aus der heraus andere/gegensätzliche Haltungen oder Auffassungen hingenommen bzw. zugelassen werden, ist eine effiziente Koordination nicht (oder nur beschränkt) möglich.
- *Wechselseitigkeit:* Die als Grundwert kooperativer Führung bezeichnete Wechselseitigkeit stellt auch eine Grundbedingung der Koordination dar. Asymmetrische Beziehungen führen in der Regel zu demotiviertem, unsolidarischem und argwöhnischem Verhalten, das die Koordination erschwert oder verunmöglicht.
- *Selbstkonzept:* Personen mit einem positiven Selbstkonzept, also mit relativ hoher Selbstachtung und Selbstakzeptanz neigen eher dazu, auch andere Personen positiv wahrzunehmen und zeigen damit eine höhere Kooperationsbereitschaft, was sich natürlich auch auf die Koordination äusserst fruchtbar auswirkt.
- *Selbstöffnung:* Aus der Bereitschaft, sich anderen Menschen gegenüber zu öffnen und zwischenmenschliche Nähe zuzulassen bzw. zu entwickeln, erwächst ein reziprokes Verhalten (auch der andere wird sich öffnen), das ein kooperatives und koordiniertes Handeln stark fördert.
- *Empathie:* Die Fähigkeit und Bereitschaft, sich in das Denken und Handeln anderer Menschen einzufühlen, übt ebenfalls einen massgeblichen Einfluss auf Kooperation und Koordination aus.
- *Loyalität:* Ein weiterer Bedingungsfaktor der Koordination ist die Verbundenheit/Identifikation der Organisationsmitglieder mit ihrer Arbeit und mit den Zielen der Organisation.
- *Akzeptanz:* Die Bereitschaft des Individuums, fremde Ziele anzunehmen und sie in seine eigene Motivationsstruktur einzubauen, kann für kooperativ-koordinierende Interaktionen ebenfalls bestimmend sein.

---

121 vgl. Bosetzky/Heinricht (1980)
122 vgl. Lilge (1982)

- *Gerechtigkeit:* Gerechtigkeitsüberlegungen und -bestrebungen im Hinblick auf die Verteilung von (materiellen und immateriellen Gütern spielen in allen Bereichen sozialer Interaktion eine wichtige Rolle.
- *Altruismus:* Hier geht es um die – im Gegensatz zum Egoismus stehende – «Selbstlosigkeit» im Denken, Fühlen und Handeln. Sieht man von dieser Idealform ab, so ist darunter ein hilfreiches bzw. *helfendes Verhalten* zu verstehen, das auch als prosoziales Verhalten bezeichnet wird. Das Entstehen von helfendem Verhalten wird u.a. auf Empathie zurückgeführt und ist sowohl ein Bedingungsfaktor wie auch ein Ergebnis koordinierenden Verhaltens in kooperativer Atmosphäre.

Aufgabe kooperative Führung ist es, solche kooperations- und koordinationsfördernden Verhaltensweisen in der Interaktion zwischen Vorgesetztem und Mitarbeitern zu erlernen und einzuüben.

Nach dieser Schilderung psychologischer Bedingungsfaktoren soll noch auf drei *unorthodoxe Techniken der Koordination* hingewiesen werden[123]. «Unorthodox» sind sie deshalb, weil sie sich bei der «etablierten Wissenschaft» keiner grossen Beliebtheit erfreuen (was aber nicht heisst, dass von ihnen keine brauchbaren Impulse ausgehen können).

- *Modell des Durchwurstelns:* Die Alltagserfahrung zeigt, dass das «Sich-Durchwursteln» eine sehr häufig vorkommende Koordinationsstragie ist. Weil nur ein Bruchteil des organisationalen Geschehens regelbar bzw. strukturierbar ist, ist die Wahrscheinlichkeit unstrukturierten, nicht-formalisierten und möglicherweise nicht-rationalen Verhaltens gross.
  Das Individuum kennt in der Regel die Mechanismen spontanen sozialen Umgangs mit den anderen Organisationsmitgliedern recht gut und weiss sie auch gut zu gebrauchen. Die «Trampelpfade, Schleichwege» usw. in der Organisation zeigen deutlich die Diskrepanz zwischen formalen und nicht-formalen Beziehungen. Ein unterstützendes Argument für nicht-formalisiertes Durchwursteln liefert eine Untersuchung, wonach jene Organisationsmitglieder, die sich nicht an die formalisierten Regeln hielten, teilweise produktiver waren als ihre angepassten Kollegen.
- *Modell des Mauschelns:* Darunter wird eine vorübergehende, vertrauliche, arbeitsorientierte Begegnung zwischen Menschen verstanden, also alle möglichen Arten von Treffen, Besprechungen, Verabredungen usw., solange sie informal sind. Diese Begegnungen ereignen sich oft parallel zu formalen offiziellen Treffen, so beispielsweise auf dem Flur, im Waschraum, am Getränkeautomaten usw. und können sehr produktiv sein.
- *Mülleimer-Modell:* Wie das Durchwursteln beschäftigt sich auch dieses Konzept mit Problemlösungs-Prozessen, die nicht durch die übliche wohl-definierte «Normalität» gekennzeichnet sind. Im «Mülleimer» (d.h. in einer solchen Entscheidungssituation) sammeln sich unstrukturierte, wechselnde und komplexe Aufgaben/Probleme; unklare Ziele, Präferenzen und Verhaltensweisen der Organisationsmitglieder; wechselnde Teilnehmer an Entscheidungsprozessen sowie schlecht strukturierte Entscheidungstechniken, die kaum Zusammenhänge zwischen Entscheidungsalternativen und -konsequenzen erkennen lassen.

123 vgl. Lilge (1982)

In diesem Modell wird deutlich, dass auch innerhalb bürokratischer Strukturen bei bestimmten Voraussetzungen ein nahezu anarchisches Individualverhalten von Organisationsmitgliedern zu beobachten ist («organisierte Anarchie»).

Alles in allem enthalten die drei Konzepte zum Teil recht brauchbare Ansätze, die komplexen Funktionen und Interaktionen in den Griff zu bekommen, die durch formale Organisationsstrukturen und -regelungen nicht erfasst werden können. In vielem scheinen solche Techniken die Organisationsrealität besser zu erfassen als eine streng formalisierte Struktur. Die meisten sozialen Interaktionen in einer Organisation sind informaler Art; Sie werden durch scheinbar formales und regelkonformes Verhalten kaschiert. Dadurch werden formale Wege «gangbar» gemacht und vermitteln den Eindruck, sie entsprächen den Anforderungen der Realität[124].

Nach diesem Abstecher in unorthodoxe Techniken der Koordination sollen im folgenden noch einige orthodoxe Tätigkeiten genannt werden, die ein Vorgesetzter zur Erfüllung der Führungsaufgabe «Koordinieren» zu vollziehen hat. Diese Führungsaufgabe hat grundsätzlich zwei Aspekte:

- *Zielorientierung:* Verschiedene Sachverhalte und Vorgänge müssen auf ein bestimmtes Ziel ausgerichtet werden (damit nicht jeder in eine andere Richtung marschiert) bzw. Teilziele in die Gesamtzielsetzung integriert werden.
- *Harmonisierung:* Verschiedene Sachverhalte und Vorgänge müssen aufeinander abgestimmt, miteinander in Einklang gebracht werden (sodass sie sich gegenseitig nicht behindern, sondern ergänzen und verstärken).

Die Koordinationsaufgaben des Vorgesetzten bestehen somit im wesentlichen darin, dass er

- mit seinen Mitarbeitern Ziele vereinbart und diese Ziele in übergeordnete Zielsysteme integriert;
- die Aktivitäten seiner Mitarbeiter steuert (Zielabweichungen feststellt, analysiert und korrigiert);
- seine eigenen Tätigkeiten plant und die Mitarbeiter bei der Planung ihrer Arbeit unterstützt;
- bei sich selbst und bei seinen Mitarbeitern um die Anwendung effizienter Arbeitstechniken bemüht ist;
- die verschiedenen Tätigkeiten der einzelnen Gruppenmitglieder hinsichtlich Raum, Zeit und Sachmittel aufeinander abstimmt;
- die Aktivitäten seiner Arbeitsgruppe auf die Aktivitäten der anderen Arbeitsgruppen innerhalb der Abteilung abstimmt;
- die multilaterale Kommunikation unter allen Beteiligten ermöglicht und fördert;
- für eine ausreichende Information in allen Richtungen besorgt ist;
- in seinem Bereich die Organisationsstrukturen zweckmässig gestaltet;
- Kontakte pflegt zu Personen ausserhalb seines Funktionsbereichs, Vertretern von Personalverbänden, zu den Ausbildungsinstitutionen, aus denen sich die Mitarbeiter rekrutieren usw.
- für eine optimale Einarbeitung und Eingliederung neuer Mitarbeiter besorgt ist;

---

124 vgl. Lilge (1982)

Auf den letzten Punkt soll im folgenden noch näher eingegangen werden. Koordinieren heisst: verschiedene Faktoren oder Vorgänge aufeinander abstimmen und auf gemeinsame Ziele ausrichten. Einen «Faktor» besonderer Art stellt ein neuer Mitarbeiter dar, der möglichst rasch seinen Platz in der Gruppe bzw. im Arbeitsprozess einnehmen soll (und auch will). Einen neuen Mitarbeiter einführen bedeutet nicht, ihm Guten Tag zu sagen, ihm kurz zu erklären, was man darf und was nicht, um ihn dann an seinem Arbeitsplatz sich selber zu überlassen. Damit ist es nicht getan. Die Einführung eines neuen Mitarbeiters sollte vom verantwortlichen Vorgesetzten sicher genauso ernst genommen werden wie die Inbetriebnahme einer neuen technischen Anlage .... Für die spätere Einstellung zur Arbeit, zur Organisation und zum Vorgesetzten spielt die Art und Weise der Einführung eine ganz entscheidende Rolle. Zwei Aspekte lassen sich dabei auseinanderhalten:

- *Einarbeitung:* Unter diesem sachbezogenen Aspekt geht es darum, den neuen Mitarbeiter möglichst rasch und gut mit seinen neuen fachlichen Aufgaben vertraut zu machen. Der «Neue» soll seinen Arbeitsplatz möglichst bald und gut ausfüllen.
- *Eingliederung:* Jede Einführung hat auch einen sozialen Aspekt; der «Neue» muss in die Gruppe aufgenommen/integriert werden; er muss die Normen und Rollen innerhalb der Gruppe kennenlernen und seine eigene Rolle definieren.

Im folgenden sollen folgende Etappen der Einführung unterschieden und besprochen werden: Empfang, Einarbeitung und Eingliederung. Als Ausgangspunkt für die Vorbereitung kann die Checkliste in Abbildung 4/Anhangband dienen.

Empfang

In dieser Ersten Etappe der Einführung geht es darum, dem Neuen ein freundliches, persönliches «Willkommen» entgegenzubringen und sich in seine Situation einzufühlen. Um sich die Situation des neuen Mitarbeiters zu vergegenwärtigen, sollte man sich an die eigenen Gefühle und Gedanken am ersten Tag in einer neuen Stelle erinnern. Man versteht dann auch besser, warum sich der Neue unfrei bewegt und ausdrückt, warum seine Reaktionen manchmal geziert, manchmal übertrieben oder hektisch ausfallen, warum schliesslich Kleinigkeiten – eine Tasse Kaffee, eine persönliche Bemerkung, eine interessierte Frage – den Bann brechen und die Stimmung verändern können[125].

Die *Begrüssung* bestimmt sehr wesentlich den *ersten Eindruck* vom neuen Betrieb, von den neuen Arbeitsgruppen und vom neuen Vorgesetzten. Welche Langzeitwirkung solche erste Eindrücke haben, können wir bei uns selbst feststellen. In dieser ersten Etappe geht es auch darum, dem neuen Mitarbeiter

- eine Vorstellung von Aufbau und Arbeit des Krankenhauses zu vermitteln;
- ihm seine Funktion im Arbeitszusammenhang aufzuzeigen;
- die wichtigsten Arbeitsregeln und betrieblichen Einrichtungen vorzustellen.

Diese erste Information ist für eine reibungslose Einpassung in die neue Arbeitsumgebung von entscheidender Bedeutung. Schliesslich soll der Neue allen Mitarbei-

125 vgl. Bordemann (1978)

tern/Kollegen/Vorgesetzten persönlich vorgestellt werden, mit denen er zu tun hat. Folgende Punkte sollten Sie in dieser Etappe beachten[126]:
- Sorgen Sie dafür, dass Sie rechtzeitig zur Stelle sind, wenn der Neue eintrifft. Daraus ersieht er, dass er erwartet wird und willkommen ist.
- Begrüssen Sie den Neuen mit seinem Namen. Versuchen Sie, einen persönlichen Kontakt herzustellen.
- Machen Sie mit ihm entweder gleich einen Rundgang (da lassen sich viele Dinge unmittelbar veranschaulichen) oder bieten Sie ihm einen Stuhl zum Sitzen an.
- Vergewissern Sie sich immer wieder, dass der Neue wirklich versteht, was Sie sagen (nicht nur, wenn er Ausländer ist).
- Sprechen Sie zunächst über Dinge, die unmittelbar mit dem Arbeitsplatz und den Kollegen zu tun haben (die Pauseneinteilung interessiert den Neuen weit mehr als die Geschichte des Krankenhauses).
- Bringen Sie deutlich zum Ausdruck, dass man ihn braucht und dass es Arbeit für ihn gibt (nichts ist deprimierender als das Gefühl, nutzlos zu sein).
- Überfordern Sie ihn nicht. Gerade am Anfang erschlägt ihn die Fülle der Eindrücke und Informationen fast und verhindert, dass er diese Neuigkeiten alle verarbeiten kann.

Einarbeitung

Auf den Empfang bzw. die erste Einführung folgt die wichtige Etappe der eigentlichen Einarbeitung des neuen Mitarbeiters. Der Zweck dieser Phase besteht – wie der Begriff sagt – darin, dass der neue Mitarbeiter seine Arbeit kennenlernt und das Wissen und Können erwirbt, das zur selbständigen Ausführung dieser Arbeit erforderlich ist. Um die Aufgaben in dieser Etappe beschreiben zu können, müssen wir zwei typische Fälle von neuen Mitarbeitern unterscheiden:
- Fall 1: Der Neue bringt für seine Tätigkeit Erfahrungen und/oder Fähigkeiten und Kenntnisse mit, die er im Laufe seiner Ausbildung und/oder an ähnlichen Arbeitsplätzen erworben hat.
- Fall 2: Der Neue steht vor einem absoluten Anfang und hat mit dieser Arbeit noch nie etwas zu tun gehabt.

Im ersten Fall wird es ausreichen, wenn der Neue nach einer gründlichen Einführung an die Arbeit herangeführt und mit den wichtigsten Unterschieden zu seiner früheren Tätigkeit vertraut gemacht wird. Eine instruktive Beratung und begleitende Betreuung durch den Vorgesetzten oder einen dazu bestimmten erfahrenen Mitarbeiter (einen sogenannten «Paten») muss allerdings gewährleistet sein.
Im zweiten Fall des Mitarbeiters ohne Vorerfahrungen ist eine eigentliche *Arbeitsunterweisung* notwendig, bei der der Pate ebenfalls eine wichtige Rolle spielt.
Bei dieser Arbeitsunterweisung kommt es in erster Linie auf folgendes an[127]:
- Zuerst muss versucht werden, eine Verständigungsbasis im Sinne einer gemeinsamen Sprache zwischen beiden Partnern des Anlernprozesses herzustellen. Erst wenn beide mit denselben Worten die gleichen Dinge bezeichnen, kann der Lernprozess gelingen.

126 vgl. Bordemann (1978)
127 vgl. Bordemann (1978)

- In der zweiten Phase geht es darum, die Aufmerksamkeit des Lernenden zu wecken und zu lenken. Der Instruktor macht vor, zeigt, erklärt – der Lernende beobachtet und prägt sich die wesentlichen Punkte ein.
- Wenn der Instruktor überzeugt ist, dass der Lernende eine Vorstellung von der Arbeitsausführung hat, lässt er ihn probeweise die Arbeit nachmachen. In dieser Phase hängt vieles davon ab, dass der Instruktor fähig ist, zu kritisieren ohne zu frustrieren.
- Jetzt wird das richtige Nachmachen dadurch ergänzt, dass der Lernende die Zusammenhänge richtig erklärt: Er soll sich seiner Handlungen und der wesentlichen Zusammenhänge bewusst werden.
- Die letzte Phase dient der Übung und Festigung des Gelernten. Der Instruktor überwacht den Anfänger nicht mehr direkt, sondern verfolgt seine Tätigkeit sozusagen «aus der Ferne».

Eingliederung

Die dritte Etappe der Einführung eines neuen Mitarbeiters umfasst dessen Eingliederung in die Gruppe seiner Kollegen. Diesem Vorgang kommt überaus grosse Bedeutung zu, weil in den ersten Tagen und Wochen des Wirkens in der neuen mitmenschlichen Umgebung Grundsteine gelegt werden. Grundsteine für die spätere Grundeinstellung zum Betrieb, zum Vorgesetzten und vor allem zu den Kollegen.
Der Vorgesetzte muss versuchen, diesen Prozess des Hineinwachsens des Neuen in das soziale Gefüge der Gruppe zu fördern, ohne direkt einzugreifen oder sich mittels formaler Autorität störend einzumischen. Erst wenn der neue Mitarbeiter sich als akzeptiert, angenommen, zugehörig empfindet, beteiligt er sich am Leben der Gruppe und ist mit seiner Arbeitssituation zufrieden. Die «alteingesessenen» Mitarbeiter machen es dem «Neuen» oft nicht leicht, auch wenn sie sich darüber oft nicht ganz im klaren sind und es auch gar nicht beabsichtigen[128].
Einerseits erwarten sie, dass der Neue seinen Arbeitsplatz möglichst bald ausfüllen, sie je nach Umständen entlasten oder zumindest vor zusätzlichen Belastungen bewahren wird; andererseits wachen sie darüber, dass durch ihn ihre Arbeitsgewohnheiten, ihre Beziehungen untereinander und zum Vorgesetzten, ihre Position, ihr Ansehen und ihr Einfluss in der Arbeitsgruppe nicht in Frage gestellt werden.
Als Vorgesetzter müssen Sie sich bewusst sein, dass die Aufnahme in die Gruppe und die damit verbundene Anerkennung, Zugehörigkeit und Sicherheit für den Neuen ausserordentlich wichtig ist. Sie können den Prozess der Aufnahme dadurch erleichtern, indem Sie folgende Punkte beachten[129]:

- Informieren Sie ale Beteiligten rechtzeitig. Geben Sie die Ankunft des Neuen vorher bekannt, damit sich die Mitglieder der Gruppe darauf einstellen können. Teilen Sie auch einige Einzelheiten zur Person mit (wie Vorbildung, beruflicher Werdegang), ohne damit Vermutungen oder Erwartungen zu wecken, die den Start belasten (Vorschuss-Lorbeeren sind die schwerste Belastung). Dem «Neuen» wird dadurch etwas der Charakter des «Fremden» genommen.

---

128 vgl. Golas (1982)
129 vgl. Golas (1982), Bordemann (1978)

- Beauftragen Sie einen erfahrenen Mitarbeiter, den Neuen als Paten zu betreuen. Er soll sich in den ersten Tagen und Wochen um den Neuen kümmern und ihn insbesondere mit allem bekannt machen, was er wissen muss, um sich im Betrieb bewegen und heimisch fühlen zu können. Informieren Sie den Paten über alle wichtigen Punkte der Biographie des Neuen und verpflichten Sie ihn zur Verschwiegenheit. Vertrauen Sie ihm den neuen Mitarbeiter richtiggehend an.
- Halten Sie sich als Vorgesetzter in den ersten Tagen bewusst im Hintergrund, wenn der Neue sich einzuleben beginnt und dabei nach Anknüpfungspunkten für kollegiale Beziehungen sucht.

Die verschiedenen Massnahmen zur Einführung neuer Mitarbeiter lassen sich wie folgt zusammenfassen[130]:

Massnahme	Zweck und Ziel	Mittel und Methode
Vorbereitung des Personaleinsatzes	Schaffung organisatorischer Voraussetzungen und personeller Rahmenbedingungen für den Erwerb der Funktionstüchtigkeit	Stellengenehmigung Stellenbeschreibung Arbeitsplatzeinrichtung Bestimmung des Paten Unterrichtung der Gruppe
Motto:	«das Notwendige vorfinden»	
Etappe der Einweisung	Orientierung über wichtige Arbeitsumstände und Bekanntmachung mit den nächsten Bezugspersonen	Einführungsgespräch Kollegenvorstellung Abteilungsrundgang Übergabe an Paten
Motto:	«sich zurechtfinden»	
Etappe der Einarbeitung	Vermittlung von Kenntnissen und Fertigkeiten zum Aufbau der Funktionstüchtigkeit	Arbeitsunterweisung Praxisanleitung Routinierung durch Übung Fachunterricht Theorievermittlung
Motto:	«die Arbeit lernen»	
Prozess der Eingliederung	Anschluss an und Einbindung in die Gruppe der Kollegen	Anknüpfung informeller Kontakte Übertragung informeller Pflichten
Motto:	«aufgenommen werden und dazugehören»	
Abschluss des Personaleinsatzes	Aufhebung des Anfänger-Status	Ende der «Schonzeit» normale Belastung und Zuteilung eines Pensums
Motto:	«fest im Sattel sitzen»	

446 Das Kontroll-K

Das Krankenhaus ist – wie jede Arbeitsorganisation – ein auf die Erreichung von *Zielen* ausgerichtetes Gebilde. Diese Ziele werden im Prozess der Willensbildung erarbeitet und in der Phase der Realisation zu verwirklichen versucht. Die im Realisationsprozess erbrachten Arbeitsergebnisse können infolge von Fehleinschätzungen, unzweckmässigem Vorgehen oder unvorhergesehenen Störeinflüssen von den ange-

130 Bordemann (1978)

strebten Ergebnissen abweichen. Diese Abweichungen zu erfassen und zu korrigieren ist notwendig, um die angestrebten Arbeitsergebnisse (Ziele) zu sichern.

Die Phase der *Willenssicherung* kann somit in zwei Teilphasen unterteilt werden:

- *Kontrolle:* Ermitteln der tatsächlich erreichten Ergebnisse (Ist-Wert) und Vergleichen mit den angestrebten Ergebnissen (Ziel/Soll-Wert), Feststellen von Abweichungen.
- *Korrektur:* Analyse der Abweichungsursachen und entsprechende Verhaltens-, Situations- und Zielanpassungen.

Die Kontrolle stellt eine Überprüfung bereits erbrachter Ergebnisse dar und ist damit primär vergangenheitsbezogen; die Korrektur hingegen beinhaltet Anpassungsmassnahmen im Hinblick auf künftiges Vermeiden von Abweichungen und ist damit primär zukunftsorientiert. Endzweck von Kontrolle und Korrektur ist die *Steuerung der Arbeitsprozesse;* durch die Phase der Willenssicherung wird der Führungsprozess zum geschlossenen *Regelkreis* (Abb. 124). Im folgenden soll zunächst der Problembereich «Kontrolle» besprochen werden.

Abbildung 124: Kontrolle und selbsterfüllende Vorhersage

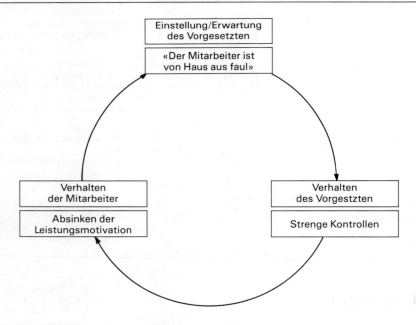

Bevor wir uns über verschiedene Formen der Kontrolle Gedanken machen, wollen wir uns mit dem Phänomen auseinandersetzen, dass der Mensch auf Kontrollen im allgemeinen ablehnend reagiert. Die Abneigung gegenüber Kontrollen lässt sich bei den verschiedensten Gelegenheiten beobachten: bei Pass- und Gepäckkontrollen an der Grenze und auf Flughäfen, bei Fahrscheinkontrollen in öffentlichen Verkehrsmitteln und bei Geschwindigkeitskontrollen auf den Strassen. Bei all diesen «Prüfungssituationen» stellen sich bestimmte Gefühle ein, die eine Mischung aus Furcht, Ärger,

Trotz und Zorn bilden und den Vorgang der Kontrolle selber als lästig, ärgerlich oder kränkend empfinden lassen[139].

Die verbreitete Abneigung gegenüber Kontrollen hat auch ihre historischen Wurzeln. Mit der Herkunft des Wortes «Kontrolle» verhält es sich nämlich so[131]: Weil die «Gehaltsliste» der mittelalterlichen Landsknechte oft nicht stimmte, sondern «totel Seelen» enthielt, schickte der Kriegsherr, der die Söldnerheere finanzierte, Kommissare zu den Landsknechtführern mit dem Auftrag, die genaue Zahl der Truppen zu ermitteln und dem Landsknechtführer die Gegenliste, die sogenannte «Contre-Rôle» aufzumachen.

Unser heutiges Wort «Kontrolle» entstand also aus dem «Gegen-Register» dessen der sich versichern wollte, dass er nicht betrogen wurde. Am Anfang der Kontrolle steht so das *Misstrauen*. Es ist die grosse Hypothek, die von hier an auf ihr lastet. Fragt man nach den Gründen für die negative Einstellung gegenüber Kontrollen, so scheinen folgende «Ursachen» im Vordergrund zu stehen:

- *Eingriff in die persönliche Freiheit:* Eine Person, die sich in irgendeiner Form von einer anderen Person abhängig fühlt, muss sich von dieser überwachen, überprüfen, «auf die Finger schauen» lassen. Die Abhängigkeit und die damit verbundene Beschränkung der persönlichen Freiheit bzw. Einengung der Eigenständigkeit wird vom Individuum als bedrohend empfunden. Bei der Selbstkontrolle entfällt diese Wirkung völlig.
- *Misstrauen:* Das ursprüngliche Motiv der Kontrolle, nämlich der «Argwohn der Mächtigen gegenüber den unredlichen Abhängigen» spielt bei der Kontrolle durch den Vorgesetzten noch heute mit; dieses Misstrauen wird als kränkend empfunden. Noch immer gibt es viele «X-Theoretiker» unter den Vorgesetzten, die grundsätzlich davon überzeugt sind, dass der Arbeitswille nachlässt und die Fehler sich häufen, wenn sie den Mitarbeitern den Rücken zuwenden und die «Zügel der Kontrolle» lockern.
- *Sanktionen:* Wenn die Kontrolle für den Mitarbeiter ungünstig ausfällt, stellt dies seine Belohnungen (Anerkennung, Beförderung usw.) in Frage oder zieht sogar unmittelbare Bestrafungen nach sich (Tadel, Versetzung usw.). Darüber hinaus hat sie die Bedeutung eines Misserfolgserlebnisses. Die Kontrolle wird also auch von daher als bedrohend empfunden.
- *Herrschaft:* Im Wort Kontrolle klingt noch etwas mit, was im englischen Begriff «control» gut zum Ausdruck kommt: «control» bedeutet nicht nur Überwachung und Überprüfung, sondern auch Beherrschung, Macht. Auch unserem Sprachgebrauch ist diese Bedeutung nicht fremd: «etwas unter Kontrolle haben» (z.B. den Markt beherrschen), «die Kontrolle (‚die Beherrschung') verlieren», «ausser Kontrolle (ausser ‚Rand und Band') geraten». Die ablehnende Einstellung zu Kontrollen hat also auch mit dem Unbehagen gegenüber repressiven Formen der Machtausübung zu tun und ist unter diesem Aspekt als Weigerung zu sehen, sich einer von Menschen beanspruchten Macht zu beugen.
- *Gericht:* Eine Kontrolle wird sehr rasch als «Gerichtssitzung» erlebt (auch wenn sie vielleicht gar nicht als solche gestaltet ist) und beeinträchtigt damit das Selbstwertgefühl des Betroffenen in hohem Masse. Selbst wenn dies nicht der Fall ist,

131 vgl. Bordemann (1978)

fühlt sich der Mitarbeiter durch die Kontrolle als Persönlichkeit in Frage gestellt, weil der Leistung (die ja Gegenstand der Kontrolle ist) in unserer Gesellschaft so hohe Bedeutung zukommt[132].

Diese Überlegungen machen deutlich, dass der Vorgesetzte bei der Ausübung seiner Kontrollaufgabe nicht auf reine Freude und grundsätzliche Zustimmung hoffen kann. Kontrollen werden von den Mitarbeitern entweder als notwendiges Übel betrachtet und widerwillig «geschluckt» oder als Ausdruck von Misstrauen, Schikane und repressiver Machtausübung empfunden und innerlich abgelehnt.

Es drängt sich nun die Frage auf, ob es möglich ist, die Notwendigkeit von Kontrollen so zu begründen, dass diese Ablehnung zumindest teilweise abgebaut wird. Wir glauben, dass es möglich ist. Zunächst einmal spielt die «Einstellung» des Vorgesetzten eine ganz entscheidende Rolle.

Im positiven wie im negativen Sinne wird bei Kontrollen das Phänomen der «selbsterfüllenden Vorhersage» in hohem Masse wirksam: Wenn beispielsweise ein Vorgesetzter annimmt, seine Mitarbeiter seien von Natur aus faul und unehrlich (X-Theorie), führt er strenge Kontrollen durch. Die Mitarbeiter «rächen» sich, indem sie sich der Kontrolle entziehen, wo es nur geht und sich vor der Arbeit drücken, sobald die Kontrolle wegfällt (was den Vorgesetzten in seiner negativen Einstellung bestärkt). Den unheilvollen Kreislauf zeigt Abbildung 124.

Neben der Einstellung des Vorgesetzten kommt auch der Auffassung der Kontrollfunktion eine grosse Bedeutung zu: Indem die Kontrollfunktion des Vorgesetzten als *regulierende Funktion* verstanden wird, die dazu dient, den Ablauf von Arbeitsprozessen zu regeln bzw. zu steuern und damit die Arbeitsergebnisse zu sichern.

Obwohl diese Auffassung der Kontrollfunktion recht mechanistisch ist, so trägt sie doch zu einer Versachlichung des emotional so «heissen» Themas bei. Im Hinblick auf den Zweck der Kontrolle (die Sicherung der angestrebten Ergebnisse) geht es in erster Linie darum, *dass* die Kontrollfunktion ausgeübt wird; *wer* sie ausübt, spielt aus der Sicht des Systems (nicht aber aus der Sicht der Mitglieder) eine untergeordnete Rolle. Eine Kontrolle in diesem Sinne dient als

- *Instrument zur Erfassung des Zielerreichungsgrades:* Soll-Ist-Abweichungen können erfasst und demzufolge korrigiert werden.
- *Instrument zur rückkoppelnden Information:* Der Mitarbeiter erhält ein Feedback auf sein (Arbeits-)Verhalten (Überlegungen, Entscheidungen, Arbeitsverfahren usw.); er erfährt, wieweit dieses Verhalten zweckmässig war. Der Vorgesetzte erfährt, wieweit sein (Führungs-)Verhalten (Führungsstil, Entscheidungen, Weisungsform usw.) zweckmässig war.
- *Instrument zur Schaffung von Belohnungsgrundlagen:* Insofern Belohnungen unmittelbar oder mittelbar von der erbrachten Leistung abhängig sind, werden sie durch das Resultat der Kontrolle betimmt.
- *Instrument zur Schaffung von Beurteilungsgrundlagen:* Ohne Erfassung der Leistungsergebnisse ist keine Beurteilung dieser Ergebnisse möglich.

Die Kontrolle der Arbeitsleistung kann auf unterschiedliche Art und Weise erfolgen. Aufgrund des *Gegenstandes* der Kontrolle lassen sich zunächst Verhaltens- und Ergebniskontrolle unterscheiden:

---

132 vgl. Lattmann (1981)

- *Verhaltenskontrolle:* Hier wird das (Leistungs-)Verhalten des Mitarbeiters überwacht im Sinne einer Prüfung, wieweit vorgegebene Verhaltensstandards (Regeln, Anweisungen usw.) eingehalten werden.
- *Ergebniskontrolle:* Hier wird das Ergebnis des (Leistungs-)Verhaltens erfasst, mit vorgegebenen/vereinbarten Leistungsstandards verglichen und der Grad der Zielerreichung bestimmt.

Wenn nach dem *Träger* der Kontrolle gefragt wird, können Selbst- und Fremdkontrolle auseinandergehalten werden:

- *Selbstkontrolle:* Die Kontrolle der Arbeitsleistung wird von der Person durchgeführt, die die Leistung erbringt.
- *Fremdkontrolle:* Die Kontrolle wird von anderen Personen vollzogen als denen, die die Leistung erbringen (Vorgesetzter oder spezielle Kontrollinstanzen).

Eine Kombination der beiden Kriterien «Gegenstand» und «Träger» ergibt eine Matrix, wie sie in Abbildung 125 dargestellt ist[133].
Die Matrixfelder der ersten Zeile umfassen die ergebnis-orientierte Kontrolle, die vom Individuum selbst durchgeführt werden kann (Feld 1.1) oder von anderen Personen durchgeführt wird (Feld 1.2); Zeile 2 umfasst die verhaltens-orientierte Kontrolle, die wiederum vom Individuum selbst (Feld 2.1) oder von anderen Personen (Feld 2.2) durchgeführt wird. Im folgenden soll auf einige zentrale Probleme des Kontrollprozesses eingegangen werden[134].

Abbildung 125: Kontrollformen[104]

Gegenstand der Kontrolle	Träger der Kontrolle	
	Individuum selbst	andere Personen
Ergebnis	1.1	1.2
Verhalten	2.1	2.2

104 vgl. Steinle (1978)

Zentralisation oder Dezentralisation der Kontrolle?

Soll die Kontrollfunktion an der Spitze der Organisation zusammengefasst oder soll sie auf allen hierarchischen Ebenen wahrgenommen werden? Diese Frage ist eng mit dem Problem der Selbst- und Fremdkontrolle verbunden: Die Kontroll-Zentralisation an der Spitze entspricht einer extremen Form der Fremdkontrolle; die Überwachung jedes einzelnen Aufgabenträgers durch sich selbst (Kontroll-Dezentralisation) der Selbstkontrolle.
Wie Untersuchungen zeigen, sind Organisationen mit hoher Leistung und Zufriedenheit ihrer Mitglieder durch eine *Dezentralisation* der Kontrolle über die gesamte Organisationshierarchie gekennzeichnet.

133 vgl. Steinle (1978)
134 vgl. Steinle (1978)

Verhaltens- oder Ergebniskontrolle?

Was soll kontrolliert werden: das Leistungsverhalten oder das Ergebnis des Leistungsverhaltens? Im Hinblick auf den primären Zweck der Kontrolle (Sicherung der Arbeitsergebnisse) ergibt sich als grundlegende Anforderung die Ausrichtung des Kontrollprozesses am Leistungs*ergebnis* und nicht am Verhalten, das zu diesem Ergebnis führt (erst der Vergleich des gesetzten Zieles mit dem erbrachten Ergebnis vermag etwas über die Effizienz des Verhaltens auszusagen).

Aber nicht nur im Hinblick auf den primären Zweck der Kontrolle steht das Ergebnis im Vordergrund: Wie bei der Besprechung des Motivationsprozesses gezeigt wurde, ist (Leistungs-)Verhalten nicht an der *Einhaltung* von Regeln orientiert (was Gegenstand der Verhaltenskontrolle wäre), sondern auf die *Erreichung* von Zielen gerichtet. Auch die Erkenntnisse der Motivationsforschung sprechen daher eindeutig für eine *Ergebniskontrolle*.

Andere Forschungsresultate zeigen, dass Ergebniskontrolle vor allem den Bedürfnissen der Gesamtorganisation dient, während Verhaltenskontrolle hauptsächlich den unterschiedlichen Bedürfnissen der einzelnen Vorgesetzten unterworfen ist. Auch das spricht für eine konsequente Orientierung an Ergebnissen. Schliesslich soll nochmals betont werden, dass Ergebniskontrolle auch deshalb grundsätzlich vorzuziehen ist, weil sie die Eigenständigkeit des Mitarbeiters in der Realisation nicht einengt.

Eine Verhaltenskontrolle ist dort zweckmässig, wo sie Ausbildungszwecken dient. Sie ist zudem nicht zu vermeiden, wenn die Arbeitsleistung in der Durchführung von Verrichtungen (z.B. Überwachung der vitalen Körperfunktionen) besteht. Ein Vorteil der Verhaltenskontrolle besteht darin, dass Fehler bei der Aufgabenerfüllung frühzeitig erkannt und korrigiert werden können. Ein regulierender Eingriff in den Realisationsprozess ist jedoch – wegen den damit verbundenen negativen Wirkungen – nur bei schwerwiegenden und deutlich erkennbaren Fehlentwicklungen zu befürworten.

Wer legt den Kontrollstandard fest?

Der Mitarbeiter selbst, die Arbeitsgruppe oder der Vorgesetzte? Wird der *Mitarbeiter* massgeblich an der Festlegung des Kontrollstandards beteiligt, so wird er sich eher mit ihm identifizieren und sein Verhalten eher selbständig an ihm ausrichten; er wird mehr leisten und zufriedener sein.

Eine Festlegung des Kontrollstandards durch die *Arbeitsgruppe* führt ebenfalls zu hoher Leistung und Zufriedenheit (bei hoher Kohäsion und akzeptierter hoher Leistungsnorm). Wird der Standard jedoch *nur* durch den *Vorgesetzten* festgelegt, so ergeben sich erhebliche Durchsetzungsschwierigkeiten: Widerstandsverhalten, Manipulation von Informationen über Arbeitsergebnisse (was «scharfe» Überwachung notwendig macht, die mit hohen Kosten und hoher Unzufriedenheit verbunden ist).

Selbst- oder Fremdkontrolle?

Wer soll die Kontrolle durchführen: der Mitarbeiter oder der Vorgesetzte? Die *Selbstkontrolle* weist eine Reihe bedeutender motivatinaler Vorteile auf: Durch die Feststellung des Zielerreichungsgrades erhält der Mitarbeiter eine direkte Rückmeldung über die Wirksamkeit seines Handelns; dies führt zu einer starken inneren Beteiligung am Erfolg bzw. Misserfolg; Abweichungen von Ergebnis und Standard bewirken charakteristische Änderungen im Verhalten: realistischere Ausrichtung, ausgeprägte Zielorientierung und starke Anstrengungen, das gesetzte Ziel zu erreichen. Diese Änderungen erfolgen jedoch nur dann, wenn der Vergleich zwischen Ergebnis und Standard *selbst* durchgeführt wird.

Auf die *Fremdkontrolle* durch den Vorgesetzten kann jedoch nicht völlig verzichtet werden, weil beim Mitarbeiter die Tendenz besteht, das erbrachte Leistungsergebnis zu überschätzen. Dem steht allerdings entgegen, dass eine reine Fremdkontrolle durch den Vorgesetzten eher zu einer Unterschätzung der Leistungsergebnisse des Mitarbeiters führt.

Auf die negativen Wirkungen der Fremdkontrolle auf die Zufriedenheit wurde bereits hingewiesen. Grundsätzlich sollte überall, wo es die Leistungsbereitschaft und -fähigkeit des Mitarbeiters zulässt, eine weitgehende Selbstkontrolle angestrebt werden; diese ist nicht nur mit erhöhter Leistungsmotivation, sondern auch mit höherer Zufriedenheit verbunden.

Ein differenziertes Bild des Mitarbeiters als eines Trägers «höheren» Bedürfnisse (nach Leistung, Achtung, Selbstentfaltung) fordert den Einsatz und die Förderung der Selbstkontrolle. Fremdkontrolle ist nur insoweit berechtigt, als sie dazu dient, dem Mitarbeiter zu einer realistischen Einschätzung seines Leistungsergebnisses zu verhelfen.

In Form der *Critical-Incident-Methode* («Methode der Kritischen Ereignisse») kann die Fremdkontrolle diesen Zweck am ehesten erfüllen: Der Vorgesetzte beobachtet das Leistungsverhalten seiner Mitarbeiter in bezug auf gesetzte Standards; hierbei werden «*kritische Vorfälle*» vermerkt, um sie dann zur Ergänzung der Selbstkontrolle dem Mitarbeiter vorzulegen. Durch die Kombination von Selbstkontrolle und Critical-Incident-Methode kann eine frühzeitige und eigeninitiative Anpassung des (Leistungs-)Verhaltens erfolgen. Auch – und vor allem – der Mitarbeiter, der sich selbst kontrolliert, hat das Bedürfnis nach rückkoppelnder Information, wie seine Leistung von seinem Vorgesetzten bzw. vonseiten der Organisation beurteilt wird. Diesem Bedürfnis wird mit der *Leistungsbeurteilung* entsprochen.

Einen Vergleich verschiedener Formen der Fremdkontrolle auftrund der Kriterien Kontrolldistanz, Kontrollaufwand und Kontrollobjekt zeigt die folgende Tabelle[135].

Kriterien zur Einteilung von Kontrollmassnahmen	Beispiele für einzelne Kontrollformen			
1. Kontrolldistanz = relative Nähe des Vorgesetzten zur Gruppe und relative Dauer der Anwesenheit im Kontrollfeld	Vorgesetzter ist physisch anwesend und zeitlich verfügbar	Vorgesetzter ist räumlich nah, aber zeitlich belastet	Vorgesetzter ist räumlich, zeitlich und hierarchisch weit weg	
	Augenkontrolle Direktaufsicht regulierende Eingriffe	Stichproben Ergebniskontrollen Rücksprachen	statistische Kontrollen Berichtswesen Zielkontrolle hierarchische Kontrollen durch beauftragte Personen	
2. Kontrollaufwand = relative Vollständigkeit, Intensität und Striktheit der überwachenden und regulierenden Massnahmen des Vorgesetzten	Vorgesetzter strebt lückenlose Überwachung und intensive Dauerkontrolle an	Vorgesetzter übt umfassende Kontrolle mit Unterbrechungen und Lücken aus	Vorgesetzter macht Stichproben und kontrolliert punktuell	
	verschärfte Dienstaufsicht strenge Überwachung hoher Kontrollaufwand	systematische und periodische Überprüfung Turnuskontrollen mittlerer Kontrollaufwand	sporadische Kontrolle kollegiale Inspektion geringer Kontrollaufwand	
3. Kontrollobjekt = Gegenstand und Zeitpunkt des regulierenden Eingriffs im Hinblick auf die beabsichtigte Wirkung	Vorgesetzter greift dann regulierend in den Arbeitsablauf ein, wenn ihm Fehler und Abweichungen vom Soll auffallen	Vorgesetzter greift nur in Vollzug ein, wenn Mitarbeiter durch Rückmeldungen Abweichungen anzeigt und macht sonst Ergebniskontrollen	Vorgesetzter respektiert Handlungsspielraum des Mitarbeiters und macht nur Erfolgskontrollen	
	laufende Überwachung korrigierende Eingriffe Prozesskontrolle	Stichproben «Aussteuern von Abweichungen Handlungsspielraum innerhalb von Fehlergrenzen oder methodischen Normen	Endkontrolle Berichterstattung durch den Beauftragten	

Betrachtet man die Praxis der Verlaufs- und Ergebniskontrolle auf einer Station, so zeigt sich aufgrund von Untersuchungen, dass die Verlaufskontrolle im allgemeinen recht gering ist[136]. So antworteten auf die Frage nach der Häufigkeit von Kontrollen nur 6% mit sehr häufig, 28% mit gelegentlich, 45% mit selten und 17% mit nie. Nur 19% geben an, das Gefühl, sich kontrolliert zu fühlen, sei ihnen lästig und unangenehm.

Auf die Frage nach den häufigsten Kontrollpersonen wurde die Stationsschwester mit Abstand an erster Stelle genannt (42%), gefolgt von «anderen Schwestern» (16%) und von Ärzten (12%). Im weiteren zeigt sich, dass in Krankenhäusern mit vorwiegend besser qualifizierten Stationen mehr pflegerische Tätigkeiten in ihrem Ablauf schriftlich geregelt sind, dass somit Selbstkontrolle einerseits, Kontrolltransparenz andererseits besser gewährleistet sind.

Die befragten Stationsärzte und Medizinalassistenten geben recht häufig an, selbst in wichtigen Aufgaben nur gelegentlich, selten oder nie kontrolliert zu werden (Abb. 126). «Zusammenfassend halten wir fest, dass auf Station sowohl im ärztlichen wie im pflegerischen Bereich ein «Kontrollvakuum» besteht, dass – zumindest in

---

136 vgl. Siegrist (1978)

Abbildung 126: Kontrollhäufigkeit durch übergeordnete Ärzte[105]

Kontrollhäufigkeit durch übergeordnete Ärzte (N = 26)

	immer oder häufig	gelegentlich	selten oder nie
Diagnostik	19	3	4
Therapie	16	5	5
Eingriff auf Station	9	7	10
Krankengeschichte	3	4	19
Arztbriefe	15	2	9

105 Siegrist (1978)

der Krankenpflege – die Stationsschwester allein über den Weg der Ergebnisprüfung von ihrem Kontrollvorrecht Gebrauch macht.

Die Kontrollintensität korreliert zwar positiv mit der Stationsqualität, aber bei einem Teil der Betroffenen (insbesondere Pflegeschülerinnen und -schülern sowie Medizinalassistenten) besteht in allen Krankenhäusern ein Unbehagen hinsichtlich mangelnder Anleitung und Kontrolle.

Unsere Ausführungen lassen eine eigenartige Bilanz erkennen: Während diejenigen Aspekte des Stationsbetriebes, die uns heute als wenig rationale Relikte lang geübter «Meisterwirtschaft» erscheinen, in der funktionellen Pflege noch immer relativ stark ausgebildet sind (Privilegien der Arbeitssituation, Abhängigkeit des Arbeitsstils von Vorgesetzten, familiäre Umgangsformen wie Duzen, feste Sitzordnung beim Essen u.a.), bleiben effizienzsteigernde und versachlichende Massnahmen wie schriftliche Regelungen, Fehlerkontrollen, erhöhte Informationsverteilung auf den untersuchten Stationen zum grössten Teil unterentwickelt.»[137]

Die Kontrolle ist im Hinblick auf die Sicherung der Arbeitsergebnisse eine nicht zu umgehende Massnahme. Es kann sich also nur darum handeln, ihre ungünstigen Wirkungen so weit wie möglich zu vermeiden. Als Vorgesetzter, der die heikle Führungsaufgabe «Kontrollieren» (im Sinne der Fremdkontrolle) zu bewältigen hat, sollten Sie folgende Punkte beachten:

- Betrachten Sie Ihre (Fremd-)Kontrolle als *Feedback* für den Mitarbeiter: Ihre Kontrolle ist nur berechtigt, wenn sie ihm zu einer realistischeren Einschätzung seiner Leistung verhilft. Verwenden Sie hierzu die Critical-Incident-Methode.
- Kontrollieren Sie in erster Linie die Erreichung von Arbeits*ergebnissen* und nicht das Arbeitsverhalten Ihrer Mitarbeiter. Greifen Sie nur bei schwerwiegenden und deutlich erkennbaren Fehlern in den Arbeitsprozess der Mitarbeiter ein.
- Fördern und fordern Sie die *Selbstkontrolle* Ihrer Mitarbeiter: Sie selbst werden dadurch entlastet; die Mitarbeiter sind zufriedener und strengen sich mehr an, die gesetzten Ziele zu erreichen.
- *Vereinbaren* Sie mit Ihren Mitarbeitern Leistungsstandards; so lassen sich unrealistische Standards (Unterforderung – Überforderung) vermeiden. Vereinbarte Standards führen zu hoher Leistung und Zufriedenheit.
- Kontrollieren Sie *individuell:* Passen Sie die Kontrollform dem einzelnen Mitarbeiter an (seiner Selbständigkeit, Gewissenhaftigkeit, Empfindlichkeit, seinen Ge-

137 Siegrist (1978)

wohnheiten, Fähigkeiten usw.). Die Kontrolle darf den Arbeitsablauf nicht stören; sie darf keine Inspektion sein.
- Kontrollieren Sie *offen:* Der Mitarbeiter soll wissen, dass er kontrolliert wird. Heimliche Überwachung wird als Spionage, als Ausdruck mangelnden Vertrauens empfunden.

Auf Fremdkontrollen durch den Vorgesetzten kann nicht gänzlich verzichtet werden. Ebenso wichtig aber ist es, dass die Zusammenarbeit zwischen Vorgesetzten und Mitarbeitern auf *gegenseitigem Vertrauen* beruht. Wir möchten deshalb den altbewährten Satz von Lenin «Vertrauen ist gut – Kontrolle ist besser» umkehren und sagen: Kontrolle ist gut – Vertrauen ist besser.
In einer Atmosphäre gegenseitigen Misstrauens kann keine Freude an der Arbeit, kein wirkliches Engagement aufkommen. Wo die zwischenmenschlichen Beziehungen von Misstrauen geprägt sind, ist keine fruchtbare Zusammenarbeit, keine offene Kommunikation möglich.
Ein Vorgesetzter, der seinen Mitarbeitern nicht traut und sie deshalb «Schritt auf Tritt» beobachtet und überwacht, hat einen ganz wichtigen Führungsgrundsatz nicht begriffen: «Gegenseitiges Vertrauen ist die Voraussetzung und tragende Grundlage einer fruchtbaren Zusammenarbeit und damit einer erfolgreichen Führung. Es muss bewusst und konsequent gefördert werden.»[138]
Um Klarheit über das eigene Kontrollverhalten zu gewinnen, sollten Sie sich als Vorgesetzter von Zeit zu Zeit die folgenden Fragen stellen:
- Sind die Kontrollen, die ich durchführe, notwendig? Sollte ich mehr kontrollieren?
- Führe ich in meinem Zuständigkeitsbereich die erforderlichen Kontrollen auf zweckmässige Weise durch?
- Gehe ich allzusehr auf Einzelheiten ein? Oder neige ich im Gegenteil dazu, den Dingen ihren Lauf zu lassen?
- Könnte ich vielleicht gewisse Kontrollen vereinfachen? Könnte ich eine Kontrolle, die als unangenehm empfunden wird, durch eine angenehmere ersetzen?
- Habe ich meine Mitarbeiter genügend zur Selbstkontrolle angeregt?

(Eine Checkliste zur Kontrolle findet sich in Abb. 5/Anhangband, eine Fallstudie zum Thema in Abb. 105/Anhangband.)
Das Ziel ist: *Selbstkontrolle.* Die Bedeutung der Selbstkontrolle bzw. der Selbststeuerung soll anhand von drei Thesen deutlich gemacht werden:

- *These 1: Vorgesetzte sind auf die Selbststeuerung ihrer Mitarbeiter angewiesen.* In einem qualifizierten Leistungszusammenhang, wie ihn das Krankenhaus darstellt, ist der Vorgesetzte je länger je mehr auf das ‚selbständige Funktionieren' seiner Mitarbeiter angewiesen, und zwar nicht bloss auf ihre fachliche Qualifikation, sondern auch darauf, dass sie ihr Verhalten selbst kontrollieren und steuern.
- *These 2: Selbststeuerung hilft gegen Arbeitsüberlastung.* Unzählige Vorgesetzte und Mitarbeiter klagen über zuviel Arbeit und Stress. Stress resultiert zu einem guten Teil aus der Unfähigkeit, die Mitarbeiter zu selbständiger Aufgabenerfüllung und damit auch zur Selbststeuerung zu motivieren. Gegen Arbeitsüberlastung kön-

nen wir selbst nur eines tun: uns Massnahmen zur Selbststeuerung überlegen. Das heisst: unser eigenes Arbeitsverhalten kritisch überprüfen und korrigieren.
- *These 3: Selbststeuerung fördert die Leistungsmotivation.* Der Mitarbeiter möchte nicht nur als Objekt fremdbestimmt und zum blossen Gegenstand von Kontrollen gemacht werden. Er strebt vielmehr danach, als Subjekt seine Arbeit selbst zu kontrollieren, selbst zu steuern. Wird diesem Bedürfnis entsprochen, erhöht sich die Selbstverantwortung, die Zufriedenheit und der Leistungseinsatz.

Das Ziel aller regulierenden und kontrollierenden Massnahmen ist immer: die Selbstkontrolle des Ausführenden.

Wer sein eigenes Arbeitsverhalten überhaupt nicht oder nur sporadisch überprüft, braucht sich nicht zu wundern, wenn sich nicht Wesentliches ändert. Selbstkontrollen haben nur dann eine starke Wirkung, wenn sie täglich, wöchentlich, monatlich, vierteljährlich und jährlich erfolgen. In welchen Abständen wir uns selbst kontrollieren – immer sind es grundsätzlich die selben fünf Fragen, von denen wir uns bei der Selbstkontrolle leiten lassen (die gleichen Fragen übrigens, die auch bei der Fremdkontrolle massgebend sind):

- Welche Ergebnisse wurden erzielt?
- Welche Ergebnisse hätten erzielt werden sollen?
- Wo, wann, wie sind Abweichungen vom angestrebten Ergebnis aufgetreten? Weshalb? Welche Konsequenzen ergeben sich daraus für die Planung des nächsten Zeitabschnitts?
- Wo, Wann, Wie sind unvorhergesehene Schwierigkeiten aufgetreten? Warum? Wie können sie behoben werden?
- Wurden die Zeiten für Vorgesehenes und Unvorhergesehenes richtig eingeschätzt? Wenn nein, was ist zu ändern?

Bevor wir auf die verschiedenen Kontrollformen näher eingehen, noch eine grundsätzliche Bemerkung zu den Zeiträumen, die überprüft werden: Je grösser die zu überprüfenden Zeiträume sind,

- desto klarer lassen sich bestimmte Tendenzen/Entwicklungen und Grundprobleme erkennen
- desto mehr Distanz besteht aber auch zu den konkreten Arbeitssituationen, die in ihrer Gesamtheit die «grossen Linien» prägen. Die täglichen und wöchentlichen Kontrollaufzeichnungen sind deshalb als Grundlage für Kontrollen von grösseren Zeiträumen unerlässlich.

Tageskontrolle

Dem täglichen Soll-Ist-Vergleich kommt besondere Bedeutung zu. Jeder Mitarbeiter und (vor allem) jeder Vorgesetzte sollte sich jeden Abend einige Minuten der Kontrolle seiner Tagesergebnisse widmen. Dabei können folgende *Testfragen* als Hilfe dienen:

- Welche Tätigkeiten waren für heute vorgesehen? Welche Ziele wollte ich heute erreichen?
- Welche vorgesehenen Tätigkeiten wurden erfolgreich ausgeführt? Welche gesetzten Ziele wurden erreicht?

- Bei welchen Tätigkeiten sind Abweichungen vom angestrebten Ergebnis aufgetreten? Wo, Wann, Wie sind Fehler gemacht worden? Warum? Welche Möglichkeiten bestehen, diese zu korrigieren?
- Welche unvorhergesehenen Tätigkeiten wurden ausgeführt? Warum? Waren sie notwendig? War es notwendig, sie gerade heute zu verrichten?
- Welche vorgesehenen Tätigkeiten wurden nicht ausgeführt? Warum nicht? (Versäumtes vermerken und nachholen)
- Welche Störungen/Unterbrechnungen/Schwierigkeiten sind aufgetreten? Warum? Konsequenzen?
- Habe ich die Zeiten für Vorgesehenes und Unvorhergesehenes richtig eingeschätzt? Wenn nein: Konsequenzen?

Die Antworten auf diese Fragen liefern wertvolle Informationen für die Planung des weiteren Arbeitsverlaufs bzw. des nächsten Tages: neue Zielsetzungen, Weisungen, Termine usw.

Wochenkontrolle

Eine Woche ist leicht überblickbar und doch so lang, dass sich Fortschritte und grössere Schwierigkeiten erkennen lassen. Testfragen zur wöchentlichen Selbstkontrolle sind:

- Welche Arbeitsergebnisse wurden erzielt?
- Welche Arbeitsergebnisse hätten erzielt werden sollen?
- Wo, wann, wie sind Abweichungen vom erwünschten Ergebnis aufgetreten? Warum? Welche Konsequenzen ergeben sich daraus für die Planung der nächsten Woche?
- Welche unvorhergesehene Schwierigkeiten sind aufgetreten? Warum? Wie können sie behoben werden?
- Wurden die Zeiten für Vorhergesehenes und Unvorhergesehenes richtig eingeschätzt? Wenn nein: Was ist zu ändern?

Monatskontrolle

Monatskontrollen sollten einen stichwortartigen Bericht über die «gegenwärtige Lage», über grössere Schwierigkeiten und wesentliche Fortschritte ermöglichen. Darin sollte alles festgehalten werden, was für die Planung des folgenden Monats wesentlich ist. Als Grundlage dienen in erster Linie die wöchentlichen Kontrollaufzeichnungen, in heiklen Punkten auch die täglichen Notizen. Durch sogenannte *Monats-Kontroll-Listen* lässt sich der Zeitaufwand beträchtlich vermindern. Die Listen sollten auf den betreffenden Arbeitsbereich bzw. die spezifischen Probleme zugeschnitten sein.

Vierteljährliche Kontrolle

Aufgrund der vierteljährlichen Kontrolle, welche die Auswertung der letzten drei Monatsberichte beinhaltet, soll festgestellt werden, ob der «richtige Kurs» zur Erreichung der Jahresziele eingeschlagen ist. Allfällige Kursabweichungen können erkannt und erforderliche Kurskorrekturen vorgenommen werden. Besonders fruchtbar ist diese Form von Selbstkontrolle dann, wenn sie gemeinsam mit den Mitarbeitern vorgenommen wird. Dann können auch die Ziele für die nächste Vierteljahresperiode gemeinsam vereinbart und entsprechende Pläne ausgearbeitet werden. Im Hinblick auf die Jahreszielsetzung wird festgelegt, welche Prioritäten im nächsten Quartal zu setzen, welche Neuerungen einzuführen und welche Mängel auszumerzen sind.

Jahreskontrolle

Anhand der Jahreskontrolle werden langfristige Ziele/Aufgaben/Programme auf ihre Erfüllung hin überprüft. Indem ich mein Arbeits- bzw. Führungsverhalten alljährlich grundsätzlich hinterfrage/überprüfe, verhindere ich ein unmerkliches Nachlassen meiner Leistungen und ein Verfestigen von unerwünschten Verhaltensmustern. Grundlage für die Jahreskontrolle sind die monatlichen und vierteljährlichen Aufzeichnungen: Aus ihnen ist ersichtlich, «was war»; daraus zeichnet sich eine gewisse Tendenz ab, «was kommt» (oder kommen soll).
(Eine Checkliste zum Thema findet sich in Abb. 136/Anhangband.)

447 Das Korrektur-K

In der Phase der Willenssicherung folgt auf die Kontrolle die Korrektur. An ihr wird die grundlegende Ausrichtung der Willenssicherung deutlich: Nicht das Feststellen von *vergangenen* Leistungen steht im Mittelpunkt, sondern die zielorientierte Anpassung des (Leistungs-)Verhaltens, um *künftig* gute Leistungsergebnisse und hohe Zufriedenheit zu erzielen.
Geht man davon aus, dass im Kontrollprozess ein Vergleich zwischen Leistungsergebnis (Ist-Wert) und Leistungsziel bzw. -standard (Soll-Wert) stattfindet, dann kann dieser Soll-Ist-Vergleich grundsätzlich auf zwei Arten ausfallen:
- *Soll-Ist-Übereinstimmung:* Das Arbeitsergebnis entspricht dem vereinbarten Standard; das Ziel wurde erreicht. Ein solcher (positiver) Ausgang des Soll-Ist-Vergleichs darf nicht einfach als selbstverständlich hingenommen werden, sondern verdient eine ausdrückliche Feststellung und *Anerkennung.* Erfolgserlebnisse steigern die Selbstsicherheit und Zufriedenheit und stärken das Leistungsbedürfnis. Werden ausschliesslich Misserfolge erfasst und thematisiert, so sinkt das Selbstvertrauen und der Mitarbeiter wird sein Verhalten auf das Vermeiden von Misserfolgen ausrichten (Misserfolgs-Orientierung), statt auf das Erzielen von Erfolgen (Erfolgs-Orientierung). Misserfolgsorientierung aber hat eine Herabsetzung des Anspruchsniveaus und der Kreativität zur Folge.
- *Soll-Ist-Abweichung:* Das Arbeitsergebnis entspricht nicht dem vereinbarten Standard. Grundsätzlich kommen natürlich sowohl positive wie auch negative Abweichungen vor, also sowohl ein Überschreiten als auch ein Nicht-Erreichen des gesetzten Zieles. Während positive Abweichungen nicht korrigiert, sondern anerkannt bzw. verstärkt werden sollen, ist bei negativen Abweichungen das Gegenteil der Fall. Auch ein solcher (negativer) Ausgang des Soll-Ist-Vergleichs darf nicht einfach übergangen werden, sondern soll den Gegenstand von *Kritik* bilden.

Die durch die Abweichung und Kritik hervorgerufenen Misserfolgserlebnisse können (und sollen) aber dadurch aufgefangen werden, dass die ungenügende Leistung nicht bloss festgestellt wird, sondern gleichzeitig Wege zu ihrer Verbesserung gesucht werden.

Soll-Ist-Übereinstimmungen und positive Abweichungen erfordern keine Korrektur des Verhaltens, sondern dessen Wiederholung; negative Soll-Ist-Abweichungen dagegen machen korrigierende Anpassungen notwendig. Mit dem Ausdruck «Korrektur» wird also eigentlich nur eine von zwei möglichen Konsequenzen angesprochen. Wir wollen diesen Fehler korrigieren, indem wir dem wichtigen Thema Anerkennung im folgenden die Beachtung schenken, die es verdient.
Anerkennung und Kritik sind zwei Formen, auf die Arbeit des Mitarbeiters zu reagieren. Bevor wir auf diese Formen näher eingehen, wollen wir uns zur Bedeutung solcher «Feedbacks» einige grundlegende Gedanken machen. Jeder ist auf Feedbacks angewiesen. Führung ist ein kommunikatives Geschehen, das sich zwischen Vorgesetzten und Mitarbeitern abspielt. Ich erfahre dein Verhalten – du erfährst mein Verhalten. Dein Verhalten kann ich sehen. Deine Erfahrung aber kann ich nicht sehen (ich weiss also nie genau, wie du mein Verhalten auffasst). Was ich sehen, hören oder spüren kann, ist: wie du auf mein Verhalten reagierst (wenn du reagierst). Deine Reaktionen sind das einzige, woran ich – wenigstens ansatzweise – erkennen kann, wie mein Verhalten auf dich wirkt. Hält der Vorgesetzte mit solchen Reaktionen zurück, dann

- weiss der Mitarbeiter nicht, woran er ist: Ob sein Chef mit ihm zufrieden ist oder nicht. Unsicherheit aber verhindert gezielten Kräfteeinsatz
- ist keine lebendige wechselseitige Beziehung möglich: Reagieren ist eine Form von Geben. Lebendigkeit erhält sich nur im wechselseitigen Geben und Nehmen
- stirbt die Spontaneität: Spontanes Agieren setzt spontanes Re-agieren voraus
- kann der Mitarbeiter sein Verhalten nur schwer korrigieren: Oft wissen wir nicht selbst, was wir falsch gemacht haben (und können es darum auch nicht besser machen)
- wird dem Mitarbeiter ein Mittel zur Selbsterkenntnis vorenthalten: Deine Reaktionen geben mir Aufschluss über mich selbst
- fehlt dem Mitarbeiter ein wichtiger Massstab: Deine Reaktionen liefern mir Kriterien, nach denen ich mein Verhalten beurteilen kann
- stirbt die Kreativität: Wenn meine Ideen ohne Resonanz bleiben, werden sie mit der Zeit immer seltener. Und: Reaktionen stimulieren – fehlende Reaktionen frustrieren
- sinkt die Leistungsmotivation: Wer auf seine Arbeit bzw. «Aktion» keine Reaktion erhält, beginnt am Nutzen dieser Arbeit zu zweifeln
- sinkt die Arbeitsleistung: Untersuchungen haben ergeben, dass die Mitarbeiter lieber noch Nörgeln ertragen als in einer kalten, ihnen unheimlichen Atmosphäre zu arbeiten, wo menschliche Reaktionen ganz ausbleiben. Aber die Mitarbeiter sind nicht nur zufriedener, wenn sie Reaktionen auf ihre Arbeit erhalten, sondern sie leisten auch mehr. Das kommt im Ergebnis entsprechender Untersuchungen klar zum Ausdruck (Abb. 127).

Abbildung 127: Rückmeldung und Arbeitsleistug[106]

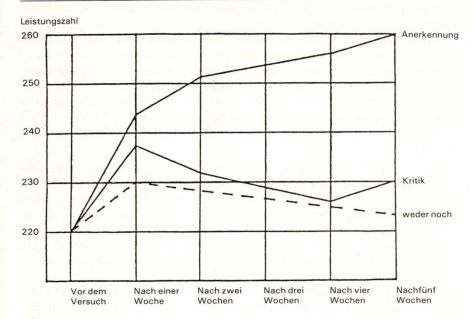

106 Infoteam

Sie sehen: Als Menschen sind wir auf Reaktionen (Rückmeldungen) unserer Umgebung angewiesen. Wer vom andern keine Reaktionen bekommt, hat das Gefühl, für diesen gar nicht zu existieren (vom anderen «wie Luft» behandelt zu werden, ist so ziemlich die schlimmste Strafe). Den anderen achten heisst: auf sein Da-sein reagieren. Und zwar reichen heimliche Feedbacks nicht aus. Ob wir wollen oder nicht – immer reagieren wir in irgendeiner Form auf unsere Umgebung (auch wenn diese Reaktion nur in einem erhöhten Puls oder einem Kratzen am Kopf besteht). Nicht selten erheben wir (bewusst oder unbewusst) dem anderen gegenüber die Forderung, dass er doch fähig sein müsste, solche «heimlichen Reaktionen» wahrzunehmen und richtig zu deuten: «Der müsste doch spüren, dass ich mit ihm zufrieden bin.» Eine solche Forderung aber ist ganz einfach eine massive Über-forderung.

Sicher ist es wichtig, die Sensitivität für solche nonverbalen Reaktionen bei sich selbst und anderen zu schulen und zu vergrössern (viele Probleme in der zwischenmenschlichen Kommunikation lassen sich auf mangelnde Sensitivität zurückführen). Aber wir dürfen nicht nur beim «Nehmen» (Empfangen) von Feedbacks ansetzen, sondern müssen uns selbst auch im Geben von Feedbacks verbessern. Es reicht nicht aus, dass ich eine Reaktion einfach (still für mich) «habe»: Ich muss diese Reaktion dem andern auch zeigen können. Und zwar so zeigen können, dass sie beim andern ankommt.

Es genügt also nicht, dass ich mir als Vorgesetzter einen Eindruck von der Arbeit meines Mitarbeiters mache (und diesen Eindruck schweigend mit mir herumtrage): Der Mitarbeiter möchte wissen, worin dieser Eindruck besteht. Und er hat Anspruch darauf, es zu wissen. Er möchte nicht nur spüren und vermuten, sondern auch hören und wissen. Wer einzig auf das Spüren angewiesen ist, ist auf die Dauer überfordert und neigt dazu, die Informationslücken auf seine ihm eigene Art zu schliessen. *Verbale Feedbacks sind notwendig.*

Werden Anerkennung und Kritik als Führungsinstrumente innerhalb einer Organisation eingesetzt, so werden sie als Mittel gesehen, um bestimmte Ziele der Organisation zu erreichen. Diese Ziele können sich sowohl auf die Leistung wie auf die Zufriedenheit der Mitarbeiter beziehen. Will man Anerkennung und Kritik in diesem Sinne einsetzen, so sollte man wissen, wie sie auf menschliches Verhalten wirken, um nicht mit unvorhergesehenen Folgen konfrontiert zu werden. Grundsätzlich lassen sich folgende Wirkungen bzw. *Funktionen* dieser beiden Formen von Rückmeldungen unterscheiden[139]:

- *Informationsfunktion:* Anerkennung und Kritik fungieren als Informationen, die darüber Auskunft geben, wie weit ein Ist-Zustand vom erwünschten Soll-Zustand noch entfernt ist. Allein schon das Aufzeigen einer solchen Entfernung kann schon motivierende Wirkung haben; auf jeden Fall aber bewirkt es eine *Klärung.* Anhand von Anerkennung und Kritik erfährt der einzelne, was von ihm erwartet wird und ob das (Leistungs-)Verhalten, das er gezeigt hat, den Erwartungen entspricht. Die Kenntnis dessen, was als Ergebnis erwartet wird, wirkt sich auf Leistung und Zufriedenheit positiv aus.
- *Lernfunktion:* Lob und Tadel sind seit alters her klassische Instrumente der Erziehung, denen auch in modernen psychologischen Lerntheorien erhebliche Bedeutung beigemessen wird. Dies gilt insbesondere für die Theorie des Lernens am Erfolg: Führt ein Verhalten zum Erfolg – beispielsweise bemüht sich jemand aktiv um die Lösung eines Problems und erhält dafür Anerkennung – so wird er dazu tendieren, dieses Verhalten in Zukunft beizubehalten. Die positive Folge eines Verhaltens bewirkt, dass es in Zukunft mit grösserer Wahrscheinlichkeit auftritt; es erfolgt somit eine *Verstärkung* des Verhaltens.
- *Motivationsfunktion:* Anerkennung und Kritik können als (An-)Reize fungieren, durch die latente Bedürfnisse aktiviert/aktualisiert und als Motive wirksam werden. So können sie beispielsweise zu einer Erhöhung der Leistungsmotivation beitragen. Das Bedürfnis nach Anerkennung spielt eine bedeutende Rolle (siehe unten). Seine Existenz ist auch Voraussetzung dafür, dass Anerkennung innerhalb eines Lernprozesses überhaupt verstärkend wirken kann. Erlebt ein Individuum, dass es für ein bestimmtes Verhalten Anerkennung erhält, so kann der aktivierte Wunsch nach Anerkennung zum Vollzug entsprechender Handlungen führen. Andererseits kann der Wunsch, Kritik zu vermeiden, eine Unterlassung entsprechender Handlungen zur Folge haben.
- *Soziale Funktion:* Anerkennung und Kritik haben Auswirkungen auf das Selbstbild des Betroffenen. Personen, auf deren Verhalten häufig Anerkennung und Lob folgten, werden aktiver, selbstsicherer und verbessern sich in ihren Leistungen; Personen, die häufig Kritik und Tadel ausgesetzt sind, zeigen gesteigerte Unsicherheit, geringe Selbsteinschätzung, absinkende Leistung und defensive Reaktionen. Auch im Kontaktverhalten zeigen sich Auswirkungen: Kritik führt – im Gegensatz zur Anerkennung – meist zu einer Anspannung und Abkühlung der Beziehungen. Ein weiterer sozialer Aspekt ist der der hierarchischen Distanz: Bei Anerkennung und

[139] vgl. Neuberger (1973), Rosenstiel (1974)

Kritik wird eine Bewertung durch einen hierarchisch Höhergestellten vorgenommen; Kritik kann sich zu einem routinemässigen Ritual entwickeln, bei dem der Vorgesetzte seine Macht demonstriert und der Mitarbeiter sich unterwirft (oder Unterwerfung mimt).

Die beabsichtigte Wirkung von Anerkennung und Kritik wird nur dann eintreten, wenn der Empfänger sie so wahrnimmt, wie sie der Sender gemeint hat. Nun weiss man aber, dass die Wahrnehmung stark durch die individuellen Einstellungen, Motive und Gefühle des Empfängers bestimmt wird. Das kann zur Folge haben, dass eine Anerkennung oder Kritik ganz anders erlebt wird, als sie eigentlich gemeint ist. Erhält ein Mitarbeiter beispielsweise von einem Vorgesetzten Anerkennung, der ihm unsympathisch ist und den er ablehnt, so kann die Anerkennung zum Gegenteil dessen werden, als das sie beabsichtigt war.

Voraussetzung dafür, dass durch Anerkennung und Kritik die beabsichtigte Wirkung erreicht wird, ist ein gleicher Informationsstand von Vorgesetztem und Mitarbeiter über das anerkannte/kritisierte Verhalten sowie ein gleiches Verständnis des Inhalts der Anerkennung/Kritik. Diese Voraussetzung lässt sich nur durch einen echten *Dialog* herbeiführen, der ein gegenseitiges Feedback bietet.

Bevor wir uns mit der dankbaren Führungsaufgabe Anerkennung befassen, wenden wir uns der weniger dankbaren Aufgabe zu, Fehler und Mängel seiner Mitarbeiter zu kritisieren. Wie reagieren Sie auf das Wort Kritik? Welche Gefühle und Assoziationen werden in Ihnen wach, wenn Sie das Wort Kritik hören? Angenehme oder unangenehme? Für fast alle Menschen ist Kritik mit unangenehmen, ja schmerzlichen Erfahrungen verbunden. Die innere Abneigung gegenüber Kritik ist die Regel. Mit dem Wort «Kritik» verhält es sich ähnlich wie mit dem Wort «Kontrolle»: Es ist belastet. Diese «Hypothek» kommt nur schon in den folgenden Wörtern und Redewendungen zum Ausdruck, die mit dem Verb «kritisieren» sinnverwandt sind: Jemand anfahren, anherrschen, drannehmen, abkapiteln, herunterkanzeln, fertigmachen, heruntermachen, zusammenstauchen, zusammenscheissen, zur Sau machen, ins Gebet nehmen, zurechtstutzen; an jemandem herumnörgeln, kein gutes Haar lassen; auf jemandem herumhacken, herumtrampeln; jemandem etwas an den Kopf werfen, die Leviten lesen, eine Szene machen, den Kopf waschen, einen Rüffel erteilen, eins aufs Dach geben, eins reinwürgen, eine Predigt halten; es jemandem geben. Die Fülle dieser Ausdrücke macht eines deutlich: Die Auswahl an Möglichkeiten, den andern durch Kritik zu beleidigen, zu demütigen, zu blamieren, zu kränken, zu verletzen, ist gross. Diese Möglichkeiten bzw. entsprechende Erfahrungen sind auch der Hauptgrund dafür, dass das Wort «Kritik» so viel innere Abneigung hervorruft. Die obenstehende Liste von Wörtern und unsere eigenen Reaktionen auf Kritik zeigen klar, was durch kritische Äusserungen verletzt werden kann: Unser Selbstwertgefühl. Wir fühlen uns als Person angegriffen, in unserer Persönlichkeit getroffen. Um diesem Angriff zu begegnen, werden dann jene Abwehrtechniken angewendet, die keinem von uns fremd sind. Solche defensive Reaktionen sind[140]:

– *Vorbeugungstechnik:* Man formuliert etwas sehr vorsichtig, um es bei Angriffen leicht wieder zurücknehmen zu können. So sagt ein Mitarbeiter, der wochenlang sich über ein bestimmtes Problem Gedanken gemacht hat: «Gerade, als ich die

---

140 vgl. Quiske et al. (1975)

Treppe hinaufging, kam mir folgende Idee». Oder wenn man die Formulierung hört «Darf ich einmal etwas ganz Dummes sagen» – so ist das auch ein Indiz, dass die Person Angst vor möglicher Kritik hat.
- *Rechtfertigungstechnik:* Wenn man kritisiert wird, gibt man den Kritikpunkt nicht zu, sondern verteidigt das eigene Verhalten, indem man es begründet/rechtfertigt. «Ich musste diese Massnahme ergreifen, weil...» Man verteidigt es auch dann, wenn man insgeheim zubilligt, dass der andere recht haben könnte.
- *Gegenangriffstechnik:* Diese läuft in folgenden Phasen ab: Sie kritisieren den Vorschlag einer Person; Die Person nimmt die Kritik scheinbar gelassen hin; es gehört zum guten Ton, dass man sich kritisieren lässt und diese Kritik verarbeitet; es verstreicht ein bestimmter Zeitraum – eine Stunde, ein Tag, zwei Tage, eine Woche; Die kritisierte Person schlägt zurück (irgendwann zeigt jeder eine Schwäche).
- *Projektionstechnik:* «Das Fehlschlagen dieser Massnahme ist nicht meine Schuld, schliesslich war das Ganze ja Ihre Idee.» Der Angriff auf die eigene Person wird dadurch abgewehrt, dass man sofort beim anderen nach Fehlern sucht.
- *Resignationstechnik:* Man hört überhaupt nicht mehr zu. Der Angriff wird als so ungerechtfertigt erlebt, dass man gar nicht mehr reagiert, sondern aufgibt und sich in sich selbst zurückzieht. Es wäre aber falsch, die Schuld für eine solche Reaktion einfach bei dem zu suchen, der sich so verhält. Er ist auf irgendeine Weise zu diesem Verhalten gezwungen worden; er verteidigt seine Persönlichkeit.

Diese fünf Reaktionstechniken auf Kritik sind Abwehrmassnahmen zur Sicherung des Selbstbildes, also des Konzeptes, das eine Person von sich selbst hat. Die Absicht desjenigen, der kritisiert, wird nicht erreicht. Der andere verteidigt sich, ohne zu lernen oder sein Verhalten zu ändern. Vielmehr wird das Gegenteil bewirkt. Die fünf Reaktionsformen bewirken häufig, dass sie als Angriff und Kritik von dem erlebt werden, der zuerst kritisiert. Angreifen – sich angegriffen fühlen – abwehren – verletzt werden: das sind Grundmechanismen falsch «gesendeter» oder falsch «empfangener» Kritik.

Dem Wort Kritik liegt das griechische Verb «krinein» zugrunde, das «scheiden, unterscheiden, trennen, beurteilen» bedeutet. Diese Grundbedeutung kommt darin zum Ausdruck, dass beim Kritisieren gefragt wird, was an einer Tätigkeit bzw. einem Ergebnis richtig oder falsch, recht oder unrecht, zweckmässig oder unzweckmässig, gut oder schlecht ist. Der trennende Aspekt der Kritik äussert sich aber auch darin, dass durch den Vorgang des Kritisierens eine klärende Distanz entsteht zwischen uns und unseren Werken: Wir sehen das Ergebnis unserer Bemühungen gleichsam mit den Augen eines anderen und erfahren von ihm, wie gut es gelungen ist.

Diese Feststellung vermittelt uns eine grundlegende Erkenntnis über Sinn und Wert von Kritik: Kritik soll ein Verhalten nicht schlechtmachen, sondern die Vorteile und Nachteile sichtbar machen, damit es in Zukunft verbessert werden kann. Kritik kann uns helfen, Stärken und Schwächen zu erkennen, die wir selbst nicht sehen, weil wir zu nahe am Geschehen und zu tief in die Sache verwickelt sind. Damit erhalten wir die Möglichkeit, unsere Kräfte auf den schwachen Punkt in unserem Verhalten zu konzentrieren und gezielt an einer Verbesserung zu arbeiten.

Kritik soll dem Mitarbeiter Fehler und Mängel bewusst machen, ihm zeigen, wie er diese Fehler in Zukunft vermeiden kann sowie den Mitarbeiter *aktivieren* und *stimulieren* (nicht frustrieren und deprimieren). «Kritik aktiviert und stimuliert dann, wenn sie den Widerspruch zwischen erreichter Leistung und angestrebtem Ziel bewusstmacht und gleichzeitig die Bereitschaft zur Anstrengung aller verfügbaren Kräfte weckt.»[146] Die aufklärende und anspornende Funktion von Kritik kann aber nur wirksam werden, wenn hinter der Kritik eine *gute Absicht* und eine *positive Einstellung* zum Mitarbeiter stehen. Dass ein X-Theoretiker keine aufbauende Kritik äussern kann, liegt auf der Hand. Jeder Vorgesetzte, der das Verhalten oder die Arbeit seiner Mitarbeiter kritisch überprüfen will, sollte sich die folgenden Fragen überlegen[141]: Will ich:

- ihm endlich einmal sagen, was mir an ihm nicht passt?
- ihn dazu bringen, dass er in sich geht und Besserung gelobt?
- frühere Versäumnisse an ihm wiedergutmachen und ihm helfen, seine Arbeitsfehler abzulegen?
- meinen Ärger über eine Panne an ihm auslassen, weil ich von meinem Chef deswegen getadelt worden bin?
- dafür sorgen, dass er meine Autorität anerkennt und sich meiner Zurechweisung unterwirft?
- verhindern, dass sein schlechtes Beispiel die guten Sitten der anderen Mitarbeiter verdirbt?
- ihm die Augen für ein Arbeitsproblem öffnen und ihm dabei helfen, eine Lösung zu finden?
- ihn anleiten und seine Fähigkeiten durch Information und Übung entwickeln?
- ihn warnen und unter Druck setzen, damit er zur Einsicht kommt und sich mehr anstrengt?

Erst wenn Sie als Vorgesetzter Ihr Gewissen durchforscht haben und sich über Ihre Absichten klargeworden sind, sollten Sie Kritik üben. Sie müssen von Fall zu Fall entscheiden, was Sie durch Ihre Kritik erreichen wollen und auf welche Tatsachen Sie diese stützen können. Im folgenden wird eine Liste möglicher Anlässe zur Kritik aufgeführt und gezeigt, wie Kritik zur Erreichung der drei Führungsziele «Leistung», «Verantwortung» und «Zusammenarbeit» beitragen kann[142]:

Kritikmotiv = Anlass und Beweggrund zur Leistungskritik	Führungsziel = erklärter Richtwert für Führungsmassnahmen
- unzureichende Leistungsmenge, nicht erfülltes Pensum - unzureichende Arbeitsgüte, Mängel und Fehler in der Ausführung - zu spät abgelieferte Arbeit, nicht erfüllte Erledigungstermine - Nichtbeachtung anderer Normen und Vorschriften, Verstoss gegen Arbeitssicherheitsbestimmungen usw.	*Leistung* = Forderung nach guten Arbeitsergebnissen

141 vgl. Bordemann (1978)
142 vgl. Bordemann (1978)

Kritikmotiv = Anlass und Beweggrund zur Leistungskritik	Führungsziel = erklärter Richtwert für Führungsmassnahmen
- geringe oder fehlende Bindung an die übertragene Aufgabe, mangelndes Interesse an der Sache, schwaches Engagement für den zugeteilten Pflichtenkreis - geringe oder fehlende Bereitschaft, die Folgen von Führungsentscheidungen zu übernehmen, Scheu vor den Konsequenzen aus personellen Verpflichtungen, mangelnde Identifikationen mit Führungsfunktionen	*Verantwortung* = Forderung nach persönlichem Einstehen für eingegangene Verpflichtungen
- mangelnde Bereitschaft zur Verständigung mit anderen Personen in der gleichen Funktionsebene, gestörte oder verzögerte Kommunikation mit Kollegen und Vorgesetzten - mangelnde Bereitschaft zur Entlastung und Hilfestellung bei der gemeinsamen Problemlösung und Aufgabenbewältigung, gestörte oder erschwerte Kooperation mit Kollegen und Vorgesetzten - mangelnde Anteilnahme am Leben der Arbeitsgemeinschaft, Verweigerung des Kontaktes oder Störung des Gruppenlebens durch unkollegiale Handlungen	*Zusammenarbeit* = Forderung nach Verständigung mit und Unterstützung von anderen Personen beim gemeinsamen Wirken

Kritik erfüllt ihre aktivierende und stimulierende Funktion nur dann, wenn sie sachlich, konstruktiv und offen ist und unter vier Augen erfolgt. Wir wollen diese vier Grundforderungen noch etwas näher betrachten.

Kritik soll sachlich sein

Damit sich der Mitarbeiter nicht als Person in Frage gestellt oder angegriffen fühlt, sollte versucht werden, die *Sache* (die Leistung) und nicht die Person zu kritisieren. In dieser Forderung steckt ein *Widerspruch:* Auf der einen Seite soll die Sache (hier: Das fehlerhafte Arbeitsergebnis) von der Person gedanklich getrennt werden. Andererseits aber wird vom Mitarbeiter gefordert, dass er sich mit seiner ganzen Person für eine Sache einsetzt. Dieser Widerspruch würde bestehen bleiben, wenn es tatsächlich gelänge, die «Sache» von der Person zu trennen. Aber eben: Eine solche Trennung ist nur selten möglich (sonst würden nicht so viele Menschen «persönlich» auf sachbezogene Kritik reagieren).
Sie haben es bestimmt selbst schon erlebt, wie sehr Kritik wehtun kann, auch wenn sie nicht unserer Person gilt, sondern einer Sache, die von uns in die Welt gesetzt worden ist. Je stärker ich mich mit dem Ergebnis meiner Anstrengungen identifiziere, umso mehr werde ich durch Kritik verletzt und in Frage gestellt. Unsere Arbeit ist ein Stück von uns selbst (und bekanntlich liebt man auch die missratenen Kinder...).
Die Forderung nach sachlicher Kritik ist also sehr viel schwieriger zu erfüllen, als es auf den ersten Blick aussieht. Ein Ausweg aus dem geschilderten Dilemma ist nur möglich, wenn sich die beteiligten Personen gemeinsam um Klärung der Tatsachen bemühen. Diese Versachlichung kann am besten im *Dialog* zwischen beiden Partnern eingeleitet werden. Beide müssen sich darauf einigen, welche Tatsachen sie als Fehler (im Sinne von Soll-Ist-Abweichungen) definieren und anschliessend nach den Ursachen dafür suchen. Diese gemeinsame Definition des Fehlers und die gemeinsame

Suche nach dessen Ursache stellt die Grundlage für eine sachliche Kritik dar, die sich auf konkrete Tatsachen bezieht.

Kritik soll konstruktiv sein

Kritik soll dem Mitarbeiter nicht nur bewusstmachen, wie weit ein Ist-Zustand noch vom erwünschten Soll-Zustand entfernt ist, sondern soll ihm zugleich auch Wege zeigen, den Soll-Zustand zu erreichen.
Sicher kann allein schon das Aufzeigen einer solchen Entfernung motivierende Wirkung haben, aber echt konstruktiv wird Kritik erst, wenn Sie mit Ihrem Mitarbeiter gemeinsam nach Wegen suchen, wie die Distanz verringert oder ein Fehler in Zukunft vermieden werden kann. Sicher kann allein schon das Aufzeigen einer solchen Entfernung motivierende Wirkung haben, aber echt konstruktiv wird Kritik erst, wenn Sie mit Ihrem Mitarbeiter gemeinsam nach Wegen suchen, wie die Distanz verringert oder ein Fehler in Zukunft vermieden werden kann.
«Kritik, die nicht zugleich konstruktiv ist, setzt ... ein umständliches Versuch-und-Irrtum-Verhalten in Gang, das – neben den möglicherweise negativen motivationalen Rückwirkungen – keine Erfolgsgarantie bietet.»[143]
Kritik soll auch in einem zweiten Sinne «aubauend» sein: Sie soll nicht nur Wege aufzeigen, sondern den Mitarbeitern auch anspornen und ermutigen, diese Wege zu gehen. Damit eine solche stimulierende Wirkung erreicht wird, muss

- die Korrektur des aufgezeigten Mangels für den Mitarbeiter erstrebenswert sein: Es muss für ihn ein Anreiz bestehen, den festgestellten Mangel zu beheben
- das erwünschte Verhalten mit dem Mitarbeiter gemeinsam definiert werden
- neben der Kritik der Schwächen auch eine Anerkennung der Stärken erfolgen
- der Mitarbeiter über den Erfolg seiner Bemühungen ein laufendes, unmittelbares Feedback erhalten
- der Mitarbeiter erkennen, dass Sie ihm die Beseitigung des Fehlers zutrauen (Wirkung der self-fulfilling prophecy).

Weil es bei der Kritik um «wunde Punkte» geht, reicht es nicht aus, diese einfach aufzuzeigen und den Mitarbeiter dann mit seiner schmerzlichen Einsicht «im Stich» zu lassen (das wäre nicht sehr edel).

Kritik soll offen sein

Versteckte und indirekte Anspielungen auf Mängel oder Schwächen werden vom Mitarbeiter zwar durchaus wahrgenommen, aber selten akzeptiert und noch seltener zu einer Änderung des Verhaltens führen. Eine klare und deutliche Formulierung wird nicht nur besser verstanden als eine dunkle Andeutung oder ein versteckter Hinweis, sondern wird auch eher akzeptiert. Spricht der Vorgesetzte «durch die Blume», so

- gewinnt der Mitarbeiter vielleicht daraus den Eindruck, dass die Sache gar nicht so ernst gemeint ist. Die Folge wäre unerwünscht: Der begangene Fehler wird bagatellisiert oder nur oberflächlich korrigiert

143 Neuberger (1974), zit. nach Bordemann (1978)

- wirkt sich diese Art von Schonung auf die Beziehung negativ aus: Nur eine Beziehung, die offene Kritik verkraftet, ist auf die Dauer fruchtbar und tragfähig
- gewinnt der Mitarbeiter keine Klarheit darüber, wie ihn der Vorgesetzte beurteilt und wo seine Schwächen liegen. Die Klärungsfunktion der Kritik kann nicht wirksam werden
- wird er auf die Dauer unglaubwürdig und verliert seine Autorität. Nur wer den Mut aufbringt, die Dinge beim Namen zu nennen (und sich nicht hinter mehrdeutigen Formulierungen zu verstecken), vermag die Achtung seiner Mitmenschen zu gewinnen.

Kritik offen äussern bedeutet natürlich nicht, dem Mitarbeiter in verletzender Weise seine Meinung an den Kopf zu werfen. Die Kunst besteht darin, zugleich klar und nicht verletzend zu formulieren.

Kritik soll unter vier Augen erfolgen

Dass öffentliche Kritik vor anderen verheerende Folgen hat, ist allgemein unbestritten. Wer vor anderen kritisiert wird, fühlt sich «blossgestellt, blamiert, fertiggemacht» (das wissen Sie vielleicht aus eigener Erfahrung).
Ein Mitarbeiter, der von seinem Vorgesetzten vor den Augen der Kollegen heruntergekanzelt wird, fühlt sich so stark verletzt, dass er diese Blamage kaum je vergessen wird. Eine einzige blossstellende Bemerkung kann fatale Auswirkungen haben, die kaum wieder gutgemacht werden können. Kritik vor Kollegen kann auch dazu führen, dass diesen die Blossstellung peinlich ist und sie sich mit dem Kritisierten gegen den Vorgesetzten solidarisieren. Kritik unter vier Augen schont das Selbstwertgefühl des Mitarbeiters und wirkt sich auch auf die Arbeitsleistung nachhaltig positiv aus.
Kritik kann ihre klärende Funktion nur erfüllen, wenn sich der Kritiker um *Objektivität* bemüht. Objektivität aber wird nicht erreicht, indem ich als Vorgesetzter dem Mitarbeiter einfach die Meinung sage: Diese Meinung ist immer subjektiv, immer gefärbt durch meine persönlichen, subjektiven Einstellungen, Wertorientierungen, Vorurteile und Gefühle. Objektivität kommt am ehesten dann zustande, wenn Vorgesetzter und Mitarbeiter sich im gemeinsamen Gespräch um eine Klärung der Tatsachen bemühen. Zur Durchführung eines solchen Gesprächs einige Hinweise[144]:
Vor Beginn des eigentlichen Gesprächs sollten Sie sich um einen guten Kontakt bemühen. Am besten eröffnen Sie das Gespräch mit einem Hinweis auf die gemeinsamen Ziele: «Uns beiden ist an einer guten Zusammenarbeit viel gelegen...» Dann sollten sie aber möglichst rasch «zur Sache» kommen, da der Mitarbeiter vermutlich sowieso weiss, worum es geht. Reden Sie also nicht lange um den heissen Brei herum, beantworten Sie gemeinsam mit dem Mitarbeiter die folgenden drei Fragen: Was ist nicht richtig? Warum ist es nicht richtig? Wie können wir in Zukunft diese oder ähnliche Fehler vermeiden? Wir wollen diese Fragen noch etwas näher erläutern.
In der ersten Phase geht es darum, das Problem zu beschreiben. Was ist nicht richtig? Welches Problem liegt vor? Was ist nicht so gelaufen, wie es hätte laufen sollen? Welche Konsequenzen hat das mit sich gebracht? In dieser ersten Phase geht es darum, den Sachverhalt zu klären und alle wesentlichen Tatsachen ans Licht zu bringen. Beachten Sie dabei die folgenden Punkte:

144 vgl. Stroebe (1978)

- Bitten Sie den Mitarbeiter, den Fall/das Problem aus seiner Sicht darzustellen. Viele Vorgesetzte machen den Fehler, gleich mit Vorwürfen «einzufahren»; ein solcher Beschuss zu Beginn macht einen konstruktiven Verlauf des Gesprächs meist unmöglich.
- Hören Sie ihm aufmerksam zu, ohne ihn zu unterbrechen. Dadurch werden Sie Ansätze zur weiteren Klärung finden.
- Unterstellen Sie ihm nicht die negative Absicht, Sie übers Ohr hauen zu wollen. Gehen Sie davon aus, dass eine solche Unterstellung auch Ihr Verhalten dem Mitarbeiter gegenüber beeinflussen wird. Mangelndes Vertrauen ist keine Basis für ein fruchtbares Gespräch.
- Sollte der Mitarbeiter Ausflüchte machen, betrachten Sie das als natürliche Reaktion; denn niemand gibt gerne Fehler zu. Obendrein sind Ausflüchte oft ein Eichen für ein gestörtes Vertrauensverhältnis zwischen Mitarbeiter und Führungskraft. Vorwürfe machen es nicht besser.
- Fragen Sie nach weiteren Tatsachen: Kritik muss sich auf konkrete Tatsachen, nicht auf Behauptungen, Vermutungen, Verallgemeinerungen beziehen.

In der zweiten Phase geht es darum, die *Ursachen* für die Fehler zu finden. Im Zentrum steht hier die Frage: Warum ist etwas nicht richtig? Gründe für Abweichungen/Fehler/Mängel können sein:

- *Sie selbst (der Vorgesetzte):* Jeder macht Fehler (das ist selbstverständlich und braucht nicht verschleiert zu werden). Habe ich den Mitarbeiter falsch eingesetzt? Habe ich ihn nicht ausreichend informiert? Habe ich von meiner Seite alle Voraussetzungen geschaffen, die notwendig sind, um die Aufgabe erfolgreich auszuführen?
- *die Gruppe:* Wurde der Mitarbeiter durch seine Kollegen behindert? Spannungen/Konflikte? Informationsprobleme? Koordinationsprobleme? Personelle Veränderungen?
- *der Mitarbeiter:* Sind unvorhergesehene Mängel in der fachlichen Qualifikation zu Tage getreten? Welche Fehler hat er gemacht? Sind es wirklich Fehler? (Fragen Sie den Mitarbeiter nach den Gründen für sein Verhalten. Vielleicht ist sein Vorgehen sogar effizienter)
- *die Situation:* Auch die Situation innerhalb und ausserhalb des Betriebes kann Ursache für Zielabweichungen sein (unvorhergesehene Ereignisse/Zwischenfälle, Patienten, Überbelegung der Abteilung, Veränderungen organisatorischer Art usw.)
- *die Mittel und Methoden,* die zur Zielerfüllung notwendig sind: Waren sie vorhanden bzw. realistisch geplant?
- *die Ziele:* Wurden die Ziele unrealistisch angesetzt, weil die verfügbaren Mittel und Methoden, die äusseren Störungen, die fachliche Eignung und Leistung des Mitarbeiters, der Zusammenhalt in der Gruppe, die Unterstützung durch den Vorgesetzten falsch eingeschätzt wurden?

In einer dritten Phase schliesslich geht es darum, die entsprechenden Folgerungen zu ziehen. Wie können wir gemeinsam in Zukunft diese oder ähnliche Fehler vermeiden? Wie können wir sichtbar gewordene Mängel beheben? Aus der Ursachenanalyse wird gefolgert, was im weiteren zu tun ist. Kritik wird erst dann konstruktiv, wenn sie zukunfts- und nicht vergangenheitsorientiert ist. Konstruktive Kritik bedeutet:

Gemeinsam mit dem «Blick nach vorn» Massnahmen entwickeln, die die vorliegende Abweichung korrigieren und ähnliche Abweichungen in Zukunft ausschliessen. Nicht aber: Mit dem «Blick zurück» über etwas klagen, was geschehen ist. In dieser Phase gilt es besonders folgendes zu beachten:

- Zwingen Sie den Mitarbeiter nicht zu einem Verhalten, das aus Ihrer Sicht erwünscht ist (niemand tut etwas gern, zu dem er gezwungen wird). Der Mitarbeiter sollte deshalb zuerst allein und dann gemeinsam mit Ihnen die Frage beantworten: Was will ich (und was wollen wir gemeinsam) tun, um den Ursachen für die Abweichung wirksam zu begegnen?
- Stellen Sie dem Mitarbeiter offene Fragen, die ihn nicht einengen und in die Ecke drängen, sondern ihm Impulse geben, sich das zukünftige Verhalten selbst zu überlegen.
- Vereinbaren Sie mit ihm gemeinsam Ziele und Massnahmen (was man selbst erarbeitet, motiviert stärker).
- Das Gespräch soll sich an den oben aufgeführten Punkten orientieren: Was soll verändert werden bzw. welche Voraussetzungen müssen geschaffen werden bei mir selbst? – bei der Gruppe? – beim Mitarbeiter? – bei der Situation? – bei den Mitteln und Methoden? – bei den Zielen?
- Vereinbaren Sie schliesslich auch, wie Sie die vereinbarten Ziele kontrollieren wollen. Motto: So viel Selbstkontrolle wie möglich, so viel Fremdkontrolle wie notwendig.
- Vergessen Sie nicht: *Das echte Kritikgespräch ist ein Dialog (kein Monolog).*

(Eine Fallstudie zum Thema findet sind in Abb. 106/Anhangband.)
In einem differenzierten und komplexen Kooperationssystem wie dem Krankenhaus hängt der Führungserfolg immer weniger vom unreflektierten «Durchsetzungsvermögen» ab, sondern erfordert die *Reflexion* über Führungsprozess und Führungsverhalten, zu der als wichtiger Bestandteil die *selbstkritische Konfrontation* des Führenden mit sich selbst gehört.

«Führung, die ein selbständigeres und mitverantwortlicheres Arbeitsverhalten der Mitarbeiter erreichen will, ist weniger durch unbekümmerte Selbstsicherheit zu leisten, sondern braucht mehr Problembewusstsein des Führenden und Selbstkritik gegenüber dem eigenen Führungsstil.»[145]
Selbstbeobachtung, Selbsterkenntnis und Selbstkritik sind Voraussetzung dafür, dass ich Vorgesetzter mein Verhalten wirksam steuern kann. Wer nicht fähig ist zur Selbstkritik und seine Mängel oder Fehler hinter selbstsicherem Auftreten zu verstecken sucht, untergräbt damit seine persönliche Autorität. Ein Vorgesetzter aber, der seine allfällige Unerfahrenheit und «Lückenhaftigkeit» zugibt und sich von seinen Mitarbeitern beraten lässt, weckt dadurch die Bereitschaft der Mitarbeiter zur Zusammenarbeit mit ihm.
Keiner ist vollkommen. Wer eigene Fehler nicht zugeben kann, erhebt damit den Anspruch, als «Übermensch» zu gelten. Die Mitarbeiter aber wollen nicht von einem Übermenschen, sondern von einem Menschen geführt werden. Wer nicht fähig ist, eigene Schwächen zu erkennen und dazu zu stehen, hat auch für die Schwächen ande-

rer kein Verständnis. Ohne dieses Verständnis aber ist keine humane Führung möglich. Der Vorgesetzte, der bereit ist, eigene Fehler und Mängel zu erkennen und offen dazu zu stehen, wird von seinen Mitarbeitern als Mensch anerkannt: Man achtet ihn, man schenkt ihm Vertrauen.

Kritik birgt immer das Risiko ihres Fehlschlages in sich. Wie sich ein Mitarbeiter in einer konkreten Situation tatsächlich verhält, wenn er von seinem Vorgesetzten kritisiert wird, lässt sich praktisch nicht berechnen und kaum abschätzen. Auch wenn man jemanden gut zu kennen glaubt, kann man sich in der Einschätzung seiner voraussichtlichen Reaktion täuschen und ungewollt ins «Fettnäpfchen» treten. Um das Risiko eines Fehlschlages zu verringern, sollen im folgenden einige praktische Ratschläge zur Führungsaufgabe «Kritisieren» formuliert werden.

- Bringen Sie den Mut auf, Kritik auszusprechen. Erstens sind Sie als Vorgesetzter verpflichtet, aus dem Ergebnis Ihrer Kontrollen Konsequenzen zu ziehen. Zweitens haben die Mitarbeiter ein Recht, auf Mängel und Fehler ihrer Arbeit aufmerksam gemacht zu werden. Stillschweigende Kritik schafft Spannungen, die sich auf die Arbeitsatmosphäre weit negativer auswirken, als wenn man die Kritik offen ausspricht.
- Verlieren Sie den Zweck von Kritik nie aus den Augen: Kritik soll ein abweichendes Verhalten bewusstmachen und korrigieren und einen Rückfall vermeiden helfen. Kritik soll aktivieren und stimulieren.
- Stützen Sie ihre Kritik auf Tatsachen. Spekulationen, unbewiesene Behauptungen Dritter oder Gerüchte sind nicht geeignet, Kritik zu rechtfertigen.
- Suchen Sie mit ihrem Mitarbeiter gemeinsam nach wesentlichen Tatsachen/Zusammenhängen und möglichen Ursachen. So lässt sich ungerechtfertigte Kritik verhüten. So kann der Mitarbeiter Kritik am ehesten akzeptieren.
- Kritisieren Sie wenn möglich nicht im Affekt. Ungeduld, Nervosität und Zorn sind Gift für sachbezogene und aufbauende Kritik.
- Sprechen Sie nicht «durch die Blume»: Eine dunkle Andeutung verunsichert weit mehr als eine unmissverständliche, aber rücksichtsvolle Formulierung. Indirekte Kritik in Form ironischer Bemerkungen oder Sticheleien kann ungemein verletzen.
- Kritisieren Sie immer unter vier Augen. Denken Sie daran, wie Sie sich bei einer öffentlichen Massregelung durch Ihren Chef wohl fühlen würden.
- Geben Sie dem Mitarbeiter Gelegenheit, die Sache aus seiner Sicht zu beschreiben und die Beweggründe für sein Verhalten zu schildern. Behandeln Sie Fehler oder Mängel als Problem, nicht als Schuld.
- Beachten Sie auch hier den «Grundsatz der verzögerten Bewertung». Zuerst den beobachteten Fehler beschreiben, dann kritisch bewerten. Vermeiden Sie moralisch wertende Äusserungen. Bemühen Sie sich, Kritik so gut als möglich zu entpersonalisieren.
- Versuchen Sie nicht, den Mitarbeiter zur Selbstkritik zu bringen. Das wirkt demütigend und schafft Distanz «von oben nach unten».
- Wählen Sie den richtigen Zeitpunkt. Einerseits sollte Kritik möglichst unmittelbar auf falsches Verhalten erfolgen, weil sonst der zeitliche Bezug zwischen Fehlleistung und Kritik allzu leicht verlorengeht (was die Wirkung der Kritik stark vermindert). Auf der anderen Seite aber ist ein sachliches Kritikgespräch erst dann möglich, wenn Sie und Ihr Mitarbeiter etwas Abstand zu einem affektgeladenen

Problem gewonnen haben. Der Satz: «Schlaf erst mal drüber, morgen sieht vieles ganz anders aus» ist ein kluger Satz.
- Kritisieren Sie nicht die Gruppe, sondern ein einzelnes Mitglied. Jede Form von kollektiver Kritik verfehlt ihre Wirkung.
- Dosieren Sie Ihre Kritik richtig: Sie sollte der Schwere des gemachten Fehlers und den Umständen bei seiner Begehung angemessen sein. Kritik an allem und jedem verärgert und hat zur Folge, dass sich der Mitarbeiter ein «dickes Fell» zulegt. Wirklich wichtige Kritik wird dann oft nicht ernst genommen und bleibt wirkungslos.
- Überlegen Sie sich, mit wem Sie es zu tun haben. Der eine braucht dauernd Ermunterung, der andere nicht. Der eine fühlt sich rasch angegriffen und verletzt, bei einem anderen wird nur mit «gröberem Geschütz» eine Wirkung erzielt. – Versuchen Sie sich in die andere Person einzufühlen.
- Legen Sie Ihrer Kritik konkrete Einzelheiten zugrunde. Je allgemeiner die Kritik formuliert ist, desto weniger wird sich der Mitarbeiter veranlasst fühlen, sein Verhalten zu ändern.
- Ziehen Sie einen Schlussstrich. Sofern ein Mitarbeiter seinen Fehler eingesehen hat und er unabsichtlich den gleichen Fehler wiederholt, ist es unfair, eine vergangene Geschichte nachzutragen und immer wieder aufzuwärmen (niemand lässt sich gern alte Sünden immer wieder von neuem vorhalten).
- Betrachten Sie sich nicht als «Aussenstehenden», dessen Aufgabe es ist, die Fehler anderer aufzuspüren. Seien Sie sich bewusst, dass Ihre Einstellung und Ihr Verhalten das Verhalten Ihrer Mitarbeiter beeinflussen (self-fulfilling prophecy). Verstärken Sie Ihre Bereitschaft, Selbstkritik zu üben und die Kritik anderer zu akzeptieren.
- Bemühen Sie sich um den richtigen Ton. «Man sollte die Wahrheit dem anderen wie einen Mantel hinhalten, so dass er hineinschlüpfen kann – nicht wie ein nasses Tuch um den Kopf schlagen» (Max Frisch).
- Seien Sie sich bewusst, dass eine Kritik der Fehler ohne Anerkennung der guten Leistung wenig wirksam ist. Untersuchungen zeigen, dass nur 10% der Mitarbeiter lediglich mit dem Hinweis auf Mängel motiviert werden können.
- Tun Sie alles, um eine Atmosphäre des Vertrauens zu schaffen. Speziell im Kritikgespräch, wo es um «wunde Punkte» und «schwache Stellen» geht, spielt das wechselseitige Vertrauen zwischen Mitarbeiter und Vorgesetztem eine fundamentale Rolle. Die wahren Ursachen für Fehler zu erkennen ist nur möglich, wenn das Gespräch in einer offenen und akzeptierenden Atmosphäre stattfindet. In einem «eisigen» Klima wird sich der Mitarbeiter sofort «einigeln» und in die Defensive gehen.

Wenn Sie Ihr persönliches Kritikverhalten einmal überprüfen wollen, können Sie das anhand des «Kritikprofils» tun (Abb. 137/Anhangband). Ersetzen Sie dort das Wort «Anerkennung» einfach durch «Kritik» und kreuzen Sie in den Skalen Ihre Schätzungen an. (Eine Checkliste zum Thema finden sie in Abb. 6/Anhangband.)

Wie wichtig es ist, dass der Vorgesetzte Kritik «von unten» zulässt, akzeptiert, ja sogar fordert, brauchen wir nicht nochmals zu betonen. Im folgenden sollen drei formelle Möglichkeiten beschrieben werden, die der Kritik «von unten nach oben» dienen: Wiedererwägung, Fachrekurs und Beschwerde.

Der Mitarbeiter hat das Recht, *Wiedererwägung* zu verlangen, d.h. das Recht, seinen Vorgesetzten aufzufordern, einen Entscheid in Fach- oder Führungsfragen zu überprüfen. Die Wiedererwägung ist gerechtfertigt, wenn der Mitarbeiter glaubt

- den fachlichen und führungsmässigen Anordnungen seines Chefs nicht Folge leisten zu können
- sein Chef greife in ungerechtfertigter Weise in seinen Aufgabenbereich ein
- durch das Verhalten seines Chefs persönlich blossgestellt oder verletzt zu werden
- dass durch eine Anordnung oder einen Entscheid einer Stelle, die er aufgabenmässig beraten musste, dem Krankenhaus Schaden erwächst (weil die Anordnung oder der Entscheid nicht seiner Beratung und seinen Anträgen entspricht).

Die Wiedererwägung richtet sich an den Chef oder an die beratende Stelle (unter gleichzeitiger Orientierung des Vorgesetzten). Sie erfolgt normalerweise mündlich.
Zur zweiten Form: dem *Fachrekurs*. Der Mitarbeiter hat das Recht, beim nächsthöheren Chef mündlich oder schriftlich Rekurs einzureichen. Ein Rekurs ist gerechtfertigt, wenn der Chef auf die Wiedererwägung in Fachfragen nicht eintritt oder am alten Entscheid festhält, ohne den Mitarbeiter von der Richtigkeit des Entscheides zu überzeugen. Rekurse in Beratungsangelegenheiten an andere Stellen richten sich an den Chef der beratenen Stelle.
In der Regel entscheidet der nächsthöhere Vorgesetzte endgültig, nachdem er die Beteiligten einzeln angehört hat. Er weist den Rekurs entweder ab oder fordert den Chef des Mitarbeiters zur nochmaligen Überprüfung der Angelegenheit auf. In krassen Fällen hat der Mitarbeiter nicht bloss das Recht auf Wiedererwägung und Rekurs, sondern ist dazu verpflichtet. Bei der Einreichung eines Rekurses hat der Mitarbeiter seinem Chef davon Kenntnis zu geben.
Schliesslich hat der Mitarbeiter auch das Recht, beim nächsthöheren Chef mündlich oder schriftlich *Beschwerde* einzureichen. Eine Beschwerde ist gerechtfertigt, wenn der Mitarbeiter nach der Wiedererwägung einer Führungsfrage, die das persönliche und führungsmässige Verhältnis zwischen Mitarbeiter und Chef betrifft, nicht befriedigt ist. Er muss seinem Chef davon Kenntnis geben. Der nächsthöhere Chef entscheidet endgültig, nachdem er in der Regel die Beteiligten zuerst einzeln angehört hat. Seinen Entscheid gibt er beiden Parteien gemeinsam bekannt. Die drei Arten formaler Kritik von «unten» sind in Abbildung 128 schematisch dargestellt.
Die beiden Teilphasen der Willenssicherung sind die Kontrolle und die Korrektur. Wird anhand einer Kontrolle eine Soll-Ist-Abweichung festgestellt, so reicht es nicht aus, diese zu kritisieren und zu analysieren, sondern es müssen auch Massnahmen zu ihrer Korrektur getroffen werden. *Kritik* macht den Widerspruch zwischen erreichtem Ergebnis und angestrebtem Ziel bewusst. *Korrektur* dient dazu, das Ergebnis zu verbessern bzw. zu berichtigen und es dem angestrebten Ziel anzunähern.
Korrektur ist somit die «regulierende Massnahme par excellence» (die Wörter «Korrektur» und «regulieren» gehen beide auf das lateinische Verb «regere» zurück, was «richten, lenken» bedeutet).
Ziel aller korrektiver Massnahmen oder Eingriffe ist es, Abweichungen «auszuregeln» und damit die Arbeitsergebnisse zu sichern. Korrektur bedeutet somit *Kursänderung*. Erfolgreich den Kurs ändern kann ich jedoch nur, wenn ich das *Ziel* kenne, den *richtigen* Kurs zur Erreichung des Ziels vor Augen habe und weiss, wie stark mein jetziger Kurs vom richtigen Kurs abweicht. «Ohne dieses Ziel-Wissen und die

Abbildung 128: Wiedererwägung, Fachrekurs und Beschwerde

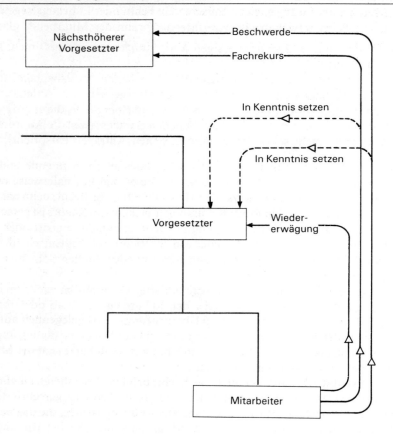

dazu gehörende Weg-Kundigkeit gleicht der Vorgesetzte einem blinden Lotsen, dessen Nutzen zweifelhaft, dessen möglicher Schaden gewaltig ist.»[150]

Jede Korrektur muss sich auf die Ursachen beziehen, die der Zielabweichung zugrundeliegen (ohne Ziel-Ergebnis-Ursachen-Analyse ist keine wirksame Korrektur möglich). Die verschiedenen korrektiven Massnahmen lassen sich nach den sechs Faktoren gliedern, die die Zielabweichung beeinflussen können. Ansatzpunkte zur Korrektur sind somit:

- *Ich selbst (der Vorgesetzte):* Schaffen der (inneren und äusseren) Voraussetzungen, die dem Mitarbeiter die Zielerreichung ermöglichen bzw. erleichtern. Die Massnahmen können sich auf bessere Information, verstärkte Motivation und mehr Vertrauen beziehen. Auch die Verbesserung der Auftragserteilung und die Zielvereinbarung anstelle der Zielvorgabe gehören dazu. Nicht zu vergessen sind eine offenere Kommunikation und bessere Koordination.
- *Die Gruppe:* Massnahmen zur Verbesserung der Bedingung in der Arbeitsgruppe sind neben vermehrten informalen Kontakten und einer offenen Handhabung von Konflikten gegebenenfalls das Versetzen von Mitarbeitern, die Weiterbildung in der Gruppe sowie die Formulierung von gemeinsamen Zielen.

- *Der Mitarbeiter:* Massnahmen, die dazu dienen, Mängel in Eignung und Leistung des Mitarbeiters auszugleichen: zielgerichtete Schulung, Förderung der Selbstkontrolle, Aufgabenbereicherung/-erweiterung, Versetzung usw.
- Um die richtige Massnahme anregen bzw. durchführen zu können, ist es wichtig, die Art des Problems zu kennen, mit dem Sie es zu tun haben. Folgende Fragen können Ihnen dabei helfen[146]: Liegt ein Weiss-nicht-Problem vor? – Liegt ein Kann-nicht-Problem vor? – Liegt ein Darf-nicht-Problem vor? – Liegt ein kombiniertes Problem vor?
- *Die Mittel und Verfahren:* Beschaffen der Mittel und Ermöglichen der Verfahren, die zur Zielerreichung notwendig sind, d.h. neue/andere Mittel und neue/andere Verfahren/Methoden.
- *Die Situation:* Massnahmen zur Verringerung negativer bzw. zur Nutzung positiver interner und externer Einflüsse. Solche sind organisatorische Änderung, neues Führungskonzept, bessere Informationspolitik, bessere Arbeitsbedingungen.
- *Die Ziele:* Anpassen der Routineziele, Innovationsziele und Entwicklungsziele.

Zu den Aufgaben des Vorgesetzten gehört es nicht nur, überdurchschnittlich qualifizierte Mitarbeiter zu fördern, sondern auch schwächeren Mitarbeitern jede erdenkliche Hilfe zukommen zu lassen. Ist aber ein Mitarbeiter trotz aller Unterstützung durch den Vorgesetzten nicht in der Lage, die an ihn gestellten Anforderungen zu erfüllen, so kommt der Vorgesetzte nicht darum herum, ihn zu *versetzen* oder letztlich zu *entlassen*. Drängt sich aus Ihrer Sicht die Versetzung eines Mitarbeiters auf, sollten sie abwägen, ob:

- das *Arbeitsergebnis* durch den Aufwand für die Einarbeitung eines neuen Mitarbeiters und wegen dessen mangelnder Erfahrung gefährdet ist;
- die *Zusammenarbeit* durch die Störung eingespielter Arbeitsabläufe zu stark gestört wird;
- die *Unfallgefahr* durch den Einsatz eines neuen Mitarbeiters in unverantwortbarem Masse erhöht wird.

Möchte ein Mitarbeiter von sich aus versetzt werden, so gilt es abzuklären, ob der Grund, den er für die Versetzung hat, auf richtigen oder falschen Vorstellungen beruht bzw. eine Antwort zu finden auf die Frage: Ist eine Versetzung berechtigt oder nicht?

Beim Durchführen von Versetzungen ist folgendes zu beachten:

- Überlegen Sie sich, ob eine Versetzung innerhalb der eigenen Abteilung vorgenommen werden kann.
- Welche Probleme bringt eine Versetzung aus einem anderen Arbeitsbereich für den betreffenden Vorgesetzten? Für mich?
- Verständigen Sie sich mit dem Kollegen, der einen Mitarbeiter verliert. Und umgekehrt: Wählen Sie einen geeigneten Mitarbeiter aus, falls Sie einem Kollegen jemanden «abgeben» müssen.
- Informieren Sie alle beteiligten Mitarbeiter und Vorgesetzten, wenn Sie einen neuen Mitarbeiter «bekommen» bzw. wenn Sie jemanden an einen anderen Bereich «abgeben».
- Führen Sie den neuen Mitarbeiter sorgfältig ein.

Nachdem die wenig angenehme Führungsaufgabe «Kritisieren» dargestellt wurde, wird auf das bedeutend angenehmere Thema «Anerkennung» eingetreten. Darunter wird allgemein jedes Verhalten verstanden, mit dem eine Person einer anderen gegenüber ausdrücken will, dass sie deren Verhalten/Verhaltensergebnis positiv bewertet. Eine spezifische Form der Anerkennung ist das *Lob*, das ausschliesslich als verbale Äusserung verstanden wird, während Anerkennung sich auch auf andere Weise ausdrücken lässt.

Wie wichtig ist Anerkennung? Welche Voraussetzungen muss der Vorgesetzte mitbringen, um seinen Mitarbeitern die Anerkennung zu verschaffen, die sie brauchen? Wie soll Anerkennung geäussert werden? – Das sind Fragen, mit denen wir uns im folgenden beschäftigen. Zum Einstieg in diese Thematik wäre es gut, wenn Sie sich anhand des Fragebogens 116/Anhangband selbst testen würden. In diesem Test sollen 10 Faktoren der Arbeit nach ihrer Wichtigkeit eingestuft werden. Die beiden Fragen lauten: Was ist für Sie als Mitarbeiter wichtig? – Was glauben Sie als Vorgesetzter, ist für Ihre Mitarbeiter wichtig? Damit Sie Ihre Antwort mit Antworten anderer Vorgesetzten vergleichen können, haben wir noch das Ergebnis einer Befragung von Führungskräften abgedruckt (Abb. 58). Ähnliche Ergebnisse lassen sich an Vorgesetzten-Kursen immer wieder feststellen (Abb. 80/81/82).

Was fällt auf? Auffallend ist sicher die grosse Differenz zwischen den Bewertungen für Anerkennung, Fachwissen, Unterstützung durch den Vorgesetzten, Bezahlung. Während die meisten Vorgesetzten Anerkennung von «oben» für sich selbst als sehr wichtig betrachten und auf den ersten Platz setzen, sind sie gleichzeitig der Meinung, für ihre Mitarbeiter stehe die Bezahlung an erster Stelle; der Anerkennung ordnen sie Rang 8 zu. Die Antworten auf die zweite Frage sagen natürlich noch nichts darüber aus, welche Bedeutung die einzelnen Punkte für Ihre Mitarbeiter tatsächlich besitzen. Um Aufschluss über die tatsächliche Bedeutung der zehn Faktoren zu erhalten, können Sie Ihre Mitarbeiter bitten, die erste Frage (anonym) zu beantworten. Mit grosser Wahrscheinlichkeit werden auch bei einem solchen Vergleich wieder interessante (und bedenkenswerte) Unterschiede zu Tage treten. Wie in breitangelegten Untersuchungen diese Frage von Mitarbeitern beantwortet wurde, zeigt Abbildung 37. Der Anerkennung durch den Vorgesetzten wurde hier sehr grosse Bedeutung beigemessen. Anerkennung braucht jeder. Jeder Mensch braucht Erfahrungen, die ihm das Gefühl vermitteln, dass er «etwas wert» ist: Erfahrungen, die sein Selbstwertgefühl stärken. Solche Erfahrungen sind *bewältigte Aufgaben* und deren *Anerkennung durch die Umwelt*. Bleiben einem Menschen Erfahrungen dieser Art versagt, beginnt er an seinem Selbstbild zu zweifeln und wird völlig verunsichert.

Bewältigte Aufgaben führen zu Erfolgserlebnissen, die dem Individuum zeigen, dass es «etwas kann», dass es fähig ist. Nach Erfolgserlebnissen steigt das Vertrauen, das ein Mensch in sich und seine Fähigkeiten hat – nach Misserfolgen sinkt es. Erfolgserlebnisse geben Selbstbestätigung.

Jeder Mensch braucht aber ausser der Selbstbestätigung auch die Anerkennung durch andere Menschen. Dass er sich selbst als wertvoll und fähig erlebt, reicht ihm nicht. Er muss erfahren, dass auch die Umwelt seinen Wert und seine Fähigkeiten erkennt: «Anerkennen» hat sprachgeschichtlich mit «innewerden», «geistig erfassen», «sich erinnern» zu tun. Als soziales, auf ein Du bezogenes Wesen ist der Mensch auf solche Anerkennung durch seine Mitmenschen angewiesen. Ihnen als Vorgesetzten wird es kaum genügen, sich selbst als aussergewöhnlich fähig zu sehen, während

Ihnen von Ihren Mitarbeitern keinerlei Anerkennung zuteil wird (ausser Sie fühlen sich über jeden Zweifel erhaben). Genausowenig reicht es Ihrem Mitarbeiter, zu wissen, dass er eine gute Leistung vollbracht hat (obwohl ihn ein solches Erfolgserlebnis stark motiviert): Er will darüber hinaus noch wissen, dass auch Sie diese Leistung (an-)erkennen.

Ein Mensch, dem Anerkennung vorenthalten wird, fühlt sich allzu leicht als Versager. Aus diesem Gefühl, das womöglich auf die ganze Persönlichkeit übertragen wird, entsteht rasch jener Teufelskreis, der die Person tatsächlich zum Versager macht (vgl. Abb. 129).

Abbildung 129: Teufelskreis des Versagens

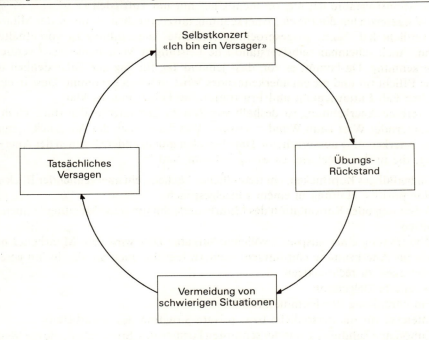

Aus dem bisher Gesagten geht auch hervor, dass es nicht genügt, wenn Sie als Vorgesetzter nur die sachlichen Leistungen Ihres Mitarbeiters anerkennen. Das Bedürfnis nach Anerkennung zielt darüber hinaus auf eine menschliche Wertschätzung. Jeder Mitarbeiter hofft, «als ganzer Mensch, nicht nur aufgrund der Kräfte des Körpers und des Verstandes, sondern auch aufgrund der Kräfte des Herzens und der Seele von Vorgesetzten und Kollegen angenommen und respektiert zu werden.»[147]

Wie die Zweifaktorentheorie von Herzberg zeigt, ist gezielte Anerkennung nicht bloss ein Hygienefaktor (der Unzufriedenheit vermeiden hilft), sondern ein *Motivationsfaktor,* der zur Leistung motiviert. Durch diese Forschungsergebnisse wird eigentlich nur etwas wissenschaftlich bestätigt, was wir selbst auch ohne alle Motivationspsychologie spüren:

147 Sahm (1980)

- Das Bedürfnis nach Bestätigung und Anerkennung spielt bei jedem von uns eine wichtige Rolle.
- Die Befriedigung dieses Bedürfnisses trägt wesentlich zu unserer Zufriedenheit bei, spornt uns an, motiviert uns.

In welcher Form kann Anerkennung ausgedrückt werden? Für die Anerkennung gilt in besonderem Masse, was wir zum Geben von Feedbacks allgemein festgestellt haben. Die Auffassung vieler Vorgesetzter, keine Kritik sei auch eine Anerkennung, ist falsch. *Keine Kritik ist noch keine Anerkennung.* Viele Mitarbeiter leiden darunter, dass sie keinerlei Anerkennung bekommen, solange alles «rund läuft». Nur wenn etwas schief geht, kriegt man Reaktionen «von oben» (und dann in Form eines Rüffels). «Sonst erfahre ich nie, ob mein Chef mir zufrieden ist.»

Der Vorgesetzte hat die *Pflicht,* Anerkennung auszusprechen, wenn sie der Mitarbeiter verdient hat. Nicht ausgesprochene verdiente Anerkennung ist vorenthaltener Lohn. Auch scheinbar selbstverständliche Leistungen/Verhaltensweisen verdienen Anerkennung. Da kommt es vor, dass jemand Tag für Tag zur Zufriedenheit aller seine Pflicht tut und nie ein anerkennendes Wort zu hören bekommt. Dass in einem solchen Fall Enttäuschung und Frustration die Folge sind, ist klar.

Die verbale Anerkennung ist deshalb von Zeit zu Zeit unerlässlich (nur schon ein ermunterndes Wort kann Wunder wirken). Von daher auch der Ausdruck «jemand seine Anerkennung aussprechen». Daneben aber gibt es andere Formen der Anerkennung, die in der Regel viel zu wenig bekannt sind[148]:

- ein beifälliges Kopfnicken, ein freundliches Lächeln, ein anerkennender Blick ...,
- eine positive Haltung in einem Einzelgespräch
- Befragung oder Konsultation des Mitarbeiters, ihn um seine Meinung/ seinen Rat bitten
- Übertragung einer anspruchsvolleren Aufgabe: Dies wird vom Mitarbeiter nicht nur als Anerkennung empfunden, sondern regt ihn auch an, das in ihn gesetzte Vertrauen zu rechtfertigen
- erweiterte Delegation
- Einschränkung der Fremdkontrolle
- Interesse für die persönliche bzw. private Situation des Mitarbeiters
- Zuhören: «Zuhören ist eine der schönsten Formen des ‚Streichelns', die ein Mensch einem anderen zukommen lassen kann.»[148]

Wichtig ist, dass Sie Anerkennung nicht als «Methode» oder als «Technik» betrachten, sondern als Ausdruck einer echten persönlichen Auffassung und als menschliche Aufgabe (eine sehr schöne und dankbare Aufgabe übrigens).

Wie jedes verhalten wird auch das Anerkennungsverhalten stark durch die jeweilige Einstellung beeinflusst. Erinnern Sie sich an die X- und Y-Theorie, die beiden Grundeinstellungen von Vorgesetzten ihren Mitarbeitern gegenüber? Es ist ganz klar, dass ein X-Theoretiker seinen Mitarbeitern nie die Anerkennung wird geben können, die sie brauchen.

Wie bei der Kontrolle wirkt auch bei der Anerkennung bzw. Kritik die jeweilige Einstellung in der Weise, dass sie das von ihr vorhergesagte Verhalten selbst herbeiführt

148 vgl. Stroebe (1978)

– im Sinne der sich selbst erfüllenden Prophezeihung. Ein Vorgesetzter, der davon überzeugt ist, dass sich bei seinen Mitarbeitern die Fehler häufen, sobald er ihnen den Rücken kehrt, wird an ihrer Arbeit mehr oder weniger nur Fehler sehen und die Mitarbeiter ununterbrochen kritisieren.

Die Mitarbeiter, die laufend Kritik einstecken müssen, werden dadurch auf die Dauer in ihrem Selbstwertgefühl beeinträchtigt und in der Folge davon ihr Anspruchsniveau senken und in ihrer Leistung nachlassen. Dies wiederum führt beim betreffenden Vorgesetzten zu einer Bestätigung oder Verstärkung seines ursprünglichen negativen Bildes (Abb. 130).

Abbildung 130: Selbsterfüllende Vorhersage und Kritik/Anerkennung

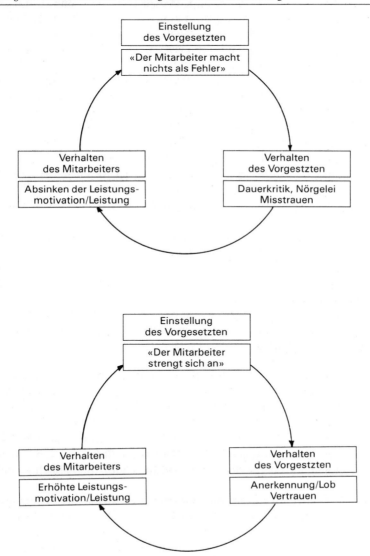

Auf der anderen Seite wird ein Vorgesetzter, der grundsätzlich von der Leistungsfähigkeit seiner Mitarbeiter überzeugt ist, ihnen für ihre Anstrengungen Anerkennung geben. Dies wird die Mitarbeiter zu hoher Leistung motivieren, was den Vorgesetzten in seiner ursprünglichen positiven Einstellung bestätigt. Die Frage nach der eigenen Einstellung den Mitarbeitern gegenüber ist auch unter diesem Aspekt eine ganz entscheidende Frage (Test in Abb. 114/Anhangband). Im folgenden einige praktische Ratschläge zur Anerkennung:

- Achten und respektieren Sie Ihren Mitarbeiter als Individuum: Er möchte als Mensch anerkannt, nicht als blosses «Mittel zum Zweck» gesehen werden.
- Bemühen Sie sich, Ihrem Mitarbeiter Aufgaben zu übertragen, mit denen er sich identifizieren kann (die Anerkennung einer Arbeit kommt primär aus ihr selbst). Stellen Sie ihm Aufgaben, die seinen Fähigkeiten entsprechen. Über- und unterfordern Sie ihn nicht. Zeigen Sie ihm, dass seine Arbeit wichtig ist.
- Sprechen Sie Anerkennung aus. Die verbreitete Auffassung, keine Kritik sei auch eine Anerkennung, ist falsch.
- Sprechen Sie einem Mitarbeiter vor allem dann ihre Anerkennung aus, wenn er sein Bestes tut (oder getan hat), wenn er sich aussergewöhnlich eingesetzt hat, wenn er ernsthafte Schwierigkeiten überwunden hat oder wenn er besondere Leistung erbracht hat.
- Geben Sie regelmässig Anerkennung. Von Zeit zu Zeit möchte der Mitarbeiter bestätigt haben, dass die von ihm geleistete Arbeit den gestellten Anforderungen entspricht. Auch scheinbar selbstverständliche Leistungen verdienen Anerkennung. Regelmässig anerkennen aber bedeutet nicht, dass Anerkennung zur Routine erstarrt. Jedes anerkennende Wort sollte sich auf die betreffende Person bzw. Situation beziehen.
- Geben Sie allen Mitarbeitern Anerkennung, vor allem aber jüngeren Mitarbeitern, Anfängern, Auszubildenden und Unsicheren, die sich oft verkennen und rasch entmutigen lassen.
- Anerkennen Sie spontan und natürlich. Komplizierte, konstruierte Anerkennung wirkt unglaubhaft und erweckt leicht Misstrauen.
- Anerkennen Sie ehrlich. Hüten Sie sich davor, den Mitarbeitern mit dem «Führungsmittel Anerkennung» zu manipulieren («Sie können ja so schön Blumen einstellen, würden Sie nicht in Zukunft ...»). Der Mitarbeiter wird Ihnen früher oder später auf die Schliche kommen.
- Geben Sie nur Anerkennung, die verdient ist. Der Mensch verdient sich seine Belohnungen lieber, als dass er sie aufgrund einer bevorzugten Behandlung bekommt. Zudem ist Anerkennung mehr, als einfach täglich jedem seine Ration an «Streicheleinheiten» abzugeben.
- Geben Sie Anerkennung so, dass sie dem betreffenden Menschen, seinem Verhalten und der jeweiligen Situation angepasst ist. Wer übertreibt («Sie sind der Grösste») muss damit rechnen, dass der andere mit Misstrauen oder überheblicher Leichtfertigkeit reagiert.
- Sprechen Sie persönliche Anerkennung nur unter vier Augen aus. Öffentliche Anerkennung ruft rasch Neid hervor.
- Sprechen Sie auch einmal der Gruppe Ihre Anerkennung aus. Dies wirkt als «Düngemittel» für den Teamgeist und spornt zu weiteren gemeinsamen Leistungen an.

- Geben Sie Anerkennung möglichst unmittelbar auf das betreffende Verhalten («Gesetz der unmittelbaren Belohnung»).
- Geben Sie auch Ihrem Chef Anerkennung. Auch er ist – wie jeder andere Mensch – darauf angewiesen. Versuchen Sie es (auch wenn er vielleicht abwehrt, weil er schon lange keine Anerkennung mehr bekommen hat). Haben Sie Ihrem Chef schon einmal gesagt, dass Sie ein bestimmtes Verhalten von ihm gut fanden?

Wenn Sie Ihr persönliches Anerkennungsverhalten überprüfen wollen, finden Sie im Anhang einen Fragebogen, mit dessen Hilfe Sie Ihr persönliches *Anerkennungsprofil* konstruieren können (Test in Abb. 138/Anhangband). Die aufgeführten Fragen sollen Sie anregen, über das wichtige Thema Anerkennung nachzudenken. Eine Checkliste zum Thema ist unter Abbildung 7/Anhangband aufgeführt.

448 Konflikte regeln – Spannungen abbauen

Spannungen und Konflikte treten in allen Phasen des Führungsprozesses auf, sowohl in der Willensbildung und in der Willensdurchsetzung wie auch in der Realisation und der Willenssicherung. Sie treten überall auf, wo Menschen mit Menschen zu tun haben, wo Menschen bestimmte Ziele verfolgen. Das Abbauen von Spannungen und das Regeln von Konflikten stellt somit eine sehr zentrale Aufgabe der Führung dar.
Bei der allgemeinen Besprechung von Konflikten in Organisationen wurden Konflikte als eine unvermeidbare Realität dargestellt. Wer vom Bild einer permanenten Harmonie ausgeht, übersieht, dass die Organisationsmitglieder aufgrund ihrer von Natur aus unterschiedlichen Zielen sowohl in der Vertikale ihrer Beziehungen (Arbeitgeber/Arbeitnehmer, Vorgesetzte/Mitarbeiter) wie auch in der Horizontale (Kollegenkonflikt aufgrund von körperlicher Nähe oder menschlicher Konkurrenz) zu sozialen (interpersonalen) Konflikten neigen.
Hinzu kommen intrapersonale Konflikte, die durch unvereinbare Rollenerwartungen (Rollenkonflikte) oder widerstreitende Motive (Motivkonflikte) bedingt sind.
Das soziale System Krankenhaus ist *keine* Gemeinschaft (auch wenn es gerne als solche hingestellt wird), sondern ein Zweckverband, *mit* dem und *in* dem die Systemmitglieder ihre Ziele/Interessen zu erreichen suchen (was vielfach nur zu Lasten anderer Interessen möglich ist).
Konflikte können sowohl negativ-dysfunktionale wie auch positiv-funktionale Wirkungen haben. Von der Konfliktreaktion, also von der Art und Weise, wie die betreffenden Personen auf die Spannungssituation reagieren, hängt es ab, welche Folgen ein Konflikt zeigt. Entsprechend unserer Einteilung der Konflikte lassen sich intrapersonale und interpersonale Konfliktreaktionen unterscheiden. Betrachten wir zunächst die *intrapersonalen Reaktionen*[149]: Zur Bewältigung eines Konflikts kann sich das Individuum um eine mehr bewusste Reaktion bemühen, es kann aber auch mehr unbewusste Reaktionsformen zeigen:

- *Suchverhalten und Anspruchsanpassung:* Suchverhalten bedeutet Suche nach neuen Wegen und Alternativen, die eine Konfliktüberwindung ermöglichen. Erge-

149 vgl. Krüger (1980, 1983)

ben sich dabei keine positiven Ergebnisse, dann kann eine Reduzierung der Ansprüche erfolgen, um die Situation zu bereinigen.
- *Abwehrmechanismen:* Dieser Sammelbegriff umfasst verschiedene psychische Mechanismen, die dazu dienen, das gestörte Selbstgefühl wiederherzustellen. Hierzu gehören u.a. Aggression, Regression, Rationalisierung sowie Verdrängung und Leugnung. Für das Individuum ergibt sich dadurch zumindest ein kurzfristiger Spannungsabbau. Die Konflikte bestehen allerdings weiter. Werden Abwehrmechanismen dauernd benötigt, kann dies zu psychischen und physischen Schäden führen.

Unter den *interpersonalen Reaktionen* lassen sich drei Grundformen unterscheiden[150]: Konfliktbewusstmachung, Konfliktaustragung und Konfliktvermeidung. Die einzelnen Konfliktreaktionen zeigt Abbildung 131 im Überblick.
Die drei Grundformen sollen nun näher erläutert werden.

- *Konfliktbewusstmachung* ist dann als eine erste aktive Konfliktreaktion zu sehen, wenn ein Konflikt teilweise oder ganz latent, also einem oder beiden Beteiligten verborgen ist. In einer solchen Situation stellt sich für den, der den Konflikt wahrnimmt, die Frage, ob es sinnvoll ist, den Konflikt bewusst zu machen, oder ob passives Verhalten vorzuziehen ist. Die Bewusstmachung wird dann gewählt, wenn eine anschliessende Austragung des Konflikts angestrebt wird. Frühzeitige Bewusstmachung von Konflikten erhöht die Chancen konstruktiver Handhabung und verhindert die unterschwellige Ausweitung und Verschärfung der Gegensätze (wobei die Bewusstmachung ihrerseits auch eine Verschärfung herbeiführen kann).
- *Konfliktaustragung:* Ist ein Interessenausgleich unmöglich oder unerwünscht, dann wird die Austragung von Gegensätzen darauf ausgerichtet sein, einseitig seine Intersssen durchzusetzen. Die schärfste Form einer solchen Austragung ist der *Kampf.* Die verschiedenen Varianten reichen von umfangreichen Machtkämpfen verschiedener Gruppen bis hin zum widerwilligen Unterordnen eines Untergebenen unter den Befehl des Vorgesetzten. Der Einsatz von Sanktionsmacht und Informationsmacht spielt hier eine wichtige Rolle. Konflikte werden dabei aber nicht gelöst, sondern bloss durch die überlegene Macht zurückgedrängt. Der Verlierer wird versuchen, sich in irgendeiner Form zu rächen. Andere Meinungen, Ideen und damit auch neuartige Problemlösungen werden unterdrückt.

Wegen des trennenden Charakters der Gewinn-Verlust-Kämpfe wird von den Parteien häufig eine nicht unmittelbar betroffene Drittpartei um ihr Urteil angerufen mit dem Ziel, eine *Vermittlung* oder *Schlichtung* herbeizuführen. Wenn das Urteil von den Parteien nicht akzeptiert wird bzw. einseitige Begünstigungen entstehen, ergeben sich Wirkungen, die denen des Kampfes vergleichbar sind. Bei Akzeptanz der Drittpartei und ihrem Urteil sind die Wirkungen denen des Kompromisses vergleichbar. Bei geringer Wichtigkeit werden Zufallsurteile wie Münzwurf oder Losziehen bevorzugt.

Konstruktiver ist die Austragung dann, wenn nach einem Ausgleich der Interessen gesucht wird. Unter *Problemlösen* versteht man das Finden einer Lösung, die den Gegensatz «echt» aufhebt. Dieses Verfahren vermittelt Lernerfahrungen und Erfolgserlebnisse; Frustrationen werden vermieden. Wesentliche Voraussetzung für

150 vgl. Krüger (1980, 1983)

Abbildung 131: Konfliktreaktionen[107]

Konflikt- situation Konflikt- Intensität	Latenter Konflikt		Wahrgenommener Konflikt	Manifester Konflikt	
	Bewusstmachung nicht sinnvoll	Bewusstmachung sinnvoll	Austragung vermeidbar Ausgleich unmöglich	Austragung sinnvoll Ausgleich möglich	Austragung sinnvoll Ausgleich unmöglich
Hohe Wertvorstellung (aktive Reaktionen)		Konflikt-Bewusstmachung	Rückzug (z. B. Austritt)	Problemlösung	Kampf
Mittlere Wertvorstellung (gemässigt aktive Reaktionen)			Isolation (Verminderung der Interaktion)	Kompromiss (Teilung des Streitwertes)	Vermittlung Schlichtung (Drittpersonenurteil)
Niedrige Wertvorstellung (Passive Reaktionen)	Passives Verhalten		Indifferenz Ignoranz	Friedliche Koexistenz (Bewusste Ausklammerung des Konflikts)	Zufallsurteil (z. B. Losentscheid)

107 vgl. Krüger (1980), Bosetzky/Heinrich (1980)

eine solche Austragung sind eine Atmosphäre gegenseitigen Vertrauens, kooperatives Verhalten, freier Zugang zu Informationen und genügend Zeit. *Kompromiss* bedeutet Teilen des Streitwerts, beidseitige Anpassung der Ansprüche und damit Ausgleich der Interessen. Der Konflikt ist hier zumindest vorübergehend bewältigt; Unterdrückung wird vermieden. *Friedliche Koexistenz* meint einen stillschweigenden Interessenausgleich, wobei der Konflikt latent bestehen bleibt. Die Beteiligten versuchen, den Status quo zu erhalten; insofern handelt es sich hier um eine entwicklungsfeindliche Reaktion.

- *Konfliktvermeidung:* Ist eine Austragung nicht möglich oder nicht sinnvoll, kann ein Konflikt auch vermieden werden. Diese Reaktion ist dann sinnvoll, wenn eine Austragung destruktive Wirkungen hätte. Kontakte zwischen den Konfliktpartnern werden vermindert, konfliktträchtige Beziehungen eingefroren oder abgebrochen. Der *Rückzug* kann vom wiederholten Nachgeben bis zum Ausscheiden aus der Organisation reichen. Unter *Isolation* versteht man eine Abkapselung, die ebenfalls über eine Verminderung der Interaktionen zu einer Konfliktvermeidung führt. *Indifferenz* und *Ignoranz* sind passive Formen der Konfliktvermeidung, bei denen Konflikte verneint bzw. bewusst oder unbewusst verdrängt werden. In allen diesen Fällen existieren die Konflikte latent weiter; konstruktive Problemlösungen unterbleiben.

Welche Konfliktreaktion im Einzelfall gewählt wird, hängt von folgenden Faktoren ab[151]:

- von der subjektiven Wichtigkeit der Streitfrage;
- von der Erfolgschance, also der Wahrscheinlichkeit, sich durchsetzen zu können;
- von den Kosten-/Nutzengrössen der jeweiligen Reaktion, verglichen mit anderen Verhaltensweisen in der gegebenen Konfliktsituation;
- von der Erwartung, dass eine Einigung möglich ist oder nicht.

Auf der Grundlage dieser Überlegungen ergibt sich ein Urteil darüber, ob eine Konfliktaustragung notwendig bzw. sinnvoll ist, ob man damit rechnen kann, sich durchzusetzen oder ob ein Ausgleich möglich scheint. Sind die Bedingungen schlecht, wird man wenn möglich auf eine Austragung verzichten und versuchen, den Konflikt zu umgehen.

Wie bereits betont wurde, sind bei weitem nicht alle Konflikte lösbar. Die sinnvolle Handhabung von Konflikten wird somit zu einer wichtigen Führungsaufgabe (Konfliktmanagement). Vorgesetzte aller Ebenen müssen lernen, Konflikte zu erkennen, ihre Ursachen zu analysieren und sinnvoll mit ihnen umzugehen. Das *Erkennen* von Konflikten besteht zum einen in der Beobachtung des Verhaltens der Interaktionspartner; folgendes erscheint dabei auffällig[152]:

- Die Einstellung gegenüber dem Intraktionspartner ist feindselig; es werden vor allem solche Handlungen wahrgenommen, die die negative Einstellung bestätigen; es kommt zu Aggressionen (z.B. Beschimpfungen);
- Gegenüber dem Interaktionspartner tritt Verschwiegenheit auf; Informationen werden zurückgehalten, damit der andere keinen Vorteil gewinnt;

---

151 vgl. Krüger (1980, 1983), Burghardt/Wiswede (1981)
152 vgl. Rosenstiel (1980, 1983)

- Informationen des anderen werden mit Misstrauen aufgenommen; ihm wird unterstellt, immer nur auf den eigenen Vorteil bedacht zu sein; die eigenen Interessen werden nicht dargelegt;
- Die eigenen Leistungen werden überschätzt und die des anderen unterschätzt; die eigenen Ziele werden überbetont;
- Es wird mit Drohungen und Bluff gearbeitet; gewählte Strategien sind mit Überraschungseffekten verbunden:

Zum anderen besteht die Konfliktdiagnostik auch darin, *strukturale Organisationsmerkmale* zu ermitteln, die Konflikte anzeigen können bzw. das Auftreten von Konflikten wahrscheinlich machen.

Nach der Diagnose eines Konflikts geht es darum, richtig mit ihm umzugehen. Auch bei der Konflikthandhabung lassen sich zwei Grundformen unterscheiden: die strukturale und die verhaltensbezogene Konflikthandhabung. Bei der *strukturalen Konflikthandhabung* werden Organisationsstrukturen und -prinzipien auf ihre Konfliktträchtigkeit untersucht und Strukturen entworfen, die Konflikte von vornherein minimieren.

Wege einer solchen *Konfliktprophylaxe* sind[153]:

- Aufhebung/Minderung von Koordinationszwängen, wo sie sachlich nicht erforderlich sind;
- Konzeption der Organisation nicht nur nach ökonomisch-rationalen, sondern wesentlich auch nach sozialwissenschaftlichen Kriterien;
- Strukturierung der Aufgaben in der Weise, dass Handlungsspielräume gegeben sind;
- klare Kompetenzverteilung, wo Koordination erforderlich ist;
- Vermeidung von Nullsummenspiel-Situationen;
- rechtzeitiges Aufstellen klarer Verteilungsregeln, wo knappe Güter vergeben werden müssen;
- Homogenisierung der Konfliktparteien durch Auswahl, Informationszugang und Kontakt;
- Partizipation der Betroffenen am Entscheidungsprozess;
- Wechsel von Wettbewerbs- zur Kooperationshaltung durch entsprechende Ausbildungsprogramme.

Die *verhaltensorientierte Konflikthandhabung* kann ebenfalls auf *Konfliktvermeidung* gerichtet sein; die betreffenden Konfliktpartner verfolgen von vornherein Strategien der Offenlegung, der sachlichen Diskussion und zeigen den Willen zur Integration. Die Handhabung muss sich aber auch auf bereits ausgebrochene Konflikte beziehen. Im Hinblick auf eine *Konfliktlösung* heisst das konkret: die Beseitigung der Konfliktursachen, also der jeweiligen Gegensätze. Damit eine Lösung möglich ist, müssen folgende Voraussetzungen gegeben sein[154]:

- Die Konfliktpartner müssen die Möglichkeit haben, ihre Sichtweise des Problems und ihre Ziele deutlich auszudrücken.

---

[153] vgl. Rosenstiel (1980, 1983)
[154] vgl. Rüttinger (1977)

Abbildung 132: Merkmale und Konsequenzen autoritärer und kooperativer Konfliktregelung[108]

Formen der Konfliktregelung	Verhaltens-Beschreibung	Vorzüge	Nachteile	Konsequenzen für die Arbeitsleistung	Konsequenzen für das Arbeitsklima
autoritär	☐ Der Vorgesetzte «löst» Konflikte zwischen seinen Mitarbeitern möglichst sofort, wie er es für richtig hält (Machtentscheidung); ☐ die Mitarbeiter haben sich dieser Entscheidung zu fügen; ☐ Zweifel an der Richtigkeit der Entscheidung werden nicht geduldet; ☐ bei eigenen Konflikten versucht er, um jeden Preis zu siegen; ☐ Konflikte erscheinen ihm als menschliche Schwäche, die es zu unterdrücken gilt; ☐ die Konfliktregelung hat sich ausschliesslich an den Organisationsinteressen auszurichten; im Zweifel müssen eben auch «Köpfe rollen»; ☐ ...	☐ Auf aktuelle Konflikte kann schnell reagiert werden; ☐ es gibt kaum Konflikte, die aus unklaren Kompetenzabgrenzungen resultieren; ☐ die Verantwortlichkeiten sind (z. B. bei Fehlern) formal klar geregelt; ☐ die Mitarbeiter bemühen sich, durch grosse Selbstdisziplin keine Konflikte vom Zaun zu brechen; ☐ ...	☐ Die Konflikte werden nur verdrängt und die Konfliktursachen nicht beseitigt; ☐ die Entscheidungen sind oft zu vorschnell und kurzsichtig; ☐ Die Mitarbeiter folgen den Entscheidungen von oben primär aus Angst vor Sanktionen, aber identifizieren sich nicht mit ihnen; ☐ die Mitarbeiter fühlen sich nur als «Arbeitstiere» akzeptiert, aber als Menschen missachtet; ☐ bei den Versuchen, den Konfliktpartner zu besiegen, werden meist neue Konflikte provoziert; ☐ ...	☐ Gute Arbeitsergebnisse nur bei ständigen Kontrollen und disziplinarischen Drohungen; ☐ der Vorgesetzte muss vieles selbst machen (da er es den Mitarbeitern nicht zutraut), so dass er sich zuwenig um übergeordnete Aktivitäten kümmern kann; ☐ es geht viel Zeit mit Machtrangeleien verloren; ☐ die Mitarbeiter zeigen wenig Kreativität und Eigeninitiative; ☐ komplexe Entscheidungen dürften oft zu einseitig ausfallen; ☐ die Mitarbeiter zeigen den Geschäftigkeits-Bluff; ☐ sie können sich nur wenig weiterqualifizieren; ☐ ...	☐ klare, strukturierte Situation; ☐ angespanntes Klima; ☐ «Radfahrer»-Haltungen; ☐ wenig Kooperation; ☐ viel Rivalität und Einzelkämpfermentalität; ☐ schwelende Konflikte; ☐ kalte, unpersönliche Arbeitsatmosphäre; ☐ eventuell auch Solidarisierung der Mitarbeiter und passiver Widerstand; ☐ für eine demokratische Gesellschaft unzeitgemässe, «inhumane» Interaktionsform; ☐ ...

| kooperativ | □ Der Vorgesetzte versucht, die Konflikte offen anzusprechen;
□ er bemüht sich, zwischen den Konfliktpartnern zu vermitteln und eine für alle Seiten tragbare Lösung zu finden (Vernunftsentscheidung);
□ die Mitarbeiter werden an der Regelung beteiligt;
□ Kritik und Ergänzungen werden begrüsst und möglichst berücksichtigt;
□ bei eigenen Konflikten bemüht sich der Vorgesetzte um eine auch für die andere Seite akzeptable Regelung;
□ Konflikte sieht er als etwas Natürliches an;
□ «eine gute Regelung muss die Bedürfnisse der Menschen und der Organisation gleichermassen berücksichtigen»;
□ ... | □ Konflikte werden offen auf den Tisch gelegt;
□ die Mitarbeiter werden durch Entscheidungsbeteiligung stark mit der Konfliktregelung identifiziert;
□ bei der Lösungssuche werden soviel Gesichtspunkte wie möglich berücksichtigt;
□ Konflikte werden als Lernchancen konstruktiv gesehen;
□ auch der Vorgesetzte versucht, aus seinen Fehlern zu lernen;
□ ... | □ Bei aktuellen Konflikten ist ein relativ hoher Zeitaufwand für die Regelung notwendig;
□ dieses Vorgehen erfordert vom Vorgesetzten hohe zwischenmenschliche Kompetenz und Reife;
□ Gefahr der Mitarbeiter-Überforderung, wenn diese nicht gelernt haben, Mitverantwortung zu tragen;
□ Kooperationsangebote werden als Führungsschwäche ausgelegt und ausgenutzt;
□ Widerstand bei den Kollegen von der «alten Schule»;
□ ... | □ Auch qualifizierte Aufgaben können von den Mitarbeitern selbständig durchgeführt werden;
□ höhere Kreativität und Eigeninitiative der Mitarbeiter;
□ notwendige organisatorische Veränderungen werden stetig durchgeführt;
□ keine Reibungsverluste durch Machtkämpfe;
□ starke Mitarbeiterförderung (mit der Gefahr der Erzeugung von «Überqualifikations-Unzufriedenheit»);
□ ... | □ Entspanntes, freies, offenes, kreatives Arbeitsklima;
□ gute Kooperationsmöglichkeiten;
□ vernunftsbezogene Auseinandersetzungen;
□ demokratie-freundliche, «humane» Interaktionsform;
□ ... |

108 Fittkau (1978)

- Feindseligkeit und Antipathie sollten bei der Konfliktaustragung möglichst vermieden werden.
- Es muss genügend Zeit bereitgestellt werden, damit das Problem ausführlich behandelt und eine angemessene Lösung gefunden werden kann.
- Der Vorgesetzte soll möglichst objektiv bleiben und das Vertrauen der Konfliktpartner besitzen.

Wie können Konfliktsituationen nun effektiv geregelt werden? Die traditionelle (und auch heute noch häufig praktizierte) Form ist die autoritäre Konflikthandhabung; sie wird in der Übersicht in Abbildung 132 der kooperativen Form gegenübergestellt. Beide Formen haben Vor- und Nachteile. Vorgesetzte mit einem kooperativen Führungsstil werden auch im Konfliktfall den kooperativen Weg beschreiten. Vorgesetzte mit einem autoritär-direktiven Führungsstil müssen überprüfen, ob sie nicht eine Veränderung in Richtung auf mehr Kooperation und Partizipation anstreben sollten. Im folgenden soll ein *Konzept kooperativer Konflikthandhabung,* das sich in der Praxis bewährt hat, vorgestellt werden[155]. Das Modell eignet sich auch als vorbeugendes Training für wirksame Teamarbeit.

Eine kooperative Handhabung von Konflikten ist ein Umgang mit Konflikten ohne Niederlage. Jeder kann sein Gesicht wahren. Es gibt keine Verlierer und damit keine späte Rache. Die Ziele einer solchen Konfliktregelung sind:

- Aufrechterhaltung eines guten zwischenmenschlichen Arbeitsklimas (Basis für weitere Zusammenarbeit);
- sachlich-inhaltsbezogenes klares Austragen der gegensätzlichen Standpunkte (Vermeiden von Scheinübereinstimmungen und «faulen Kompromissen»);
- Finden von Lösungen, die beiden Seiten möglichst gerecht werden.

Die kooperative Konflikthandhabung lässt sich in sechs Phasen unterteilen:

- *Stufe 1: Konflikte identifizieren und definieren:* Es gibt verschiedene Wege, vor Beginn des Konfliktgesprächs Probleme/Konflikte zu erheben: bei der *anonymen schriftlichen Erhebung* formuliert jeder Mitarbeiter der Arbeitsgruppe seine eigenen Probleme und Konflikte, aber auch solche, die er bei anderen wahrnimmt, und übergibt sie dem Leiter des Konfliktgesprächs in einem verschlossenen Umschlag. Häufig erweist sich ein *Gespräch unter vier Augen* mit dem neutralen Gesprächsleiter als grosse Hilfe, denn vielen fällt es sehr schwer, ihr Unbehagen zu konkretisieren, das heisst, Probleme und Konflikte klar zu erkennen und zu beschreiben. Nun werden anhand der Problemlisten für jede betroffene Person auf einem grossen Blatt alle genannten Probleme zusammengestellt: *Konfliktauflistung.* Die Mitarbeiter erhalten zusätzlich den Auftrag, schriftlich die Frage zu beantworten: Wo haben die anderen mit mir Probleme? *(Schriftliche Selbstkritik).* Zu Beginn des Gesprächs werden die Punkte der Selbstkritik der jeweiligen personenbezogenen Problemsammlung (aus der Sicht der anderen Teilnehmer) für alle gut lesbar auf grossen Bögen gegenübergestellt. So ergibt sich eine oft eindrucksvolle Dokumentation der Diskrepanz zwischen Selbst- und Fremdwahrnehmung. Nun kommt die *Problemgewichtung:* Zu diesem Zweck stehen jedem Teilnehmer Klebepunkte zur Verfügung (rot = sehr grosses Problem, gelb = nicht so wichtiges Problem, grün = sehe ich nicht als Problem an). Jeder bewertet die Probleme

155 vgl. Fittkau (1978)

des anderen auf den Listen, aber auch die eigenen Probleme (in einer besonderen Spalte). Je mehr rote Punkte ein Problem aufweist, desto wichtiger ist seine Bearbeitung. Die anschliessende *Ursachenanalyse* kann leicht zur Eskalation führen, wenn die Konfliktpartner ungeübt sind und nicht bestimmte Gesprächsregeln eingehalten werden.

- *Stufe 2: Mögliche Lösungen entwickeln:* In dieser kreativen Phase werden von allen Gesprächsteilnehmern möglichst viele Lösungen für jeden Konflikt entwickelt. Zuerst jeder für sich allein (schriftlich), dann alle zusammen mit einem grossen, für alle lesbaren Flip-Chart-Protokoll. Es gelten die Brainstorming-Regeln: Soviel wie möglich – alles ist erlaubt – keine Kritik. Die vorgeschlagenen Lösungen können in organisatorische und pädagogische Lösungen eingeteilt werden.
- *Stufe 3: Lösungsmöglichkeiten kritisch bewerten:* Jeder nimmt zu jeder vorgeschlagenen Lösung Stellung, ob sie aus seiner Sicht durchführbar ist (grüner Punkt) oder nicht (roter Punkt). Für die Betroffenen wird eine besondere Spalte reserviert. Das ergibt eine für alle sichtbare Gewichtung, die als Grundlage für die Wahl der besten Lösung dient.
- *Stufe 4: Sich für die beste annehmbare Lösung entscheiden:* Die Betroffenen entscheiden nun, welche Lösungen sie für die am ehesten realisierbare halten. Die Lösung wird so lange verbessert, bis sie von allen Betroffenen akzeptiert wird.
- *Stufe 5: Massnahmen im Detail ausarbeiten:* Das ist die wichtigste, schwierigste und zeitraubendste Arbeit. Von den Konfliktpartnern und den übrigen Teilnehmern werden dabei ganz konkrete Schritte festgelegt: wer, wann, was, wie macht. Bei den Beschlüssen handelt es sich um verbindliche schriftliche Vereinbarungen zwischen den Konfliktkpartnern. Jeder Betroffene erhält darüber hinaus den Auftrag, künftig alle Probleme, die bei der Realisation auftauchen, sorgfältig zu notieren.
- *Stufe 6: Funktionsfähigkeit der Lösungen prüfen:* Es wird zu Ende des Gesprächs ein Termin vereinbart, zu dem überprüft werden soll, ob der gewählte Lösungsweg richtig war. Als Basis für diese Erfolgskontrolle dienen die geführten Problemlisten.

Diese kooperative Konflikthandhabung funktioniert zunächst nur, wenn eine neutrale Person mit psychologischem Verständnis als Moderator und Schlichter beteiligt ist. Ein Vorgesetzter, der seine Mitarbeiter erfolgreich führen und fruchtbar mit ihnen zusammenarbeiten will, kann sich über zwischenmenschliche Verhaltensprobleme und Konflikte nicht hinwegsetzen. Er ist gezwungen, als Moderator und Konfliktregler zu wirken. Dazu benötigt er nicht nur psychologische Kenntnisse und Erfahrungen, sondern auch Kenntnisse über sich selbst, über die Wirkungen seines (Führungs-)Verhaltens auf die Mitarbeiter, über deren Wirkungen auf ihn und über die Wirkungen der Mitarbeiter aufeinander. Sind Sie auf Problem- und Konfliktsituationen vorbereitet? Anhand des Testblattes in Abbildung 139/Anhangband können Sie aus der Beantwortung dieser Frage wichtige Hinweise gewinnen.

Je nachdem, ob sich der Vorgesetzte bei der Handhabung von Konflikten mehr an den Mitarbeitern oder an der Sachaufgabe orientiert ist, lassen sich auf der Grundlage des Verhaltensgitters folgende fünf Verhaltensformen unterscheiden (Abb. 133)[156]:

156 vgl. Sahm (1981b)

Abbildung 133: Führungsverhalten bei der Konflikthandhabung[109]

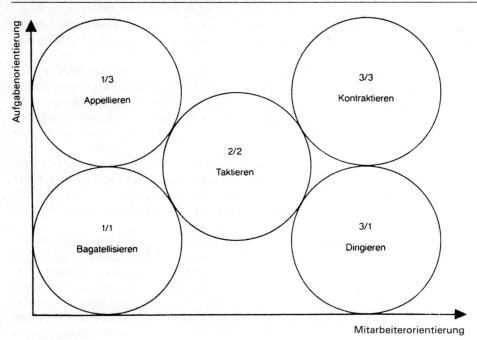

109 Sahm (1981b)

- *Bagatellisieren (1.1):* Der Vorgesetzte versucht neutral zu bleiben, sich herauszuhalten und den Konflikt herunterzuspielen.
- *Dirigieren (3.1):* Der Vorgesetzte «beseitigt» den Konflikt per disziplinarische Weisung oder setzt sich durch.
- *Appellieren (1.3):* Der Vorgesetzte versucht den Konflikt zu verhindern. Wenn trotzdem Konflikte auftreten, appelliert er an den «good will» der Beteiligten, beschwört die bisher gute Kollegialität usw. und heilt allfällige Wunden.
- *Taktieren (2.2):* Der vorgesetzte versucht eine Balance im «status quo» herzustellen, indem er die einzelnen zu überreden oder einen gegen den anderen auszuspielen versucht. Eine mildere Variante wäre die, dass er mit allen Mitteln versucht, Kompromisse zu erreichen (auch wenn diese vielleicht «faul» sind).
- *Kontraktieren (3.3):* Der Vorgesetzte bemüht sich um eine echte Konfliktlösung indem er versucht, die Ursachen zu erfassen und zu beseitigen. Im gemeinsamen Konfliktgespräch mit den Beteiligten wird ein Kontrakt (eine verbindliche Übereinkunft) erarbeitet. Wenn die Betroffenen für eine gewisse Zeit mit unlösbaren Problemen zu leben haben, muss der Kontrakt drei Bedingungen erfüllen: Er muss erfüllbar, zumutbar und zeitlich begrenzt sein.

Das Verhalten der Mitarbeiter in Führungskonflikten kann eher offensiv oder eher defensiv geprägt sein. Aufgrund dieser beiden Orientierungen lässt sich ebenfalls ein Verhaltensgitter mit fünf typischen Verhaltensformen konstruieren (vgl. Abb. 134)[157]:

157 vgl. Sahm (1981b)

Abbildung 134: Mitarbeiterverhalten in Führungskonflikten[110]

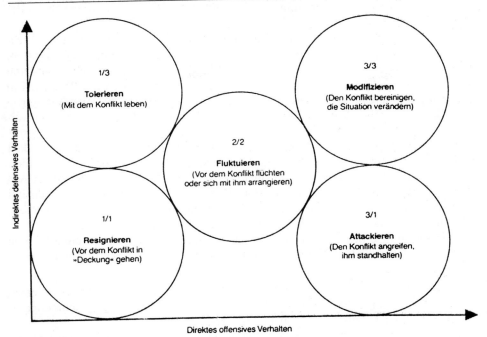

110 Sahm (1981b)

- *Resignieren (1.1):* Der Mitarbeiter «steckt den Kopf in den Sand». Diese Strategie ist auf die Dauer sicher kein brauchbares Rezept (obwohl es manchmal zweckmässig erscheint, vor einem Konflikt «in Deckung» zu gehen).
- *Attackieren (3.1):* Der Mitarbeiter packt den Konflikt an, macht ihn bewusst, greift ihn auf, hält ihm stand, setzt sich mit ihm auseinander.
- *Tolerieren (1.3):* Der Mitarbeiter lebt mit dem Konflikt, indem er ihn aus einer aktiven Duldsamkeit heraus hinnimmt.
- *Fluktuieren (2.2):* Der Mitarbeiter flüchtet (innerlich und/oder äusserlich) vor dem Konflikt.
- *Modifizieren (3.3):* Der Mitarbeiter versucht den Konflikt zu bereinigen, indem er das konfliktauslösende Führungsverhalten des Vorgesetzten und/oder die Situation verändert. Das wäre ohne Frage eine optimale Verhaltensstrategie. Ob sie aber unter ungünstigen Bedingungen eine Chance hat?

Eine für die Handhabung von Konflikten wichtige Unterscheidung ist die zwischen echtem und verschobenem Konflikt[158]. Beim *echten* Konflikt tragen die Beteiligten die eigentliche Streifrage aus; der Konfliktgegenstand steht in einem unmittelbaren Zusammenhang mit dem eigentlichen Grund der Auseinandersetzung. Bei einem *verschobenen* Konflikt hingegen wird der Konflikt nicht an seinem eigentlichen, sondern an einem Ersatzgegenstand ausgetragen.

158 vgl. Rüttinger (1977)

Beispiel: Zwei Leiterinnen eines Pflegeteams streiten sich um die Belegung von Krankenzimmern; im Grunde genommen aber geht es um die freigewordene Stelle der Abteilungsschwester.

Gründe für die Verschiebung eines Konfliktes können sein: Angst vor der Macht des Gegners, moralische Bedenken, Schamgefühle, Angst vor mächtigen Dritten, aber auch Berechnung und Taktik. Konflikte können nicht nur auf einen anderen Gegenstand, sondern auch auf andere Personen verschoben werden. Beispiel: Ein Vorgesetzter unterdrückt aufgrund seiner Machtposition rigoros die Austragung von Konflikten mit seinen Mitarbeitern. Resultat: Zwischen den Mitarbeitern treten vermehrt Konflikte auf.

Dieses Beispiel zeigt, dass unterdrückte Konflikte zu Spannungen und Reizbarkeit führen, die häufig schon bei Kleinigkeiten Auseinandersetzungen auslösen, allerdings mit den falschen Gegnern. Bei einem verschobenen Konflikt erscheint der Anlass oft gesucht, und es besteht ein Missverhältnis zwischen Anlass und Intensität des Konfliktes. Verschobene Konflikte lassen sich natürlich am besten dadurch lösen, dass der zugrundeliegende echte Konflikt beigelegt wird.

Die Hauptaufgabe des Vorgesetzten besteht darin, Bedingungen für ein Klima zu schaffen, welches die Konfliktlösung fördert. Dabei können folgende Regeln behilflich sein[159]:

- Versuchen Sie eine positive Einstellung zur offenen Austragung von Konflikten zu gewinnen. Miteinander einen Konflikt angehen ist besser, als gegeneinander zu kämpfen oder so zu tun, als ob nichts wäre.
- Sprechen Sie den Konflikt offen an; manchmal ist es notwendig, einen latenten Konflikt bewusst zu machen und die Austragung eines Konflikts anzuregen (Diskussion, gezielte Fragen).
- Gehen Sie nicht nur auf die Sache, sondern auch auf die Gefühle und Motive ein: Ängste, Stolz, Ehrgeiz beeinflussen die Sichtweise eines Problems häufig stärker als «harte Fakten».
- Bemühen Sie sich um Zurückhaltung und Objektivität. Hören Sie aufmerksam zu. Versuchen Sie die Standpunkte zu verstehen, ohne gleich ein Urteil zu fällen oder «gute Ratschläge» zu erteilen. Es geht ja darum, dass die Parteien eine Lösung herbeiführen. Versuchen Sie, die Konfliktpartner dahin zu bringen, dass sie ihre Sichtweise erweitern und neue Fakten aufnehmen.
- Schaffen Sie Situationen, in denen die Parteien miteinander sprechen; in informalen Begegnungen und Gesprächen besteht eine erhöhte Chance, dass die Konfliktpartner aufeinander zugehen. In offiziellen Gesprächen ist die Gefahr gross, dass sich die Fronten verhärten, weil keiner das Gesicht verlieren will.
- Versuchen Sie herauszufinden, worum es eigentlich geht. Manchmal sind die Parteien emotional so stark engagiert und mit der Verteidigung ihres Standpunktes beschäftigt, dass der eigentliche Konfliktgegenstand kaum mehr erkennbar ist.

Der beste Weg, einen Konflikt zu handhaben, besteht darin, ihn als *gemeinsames Problem* zu betrachten und zu behandeln.

45 Mitarbeiter beurteilen – eine wichtige Führungsaufgabe

Wenn wir jemanden kennenlernen, besteht eine unserer ersten Reaktion darin, uns ein Urteil über ihn zu bilden. Überall, wo Menschen einander begegnen und miteinander zu tun haben, beurteilen sie sich gegenseitig, wenn nicht ausgesprochen, so doch unausgesprochen.

Und jeder bildet sich, indem er sich mit anderen vergleicht, auch ein Urteil über sich selbst. Das ist ein ganz natürlicher Vorgang. Wir beobachten einander, registrieren das Auftreten, die Äusserungen und Handlungen unserer Mitmenschen und machen uns ein «Bild» von ihnen.

Diese dauernden, spontanen Beurteilungsvorgänge bestimmen unser Verhalten in hohem Masse. Wie wir miteinander umgehen, wie wir reagieren, hängt davon ab, was wir voneinander halten. Das gilt auch für das Arbeitsleben: Wieviel Anerkennung ein Mitarbeiter erhält, welche Aufgaben ihm zugewiesen werden, welche berufliche Entwicklung er nimmt, wird durch Beurteilungen beeinflusst.

Es stellt sich in bezug auf die Mitarbeiterbeurteilung eigentlich nicht die Frage, *ob* Mitarbeiter beurteilt werden sollen oder nicht. Die Frage lautet vielmehr: *Wie* kann die Beurteilung möglichst gerecht und zuverlässig gestaltet werden.

451 Wozu ein Beurteilungssystem?

So verbreitet die Mitarbeiterbeurteilung in Betrieben ist, so häufig sind auch diesbezügliche Enttäuschungen. Dies hängt in erster Linie damit zusammen, dass man sich über Sinn und Zweck der Mitarbeiterbeurteilung zu wenig im klaren ist. Dass sich der Vorgesetzte ständig und auch ohne Verwendung systematischer Beurteilungsverfahren Eindrücke über seine Mitarbeiter bildet, ist eine Realität, der wir nicht ausweichen können.

Die Mitarbeiterbeurteilung ist ein ständiges Element der Interaktion zwischen Vorgesetztem und Mitarbeiter, welches bewusst oder unbewusst in das tägliche Führungsverhalten mit einfliesst. So ist die Tatsache, dass ein Vorgesetzter den Mitarbeiter A zur Durchführung einer bestimmten Aufgabe auswählt, dem Mitarbeiter B ein anerkennendes Wort sagt, die Arbeit des Mitarbeiters C kritisiert, sich auf den Mitarbeiter X mehr verlässt als auf Y, Ausdruck eines kontinuierlichen und mehr oder weniger bewussten Prozesses der Urteilsbildung[160].

Tagtäglich werden im Krankenhaus Entscheidungen gefällt, deren Grundlage in der Beurteilung eines Mitarbeiters besteht. Viele dieser Entscheidungen haben weitreichende Auswirkungen auf den betreffenden Mitarbeiter: auf seine Zufriedenheit, seine Motivation, seine berufliche Laufbahn, seine Arbeitsleistung. Der Mitarbeiter erwartet daher verständlicherweise, dass diese Entscheidungen den Anforderungen der *Gerechtigkeit* genügen, das heisst möglichst *objektiv, für alle Mitarbeiter gleich* und *sorgfältig* getroffen werden.

Diesen Anforderungen aber kann nur eine Beurteilung entsprechen, deren Vorgehen *grundsätzlich geregelt* ist. Das bedeutet, dass die Beurteilung *systematisch* gestaltet werden muss. «Es geht indessen nicht darum, das umittelbare Geschehen der Men-

---

160 vgl. Hofsommer (1980)

schenbeurteilung auszuschalten und den oft grossen Fundus an Menschenkenntnis, über den erfahrene Führungskräfte verfügen, als etwas Subjektives zu ignorieren, sondern gerade im Gegenteil, *sich der eigenen Erfahrungen bewusster zu werden* und sie *kritisch* im Rahmen einer fachkundigen Personalbeurteilungsarbeit zu *verwerten.*»[161]

Die spontane Beurteilung des Vorgesetzten kann und soll nicht ausgeschaltet werden. Aber ihre Auswirkungen sind zu gross, als dass sie einfach unkontrolliert und unbewusst ablaufen dürfte.

Ein Vorgesetzter, der seine Mitarbeiter beurteilt (und das tut jeder Vorgesetzte), nimmt damit Verantwortung auf sich. Verantwortung dem einzelnen Mitarbeiter und auch dem Krankenhaus gegenüber. Diese Verantwortung wird er dann am besten tragen können, wenn ihm ein sach- und menschengerechtes Instrument zur Verfügung steht.

Mitarbeiterbeurteilung ist niemals Selbstzweck, sondern nur sinnvoll als Mittel zum Zweck, als Instrument der Führung. Nimmt man diesen Grundsatz ernst, dann können die Ziele der Mitarbeiterbeurteilung nicht festgelegt werden, ohne die Führungsziele einer Organisation klar zu umreissen. Die sozialen Rahmenbedingungen für die tägliche Praxis der Mitarbeiterbeurteilung ergeben sich aus dem Führungskonzept der Organisation und der Personalpolitik, welche sich wiederum im täglich praktizierten Führungs- und Interaktionsverhalten, also in der Art und Weise des Miteinander-Umgehens ausdrücken. Mitarbeiterbeurteilung ist also auf zweifache Weise von der Führung abhängig:

- *normative Abhängigkeit:* Mitarbeiterbeurteilung ist nur sinnvoll und legitim als Führungsinstrument
- *faktische Abhängigkeit:* Mitarbeiterbeurteilung erweist sich als Spiegelbild des täglich praktizierten Führungsverhaltens.

Diese zweifache Abhängigkeit ist wohl der wichtigste Grund dafür, dass in der Mitarbeiterbeurteilung vieles nicht so ist, wie es sein sollte. Ohne klar formulierte Personalpolitik kann ein Krankenhaus nicht zielorientiert geführt werden. Ohne klar umrissene Grundvorstellungen über die Führung, also ohne klares Führungskonzept bleibt auch die Effizienz des Führungsinstrumentes «Mitarbeiterbeurteilung» sehr dem Zufall überlassen.

Aufgrund der engen Verbindung zwischen Mitarbeiterbeurteilung und Mitarbeiterführung ist es verständlich, dass ein Beurteilungssystem zu verschiedenen Zwecken eingesetzt werden kann. Aus den personalpolitischen Zielen eines Krankenhauses leitet sich ab, ob:

- die Beurteilung eher vom Leitbild des individuell-sozialen (non-instrumentalen) oder von dem des institutionellen (instrumentalen) Nutzens gesteuert ist
- die reine Arbeitsleistung quantitativ und qualitativ festgestellt werden soll oder ob darüber hinaus auch der soziale Beitrag zur Zusammenarbeit für wichtig erachtet wird
- langfristige Entwicklungen prognostiziert werden sollen oder ob Momentaufnahmen des derzeitigen Leistungsstandes ausreichen

161 vgl. Hofsommer (1981)

- die Beurteilung einen integrierten Bestandteil der Mitarbeiterführung darstellt oder bloss die Funktion eines «Feigenblattes» bzw. einer nachträglichen Legitimation bereits vollzogener personeller Entscheidungen hat.

Als *Zwecke,* um derentwillen Mitarbeiterbeurteilungen durchgeführt werden, stehen folgende im Vordergrund[162]. Sie ermöglichen:

- *eine wirksame Führung:* Sie trägt dazu bei, dass sich Vorgesetzte und Mitarbeiter in ihren Absichten und persönlichen Merkmalen besser kennenlernen; durch das Beurteilungsgespräch wird das gegenseitige Vertrauen vertieft (wenn es richtig durchgeführt wird); die «Qualifikation» im eigentlichen Sinne trägt zu einer Verbesserung des gegenseitigen Verständnisses und damit zu einer Verbesserung des Arbeitsklimas, der Kommunikation und Kooperation sowie der Handhabung von Konflikten bei. Im Rahmen der Beurteilung können (gemeinsame) Erwartungen und Ziele für die nächste Periode festgelegt werden.
- *eine wirksame Beratung und Förderung:* Sie gibt dem Mitarbeiter Aufschluss über seine Stärken und Schwächen; sie schafft die Voraussetzungen, dass Leistungsbeeinträchtigungen analysiert, Eignungsschwerpunkte und Entwicklungsmöglichkeiten erkannt, individuelle Entwicklungsziele formuliert und Wege zu ihrer Erreichung ins Auge gefasst werden können. Die Beurteilung liefert Aussagen über den (objektiven) Schulungsbedarf und die (subjektiven) Schulungsbedürfnisse der einzelnen Mitarbeiter bzw. Aussagen darüber, wer welche Kenntnisse/Fähigkeiten erwerben muss (oder möchte), um für bestimmte Aufgaben befähigt zu sein.
- *fundierte personelle Entscheidungen* über die *Erteilung von Aufträgen,* die *Delegation* von Aufgaben, Kompetenzen und Verantwortung bzw. die *Abstimmung von Arbeitspensum* und *Schwierigkeitsgrad* der Aufgabe mit den *Leistungsmöglichkeiten* des Mitarbeiters; über die *Versetzung* eines Mitarbeiters in einen Aufgabenbereich, der seiner Eignung und Neigung entspricht; über die *Beförderung* eines Mitarbeiters, der für die Übernahme anspruchsvollerer Aufgaben geeignet erscheint; über die *Entlassung* eines Mitarbeiters, wenn ein krasses Missverhältnis zwischen Anforderungen und Arbeitsleistung besteht und keine Versetzung möglich ist.
- *eine effiziente Personalplanung* in bezug auf: Personal-Inventur (Bestandesaufnahme des Mitarbeiter-Potentials), Stellen- und Personalkostenplanung; Ausbildungsplanung; Nachwuchsplanung; Personalbedarfsanalyse; Personaleinsatzplanung; Gestaltung der Arbeitsbedingungen und Tätigkeitsgruppierungen.
- *Feedback (Rückmeldung)* für den *beurteilten Mitarbeiter:* Sie erfüllt sein Bedürfnis nach Information über die Wertschätzung, die ihm aufgrund seiner Arbeit von seinem Vorgesetzten entgegengebracht wird; er erhält Hinweise darüber, wieweit sein Verhalten erfolgreich war und damit die Möglichkeit, es gegebenenfalls zu ändern.

Die Beurteilung trägt bei zu einer realistischen Selbsteinschätzung, zur Selbststeuerung des Arbeits- und Sozialverhaltens und regt zu Lernprozessen an. Zudem erhält auch der *beurteilende Vorgesetzte* eine Rückmeldung: Er erfährt, wie sein (Führungs-)Verhalten auf den Mitarbeiter wirkt und kann es dementsprechend steuern/korrigieren. Eine Überprüfung der vereinbarten Ziele, der Weisungs- und

---

[162] vgl. Lattmann (1975), Rosenstiel (1980), Neuberger (1980)

Delegationstechnik, des zugewiesenen Arbeitspensums und der aufgabenspezifischen Anforderungen wird dadurch möglich.
- *eine Evaluation (Erfolgskontrolle)* personalpolitischer Massnahmen: Mängel im *Führungskonzept* des Krankenhauses lassen sich frühzeitig erkennen und gezielte Massnahmen zu ihrer Behebung ergreifen. Die Beurteilung ermöglicht eine Bewährungskontrolle hinsichtlich des Erfolgs von Personalbeschaffung und -einsatz, Ausbildung, Zielsetzung sowie von arbeitsorganisatorischen Massnahmen.
- *keine Kontrolle und Überwachung:* Im Rahmen der Beurteilung werden Standards gesetzt, die Leistungsbeiträge der einzelnen Mitarbeiter objektiviert, Grundlagen für Soll-Ist-Vergleiche geschaffen und Änderungsmöglichkeiten sichtbar gemacht.
- *eine leistungsgerechte Entlöhnung,* weil *individuelle Leistungsunterschiede* erfasst und berücksichtigt werden können. Lohnunterschiede an einzelnen Arbeitsplätzen ergeben sich dann einerseits aus unterschiedlichen Arbeitswerten und andererseits aus den unterschiedlichen individuellen Leistungen.

Eine systematische Mitarbeiterbeurteilung ermöglicht somit neben einer wirksamen Führung eine wirksame Beratung und Förderung der Mitarbeiter, neben fundierten personellen Entscheidungen eine effiziente Personalplanung, neben einem Feedback (Rückmeldung) für Mitarbeiter und Vorgesetzte eine Evaluation personeller Massnahmen neben einer objektivierten Kontrolle und Überwachung eine leistungsgerechte Entlöhnung.

Jede dieser Einsatzmöglichkeiten oder Funktionen stellt *unterschiedliche Anforderungen* an ein Beurteilungssystem; steht die individuelle Beratung und Förderung des Mitarbeiters im Vordergrund, so hat z.B. die Forderung nach Vergleichbarkeit der Urteile keine Bedeutung, währenddem sie bei personellen Entscheidungen unabdingbar ist.

Neben diesen «offiziellen» (sogenannten «manifesten») Funktionen können Beurteilungen in der Organisation noch einige andere Zwecke erfüllen, die meist nicht genannt werden. Solche sogenannt *latente Funktionen* kann man darin sehen, dass sie[163]:

- die *Aufmerksamkeit der Vorgesetzten auf Merkmale und Verhaltensweisen richten,* die sonst bedeutungslos für sie wären (und auf diesem Weg auch das Verhalten der beurteilten Mitarbeiter steuern)
- die *Zukunftserwartungen* und das *Anspruchsniveau* der Mitarbeiter *beeinflussen*
- zur *nachträglichen Legitimation von Entscheidungen missbraucht* werden
- als *Ersatz für dauernde Überwachung* dienen und als *Sozialisations- und Disziplinierungsinstrumente* den Anpassungsdruck erhöhen (indem z.B. Aufstiegsmöglichkeiten von ihnen abhängen)
- auf diese Weise *Machtverhältnisse und Kommunikationsstrukturen stabilisieren.*

Doch latente Funktionen können auch anderer Art sein. Sie können

- *personelle Willkürmassnahmen verhindern*
- dazu beitragen, dass *Entscheidungen gerechter und sachlicher* getroffen werden (und dadurch Gefühle der Unsicherheit beseitigen)
- durch die *Korrektur unangemessener Anspruchsniveaus* die Arbeitszufriedenheit erhöhen

[163] vgl. Schuler (1978)

- die *Kommunikation* zwischen Vorgesetzten und Mitarbeitern *intensivieren*
- sogar zum *Überdenken des Interaktionsstils* (der charakteristischen Art und Weise des Miteinander-Umgehens) im Betrieb anregen.

Dass gerade diese latenten, nicht ausdrücklich formulierten Funktionen der Mitarbeiterbeurteilung als *wichtige Steuerungsmechanismen in menschliche Beziehungen eingewoben* sind, müssen wir uns als Vorgesetzte ganz klar vor Augen halten. «Die Unterscheidung zwischen manifesten und latenten Funktionen ist nur eine akzentuierende. Oftmals sind auch die hier manifest genannten Zwecke nicht expliziert, und andererseits mögen sich Organisationen finden, in denen es keine Funktionen in diesem Sinne gibt, weil alle möglichen Bedeutungen und Auswirkungen personell-organisatorischer Massnahmen diskutiert wurden und vom *Konsens aller* getragen sind.»[164]

Voraussetzung dafür, dass ein Beurteilungssystem auf die Dauer funktioniert, ist: dass es *von allen Beteiligten akzeptiert* wird. Akzeptiert aber wird es nur dann, wenn *keine (negativen) latenten Funktionen im Spiel* sind.

Wie oben festgestellt wurde, stellt die wachsene Komplexität und Differenzierung der Arbeitsprozesse im Krankenhaus *höhere Anforderungen an alle Beschäftigten* als früher. Zugleich bewirkt der schnelle Gang der technischen, organisatorischen, wirtschaftlichen und sozialen Änderungen immer wieder die *Notwendigkeit zur Anpassung* der Organisation. Diese Anpassung muss von den Mitgliedern der Organisation vollzogen werden. Die Anforderungen nicht also nicht nur höher als früher, sondern zugleich einem *rascheren Wandel* unterworfen.

Daraus entsteht für den Mitarbeiter die *Notwendigkeit einer dauernden Weiterentwicklung* und eines permanenten, lebenslangen Lernens (Education permanente). Parallel zu dieser sachlichen Notwendigkeit ist auch das Bedürfnis des Mitarbeiters nach Selbstentfaltung und persönlicher Weiterentwicklung stärker geworden. Er fragt nicht mehr nur danach, welche Arbeitsbedingungen er hat und wieviel Lohn er erhält, er fragt auch nach seinen *persönlichen Entfaltungsmöglichkeiten* in und bei der Arbeit. *Beide Pole – das einzelne Mitglied wie die Organisation als ganze – sind somit an einer dauernden Weiterentwicklung interessiert* (Abb. 135).

Diese Weiterentwicklung des Mitarbeiters setzt voraus, dass Eignungsschwerpunkte des Mitarbeiters und Entwicklungsmöglichkeiten erkannt werden. Zu diesem Zweck dürfte keine Massnahme geeigneter sein als die Mitarbeiterbeurteilung, allerdings nur dann, wenn sie wirklich diesen (und nicht entgegengerichteten) Zwecken dient; methodisch richtig konzipiert ist; von den Beurteilern richtig verwendet wird (Beurteiler-Training) und im Rahmen einer definierten Personalpolitik zum Einsatz kommt.

452 Was soll beurteilt werden?

Bevor wir uns mit verschiedenen Beurteilungsverfahren auseinandersetzen, wollen wir uns zum Inhalt der Mitarbeiterbeurteilung noch einige grundlegende Gedanken machen. Zunächst einmal soll auf zwei fundamentale Aspekte der Mitarbeiterbeur-

---

164 vgl. Müller (1975)

Abbildung 135: Mitarbeiterentwicklung als gemeinsames Interesse[111]

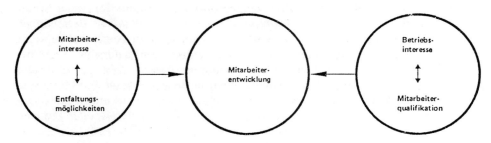

111 Sahm (1977)

teilung hingewiesen werden, die im Begriff der Qualifikation stärker enthalten sind, wie das in einer Definition aus dem Jahre 1847 sehr schön zum Ausdruck kommt[165]: «Qualificiren

- mit gewissen Eigenschaften belegen, betiteln, benennen; *einen so darstellen ,wie er ist*
- einem die zu etwas gehörigen Eigenschaften geben; *einen geschickt und tüchtig machen.*»

Wesentlich an dieser Definition sind vor allem zwei Gesichtspunkte:
- «einen so darstellen, wie er ist» enthält einen *deskriptiven Aspekt.* Diese Betrachtungsweise verlangt, den zu beurteilenden Mitarbeiter an dessen Arbeitsplatz – das heisst in seinem zeitlich, räumlich, sachlich und menschlich bestimmten, engeren oder weiteren Arbeitsumfeld – möglichst objektiv darzustellen;
- «einen geschickt und tüchtig machen» dagegen enthält einen *normativen Aspekt.* Der beurteilende Vorgesetzte wird dazu angehalten – im Dialog mit dem zu beurteilenden Mitarbeiter – nach praktischen Möglichkeiten einer (meist beidseitigen) Verhaltensmodifikation zu suchen und diese gemeinsam durch gezielte *Massnahmen* zu verwirklichen.

Bei der Mitarbeiterbeurteilung geht es also nicht bloss um eine Bewertung, wie das etwa im Begriff «Leistungsbewertung» zum Ausdruck kommt. In ihrem deskriptiven wie normativen Inhalt geht die Mitarbeiterbeurteilung über eine blosse Bewertung hinaus. Der doppelte Sinngehalt des Begriffs «Qualifikation» ist heute weitgehend verlorengegangen.

Während die rein deskriptive Wortbedeutung in den Vordergrund tritt, wird der normative Wortsinn des Begriffs oft gänzlich ausser acht gelassen. Von der *Zielsetzung,* dem verwendeten *Verfahren* und – in erster Linie – vom *Verhalten des Beurteilers* hängt es ab, ob der normative Aspekt der Beurteilung in den Hintergrund verbannt bleibt.

165 zit. nach Capol (1965)

Der Grund, weshalb wir im folgenden anstelle der «Qualifikation» den Begriff «Mitarbeiterbeurteilung» bzw. «Standortbestimmung» verwenden, liegt darin, dass durch den Ausdruck «Qualifikation» im allgemeinen die Eignung eines Individuums beschrieben wird, die es befähigt, einen bestimmten Arbeitsplatz einzunehmen, nicht aber das gezeigte Arbeits- und Sozialverhalten oder das erbrachte Arbeitsergebnis. Damit kommen wir zur wichtigen Frage nach dem *Gegenstand* der Mitarbeiterbeurteilung: *Was soll beurteilt werden?* Aufgrund des Objektes lassen sich folgende Arten der Mitarbeiterbeurteilung unterscheiden: Systeme der *Persönlichkeitsbeurteilung,* Systeme der *Leistungsbeurteilung* und in Mischsysteme zur *Beurteilung von Persönlichkeit und Leistung* (falls die beiden Beurteilungssysteme kombiniert werden).
Bei der *Persönlichkeitsbeurteilung* werden Kriterien (Merkmale) verwendet, die sich auf den Charakter bzw. die Persönlichkeit beziehen. Bei diesen Systemen wird davon ausgegangen, dass eine eindeutige Beziehung besteht zwischen dem Charakter bzw. der Persönlichkeit und der Leistung. Ein solcher Zusammenhang konnte indessen – trotz vielfacher Bemühungen – bis heute nicht nachgewiesen werden.
In der Praxis zeigt sich vielmehr immer wieder, dass Mitarbeiter mit sehr unterschiedlichen persönlichen Merkmalen in vergleichbaren Stellungen gleich gute Leistungen erbringen[166]. Wird mit charakterbezogenen Kriterien gearbeitet, so nimmt man auch an, die Beurteiler seien in der Lage, diese richtig anzuwenden. Aber: Sind Vorgesetzte Psychologen? Selbst unter Psychologen treten bei Charakterbeurteilungen oft wesentliche Differenzen auf. So ist es unwahrscheinlich, dass sich bei «Amateuren» bessere Resultate ergeben.
Nach dem *Vorgang* der Beurteilung lassen sich summarische und analytische Beurteilungssysteme unterscheiden: Von *summarischen Verfahren* wird gesprochen, wenn der Mitarbeiter als Ganzes pauschal beurteilt wird, ohne dass man sich bewusst auf einzelne Beurteilungsmerkmale bezieht. Bei den *analytischen Verfahren* orientiert sich der Beurteiler an vorher festgelegten Beurteilungsmerkmalen. Da durch die Verwendung bestimmter Beurteilungsmerkmale ein objektiveres und differenzierteres Urteil entsteht als bei der pauschalen Beurteilung, werden zumeist *analytische Systeme* eingesetzt.
Zwei wichtige Voraussetzungen für den sinnvollen Einsatz eines analytischen Systems sind: *klare Definition der Beurteilungskriterien* (Merkmale) und *klare gegenseitige Abgrenzung der Beurteilungskriterien.*
Bei Systemen der Persönlichkeitsbewertung fehlen Definitionen sehr oft. Warum? Es dürfte bei vielen derartigen Kriterien schwerfallen, überhaupt eine praktikable Definition zu finden: Was ist Intelligenz? Was ist Persönlichkeitsreife?
Aus dem Fehlen von Definitionen ergeben sich schwerwiegende praktische Folgen: Zunächst einmal legt sich jeder Beurteiler *seine eigene Interpretation* zurecht (statt *einem* Beurteilungssystem gibt es soviele, wie Beurteiler vorhanden sind). Aber auch die *Abgrenzung bereitet Schwierigkeiten:* Wie sind z.B. Ausgeglichenheit und Selbstsicherheit zu unterscheiden? Die Gefahr von «Halo-Effekten» ist gross, d.h. die Beurteilung im einen Kriterium wird durch diejenige in einem anderen beeinflusst.
Auf der Basis von *charakterbezogenen Kriterien* ist es zudem *schwierig, ein fruchtbares Beurteilungsgespräch zu führen.* Eine objektive Diskussion von Charaktermerkmalen ist kaum möglich – oder lieben Sie es, wenn man Ihnen mitteilt, im Kriterium

---

166 vgl. Müller (1975)

«Intelligenz» seien Sie mit der Stufe «gedankenlos» beurteilt worden? Dass bei Beurteilungen häufig weder Empfehlungen zu Folgemassnahmen abgegeben noch solche durchgeführt werden, ist ebenfalls weitgehend eine Folge der Art der Beurteilungskriterien. Was für Folgemassnahmen sollen bei einer Beurteilung «Intelligenz: gedankenlos» getroffen werden?

Auch die *Meinung der Beurteiler zur Persönlichkeitsbeurteilung* ist nicht gerade gut. Eine empirische Untersuchung zeigte folgende Ergebnisse[167]: Die Beurteiler beurteilten nur *widerstrebend*. Das zeigte sich darin, dass die Beurteilungsbogen häufig nur unvollständig ausgefüllt wurden und dass die Beurteilungsergebnisse über mehrere Perioden weitgehend unverändert blieben. Auch das Beurteilungs*gespräch* wurde nur nach grösserem Widerstreben durchgeführt; die Berichte über die Gespräche waren absolut nichtssagend; die «Gespräche» selbst erschöpften sich in der Wiedergabe der Aussagen auf dem Beurteilungsbogen.

Das sind einige Gründe, weshalb in den neueren Beurteilungssystemen Persönlichkeitsmerkmale mehr und mehr durch Leistungsmerkmale ersetzt werden. Der *wichtigste Grund* aber ist *ethischer Natur*: «Ethisch scheint es uns *durch nichts zu rechtfertigen,* dass Menschen in Organisationen sich damit abfinden müssen, in ihrer gesamten Persönlichkeit oder in wertbesetzten Merkmalen, die *nicht in erkennbarem Zusammenhang mit dem von ihnen erwarteten Beitrag* zu den Zielen der Organisation stehen, ‚bewertet' zu werden.»[167]

Gegenstand der Beurteilung soll also nicht die Person des Mitarbeiters sein, sondern nur die *Erfüllung der von ihm übernommenen Aufgabe,* d.h. seine Arbeitsleistung. Dabei ist mit Arbeitsleistung zweierlei gemeint: sowohl das Leistungsergebnis als auch das Leistungsverhalten.

- *Leistungsergebnis:* Der Mitarbeiter wird deshalb vom Krankenhaus beschäftigt, damit er bestimmte Leistungs- (Arbeits-)Ergebnisse schafft bzw. bestimmte Beiträge erbringt. Diese Beiträge sind Voraussetzung dafür, dass die Gesamtleistung des Krankenhauses erbracht werden kann. Was den Betrieb also ganz unmittelbar an der Leistung des Mitarbeiters interessiert, ist daher ihr Ergebnis («was dabei herauskommt»).
- *Leistungsverhalten:* Das Leistungsergebnis wird durch das vollzogene Leistungsverhalten des Mitarbeiters bestimmt. Dieses *Verhalten* aber wird *durch eine Reihe von Faktoren beeinflusst:* Kohäsion der Gruppe, Führungsstil, Organisation, familiäre Bedingungen usw. Es reicht nicht aus, nur das Leistungsergebnis zu beurteilen, sondern auch die Bedingungen, die das Leistungsverhalten (und damit das Ergebnis) beeinflussen, müssen berücksichtigt werden.
- *Personale Voraussetzungen* für ein bestimmtes Leistungsverhalten sind Leistungsfähigkeit und Leistungsbereitschaft: Die Leistungsfähigkeit wird durch Ausbildung, Erfahrung und Eignung bestimmt; die Höhe der Leistungsbereitschaft hängt unter anderem von der Motivstruktur und den Leistungsanreizen ab.

Da durch den Arbeitsvollzug das ausgeübte *Leistungsverhalten* zum *Leistungsergebnis* führt, müssen beide Kriterien in die Beurteilung mit einbezogen werden. Besonders für den Zweck der Förderung des Mitarbeiters ist es wichtig, zu wissen, welches

Verhalten welches Ergebnis bewirkt hat. Aber auch *das Bemühen des Mitarbeiters um das Leistungsergebnis* ist in die Beurteilung miteinzubeziehen.
Wichtig ist zudem folgendes: *Die Beiträge des Mitarbeiters sind nicht nur sachlicher, sondern auch sozialer Art.* Die Bedeutung des sozialen Verhaltens wird häufig unterschätzt. Oft wird sogar das Schwergewicht der Beurteilung den Bereich des Sozialverhaltens betreffen. Auch das Führungsverhalten wird in manchen Fällen zu beurteilen sein. Fassen wir zusammen:
Die Mitarbeiterbeurteilung bezieht sich auf das *Leistungsergebnis* (Arbeitsergebnis) und das *Leistungsverhalten* (Arbeits- und Sozialverhalten). Leistungsergebnis und Leistungsverhalten eines Mitarbeiters sind abhängig von
- seiner *Leistungsfähigkeit* (Kenntnisse, Fähigkeiten, Fertigkeiten)
- seiner *Leistungsbereitschaft* (Motivation, Einstellung zur Arbeit)
- seiner *Umgebung* (Aufgabe, Arbeitsplatz, Organisation, Vorgesetzter, Arbeitsgruppe, Familie usw.).

Wie oben festgestellt wurde, ist kein Führungsinstrument zur Weiterentwicklung der Mitarbeiter besser geeignet als die Mitarbeiterbeurteilung. Damit eine Beurteilung aber diesen Zweck erfüllt (für den sie prädestiniert erscheint), darf sie auf keinen Fall bei einer blossen Bewertung stehenbleiben. Es reicht nicht aus, Mängel einfach festzustellen und es bei dieser Feststellung bewenden zu lassen.
Entscheidend bei der Mitarbeiterbeurteilung ist also, dass aus dem «Urteil» bzw. aus dem Soll-Ist-Vergleich *Konsequenzen hinsichtlich der Entwicklung und Förderung des Mitarbeiters* resultieren. Das heisst: Es müssen *Massnahmen* festgelegt werden, welche den festgestellten Entwicklungs- und Lernbedürfnissen entsprechen. Bei diesen Massnahmen sind zu unterscheiden:
- Massnahmen, die auf *Verhaltensänderungen des Vorgesetzten* gerichtet sind, also Massnahmen, welche eine zweckmässigere Aufgabenerfüllung durch den Mitarbeiter durch eine Verbesserung der Führung anstreben.
- Massnahmen, die auf *Verhaltensänderungen des Mitarbeiters* gerichtet sind. Als solche fallen in Betracht: Erweiterung des Aufgabenbereiches, z.B. durch vermehrte Delegation (Job enlargement); Bereicherung der Aufgaben (Job enrichement); Erfahrungsbereicherung durch innerbetrieblichen Stellenwechsel; Schulung am Arbeitsplatz; inner-, ausser- oder überbetriebliche Schulung; interne Fachveröffentlichungen/Dokumente; Fachbücher/Fachzeitschriften; Arbeit an sich selbst.

Nur wenn solche Massnahmen festgelegt/vereinbart werden, kommen beide Aspekte des «Qualificirens» zum Tragen: Es geht ja nicht bloss darum, den Mitarbeiter «so darzustellen, wie er ist», sondern auch darum, ihn «geschickt und tüchtig zu machen».

453 Mitarbeiterbeurteilung als Prozess

Manche Vorgesetzte meinen, Mitarbeiterbeurteilung bedeute, einen Beurteilungsbogen auszufüllen, und damit sei die Sache erledigt. Der Akt der Bewertung aber stellt nur *einen* (sicher sehr wichtigen) Schritt in der Mitarbeiterbeurteilung dar, der nicht

isoliert von den anderen Phasen des Beurteilungsprozesses betrachtet und vollzogen werden darf. Der Prozess der Beurteilung lässt sich in 5 Phasen gliedern (vgl. Abb. 136).
Im folgenden sollen diese fünf Schritte näher betrachtet werden.

Abbildung 136: Prozess der Mitarbeiterbeurteilung

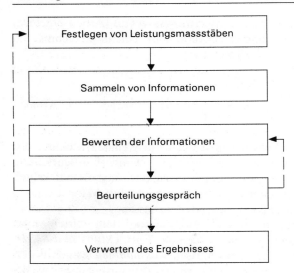

Schritt 1: Festlegen von Leistungsmassstäben

Jede Bewertung orientiert sich an einem bestimmten Massstab, an welchem das beobachtete Verhalten gemessen wird. Das Ausmass, in dem das beobachtete Verhalten dem erwarteten Verhalten entspricht oder dieses über- bzw. unterschreitet, schlägt sich in der Beurteilung nieder. In der Praxis der Mitarbeiterbeurteilung werden zwei Arten von Massstäben verwendet:

- das Festlegen von *Leistungsanforderungen* in Arbeitsanalysen, Stellenbeschreibungen, Anforderungsprofilen oder Leistungszielen/Leistungsstandards;
- das Festlegen einer sogenannten *Normalleistung;*

Wie diese Massstäbe konstruiert werden, wird im folgenden erläutert. Da die erste Art von Bezugsnormen in Krankenhäusern immer noch eher selten anzutreffen ist, erfolgt vorerst die Beschreibung der sogenannten Normalleistung. Die *Normalleistung* ist nicht zu verwechseln mit der Normleistung (d.h. einer mengen- und/oder qualitätsmässig definierten Leistung). Drei Arten von Normen sind in diesem Zusammenhang zu unterscheiden:

- *Statistische Norm:* Normalleistung heisst zunächst immer *durchschnittliche Leistung* bzw. durchschnittliches Verhalten: Die Arbeitsleistung entspricht der statistischen Norm («normal» in diesem Sinne ist, was am häufigsten vorkommt).
- *Funktionale Norm:* Unter diesem Aspekt wird eine Leistung dann als «normal» betrachtet, wenn sie brauchbar ist. Was brauchbar ist, kann unter Umständen noch gewisse Mängel enthalten, ist aber verwendbar.

- *Idealnorm:* Darunter wird die Tatsache verstanden, dass mit dem Ausdruck Normalleistung auch bestimmte Erwartungen verknüpft sind. In einen langjährigen Mitarbeiter werden beispielsweise andere Erwartungen gesetzt als in einen neueingetretenen Mitarbeiter. Auch das Leistungsniveau der Bezugsgruppe (Arbeitsteam) spielt bei den Erwartungen eine Rolle.

Die Normalleistung kann als sowohl einer statistischen, funktionalen oder einer Idealnorm entsprechen. Weil diese Normalleistung in den seltensten Fällen schriftlich fixiert ist, bleibt es meist dem einzelnen Vorgesetzten überlassen, eine solche festzulegen. Damit dies nicht allzu willkürlich geschieht, sollte er sich bei der Konstruktion «seines» Massstabs an den genannten drei Normen orientieren.

Eine gute Möglichkeit, den eigenen Massstab zu überprüfen, besteht darin, ihn *mit den Massstäben anderer Vorgesetzten zu vergleichen.* Zu diesem Zweck kann man einen oder mehrere (fiktive) Mitarbeiter beschreiben und mit dem betrieblichen Verfahren beurteilen. Aus der Urteilsnorm, die sich daraus ergibt, lassen sich wertvolle Rückschlüsse auf den eigenen Massstab ziehen. Zudem ist es von grossem Nutzen, wenn Sie als Vorgesetzter Ihren Mitarbeiter mit allen anderen Mitarbeitern vergleichen, die Sie bisher in der gleichen oder in ähnlichen beobachtet haben.

Eine zweite Form von Massstab kann anhand einer *Arbeitsanalyse* geschaffen werden: Hier wird die Arbeit untersucht und beschrieben, die eine Person verrichtet oder verrichten soll, und zwar: die organisatorischen Merkmale des Arbeitsplatzes; die Aufgaben und Tätigkeiten, die die Arbeit ausmachen; die körperlichen, geistigen, willentlichen und persönlichen Anforderungen an den Inhaber dieses Arbeitsplatzes. Der Kern der Arbeitsanalyse ist die Tätigkeitsanalyse, die sich hauptsächlich mit den Aufgaben einer Stelle befasst.

Die mit Hilfe der Arbeitsanalyse gewonnenen Informationen werden in die *Stellenbeschreibung* übernommen und durch weitere Informationen ergänzt. Die Stellenbeschreibung ist eine Beschreibung der Aufgaben, die der Inhaber einer bestimmten Stelle zu erfüllen hat, der Über- und Unterordnungsbeziehungen, der Kompetenzen und Verantwortlichkeiten und der Anforderungen an den Stelleninhaber. Die Stellenbeschreibung kann als Grundlage für die Mitarbeiterbeurteilung wertvolle Dienste leisten.

Die Anforderungsarten einer Stelle und ihre qualitativen Ausprägungen können auch in Form eines *Anforderungspofils* dargestellt werden. Bei der Beurteilung kann dann das Anforderungsprofil der Stelle mit dem Fähigkeitsprofil des Mitarbeiters verglichen werden.

Der beste Beurteilungsmassstab ist dann gegeben, wenn die erwartete Arbeitsleistung in Form von Leistungszielen bzw. Leistungsstandards festgelegt ist. *Leistungsziele* gelten individuell für einen bestimmten Zeitraum. Die Vereinbarung solcher Ziele soll einerseits gewährleisten, dass die vom Betrieb angestrebten Ziele erreicht werden. Andererseits soll damit das Interesse des Mitarbeiters an seiner Aufgabe und damit auch die Einsatzbereitschaft erhöht werden.

Leistungsstandards sind Massstäbe, die angeben, wann ein Ziel als erreicht bzw. eine Leistung als erfüllt gilt; sie können als relativ konstante, allgemeinverbindliche Normen vorliegen und Bestandteil von Stellenbeschreibungen sein. Leistungsstandards geben die Soll-Leistung an, die vom Stelleninhaber erwartet wird. Werden Leistungsstandards in eine Stellenbeschreibung aufgenommen, so ist es wichtig, dass der betreffende Stelleninhaber an der Festlegung mitbeteiligt ist.

Schritt 2: Informationen sammeln

In dieser Phase werden die zur Beurteilung erforderlichen (oder erhältlichen) Informationen gesammelt. Der betreffende Mitarbeiter wird also *beobachtet.* Beobachten heisst: aufmerksam und bewusst wahrnehmen und registrieren. Da wir uns bei der Beobachtung des Arbeitsverhaltens des Mitarbeiters auf punktuelle Beobachtungen beschränken müssen, gilt: Nicht die Dauer der Beobachtung trägt zur Objektivität der Beurteilung bei, sondern die *Anzahl* der gemachten Beobachtungen. Hierzu einige *Beobachtungsregeln:*

- Beobachten Sie *bewusst* und *konzentriert*
- *Achten Sie auf leistungsrelevante Verhaltensweisen:* nicht zufällig hinsehen oder auf Zufälliges hören.
- Halten sie sich den *Zweck der Beurteilung* vor Augen.
- Beobachten Sie wenn möglich *nicht unter Zeitdruck* und *nicht in erregter Stimmung.*
- *Sammeln Sie möglichst viele Informationen* über einen längeren Zeitraum.
- Versuchen Sie *möglichst wertfrei zu registrieren:* nicht deuten, vermuten oder voreilige Schlüsse ziehen.

Bei der Beobachtung empfiehlt es sich, auf Merkmale und Verhaltensweisen besonders zu achten, die *beobachtbar zum Erfolg oder Misserfolg einer Arbeit geführt haben (critical-incident-Methode).* Es ist keine besondere Beobachtungsgabe erforderlich, um Auffälliges zu registrieren. Sehr viel schwieriger ist es aber, *das Unauffällige* zu beobachten, und doppelt schwierig, dieses Unauffällige – aber vielleicht doch Wesentliche – in Worte zu kleiden.

Zur *Speicherung der gemachten Beobachtungen* kommen zwei Wege in Frage:

- Sie verlassen sich auf Ihr *Gedächtnis.* Wie wir aber wissen, ist das Speicherungsvermögen unseres Gedächtnisses begrenzt und ausserdem in der Auslese subjektiv bestimmt.
- Sie machen *Notizen* in Beobachtungs-Journalen oder -tabellen. Dabei können Sie Ihre Beobachtungen chronologisch festhalten oder sie nach bestimmten Merkmalen gliedern.

Das Behalten von Beobachtetem bereitet Schwierigkeiten. In der Erinnerung verblasst und verschiebt sich vieles, manches geht ganz verloren und Ähnlichkeiten können kaum auseinandergehalten werden. Zudem vermischt sich die Erinnerung leicht mit Phantasie. Um sich bei der Beurteilung und beim Beurteilungsgespräch auf konkrete Beobachtungsdaten stützen zu können, ist es unumgänglich, seine Beobachtungen laufend stichwortartig (mit Datumangabe) *schriftlich* festzuhalten. Notiert werden sollte auch die *Häufigkeit* eines beobachteten Verhaltens innerhalb einer bestimmten Zeit. Auch hier gilt: *Möglichst genau und wertfrei beschreiben. Nicht deuten, vermuten oder voreilige Schlüsse ziehen.*

Schritt 3: Informationen bewerten

In dieser eigentlichen Beurteilungsphase werden die gesammelten Beobachtungsdaten (= Ist-Werte) mit bestimmten Anforderungen/Erwartungen (= Soll-Werten) verglichen (Soll-Ist-Vergleich). Die beobachteten Verhaltensweisen bzw. Leistungsergebnisse werden also zu einer bestimmten *Bezugsnorm* (Massstab) in Beziehung gesetzt (siehe oben).

Mit der Bewertung allein ist es aber wie gesagt nicht getan: Aus der Bewertung müssen auch die entsprechenden *Konsequenzen/Folgerungen* gezogen werden. Die Leitfragen lauten:

- Was soll jetzt mit dem Mitarbeiter in bezug auf das jeweilige Merkmal geschehen?
- Welche Massnahmen sollen getroffen werden, um bestimmte Verhaltensweisen weiterzuentwickeln oder bestimmte Leistungen zu verbessern?

In dieser Phase geht es also darum, Soll-Ist-Abweichungen festzustellen und Ideen zu sammeln, wie diese Abweichungen korrigiert werden könnten.

Schritt 4: Beurteilungsgespräch

Das Beurteilungsgespräch stellt den *Kern* jeder Mitarbeiterbeurteilung dar. Im Dialog mit dem Mitarbeiter werden die aufgetauchten Probleme gemeinsam analysiert, Wege zu ihrer Lösung gesucht, Möglichkeiten zur Förderung des Mitarbeiters besprochen, gemeinsam neue Leistungs- und Entwicklungsziele vereinbart und sonstige Massnahmen festgelegt. Weiter unten werden wir uns mit dem wichtigen Thema Beurteilungsgespräch ausführlich befassen.

Schritt 5: Verwerten der Ergebnisse

In dieser letzten Phase des Beurteilungsprozesses werden die vereinbarten Massnahmen durchgeführt und die gewonnenen Informationen ausgewertet. Für den betreffenden Mitarbeiter und dessen Vorgesetzten bedeutet das: Aus den Worten müssen Taten werden. Im Beurteilungsgespräch wurde festgelegt, wer was wann zu tun hat, welche Nahziele und Fernziele mit welchen Mitteln anzustreben sind. Hat das Gespräch seine stimulierende Funktion erfüllt, wird der Mitarbeiter nicht nur Wege sehen, die vereinbarten Ziele zu erreichen, sondern auch motiviert sein, diese Wege in Angriff zu nehmen.

Die Frage ob die Ergebnisse der Beurteilung an eine zentrale Stelle (Personalstelle) weitergeleitet werden sollen, lässt sich nur im Hinblick auf den Zweck des Beurteilungssystems beantworten. Dient dieses allein der Führung und Förderung des Mitarbeiters, besteht kein Grund zur Weiterleitung. Die *zentrale Auswertung von Beurteilungsdaten* kann allerdings eine wertvolle *Entscheidungsgrundlage* für wichtige personalpolitische Massnahmen abgeben. Solche sind:

- *Ausbildungsmassnahmen,* die aufgrund des ermittelten Schulungsbedarfs mehrerer Mitarbeiter betriebsweit durchgeführt werden können. Überhaupt liefern die Beurteilungsergebnisse wertvolle Hinweise für die *Ausbildungsplanung.*
- *Massnahmen der Krankenhausleitung:* Die äusseren Umstände, welche die Leistung beeinflussten, machen oft Probleme sichtbar, die nicht an der Stelle gelöst

werden können, die sie festgestellt hat. So werden beispielsweise Gründe sichtbar, welche die *Arbeitszufriedenheit,* das *Betriebsklima* und die *Leistungsbereitschaft* der Mitarbeiter betreffen. Solche Missstände können in der Regel nur durch betriebsweite, von der Krankenhausleitung ausgehende Massnahmen beseitigt werden.
- *Beförderungsmassnahmen:* Der berufliche Aufstieg des Mitarbeiters greift über den Zuständigkeitsbereich des unmittelbaren Vorgesetzten hinaus. Aus diesem Grunde sollten *Laufbahngespräche* von einem höheren Vorgesetzten oder vom Personalleiter geführt werden. Die Beurteilungsergebnisse können auch als Grundlage für die *Nachwuchsplanung* verwendet werden.

Die Forderung nach *Transparenz,* die für die Mitarbeiterbeurteilung im allgemeinen gilt, hat hier besonders grosse Bedeutung: *Der betroffene Mitarbeiter muss in jedem Fall wissen, ob die Ergebnisse der Beurteilung weitergeleitet werden und – wenn ja – an wen und zu welchem Zweck* (und zwar schon vor dem Beurteilungsgespräch). Klare diesbezügliche Regelungen sind unbedingt notwendig.

Bis hierhin wurde der Prozess der *formalen Beurteilung* beschrieben. Wie aber oben festgestellt wurde, darf die Mitarbeiterbeurteilung nicht als periodisch wiederkehrenden Sonderakt gesehen werden; sie stellt vielmehr eine *permanente Führungsaufgabe* in der täglichen Zusammenarbeit mit dem Mitarbeiter dar.

- Der Mitarbeiter will wissen, wie er von seinem Vorgesetzten eingeschätzt wird (und zwar nicht nur in periodischen Abständen von einem Jahr oder mehr).
- Ohne Kenntnis darüber, wie er von seinem Vorgesetzten und seinen Kollegen eingeschätzt wird, hat er keine Möglichkeit, sein Verhalten gegebenen falls zu korrigieren.

Mitarbeiterbeurteilung als Feedback für den Mitarbeiter muss deshalb ein *integrierter Bestandteil der täglichen Zusammenarbeit* sein, «gleichsam ein *ständiges, in den Arbeitsablauf eingebettetes Mitarbeitergespräch,* welches ohnehin – sei es mal gründlicher oder bisweilen nur in Form kurzer Bemerkungen ‚zwischen Tür und Angel' – stattfindet»[168].

Über die gewohnten Sachfragen hinaus sollte das Gespräch jedoch bewusster auch die *Fragen des persönlichen Arbeits- und Sozialverhaltens zielen.* Diese Ebene der Kommunikation ist häufig noch unvertraut, aber sie stellt die einzige Möglichkeit ständiger Rückmeldung dar; nur so können die Interaktionspartner sich gegenseitig vergewissern, *ob und wie sie sich verstehen und miteinander zufrieden sind.*

«Personalbeurteilung in diesem Sinne zu praktizieren, ist zunächst schwer, weil sie auf *grundlegende Änderungen in der Struktur der Kommunikation* zwischen Führungskräften und Mitarbeitern abzielt bzw. solche voraussetzt. Nur so aber ist es möglich, die gegenwärtige, für die meisten Beurteiler lästige und ärgerliche Pflicht der Personalbeurteilung in ein *konstruktives Führungsverhalten* umzugestalten. Personalbeurteilungstermine müssen dann nicht mehr gefürchtete Stunden mit unangenehmen Überraschungen sein, sondern geben lediglich den *formellen schriftlichen Niederschlag der aus der täglichen Zusammenarbeit bereits bekannten gegenseitigen Einschätzung.*»[169]

168 Hofsommer (1980)
169 Hofsommer (1980)

Zum *Zeitpunkt der formalen Beurteilung* ist folgendes zu sagen: Eine formale Beurteilung erfolgt

- erstmals für alle Mitarbeiter *vor Ablauf der dreimonatigen Probezeit*
- *einmal pro Kalenderjahr* (in der praxis hat sich eine jährliche Beurteilung als zweckmässig erwiesen)
- bei einem *Arbeitsplatzwechsel,* sobald die persönliche Leistung beurteilt werden kann (spätestens jedoch nach sechs Monaten). Bei Wechsel an einen anderen Arbeitsplatz (Beförderung/Versetzung) ist die Beurteilung mit *besonderer Sorgfalt* vorzunehmen
- bei *wesentlichen Leistungsveränderungen* jederzeit
- auf *Wunsch des Mitarbeiters* jederzeit

Mitarbeiterbeurteilung als Führungsaufgabe ist also nie nur als formaler Akt, sondern immer auch als informales Geschehen zu betrachten.

454 Methoden der Mitarbeiterbeurteilung

In diesem Abschnitt sollen verschiedene Verfahren diskutiert werden, die in der Praxis der Mitarbeitrebeurteilung Anwendung finden. Die verschiedenen Verfahren lassen sich grob in fünf Gruppen gliedern: Freie Beschreibung, Rangreihenmethoden, Einstufungsmethoden, Kennzeichnungsmethoden und eine Restgruppe. Der Übersichtlichkeit wegen sind die Vor- und Nachteile der einzelnen Methoden in einer Tabelle zusammengestellt (Abb. 137).

Freie Beschreibung

Diese Methode besteht in der freien (ungebundenen) Niederschrift von Eindrücken. Die Auswahl der Beurteilungskriterien ist hier allein dem Beurteiler überlassen. Er entscheidet auch, mit Hilfe welcher Begriffe der Grad der Merkmalausprägung beschrieben werden soll.
Beim *Fragebogen mit frei formulierten Antworten* sind – wie der Name sagt – Fragen mit den zu berücksichtigenden Merkmalen vorgegeben. Der Beurteiler hat diese Fragen mit seinen eigenen Worten zu beantworten.

Rangreihenmethoden

Die Rangreihenverfahren sind die ältesten und einfachsten formalen Methoden, die zu einer systematischen Beurteilung verwendet werden. Der Beurteiler hat dabei die Aufgabe, eine *Einstufung des einzelnen innerhalb der Gruppe* hinsichtlich bestimmter Merkmale vorzunehmen. In der Praxis gelangen verschiedene Formen zur Anwendung:

- *Concoursmethode:* Hier muss der Beurteiler die Mitarbeiter hinsichtlich einzelner Merkmale in eine fortlaufende Rangordnung bringen (und somit auf einem der Rangplätze zwischen 1 und n plazieren).
- *Alternierende Rangierung:* Hier wird zunächst der «beste» und der «schlechteste» Mitarbeiter ausgewählt und ihm der erste und letzte Rang zugewiesen. Im nächsten Schritt werden der zweitbeste und der zweitschlechteste Rangplatz belegt usw.

Abbildung 137: Stärken und Schwächen von Beurteilungsverfahren

Beurteilungs-methoden	Stärken	Schwächen
Freie Beschreibung	– kann zu sehr differenzierten Kennzeichnungen führen – kein Konstruktionsaufwand	– stellt sehr hohe Anforderungen an den Beurteiler – Ergebnis sehr stark von der Person des Beurteilers abhängig: grosse Gefahr der Subjektivität/Unvollständigkeit/Verzerrung – Aussagen werden von dem, der die Beurteilung auswertet, oft anders verstanden als vom Beurteiler – Vergleich mit anderen Beurteilungen nicht möglich
Fragebogen mit frei formulierten Antworten	– geringer Konstruktionsaufwand – Merkmale sind vorgegeben	– siehe «Freie Beschreibung» (Gefahr der Unvollständigkeit weniger gross)
Concours-Methode	– relativ einfach – interindividueller Vergleich möglich – Merkmale vorgegeben	– Gründe der Einstufung nicht transparent – unzureichende Datenbasis für individuelle Förderung/Beurteilungsgespräch – Massstab nur durch Gruppenniveau bestimmt (Urteile nicht über Abteilung hinweg vergleichbar) – fördert Konkurrenzdenken – Zuordnung schlechter Plätze für Beurteiler sehr unangenehm
Alternierende Rangierung	– siehe Concours-Methode	– siehe Concours-Methode
Erzwungene Verteilung	– einfach – Merkmale vorgegeben – Differenzierung zwischen Personen (erzwungene Streubreite der Urteile) – verzerrende Wirkung von Milde-, Strenge- und zentrischen Tendenzen gering	– fehlerhafte Urteile, wenn Vergleichsgruppe zu klein – fehlerhafte Urteile, wenn vorgegebene Verteilung nicht gerechtfertigt – Gründe der Einstufung nicht transparent – unzureichende Datenbasis für individuelle Förderung – fördert Konkurrenzdenken
Paarweiser Vergleich	– Merkmale vorgegeben – einfach – gleichmässige Unterscheidung aller Bereiche der Rangskala möglich – Konsistenz des Urteils überprüfbar	– Anwendung auf kleinere Gruppen begrenzt – Entwicklung der Skalen sehr schwierig – kein Vergleich zwischen den Abteilungen möglich – unzureichende Datenbasis für individuelle Förderung – Gründe der Einstufung nicht transparent – fördert Konkurrenzdenken
Verhaltensrangprofil	– liefert wertvolle Hinweise darauf, wieweit sich die Fähigkeiten des Mitarbeiters mit den Anforderungen der Stelle decken – erlaubt genaue Unterscheidung zwischen den Urteilsaspekten – regt Beurteiler zu gründlicher Auseinandersetzung mit individuellen Stärken/Schwächen an – Anforderungen des Arbeitsplatzes werden erfasst	– kein interindividueller Vergleich möglich – Konstruktion stellt hohe Anforderungen
Stufengrade	– schnell und praktikabel – überschaubar	– ungenügende Kennzeichnung der Merkmalsausprägungen (Gefahr subjektiv bestimmter Einstufung gross) – verleitet dazu, positive Einstufungen zu bevorzugen – verleitet zu oberflächlicher Beurteilung – kann beim Beurteilten, der nicht als Schüler behandelt werden will, Widerstände auslösen – intensive Schulung notwendig, um Beurteilungsfehler zu vermeiden

Beurteilungs-methoden	Stärken	Schwächen
Graphische Skala	– siehe «Stufengrade»	– siehe «Stufengrade»
Skala mit Verhaltensmustern	– Merkmalsausprägungen sind umschrieben (Gefahr der subjektiv bestimmten Einstufung gring) – beschriebene Verhaltensweisen lassen sich beobachten und damit auch überprüfen – als Gesprächshilfe und Zeugnisgrundlage gut geeignet	– Konstruktion schwierig
Quantitative Skalen	– Gefahr subjektiv bestimmter Einstufung sehr gering	– auf mess- oder zählbare Leistungen beschränkt
Checklist-Methode	– sehr einfach – Verhaltensbeschreibungen vorgegeben – Vorgesetzter nur «Berichterstatter», nicht Beurteiler im strengen Sinne – bezieht sich auf beobachtbares Verhalten	– Auswertung kompliziert – Verfahren für Betroffene nicht voll transparent – Beschönigungstendenz wird nicht verhindert, weil Beurteiler bald erkennt, welche Verhaltensweisen erwünscht sind – nur in Verbindung mit ausgedehnten Beurteilungsgesprächen als Grundlage für individuelle Förderung verwendbar
Gewichtete Checklist-Methode	– siehe «Checklist-Methode»	– siehe «Checklist-Methode»
Wahlzwang-Methode	– unerwünschte Urteilstendenzen werden teilweise eliminiert	– Undurchsichtigkeit (mangelnde Transparenz) ruft bei Beurteilern und Beurteilten Unzufriedenheit hervor – hoher Konstruktionsaufwand – Gewichtung lässt sich auf die Dauer kaum geheimhalten – liefert keine brauchbaren Daten für die individuelle Förderung – komplizierte Auswertung
Methode der kritischen Ereignisse	– regt Beurteiler dazu an, tatsächlich wichtiges Verhalten zu beobachten – liefert konkrete, beobachtete Informationen (gute Grundlage für Förderung und Gespräch) – als Instrument zum Herausfinden der für den Arbeitsplatz wesentlichen Beurteilungsaspekte sehr geeignet – Mitarbeiter erhält konkrete Rückmeldungen auf sein Verhalten	– Vergleich zwischen verschiedenen Arbeitsplätzen kaum möglich – Gewichtung der registrierten Ereignisse schwierig und ganz dem Beurteiler überlassen
Ganzheitliche Qualifikation	– Bezugsrahmen der Beurteilung ist durch die tatsächlichen Anforderungen der spezifischen Tätigkeit/Funktion bestimmt – konkrete Förderungsmassnahmen sind integrierter Bestandteil des Beurteilungsytems	– Gefahr der Subjektivität der Urteile gross – intensive Schulung der Beurteiler erforderlich – stellt an die Beurteiler hohe Anforderungen – ist stark auf den Vorgesetzten zentriert
Management by objectives	– Soll-Ist-Vergleich einfach (Leistung = Zielerreichungsgrad) – Zielvereinbarung erhöht die Leistungsmotivation und die Zufriedenheit	– Vergleiche mit anderen Urteilen kaum möglich

– *Erzwungene Verteilung:* Hier hat der Beurteiler die Aufgabe, die Mitarbeiter in eine vorher festgelegte Verteilung einzuordnen. Diese kann z.B. so aussehen:

Beurteilungsgruppe	sehr gut	gut	befriedigend	ausreichend	nicht ausreichend
Anzahl der Beurteilten in Prozent	5	15	60	15	5

- *Paarweiser Vergleich:* Hier vergleicht der Beurteiler *jede Person* bezüglich des jeweiligen Merkmals *mit jeder anderen* zu beurteilenden Person. Für die somit entstehenden Paare hat der Beurteiler anzugeben, welche der beiden Personen als «besser» anzusehen ist. Anschliessend wird ausgewählt, wie oft jede Person im Paarvergleich als «höherwertig» eingestuft wurde. Anhand der «Nutzenzahlen» wird schliesslich die Rangfolge erstellt.
- *Verhaltensrangprofil:* Das Prinzip dieser Mehtode besteht darin, dass nicht Personen, sondern Verhaltensweisen in eine Rangfolge gebracht werden. Beispiel: «Welche der Aussagen A bis E charakterisiert den Mitarbeiter X am besten, welche am zweitbesten usw.»?
  A Ist bei der Lösung von Problemen einfallsreich und originell
  B Ist bereit, für seine Überzeugung einzustehen
  C Nimmt auch weniger angenehme Arbeiten bereitwillig auf sich
  D Ist freundlich und hilfsbereit gegenüber Kollegen
  E Drückt seine Gedanken klar und logisch geordnet aus
  Mit den gleichen Aussagen werden die Anforderungen des Arbeitsplatzes bestimmt, wobei sich Beurteiler und Mitarbeiter auf eine Rangfolge einigen. Die beiden Rangreihen werden dann miteinander verglichen.

Einstufungsmethoden

Bei den Einstufungsmethoden ist für jedes Merkmal eine Skala mit verschiedenen Stufen vorgegeben, die unterschiedliche Ausprägungsgrade darstellen. Die Leistung wird dann anhand dieser Stufenskala eingestuft/bewertet. Die Skalen können unterschiedlich konstruiert sein:
- *Festlegung von Stufengraden:* diese können auf verschiedene Weise gekennzeichnet werden:
  numerisch: entspricht der Notengebung in der Schule (z.B. 1 bis 5) Beispiel siehe Abbildung 20/Anhangband
  alphabetisch: statt Zahlen werden Buchstaben verwendet (z.B. A bis E)
  als Prädikate: z.B. «sehr gut», «gut», «genügend», «ungenügend». Beispiel siehe Abbildung 21/Anhangband
  kombiniert: Beispiel siehe Abbildung 22/Anhangband
- *Graphische Skalen:* Hier wird die Merkmalsausprägung durch Einsetzen eines Kreuzes auf einer Geraden festgehalten. Auf dieser Geraden sind Schwellenwerte eingetragen. Diese können wiederum auf unterschiedliche Weise gekennzeichnet werden:
  numerisch: Beispiel siehe Abbildung 23/Anhangband
  alphabetisch
  als Prädikate: Beispiel siehe Abbildung 24/Anhangband
- *Skala mit Verhaltensmustern:* Für die einzelnen Stufen der Skala werden konkrete Verhaltensbeschreibungen vorgegeben (Abb. 25/Anhangband)
- *Quantitative Skalen:* Hier wird die Häufigkeit von Verhaltensweisen bestimmt (Abb. 26/Anhangband)

Kennzeichnungsmethoden

Bei den Kennzeichnungsmethoden rückt man von der Beurteilung der Person und ihrer charakterlich-intellektuellen Eigenschaften ab und berücksichtigt als Beurteilungsmassstab *beobachtbare Kennzeichen des Verhaltens.*

- *Checklist-Methode:* Den Beurteilern werden Checklisten vorgegeben, die eine grössere Zahl kurzer Verhaltensbeschreibungen enthalten (Verhaltensweisen, die für die Aufgabenerfüllung förderlich oder hinderlich sind). Es wird also nicht im strengen Sinne beurteilt, sondern nur berichtet, ob eine Aussage für den Mitarbeiter zutrifft oder nicht. (Ein Beispiel finden sie in Abb. 27/Anhangband.)
- *Gewichtete Checklist-Methode:* Dabei wird die Aussage nicht nur mit «ja» oder «nein» beurteilt, sondern es werden Skalen mit gleichwertigen Abständen verwendet und die Aussagen damit gewichtet (ähnlich den graphischen Skalen).
- *Wahlzwang-Methode:* Dem Beurteiler werden mehrere Gruppen von jeweils 2 bzw. 4 Aussagen vorgegeben. Von diesen Aussagen sind jeweils eine bzw. zwei Verhaltensbeschreibungen positiv und negativ (der Beurteiler aber weiss nicht, in welchem Masse die beschriebenen Verhaltensweisen zur Arbeitsleistung beitragen). Von den vorformulierten Aussagen hat der Beurteiler jeweils eine bzw. zwei besonders zutreffende auszuwählen.
- *Methode der kritischen Ereignisse:* Der Beurteiler hat Merkmale und Verhaltensweisen festzuhalten, die *beobachtbar zum Erfolg oder Misserfolg einer Tätigkeit beigetragen* haben. Die Aufzeichnung darf sich *nur auf Fakten* stützen (Meinungen und Verallgemeinerungen sind nicht zulässig). *Listen mit Merkmalen und Aussagen* sind vorgegeben. Die kritischen Ereignisse werden in ein dafür vorgesehenes Formblatt eingetragen (Beispiel siehe Abb. 28/Anhangband). Auf diese Weise kommt eine Sammlung von Aussagen über tatsächlich wichtige Verhaltensweisen zustande, die eine gute Grundlage für die Förderung des Mitarbeiters darstellen.

Weitere Beurteilungsmethoden

- *Ganzheitliche Qualifikation*[170]: Diese Methode beruht auf der Beantwortung von vier Leitfragen:
  Was tut der zu beurteilende Mitarbeiter? (Arbeitsumschreibung; Tätigkeitskatalog Beispiel in Abb. 29/Anhangband)
  Wie wird die Arbeit ausgeführt? (Beurteilung: A = ausgezeichnet, G = gut, B = befriedigend, U = unbefriedigend Beispiel in Abb. 29/Anhangband)
  Wie ist die Leistung zustandegekommen? (Tatbeständliche und ursächliche Begründung Beispiel in Abb. 30/Anhangband)
  Welche Massnahmen können vorgesehen und durchgeführt werden zur Leistungsverbesserung? (Beispiel in Abb. 30/Anhangband)
  Aus Leistungsbeurteilung und Qualifikationsgespräch hat der Vorgesetzte die Folgerung zu ziehen und anschliessend eine Gesamtqualifikation vorzunehmen (Abb. 31/Anhangband)
- *Führung durch Zielsetzung (Management by objectives):* Unter der «Führung durch Zielvereinbarung» wird ein Beurteilungs- (und heute vor allem ein Füh-

---

170 vgl. Capol (1974)

rungs-)Prinzip verstanden, dessen Grundgedanke darin besteht, dass von Mitarbeiter und Vorgesetzem gemeinsam bestimmte Leistungs- und Entwicklungsziele festgelegt (vereinbart) werden; bei der Beurteilung wird dann ermittelt, wieweit diese Ziele erreicht worden sind.

Welche Methode ist die beste? Diese Frage drängt sich auf, nachdem man sich diese Vielfalt von Beurteilungsverfahren vor Augen geführt hat (dabei könnte die Aufzählung noch erweitert werden). Um die Frage nach der «besten Methode» beantworten zu können, müssen zunächst die Anforderungen feststehen, denen ein Beurteilungsverfahren zu genügen hat. Diese Anforderungen sind natürlich in erster Linie von den Zwecken abhängig, denen das Beurteilungssystem dienen soll. Trotzdem lassen sich bestimmte *grundsätzliche Anforderungen* formulieren. Das Beurteilungsverfahren soll möglichst:

- *objektive Aussagen liefern:* Es soll der Willkür und Subjektivität des Beurteilers möglichst entgegenwirken (ein objektives Verfahren gibt es nicht; man kann sich der Objektivität immer nur annähern)
- *vollständige Aussagen liefern:* Es sollen möglichst alle Merkmale erfasst werden können, welche für die betreffenden Tätigkeiten/Leistungen von Bedeutung (relevant) sind
- *vergleichbare Aussagen liefern:* Um Beurteilungen von mehreren Mitarbeitern und mehreren Beurteilern miteinander vergleichen zu können, muss jedes Beurteilungsmerkmal nach seinem Inhalt und nach seinen möglichen Ausprägungsgraden möglichst genau beschrieben sein.
Der Anforderung «Vergleichbarkeit» hat allerdings nur ein Beurteilungsverfahren zu genügen, das als Grundlage für personelle Entscheidungen dient. Wird die Mitarbeiterbeurteilung ausschliesslich als Führungsinstrument betrachtet, kommt der Vergleichbarkeit der Urteile nur im Hinblick auf den Beurteiler eine Bedeutung zu
- *differenzierte Aussagen liefern:* Die Abstufung innerhalb der einzelnen Merkmale sollte die gesamte Streubreite des Mitarbeiterverhaltens umfassen.
- *akzeptabel sein:* Beurteiler und Beurteilte werden in Verfahren nur dann akzeptieren, wenn ihnen sein Aufbau transparent (klar durchschaubar) ist.
- *praktikabel sein:* das Verfahren muss einfach und sicher zu handhaben sein. Das heisst z.B., dass es übersichtlich und in der Anwendung nicht zu zeitaufwendig sein sollte.

In der Aufstellung in Abbildung 138 wurde versucht zu zeigen, welche Beurteilungsmethode welcher der genannten Anforderungen zu genügen und für welche Zielgruppen geeignet scheint. Wie aus der Tabelle hervorgeht, lässt sich die Frage nach der «besten» Methode nicht so einfach und eindeutig beantworten. Vom *Verwendungszweck,* von der *Konstruktion* und – vor allem – von der *Handhabung durch den Beurteiler* hängt es schliesslich ab, welches Verfahren sich als das beste erweist.
Ein Beurteilungsverfahren ist immer nur so gut, wie der Beurteiler, der es anwendet. Etwas überspitzt könnte man sagen: Ein guter Beurteiler erreicht mit einer schlechten Beurteilungsmethode immer noch bessere Ergebnisse als ein schlechter Beurteiler mit einer guten Methode. Ein Beurteilungsverfahren steht und fällt mit der Qualifikation des Beurteilers. Welches Verfahren auch gewählt wird –, Aussicht auf Erfolg besteht nur dann, wenn das Verfahren

Abbildung 138: Anforderungen an Beurteilungsverfahren

Beurteilungsmethode	Anforderungen						Zielgruppen	
	Objektivität	Vollständigkeit	Differenziertheit	Vergleichkeit	Akzeptabilität	Praktikabilität	Vorgesetzte	Mitarbeiter
Freie Beschreibung			(x)		(x)	(x)	x	x
Fragebogen		x	(x)	(x)	x	x	x	x
Concours-Methode		x		(x)		(x)	x	
Alternierende Rangierung		x		x		(x)	x	
Erzwungene Verteilung		x		(x)		x	x	
Paarweiser Vergleich	(x)	x		(x)		(x)	x	x
Verhaltensprofil		(x)	x	(x)	x	(x)	x	x
Stufengrade		x	(x)	(x)	(x)	x	x	x
Graphische Skalen		x	(x)	x	x	x	x	x
Verhaltensmuster	(x)	x	x	x	x	x	x	x
Quantitative Skalen	x	x	(x)	x	(x)	x		x
Checkliste	(x)	x		x	(x)	x	x	x
Gewichtete Checkliste	(x)	x	(x)	x	(x)	x	x	x
Wahlzwang-methode	(x)	x	(x)	(x)		x	x	x
Kritische Ereignisse		x				(x)	x	x
Ganzheitliche Qualifikation		x	x	(x)	x	x		x
MBO-Methode	(x)	(x)			x	(x)	x	x

- auf der Basis von *klaren Grundsätzen* verwendet wird: Die Zwecke der Beurteilung müssen klar und für jeden erkennbar sein
- *von allen Beteiligten akzeptiert wird:* Akzeptiert wird es dann, wenn es die Forderung nach Transparenz erfüllt und sowohl organisationalen wie auch individuellen Interessen dient
- *praktikabel ist:* Ein kompliziertes und aufwendiges Verfahren hat wenig Aussicht auf Erfolg.
(Im Anhang finden Sie zwei Muster von Beurteilungsverfahren aus der Praxis Abb. 32/33/Anhangband.)

Beurteilungsmerkmale

Eines der schwierigsten Probleme der Mitarbeiterbeurteilung ist die Wahl der Beurteilungskriterien. Das Beurteilungskriterium stellt den *Gesichtspunkt* dar, unter dem die Arbeit des Mitarbeiters betrachtet und bewertet wird. «Es ist derjenige Bestandteil eines Beurteilungsverfahrens, der dessen ganze Gestaltung am stärksten beeinflusst.»[171]

Die in der Praxis entwickelten Beurteilungskriterien lassen sich in fünf Arten unterteilen. In der folgenden Aufstellung werden diese fünf Arten von Kriterien gleichzeitig zur Gliederung der oben beschriebenen Beurteilungsmethoden verwendet.

171 Lattmann (1975)

Art der Beurteilungskriterien	Methoden die darauf basieren
Merkmale, und zwar solche der Person des Mitarbeiters oder seiner Leistungen	Einstufungsmethoden Rangreihenmethode
Formen des Leistungsverhalten	Kennzeichnungsmethoden
Die vom Mitarbeiter zu erfüllenden Aufgaben	Ganzheitliche Qualifikation
für die Aufgabenerfüllung gesetzte Soll-Normen oder	Standards of Performance (nicht beschrieben)
vom Mitarbeitre zu erreichende Ziele	MBO-Methode (Führung durch Zielorientierung)

Die *Einstufungsmethoden,* die auf einzelnen Merkmalen basieren, werden in der Praxis der Mitarbeiterbeurteilung am häufigsten verwendet. Auf diese sollen deshalb die folgenden Ausführungen bezogen werden.

Auch die Merkmale müssen bestimmten *Anforderungen* genügen: Eine Aneinanderreihung beliebiger, aus der Praxis abgeleiteter Merkmale – wie sie nicht selten anzutreffen ist – bietet keine brauchbare Grundlage für die Mitarbeiterbeurteilung. Die Anforderungen lauten:

- *Relevanz:* Die Merkmale sollen Kennzeichen der Arbeitsleistung erfassen, die für den Wert der Leistung erheblich (relevant) sind. Dem Doppelsinn der Leistung entsprechend lassen sich zweierlei auf sie bezogene Merkmale unterscheiden: *Merkmale des Leistungsergebnisses:* Solche sind Menge (Quantität) und Güte (Qualität) der Leistung; *Merkmale des Leistungsverhaltens:* Dabei fallen nur solche in Betracht, welche *ergebnisbestimmend* sind (z.B. Merkmale wie «Sorgfalt im Umgang mit Arbeitsmitteln» oder «Zuverlässigkeit»).
Merkmale, die nichts oder nur bedingt etwas mit der Leistung bzw. Aufgabenfüllung zu tun haben, dürfen in die Beurteilung *nicht* mit einbezogen werden.
- *Vollständigkeit:* Es sollen möglichst alle Merkmale erfasst werden, die für die Aufgabenerfüllung von Bedeutung sind (und nur diese). Die Anzahl der Merkmale schwankt in den verwendeten Beurteilungsverfahren zwischen 3 und 30. Die Vorteile einer grösseren Zahl von Merkmalen liegen in differenzierteren Resultaten. Die Nachteile sind: mangelnde Eindeutigkeit (Unabhängigkeit) der einzelnen Merkmale; mehr Fehlurteile aufgrund des Halo-Effektes; Bedeutung des einzelnen Merkmals für den Beurteilten geringer. Als *Faustregel* wird deshalb eine Begrenzung auf eine Zahl von 5–10 Merkmalen empfohlen.
- *Trennschärfe:* Die Merkmale müssen sich deutlich voneinander abheben. Wenn die Trennschärfe der Merkmale nicht in ausreichendem Masse gegeben ist, führt das zu Doppelbewertungen ohne neuen Aussagewert bzw. zur Überbewertung bestimmter Merkmale. Vom Beurteiler wie vom Beurteilten müssen die Merkmale klar auseinandergehalten werden können (man muss sich allerdings bewusst sein, dass eine absolute Trennschärfe infolge der Integration des Psychischen nicht erreichbar ist).
- *Eindeutigkeit:* Die Merkmale müssen von allen Beurteilern gleich verwendet werden. Dies wird am ehesten durch ihre genaue Umschreibung erreicht.
- *Allgemeingültigkeit:* Die Merkmale müssen für alle zu beurteilenden Leistungen in gleichem Masse angewendet werden können.
- *Verstehbarkeit:* Alle Beteiligten müssen die verwendeten Merkmale verstehen können.

– *Beobachtbarkeit:* Die Merkmale müssen eine Beobachtung des Verhaltens ermöglichen, welches durch sie erfasst wird. Wie schon bemerkt erfüllen Persönlichkeitsmerkmale, insbesondere solche, die den «Charakter» zu beschreiben suchen, diese Forderung nicht, weil sie nicht beobachtbar, sondern nur aufgrund von Beobachtungen deutbar sind (und Deutungen können richtig oder falsch sein).

Auch hier gilt: schneller gesagt als getan. Die Anforderungen an ein Beurteilungsmerkmal sind schneller formuliert als erfüllt. Wie die in der Praxis verwendeten Merkmalsysteme zeigen, sind sie meist das Ergebnis eines Kompromisses zwischen dem, was theoretisch möglich und wünschenswert wäre, und dem, was in der Praxis des Arbeitslebens realisierbar ist (wobei mancherorts noch einiges mehr realisierbar wäre). Beispiele für *Beurteilungsmerkmale* finden sie in den Mustern von Beurteilungsbogen im Anhang. Sie können dort selber überprüfen, wieweit die Merkmale den aufgestellten Anforderungen entsprechen.

Ein weiteres Problem stellt sich dadurch, dass nicht jedem Merkmal für die Beurteilung der Leistung die gleich grosse Bedeutung zukommt. Dies kommt bei den in der Praxis verwendeten Merkmalsystemen häufig darin zum Ausdruck, dass für die einzelnen Merkmale eine unterschiedliche Anzahl von Merkmalsaspekten gewählt wird. In unserem Beispiel (Abb. 34/Anhangband) wird das Merkmal «Soziales Verhalten» (mit 6 bewerteten Aspekten) also dreimal so stark gewichtet wie das Merkmal «Krankenbeobachtung» (mit 2 bewerteten Aspekten).

Eine solche Gewichtung kann bewusst oder unbewusst geschehen: Bei der *unbewussten Gewichtung* wird einerseits jedes Merkmal – unabhängig von seiner Bedeutung für die Aufgabenerfüllung – gleich gewichtet. Andererseits werden jedoch durch die unterschiedliche Anzahl Aspekte pro Merkmal Schwerpunkte gesetzt (siehe oben erwähntes Beispiel). Bei der *bewussten Gewichtung* wird den einzelnen Merkmalen unterschiedliche Bedeutung beigemessen. Dabei sind zwei Wege möglich:

– Die Verwendung von *Mulitplikatoren,* so dass z.B. das Merkmal «Qualität» dreifach, das Merkmal «Verhalten gegenüber Patienten» doppelt und das Merkmal «Versetzbarkeit» einfach gezählt wird. (Ein Beispiel einer solchen Gewichtung finden Sie in Abb. 35/Anhangband.)
– Die Zuordnung höherer *Punktzahlen* an die Merkmale, die als wichtiger eingeschätzt werden. So können z.B. für das Merkmal «Qualität» 80 Punkte, für «Verhalten gegenüber Patienten» 65 Punkte, für «Versetzbarkeit» 15 Punkte gezählt werden.

Durch eine bewusste Gewichtung der Merkmale kann jedem Merkmal die Bedeutung beigemessen werden, die ihm tatsächlich zukommt. Zudem lässt sich eine subjektive Über- oder Unterschätzung einzelner Merkmale korrigieren. Es kann von Vorteil sein, bei einem Merkmalsystem eine *bewusste Gewichtung* einzuführen. Allerdings besteht die Gefahr, dass es zu einer Aufhebung der beabsichtigten Wirkung kommt: Die Bewertung wird manipuliert, indem ein untergewichtetes Merkmal strenger, ein übergewichtetes dagegen milder beurteilt wird.

Die Merkmale stellen die Gesichtspunkte dar, unter denen eine Leistung *betrachtet* wird. *Beurteilt* jedoch wird eine Leistung erst dann, wenn sie innerhalb der einzelnen Merkmale *eingestuft* wird. Insofern die Leistung auf das Erreichen von Zielen gerichtet ist, soll diese Einstufung den *Grad der Zielerreichung* ersichtlich machen. Die

in der Praxis angewandten Verfahren zur Einstufung haben wir oben skizziert. Halten wir das wichtigste nochmals fest:
- Bei der *freien Beschreibung* wird der Grad der Zielerreichung anhand einer «inneren Skala» des Beurteilers bestimmt: «sehr gut», «arbeitet hastig» sind Beispiele für Ausdrücke, mittels derer der Beurteiler seine Eindrücke schildert.
- Bei den *Einstufungsverfahren* (im engeren Sinne) werden zu jedem Merkmal Stufen der Leistungsausprägung vorgegeben. Die Skalen können unterschiedlich konstruiert sein: durch Festlegung von Stufengraden, Graphische Skalen, Skalen mit Verhaltensmustern und Quantitative Skalen.

Wieviele Stufen sollen verwendet werden? Die Antwort auf diese Frage gründet in einem Zweckmässigkeitsentscheid. Für diesen sind folgende Überlegungen massgeblich:
- Soll eine *gerade oder eine ungerade Zahl* von Stufen verwendet werden? Für eine ungerade Zahl spricht, dass im Mittelwert jeweils ein fester Bezugspunkt gegeben ist. Eine gerade Zahl zwingt dagegen zu einem ersten Entscheid, ob die Leistung über oder unter dem Durchschnitt liegt.
- *Wieviele Stufen* sollen unterschieden werden? Eine zu grosse Zahl führt meist zu einer blossen Scheingenauigkeit. Sie hat mehr den Charakter einer Akzentsetzung als einer differenzierten Einstufung. Am *häufigsten* findet sich die *Gliederung in fünf* und seltener in sieben Stufen. Ein Beispiel mit 3 Stufen ist in Abbildung 33/Anhangband aufgeführt.

Damit eine eindeutige Einstufung möglich ist, müssen die Merkmalsausprägungen (Stufen in erster Linie folgenden *Anforderungen* genügen:
- *Eindeutigkeit:* Diese setzt eine konkrete *Umschreibung der Ausprägungsgrade* voraus. Werden die Stufen konkret umschrieben, ist die Chance am grössten, dass die einzelnen Skalenwerte von allen Beurteilern und Beurteilten gleich wahrgenommen werden.
- *Gleiche Skalenabstände:* Der «Wertunterschied» zwischen den Stufen 1 und 2 sollte gleich gross sein wie der zwischen 3 und 4 oder zwischen 4 und 5. Auf jeden Fall sollten *keine Rangvertauschungen* vorkommen.
- *Mittelwert = Durchschnittswert:* Bei ungerader Stufenzahl muss der Mittelwert der durchschnittlichen, «normalen» Ausprägung des Merkmals entsprechen («verrutschte» Durchschnittswerte sind keine Seltenheit).

Beispiele für Skalierungen finden Sie im Anhang.
Bei der Beurteilung mittels Stufenskalen zeigt sich immer wieder, dass die abgegebenen Urteile eine *mangelnde Streubreite* aufweisen[187]. So werden gewöhnlich nur die «oberen» Hälften der Skalen verwendet, was den Wert solcher Einstufungsverfahren natürlich stark einschränkt.
Um zu einer grösseren Streubreite der Urteile zu gelangen, sollten wir uns bei der Einstufung mehrerer Mitarbeiter eine sogenannte «Normalverteilung» vor Augen halten (Abb. 139). Diese «Gauss'sche Kurve» gibt die Tatsache wieder, dass *extreme Fälle selten, durchschnittliche dagegen häufig* sind. Die Frage, die sich der Beurteiler vor jeder Einstufung zu stellen hat, lautet somit: Gehört der Mitarbeiter zu den besten 5-10% (einer geeigneten Vergleichsgruppe, also z.B. aller in gleicher oder ähnlicher

Abbildung 139: Normalverteilung (Gauss'sche Kurve)[112]

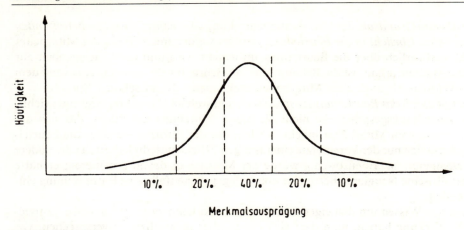

112 Schuler (1972)

Position Tätigen, die der Beurteiler bisher kennengelernt hat)? – nächstbesten 15-20%? – mittleren 50%? – darunterliegenden 15-20%? – schwächsten 5-10%? Voraussetzung für die Verwendung dieser Beurteilungshilfe ist, dass der Beurteiler eine *ausreichend grosse Vergleichsgruppe* zur Verfügung hat. Zudem müssen mittlere Ausprägungen des betreffenden Merkmals wirklich häufiger sein als Extremfälle; die Normalverteilung muss also gerechtfertigt sein (bem Merkmal «Pünktlichkeit» ist dies z.B. nicht der Fall).

Die angegebenen Prozentsätze sind natürlich nur *Durchschnittswerte.* Sie ergeben sich erst dann, wenn sehr viele Beurteilungen vorgenommen werden. Es wäre also sinnlos, in jeder Arbeitsgruppe eine Normalverteilung der Beurteilungen vorzunehmen. Die Aufgabe wird dem Beurteiler erleichtert, wenn er eine entsprechend konstruierte 5-Stufen-Skala zur Verfügung hat. Da solche Skalen aber selten vorgegeben sind, empfiehlt es sich, in der Praxis am besten so vorzugehen:

- Bestimmen Sie denjenigen Mitarbeiter, dessen Leistungen innerhalb eines Merkmals *weder positiv noch negativ besonders auffallen.*
- Stufen Sie *die übrigen Mitarbeiter* ein (im gleichen Merkmal). Arbeitsfrage: Gehört der Mitarbeiter zu den besten 5-10%, zu den nächstbesten...? (siehe oben)
- Wichtig ist der *Gesamteindruck* pro Merkmal. Vergleichen Sie die verschiedenen Stufendefinitionen. Es müssen nicht alle Kennzeichnungen einer Stufe unbedingt zutreffen, aber der Gesamteindruck muss zutreffend sein.
- *Überprüfen Sie die Verteilung,* nachdem Sie alle Mitarbeiter eingestuft haben.

Auch hier gilt: Wird die Mitarbeiterbeurteilung als Führungsinstrument betrachtet (und nicht als Grundlage für personelle Entscheidungen verwendet), kommt der Normalverteilung geringe Bedeutung zu.

455 Beurteilungsgespräch

Der *oberste Grundsatz* der Mitarbeiterbeurteilung geht dahin, dass *dem betreffenden Mitarbeiter Einsicht in die Beurteilung* gewährt werden muss. Wenn der Mitarbeiter nicht ausführlich über die Beurteilung informiert wird und nicht Gelegenheit zur Stellungnahme erhält, ist die Behauptung, ein Beurteilungssystem nütze sowohl dem Krankenhaus als auch dem Mitarbeiter, nicht mehr als ein schöner Spruch.

Was soll durch das Beurteilungsgespräch erreicht werden? Das Hauptziel eines richtigen Beurteilungsgesprächs ist nicht die blosse Mitteilung des Bildes, das sich der Vorgesetzte vom Mitarbeiter macht. «Allein mit der Information über die Beurteilung hätte sich nur der Vorgesetzte einer lästigen Pflicht entledigt, die ihm alles andere als angenehm ist. Ebensowenig würde der Mitarbeiter davon profitieren; er hätte allenfalls seine Neugierde befriedigt und sich gegebenenfalls eine Enttäuschung eingehandelt.

Allein das Wissen um den eigenen Leistungsstand kann zwar eine gewisse motivierende Wirkung haben; man darf sich davon aber nicht allzuviel versprechen, vor allem, wenn die Ursachen für mangelnde Leistungen dem Mitarbeiter nicht unmittelbar einsichtig sind oder er die aufgetretenen Schwierigkeiten nicht allein meistern kann. Die vorrangige Bedeutung des Gesprächs liegt in der Gelegenheit, gemeinsam die aufgetauchten Probleme zu analysieren und Wege zu ihrer Lösung zu finden, Möglichkeiten zur Förderung des Mitarbeiters zu besprechen und gemeinsam neue Arbeitsziele zu setzen.»[172] Im einzelnen können die Ziele des Beurteilungsgesprächs so umschrieben werden:

- Der Mitarbeiter soll ein *klares Bild* bekommen, wie sein Arbeitsverhalten bzw. sein Arbeitsergebnis von seinem Vorgesetzten eingeschätzt wird.
- Der Mitarbeiter soll Gelegenheit haben, zu seiner Beurteilung *Stellung zu nehmen*.
- Der Mitarbeiter soll die *verdiente Anerkennung* erhalten.
- Die *aufgetauchten Probleme* sollen *gemeinsam analysiert* und *Wege zu ihrer Lösung gesucht* werden.
- *Massnahmen zur Weiterentwicklung* des Mitarbeiters sollen besprochen und festgelegt werden.
- Gemeinsam sollen neue *Arbeits- und Entwicklungsziele* gesetzt werden.
- Das *Vertrauensverhältnis* zwischen Mitarbeiter und Vorgesetztem soll *vertieft* werden.
- Die künftige fruchtbare *Zusammenarbeit soll gesichert bzw. gefördert werden*.

Die besondere Bedeutung des Beurteilungsgesprächs liegt darin, dass es einerseits *leistungsorientiert* ist, sich andererseits aber in hohem Mass auf die persönliche *Selbsteinschätzung* und *Zufriedenheit* des Mitarbeiters auswirkt. Um diese Auswirkungen verstehen und positiv gestalten zu können, hilft es – wie beim Anerkennungs- und Kritikgespräch – die folgenden vier Aspekte zu unterscheiden[173]:

- *Informationsaspekt:* Der Mitarbeiter erfährt, wie seine Arbeit vom Vorgesetzten eingeschätzt wird. Obschon sicher nicht alle Mitarbeiter in gleichem Masse begie-

172 Schuler (1972)
173 vgl. Neuberger (1973)

rig sind, das zu erfahren, hat doch jeder Mensch grundsätzlich das Bedürfnis, zu wissen woran er ist. Dieses Wissen verschafft ihm *Klarheit und Sicherheit:* er weiss, was von ihm erwartet/gefordert wird.

Auch wenn ein Mitarbeiter an einem solchen Feedback nicht brennend interessiert ist, hat der Vorgesetzte die Aufgabe, die *Anforderungen klar zu formulieren.* «Tut er das nicht, so bilden sich leicht informelle Normen heraus, die ein anderes Verhalten oder Leistungsniveau stabilisieren. Es ist dann meist sehr schwierig, solche ‚Gewohnheitsrechte' zu verändern. (Jeder Vorgesetzte, der eine neue Abteilung übernimmt, kann ein Lied davon singen.)»[174]

Voraussetzung dafür, dass der Vorgesetzte den Mitarbeiter über seine Beurteilung informieren kann, ist natürlich, dass er selber genügend informiert ist. Das heisst: Er muss *konkrete Daten* vorweisen können, die seine Beurteilung stützen (ein allgemeiner «Eindruck» reicht nicht). Das Fehlen solcher konkreten Beobachtungsdaten ist meistens der Hauptgrund dafür, dass der Vorgesetzte das Beurteilungsgespräch als lästige Pflicht empfindet (es ist tatsächlich unangenehm, eine Ansicht belegen zu müssen, die man nicht belegen kann).

- *Lernaspekt:* Durch Anerkennung (als Belohnung erlebt) werden *erwünschte Verhaltensweisen verstärkt.* Durch Kritik (als Bestrafung erlebt) soll erreicht werden, dass *unerwünschte Verhaltensweisen nicht mehr auftreten.* Die Frage, ob Anerkennung oder Kritik erfolgreicher ist, wurde in Abschnitt 447 diskutiert, so dass wir uns hier nur noch auf zwei Bemerkungen beschränken: Grundsätzlich ist der Lernerfolg am grössten, wenn mit Anerkennung *und* Kritik gearbeitet wird (wenn jedes Verhalten also eine entsprechende Konsequenz hat).
Anerkennung hat den Vorteil, dass ein Verhalten, das bereits zum «Repertoire» der Person gehört, verstärkt wird. Bei der Kritik wird zwar (unter Umständen) das negativ bewertete Verhalten gelöscht, aber es ist nicht sicher, ob und wie das gewünschte Verhalten ins «Repertoire» aufgenommen werden kann.
- *Motivationsaspekt:* Erfolg (signalisiert durch Anerkennung) und Misserfolg (signalisiert durch Kritik) wirken sich auf die Leistungsmotivation des Mitarbeiters in hohem Masse aus. Erfolg führt meist zu einer Erhöhung der Anstrengungen, während die Auswirkungen von Misserfolg weit weniger genau vorhersagbar sind; vor allem bei ängstlichen Menschen wirken sich Misserfolge auf die Leistung negativ aus und können zum Ausbau defensiver Haltungen und Reaktionen führen.
- *Sozialer Aspekt:* Durch Anerkennung wird das Selbstbild bestätigt oder sogar noch positiver gezeichnet, während es durch Kritik häufig in Frage gestellt und angegriffen wird. Kritik muss deshalb vorsichtig dosiert, sachlich, konstruktiv und offen geäussert werden. Durch (echte) Anerkennung wird die Beziehung zwischen Vorgesetztem und Mitarbeiter verstärkt, während Kritik zunächst eine Anspannung und Abkühlung der Beziehung zur Folge hat. Aus diesem Grund scheuen sich viele Vorgesetzte davor, Kritik zu äussern (auch wenn sie berechtigt wäre) oder versuchen im Sinne einer «Sandwich-Taktik» jede Kritik in Anerkennung «einzupacken». Damit wird aber erstens die mögliche positive Wirkung der Anerkennung verpufft (vor allem, wenn der Mitarbeiter Kritik erwartet). Und zweitens wird dadurch die Beziehung zwischen Vorgesetztem und Mitarbeiter nicht stärker: Eine Beziehung

174 Neuberger (1973)

ist nämlich auf die Dauer nur dann tragfähig, wenn sie Kritik verkraftet (allerdings muss diese in einer Form geäussert werden, die der andere akzeptieren kann).

Bei der Führung des Beurteilungsgesprächs muss sich der Vorgesetzte auf das Verhalten seines Gesprächspartners einstellen. Der Mitarbeiter kann beim Beurteilungsgespräch offen oder verschlossen, vorsichtig oder zudringlich reagieren. Der Vorgesetzte kann sich direktiv oder nicht-direktiv verhalten[175].
Die *direktive Haltung* ist gekennzeichnet durch:
- *Distanz:* wenig emotionaler Kontakt
- *Bewertung:* Versuch, objektiv zu prüfen und begründet zu beurteilen.
- *Geschlossene Fragestellung:* den Gesprächspartner auf Ja-Nein-Antworten oder auf präzise Aussagen festlegen.
- *Kritik:* den Beurteilten auf Leistungsschwächen und die Gründe dafür hinweisen.
- *Steuerung:* den Mitarbeiter auf das vom Vorgesetzten gewollte Leistungsziel hinlenken.

Die *nicht-direktive Haltung* ist gekennzeichnet durch:
- *Zuwendung:* emotionale Kommunikation mit dem Gesprächspartner
- *Beratung:* dem Mitarbeiter Informationen und Orientierungskriterien geben, damit er selbst Wege zur Leistungsverbesserung und zu seiner beruflichen Weiterentwicklung finden kann.
- *Offene Fragestellung:* den Mitarbeiter seine Gedanken und Gefühle ausdrücken lassen.
- *Hilfe zur Selbstkritik:* den Beurteilten Leistungsschwächen selbst erkennen und beurteilen lassen.
- *Hilfe zur Selbststeuerung:* die Motivation und Initiative des Mitarbeiters wecken, sich selbst Leistungsziele zu setzen und zu versuchen, sie aus eigenem Antrieb zu erreichen.

Eine direktive Gesprächshaltung muss nicht beherrschend sein und Schuldgefühle wecken, sondern kann *verständnisvoll* und *unterstützend* wirken. Eine nicht-direktive Gesprächshaltung bedeutet keine «weiche Welle», sondern sie kann ihr Ziel, die Weiterentwicklung bzw. Leistungsverbesserung des Mitarbeiters, ebenso freimütig wie konsequent erreichen. Der Vorgesetzte wird sich auf das Gesprächsverhalten seines Mitarbeiters einstellen müssen. Beispiele für mögliche Verhaltensformen des Mitarbeiters und mögliche Reaktionsweisen des Vorgesetzten sind[176]:
- *Zudringlich-appellierend:* Der Mitarbeiter reagiert mit gefühlsbetonter Direktheit und neigt zu zudringlichen Bitten an den Vorgesetzten. Er baut auf die Gutmütigkeit des Vorgesetzten und erhofft eine bessere Beurteilung, wenn er an das «Herz» des Beurteilers appelliert. Der Vorgesetzte wird einige Mühe haben, sich auf seinen Gesprächspartner einzustellen. Er sollte in verständnisvoller Weise die direktive Gesprächsmethodik anwenden.
- *Verschlossen-uneinsichtig:* Der Mitarbeiter reagiert mit gefühlsbetonter Abwehrhaltung. Er scheint schwer ansprechbar zu sein. Dabei kann er rechthaberisch oder

175 vgl. Sahm (1977)
176 vgl. Sahm (1977)

gekränkt sein, was er aber dem Beurteiler gegenüber nicht offen zeigt. Der Vorgesetzte wird es recht schwer haben, sich auf seinen Gesprächspartner einzustellen. Er wird sich in unterstützender Form der direktiven Gesprächsmethodik bedienen.
- *Offen-selbstkritisch:* Der Mitarbeiter reagiert mit sachlicher Unbefangenheit. Er ist bereit, seinem Vorgesetzten im Gespräch entgegenzukommen, scheut sich aber nicht, an ihn kritische Fragen zu richten. Dem Vorgesetzten sollte es leicht fallen, sich auf seinen Gesprächspartner einzustellen. Er kann freimütig agieren und eine nicht-direktive Gesprächsmethodik anwenden.
- *Vorsichtig-taktierend:* Der Mitarbeiter reagiert mit sachlicher Distanz und argumentiert «aus der Deckung heraus». Er bleibt reserviert und erwartet nachprüfbare Beurteilungsgründe. Dem Vorgesetzten fällt es nicht leicht, sich auf seinen Gesprächspartner einzustellen. Er muss konsequent agieren, kann dies aber mit der nicht-direktiven Gesprächsmethodik versuchen.

Der Vorgesetzte wird auf das Gesprächsverhalten seines Mitarbeiters *flexibel reagieren* müssen. Deshalb sollte er Beurteilungsgespräche sowohl direktiv als auch nichtdirektiv führen können. Im Sinne eines kooperativen Führungsstils wird er sich jedoch bemühen, jede Möglichkeit wahrzunehmen, *durch nicht-direktives Gesprächsverhalten die Bereitschaft und Fähigkeit* des Mitarbeiters zur *Selbstkritik* und *Selbststeuerung* zu wecken und zu fördern.

Beurteilungsgespräche verlangen ein besonderes Mass an Aufmerksamkeit bezüglich des *inhaltlichen Ablaufs,* des *Verhaltens der Gesprächspartner* und des *Ergebnisses der Aussprache.* Das Thema Beurteilung ist mehr als andere Besprechungsthemen geeignet, *innere Spannungen oder Hemmungen,* eine *Angriffs- oder Abwehrhaltung, Missverständnisse oder Misstrauen* hervorzurufen. Fragen der Beurteilung lassen sich nicht nur mit Verstandesargumenten und Vernunftsgründen behandeln. Sie wecken auch *gefühlsmässige Reaktionen.* Die Gesprächsführung bedarf der Reflexion, der kritischen Selbstprüfung. Das Beurteilungsgespräch darf deshalb nicht improvisiert, sondern es muss zuvor nach Inhalt und Form überlegt werden. (Eine Checkliste zur Vorbereitung eines Beurteilungsgesprächs finden Sie in Abb. 8/Anhangband.)

Hier einige Stichworte zur Durchführung eines Beurteilungsgesprächs[177]:
Eröffnung: Sich auf den Partner einstellen, eine zwanglose Atmosphäre schaffen.
- Die Gesprächsbereitschaft des Mitarbeiters gewinnen, allfällige Hemmungen überwinden. - Beim Mitarbeiter Verständnis für die Beurteilungssituation wecken.
Verlauf: Urteil «eröffnen» - den Mitarbeiter zu Stellungnahmen auffordern - Dialog, nicht Vortrag. - Durch offene Fragen zu weiteren Äusserungen anregen, das Gespräch «asymmetrisch» führen (dem Partner den grösseren Anteil an Zeit/Worten überlassen). - Keine Suggestivfragen oder Fangfragen stellen. - Die eigenen Reaktionen kontrollieren. - Pausen nicht scheuen - Zeit zum Überdenken geben. - Tatsachen feststellen, Problem definieren, Problem analysieren, Lösungen suchen, Entscheidungen treffen.
Abschluss: Nahziele vereinbaren (momentan wesentliche oder sehr dringende Ziele).
- Fernziele vereinbaren (zukunftsbezogene, momentan noch nicht aktuelle Ziele).
- Die wesentlichen Gesprächspunkte zusammenfassen und um Bestätigung durch

[177] vgl. Sahm (1977)

den Partner bitten. – Massnahmen vereinbaren: Wer soll Was Wann unternehmen (Vorgesetzter, Mitarbeiter, Personalstelle usw.)? – Auf Beschwerdemöglichkeiten hinweisen. – Einen konstruktiven Ausklang des Gesprächs anstreben – auch nach harten Auseinandersetzungen und bei unaufhebbaren Meinungsverschiedenheiten hinsichtlich der Beurteilung. Die objektive Dauer des Gesprächs ist weniger bedeutsam als dass es dem Vorgesetzten gelingt, sich dem Mitarbeiter *ganz* zu widmen; so erhält dieser das Gefühl, dass der Vorgesetzte Zeit gehabt hat für ihn. Vier wichtige Verhaltenshinweise für die Gesprächsführung sind in Abbildung 140 in Form eines Schemas dargestellt. Wie eine direktive bzw. eine nicht-direkte Haltung in den verschiedenen Phasen des Gesprächs zum Ausdruck kommen, zeigt Abbildung 141.

Nach Abschluss des Gesprächs sollte sich der Vorgesetzte einer Selbstbeurteilung unterziehen und folgende Fragen beantworten:

- Habe ich den Mitarbeiter zur Weiterentwicklung/Leistungssteigerung motiviert?
- Habe ich ihn motiviert, mit mir zusammenzuarbeiten? Oder habe ich Widerstand erzeugt? Falls ja: Wie hätte ich mich verhalten müssen, um diese Reaktion zu vermeiden?
- Habe ich dem Mitarbeiter genügend Zeit gegeben, seine eigene Auffassung zum Ausdruck zu bringen?
- Habe ich ihn sicherer gemacht oder eher verunsichert?
- Habe ich einen ganz konkreten Vorschlag gemacht, wie er – falls erforderlich – sein Arbeitsverhalten verbessern kann? Versteht er genau, was ich von ihm erwarte?

Abbildung 140: Verhaltenshinweise für das Beurteilungsgespräch[113]

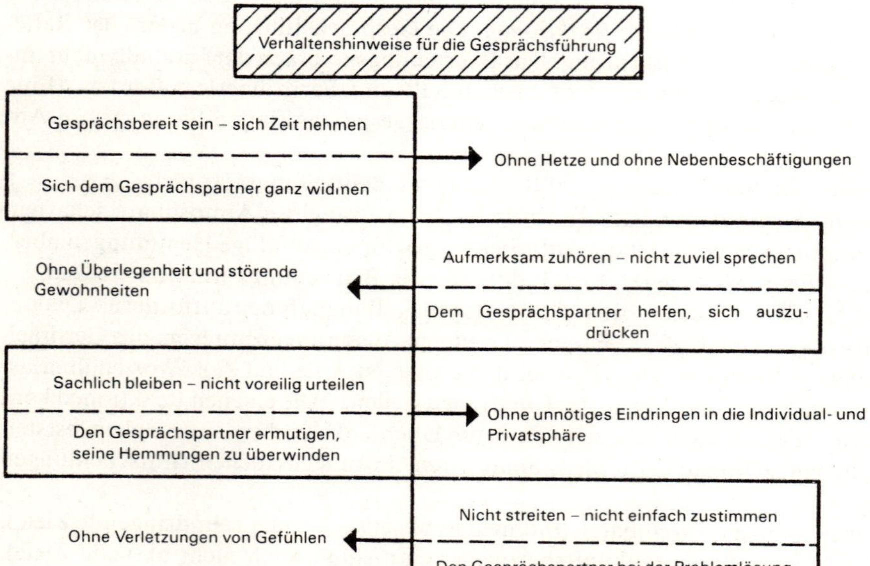

Abbildung 141: Verhaltensmuster im Beurteilungsgespräch[114]

Ablauf des Beurteilungsgesprächs	Fragen und Verhaltensmuster der direktiven Gesprächsführung		Fragen und Verhaltensmuster der nicht direktiven Gesprächsführung	
Gesprächseröffnung	Wie steuere ich das Beurteilungsgespräch an?	Durch Sachlichkeit	Wie erhalte ich die Gesprächsbereitschaft des MA?	Durch partnerschaftliche Zuwendung
Beurteilungserläuterung	Wie erkläre und begründe ich die Leistungsstärken und -schwächen des MA?	Durch Objektivität	Wie führe ich den MA zur Selbstbeurteilung?	Durch beratende Information
Fragen von seiten des Beurteilten	Wie entgegne ich Einwendungen des MA?	Durch Kompetenz	Wie erfahre ich die Gedanken und Gefühle des MA?	Durch verständnisvolles Zuhören
Fragen von seiten des Beurteilten	Wie erreiche ich Zustimmung des MA?	Durch Autorität	Wie initiiere ich die Selbstkritik des MA?	Durch offene Fragestellung
Gesprächsergebnis	Wie erziele ich Leistungszuwachs beim MA?	Durch Vorgabe von Leistungszielen	Wie gewinne ich beim MA Leistung aus eigenem Antrieb?	Durch Beteiligung an der Zielbestimmung
Gesprächsabschluss	Wie erhöhe ich den Leistungswillen des MA?	Durch Leistungsanreize	Wie fördere ich die Leistungsmotivation des MA?	Durch Anregungen zur Selbststeuerung

114 Sahm (1977)

- Habe ich irgend etwas versprochen, von dem ich nicht sicher bin, ob ich es erfüllen kann?
- Wie wäre meine Reaktion gewesen, wenn ich auf der anderen Seite gesessen hätte?

(Eine Checkliste zum Thema finden Sie in Abb. 9/Anhangband, eine Fallstudie in Abb. 110/Anhangband.)

Im Beurteilungsgespräch sollte der Vorgesetzte grundsätzlich versuchen, das Verhalten des Mitarbeiters zu *verstehen,* anstatt es nur an irgendwelchen Normen zu messen. Er sollte sich auch nicht scheuen, für das private Leben des Mitarbeiters, für dessen ausserberuflichen Aktivitäten und Probleme Interesse zu zeigen.

«Wahrscheinlich ist die strikte Trennung von Privatleben und Berufstätigkeit einer der Gründe für die zunehmende psychische Belastung, unter der viele Berufstätige leiden. Er sollte schliesslich dem Mitarbeiter sagen, dass er sich über die Schwierigkeiten bei der Beurteilung klar ist, dass er nichts weiter als seinen persönlichen Eindruck widergibt, der durchaus fehlerhaft und unvollständig sein kann, und den er im Laufe der weiteren Zusammenarbeit gerne zu revidieren bereit ist. Er gibt sich dadurch keine Blösse, im Gegenteil – indem er seine Fähigkeit zur Selbstkritik zeigt, beweist er Sicherheit. Und gewinnt eher das Vertrauen des Mitarbeiters.»[178]

Für das Beurteilungsgespräch gilt in besonderem Masse, was für jedes Gespräch zwischen Vorgesetztem und Mitarbeiter gilt: Richtig fruchtbar und befriedigend wird es nur in einer Atmosphäre gegenseitigen Vertrauens.

178 Schuler (1978)

456 Wer beurteilt wen?

Wenn von Mitarbeiterbeurteilung die Rede ist, dann wird damit der Eindruck erweckt, die Beurteilung des Mitarbeiters durch den Vorgesetzten sei die einzig mögliche «Beurteilungsrichtung». In Wirklichkeit ist die Beurteilung von «oben» nach «unten» natürlich nicht die einzig mögliche, sondern (leider) die einzig übliche Form. Ob diese herkömmliche Beurteilungspraxis sinnvoll ist oder nicht, können Sie nach dem Durchlesen der folgenden Seiten selbst entscheiden.

Bevor die verschiedenen Beurteilungsrichtungen diskutiert werden, sollen ganz allgemein die Voraussetzungen genannt werden, die ein Beurteiler erfüllen muss, um die Beurteilung zweckentsprechend durchführen zu können. Die *wichtigsten Voraussetzungen* sind[179]: Der Beurteiler muss:

- die Möglichkeit haben, die erbrachten Leistungsergebnisse bzw. das gezeigte Leistungsverhalten zu erfassen. Dies ist natürlich vor allem dort der Fall, wo er Gelegenheit hat, sie unmittelbar wahrzunehmen
- über das zur Beurteilung der Leistung erforderliche Sachverständnis verfügen. (So wird auch ein erfahrener Personalspezialist aus der blossen Verhaltensbeobachtung nicht feststellen können, ob eine Krankenschwester die richtige oder die falsche Infusionslösung angeschlossen hat)
- zur Beurteilung motiviert sein. Die Motivation ist dort vorhanden, wo der Betreffende für die zu beurteilende Leistung verantwortlich (insbesondere der Vorgesetzte) oder mitverantwortlich (z.B. die Mitglieder einer Arbeitsgruppe) oder von ihr betroffen ist (so die Mitarbeiter vom Führungsverhalten ihres Vorgesetzten)
- den Willen haben, die Leistung möglichst objektiv, das heisst: sachlich, genau und gerecht zu beurteilen
- mit dem verwendeten Beurteilungsverfahren umgehen können.

Im folgenden sollen die vier möglichen «Richtungen» bzw. Träger der Beurteilung charakterisiert werden.

Vorgesetzte beurteilen ihre Mitarbeiter

Über diese (übliche) Beurteilungsrichtung braucht nicht mehr viel gesagt zu werden. Nur noch ein Hinweis: «Ein Problem besonderer Art könnte daraus entstehen, dass die beurteilten Mitarbeiter nicht nur im Beurteilungsgespräch mit ihrem Vorgesetzten, sondern auch untereinander über ihre Beurteilungen *sprechen* – offen oder nur beiläufig und vielleicht sogar ungewollt. Jeder Beurteilungspraxis, de den Vergleich der Urteile zu scheuen hat, müsste das einen schweren Schlag versetzen, ähnlich wie das Durchsickern der Gehälter bei undurchsichtiger und fragwürdiger Gehaltsbestimmung.

Zu der vielgepriesenen ‚kooperativen Führung', die kaum noch ein Vorgesetzter in seinem eigenen Verhalten nicht verwirklicht sieht, gehört auch die Bereitschaft, Einzelbeurteilungen gegebenenfalls einer ganzen Gruppe gegenüber zu vertreten und die gegenseitige Information der Mitarbeiter über ihre Beurteilungen wenn schon nicht zu fördern, so doch wenigstens auch nicht zu behindern. Eine Voraussetzung

[179] vgl. Lattmann (1975)

dafür ist allerdings ein entsprechend verantwortliches und selbstkritisches Urteilsverhalten.»[180]

Kollegen beurteilen sich gegenseitig

Die gegenseitige Beurteilung innerhalb einer Arbeitsgruppe wird zwar meist für gerecht und demokratisch gehalten, aber dennoch im allgemeinen nicht durchgeführt. Befürchtungen, die in diesem Zusammenhang geäussert werden, lauten:
- In der Gruppe könnte starke Konkurrenz an die Stelle bisheriger Kooperation treten.
- Man könnte sich durch seine Kollegen beaufsichtigt fühlen.
- Es wäre denkbar, dass einer im anderen einen Spitzel sieht, und dass dadurch das Klima in der Gruppe vergiftet wird.

Alle diese Befürchtungen sind nicht zu beseitigen, wenn die Beurteilung unter Kollegen von «oben» angeordnet wird. Dagegen können gegenseitige Beurteilungen recht nützlich sein, zu denen sich eine *Gruppe selbst entscheidet:*
- Die Gruppenurteile können das Urteil des Vorgesetzten *korrigieren und ergänzen.* (Der Mittelwert aus 8 Urteilen ist zuverlässiger als das Urteil eines einzelnen.)
- Die Kollegen werden teilweise andere, *speziell für die Teamarbeit wichtige, Merkmale* beachten als der Vorgesetzte. (Das in der Gruppenarbeit wichtige Verhalten können sie sogar besser beurteilen als er.)

Auf alle Fälle empfiehlt es sich, bei der Einführung einer Beurteilung unter Gleichgestellten, die Gruppen, die sich dazu entschliessen, selbst die Beurteilungsmerkmale und deren Gewichtung festlegen zu lassen.
«Möglicherweise wird eines Tages die gegenseitige Beurteilung innerhalb von Arbeitsgruppen das Urteil des Vorgesetzten über jeden einzelnen ganz ersetzt haben. Die Vorgesetzte hätte dann nur noch die gemeinsame Leistung einer Gruppe zu bewerten.»[181]

Mitarbeiter beurteilen ihren Vorgesetzten

«Jeder Vorgesetzte erwartet von seinen Mitarbeitern, dass sie mit Eifer arbeiten, zuverlässig, geschickt, womöglich selbständig, und noch eine ganze Menge mehr. Er spricht schliesslich harte und konsequenzenreiche Urteile über das Verhalten der Mitarbeiter aus, und keiner fragt ihn, wie sinnvoll, wie eindeutig seine Anweisungen waren, wieweit er fähig war, die Motivation seiner Mitarbeiter zu fördern, sich ihnen gegenüber kollegial zu verhalten. Zwar werden die meisten Führungskräfte ihrerseits von ihrem Vorgesetzten beurteilt, aber was sieht der schon von ihrem Verhalten gegenüber Untergebenen?
Als Haupteinwand gegen die Beurteilung von ‚unten' nach ‚oben' wird häufig vorgebracht, dass Mitarbeiter zuwenig Einblick in die Arbeit ihres Vorgesetzten hätten und deshalb dessen Qualifikation nicht beurteilen könnten. Für einige Aspekte des

180 Schuler (1972)
181 Schuler (1972)

Arbeitsverhaltens mag das zutreffen. Was Mitarbeiter aber ganz sicher beurteilen können (und zwar besser als die nächsthöhere Instanz), ist die Fähigkeit und Bereitschaft ihres Vorgesetzten zu richtiger Delegation, zu kollegialem, verständnisvollem Verhalten, sein Bemühen, klare Anweisungen zu geben sowie einige andere Merkmale, vor allem solche des sozialen Verhaltens.»[182]

Warum sollen nicht auch die Mitarbeiter das Führungsverhalten ihres Vorgesetzten beurteilen? Diese Frage – so zeitgemäss und notwendig sie erscheinen mag – berührt ein Tabu, das bisher in ganz wenigen Organisationen angetastet wurde: die *Unverletzlichkeit der formalen Autorität des Vorgesetzten*. Dass Vorgesetzte ihre Mitarbeiter kritisieren, ist alter Brauch – das umgekehrte Verhalten gilt durchwegs als Provokation, in ernsten Fällen als Entlassungsgrund.

In einer Organisation mit mehr als 6000 Beschäftigten wurde mit dieser ehrwürdigen Personalführungsregel gebrochen: 104 Vorgesetzte aller Führungsebenen liessen sich von 620 Mitarbeitern beurteilen. Dabei wurde folgendermassen vorgegangen[183]:

- Die *Idee* kam vom Vorstandsvorsitzenden, der seine Vorstandskollegen für das Projekt gewinnen konnte.
- Der Ausbildungsleiter erhielt den Auftrag, die Aktion durchzuführen. Er entschied sich, zur Befragung den «Fragebogen zur Vorgesetzten-Verhaltensbeschreibung» (Abb. 140/Anhangband) und eine «Skala zur Messung der Arbeitszufriedenheit» (Abb. 36/Anhangband) zu verwenden.
- Mit einer Umfrage bei 257 Vorgesetzten aller Hierarchieebenen wurde die Meinung zur Aktion erforscht. *Strikte Anonymität* bei der Befragung wurde zugesichert.
- Die meisten Vorgesetzten nahmen den Plan überraschend positiv auf.
- Nun wurde die Befragung gestartet. Zuerst stellten sich die 6 Vorstandsmitglieder der Kritik ihrer unmittelbar unterstellten Mitarbeiter. Dann folgten Vorgesetzte der oberen, mittleren und der unteren Führungsebene.
- Bei der Befragung wurde ein strenges *Befragungs-Reglement* angewendet, damit einerseits die für die statistische Auswertung notwendigen persönlichen Angaben miterfasst wurden, andererseits die zugesicherte Anonymität gewahrt blieb.
- Die von 620 Mitarbeitern ausgefüllten Fragebogen mit den Beurteilungen von 104 Vorgesetzten (rund 50 000 Daten) wurden im Rechenzentrum der Universität Hamburg ausgewertet.
- Der Computer druckte allen beteiligten Vorgesetzten ihren *persönlichen Mittelwert*, dazu den *Mittelwert ihrer Führungsebene* und den *Mittelwert aller beurteilten Führungskräfte* aus.

Die in Abbildung 36/Anhangband dargestellten fünf Verhaltensprofile für Vorgesetzte der drei Management-Ebenen, für das gesamte Kader sowie für den Vorstandsvorsitzenden setzen sich aus den Ergebniswerten von fünf Fragebogen-Komplexen zusammen. Die Komplexe (unterschiedliche Kriterien typischen Vorgesetztenverhaltens) sind folgendermassen definiert:

- Inwieweit verhält sich der Vorgesetzte seinen Mitarbeitern gegenüber freundlich zugewandt und respektiert sie?

---

182 Gottschall (1974)
183 vgl. Gottschall (1974)

- Wie stark kann er seine Mitarbeiter durch seine Aktivität mitreissen und stimulieren?
- In welchem Ausmass beteiligt er seine Mitarbeiter an Entscheidungen und lässt sie mitbestimmen?
- Wie stark kontrolliert er seine Mitarbeiter?
- Daneben ist noch ein «Kombinationsmerkmal» aus den Kriterien «freundliche Zuwendung» und «stimulierende Aktivität» gebildet, welches das eigentlich gewünschte Führungsverhalten darstellt.

ZumVerständnis der Profile: Der Skalenpunkt 5 ist der Idealwert (ausser bei der Skala «Kontrolle»; in diesem Fall stellt der Skalenpunkt 3 das Optimum dar).
Auch die Fragen zur *Arbeitszufriedenheit* wurden im Rechenzentrum ausgewertet. Dabei zeigte sich: Je positiver das Führungsverhalten des Vorgesetzten eingestuft wurde, desto grösser ist die Zufriedenheit am Arbeitsplatz. (In Abb. 37/Anhangband sehen Sie das Ergebnis von 15 der 23 Kriterien, die beurteilt werden mussten.)

Das Gesamtergebnis der Aktion: überraschend positiv

«Erst dachte ich: Was haben die denn da vor? Jetzt rutschen die aber erheblich nach links. Dann aber sah ich, dass das doch wohl ein gutes Instrument der Eigenkontrolle ist» (ein Hauptabteilungsleiter).
«Ich kann mich nicht korrigieren, wenn ich nicht weiss, wie mein Führungsverhalten ankommt» (ein Produktionsleiter).
Beispiele solcher Befragungen an Krankenhäusern sind uns keine bekannt.
Um Klarheit über sein Führungsverhalten zu erlangen, kommt kein Vorgesetzter darum herum, sich den Feedbacks seiner Mitarbeiter zu stellen. Nur anhand solcher Rückmeldungen erfährt er, wie sein (Führungs-)Verhalten auf sie wirkt. Indem ich als Vorgesetzter Feedbacks von seiten meiner Mitarbeiter nicht zurückweise (besser: akzeptiere), verschaffe ich mir eine grosse Chance: die Chance, zu lernen. Aber so sehr wir auch die Vorteile von Feedbacks anerkennen, so drücken wir uns doch gerne davor, weil sie in unserer Erfahrung oft mit schmerzlichen Erlebnissen verbunden sind.
Als Vorgesetzte laufen wir Gefahr, dass wir wohl laufend Feedbacks «von oben nach unten» (z.B. in Form von Leistungsbeurteilungen) fliessen lassen, aber andererseits nicht bereit sind, auch Feedbacks «von unten nach oben zu akzeptieren. Rückmeldungen aber müssen in beide Richtungen fliessen, sonst ist eine grosse Chance vertan. Ein erster Schritt in Richtung kooperativer Führung besteht darin, Feedbacks anzunehmen. Ein zweiter Schritt: Feedbacks zu fordern. Wie wäre es, wenn Sie Ihr (Führungs-)Verhalten durch Ihre Mitarbeiter beurteilen liessen? Bringen Sie den Mut auf, es zu versuchen. Wenn Ihnen allein schon die Vorstellung davon das kalte Grauen über den Rücken jagt, ist wohl irgendetwas an Ihrem Führungsstil nicht ganz in Ordnung.
Als Instrumente zur Vorgesetzten-Beurteilung sind im Anhang zu finden:

- Fragebogen zur Vorgesetzten-Verhaltens-Beschreibung FVVB (Abb. 140/Anhangband)
- «Fortune-Magazine»-Beurteilungsbogen für Vorgesetzte (Abb. 141/Anhangband)

- Fragen zum Gruppenleiter-Verhalten (Abb. 142/Anhangband)
- Fragen zum Autoritätsverhalten in der Arbeitsgruppe (Abb. 120/Anhangband)

Mitarbeiter und Vorgesetzte beurteilen sich selbst

Eigentlich wäre der einzelne Mitarbeiter bzw. Vorgesetzte besonders geeignet, die von ihm erbrachte Leistung zu beurteilen: Er ist der einzige, der über umfassende Informationen verfügt. Der heikle Punkt ist natürlich die *Objektivität:* Jeder kann sich nur mit seinen eigenen Augen sehen. Trotzdem steht ausser Zweifel, dass es sehr aufschlussreich sein kann, zu wissen, wie sich der Mitarbeiter selbst beurteilt. Am ehesten kann der Vorgesetzte dies erfahren, wenn er dem Mitarbeiter auch einen Beurteilungsbogen gibt und ihn bittet, diesen selbst auszufüllen.

Dadurch ist der Mitarbeiter gezwungen, sich mit seinem (Leistungs-)Verhalten auseinanderzusetzen. Er kann gleichzeitig die Schwierigkeiten erahnen, denen der Vorgesetzte beim verantwortungsbewussten Ausfüllen des Bogens gegenübersteht. Interessant ist, dass die Selbstbeurteilung des Mitarbeiters häufig viel kritischer und schärfer ausfällt als die Beurteilung durch seinen Vorgesetzten.

Ein Stück Selbstbeurteilung ist allerdings in allen Beurteilungssystemen vorhanden, bei denen ein echtes Gespräch (Dialog) zwischen dem Vorgesetzten und dem Mitarbeiter stattfindet. Als in sich geschlossenes Verfahren ist die Selbstbeurteilung kaum geeignet, denn sie vermag einen wichtigen Zweck jeder Leistungsbeurteilung nicht zu erfüllen, nämlich die *Rückmeldung* über die Wirksamkeit des eigenen Verhaltens. Als Bestandteil eines Beurteilungssystems aber kann sie sehr sinnvoll sein. So bei der *dualen Beurteilung,* die die Selbstbeurteilung des Mitarbeiters und die Beurteilung durch den Vorgesetzten umfasst. Der *Vergleich der Selbsteinschätzung des Mitarbeiters mit der Fremdeinschätzung durch den Vorgesetzten* liefert wertvolle Ansatzpunkte für ein fruchtbares Gespräch und eine beidseitige Überprüfung.

Neben der «offiziellen» Selbstbeurteilung spielt die *fortwährende, spontane Selbstbeurteilung* eine immer wichtigere Rolle. Vor allem der *Selbstkritik des Vorgesetzten* kommt ganz zentrale Bedeutung zu. Der Führungserfolg in differenzierteren und komplexeren Kooperationssystemen hängt immer weniger vom unreflektierten «Durchsetzungsvermögen» ab, sondern erfordert die *selbstkritische Konfrontation des Führenden mit sich selbst.* «Führung, die ein selbständigeres und mitverantwortlicheres Arbeitsverhalten der Mitarbeiter erreichen will, ist weniger durch unbekümmerte Selbstsicherheit zu leisten, sondern braucht mehr *Problembewusstsein des Führenden und Selbstkritik gegenüber dem eigenen Führungsstil.*»[184]

Selbsterkenntnis und Selbstkritik sind die Bedingung dafür, dass ich als Vorgesetzter mein Verhalten steuern kann. Wer nicht fähig ist, eigene Schwächen zu erkennen und dazu zu stehen, hat auch für die Schwächen anderer kein Verständnis. Ohne dieses Verständnis aber ist keine humane Führung, keine humane Beurteilung möglich. Der Vorgesetzte, der bereit ist, eigene Fehler und Mängel zu erkennen und offen dazu zu stehen, wird von seinen Mitarbeitern als Mensch anerkannt: Man achtet ihn, man schenkt ihm Vertrauen.

Patienten beurteilen Mitarbeiter/Vorgesetzte

Als weitere Form der Beurteilung kann schliesslich auch die Beurteilung des Arbeitsverhaltens durch den Patienten erfolgen. Ein Beispiel[185]: Im Rahmen der Beurteilung der Pflegequalität wurden auf einer medizinischen Station die Bereiche «Schlafgewohnheiten» und «Essgewohnheiten» untersucht. Zur Beurteilung wurde eine Skala mit vier Stufen verwendet: Die Fragen konnten mit «immer», «oft», «selten» oder «nie» beantwortet werden.

Die Antwort «immer» entspricht der optimalen Pflege und erhält 3 Punkte; die Antwort «oft» entspricht der angepassten Pflege und erhält 2 Punkte; die Antwort «selten» entspricht der Routinepflege bzw. sicheren Pflege und erhält 1 Punkt. Die Antwort «nie» erhält 0 Punkte und entspricht einem gefährlichen Zustand. Befragt wurden 10 Schwestern und 10 Patienten und die Antworten miteinander verglichen (Abb. 38/Anhangband).

Die Meinungen der Schwestern über ihre Pflege waren vorwiegend mit den Prädikaten «angemessen» bis «optimal» eingestuft; die Patienten jedoch beurteilten die Fragen zum Teil mit «nie», was einer gefährlichen Pflege entspricht. Nur eine Frage wurde von beiden Beurteilergruppen gleich beantwortet. Die Resultate wurden in der Pflegegruppe ausgewertet und entsprechende Pflegeziele formuliert.

457 Beurteilungsfehler

Bei der Beurteilung können zahlreiche Fehler auftreten, die zur Folge haben, dass die mit der Beurteilung angestrebten Ziele, insbesondere aber die Objektivität/Vergleichbarkeit der Beurteilungsergebnisse weit hinter den Erwartungen zurückbleibt. Um diese Fehler vermeiden zu können, muss man sie kennen. Im Hinblick auf die Entstehungsursache lassen sich personbedingte, verfahrensbedingte und situationsbedingte Beurteilungsfehler unterscheiden.

Personbedingte Beurteilungsfehler

Eine unrichtige Beurteilung kann zunächst vom Beurteiler *absichtlich* angestrebt werden. Dies kann beispielsweise dann der Fall sein, wenn Sympathie/Antipathie besteht, wenn man einen unliebsamen Mitarbeiter loswerden will (dann wird er «weggelobt»), wenn man einen Mitarbeiter an einer Kündigung hindern will oder aus der Absicht heraus, seine eigene Beurteilung (durch höhere Vorgesetzte) nicht ungünstig zu beeinflussen.

Beurteilungsfehler können aber auch *unabsichtlich* entstehen und dem Beurteiler selbst nicht bewusst sein. Jeder Mensch ist einer Reihe von Fehlerquellen ausgesetzt, die mit seinen eigenen Einstellungen, Erfahrungen, mit seiner Person verbunden sind. Typische Beurteilungsfehler dieser Art sind[186]:

- *Halo-Effekt:* (halo, griech. = Lichthof, Heiligenschein). Dieser wohl bekannteste Beurteilungsfehler besteht in einer «Überstrahlung», welche von einem hervorstechenden (meist dem ersten) Eindruck oder einem ganz bestimmten Merkmal der

---

185 vgl. Meier (1983)
186 vgl. Preiser (1979), Schuler (1972), Comelli (1973)

beurteilten Person ausgeht. Diese Überstrahlung bewirkt, dass der Beurteiler bei der Bewertung der Einzelmerkmale von dem Gesamteindruck geleitet wird, den er von der betreffenden Person hat. Er schliesst von der Ausprägung des für ihn wichtigsten Merkmals (das für den Gesamteindruck verantwortlich ist) auf die entsprechenden Ausprägungen aller anderen Merkmale.

Mögliche Ursachen sind: semantische Unklarheiten bei der Merkmalsdefinition, mangelnde Verankerung an beobachtbaren Daten, ungenügende Informationsbasis für einzelne Merkmale, undifferenziertes Menschenbild, geringe Konflikttoleranz starkes moralisches oder emotionales Engagement. Eine deutliche Verminderung des Halo-Effektes lässt sich erreichen, indem den einzelnen Positionen der Beurteilungsskalen möglichst prägnante Verhaltensbeschreibungen zugeordnet werden.

- *Logischer Fehler:* Darunter versteht man die Tendenz, zwei oder mehr Merkmale ähnlich (oder entgegengesetzt) zu beurteilen, aufgrund einer vermuteten logischen oder psychologischen Beziehung. Mögliche Ursachen sind die beim «Halo-Effekt» genannten Punkte.
- *Massstab-Effekt:* Macht der Beurteiler sich selbst zum Massstab der Beurteilung, so entstehen oft dysfunktionale Beurteilungen. Generell besteht die Tendenz, dass diejenigen Personen zu günstig (zu ungünstig) beurteilt werden, die der Beurteiler als ähnlich (unähnlich) wahrnimmt. Die Ähnlichkeit kann sich sowohl auf äussere Merkmale (z.B. Kleidung, Automarke) als auch auf Einstellungen, Meinungen oder Erlebnisse beziehen.
- *Häufungs-Effekt:* Dieser Effekt bezeichnet die Erscheinung, dass manche Beurteiler relativ einheitliche Urteile über alle zu beurteilenden Personen abgeben. So hat der eine Beurteiler immer gute, ein anderer immer schlechte und ein dritter immer mittelmässige Mitarbeiter. Die Behebung dieses Fehlers ist in gewissem Umfang dadurch möglich, dass der Beurteiler die zu Beurteilenden in den einzelnen Beurteilungsmerkmalen in eine Normalverteilung zu bringen versucht.
- *Mildefehler:* Darunter wird die allgemeine Tendenz von Beurteilern verstanden, positive Beurteilungen zu bevorzugen, also die Mitarbeiter zu nachsichtig zu beurteilen.
  Mögliche Ursachen für diesen Fehler sind: zu niedriger Beurteilungsmassstab des Vorgesetzten (entsprechende bisherige Erfahrungen, Bezugsgruppe mit ungünstigen Durchschnittsmerkmalen, niedriges eigenes Anspruchsniveau); positives Menschenbild, Optimismus, Schönfärberei; persönliche Verbundenheit, Sympathie; der Vorgesetzte will niemandem wehtun; er scheut sich vor Auseinandersetzungen mit dem Beurteilten; er will das Verhältnis zum Beurteilten nicht belasten; er will positiv motivieren durch Anerkennung; er möchte beweisen, dass er gute Mitarbeiter ausgewählt oder ausgebildet hat.
- *Strengefehler:* Hier liegt der umgekehrte Fall vor: Es besteht die Tendenz, negative Beurteilungen zu bevorzugen und die Mitarbeiter zu unnachsichtig zu beurteilen. Mögliche Ursachen sind: zu hoher Beurteilungsmassstab des Vorgesetzten; negatives Menschenbild, Pessimismus, Schwarzmalerei; möchte den Mildefehler bewusst vermeiden; möchte sich nicht dem Vorwurf der Begünstigung aussetzen; will motivieren durch Kritik; möchte sich von dem Beurteilten positiv herausheben.
- *Zentrische Tendenz:* Dieser Fehler äussert sich in einer «Flucht in die Mitte»: Der Beurteiler tendiert dazu, mittlere Beurteilungen zu bevorzugen und extreme Urteile

zu vermeiden (bei einer fünfstufigen Merkmalsbeurteilung zeigt sich dann eine Häufung in der Stufe C), woraus sich eine übersteile Verteilungskurve ergibt. Mögliche Ursachen sind: Bezugsgruppe mit unterschiedlichen Merkmalsausprägungen; allgemeine Unsicherheit; Unsicherheit wegen zu geringer Informationsbasis; möchte niemanden bevorzugen oder benachteiligen; will soziale Diskriminierungen vermeiden.
- *Schwarzweissmalerei:* Das ist wiederum das Gegenteil zum vorherigen Fall: Hier neigt der Beurteiler dazu, gehäuft extreme Urteile abzugeben. Ursachen können sein: Bezugsgruppe mit homogener Merkmalsausprägung; Tendenz zu klaren Alternativentscheidungen; geringe Konflikttoleranz, kann nichts in der Schwebe lassen.
- *Sympathiefehler:* Tendenz, sympathisch erlebten Menschen allgemein positive Merkmale zuzuschreiben und Schwächen zu übersehen.
- *Fehler der Nähe:* Tendenz, Merkmale ähnlich zu beurteilen, die auf dem Beurteilungsbogen nahe beieinander stehen.
- *Kontrast-Fehler:* Tendenz, dem Beurteilten entgegengesetzte Merkmalsausprägungen zuzuschreiben, als man selbst hat oder als man sich selbst zuschreibt.
- *Projektionsfehler:* Tendenz, im Beurteilten Merkmale oder Motive wahrzunehmen, die man selbst hat (aber innerlich ablehnt), die man sich selbst zuschreibt oder die man selbst haben möchte.
- *Übertragungsfehler:* Tendenz, im Beurteilten Merkmale und Motive wahrzunehmen, die ein früherer Interaktionspartner mit einer ähnlichen sozialen Beziehung (z.B. Autoritätsverhältnis) hatte.
- *Antwort-Tendenzen:* Tendenz, bestimmte Antwortarten (z.B. ja oder nein) oder bestimmte Pole graphischer Skalen (z.B. rechts oder links) zu bevorzugen.
- *Verallgemeinerungsfehler:* Tendenz, aufgrund einzelner situativer Beobachtungen auf stabile Merkmale zu schliessen. Oder Tendenz, aufgrund spezifischer Merkmale (z.B. Unpünktlichkeit) auf generelle Persönlichkeitsmerkmale (z.B. Unzuverlässigkeit) zu schliessen.
- *Erwartungsfehler:* Tendenz, seine Erwartungen (aufgrund von Vorannahmen, Hypothesen oder sozialem Druck) in Beobachtung und Beurteilung zu bestätigen.
- *Fehler der sozialen Erwünschtheit:* Tendenz, bei offen abgegebenen Beurteilungen sich selbst in ein günstiges Licht zu rücken bzw. Äusserungen abzugeben, die man für sozial akzeptabel hält. Bei gemeinsam abzugebenden Beurteilungen kann sich dieser Fehler darin äussern, dass man versucht, die Beurteilung des Partners zu erraten, um mit ihm übereinzustimmen.
- *Konstanz-Fehler:* Tendenz, ein und dieselbe Person auch unter verschiedenen Gesichtspunkten oder in unterschiedlichen Situationen als identisch (immer gleich) zu erleben. Unterschiedliche Informationen werden dann als situative oder perspektivische Verzerrungen betrachtet, die für die eigentliche Beurteilung irrelevant sind.
- *Adaptionsniveau:* Tendenz, einen durchschnittlichen Mitarbeiter in einer überdurchschnittlichen Gruppe schlechter zu beurteilen als in einer unterdurchschnittlichen Gruppe. Der Beurteilungsmassstab, der bei einem aktuellen Reiz angewendet wird, hängt vom Ausprägungsgrad der *zuvor* oder *gleichzeitig beurteilten Reize* ab *(Ankerreize).*

- *Schwellenphänomene:* Tendenz, schwache oder unauffällige Unterschiede zwischen Personen oder minimale Veränderungen einer Person nicht zu erfassen. Reize werden erst ab einer bestimmten Intensität wahrgenommen, die Reizschwellen sind individuell verschieden.
- *Zuordnungstendenz:* Tendenz, eigenes und fremdes Verhalten mittels wissenschaftlich ungeprägter «naiver» Verhaltenstheorien zu erklären. Eine besondere Rolle spielen dabei Zuschreibungen von inneren und äusseren Ursachen und Zielsetzungen.
- *Selektion, Wahrnehmungsabwehr, Sensitivierung:* Tendenz, widersprüchliche oder bedrohliche Informationen entweder zu unterdrücken (Wahrnehmungsabwehr, «Übersehen») oder besonders aufmerksam zu beachten (Sensitivierung). Ausserdem wird immer eine Auswahl aus den zur Verfügung stehenden Informationen getroffen (Selektion).
- *Hierarchie-Effekt:* Die Tendenz, Mitarbeiter auf höheren Positionen positiver zu beurteilen. Die Ursache für diesen Fehler besteht wahrscheinlich zur Hauptsache darin, dass nicht bestimmte Leistungsnormen, sondern die hierarchische Position zum Massstab für die Beurteilung genommen wird (nach dem Motto: «Wer höher ist, ist sicher auch besser»).
- *Alters-Effekt:* die Tendenz, ältere Mitarbeiter ungünstiger zu beurteilen. Es wurde festgestellt, dass das allgemeine Beurteilungsniveau bis zum 30. Lebensjahr steil ansteigt, um dann mit zunehmendem Alter ständig zu sinken. In diesem Sachverhalt dürfte die zur Zeit weit verbreitete Wertschätzung bzw. das Vorurteil von der Leistung eines Menschen in Abhängigkeit vom Alter zum Ausdruck kommen (nicht von ungefähr finden ältere Arbeitnehmer nicht mehr so leicht einen neuen Arbeitsplatz).

Brummt Ihnen der Kopf? Das Arsenal an Fehlermöglichkeiten ist wirklich gewaltig, und es ist völlig unmöglich, sich all dieser Fehlerquellen bei jeder Beurteilung bewusst zu sein. Das war auch nicht der Sinn dieses Fehlerkatalogs. Was wir damit beabsichtigt haben, ist: die Sicherheit, in der sich viele Menschen bei der Beurteilung anderer wiegen, zu erschüttern. Und sie von der Illusion zu befreien, es gäbe so etwas wie ein objektives Registrieren dessen, was tatsächlich ist. (Eine Fallstudie zum Thema finden sie in Abb. 111/Anhangband.)

Auf eine in der Person angelegte Fehlerquelle, die sich bei der Beurteilung von Mitarbeitern besonders gravierend auswirkt, soll noch hingewiesen werden: die *Vorurteile* (Stereotypen). Die persönlichen Einstellungen, die wie unsere Wahrnehmung sehr stark beeinflussen, haben eine kognitive und eine affektive (emotionale) Dimension. Je stärker die kognitive Dimension ausgeprägt ist, desto flexibler und realitätsangepasster ist die Einstellung. Je stärker die *affektive* Besetzung ist, desto geringer ist auch die Bereitschaft zur Änderung dieser Einstellung.

Auch die «Lebensdauer» spielt eine Rolle: Die Einstellungen, die wir sehr früh erworben haben, sind gewöhnlich die starrsten. Solche *starren, affektiv betonten Einstellungen,* die trotz zusätzlicher Informationen beibehalten werden, nennt man *Vorurteile* (Stereotypen). Vorurteile sind dadurch gekennzeichnet, dass[187]

---

[187] vgl. Schuler (1972)

- es sich zumeist um *falsche Meinungen* über andere Menschen als einzelne oder als Angehörige von Gruppen handelt («Menschen mit Brille sind intelligenter als Menschen ohne Brille»)
- sie auf *ungenügenden Informationen* basieren und auch *durch zusätzliche Informatonen nicht (oder nur schwer) zu ändern* sind: Kinder von Antisemiten sind später meist selber antisemitisch eingestellt, auch wenn sie niemals unangenehme Erfahrungen mit Juden gemacht haben
- von der Beobachtung eines oder weniger *Einzelfälle auf eine Allgemeinheit* geschlossen wird: «Das ist schon der zweite überhebliche Deutsche, den ich kennenlerne. Die Deutschen scheinen überhaupt ziemlich überheblich zu sein». Oder es wird umgekehrt von einem allgemeinen Durchschnitt auf einen Einzelfall geschlossen: «Die Bayern trinken am meisten Bier in ganz Europa. Vorsicht, der Huber ist ein Bayer; der Kerl ist sicher ständig besoffen».
- sie von einer *Mehrzahl* von Menschen geteilt werden: Die meisten Menschen sind sich darüber einig, wie ein Professor oder ein Zuhälter auszusehen hat
- sie *einfacher* strukturiert *sind als die Wirklichkeit:* «Die auf der Verwaltung haben ja sowieso zu wenig zu tun. Kein Wunder, dass sie immer wieder andere, verrücktere Vorschriften hinauslassen.»

Dass Vorurteile nicht aussterben wollen, auch wenn sie schon lange totgeredet sind, zeigt eine neue Untersuchung über das alte Stereotyp der höheren Intelligenz von Brillenträgern: 2 Gruppen von je 15 Personen wurden Videorecorderaufnahmen vorgeführt, wobei jeder der 4 weiblichen Darsteller unter der einen Bedingung ohne, unter der anderen mit Brille gezeigt wurde. Insgesamt wurden 120 Urteile über die Intelligenz der Darsteller abgegeben, und zwar 60 nach einem stehenden Bild von 15 Sekunden Expositionszeit, die übrigen 60 nach einem fünfminütigen Interview. Für die kurze Betrachtungszeit ergab sich ein statistisch hochsignifikanter Effekt: Die gleichen Darsteller wurden mit Brille für wesentlich intelligenter gehalten als ohne Brille. Die durchschnittlich geschätzten Intelligenzquotienten waren 127 bzw. 115. Dieser Effekt trat nicht auf bei der Intelligenzschätzung nach dem fünfminütigen Interview. Hier konnten die Versuchspersonen verlässlichere Informationen zur Einschätzung der Intelligenz heranziehen.

Andere *Merkmale der äusseren Erscheinung,* die bei vielen Beurteilern Stereotype einklinken lassen, sind Bart, Körpergrösse, vorspringendes Kinn usw. Für das Vorurteil der Sinnlichkeit von Frauen mit geschminkten Lippen wurde nachgewiesen, dass den Beurteilern die Schminke gar nicht bewusst aufgefallen zu sein braucht.

In den Bereich der Vorurteile gehört auch ein Urteil, das vorschnell über einen neuen Mitarbeiter gefällt wird, der in seinem Äusseren, in seiner Stimme oder in seinen Bewegungen *einem anderen gleicht,* mit dem man vielleicht besonders schlechte Erfahrungen gemacht hat. Ob man sich nun dieser Verbindung bwusst ist oder nicht – man wird unwillkürlich die gleichen Erfahrungen mit dem neuen Mitarbeiter erwarten bzw. befürchten.

Was Vorurteile so wirksam und so gefährlich macht, ist vor allem: dass sie in der Regel *unbewusst,* sozusagen *automatisch* funktionieren. «Schreibt man über Vorurteile und deren Wirkungen, so fühlen sich ausgerechnet diejenigen angesprochen, die eigentlich nicht gemeint sind. Die anderen dagegen, denen der Vorwurf gilt, halten sich für perfekt und kommen gar nicht auf den Gedanken, dass sie die Zielgruppe sind.»[188]

Leider ist es so, dass wir alle mehr oder weniger von Vorurteilen belastet sind. Nun sind aber nur solche Menschen bereit und fähig, an sich selbst Vorurteile festzustellen, die über ein höheres Mass an *Selbstsicherheit* verfügen. Und das sind gerade diejenigen, die weniger zu Vorurteilen neigen als andere. Eine besonders starke Neigung, in stereotypisierten Kategorien zu denken, wurde bei der *autoritären Persönlichkeit* (Adorno) festgestellt. Ihre Merkmale sind[189]:

- *Aufwertung der eigenen Gruppe* unter gleichzeitiger Abwertung anderer: «Wir sind die einzige Abteilung, wo wirklich zusammengearbeitet wird. In den anderen Abteilungen arbeitet doch jeder gegen jeden.»
- *Selbstgerechtigkeit* und *scharfe Verurteilung Andersdenkender:* «Wenn Buser eine andere Meinung hat als ich, kann das nur daran liegen, dass er zu blöd ist, die Sache zu begreifen».
- *Starre, unflexible Denkweise* und *mangelnde Fähigkeit, Widersprüche zu ertragen:* «Unklarheiten kann ich nicht vertragen – die Sache muss sofort in Ordnung kommen – besser irgendeine Lösung als keine».
- *Bestehen auf starren Konventionen* und *unnachsichtige Haltung gegenüber Aussenseitern:* «Leute mit Punkfrisuren sollte man kurzerhand rausschmeissen». «Voellmy, dieser Spinner, bringt dauernd neue Ideen, die doch niemandem etwas nützen».

Keiner lässt sich gern als «autoritäre Persönlichkeit» betiteln. Und doch gibt es eine ganz stattliche Zahl von Vorgesetzten, bei denen die Züge dieser Persönlichkeit mehr oder weniger stark ausgeprägt sind.

Vorurteile wirken in so vielen Fällen und so nachhaltig, dass sich die Frage nach ihrer Funktion aufdrängt. Vorurteile haben eine *Ich-entlastende Funktion:* Vorurteile gegenüber Minderheiten können z.B. von den Schwächen der eigenen Person bzw. Gruppe ablenken. Dass Ich wird auch dadurch entlastet, dass durch Vorurteile die Komplexität der Welt reduziert wird: Um sich in dieser Komplexität zurechtzufinden, ordnet der Mensch alles, was er erlebt, möglichst rasch in bestimmte «Schubladen» ein.

«Erst wenn wir neue Erlebnisse in die Schubläden unseres Erfahrungskatalogs eingeordnet haben, wissen wir uns angemessen zu verhalten. Je kleiner der gemeinsame Nenner ist, auf den wir neue Informationen bringen, je weniger Schubläden wir benützen, desto kleiner ist auch das Verhaltensrepertoire, das wir benötigen, und desto grösser ist die subjektive Sicherheit, dass wir uns richtig verhalten.

Menschen, die zur Stereotypbildung neigen, haben es da natürlich leichter als andere. Sie wissen schneller, wo's lang geht. Sie brauchen sich selbst und ihr Meinungsgefüge nicht so oft in Frage zu stellen. Sie haben Angst vor der Unsicherheit und reduzieren die Komplexität der Welt dadurch, das sie alle Zweifel an der Richtigkeit ihrer bisherigen Anschauungen abwehren. *Sie machen sich ihr Leben dadurch leichter, indem sie es anderen schwerer machen.»*[190]

---

188 Schuler (1972)
189 nach Schuler (1972)
190 Schuler (1972)

Hält man sich die Stabilität von Vorurteilen vor Augen, so wirken Appelle wie «Lassen Sie sich bei der Beurteilung von Mitarbeitern nicht von Vorurteilen leiten» geradezu lächerlich. Die Ansicht, Vorurteile liessen sich auf diese Weise ausrotten, ist eine Illusion. Eine Möglichkeit, diese massiven Wahrnehmungsbarrieren anzugehen, besteht darin, dass wir uns die Vorurteile, die wir mit uns herumtragen, *bewusst machen* und eingestehen. Und sie in Situationen, in denen eine Begegnung mit dem stereotypierten Objekt (z.B. dem «langhaarigen Linken») stattfinden, auf ihren Wahrheitsgehalt hin prüfen.

Auch die *gegenseitige Beurteilung* von Mitarbeitern und Vorgesetzten kann viel dazu beitragen, dass ich als Vorgesetzter Vorurteile, die sich in mir eingenistet haben, erkenne und dadurch besser in den Griff bekomme.

Eng mit dem Phänomen des Vorurteils verbunden ist das Phänomen des *ersten Eindrucks:* Jeder von uns neigt dazu, am ersten Eindruck von einem Menschen festzuhalten (auch wenn er falsch ist). Viele Versuche zeigen, dass die allerersten Eindrücke, die wir von einem anderen Menschen haben, von nachhaltiger Wirkung sind, mögen sie auch noch so zufällig zustandegekommen und unzuverlässig sein.

Wir ziehen es meistens vor, bei einem einmal gebildeten Urteil zu bleiben. Ändern wir nämlich unsere Ansicht, dann geben wir damit zu, uns geirrt zu haben. Und das tun die meisten Menschen ungern. Dazu kommt – wie oben bemerkt – die «Ich-Entlastung»: Wir fühlen uns sicherer, wenn wir wissen, «was für einer» der andere ist, wenn wir ihn in eine bestimmte Schublade eingeordnet haben. Würden wir unser Bild von ihm laufend ändern, müssten wir immer neu überlegen, was von ihm zu erwarten ist. Bleiben wir hingegen beim ersten Eindruck und erklären Verhaltensweisen, die nicht zu diesem Eindruck passen, als situationsbedingt oder zufällig («Er wird einen schlechten Tag gehabt haben»), ist es einfacher.

Um unsere ersten Eindrücke nicht mehr entscheidend revidieren zu müssen, interpretieren wir neue Informationen meist im Licht unserer vorgefassten Meinung. Jemand, über den wir von Anfang an die Nase rümpfen, hat so keine grosse Chance, uns allmählich sympathischer zu werden, zumal er sich auch seinerseits nach einiger Zeit nicht mehr um eine Verbesserung der Beziehung bemühen wird (sich selbst erfüllende Vorhersage). Der erste Eindruck von einem Menschen «überstrahlt» also alle späteren Eindrücke: Wir beziehen nicht alle Beobachtungen und Verhaltensweisen in unser Urteil mit ein. Der Vorgang, bei dem ein bestimmter Eindruck (meistens der erste Eindruck) alle folgenden Eindrücke überstrahlt, wird wie gesagt als *Überstrahlungs-Effekt* oder *Halo-Effekt* bezeichnet.

Sollen wir uns mit den Auswirkungen dieses Vorgangs einfach abfinden? Sicher nicht. Was wir tun können (und müssen), ist: uns unseren *ersten Eindruck bewusst machen* und immer wieder überprüfen, wieweit unser Urteil über einen Menschen von ihm abhängt. Und unser Bild nötigenfalls revidieren. Zum Glück scheint die Stabilität des ersten Eindrucks willentlich stark beeinflussbar zu sein – im Gegensatz etwa zur Wirkung von Vorurteilen.

Wir müssen uns auch bewusst sein, dass es *nicht nur der erste Eindruck* sein kann, der uns aufgrund seiner überstrahlenden Wirkung hindert, angemessen zu urteilen. Bei längerer Bekanntschaft können neue, *besonders anziehende oder abstossende Eindrücke* den ersten Eindruck verdrängen und selbst *beherrschender Mittelpunkt des Gesamteindrucks* werden. Dann besteht die Gefahr, dass sie genauso wie vorher

der erste Eindruck die Beachtung wichtiger beobachtbarer Verhaltensweisen des Menschen verhindern.
Jeder neigt dazu, einen hervorstechenden Eindruck zu verallgemeinern. Erst wenn wir dieser Tatsache in die Augen sehen, werden wir bereit sein, unabhängig davon immer wieder neue (nicht selten überraschende Beobachtungen zu machen.

Verfahrensbedingte Beurteilungsfehler

Neben den zahlreichen und vielfältigen Fehlerquellen, die in der Person des Beurteilers vorhanden sind, können Beurteilungsfehler auch dem verwendeten Beurteilungsverfahren entspringen und nicht von der Person bzw. vom Geschick des Beurteilers abhängen. Solche Fehler zeigen sich oft in einer ungenügenden Gültigkeit, Zuverlässigkeit und Unterscheidungskraft der Beurteilung. Die Ursachen können sein[191]:

- *Fehlende Beobachtbarkeit* der Merkmale: Dies führt zu einer Vermengung gesicherter und ungesicherter Befunde. Diesem Fehler lässt sich dadurch entgegenwirken, dass persönlichkeitsbezogene vermieden und verhaltensbezogene Merkmale verwendet werden.
- *Fehlende Erfassbarkeit von Leistungsunterschieden:* In diesen Fällen lässt sich zwar aussagen, ob ein Merkmal vorliegt oder nicht, hingegen nicht, wie stark es ausgeprägt ist.
- *Überlappungen von Merkmalen:* Dadurch entstehen Mehrfachbeurteilungen, die das Bild verzerren können.

Fehler dieser Art erfordern eine entsprechende Umgestaltung des Beurteilungsverfahrens.

Situationsbedingte Beurteilungsfehler

Neben der Person des Beurteilers und dem verwendeten Verfahren kann schliesslich auch die Situation, in der sich Beurteiler und Beurteilter befinden, zu Beurteilungsfehlern führen. Jeder weiss, dass man sich auf dem Fussballplatz, an einem Fest, in der Kirche oder am Arbeitsplatz jeweils anders benimmt. Unser Verhalten hängt also auch von der äusseren Situation ab, in der wir stehen. Jeder von uns hat bestimmte feste Vorstellungen darüber, wie man sich in bestimmten Situationen zu verhalten hat. Ein Herr, in dessen Augen ein Museum mit Bildern eine Ehrfurcht gebietende Stätte ist, wird von den Museumsbesuchern ein entsprechendes Benehmen erwarten[192].
Sieht er nun einen jungen Mann, der – statt gemessen zu gehen – durch die Räume eilt, sich dabei in (sonst normaler) Lautstärke mit seiner Freundin über irgendeinen «Schinken» belustigt – statt schweigend und andächtig zu verharren –, dann wird bei diesem Herrn der Eindruck der Respektlosigkeit und des künstlerischen Unverstandes zur Grundlage seines Urteils über den jungen Mann. Dieser kann aber ein ernsthafter Kunststudent sein, der nur eine andere Ansicht bezüglich des Verhaltens im Museum hat.

191 vgl. Lattmann (1975)
192 vgl. Franke (1981)

Stimmen somit die Einstellungen des Beurteilers und des Beurteilten zu einer Situation nicht überein, muss es zu *Missverständnissen* und *Fehlurteilen* kommen. Wenn sich ein Mitarbeiter also in einer Situation nicht so verhält, wie Sie es – entsprechend Ihren Einstellungen – für angemessen halten, so dürfen Sie nicht zu schnell verallgemeinern und (ver)urteilen. Der Mitarbeiter erlebt diese Situation vielleicht anders, weil bei ihm andere Einstellungen wirksam sind.

458 Zur Problematik der Mitarbeiterbeurteilung

Die beeindruckende Liste von Einsatzmöglichkeiten und offiziell angestrebten Wirkungen der Mitarbeiterbeurteilung darf nicht darüber hinwegtäuschen, dass die Anwendung dieses Instrumentes auch mit zahlreichen Problemen verbunden ist und vielfältige meist *nicht beabsichtigte Wirkungen* zeigt. Solche möglichen Wirkungen sind[193]:

- *Partikularistische Abgrenzung von Aufgaben- und Zuständigkeitsbereichen* (aus Absicherungstendenzen).
- *Beunruhigung der Mitarbeiter:* Angst vor Vergleichen; sich unter Druck gesetzt fühlen; Misstrauen im Hinblick auf die tatsächliche Verwendung der Beurteilungsinformationen (Distanzierung, Reserviertheit); Wecken falscher Hoffnungen und/oder Befürchtungen; Erwartung unmittelbarer Konsequenzen; Enttäuschungen; Wecken von Rivalität und Neid zwischen den Mitarbeitern; Minderung der spontanen Kooperation; Kritik führt zur Herabsetzung des Selbstvertrauens und des Leistungseinsatzes bzw. zu Trotzverhalten, Spannungen, Rechthaberei.
- *Motivationsverschiebung:* Die Mitarbeiter konzentrieren sich darauf, einen guten *Eindruck* zu machen, dem Vorgesetzten zu gefallen; Kritik und selbständiges Handeln werden reduziert; es kommt zu einer «Uniformierung» der Mitarbeiter; Aufbau persönlicher Abhängigkeiten (statt funktioneller Zusammenarbeit mit dem Vorgesetzten).
- *Belastung des Vorgesetzten:* Erheblicher Zeitaufwand, Tendenz zum «Papierkrieg», blosse Serviceleistung für die Personalabteilung; Notwendigkeit engerer Überwachung; Aufzeichnung von Vorkommnissen, um Bewertungen später begründen zu können; Spannungen im Verhältnis zu den Mitarbeitern (bei Kritik bzw. bei fehlenden Ressourcen zur Belohnung guter Mitarbeiter); Druck auf den Vorgesetzten (in den Kategorien, in denen er die Mitarbeiter beurteilt, wird er auch von ihnen beurteilt); Versachlichung und Formalisierung des Verhältnisses zu den Mitarbeitern (formelle Noten-Vorgabe, Richter- oder Lehrerrolle; Distanzierung, Ent-Persönlichung).
- *Stärkung der Vorgesetzten-Position:* Demonstration seiner Macht (Beurteilung «von oben nach unten»); Beurteilungsfunktion als Statussymbol; zusätzliche Möglichkeiten zur Disziplinierung der Mitarbeiter.
- *Stärkung der Personalabteilung:* Aktivitätennachweis der Personalabteilung, Bedeutungsverleihung; Zentralisierung von «Herrschaftswissen» über die Mitarbeiter; Instrument zur Kontrolle auch der Vorgesetzten; Möglichkeit der nachträglichen Rechtfertigung von Entscheidungen, die im Grunde anders motiviert sind.

---

[193] vgl. Neuberger (1980)

- *Falsche Schlüsse bei der Informationsverarbeitung:* Missbrauch der Zahlen, die ein Eigenleben zu führen beginnen (Mittelwerte, Quoten, Normen, Abzüge usw.); unklare, mehrdeutige Formulierungen wegen Aktenkundigkeit, Eröffnung und Begründungspflicht der Urteile; Fehlentscheidungen wegen mangelnder Vergleichbarkeit, fehlender Massstäbe, unterschiedlicher Normen usw.

Die Vorbehalte, die von seiten der Praxis wie auch von seiten der Sozialwissenschaften der Mitarbeiterbeurteilung gegenüber geäussert werden, betreffen vielfältige Aspekte. Im folgenden sollen die wesentlichen Punkte genannt und kurz kommentiert werden[194].

- *Hoher Arbeitsaufwand:* Dies ist der Einwand, der von Vorgesetzten am häufigsten vorgebracht wird. Insbesondere die «administrative» Arbeit (das Ausfüllen der Formulare) löst Widerstand aus.
Kommentar: Die mit der Beurteilung angestrebten Ziele sind so wichtig, dass sich – unter der Voraussetzung, dass diese Ziele erreicht werden – auch ein noch grösserer Aufwand ohne weiteres rechtfertigen würde. Hingegen sollte der «administrative» Aufwand so gering wie möglich gehalten werden. Beurteilung ist ein Mittel der Führung und nicht der Personalverwaltung.
- *Hohe psychologische Anforderungen an den Beurteiler:* Eine sinnvolle Beurteilung setzt psychologische Kenntnisse voraus, über die der Vorgesetzte nicht verfügt. Die Beurteilungsergebnisse sind dadurch mangelhaft.
Kommentar: Der Beurteiler ist dann überfordert, wenn er die *Persönlichkeit* des Mitarbeiters beurteilen soll. Auch von daher also das Postulat: Keine persönlichkeitsbezogene, sondern eine leistungsbezogene Beurteilung.
Mangelnde Zuverlässigkeit und Gültigkeit der Aussagen: Eine Leistung lässt sich nie objektiv beurteilen, weil sie von vielen äusseren Faktoren abhängig ist: Führungsstil, Arbeitsmittel, Organisation, Umweltgegebenheiten. Die Beurteilungsdaten sind damit stets nur beschränkt zuverlässig und gültig. Trotzdem werden sie als Grundlage für Entscheidungen verwendet, die für den Mitarbeiter weitreichende Konsequenzen haben.
Kommentar: Aus diesem Vorbehalt ergibt sich erstens die Forderung nach einem gründlichen und wiederholten Training der Beurteiler. Zweitens muss eine Scheingenauigkeit des Urteils vermieden werden; es sollte in seiner Formulierung und in den auf ihm aufbauenden Massnahmen nicht weiter gehen, als der Befund es erlaubt.
- *Frustrationswirkungen:* Die Durchführung der Beurteilung ist für Mitarbeiter und Vorgesetzte ein frustrierendes Erlebnis. Beim Vorgesetzten zeigt sich dies im Widerstand, den er der Beurteilung entgegenbringt. Viele Mitarbeiter werden durch die Beurteilung in ihrem Selbstwertgefühl getroffen. *Kritik,* die ein gewisses Mass überschreitet, stellt für den Menschen eine derartige Bedrohung seines Selbstwertgefühles dar, dass seine Leistung darunter leidet. Auch *Anerkennung* hat nicht immer eine verstärkende Wirkung; sie wird oft als «Sandwich» empfunden, der das «rohe Fleisch der Kritik» umgibt.
Kommentar: Insofern dem Mitarbeiter ein Misserfolg bewusst wird, lässt sich nicht vermeiden, dass bei ihm Gefühle der Enttäuschung wachwerden. Diese entstehen

aber mit oder ohne systematische Beurteilung. Was es zu vermeiden gilt, ist: dass diese Frustrationen aus dem Beurteiltwerden als solchem hervorgehen. Dies wird weniger der Fall sein, wenn die Leistung und nicht die Person des Mitarbeiters Gegenstand der Beurteilung ist.

- *Motivationsverschiebung:* Die Beurteilung wirkt sich auf den Einsatz des Mitarbeiters störend aus. Jede ihm zugewiesene Aufgabe zerfällt infolge der Beurteilung in zwei Aufgaben: einerseits in jene ihrer Ausführung und andererseits in jene der Befriedigung des Vorgesetzten. Die Gefahr ist gross, dass der Mitarbeiter sich mehr an der guten Qualifikation als an der optimalen Aufgabenerfüllung orientiert.
Kommentar: Diese Gefahr ist besonders dort vorhanden, wo die Beurteilung den Charakter eines administrativen Vollzugs annimmt. Je enger die Beurteilung mit dem aufgabenbezogenen Verhalten verknüpft ist, desto geringer wird dieser Ablenkungseffekt sein.
- *Enthumanisierung:* Die Beurteilung hat auf die Beziehung zwischen Vorgesetztem und Mitarbeiter eine enthumanisierende Wirkung. Die zwischenmenschliche Kommunikation wird zu einem versachlichten Verfahren, das für die Gefühlsbeziehungen keinen Raum lässt.
Kommentar: Diese Wirkung tritt umso eher ein, je mehr die Beurteilung zu einem administrativen Ablauf wird. Das Schwergewicht muss deshalb auf das *Gespräch* gelegt werden, das als *Dialog* zu gestalten ist und in dem die Formulare lediglich als Hilfsmittel dienen.
- *Unterdrückung des Mitarbeiters:* Die Beurteilung führt zu einer Anpassung des Mitarbeiters an seinen Vorgesetzten. Das Selbstbild des Vorgesetzten bzw. der Leitung der Organisation wird zum Beurteilungsmassstab und unterdrückt damit die individuelle Andersartigkeit des Mitarbeiters. Die Beurteilung fördert fremdbestimmtes Verhalten, indem der Mitarbeiter sich weitgehend nach einer fremden Meinung richtet und sich ständig fragt, ob der Vorgesetzte mit ihm zufrieden ist.
Kommentar: Diesem Einwand entspringt die ethische Forderung nach einer Achtung vor der Persönlichkeit des Mitarbeiters, die nicht nur im Rahmen der Beurteilung, sondern der Führung überhaupt zu erfüllen ist.

Wie die Ergebnisse von Umfragen zeigen, wird die Mitarbeiterbeurteilung trotz aller ihr entgegengebrachten Vorbehalten von Vorgesetzten und Mitarbeitern mehrheitlich bejaht. Dass Mitarbeiter im grossen und ganzen mit der Personalbeurteilung zufrieden sind, kann mehrere Gründe haben[195]:

- *Fatalismus:* «Man kann ja sowieso nichts dagegen machen».
- *Abwehrhaltung* (oder Erfahrung): «Es hat ohnehin keine Konsequenzen».
- *Enger Reflexionshorizont:* «Es wird schon seinen Sinn haben, wenn der Betrieb das macht».
- *Vertrauen in den Vorgesetzten:* «Ich habe nichts zu befürchten, ich kann mich auf ihn verlassen».
- *Hoffnung auf mehr Objektivität, Transparenz und Rückkoppelung:* «Nicht mehr nur hintenherum oder in Andeutungen reden, sondern offen».
- *Glaube an die Wissenschaftlichkeit:* «Das ist so kompliziert, das verstehe ich doch nicht, aber es scheint gut zu sein».

195 vgl. Neuberger (1980)

Im Widerspruch zu der mehrheitlichen Befürwortung durch die Vorgesetzten stehen folgende Tatsachen, die in der Praxis immer wieder festgestellt werden[196]:
- Die Beurteilungen und insbesondere die Beurteilungsgespräche finden nur statt, wenn ihre Durchführung von einer zentralen (mit entsprechender Autorität ausgestatteten) Stelle im Betrieb überwacht wird.
- Die tatsächlich für den Einsatz und die Förderung des Mitarbeiters ergriffenen Massnahmen gründen nur in sehr beschränktem Masse auf der Beurteilung.
- In sehr vielen Fällen laufen sich mit viel Aufwand eingeführte Beurteilungsverfahren nach wenigen Jahren tot.

Dieser Widerspruch zwischen bekundeter Absicht und tatsächlichem *Vorgehen* gründet in einem *inneren Widerspruch* der Mitarbeiterbeurteilung selbst. Und zwar sind es die verschiedenen Zwecke, die nicht in einem Einklang stehen sondern sich gegenseitig widersprechen: Einerseits soll die Mitarbeiterbeurteilung zu einer Förderung und Entwicklung des Mitarbeiters beitragen.

Dass dieser Zweck erfüllt wird, setzt von seiten des Mitarbeiters *Offenheit* voraus. Er muss die Bereitschaft haben, sich mit seinem Arbeitsverhalten und seinen Ergebnissen offen auseinanderzusetzen. Nur dann wird der angestrebte Lernprozess in Gang gesetzt.

Andererseits soll die Beurteilung als Basis für Belohnungen dienen (Beförderung, Entlohnung usw.). Die gleichen Gegebenheiten, welche die Grundlage des erwähnten Entwicklungs- und Lernprozesses sind, werden also auch für Entscheidungen über eine Beförderung bzw. Nichtbeförderung oder für die Festlegung der Entlöhnung verwendet. Dies ruft natürlich beim Mitarbeiter Widerstand dagegen hervor, Fehler, die ihm unterlaufen sind, zuzugeben. Und zwar nicht nur dem Vorgesetzten sondern auch sich selber gegenüber. Die zur Entwicklung erforderliche Offenheit wird durch «taktische» Erwägungen stark beeinträchtigt.

Nicht nur der Beurteilte, sondern auch der *Beurteiler* gerät durch die Widersprüchlichkeit der Beurteilungszwecke in einen *Konflikt:* Einerseits verlangt die Förderung seines Mitarbeiters von ihm eine *verstehende Zuwendung,* die das Selbstvertrauen des Mitarbeiters stärken soll. Andererseits versetzt ihn die Bewertung in eine *Richterrolle,* die dazu im Widerspruch steht.

Die meisten Vorgesetzten fühlen sich (zu Recht) unwohl in der Rolle, «Gott zu spielen». Es ist daher nicht bloss ein Widerstand gegen ein unliebsames Gespräch, das den Vorgesetzten veranlasst, vor diesem auszuweichen. Sondern auch eine Scheu davor, in Bereiche der Persönlichkeit des anderen einzudringen (weil er dieses Eindringen als unerlaubt empfindet).

Solange die Mitarbeiterbeurteilung sowohl als personalpolitisches wie auch als Führungsinstrument eingesetzt wird, ist dieser Widerspruch unaufhebbar. Ein bekannter Organisationswissenschafter sagt deshalb: «Personalbeurteilung ist nach meiner Meinung nur dann zu bejahen, wenn sie als Instrument der unmittelbaren Personalführung eingesetzt wird und auf die Zweierbeziehung Mitarbeiter–Vorgesetzter beschränkt bleibt. Personalbeurteilung hat ausschliesslich aufgaben-, leistungs- oder zielbezogen zu erfolgen und allein der Beratung, Förderung und Zielsetzung zu dienen.»[197]

196 vgl. Lattmann (1975)
197 Neuberger (1980)

Ob die Beurteilung des Mitarbeiters nur als Führungsinstrument oder auch als personalpolitisches Instrument eingesetzt – und damit der Widerspruch in Kauf genommen – wird, immer hat ihre Gestaltung bestimmten *ethischen Forderungen* zu genügen. Diese können folgendermassen formuliert werden[198]:

- Die Beurteilung muss in ihrem Vorgehen die *menschliche Würde* des Mitarbeiters wahren. Sie darf ihn nicht zum blossen Gegenstand einer Bewertung machen, deren Massstab ausschliesslich von betrieblichen Interessen bestimmt ist. Sie muss die *Achtung vor seiner Persönlichkeit* gewährleisten.
- Die Beurteilung darf sich nicht auf Bereiche erstrecken, die der *Privatsphäre* des Mitarbeiters angehören. Nur die Erfüllung der von ihm übernommenen Aufgaben, d.h. seine Leistung und nicht seine Person ist es, was auch aus ethischer Sicht Gegenstand der Beurteilung sein muss.
- Da von der Beurteilung Wirkungen ausgehen, welche einen tiefgreifenden Einfluss auf das Dasein und das Selbstwertgefühl des Mitarbeiters ausüben, muss sie *gerecht* sein.
- Die Beurteilung darf nicht dazu verwendet werden, um auf den Mitarbeiter *Druck auszuüben* oder ihn zu *verunsichern*.
- Die Unterstellung des Mitarbeiters unter seinen Vorgesetzten ist eine rein funktionale, d.h. nur durch seine Funktion im Betrieb bedingt. Menschlich gesehen ist er ein «*gleichrangiger*» *Mitmensch* und muss auch als solcher behandelt werden. Die Beurteilung darf in ihm nicht das *Gefühl völligen Ausgeliefertseins* an andere Menschen oder das der *Erniedrigung* auslösen.
- Der Mitarbeiter muss *das uneingeschränkte Recht* haben, sich *seine Meinung zu bilden und sie zu äussern*
- Der Mensch ist ein auf Entwicklung angelegtes Wesen. Es muss ihm daher die *Möglichkeit zur Selbstentfaltung* verschafft werden.

Eines der genannten ethischen Postulate enthielt die Forderung nach einer *gerechten* Beurteilung. Im Zusammenhang mit diesem wichtigen Punkt der *sozialen Gerechtigkeit* stellen sich folgende Fragen[199]:

- Als Argument für ein Beurteilungssystem wird immer wieder die «gerechtere» Beurteilung genannt. Aber: Wie gerecht ist ein System wirklich, das die *Unterschiede zwischen den Erfolgreichen und den Erfolglosen präzisiert und damit die Grundlage schafft, sie zu vergrössern?*
Ist es wirklich wünschenswert, dass man z.B. in die schwächeren Mitarbeiter weniger Weiterbildung investiert als in die ohnehin schon überlegenen? Unterschiede zu präzisieren kann nur der Hälfte der Beschäftigten eines Betriebs nützen – der «besseren» Hälfte bzw. denen, deren Verhalten den Zielen des Betriebs am besten angepasst ist. Ihnen nützt ein solches System insofern, als es ihre Überdurchschnittlichkeit noch deutlicher macht.
- Daraus leiten sich Bedenken ab, die die Beziehung der Mitarbeiter untereinander betreffen: Besteht nicht die *Gefahr, dass in einem vor dem gut funktionierenden Arbeitsteam Wettbewerb anstelle von Zusammenarbeit tritt?* Könnten nicht die Kooperation und das gegenseitige Vertrauen verdrängt werden durch den Eifer,

198 vgl. Lattmann (1975)
199 vgl. Schuler (1972)

besser abzuschneiden als der andere, mit all den unschönen Effekten, die solche Einstellungen nach sich ziehen: *Intrigen, Misstrauen, Eifersüchteleien, gegenseitige Geringschätzung und mangelnde Bereitschaft zur Unterstützung des Kollegen?*
- Ist es gerecht, dass Mitarbeiter danach beurteilt werden, *wieweit sie Zielen dienen, an deren Festlegung sie nicht beteiligt waren?* Sie werden mit Methoden beurteilt und an Kriterien gemessen, die sich aus diesen Zielsetzungen herleiten und auf deren Auswahl sie ebenfalls keinen Einfluss hatten.

Diese ernsten und gewichtigen Argumente gegen ein Beurteilungssystem lassen sich nicht einfach unter den Tisch wischen. Sie lassen sich solange nicht widerlegen, als in Organisationen weiterhin der entscheidende Fehler begangen wird, *kurzfristige Vorteile für den Betrieb auf Kosten adäquater Berücksichtigung der Interessen der Mitarbeiter* zu suchen.

Auf längere Sicht hat ganz bestimmt dasjenige Vorgehen mehr Erfolg, das bemüht ist, eine Synthese der beiden Standpunkte zu erreichen, anstatt einseitige Bedürfnisse und vermeintliche Vorteile kurzsichtig auf dem Rücken der Schwächeren durchzusetzen.

Im folgenden sollen 10 Postulate zur Mitarbeiterbeurteilung wiedergegeben werden[200].

- Das Beurteilungsverfahren muss *der Bedeutung der Entscheidung angemessen sein, für die es als Grundlage dient,* und zwar in seiner Konstruktion und seiner Anwendung. Wird der Wert eines Verfahrens von den Benutzern gering geschätzt, so werden sie auch den Informationen, die es liefert, nur wenig Beachtung schenken.
- Die Beurteilung muss *auf die Anforderungen des Arbeitsplatzes bezogen sein.* Wünschenswert wäre eine Stellenbeschreibung als Grundlage für die Erarbeitung eines Beurteilungsverfahrens.
- Die Beurteilung darf *nicht einseitig auf Leistungsergebnisse fixiert* sein. Auch das Arbeits- und das Sozialverhalten muss in die Beurteilung mit einbezogen werden (die Bedeutung des Sozialverhaltens wird häufig unterschätzt).
- Ein neues Beurteilungsverfahren darf *nicht über die Köpfe der Betroffenen hinweg eingeführt* werden. Soll ein Beurteilungssystem den Interessen aller Beteiligten gerecht werden, und will man erreichen, dass es von allen akzeptiert wird, so ist es unbedingt nötig, sowohl die Beurteiler als auch die zu Beurteilenden (bzw. Vertreter beider Gruppen) an allen Schritten zu beteiligen.
- Der *Schwerpunkt* der Beurteilung soll in einem Ansatz liegen, der *auf den einzelnen Mitarbeiter bezogen* ist. Langfristig wird sich ein Beurteilungsverfahren dann am besten bewähren, wenn seine Hauptaufgabe in der individuellen Beratung und Förderung des Mitarbeiters liegt.
- Jede Beurteilung muss *für den Beurteilten voll einsehbar* sein. Geheime Urteile kommen nur denjenigen Vorgesetzten zugute, die zwar schnell den Stab über jemanden brechen, gleichzeitig aber unfähig sind, ihren Mitarbeitern brauchbare Ratschläge zu geben.

- *Jede Beurteilung* muss *mit einem Beurteilungsgespräch verbunden* werden. Nur wenn in einem ausführlichen Gespräch die Beurteilung diskutiert wird, kann der Beurteilte ermessen, ob tatsächlich eine Förderung zu den Hauptzielen der Beurteilung zählt.
- Beurteilungen sollen *regelmässig* und *unabhängig* voneinander durchgeführt werden. Wenn immer möglich sollte auf Beurteilungen zu speziellen Anlässen verzichtet werden, weil solche Anlässe das Urteil sehr stark beeinflussen. Jede Beurteilung muss unabhängig von der vorhergehenden erfolgen, sonst besteht die Gefahr, dass der Mitarbeiter ein für allemal auf ein Bild festgelegt wird.
- *Vorgesetzte* sollen *auch von ihren Mitarbeitern beurteilt* werden. Mit der gegenseitigen Beurteilung zwischen Vorgesetzten und Mitarbeitern wäre ein grosser Schritt zur Verbesserung der innerbetrieblichen Kommunikation getan.
- Die systematische Beurteilung darf *kein Hindernis für unmittelbare Rückmeldung* sein. Das Beurteilungsgespräch sollte für den Mitarbeiter im wesentlichen nichts Neues bringen, sondern nur eine Zusammenfassung dessen, worüber er jeweils im konkreten Einzelfall schon mit dem Vorgesetzten gesprochen hat. Die periodische Beurteilung kann und darf das unmittelbare Feedback nicht ersetzen. Mitarbeiterbeurteilung stellt eine fortwährende Führungsaufgabe des Vorgesetzten dar.

In Abbildung 142 findet sich ein Fragenkatalog, der als Hilfe bei der Gestaltung und Bewertung von Beurteilungssystemen gedacht ist.

459 Das VESKA-Modell

Verfahren der Mitarbeiterbeurteilung gibt es viele. Es stellt sich deshalb die Frage, ob es überhaupt sinnvoll ist, auch noch ein «VESKA-Produkt» auf den «Markt» zu werfen. Wir tun dies nicht in erster Linie wegen des verwendeten Verfahrens, sondern wegen des Konzeptes, in dessen Rahmen das Verfahren eingesetzt wird.

Zielsetzung

Bevor wir die einzelnen Ziele formulieren, wollen wir kurz den Hintergrund skizzieren, vor dem sie zu sehen sind. Wie oben festgestellt wurde, besteht das Grundproblem der Mitarbeiterbeurteilung in der *Widersprüchlichkeit ihrer Zwecke*. Die Tatsache, dass die gleichen Daten, welche Grundlage eines Entwicklungs- und Lernvorgangs sein sollen, auch als Grundlage für personelle Entscheidungen (Beförderungen, Entlöhnung) verwendet werden, ruft beim Mitarbeiter einen Widerstand dagegen hervor, Fehler zuzugeben und aus ihnen zu lernen. Dieser Widerspruch lässt sich nicht beseitigen, solange beide Zwecke *Förderung und personelle Entscheidungen* – gleichzeitig angestrebt werden.

Der *Zweck der Mitarbeiterförderung* darf auf keinen Fall aufgegeben werden, weil sonst sowohl der einzelne Mitarbeiter und Vorgesetzte als auch das Krankenhaus (der Betrieb) grosser Chancen beraubt würden. Die *Beurteilung* aber ausschliesslich auf den Zweck der Förderung zu beschränken, ist nur ein scheinbarer Ausweg. Denn die personelle Entscheidung wird dann in einem zweiten (formalen oder informellen) Akt nachfolgen, dem die gleichen Tatsachen zugrunde gelegt werden, die im Zusam-

Abbildung 142: Kriterien zur Bewertung von Systemen der Personalbeurteilung (Pb)[115]

- Ist das gewählte Pb-Verfahren integriert in ein System personalwirtschaftlicher Instrumente (z. B. Stellenbeschreibung, Organisationsplan, Personal-Entwicklungsplan usw.) oder ist es ein isolierter Baustein?
- Ist die entsprechende Infrastruktur vorhanden, die garantiert, dass die Bereitstellung der Materialien, die Durchführung von Schulungen und Auswertungen, die Einhaltung von Terminen etc. funktioniert?
- Sind die mit Pb verfolgten Zielsetzungen daraufhin untersucht worden, ob zwischen ihnen Unvereinbarkeiten bestehen? Sind die Zielsetzungen im Hinblick auf die Vereinbarkeit mit den Führungs-Grundsätzen des Unternehmens geprüft worden?
- Ist gewährleistet, dass alle Persönlichkeitsrechte der Beurteilten gewahrt sind (Datenschutz, Zulässigkeit von Fragen usw.)?
- Ist bei der Entwicklung und Einführung des Verfahrens dafür Sorge getragen, dass durch die Mitbeteiligung der Belegschaftsvertretung die Akzeptanz erhöht wird?
- Ist eine verbindliche «Einsatzdoktrin» entwickelt worden (Personenkreis der Beurteiler und Beurteilten, Termine, Fristen, Ablauf, Konsequenzen, Beschwerdeweg usw.)? Kann ein Mitarbeiter die Pb ablehnen?
- Wie ökonomisch ist das Verfahren (Zeit- und Materialaufwand; EDV-Speicherung und -Auswertung)?
- Gibt es eine systematische Einführung für Beurteiler und Beurteilte (Schulung, Manuale, Merkblätter, Betriebsvereinbarung usw.) und eine systematische Pflege des Verfahrens (Rückmeldung der Ergebnisse, Flexibilität des Verfahrens)

- Ist das Verfahren für alle Beteiligten transparent und selbstevident oder erfordert es einen hohen Erklärungs- und Trainingsaufwand?
- Sind die Aussagen klar, eindeutig, nicht interpretationsbedürftig und -fähig?
- Ist das Verfahren unternehmenseinheitlich, starr vorgegeben oder kann es verschiedenen Positionen und Funktionen angepasst werden? Entscheidet der Beurteiler über die Modifikation? Gibt es die Möglichkeit von Zusatzfragen und -kommentaren für Beurteiler und Beurteilte?
- Ist das Verfahren aufgaben-, ergebnis-, zielbezogen oder verhaltens- bzw. persönlichkeitsbezogen?
- Wird die Auswahl des Verfahrens und seiner einzelnen Teile systematisch begründet oder werden lediglich Verfahren übernommen und ohne breite Diskussion adaptiert?
- Ist sichergestellt, dass und wie die methodische Fundierung des Verfahrens geprüft wird? Zu denken ist hier an: Vergleichbarkeit der Aussagen, Art der verwendeten Massstäbe oder Bezugssysteme, Vorgabe bestimmter Verteilungsnormen, Eindeutigkeit und Unmissverständlichkeit der Aussagen, Quantifizierung der Urteile, Grad der Strukturierung, Art der Merkmalsauswahl (Unabhängigkeit, Relevanz, Beobachtbarkeit), Differenzierung zwischen den Mitarbeitern usw.
- Dient das Pb-Gespräch der Urteils-Eröffnung oder Urteils-Findung? Ist das Pb lediglich vergangenheits- oder auch zukunftsorientiert? Können Mitarbeiter, Vorgesetzte und Stabsabteilungen eindeutige und vorhersehbare Konsequenzen aus den Beurteilungen ziehen?

---

115 Neuberger (1980)

menhang mit der Förderung ausschlaggebend sind. Die *personelle Entscheidung* würde als *latente Funktion* weiter bestehen.

Der Widerspruch lässt sich also nicht beseitigen, wohl aber entschärfen. Eine Möglichkeit zur Entschärfung besteht darin, dass der Zweck der *Mitarbeiterführung und -förderung* ganz klar als *primärer Zweck in den Vordergrund* gestellt wird. In der Folge dienen die Beurteilungsergebnisse dann auch als Grundlage für personelle Entscheidungen; diese *Verwendung* wird aber ganz klar *reglementiert*. Eine solche Reglementierung könnte z.B., ganz grob skizziert, so aussehen:

- Die Beurteilungsergebnisse bleiben beim unmittelbaren Vorgesetzten, der die Beurteilung vorgenommen hat.
- Die zentrale (Personal-)Stelle kann bestimmte Daten allgemeiner Art anfordern, um sie als Grundlage für die Personalplanung zu verwenden.
- Als Grundlage für personelle Entscheidungen (Beförderung, Entlöhnung) dürfen die Beurteilungsergebnisse nur verwendet werden, wenn zuvor mit dem betreffenden Mitarbeiter Rücksprache genommen wurde und die Entscheidung in einem

darauffolgenden *Laufbahn- bzw. Lohngespräch* ehrlich dargelegt und erörtert wird.

So ist die Mitarbeiterbeurteilung in erster Linie ein *Führungsinstrument*. Welche Ziele mit diesem Instrument angestrebt werden, wird im folgenden unter den Stichworten «Führung», «Förderung» und «Kommunikation» beschrieben.

Führung: Die Mitarbeiterbeurteilung soll dem unmittelbaren Vorgesetzten eine wirksamere Führung ermöglichen, das heisst
- helfen, die Stärken und Schwächen, Bedürfnisse und Probleme seines Mitarbeiters zu erkennen und sein Führungsverhalten darauf abzustimmen;
- Gelegenheit geben, eigene Erwartungen/Forderungen gegenüber dem Mitarbeiter klar zu formulieren;
- eine Überprüfung der vereinbarten Ziele, der erteilten Aufträge, des zugewiesenen Arbeitspensums und der aufgabenspezifischen Anforderungen ermöglichen;
- als Grundlage für die Delegation von Aufgaben, Kompetenzen und Verantwortung dienen;
- helfen, die Anforderungen der Aufgabe (Anforderungsprofil) und die Leistungsergebnisse des Mitarbeiters (Leistungsprofil) objektiv zu vergleichen;
- als Instrument dienen, die Mitarbeiter wirksam zu motivieren, d.h. seine Leistungsbereitschaft anzuregen;
- helfen, zur Zufriedenheit des Mitarbeiters beizutragen und Gründe allfälliger Unzufriedenheit zu erkennen;
- helfen, die Tätigkeiten der Mitarbeiter wirksam zu organisieren und zu koordinieren.

Förderung: Die Mitarbeiterbeurteilung soll eine wirksame Förderung der Mitarbeiter ermöglichen, das heisst ihnen
- die nötige Rückmeldung auf ihr Arbeits- und Sozialverhalten verschaffen;
- Informationen liefern, welche Anstrengungen erforderlich sind, um die gestellten Aufgaben besser zu bewältigen oder anspruchsvollere Aufgaben übernehmen zu können;
- Aufschluss über Stärken und Schwächen geben und helfen, Stärken weiterzuentwickeln und schwächere Leistungen anzuheben;
- helfen, Bedürfnisse, Wünsche, Vorstellungen, Erwartungen und Schwierigkeiten zu äussern;
- Gelegenheit geben, sich mit dem direkten Vorgesetzten zu beraten, d.h. auftauchende Probleme gemeinsam anzugehen;
- Klarheit verschaffen, welche Erwartungen/Anforderungen an sie gestellt sind.

Kommunikation: Die Mitarbeiterbeurteilung soll die Kommunikation zwischen dem Vorgesetzten und seinen Mitarbeitern verbessern, das heisst
- die Kenntnis der gegenseitigen Absichten und persönlichen Merkmale vertiefen;
- zum Verständnis für die Probleme beider Seiten beitragen;
- eine Überprüfung des gegenseitigen spontanen Beurteilungsverhaltens (im Arbeitsalltag) ermöglichen wie Vorurteile, Projektionen, Interaktionseinflüsse usw.;
- gegenseitiges Feedback verschaffen;

- die kommunikativen Fähigkeiten schulen und vergrössern wie Zuhören, Aufeinander-Eingehen, Sich-in-den-anderen-Einfühlen usw.;
- die Offenheit und das gegenseitige Vertrauen und damit den Abbau des Fassadenverhaltens fördern;
- zu einer kritischeren und differenzierteren Wahrnehmung des eigenen Verhaltens führen (Sensibilisierung der Selbstwahrnehmung).

Prinzipien

Beim «VESKA-Modell» der Standortbestimmung wird davon ausgegangen, dass nur eine in ihrer Grundhaltung kooperative Mitarbeiterführung auf die Dauer Erfolg haben wird. Im Rahmen einer solchen Führungsphilosophie gibt es für ein Beurteilungssystem bestimmte Grundsätze:
Prinzip der Transparenz: Dieses Prinzip bedeutet, dass

- die Entstehung der Beurteilung und ihre Begründung vom Mitarbeiter nachvollzogen werden kann, und zwar nicht erst bei der Besprechung der Beurteilung, sondern schon vorher;
- fortwährende Rückmeldungen im Arbeitsalltag von seiten des Vorgesetzten notwendig sind;
- das Ergebnis der formalen Beurteilung (Standortbestimmung) dem Mitarbeiter voll einsehbar sein muss. Und zwar soll das Ergebnis dem Mitarbeiter nicht einfach «eröffnet», sondern mit ihm besprochen werden;
- der Mitarbeiter über die Auswertung der Beurteilung durch Dritte genau im Bild sein muss.

Prinzip der direkten Verantwortung: Dieses Prinzip besagt, dass der unmittelbare Vorgesetzte für seine Beurteilung die Verantwortung trägt. Die mancherorts gebräuchliche Praxis, dass Mitarbeiterbeurteilungen von verschiedenen Vorgesetzten formuliert werden (A macht einen Entwurf, B korrigiert, C ergänzt usw.) und schliesslich vom hierarchisch höchsten Vorgesetzten (der den beurteilten Mitarbeiter am wenigsten kennt) unterschrieben werden, bringt Ärger und Verwirrung. Vor allem ermöglicht diese Praxis, dass sich ein Beurteiler hinter dem anderen verstecken kann, wenn es darum geht, dem Mitarbeiter zu erläutern, wie denn seine Beurteilung zustandegekommen ist[216].
Prinzip der Zusammenarbeit: Dieses Prinzip geht davon aus, dass sowohl die spontane wie auch die systematische Beurteilung ein Vorgang vielfältiger sozialer Wechselwirkungen (Interaktionen) zwischen Vorgesetztem und Mitarbeiter darstellt. Das heisst, dass die Standortbestimmung als eine gemeinsame Aufgabe von Vorgesetztem (Beurteiler) und Mitarbeiter (Beurteiltem) aufgefasst und gestaltet werden muss. Konkret bedeutet das, dass

- der Mitarbeiter zunächst sich selbst beurteilt;
- der Vorgesetzte seine Beurteilung des Mitarbeiters vornimmt;
- im Beurteilungsgespräch die beiden Beurteilungen miteinander verglichen und die bestehenden Unterschiede analysiert werden.

Für beide Standortbestimmungen werden gleiche Beurteilungsbogen verwendet.
Prinzip der Wechselseitigkeit: Es wäre zwiespältig, im Bereich der Mitarbeiterfüh-

rung einen kooperativen Stil zu propagieren und gleichzeitig die Auffassung zu vertreten, dass es zu weit ginge, diesen auch auf die Mitarbeiterbeurteilung anzuwenden. Kooperativ beurteilen heisst aber nicht nur, dass Vorgesetzter und Mitarbeiter bei der Mitarbeiterbeurteilung zusammenarbeiten, sondern auch, dass sich der Vorgesetzte von seinen Mitarbeitern beurteilen lässt. Das Prinzip der Wechselseitigkeit wurde als zentraler Grundwert kooperativer Führung charakterisiert. Solange eine Beurteilung nur einseitig bzw. nur «von oben nach unten» erfolgt, kann nicht von kooperativer Führung gesprochen werden.

Ablauf der Beurteilung

Aufgrund der genannten Ziele und Grundsätze ist klargeworden, dass das «VESKA-Modell» durch vier wesentliche Elemente gekennzeichnet ist: die Selbstbeurteilung des Mitarbeiters, seine Beurteilung durch den Vorgesetzten, das Beurteilungsgespräch und die Beurteilung des Vorgesetzten durch seine Mitarbeiter. Alle vier Elemente sind in den vorangehenden Abschnitten besprochen worden, so dass wir uns hier auf Hinweise zum *Ablauf* der Beurteilung beschränken.

Was den *Zeitpunkt* bzw. die *Häufigkeit* der Standortbestimmung betrifft, so sollte diese in einem *regelmässigen,* etwa einjährigen *Turnus* stattfinden, sonst kann die Beurteilung ihren Zweck als Führungsinstrument nicht erfüllen. Falls eine Beurteilung ausserhalb des Turnus durchgeführt wird, beispielsweise aus Anlass der Probezeit, soll der Anlass vermerkt werden (weil er die Beurteilung stark beeinflusst). Der *Ablauf der Standortbestimmung* (Mitarbeiterbeurteilung) ist in Abbildung 143 in Form eines Schemas dargestellt. Da Vorgesetzter und Mitarbeiter je eine Beurteilung vornehmen müssen, sollte der Vorgesetzte etwa *14 Tage vor dem Gespräch* dem Mitarbeiter den Bogen aushändigen und ihn bitten, diesen auf den vereinbarten Termin auszufüllen.

Die Beurteilung des Vorgesetzten durch seine Mitarbeiter kann auf verschiedene Weise durchgeführt werden. Möglichkeiten sind:

- Der Vorgesetzte lässt sich von allen ihm unmittelbar unterstellten Mitarbeitern beurteilen. Die Beurteilung erfolgt *anonym.*
- Der Vorgesetzte lässt sich von einzelnen ihm unmittelbar unterstellten Mitarbeitern beurteilen. Die Beurteilung erfolgt *nicht anonym.*
- Der Vorgesetzte beurteilt sich zunächst *selbst* und *vergleicht* dann diese Selbstbeurteilung mit der Beurteilung durch seine Mitarbeiter.

Auch die Auswertung kann in unterschiedlicher Form erfolgen: Die Beurteilungsergebnisse können vom Vorgesetzten *allein* (im «stillen Kämmerlein») verwertet, im Einzelgespräch mit dem betreffenden Mitarbeiter oder im Gruppengespräch mit allen Beteiligten besprochen werden. Als Instrument zur Vorgesetzten-Beurteilung kann einer der im Anhang genannten Fragebogen benutzt werden.

Methodisches Instrument

Das methodische Instrument der Mitarbeiterbeurteilung ist der Standortbestimmungs-Bogen (Abb. 39/Anhangband). Es soll nochmals betont werden, dass dieses Instrument erst im Zusammenhang mit den übrigen Elementen der Beurteilung und

Abbildung 143: Ablauf der Mitarbeiterbeurteilung nach dem Visa-Modell

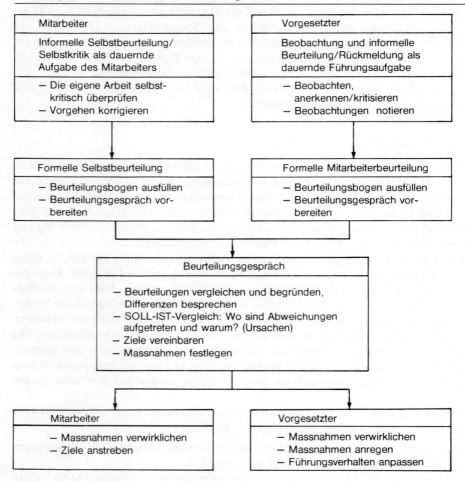

auf der Basis der genannten Grundsätze zur Wirkung kommt. Das Beurteilungsinstrument besteht aus fünf Teilen:

Teil A: Merkmalanalytische Standortbestimmung mit der Beurteilung einzelner Merkmale
Teil B: Funktionsanalytische Standortbestimmung mit der Beurteilung der Erfüllung bestimmter Aufgaben/Tätigkeiten
Teil C: Fragen vor dem Beurteilungsgespräch: Fragen an den Mitarbeiter und an seinen Vorgesetzten, die der Vorbereitung des Beurteilungsgesprächs dienen
Teil D: Ziele und Massnahmen: Dieser Teil beinhaltet die Ziele und Massnahmen, die im gemeinsamen Gespräch erarbeitet wurden
Teil E: Stellungnahme: Hier wird die Stellungnahme des Mitarbeiters festgehalten, die nur dann erforderlich ist, wenn hinsichtlich Beurteilung, Ziele und Massnahmen keine Einigung erzielt werden konnte.

Die Aufteilung in einen merkmalanalytischen (A) und einen funktionsanalytischen (B) Teil der Standortbestimmung wurde deshalb vorgenommen,
- damit nicht in jedem Funktionsbereich ein völlig anderer Bogen verwendet wird. Teil A enthält allgemeine arbeitsrelevante Merkmale und kann in allen Bereichen des Krankenhauses eingesetzt werden;
- damit die Standortbestimmung auch die spezifische Tätigkeit des Mitarbeiters umfasst. Teil B enthält spezifische Aufgaben/Tätigkeiten. Bezugsrahmen dieser Beurteilung ist also der jeweilige Arbeitsplatz bzw. die Funktion des betreffenden Mitarbeiters.

Die Forderungen nach einer möglichst gerechten und tätigkeitsbezogenen Beurteilung lassen sich nur dann erfüllen, wenn *beide Teile* verwendet werden.
Im *Teil A* werden *arbeitsrelevante Merkmale,* also Leistungsergebnisse und Leistungsverhalten (Arbeits- und Sozialverhalten) nach den sechs Merkmalen *Arbeitseinsatz, Verantwortung, Zusammenarbeit, Arbeitssystematik, Sorgfalt* und *Belastbarkeit* beurteilt.
Jedes Merkmal ist umschrieben und wird unter verschiedenen Aspekten erfasst, die in Form von Fragen formuliert sind. Beispiel: Merkmal «Arbeitseinsatz».
Arbeitseinsatz: Wir beurteilen das Interesse, das der Mitarbeiter an seiner Arbeit zeigt, welchen Grad an Ausdauer er erreicht und wieweit er fachlich auf dem laufenden ist.
Wir beobachten: – Wieweit packt er Arbeiten von sich aus an? – Wie oft bringt er Vorschläge bezüglich der Arbeitsgestaltung? – Wieviel Ausdauer bringt er auf, um ein gestecktes Ziel zu erreichen? – Wieweit ist er fachlich auf dem laufenden?
Jeder Merkmalsaspekt tritt in fünf verschiedenen Ausprägungen (Stufen) auf. Diese Ausprägungsgrade sind kennzeichnend umschrieben. In unserem Beispiel lauten die Stufenbeschreibungen so:
K: arbeitet nur auf Weisung hin; bringt keine Anregungen; gibt rasch auf; fachliche Kenntnisse reichen häufig nicht aus.
L: muss oft auf Arbeiten hingewiesen werden; macht sehr selten Vorschläge; gibt schneller auf als die meisten Kollegen; hat in fachlicher Hinsicht hie und da Schwierigkeiten.
M: packt meistens von sich aus an; bringt hie und da eigene Ideen; arbeitet im allgemeinen ausdauernd; ist fachlich ziemlich auf dem laufenden.
N: muss sehr selten auf Arbeiten hingewiesen werden; bringt häufig eigene Vorschläge; zeigt grosse Ausdauer; besitzt überdurchschnittliche Fachkenntnisse.
O: erledigt alle anfallenden Arbeiten von sich aus; bringt sehr oft Anregungen und Ideen; arbeitet aussergewöhnlich ausdauernd/ist unermüdlich; verfügt über umfassende Fachkenntnisse/ist fachlich stets auf dem neusten Stand.
Im Beurteilungsbogen findet sich neben den einzelnen Stufenbeschreibungen die Gesamtbeurteilung in den sechs arbeitsrelevanten Merkmalen.

Vorgehen bei der Einstufung/Bewertung
- Lesen Sie die erste Beobachtungsfrage zum ersten Merkmal («Arbeitseinsatz»). Diese lautet: «Wieweit packt er Arbeiten von sich aus an?»

- Lesen Sie nun die entsprechenden Stufenbeschreibungen. Welche Beschreibung gibt auf die Beobachtungsfrage die treffendste Antwort?
- Unterstreichen Sie die zutreffendste Beschreibung, z.B. «muss oft auf Arbeiten hingewiesen werden».
- Lesen Sie nun die zweite Beobachtungsfrage: «Wie oft bringt er Vorschläge...?» Suchen Sie auch auf diese Frage die Beschreibung, die am ehesten zutrifft und unterstreichen Sie diese (es muss nicht eine Beschreibung aus der Gruppe L sein).
- Fahren Sie so fort, bis alle Merkmalsaspekte eingestuft sind.
- Entscheiden Sie jetzt, welche Stufe (K, L, M, N oder O) für die Leistungskennzeichnung im Merkmal «Arbeitseinsatz» gesamthaft am ehesten zutrifft und kreuzen Sie das entsprechende Feld in der Skala unten rechts an.
- Gehen Sie bei den übrigen fünf Merkmalen auf die gleiche Weise vor.
- Verbinden Sie die angekreuzten Felder in der Skala unten rechts durch Linien miteinander, so dass sich ein Profil Ihrer Beurteilung ergibt.

Im Beurteilungsgespräch wird das *Standortprofil,* das der Mitarbeiter erstellt hat, auf den Beurteilungsbogen des Vorgesetzten übertragen. Auf diese Weise können die Beurteilungsunterschiede auch graphisch erfasst werden.
Was die Frage der Gewichtung der einzelnen Merkmale betrifft, verweisen wir auf S. 505, wo dieses Problem diskutiert wurde. Im Sinne unserer Zielsetzung haben wir auf eine Gewichtung mittels Punktzahlen oder Multiplikatoren verzichtet.
Im *Teil B* sind die *spezifischen Aufgaben/Tätigkeiten* enthalten. Damit wird der betreffende Mitarbeiter direkt mit der von ihm zu leistenden Arbeit und deren Anforderungen in Beziehung gesetzt. Das heisst: Er wird in den Bezugsrahmen gestellt, der für ihn bzw. für seine Funktion typisch ist. So können die für ihn zutreffenden Anforderungen aufgezeigt und seine individuellen Arbeitsergebnisse und Verhaltensweisen innerhalb dieses Bezugsrahmens beobachtet und beschrieben werden. (In Abb. 40/ Anhangband ist das Muster eines solchen Teils B abgebildet; das Formular ist leer, weil es als Anregung dienen soll.)

- Beantworten Sie zunächst die Frage: «Was tut ein Mitarbeiter in der Funktion X? *Welche Aufgaben/Tätigkeiten sind ihm übertragen?*» Untersuchungen zeigten, dass 62–80% der befragten Vorgesetzten nicht in der Lage waren, die Aufgaben/ Tätigkeiten der ihnen direkt unterstellten Mitarbeiter *genau* und *vollständig* aufzuzeichnen.
- Erstellen Sie also zuerst einen *Tätigkeitskatalog* bzw. eine Beschreibung der betreffenden Funktion (= Funktionsbeschreibung). Beispiele für Funktionen im Pflegebereich: dipl. Schwester/Pfleger, Pfleger(in) FASRK, Schüler AKP/FASRK, Spitalgehilfin, Praktikant(in), Gruppenleiter(in).
- Wählen Sie diejenigen Aufgaben/Tätigkeiten aus, deren Erfüllung Sie beurteilen wollen (alle Tätigkeiten lassen sich weder aufzeichnen noch beurteilen).
- Übertragen Sie diese Auswahl von bedeutsamen Aufgaben/Tätigkeiten in Teil B des Beurteilungsbogens.

Teil C enthält Fragen an den Mitarbeiter und an den Vorgesetzten, die *vor dem Beurteilungsgespräch* zu beantworten sind. Diese Fragen lauten:

Fragen an den Mitarbeiter	*Fragen an den Vorgesetzten*
Haben Sie die Ziele erreicht, die im letzten Beurteilungsgespräch vereinbart wurden?	Hat der Mitarbeiter die Ziele erreicht, die im letzten Beurteilungsgespräch vereinbart wurden?
Fühlen Sie sich Ihrer jetzigen Arbeit gewachsen?	Ist er seiner jetzigen Arbeit gewachsen?
Welche Fähigkeiten werden in Ihrer jetzigen Tätigkeit nicht oder zu wenig genutzt?	Welche seiner Fähigkeiten werden in der jetzigen Tätigkeit nicht oder zu wenig genutzt?
Wo sollten Sie noch gefördert werden?	Wo sollte er nach ihrer Ansicht noch gefördert werden?
Wie wurden Sie am jetzigen Arbeitsplatz eingeführt?	
Fühlen Sie sich in Ihrer Gruppe wohl?	
Wie finden Sie das Arbeitsklima allgemein?	
Was halten Sie von Ihrem Arbeitsplatz im Hinblick auf Ihre Weiterentwicklung?	
Welche Ziele möchten Sie als nächste erreichen?	Welche Ziele sollten vereinbart werden?
Welche Massnahmen scheinen Ihnen zum Erreichen dieser Ziele geeignet zu sein?	Welche Massnahmen scheinen Ihnen zum Erreichen dieser Ziele geeignet?

Im *Teil D* finden sich die *Ziele,* die bis zur nächsten Beurteilung erreicht werden sollen sowie die im Hinblick auf die Zielerreichung vereinbarten *Massnahmen. Teil E* («Stellungnahme») muss wie gesagt nur dann ausgefüllt werden, wenn hinsichtlich Beurteilung, Ziele und Massnahmen im Gespräch keine Einigung erzielt werden konnte. Die *Unterschriften* in *Teil F* sind nicht zu vergessen.

Leitblatt zum Beurteilungsbogen

Zweck

Der Beurteilungsbogen soll in erster Linie der *Führung und Weiterentwicklung des Mitarbeiters* dienen. Der ausgefüllte Bogen bleibt bei dem Vorgesetzten, der die Beurteilung vorgenommen hat. Die Verwendung von Beurteilungsergebnissen als Grundlage personeller Entscheidungen (Beförderung, Versetzung, Entlöhnung) ist in einem speziellen Reglement umschrieben.

Aufbau

Der Beurteilungsbogen besteht aus *zwei Teilen:*
- *Teil A* ist einheitlich für die Mitarbeiterbeurteilung im ganzen Betrieb konzipiert.
- *Teil B* nimmt Bezug auf die Funktion des zu beurteilenden Mitarbeiters und wird Teil A jeweils beigeheftet.

Hinweis

- Bei der Beurteilung sind *alle Merkmale und Aufgaben/Tätigkeiten* zu berücksichtigen (bei letzteren kann zuweilen ein Punkt ausfallen).
- Die Rubrik «Bemerkungen» ist auszunützen (insbesondere bei negativen Beurteilungen).

- Der Bogen (Teil A, B und C) ist zunächst *durch den Mitarbeiter selbst* auszufüllen.
- In einem Beurteilungsgespräch wird die Selbstbeurteilung des Mitarbeiters auf den Beurteilungsbogen des Vorgesetzten übertragen und mit dessen Beurteilung verglichen.
- Als Beurteilung eines Merkmals bzw. einer Tätigkeit gilt das Kreuz in einem der fünf Felder K, L, M, N, O.

Wichtig
- Beobachtungsfrage lesen.
- Zutreffende Stufenbeschreibung *unterstreichen*.
- Erst bei der Gesamtbeurteilung eines Merkmals dasjenige Feld ankreuzen, dessen Kennzeichnung *am ehesten zutrifft*.
- Unter «*Ziele und Massnahmen*» (Teil D) sind vorerst die *Ziele* festzulegen, die bis zur nächsten Beurteilung erreicht werden sollen; sodann sind geeignete *Massnahmen* zu vereinbaren/vorzuschlagen/anzuregen.
- Teil E («Stellungnahme») muss nur dann ausgefüllt werden, wenn hinsichtlich Beurteilung, Ziele und Massnahmen im Gespräch keine Einigung erzielt werden konnte.
- *Unterschriften* in Teil F nicht vergessen!

Einführung eines Beurteilungssystems

Die Einführung eines Beurteilungssystems greift tief in das Gefüge der zwischenmenschlichen Beziehungen und auch der sachbezogenen Vollzüge ein. Sie kann deshalb nicht einfach «von heute auf morgen» verfügt werden, sondern muss sich über einen längeren Zeitraum erstrecken. Aussicht auf Erfolg bei der Einführung eines Beurteilungssystems besteht nur dann, wenn die folgenden Voraussetzungen gegeben sind:

- *Die Vorgesetzten müssen dieser Aufgabe gewachsen sein:* Ein Beurteilungsverfahren steht und fällt mit der Qualifikation des Beurteilers. Ohne *Schulung* der Vorgesetzten ist die Einführung eines Beurteilungssystems. Eine solche Schulung sollte folgendes beinhalten: Psychologische und organisatorische Voraussetzungen für ein integriertes Beurteilungssystem; ein Beurteilungssystem als integrierte Funktion betrieblicher Personalpolitik; Ziele und Konsequenzen einer Leistungs- und Verhaltensbeurteilung; Verfahrensgrundsätze und Fehler bei der Beurteilung von Mitarbeitern; Fördergespräche/Beurteilungsgespräche als Kernstücke von Leistungsbeurteilung.
- *Es muss ein Führungskonzept vorhanden sein:* In der Grundausrichtung der Mitarbeiterführung sollte im Betrieb Übereinstimmung herrschen. Das heisst: ohne klar formulierte Personalpolitik hat ein Beurteilungssystem wenig Chancen, seine Zwecke zu erfüllen.

Der wichtigste Punkt bei der Einführung ist die *Information:* Alle Beteiligten müssen umfassend informiert werden. Die Mitarbeiter müssen wissen, in welcher Form, in welchen Intervallen und vor allem, mit welchen Zielvorstellungen die Beurteilung durchgeführt wird. Es ist auch klar festzuhalten, wer für die Durchführung verantwortlich ist und wie die Diskretion gewährleistet wird. Ob die Orientierung in schriftlicher oder mündlicher Form geschieht, muss von der Verwaltung des Spitals entschieden werden, wobei natürlich eine mündliche Aussprache mit vielen Vorteilen verbunden ist (Rückmeldung, Fragen usw.).

Wichtig ist, dass in bezug auf die *Zuständigkeit* keine Unklarheiten bestehen: Verantwortlich für das Ausfüllen des Beurteilungsbogens und für das Beurteilungs- und Fördergespräch, ist der *direkte Vorgesetzte*.

Beispiele:

Zu Beurteilende	*Beurteilter*
– *Pflegebereich*	
Dipl. Pflegepersonal (Chirurgie/Medizin)	
Stationsschwestern	Oberschwester
Operationsschwestern	leitende OPS-Schwester
Anästhesieschwestern	leitende Anästhesie-Schwester
Hebammen	Oberhebamme
– *Med.-techn. bereich*	
Röntgenassistentinnen	leitende Röntgenassistent/-innen
Laborant/-innen	Cheflaborant/-innen
Physiotherapeutinnen/ Physiotherapeuten	Cheftherapeutin
Masseusen/Masseure	
Dialyse-Schwestern	Oberschwester Medizin

5 Kommunikation

5	Kommunikation	545
51	**Grundlagen**	547
511	Begriff und Bedeutung der Kommunikation	547
512	Kommunikationsprozess	552
513	Anatomie der Nachricht	558
514	Ein Grunddilemma	566
515	Stichwort: Feedback	568
516	Soziale Wahrnehmung	577
52	**Gespräche**	580
521	Kunst des Zuhörens	581
522	Ziel: Verständigung	584
523	Führungsgespräche	591
524	Gesprächsformen	596
525	Leitung von Gesprächen	600
526	Sieben Ratschläge	602
53	**Konferenztechnik**	603
531	Konferieren – die Kunst des Leerlaufs?	604
532	Gründliche Vorbereitung	606
533	Ablauf einer Konferenz	608
534	Leitung einer Konferenz	609
535	Verhalten als Konferenzteilnehmer	614
536	Konferenzformen	616
537	Umgebungsbedingungen	619
538	Erfolg überprüfen	622
539	Neun Regeln	623
54	**Verhandlungstechnik**	624
541	Die innere Haltung ist entscheidend	625
542	Zur Vorbereitung einer Verhandlung	626
543	Der Aufbau einer Verhandlung	628
544	Verschiedene Verhandlungspartner	631
545	Auswertung	634
55	**Redetechnik**	635
551	Stichwort: Selbstoffenbarung	636
552	Aufbau einer Rede	638
553	Zehn Grundregeln der Rhetorik	644
554	Zur Kunst des Redens	645

56 Information 649

561 Begriff und Bedeutung der Information 650
562 Informationsbedürfnisse 653
563 Informationsfluss 655
564 Informationsmittel 665

Die Kommunikation stellt eine Grundvoraussetzung für das Funktionieren jedes sozialen Systems dar, ohne die keine Zielerreichung möglich ist. Im Krankenhaus kommt der Kommunikation hauptsächlich deshalb noch zusätzliche Bedeutung zu, weil das Gelingen oder Misslingen des Informationsaustausches nicht bloss für Sachen und Mitarbeiter, sondern auch – und vor allem – für den Patienten höchst relevant sein kann.

Ohne Kommunikation ist keine Führung, keine Aufgabenerfüllung möglich: Es können weder Informationen beschafft, noch Mitarbeiter motiviert noch Aktivitäten koordiniert werden. Dabei ist das *Krankenhaus als offenes soziales System* sowohl auf einen Informationsaustausch mit seiner Umwelt wie auch auf die Kommunikation innerhalb des Systems angewiesen. Während die Informationen aus der Umwelt hauptsächlich dazu dienen, die *Ziele* des Krankenhauses zu bestimmen, werden mithilfe der krankenhausinternen Informationen diese Ziele in konkretes *Verhalten* der einzelnen Beschäftigten umgesetzt.

Worum geht es eigentlich bei der Kommunikation? Welche Störungen und Probleme treten auf? Wie kann ihnen begegnet werden? Welche Bedeutung hat die Information der Mitarbeiter? Auf diese und ähnliche Fragen wird im folgenden eingegangen.

51 Grundlagen

Bevor auf verschiedene Formen der Kommunikation eingegangen wird, sollen einige grundlegende Aspekte der Kommunikation betrachtet werden. Trotz der hohen Aktualität des Themas Kommunikation haben nämlich bisher die Erkenntnisse der Informations- und Kommunikationstheorie und der Kommunikationspsychologie in der Praxis nur sehr spärlichen Niederschlag gefunden.

511 Begriff und Bedeutung der Kommunikation

Kommunikation stellt eine spezifische Form der *Interaktion* dar. Während Interaktion eine allgemeine Bezeichnung ist für eine Wechselbeziehung zwischen zwei Systemen oder Personen, meint Kommunikation diejenige Form der Interaktion, die mit Hilfe von Zeichen und Symbolen erfolgt. Diese Zeichen können sowohl sprachlicher wie auch nicht-sprachlicher Art sein.

Das Wort Kommunikation leitet sich vom lateinischen «communis» her, was «gemeinsam» bedeutet. Die ursprüngliche Bedeutung des Wortes «communicatio», das aufgrund seiner Endung -atio ein Nomen actionis ist, wäre demnach die Bildung einer *Verbindung,* einer *Gemeinsamkeit,* eines *Zusammenhanges.* Eine solche Verbindung kann auf vielfältige Weise zustandekommen: Der Filmheld wirft der Diva einen schmachtenden Blick zu, der Lehrer hebt den Drohfinger, die Kassierin tippt den Betrag in die Kasse, das Fernsehen überträgt Bilder des Kometen Halley zur Erde, der Leser kommuniziert mit dem Autor durch Lektüre seines Romans.

Trotz der Verschiedenartigkeit der Situationen sind in jedem Fall drei Bestandteile der «Verbindung» festzustellen: Es gibt mindestens zwei Kommunikations*subjekte,* die Kommunikations*objekte* (Zeichen, Symbole) mit Hilfe eines Kommunikations*mittels* austauschen.

Unter Kommunikation kann man demnach jede Form der Kontaktaufnahme, jede Form der Verbindung zwischen zwei oder mehr Subjekten verstehen, bei der irgendwelche Zeichen oder Symbole ausgetauscht werden (ob es dabei um den Austausch von Sachinformationen oder von Zärtlichkeiten geht, spielt – von der formalen Definition her – grundsätzlich keine Rolle). Dieser weite Begriff lässt sich einengen, indem die Kommunikationssubjekte näher umschrieben werden. Handelt es sich um Menschen, so spricht man von *personeller,* Kommunikation; kommunizieren Apparate/Maschinen miteinander, so wird das als *technische* Kommunikation bezeichnet. Kommen diese Subjekte in kombinierter Form vor, so nennt man das *Mensch-Maschine-Kommunikation.*

Im Rahmen des Themas «Führung» erfolgt die Beschränkung auf die personelle Kommunikation; und Kommunikation wird als *Austausch von Nachrichten zwischen Personen* verstanden. Dabei ist dieser Austausch – dem Wesen der «communicatio» gemäss – auf die Bildung einer verbindenden und zusammenhängenden sozialen Einheit gerichtet.

Jedes System ist charakterisiert erstens durch seine Elemente und zweitens durch die wechselseitigen Beziehungen zwischen den Elementen. Die zentrale Funktion der Kommunikation in einem sozialen System besteht nun darin, *informationelle Beziehungen zwischen den einzelnen Elementen herzustellen,* so dass diese in *gemeinsamer Aufgabenerfüllung* die Ziele des Systems erreichen können und durch die Schaffung zwischenmenschlicher Kontakte eine soziale Einheit entsteht.

Die zentrale Bedeutung der Kommunikation in einem hochkomplexen Kooperationssystem wie dem Krankenhaus ergibt sich in erster Linie aus der weitgehenden *Differenzierung,* also aus der Verteilung der Aufgaben (Arbeitsteilung), Information und Macht an Subsysteme und einzelne Aufgabenträger. Die *Spezialisierung,* die mit der hochgradigen Aufgabendifferenzierung verbunden ist, erschwert die gegenseitige sachliche und menschliche Verständigung und macht sie gleichzeitig wegen der wechselseitigen Abhängigkeit im Hinblick auf die Aufgabenerfüllung notwendiger denn je. Die Tatsache, dass viele Sachverhalte und Zusammenhänge für den einzelnen nicht mehr überschaubar sind, hat nicht nur eine mehr oder weniger starke Entfremdung von der Arbeit zur Folge, sondern stellt auch eine Quelle vieler Spannungen und Konflikte dar.

Aus der Sicht des Individuums kommt der Kommunikation hauptsächlich deshalb ein so grosser Stellenwert zu, weil das Bedürfnis nach sozialen Kontakten in grossen Organisationen besonders ausgeprägt ist. Dazu kommt, dass sich der Mitarbeiter je länger je weniger mit der blossen Hinnahme von Sachverhalten und Vorgängen begnügt, sondern nach begründeter Erklärung und Mitgestaltung verlangt, was wiederum Kommunikation erforderlich macht.

Entsprechend unserer Gliederung in eine instrumentale und eine non-instrumentale Zieldimension lassen sich zwei Grundorientierungen von Kommunikationszielen unterscheiden:

- *Instrumentale Kommunikationsziele:* Die Kommunikation soll einerseits dem einzelnen Aufgabenträger das zweckbezogene Wissen vermitteln, das er zur Erfüllung seiner Arbeitsaufgabe und zur Zusammenarbeit mit anderen Aufgabenträgern benötigt (Leistungsaspekt).

– *Non-instrumentale Kommunikationsziele:* Die Kommunikation soll andererseits das menschliche Bedürfnis nach Wissen, Verstehen und Kontakt befriedigen und damit zur Zufriedenheit beitragen (Zufriedenheitsaspekt).

Fragt man nach den *Funktionen* der Kommunikation, die sich vor dem Hintergrund dieser Zielsetzung ergeben, so lassen sich folgende vier Grundfunktionen unterscheiden[1]: Orientierung und Information (insbesondere für neue Mitglieder); – Anordnung und Anweisung; – Koordination der verschiedenen Aktivitäten; – Herstellung informaler Interaktionen.

Für die verschiedenen *Richtungen* der Kommunikation innerhalb der Hierarchie des Systems stehen unterschiedliche Inhalte und Funktionen im Vordergrund[2]:

– *Abwärtskommunikation* beinhaltet hauptsächlich Informationen über Aufgaben, Massnahmen, Praktiken, Bewertung von Leistungen, Übermittlung von Zielvorstellungen usw.
– *Horizontalkommunikation* beinhaltet vor allem die Koordination von Aufgaben sowie sozial-emotionale Unterstützung der Mitglieder;
– *Aufwärtskommunikation* beinhaltet zur Hauptsache Informationen über die eigene Leistung («Berichte»), Ereignisse im Arbeitsprozess, sachliche, und persönliche Probleme, vielfach auch «Gerüchte».

Ob die Kommunikation die ihr zugewiesenen Funktionen auch tatsächlich erfüllen und die genannten Ziele erreichen kann, hängt von der Wirksamkeit des Kommunikations- bzw. Informationssystems, insbesondere aber von den kommunikativen Fähigkeiten der Interaktionspartner ab.

Kommunizieren ohne zu führen, ist möglich. Aber Führen ohne zu kommunizieren, das ist undenkbar. Führen heisst: Menschen beeinflussen. Das Medium, durch welches der Vorgesetzte das Verhalten seiner Mitarbeiter beeinflusst, ist die Kommunikation.

Ob er mit seinen Mitarbeitern Ziele vereinbart, Probleme löst, sie motiviert, ihnen Anweisungen gibt, sie beurteilt oder kritisiert – die Erfüllung aller Aufgaben eines Vorgesetzten erfolgt mit Hilfe von Kommunikation. Darum spricht man auch von der *«Flaschenhalsfunktion»* der Kommunikation; jeder einzelne Führungsakt eines Vorgesetzten wird nur über Kommunikation wirksam. Die Bedeutung der Kommunikation als Medium der Führung kommt auch in der Zeit zum Ausdruck, die ein Vorgesetzter täglich für kommunikative Aktivitäten aufwendet.

Wieviel Zeit verbringt ein Vorgesetzter täglich mit Gesprächen, Besprechungen, Konferenzen oder Anweisungen, mit Rapporten, mit telefonieren oder mit der Erledigung von Korrespondenz? Wahrscheinlich mehr als man glaubt. Untersuchungen haben ergeben, dass viele Vorgesetzte 70% ihrer gesamten Arbeitszeit mit kommunikativen Tätigkeiten beschäftigt sind. Und dass sich demzufolge viele der täglich anfallenden Probleme letzten Endes als Kommunikationsprobleme erweisen.

Betrachtet man Kommunikation speziell unter dem Aspekt der Führung, so beabsichtigt der Sender (der Vorgesetzte) den Empfänger (den Mitarbeiter) in einer be-

---

1 vgl. Zeidler (1974), Wiswede (1981)
2 vgl. Wiswede (1981)

stimmten Richtung zu beeinflussen. Folgende Zwecke der Kommunikation stehen hierbei im Vordergrund[3]:

- *Steuerung:* Die Kommunikation erfüllt dann den Zweck einer Steuerung, wenn der Sender den Empfänger verbindlich zu einem bestimmten Verhalten veranlassen will, wie z.B. bei Anordnungen, Zielsetzungen, Aufträgen, organisatorischen Regelungen. Es kann sich dabei um eine sachbezogene Kommunikation handeln z.B. über Art, Umfang und Durchführung einer bestimmten Tätigkeit; die Kommunikation kann sich aber auch auf das soziale Verhalten des Mitarbeiters beziehen.
- *Instruktion:* Hier geht es darum, den Empfänger zu unterrichten, ihm notwendige Kenntnisse und Arbeitstechniken zu vermitteln. Bei diesem Kommunikationszweck steht das «Wie», die Art und Weise der Aufgabenerfüllung im Vordergrund, wobei der Grad der Verbindlichkeit sehr verschieden sein kann.
- *Mitteilung:* Kommunikationen zum Zwecke der Mitteilung sind für den Empfänger unverbindlich; es bleibt offen, wie sich der Empfänger aufgrund der übermittelten Information verhalten wird. In einer rein mitteilenden Kommunikation vermittelt der Sender Informationen über bestimmte Fakten, Geschehnisse oder Zusammenhänge und zwar ohne den Versuch zu machen, den Empfänger zu diesem oder jenem Verhalten zu bewegen.
- *Motivation:* Hier steht die Absicht im Vordergrund, auf die Gefühle, Einstellungen, Neigungen und Beweggründe des Empfängers in einer bestimmten Richtung Einfluss zu nehmen; der vom Sender anvisierten Handlungsalternative soll der Vorrang gegeben werden.

In sehr vielen realen kommunikativen Situationen ergeben sich die verschiedensten Kombinationen dieser vier Kommunikationszwecke. So steht beispielsweise bei einer wirksamen Weisung eines Vorgesetzten die Steuerung im Vordergrund, doch umfasst die Begründung normalerweise auch Fakten, also Mitteilungen sowie Elemente der Motivationsbeeinflussung und oft auch der Instruktion über die zweckmässigste Art des Vorgehens. Zudem kann auch die Kommunikation zwischen Vorgesetztem und Mitarbeiter ohne jegliche Absicht erfolgen, den anderen zu beeinflussen.

Kommunikation in diesem Sinne stellt dann allerdings kein Medium der Führung dar, sondern einen Selbstzweck: Die beiden kommunizieren um der Kommunikation willen. Für die Beziehung zwischen Mitarbeiter und Vorgesetztem und die Zufriedenheit der Beteiligten ist es von grosser Wichtigkeit, dass Spielräume existieren, in denen eine solche zweckfreie Kommunikation möglich und akzeptiert ist.

Nicht nur für den Vorgesetzten, sondern auch für den Mitarbeiter hängt vom Gelingen der Kommunikation vieles ab. Ob er sich um eine Stelle bewirbt, Bedürfnisse äussert, Rückfragen stellt, sein Verhalten begründet, mit anderen Probleme löst, Beziehungen pflegt oder Konflikte austrägt, Ideen vorbringt, Feedback gibt oder Mitsprache ausübt – immer handelt es sich um kommunikative Vorgänge.

Es ist erwiesen, dass die Zufriedenheit eines Mitarbeiters entscheidend von den sozialen Kontakten bzw. von der Kommunikation bei der Arbeit abhängt. So zeigte sich beispielsweise in Untersuchungen eine ganz klare Beziehung zwischen Fehlzeiten – die bekanntlich als Gradmesser für die Arbeitszufriedenheit gelten – und der subjektiv vermuteten Gesprächsbereitschaft des Vorgesetzten (Abb. 39): Je mehr die Mitar-

[3] vgl. Staerkle/Jaeger (1972)

beiter das Gefühl haben, mit ihrem Vorgesetzten über wichtige Probleme sprechen zu können, desto seltener bleiben sie dem Arbeitsplatz fern.
Auch zwischen guter Verständigung und guter Atmosphäre in der Gruppe besteht eine positive Wechselwirkung: Je häufiger die kommunikativen Akte unter den Mitgliedern einer Gruppe sind und je befriedigender sie von ihnen erlebt werden, desto besser ist das Arbeitsklima. Untersuchungen zeigen, dass Kommunikationsbeschränkungen nicht nur die Zufriedenheit, sondern ebenso die Arbeitsleistung beeinträchtigen[4]. Die durch Kommunikationsbeschränkungen verursachte Unzufriedenheit wirkt sich zudem negativ auf die Fähigkeit zur Problemlösung aus. Andere Studien weisen nach, dass die Zufriedenheit mit der Aufgabe und die Bereitschaft zur kooperativen Aufgabenerfüllung mit dem Grad der Kommunikationsfreiheit wachsen.
«In höher qualifizierten Leistungszusammenhängen wird der Stil der betrieblichen Zusammenarbeit, die menschliche Atmosphäre in den Arbeitsgruppen, das Führungsverhalten der Vorgesetzten aller Ebenen immer entscheidender für den Kooperationserfolg. Vorgesetzte müssen nicht nur die Methoden, sondern auch die Verhaltensformen ihrer Zusammenarbeit lernen. Diese Lernprozesse können nur gemeinsam und im Kontakt miteinander durchgeführt werden. *Das Lernziel aller ist: zwischenmenschliche Kommunikation* als Voraussetzung für eine verantwortliche Partizipation und humane Kooperation im beruflichen Leistungsprozess.»[5]
Dazu kommt, dass die meisten Vorgesetzten und Mitarbeiter im Krankenhaus in mehr oder weniger direkter Kommunikation mit den Patienten stehen, das heisst mit Menschen, die aufgrund ihrer Situation besonders empfindlich und auf humane Kommunikation besonders angewiesen sind. Die Arbeitsatmosphäre auf der Abteilung, der Kommunikationsstil innerhalb der Pflegegruppe, innerhalb der Ärztehierarchie und zwischen den verschiedenen Funktionsgruppen wird von den Patienten sehr intensiv wahrgenommen und trägt wesentlich zum Sichwohlfühlen im Krankenhaus bei.
Die quantitative Bedeutung der Kommunikation im Verhältnis zum gesamten Tätigkeitsspektrum wurde im Rahmen einer Studie an einer Universitätsklinik erfasst[6]. Die Bedeutung der Kommunikation im Pflegebereich wurde festgestellt, indem unterschieden wurde zwischen (a) der reinen Kommunikation, (b) der Kombination von Kommunikation mit einer körperlichen Verrichtung, (c) der reinen körperlichen Verrichtung und (d) dem Abwesendsein (u.a. auch Pausen).
Abbildung 144 ist zu entnehmen, dass die überwiegenden Aktivitäten im Pflegebereich reine Kommunikation sind (39,9%) oder mit Kommunikation verbunden sind (37,1%). Diese Werte wurden nun weiter nach Kommunikationspartnern und der jeweiligen Erscheinungsform differenziert (Abb. 144). Wie vermutet überwiegt die mündliche Kommunikation (63,4%). Die meisten Kommunikationsbeziehungen bestehen zwischen dem Pflegepersonal (45%). Der hohe Anteil der schriftlichen Kommunikation zwischen dem Pflegepersonal (19,7%) wird im wesentlichen durch den (im untersuchten Krankenhaus sehr ausführlich verfassten) Übergabebericht und die Kurvenführung bestimmt.

---

4 vgl. Bräutigam (1972)
5 Sahm (1976)
6 vgl. Thiel/Trill (1984)

Abbildung 144: Kommunikation im Pflegebereich[116]

Der Anteil von Kommunikation am Gesamttätigkeitsspektrum des Pflegepersonals

	P (%)	F (%)
Reine Kommunikation	39,9	1,28
Kommunikation und körperliche Verrichtung	37,1	1,27
Körperliche Verrichtung ohne Kommunikation	14,1	0,91
Abwesend	8,9	0,75

Die Verteilung von Kommunikation, differenziert nach Kommunikationspartnern und der Erscheinungsform

Es kommuniziert/(en)	mündlich		schriftlich	
	P (%)	F (%)	P (%)	F (%)
Die Pflegekräfte untereinander	25,3	1,3	19,7	1,2
Die Pflegekraft mit dem Patienten	23,3	1,3	0,9	–
Die Pflegekraft mit den Stationshilfen	0,5	–	–	–
Die Pflegekraft mit dem Arzt	4,9	0,7	2,8	0,5
Die Pflegekraft mit anderen Bereichen	8,0	0,8	4,6	0,6
Die Pflegekraft gemeinsam mit dem Arzt mit anderen Bereichen	–	–	8,6	0,9
sonstige Kommunikation	1,4	0,4	–	–
Summe	63,4		36,6	

116 Thiel/Trill (1984)

Obschon die zentrale Bedeutung der Kommunikation für Führung, Zusammenarbeit, Arbeitsleistung und Arbeitszufriedenheit der Mitarbeiter (und Vorgesetzten) sowie für die Befindlichkeit der Patienten weitgehend erkannt ist, macht man doch tagtäglich die Erfahrung, dass in der zwischenmenschlichen Kommunikation vieles nicht klappt. Was macht denn wirkliche Verständigung so schwierig? Das ist die Frage, die uns im folgenden beschäftigen wird.

512 Kommunikationsprozess

Kommunikation vollzieht sich in den verschiedensten Formen und bedient sich der verschiedensten technischen Hilfsmittel. Um den Vorgang der Kommunikation als solchen zu verstehen und mögliche Störquellen des Kommunikationsprozesses zu ermitteln, ist es notwendig, die Elemente zu erkennen, die allen denkbaren Kommunikationsbeziehungen gemeinsam sind. Zu diesem Zweck wurde von der Informationstheorie ein Grundmodell des Kommunikationsprozesses entwickelt, das in zahlreichen Varianten kursiert.

Unglücklicherweise sind die meisten dieser Varianten als «Einbahnstrassen-Modell» (ohne Rückmeldung) konzipiert. Da es sich aber bei der Kommunikation um ein wechselseitiges, interaktionelles Geschehen handelt, das auf gegenseitige Verständigung gerichtet ist, kommt der Rückmeldung (Feedback) ganz wesentliche Bedeutung zu.

Abbildung 145 zeigt ein *Grundmodell des Kommunikationsprozesses* mit Rückmeldung. Danach lässt sich jeder Kommunikationsvorgang durch die sieben folgenden

Abbildung 145: Grundmodell des Kommunikationsprozesses[117]

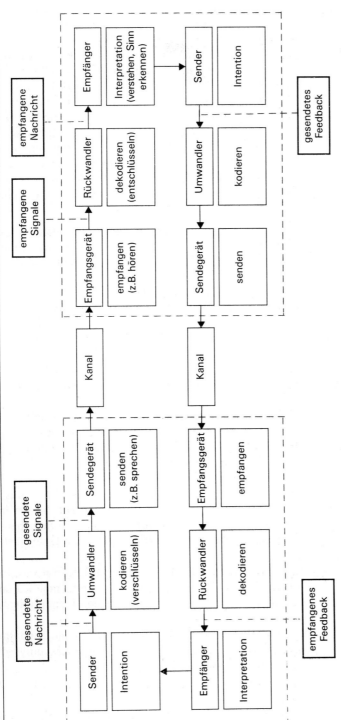

[117] vgl. Althoff (1978), nach Wiswede (1981)

Elemente beschreiben: Sender, Umwandler, Sendegerät, Kanal, Empfangsgerät, Rückwandler, Empfänger.

Bei der Mensch–Mensch-Kommunikation sind Sender und Umwandler sowie Rückwandler und Empfänger je eine Einheit; bei der Mensch–Maschine-Kommunikation (z.B. bei Einsatz von Computern) hingegen erfolgt die Umwandlung (Kodierung) und Rückwandlung (Dekodierung) durch die Maschine nach vorgegebenen Regeln. Bei interpersoneller verbaler Kommunikation, bei der zwei oder mehr Personen face-to-face miteinander kommunizieren, ist der Sender die Person, die eine bestimmte Nachricht (Denkinhalt) durch den physiologischen Umwandler (Gehirn) kodiert (verschlüsselt) und dann mithilfe des physiologischen Sendegerätes (Sprechapparat) in Form von hörbaren Zeichen/Signalen von sich gibt; die drei Elemente sind hier in eine Sender-Umwandler-Sendegerät-Einheit integriert. Als Kanal fungiert in diesem Fall die Luft, mittels derer die akustischen Signale geleitet werden. Die einzelnen Elemente sind[7]:

- *Sender:* Als Sender wird diejenige Person bezeichnet, die eine Nachricht an eine andere Person übermittelt. Der Sender hat eine bestimmte Nachricht, die er mitteilen bzw. eine bestimmte Absicht *(Intention),* die ihn zur Kommunikation veranlasst. Dieser Absicht kann eine Idee, ein Gedanke, eine Meinung, ein Gefühl oder ein Ereignis, ein Wunsch, ein Problem zugrundeliegen.
- *Umwandler:* Der Inhalt der Nachricht (Denkinhalt), den der Sender übermitteln will, wird durch einen Umwandler kodiert (verschlüsselt), das heisst: in eine bestimmte Form gebracht. Diese «Formgebung» hängt ab von dem zu wählenden Kommunikationsmittel (akustisch, optisch, taktil) und hat Rücksicht zu nehmen auf den Empfänger (seine Intelligenz, Stellung, Situation, Eigenart), damit die Nachricht von diesem möglichst genau verstanden wird. Jede Nachricht wird so in bestimmte *Signale* umgewandelt.
- *Sendegerät:* Die Zeichen/Signale, die die verschlüsselte Nachricht enthalten, werden mithilfe eines Sendegerätes gesendet. Im Falle mündlicher Kommunikation sendet der Sender die Nachricht in Form von hörbaren Lauten, Worten oder Sätzen; im Falle schriftlicher Kommunikation verwendet er sichtbare Zeichen, also geschriebene Buchstaben oder Wörter.
- *Kanal:* Der Kommunikations- oder Übertragungskanal ist das Medium, das der Übertragung der Signale/Zeichen vom Sender zum Empfänger dient. Bei der face-to-face-Kommunikation ist dies wie gesagt die Luft (Schallmedium), bei der schriftlichen Kommunikation das Papier oder bei der telefonischen Übermittlung das Telefonkabel.
- *Empfangsgerät:* Die gesendeten Zeichen/Signale werden vom Empfänger mittels eines Empfangsgerätes aufgenommen (Rezeption). Bei der face-to-face-Kommunikation dient das Ohr als Empfangsgerät, bei der schriftlichen Kommunikation das Auge.
- *Rückwandler:* Mit dem Rückwandler werden die eingehenden Zeichen/Signale dekodiert (entschlüsselt), das heisst wieder in die Form der Nachricht umgesetzt, die dann vom Empfänger verstanden werden kann.

7 vgl. Staerkle/Jaeger (1972)

- *Empfänger:* Als Empfänger wird diejenige Person bezeichnet, die die von einer anderen Person übermittelten Zeichen/Signale/Symbole aufnimmt, versteht, interpretiert. Der Empfänger ist in der Regel auch als Sender aktiv, indem er der anderen Person mittels einer *Rückmeldung* zu verstehen gibt, wie deren Nachricht bei ihm «angekommen» ist.

Wie gezeigt wurde, lässt sich mithilfe dieses Modells jede Art von Kommunikationsbeziehung beschreiben. Das Modell sagt allerdings nichts aus über das Wesen der Kommunikation und die miteinander in Beziehung stehenden Personen, sondern stellt lediglich ein Schema dar, das den Ablauf eines Kommunikationsprozesses anhand von 7 formalen Merkmalen darzustellen versucht.

Je nachdem, an welchem Punkt der Übertragung welche Frage untersucht wird, unterscheidet man drei Betrachtungsebenen, die alle Teilaspekte der *Lehre von den Kommunikationszeichen* (Semiotik) darstellen (Abb. 146)[8]

Abbildung 146: Zeichen – Nachricht – Information[118]

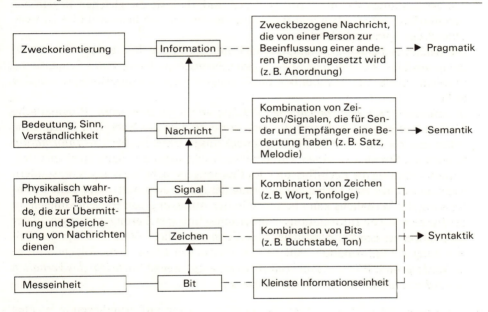

118 vgl. Staerkle/Jaeger (1972)

- *Formale Beziehungen zwischen sprachlichen Zeichen* (Syntaktische Ebene): In den Bereich der Syntaktik gehören «bits», Zeichen und Signale. Mit dem technischen Ausdruck *«bit»* (binary digit) wird die kleinste Informationseinheit bezeichnet; mehrere bits bilden ein *Zeichen* (z.B. Laut, Buchstabe, Ziffer, Stromstoss). Die Kombination von mehreren Zeichen ergibt das *Signal* (z.B. Wort, Zahl, Tonfolge). Zeichen und Signale sind physikalisch wahrnehmbare Tatbestände, die zur Übermittlung und Speicherung von Nachrichten dienen. Auf syntaktischer Ebene wer-

8 vgl. Staerkle/Jaeger (1972)

den vor allem Zeichen und Signale im Übertragungskanal zwischen Sende- und Empfangsgerät erfasst. Es geht hier insbesondere um die technische Frage: *Wie genau können Zeichen übertragen werden?* Diese Frage interessiert in erster Linie Nachrichtentechniker und Spezialisten der Elektronischen Datenverarbeitung (EDV).
- *Bedeutung sprachlicher Zeichen* (Semantische Ebene): Auf der semantischen Ebene geht es um die Beziehung zwischen den Zeichen und den Tatbeständen, die sie bezeichnen (= Designate). Jede Nachricht enthält eine bestimmte Bedeutung, einen bestimmten Sinn. Ein Satz, der uns durch Zeichen und Signale (Buchstaben und Worte) übermittelt wird, sagt etwas über einen Sachverhalt, einen Zustand, einen Vorgang aus. Ist diese Aussage aber nicht sinnvoll und kann den Signalen keine Bedeutung zugeordnet werden, so ist der Satz vielleicht syntaktisch richtig, aber dennoch keine Nachricht. Für den Erfolg der Kommunikation ist es entscheidend, dass Sender und Empfänger oder beide einem Signal die gleiche Bedeutung beilegen. Voraussetzung dazu ist, dass die Kommunikationspartner über einen gemeinsamen Zeichenvorrat verfügen und, dass sie die gleichen Regeln zur Verknüpfung von Zeichen und Bezeichnetem kennen und benutzen (das ist weitgehend ein Sprachproblem).

Die Semantik befasst sich hauptsächlich mit der Frage: *Wie genau übermitteln die gesendeten Zeichen und Signale den gewünschten Sinngehalt?* Semantische Probleme spielen bei Kommunikationsstörungen in der Organisation eine wichtige Rolle.
- *Beziehungen zwischen sprachlichen Zeichen und ihren Benutzern* (Pragmatische Ebene): Auf dieser Ebene tritt die *Zweckorientierung* der Nachricht hinzu. Eine Nachricht, die auf einen bestimmten Zweck ausgerichtet ist, wird als *Information* bezeichnet. Strenggenommen wird eine Nachricht sogar erst dann zu einer Information, wenn sie die Beeinflussung des Empfängers nicht bloss anstrebt, sondern wenn tatsächlich eine Verhaltensänderung des Adressaten stattfindet. Eine Beeinflussung des Verhaltens kann bestehen in der Auslösung von Entscheidungen, in der Initiierung von Informationsverarbeitungs- und speicherungsprozessen, in der Motivation des Empfängers, in der Beseitigung von Nicht-Wissen oder in der Weiterleitung der Information. Auf der pragmatischen Ebene steht folgende Frage im Vordergrund: *Wie wirksam beeinflusst die empfangene Nachricht das Verhalten des Adressaten in der gewünschten Weise?*

Entsprechend der genannten Betrachtungsebenen kann auf grundlegende Formen von Kommunikationsstörungen hingewiesen werden (Abb. 147). Nach ihren Grundursachen lassen sich drei Gruppen von Kommunikationsstörungen unterscheiden[9].
- *Technische Störungen:* Diese betreffen Verzerrungen der Signale während der Phase des Informationstransports und treten als Kodierungs- und Dekodierungsfehler sowie in Form von zusätzlichen Geräuschen während der Übertragung im Kommunikationskanal auf. Sie werden als technische Störungen bezeichnet, weil ihre Ursachen in den technischen Kommunikationsmitteln begründet sind. Obgleich diese Art von Kommunikationsstörungen aufgrund des verstärkten Einsatzes moderner Informationstechnologien immer mehr an Bedeutung gewinnen,

Abbildung 147: Störungen im Kommunikationsprozess[119]

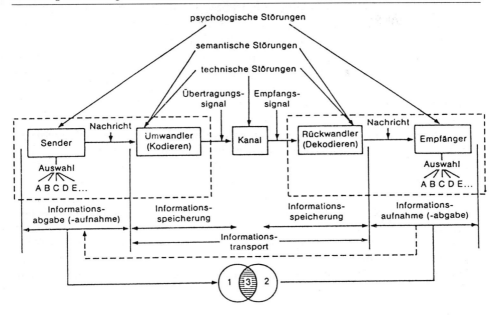

1 = aktiver Nachrichtenvorrat des Senders
2 = passiver Nachrichtenvorrat des Empfängers
3 = gemeinsamer Zeichenvorrat, der eine Verständigung zwischen Sender und Empfänger ermöglicht

119 Grunwald (1983)

befassen wir uns im folgenden nur mit semantischen und vor allem mit psychologischen Störungen.

- *Semantische Störungen:* Solche liegen dann vor, wenn falsche Beziehungen zwischen Signalen und korrespondierenden Nachrichten vom Sender und/oder Empfänger hergestellt werden. Dies ist vor allem dann der Fall, wenn der gemeinsame Zeichenvorrat von Sender und Empfänger zu klein ist (etwa als Folge zunehmender Spezialisierung, fehlender Eignung der Mitarbeiter, unterschiedlicher Ausbildungsgrade usw.). Semantischen Störungen kann begegnet werden durch *störungsfreie Übertragungskanäle, Vereinbarung eines Codes zwischen Sender und Empfänger* oder durch *Übermittlung von Signalen anstatt mehrdeutigen Symbolen.*
- *Psychologische Störungen:* Diese Kommunikationsstörungen sind besonders häufig, weil Sender wie Empfänger unterschiedliche (bewusste oder unbewusste) Bedürfnisse, Werte, Interessen, Einstellungen, Absichten, Erwartungen usw. hegen, welche die Informationsaufnahme und -abgabe in vielfältiger Weise behindern oder verzerren können. Verglichen mit den technischen und semantischen Störungen sind die sozialpsychologischen Störungen vor allem deshalb problematisch, weil ihre Ursachen, wie z.B. soziale Konflikte, Konkurrenz- und Statusdenken, Arbeitsentfremdung usw. schwerer erkennbar sind und im allgemeinen nur innerhalb gewisser Grenzen reduziert werden können.

Mögliche Kommunikationsstörungen lassen sich auch nach den verschiedenen Elementen gliedern, die am Kommunikationsprozess beteiligt sind:

- *Sender:* Seine Absicht (Intention) kann es beispielsweise sein, die Nachricht bewusst zu verfälschen oder den Kommunikationspartner irrezuführen.
- *Umwandler:* Die Umwandlung der Nachricht kann z.B. zu abstrakt oder zu komplex sein, so dass die gesendeten Signale nicht oder kaum verstanden werden können.
- *Sendegerät:* Der Sender kann sich z.B. versprechen, vertippen oder einen Sprachfehler haben.
- *Kanal:* Der Kommunikationsweg kann beispielsweise zu lang sein, so dass die Signale nicht, unvollständig oder verändert ankommen.
- *Empfangsgerät:* Der Empfänger kann z.B. aufgrund seiner begrenzten Aufnahmekapazität nicht in der Lage sein, die gesendeten Signale wahrzunehmen.
- *Rückwandler:* Verfügt der Empfänger z.B. über einen Zeichenvorrat, der vom Zeichenvorrat des Senders abweicht, so wird er die eingehenden Signale anders entschlüsseln.
- *Empfänger:* Dass der Empfänger eine eintreffende Nachricht aufgrund seiner Beziehung zum Sender, seiner Einstellungen, Erwartungen usw. falsch interpretiert, kommt sehr häufig vor. Auch kann sein *Feedback* z.B. unverständlich oder vieldeutig sein.

513 Anatomie einer Nachricht

Eine Kommunikation kann dann als erfolgreich bezeichnet werden, wenn eine Verständigung zwischen Sender und Empfänger zustandegekommen ist. Grundsätzlich ist eine Verständigung dann erreicht, wenn die gesendete und die empfangene Nachricht im wesentlichen übereinstimmen. Nun ist aber diese «Nachricht» alles andere als ein einfach strukturiertes Gebilde: In ein und derselben Nachricht sind viele Botschaften gleichzeitig enthalten. Die «Anatomie» der Nachricht lässt vier psychologisch bedeutsame Aspekte an ihr unterscheiden[10]: Sachinhalt, Selbstoffenbarung, Beziehung und Appell (Abb. 148).

Abbildung 148: Psychologisches Modell der Kommunikation (1)[120]

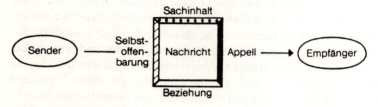

120 Schulz von Thun (1981)

10 vgl. Schulz von Thun (1977, 1978, 1981)

- *Sachinhalt:* Erstens enthält jede Nachricht einen sachlichen Inhalt. Die gelungene Übermittlung von Sachinformationen innerhalb des Betriebes gehört zu den Grundpfeilern der Arbeit. Wenn hier die Kanäle (d.h. die Verbindungen zwischen Sender und Empfänger) «verstopft» (vorenthaltene Informationen), die Nachrichten falsch (Fehlinformationen), unverständlich («Fachchinesisch») oder zu zahlreich (Papierflut) sind, dann ergeben sich Fehlentscheidungen, Arbeitsverzögerungen und persönlicher Verdruss.
- *Selbstoffenbarung:* Zweitens enthält jede Nachricht ein Stück Selbstoffenbarung des Senders. Als Empfänger kann man aus dem, was jemand sagt und wie er es sagt, auf sein derzeitiges Zumutesein («Er ist anscheinend gereizt») und auf seine Fähigkeiten und Eigenschaften schliessen («Er drückt sich gelehrt aus – offenbar ein kluger Kopf»).
Im Zusammenhang mit dem Karriere-Wettlauf und der Leistungsbewertung gewinnt die Selbstoffenbarungs-Seite im Betrieb eine erhebliche Bedeutung: Die Angst vor Blössen und die Hoffnung auf positive Selbstdarstellung behindern oft eine offene, echte Kommunikation und bedingen Kommunkationstechniken, die dem Verbergen eigener Schwächen und dem imponierhaften «Sich produzieren» einen höheren Stellenwert einräumen als der sachgerechten Auseinandersetzung.
- *Beziehung:* Drittens enthält jede Nachricht eine Demonstration dessen, wie der Sender seine Beziehung zum Empfänger sieht, wie er zu ihm steht, was er von ihm hält. Aufgrund solcher Signale fühlt sich der Empfänger bestätigt und vollwertig behandelt oder aber etwa «von oben herab» bevormundend oder abwertend behandelt («Wie redet der eigentlich mit mir?»).
Nicht nur das emotionale Geschehen, sondern auch die Aufgabenerfüllung hängen in starkem Masse von der Bewältigung der Beziehungsproblematik ab. Die Erkenntnis, dass sachliche Zusammenarbeit nur dann möglich und effektiv ist, wenn die Beziehungsebene stimmt – diese Erkenntnis stellt für den Vorgesetzten eine grosse Verführung dar: das Beziehungsgeschehen zu manipulieren, um es in den Dienst der Effektivität und der Machtausübung zu stellen, etwa nach dem Motto: «Mitarbeiter arbeiten besser und williger, wenn man sie freundlich und wertschätzend behandelt und ihnen das Gefühl von Mitverantwortung gibt. Also versuchen wir es doch mal mit Menschlichkeit.» Dass eine solche «Sozialtechnologie» nicht nur menschenverachtend ist, sondern auch nicht wirklich erfolgreich sein kann, braucht nicht weiter ausgeführt zu werden.
- *Appell:* Viertens enthält fast jede Nachricht einen Appell, d.h. die Aufforderung, in bestimmter Weise zu handeln, zu denken oder zu fühlen. Auch diese Seite wirft manche Probleme auf. Manche Appelle sind sehr verdeckt («Appelle auf leisen Sohlen»), etwa weil der Sender zwar Einfluss nehmen, aber nicht als Urheber dieses Einflusses dastehen möchte. Eine andere Frage lautet: Wie muss ich kommunizieren, damit meine Appelle gehört werden und nicht an der Wand von Druchsetzungswiderständen abprallen?

Jede Nachricht erweist sich aus dieser Sicht heraus als ein Paket, in dem mehrere Botschaften gleichzeitig enthalten sind. Anhand eines Beispiels aus dem Arbeitsalltag soll ein solches Paket unter die Lupe genommen werden. Die Situation: Herr Luchsinger ist verspätet. Es ist drei vor neun, und um neun sollte er an einer Konferenz im Trakt D sein. «Wie vergiftet» sucht er nach einer wichtigen Aktennotiz, die er

für die Konferenz unbedingt braucht. Im letzten Moment findet er das Blatt. Bevor er aus dem Büro stürmt, ruft er Frau Gerber, seiner Sekretärin, noch zu: «Ich wäre dann schon froh, wenn Sie mir in Zukunft wenigstens meine Akten an einem Ort ablegen würden, wo ich sie auch wieder finde.» Frau Gerber bekommt einen hochroten Kopf.
Was hat sich da abgespielt? Was steckt in dieser alltäglichen Nachricht? Dies soll anhand der genannten vier Aspekte untersucht werden:

- *Sachinhalt* (Worüber man informiert): Die Mitteilung von Herrn Luchsinger enthält die Sachinformation, dass Frau Gerber eine Aktennotiz falsch abgelegt hat. Immer wenn es «um die Sache» geht, steht diese Seite der Nachricht im Vordergrund (oder sollte es zumindest).
- *Selbstoffenbarung* (Was man von sich selbst kundgibt): Dem Beispiel kann wir in dieser Hinsicht nicht sehr viel entnommen werden, weil Herr Luchsinger nicht unmittelbar erlebt wird. Er kann nicht gesehen oder gespürt werden, wie es ihm zumute ist (höchstens ahnen). Informationen über sich selbst vermittelt der Sender sehr oft über nicht-sprachliche Kanäle (Tonfall, Mimik, Gestik). Aufgrund der Mitteilung ist annehmbar, dass Herr Luchsinger offenbar deutschsprachig ist und dass er wach und innerlich «da» ist.
- *Beziehung* (Was ich von dir halte und wie wir zueinander stehen): Wie der Sender zum Empfänger steht, geht oft aus der gewählten Formulierung hervor, aus dem Tonfall und anderen non-verbalen Äusserungen. Für diese Seite der Nachricht hat der Empfänger ein besonders «feines Gehör», denn hier fühlt er sich als Person in einer bestimmten Weise «behandelt».
In unserem Beispiel gibt Herr Luchsinger Frau Gerber zu verstehen, dass er sie nicht gerade für sehr fähig hält. Der Tonfall und der Gesichtsausdruck weisen ebenfalls daraufhin. Frau Gerber lehnt sich gegen dieses Bild, gegen diese Art von Behandlung auf, indem sie einen roten Kopf bekommt.
- *Appell* (Wozu ich dich veranlassen möchte): Schliesslich sind (vor allem in der funktionalen Kommunikation) fast alle Mitteilungen darauf ausgerichtet, den andern zu beeinflussen.
In unserem Beispiel ist der Appell offensichtlich. Frau Gerber soll in Zukunft alle Akten richtig ablegen. Aber der Appell ist so gesendet, dass sich Fräulein Gerber herabsetzend behandelt fühlt: «... wenn Sie mir in Zukunft *wenigstens* meine Akten an einem Ort ablegen würden, wo ich sie auch wieder finde.» («Wenn Sie schon sonst nicht viel können, dann wenigstens das» – könnte man noch beifügen.)

Jede Botschaft hat also vier Seiten (in Abb. 148 ist dieser Sachverhalt schematisch dargestellt). Je nach der Art (Funktion) der Mitteilung wird die eine oder andere Seite im Vordergrund stehen. Bei einem Referat über Hygiene (hoffentlich) der Sachinhalt, bei einer Bitte um Hilfe die Appell- und Selbstoffenbarungs-Seite. In jeder Mitteilung aber ist jede dieser vier Seiten irgendwo vorhanden. Da also alle vier Seiten einer Botschaft immer gleichzeitig im Spiel sind, müssen sie alle beherrscht werden. Einseitige Beherrschung schafft Störungen in der Kommunikation und behindert das Erreichen des Kommunikationsziels. Denn es nützt beispielsweise wenig, sachlich recht zu haben, wenn gleichzeitig auf der Beziehungsseite Unheil angestiftet wird. Genauso wenig nützt es, sich auf der Seite der Selbstoffenbarung als gescheit zu zeigen und dabei in der Sach-Botschaft unverständlich zu bleiben.

Oder in einer Diskussion auf der Sach-Seite für Mitsprache der Mitarbeiter einzutreten und gleichzeitig auf der Beziehungs-Seite die eigenen Anstrengungen zu sabotieren, indem jeder Vorschlag eines Mitarbeiters zum vornherein abgelehnt wird.

Bis hierher wurde das Nachrichten-Quadrat hauptsächlich aus der Sicht des Senders betrachtet. Aus der Sicht des *Empfängers* sieht die Nachricht folgendermassen aus: Den *Sachinhalt* versucht er zu verstehen; auf der *Selbstoffenbarungs*-Seite fragt er: «Was ist das für eine(r)»? «Was ist los mit ihm/ihr»? Durch die *Beziehungs*-Seite ist er persönlich besonders betroffen: «Wie steht der Sender zu mir? Was hält er von mir? Wie fühle ich mich behandelt»? Die *Appell*-Seite empfängt er unter der Frage: «Wo will er mich hinhaben»? Als Empfänger brauchten wir also im Grunde vier Ohren – ein Ohr für jede Seite[11].

Was die zwischenmenschliche Kommunikation so schwierig macht, ist: Der Empfänger kann frei wählen, welche Seite der Mitteilung er hervorheben und auf welche Seite er reagieren will. In unserem Beispiel reagiert Frau Gerber vorwiegend auf den Beziehungs-Aspekt der Mitteilung (sie fühlt sich schlecht behandelt und bekommt einen roten Kopf). Sie hätte auch auf den Sachinhalt reagieren können. («Ich sehe, ich habe eine Akte falsch abgelegt»). Oder auf die Selbstoffenbarung («Herr Luchsinger ist anscheinend im Druck»), oder den Appell (indem sie sich einfach vornimmt, das nächste Mal besser aufzupassen). Frau Gerber hat also auf den Beziehungs-Aspekt besonders gehört, hat diesen Teil der Mitteilung betont und darauf reagiert. Die ganze Mitteilung stand für sie somit unter diesem Aspekt.

Die freie Auswahl des Empfängers führt zu mancher Störung. Vor allem dann, wenn der Empfänger auf eine Seite reagiert, auf die der Sender das Gewicht *nicht* legen wollte. Oder wenn der Empfänger überwiegend nur mit einem Ohr hört und damit taub ist (oder sich taub stellt) für alle Botschaften, die sonst noch ankommen. Auf solche *einseitigen Empfangsgewohnheiten* soll im folgenden noch etwas näher eingegangen werden. Bei vielen Empfängern ist – unabhängig von den Situationserfordernissen – ein Ohr auf Kosten der anderen besonders gut ausgebildet. Bei den einzelnen Ohren kann sich das folgendermassen auswirken[12]:

– «*Sach-Ohr*»: Viele Empfänger (vor allem Männer und Akademiker) sind darauf geeicht, sich auf die Sachseite der Nachricht zu stürzen. Dies kann verhängnisvoll sein, wenn beispielsweise die eigentliche Botschaft nicht auf der Sach- sondern auf der zwischenmenschlichen Ebene liegt.
  Beispiel: Frau: «Liebst du mich noch»? Mann: «Ja, weisst du, da müssten wir zuerst einmal den Begriff Liebe definieren...»
– «*Beziehungs-Ohr*»: Bei manchen Empfängern ist das auf die Beziehungsseite gerichtete Ohr so gross und überempfindlich, dass sie alles auf sich beziehen, alles «persönlich nehmen» und sich sofort angegriffen und beleidigt fühlen. Wenn jemand lacht, fühlen sie sich ausgelacht. Wenn jemand guckt, fühlen sie sich kritisch gemustert. Sie liegen ständig auf der «Beziehungslauer».
  Beispiel: Kursteilnehmer A: «Die Gruppenarbeit gefällt mir gar nicht». Teilnehmer B: «Wenn Sie lieber mit jemand anders in der Gruppe sein wollen...»
– «*Selbstoffenbarungs-Ohr*»: Verglichen mit dem überempfindlichen Beziehungs-Ohr kann es seelisch gesünder sein, ein gut gewachsenes Selbstoffenbarungs-Ohr

11 vgl. Schulz von Thun (1977, 1978, 1981)
12 vgl. Schulz von Thun (1977, 1978, 1981)

zu haben, welches die Nachricht unter dem Aspekt aufnimmt: Was sagt sie mir über *dich?* Eine wichtige Kommunikationsfähigkeit nämlich ist das *aktive Zuhören*. Hier wird das Selbstoffenbarungs-Ohr dazu eingesetzt, sich in die Gefühls- und Gedankenwelt des Senders nicht-wertend einzufühlen. Es wäre viel gewonnen, wenn der Empfänger – bevor er seine eigenen Gedanken dazugibt – zunächst einmal in der Lage wäre, sich in die Welt des anderen einzufühlen und diese Welt gleichsam mit dessen Augen zu sehen (Empathie).

– «*Appell-Ohr*»: Von dem Wunsch beseelt, es allen recht zu machen und auch den unausgesprochenen Erwartungen der Mitmenschen zu entsprechen, ist manchem Empfänger mit der Zeit ein übergrosses Appell-Ohr gewachsen. Kleinste Signale werden auf ihre Appell-Komponente hin untersucht.
Beispiel: Dr. Alpert fragt: «Ist noch Kaffee in der Kanne»? Schwester Sandra: «Ich koche sofort noch welchen».

Die Nachricht, so haben wir gesehen, «hat es in sich». Eine Vielfalt von Botschaften auf allen vier Seiten steckt darin, teils explizit, teils implizit, teils absichtlich vom Sender hineingetan, teils unabsichtlich mit «hineingerutscht». Dieses ganze Paket kommt nun beim Empfänger an. Aber im Unterschied zu Paketen, die mit der Post ankommen, ist hier der empfangene Inhalt nicht gleich dem abgesendeten Inhalt. Es wurde deutlich, was der Empfänger allein schon dadurch mit der Nachricht alles machen kann, dass er seine vier Ohren in unterschiedlich starkem Masse auf Empfang schaltet. Jetzt kommt noch dazu, dass der Empfänger einige der Seiten der Nachricht in den «falschen Hals» kriegen kann. Wie kommt das?

Um zu kommunizieren, muss der Sender seine zu übermittelnden Gedanken, Absichten, Kenntnisse – kurz: einen Teil seines inneren Zustandes – in vernehmbare Zeichen übersetzen. Diese Übersetzungstätigkeit heisst wie erwähnt *Kodieren*. Die Zeichen/Signale sind es, die zum Empfänger «auf die Reise» geschickt werden. Was nicht mit auf die Reise gehen kann, das sind die Bedeutungen, die der Sender mit den Zeichen verbindet. Vielmehr ist ein empfangendes Gehirn notwendig, das in der Lage ist, Bedeutungen in die Zeichen neu hineinzulegen. Diese Empfangstätigkeit heisst: *Dekodieren*. Bei diesem Akt der Bedeutungsverleihung ist der Empfänger in starkem Masse auf sich selbst gestellt: Das Ergebnis der Dekodierung hängt ab von seinen Erwartungen, Befürchtungen, Vorerfahrungen – kurzum: von seiner ganzen Person. Die empfangene Nachricht ist zu einem guten Teil «sein eigenes Werk». Das folgende Beispiel zeigt, wie sich eine gesendete Nachricht von der empfangenen stark unterscheiden kann. Der Mann fragt beim Mittagessen: «Was ist denn das Grüne hier in der Sauce»? Die Frau: «Mein Gott, wenn es dir hier nicht schmeckt, kannst du ja woanders essen gehen».

Nehmen wir an, der Mann habe eine reine Informationsfrage stellen wollen (Kapern sind ihm unbekannt). Wir können dann den geschilderten Vorfall analysieren, indem wir die gesendete und die empfangene Nachricht einander gegenüberstellen (Abb. 149)[14]:

13 vgl. Schulz von Thun (1977, 1978, 1981)
14 vgl. Schulz von Thun (1977, 1978, 1981)

Abbildung 149: Gesendete und empfangene Nachricht[121]

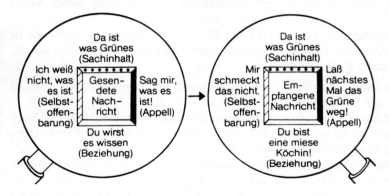

121 Schulz von Thun (1981)

	Gesendete Nachricht	*Empfangene Nachricht*
Sachinhalt	«Da ist etwas Grünes.»	«Da ist etwas Grünes.»
Selbstoffenbarung	«Ich weiss nicht, was es ist.»	«Mir schmeckt das nicht.»
Beziehung	«Du wirst es wissen.»	«Du bist eine miese Köchin.»
Apell	«Sag mir, was es ist.»	«Lass nächstes Mal das Grüne weg.»

Reagieren konnte die Frau natürlich nur auf die empfangene Botschaft. Auf welchen Teil der Mitteilung hat sie reagiert? – Auf den Beziehungsteil (wie Frau Gerber): «Er findet mich eine miese Köchin.»

Wenn die Nachricht anders ankommt, als sie gemeint war, kann das sehr verschiedene Ursachen haben. Häufige *Störquellen* sind[13]:

- *das Selbstbild des Empfängers:* Jemand, der nicht viel von sich hält, neigt dazu, auch akzeptierende und harmlose Botschaften so auszulegen, dass sie sein negatives Selbstbild bestätigen
- *das Bild, das der Empfänger vom Sender hat:* «Ich weiss, wie er es meint – ich kenne ihn». Das Bild das ich vom anderen habe, liefert mir den Schlüssel für die Interpretation seiner Nachrichten. Oft gründet sich das Bild vom anderen auf wenige Informationen. Aufgrund der Kleidung, des Geschlechtes, des Alters und einiger Lebensäusserungen neigen wir dazu, das unvollständige Bild zu ergänzen. Die wenigen Informationen sagen uns, in welche «Schublade» wir ihn tun sollen, und diese Schublade enthält *ergänzende Informationen* und *Vermutungen,* so dass sich das Bild vervollständigt.

Schon die empfangene Nachricht ist also ein «Machwerk» des Empfängers. Erst recht gilt dies für seine *innere Reaktion* auf die empfangene Nachricht. Diese innere Reaktion ist das Ergebnis einer *Wechselwirkung* zwischen der «Saat» (gesendete Nachricht) und dem psychischen «Boden», auf den diese Saat beim Empfänger fällt. Was die Nachricht bewirkt, ist eine Art «psycho-chemischer Reaktion», die entsteht, wenn zwei «Stoffe» zusammenkommen. Beispiel: Wenn ein Empfänger kritisiert wird, der sehr stark von der Überzeugung durchdrungen ist, dass es schlimm ist, Fehler zu machen, dann wird Verwundung oder Aggression als psycho-chemische Reaktion auftreten; er wird «explodieren». Trifft dieselbe Kritik auf einen Empfänger, der es sich zugesteht, Fehler zu machen, wird die Reaktion harmloser und konstruktiver ausfallen.

Für die innere Klarheit des Empfängers und für seine Fähigkeit zum Feedback ist es von grosser Bedeutung, dass er *drei verschiedene Vorgänge* unterscheidet, aus denen sich seine innere Reaktion aufbaut[15]:

- *Wahrnehmen:* etwas sehen (z.B. einen Blick) oder hören (z.B. die Frage: «Was ist das Grüne in der Sauce»?).
- *Interpretieren:* das Wahrgenommene mit einer Bedeutung versehen – z.B. den Blick als abfällig deuten oder die Frage nach dem Grünen in der Sauce als Kritik. Diese Interpretation kann richtig oder falsch sein.
- *Fühlen:* auf das Wahrgenommene und Interpretierte mit einem eigenen Gefühl antworten, wobei die eigene seelische «Bodenbeschaffenheit» mit darüber entscheidet, was für ein Gefühl ausgelöst wird (z.B. Wut angesichts des «abfälligen» Blickes).

In der Regel sind wir wenig geübt, diese drei Vorgänge in uns auseinanderzuhalten. Beispiel: Eine Frau berichtet ihrem Mann über eigene Pläne. Als er die Stirn ein wenig runzelt, versetzt sie wütend: «Nun mach doch nicht gleich wieder so ein angewidertes Gesicht». Ihre Rückmeldung ist ein Verschmelzungsprodukt aus Wahrnehmung, Interpretation und eigenem Gefühl. Es ist deshalb so wichtig, diese inneren Vorgänge auseinanderzuhalten, damit der Empfänger sich darüber im klaren ist, dass seine Reaktion immer *seine* Reaktion ist – mit starken inneren Anteilen. Und damit er Ansatzpunkte sieht, diese eigenen Anteile gegebenenfalls zu überprüfen: «Du runzelst die Stirn – passt dir das nicht, was ich vorhabe»? Jetzt kann er bestätigen oder korrigieren oder auch bei sich selbst nachschauen.

Kommunikation ist nicht damit beendet, dass der eine etwas von sich gibt und beim anderen etwas ankommt. Der Empfänger reagiert, wird dadurch zum Sender und umgekehrt, und beide nehmen aufeinander Einfluss. Das ist *Interaktion*. Gemäss unserer gewohnten Sichtweise suchen (und finden) wir die Bestimmungsfaktoren des Verhaltens im Individuum selbst. Jemand sei dominant, sagen wir, ein anderer unverschämt, Ernst sei ein Dauerredner. Die moderne Kommunikationspsychologie sieht die Sache anders[16]. Sie erklärt persönliche Eigenarten auch als Ausdruck der derzeitigen kommunikativen Verhältnisse. Sie sagt: Es gehören immer mindestens zwei dazu, wenn einer sich in zwischenmenschlicher Hinsicht so oder so verhält.

Dieses Wechselwirkungsdenken soll anhand einiger Beispiele geübt werden: Jemand ist ein Dauerredner: Wo sind die, die ihm schweigend und geduldig zuhören? (Dauerredner gibt es nur so lange, wie andere sich komplementär verhalten). Jemand anders ist dominant: Wer sind die, die sich unterdrücken lassen? Jemand anders ist «unverschämt»: Offenbar gibt es Mitspieler, die sich alles bieten lassen. Diese interaktionistische Sichtweise ist

- *ent-individualisierend:* Verhaltensweisen werden nicht mehr in erster Linie aus den Eigenarten des Individuums erklärt, sondern aus den ungeschriebenen Regeln der gegenseitigen Interaktion.

15 vgl. Schulz von Thun (1977, 1978, 1981)
16 vgl. Schulz von Thun (1977, 1978, 1981)

- *ent-moralisierend:* Nach der alten Sichtweise gibt es oft einen «bösen» Täter und ein «armes» Opfer («dieser Dauerredner redet mich tot»). Da aber der Böse nur böse sein kann, wenn das arme Opfer sich zum Mitspielen bereit erklärt, ist eine moralische Bewertung unangemessen. Es handelt sich um ein *gemeinsames Spiel* mit verteilten Rollen, und nicht selten hat das arme Opfer einiges Interesse daran, seine Rolle beizubehalten.

Für manche mag diese Sichtweise befremdlich und unbequem sein. Denn wo sie früher nur den bösen (gestörten, kranken) anderen gesehen haben, sollen sie nun den eigenen «Mitspiel-Beitrag» ins Auge fassen.

Indem ich meinen eigenen Mitspiel-Beitrag erkenne, bin ich dem «schwierigen anderen» nicht mehr einfach ausgeliefert. Ich komme aus der Opfer-Rolle heraus, die mich zwar von Verantwortung entlastet und mir moralisch Überlegenheit sichert, die mich dafür aber auch leiden und nicht erwachsen werden lässt. Dass dieser Sichtweise für die Kommunikation im Arbeitsteam grosse Bedeutung zukommt, dürfte klargeworden sein. Wie steht es aber bei realen Abhängigkeitsbeziehungen? Ist ein Mitarbeiter z.B. nicht zwangsläufig Opfer eines tyrannischen Vorgesetzten? Die Chancen, auf die Interaktion Einfluss zu nehmen, sind hier nicht gleich verteilt. Dennoch zeigt sich bei näherem Hinsehen fast regelmässig: Wo jemand Tritte austeilt, gibt es welche, die mehr als erzwungenermassen «Tretfläche» bieten.

Fragt man nach den «Heilmitteln» für die Therapie «kranker», gestörter Kommunikation, so steht die sogenannte *Metakommunikation* im Vordergrund. Gemeint ist eine Kommunikation über die Kommunikation, also eine Beschäftigung mit der Art und Weise, wie wir miteinander umgehen, und über die Art, wie wir die gesendeten Nachrichten gemeint und die empfangenen Nachrichten entschlüsselt und darauf reagiert haben. Zur Metakommunikation begeben sich die Partner gleichsam auf einen Feldherrenhügel, um Abstand zu nehmen von dem «Getümmel», in das sie sich verstrickt haben und in dem sie nicht mehr (oder nur zäh und schwierig) weiterkommen.

Gute Metakommunikation verlangt in erster Linie den *Mut zur Selbstoffenbarung.* Das Thema «Was geht hier und jetzt in mir vor, wie erlebe ich dich, was spielt sich zwischen uns ab?» stellt eine direkte Konfrontation mit der oft als peinlich erlebten Realität dar (eine solche Konfrontation wird deshalb meist vermieden). Als Preis winkt allerdings eine Befreiung von unausgedrückter Spannung und die Chance, aus der Störung dadurch herauszukommen, dass man wirklich «hindurchgegangen» ist.

Zum Schluss ein Beispiel für eine Metakommunikation in einem Arbeitsteam[17]: In dem Team hatte es sich so eingebürgert, dass unangenehme Aufgaben durch «Ausgucken» verteilt wurden, und in einer Mischung aus Ernst und Flachs wurde der «Dumme» mit viel Lob über seine «besonderen Fähigkeiten für gerade diese Aufgabe» entschädigt:

A: «Ich weiss nicht recht, ob ich mich über Ihr Lob freuen kann. Ich habe den Verdacht, dass wir jemanden immer dann hochloben, wenn wir einen Dummen gefunden haben».

B (lacht): «Ob Sie da wohl von sich auf andere schliessen»?

A: «Sie erleben das anders»?

---

17 vgl. Schulz von Thun (1977, 1978, 1981)

B: «Ach, ich sehe das alles nicht so verbissen. Klar, wenn wir zu jemandem sagen: ‚Sie sind für diese Aufgabe doch besonders gut geeignet', dann weiss jeder, dass das vor allem gesagt wird, um jemanden zu motivieren. Das Auge zwinkert sozusagen dabei – das ist so'ne Art Spiel, finde ich».
A: «Vielleicht nehme ich das zu ernst – aber irgend etwas ärgert mich doch daran».
C (zu A): «Ich bin froh, dass Sie das mal angesprochen haben. Ich finde wir haben oft so eine Art zu witzeln, wenn es heikel wird. Ich mache da dann oft mit, obwohl ich ein ungutes Gefühl habe. Zum Beispiel neulich...» usw.

514 Ein Grunddilemma

Ein *Grunddilemma* der zwischenmenschlichen Kommunikation im allgemeinen und der Kommunikation in der Arbeitswelt im besonderen besteht darin, dass es immer zugleich um *Ausdruck* und *Wirkung* geht. Die eine Funktion der Kommunikation liegt darin, auszudrücken, was ist. Kooperation und Mitmenschlichkeit leben davon, dass wir uns gegenseitig auf dem laufenden halten, was in uns vorgeht. Selbstausdruck und Anteilnahme gehören zu den vitalen Lebensbedürfnissen des Menschen. Die andere Funktion besteht darin, Wirkungen zu erzielen bzw. zu beabsichtigen. Sender und Empfänger stehen nun vor der Wahl, auf welchen Aspekt sie sich schwerpunktmässig hin orientieren:

- Der *ausdrucksorientierte* Sender legt alles darauf an, das was in ihm ist, auszudrücken. Es kommt ihm nicht primär darauf an, eine bestimmte Wirkung zu erzielen.
- Der *wirkungsorientierte* Sender hingegen fragt sich immer zunächst (teils bewusst, teils unbewusst): Was will ich erreichen bzw. verhindern? – und versucht dann, seine Nachricht so zu gestalten, dass sie für diese Zielerreichung optimal erscheint.

Für den Empfänger kann die Frage sehr wichtig werden, ob der andere ausdrucks- oder wirkungsorientiert kommuniziert. Ein Mitarbeiter mag sich fragen: Lobt mich der Chef, weil er Freude an meiner Leistung hat, oder hat er in einem Kurs zur Motivationstechnik gelernt, dass ein Lob zur Leistungssteigerung beiträgt? Hier einige Beispiele für Verhaltensweisen, die mehr oder weniger ausdrucksorientiert oder wirkungsorientiert gesendet oder empfangen werden können[18]:

	Ausdruck	*Wirkung*
Selbstoffenbarung	Weinen	Auf die Tränendrüse drücken
Beziehung	Loben	Streicheleinheit verpassen
Sachinhalt	Berichten	Tendenziös informieren (mit Manipulationsabsicht)
	Erzählen	«Moral von der Geschichte» vermitteln

Wenn Menschen im Arbeitsleben miteinander in Kontakt treten, dann steht der Wirkungsaspekt der Kommunikation ganz im Vordergrund. Die Absicht bzw. der Zweck der Kommunikation mit Mitarbeitern, Vorgesetzten und Kollegen besteht darin, eine bestimmte Wirkung zu erzielen. Die Kommunikation soll den anderen in irgendeiner

18 vgl. Schulz von Thun (1977, 1978, 1981)

Form *verändern*. Dies mag vereinfacht klingen, ist es aber nicht. Denn genau darauf läuft die Kommunikation in der Arbeitswelt letzten Endes hinaus. Die Änderung mag einfach oder kompliziert zu beschreiben sein; sie kann mit dem zu tun haben, was ein Mensch denkt, weiss oder fühlt; sie kann mit seinen Einstellungen oder Fähigkeiten zu tun haben. Eines jedoch ist klar: Der Zweck des Versuchs, mit einem andern Menschen auf der Arbeitsebene zu kommunizieren, besteht tatsächlich darin, diesen Menschen zu ändern.

Für den Vorgesetzten, dessen Aufgabe darin besteht, seine Mitarbeiter in Richtung auf ein bestimmtes Ziel hin zu beeinflussen, trifft dies in extremer Weise zu: Wenn er seine Mitarbeiter informiert, so beabsichtigt er damit, ihren Informationsstand oder ihre Einstellung zu ändern; kritisiert er sie, so soll dies zu einer Veränderung ihres Arbeitsverhaltens führen; gibt er ihnen einen Auftrag, so hat dies eine Veränderung ihrer Arbeit zur Folge. Zu welchem Zweck auch immer der Vorgesetzte im Sinne der Führung mit seinen Mitarbeitern kommuniziert: Der Zweck des Versuchs besteht letzten Endes immer darin, das zu ändern, was der Mitarbeiter denkt, fühlt, weiss oder tut. Der Vorgesetzte ist demnach als extrem «wirkungsorientierter Sender» zu betrachten.

Dieser Wirkungsaspekt der Kommunikation ist allerdings keineswegs auf die funktionale Kommunikation in der Arbeitswelt beschränkt, sondern prägt die zwischenmenschliche Kommunikation in allen Bereichen sozialen Lebens in hohem Masse. Der Wirkungsaspekt macht sogar zu einem guten Teil das Wesen der Kommunikation aus. Betrachtet man nämlich den Vorgang der Kommunikation, so zeigt sich, dass das Verhalten des Senders (seine Worte, Gesichtsausdrücke, Gebärden, Pausen...) vom Empfänger wahrgenommen und für ihn zu einer *Erfahrung* werden. Kommunikation heisst: Ich erfahre dein Verhalten – du erfährst mein Verhalten. Und diese Erfahrung bleibt nicht etwa «still», sondern sie beeinflusst mein Verhalten dir gegenüber. Je nachdem, wie ich dich erfahre, werde ich mich dir gegenüber so oder anders verhalten, auf jeden Fall nicht mehr genau gleich wie vor der Erfahrung. Und nicht nur dir gegenüber werde ich mich anders verhalten, sondern auch anderen Menschen oder Dingen meiner Umwelt gegenüber: Ich denke anders, empfinde anders, weiss andere (neue) Dinge, handle anders. Das heisst: die *Erfahrung verändert* mich. Das «Den-anderen-Ändern» ist somit etwas, was sich nicht bloss in der Arbeitswelt, sondern auch in allen anderen Bereichen des Lebens ereignet. Nur geschieht es in den privaten Bereichen oft unbewusst, während es im Arbeitsbereich in der Regel mit bewusster Absicht als Mittel eingesetzt wird, um ein bestimmtes Ziel zu erreichen. Damit die Kommunikation in diesem (funktionalen) Sinne erfolgreich ist, muss die beim anderen hervorgerufene Wirkung der Absicht des Senders entsprechen. Nun wird diese Wirkung aber sehr oft nicht im beabsichtigten Sinne erreicht, weil sich ein *Verzerrungswinkel* ergibt zwischen dem, was der Sender zu senden beabsichtigt und dem, was er unbeabsichtigt ausdrückt (Abb. 150)[19].

Dieser Verzerrungswinkel ist zum einen bestimmt durch die prinzipielle Mehrdeutigkeit von Signalen (Schwitzen kann zum Beispiel Angst und Unsicherheit, Angespanntheit, aber auch erhöhte Raumtemperatur signalisieren). Stimmlage, Tonfall, Mimik und Gestik können eine beabsichtigte Botschaft verändern. Auf der anderen

---

19 vgl. Antons (1976)

Abbildung 150: Verzerrungswinkel der Kommunikation[122]

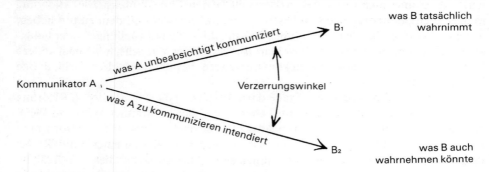

122 Antons (1976)

Seite ist der Verzerrungswinkel durch unterschiedliche Motive, Einstellungen, Erfahrungen und Interessen der Kommunikationspartner bedingt.

Die Tatsache, dass beim Kommunizieren immer auch unbeabsichtigte Signale ausgedrückt werden, leitet über zur anderen Dimension der Kommunikation, nämlich zum *Ausdruck* (und zwar zum beabsichtigten Ausdruck im Sinne der Selbstdarstellung). Sowohl Kooperation wie auch Mitmenschlichkeit sind darauf angewiesen, dass sich die Kommunikationspartner gegenseitig zeigen, was in ihnen vorgeht, was sie denken oder fühlen. Jeder Mensch hat das Bedürfnis, einerseits sich selber «auszudrücken» und andererseits die «Ausdrücke» des Mitmenschen aufzunehmen und damit an dessen Leben teilzunehmen. «*Funktionalitätsvergiftung*» (Langer) besteht dann, wenn der Sender überwiegend wirkungsorientiert sendet oder – was ebenso vergiftend ist – der Empfänger dies unterstellt.

Die Gefahr der «Funktionalitätsvergiftung» ist in der Arbeitsorganisation in hohem Masse vorhanden: Vorgesetzte haben gelernt, so zu kommunizieren, dass die Mitarbeiter am ehesten bereit sind, ihre Arbeitskraft dem Betrieb energievoll zur Verfügung zu stellen. Wer aber (bewusst oder unbewusst) nur auf Wirkung hin orientiert ist und dabei den authentischen Ausdruck vernachlässigt, entfremdet sich von sich selbst und von den anderen, macht den Mitmenschen zum blossen Objekt seiner Beeinflussung bzw. seiner Manipulation. Durch eine solche «Behandlung» aber wird eine humane Kooperation verunmöglicht; bei Funktionalitätsverdacht kann sich *kein gegenseitiges Vertrauen* entwickeln[20].

516 Stichwort: Feedback

Die empfangene Nachricht ist also zu einem guten Teil das Werk des Empfängers: *Er* entschlüsselt die ankommende Nachricht aufgrund seiner persönlichen Erfahrungen und Einstellungen; *er* wählt aus, auf welche Seite der Nachricht er reagieren soll. Als Sender tappe ich somit ziemlich im Dunkeln, wie das, was ich von mir gebe, bei anderen ankommt und was ich mit meiner Nachricht beim Empfänger anrichte. *Wie* der andere meine Nachricht empfängt, werde ich nie wirklich erfassen.

20 Schulz von Thun (1981)

Ich erfahre dein *Verhalten* – du erfährst mein Verhalten. Dein Verhalten kann ich sehen (du meines auch). Deine *Erfahrung* aber kann ich nicht sehen (und du meine auch nicht). Das heisst: Ich kann meine Worte, Gesten, Handlungen nie so erleben, wie du sie erlebst. Aus dem einfachen Grund, weil ich nicht Du bin. Ich werde also nie wirklich wissen, wie das auf Dich wirkt, was ich sage oder tue. Ich kann deine Erfahrungen nicht erfahren – du kannst meine Erfahrungen nicht erfahren. Wenn ich dir also eine Nachricht übermittle, weiss ich nicht wirklich, wie du meine Mitteilung empfängst. Das was ich darüber weiss, weiss ich aufgrund deiner Antworten/Reaktionen. Deine Reaktionen geben mir Hinweise darauf, wie mein Verhalten (meine Nachricht) auf dich wirkt oder wie sie bei dir «angekommen» ist.

Diesen Rückmeldungen – von den Kommunikationsforschern als Feedbacks bezeichnet – kommt deshalb so zentrale Bedeutung zu, weil ich ihnen entnehmen kann, wieweit der andere mich verstanden hat bzw. wie wirksam meine Botschaft ist. «Feedback ist eine Mitteilung an eine Person, die diese Person darüber informiert, wie ihre Verhaltensweisen von anderen wahrgenommen, verstanden und erlebt werden»[21]. Für Feedback-Prozesse innerhalb einer Gruppe scheint die folgende Definition geeignet: «Feedback ist eine Information darüber, wie A das Verhalten einer anderen Person B wahrnimmt und/oder erlebt, und/oder eine Information darüber, welche Reaktionen dieses Verhalten bei A auslöst auf der Verhaltensebene und/oder auf der Gefühlsebene und/oder der Beziehungsebene.»[22]

Stellt sich aufgrund der Reaktionen des Kommunikationspartners heraus, dass er meine Nachricht nicht vertanden bzw. meine Botschaft nicht die gewünschte Wirkung hat, so kann ich mein (Kommunikations-)Verhalten entsprechend anpassen, um damit einer Verständigung bzw. der beabsichtigten Wirkung näher zu kommen. Das Feedback stellt somit die einzige Grundlage für eine Anpassung des interaktionellen Verhaltens bzw. für zwischenmenschliche Lernprozesse dar.

Um die Bedeutung von Feedbacks zu erhellen, soll im folgenden das «Johari-Modell» skizziert werden. Dieses Modell basiert auf der Vorstellung, dass sich unsere zwischenmenschlichen Beziehungen in einem Rahmen abspielen, den man als Fenster mit vier Flügeln bezeichnen kann (Abb. 151). Nach seinen Erfindern Joe Luft und Harry Ingham wird dieses Fenster «*Johari-Fenster*» genannt[23].

- *Flügel A:* die «*öffentliche Person*» ist der Teil unseres Selbst, der uns und anderen bekannt ist. Er ist der Bereich unseres freien Handelns, in dem wir nichts vor anderen verbergen.
- *Flügel B:* der «*blinde Fleck*» in unserem Verhaltensfenster bedeutet, dass andere oft mehr über uns wissen als wir selbst – ihr Fremdbild über uns stimmt also nicht mit unserem Selbstbild überein. Flügel B enthält alle unsere unbewussten Gewohnheiten, Vorurteile und Zuneigungen. Wir sind oft sehr überrascht, wenn andere uns darauf aufmerksam machen, uns «die Augen öffnen» über eine Stelle in unserem Bild, die wir selbst noch nicht entdeckt haben.
- *Flügel C:* die «*private Person*» ist der Bereich unseres Denkens und Handelns, den wir bewusst vor anderen verbergen – unsere heimlichen Wünsche vielleicht

---

21 Antons (1976)
22 Lehmenkühler (1975), zit. nach Sader (1976)
23 vgl. Kirsten/Müller (1979)

Abbildung 151: Johari-Fenster (1)[123]

	Mir selbst bekannt	Mir selbst unbekannt
Anderen bekannt	**A** Bereich des freien Handelns	**B** Bereich des «Blinden Flecks»
Anderen unbekannt	**C** Bereich des Verbergens	**D** Bereich des Unbewussten

123 vgl. Kirsten/Müller (1979)

oder Dinge, die wir verheimlichen, weil hier unsere «empfindlichen Stellen» liegen, oder weil wir glauben, dass sie von anderen abgelehnt werden.
- *Flügel D: der Bereich des Unbewussten,* der weder uns noch anderen zugänglich ist (ausser im Traum).

Im folgenden werden vier verschiedene Fenster (mit unterschiedlich grossen Flügeln) untersucht (Abb. 152)[24]:
- *Fenster 1* zeigt die typische Situation eines Menschen in einer ihm fremden Gruppe. Der Bereich A ist hier sehr klein. Er weiss noch nicht, was die anderen von ihm halten, und was er von seiner «privaten Person» hier preisgeben darf. Die Frage «Wie kann/darf/soll ich mich verhalten»? ist noch nicht gelöst. Deshalb bedeuten fremde Menschen und Gruppen anfangs immer eine Art Bedrohung für uns. Der Bereich unseres freien Handelns (A) ist entsprechend eingeschränkt. Wenn wir davon ausgehen, dass jeder Mensch das Bedürfnis hat, seinen Flügel A auszuweiten, sehen wir sofort, dass wir dafür die Bereiche B und C einschränken müssen. Dies fällt uns oft schwer, weil wir gelernt haben, anderen Menschen zunächst einmal mit Misstrauen zu begegnen. Wir müssen deshalb bewusst daran arbeiten, die Bereiche B und C zu verkleinern.
- Im *Fenster 2* ist der Bereich C (unsere «private Person») schon etwas abgebaut. Der Pfeil I steht für Information. Er soll deutlich machen, dass wir Bereich C nur abbauen können, wenn wir bereit sind, «Privates» preiszugeben. Diese wichtige Fähigkeit, anderen Informationen über sich selbst geben zu können, heisst Vertrauen.

24 vgl. Kirsten/Müller (1979)

Abbildung 152: Johari-Fenster (2)[124]

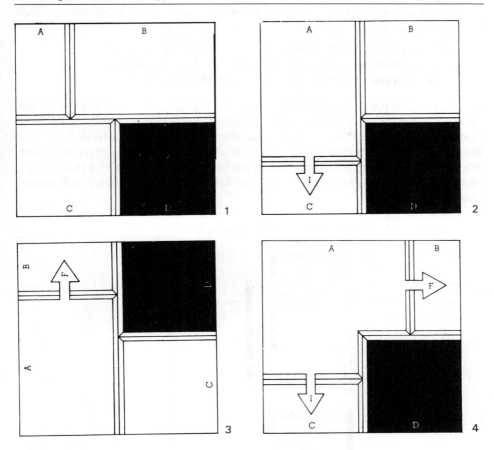

124 Kirsten/Müller (1979)

- In *Fenster 3* ist der «blinde Fleck» kleiner geworden. Der Pfeil F steht für Feedback. Unser Verhalten (z.B. Offenheit, Vertrauen) löst entsprechende Reaktionen bei anderen aus, auf die wir wiederum reagieren (Interaktion). Wir sehen, dass wir den Bereich des «blinden Flecks» nur abbauen können, wenn wir erstens lernen, über uns selbst zu sprechen und zweitens uns darum bemühen, die Meinung anderer über uns zu erfahren. Anderen Dinge über sich selbst mitzuteilen (Informationen geben) ist ein Ausdruck von Vertrauen. Die Frage: «Was denkst du eigentlich von mir?» ist eine Art Bitte um Vertrauen.
- *Fenster 4* zeigt: Informationen über sich preisgeben und Informationen er sich einholen sind die einzigen wirksamen Verhaltensweisen, die den Bereich unseres freien Handelns im sozialen Raum vergrössern können. Umgekehrt können wir es natürlich anderen Menschen auch ermöglichen, uns gegenüber «aufgeschlossener» zu werden (uns zu vertrauen, wenn wir sie um Informationen über sich bitten und ihnen ein Feedback über ihr Verhalten geben. Wir vergrössern damit den Bereich A beim anderen.

Das Feedback hilft bzw. ermöglicht, den blinden Fleck in unserer Persönlichkeit aufzuhellen. Das ist jedoch nicht die einzige Funktion, die Feedback haben kann. Mittels Feedbacks kann ein Kommunikationspartner mir mitteilen, dass er

- meine Äusserungen nicht verstanden hat («Wie meinst du das»?)
- nicht einverstanden ist mit dem ‚was ich tue («Hör auf damit.»)
- mein Verhalten positiv bewertet («Das hast du gut emacht.»)

Aus diesen Informationen kann ich ersehen, inwieweit die Auswirkungen meines Verhaltens meinen Absichten entsprechen. Feedback kann also für mich ein *Kontrollinstrument* im sozialen Bereich sein[25]. Feedback gibt uns die Möglichkeit, in einer Beziehung «Störungen» zu erkennen, die durch unser Verhalten ausgelöst werden. Wir bekommen dadurch Informationen, die für die Entwicklung von Beziehungen und für die Entwicklung unserer Persönlichkeit wichtig und hilfreich sein können (Abb. 153).

Abbildung 153: Psychologisches Modell der Kommunikation (2)[125]

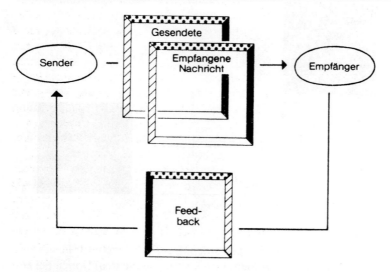

125 Schulz von Thun (1981)

Stellen Sie sich zum Beispiel folgendes vor: Sie erleben es immer wieder, dass Menschen sich von Ihnen abwenden und desinteressiert scheinen, wenn Sie zu reden beginnen. Stellen Sie sich weiter vor, dass der Grund dafür Ihre ständigen Wiederholungen sind. Nur ein offenes Feedback kann Ihnen solche Informationen geben. Wenn Ihnen keiner die Wirkung Ihres Verhaltens auf sich mitteilt, beziehen Sie die Reaktionen der anderen vielleicht auf Ihr Aussehen, Ihre mangelnden Kenntnisse, oder Sie interpretieren diese Reaktionen nur als «Die anderen mögen mich nicht». Ohne offenes, konkretes Feedback haben wir keine Möglichkeit, unsere sozialen Erfahrungen realitätsgerecht zu verarbeiten. Die positiven Wirkungen von Feedbacks sind vielfältig; Feedback:

25 vgl. Schwäbisch/Siems (1979)

- hellt den blinden Fleck auf: Ich entdecke Teile von mir selbst, die mir vorher unbekannt waren
- verstärkt positive Verhaltensweisen: Da ich für mein Verhalten Anerkennung erhalte, werde ich mich weiter so verhalten
- hilft uns, uns selbst und unsere Umwelt realistisch wahrzunehmen: Ich weiss, weshalb du so auf mein Verhalten reagierst
- ermöglicht die Korrektur von Verhaltensweisen, die dem Betreffenden nicht weiterhelfen oder die der eigentlichen Absicht nicht genügend entsprechen: Ich weiss, was ich falsch gemacht habe, so kann ich es in Zukunft besser machen
- hilft, den anderen besser zu verstehen: Ich weiss, wie du das auffasst, was ich sage oder tue. Deine Reaktionen sind mir nicht mehr so unverständlich
- verschafft Sicherheit: Ich weiss, wie ich mich in deiner Gegenwart verhalten kann
- ermöglicht uns, unser Verhalten zu überprüfen: Ich erfahre, wieweit die Auswirkung meines Verhaltens meinen Absichten entspricht.

Nur wenn die Kooperationspartner, also Mitarbeiter und Vorgesetzte bereit sind, Feedback zu geben und zu empfangen, ist es möglich, wirklich von einander und durch einander zu lernen. *Ohne Feedback ist kein soziales Lernen möglich.* «Das habe ich getan, sagt mein Gedächtnis. Das kann ich nicht getan haben, sagt mein Stolz – und bleibt unerbittlich. Endlich gibt das Gedächtnis nach.» (F. Nietzsche) Gähnen Sie? Wenn Sie beim Lesen dieses Buches das «grosse Gähnen» befällt, stellt dieses Gähnen ein Feedback auf unsere «Nachricht» dar (es sei denn, Sie hätten letzte Nacht zu wenig geschlafen). Feedback über die Auswirkungen unseres Verhaltens erhalten wir von anderen Menschen in allen möglichen Formen: Eine Rückmeldung kann *bewusst* («Wie bitte?») oder *unbewusst* (einschlafen), *spontan* («Vielen Dank») oder *erbeten* («Ja, es hat geholfen»), *verbal* («Nein») oder *nonverbal* (das Zimmer verlassen), *formal* (Fragebogen) oder *nicht formal* (Beifallklatschen) erfolgen.
Wenn wir uns verständigen bzw. unsere Nachricht wirksam übermitteln wollen, müssen wir aufmerksam sein. Vielleicht sagt Ihnen der andere nicht mit Worten, wie ihr Verhalten auf ihn wirkt. Vielleicht sagt er es, indem er die Arme verschränkt, mit dem Kugelschreiber spielt oder sich am Kopf kratzt. Auf jeden Fall treten überall dort, wo Menschen miteinander kommunizieren, auch Rückmeldungen auf, mit denen der eine dem anderen bewusst oder unbewusst zu erkennen gibt, was er denkt oder empfindet. An uns liegt es, dass wir uns solche wertvollen Informationen nicht entgehen lassen, indem wir sie nicht beachten.
Verbale Feedbacks sind also nicht die einzigen Rückmeldungen, die wir tagtäglich von anderen bekommen. Im Umgang mit anderen Menschen erfolgt das Feedback meist in einer nicht-sprachlichen, indirekten Form. Der andere sagt nicht: «Das, was du tust, macht mich ärgerlich», sondern er verhält sich so, wie ärgerliche Menschen sich verhalten (indirekter Ausdruck von Gefühlen durch das Verhalten). Uns bleibt es nun überlassen, ihre indirekten Botschaften zu übersetzen und herauszufinden, warum sie ärgerlich sind, und ob und wie wir diesen Ärger vermeiden können. Die *Missverständnisse* in einem solchen Prozess der Kommunikation sind vielfältig[26]:
- Wir interpretieren ihre Gefühle falsch. Sie sind vielleicht nicht ärgerlich, sondern traurig oder verletzt.

---

26 vgl. Kirsten/Müller (1979)

- Wir beziehen die Reaktionen der anderen auf unser Verhalten, obwohl das in keinem Zusammenhang mit ihren Gefühlen steht. Ein anderer Mensch ist vielleicht gar nicht ärgerlich unseretwegen, sondern wegen eines Erlebnisses mit seinem Chef.
- Wir beziehen die Reaktionen der anderen auf bestimmte unserer Verhaltensweisen, die diese Reaktionen gar nicht ausgelöst haben. Ein anderer Mensch ist nicht deswegen ärgerlich, weil wir Behauptungen aufstellen, die er für unvernünftig hält (unsere Interpretation), sondern vielleicht, weil wir so viel reden und ihn nicht zu Wort kommen lassen.

Da ein indirektes Feedback oft zu Missverständnissen führt, ist es wichtig zu lernen, das Feedback in einer direkten Form zu geben, indem wir es in Worten ausdrücken. Nur so können Mitteilungen gemacht werden, die soziales Lernen möglich machen. Worte sind wichtig – das ist keine Frage. Sie stellen oft so etwas wie «Fixpunkte» dar, an denen wir uns halten und auf die wir uns beziehen. Die grosse Bedeutung der Worte darf uns aber nicht darüber hinwegtäuschen, dass das Wesentliche in der zwischenmenschlichen Kommunikation sich oft neben oder zwischen den Worten ereignet. Worte sind nicht so zuverlässig, wie es auf den ersten Blick scheint. Ein Grund dafür ist der, dass die Menschen ihre wahren Gefühle und Reaktionen so lange zu verbergen suchen, bis sie sich sicher fühlen. Sicher fühle ich mich dann, wenn ich zum anderen Vertrauen habe. Und Vertrauen ist etwas, was nicht gefordert, sondern nur geschenkt werden kann.

Wenn sie deshalb ein verbales Feedback von jemandem erhalten, brauchen diese Worte nicht unbedingt das auszudrücken, was er in Wirklichkeit denkt oder empfindet (wieviele Menschen sagen «Hat mich sehr gefreut» und denken: «Hat mich sehr geärgert»). Was wir lernen müssen, ist: zu hören, was *gemeint* ist, nicht was gesagt wird (weil das oft nicht übereinstimmt). Nonverbale Feedbacks sind häufig die wertvollsten. Reaktionen wie Gähnen, Auf-die-Uhr-Schauen oder Mit-den-Füssen-Scharren sagen oft mehr als viele (schöne) Worte. Sie sind in der Regel zuverlässiger als Worte, weil sie sich weniger gut kontrollieren («wählen») lassen. Die Sprache «abseits der Worte» aber versteht nur der, der gelernt hat, sie wahrzunehmen und richtig zu deuten.

Nehmen wir an, ich erzähle eine – wie ich meine – interessante Geschichte und bemerke, dass einer der Zuhörer anfängt zu gähnen[27]. Mein Gehirn nimmt die Information «gähnen» auf und deutet diese als «Langeweile». Ist mir der Zuhörer wichtig, versuche ich jetzt, seine Aufmerksamkeit wieder zu gewinnen. Ein einfaches Nachfragen hätte unter Umständen ergeben, dass der Zuhörer sich zwar für die Erzählung interessiert, aber einen sehr anstrengenden Tag hinter sich hat.

Wir können also – wie schon bemerkt – Reaktionen falsch deuten und erhalten damit ein falsches Feedback. Sehen wir uns nochmals die drei Empfangsvorgänge an, die oben unterschieden wurden: Wahrnehmen, Interpretieren und Fühlen (es ist sehr wichtig, diese Vorgänge auseinanderhalten). Es geht nicht darum, Interpretationen zu vermeiden. Dies ist weder möglich noch wünschenswert, denn erst die Interpretation eröffnet die Chance, das «Eigentliche» zu verstehen. Vielmehr geht es um das Bewusstsein, dass es sich um eine *Interpretation* handelt und diese daher *richtig oder falsch* sein kann.

27 vgl. Kirsten/Müller (1979)

Was wir können ist: uns vergewissern, ob wir die Signale des anderen richtig interpretieren. Als Erzähler hätte ich also beispielsweise fragen können: «Ich sehe, dass Sie gähnen. Ist Ihnen meine Geschichte zu lange geworden?» (Diese Frage erscheint banal. Aber wie oft hat man Hemmungen, eine solche oder ähnliche Frage zu stellen). Der Zuhörer hat jetzt Gelegenheit, zu antworten, und kann damit verhindern, dass ich seine Reaktion falsch interpretiere: «Ich interessiere mich sehr für das, was Sie erzählen. Aber ich bin jetzt zu müde und kann deshalb nicht mehr folgen. Es wäre mir lieber, Sie würden mir morgen weitererzählen».

Das mögliche *Mass* und die *Wirksamkeit* des Feedback wird weitgehend bestimmt von dem Mass des *Vertrauens* zwischen den jeweiligen Kommunikationspartnern. In einer gut funktionierenden Arbeitsgruppe sollte offenes Feedback selbstverständlich sein. Wenn es erst einmal geübt wurde, wird der Vorteil von offenen Rückmeldungen auch schnell erkannt. Die Gruppe arbeitet reibungsloser zusammen, weil Differenzen sofort geklärt werden können, bevor sie zu Aggressionen oder strategischen Abwehrmassnahmen führen. Wir dürfen aber nicht vergessen, dass wir das richtige Feedback-Geben nicht gelernt haben und es uns vielleicht sogar zunächst peinlich ist[28].

Die folgenden *Regeln für das Geben von Feedback* sollen helfen, anderen gegenüber die «richtigen Worte» zu finden.

- *Prüfen Sie die Aufnahmebereitschaft des Empfängers.* Einem anderen Feedback geben, heisst ihm gegenüber offen sein. Prüfen Sie daher das Mass und den Zeitpunkt Ihrer Offenheit. Ungewohnte Offenheit kann schockierend sein und die Bereitschaft des anderen, Ihnen zuzuhören, blockieren. Prüfen Sie die Offenheit des anderen. Zwingen Sie ihm Ihre Informationen nicht auf.
- *Ihr Feedback soll so konkret wie möglich sein.* Sagen Sie nicht allgemein «Sie sind dominant», sondern beziehen Sie sich auf einen bestimmten Vorgang: «Jetzt haben Sie mich unterbrochen» – «Ich fühle mich übergangen».
- *Ihr Feedback soll so ausführlich wie möglich sein.* Feedback ist keine Information, die man dem anderen «vor die Füsse knallt», um sich dann aus dem Staub zu machen, oder die man schnell einmal am Telefon andeutet, um dann den Hörer aufzulegen. Feedback ist der Anfang eines Dialogs zwischen zwei Menschen.
- *Unterscheiden Sie zwischen Wahrnehmungen, Vermutungen und Gefühlen.* Wir haben gesehen, wie gefährlich es werden kann, wenn wir beispielsweise unsere eigenen Gefühle als Eigenschaften anderer wahrnehmen und sie indirekt ausdrücken. Seien Sie sich bewusst, dass Ihre Interpretationen richtig oder falsch sein können.
- *Beziehen Sie Ihr Feedback auf die «Hier-und-jetzt-Situation».* Feedback ist dann am wirksamsten, wenn es sich nicht auf früheres Verhalten, sondern auf das aktuelle Verhalten «hier und jetzt» bezieht.
- *Ihr Feedback soll möglichst unmittelbar erfolgen.* Ein Mensch kann besser lernen, wenn die Rückmeldung auf sein Verhalten unmittelbar und sofort erfolgt. Lassen Sie Ihren Ärger nicht gären.
- *Ihr Feedback soll den anderen nicht analysieren.* Machen Sie klar, dass Sie es sind, den beispielsweise etwas stört. Wenn Sie Aussagen über das Verhalten des anderen und seine Motive machen, wird nicht mehr deutlich, dass Sie ein Problem mit

---

28 vgl. Antons (1976), Kirsten/Müller (1979), Schwäbisch/Siems (1979)

ihm haben. Versuchen Sie nicht, die Rolle des «Mini-Psychoanalytikers» bei anderen einzunehmen.
- *Ihr Feedback soll umkehrbar sein.* Was A zu B sagt, muss auch B zu A sagen können. Ein Mitarbeiter könnte kaum zu seinem Chef sagen: «Halten Sie den Mund», während sich manche Vorgesetzte so äussern. Die Forderung der Reversibilität ist meist dort verletzt, wo es Rangunterschiede gibt und ein Partner sich wichtiger fühlt als der andere.
- *Beachten Sie die Aufnahmekapazität des anderen.* Denken Sie daran, dass ein Mensch nur ein bestimmtes Quantum an Informationen in einer gewissen Zeitspanne aufnehmen kann.
- *Geben Sie auch positives Feedback.* Feedback soll nicht nur dann erfolgen, wenn etwas schiefgegangen ist. Es hat noch nie jemand daran gelitten, dass er zu häufig gelobt wurde – eher daran, dass er zuwenig erfahren hat, dass er positive Gefühle in anderen auslöst.

Regeln für das Empfangen von Feedback[29]

- *Seien Sie offen gegenüber spontanem Feedback.* Schulen Sie Ihre Wahrnehmungsfähigkeit für «kleine», nicht-sprachliche Rückmeldungen. Entwickeln Sie ein Gespür für das Nicht-Gesagte.
- *Bitten Sie den anderen möglichst oft um Feedback.* Denken Sie daran, dass andere Sie anders sehen als Sie sich selbst. Im Feedback liegt für Sie die einzige Chance, zu erfahren, wie Ihr Verhalten auf andere wirkt.
- *Sagen Sie konkret, welche Informationen Sie haben wollen.* Sagen Sie also nicht allgemein: «Wie wirke ich auf Sie?», sondern: «Fühlen Sie sich durch das, was ich gesagt habe, überfahren»?
- *Hören Sie zunächst einfach zu.* Fragen Sie nach, wenn Ihnen etwas nicht klar ist. Gehen Sie auch bei einem Angriff nicht sofort zum Gegenangriff über. Vermeiden Sie es, zu argumentieren oder sich zu verteidigen.
- *Überprüfen Sie die Bedeutung von Informationen.* Fragen Sie sich, was der andere mit seiner Information über Sie eigentlich ausdrücken wollte. Bitten Sie ihn, Ihr Verhalten möglichst konkret zu beschreiben. Seien Sie sich bewusst, dass der andere mit seinem Feedbck auch etwas über sich selbst mitteilt.
- *Teilen Sie Ihre Reaktionen mit.* Die anderen werden wahrscheinlich zunächst Hemmungen haben, Ihnen offen zu sagen, was sie über Sie denken. Sie können ihnen helfen, wenn Sie ihnen sagen, wie Sie eine Äusserung über sich aufgenommen haben.

Es ist ganz klar, dass es nicht möglich ist, alle die hier aufgeführten Regeln immer zu beachten. Dennoch sollten diese Regeln *Orientierungspunkte* sein, nach denen Sie sich ausrichten können.

---

[29] vgl. Antons (1976), Kirsten/Müller (1979), Schwäbisch/Siems (1979)

516 Soziale Wahrnehmung

In vielen Situationen, wo Menschen miteinander kommunizieren, taucht immer wieder das Problem des Sich-nicht-Verstehens, des Erstaunens, der Entrüstung und Frustration über die Andersartigkeit des «anderen» auf. Wir wundern uns immer wieder, wie andere die Dinge so ganz anders sehen als wir selbst. Aber eben: Ich sehe die Dinge mit meinen Augen – du siehst die Dinge mit deinen Augen. Ich kann die Dinge nie so sehen, wie du sie siehst – aus dem einfachen Grund, weil ich sie nicht mit deinen Augen sehen kann, weil ich nicht Du bin. Was hier am Beispiel der Augen auf eine einfache Formel gebracht wurde, gilt auch für andere Wahrnehmungsbereiche wie Hören und Fühlen: Die Wahrnehmung – besonders im zwischenmenschlichen Bereich – ist keineswegs ein fotografisch-objektives Registrieren der Umwelt, sondern ein Blick durch die persönliche (subjektive) «Brille». Nach der Wahrnehmungstheorie wird das entstandene Wahrnehmungsbild (= die im subjekt abgebildete Wirklichkeit) nicht nur vom wahrgenommenen Gegenstand, sondern auch von der wahrnehmenden Persönlichkeit bestimmt. Die Wahrnehmung hat den Charakter einer aneignenden Tätigkeit. Vier Hauptformen der Beeinflussung der Wahrnehmung durch den Tätigkeitscharakter lassen sich unterscheiden[30]:

- *Selektion:* Die Wahrnehmung ist selektiv, insofern sie aus dem umfangreichen Angebot an Umweltreizen immer nur eine bestimmte Auswahl ins Bewusstsein rückt, nach Gesetzen, die gar nicht immer so «vernünftig» sind.
- *Akzentuierung:* Die Wahrnehmung bildet die Wirklichkeit nicht immer in ihren objektiven Grössenverhältnissen ab, sondern verzerrt diese: das Bedeutsame lässt sie grösser, das Unwichtige kleiner erscheinen.
- *Interpretation:* Aus dem Bedürfnis heraus, alles zu erkennen und in die bisherige Erfahrung einzuordnen, deutet und ergänzt die Wahrnehmung die Wirklichkeit dort, wo diese sich nicht eindeutig und unzweifelhaft zu erkennen gibt.
- *Strukturierung:* Die Ordnung der Wirklichkeit in unserer Wahrnehmung ist zu einem guten Teil unser eigenes Werk. Wir machen aus chaotischen Reizmustern «Gestalten».

Wenn zwei Menschen ihr «Augenmerk» auf ein und denselben Gegenstand richten und dennoch nicht dasselbe sehen, so kann das zunächst einmal durch *anatomisch-physiologische* Gegebenheiten bedingt sein: Die Ursache für die unterschiedliche Wahrnehmung kann in allen Organen bzw. Funktionen liegen, die am Wahrnehmungsprozess beteiligt sind. So führt starke Belastung und Übermüdung häufig zum Verlust der Tiefenwahrnehmung; die Wahrnehmungsobjekte «verschwimmen».
Unter den *psychologischen* Gegebenheiten, die die Wahrnehmung beeinflussen, spielen vor allem die *Bedürfnisse* eine wichtige Rolle: Jemand, der Hunger hat, wird seine Umgebung in erster Linie unter dem Aspekt «Was ist essbar?» betrachten. Solche Effekte zeigen sich aber nicht nur bei den biologischen Grundbedürfnissen, sondern auch bei höheren Bedürfnissen[31]. Bei starker Ausprägung des Bedürfnisses nach Anerkennung (Geltungsdrang) beispielsweise nimmt der Betreffende seine Umgebung (etwa das Verhalten seiner Kollegen und Vorgesetzten) nur noch unter dem Ge-

---

30 vgl. Bosetzky/Heinrich (1980)
31 vgl. Bosetzky/Heinrich (1980)

sichtspunkt des Bezugs zur eigenen Person wahr: Alle für ihn unwichtigen Verhaltensweisen werden übersehen (Selektivität), eigene Leistungen und Lob von anderen werden in ihrem Ausmass überhöht (Akzentuierung), Tuscheln von anderen wird automatisch als Kritik an der eigenen Person gedeutet (Interpretation). Oder denken Sie an einen Vorgesetzten, in dessen Abteilung etwas misslungen ist. Wenn er die Neigung hat, die Schuld eher bei anderen als bei sich selbst zu suchen (was ja nicht selten der Fall ist), wird er jetzt das Verhalten seiner Mitarbeiter primär unter dem Gesichtspunkt einer «Suche nach dem Sündenbock» betrachten.

Ein weiterer wichtiger Faktor sind die bisherigen *Erfahrungen*. Jeder Mensch macht im Laufe seines Lebens bestimmte ganz persönliche, subjektive Erfahrungen. Aus diesen Erfahrungen resultieren gewisse *Einstellungen,* die von Mensch zu Mensch sehr verschieden sind. Diese Einstellungen beeinflussen unsere Wahrnehmung in hohem Masse. Einerseits helfen sie uns, aus der unübersehbaren Flut von Informationen, die tagtäglich auf uns einstürzen, eine Auswahl zu treffen (wir würden sonst ertrinken). Sie helfen uns auch, Informationen zu entschlüsseln und sie für uns brauchbar zu machen. Sie bestimmen auch die Bedeutung, den Wert, den Sinn, den etwas oder jemand für mich hat. Andererseits aber wirken sie wie ein Filter, durch den wir unsere Umwelt erstens nur ausschnittsweise und zweitens immer «gefärbt» wahrnehmen. Auf die Wahrnehmung unserer Mitmenschen übertragen bedeutet das: Jeder sieht die anderen Menschen in seiner eigenen Weise. Dementsprechend fällt jedem auch bei einem Menschen, dem man begegnet, Unterschiedliches auf. Auch *Gefühle* und *Stimmungen* üben auf die Wahrnehmung einen Einfluss aus. Dazu ein Beispiel[32]: Herr X kommt aus einem aufregenden Kriminalfilm. In einer einsamen, dunklen Gasse kommt ihm ein Mensch mit hochgeschlagenem Mantelkragen entgegen. Sofort vermutet X irgendwelche böse Absichten und macht einen möglichst grossen Bogen um ihn. Auf Herrn Y, der etwas später auf dem Heimweg von einem Rendezvous durch diese Strasse kommt, macht jener »verdächtige» Mann keineswegs einen furchterregenden Eindruck; unbefangen geht er an ihm vorüber.

Dass Liebe blind macht, ist bekannt. Dass wir bei jemandem, der uns sympathisch ist, nach Kräften seine Fehler übersehen, wurde im Zusammenhang mit der Mitarbeiterbeurteilung festgestellt. Erstens übersehen wir seine Fehler und zweitens sind wir «übersichtig» oder «hellhörig» für alles Positive: Die ganze Person erscheint in einem «rosa Licht».

Legen Sie einmal das Bild in Abbildung 154 verschiedenen Leuten vor und fragen Sie sie, was auf dem Bild dargestellt ist. Das gleiche Bild: zwei Gesichter – während andere eine Vase zu sehen glauben. Ähnlich wie dieses Bild werden auch oft unsere Absichten und Handlungen von verschiedenen Leuten unterschiedlich aufgefasst[33]. Meine Absicht ist es beispielsweise, einem anderen zu zeigen, dass ich ihn mag. Meine Handlung kann jetzt darin bestehen, dass ich es ihm sage, ihn zum Essen einlade, ihm meinen Arm um die Schultern lege oder ihm etwas schenke. Ich habe also verschiedene Möglichkeiten zur Verfügung, meine Absicht in einer bestimmten Handlung zu verschlüsseln. Angenommen, ich drücke meine Zuneigung dadurch aus, dass ich ein Geschenk mache. Der andere kann meine Absicht erkennen. Er könnte aber

---

32 vgl. Heuberger (1973)
33 vgl. Wieringa (1981)

Abbildung 154: Rubin'sches Pokalbild[126]

126 Antons (1976)

auch denken: «Er will mir Eindruck machen», «Er will mich verpflichten» oder »Er will sich dafür bedanken, dass ich ihm gestern geholfen habe».
Weil verschiedene Menschen unterschiedliche «Schlüssel» benutzen bzw. unterschiedliche «Brillen» tragen, dürfen wir nicht davon ausgehen, dass unsere Absichten immer die gewünschten Auswirkungen haben. Unsere Handlungen haben keine einzige und konstante Bedeutung, sondern sind vieldeutig. Oft ist es deshalb notwendig, dem anderen die eigenen Absichten klar und deutlich mitzuteilen und ihn nach seinen Absichten und Reaktionen zu fragen.
Jeder hat ein Bild von sich selbst. Jeder schreibt sich selbst gewisse Merkmale zu, die er zu besitzen glaubt. Diese «Meinung von sich selbst» (Adler), dieses *Selbstbild* hat auf die Wahrnehmung und das Verhalten des Individuums ganz entscheidenden Einfluss. Jemand, der nicht viel von sich hält, neigt dazu, auch seine Umwelt negativ wahrzunehmen. Er zieht sich entweder entmutigt zurück oder ringt – in ständiger Beweisnot um den eigenen Wert – übersteigert nach Geltung und Überlegenheit (und vergeudet so den grössten Teil seiner seelischen Energie auf den Kampfplätzen der Rivalität und der imponierhaften Demonstrationen)[34]. Menschen mit einem positiven Selbtbild, d.h. mit relativ hoher Selbstachtung und Selbstakzeptanz dagegen, haben die Tendenz auch andere positiv wahrzunehmen.
Dieses Selbstbild wird durch die Erfahrungen bestimmt, die ein Mensch in der Interaktion mit seiner Umwelt macht. Auf der Suche nach seiner Identität («Wer bin ich?») erhält das Individuum von seiner Umwelt unzählige Hinweise, die sich dann zu der Schlussfolgerung verdichten: «So einer bin ich also». Unser Selbstbild hängt also ab von dem Bild, das andere vermeintlich von uns haben. Genauer gesagt hängt es nicht davon ab, wie andere uns *wirklich* sehen (dem objektiven Fremdbild), sondern von dem Fremdbild, das unserer Meinung nach andere von uns haben. Von diesem *vermuteten Fremdbild* wird ein grosser Teil unseres sozialen Verhaltens beeinflusst. Auch wenn jemand sagt: «Die Meinung anderer Menschen kümmert mich nicht», wird das Bild, das er von sich selbst hat, doch wesentlich von dieser Meinung bestimmt (ob ihm das nun passt oder nicht).
Fasst man alle geschilderten Effekte nochmals ins Auge, so zeigt sich mit aller Deutlichkeit, dass das Bild, das wir von der Umwelt um uns aufnehmen, kräftig mitgestalten, dass es zu einem guten Teil unser eigenes Werk ist. Von objektiver Wahrnehmung

34 vgl. Schulz von Thun (1981)

kann – vor allem im Bereich der sozialen Wahrnehmung – keine Rede sein. Vor dem Hintergrund dieser *Subjektivität der Wahrnehmung* brauchen wir uns nicht mehr zu wundern, dass andere die Dinge so ganz anders sehen als wir selbst.

52 Gespräche

Die direkteste und unmittelbarste Form zwischenmenschlicher Kommunikation ist das persönliche Gespräch. Ein Gespräch findet statt, wenn zwei (oder mehr) Personen miteinander sprechen. Im Gegensatz zum Referat ist das Gespräch eine dialogische Form des Sprechens: Das Wort der einen Person fordert die Ant-wort der andern Person. Worte gehen hin und her: Rede – Gegenrede. Das ist die Bewegung, die das Gespräch bestimmt.
Es ist nicht gleichgültig, in welcher Form Menschen miteinander kommunizieren. Ob Sie sich mit Ihren Mitmenschen mittels Radio, Fernsehen, Telefon oder Briefen verständigen oder ihnen im persönlichen Gespräch begegnen, ist nicht dasselbe. Als Mensch bin ich auf das Du ausgerichtet, auf persönliche Kontakte angewiesen. Das Bedürfnis nach sozialen Kontakten gehört zu den vitalen Grundbedürfnissen des Menschen. Diese erwiesene Tatsache ist an sich Grund genug, dem Gespräch überall dort einen zentralen Platz einzuräumen, wo Menschen mit Menschen zu tun haben.
Im persönlichen Gespräch ist vieles möglich, was in anderen Formen von Kommunikation nicht (oder nur schwer) möglich ist: Im persönlichen Gespräch können wir mit andern Menschen in «Berührung» bleiben (und damit die Gefahr der Isolation verringern), die Bedürfnisse, Probleme, Ansichten, Gedanken des anderen unmittelbar kennenlernen, mögliche Spannungen und Konflikte rechtzeitig erkennen (und dadurch eher in den Griff bekommen).
Im persönlichen Gespräch erfahren wir direkt, ob (und wie) der andere unsere Idee/unseren Entscheid auffasst (unmittelbare Rückkoppelung) und können ihn wirksamer beeinflussen (durch meine körperliche Präsenz kann ich viel stärker wirken als durch die Präsenz in Form von Buchstaben).
Das direkte Gespräch erleichtert es uns, Lösungen zu finden und Entscheidungen zu treffen (direkter Meinungs- und Ideenaustausch); es fördert die Zusammenarbeit, die Koordination und vertieft das Verständnis für die Aufgaben und Probleme anderer Menschen/Stellen.
Das Gespräch zwischen Mitarbeiter und Vorgesetztem verbessert das Verständnis für getroffene Entscheide und Massnahmen und erhöht die Akzeptanz; es ermöglicht Mit-sprache und erzieht zur Mitverantwortung.
Überall, wo es auf den menschlichen Kontakt und das Überzeugen ankommt, ist das persönliche Gespräch das wirksamste und befriedigendste Mittel. Direkte, unmittelbare, persönliche Kontakte lassen sich durch nichts ersetzen – weder durch Briefe noch durch das Telefon: Wir brauchen Gespräche.

521 Kunst des Zuhörens

Wenn man ein Gespräch zwischen zwei Menschen auf Tonband festhalten und das Band so schneiden würde, dass man zuerst die Sätze des einen und dann alle Sätze des andern zusammenklebt – das Ergebnis bestände in vielen Fällen aus zwei Monologen anstatt aus einem Dialog. Deshalb müssen wir unsere Gedanken zur «Kunst der Gesprächsführung» mit Gedanken zur «Kunst des Zuhörens» beginnen.
Ein bekanntes Bild: Ein Diskussionsteilnehmer hat gesprochen. Nun lehnt er sich in seinem Stuhl zurück, macht es sich bequem und beschliesst, von jetzt an der Diskussion nur noch dösend zu folgen. Ein häufiges (aber falsches) Verhalten, das uns allen bestens vertraut ist: «Ich habe gesagt, was ich sagen wollte. Jetzt spricht ein anderer, also habe ich im Augenblick nichts zu tun». Ein echtes Gespräch ist ein *Dialog:* Auf eine Rede folgt eine Gegenrede. Auf ein Wort folgt eine Ant-wort. Und meine Antwort muss Bezug nehmen auf Dein Wort. Sonst sprechen wir nicht *miteinander,* sondern aneinander vorbei (und das ist kein Gespräch).
Damit ich Bezug nehmen kann auf das, was du gesagt hast, muss ich wissen, *was* du gesagt hast. Ich muss Dir zuhören. Und zwar bedeutet Zuhören nicht, dass ich einfach still bin und deine Worte über mich ergehen lasse, ohne dich zu unterbrechen. Zuhören bedeutet mehr: Zuhören heisst, dass ich mich auf das, was du sagst, konzentriere. Dass ich mich bemühe, dich zu verstehen. Wirkliches Zuhören ist ein aktiver Vorgang, der ein eingehendes Bemühen verlangt. Dies drückt sich aus in der Haltung, in den Augen, im Gesicht eines Menschen, der wirklich zuhört. Er stellt vielleicht zwischendurch kurze Fragen oder bestätigt durch Kopfnicken, dass er das Gesagte versteht.
Aktiv Zuhören-Können ist keine einfache Sache (sonst gäbe es mehr gute Zuhörer). Im Wesentlichen werden folgende Fähigkeiten verlangt: Zunächst einmal muss ich die Laute (Worte) wahrnehmen und die Bedeutung der Laute (Worte) verstehen können. Als nächstes muss ich die Zusammenhänge erkennen (kombinieren) und das Wesentliche vom Umwesentlichen trennen können. Gedanken und Fakten erscheinen im Laufe ihrer Darstellung oft nicht dort, wo sie eigentlich (logisch) hingehören. Dann muss ich das Gesagte bewerten, objektivieren können und fähig sein, zwischen Fakten und allem anderen zu unterscheiden. Nicht-Fakten sind: Meinungen, Überzeugungen, Ansichten, Gerüchte, Hoffnungen, Wünsche. Ich muss sie als das erkennen, was sie sind, aber auch sehen, was sie nicht sind. Ich muss das Nicht-Gesagte wahrnehmen und interpretieren können. Ich muss mich auf den Sprechenden konzentrieren können (und mich nicht von eigenen Gedanken oder Gefühlen ablenken lassen). Ich muss mich in den Sprechenden hineinversetzen (hineinfühlen) können. Das ist das Schwierigste. Aber den anderen wirklich verstehen heisst: die Dinge mit seinen Augen zu sehen.
Die Bereitschaft und Fähigkeit, sich in andere Menschen einfühlen zu können, wird als *Empathie* bezeichnet und stellt eine fundamentale Voraussetzung für eine humane Kommunikation und Kooperation dar. Folgende Aspekte lassen sich hier unterscheiden: die *Fähigkeit, sich selbst aus der Sicht anderer zu sehen;* die *Fähigkeit, andere aus der Sicht anderer zu betrachten;* die *Fähigkeit, andere aus ihrer eigenen Sicht zu sehen.* Empathie ist nicht nur eine Sache des Könnens, sondern auch des Wollens. Eine besonders wichtige Rolle spielt diese Eigenschaft dann, wenn unterschiedliche Ansichten und Verhaltensweisen aufeinandertreffen (dann ist es besonders wichtig, die Dinge auch mit den Augen des anderen zu sehen).

Zuhören ist nicht einfach. Oft steht einem vieles im Weg. Um wirklich erfassen zu können, was der andere sagt, müssen wir versuchen, diese Hindernisse zu beseitigen. Solche Barrieren sind:

- *Vorurteile* für oder gegen den Sprechenden aufgrund seiner Einstellung, seiner Kleidung, seiner Stellung, seiner Art zu sprechen usw. Vorurteile sind wie ein Filter, durch den wir alles gefärbt wahrnehmen, was der andere äussert: Von vornherein ist entweder alles gut, was der andere sagt, oder alles schlecht – da braucht man gar nicht mehr wirklich zuzuhören ... Vorurteile können Menschen völlig beherrschen und unfähig machen, dem andern auch nur eine Sekunde lang offen zuzuhören.
- *Sympathie/Antipathie* wirkt sich ähnlich aus wie Vorurteile. Viele Menschen weigern sich innerlich, einem Menschen zuzuhören, den sie nicht sympathisch finden (dabei hängt das Symathisch-Finden oft von vielen Äusserlichkeiten ab).
- *Ichbezogenheit:* Jeder Mensch ist egozentrisch – das ist eine Tatsache, die wir nicht leugnen können. Jeder Mensch setzt das, was er erlebt, in Beziehung zu dem, was er schon erlebt hat. Seine bisherigen Erfahrungen bilden den Bezugspunkt, auf den er alle neuen Erfahrungen bezieht. Wenn diese Tatsache aber einen Menschen daran hindert, einem anderen wirklich zuzuhören, dann ist ein fruchtbares Gespräch unmöglich.
- *Festgefahrenheit:* Ein Mensch, dessen Standpunkte und Meinungen so fixiert sind, dass er sich jedem neuen Gedanken gegenüber als unzugänglich zeigt, ist natürlich ein denkbar schlechter Zuhörer.
- *Unsicherheit:* Wenn alles, was du sagst, mich unmittelbar in Frage stellt und ich mich dauernd angegriffen fühle, werde ich mich entweder ununterbrochen verteidigen oder innerlich die Ohren zumachen. Wirklich zuhören aber kann ich dir nicht.
- *Gleichgültigkeit:* Wenn ich mich für dich oder das Thema nicht interessiere, schalte ich innerlich ab und warte eigentlich nur noch drauf, bis das «Gespräch» (dein Monolog) zu Ende ist.
- *Müdigkeit:* Wenn ich müde, überarbeitet oder sonstwie nicht voll bei Kräften bin, fällt es mir natürlich schwer, dir aufmerksam zuzuhören.
- *Körperliche Bedürfnisse:* Es ist klar, dass ich Mühe habe, mich auf deine Botschaft zu konzentrieren, wenn mir der Magen knurrt, die Zunge am Gaumen klebt oder ich dringend die Toilette aufsuchen muss.
- *Probleme:* Wenn ich persönliche Probleme habe, die mich «gefangennehmen», bin ich nicht frei, mich mit dir und deinen Ideen zu befassen.
- *Ungeduld:* Ungeduldigen Menschen fällt es nicht leicht, sich auf den Beitrag eines andern zu konzentrieren, währenddem sie selbst darauf brennen, sich zu äussern.
- *Art der Darbietung:* Einem Menschen zuzuhören, der immer im gleichen Tonfall spricht, keine Pausen macht und seine Gedanken ohne innere Überzeugung vorbringt, ist schwieriger, als wenn einer seine Idee interessant und lebendig «bringt» und selbst bei der Sache ist.
- *Unverständlichkeit:* Ist das Thema zu schwierig, zu komplex oder unverständlich dargestellt, schaltet der Zuhörer innerlich ab.
- *Äussere Einflüsse:* Wenn ich dir zuhören will und neben mir zwei über einen Film reden, draussen ein Lastwagen nach dem andern hin und her fährt und alle fünf Minuten ein Flugzeug über das Haus donnert – dann nützt der beste Wille nichts.

Nicht nur störende Geräusche können das Zuhören erschweren, sondern auch das Wetter, die Tageszeit, die Umgebung, die Luft, die Stühle usw.

Es gibt vieles, was einen am Zuhören hindern kann (und die Liste liesse sich noch verlängern). Da hilft nur eines: Wir müssen versuchen, die Hindernisse in uns und um uns zu erkennen und aus dem Weg zu räumen (das ist allerdings – wie so vieles – leichter gesagt, als getan).

Dazu kommt wie gesagt, dass jede *Botschaft vier Seiten* hat[35]: *Sachinhalt, Selbstoffenbarung, Beziehung* und *Appell*. Um ganz erfassen zu können, was der andere sagt, reicht es nicht, dass ich nur die Sachinformationen wahrnehme, die er mir vermittelt. Dann habe ich nur einen Teil seiner Botschaft gehört (vielleicht den wichtigsten, vielleicht aber auch den unwichtigsten). Ganz zuhören bedeutet: auf alle vier Seiten einer Botschaft zu hören.

Die Sachinformationen, die du mir vermittelst, versuche ich zu verstehen. Ich versuche die einzelnen Tatsachen zu begreifen, die Zusammenhänge zu erkennen und die richtigen Schlüsse zu ziehen. Die Seite der Selbstoffenbarung gibt mir Antwort auf die Frage: Was bist du für einer? Was ist los mit dir? Hier bin ich also «diagnostisch» tätig. Ich versuche, mir ein Bild von Dir zu machen. Dazu noch eine Bemerkung: Je mehr ich dir wirklich zuhöre (und das Zuhören nicht bloss vortäusche), desto mehr wirst du dich verstanden fühlen. Und wer sich verstanden fühlt, braucht nicht mehr Angst zu haben, seine Gefühle und Gedanken preiszugeben. Wirkliches Zuhören kann demnach zu einem offenen Gespräch, zu einer Atmosphäre des Vertrauens viel beitragen.

Auf der Beziehungsseite bin ich als Zuhörer persönlich betroffen: Hier erfahre ich, was du von mir hältst. Für diese Seite der Botschaft besitzt der Zuhörer wie gesagt oft besonders feine Antennen. Manche Menschen «nehmen alles persönlich» und sehen in (fast) allem einen Angriff auf ihre Fragen. Sie liegen ständig auf der Lauer, ob nicht ein Pfeil auf die schwachen Stellen zielt und sehen oft auch dort Pfeile, wo keine sind. Diese Überempfindlichkeit ist keinem ganz fremd; sie ist der Todfeind jedes sachlich und zwischenmenschlich befriedigenden Gesprächs.

Auf der Appellseite schliesslich versuche ich als Zuhörer herauszuhören, was du von mir willst, wo du mich hinhaben möchtest. Schwierig wird es hier, wenn der Appell nicht so offensichtlich ist, wenn er «auf leisen Sohlen» erfolgt, so dass ich ihn als Zuhörer leicht überhöre. Hier heisst es: aufmerksam sein. Wenn ich einen solchen versteckten Appell nicht wahrnehme, kann es sein, dass mir damit die Hauptbotschaft (das Eigentliche) entgeht. Und noch etwas kann passieren: Dass ich dem Einfluss eines solchen Appells unterliege, ohne es zu merken (dass ich manipuliert werde). Es ist deshalb wichtig, dass wir uns bewusst machen, was an Appellen in einer Botschaft steckt. Erst dann können wir entscheiden, ob wir diesen Appellen nachkommen wollen oder nicht.

Diese Überlegungen zeigen nochmals mit aller Deutlichkeit, dass Zuhören ein aktiver Vorgang ist. Ich muss mich aktiv bemühen, alle vier Seiten einer Botschaft zu erfassen. Nur mit «halbem Ohr» dabei zu sein, reicht nicht.

Durch Zuhören lernen wir. Indem ich dir zuhöre, erfahre ich dich: deine Kenntnisse, Fähigkeiten, Gedanken, Einstellungen usw. Falls ich dir interessiert zuhöre und deine

---

35 vgl. Schulz von Thun (1977, 1978, 1981)

Botschaft stark ist, verändert mich diese Erfahrung. Das, was du sagst oder wie du es sagst, prägt sich mir ein und beeinflusst mich. Ich weiss beispielsweise mehr als vorher. Ich verstehe Zusammenhänge, die mir vorher unklar waren. Ich kann ein Problem bewältigen, das mir vorher unüberwindbar schien. Ich denke über die gleichen Dinge anders als vorher. Meine Einstellung gegenüber bestimmten Dingen hat sich verändert. Ich fühle mich besser als vor dem Gespräch, ich habe mehr Selbstvertrauen. ich unternehme mehr. Ich verhalte mich dir oder anderen Mitmenschen gegenüber anders als vorher. Ich verstehe dich (sie) besser und begegne dir (ihnen) anders als vor dem Gespräch.

Als Zuhörer kann ich also vieles lernen. Auf eine Lernmöglichkeit soll nochmals besonders hingewiesen werden: das *Feedback*. Ein Teil von dem, was Du sagst, stellt ja eine Reaktion auf mich (und meine Botschaft) dar. Wenn ich als Zuhörer diese Feedbacks überhöre, kann ich in bezug auf mein eigenes Verhalten auch nichts lernen. Denn wie soll ich mich in meinem Verhalten verbessern, wenn ich nicht weiss, wie dieses Verhalten auf dich wirkt? Wir sind eine geräuschvolle, hektische Gesellschaft. Und von all den Äusserungen unter uns geht viel mehr ungehört und ungesehen verloren, als wir glauben. Menschen, die wirklich zuhören können, gibt es eigentlich wenige (die «Kunst des Zuhörens» ist auch nicht so «in» wie die «Kunst des Redens»). Unser Leben aber wird reicher, wenn wir mehr Zeit mit echtem Zuhören verbringen. Das dürfte im Laufe dieser Ausführungen klar geworden sein.

522 Ziel: Verständigung

In jedem Gespräch geht es grundsätzlich darum, sich zu verständigen. Dass diese Verständigung nicht immer gelingt, erfahren wir tagtäglich. Wie bei der Besprechung der selektiven Wahrnehmung deutlich wurde, ist es alles andere als selbstverständlich, dass wir einander verstehen. Von jedem von uns braucht es einiges Bemühen. Bei der Vermittlung von Sachinformationen passiert es sehr oft, dass nur ein Bruchteil der »gesendeten» Informationen verstanden und behalten wird. Der Hauptgrund dafür liegt darin, dass viele Botschaften schwer-verständlich oder un-verständlich abgefasst sind. Wie ist dem abzuhelfen?

Vor allem die vier folgenden «Verständlichmacher» sind es, die darüber entscheiden, ob eine Botschaft gut verstanden und behalten wird[36]: Einfachheit, Gliederung, Prägnanz und zusätzliche Stimulanz.

- *Einfachheit:* Damit ist gemeint: Kurze Sätze, bekannte Wörter, anschauliche und verständliche Formulierungen. Das Gegenteil: Kompliziertheit, lange Schachtelsätze, viele unbekannte und Fremd-Wörter, unanschauliche Formulierungen.
- *Gliederung/Ordnung:* Die Sache ist übersichtlich, längere Ausführungen sind in Unterabschnitte gegliedert. Als Zuhörer findet man sich gut zurecht. Gegenteil davon: Unübersichtlichkeit/Zusammenhanglosigkeit. Wirrwar, keine Gliederung, Wichtiges von Unwichtigem nicht getrennt, Zusammenhänge unklar.
- *Kürze/Prägnanz:* Beschränkung auf das Wesentliche. Das Gegenteil: Weitschweifigkeit. Umständliche Formulierungen, abschweifende Darstellungen («vom Hundertsten ins Tausendste»), unwichtige Einzelheiten.

36 vgl. Schulz von Thun (1981)

- *Zusätzliche Stimulanz:* Darunter fallen alle Mittel, die ich benutzen kann, um dich (den Zuhörer) zu motivieren und die Sache interessant zu machen: Beispiele, Bilder, Vergleiche, Medien usw. Das Gegenteil besteht einfach im Verzicht auf zusätzliche Stimulanz: nüchterne, neutrale unpersönliche Darstellungsweise.

Da sich unsere Sprachgewohnheiten jahrelang eingeschliffen haben, ist es schwirig, diese zu ändern und erfordert von uns sehr viel Übung. Insbesondere müssen wir uns von der (billigen) Vorstellung lösen, dass es immer am andern liegt, wenn er uns nicht versteht. Oft liegt der Fehler nämlich bei uns selbst.
Situation an einer Arbeitskonferenz: Herr Lauber hat Herrn Boser mit einem abwertenden Kommentar blossgestellt. Der Betroffene geht hoch erregt und mit laut werdender Stimme zum Gegen-Angriff über. Jemand sagt: «Ich verstehe, dass Sie sich ärgern, ich –» Herr Boser unterbricht erregt: «Ich ärgere mich überhaupt nicht. Im Gegenteil, mich amüsiert das Ganze. Es geht mir einfach darum, die Sache richtigzustellen.»
Diese Aussage von Herrn Boser steht in deutlichem Gegensatz zum inneren Erleben, wie es für alle andern wahrnehmbar ist. Entweder versucht Herr Boser seine Wut zu verbergen, oder seine Wut ist ihm gar nicht bewusst (er glaubt selbst, was er sagt). Auf jeden Fall stimmt das, was er fühlt, nicht mit dem überein, was er mitteilt. Seine Aussage wirkt somit unecht.
Unechte Aussagen bewirken leicht Misstrauen und Unsicherheit: Der Zuhörer weiss nicht recht, woran er ist. Je echter jemand spricht, desto klarer und eindeutiger ist die Aussage für den Zuhörer zu verstehen. Sicher ist es oft schwirig oder «taktisch unklug», das zu zeigen, was man innerlich fühlt. Echte Aussagen aber wirken letzten Endes immer überzeugender.
Im Hinblick auf eine Verständigung kommt der *Frage* eine ganz besondere Bedeutung zu. Sie ist ein direkter Appell an den Gesprächspartner, sich zu äussern. Jede echte Frage ist auf eine Antwort gerichtet. *Einen echten Dialog ohne Frage gibt es nicht.* Jede Frage verfolgt einen bestimmten Zweck: Wir stellen Fragen, um uns zusätzliche Informationen zu verschaffen, um Unklarheiten zu beseitigen, um die Aufmerksamkeit auf uns (oder unsere Botschaft) zu ziehen, um den anderen «aus dem Busch» zu klopfen, um ihn zu überrumpeln, ihn zu täuschen, ihn zu lenken/abzulenken, ihn zu verunsichern, ihn zum Denken anzuregen, ihn zu motivieren, ihn zu aktivieren oder um unsere Wirkung zu überprüfen...
Fragen dienen also bei weitem nicht nur dazu, etwas zu erfahren. Und bei weitem nicht jede Frage wird in der Absicht gestellt, die gegenseitige Verständigung zu erleichtern. Fragen können sehr verschiedene Ziele verfolgen. Entsprechend verschieden sind auch die Frage-*Formen:*

- *Geschlossene Sachfrage:* «Was verstehst du unter...?» – «Wann hast du ihm geschrieben?» Der Anwendungsbereich dieser Frageform: Auskunft, Verständniskontrolle.
- *Offene Sachfrage:* «Welches sind deiner Ansicht nach die Ursachen, die dazu geführt haben» – «Welche typischen Verhaltensweisen hast Du bei neu eintretenden Patienten beobachtet?» – «Wie begründest Du das?» Anwendungsbereich: Erhellen von Ursachen, Gründen, Wirkungen, Zusammenhängen und Verständniskontrolle

- *Persönliche Frage:* «Warum hast Du eine solche Abneigung gegen Karl?» – «Warum, glaubst du, hat Robert dies getan?» – «Welche Erfahrungen hast Du damit gemacht?» – «Warum zitterst du?» – «Wie empfindest du unser Gespräch? Die persönliche Frage zielt nicht auf eine Sache, sondern auf einen Menschen; sie fragt nach seinen Erfahrungen, Meinungen, Gefühlen, Stimmungen. Anwendungsbereich: Überall, wo es um zwischenmenschliche Kontakte geht.
- *Provokatorische Frage:* «Leistet man unter Druck am meisten? – Wie denken Sie darüber?» – «Halten Sie die Diktatur für die beste Staatsform?» Die provokatorische Frage zielt darauf, den andern herauszufordern, Widerspruch zu wecken. Anwendungsbereich: Beleben eines Gesprächs, In-Gang-Bringen einer Diskussion.
- *Suggestive Frage:* «Das ist doch eine gute Idee, nicht wahr?» – «Dies zeigt doch ganz deutlich, dass Du nicht richtig zugehört hast, oder?» In der suggestiven Frage ist die gewünschte Antwort schon enthalten. Anwendungsbereich: Lenken des Gesprächspartners.
- *Rhetorische Frage:* «Hat das nicht schon Paracelsus gesagt?» – «Sollten wir das nicht noch etwas genauer unter die Lupe nehmen?» Die rhetorische Frage ist eigentlich eine in Frageform gekleidete Behauptung und nicht wirklich auf eine Antwort gerichtet. Anwendungsbereich: Beleben/Betonen einer Aussage, Aufforderung.
- *Banale Frage:* «Was tun Sie, wenn Sie müde sind?» Da wird nach etwas gefragt, was jedermann weiss. Anwendungsbereich: Ausgangspunkt für eine Argumentation, Lenken des Gesprächs auf das Wesentliche.

Beachten Sie beim Stellen von Fragen folgendes:

- Aktives Zuhören erspart manche (Rück-)Frage.
- Formulieren Sie die Frage klar und eindeutig. Der andere muss erkennen, was Sie von ihm wollen.
- Stellen Sie nur eine Frage aufs Mal. Zwei oder mehr Fragen in einem Satz verwirren meistens (keine Fragebatterien).
- Fassen Sie sich kurz. Bei langen Fragen wird kaum mehr als ein Teil behalten (und beantwortet).
- Bereiten Sie wichtige Fragen vor.
- Formulieren Sie unkompliziert. Vermeiden Sie doppelte Verneinungen («Welche Gründe sprechen gegen eine Entlassung?») und Verschnörkelungen («Gehe ich fehl in der Annahme, dass...?»).
- Variieren Sie die Formulierungen, damit nicht der Eindruck eines Kreuzverhörs entsteht.
- Stellen Sie wenn möglich konkrete Fragen, die in einem direkten Bezug zur Erfahrungswelt des Gesprächspartners stehen.
- Formulieren Sie «heikle» Fragen so, dass die Antwort-Widerstände beim anderen abgebaut werden.
- Bewerten Sie die Antworten. Nehmen Sie nicht jede Antwort für «bare Münze». Denken Sie daran, dass wir als Menschen gelernt haben, unsere wahren Gedanken und Gefühle zu verbergen.

Das Gespräch ist eine dialogische Form des Sprechens. Wenn nun Deine Antwort in keinem (für mich erkennbaren) Bezug steht zu meinem «Wort», dann fühle ich mich missverstanden oder frustriert. Damit eine wirkliche Verständigung erreicht wird, genügt es nicht, das zu sagen, was ich mir vorgneommen habe oder wozu es mich drängt. Meine Äusserungen müssen in einem Bezug stehen zu Deinen Äusserungen. Voraussetzung dafür, dass ich auf Deine Äusserungen eingehen kann, ist natürlich, dass ich Dir zuhöre. Und dass ich versuche, die Dinge mit deinen Augen zu sehen. Obwohl mir das nie wirklich gelingen wird (ich kann deine Erfahrung nicht erfahren), kann und muss ich es doch zumindest versuchen.

Dass es gar nicht so einfach ist, ein echtes Gespräch zu führen, das erleben wir tagtäglich. Oft reden wir aneinander vorbei, anstatt uns im Sinne eines echten Dialogs aufeinander zuzubewegen. Dies soll anhand eines Beispiels illustriert werden[37]. Brigitte K. ist Leiterin des zentralen Schreibbüros. Ihr sind 12 Schreibkräfte unterstellt. Ursula B. ist eine von ihnen. Seit drei Wochen arbeitet sie in der Abteilung. Die Leiterin ist mit ihrer Leistung nicht zufrieden und bittet sie – vor Ablauf des ersten Probemonats – zu einem Gespräch zu sich.

B. K.: Sie schreiben weniger Anschläge als Ihre Kolleginnen und erfüllen damit nicht den Leistungsstandard, der für die Gruppe vorgesehen ist. Ausserdem ist die von Ihnen abgelieferte Arbeit selten ohne Fehler. Woran liegt das?
U. B.: Ich muss mich erst eingewöhnen. Bisher habe ich in meinem eigenen Büro gearbeitet. Mein Chef war mit meiner Leistung immer zufrieden.
B. K.: Das mag sein, ich bin es jedenfalls nicht. Sie wissen, dass die Probezeit dazu dient, zu sehen, wie wir miteinander zurechtkommen. Wenn Sie Ihr Arbeitstempo nicht steigern und sich besser konzentrieren, sehe ich für die Zukunft schwarz.
U. B.: Ich werde mir Mühe geben. Es wird besser. Sie können sich darauf verlassen.
B. K.: Nun, dann werden wir mal sehen. Gehen Sie jetzt bitte wieder an Ihren Arbeitsplatz. Hier – das ist das Arbeitsmaterial für heute.

Untersucht man die Gesprächsbeiträge auf die Verständigung der beiden Gesprächspartner hin, so zeigt sich folgendes Bild (Abb. 41/Anhangband)[38]:

Brigitte K.	Ursula B.
gemeint «Ich möchte, dass Sie besser werden»	*verstanden* «Sie lehnt mich ab»
verstanden «Sie will sich rausreden, um Zeit zu gewinnen»	*gemeint* «Ich fühle mich noch nicht wohl»
gemeint Streng dich an, dann kannst du hier alt werden»	*verstanden* «Hier werde ich nicht lange bleiben können»
verstanden «Sie ist mit der Aufgabe überfordert»	*gemeint* «Gib mir eine Chance. Wenn ich mich hier wohler fühle, erreiche ich auch wieder meine früheren Leistungen»

Ergebnis: Das Gespräch bleibt wirkungslos. Es fehlt der echte Dialog, das Einander-Verstehen. Nach der einschlägigen Führungslehre hat die Vorgesetzte mit ihrer Mitarbeiterin ein Kritikgespräch geführt. Führungstechnisch ein normaler Vorgang mit der Zielsetzung, die Arbeitsqualität zu verbessern. Und doch ist der Nutzen dieses «Gesprächs» zweifelhaft, weil beide aneinander vorbeireden, anstatt im Sinne eines echten Dialogs aufeinander einzugehen.

37 vgl. Saamann (1984)
38 vgl. Saamann (1984)

Wie aber wäre das Gespräch verlaufen, wenn Brigitte K. sich bemüht hätte, ihre Mitarbeiterin wirklich zu verstehen? Das heisst: wenn sie versucht hätte, in sie «hineinzuhören»? Dann würde das Gespräch vielleicht so verlaufen[39]:

B. K.: Sie schreiben weniger Anschläge als Ihre Kolleginnen und erfüllen damit nicht den Leistungsstandard, der für die Gruppe vorgesehen ist. Ausserdem ist die von Ihnen abgelieferte Arbeit selten fehlerfrei. Ich möchte mit Ihnen gemeinsam die Ursache dafür klären.
U. B.: Ich muss mich erst eingewöhnen. Bisher habe in in meinem eigenen Büro gearbeitet. Mein Chef war mit meiner Leistung immer zufrieden.
B. K.: Was stört Sie? Sind es die Kolleginnen?
U. B.: Nicht direkt die Kolleginnen.
B. K.: Die Umgebung vielleicht? Ich könnte mir vorstellen, dass Ihnen die Umstellung von einem Einzel- auf ein Grossraumbüro zu schaffen macht.
U. B.: Ich konnte mich früher besser konzentrieren. Da waren keine Geräusche, die mich ablenkten.
B. K.: Und was ist ausserdem anders?
U. B.: Irgendwie stehe ich den ganzen Tag unter Druck.
B. K.: Wie wirkt sich der Durck aus?
U. B.: Er macht mich nervös.
B. K.: Ich kenne so etwas Ähnliches auch von mir. Wenn ich Druck verspüre, werde ich unruhig, weil ich dann alles besonders perfekt machen will. Ist es das?
U. B.: Ja, das ist es. Ich bin verspannt. Nichts will gelingen.
B. K.: Sie sind verspannt, weil Sie eine besonders gute Arbeit abliefern wollen, und das Gegenteil ist der Fall.
U. B.: Mhm – ja so ähnlich. Wenn ich schlechter bin als die anderen, werde ich hier nicht alt.
B. K.: Der Arbeitsplatz ist Ihnen aber wichtig?
U. B.: Ja, sehr wichtig. Es gefällt mir auch, aber ich könnte abgelehnt werden und dann muss ich gehen, weil ich versagt habe.
B. K.: Wer könne Sie ablehnen?
U. B.: Sie zum Beispiel.
B. K.: Wie kann ich Ihnen helfen?
U. B.: Eigentlich gar nicht mehr. Denn Sie haben mir schon geholfen. Wenn Sie mich ablehnen würden, wäre vermutlich dieses Gespräch anders verlaufen.
B. K.: Probieren Sie heute einmal aus, wie es Ihnen geht. Wenn's nicht klappt, kommen Sie zu mir. Ich möchte, dass Sie sich gut einleben

Die Analyse dieses zweiten Gesprächs sieht folgendermassen aus (Abb. 41/Anhangband)

Brigitte K.

gemeint
«Ich möchte, dass sie besser wird»

verstanden
«Sie hat persönliche Probleme, die die Leistung blockieren»

gemeint
«Ich habe Verständnis und möchte genaueres erfahren»

verstanden
«Sie ist bereit, sich helfen zu lassen»

gemeint
«Ich verstehe dich und möchte dir helfen»

Ursula K.

verstanden
«Sie versucht eine Klärung, sie ist an mir interessiert»

gemeint
«Ich fühle mich noch nicht wohl»

verstanden
«Sie geht auf mich ein»

gemeint
«Mich belastet etwas, das möchte ich loswerden»

verstanden
«Ich kann mich ihr anvertrauen»

[39] vgl. Saamann (1984)

Die vorstehende Analyse beschränkt sich nur auf das Wesentlichste und zeigt, dass jetzt die beiden Gesprächspartner aufeinander zugegangen sind. Sie haben sich verstanden. Es gab nicht – wie im vorausgegangenen Beispiel – einen ständigen Bruch zwischen «gemeint» und «verstanden».

Es lassen sich zahlreiche Beispiele von Gesprächssituationen finden, die scheinbar effektiv – weil knapp, klar und präzise (wie von autoritären Vorgesetzten gern formuliert) – sind, in Wirklichkeit aber «hinter der Kulisse» für Verwirrung, Unmut und Widerstand sorgen. Die Effektivität ist somit nur von kurzer Dauer. Wenn das Gesprächsklima nicht stimmt, sind meist folgende *Effizienzkiller* beteiligt[40]:

- Permanenter Kampf des Mitarbeiters gegen Repressalien und um Autonomie;
- Angst, die verunsichert und die Fehlerhäufigkeit erhöht;
- Überzogene Erwartungen an den Vorgesetzten, z.B. in allen erdenklichen Fragen sofort umsetzbare Handlungshilfen zu bekommen;
- Mitarbeiter hört nur schlecht zu;
- Mitarbeiter fühlt sich nicht verstanden und baut Vergeltungswünsche auf;
- Mitarbeiter teilt dem Vorgesetzten nicht alle Fakten mit; er taktiert zum Zwecke des Selbstschutzes;
- Mitarbeiter baut Ressentiments gegenüber dem Vorgesetzten auf;
- Mitarbeiter verdeckt den Kern des Problems, indem er um das eigentliche Thema herumredet.

Dagegen sind *Effizienzsekundanten*[41]:

- Herstellen gegenseitigen Vertrauens und einer entspannten Gesprächsatmosphäre;
- Systematisches Erarbeiten differenzierter Fakten und Besprechung aller wichtiger Kriterien ohne Verhör- oder Befehlscharakter;
- Zuhören, aktives Zuhören, Hineinhören, Klärung auf beiden Seiten, vorurteilsfreies Wahrnehmen;
- Gemeinsames Suchen von Ursachen und Begründungen; Vermeidung von vorschnellen Be- und Verurteilungen;
- Gefühlsreaktionen (Körpersprache) beim Mitarbeiter und bei sich selbst beachten und darauf eingehen;
- Gemeinsame Orientierung und Ergebnissuche; Nachfragen und Vertiefen;
- Auch Schweigen hat eine dialogische Funktion. Nach schwerewichtigen Aussagen Zeit zur Verarbeitung nehmen und geben;
- Sprechzeit kontrollieren. Marathongespräche führen selten zu besseren Ergebnissen. – In der Kürze liegt nicht immer die Würze;
- Verzicht auf massregelnde und vorwurfsvolle Formulierungen («das hätten Sie sich doch denken können», «das ist jedem klar, Ihnen offenbar nicht»);
- Eigenes Verhalten beachten: Stimme, Haltung, Körpersprache;
- Botschaft klar adressieren.

Gespräche leiden häufig unter ungeschickten Verhaltensweisen der Gesprächspartner. Dazu gehören Verhaltensweisen wie:

---

40 vgl. Saamann (1984)
41 vgl. Saamann (1984)

- *Dirigieren:* Mahnungen und Befehle aussprechen, Ratschläge erteilen, fertige Lösungen vorgeben, zu Überredung und Manipulation greifen;
- *Debattieren:* sich in Streitgespräche verwickeln, rechthaberisches Vertreten des eigenen Standpunktes;
- *Dogmatisieren:* irgendwelche Lebensweisheiten, Bibelzitate, Dichterworte, Sprichwörter usw. zitieren, um seine eigene Idee zu «zementieren»;
- *Diagnostizieren:* schnell verallgemeinernde und endgültige Schlüsse ziehen, so dass der andere in seiner Freiheit eingeschränkt wird;
- *Interpretieren:* einen Sachverhalt subjektiv auslegen, Dinge hineintragen oder herauslesen, die nicht wirklich enthalten sind;
- *Bagatellisieren:* ein Problem oder Gefühl des andern verniedlichen und als geringfügig ansprechen;
- *Moralisieren:* positive oder negative Werturteile aussprechen;
- *Monologisieren:* viel und langatmig reden und dabei die andern vergessen;
- *Emigrieren:* innerlich oder äusserlich sich nicht mehr beteiligen, gleichgültig sein.

Die folgenden Merksätze sind im Laufe von Jahren im Zusammenhang mit der Durchführung von Weiterbildungskursen zusammengekommen.

- *Schöne Worte sind nicht wahr, wahre Worte sind nicht schön.* Wir müssen bereit sein, die Wahrheit zu hören (auch wenn diese nicht immer schön tönt). Andrerseits heisst es auch aufgepasst, wenn der andere mir Worte ins Ohr legt, von denen er annimmt, dass ich sie gerne höre.
- *Durch Schweigen zu Wissen.* Indem ich den andern reden lasse, gewinne ich wertvolle Informationen. Wenn ich wenig rede, wird die Chance grösser, dass meine Botschaft beim andern ankommt.
- *Es ist eine Art Habsucht, alles sagen und nichts hören zu wollen.* Habsucht ziert keinen Menschen – habsüchtige Menschen stossen ab.
- *Wie der Mensch selbst, so ist auch seine Rede.* Ein bewusster Mensch spricht nicht mehr als nötig. Er bringt seine Gedanken klar, ruhig und übersichtlich «zur Sprache». Ein nervöser Mensch spricht schnell und hastig. Ein zerstreuter Mensch spricht durcheinander und schafft es oft nicht, den angefangenen Satz auch zu beenden.
- *Sage nicht immer alles, was du weisst, aber wisse immer, was du sagst.* Nur Schwätzer sagen alles, was sie wissen. Wer viel spricht, sagt oft Sachen, die er nicht versteht oder nicht genau kennt. Kluge Leuge sagen nur das, was wichtig ist.
- *Mangel an Mut* und *Überempfindlichkeit gegenüber Ablehnung* sind meistens die Ursachen von Kontaktschwierigkeiten.
- Die *Frage* ist das *Kontaktmittel* par excellence. Gibt es überhaupt ein besseres?
- Im Gespräch soll nicht nur das Ziel, sondern auch der *Mensch erreicht* werden.
- Im Kampf zwischen Säbel und Geist wird letzten Endes immer der *Geist* den *Sieg* davontragen.
- Es ist erwiesen, dass es nicht die Hände sind, sondern das *Lächeln,* womit die Menschen einander ergreifen werden.
- Die Gabe, *sich widersprechen zu lassen,* ist wohl überhaupt eine Gabe, die unter Gelehrten nur die Toten haben.

(Eine Fallstudie zum Thema finden Sie in Abb. 109/Anhangband.)

523 Führungsgespräche

Das Gespräch zwischen Vorgesetztem und Mitarbeiter ist für sie beide und für die gemeinsame Tätigkeit von ausserordentlicher Bedeutung. Die Aufgabe des Vorgesetzten besteht darin, die Mitarbeiter auf bestimmte Ziele hin zu beeinflussen. Wie in der Einleitung festgestellt wurde, ist die direkteste und wirkungsvollste Form der Beeinflussung das persönliche Gespräch. Das Gespräch kann somit als «*Führungsmittel par excellence*» bezeichnet werden. Ja, wir können sogar noch einen Schritt weitergehen und sagen: Es ist unmöglich, andere Menschen zu führen, ohne mit ihnen zu reden. Im persönlichen Gespräch kann der Vorgesetzte

- seinen Mitarbeiter *informieren:* Informationen aus «erster Hand» sind viel wert
- das wissen Sie bestimmt aus eigener Erfahrung
- ihn *instruieren:* Im Gespräch lässt sich leichter erkennen, ob eine Weisung/eine Sache verstanden wurde oder nicht
- ihn *kennenlernen:* Dadurch, dass der Vorgesetzte die Ansichten, Gedanken, Probleme, Bedürfnisse seiner Mitarbeiter kennt, kann er sich in
- ihn *beurteilen* und *fördern:* Im Beurteilungs- und Entwicklungsgespräch können Entwicklungsmöglichkeiten und -massnahmen besprochen werden
- ihn *mitbestimmen* lassen, ihm die Erfahrung vermitteln, dass in wichtigen Fragen nicht entschieden wird, bevor er nicht seine Meinung geäussert hat
- ihn *Ideen entwickeln* lassen: Viele Ideen und Anregungen treten erst im persönlichen Gespräch zutage
- seine *Erfahrungen* und *Kenntnisse* fruchtbar werden lassen. Wie viele Fähigkeiten Ihrer Mitarbeiter liegen ungenutzt brach, einfach, weil sie nicht «gefragt» sind
- ihn *kontrollieren:* Im Gespräch lassen sich Arbeitsziele vereinbaren und allfällige Probleme und Fragen im Zusammenhang mit der Erreichung besprechen
- ihn *motivieren:* Die Mitarbeiter anzuspornen und mitzureissen ist eine wichtige Führungsaufgabe, die auf schriftlichem Weg kaum zu erfüllen ist
- ihm Gelegenheit geben, sich *auszusprechen*. Eine offene Aussprache ist besser, als die «Faust im Sack».

Aus all dem wird klar, dass Vorgesetzte und Mitarbeiter miteinander reden *müssen*. Tun sie es nicht, zu wenig oder falsch, so wirkt sich das auf die Zufriedenheit und auch auf die Arbeitsleistung sehr negativ aus.

Von ausserordentlich grosser Bedeutung in der Kommunikation zwischen Vorgesetzten und Mitarbeitern ist die *Beziehungsseite* der Nachricht. «Wie redet der eigentlich mit mir?» haben Sie selbst vielleicht auch schon gedacht, als Sie sich von Ihrem Chef herablassend behandelt fühlten. Sie haben damit nicht auf das reagiert, *was* der andere gesagt hat, sondern darauf, *wie* er es gesagt hat. Durch dieses Wie hat er Ihnen zu verstehen gegeben, wie er zu Ihnen steht, wie er Sie sieht, was er von Ihnen hält. Wie unterschiedlich die Beziehungsseite bei etwa gleichem Sachinhalt und gleichem Appell ausfallen kann, soll an einem Beispiel gezeigt werden: Der Chef merkt, dass seine Sekretärin eine Akte falsch eingeordnet hat. In Abbildung 42/Anhangband sind die Reaktionen von sechs verschiedenen Chefs aufgezeichnet und mit einem Kommentar versehen (der Tonfall, der auch eine wichtige Rolle spielt, kann hier leider nicht mitgeteilt werden).

Untersuchungen zur Vorgesetzten-Mitarbeiter-Beziehung zeigen, dass es hauptsächlich zwei «Techniken» gibt, den Mitarbeiter auf der Beziehungsseite zu misshandeln[42]: Herabsetzung und Bevormundung.

- *Herabsetzung:* Damit ist gemeint, dass der Vorgesetzte den Mitarbeiter als eine Art minderwertige Person behandelt: abweisend, herabsetzend, demütigend, emotional kalt, von «oben herab». Weiter gehören dazu: nicht ernst nehmen, lächerlich machen, beschämen, Abneigung zeigen.
  Das Gegenteil dazu ist *Wertschätzung:* In dem, was der Vorgesetzte (und wie er es sagt) bringt er zum Ausdruck, dass er den Mitarbeiter als achtenswerte, vollwertige, gleichberechtigte Person ansieht. Dazu gehören Höflichkeit und Takt, freundliche Ermutigung und *Reversibilität* (Umkehrbarkeit) im Sprachverhalten.
  Damit ist gemeint: Der Vorgesetzte spricht zum Mitarbeiter in einer Weise, wie der Mitarbeiter auch umgekehrt zum Vorgesetzten sprechen dürfte, ohne die Beziehung zu gefährden. Die Geringschätzung ist im Gegensatz dazu durch Irreversibilität gekennzeichnet: Der Vorgesetzte verhält sich dem Mitarbeiter gegenüber in einer Weise, wie es sich dieser ihm gegenüber nicht »erlauben» dürfte.
- *Bevormundung:* Damit ist ein Verhaltensstil gemeint, der darauf angelegt ist, den Mitarbeiter in seinem Denken und Handeln möglichst weitgehend unter den eigenen Einfluss zu bringen: durch dauernde Anweisungen, Vorschriften, Fragen, Verbote usw. Er hat dauernd das Gefühl, dass der Vorgesetzte «ihm über die Schulter schaut». Wenig Lenkung und Bevormundung liegt vor, wenn der Vorgesetzte dem Mitarbeiter zu verstehen gibt, dass er ihm weitgehend eigene Entscheidungen und selbständige Aktivitäten einräumt.
  Bevormundung löst vielfach inneren Widerstand aus: «Ich habe keine Lust, mir dauernd Vorschriften machen zu lassen». In einer solchen Äusserung kommt der Wunsch nach Selbstbestimmung, Eigeninitiative und freier Entfaltung zum Ausdruck. Ein Wunsch, der in jedem Menschen steckt und den der Vorgesetzte nicht einfach übergehen darf.

Herabsetzung und Bevormundung – die Kombination dieser beiden Merkmale ergibt das *Verhaltenskreuz* in Abbildung 155, ein Koordinatenkreuz, bei dem in der Abszisse die emotionale Dimension (Wertschätzung/Geringschätzung) und in der Ordinate die Lenkungsdimension (Lenkung/Bevormundung) vermerkt ist[43].
In der Abbildung sind die folgenden vier «reinen» Typen zu sehen (es gibt natürlich viele Mischformen):

- Typ 1: Der Patriarch. Das ist der Vorgesetzte, der in seiner Art zu kommunizieren dem Mitarbeiter viel Wertschätzung ausdrückt, gleichzeitig aber stark lenkend, bevormundend und kontrollierend ist.
- Typ 2: Der Herrscher. Das ist der Vorgesetzte, der seine Mitarbeiter stark dominiert (beherrscht), sie einengt und sie gleichzeitig geringschätzend und herabsetzend behandelt.
- Typ 3: Der Gleichgültige. Das ist der Vorgesetzte, der den Mitarbeiter nicht sehr achtet und ihm gegenüber Abneigung zum Ausdruck bringt; gleichzeitig nur wenig

---

42 vgl. Schulz von Thun (1977, 1981)
43 vgl. Schulz von Thun (1977, 1981)

Abbildung 155: Verhaltenskreuz[127]

```
                    Lenkung/Bevormundung
                              |
                              |
        autoritärer Stil      |   patriarchalisch-
                              |   fürsorglicher Stil
                              |
Geringschätzung ──────────────┼──────────────── Wertschätzung
                              |
                              |
        laisse-faire-Still    |   partnerschaftlich-
                              |   sozialintegrativer Stil
                              |
```

127 Schulz von Thun (1981)

lenkt, kontrolliert und bevormundet; eine Art «Laissez-faire» nach dem Motto: «Mach, was du willst.»
- Typ 4: Der Partner. Das ist der Vorgesetzte, der den Mitarbeiter als vollwertigen Partner behandelt, ohne ihn zu bevormunden und durch dauernde Vorschriften einzuengen.

Herabsetzung und Bevormundung – für diese beiden Formen von Behandlung haben Mitarbeiter (mit gutem Grund) ein besonders feines Gehör. Wenn ein Vorgesetzter mit seinen Mitarbeitern nicht auf der Ebene gleichberechtigter Partner (sondern «von oben herab») spricht, dann ist sein «hierarchisches» Sprachverhalten durch folgende Charakteristika gekennzeichnet[44]: Er befiehlt, kommandiert, warnt, droht, ermahnt, «gibt Hinweise», moralisiert, predigt, «redet zu», gibt Ratschläge, ohne darum gebeten zu sein, belehrt, «lobt» von oben herab, stellt bloss, macht lächerlich, beschämt, «verhört», forscht, fragt, «kitzelt etwas heraus», was der andere ursprünglich nicht sagen wollte, zieht sich bei unangenehmen Themen oder Fragen zurück, lenkt ab, «heitert auf», «zerstreut»...

Diese «hierarchische Sprache» kann beim Mitarbeiter folgende Reaktionen hervorrufen: Widerstand, Trotz, Auflehnung; Ärger, Zorn, Feindseligkeit; Aggression, Vergeltungsmassnahmen, Zurückschlagen; Lügen, Empfindungen-verbergen, «innerer Rückzug», andere denunzieren, beschuldigen, klatschen; selbst dominieren wollen, herumkommandieren, tyrannisieren; siegen-müssen; in ständiger Angst leben, unterlegen zu sein; Über-anpassung, Fügsamkeit, Gehorsam, Unterwerfung bis zum «Speichellecken», Aufgeben der eigenen Persönlichkeit; sich einschmeicheln, um Gunst buhlen; Angst, etwas Neues zu versuchen, Mangel an schöpferischer Kraft. In Krankenhäusern, in den einzelnen Abteilungen und Arbeitsteams, wo Vorgesetzte ihre Mitarbeiter als «untergeordnet» behandeln und «von oben herab» mit ihnen

44 vgl. Müller-Wolf (1977)

reden, sind solche Reaktionsweisen eine alltägliche Erscheinung, die eigentlich niemandem mehr besonders auffällt – oder doch? Jeder Vorgesetzte sollte sich von Zeit zu Zeit die Frage stellen: Wie rede *ich* mit meinen Mitarbeitern? (Nehmen Sie einmal Ihre eigene «Umgangs-Sprache» unter die Lupe...)

Ein Kapitel für sich stellt die Unterscheidung von Ich-, Du-, Wir-, Man-Boschaften dar, die in unserer Sprache Klarheit schaffen (sollten). Häufig wird durch unangebrachte Man-Botschaften oder Wir-Formulierungen der «babylonischen Sprachverwirrung» Tür und Tor geöffnet[45]. Wenn während einer Konferenz jemand sagt: «Man sollte das Fenster zumachen» oder «Man sollte den Sachverhalt prüfen», so ist das verwirrend. Gemeint ist: «Mich stört das offene Fenster, und ich möchte, dass es ein anderer schliesst» oder: «Wir (alle) oder Sie (bestimmte Person) oder ich (selbst) sollte(n) den Sachverhalt prüfen.»

Damit die genannten vier Formen zu einer Klarheit und nicht zu einer Verwirrung in der Kommunikation beitragen, müssen sie dem Sinn bzw. dem Zweck der jeweiligen Nachricht entsprechen. Im folgenden wird untersucht, wann grundsätzlich welche Form angebracht ist[46].

- *Man-Botschaften:* Man-Formulierungen sind im Interesse einer wirksamen Verständigung nur dann angebracht, wenn die Botschaft an unbestimmbare Adressaten gerichtet ist, die sie ohnehin nicht empfangen. «Man müsste dafür sorgen, dass die Weltmächte abrüsten» ist z.B. eine solche anonyme Botschaft. «Man sollte weniger Auto fahren». Jeder, der diese Mitteilung hört, nickt – niemand bezieht sie auf sich selbst. Auch Normen werden in Man-Formulierugen gekleidet («das tut man nicht»). Weil niemand eine solche Nachricht auf sich bezieht, ist eine Man-Botschaft auch nicht nur ungenau, sondern auch unwirksam und sollte nach Möglichkeit in der Arbeitssprache vermieden werden.

- *Du-Botschaften:* «Du bist heute schlechter Laune» – «Für dich ist es das beste, wenn...» Du-Botschaften sind verbindlicher als Man-Botschaften, aber sie sind in gewissem Sinne immer bedrängend, und alles Bedrängende löst zunächst einmal Abwehr aus. Mit einer Du-Botschaft wird häufig die Autonomie des anderen beschnitten. Anstatt «Sie müssen sich ändern» (Du-Botschaft) kann der Vorgesetzte sagen: «Ich akzeptiere Ihr Verhalten nicht» (Ich-Botschaft). Bei «Sie müssen...» neigt der andere zum inneren Widerspruch: «Ich weiss selbst, was ich muss». Diese Botschaft führt bei dem anderen also zwangsläufig zu einer Gegenbotschaft – ausgesprochen oder gedacht – und hindert ihn daran, die Botschaft wirklich aufzunehmen und zu akzeptieren.

  Du-Botschaften sind ein akzeptables Mittel bei der Zuweisung von Aufgaben bzw. der Erteilung von Anweisungen. Ungeeignet sind sie hingegen bei der Klärung von Sachverhalten und in allen Gesprächen, wo es um persönliche Fragen geht. Du-Botschaften haben die Tendenz, den Handlungsspielraum des anderen einzuengen und ihm ein Stück von der Verantwortung für sich selbst zu nehmen.

- *Wir-Botschaften:* «Wie geht es uns?» ist die häufig zu hörende und ebenso unsinnige Frage von Ärzten. Wir-Botschaften haben da ihren Platz, wo der Sender sich selbst und andere zusammen meint. Der Arzt auf der Rehabilitationsstation, der

---

[45] vgl. Saamann (1984)
[46] vgl. Saamann (1984)

fragt: «Was haben wir heute erreicht?» formuliert nur dann korrekt, wenn er sich selbst mit einbezieht. Will er dagegen wissen, was seine Mitarbeiter geleistet haben, kann er das sinnvoll nur mittels einer Du-Botschaft («Was haben Sie erreicht?») oder einer Ich-Botschaft («Mich interessiert das Ergebnis der Gruppe») in Erfahrung bringen. «Wir haben ein Problem» heisst immer: «Sie und ich haben ein und dasselbe Problem». «Wir müssen den Konflikt lösen» bedeutet: «Ich und andere müssen den Konflikt lösen».

- *Ich-Botschaften:* Die Ich-Form ist die sinnvollste Form, sich sprachlich auszudrücken, soweit es um die Handhabung von Konflikten, die Klärung von Situationen oder die Abgrenzung von Standpunkten geht. In der Ich-Form macht der Sender Aussagen über sich selbst, über sein Erleben, sein Empfinden, seinen Standpunkt, seine Meinung. Der Grund für die Wirksamkeit dieser Form liegt darin, dass der andere nicht widersprechen kann, weil er keinen Anlass dazu hat. «Ich bin mit diesen Röntgenbildern nicht zufrieden» beschreibt ohne Umweg das, was der Sender empfindet bzw. meint. In der Aussage «Diese Bilder sind nicht in Ordnung» steckt eine Wertung, die den anderen leicht zum Widerspruch, zur Verteidigung reizt. Die Formulierung «Ihre Bilder sind nicht in Ordnung» (Du-Botschaft) stellt nochmals eine Steigerung an Angriff und Wirkungslosigkeit dar. Anstatt einsichtig zu werden und über das Gesagte nachzudenken, wird der Mitarbeiter seine ganze Energie darauf verwenden, sich dem Vorgesetzten gegenüber zu rechtfertigen.

Man – Wir – Du – Ich: Die Bedeutung der richtigen «Adresse» einer Botschaft darf nicht von dem ablenken, worauf es in der Kommunikation zwischen Vorgesetzten und Mitarbeitern im Eigentlichen ankommt: auf die Grundhaltung des Vorgesetzten. Der Kern des humanen und wirksamen Führungsgesprächs liegt darin, dass der Vorgesetzte den Mitarbeiter als gleichwertigen und eigenständigen Kommunikationspartner betrachtet und behandelt.

Diese Grundsätze gilt es als Vorgesetzter beim Gespräch mit Mitarbeitern zu verinnerlichen:

- Achten Sie Ihren Mitarbeiter als gleichwertigen, eigenständigen Menschen mit eigenen Ansichten, Gefühlen, Bedürfnissen, Ideen und Problemen.
- Hören Sie ihm wirklich (aktiv) zu. Vermeiden Sie es, Ihren Gesprächspartner zu unterbrechen. Versuchen Sie in ihn «hineinzuhören».
- Täuschen Sie Interesse nicht nur vor. Jeder hat Kenntnisse, Gedanken, Fähigkeiten, die zu erfahren sich lohnt.
- Stellen Sie Fragen, um ihn besser zu verstehen (nicht um Informationen zu erhalten, die Sie in geeigneten Momenten gegen ihn verwenden können).
- Räumen Sie Ängste und Befürchtungen aus dem Weg. «Ich freue mich, dass Sie so offen mit mir darüber reden» (aber sagen Sie das nur, wenn Sie sich wirklich freuen).
- Veranlassen Sie den Partner zum Sprechen. «Es würde mich interessieren, was Sie darüber denken». – «Zum Beispiel?» – «Erzählen Sie mir mehr darüber.»
- Missbrauchen Sie die Offenheit des anderen nicht. Es wäre höchst unfair, sich zuerst das Vertrauen des Mitarbeiters zu erschleichen, um es dann zu «verwerten» (sprich: zu missbrauchen).

- Verschaffen Sie sich ein Feedback (es kommt oft nicht von selbst). «Es würde mich interessieren, wie meine Entscheidung auf Sie gewirkt hat.»

524 Gesprächsformen

Ein Gespräch findet statt, wenn zwei (oder mehr) Personen miteinander sprechen, wurde definiert. Dieses Miteinander-Sprechen kann frei oder formstreng, geleitet oder ungeleitet, geplant oder ungeplant erfolgen. «Gespräch» ist also ein Oberbegriff für verschiedene Arten und Formen des Miteinander-Sprechens. Nach der *Funktion* (dem Zweck), den ein Gespräch erfüllt (erfüllen soll), lassen sich folgende Gesprächsformen unterscheiden:

- *Informationsgespräch:* Die Teilnehmer tauschen untereinander (Sach-)Informationen aus.
- *Kontaktgespräch:* Hier tauschen die Gesprächspartner untereinander ihre Erfahrungen, Gedanken, Gefühle usw. aus, mit dem (bewussten oder unbewussten) Ziel, sich näherzukommen und den persönlichen Kontakt zu pflegen.
- *Instruktionsgespräch:* Hinter dem Instruktionsgespräch steht die Absicht, einem (oder mehreren) Teilnehmern bestimmte Kenntnisse, Fertigkeiten oder Verhaltensweisen beizubringen.
- *Überzeugungsgespräch:* Hier versucht einer den andern von einer Idee zu überzeugen.
- *Klärungsgespräch:* Im Klärungsgespräch geht es darum, bestehende Unklarheiten oder Missverständnisse zu beseitigen.
- *Hilfsgespräch:* Der eine versucht dem andern bei der Lösung von dessen Problemen zu helfen.
- *Erkundungsgespräch:* Die Meinung, die Kenntnisse oder Fähigkeiten eines Gesprächspartners sollen erforscht werden.
- *Ideengewinnungs-Gespräch:* Wie der Name sagt, dient ein solches Gespräch dazu, neue Ideen oder Gedanken zu entdecken.
- *Entscheidungsgespräch:* Entscheidungen sollen erarbeitet und getroffen werden.
- *Führungsgespräch:* Hier wird das Gespräch als Führungsinstrument eingesetzt (um Weisungen zu erteilen, Kritik zu üben, anzuspornen).
- *Streitgespräch:* Die Funktion des Streitgesprächs liegt tatsächlich im «Streiten», besser gesagt im Auseinandersetzen verschiedener (zuerst entgegengesetzter) Standpunkte, um diese Standpunkte zu verdeutlichen (eine Übereinkunft wird meistens nicht angestrebt).
- *Problemlösungs-Gespräch:* Die Teilnehmer versuchen gemeinsam, bestimmte Probleme zu analysieren und Lösungsmöglichkeiten zu finden.

Gespräche lassen sich nicht nur nach ihrer Funktion unterscheiden, sondern auch nach Gesichtspunkten wie Teilnehmerzahl, Organisation oder «Gesprächstemperatur»:

- Das *Gespräch* (im engeren Sinn) zeichnet sich aus durch einen kleinen Teilnehmerkreis. Der Gesprächston ist meist ruhig, das Thema selten umstritten. Ein solches Gespräch wird von niemandem (offiziell) geleitet – es nimmt «seinen» Lauf, ohne

festes Ziel, ohne feste Form. Grundsätzlich kann es jede der erwähnten Funktionen erfüllen: es kann informativ, lehrreich und hilfreich sein, es kann klären, überzeugen, Entscheidungen herbeiführen...
- Die *Aussprache* findet meist nur zwischen zwei Menschen statt. Der eine (meist jüngere) hat das Bedürfnis, sich vor dem andern auszusprechen: seine Eindrücke, Gefühle, Probleme... Das Sich-Aussprechen kann zur Klärung eines Problems viel beitragen. Betriebliche «Aussprachen» haben meist dieselbe Funktion: Über etwas reden, was einen belastet.
- Die *Verhandlung* ist ein Gespräch mit dem Ziel, eine Übereinkunft zu erreichen. Im «Gegeneinander ihrer Argumente» versuchen die Verhandlungspartner, eine Sache auszuhandeln.
- Die *Besprechung* ist auch auf eine Sache bezogen und ebenfalls darauf gerichtet, zu einem Ergebnis zu kommen.
- Die *Beratung* ist auf eine Entscheidung bezogen, die durch die Beratung erleichtert werden soll.
- Die *Diskussion* ist in der Regel durch einen grösseren Teilnehmerkreis, ein umstrittenes Thema und eine recht hohe »Gesprächstemperatur» gekennzeichnet. Ziel einer Diskussion ist es, ein Problem zu analysieren, zu bewerten und Lösungen zu erarbeiten. Diskussionen können unter straffer Leitung oder frei stattfinden, je nachdem wie die Ziel gesetzt sind.
- Die *Debatte* ist in erster Linie an ihrer hohen «Gesprächstemperatur» zu erkennen. Das Thema ist sehr umstritten, und die Teilnehmer versuchen einander mittels ihrer Argumente zu besiegen. Debatten mit vielen Teilnehmern erfordern eine sehr straffe Leitung.
- Die *Konferenz* ist in der Regel eine formstrenge und gut organisierte Zusammenkunft. Konferenzen können für die verschiedensten Zwecke einberufen werden: Informationen, Problemlösung, Entscheidungsvorbereitung, Koordination...

Auch dieser Begriffskatalog weist auf die riesige Vielfalt an Möglichkeiten hin, die im «Gespräch» angelegt ist (an uns liegt es, diese Möglichkeiten zu nutzen). Ein Gespräch wird selten nur eine einzige Funktion erfüllen. So ist es beispielsweise fast unmöglich, sich an einem Austausch von Sach-Informationen zu beteiligen, ohne dabei etwas zu lernen. Ein Gespräch wird auch selten in einer einzigen festen Form verlaufen. So kann eine Diskussion zur Plauderei «herabsinken», zur hitzigen Debatte «ausarten» oder in eine echte zwischenmenschliche Begegnung münden. Eines jedoch ist sicher: Unter den zahlreichen Formen menschlicher Kommunikation kommt dem persönlichen Gespräch eine ganz hervorragende Bedeutung zu. Im folgenden werden zwei Gesprächsformen näher beschrieben: das Abteilungsgespräch und das freie Gespräch.

Abteilungsgespräch

Durch das Abteilungsgespräch kann die Kommunikation unter dem Pflegepersonal, wie auch zwischen Ärzten und Pflegepersonal, nachhaltig gefördert werden. Gute Kommunikation innerhalb eines Arbeitsteams ist neben fachlichem Können eine wichtige Voraussetzung für die gute Betreuung des Patienten. Das Abteilungsgespräch wird bei Bedarf einberufen, z.B. bei Therapieproblemen, Konfliktsituationen auf der Abteilung oder zur fachlichen Weiterbildung des Personals. Der Gesprächsleiter beschafft Unterlagen und Informationsmaterial und gibt Zeitpunkt und Thema des Abteilungsgespräches rechtzeitig bekannt.

Die *Leitung* übernehmen grundsätzlich die Abteilungsschwestern/-pfleger, allenfalls ein Teammitglied, welches sich als Gesprächsleiter eignet. Die Themenwahl richtet sich nach aktuellen Bedürfnissen der Abteilung. Vorschläge können von allen Teammitgliedern gemacht werden. Beispiel sind:

- Austauschen von Informationen über einzelne Patienten (Anamnese, Diagnose, Verhalten auf der Abteilung; Beziehung zu Mitpatienten, Pflegepersonal, Angehörigen usw.).
- Planen von speziellen Therapien, Beschäftigungs- und Unterhaltungsmöglichkeiten, Ausflügen, Festen, Sport usw.
- Diskutieren von Strukturproblemen der Abteilung oder von zwischenmenschlichen oder Inter-Gruppen-Konflikten innerhalb der Abteilung.
- Weiterbilden der Teams, evtl. unter Beiziehung entsprechender Fachkräfte (Arzt, Psychologe, Pfarrer, Ergotherapeutin, Physiotherapeutin usw.).

Ein möglicher *Ablauf* des Abteilungsgespräches ist: Orientierung über Thema und Zielsetzung des Gesprächs durch den Gesprächsleiter; – Diskussion des Themas mit Ausarbeitung von Vorschlägen zur Problemlösung; – Zusammenfassung der Diskussionsergebnisse durch den Gesprächsleiter; – Planung der praktischen Durchführung, Aufgabenverteilung an die einzelnen Teammitglieder und Orientierung der zuständigen Stellen; – Erfolgskontrolle von in früheren Abteilungsgesprächen getroffenen Massnahmen.

Als *Teilnehmer* an einem Abteilungsgespräch oder einer Gruppendiskussion sollten Sie folgendes beachten:

- Halten Sie sich vor Augen, dass durch gemeinsame geistige Arbeit mehr erreicht werden kann, als wenn jeder Einzelne für sich denkt (unter der Voraussetzung, dass die Zusammenarbeit funktioniert).
- Achten Sie die Meinungen und Überzeugungen des andern: Jeder Mensch hat seine Würde, seinen einmaligen Wert.
- Denken Sie daran: Als Gesprächsteilnehmer sind Sie mitverantwortlich für den Erfolg oder Misserfolg der Zusammenarbeit in der Gruppe.
- Helfen Sie nach besten Kräften mit, die betreffenden Aufgaben zu lösen.
- Ertragen Sie, dass nicht alle mit Ihren Gedanken einverstanden sind. Ertragen Sie auch, das ein einmal geäusserter Gedanke nicht mehr Ihnen allein gehört, sondern der ganzen Gruppe (vorgebrachte Gedanken sollen gemeinsam geprüft und erwogen werden).
- Tragen Sie mit Ihren persönlichen Erfahrungen zur gemeinsamen Arbeit bei und halten Sie keine wertvollen Informationen zurück.
- Üben Sie Selbstdisziplin, indem Sie sich kurz fassen und die andern auch zu Wort kommen lassen.
- Akzeptieren Sie persönliche Verrschiedenheiten. Hören Sie den anderen zu und versuchen Sie, sie zu verstehen.
- Tragen Sie zur Klärung von Begriffen bei (und nicht zur Verwirrung). Helfen Sie mit beim Zusammenfassen und Ordnen von Gedanken.

- Denken Sie daran: Eine Gruppenarbeit gedeiht am besten in einer Atmosphäre des freien Gedankenaustausches.

Der *Gesprächsleiter*

- schafft eine Atmosphäre, in der die Teilnehmer sich wohl fühlen;
- spürt die Bedürfnisse, Probleme, Wünsche der Teilnehmer auf;
- ermutigt alle, sich am Gespräch zu beteiligen;
- verhindert es, dass einer das Gespräch an sich reisst;
- gibt seine eigene Ansicht erst dann bekannt, wenn keine Gefahr mehr besteht, die Meinungsbildung der andern zu beeinflussen;
- hilft der Gruppe, die gestellten Fragen abzuklären und steuert das Gespräch auf eine Lösung der Aufgabe hin;
- achtet darauf, dass das Gespräch praxisbezogen bleibt, sich nicht im allgemeinen verliert und sich nicht in Details festhakt;
- sorgt dafür, dass das Gespräch beim Thema bleibt und jeder Punkt «zu Ende» besprochen wird, bevor man den nächsten Punkt in Angriff nimmt;
- lässt zu, dass die Führung des Gesprächs von einem zum andern wechselt und nicht das Vorrecht eines einzelnen Teilnehmers wird;
- hilft, die Gedanken zu ordnen und zu gliedern, fasst (wenn nötig) Teilergebnisse und Beiträge zusammen;
- bemüht sich, allfällige Unstimmigkeiten auszugleichen und Konflikte/Spannungen nicht zu überspielen;
- denkt daran, dass gegebenenfalls Hilfsmittel/Medien oder Sachverständige eingesetzt werden können.

Freies Gespräch

Das freie, unbeabsichtigte Gespräch ist kein Mittel, um ein bestimmtes Ziel zu erreichen. Das Ziel des Gesprächs liegt in ihm selbst. Es lässt sich nicht planen, weil man nicht voraussehen kann, wann es dazu kommt und wie es verläuft. Es lässt sich auch nicht absichtlich herbeiführen. Es ereignet sich einfach. Im freien Gespräch erfahren wir uns selbst und andere, ohne dass wir unter dem Druck stehen, ein bestimmtes Ziel erreichen zu müssen. Wir sind frei, etwas zwischen uns entstehen zu lassen: das «Zwischenmenschliche».
Welches sind denn die Voraussetzungen, dass ein solches Gespräch entstehen kann? Eine Voraussetzung ist: *Zeit*. Und Zeit ist in unserer stressgeplagten Arbeitswelt ja bekanntlich schwer aufzutreiben. Deshalb müssen wir uns die Zeit dazu *nehmen*. Wenn nämlich Menschen keine Zeit mehr haben zum freien Gespräch, zerstören sie sich eine «ur-menschliche» Möglichkeit. Die andere Voraussetzung ist: *Vertrauen*. Vertrauen entscheidet letzten Endes darüber, ob ein solches Gespräch entsteht oder nicht (und ob es zu einer echten menschlichen Begegnung kommt). Nehmen Sie sich die Zeit - und halten sie sich offen.

525 Leitung von Gesprächen

Ein Gespräch zu leiten bedeutet harte Arbeit. Der Gesprächsleiter muss unentwegt zuhören, mitdenken und vorausschauen, die Aufträge erfüllen und die Vorschriften beachten. Im einzelnen stellen sich ihm folgende Aufgaben: Er muss

- sich über die *Ziele* im klaren sein, die mit dem Gespräch erreicht werden sollen
- die *Gesprächsthemen* gründlich vorbereiten
- den Ablauf des Gesprächs *planen*. So muss er beispielsweise ein Programm erstellen, das besagt, wann Vorträge, Diskussionen, Gruppenarbeiten usw. stattfinden
- die Gesprächsteilnehmer rechtzeitig *orientieren* und *einladen*
- die *technischen Bedingungen* für die Durchführung des Gesprächs schaffen (Raum, Teilnehmer-Unterlagen, Medien usw.)
- das Gespräch *eröffnen* und schliessen
- das Gespräch in Richtung auf das angestrebte Ziel *steuern*
- *Entscheide* herbeiführen oder fällen
- *Fragen* der Teilnehmer beantworten und Unklarheiten beseitigen.

Wo der Gesprächsleiter gleichzeitig Vorgesetzter ist, wird er seine Mitarbeiter orientieren, instruieren und beauftragen müssen. Zudem hat er zu kontrollieren, ob Weisungen verstanden und Aufträge ausgeführt wurden.
Der Gesprächsleiter bestimmt in der Regel, wann und wo das Gespräch stattfindet und worüber gesprochen wird, wer teilnehmen darf (oder muss), wer wann sprechen darf, ob ein Gesprächsthema sich im abgesteckten Themenkreis bewegt und wie lang der einzelne Beitrag sein darf. Darüber hinaus hat er eine bestimmte Ordnungsgewalt. Er kann die Teilnehmer zur Ruhe mahnen, einen Redner auffordern, «zur Sache» zu sprechen, einen Redner zur Sache mahnen, einem Redner das Wort entziehen, eine Pause verfügen, das Gespräch vertagen oder das Gespräch auflösen...
Der Gesprächsleiter muss sich ähnlich *vorbereiten* wie der Teilnehmer, nur noch viel gründlicher. Zunächst einmal muss er sich entscheiden, welche *Gesprächsformen* er einsetzen will. Er kann das Ziel, das mit dem Gespräch erreicht werden soll. Aufgrund dieses Ziels muss er entscheiden, ob beispielsweise Vorträge gehalten werden oder Gruppengespräche stattfinden sollen. Dann folgt die Entscheidung darüber, wie das Gespräch ablaufen soll. Es muss ein Programm geschaffen werden, das besagt, wann Referate, Gruppen- und Plenumsdiskussionen, Demonstrationen usw. stattfinden. Die Art und Weise, wie der Gesprächsleiter das Gespräch eröffnet, beeinflusst den Charakter des ganzen Gesprächs. Die ersten Minuten sind deshalb so entscheidend, weil hier so etwas wie eine «Grundstimmung» für das Gespräch geschaffen wird. Diese Grundstimmung stellt gewissermassen den Hintergrund dar, vor dem das Gespräch stattfindet. Eine Gesprächsatmosphäre, die von Misstrauen, Unterdrückung und Unsicherheit geprägt ist, wirkt sich lähmend aus – die Chancen für ein fruchtbares, schöpferisches Gespräch sind klein.
Auch die Eröffnung muss den Zielen entsprechen, die mit dem Gespräch verfolgt werden. Wenn Sie eine gemütliche Plauderei anstreben, eröffnen Sie das Gespräch anders, als wenn es darum geht, ein dringendes Sachproblem zu lösen. Üblicherweise wird so vorgegangen: Die Teilnehmer begrüssen – das Gespräch formell eröffnen – kurz erklären, worum es geht (auf die Bedeutung hinweisen, die das Thema für die Teilnehmer hat) – die Ziele formulieren – die Teilnehmer über das Programm

orientieren – die Teilnehmer anspornen / das Gespräch auslösen. *Wichtig:* Schauen Sie beim Sprechen die Teilnehmer an. Bemühen Sie sich um einen Kontakt (um eine gemeinsame Ausgangsbasis).
Die grundlegende Regel für den Gesprächsleiter lautet: *Halten Sie sich möglichst im Hintergrund.* Die Aufgabe des Gesprächsleiters besteht ja nicht darin, eine möglichst gute Show «abzuziehen», sondern die Voraussetzungen zu schaffen, dass das Gesprächsziel erreicht wird. Beachten Sie die folgenden Punkte:

- *Reden Sie selber wenig.* Lassen Sie die andern reden. Hören Sie ihnen zu und halten Sie mit eigenen Ansichten zurück.
- *Aktivieren* Sie alle Teilnehmer durch Ermunterungen, Aufforderungen, Fragen, geschickte Problemstellungen usw.
- Lassen sie das Gespräch sich *entfalten.* Verlieren Sie das Ziel nicht aus den Augen, aber fixieren Sie sich nicht krampfhaft auf den geplanten Weg (Umwege führen oft genauso zum Ziel).
- Sorgen Sie aber auch dafür, dass nicht allzu weit abgeschweift wird. Holen Sie Teilnehmer, die sich allzu weit vom Thema entfernen, zurück.
- Heben Sie *Wesentliches* heraus.
- *Ordnen* Sie die geäusserten Gedanken von Zeit zu Zeit.
- *Fassen Sie* bei langen Beiträgen die wichtigsten Punkte *zusammen.* Ziehen Sie von Zeit zu Zeit Zwischenbilanz. Leiten Sie zur nächsten Phase über.
- Wischen Sie *Konflikte* nicht «unter den Tisch». Spannungen und Konflikte, die man zu überspielen sucht, gehen in den «Untergrund» und stören von dort aus den Verlauf des Gesprächs.
- Lassen Sie auch kleinere *Schweigezeiten* zu. Diese können sich auf das weitere Gespräch durchaus positiv auswirken und ein Gespräch neu in Gang bringen.
- Machen Sie *Notizen.* Notieren Sie Äusserungen, die in einer späteren Phase bedeutsam sind. Halten Sie alles stichwortartig fest, was Ihnen wichtig erscheint: Voten, Fragen, Einwände usw.
- *Verdanken* Sie Voten, die «vorauseilen» und stellen Sie sie auf später zurück.
- Stellen Sie bei Unklarheiten *Rückfragen.* Verdeutlichen Sie eine Äusserung dadurch, dass Sie sie selbst nochmals (anders) formulieren (aber nur wenn es wirklich nötig ist).
- Leiten Sie *Fragen,* wenn möglich, an andere Teilnehmer weiter.
- Hüten Sie sich vor der Bemerkung: «Das gehört nicht hierher».
- Hüten Sie sich vor der Bemerkung: «Das gehört nicht hierher».
- Überbrücken Sie *Stockungen.* Lassen Sie bestimmte Gedanken verdeutlichen oder durch Beispiele illustrieren. Stellen Sie geschickte (weiterführende) Fragen.
- Achten Sie darauf, dass Sie durch Ihre Worterteilungen, Zusammenfassungen, Rückfragen usw. den *Gesprächsfluss* nicht hemmen.
- Muntern Sie stille Teilnehmer zum Sprechen auf. Dauerredner und «Monopolisten» gilt es zu bremsen. Vereinbaren Sie (wenn nötig) mit den Teilnehmern eine Redezeitbeschränkung.
- Geben Sie *Ideen.* Werfen Sie (Teil-)Themen auf, die von den Teilnehmern noch nicht beachtet worden sind. Stellen Sie Lösungsmöglichkeiten zur Diskussion.
- Geben Sie dem *Protokollführer* Gelegenheit, seine Notizen zu kontrollieren und abzurunden.

- Verkörpern Sie selbst die *Regeln,* die für jedes Gespräch gelten: Einander zuhören – *auf das eingehen, was der andere sagt; sich auf das Thema konzentrieren;* das, was man sagt, begründen; bereit sein, sich überzeugen zu lassen; die *Sache, nicht die Person* kritisieren; nur etwas sagen, was man auch tatsächlich meint.

Im Arbeitsleben sind Gespräche meist Bestandteil eines ganzen Arbeitsablaufs. Wenn das Ziel eines Gesprächs zum Beispiel darin bestand, einen Beschluss zu fassen, geht es nach dem Gespräch darum, diesen Beschluss dann auch zu verwirklichen. Vermeiden Sie es deshalb, das Gespräch zu schliessen, ohne die Teilnehmer in irgendeiner Weise anzuspornen. Es empfiehlt sich, ein Gespräch so abzuschliessen: Bedanken Sie sich für die Gesprächsbeiträge; Wiederholen Sie ganz kurz die wichtigsten Punkte des Gesprächs. Stellen Sie fest, was erarbeitet wurde und was verschoben werden muss (wie weit die Ziele erreicht worden sind). Fragen Sie nach Hinweisen, Anregungen, Kritik, Wünschen usw. Geben Sie bekannt, wann und wo das nächste Gespräch stattfindet. Schliessen Sie formell. Verabschieden Sie sich (zum Beispiel mit guten Wünschen an die Teilnehmer).

Von einem Gesprächsleiter wird einiges verlangt – das ist im Laufe dieser Ausführungen deutlich geworden. Um die vielen Aufgaben und Probleme nebeneinander meistern zu können, braucht er eine rasche Auffassungsgabe, innere Sicherheit und Ruhe sowie viel Energie. In erster Linie aber kommt es auf seine innere Haltung an. Weil der Mensch in wesentlichen Punkten mehr von seinen Gefühlen als von seinem Verstand bestimmt wird, spielt diese Haltung eine entscheidende Rolle. Voraussetzung für die «richtige» innere Haltung ist ein Verständnis für seine Umwelt. Dieses Verständnis für menschliche (oft «allzu-menschliche») Bedürfnisse, Reaktionen, Äusserungsformen, Verhaltensmuster usw. drückt sich in einer mit-menschlichen Haltung aus, die einen zwischen-menschlichen Kontakt ermöglicht. Ohne diesen persönlichen Kontakt aber findet höchstens ein nüchterner Austausch von Sachinformationen statt (der niemanden wirklich befriedigt).

526 Sieben Ratschläge

Im folgenden sollen sieben Regeln wiedergegeben werden, deren Beachtung die Interaktion bzw. Kommunikation wesentlich erleichtern und verbessern kann[47]. Nur werden solche Regeln von den meisten Menschen als dermassen trivial empfunden, dass sie als hilfreiche Ratschläge gar nicht ernst genommen werden.

- *Sprich kürzer.* Kaum jemand kann und will Monologe aufnehmen, die er für zu lang hält. Ein Gespräch mit kurzen Redelängen ist für alle Beteiligten leichter aufnehmbar, daher nützlicher und auch angenehmer.
- *Verlangsame das Interaktionstempo.* Es ist in Gesprächen vielfach üblich, spätestens dann mit dem Reden zu beginnen, wenn der Vorredner gerade aufgehört hat. Das bedeutet, dass man seine Antworten bereits dann formulieren muss, wenn der Vorredner seine Gedanken gerade erst darstellt. Verlangsamung der Interaktion bedeutet Zeit gewinnen für Denkpausen; man sollte Denkpausen nehmen, und man sollte sie geben. Bei besonders hitziger Diskussion hat sich die Einführung

von Schweigeminuten bewährt, die allen Beteiligten gleichzeitig Denkpausen geben.
- *Handle mitverantwortlich.* In Gruppen mit Leiter wird zu leicht die Verantwortung auf diesen abgewälzt; in Gruppen ohne einen Leiter kann sich jeder hinter dem anderen oder der «Gruppe» verstecken. Verantwortung tragen aber auch die Teilnehmer, die Erwartbares unterlassen, also keine Ideen beitragen, nicht auf Fehler aufmerksam machen, nicht das Führungsverhalten unterstützen.
- *Äussere deine Interessen.* Sei dir bewusst, dass du und deine Partner verschiedene Menschen sind, die zum Teil gleiche und zum Teil unterschiedliche Interessen haben. Akzeptiere diese Verschiedenheit und mache weder dir noch deinen Partnern Vorwürfe, wenn sich eure Interessen unterscheiden. Äussere frei deine Interessen, aber erwarte nicht, dass deine Partner sie stets so erfüllen, wie du es dir vorstellst. Vertraue hingegen darauf, dass ihr gemeinsame Lösungen für eure Konflikte finden werdet, die den Interessen der Beteiligten gerecht werden.
- *«Ich» statt «Man» oder »Wir».* Sprich nicht per «Man» oder «Wir», weil du dich hinter diesen Sätzen gut verstecken kannst und die Verantwortung nicht zu tragen brauchst für das, was du sagst. Zeige dich als Person und sprich per «Ich». Ausserdem sprichst du in «Man»- oder «Wir»-Sätzen für deine Partner mit, und du weisst gar nicht, ob die das wünschen.
- *Sprich direkt.* Wenn du jemandem aus der Gruppe etwas mitteilen willst, so sprich ihn direkt an, zeige ihm durch Blickkontakt, dass du ihn meinst. Sprich nicht über einen Dritten zu einem anderen und sprich nicht zur Gruppe, wenn du eigentlich einen bestimmten Menschen meinst.
- *Eigene Meinungen statt Fragen.* Wenn du eine frage stellst, dann sage, warum du sie stellst. Auch Fragen sind oft eine Methode, sich und seine Meinung nicht zu zeigen. Ausserdem können Fragen oft inquisitorisch wirken und den anderen in die Enge treiben. Äusserst du aber deine Meinung, hat der andere es viel leichter, dir zu widersprechen oder sich deiner Meinung anzuschliessen.

Es kostet nur wenige Minuten, diese Regeln zu lesen. Den wesentlichen Inhalt kann man sich vermutlich in einer halben Stunde einprägen. Aber es ist ein langwieriger Prozess von Monaten, zu lernen, sich nach diesen Regeln in all den Fällen zu richten, in denen man das selbst für erwünscht oder sachlich geboten hält. Die Veränderung von eingeschliffenen Verhaltensgewohnheiten durch Einsicht ist ein mühsames Geschäft und erfordert viel Training.

53 Konferenztechnik

«Konferenz» – Eine wirksame Zusammenarbeit? Ein uferloses Gerede? Zeitverschwendung? Ein wertvoller Gedankenaustausch? Versteckte Machtkämpfe?
Die Konferenz ist eine Form von Gespräch, die sich vor allem durch ihre Organisation von anderen Gesprächsformen unterscheidet. Das Meiste, was zum Thema «Gespräch» gesagt wurde, gilt somit auch für die Konferenz.

531 Konferieren – Kunst des Leerlaufs?

Würde man die verschiedenen Tätigkeiten eines führenden Mitarbeiters benoten, kämen die Konferenzen mit Sicherheit schlecht weg. Woran liegt das? – Dies ist die Frage, mit der wir uns zuerst befassen. Wenn man Teilnehmer befragt, was sie an Konferenzen oder Besprechungen stört, tauchen immer wieder die gleichen Klagen auf[48]: Abweichung vom Thema, zu lange Monologe, Weitschweifigkeit, unklare Gedanken, verwirrende Sprache, Besprechung von Nebensächlichkeiten, Festhaken am Detail, mangelnde Vorbereitung, ungleicher Informationsstand, versteckte Machtkämpfe, unnötige Länge, mangelnde Ergebnisorientierung, zu lange Anlaufzeit, zuviel Sitzen – zuwenig Handeln, passive, abwehrende Teilnehmer.
«Im Mittelpunkt der Kritik stehen fast immer die drei gleichen Vorwürfe: Ergebnislosigkeit (kein konkreter Aktionsplan), Langeweile (fehlende Motivation) und Zeitverlust (zu viele und zu lange Konferenzen). Die Folge: Es entsteht ein Teufelskreis. Man kommt frustriert von der letzten Konferenz und geht schon resigniert in die nächste Konferenz.»[49] Die schlechte Stimmung überträgt sich auf das Gespräch, so dass dann wieder ein frustrierendes Konferenzergebnis zustandekommt ... Muss das so sein?
Fragt man nach den Ursachen für das unbefriedigende Verhalten der Konferenzteilnehmer, so scheinen hauptsächlich folgende Gründe bestimmend zu sein[50]:
- *Strenge Hierarchieordnung:* Ausrichtung auf den Ranghöchsten, Amtsautorität vor Fachautorität, Anspruch auf Führungsrolle durch den Vorgesetzten, Karrierebewusstsein der Mitarbeiter vor Verantwortungsbewusstsein;
- *Fixierung auf Einzelleistungen:* Erziehung und Karriere sind auf Einzelleistungen ausgerichtet;
- *Konkurrenzverhalten:* Einzelverantwortung und Einzelkarriere führen zum Kampf um Aufstieg und Arbeitsplatz;
- *Machtkämpfe:* Der Einzelne will seine Position, seine Ansichten und Standpunkte durchsetzen;
- *Profilierungsbedürfnis:* Der Einzelne muss immer wieder beweisen, wie gut er ist, denkt, handelt.
- *Unterschwellige Konflikte:* Konflikte, die nicht offen liegen und nicht durchschaubar sind, können nicht gelöst werden; sie machen aggressiv und führen zu Resignation;
- *Mangel an Kooperation:* Der Einzelne hat es nicht gelernt, mit anderen konstruktiv zusammenzuarbeiten; Kooperation wird sozial nicht honoriert;
- *Mangel an Vertrauen:* Wer prinzipiell im anderen den Konkurrenten vermutet, kann nicht offen sein;
- *Mangelnde Informationsbereitschaft:* Wissen ist Macht; diese Macht will ausgeübt bzw. nicht preisgegeben werden;
- *Höflichkeitsriten:* Stimmungen und Wünsche der Gruppe treten nicht zutage;
- *Fehlende Gruppenarbeit:* Unflexibles Mobiliar, keine Hilfsmittel und Techniken, keine gemeinsamen Spielregeln.

---

48 vgl. Altmann (1978)
49 Altmann (1978)
50 vgl. Altmann (1978)

Angesichts der vielen Probleme und Schwierigkeiten, die den Verlauf einer Konferenz belasten, könnte man sich fragen, ob es denn überhaupt sinnvoll, unter diesen Bedingungen noch Konferenzen durchzuführen? Geht es nicht ohne Konferenzen? Es gibt ja auch noch andere Mittel, um miteinander zu kommunizieren: der schriftliche Informationsaustausch (Korrespondenz) oder das Telefonieren ... Ist es da noch notwendig, dass Menschen sich zu Konferenzen treffen?

Ja – es ist notwendig. Denn direkte, unmittelbare, persönliche Kontakte lassen sich durch nichts ersetzen: weder durch Briefe noch durch das Telefon. Konferenzen sind notwendig (auch wenn sie mit Schwierigkeiten verbunden sind). Konferenezen sind so wichtig, dass sie häufig als *Drehscheiben innerbetrieblicher Kommunikation* bezeichnet werden. Diese Drehscheiben aber erfüllen ihren Zweck nur, wenn sie funktionstüchtig sind (und sich nicht im Leerlauf drehen).

Die meisten Konferenzen erfordern viel Aufwand (viel Zeit, viel Geld, viel persönliche Kraft). Dieser Aufwand sollte in einem richtigen Verhältnis zum Ertrag stehen, das heisst: er sollte einen entsprechenden Nutzen bringen. Um Konferenzen nutzbringend gestalten zu können, sollten folgende Punkte beachtet werden:

- Veranstalten Sie nur dann eine Konferenz (Sitzung), wenn keine andere (weniger aufwendige) Möglichkeit besteht, das gesteckte Ziel zu erreichen (vieles lässt sich beispielsweise auch im Zwiegspräch erledigen).
- Klare, kontrollierbare Ziel erleichtern die Vorbereitung, Durchführung und Auswertung.
- Sparen Sie nicht bei der Vorbereitung (Sparen am falschen Ort erhöht die Kosten). Eine gründlich vorbereitete Konferenz dauert weniger lang und bringt bessere Ergebnisse.
- Eine zielgerichtete Leitung motiviert die Teilnehmer, beschleunigt den Ablauf und erlaubt eine rasche Auswertung.
- Detail- und grundsätzliche Streifragen sollten vor oder nach der Konferenz behandelt werden.
- Hilfsmittel wie Medien, gute Unterlagen, Bilder usw. können die Verständigung wesentlich erleichtern und den Ablauf der Konferenz beschleunigen.
- Schriftliche Stellungnahmen der Teilnehmer von Konferenzbeginn tragen ebenfalls zu einem rascheren Ablauf bei.
- Vor jeder Konferenz soll der Zeit- und Kostenaufwand geschätzt und mit dem erwarteten Nutzen verglichen werden.
- Die Regeln für die Vorbereitung, Durchführung und Auswertung von Konferenzen sollen helfen, das Problem von Aufwand und Ertrag in den Griff zu kriegen.
- Noch ein Tip: Konferenzen per Telefon klappen überraschend gut und sparen viel Zeit und Geld (die Teilnehmer werden zu konzentriertem und zielgerichtetem Reden motiviert).

Auf die meisten dieser zehn Punkte wird in den folgenden Abschnitten noch näher eingegangen. Fragt man nach den hauptsächlichen *Funktionen* von Konferenzen, so stehen folgende im Vordergrund: die Mitarbeiter für Beschlüsse gewinnen und Grundlagen für Entscheidungen sammeln.

532 Gründliche Vorbereitung

Grundsätzlich gilt: Je gründlicher die Vorbereitung, desto kürzer und erfolgreicher ist die Konferenz. Der erste Schritt bei der Vorbereitung einer Konferenz besteht darin, dass der Konferenzleiter, *Traktanden sammelt* (wie eine Traktandenliste zustandekommt, ist in Abb. 156 schematisch dargestellt). Wichtig ist die Tatsache, dass es sich bei der Traktandenliste noch nicht um eine Zielsetzung handelt: Die Traktandenliste zeigt, was behandelt wird; die Zielsetzung zeigt, was in den einzelnen Themenbereichen erreicht werden soll. Beide Angaben sind für eine gute Vorbereitung der Konferenz und der Teilnehmer notwendig.

Für eine Konferenz ist es von besonderer Bedeutung, dass *klare Ziele* formuliert werden, weil sonst die Gefahr besteht, dass sie im Dschungel der Beiträge und Traktanden untergehen. Die Ziele einer Konferenz sollen so formuliert sein, dass jeder Teilnehmer weiss, was durch die Konferenz erreicht werden soll; dass jeder Teilnehmer sich gezielt auf die Konferenz vorbereiten kann und dass nachher eindeutig entschieden werden kann, ob die Ziele erreicht wurden. Komplexe Konferenzziele müssen in überschaubare Teilziele gegliedert werden (diese sind ebenfalls genau zu umreissen). Die Reihenfolge der Themen (Traktandenliste) soll so sein, dass die Ziele am ehesten erreicht werden. Eine Konferenz soll nur einberufen werden, wenn ein gleichzeitiges persönliches Gespräch zwischen mehreren Personen notwendig ist, um das Ziel zu erreichen. Wenn an einer Konferenz effiziente Ergebnisse erzielt werden sollen, ist es natürlich keineswegs gleichgültig, *wer* an der Konferenz teilnimmt. So wäre es völlig sinnlos, wenn an einer Konferenz, die Entscheidungen fällen soll, nur Leute teilnehmen, die nicht über die notwendigen Entscheidungskompetenzen verfügen. Die *Grundregel* für die Auswahl der Teilnehmer lautet: Es sollen nur Leute an der Konferenz teilnehmen, die zum Erreichen der Konferenzziele etwas beizutragen haben. Das heisst: Es darf niemand fehlen, der zum Erfolg der Konferenz beitragen kann und niemand eingeladen werden, der dann während der Konferenz bloss «anwesend» wäre.

Die *Einladung* muss alles Wichtige enthalten. Aus der Einladung muss jeder Teilnehmer mühelos feststellen können, wann und wo die Konferenz stattfindet, welche Themen zur Sprache kommen, welche Ziele erreicht werden sollen, wer an der Konferenz teilnimmt, wie er sich vorbereiten soll und welche Unterlagen er mitzubringen hat. Die Teilnehmer müssen *rechtzeitig* im Besitz der Einladung und allfälliger Unterlagen sein, damit sie sich gründlich vorbereiten können. Auf der *Liste der Anwesenden* sollen unbekannte Teilnehmer (Referenten) kurz vorgestellt werden (berufliche Tätigkeit, Ort der Tätigkeit, Spezialgebiet ...).

Schon in der Vorbereitungsphase sollte der Konferenzleiter dafür sorgen, dass die Teilnehmer ihre Beiträge auf das Thema ausrichten und aufeinander abstimmen. *Ein Tip:* Überzeugen Sie sich kurz vor der Konferenz davon, dass die Referenten auch tatsächlich erscheinen. Falls durch ein Nicht-Erscheinen das Erreichen des Konferenzzieles gefährdet ist, muss die Konferenz abgesagt werden. Der Berichterstatter (Protokollführer) muss vor der Konferenz ausreichend über seine Aufgaben orientiert werden. Konferenzraum, Sitzordnungen, Medien usw. sind ebenfalls Punkte, die in die Vorbereitung miteinzubeziehen sind (die Teilnehmer sollen sich wohlfühlen).

Wenn bekannt ist, welche Themen auf der Traktandenliste stehen, welche Ziele erreicht werden sollen, wer an der Konferenz teilnimmt, von wem welche Beiträge zu erwarten sind und wann und wo die Konferenz stattfindet, dann kann ein «Fahrplan»

Abbildung 156: Traktandenliste einer Konferenz

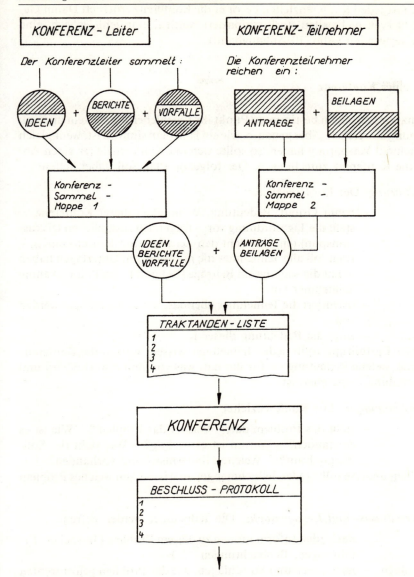

für den Ablauf aufgestellt werden. «Habe ich nichts Wichtiges vergessen?» Diese Frage belastet fast jeden Konferenzleiter, bevor er die Konferenz eröffnet. Damit Gedächtnis und Nerven nicht allzu stark strapaziert werden, empfiehlt es sich, eine Checkliste zu verwenden (Abb. 10/Anhangband).

533 Ablauf einer Konferenz

Jede Konferenz wird ab einem bestimmten Punkt ihr Eigenleben entwickeln und von der Tagesordnung abweichen. Aber genauso, wie ein Fahrplan sinnvoll ist, wenngleich die Züge manchmal Verspätung haben, so sollte sich der Konferenzleiter einen Ablaufplan für die Konferenz zurechtlegen. Der folgende Plan soll dabei helfen[51].

Phase 1: Einführung: Der Konferenzleiter:

Thema	– nennt Grund, Bedeutung, Wichtigkeit dieser Konferenz
Planung	– stellt die Tagesordnung vor; – fragt nach zusätzlichen Diskussionspunkten; – spricht den Zeitplan (mit Pausen) durch; – fragt, ob alle Teilnehmer die notwendigen Unterlagen haben
Vorstellung	– nennt die wichtigsten Beiträge (Referate); – stellt unbekannte Teilnehmer vor
Ziel	– orientiert die Teilnehmer über das, was heute erreicht werden soll
Motivation	– zeigt die Bedeutung dieser K

Am Ende dieser Einführung sollte jeder Teilnehmer wissen, warum die Konferenz angesetzt wurde, welche Bedeutung sie für ihn hat, was von ihm erwartet wird und welche Zeiteinteilung vorgesehen ist.

Phase 2: Problemanalyse: Der Konferenzleiter

Definition	– stellt das Problem dar; – Was ist das Problem? – Wie ist es entstanden? – Warum ist es wichtig? – Wie sieht der Soll-Zustand aus? – Welche Hindernisse sind vorhanden?

Nach der Problemanalyse sollte jeder Teilnehmer genau wissen, um welches Problem es geht.

Phase 3: Informations- und Lösungssuche: Die Teilnehmer werden gefragt

Information	– nach allen Informationen zu diesem Problem (Tatsachen, Erfahrungen, Beobachtungen ...)
Lösungsvorschläge	– nach Ideen und Vorschlägen, wie das Problem gelöst werden könnte

In der Phase der Informations- und Lösungssuche werden alle Teilnehmer aufgefordert, ihre Informationen auf den Tisch zu legen und nach Problemlösungen zu suchen.

51 vgl. Altmann (1978)

Phase 4: Bewertung: Gemeinsam werden

Bewertung – die verschiedenen Lösungen bewertet; – die Folgen und Auswirkungen untersucht; – die Schwierigkeiten und Widerstände geprüft; – die verschiedenen Lösungen abgewogen

Bestlösung – Gemeinsam wird die beste Lösung formuliert

In der Bewertungsphase werden die verschiedenen Lösungen beurteilt.

Phase 5: Beschlussfassung: Gemeinsam wird festgelegt

Aktionsplan – wer was tut; – wann; – wie und womit wie und womit

Perspektiven Der Konferenzleiter stellt fest, was heute entsprechend der Zielsetzung erreicht worden ist; – was verschoben werden muss

Erfahrungsgemäss verläuft eine gute Konferenz zeitlich etwa folgendermassen: Einführung 1/10 der Zeit, Problemanalyse 1/10, Informations- und Lösungssuche 2/10, Bewertung 4/10, Beschlussfassung 2/10.

534 Leitung einer Konferenz

Grundsätzlich lassen sich zwei Formen der Konferenzleitung unterscheiden: die straffe und die zurückhaltende Leitung[52]. Bei der *straffen Leitung* führt der Konferenzleiter mit straffer Hand, indem er alle Teilnehmer auf das festgesetzte Ziel hinlenkt, die Beiträge dementsprechend einordnet, das Wort erteilt und entzieht, mässigend oder anregend eingreift, durch eigene Aussagen bereits die Weichen stellt, zustimmende Ausführungen bekräftigt, ablehnende kritisiert. Das wichtigste Merkmal einer solchen Konferenzleitung ist das Kommunikationsmuster des Sterns. Das heisst: Der Leiter hat das Gespräch fest unter seiner Kontrolle. Er erteilt das Wort. Die Teilnehmer sprechen überwiegend zu ihm, weniger zu den andern Teilnehmern. Man diskutiert kaum, sondern gibt Stellungnahmen, Meinungen, Informationen ab. Der Leiter behält sich die endgültige Entscheidung selbst vor oder lässt nach Mehrheit abstimmen, verteilt die Verantwortlichkeit und Aufgaben, weist Kontrollen an. Lösungsvorschläge werden abgefragt und erläutert, nicht allgemein diskutiert.

Diese Art der Konferenzleitung ist in Krisensituationen notwendig, in normalen Zeiten von hohem informatorischem Wert. In kurzer Zeit kann viel mitgeteilt werden. Nachteilig ist, dass das Interesse der Gruppe schnell nachlässt, Unbehagen sich einstellt, da die Dominanz des Leiters leicht erdrückend und die fehlende Aussprache sich schnell frustrierend auswirkt. Solche Konferenzen sind deshalb möglichst kurz zu halten.

Bei der zurückhaltenden Leitung, die als *Moderation der Konferenz* bezeichnet wird, hält der Leiter sich zurück. Seine Aufgabe beschränkt sich darin, zu fragen, Denkanstösse zu geben, Impulse zu vermitteln, Teilnehmer um ihr Urteil und ihre Lösungsvorschläge zu bitten, bisherige Meinungen zusammenzufassen bzw. gegenüberzustellen. Das heisst: Er braucht ein hohes Mass an Geschick auf der einen Seite, die Teilnehmer zur Diskussion, zur Mitarbeit und zur gemeinsamen Problemlösung zu motivieren, auf der andern Seite aber doch den roten Faden durch logische Zusammenfas-

52 vgl. Altmann (1978)

sungen, Zielsetzungen und Überleitungen zu schaffen. Der Hauptunterschied zur straffen Leitung besteht darin, dass der Moderator der Gruppe keine vorgefasste Meinung/Problemlösung aufzwingen will, sondern dass die Gruppe selbst die Problemlösung erarbeiten und sich mit ihr identifizieren soll; dass der Moderator nicht abfragt, sondern nur Denkanstösse gibt oder Klarstellungen vermittelt; und vor allem – dass das Gespräch im Kreis hin- und hergeht, ohne dass jedesmal das Wort erteilt wird oder sich der Moderator einschaltet.

Ein Moderator wird bei Bedarf auch Kleingruppen bilden und sie eigenständig Ergebnisse erarbeiten lassen sowie alle möglichen Formen der Arbeitsteilung verwenden. Sein Ziel ist die kreative, schöpferische Problemlösung, mit der sich möglichst alle Teilnehmer identifizieren sollen.

Diese Art von Konferenzleitung ist vorteilhaft, wenn es um neue Problemlösungen geht, die Kreativität und Engagement verlangen und die von möglichst vielen Teilnehmern getragen werden sollen, damit sie auch in der Praxis wirkungsvoll realisiert werden können und nicht an den geheimen Widerständen letztendlich scheitern.

Nach dem angewendeten Konferenzstil richten sich auch die Mittel, die ein Konferenzleiter/Konferenzmoderator einsetzt[53]:

Konferenzleitung	Konferenzmoderation
– Leitung wird von Anfang bis Ende nicht aus der Hand gegeben	– Leitung wird auch an Kleingruppen zur Lösung und Vorstellung von Detailproblemen abgegeben
– Leiter legt Zeitplan und Themen vor, bestimmt und beschliesst, entscheidet und überantwortet	– Moderator schlägt vor, stellt zur Diskussion, fordert auf, holt Meinungen hervor, stellt konträre Meinungen gegenüber, regt Diskussionen und Entscheidungsfindung an
– Teilnehmer erhalten Feedback durch Leiter, weniger durch die anderen Teilnehmer	– Teilnehmer erhalten Feedback fast ausschliesslich durch die andern Teilnehmer, vom Moderator nur in der Rolle als Teilnehmer
– Straffe Meinungsfestlegung: «Das Problem ist wie folgt zu sehen...»	– Bestätigung unterschiedlicher Meinungen: «Wir haben bisher zwei unterschiedliche Meinungen dazu: erstens ... zweitens ...»
– Sternschaltung: «Das Wort hat jetzt Herr Meier...	– Ringschaltung: «Zur Diskussion steht jetzt das Problem...»
– Direkte Fragen: «Wie hoch war die Ausschussquote, Herr Meier?»	– Aufforderung zur Diskussion «Wer hat nähere Informationen über die Ausschussquoten...?»
– Bildhafte Darstellung der Informationen und Problemlösungen	– Bildhafte Darstellung der Informationen, Problemlösungen und der gegensätzlichen Meinungen
– Vorbereitete Problemlösung: «Nach meiner Meinung besteht die einzige Lösung...»	– Gemeinsame Erarbeitung der Problemlösung: «Wie sehen Ihre Vorschläge aus?»
– Entscheidung durch den Leiter oder nach dem einfachen Mehrheitsbeschluss: «Damit steht fest...»	– Bemühen um eine möglichst grosse Übereinstimmung aller Teilnehmer bei der Entscheidungsfindung

Der Stil eines Konferenzleiters ist nicht einfach eine Eigenschaft seines Charakters, sondern Ausdruck einer inneren Haltung. Entscheidend ist, dass sich jeder über seinen Konferenzstil, den er bewusst, halb bewusst oder unbewusst ausübt, im klaren ist (ein Konferenzleiter muss wissen, in welcher Haltung er auf die Teilnehmer «losgeht»). Dies erfordert die Fähigkeit zur Selbstbeobachtung und Selbstkritik sowie den Mut, sich der Beurteilung durch die Teilnehmer zu stellen.

53 vgl. Altmann (1978)

Die *Hauptaufgaben,* die sich dem Konferenzleiter in den verschiedenen Phasen einer Konferenz stellen, sind: In der *Einführung* stellt er die Weichen für das Konferenzklima: Eine unfreundliche, unpersönliche Begrüssung schafft eine unfreundliche, unpersönliche «Startatmosphäre». Während der *Arbeitsphasen* hat er sich auf folgende drei Aktivitäten zu konzentrieren:

- Er *steuert* die Konferenz in Richtung auf das Ziel. Er greift ein, wenn die Diskussion in eine Sackgasse oder auf «Abwege» gerät, wenn Emotionen die Arbeit am Sachthema behindern, wenn ein Beitrag zu lang oder unverständlich ist. Er fasst zusammen, wirft gezielte Fragen auf, schafft Verbindungen ...
- Er *aktiviert* die Teilnehmer. Er ermuntert, fragt, fordert auf, bringt geschickte Problemstellungen, schlägt Brücken ... Schüchterne Teilnehmer «klopft er zum Busch heraus», geschwätzige bremst er...
- Er sorgt für die Einhaltung der *Konferenzregeln.*

Wenn man sich die verschiedenen Klippen vorstellt, an denen jede Konferenz scheitern kann, dann sind es nicht wenige. Um diesen Klippen wirkungsvoll begegnen zu können, hilft es, sich die möglichen Situationen vorher durch den Kopf gehen zu lassen und entsprechende Strategien zu entwerfen. Die Leitfrage lautet: Mit welchen Reaktionen der Teilnehmer habe ich, als Konferenzleiter, zu rechnen? Folgende Situationen sind denkbar[54]:

- Die Teilnehmer beanstanden etwas – mit Recht, aber aggressiv.
  Tip: Hören Sie nicht mitten im Satz auf, entschuldigen Sie sich auch nicht. Bedanken Sie sich für den «Hinweis» und gehen Sie mit einem ganzen Satz darauf ein.
- Die Teilnehmer lehnen einen gut durchdachten Vorschlag ab.
  Tip: Sie fordern alle Teilnehmer auf, sich mit Ihnen gemeinsam einmal die Vorteile und Nachteile einer solchen Aktion vor Augen zu führen.
- Die Teilnehmer stellen unerwünschte Forderungen.
  Tip: Sie verschieben diesen Punkt auf die Diskussion. Oder: Sie lehnen ab.
- Ein Teilnehmer redet zu lang, zu viel, zu umständlich.
  Tip: Machen Sie ihn auf Wortmeldungen anderer Teilnehmer aufmerksam und fordern Sie ihn auf, das Wesentliche in einem Satz zusammenzufassen.
- Ein Teilnehmer stellt unangenehme Fragen.
  Tip: Sie spielen den Ball an die andern Teilnehmer weiter. Oder: Sie verschieben die Antwort auf später.
- Ein Teilnehmer kritisiert die Richtigkeit Ihrer Aussagen.
  Tip: Sie fragen zurück («Welche Erfahrungen haben Sie denn gemacht?») und fordern auch die andern auf, ihre Erfahrungen zu äussrn.
- Die Diskussion hakt sich an einem Punkt fest.
  Tip: Sie weisen auf weitere wichtige Traktanden hin und stellen die Diskussion über diesen Punkt zurück.
- Einige Teilnehmer stellen sich völlig «quer», werden unsachlich.
  Tip: Sie schlagen vor, eine Pause einzulegen (und bitten die Unruhestifter einzeln zu einem persönlichen Gespräch).
  Oder: Sie isolieren einen aus der Gruppe und fordern ihn auf, einmal klipp und klar zu sagen, wie er selbst sich die Sache denn konkret vorstellt.

[54] vgl. Altmann (1978)

- Die Diskussion flaut ab.
  Tip: Sie sprechen einzelne Teilnehmer persönlich (mit Namen) an und fragen sie nach ihrer Meinung, ihren Erfahrungen.
  Oder: Sie fordern die Teilnehmer auf, mit Ihnen gemeinsam eine Zwischenbilanz zu ziehen.
  Oder: Sie stellen eine provozierende Frage.
  Oder: Sie bilden Kleingruppen mit speziellen Aufgaben.
- Wie man eine Diskussion beendet.
  Tip: Sie appellieren an das Gemeinschaftsgefühl («Einige Teilnehmer haben sich darauf eingerichtet, dass wir pünktlich aufhören»).
  Oder: Sie weisen darauf hin, dass der Raum ab ...Uhr anderweitig belegt ist.

Viele Konferenzen harzen, scheitern oder frustrieren, weil der Konferenzleiter nicht fähig ist, die einzelnen Teilnehmer richtig zu «behandeln». Der Konferenzleiter sollte deshalb versuchen, sich von den verschiedenen Teilnehmern ein Bild zu machen: von ihren Kenntnissen, ihren Fähigkeiten, ihren Stärken und Schwächen, ihren Motiven. Ein Konferenzteilnehmer möchte vielleicht, dass er

- als Einzelner oder als Mitglied einer Gruppe begrüsst wird;
- für sein Kommen und Ausharren gelobt wird;
- in seinen Beiträgen für wichtig und ernst genommen wird;
- sich über andere lustig machen darf und bestätigt bekommt, besser zu sein, als die andern;
- seinen Groll und seine Aggressionen loswerden kann;
- in seinen Ansichten bestätigt wird;
- sich ausruhen und entspannen kann.

Die Teilnehmer einer Konferenz unterscheiden sich nach der Art ihrer Beteiligung. Um eine effiziente Diskussion zu gewährleisten, muss der Konferenzleiter sich auf die einzelnen Teilnehmertypen einstellen (Abb. 43/Anhangband)[55].
Jeder «Typ», besser gesagt jeder Teilnehmer erfordert die «Behandlung», die ihm entspricht. Eines darf dabei nie vergessen werden: Eine Konferenzrunde ist ein Arbeitsteam; in einem Arbeitsteam aber sind unterschiedliche Charaktere und Begabungen erwünscht (Persönlichkeitsunterschiede fördern die Teamarbeit).
Zwischen der völligen Übereinstimmung aller Teilnehmer in einem Diskussionspunkt und der totalen Uneinigkeit gibt es viele Zwischenstufen. In allen kritischen Situationen (auch wenn die Ansichten diametral entgegengesetzt sind) sollte der Konferenzleiter folgenden Grundsatz beachten: Nach Gemeinsamkeiten suchen (nach gemeinsamen Erfahrungen, Zielen, Vorstellungen, Hoffnungen, Problemen). «Wir haben doch alle dasselbe Ziel – was machen wir, um dieses Ziel zu erreichen?» – «Wir sind zusammengekommen, um gemeinsam eine Lösung zu finden – was nützt uns ein Abbruch des Gesprächs?»
Wichtig ist auch hier, dass Konferenzleiter und Konferenzteilnehmer auftauchende Konflikte nicht als «peinliche Zwischenfälle» betrachten, sondern als normale soziale Erscheinungen. Wenn man sie als solche anerkennt und sie als solche behandelt, so

können sie sich konstruktiv auswirken. Die folgenden Verhaltensregeln sollen helfen, mit Konfliktsituationen in Konferenzen sinnvoll umzugehen[56]:

- *Bannen Sie die Gefahr.* Versuchen Sie zu vermeiden, dass einzelne Teilnehmer in «Igelstellung» gehen, die Nerven verlieren, Tumult erzeugen oder bloss noch ihre Macht demonstrieren; – unterbrechen Sie energisch; – weisen Sie auf das gemeinsame Ziel hin; – erinnern Sie an die Konferenzregeln; – fordern Sie die stillen Teilnehmer auf, Lösungsvorschläge zu machen; – beziehen Sie selbst keine Stellung
- *Identifizieren Sie den Konflikt.* Versuchen Sie, den Konflikt nicht zu überspielen, sondern ihn zu erkennen und zu klären. Fordern Sie die Teilnehmer auf, sich bewusst zu machen, wie der Konflikt enstanden ist; – gemachte Äusserungen zu differenzieren (sich genauer auszudrücken); – das Wesentliche herauszuarbeiten; – beim Thema zu bleiben; – gemachte Aussagen zu würdigen; – *Hören und sehen Sie,* was die Teilnehmer zu sagen haben (und wie sie sich verhalten).
- *Fassen Sie zusammen,* damit die gegensätzlichen Standpunkte klar zutage treten. Die Teilnehmer sollen erkennen, – dass sie vom Gesprächsleiter verstanden wurden; – dass er sich um Klärung und Ordnung bemüht; – wo allfällige Widersprüche in ihren Aussagen liegen
- *Erarbeiten Sie Lösungsvorschläge.* Fordern Sie die Teilnehmer auf, Vorschläge zur Lösung der Krise zu machen (oder machen Sie selber Vorschläge).
- *Entscheiden Sie sich über das weitere Vorgehen:* Diskutieren Sie gemeinsam mit den Teilnehmern die gemachten Vorschläge und versuchen Sie einen Punkt zu erreichen, von dem aus das Gespräch weitergeführt werden kann.

Der Konferenzleiter sollte sich möglichst im Hintergrund halten. Falls erforderlich, kann er seine eigene Meinung äussern, etwa indem er: – kommentiert, anerkennt oder kritisiert; – Erklärungen abgibt, Entscheidungen fällt; – informiert; – eigene Vorschläge macht.

Die offizielle Autorität des Konferenzleiters (die Macht seiner Stellung) bietet noch keine Gewähr dafür, dass er von den Konferenzteilnehmern auch respektiert wird. Nur wenn er auch über persönliche Autorität verfügt, bringen ihm die Teilnehmer wirklichen Respekt entgegen. Die folgenden Tips enthalten sicher nicht «Allerweltsheilmittel» für den Erfolg. In der Praxis haben sie sich aber immerhin bewährt.

- Halten Sie Augenkontakt mit den Teilnehmern; – eröffnen Sie eine Diskussion am besten mit einer konkreten Frage; – sprechen Sie anfangs möglichst langsam; – machen Sie Pausen; – übergehen Sie «Versprecher» (bitten Sie nicht um Entschuldigung); – reagieren Sie bewusst (nicht eilfertig); – lassen Sie Einwände möglichst durch Teilnehmer wiederlegen; – bleiben Sie immer wach und konzentriert «auf Empfang» eingestellt; – lassen Sie sich nie auf das Niveau unhöflicher Teilnehmer ziehen; – nehmen Sie die Teilnehmer ernst – ihre Persönlichkeit, ihre Ansichten – und die Teilnehmer werden Sie ernstnehmen

Neben dem Konferenzleiter spielt der *Protokollführer* (Berichterstatter) eine wichtige Rolle. Er hat folgende Aufgaben: – überwachen des Einhaltens der Tagesordnung (einschliesslich Pausen); – zusammenfassen der einzelnen Beiträge, ohne den Sinn zu entstellen; – notieren nur das, was er auch wirklich versteht (andernfalls stellt

---

56 vgl. Altmann (1978)

er präzisierende Fragen); – notieren der Fragen, die offen bleiben; – unterstützen des Konferenzleiters bei den Zusammenfassungen; – notieren, was für die spätere Auswertung der Konferenz nützlich sein könnte.

Das Protokoll leistet aber nicht nur als Grundlage für die Erfolgskontrolle gute Dienste. Es ist auch

- *eine Auftragssammlung:* Es sagt, was von wann bis wann erledigt werden soll
- *eine Kontrollhilfe:* Anhand des Protokolls kann die vorgesetzte Stelle überprüfen, welche Aufgaben von wem auszuführen sind
- *ein Informationsmittel:* Es ist nicht immer möglich (und zweckmässig), dass alle interessierten Stellen an einer Konferenz (Sitz- ung) teilnehmen. Oft genügt es, wenn sie nachher über das Wesentliche informiert werden. Das geschieht anhand des Protokolls
- *eine Arbeitsunterlage:* Die Mitarbeiter, die durch die Konferenz zu einem Tun aufgefordert werden, entnehmen dem Protokoll nicht nur den Auftrag, sondern auch die Absicht und die Gedankengänge, die zum Auftrag geführt haben.

Soll ausführlich protokolliert werden oder so knapp wie möglich? Welche Protokollart ist die Zweckmässigste? Solche Fragen bereiten manchem Protokollführer Kopfzerbrechen. Die richtige Antwort findet er nur, wenn er genau weiss, wozu sein Protokoll den Konferenzteilnehmern und dem Betrieb dienen soll. Bei innerbetrieblichen Konferenzen sind genaue Ablaufprotokolle meist nicht gefragt. An ihre Stelle treten *Beschlussberichte* oder *Kurzprotokolle*. Folgende Informationen sollte jedes Protokoll enthalten: Ziel der Konferenz (Sitzung); Datum, Dauer und Ort; Namen der Teilnehmer; Leiter; Ergebnisse; offene Fragen. Ein Schema eines Beschlussprotokolls findet sich in Abbildung 157. Für den Protokollführer gilt der Grundsatz: *Protokollieren Sie wahr, knapp und klar.* Um eine Konferenz sachlich korrekt protokollieren zu können, muss der Protokollführer unparteiisch und unabhängig sein, die Sache genau kennen, sich konzentrieren und einfühlen können und eine gewisse sprachliche Gewandtheit besitzen.

535 Verhalten als Konferenzteilnehmer

Es liegt natürlich nicht nur am Konferenzleiter oder am Thema, wenn eine Konferenz mühsam ist oder scheitert. Es wurde bereits darauf hingewiesen, wie stark das Verhalten der Teilnehmer den Verlauf (und das Ergebnis) einer Konferenz beeinflusst. Da über die «Kunst der Gesprächsführung» an anderer Stelle gesprochen wurde, sollen hier nur noch kurz einige Regeln angeführt werden.

- *Halten Sie sich an die Regeln.* Die Grundregel für das Konferenzverhalten lauten[57]: – Es spricht immer nur Einer! – Den Sprecher ausreden lassen! – Wortmeldungen erfolgen erst, nachdem der Sprecher aufgehört hat! – Keiner sollte (von begründeten Ausnahmen abgesehen) länger als 30 Sekunden ohne Unterbrechung sprechen. Auf Ausführungen des Vorredners erfolgen keine Gegenbehauptungen, sondern Fragen nach dem warum, wieso, weshalb ...! – Kritik sollte sich immer auf die

57 vgl. Altmann (1978)

Abbildung 157: Schema eines Beschlussprotokolls

SCHEMA EINES BESCHLUSSPROTOKOLLS

1) Anwesende	2) Abwesende	
....	....	
....	....	
....	....	
....	....	
....	....	
3) Traktanden	Referat	
3.1		
3.2		
3.3		
3.4		
3.5		
Anträge – Verschiedenes		
Anträge – Verschiedenes		
4) Beschlüsse	Bearbeiter	Termin
4.1		
4.2		
4.3		
4.4		
5) Prov. Traktanden für die nächste Sitzung	Referat	

ev. Beschluss – und Informationsprotokoll

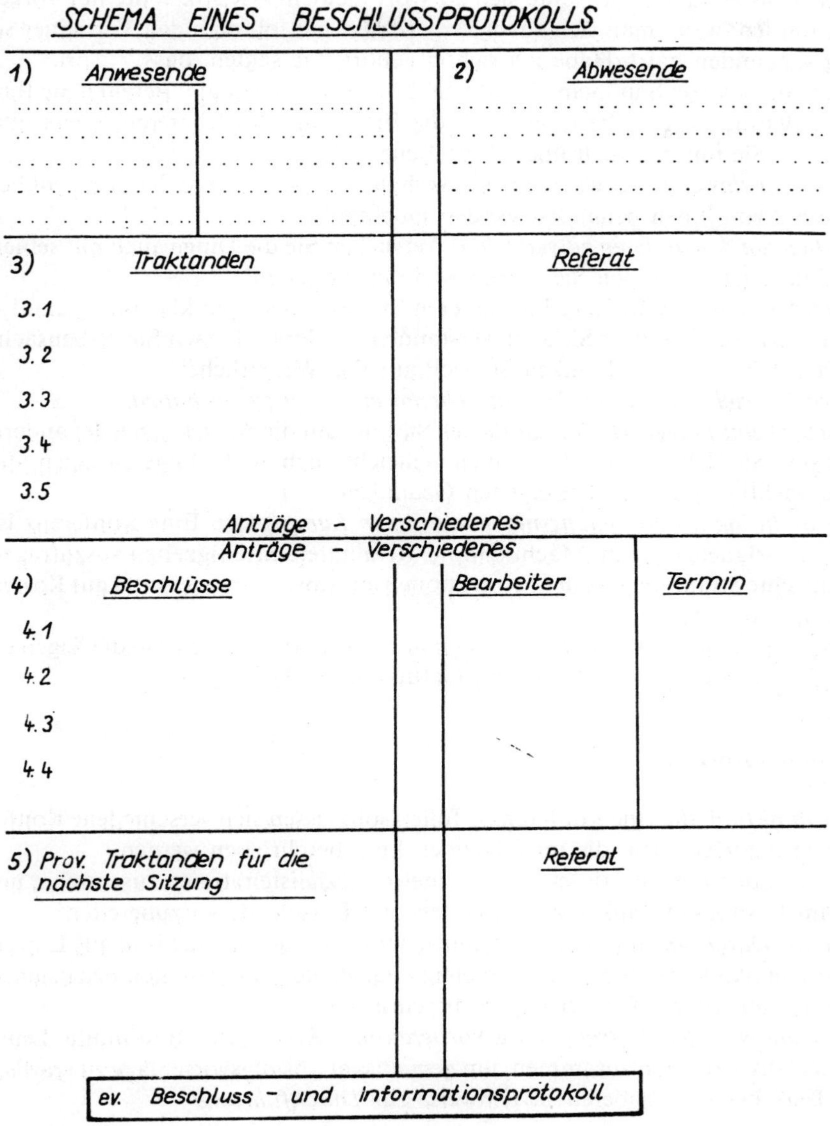

Sache, nicht auf die Person richten! – Nur wer unmittelbar zum vorliegenden Thema etwas zu sagen hat, sollte sich zu Wort melden! – Kritik sollte nur vorgebracht werden, wenn man sich zuvor vergewissert hat, ob man den Vorredner so richtig verstanden hat («Habe ich richtig gehört, Sie sagten, dass ...?»).
- *Bereiten Sie sich vor.* Sammeln Sie Informationen zum Thema! – Bereiten Sie Ihre eigenen Beiträge vor! – Bestätigen Sie die Einladung des Konferenzleiters und orientieren Sie ihn eventuell über Ihren Beitrag!
- *Beachten Sie das Gleichgewichtsgesetz.* Verhalten Sie sich den anderen gegenüber so, wie Sie von ihnen behandelt werden möchten!
- *Versuchen Sie den anderen zu verstehen.* Versuchen Sie die Dinge auch mit seinen Augen zu sehen! – Lassen Sie andere Meinungen gelten!
- *Machen Sie sich verständlich.* Formulieren Sie Ihre Aussagen klar und genau! – Vergewissern Sie sich, dass Sie auch verstanden wurden! – Lassen Sie Nebensächlichkeiten beiseite – beschränken Sie sich auf das Wesentliche!
- *Äussern Sie sich nur, wenn Sie zum Thema etwas zu sagen haben.*
- *Halten Sie keine langen Monologe.* Gehen Sie kurz auf die Äusserungen der andern ein. Fassen Sie sich kurz (andere haben vielleicht auch noch Dinge zu sagen, die ebenso wichtig sind, wie Ihre eigenen Gedanken ...)
- *Verwechseln Sie die Konferenz nicht mit einem Kampfplatz.* Eine Konferenz ist nicht der geeignete Ort, um Machtkämpfe, Rivalitäten, Streitigkeiten auszutragen und schlechte Stimmungen oder Frustrationen auf Kosten anderer (und auf Kosten der Sache) loszuwerden!
- *Nehmen Sie die andern Konferenzteilnehmer ernst.* Akzeptieren Sie die Eigenart der anderen, ihre eigenen Gedanken, Gefühle und Meinungen!

536 Konferenzformen

Nach der *Funktion,* die eine Konferenz erfüllen soll, lassen sich verschiedene Konferenzformen unterscheiden, die im folgenden kurz beschrieben werden.
Informationskonferenz: Bestimmte Leute (meist Spezialisten) treten zusammen, um gemeinsam Lösungsvorschläge zu erarbeiten und Entscheide vorzubereiten.
Hinweise zur Durchführung: Der Konferenzleiter muss das Thema bis in alle Einzelheiten kennen. Andernfalls hat er kompetente Fachleute als Referenten beizuziehen und sich auf eine kurze Einführung zu beschränken.
Problemlösungs- oder Entscheidungsvorbereitungs-Konferenz: Bestimmte Leute (meist Spezialisten) treten zusammen, um gemeinsam Lösungsvorschläge zu erarbeiten und Entscheide vorzubereiten. *Hinweise zur Durchführung:*

- *Variante 1:* Zuerst wird das Problem definiert und analysiert, dann werden Lösungen gesucht und Massnahmen empfohlen.
- *Variante 2:* Zuerst wird ein Brainstorming veranstaltet (Abschnitt 282), dann werden die verschiedenen Ideen bewertet.
- *Variante 3:* Der Leiter macht Vorschläge, die dann diskutiert werden (Vor- und Nachteile, Alternativen, Wirkungen).
- *Variante 4:* Die Teilnehmer lösen sich vom gegebenen Problem und entwickeln scheinbar absurde und fremde Analogien, die dann als Ansatzpunkt für die eigentliche Problemlösung dienen können.

Bemerkungen: Diese Konferenzform dient speziell der Schulung der Teamarbeit und eignet sich vor allem für das Training höherer Vorgesetzter.

Entscheidungskonferenz: In bestimmten Problembereichen sollen Entscheidungen gefällt (Beschlüsse gefasst) werden. *Hinweise zur Durchführung:*

- Die Teilnehmer müssen vor der Konferenz im Besitz der schriftlichen Entscheidungsunterlagen sein.
- Mit der Einladung sind die Aufträge bekanntzugeben.
- Über jeden Antrag wird einzeln diskutiert und abgestimmt. Regeln: *Der Antrag muss klar formuliert* sein; die *Frage* des Leiters (bei offener Abstimmung) *lautet:* «Wer stimmt für den Antrag?» Darauf werden die Stimmen gezählt und protokolliert. «Wer ist gegen den Antrag?» Es zählen nur Ja- und Nein-Stimmen (Stimmenthaltungen zählen nicht); der *Leiter stellt fest, mit welcher Stimmverteilung der Antrag entgegengenommen oder abgelehnt* ist.

Verhandlungskonferenz: Zwischen verschiedenen Stellen soll eine Übereinkunft erzielt werden. *Hinweise zur Durchführung:* Gliedern Sie den Ablauf in 4 Phasen

- *Kontaktphase:* Die Verhandlungspartner nehmen Kontakt auf und versuchen, das Interesse und die Aufmerksamkeit des anderen zu gewinnen.
- *Argumentationsphase:* Die Partner stellen die Sache aus ihrer Sicht dar und machen Vorschläge. Die Vor- und Nachteile werden diskutiert.
- *Überzeugungsphase:* Die Partner versuchen, die Widerstände beim andern zu beseitigen.
- *Abschlussphase:* Die Partner einigen sich oder schliessen die Verhandlung so ab, dass sie jederzeit wieder aufgenommen werden kann.

Hinweise zum Vorgehen: siehe Abschnitt 543.

Interpretationskonferenz: Bestimmte Massnahmen werden erläutert, damit die Teilnehmer diese besser verstehen und ihnen zustimmen.

Mitarbeiter-Konferenz: Unter einer Mitarbeiter-Konferenz versteht man die Zusammenkunft des Vorgesetzten mit seinen direkt unterstellten Mitarbeitern (Abb. 158). Diese Konferenzform dient folgenden Zwecken:

- Sie dient dem Vorgesetzten als Mittel zur Weitergabe von Informationen, die alle Mitarbeiter betreffen. Beispiel: Mitteilungen der Krankenhausleitung, Weisungen, Entscheide des Vorgesetzten, Ein- und Austritte von Mitarbeitern, Beförderungen.
- Sie dient dem Vorgesetzten als Entscheidungshilfe: Er kann sich mit seinen Mitarbeitern beraten, bevor er Entscheidungen fällt.
- Sie gibt den Mitarbeitern die Möglichkeit, sich auszusprechen. Gewisse Mitarbeiter werden in Gesellschaft ihrer Kollegen eher den Mut haben, auf Missstände hinzuweisen und Unzufriedenheit zu äussern, als wenn sie dem Chef allein gegenübertreten müssten.
- Sie gibt dem Vorgesetzten die Möglichkeit, Lernprozesse in Gang zu setzen. Er kann auf gewisse Vorkommnisse hinweisen, die nicht in Ordnung sind, die aber in einem Kritikgespräch heikel zu behandeln sind und oft sämtliche Mitarbeiter betreffen (zu lange Kaffeepausen, zu viele und zu lange private Telefongespräche, nicht aufgeräumte Schreibtische usw.).
- Sie fördert den Erfahrungsaustausch, der in gewissen Berufen sehr notwendig ist.

Abbildung 158: Mitarbeiter-Konferenz

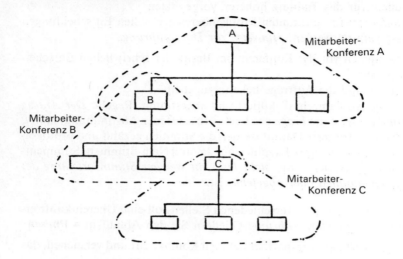

Mitarbeiter-Konferenzen sollten *regelmässig* abgehalten werden. Die Praxis zeigt, dass Konferenzen bald wieder «einschlafen», wenn sie nicht zu einer regelmässigen Institution werden. Der Vorgesetzte darf nicht der Meinung sein, wenn er selbst nichts mitzuteilen habe, sei die Konferenz überflüssig. Seine Mitarbeiter könnten wichtige Dinge zu besprechen haben.

Kommission: Unter einer Kommission oder einem Beratungsausschuss ist eine Gruppe von Sachverständigen zu verstehen, die mit einer zeitlich begrenzten Aufgabe betraut wird. Die Kommission hat die Aufgabe, Probleme, die von einer Person allein nicht gelöst werden können, zu bearbeiten, Lösungen vorzuschlagen oder bereits vorhandene Lösungen zu beurteilen und über bestimmte Gebiete eine Aufsicht auszuüben. Die Vorteile einer Kommission bestehen darin, dass die geistigen Potentiale der Mitglieder, die Ansichten/Interessen verschiedener Stellen in der Kommissions-Arbeit Berücksichtigung erfahren.

Für jüngere Mitglieder bietet die Mitarbeit in Kommissionen gute Entwicklungs- und Schulungsmöglichkeiten. Eine Gefahr von Kommissionen besteht darin, dass bei unklarer Zielsetzung, schlecht qualifizierten Mitgliedern und schwacher Führung die Arbeit leicht in «Leerlauf» ausartet. Die Kosten für den Einsatz einer Kommission sind recht hoch, wenn man die Gehälter der Mitglieder in Betracht zieht.

Schlichtungskonferenz: Der Zweck einer Schlichtungskonferenz besteht darin, dass zwischen zwei streitenden Parteien eine Einigung erzielt werden soll.

Koordinationskonferenz: Unter einer Koordinationskonferenz versteht man eine Konferenz von Mitarbeitern auf gleicher hierarchischer Stufe aus verschiedenen Bereichen, die am gleichen Arbeitsablauf beteiligt sind. Die Koordinations-Konferenz hat den Zweck, den Arbeitsablauf zwischen verschiedenen Bereichen zu koordinieren und auftretende Probleme zu lösen. Solche Konferenzen können periodisch abgehalten oder jeweils bei Bedarf eingesetzt werden.

In einem Krankenhaus ergeben sich zwischen verschiedenen Abteilungen und Stellen vielfältige wechselseitige Abhängigkeitsbeziehungen, die eine Abstimmung auf verschiedenen Ebenen der Hierarchie erforderlich machen.

Sonderformen von Konferenzen

- *Bildungskonferenz:* Die Teilnehmer sollen neue Kenntnisse, Fähigkeiten, Einstellungen, Verhaltensweisen erwerben.
- *Brainstorming:* Die Teilnehmer sollen spontan möglichst viele Ideen zu einem Problem äussern.
- *Betriebsrapport:* Diese Form der Zusammenkunft hat den Zweck, die Mitarbeiter zu informieren und Aufträge zu erteilen. Hinweise zur Durchführung: Meldungen und Aufträge an einzelne Mitarbeiter gehören nicht in den Rapport; persönliche Differenzen sollen unter vier Augen bereinigt werden.
- *Mitarbeiterbesprechung:* Dies ist keine eigentliche Konferenz, weil sie dann stattfindet, wenn (und wie) die Arbeit es erfordert. Sie ist auch an kein Programm gebunden.

537 Umgebungsbedingungen

Stellen Sie sich vor, Sie seien zu einer Konferenz eingeladen: Nach langem Suchen finden Sie endlich das Sitzungszimmer. Hier stellt sich heraus, dass dieses schon besetzt ist. Nach einer Viertelstunde meldet der Konferenzleiter strahlend, er habe einen andern Raum gefunden. Als Sie sich dort einfinden, ist die Luft «zum Abbeissen» dick. Sie öffnen die Fenster, setzen sich und legen Ihre Unterlagen bereit. Der Tisch ist klebrig (Ihre Akten jetzt auch); in einer Vase stehen ein paar verwelkte Blumen. Nach und nach treffen alle Teilnehmer ein. Jetzt geht es los: Der Konferenzleiter begrüsst die Anwesenden (und der Monteur im Nebenraum setzt seine Bohrmaschine in Gang...) Zugegeben: So krass geht es selten zu. Trotzdem sollten Sie die äusseren Bedingungen einer Konferenz nicht vernachlässigen (sie haben auf die «inneren Bedingungen» der Teilnehmer oft einen grösseren Einfluss als man glaubt).
Vor der technischen Vorbereitung einer Konferenz muss klar sein, welche *Funktion* der Anlass zu erfüllen hat. Folgende Fragen sind in diesem Zusammenhang von Bedeutung: Was ist der *Zweck* der Veranstaltung? (Anweisungen geben? Erfahrungen austauschen? Besucher orientieren?) – Wer nimmt daran teil? – Wann findet der Anlass statt? – Wie lange wird er dauern? – Wie sieht das Programm aus? Erst wenn diese Fragen beantwortet sind, kann die Gestaltung des Anlasses geplant werden, denn jeder Anlass erfordert den Rahmen, der ihm entspricht (eine Problemlösungskonferenz ist nicht das gleiche, wie ein Presseempfang).
Zunächst geht es darum, den passenden Raum zu wählen. Der *Konferenzraum* soll
- *angenehm sein:* Die Atmosphäre eines Raumes wirkt sich stärker auf die Menschen aus, als man allgemein meint. Angenehme Farben, Pflanzen, Bilder usw. können zu einer Atmosphäre beitragen, in der sich die Teilnehmer wohlfühlen.
- *genügend Platz bieten,* so dass alle Teilnehmer bequem sitzen können.

- in einem *Verhältnis zur Teilnehmerzahl* stehen (eine Aussprache unter sechs Teilnehmern wird man nicht in einem Saal durchführen).
- den Teilnehmern die Möglichkeit bieten, *Notizen* zu machen: Stühle mit Schreibgelegenheit, Tische.
- eine *gute Akustik* besitzen. Stellen Sie fest, ob eine Lautsprecheranlage gebraucht wird.
- eine *gute Beleuchtung* aufweisen (ungenügende Beleuchtung hat Ermüdung zur Folge). Auch allzu grelles künstliches Licht ist zu vermeiden.
- *richtiges Sitzen* ermöglichen. Ungünstig sind Sessel mit starker Neigung der Sitzfläche: Die Teilnehmer lehnen sich nach hinten und verfallen in die wohlbekannte passive «Konsumhaltung».
- so gelegen sein, dass die Teilnehmer weder durch *Lärm gestört,* noch durch viele Ereignisse ausserhalb des Raumes *abgelenkt* werden. Der Blick auf Wiesen macht ruhig.
- einen wirkungsvollen Einsatz der *Medien* erlauben. Verdunkelungseinrichtung, Projektionswand, elektrische Anschlüsse...

Beachten Sie auch, dass bei der Arbeit in Gruppen jede Gruppe ihren eigenen Raum braucht.
Die *Luft im Konferenzraum* soll frisch, kühl und normal feucht sein. Bei Mangel an Sauerstoff ermüden die Teilnehmer rasch. Was das *Rauchen* betrifft, so ist es am besten, dieses Problem gleich zu Anfang der Konferenz mit den Teilnehmern zu besprechen. Es gilt eine Form zu finden, in der sich sowohl Nichtraucher als auch Raucher wohlfühlen.
Die *Umgebung* wirkt oft mehr, als die Konferenz selbst. Wählen Sie deshalb (wenn immer möglich) einen Ort in ruhiger, ansprechender Lage. Sorgen Sie auch dafür, dass genügend Parkplätze vorhanden und alle Räumlichkeiten gut gekennzeichnet sind. In den Pausen sollen die Teilnehmer Gelegenheit haben, sich zu erfrischen: Toiletten, Getränkeautomat, Restaurant... In Veranstaltungen, die sich über mehrere Tage erstrecken, ist es wichtig, dass die Teilnehmer ihr Bedürfnis nach Erholung und Ausgleich befriedigen können. Wandern, Schwimmen, Kegeln...
Je nach dem Zweck der Veranstaltung muss auch die geeignete Sitzordnung gewählt werden; verschiedene Möglichkeiten sind in Abbildung 159 dargestellt. Manchmal müssen die Konferenzteilnehmer auch entsprechend ihrem Rang plaziert werden: Der Gesprächsleiter, der Referent oder Ehrengast sitzt dann am oberen Ende des Tisches. Rechts von ihm ist der zweithöchste Teilnehmer, links von ihm der dritthöchste... So geht es weiter bis zum Ende des Tisches.
Die *Einladung* muss alles Wichtige enthalten: Art der Veranstaltung, Zweck, Ziele, Datum, Zeit, Dauer, Ort, Strasse, Hausnummer, Gebäude, Raum, Anmarsch vom Bahnhof / Hinweis auf Parkplätze, Tagesordnung, Programm, Traktandenliste, Erwartungen an die Teilnehmer (Vorbereitungen, mitzubringendes Material, Kleidung...), eventuelle Unterkunft, finanzielle Regelungen, Bitte um Anmeldung, Bitte um Teilnahme.
Ein wichtiger Punkt sind schliesslich auch die schriftlichen *Unterlagen,* die benötigten Arbeitsmaterialien und Medien[58]

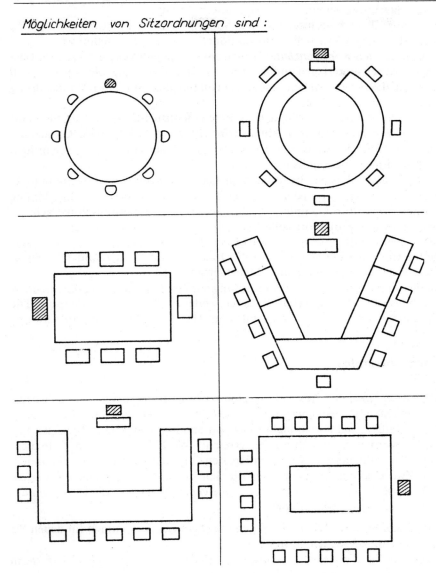

Abbildung 159: Mögliche Sitzordnung

- *Unterlagen für die Teilnehmer:* Halten Sie für die Teilnehmer je nach Veranstaltung folgende Unterlagen bereit:
  Tagesordnung; Teilnehmerliste
  Texte der Referate; Schriftliche Informationen, Skizzen, Darstellungen
- *Unterlagen für den Konferenzleiter:* Der Konferenzleiter braucht Organisationsunterlagen, Arbeitsunterlagen und Auswertungsunterlagen. Die folgende Liste soll Ihnen helfen, das bereitzustellen, was an der von Ihnen organisierten Veranstaltung nötig ist.
  Einladung, Tagesordnung! – Ablaufplan, Referentenliste (mit Adressen), Sitzplan! – Liste der Wortmeldungen! – Manuskript des eigenen Referates, Gutachten, frühere Protokolle, Aktennotizen, Presseartikel! – Statuten, Gesetze! – Anträge! – Gästeliste, Entschuldigtenliste
- *Material für alle:* Meistens benötigt man bei einer Konferenz – Schreibblock, Schreibzeug! – Unterlagen zu den einzelnen Traktanden (am besten in einer Mappe mit Nummern)! – Büroklammern, Sichtmappen! – Uhr, Termin-Notizbuch
- *Medien* – Hellraumprojektor: volle Cellophanrolle, lose Folien, Ersatzstifte, Ersatzbirne, Leinwand! – Diaprojektor (Ersatzbirne) Leinwand! – Tafel (nasser Schwamm, trockener Lappen, Kreiden)! – Tonbandgerät (Ersatzbänder)! – Zubehör: Zeigstab, Verlängerungskabel, Mehrfachstecker!
  Alle Geräte sind vor Beginn der Veranstaltung auf ihre Funktionsfähigkeit zu überprüfen, ebenso das Mikrofon (falls eines verwendet wird) und das Rednerpult. (Die wichtigsten Punkte sind in der Checkliste in Abb. 10/Anhangband aufgeführt.)

538 Erfolg überprüfen

Bei Konferenzen spielt die Auswertung eine wichtige Rolle, denn: Wie sollen die «Drehscheiben innerbetrieblicher Kommunikation» zum reibungslosen Funktionieren gebracht werden, wenn man nicht weiss, wo Sand im Getriebe ist? Die zentrale Frage lautet: Wurden die Konferenzziele erreicht? Wenn die gesteckten Ziele nicht erreicht wurden, dann muss versucht werden, den Gründen auf die Spur zu kommen. Zu diesem Zweck sollten in erster Linie die Schriftstücke durchgegangen werden. Ein Tip: Verlassen Sie sich vor allem auf Ihre eigenen Notizen und die Notizen des Protokollführers. Gehen Sie so vor:

- Unterstreichen Sie alle Stellen, die Ihnen «verdächtig» vorkommen (in denen Sie Hinweise auf die Ursachen vermuten).
- Nun kopieren Sie diese Stellen, schneiden sie aus, ordnen sie und kleben sie in sachlich zusammenhängende Teile zusammen.
- Analysieren Sie diese Teile und notieren Sie sich die möglichen Schwachstellen (Ursachen).

Während der Analyse kann Ihnen Ihr Gedächtnis und eine Aussprache mit dem Berichterstatter (evtl. auch mit anderen Teilnehmern) wertvolle ergänzende Informationen liefern. Erst jetzt, wenn Sie die wahrscheinlichen Ursachen für den Misserfolg erkannt haben, können Sie diesen Ursachen in der nächsten Konferenz gezielt zu Leibe rücken.

Jede Konferenz bringt gewisse Ergebnisse (gute und auch weniger gute, beabsichtigte und unbeabsichtigte). Versuchen Sie auch solche nicht-geplante Resultate oder Wirkungen zu erfassen (es ist erstaunlich, was dabei manchmal zum Vorschein kommt). Ob die Auswertung rationell verläuft, hängt vor allem von folgenden Punkten ab: klare kontrollierbare Ziele, gute eigene Notizen, gute Protokollführung, konkret formulierte Aussagen, Schlussfolgerungen und Beschlüsse.

539 Neun Regeln

Zum Schluss dieses Abschnitts über Konferenzen sollen neun Regeln zur Durchführung der Diskussion wiedergegeben werden, deren Beachtung zur Effizienz von Konferenzen viel beitragen kann[59]:

- *Sich auf den anderen einstellen*
  Die Beachtung dieser Regel ist notwendig, damit Kommunikation und Gruppenbildung überhaupt eine Grundlage haben. Sonst besteht die Gefahr, dass ein Zusammengehörigkeitsgefühl sich nicht entwickelt und ein gemeinsames Interesse sich nicht herausbildet.
- *Diskussion notwendig, nicht Monologe*
  Diese Regel gilt insbesondere für den Vorgesetzten, aber auch für die Mitarbeit untereinander. Hält der Vorgesetzte Monologe, entsteht bei den Mitarbeitern leicht der Eindruck, dass ihnen etwas diktiert werden soll; halten die Mitarbeiter Monologe, geraten sie leicht in den Verdacht, sich inadäquat profilieren zu wollen. Deshalb die Regel:
- *Beschränkte Redezeit*
  Hier variieren die Vorschläge von der 30-sec-Regel bis zur 3-Minuten-Regel; d.h. kein Teilnehmer sollte in Gruppensitzungen länger als zirka 30 sec (3 Min.) ununterbrochen reden dürfen. Handelt es sich nicht um ausgesprochenes Expertenwissen, sollte die Redezeit eher an der unteren Grenze liegen.
  Zweck dieser Regel:
  – Konzentration auf das Wesentliche
  – Verhinderung langatmiger und abschweifender Monologe
  – Möglichkeit der Gesprächsbeteiligung aller Teilnehmer
  Durchführung:
  – Karte mit Aufschrift «30 sec» zeigen
  – Regulierung durch die Gruppe
  – Selbstbeschränkung
- *Beschränkte Teilnehmerzahl: 5 bis maximal 8*
  Die Begründung für die Beschränkung liefern die Ergebnisse in Pkt. 2.3.2.2.2. Ist es aus bestimmten Gründen nicht möglich, eine kleine Gruppe zu bilden, sollte ein Wechsel zwischen Grossgruppen- und Kleingruppenarbeit stattfinden (siehe unten).
- *Runde Sitzordnung*
  Die Sitzordnung sollte nicht frontal, sondern eher rund oder hufeisenförmig angelegt sein. Dadurch wird erreicht, dass alle Teilnehmer Augen- und Sprechkontakt haben.
- *Aktuelles und begrenztes Thema*
  Die Tagesordnung sollte vorher bekannt gegeben und Unterlagen sollten, wenn möglich, vorher verteilt werden. Klarzumachen ist, um welche Art der Zusammenkunft es sich handelt; ob. z.B. um eine
  – Informationskonferenz
  – Beratungskonferenz
  – Schlichtungskonferenz
  – Entscheidungskonferenz

59 Baumgarten (1977)

Sitzungen sollten nicht länger als zwei Stunden dauern. Bei unvermeidbar langen Sitzungen sind Pausen (ca. jede Stunde 10 Minuten) einzulegen, um die zunehmend nachlassende Konzentrationsfähigkeit wieder aufzufrischen.

- *Zurückhaltung des Diskussionsleiters*
  Die Funktion des Diskussionsleiters ist vor allem formaler Natur. Daher sollte er nicht mitdiskutieren, es sei denn, er kann sachlich benötigte Informationen geben. Seine Aufgaben sind vor allem:
  - Diskussion in Gang bringen
  - Keine zu grossen Abweichungen vom Thema zulassen
  - Von Zeit zu Zeit Diskussionsstand zusammenfassen

- *Wechselnde Diskussionsleitung*
  Ein Wechsel ist empfehlenswert, um der Herausbildung einer formalen Machtstruktur entgegenzuwirken. Da dem Diskussionsleiter mit der Steuerung des Diskussionsverlaufs eine spezifische Machtposition eingeräumt wird, erscheint bei permanentem Gebrauch die Praktizierung eines hoch-mitwirkungsorientierten Führungsstils gefährdet.

- *Visualisierung der Ergebnisse*
  Die Visualisierung von Aussagen erleichtert den Überblick über den Stand der Diskussion, macht Aussagenschwerpunkte deutlich, hilft Wiederholungen zu vermeiden und gewährleistet einen gleichen Informationsstand im Verlauf der Diskussion.

54 Verhandlungstaktik

Verhandlungen sind Gespräche, in denen die Partner im «Gegeneinander ihrer Argumente» eine umstrittene Sache aushandeln. Bei allen Formen von Verhandlungen treten sich Menschen mit unterschiedlichen Interessen und gegensätzlichen Ansichten gegenüber. Dabei kommt es oft weniger auf die Qualität der Argumente an, als darauf, dass man die Verhandlung richtig führt.

In Verhandlungen hilft es wenig, Tatsachen und Recht auf seiner Seite zu haben, wenn es nicht gelingt, den Gesprächspartner zu überzeugen. vielmehr erfordert es das Geschick, Verhandlungen richtig zu führen. Die Erfüllung von Führungsaufgaben sowie das Treffen und Durchsetzen von Entscheidungen hängen vielfach von der Fähigkeit ab, sich unmissverständlich auszudrücken und sich in den Auseinandersetzungen mit den verschiedenartigsten Partnern zu behaupten.

Dazu gehört das wirksame Verhandeln, ohne das es nicht gelingt, eigene Absichten erfolgreich zu verwirklichen. Im einzelnen geht es darum, Verhandlungen sorgfältig vorzubereiten, taktisch geschickt zu führen, mit seinen Argumenten durchzudringen und die Partner zu überzeugen.

Grundsätzlich ist zwischen Sach- und Interessenverhandlungen zu unterscheiden: Während *Sachverhandlungen* der Klärung von Sachverhalten dienen, soll in *Interessenverhandlungen* ein Ausgleich zwischen divergierenden Interessen der Verhandlungspartner erreicht werden.

In *streitigen Interessenverhandlungen* wird offen gegeneinander gekämpft, und zwar sowohl in der Sache, wie auch in der Form: Kinder kämpfen miteinander um Spielzeuge, Verwandte um das Erbe etc. Gerichtsprozesse sind zivilisierte Formen von streitigen Interessenverhandlungen. Meist entscheidet eine neutrale Instanz von Amtes wegen über den Streitausgang (Urteil).

Bei *unstreitigen Interessenverhandlungen* geht es friedlich zu, obwohl auch hier scharf gefochten werden kann. Verkaufsgespräche und Schlichtungsverhandlungen sind die typischen Vertreter dieser Gruppe.

Bei *Vergleichsverhandlungen* werden die gegenseitigen Interessen auf einen Nenner gebracht; bei Verkaufsverhandlungen werden letztlich – wenn das Kaufinteresse geweckt wurde – die Vorteile des Angebotes mit dem dafür zu bezahlenden Preis durch den Käufer aufeinander abgestimmt.
Erfolgreich verhandeln heisst im Grunde genommen, den Verhandlungspartner dazu bringen, dass er in meinem Sinne denkt und handelt. Es ist darum sinnvoll, sich für die erfolgreiche Führung von Verhandlungen die dafür erforderlichen Kenntnisse und Methoden anzueignen.

541 Die innere Haltung ist entscheidend

Wie bei jedem Gespräch spielt auch bei der Verhandlung die innere Haltung der Gesprächspartner eine ganz entscheidende Rolle. Ein Mensch kann soviel von Verhandlungstaktik wissen wie nur möglich – ohne persönliche Motivation nützt ihm das gar nichts. Er besitzt dann lediglich potentielle Fähigkeiten – ihm fehlen jedoch Antrieb, Energie und Dynamik. Ein anderer, der ein Ziel so klar vor Augen hat, dass er es sozusagen schon greifen kann, ist dem weit voraus, der zu einer Handlung angespornt werden muss.
Verhandeln ist harte Arbeit. Und wer in dieser harten Arbeit haben will, muss ein Motiv (einen Grund) haben, damit er diese Arbeit durchsteht und die Hindernisse und Widerstände überwindet. Der Mensch ist dann am stärksten motiviert, wenn die Sache für ihn selbst von Bedeutung ist. Wenn durch Ihr Wohnzimmer eine Autobahn geplant wird, fehlt es Ihnen kaum an Motivation für Verhandlungen ...
«Es geht ja sowieso nicht.» Ein Mensch, der mit einer solchen Einstellung ins Rennen steigt, hat natürlich von vornherein weniger Chancen, das Rennen zu gewinnen, als einer, der einen Sieg für möglich hält. Wenn ich ständig nach Gründen suche, warum etwas *nicht* geht, dann kreise ich an Ort und bin nicht fähig, einen Weg wirklich in Angriff zu nehmen.
Eine positive Grundeinstellung hat viel mit Selbstvertrauen zu tun, das ist klar. Wer sich selber etwas zutraut, ist für eine Verhandlung besser gerüstet als einer, der das Gefühl hat: «Das schaffe ich nie». Denken Sie jedenfalls immer daran, dass Ihr Verhandlungspartner auch nur ein Mensch ist. Ein Mensch wie Sie selbst, mit Wünschen, Problemen, Stärken und Schwächen. Lassen Sie sich von seiner Stellung, seinem Wissen oder seinem Auftreten nicht zu stark beeindrucken. Vor der Tatsache, dass auch er «nur» ein Mensch ist, kommt solchen Merkmalen nämlich nicht mehr die Bedeutung zu, die man ihnen meistens gibt.
«Der will mir ja doch nur schaden.» Wer seinen Verhandlungspartner im voraus als Feind oder als Dummkopf betrachtet, hat ebenfalls keine günstige Ausgangslage. In einer Verhandlung geht es ja eigentlich darum, eine Übereinkunft zu erzielen, das heisst: das Gespräch zu einem guten Ende zu führen. Damit das geschehen kann, ist es notwendig, dass ich auch beim andern diesen Willen voraussetze. Man sollte deshalb grundsätzlich davon ausgehen, dass auch der Verhandlungspartner eine Übereinkunft (in irgendeiner Form) anstrebt (sonst würde er nicht verhandeln). Den anderen grundsätzlich als Person zu akzeptieren, fällt nicht immer leicht. Manchmal hat man mit Menschen zu tun, die es einem wirklich schwer machen. Wie soll man sich solchen gegenüber verhalten? Zumindest sollte der Versuch ge-

macht werden, dem anderen wirklich zuzuhören und seinen Standpunkt zu verstehen. Wer versucht, sich einmal (ganz kurz) in die Haut des anderen zu versetzen, der findet manches nicht mehr so «gemein» oder dumm, wie er es vorher gesehen hat. Jeder sieht die Welt durch seine Brille; jeder ist eine Erfahrungswelt für sich.

Überlegt man sich, warum soviele Verhandlungen und Konferenzen scheitern, so liegt der Hauptgrund darin, dass die Teilnehmer sich viel zu sehr mit sich selbst und viel zu wenig mit den andern beschäftigen[20]. Jeder denkt nur an *seine* Meinung, *seine* Ansicht, *sein* Ziel. Die Meinung des andern wird, soweit sie der eigenen entgegenkommt, kurz bestätigt, soweit sie ihr zuwiderläuft, abgelehnt.

Je weniger ein Individuum sich von den andern akzeptiert sieht, umso mehr wird es («eigensinnig») auf seiner eigenen Meinung beharren und die Meinungen anderer ebenso behandeln, wie sie seine behandelt haben oder wie er glaubt, von ihnen behandelt worden zu sein. Das Wesen der sozialen Interaktion besteht darin, dass eine wechselseitige Beeinflussung stattfindet. Konkret kann das folgendes heissen: Wenn

- der eine Gesprächspartner das Wort Ich dauernd verwendet, wird es unbewusst auch der andere tun
- der eine Gesprächspartner den andern häufig unterbricht, wird es auch der andere häufig tun
- der eine Gesprächspartner kein Verständnis für den Standpunkt des andern zeigt, wird sich auch der andere versteifen und kompromisslos werden.

Nur wer den Versuch macht, den Standpunkt des anderen einzunehmen und die Dinge mit seinen Augen betrachten, wird vermeiden können, was soviele Verhandlungen und Konferenzen so frustrierend und unproduktiv macht: Man

- versteht sich nicht, weil man für den Standpunkt des andern kein Verständnis hat
- hört dem andern nicht zu, weil man für die Bedürfnisse des andern keine Ohr hat
- begreift den andern nicht, weil man nur mit den eigenen Begriffen denkt.

542 Vorbereitung einer Verhandlung

Wer eine Verhandlung beginnt, ohne sich über Eröffnung, Verhandlungsziel und Verhandlungsstrategien Gedanken zu machen, gleicht jemandem, der in irgendein Theater geht und dann enttäuscht ist, wenn er statt des erwarteten Lustspiels ein Trauerspiel sieht[60]. Der Erfolg (oder Misserfolg) einer Verhandlung hängt stark davon ab, wie man sich auf die Verhandlung vorbereitet. Wichtige Fragen bei der Vorbereitung sind:

- «Was will ich erreichen?» «Wie lautet mein Auftrag?» «Was wird von mir erwartet?» Das sind Fragen, die hier im Vordergrund stehen. Dazu ein Tip: Es ist gut, sich nicht nur *ein,* sondern *vier* Verhandlungsziele auszudenken und diese Ziele nach ihrer Qualität und möglichen Durchsetzbarkeit zu ordnen: Ziel 1 (die bestmögliche, aber kaum durchsetzbare Lösung); Ziel 2 (die akzeptable und realistische Lösung); Ziel 3 (die unbefriedigende, jedoch rasch durchsetzbare Lösung; Ziel 4 (die unerträgliche, allerdings problemlose Lösung). Das Hauptaugenmerk soll bei der Ver-

handlung auf die *akzeptable* Lösung gerichtet werden bzw. auf den Versuch, dieses Ziel zu erreichen.
- «Was ist das Kernproblem?» Jeder Verhandlung liegt ein *Kernproblem* zugrunde (das eigentliche, «tiefere» Problem, um das es im Grunde genommen geht). Die Kenntnis dieses Problems ist Voraussetzung dafür, dass realistische Ziele gesetzt werden können.
- «Was will der andere erreichen?» «Worauf will er hinaus?» Im Rahmen der Vorbereitung einer Verhandlung ist es wichtig, sich auch über Absichten, Interessen und Ziele des Verhandlungspartners Gedanken zu machen.
- «Kenne ich die Fakten?» Sicher ist es möglich, mit Verhandlungstricks Erfolge zu erzielen. Sicher muss man es verstehen, seine Meinung taktisch richtig zu vertreten. Aber die Grundlage des Erfolgs ist doch das gründliche Wissen um die Tatsachen. Hier geht es darum, alle erreichbaren Unterlagen zu studieren; die Argumente zusammenzutragen, die *für* das eigene Ziel sprechen; sich Argumente zu überlegen, die *gegen* das eigene Ziel ins Feld geführt werden können; Beispiele zu finden für die Pro- und Kontra-Argumente; Fragen an den Verhandlungspartner vorzubereiten; sich Fragen zu überlegen, die der andere stellen könnte und Antworten darauf vorzubereiten.
- «Wer ist mein Verhandlungspartner?» Klarheit über die Person bzw. die Gruppe, mit der zu verhandeln ist, spielt eine wichtige Rolle. Folgende Punkte sind dabei besonders zu beachten: Wer ist vollständiger *Gegner*/teilweiser Gegner/neutral/ teilweiser *Befürworter*/vollständiger Befürworter? Wer ist sachkundig? Wer ist verhandlungstaktisch geschickt? Wer ist Meinungführer/Mitläufer/Sprecher? Welche *Schwächen und Stärken* haben die Gegner? Über welche *Informationen* verfügen sie? Über welche nicht?
- «Welches sind meine Möglichkeiten?» Wo liegen meine *Stärken/Schwächen* (bzw. die Stärken und Schwächen meiner Gruppe)? Welche *Mittel* stehen mit (uns) zur Verfügung? *Wie fühle ich mich* (sicher? unsicher? warum? überlegen? unterlegen? warum?) Wie ist meine *Stellung?* In welchem Bereich habe ich *Entschlussfreiheit* (Kompetenzen)? Wie ist mein (unser) *Verhandlungsspielraum* (Zeit, Minimum-Bedingungen/Maximum-Bedingungen, Kompromiss)? Welche *Vorschriften* muss ich beachten? Im Anschluss an die Beantwortung dieser Fragen sollen die Mittel des Gegners (insbesondere seine Argumente, Beweise) mit den eigenen Mitteln verglichen werden.
- «Wie sind die Operationsmöglichkeiten?»[61] Was kann der Gegner tun, um mich am Erreichen meines Zieles zu hindern? Was kann ich tun, um die Hindernisse des Gegners zu überwinden? Was kann ich tun, um den Gegner am Erreichen seiner Ziele zu hindern? Welche taktischen Schritte des Gegners sind für mich am gefährlichsten? Welche Einigungsmöglichkeiten bestehen?
- «Wie will ich vorgehen?» Wenn die Lage bekannt ist, muss man sich überlegen, auf wlechem Weg das Ziel erreicht werden soll. Es geht um eine Antwort auf die Frage: «Welches Vorgehen verspricht den grössten Erfolg?» Das folgende Konzept für ein Verhandlungsgespräch wird in der Praxis häufig angewendet: Kontakt schaffen – die Wünsche des Partners kennenlernen – auf die Wünsche eingehen

---

61 vgl. Weilenmann (1974)

– Vorschläge darlegen – Einwände entkräften – Vorteile zusammenfassen – Ergebnisse festhalten.
Es ist klar, dass sich ein solches Konzept nie einfach Punkt für Punkt abwickeln lässt. Denn eine Verhandlung ist schliesslich kein Vortrag, sondern ein Gespräch. Einzelne Stationen dieses Konzepts werden wahrscheinlich mehrere Male und in verschiedener Reihenfolge angesteuert. Wichtig ist, alle diese Schritte zu kennen und die einzelnen Phasen wirkungsvoll zu gestalten (siehe nächster Abschnitt).
- «Was muss ich organisieren?» Wer soll auf meiner Seite an der Verhandlung teilnehmen (falls ich nicht solo verhandle)? Wen soll ich als Gesprächspartner auswählen (falls das möglich ist)? Wann soll die Verhandlung stattfinden (Datum, Dauer)? Wo soll das Gespräch stattfinden? Was soll die Einladug beinhalten? Welche Unterlagen muss ich bereitstellen? Welche allfälligen weiteren Hilfsmittel sind erforderlich (Pläne, Tafeln, Dias, Proki-Folien usw.)? Welche Sitzordnung ist günstig? Wie steht es mit der Verpflegung?

Bei der Vorbereitung einer Verhandlung sind also folgende acht Punkte zu beachten:
– Bin ich mir über mein Ziel im klaren? – Kenne ich die Absicht des andern? – Bin ich in Sachfragen sattelfest? – Kenne ich den Verhandlungspartner? – Kenne ich meine eigenen Mittel? – Kenne ich die taktischen Möglichkeiten? – Weiss ich, wie ich vorgehen will? – Habe ich die Verhandlung organisiert?
Im Anhang ist eine Checkliste zur Vorbereitung von Verhandlungen aufgeführt (Abb. 11/Anhangband).

543 Verhandlungsführung

Im folgenden sollen die einzelnen Punkte des oben erwähnten Verhandlungskonzepts erläutert werden.

- *Kontakt schaffen:* Wie bei einer Konferenz kommt es auch bei einer Verhandlung zunächst einmal darauf an, eine günstige Ausgangsbasis zu schaffen (der Bauer muss auch zuerst das Feld pflügen, bevor er säen kann). Bevor mit dem eigentlichen Verhandeln begonnen wird, soll also versucht werden, einen menschlichen Kontakt mit Ihrem Partner herzustellen und ihm das Gefühl zu geben, dass er grundsätzlich als Person akzeptiert und nicht als Dummkopf oder Feind betrachtet wird.
In dieser ersten Phase geht es auch darum, eine gemeinsame, positive Grundstimmung zu erzeugen. Das ist nicht immer einfach (der eine Verhandlungspartner hat vielleicht eine Viertelstunde vor dem Gespräch noch eine heftig Auseinandersetzung mit seinem Chef gehabt, während der andere sich riesig freut, dass er letzte Nacht Vater geworden ist). Eine solche gemeinsame Grundstimmung lässt sich am besten dadurch herbeiführen, dass man gemeinsam etwas tut (isst oder Kaffee trinkt) oder über etwas redet, was beide gleichermassen betrifft (nicht umsonst beginnen viele Unterhaltungen mit einem Gespräch übers «gemeinsame») Wetter. Auch bei Verhandlungen gilt: Von den ersten Minuten hängt vieles ab. Wenn eine Verhandlung in einer gespannten, negativen Atmosphäre beginnt, ist ihr weiterer Verlauf von Anfang an überschattet. So ist es wichtig, den Partner freundlich zu begrüssen und bei der Eröffnung die Punkte der Übereinstimmung hervorzuheben. Bereits am Anfang sollen endgültige und sture Formulierungen vermieden

und Bereitschaft zu Zugeständnissen gezeigt werden. Die Verhandlungspartner sollten sich bemühen, ruhig und langsam zu sprechen. In der Eröffnungsphase ist die Versuchung am grössten, den anderen durch unechte Komplimente zu seiner Person «einzuwickeln». Wird Heuchelei aber als solche erkannt, so bewirkt dies Misstrauen.

- *Die Absichten des anderen kennenlernen:* Wie der Arzt im Anamnesegespräch dem Patienten Fragen stellt, um dessen Leiden und Probleme kennenzulernen, sollen im Verhandlungsgespräch Fragen gestellt werden, um die Wünsche, Interessen und Absichten des Verhandlungspartners kennenzulernen. Je nach der Information, die benötigt wird, kann die Frage in unterschiedlicher Form formuliert werden. Gezielte Sachfragen muss man vorbereiten.
- *Auf den anderen eingehen:* Es soll nochmals betont werden, wie wichtig es ist, den Standpunkt des Verhandlungspartners einzunehmen und die Dinge einmal mit seinen Augen zu betrachten. Grundsätzlich gilt: Nicht mein Ziel soll im Mittelpunkt stehen, sondern das Ziel des anderen. Selten wird eine Übereinkunft erreicht, ohne dass beide Seiten Zugeständnisse machen müssen. Der andere wird aber nur dann zu Zugeständnissen bereit sein, wenn er sich in seinen Ansichten, Vorstellungen und Wünschen verstanden fühlt oder zumindest das Bemühen spürt.
- *Vorschläge darlegen:* Ein weiterer Schritt besteht nun darin, dem anderen zu zeigen, wie man sich eine Lösung des Problems vorstellt. Hier geht es also darum, Vorschläge zu machen und diese Vorschläge mit Argumenten zu untermauern. Taktisch geschickt ist es, mit den schwächsten Argumenten zu beginnen (und nicht schon in der ersten Runde mit schwerem Geschütz aufzufahren). Zudem ist es ratsam, wenn möglich immer noch einige Argumente in Reserve zu behalten. Wichtig ist, dass in den Argumenten immer auch die Vorteile zum Ausdruck kommen, die für den anderen entstehen (wenn er den Vorschlag akzeptiert). Deshalb empfiehlt es sich, schon in der Vorbereitung jeweils die Auswirkungen der einzelnen Argumente in einer Liste festzuhalten (Abb. 160).

Abbildung 160: Argumenten-Liste

Argumente/Begründungen	Auswirkungen für den Partner	
	+	−

- *Einwände entkräften:* Dass sich der eine Verhandlungspartner von den Argumenten des anderen einfach so überzeugen lässt, ohne seinerseits Gegenargumente vorzubringen, wird kaum der Fall sein (sonst ist es keine Verhandlung). Einwände gehören in eine Verhandlung (wie das Salz in die Suppe). Deshalb ist es so wichtig, sich schon im voraus auf mögliche Einwände vorzubereiten und nach Möglichkeiten zu suchen, diese Einwände zu wiederlegen oder zu entkräften. Zu diesem Zweck kann ebenfalls eine Liste verwendet werden (Abb. 161). Auf Einwände sollte rasch und richtig reagiert werden. Zu diesem Zweck muss man erkennen, ob sich der Einwand gegen die Sachen oder gegen die Person richtet. Falls der andere sachlich

Abildung 161: Liste möglicher Einwände

Einwände	Entgegnungen
1.	....
2.	....

etwas einzuwenden hat, kann man den Einwand mit sachlichen Argumenten zu widerlegen suchen. Falls es sich aber um einen Einwand gegen die Person handelt, nützen sachliche Argumente wenig. In diesem Fall muss man herauszufinden versuchen, wo der Haken liegt, um sein Verhalten darauf einstellen zu können (vielleicht fühlt sich der andere übergangen oder angegriffen). Auch hier empfiehlt es sich, wenn möglich mit denjenigen Einwänden zu beginnen, die am schwersten zu widerlegen sind (die schwächsten Einwände kann man sich für den Schluss aufsparen).

- *Vorteile zusammenfassen:* In einer nächsten Phase ist es günstig, die Hauptpunkte der eigenen Argumentation nochmals kurz und bündig darzustellen. Dabei gilt es die Vorteile des eigenen Vorschlags deutlich hervorzuheben (beispielsweise indem die positiven und die negativen Aspekte gegeneinander abgewogen werden). Dann muss die Aufforderung an den Verhandlungspartner erfolgen, den Vorschlag zu akzeptieren (ein Appell an die Gefühle hat dabei oft eine grössere Wirkung als ein Appell an die Vernunft). Falls der andere zögert, kann man versuchen, ihn durch die eigene Begeisterung mitzureissen.
- *Ergebnisse festhalten:* In dieser letzten Verhandlungsphase gilt es das Erreichte zusammenzufassen und festzuhalten. Noch offene Punkte können durch Alternativ-Fragen geklärt werden: «Wollen *Sie* den Verwaltungsleiter über unsere Abmachung orientieren oder soll *ich* das tun?» Am Schluss des Gesprächs soll auch nicht versäumt werden, dem Verhandlungspartner für das offene und faire Gespräche zu danken (wenn es wirklich offen und fair war).

Nach diesen 7 Schritten des Verhandelns sollen im folgenden 7 Grundregeln des Verhandelns formuliert werden:

- *Versuchen Sie, die Dinge aus der Sicht des andern zu sehen.* Das ist die erste und wichtigste Regel.
- *Schauen Sie Ihrem Partner in die Augen.* Der offene Blick ist die erste und wichtigste Kontaktnahme zwischen Menschen. Nur wenn sie die Augen, die Gesichtsausdrücke und die Bewegungen des andern sehen, können Sie auch erkennen, ob er Sie versteht, ob er zustimmt oder ablehnt, ob er Sie ernst nimmt.
- *Denken Sie daran: Jede Botschaft hat vier Seiten.* So nützt es beispielsweise wenig, wenn Sie zwar auf der Sachebene recht haben, aber gleichzeitig Ihren Partner auf der Beziehungsebene als Trottel behandeln. Nur wenn Sie allen vier Seiten Beachtung schenken, können Sie auftretenden Spannungen wirkungsvoll begegnen.

- *Seien Sie beweglich.* Beweglich sein heisst: sein Programm nicht um jeden Preis durchziehen, sondern sich den jeweiligen Umständen anpassen, auf die momentane Situation eingehen und reagieren.
- *Gewinnen Sie die Aufmerksamkeit.* Wie wollen Sie den andern von einer Idee überzeugen, wenn ihn diese Idee gar nicht interessiert? Überlegen Sie sich deshalb immer, ob Ihre Argumente und Ausführungen auch für den Partner interessant (wichtig) sind. Die Aufmerksamkeit und das Interesse Ihres Partners können Sie auf verschiedene Weise gewinnen (und wachhalten):
  - Machen Sie Ihre Probleme auch zu seinen Problemen. Sprechen Sie in der Wir-Form: «Wir müssen versuchen ...» Stellen Sie Ihre Probleme als gemeinsame Probleme dar, die gemeinsam gelöst werden müssen. Die Wir-Form hilft auch, Belehrungen so zu verpacken, dass sie nicht belehrend wirken. Anstatt zu sagen: «Sie müssen beachten» verwenden Sie die Wir-Form: «Wir müssen beachten...»
  - Halten Sie Blickkontakt.
  - Sprechen Sie Ihren Partner persönlich an. Weisen Sie auf Erfahrungen, bestimmte Fähigkeiten und Leistungen des Partners hin.
  - Reden Sie nicht zu lang und nicht zu umschweifend (um den Brei herum).
  - Sprechen Sie anschaulich. Bringen Sie plastische Bilder, Vergleiche, Beispiele ...
- *Machen Sie sich ein Bild von Ihrem Verhandlungspartner.* Für Sie sind folgende persönliche Eigenschaften des Partners wichtig: seine Glaubwürdigkeit, seine Zuverlässigkeit, seine Sachkenntnis und seine Kooperationsbereitschaft. Wenn Sie mit jemandem verhandeln, sollten Sie also herausfinden, ob Sie ihm glauben können, was er sagt; ob er über die Sache gründlich Bescheid weiss; ob er seine Absprache einhält; ob er sich auch für Ihre Probleme interessiert und darauf eingeht. Beobachten Sie Ihren Verhandlungspartner gezielt, um ein gutes Bild von ihm zu erhalten. Lassen Sie sich nicht durch sein Aussehen, seinen Wagen oder seine Manieren bluffen.
- *Gehen Sie schrittweise vor.* Der Mensch ist nicht zu grossen Schritten geschaffen (Sie ändern ihre Überzeugungen auch nicht von einer Sekunde auf die andere). Konzentrieren Sie sich deshalb darauf, Ihren Verhandlungspartner zu kleinen aufeinanderfolgenden Aktionsschritten zu bewegen.

(Ein Rollenspiel zum Thema findet sich in Abb. 110/Anhangband.)

544 Verschiedene Verhandlungspartner

Es gibt verschiedene Verhandlungspartner, aber nur ein einziges Ziel: die Verhandlung zu einem erfolgreichen Abschluss führen. Wie gesagt kann man davon ausgehen, dass die meisten Verhandlungspartner, mit denen man es zu tun hat, grundsätzlich guten Willens sind. Sie verfolgen zwar ihre eigenen Ziele, sind aber durchaus bereit, vernünftige Lösungen zu suchen. Verhältnismässig selten haben wir mit wirklich schwierigen Partnern zu verhandeln. Um aber auch da die Verhandlung zu einem guten Ende zu führen, muss man auch mit solchen «Elementen» richtig umgehen können.
Zunächst einmal ist es von entscheidender Bedeutung, den andere als eigenständige Persönlichkeit zu akzeptieren. Wissen Sie, ob Sie selbst für die andern ein schwieriger

Verhandlungspartner sind? – Sie sind vielleicht sogar stolz darauf, dass Sie zäh, unnachgiebig, manchmal spöttisch, manchmal sogar etwas hinterlistig sind. Auch Ihr «schwieriger» Partner ist vielleicht auf seine Taktik stolz. Oder er weiss es nicht, dass er «schwierig» ist. Auf alle Fälle ist auch er ein Individuum mit eigenen Zielen, Vorstellungen und Bedürfnissen. Gestehen Sie ihm deshalb auch das Recht zu, eigene Gedanken, Gefühle und Motive zu haben.

Selbst wenn der andere sich als äusserst schwieriger Verhandlungspartner zeigt, sollte versucht werden, ruhig zu bleiben und bewusst (kontrolliert) zu reagieren (was nicht heisst, dass man nicht auch mal wütend sein darf). Bloss: Sich nicht vom Zorn zu Aussprüchen, Handlungen und Reaktionen hinreissen lassen, zu denen man im «nüchternen» Zustand nicht stehen kann.

«Warum macht der Verhandlungspartner Schwierigkeiten?» Das ist die erste Frage, die wir uns in einer solchen Situation stellen müssen. Liegt es an mir? Nur die allerwenigsten Menschen *wollen* unangenehm sein; sie sind es, weil sie etwas bedrückt (ein Mensch mit Sorgen ist oft sehr aggressiv). Häufig sind es eigenartige Gründe, die einen Menschen unnachgiebig, verstockt oder arrogant machen (vielleicht ist der Verhandlungspartner ungenügend vorbereitet und fühlt sich dadurch unsicher, vielleicht hat er Angst...).

Auf jeden Fall sollte immer zuerst versucht werden, den Gründen auf die Spur zu kommen, *warum* der andere sich so oder anders verhält. Wenn man weiss oder zumindest ahnt, weshalb der andere Schwierigkeiten macht (oder Schwierigkeiten hat), kann man sich in seinem Verhalten darauf einstellen. Wenn Sie zum Beispiel glauben, Ihr Partner fühle sich Ihnen gegenüber unterlegen und sei deshalb so aggressiv, dann sorgen Sie dafür, dass er dieses Gefühl nicht mehr zu haben braucht. Eine andere Möglichkeit ist die, das Verhalten des anderen zu *identifizieren*[62]. Es ist erstaunlich, wie es oft hilft, wenn man einem Menschen auf den Kopf zusagt, wie sein Verhalten auf einen wirkt. Wenn beispielsweise ein Partner grundsätzlich jeden Gedanken angreift, den Sie äussern, können Sie sagen: «Sie wirken heute auf mich sehr angriffig, Herr Wolfer». Entweder hört er auf, oder er explodiert mit den Worten: «Es ist aber auch wahr – das ist doch lauter Unsinn, was Sie da erzählen.» Dann wissen Sie, woran Sie sind und können Ihr Vorgehen entsprechend ändern.

Im folgenden sollen noch einige Typen skizziert werden, deren Grundzüge sich in manchem Verhandlungspartner erkennen lassen[63].

- *Der Alleswisser.* Lassen Sie dem Alleswisser seine Befriedigung. Regen Sie sich nicht auf. Er wird gerne Ihre Gedanken übernehmen und für seine eigenen ausgeben (da haben Sie doch nichts dagegen?). Auf den *Ausgang* der Verhandlung kommt es schliesslich an. Da können sie beim Ablauf doch ruhig einiges in Kauf nehmen.
- *Der Geschwätzige.* Unterbrechen Sie ihn laufend durch Fragen. So können Sie ihn mit der Zeit auf Ihr Ziel hin lenken.
- *Der Meckerer.* Lassen Sie den Meckerer meckern. Er wird Ihre wiederholten Argumente doch aufnehmen, weil er langsam merkt, dass sein Meckern gegen Ihre *ruhige, sachliche* Argumentation lächerlich wirkt.

---

62 vgl. Weilenmann (1974)
63 vgl. ATW

- *Der Unentschlossene.* Ihm müssen Sie genügend Zeit einräumen. Verabreichen sie ihm Ihre Argumente in kleinen Portionen und mit viel Geduld. Reden Sie nicht viel (durch Ihr Schweigen zwingen Sie den Zögernden zu Aktionen).
- *Der Salamitaktiker* will Ihnen schrittweise kleine Zugeständnisse abverlangen, die Ihr Gesamtziel ernsthaft bedrohen. Führen Sie immer wieder das anzustrebende Gesamtergebnis ins Feld und weigern Sie sich konsequent, Teilfragen als definitiv abgeschlossen zu betrachten.
- *Der Unfaire.* Gegen ihn können Sie nur mit äusserster Selbstkontrolle und mit wiederholten sachlichen Argumenten etwas ausrichten.

Unterschiedliche Verhandlungspartner verwenden auch unterschiedliche Mittel, um ihre Ziele zu erreichen bzw. um die Zielerreichung des Partners zu verhindern. Im folgenden kommen verschiedene taktische Tricks zur Sprache, die man kennen muss, um darauf richtig reagieren zu können.

- Der andere versucht, Sie unter Druck zu setzen. Er spielt seine Autorität aus, droht, erweckt Mitleid, appelliert an edle Gefühle, schmeichelt...
- Er versucht Sie zu verunsichern. Er zeigt Desinteresse, wendet sich demonstrativ ab, spielt gelangweilt mit dem Kugelschreiber, stellt Fangfragen, lächelt hintergründig...
- Er stiftet Verwirrung. Um Zeit und Überblick zu gewinnen, unterschiebt der andere Ihnen Dinge, die Sie gar nicht gesagt haben oder vermischt verschiedene Argumente miteinander.
- Er versucht, Sie zu reizen (und entschuldigt sich nachher). Durch zweideutige Bemerkungen, durch persönliche Angriffe oder indem er auf wunden Punkten herumreitet, versucht er Sie in Wut zu bringen, damit Sie die Beherrschung verlieren. Dann kann er Sie besser angreifen, denn Entrüstung führt zu Ent-rüstung (Entwaffnung, Wertlosigkeit).
- Er verdreht Ihre Aussagen, indem er Behauptungen, die sich auf Einzelfälle beziehen, verallgemeinert. Oder indem er zu allgemeinen Äusserungen kritische Einzelfälle bringt.
- Er benützt Präzedenzfälle. Um Sie zu beeindrucken und einzuschüchtern, zeigt er, dass seine Ideen auch von anderen Leuten geteilt werden (er benützt zum Beispiel Aussagen bekannter Autoritäten). Er zeigt, dass seine Lösung in anderen Fällen gute Erfolge erzielt hat ...
- «Theoretisch gut, aber praktisch undurchführbar». – Mit diesem Argument versucht der Gegner, Ihre Argumentation zum Einsturz zu bringen, ohne wirklich darauf einzugehen.
- Er lenkt ab. Wenn er merkt, dass seine Stellung unhaltbar wird, beginnt er von etwas anderem zu sprechen. Er sucht sich vielleicht bei Ihnen eine schwache Stelle aus und beginnt, diese zu bearbeiten.
- Er verzögert die Verhandlung. Er spricht lange, stellt viele Fragen, verlangt Pausen und Abstimmungen, stellt Ordnungsanträge ... – das alles, um Entscheide zu verhindern oder Zeit zu gewinnen.

Was immer auch man von solchen Methoden hält – es ist eine Tatsache, dass solche Mittel eingesetzt werden (wahrscheinlich haben Sie damit auch schon Ihre Erfahrungen gemacht). Wenn Sie sich solchen Schlingen entziehen wollen, müssen Sie wissen, wo sie liegen und wie sie aussehen.

545 Auswertung

«Ich habe zwar nicht das erreicht, was ich wollte, aber nächstes Mal wird es schon besser gehen.» – Wer sich mit einer solchen Feststellung begnügt, wird mit grosser Wahrscheinlichkeit beim nächsten Mal genauso scheitern, wie er dieses Mal gescheitert ist. *Wurden die gesteckten Ziele erreicht?* Das ist wieder die Kernfrage (die sich aber nur beantworten lässt, wenn die Ziele vorher klar und eindeutig formuliert wurden). *Welche nicht beabsichtigten Resultate wurden erzielt?*
Jedes Gespräch, so auch jede Verhandlung, führt zu Ergebnissen, die nicht geplant worden waren. So kann es zum Beispiel vorkommen, dass die gesteckten Ziele zwar nur teilweise erreicht wurden, dass aber im Laufe des Gesprächs ein wertvoller menschlicher Kontakt zwischen den Verhandlungspartnern entstanden ist; der in dieser Weise nicht beabsichtigt oder gar geplant war (der aber sehr erfreulich ist). Es sollte versucht werden, auch solche nicht-geplanten Ergebnisse zu erfassen, da sie wichtige Hinweise über sich selbst und den Partner geben können.
In einem weiteren Schritt gilt es, gemachte *Fehler* zu erkennen. Die Frage, wo, wann und wie ein Fehler entstanden ist, kommt vor der Frage nach dem Warum. Dann müssen auch die Auswirkungen der *Argumente* betrachtet werden. Welche Argumente haben welche Wirkung erzielt? Welche Argumente haben eingeschlagen, welche nicht?
Auch die Wirkung der gegnerischen Argumente gilt es zu ermitteln und zu analysieren («warum bin ich da so wütend geworden?»). Im weiteren ist das eigene *Vorgehen* und das Vorgehen des Gegners zu analysieren. Welches Vorgehen hat was bewirkt? War mein Vorgehen grundsätzlich richtig? Habe ich mich in den einzelnen Situationen richtig verhalten? Habe ich die richtigen *Mittel* eingesetzt?
Was die Person des *Verhandlungspartners* betrifft, so sind insbesondere folgende Fragen von Bedeutung: Hat er mir in die Augen geschaut? Worauf hat er wie reagiert? Was hat ihn kalt gelassen? Hat er mir zugehört? Hat er mich verstanden? Wusste er in Sachfragen gründlich Bescheid? Macht er klare und direkte Aussagen, oder hat er unverbindlich gesprochen? Ist er sicher aufgetreten? Welche Stärken und Schwächen hat er gezeigt? Hat er nach meinen Problemen und Wünschen gefragt? Hat er meine Argumente und Einwände ernstgenommen?
Aber nicht nur das Verhalten des Verhandlungspartners, sondern auch das eigene Verhalten gilt es zu beurteilen. Habe ich mich grundsätzlich sicher gefühlt? Habe ich, ohne zu zögern, immer treffende Beweise und Argumente anführen können? In welchen Situationen war ich unsicher? Warum? Habe ich die richtigen Fragen gestellt? Bin ich auf die Argumente, Einwände und Wünsche meines Partners eingegangen? Habe ich versucht, die Dinge mit seinen Augen zu sehen? Habe ich meinen Partner richtig eingeschätzt? Habe ich mich selbst richtig eingeschätzt?
Alle Anstrengungen, die Verhandlung zu analysieren, Fehler zu ermitteln und Ursachen zu ergründen, sind natürlich ziemlich sinnlos, wenn daraus nicht die entsprechenden Konsequenzen gezogen werden. Die Konsequenzen ziehen heisst hier in erster Linie: aus Erfolgen und (vor allem) Misserfolgen zu *lernen*. Lernen aber bedeutet: sein Verhalten ändern oder (wenn es erfolgreich war): es beibehalten. Aus Fehlern lernen kann ich nur, wenn ich weiss, was ich falsch gemacht habe. Deshalb darf die Auswertung einer Verhandlung auf keinen Fall vernachlässigt werden. Die Konsequenzen ziehen heisst natürlich auch, dass beide Verhandlungspartner die Beschlüsse und Vereinbarungen auch *durchführen*.

Für die Auswertung einer Verhandlung stehen verschiedene Hilfsmittel zur Verfügung: das Gedächtnis, die eigenen Notizen sowie je nachdem auch Verhandlungsunterlagen, schriftlich niedergelegte Vereinbarungen, Aktennotizen und Protokolle. Nicht jede Verhandlung wird protokolliert. Und wenn ein Protokoll gemacht wird, dauert es manchmal sehr lange, bis es erscheint. Manchmal ist es unvollständig oder sogar falsch. Wichtigste Grundlage für die Auswertung bilden immer die *eigenen Notizen,* in denen folgendes festgehalten wird: Reaktionen des Partners auf bestimmte Argumente; Argumente oder taktische Ideen, die Ihnen während der Verhandlung in den Sinn kommen; Meinungen/Ansichten des Gegners; Eigenschaften/Verhaltensweisen des Gegners, die Ihnen auffallen; taktische Züge, die Sie beobachten; Beschlüsse/Abmachungen, die Sie selbst betreffen.
Vor allem bei «kleineren» Verhandlungen ist es nicht immer möglich *während* des Gesprächs alles Wichtige zu notieren; die wesentlichen Punkte müssen dann unmittelbar nach dem Gespräch festgehalten werden (solange das Ganze noch warm ist).

55 Redetechnik

In den vorangehenden Abschnitten wurde die «Kunst der Gesprächsführung» unter verschiedenen Aspekten betrachtet. Fähigkeiten wie Reden-Können, Zuhören-Können, Auf-den-anderen-eingehen-Können sind dabei zur Sprache gekommen. In diesem Abschnitt soll eine dieser Fähigkeiten nochmals speziell herausgegriffen werden: das Reden-Können. Die angeführten Tips, Regeln und Grundsätze sollen helfen, die «Kunst der Rede» zu verfeinern.
Die Sprache stellt das wichtigste Kommunikationsinstrument dar – vom gekonnten Einsatz dieses Instruments ist der Erfolg der Kommunikation in entscheidendem Masse abhängig. Jeder, der wirksam mündlich kommunizieren will (ob er nun informiert, verhandelt, predigt, lehrt oder diskutiert), muss überzeugend reden können. Wenn man genau festhält, wie oft man in die Situation gerät, das «Wort zu ergreifen», dann stellt sich das Reden nicht selten als eigentliche Hauptbeschäftigung heraus.
Für den Vorgesetzten spielt die Fähigkeit, sich überzeugend äussern zu können, aber eine ganz besondere Rolle: Kein Vorgesetzter wirkt glaubwürdig, wenn er nicht vor seine Mitarbeiter treten und ihnen seine Gedanken in freier Rede mitteilen kann. Kein Chef vermag seine Mitarbeiter wirksam zu führen, wenn er nicht in der Lage ist, seine Pläne und Ideen überzeugend zu äussern. In vielen Situationen des privaten, beruflichen oder öffentlichen Lebens kommt es nicht nur darauf an, was einer inhaltlich zu sagen hat, als vielmehr darauf, wie überzeugend er es versteht, seinen Standpunkt darzulegen. Das ist eine Tatsache, die nicht einfach ignoriert werden kann. Schliesslich ist auch die Zufriedenheit des einzelnen untrennbar verknüpft mit der Fähigkeit, dass ich das, was ich denke und fühle, meinen Mitmenschen gegenüber glaubhaft auszudrücken vermag. Reden zu können ist deshalb für jeden Menschen nicht bloss wünschenswert, sondern oft im eigentlichen Sinne not-wendig.

551 Stichwort: Selbstoffenbarung

Die Vorstellung, vor einer Gruppe von Leuten reden zu müssen, ist für viele Menschen mit unangenehmen Gefühlen verbunden; viele haben eigentliche Angst davor. Woher kommt diese Angst? Was kann man dagegen unternehmen? Das sind Fragen, die für den einzelnen oft brennender sind als die Frage nach dem optimalen Aufbau eines Referats. Wie bei der «Anatomie der Nachricht» festgestellt wurde, sind in jeder Botschaft, die ein Sender einem Empfänger mitteilt, nicht nur Informationen über die mitgeteilte Sache, sondern auch Informationen über den Sender selbst. In jeder Botschaft steckt somit ein Stück Selbstoffenbarung (dieser Begriff schliesst sowohl die beabsichtigte *Selbstdarstellung,* wie auch die unbeabsichtigte *Selbstenthüllung* ein). Auch während Sie das lesen, erfahren Sie nicht nur Sach-Informationen, sondern auch allerhand über uns, die Verfasser: über unsere Art zu denken, unsere Einstellung, unsere Absichten usw. Jede Botschaft, die ich Dir mitteile, ist somit in einem gewissen Sinne eine «Kostprobe» meiner Persönlichkeit[64]. Diese Tatsache macht vielen Menschen Angst. «Wie stehe ich in den Augen des andern da?» Zeitweise spüren wir diese Angst sehr deutlich, etwa am Herzklopfen, bevor wir uns in einer grösseren Gruppe zu Wort melden.

Die Entstehung dieser Angst wird folgendermassen erklärt: Ein Kind merkt sehr bald, dass nur gewisse Teile seiner Persönlichkeit akzeptiert werden. Das es beispielsweise Anerkennung findet, wenn es «gut» ist, dass es aber auf Ablehnung stösst, wenn es unfähig ist, bestimmte Aufgaben zu meistern. Mit der Zeit macht sich das Kind die Bewertungsmassstäbe seiner Umwelt zu eigen und wendet sie ebenfalls an: anderen gegenüber und gegenüber sich selbst. Je stärker ein Jugendlicher oder Erwachsener die gesellschaftlichen Bewertungsnormen verinnerlicht, desto mehr

- sieht er seine Mitmenschen in der Rolle von strengen *Richtern,* vor deren Augen er zu bestehen hat. Er hat Angst, sich offen zu zeigen (sich zu «ent-hüllen»), da ihm dies die Anerkennung kosten oder eine schlechte Qualifikation einbringen könnte.
- fasst er auch ganz harmlose Situationen als eine Art *Prüfung* auf, wo man versagen oder sich bewähren kann.
- sieht er in dem andern den *Rivalen* und fürchtet, als Unterlegener dazustehen.

Alltägliche Erfahrungen, etwa in der Schule oder am Arbeitsplatz, beweisen, dass diese Welt von Richtern und Rivalen kein reines Phantasieprodukt ist. Es ist zum Beispiel bekannt, dass Schüler, die im Leistungswettbewerb versagen, nicht nur auf den «Aufstieg» verzichten müssen, sondern auch Geringschätzung ihrer Person durch Lehrer, Eltern und Mitschüler erfahren. Die *Angst vor Richtern und Rivalen* kommt also nicht von ungefähr. Und sie ist zu einem guten Teil auch begründet. Unsere Gesellschaft ist eine Gesellschaft von Richtern und Rivalen. Und solange die heute geltenden Beurteilungsnormen unser Leben beherrschen, ist es tatsächlich nicht ungefährlich, sich offen (ohne Fassade oder Maske) zu zeigen. So haben die Menschen gewisse Techniken entwickelt, die darauf abzielen, bestimmte Teile der eigenen Person zu verbergen oder zu tarnen[65]:

64 vgl. Schulz von Thun (1981)
65 vgl. Schulz von Thun (1981)

Sie bemühen sich, keine Gefühle, keine Schwächen zu zeigen (machen «gute Miene zum bösen Spiel»)! – Sie legen ein professionelles Gehabe an den Tag! – Sie entwickeln eine konfliktscheue Pseudo-Freundlichkeit! – Sie verstecken sich hinter einer gefühlsarmen, wohlpräparierten Sachlichkeit! – Sie schweigen und vermeiden es auch, Fragen zu stellen («Ich will mich nicht blamieren»)!
Die Norm fassadenfreier Selbstoffenbarung nach dem Motto: «In der Blösse liegt die Grösse», die manche Selbsterfahrungsgruppe beherrscht, hat weder dort, erst recht aber in der Arbeitswelt nichts verloren. Vielmehr gilt es von Situation zu Situation zu entscheiden (zu spüren), wieviel fassadenfreie Offenheit möglich ist. Daneben aber ist es für die seelische Gesundheit jedes Menschen von grösster Bedeutung, dass er sich Orte schafft, wo er seine Gedanken und Gefühle frei äussern kann, ohne auf der Hut sein zu müssen. Denn eines darf nicht übersehen werden: Indem Menschen Gefühle und Gedanken vor einander geheimhalten, tragen sie zu der Isolation bei, unter der sie oft leiden.
«Ich kann keine Rede halten» ist eine weitverbreitete Meinung. Darauf lässt sich nur sagen: «Handle mutig und du wirst mutig». (William James) Der einzige Weg, es zu lernen, besteht darin, sich zu überwinden und es zu versuchen. «Wessen Herz voll ist, dem geht der Mund über» – so ungefähr lautet doch eine alte Sprechweise. Wer von einer Sache überzeugt ist, vermag sich auch auszudrücken. Zu bedenken ist, dass es nur ganz wenige brillante Redner gibt. Es wäre falsch, brillant sein zu wollen; sich selber sein zu wollen reicht völlig aus. Denn das ist die beste Ausgangslage für den ganz eigenen persönlichen Redestil, auf den es schlussendlich ankommt. «Ich will und ich kann reden.» Dieser Vor-Satz sollte zu einer eingefleischten Gewohnheit werden.
Lampenfieber – die Angst vor öffentlichem Auftreten – ist keine Eigenschaft, die man hat oder nicht hat und die man ein für allemal überwindet, sondern ein Gefühl, das bei ungewohnten Situationen immer wieder auftreten kann. Jeder von uns hat damit seine Erfahrungen gemacht (und es gibt Schauspieler, die noch nach 20 Jahren nicht davon geheilt sind). Die folgenden Tips sollen helfen, mit dem Lampenfieber besser zurechtzukommen:
Fordern Sie Situationen heraus, die für Sie mit Lampenfieber verbunden sind (zumindest: Weichen Sie solchen Situationen nicht aus)! – Sprechen Sie über ein Thema, das Sie persönlich sehr gefühlsmässig berührt: etwas, wofür Sie sich begeistern, worüber Sie sich aufregen, ärgern können! – Nehmen Sie auch den kleinsten Erfolg nicht als selbstverständlich, sondern freuen Sie sich darüber, dass Sie zum Beispiel die Einleitung eines Vortrags geschafft haben! – Bereiten Sie sich (wenn möglich) vor! – Bereiten Sie sich auch darauf vor, dass Sie Fehler machen werden.
Zu sich selber stehen – ein grosses Wort. Eine grosse Aufgabe, mit der sich manche Menschen bis an ihr Lebensende beschäftigen. Im Zu-sich-selber-Stehen aber liegen auch entsprechend grosse Möglichkeiten. So auch die Möglichkeit, sich von belastenden Hemmungen zu befreien, denn Hemmungen haben ihre Ursache grob gesagt darin, dass ich ein anderer sein möchte als ich bin. Menschen sind gehemmt, weil sie sich klein, zu dick oder hässlich vorkommen, weil sie nicht so gescheit daherreden können wie andere, weil sie nicht so «gut» angezogen sind wie andere usw.
Einer Hemmung liegt immer ein *Vergleich* zugrunde: Ich vergleiche mich mit geltenden Normen, mit anderen Menschen – und stelle fest, dass ich mich von diesen unterscheide. Und zwar so unterscheide, dass ich mir unfähig, unterlegen oder minderwer-

tig vorkomme. Dass ich dadurch meine eigenen Werte, meine eigenen Stärken, meine eigene Persönlichkeit nicht erkenne oder zu verleugnen suche, ist klar. Um von Hemmungen frei zu werden, müssen wir

- *die Hemmungen erkennen.* Wir müssen lernen, den Ursachen auf die Spur zu kommen (und nicht versuchen, die Hemmungen zu ignorieren oder ängstlich zu verbergen).
- *zu uns selber stehen.* Es ist keine Schande, dick oder klein oder impulsiv zu sein. Es sind dies Eigenschaften, die jeden von uns zu jener unverwechselbaren Persönlichkeit machen, die er ist. Eine Schande hingegen ist es, nicht zu sich selbst stehen zu wollen und ein anderer sein zu wollen als der, der man ist.
- *uns in Gesellschaft begeben.* Menschen mit Hemmungen sollten ihr «Schlupfloch» öfters verlassen. Die Fähigkeit, sich frei bewegen und frei reden zu können, ist zu einem guten Teil auch eine Sache der Übung.
- *unsere eigenen Stärken entwickeln.* Jeder Mensch hat seine schwachen Seiten, seine Grenzen. Und niemand kann über den eigenen Schatten springen. Jeder Mensch hat aber auch seine starken Seiten und ist fähig, auf «seinem Gebiet» Grosses zu leisten. Diese Stärken gilt es zu erkennen und zu entwickeln (das ist besser, als sich dauernd mit den Schwächen herumzuplagen).

552 Aufbau einer Rede

Mit dem Wort «Rede» ist im folgenden nicht nur die Rede im engeren Sinn gemeint, sondern auch das Referat, der Vortrag oder der grössere Beitrag in einer Diskussion. Am Anfang stehen fünf Fragen. Es empfiehlt sich, die Vorbereitung einer Rede immer mit den fünf folgenden Fragen zu beginnen:

- *Wozu* halte ich eine Rede? Um meinen Mitarbeitern ein neues Projekt vorzustellen? Um sie von der Notwendigkeit einer Massnahme zu überzeugen? Die Antwort auf diese erste Frage gibt Ihnen Klarheit über Zweck (Funktion) und Ziel der Rede.
- *Wer* sind die Adressaten? (Vor wem werde ich sprechen?) Je mehr Sie über Ihre Zuhörer wissen, desto besser werden Sie auf diese eingehen können: auf ihren Erfahrungsbereich, ihre Interessen, Wünsche, Erwartungen usw.
- *Was* will ich sagen? Welche Ideen will ich darstellen? In welchem Zusammenhang steht diese Idee? Was ist wichtig? Was kann ich weglassen? Die Themen müssen *wichtig* sein (die Interessen der Zuhörer berühren), und *verstehbar* sein (den Erfahrungsbereich bzw. die Aufnahmefähigkeit der Zuhörer nicht übersteigen). Eng im Zusammenhang mit der Was-Frage steht die Frage nach dem *Wie*. Die Antwort hängt einerseits vom Thema ab und andrerseits von der Zeit, die zur Verfügung steht.
- *Wo* werde ich sprechen? Wie ist der Rahmen, der Raum, die Umgebung, wo ich sprechen werde? Welche Möglichkeiten/Grenzen ergeben sich daraus?
- *Wann* werde ich sprechen? Früh am Morgen oder spät abends? Bin ich der einzige Redner, oder stehen noch andere auf dem Programm? Wer spricht vor mir, wer nach mir? Die Antwort auf die letzte Frage kann mir wichtige Hinweise liefern: Wenn ich beispielsweise weiss, dass vor mir ein langweiliger Referent die Zuhörer ermüdet hat, werde ich meiner Rede etwas «Pfeffer» geben.

Die Vorbereitung einer Rede lässt sich in 12 Schritte gliedern[66]:
- *Fachen Sie Ihre Phantasie an.* Sammeln Sie zuerst einmal Gedanken und Ideen zu Ihrem Thema und halten Sie diese schriftlich fest. Notieren Sie sich auch alle Fragen und Antworten, die Ihnen spontan einfallen.
- *Ordnen Sie Ihre Notizen.* Gehen Sie jetzt daran, die notierten Gedanken und Fragen grob zu gliedern. Folgende Fragen haben sich als Gliederungskonzept bewährt:
Warum ist dieses Thema aktuell/wichtig/interessant? – Wie ist die gegenwärtige Situation? – Welche Konsequenzen/Folgen ergeben sich aus dieser Situation? (negativ: Gefahren, Bedrohungen, Schäden ... positiv: Hoffnungen, Chancen, Lösungen...)! – Wie lassen sich diese Konsequenzen beweisen? Tatsachen, Statistiken, Graphiken, Aussagen...! – Was ist zu tun? Vorteile und Nachteile! – Wie können wir vorgehen? Appell, Aktionsplan, Massnahmen...
- *Suchen Sie nach Fragen, Beweisen und Beispielen.* Gehen Sie Ihr erstes Gliederungskonzept nochmals durch. Welche Fragen fehlen noch? Welche Beweise, Tatsachen und Aussagen fehlen noch? Notieren Sie alle Fragen, auf die Sie noch Antworten brauchen.
- *Beschaffen Sie das fehlende Material.* Eigene Aufzeichnungen, Fachzeitschriften, Zeitungsartikel, Fakten aus dem Betriebsalltag, Bücher...
- *Suchen Sie nach persönlichen Erlebnissen.* Durchforschen Sie Ihr Leben nach Erfahrungen, die Sie persönlich zu diesem Thema gemacht haben: Erfahrungen zuhause, in der Schule, im Spital...
- *Leben Sie mit dem Thema.* Tragen Sie «Ihr» Thema mit sich herum. Diskutieren Sie es mit Kollegen, Bekannten, Fachleuten und Praktikern. Fragen Sie sie um Ihre Meinung zu bestimmten Problemen.
- *Nehmen Sie die endgültige Gliederung vor.* Bringen Sie jetzt Ihr gesamtes Material in die richtige Reihenfolge. Zuletzt schreiben Sie alle Gliederungspunkte auf eine Seite (zur besseren Übersicht). Erst jetzt formulieren Sie Einleitung und Schluss.
- *Überlegen Sie sich, welche Hilfsmittel Sie einsetzen wollen.* Schriftliche Unterlagen, Bilder, Medien...
- *Halten Sie einen ersten Probevortrag.* Schreiben Sie noch kein Manuskript, sondern versuchen Sie, den Stoff zu beherrschen. Sprechen Sie mit Hilfe Ihrer geordneten Stichwort-Zettel. Das hat den Vorteil, dass Sie den Stoff schon kennen, bevor Sie das Manuskript schreiben. Zudem werden Ihnen während des Redens neue Einfälle und Gedanken kommen. Sie hören auch, wie die Rede «klingt».
- *Überarbeiten Sie Ihre Notizen.* Vielleicht sind bestimmte Passagen umzuändern, zu ergänzen oder zu streichen.
- *Verfassen Sie das Manuskript.* Wie man das machen kann, wird weiter unten beschrieben.
- *Merken Sie sich die Rede.* Für das «Auswendiglernen» einer Rede gibt es verschiedene Systeme.

(Im Anhang ist eine Checkliste zur Vorbereitung einer Rede beigefügt, Abb. 12/ Anhangband)

---

66 vgl. Altmann (1978)

Die *Gliederung* einer Rede sollte nie Selbstzweck, sondern immer nur Hilfsmittel für den logischen (und psycho-logischen) Fluss der Rede sein. Im folgenden werden zwei Gliederungen vorgestellt, die sich in der Praxis bewährt haben.

Form 1: Die Antike Redegliederung: Die klassische Gliederung einer Rede stammt aus der Antike und wird noch heute vielfach verwendet. Sie basiert auf den menschlichen Verhaltens- und Reaktionsweisen und kann als eine Art Grundlage psychologischer Menschenbehandlung bezeichnet werden. Die Grundfunktion einer Rede, die darin besteht, den Zuhörer zu überzeugen, kommt in dieser Gliederung treffend zum Ausdruck; ihr liegt die Auffassung zugrunde, dass eine Rede nie als Angriff aufgebaut sein darf; es soll alles vermieden werden, was Widerstand schaffen und mögliche Gegner in ihrem Standpunkt fixieren könnte. Der Aufbau umfasst 8 Stufen:

- *Wohlwollen der Zuhörer gewinnen.* Vor Beginn der eigentlichen Botschaft soll die Sympathie der Zuhörer gewonnen werden.
- *Gegenwärtige Situation darlegen.* Hier wird der Tatbestand (die Ausgangslage) dargestellt und (auf sachliche Weise) gezeigt, welches Thema die Rede «zur Sprache» bringt. In dieser Phase gilt es immer noch Vertrauen zu schaffen. Es dürfen auch Aspekte erwähnt werden, die den eigenen Standpunkt nicht unbedingt unterstützen.
- *Neue Möglichkeiten aufzeigen.* Aufgrund der gegenwärtigen Situation werden Fragen aufgeworfen, mögliche Konsequenzen gezogen/Folgen aufgezeigt und verschiedene Möglichkeiten/Vorschläge formuliert.
- *Vorschläge begründen.* In dieser Phase geht es darum, die eigenen Vorschläge zu begründen und ihre Vorteile aufzuzeigen. Dabei wird mit den schwächsten Argumenten begonnen. Die stärksten Argumente werden dann sehr ausführlich «ausgeschlachtet».
- *Mögliche Einwände vorwegnehmen.* Mögliche Einwände/Gegenargumente werden hier möglichst genau dargestellt und widerlegt. Am besten wird mit den schwer zu widerlegenden Argumenten begonnen und versucht, deren Wirksamkeit zu schwächen. Die schwächsten gegnerischen Argumente spart man sich auf den Schluss. Je schwächer ein Gegenargument ist, desto ausführlicher wird darauf eingegangen und desto schärfer wird es widerlegt. So lassen sich die Zuhörer stufenweise für die Sache des Redners gewinnen.
- *Tatsachen zusammenfassen.* Die Hauptpunkte der Rede bzw. die Hauptargumente werden nochmals kurz dargestellt. Zusammenfassend werden die eigenen Gedanken den gegnerischen gegenüber gestellt. Die Vorteile der eigenen Idee und die Nachteile der Idee des Gegners werden nochmals ganz kurz, klar und deutlich zum Ausdruck gebracht.
- *Die Zuhörer begeistern.* Jetzt werden die Zuhörer aufgefordert, zwischen den dargestellten Möglichkeiten zu wählen. Der Redner macht sie auf die «schlimmen» Folgen eines allfälligen Fehlentscheides aufmerksam. Dabei appelliert er weniger an die Vernunft, als an die Gefühle der Zuhörer.
- *Zur Tat aufrufen.* In knapper Form werden die Zuhörer schliesslich zum Handeln aufgefordert.

Form 2: Die Fünf-Punkte-Gliederung. Für Stegreif-Redner oder Vorträge mit kurzer Vorbereitungszeit empfiehlt es sich, folgende Gliederung zu verwenden: – Interesse wecken – Kerngedanken nennen – Vorschläge begründen – Beispiele bringen – zum Handeln auffordern

Welche Manuskript-Form ist die beste? Es gibt wenig Menschen, die fähig sind, ganz frei, ohne Manuskript eine gut aufgebaute, wirksame Rede zu halten. Das Verfassen eines Manuskriptes bringt vor allem drei Vorteile: (1) Dadurch, dass ich einen Gedanken formuliere und umformuliere, wird er mir selber klarer. (2) Während ich ein Manuskript für einen Vortrag erarbeite, merke ich mir gleichzeit dessen Inhalt. (3) Während des Vortrages benutze ich das Manuskript als Gedächtnisstütze. Aus diesen Gründen ist es empfehlenswert, ein Manuskript zu verfassen.

Es gibt verschiedene Grundformen von Manuskripten; am einzelnen Redner liegt es dann, die eine oder andere Form auszuprobieren und im Laufe der Zeit seine eigene Form zu entwickeln, die Ihnen persönlich am besten dient. *Form 1: Das Wort-für-Wort-Manuskript:* Die Rede wird wortwörtlich aufgeschrieben. Die *Vorteile* dieser Form sind: Durch die intensive Ausarbeitung macht sich der Referent den Inhalt zu eigen; ungeübte Redner fühlen sich sicherer; die Rede/der Vortrag kann leichter gedruckt werden; die Stärken/Schwächen der Rede lassen sich leichter analysieren (Erfolgskontrolle). Die *Nachteile* bestehen darin, dass das Manuskript zum Ablesen verleitet und die Umsetzung der Schriftsprache in die Mundart oft recht schwierig ist. *Hinweise.* Die wichtigsten Stellen im Manuskript farbig markieren (nur soviel Wörter, als auf einen Blick erfassbar sind). Die Schrift muss genügend gross sein, um aus Hand-Gesicht-Distanz mühelos gelesen werden zu können. *Beispiel:* «Zuallererst möchte ich alle Schwestern und Pfleger ganz herzlich willkommen heissen. Ihnen vor allem gilt unser heutiges Personalfest. Sie dürfen stolz sein auf Ihr Wirken und Können. Ebenso stolz sind *wir* vom Hilfsverein für cerebralgeschädigte Kinder. Nicht ohne Opfer haben wir uns seinerzeit an den Bau dieses Heimes gewagt. Doch das Werk ist geglückt, und wir hoffen, es auch in Zukunft erfolgreich weiterführen zu können».

Form 3: Das Stichwort-Manuskript: Hier werden auf einzelnen Zetteln oder Karten die wesentlichen Gedanken in Stichwörtern festgehalten. Die *Vorteile* dieser Form sind: Sie erlaubt eine völlig freie Gestaltung der Rede (keine Gefahr des Ablesens); neue Gesichtspunkte oder aktuelle Aspekte lassen sich leicht noch einfügen; auf Publikumsreaktionen kann eingegangen werden. *Nachteile* sind: Es ist eine durchgehend präzise Formulierung möglich (da streckenweise frei formuliert wird); die Gefahr besteht, dass gewisse Themen aus dem Moment heraus zu lang behandelt oder aber zu wenig ausführlich besprochen werden; diese Form setzt eine grosse Vertrautheit mit dem Thema und eine grosse Sicherheit beim Reden voraus (und eignet sich deshalb nur für geübte Redner).

Hinweise: Es empfiehlt sich, Briefkarten im Format A6 zu verwenden; die Karten sind zu numerieren; Wortgruppen sollen mit *einem* Blick erfasst werden können; die Schrift muss genügend gross sein; Beginn und Schluss der Rede sind auszuformulieren.

Beispiel: «Schwestern und Pfleger: Stolz sein auf Wirken und Können! – Auch wir vom Hilfsverein sind stolz! – Hoffen auf gleichen Erfolg wie bisher»!

Form 4: Das kombinierte Manuskript: Hier werden die beiden erwähnten Formen kombiniert: auf der linken Seite des Manuskript-Blattes werden die der Stichwörter notiert – rechts daneben steht der volle Text der Rede. Die *Vorteile* dieser Form: Ein geübter Redner kann seine Rede frei gestalten (solange alles gut geht, hält er sich an die Stichwörter); im Notfall kann man auf den Text zurückgreifen; das Wissen, die Rede im vollen Wortlaut zur Verfügung zu haben, beruhigt (der Redner kann entspannter auftreten). *Nachteile:* Der Zeitaufwand für die Erstellung eines solchen Manuskriptes ist gross; weniger geübte Redner unterliegen oft der Versuchung, den Text abzulesen.

Hinweise: Es empfiehlt sich, ein A4-Blatt zu verwenden: im ersten Drittel werden die Stichwörter notiert, auf dem Rest der Seite steht der volle Text. *Beispiel:*

1/3	2/3
Stichwörter	Voller Text des Manuskripts
Willkommen Schwestern und Pfleger	Vor allem möchte ich ganz herzlich alle Schwestern und Pfleger willkommen heissen. Ihnen vor allem gilt das heutige Personalfest. Sie dürfen stolz sein auf ihr Wirken und Können.
Stolz sein auf Wirken und Können	Ebenso stolz sind wir vom Hilfsverein für cerebral geschädigte Kinder. Wir haben uns seinerzeit nicht ohne Opfer an den Bau dieses Heimes gewagt.
Hoffen auf weitere erfolgreiche Tätigkeit	Doch das Werk ist geglückt, und wir hoffen, es auch in Zukunft erfolgreich weiterführen zu können.

Wichtig: Die erste rhetorische Grundregel lautet: *Halten Sie mit den Zuhörern Augenkontakt* (das Auge ist das Fenster der Seele). Benutzen Sie deshalb das *Manuskript* immer nur als *Hilfe* (und werden Sie nicht zu seinem Sklaven).

«Der erste Eindruck entscheidet – der letzte bleibt.» Das ist eine alte Weisheit[67]. Von der *Einleitung* einer Rede/eines Vortrags hängt tatsächlich vieles ab. Als Redner muss ich in den ersten paar Minuten versuchen, die Zuhörer auf meine Botschaft einzustimmen (der Zuhörer schätzt es nicht, von einem «Fremden überfallen» zu werden). Dieses Einstimmen hat auch etwas mit Einfangen zu tun: Mit meiner Einleitung versuche ich den Zuhörer zu wecken bzw. seine Aufmerksamkeit zu gewinnen (wie es einen Blickfang gibt, gibt es auch einen «Hörfang»).

In der Einleitung kommt es vor allem darauf an, ein gutes Verhältnis zu den Zuhörern zu erlangen. Hierzu stehen verschiedene Möglichkeiten zur Verfügung: Humor, Reim, Zitat; Anknüpfung am Versammlungsort, Zuhörer, Situation; Gemeinsamkeit, Überraschung; persönliches Erlebnis; aktuelles Ereignis; Geschichte, Anekdote, Beispiel. Was auch immer in der Einleitung gebracht wird – es sollte in einem Zusammenhang mit dem Thema stehen.

«Der erste Eindruck entscheidet – der letzte bleibt...» Auch der *Schluss* einer Rede sollte sorgfältig vorbereitet werden. Denn was zuletzt gesagt wird, bleibt am längsten im Gedächtnis haften. Beim Schluss kommt es darauf an, den *Kerngedanken* der Rede nochmals in einem einprägsamen Bild, einer leicht verständlichen Formel, in einem prägnanten Appell zu *steigern* und zu *verdichten*. Das kann auf folgende Arten geschehen: Zusammenfassung, dramatische Steigerung, Aufforderung, Ausblick, Nutzanwendung (des Gehörten), Formel, Schlagwort, Zitat. Wie die Einleitung, sollte auch der Schluss wortwörtlich aufgeschrieben werden.

Anschauliche Bilder, Anekdoten, Vergleiche oder andere rhetorische Stilmittel findet man (leider) in den vielen Reden, Vorträgen und Diskussionen unserer Krankenhauswelt nur spärlich (in öffentlichen Reden sind sie auch nicht dichter gesät). Das ist

67 vgl. Altmann (1978)

nicht nur schade, sondern auch unklug. Denn der Zuhörer ist weniger an «unfehlbarer Logik» als an einer frischen, lebendigen, von originellen Einfällen und Ideen sprudelnden Botschaft interessiert. Eine farbige, lebendige Rede kommt deshalb bei ihm viel leichter (und besser) an, als ein noch so gut fundierter nüchtern-sachlicher Bericht. Möglichkeiten, eine Botschaft zu «schmücken» (und auch zu verstärken), gibt es viele. Einige Beispiele: Humor; Bild, Analogie; Gleichnis; Gegensatz, Vergleich; Steigerung; Überraschung; Wortspiel.
Beim Aufbau eines Vortrags sind drei *Fallstricke* besonders zu beachten; wer diese Fallen nicht sieht, tappt in sie hinein, ohne es zu merken[68].

- *Weniger ist oft mehr.* Zuviel Stoff bekommt keiner Rede gut. Denken Sie daran: Die meisten Zuhörer wollen zuerst unterhalten und dann erst informiert werden. Verwenden Sie deshalb mehr Zeit auf alles, was Ihre Rede lebendig, unterhaltsam und persönlich macht, als auf die Jagd nach trockenen Informationen. Arbeiten Sie lieber *einen* Gedanken lebendig heraus, als zehn Gedanken lustlos anzuführen.
- *Sagen Sie nicht alles.* «Das Geheimnis, zu langweilen, besteht darin, alles zu sagen.» (Voltaire) Haben Sie Erbarmen mit Ihren Zuhörern. Und wenn sie kein Erbarmen kennen, haben sie Angst davor, sie zu langweilen! Stellen Sie bei der Stoff-Auswahl eine Priorität auf: Am wichtigsten sind Ihre eigenen, persönlichen Gedanken, dann die Brückenschläge zur Situation der Zuhörer, dann Beispiele, Beweise, Anekdoten, Erlebnisse ... und erst zum Schluss die sogenannten harten Tatsachen. Denken Sie daran, was über die Gedächtnisleistungen gesagt wurde: 20% des Gehörten, 33% des Gesehenen, 50% des Gesehenen und Gehörten.
- *Halten Sie sich Ihr Ziel vor Augen:* Wer kein Ziel hat, kann auch nicht treffen. Das wurde schon mehrmals betont. Schreiben Sie deshalb, noch bevor Sie mit dem Aufbau Ihres Vortrages beginnen, das Ziel in Grossbuchstaben auf. Zum Beispiel: *Ich will meine Zuhörer dazu bringen, am Ende meiner Rede meinen Vorschlag ... anzuwenden.* Legen Sie dieses Ziel sichtbar vor sich auf den Schreibtisch.

Wie merkt man sich eine Rede? Für das «Auswendiglernen» einer Rede gibt es verschiedene Systeme. Eigentlich ist der Ausdruck «Auswendiglernen» falsch. Die einzige sinnvolle Art, sich eine Rede zu merken, besteht nämlich darin, sie «inwendig» zu lernen. Das ist mehr als nur ein Wortspiel. Das bedeutet: Wenn Sie sich während des Ausarbeitens Ihrer Rede mit dem Thema wirklich vertraut machen, wenn Sie sich in das Thema «versenken», werden Sie nachher kaum Mühe haben, über dieses Thema zu sprechen. Weil dann die Botschaft in Ihnen drin ist. Konzentrieren Sie sich deshalb nicht darauf, die Erinnerungsfähigkeit Ihres Gehirns zu trainieren, sondern darauf, sich die Botschaft wirklich «einzuverleiben» (als Denkgerüst oder Rettungsanker steht Ihnen ja immer noch das Manuskript zur Verfügung).
Was Sie üben müssen, ist: die richtigen Stichwörter (oder Stichwortgruppen) im richtigen Moment in einem kurzen Blick zu erfassen. Lernen Sie also einen Vortrag nicht auswendig, sondern befassen Sie sich intensiv mit dem Inhalt (Thema) und proben Sie den Vortrag. Sie können sich vor einen Spiegel stellen und Ihre Rede so lernen. Oder Sie können einen Bekannten bitten, Ihrem Probevortrag zuzuhören. Ein Tonbandgerät kann Ihnen ebenfalls helfen, sich selbst und Ihre Botschaft zu überprüfen.

---

68 vgl. Altmann (1978)

553 Zehn Grundregeln der Rhetorik

- *Beherrschen Sie das Thema:* Nur wer die Sache kennt, über die er spricht, kann andere davon überzeugen. Nur wer eine Sache wirklich versteht, kann die Sache so darstellen, dass auch andere sie verstehen.
- *Gewinnen Sie die Sympathie*[69]: Einem Menschen, der uns nicht sympathisch ist, schenken wir auch keinen Glauben. Deshalb muss ein Redner zuerst die Sympathie seiner Zuhörer gewinnen. Sympathie ist die Voraussetzung für jede Tiefenwirkung. Wer Antipathie erzeugt, erzeugt automatisch Abwehr. In gleichem Masse schwindet auch seine Überzeugungskraft. Sympathie können Sie sich als Redner dadurch erwerben, dass Sie sich am Anfang Ihrer Rede mit den Zuhörern identifizieren. Oder anders gesagt: dass Sie *Gemeinsamkeiten betonen:*
  - Gemeinsamkeiten im *äusseren Verhalten*. Durch Ihre Kleidung, Ihre Sprache bringen Sie zum Ausdruck, wei weit die Normen der Zuhörer Ihre eigenen sind (Fachausdrücke nur im Kreis von Fachleuten, Fremdwörter nur dann, wenn sie zum allgemeinen Sprachgebrauch gehören).
  - Gemeinsamkeiten bei *Werten* und Vorstellungen. Ein Redner wird nur dann verstanden, wenn bestimmte Grundbegriffe von Ihnen wie von den Zuhörern inhaltlich gleich interpretiert werden.
  - Gemeinsamkeiten bei den *Problemen* und *Bedürfnissen*. Am besten wird der Redner «ankommen», der es versteht, die Probleme und Bedürfnisse der Zuhörer beim Namen zu nennen und sich zu ihrem Sprachrohr zu machen.
- *Werden Sie persönlich.* In den meisten Vorträgen und Referaten werden persönliche Erlebnisse und Erfahrungen peinlich ausgeklammert. Dabei vermag nur der Redner zu überzeugen, der sich selbst als Mensch mit Gefühlen, Erlebnissen, Wünschen und Enttäuschungen zeigt und sich nicht hinter «blutleeren», lebensfremden Formulierungen versteckt.
- *Schaffen Sie einen Kontakt.* Ein guter Redner zeichnet sich vor allem dadurch aus, dass er fähig ist, zu jedem Publikum einen intensiven Kontakt herzustellen. In kurzer Zeit vermag er sich in die Stimmung, in die Erwartungen seiner Zuhörer hineinzufühlen und darauf zu reagieren. In kurzer Zeit gewinnt er – ohne plumpe Anbiederung – Kontakt zu seinen Zuhörern, und jeder einzelne fühlt sich von ihm persönlich angesprochen. Sprechen Sie deshalb immer wieder bestimmte Personen und Zuhörergruppen persönlich an und nennen Sie sie mit Namen. *Halten Sie Blickkontakt.*
- *Gewinnen Sie die Aufmerksamkeit*[70].
  - *Konzentrieren Sie sich* kurz vor Ihrem Auftritt auf den ersten Sprecheinsatz. Wiederholen Sie mehrmals den auto-suggestiven Satz: «Ich spreche jetzt».
  - *Bringen Sie Abwechslung* in ihre Stimme, Ihre Gestik. Setzen Sie je nachdem verschiedene Medien ein.
  - *Machen Sie es spannend.* Versprechen Sie ein Rezept, «verraten Sie ein Geheimnis», spannen Sie die Zuhörer auf die Folter.
  - *Reden Sie anschaulich.* Bringen Sie eindrückliche Bilder, Beispiele, Vergleiche...

---

69 vgl. Altmann (1978)
70 vgl. Altmann (1978)

- *Fürchten Sie sich nicht vor Wiederholungen.* Napoleon hat gesagt: «Ich kenne nur eine rhetorische Figur: die Wiederholung.»
- *Sprechen Sie Grundmotive an.* Es gibt bestimmte Grundmotive, die in einem gewissen Masse alle Menschen gemeinsam haben, zum Beispiel der Wunsch, geachtet zu werden, wichtig zu sein, dazu-zu-gehören. Wenn es Ihnen gelingt, solche Grundmotive anzusprechen, wird sich die Chance, bei Ihren Zuhörern «anzukommen», beträchtlich erhöhen.
- *Sprechen Sie Gefühle an.* Verwenden Sie möglichst plastische Bilder, die die Phantasie und Vorstellungskraft der Zuhörer anregen. Mit diesen Bildern soll der Zuhörer an bestimmte Situationen «erinnert» werden, in denen er die gleichen Gefühle empfand, die er jetzt empfinden soll. Ein Beispiel (aus der «Küche» eines Politikers): «Der Lohnsteuerzahler darf nicht ständig zur Melkkuh der Nation gemacht werden». Sachlich könnte man das Gleiche auch so ausdrücken: «Der Lohnsteuerzahler darf vom Staat nicht dauernd überfordert werden».
- *Engagieren Sie sich.* Wirklich überzeugen kann schliesslich nur der, der selber überzeugt ist von dem, was er sagt. Das gibt, ihm die nötige Kraft, das nötige Feuer (wie können wir im andern ein Feuer anzünden, wenn in uns selbst kein Feuer brennt?). Die Zuhörer merken recht rasch, ob ein Redner hinter dem steht, was er sagt oder ob ihn das Thema im Grunde genommen gar nicht interessiert (nicht berührt).
- *Überzeugen Sie den Zuhörer von den Vorteilen Ihrer Idee:* Damit die Zuhörer Ihre Idee akzeptieren, müssen Sie sich von den Vorteilen dieser Idee überzeugen. Die Zuhörer werden ein bestimmtes Ziel umso stärker anstreben, je überzeugender der Redner darauf hinweist, dass das Ziel unmittelbare Vorteile bringt, dass es wichtig ist und dass es leicht zu erreichen ist.
- *Kontrollieren Sie Ihre Wirkung.* Beobachten Sie immer wieder die Zuhörer, um an deren Verhalten Ihre Wirkung festzustellen. Und (sagen wir es ruhig nochmals): *Schauen Sie den Zuhörern in die Augen.*

554 Kunst des Redens

Es sind nicht nur die Worte eines Redners, welche auf den Zuhörer wirken. So ist beispielsweise die Wirkung gross, wenn ein Redner diszipliniert mit sparsamen Gesten spricht, dann plötzlich explodiert und mit beiden Fäusten auf den Tisch trommelt. Der Blick, die Gebärden, die Bewegungen des Körpers sprechen oft eine viel eindrucksvollere Sprache als die Worte. Diese Sprache «abseits der Worte» kann die Botschaft eines Redners unterstützen und verstärken. Sie kann sie aber auch behindern oder in Frage stellen. Deshalb muss ein Redner versuchen, auch diese nonverbalen Botschaften in den Griff zu bekommen. Jeder Zuhörer ist auch Zuschauer. Eine Rede kann noch so gut aufgebaut sein – sie erzielt nicht die gewünschte Wirkung, wenn der Redner durch sein Auftreten die Zuhörer ablenkt, verunsichert oder verärgert. Der gute Redner steht aufrecht da und schaut seinen Zuhörern in die Augen. Die Bewegungen seiner Hände führen vom Mund weg, als ob er seine Worte ins Publikum werfen möchte. Machen Sie nicht den Fehler, dass Sie mit der Hand (oder beiden Händen) in der Hosentasche referieren, Ihren Daumen in die Hosentasche hängen oder die Finger in die Innentaschen Ihrer Jacke schieben; mit den Augen am Manus-

kript kleben; sich häufig mit der Hand den Mund bedecken; mit dem Kugelschreiber, der Brille, der Pfeife oder anderen Gegenständen spielen; dauernd auf der «Wanderschaft» sind; stehen Sie aber auch nicht stocksteif da.
Sie dürfen durchaus hin und wieder einen Schritt zur Seite oder gegen das Publikum machen. Machen Sie auch nicht den Fehler, sich hinter dem Pult verstecken oder sich daran festklammern oder ständig mit erhobenem Zeigefingerr sprechen. Beobachten Sie sich selbst oder lassen Sie sich durch andere auf solche störenden Gewohnheiten und Ticks aufmerksam machen.
Ein Pantomime vermag auch ohne Worte alles auszudrücken, was ihn bewegt. Jeder Redner ist in einem gewissen Masse auch Pantomime. Nur sollte er es bewusst sein und nicht unbewusst alles ausdrücken, was in jedem Augenblick in ihm vorgeht (denn das könnte seine Botschaft empfindlich stören). Jede Gebärde drückt irgendetwas aus, jede Gebärde kann irgendwie gedeutet werden. Dieser Tatsache muss sich der Redner bewusst sein.
Es wäre aber sicher falsch, die Bedeutungen von Gebärden auswendig zu lernen und die verschiedenen Gebärden an den entsprechenden Orten im Vortrag zu plazieren. Nur das nicht. Denn solche «auswendiggelernten» Gesten wirken ganz und gar unnatürlich und unecht. Sie stehen dem Redner bloss im Weg, sich selbst zu sein und seine eigenen, persönliche Gebärdensprache zu entwickeln.
Konzentrieren Sie sich vielmehr darauf, sich selber zu beobachten und auch die Beobachtungen anderer zur Kenntnis zu nehmen. Aufgrund dieser Selbst- oder Fremdbeobachtungen können Sie dann versuchen, Ihre Gebärden zu deuten, das heisst: zu untersuchen, welche Einstellung oder welches Motiv dieser oder jener Gebärde zugrundeliegen könnte. Wenn Sie sich dann über diese Einstellungen und Motive Gedanken machen, kann das für Sie selbst sicher sehr aufschlussreich sein. Eines jedoch steht fest: Eine Gebärde wirkt nur dann überzeugend, wenn sie echt ist; wenn sie das ausdrückt, was Sie tatsächlich denken oder empfinden.
Nach diesen Bemerkungen über das nonverbale «Reden» jetzt zum eigentlichen Reden. Eine ganz zentrale Bedeutung kommt dem richtigen *Atmen* zu. Überlegen wir uns zunächst kurz, wie die Worte eigentlich zustandekommen, die dann beim Zuhörer «landen» sollen: Im *Gehirn* wird ein Gedanke «geboren» und «formuliert». Vom Gehirn aus ergeht dann der Befehl an die Muskulatur der *Stimmbänder,* sich zu bewegen. Die Bewegung erzeugt eine *Schwingung.* Und diese Schwingung wird mit *Luft* zusammen zum *Ton.* Die Luft (der Atem) transportiert den Ton vom *Kehlkopf* in die *Mundhöhle.* Hier wird er durch die *Sprechwerkzeuge* zum Vokal geformt. Und der Vokal wird dann schliesslich durch den Atem «aus der Höhle gestossen».
Diese Darstellung soll nur zeigen, welche Bedeutung die Luft (das Atmen) für das Sprechen eigentlich hat. Wozu braucht der Redner eine richtige Atemtechnik? – Aus vier Gründen[71]: um auch längere Sätze «in einem Atemzug» durchzustehen – um die verschiedenen Resonanzräume im Körper zum Klingen bringen zu können – um «geräuschlos» ein- und ausatmen zu können – um den erforderlichen Sauerstoffwechsel besser aktivieren zu können.
Atmen ist an sich eine natürliche Bewegung, die aber in unserer Zeit bei vielen Menschen nicht mehr natürlich richtig funktioniert. Unsere hektische, gestresste Lebensweise zeigt auch da ihre Wirkungen (Naturvölker haben sich über das richtige Einat-

---

71 vgl. Altmann (1978)

men wohl kaum den Kopf zerbrochen). So beschränkt man sich häufig allein auf die Brustatmung, dass heisst: auf einen kurzen «Luftschnapper», bei dem man die Schultern hochzieht. Richtig wäre eine Atemweise, bei der man beide Lufträume füllt: die Brust und den Bauch. Wenn wir liegen, atmen wir richtig: mit dem Bauch. Versuchen Sie sich an diese Atemweise zu erinnern und sie bewusst nachzuvollziehen.
Die Resonanz macht den Ton. Wie die Saiten einer Geige ohne Gehäuse nicht tönen, sind auch die Stimmbänder auf Resonanzräume angewiesen: den Brustkorb und die Bauchöhle für die tiefen Töne, den Kopf mit der Mundhöhle für die hohen Töne. Damit die Resonanzräume wirklich zum Tönen kommen, sind zwei Voraussetzungen nötig: *genügend Luft* und *offene Durchgangswege* (ein heiserer Hals beispielsweise stellt eine Sperre dar). Der Resonanzboden des Körpers sind die Knochen. Sie geben die Resonanz weiter. Wenn Sie Ihre Resonanzräume richtig ausnützen, vibriert Ihr ganzer Körper mit (wenn Sie auf einem guten Holzboden stehen, schwingt sogar der Boden mit). Neben der Körperresonanz spielt natürlich auch die *Raumresonanz* eine Rolle. Treffen Schallwellen auf schwingungsfähige Materialien auf, so schwingen diese mit und helfen dadurch, eine Stimme zu verstärken (zu den besten Resonanzträgern gehört Holz).
Nun aber zurück zum eigenen Körper: Um Ihre Stimme zum Tönen zu bringen, können Sie folgendes tun[72]: Beginnen Sie Ihre Rede mit einer so tiefen Stimme wie möglich. Benützen Sie Pausen, um Hals und Sprechwerkzeuge zu entspannen. Artikulieren Sie deutlich: Vor allem die Geräuschlaute (p, t, k, f, pf, ch ...) sollten Sie besonders stark betonen. Sprechen Sie «extravertiert» durch ein bewusstes «Aus-sprechen» (Hinaus-sprechen) und durch gespitzte Lippen.
Für die Artikulation gilt: Belastung der Lippen, mässige Belastung der Zunge, geringste Belastung der Halszone. Dehnen Sie die einzelnen Silben «zeitlupenartig»; lassen Sie die einzelnen Vokale voll ausklingen. Um den Hals zu reinigen, empfiehlt es sich (statt sich bis zur Heiserkeit zu räuspern und zu husten), geeignete Tabletten zu lutschen. Tragen Sie keine einengenden Kleider. Überladen Sie sich nicht den Magen vor dem Reden. Atmen Sie bei jeder Gelegenheit: nach jedem Komma, jedem Punkt, jedem Abschnitt.
Nichts langweilt und ermüdet den Zuhörer mehr, als wenn ein Redner monoton (im immer gleichen Tonfall) spricht. *Variieren Sie deshalb das Sprechtempo.* Unterbrechen Sie Ihren Redefluss durch verschieden lange Pausen. *Variieren Sie die Stimmlage.* Modulieren Sie Ihre Stimme: eine ruhige und tiefe Stimme im Erregungs-Tief, eine hohe Stimme im Erregungs-Hoch (nicht blechern). *Variieren Sie die Lautstärke* von leise bis laut (nie zu laut). *Variieren Sie die Betonung.* Betonen Sie nicht mehr als ein Wort in jedem Satz (den «Gipfel»).
Wichtig ist: *Sprechen Sie langsam.* Schnelles Reden ist der grösste Feind der guten Aussprache, führt zu Monotonie, Farblosigkeit, zu Aussprachefehlern und erfordert auch mehr Kraft. Die Zuhörer verstehen schlecht, haben keine Zeit, einen Gedanken wirklich aufzunehmen, können sich keine Notizen machen, werden schneller müde und schalten schneller ab. Schnelles Reden wirkt zudem nervös. Die Zuhörer haben das Gefühl, der Redner sei unsicher und wolle sich so schnell als möglich über die Runden bringen. Deshalb: Sprechen Sie langsam (man spricht selten *zu* langsam). *Pausen haben es in sich.* Die meisten Redner haben keinen Mut zur Pause.

---

[72] vgl. Altmann (1978)

Sie befürchten, die Zuhörer könnten das Schweigen als Steckenbleiben interpretieren. Dabei können richtige Pausen die Wirkung einer Botschaft gewaltig erhöhen: Die Zuhörer brauchen eine gewisse Zeit, um das Gehörte wirklich aufnehmen und verarbeiten zu können (sie hinken stets etwas hinter dem Redner her). Zudem wird eine Aussage durch die Pause hervorgehoben (betont). Der Redner kann sich für einen Augenblick entspannen und seine Gedanken ordnen.

Richtige Pausen machen heisst: die Spannung und das Interesse erhöhen. Wann aber ist eine Pause «richtig»? Erstens wenn der Zeitpunkt stimmt und zweitens wenn der Blickkontakt mit den Zuhörern aufrechterhalten wird. Pausen sind angebracht vor bzw. nach einem Höhepunkt, einer wichtigen Erklärung, einem Sinnabschnitt, einer Zusammenfassung oder wenn das Publikum unruhig wird. *Keine Pause* ist angebracht vor und unmittelbar nach Aussagen, die für das Publikum unangenehm sind. Der Augenkontakt mit den Zuhörern darf während der Pause nicht abreissen. Als Redner dürfen Sie die Zuhörer keinen Augenblick aus Ihrem Bann entlassen. Pausen sind wichtig. Denn vieles, was der Redner sagt, wirkt erst durch die Pause. Deshalb: Haben Sie den Mut, Pausen zu machen.

Ein nächster wichtiger Punkt betrifft die *Verständlichkeit*. «Die auf uns, in Verbindung mit dem Omega-5-Programm, das wir in den letzten Tagen ausführlich besprochen haben, in Zukunft zukommenden Aufgaben sind nur durch gemeinsame, das heisst, alle Mitarbeiter unseres Hauses betreffende Anstrengungen zu lösen.» Ein solcher Satz dürfte in keinem Referat vorkommen. Er ist schlicht eine Zumutung für den Zuhörer.

Die wichtigsten Regeln für einen guten Satzbau sind[73]: Pro Satz nicht mehr als *eine* Tatsache, *einen* Gedanken, *eine* Personen-, Zeit- oder Ortsangabe. Wählen Sie aktive statt passive Formulierungen. Sprechen Sie in der Sie-Form. Brauchen Sie kurze Sätze (maximal 25 Wörter) sowie griffige Bilder und Formeln.

Der oben zitierte Gedanke lässt sich auch so ausdrücken: «Wir haben in den letzten Tagen ausführlich über das Omega-Programm gesprochen. Sie kennen es jetzt. Wie wissen jetzt auch, welche Aufgaben auf Sie zukommen werden. Geben wir uns einen Ruck. Wenn jeder sein Bestes gibt, werden wir es schaffen.»

Wie verhält man sich bei Pannen? Was tun, wenn man bei einem Vortrag plötzlich den roten Faden verliert und nicht mehr weiter weiss? Am besten ist es, den letzten Satz nochmals ganz langsam nachzusprechen. Wenn Sie jetzt den roten Faden noch nicht gefunden haben, wiederholen Sie den Satz halt noch ein zweites Mal oder ein drittes Mal (diesmal in veränderter Form, zum Beispiel als Frage). Wenn es jetzt immer noch nicht klappt, wechseln Sie mit einem eleganten Übergang zum nächsten Stichwort. Denken Sie daran: Sie können auf einer Bühne alles machen, sofern Sie so tun, als sei es das Selbstverständlichste der Welt. Sagen Sie deshalb Ihren Zuhörern nie, dass Sie den Faden verloren haben, steckengeblieben sind oder ein Stichwort vergessen haben.

Was tun Sie, wenn Sie sich versprochen haben? Sagen Sie auf keinen Fall: «Entschuldigung» sondern wiederholen Sie ganz einfach das Wort nochmals (wenn es wichtig ist) oder sprechen Sie weiter, wie wenn nichts passiert wäre. Auch *Zwischenrufe* aus dem Publikum können einen aus dem Konzept bringen. Überlegen Sie sich am Anfang Ihrer Rede, ob Sie überhaupt auf Zwischenrufe oder Fragen eingehen wollen

73 vgl. Altmann (1978)

(es erfordert einige Erfahrung). Vereinzelte Zwischenrufe überhören Sie einfach. Sind es mehrere, versuchen Sie, zu *verschieben:* «Ich komme in meinem Referat bestimmt noch auf einige Punkte zu sprechen, die Sie jetzt beschäftigen. Sollten am Ende noch Fragen offen sein, bin ich gerne bereit, darauf einzugehen. Ich bitte Sie, sich solche offenen Fragen bis zur Diskussion aufzuheben.»

Ein weiterer Punkt betrifft *Füllaute* wie «äh», «gell», «nicht wahr» oder «mmm». Solche Füllaute können eine Rede zu einer echten Strapaze für die Zuhörer werden lassen. Bemühen Sie sich deshalb, solche schlechten Gewohnheiten auszumerzen (oder gar nicht erst aufkommen zu lassen). Wer das Gefühl hat, er rede manchmal zu wenig fesselnd, der soll das bewegungsloseste Gesicht im Raum suchen, seine Worte an dieses «Gesicht» richten und versuchen, es zu einer Reaktion zu bewegen. Dann gibt es immer noch die Möglichkeit, ein neues Problem in Form eine Frage zur Sprache zu bringen (und diese Frage dann zu beantworten).

Um die eigenen Fähigkeiten als Redner zu beurteilen oder sie durch Zuhörer beurteilen zu lassen, können die Fragebogen in Abbildung 143/144/Anhangband verwendet. Schliesslich noch eine Bemerkung zu den *Medien.* «Ich bin ganz Ohr» – dieser Ausdruck besagt, dass jemand ganz bei der Sache, ganz «auf Empfang» eingestellt ist. Nicht jeder Mensch nimmt gleich auf wie der andere. Der eine ist mehr ein «Augenmensch», der andere eher ein «Ohrenmensch». Um die Verständigung zu erleichtern und die Wirkung einer Botschaft zu verstärken, ist es deshalb manchmal notwendig, die (auditive) Botschaft mit visuellen oder audio-visuellen Hilfsmitteln (Medien) zu unterstützen.

Medien *können* die Vermittlung einer Botschaft erleichtern, unterstützen und ergänzen (daran gibt es nichts zu rütteln). Diese Erkenntnis hat aber manche Leute dazu gebracht, in den Medien das «Allerweltsheilmittel» für den Erfolg zu sehen. «Ein Hellraumprojektor muss her, ein Vortrag ohne Hellraumprojektor ist kein richtiger Vortrag». Wer so redet, vergisst, worauf es bei einem Vortrag letzten Endes ankommt: auf den Mensch, der ihn hält.

Der Mensch «aus Fleisch und Blut» ist es, der durch seine Persönlichkeit (sein Engagement, seine Überzeugungskraft) die Wirkung einer Botschaft am stärksten bestimmt. Damit soll die Bedeutung der Medien nicht herabgemindert werden – ganz und gar nicht (es wäre oft bitter nötig, dass ein Referent sein trockenes Referat durch den Einsatz von Medien etwas ansprechender gestaltet...). Nur: Ein Medium ist ein *Hilfsmittel* – eine Garantie für den Erfolg aber ist es nicht.

(Zwecks Feststellung des «Vertrauens als Redner» siehe Abb. 143/Anhangband; zwecks «Beurteilung des Sprechvertrauens» siehe Abb. 144/Anhangband.)

56 Information

Informationen und Informationssysteme sind für die Koordination arbeitsteilig strukturierter sozialer Systeme unerlässlich. Sowohl die Erreichung von Krankenhaus- wie auch von Individualzielen hängt in hohem Masse von einem gut funktionierenden Informationssystem ab.

561 Begriff und Bedeutung der Information

Information ist nach herrschender Meinung weder Materie noch Energie, sondern ein immaterielles Arbeitsmittel eigener Art, mit dessen Hilfe Organisationsziele erst erreichbar werden. Der Begriff «Information» wird in verschiedenen Bedeutungen angewendet:

- *Information im Sinne von Nachricht,* d.h. als Folge von Zeichen/Signalen, die für einen Sender und/oder Empfänger eine bestimmte Bedeutung, einen bestimmten Sinn haben (semantische Ebene). «Hast du diese Information über die Heirat von Prof. Theiger von Eva?»
- *Information im Sinne von zweckbezogener Nachricht,* d.h. als Nachricht, die nicht nur verständlich ist und eine bestimmte Bedeutung hat, sondern auch auf einen bestimmten Zweck ausgerichtet ist und zur Beeinflussung einer oder mehrerer Personen verwendet wird (pragmatische Ebene). Zum Inhalt kommt somit die Adressierung der Nachricht hinzu. «Haben Sie mir noch zusätzliche Informationen zu diesem Fall?»
- *Informationen im Sinne von Informieren,* d.h. als Tätigkeit, die darin besteht, eine oder mehrere Personen mit zweckbezogenen Nachrichten zu versorgen, die deren Wissenstand erhöhen. «Hast du die anderen der Gruppe informiert?»
- *Information im Sinne von Informiert-Sein,* d.h. als Ergebnis der Gewinnung, Übermittlung und Verarbeitung von zweckbezogenen Nachrichten. «Wann fängt denn das Ganze an? Ist da eigentlich niemand richtig informiert?»

Im Rahmen betrieblicher Information ist es sinnvoll, zwischen Information und Nachricht zu unterscheiden und Information als *zweckorientierte* und *entscheidungsorientierte* Nachricht zu verstehen, die beim Empfänger zu einer *Erhöhung seines Wissensstande* führt bzw. seine Ungewissheit vermindert[74].
Information ist nicht mit Kommunikation zu verwechseln: Kommunikation ist ihrem Wesen nach auf eine zwischenmenschliche Verständigung, auf die Bildung einer verbindenden und zusammenhängenden sozialen Einheit ausgerichtet (lat. communis = gemeinsam). Information hingegen bedeutet übersetzt «Auskunft», «Aufklärung», «Unterricht» (von einer gegenseitigen Verständigung bzw. von Gemeinsamkeit ist dabei nicht die Rede). Während Kommunikation eine spezifische Form der Interaktion darstellt und durch eine Bewegung der Wechselseitigkeit charakterisiert ist, stellt Information grundsätzlich einen einseitigen Vorgang dar: Eine Person informiert eine andere (im Unterschied dazu: eine Person kommuniziert *mit* einer anderen). Ohne Zweifel ist jede Organisation auf ein gutes Informationssystem angewiesen. Noch wichtiger aber ist ein gutes Kommunikationssystem[75]. Hier besteht häufig erheblicher Mangel. Wenn Vorgesetzte «Untergebene», «Arbeiter» im Sinne Taylors unter sich wissen wollen, dann reicht Information völlig aus. Allerdings muss dann solchen Untergebenen auch zugestanden werden, immer und überall Fehler zu produzieren, wo die Information fehler- oder lückenhaft ist. Wenn Vorgesetzte hingegen «Mit-Arbeiter» wollen, Menschen also, die mit-denken und sich mit-verantwortlich fühlen, dann ist das nur mit Kommunikation zu erreichen.

74 vgl. Grunwald (1983)
75 vgl. Saamann (1984)

Verhaltenswissenschaftliche Erkenntnisse und betriebliche Erfahrungen zeigen klar, dass der Information im Betrieb zentrale Bedeutung zukommt. Die unumgängliche Arbeitsteilung, Spezialisierung und Rationalisierung, die enge Verkettung und gegenseitige Abhängigkeit vieler Arbeitsprozesse machen einen Austausch von Informationen notwendiger denn je (auf der andern Seite aber wird dieser Austausch gerade durch Arbeitsteilung und Spezialisierung erheblich erschwert).
Dadurch, dass viele Zusammenhänge nicht mehr überschaubar sind, entstehen oft Konfliktsituationen, die häufig damit zusammenhängen, dass die Beteiligten nicht ausreichend informiert sind. Die Komplexität der Tätigkeiten an sich und ihre gegenseitige Verkettung erfordern vom Mitarbeiter mehr Einsicht in Sachverhalte und Zusammenhänge als früher. Mitarbeiter müssen mitwissen und verstehen, um selbständig und mitverantwortlich entscheiden und handeln zu können.
Die heutigen Arbeitssysteme erfordern neben der formalen auch die informale Kooperation. Für diese spontane Zusammenarbeit benötigt der Mitarbeiter mehr als nur jenes Minimum an Informationen, das die Durchführung eines Auftrages erfordert. Er braucht Begründungen, Wissen um Sachverhalte/Zusammenhänge und Hintergrundinformationen.
Parallel zu dieser sachlichen (objektiven) Notwendigkeit ist auch das subjektive Bedürfnis des Mitarbeiters nach Mitwissen und Mitsprache gewachsen. Immer seltener begnügt sich der Mitarbeiter damit, Aufträge einfach hinzunehmen und auszuführen. Er verlangt nach Begründungen, Erklärungen, Einsicht in Zusammenhänge. Er will das Gefühl haben mit seiner Arbeit einen für den Betriebserfolg wesentlichen Beitrag zu leisten. Dieses Gefühl bekommt er nur, wenn man ihn auch mitwissen lässt.
Das Betriebsklima und die individuelle Arbeitszufriedenheit sind stark vom Informationssystem abhängig. Ein interessanter Aspekt in diesem Zusammenhang ist der, dass jemand, der nicht informiert ist, ohne rational begründbare Sicherheit vertrauen, glauben und für richtig halten muss, was eine erhebliche Vertrauensbelastung der Mitarbeiter bedeutet[76]. Diese Belastung kann durch Information vermindert und damit zugleich echtes Vertrauen gefestigt werden.
Untersuchungen haben zudem gezeigt, dass ein klar erkennbarer Zusammenhang besteht zwischen Information und Leistung: Der Mitarbeiter leistet mehr, wenn er rasch und oft über die Ergebnisse seiner Anstrengungen informiert wird (Feedback). Seine Leistungsmotivation ist grösser, wenn er Vorgänge und Zusammenhänge überblickt und versteht, warum er etwas macht (nur der setzt sich voll ein, der überzeugt ist von dem, was er tut). Kurz gesagt: Das Erfüllen qualifizierter Aufgaben erfordert Mitdenken. Mitdenken aber erfordert Mitwissen. Mitwissen entsteht durch Information.
Mit dem Wachsen des objektiven Informationsbedarfs der Organisation und der subjektiven Informationsbedürfnisse der Mitarbeiter nehmen aber zugleich die Informationsschwierigkeiten zu (das kann jeder aus eigener Erfahrung bestätigen). Bevor konkrete Massnahmen zur Verbesserung der Information ins Auge gefasst werden, muss man sich über das *Wesen* innerbetrieblicher Information im klaren sein[77]. Es besteht einerseits in der Übermittlung von Sachmitteilungen, Gedanken und schöpferischen Ideen, genauso aber auch im Beachten und Beeinflussen von Kontakten, Ver-

---

[76] vgl. Bräutigam (1975)
[77] vgl. Bräutigam (1975)

haltensweisen, Gefühlen, Einstellungen und Meinungen. «Insofern sind Informationen sehr wohl Sachmitteilungen, Erklärungen, Berichte, Anordnungen und Anweisungen, zugleich aber auch Akte mitmenschlicher Begegnung mit und durch das Wort. Im Informieren liegt deshalb sowohl Rationales als auch Emotionales, wodurch sich das blosse zweckdienliche Mitteilen in eine sozialpsychologische Urfunktion verwandelt, die als Kommunikation bezeichnet wird, die der ‚eigentliche Träger des sozialen Geschehens' ist.»[78]

Ob innerbetriebliche Information in echte zwischenmenschliche Kommunikation mündet, hängt in erster Linie vom Vorgesetzten ab. Er ist es, der zweckdienliche Mitteilungen in «Akte mitmenschlicher Begegnung» verwandeln kann. Er ist es, der erstens Interesse an menschlichen Kontakten haben und zweitens dieses Interesse auch konkret ausdrücken muss. Und zwar nicht, weil es «taktisch klug» ist (damit ist nicht sehr viel zu erreichen), sondern weil er von der Bedeutung solcher Kontakte überzeugt ist und diese Überzeugung auch engagiert vertritt.

Im Vordergrund der Information steht das *Verständlich-Machen* von Sachverhalten und Zusammenhängen. So wesentlich indes das Verständlichmachen ist, so sehr kommt es letzten Endes auf das *Verstehen* an. Der Empfänger ist es schliesslich, der eine Information verstehen und akzeptieren soll. Dass ein Mitarbeitre die Anordnung seines Vorgesetzten akzeptiert, hängt wohl von rationalen, viel stärker aber von emotionalen Faktoren ab. Der Vorgesetzte ist es, der durch sein gesamtes Verhalten und Akzeptieren von Informationen sehr wesentlich mitbestimmt.

Innerbetriebliche Information als «Gesamtheit aller mündlichen, schriftlichen, bildlichen und verhaltensmässigen Äusserungen, die im Betrieb von Mensch zu Mensch direkt oder indirekt fliessen»[79] strebt Mitwissen, Mitdenken und Mitverantwortung an und darf nicht als Mittel zur Manipulation der Organisationsmitglieder eingesetzt werden. «Denn nur der kann verantwortlich handeln, der wahr und uneingeschränkt informiert ist.»[80] Zusammengefasst sind innerbetriebliche Informationen[81]:

- *Absichts- und Willenskundgaben* mit dem Ziel, die betrieblichen Aufgaben klarer zu begreifen und besser zu bewältigen. In diesem Sinne sind alle Informationen aufgabenbezogen.
- *Aufhellungsmöglichkeiten,* die es den Mitarbeitern ermöglichen, sich sinnvoll in das Ganze eingeordnet zu fühlen. Daraus kann sich Verständnis, Kooperationsbereitschaft, Mitverantwortung und Selbständigkeit entwickeln.
- *Mitmenschliche Begegnungen,* die über Sachmitteilungen hinaus den Gedanken der Solidarität verfolgen. Der Vorgesetzte lässt den Mitarbeiter an seinen Gedanken/Ideen/Vorstellungen teilhaben und gibt ihm damit die Möglichkeit zum Anteil-nehmen und mit-denken.
- *Ausdruck von Wertschätzung und Achtung* den Mitarbeitern gegenüber. Information in diesem Sinne beweist, dass der Mitarbeiter nicht nur als «Mittel zum Zweck» betrachtet, sondern als Individuum respektiert wird.

Dass durch Informationen, die diese Aufgaben erfüllen, vermehrt Verständnis, echte Mitarbeit, Solidarität und Vertrauen entsteht, ist offensichtlich.

---

78 Bräutigam (1975)
79 Feurer (1959), zit. nach Bräutigam (1972)
80 Feurer (1959)
81 vgl. Bräutigam (1972, 1975)

562 Informationsbedürfnisse

Wie Untersuchungen zeigen, betrachten Mitarbeiter ihre Informationswünsche häufig als nicht ausreichend befriedigt. Andererseits betonen Vorgesetzte immer wieder, dass sie ihre Mitarbeiter mit allen Informationen versorgen, die für die Aufgabenerfüllung notwendig sind. Dieser Widerspruch löst sich auf, wenn man zwischen funktionalen und sozio-emotionalen Informationen unterscheidet:

- *Funktionale Informationen* dienen dazu, den objektiven Informationsbedarf der Aufgabenträger zu decken und damit zu einer optimalen Aufgabenerfüllung bzw. Zielerreichung beizutragen.
- *Sozio-emotionale Informationen* dienen dazu, die subjektiven Informationsbedürfnisse der Organisationsmitglieder zu befriedigen und damit zu ihrer Zufriedenheit beizutragen.

Es mag durchaus zutreffen, dass ein Mitarbeiter über alle funktionalen Informationen verfügt, die er benötigt, um seine Aufgabe zu erfüllen – und doch fühlt er sich nicht ausreichend informiert.
Hinter den subjektiven Informationsbedürfnissen stehen grundlegende menschliche Bedürfnisse:

- *Bedürfnis nach Anerkennung/Wertschätzung:* Wie sehr das «Nicht-für-wert-Befinden» für Informationen kränkt, ist bekannt («Und ich weiss natürlich wieder einmal von nichts»).
- *Bedürfnis nach Kontakt:* Mit der Erfüllung dieses Bedürfnisses kann der Mensch Isolierung und Einsamkeit überwinden («Ich bin nicht allein»). Auch das Bedürfnis, irgendwo dazuzugehören, ist in diesem Zusammenhang zu sehen.
- *Bedürfnis nach Sicherheit:* Wissen ist eine Urmöglichkeit des Menschen, sich in seiner Umwelt zurechtzufinden, sich zu «orientieren» («Man hat mich ja gar nicht orientiert»).
- *Bedürfnis nach Macht/Überlegenheit:* Wissen verschafft Ansehen, Macht, Geltung, Einfluss (nicht umsonst ist die Informationsbereitschaft der Führenden und Wissenden oft so gering).
- *Bedürfnis nach Wissen, Erkennen und Verstehen:* Die Suche nach Erkenntnis im weitesten Sinne ist ein zutiefst menschlicher Drang.

Solche Bedürfnisse und Wünsche sind kognitive und emotionale Kräfte, die die Arbeitssituation mindestens ebenso stark beeinflussen wie sach-rationale Gegebenheiten. Dessen muss sich jeder Forgesetzte bewusst sein und über den aufgabenbezogenen Informationsbedarf hinaus auch die personenbezogenen Informationsbedürfnisse berücksichtigen. Welche Informationsbedürfnisse haben meine Mitarbeiter?
– Ohne Antwort auf diese Frage ist keine erfolgreiche Information möglich. Denn: Wie soll ich meine Mitarbeiter ausreichend informieren, wenn ich nicht weiss, was «ausreicht»?
Der Bedarf eines Mitarbeiters nach *aufgabenbezogenen Informationen* hängt hauptsächlich von seiner *Aufgabe*, seiner *Stellung* in der Hierarchie und seiner *Selbständigkeit* ab (der eine Mitarbeiter ist dankbar für Informationen, die einem andern das Gefühl von Bevormundung vermitteln). Das Bedürfnis nach *personenbezogenen Informationen* ist umso grösser, je mehr ein Mitarbeiter mit rein ausführenden Tätigkei-

ten betraut ist. Natürlich ist auch dieses Informationsbedürfnis individuell verschieden ausgeprägt: Der eine ist z.B. an der Kenntnis gewisser Zusammenhänge brennend interessiert, während ein anderer sich kein bisschen darum kümmert. Beim einen steht das Bedürfnis nach Geltung im Vordergrund, während er einem andern einfach um den persönlichen Kontakt geht. Die Informationsbedürfnisse der Mitarbeiter sind:

- Von ihrer Tätigkeit, ihrer Position, ihrer Selbständigkeit/Emanzipation abhängig.
- Individuell verschieden: unterschiedlich gelagert/unterschiedlich stark.
- Schwankungen unterworfen: Was mich heute interessiert, kann mich morgen kühl lassen. Daneben aber gibt es Dinge, über die ich immer informiert sein möchte.

Aus dem bisher Gesagten ergibt sich, dass die Informationen nicht auf die blosse Aufgabenerfüllung allein beschränkt bleiben dürfen. Andererseits aber ist genauso unzweckmässig, zu breit gestreut zu informieren. Als Anhaltspunkt für die Erfassung von Informationsbedürfnissen eignen sich das Konzept der *fünf konzentrischen Kreise* (Abb. 162)[82]:

- Informationen, die *zur Aufgabenerfüllung unmittelbar notwendig* sind und sich aus der Aufgabenstellung bzw. Zielsetzung ergeben.
- Informationen, die *zur selbständigen Aufgabenerfüllung erforderlich* sind: zusätzliche Hinweise und Erläuterungen, die dem Mitarbeiter helfen, auch Zweifelsfälle ohne viel Rückfragen zu erledigen. Die Inhalte ergeben sich aus den Sachgebieten.
- Informationen über andere Stellen, die für eine *gute Koordination* erforderlich sind (und mit der eigenen Aufgabe zusammenhängen).

Abbildung 162: Informationsbedürfnisse[128]

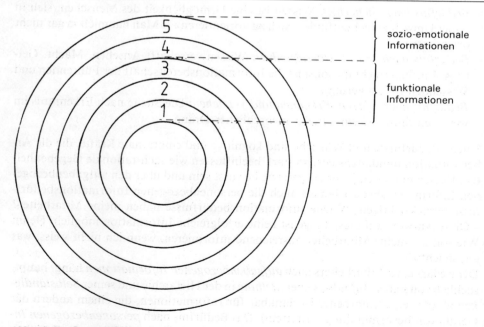

128 vgl. Kaufmann (1963)

Solche Informationen sind *direkt aufgabenbezogen.* Sie wirken sich auf die Aufgabenerfüllung unmittelbar aus. Werden sie vernachlässigt, kommt es zu *mangelhaften Arbeitsergebnissen.*

- *Informationen über das Krankenhaus:* personelle und soziale Probleme, Ziele, Arbeitsergebnisse, Betriebspolitik, Organisation, Führungsprobleme usw.
- Informationen über die *Umwelt* des Krankenhauses: Stellung, Geltung des Krankenhauses, gesundheitspolitische Fragen usw.

In solchen «Background-Informationen» werden Sinn- und Wertaspekte der Arbeit angesprochen; sie wirken sich auf die Zufriedenheit unmittelbar, auf die Aufgabenerfüllung mittelbar aus. Werden sie vernachlässigt, kommt es zu Gerüchten, Verwirrung, Spannungen und Unzufriedenheit. Diese Informationen sollten auf den Standort und die Auffassungsgabe der Mitarbeiter zugeschnitten sein. Dabei ist nicht zu eng zu verfahren, weil allein schon die Existenz der Information einen stimulierenden Effekt hat.

Kostet eine so umfassende Information nicht zuviel Zeit? Sicher erfordern solche Informationen im Sinne kooperativer Führung mehr Zeit als bei einem anderen Führungsstil, besonders wenn ein solcher Informationsstil neu eingeführt wird. Nach der Anlaufphase sinkt jedoch benötigte Aufwand.

Und das *Ergebnis* solch umfassender Information? – Bessere Arbeitsergebnisse und zufriedene Mitarbeiter. Wenn nämlich diese Informationen fehlen,

- werden Aufträge nicht, nur mangelhaft oder zu spät ausgeführt (Delegation ohne entsprechende Information ist sehr riskant)
- kommt es zu Verwirrungen, Spannungen und Konflikten (weil nicht klar ist, wer was wann wie tun soll)
- geht wertvolle Zeit verloren: Aufträge werden doppelt ausgeführt oder der Mangel an Informationen wird durch falsche, aufwendige «Kreativität» kompensiert
- entstehen Unsicherheit, Ungewissheit, Gerüchte, Misstrauen, Angst
- fehlen notwendige Grundlagen für Entscheidungen
- sinkt die Leistungsmotivation, das Interesse an der Arbeit, die Bereitschaft, Verantwortung zu tragen und die Bindung an Aufgabe und Betrieb
- ist es unmöglich, verschiedene Tätigkeiten und Aufgaben zu koordinieren.

Mangel an Informationen ist der grösste Feind richtigen Handelns.

563 Informationsfluss

Soll die innerbetriebliche Information ihre Zwecke erfüllen, müssen die Informationen fliessen; sie dürfen weder unterwegs steckenbleiben oder irgendwo «versanden», noch sich so verändern, dass man sie am Ziel kaum mehr wiedererkennt. Grundvoraussetzung dafür ist natürlich die Bereitschaft aller, Informationen anzufordern, abzugeben und weiterzuleiten. Betrachtet man den Informationsprozess, so lassen sich verschiedene Phasen logisch unterscheiden (Abb. 147)[83]: Informationsaufnahme und -verarbeitung, Informationsspeicherung und Informationsübermittlung.

82 vgl. Kaufmann (1963), nach Bräutigam (1975)
83 vgl. Grunwald (1983)

Informationsaufnahme und -verarbeitung

Der Mensch verfügt als «informationsverarbeitendes System» nur über eine begrenzte kognitive Verarbeitungskapazität, aufgrund derer innerhalb einer gegebenen Zeitspanne nur eine begrenzte Informationsmenge aufgenommen, gespeichert, verarbeitet und reproduziert werden kann. Dies ist ein wichtiger Grund für die Tatsache, dass der Mensch vor dem Hintergrund seiner Einstellungen, Werte usw. zur Reduktion von Umweltkomplexität neigt, das heisst dazu tendiert, komplexe Sachverhalte zu vereinfachen. Dabei werden Informationen selegiert (ausgewählt), akzentuiert, generalisiert und bewertet. Eine Informationsüberlastung wird relativ schnell erreicht, da ein Mensch nur maximal 7 bit für einige Sekunden im Kurzzeitgedächtnis zu speichern vermag.

Bei der Informationsaufnahme und -verarbeitung kommen vielfältige Informationsverzerrungen vor. Hier eine Auswahl davon:

- Verkürzung, Vereinfachung, Verdichtung, Weglassen von Details; Output in der Regel kürzer, einfacher, weniger detailliert als Input;
- Primacy-recency-Effekt: Der mittlere Teil einer Information geht oftmals verloren bzw. wird schlechter erinnert;
- Tendenz zur Geschlossenheit, Symmetrie, Kategorisierung: Unvollständige Informationen werden im Sinne einer «guten Gestalt» ergänzt. Tendenz zur Simplifizierung und Kategorisierung durch Hervorhebung bestimmter und Vernachlässigung anderer Aspekte;
- Tendenz zur Mitte: Tendenz, unter unterschiedlichen extremen Informationen mittlere Informationen zu bevorzugen;
- Annäherung an die ersten Informationen: Tendenz, Mitteilungen im Sinne zuerst empfangener Informationen zu interpretieren;
- Positive Färbung: Tendenz, Informationen für den Adressaten positiv zu färben, um ihm zu gefallen (kommt bei Vorgesetzten wie bei Mitarbeitern vor);
- Bewertung: Jede Information wird bewertet (gut/schlecht, schön/hässlich, viel/wenig usw.), wobei eine Tendenz zur zweiwertigen Logik besteht (Dichotomisierung);
- Überbetonung einer einzigen Informationsquelle unter Vernachlässigung weiterer Informationsquellen, wobei konkrete Informationen stärker beachtet und behalten werden als abstrakte Informationen;
- Tendenz zur Konformität mit Gruppennormen: Informationen, die mit den Gruppennormen nicht im Einklang sind, werden weniger beachtet oder abgewehrt.

Informationsspeicherung

Als Informationsspeicherung wird der Vorgang der zeitlichen Übertragung von Informationen bezeichnet; diese Phase beinhaltet die Informationseingabe, -aufbewahrung und -entnahme. Ziel jedes betrieblichen Informationssystems, ist die Minimierung der Übermittlungszeit von Informationen. Da jedoch ein kontinuierlicher Informationsfluss aufgrund zeitlicher Differenzen zwischen Informationsentstehung, -übermittlung und -verwendung relativ selten ist, müssen Informationen gespeichert werden. Die natürliche Speicherform des menschlichen Gedächtnisses reicht hierfür in der Regel nicht aus, so dass künstliche (technische) Speicher, etwa elektromechanische, fotomechanische und elektronische Verfahren notwendig sind. Grundsätzlich lassen sich zentrale und dezentrale Informationsspeicherung unterscheiden; beide Formen haben Vor- und Nachteile. In der Praxis finden sich zumeist Mischformen mit einer Tendenz zur Informations- und Entscheidungszentralisation analog der betrieblichen Hierarchie. Angesichts der höheren Qualifikation der Mitarbeiter und der zunehmenden Vergrösserung der Handlungs- und Entscheidungsspielräume im Rahmen kooperativer Führung ist jedoch eine gewisse Dezentralisierung im Gange.

Informationsübermittlung

Aus verschiedenen Gründen ist es auch im Krankenhaus erforderlich, wichtige Sachverhalte und Vorgänge schriftlich festzuhalten. Aufgrund des zunehmenden Einsatzes benutzerfreundlicher Computertechnologien wird sich künftig der Anteil schriftlicher Informationen zu Lasten mündlicher Informationen noch erhöhen. Bei der Betrachtung der Vor- und Nachteile beider Arten der Informationsübermittlung sollten jedoch nicht nur technologische und betriebswirtschaftliche Aspekte, sondern auch lern- und motivationspsychologische Erkenntnisse berücksichtigt werden. So steht beispielsweise fest, dass bei aktiver Informationsverarbeitung Informationen besser im Gedächtnis behalten werden als bei passiver (rezeptiver) Informationsaufnahme. Wie folgende Aufstellung zeigt, betragen die durchschnittlichen Gedächtnisleistungen: 10 Prozent des Gelesenen – 20 Prozent des Gehörten – 33 Prozent des Gesehenen – 50 Prozent des Gesehenen und Gehörten – 70 Prozent des Selbstgesprochenen – 90 Prozent des Selbstausgeführten!
Auf die *Wege,* auf denen die Informationsübermittlung erfolgt bzw. auf die Kommunikationskanäle und -strukturen wird in Kapitel 6 eingegangen. Der Erfolg der Aufgabenerfüllung im Krankenhaus und die Zufriedenheit der Mitarbeiter und Vorgesetzten hängt wesentlich davon ab, dass der Informationsfluss in folgende *drei Richtungen* gewährleistet ist: abwärts, aufwärts und seitwärts[84].

Information von oben nach unten

Der Fluss bestimmter Informationen von oben nach unten wird durch das hierarchische Gefälle begünstigt. Das kommt auch in Untersuchungen zum Ausdruck, die deutlich zeigen, dass zwischen Personen mit unterschiedlichen Rängen häufiger ein Informationsfluss von oben nach unten als von unten nach oben stattfindet. Inhaltlich handelt es sich bei den Abwärtsinformationen einerseits um direkt arbeitsorientierte Mitteilungen, die sich auf Aufgaben, Arbeitsziele und -verfahren beziehen (Aufträge, Weisungen, Anordnungen, Ratschläge, Hinweise).
Andererseits hat der Vorgesetzte seinen Mitarbeitern auch Hintergrundinformationen zu liefern, mit denen er sie über wesentliche Zusammenhänge, Begründungen, Absichten und Motive in Kenntnis setzt. Einmal mehr sind auch die Feedbacks zu erwähnen, die sich auf Arbeitsverhalten und -ergebnisse beziehen.
Dass ein Vorgesetzter seine Mitarbeiter informiert, heisst noch nicht, dass diese seine Informationen auch aufnehmen: Sind die Informationen unmittelbar arbeitsbezogen, so erhöhen sie die Rollenklarheit des Mitarbeiters und stossen daher auf sein

84 vgl. Lattmann (1981), Grunwald (1983), Bräutigam (1972)

Interesse. Handelt es sich dagegen um Hintergrundinformationen, so ist die Aufnahme weniger gesichert, entweder weil das Interesse fehlt oder weil Misstrauen gegenüber dem Vorgesetzten oder der Krankenhausleitung vorhanden ist.

Bei Informationen, die über mehrere Stufen nach unten fliessen, besteht bei den einzelnen Stationen die Tendenz zur Zurückhaltung von Informationen; ihr Besitz bringt Macht und Ansehen und erhöht die soziale Distanz zu den Untergebenen. Dies trifft besonders für Hintergrundinformationen zu, während unmittelbar arbeitsbezogene allein schon deshalb abgegeben werden, weil die zweckmässige Aufgabenerfüllung des Mitarbeiters im Interesse des Vorgesetzten ist.

Information von unten nach oben

Diese Informationen fliessen in der Gegenrichtung des hierarchischen Gefälles und müssen sich sozusagen gegen dieses durchsetzen. Es ist denn auch eine alltägliche Erfahrung der Vorgesetzten, dass die Aufwärtsinformationen viel spärlicher fliessen, als es eigentlich notwendig wäre. Inhaltlich geht es hier einerseits um Informationen, die die Aufgabenerfüllung des Vorgesetzten betreffen, indem sie ihm Grundlagen für Entscheidung und Planung liefern. Andererseits beziehen sich die Informationen auf die eigene Aufgabenerfüllung, sowohl im Sinne von Berichten wie auch im Sinne von Anregungen, Beschwerden oder Veränderungswünschen, die über den eigenen Aufgabenbereich hinausgehen können (und sollen).

Hier hat der *Status* der beteiligten Organisationsmitglieder besonders grossen Einfluss auf das Informationsverhalten. Es ist vielfach nachgewiesen worden, dass das Hierarchie- bzw. das Statussystem eine Verzerrung aufwärtsgerichteter Informationen begünstigt. Mitarbeiter tendieren dazu, jene Informationen nach oben zu unterdrücken bzw. zu filtern, aufgrund derer beim Vorgesetzten negative Reaktionen zu erwarten sind. Je grösser die Statusunterschiede, desto verzerrter der Informationsfluss von unten nach oben. Dass diesem Effekt im Krankenhaus besondere Bedeutung zukommt, braucht nicht weiter begründet zu werden.

Ausmass und Art der Aufwärtsinformationen werden besonders beeinflusst durch: Art, Ausmass und Glaubwürdigkeit der von oben erhaltenen Informationen («Echowirkung») – Vertrauen in den Vorgesetzten – die Macht des Vorgesetzten, zu belohnen oder zu bestrafen (in den Augen der Mitarbeiter) – die Aufstiegsbedürfnisse der Mitarbeiter. Generell bedingt die Hierarchie, dass Personen mit hohem Status mit Gleichgestellten häufiger Informationen austauschen als mit Untergebenen; diese streben ihrerseits stärker einen Informationsaustausch mit Personen höherer Positionen an als mit ihresgleichen.

Horizontale Information

Beim Informationsaustausch zwischen gleichgestellten Personen fällt das hierarchische Gefälle weg, was aber nicht heisst, dass auch das Statusgefälle beseitigt ist. Je nach den beteiligten Trägern des Informationsaustauschs zeigen sich starke Unterschiede im Informationsverhalten.

- *Informationsfluss in Arbeitsgruppen:* Diese Form des Informationsaustauschs ist die häufigste Form. Dies beruht einerseits auf der Notwendigkeit der Kooperation und andererseits auf der sozio-emotionalen Bedeutung des Austauschs von Informationen für die Zufriedenheit. Unter Mitgliedern einer Arbeitsgruppe ist Infor-

mationsbereitschaft grundsätzlich hoch, kann aber durch Statusunterschiede beeinträchtigt werden.
- *Informationsfluss zwischen Gruppen:* Obschon ein solcher Informationsfluss aufgrund der weitreichenden Arbeitsteilung sehr notwendig ist, fehlen hier häufig die formalen Informationswege. Ein wesentliches Hemmnis dieser Form des Informationsaustauschs ist häufig das Wir-Gefühl der beteiligten Gruppen/Abteilungen (Eigengruppe – Fremdgruppe). Dazu kommt, dass die Art der Tätigkeit die Wahrnehmung beeinflusst: Je unterschiedlicher die Tätigkeiten sind, desto ausgeprägter sind die Wahrnehmungsunterschiede, die in einer entsprechend selektiven Informationsverarbeitung zum Ausdruck kommen.
- *Informationsfluss zwischen Linie und Stab:* Da Stäbe meist nur Entscheidungen vorbereiten, jedoch keine Entscheidungs- und Anordnungskompetenzen haben, ist diese Form des Informationsaustauschs häufig mit Konflikten belastet.

Neben diesen drei Hauptrichtungen innerbetrieblicher Information spielen auch die folgenden beiden Richtungen eine bedeutende Rolle:
- *Information von aussen:* Mitarbeiter/Vorgesetzte informieren sich über Sachverhalte, Meinungen, Forschungsergebnisse usw. die für die Erfüllung der betrieblichen Aufgaben von Bedeutung sind.
- *Information nach aussen:* Geeignete Personen, die zur Information der Öffentlichkeit, anderer Krankenhäuser oder sonstiger interessierter Stellen befugt sind, vermitteln diesen regelmässige, sachliche Informationen. Solche Information schafft Vertrauen in das Krankenhaus. Sie zeigt der Öffentlichkeit, wie das Krankenhaus seine Aufgaben erfüllt und hilft, Vorurteile und Clichés abzubauen. Da die Wichtigkeit der «Pflege der öffentlichen Beziehungen» allgemein erkannt ist, wurden zur Erfüllung dieser Aufgabe vielerorts eigene *Public-Relations-Stellen* geschaffen. Diesen stehen folgende Informationsmittel zur Verfügung: Benützung der Massenkommunikationsmittel wie Presse, Radio, Fernsehen oder Film; gezielte Mitteilungen an bestimmte Kreise; Betriebsbesichtigungen («Tag der offenen Tür»).

Damit der Informationsfluss wenigstens formal gesichert ist, sollte ein *Informationsplan* bestehen, in dem die wichtigsten Informationswege eingezeichnet sind. Ein Beispiel eines solchen Informationsplans findet sich in Abbildung 44/Anhangband. Betrachtet man zum Beispiel die Informationsverteilung auf einer Station, so lässt sich zunächst einmal eine *Zentrierung* der relevanten «Ausseninformationen» (vom Arzt, von der Oberschwester, von zentralen Einrichtungen usw.) in den Händen der *Stationsschwester* feststellen[85]. Wie bei jeder höheren Position ist es aber auch hier so, dass Informationen nicht bloss bei dieser Position zusammenfliessen, sondern dass sie häufig auch monopolartig dort verbleiben (selbst dann, wenn dies dem gesamten Arbeitsablauf nicht zugute kommt). Nachgeordneten Positionen ist nicht nur der Zugang zu Informationen erschwert, sondern sie erhalten Informationen prinzipiell auch mit zeitlicher Verspätung und nach vorgängiger möglicher Selektion. Der Prozess der Informationsstauung selbst lässt sich schwer erfassen, wohl aber sein Ergebnis: das *positionsspezifisch* verteilte Mass der *Informiertheit*. Bei der

[85] vgl. Siegrist (1978)

Untersuchung dieses Problems wurden drei Bereiche wichtiger Informationen unterschieden:
- Bereich A: Medizinische Angaben zu den Krankheiten der Patienten und zur medizinischen Arbeit des Arztes
- Bereich B: Angaben zur Organisation des Pflegedienstes
- Bereich C: Angaben zum Krankenhaus als rechtlichem und ökonomischem Betrieb

Aus der Tabelle in Abbildung 163 geht hervor, dass der Grad der Informiertheit bei den unmittelbar gegebenen Gegenständen des Arbeitslebens grösser ist als bei den stationsfernen betrieblichen Angelegenheiten. Dass Personen in höherer Position besser informiert sind, kommt in Abbildung 163 ebenfalls klar zum Ausdruck. Die Frage nach der *Informationsquelle* zeigt ein analoges Bild. So sind Stationsschwestern und ihre Stellvertreterinnen über medizinische Massnahmen bei Patienten beinahe exklusiv dadurch informiert, dass der Arzt von sich aus ihnen diese Angaben macht (50% der Nennungen), oder aber, dass sie den Arzt fragen (75% der Nennungen). Untere Ränge beschränken sich meist auf Fragen an die Pflegevorgesetzten oder auf Möglichkeiten des Nachlesens.

Die unterschiedliche Wissensverteilung ist eine Quelle ständiger Störungen und Unterbrechungen, eine Quelle mühsamen Rück- und Nachfragens, ja möglicherweise auch erhöhter Fehler und Pannen bei der Informationsübermittlung. So führen be-

Abbildung 163: Informiertheit im Pflegebereich[129]

Grundauszählung Frage: Informiertheit über wichtige berufliche Belange (N = 119)				
Informiertheit	keine/gering	mittel	gut/sehr gut	
A				
Krankheiten der Patienten	18	43	36	(100%) *
Arbeit des Arztes	40	33	24	(100%)
B				
Dienstplan	35	25	36	(100%)
Aufgaben der Oberin	49	38	10	(100%)
C				
Personalrat	67	20	5	(100%)
finanzielle Lage	76	15	5	(100%)
* fehlende Prozentwerte zu 100: keine Angaben	%	%	%	

Informiertheit über Patienten und Position des Pflegepersonals (N = 115)

	Informiertheit						
	wenig/gar nicht		einigermassen		gut sehr gut		
Stationsschwester/Zweitschwester	0	0	6	26	17	74	23	(100%)
diplomierte Schwester	2	6	19	54	14	40	35	(100%)
pflegerische Hilfskräfte	9	41	6	27	7	32	22	(100%)
Schüler	10	29	20	57	5	14	35	(100%)
	N	%	N	%	N	%	SN	%

Chi² = 34,13   df = 6   p < 0.001

zeichnenderweise nur 10% der Stationsschwestern an, es belaste sie ziemlich stark oder sehr stark, dass sie soviel nachfragen müssten. Dagegen sind es 31% der nachgeordneten Schwestern und 44% der Schüler(innen), die dies angeben.

Der Vorgesetzte informiert seine Mitarbeiter – die Mitarbeiter informieren ihren Vorgesetzten – jeder braucht bloss an seinem Platz zu warten, bis ihm die Informationen, die er braucht, «serviert» werden. Sollten unsere bisherigen Ausführungen zu diesem Schluss verleiten, dann haben wir etwas falsch gemacht. In einem komplexen Leistungszusammenhang, wie ihn das Krankenhaus darstellt, reicht es nämlich nicht aus, dass der einzelne Informationen abgibt, weiterleitet und empfängt. Die selbständige Bewältigung qualifizierter Aufgaben setzt vielmehr voraus, dass sich Vorgesetzte und Mitarbeiter auch *selbst* um die Beschaffung der erforderlichen Informationen bemühen. Das bedeutet: Der *Vorgesetzte* beschafft sich Informationen:

- von unten: Er hat das Recht, sich in seinem ganzen Zuständigkeitsbereich direkt zu informieren.
- von oben: Er ersucht seine Vorgesetzten um Informationen, die er zur Bewältigung seiner Fach- und Führungsaufgaben benötigt.
- horizontal: Er fordert von seinen Kollegen Informationen an, die für seinen Arbeitsbereich von Bedeutung sind.
- von aussen: Er sorgt dafür, dass er über Fragen, die seine Tätigkeit betreffen, auf dem laufenden ist.

Der *Mitarbeiter* beschafft sich Informationen:

- von oben: Er ersucht seinen Chef um Informationen, die er (subjektiv und objektiv gesehen) braucht.
- von Kollegen: Er fordert selbständig von Kollegen Informationen an.
- von aussen: Er bemüht sich selbst anhand von Massenmedien, Literatur, Kursen usw. um Informationen, die für seine Tätigkeit im Betrieb wesentlich sind.

Jeder Vorgesetzte/Mitarbeiter hat sich also – falls erforderlich – von sich aus die Informationen zu beschaffen, die er benötigt. Keiner darf in wichtigen Fragen einfach zuwarten, bis er irgendwann von irgendwoher irgendwelche Informationen erhält («und wenn sie die Informationen nicht bekommen haben, dann warten sie noch heute...»). Informieren heisst auch: sich selbst informieren. Sich selbst informieren aber bedeutet: aktiv werden. Der Vorgesetzte wäre überfordert, wenn man ihm einseitig die «Bringpflicht» zuschieben würde. Es ist nicht möglich, dass er immer an alles denkt, und ihm würde zu Unrecht die ganze Verantwortung aufgebürdet, wenn infolge mangelhafter Information etwas schiefgeht. Er sollte deshalb mit seinen Mitarbeitern vereinbaren, dass diese im Hinblick auf die Beschaffung von Informationen eine «Holpflicht» haben. Das bedeutet, dass die Mitarbeiter lernen müssen, Fragen zu stellen und grundsätzlich keinen Auftrag zu übernehmen, ohne nach dem Warum und anderen Hintergrundinformationen gefragt zu haben (ausser das Warum sei völlig klar).

Andererseits muss sich der Vorgesetzte daran gewöhnen, nach Gründen und Hintergründen seiner Aufträge gefragt zu werden. Um als Vorgesetzter von mir aus zu wichtigen Informationen zu gelangen, muss ich

- Genau beobachten: Genaue Beobachtungen erlauben sichere Führung.
- Fragen stellen: Offenes Fragen verschafft Klarheit.

- Zuhören können: Ohne aufmerksames Hin-hören keine wesentlichen Informationen.
- Aufgeschlossen sein: Offenes Verhalten fördert die Bereitschaft zur Information.

Der Zweck der Übermittlung einer Information besteht letztlich immer darin, den anderen in irgendeiner Form zu verändern: Er soll andere/neue Sachverhalte kennen, anders denken, sich anders einstellen, anders handeln. Der Nutzen einer Information entscheidet sich in ihrer Wirksamkeit: Die Übermittlung erfüllt ihren Zweck nur dann, wenn durch sie beim Empfänger das angestrebte Verhalten (im weitesten Sinne) ausgelöst wird. Damit Informationen «ankommen», müssen sie[86]

- auf den *Adressaten* bezogen sein: Die Sprache des anderen finden.
- *verständlich* sein: Die vier «Verständlichmacher» sind: Einfachheit (Gegenteil: Kompliziertheit) – Gliederung/Ordnung (Gegenteil: Unübersichtlichkeit, fehlender Zusammenhang) – Kürze/Prägnanz (Gegenteil: Weitschweifigkeit) – zusätzliche Stimulanz: soll den Empfänger anregen (Gegenteil: keine zusätzliche soll Stimulanz).
- wenn möglich unmittelbar *interessenbezogen* sein: Was den Empfänger nicht interessiert, wird weder beachtet noch behalten (und wenn, dann schnell wieder vergessen)
- mit dem bereits Gewussten in einen verstehbaren *Zusammenhang* gebracht werden können: Einmalige und zusammenhangslose Informationen sind in ihrer Wirkung zum vornherein beschränkt. Wiederholungen und Fortsetzungen dagegen steigern die Wirkung.
- *wahr* sein: Unaufrichtige Informationen schaffen Misstrauen und wirken sich auf die Informationsbereitschaft und das Kooperationsklima negativ aus.
- *sachgerecht* sein: Vollständig und ausführlich, frei von Manipulation und Übertreibung.
- zum richtigen *Zeitpunkt* erfolgen: Trifft eine Information zu früh ein, ist sie vielleicht vergessen, wenn sie gebraucht wird. Kommt sie zu spät, ist der falsche Entscheid vielleicht schon gefallen.

Der Informationsfluss kann durch zahlreiche *Hindernisse* erschwert, verlangsamt, umgeleitet oder gar gestoppt werden. Auf einige solcher Hindernisse wurde bereits hingewiesen. In der untenstehenden Tabelle sind in der linken Spalte weitere mögliche Barrieren aufgeführt. Die rechte Spalte enthält kurze Hinweise, wie diesen Barrieren begegnet werden kann.

86 vgl. Schulz von Thun (1981), Bräutigam (1975)

Führungsbarrieren	Gegenmassnahmen
Unklarheit über die Zielsetzung	Ziele, Leistungsstandards und Kontrollverfahren vereinbaren
Unkenntnis der Informationsbedürfnisse	Informationsbedürfnisse erfassen
Unkenntnis vorhandener bzw. Wählen ungeeigneter Informationsquellen	alle inner- und ausserbetrieblichen Qullen erfassen: andere Abteilungen/Krankenhäuser, Literatur, Amtsstellen...
mangelnde persönliche Kontakte infolge Zeitmangels oder häufiger Abwesenheiten	Kontaktsituationen schaffen, persönliche Arbeitstechnik effizienter gestalten, Arbeitsabläufe besser organisieren, Aufgaben delegieren, Tätigkeiten aufeinander abstimmen
mangelnde Abgrenzung von Aufgaben/Kompetenzen/Zuständigkeiten	Aufgaben/Befugnisse klar und eindeutig festlegen, Aufgabe, Befugnisse und Verantwortung zur Deckung bringen
falsche Auswahl von Informationswegen	Kriterien für die Auswahl beachten: Informationsbedürfnisse und gesetzte Ziele
fehlende Informationskanäle	Leistungsfähigkeit bestehender Kanäle steigern, neue Kanäle schaffen
zu lange Informationswege	möglichst direkte/kurze Informationswege schaffen
Unklarheit über das Recht auf Mitsprache	Recht auf Mitsprache ist das Korrelat der Pflicht zur Selbständigkeit
Unklarheit über das Ausmass der Geheimhaltungspflicht bzw. Pflicht zur Information	klare informationspolitische Richtlinien der Krankenhausleitung, Schweigepflicht klar umschreiben

Psychologische Barrieren	Gegenmassnahmen
mangelnde Fähigkeit zum Zuhören	aktives, aufmerksames Zuhören schulen
mangelndes Einfühlungsvermögen	vor dem Bewerten jedesmal den Standpunkt verlagern
mangelndes Vertrauen	Voraussetzungen schaffen, dass Vertrauen entstehen kann
Rivalität anstelle von Solidarität	gemeinsame Ziele setzen, Kooperation fördern
Verschlossenheit und Hemmungen	Voraussetzungen für Vertrauen schaffen
Unaufrichtigkeit	Ursachen erforschen: Angst? Bedürfnis nach Anerkennung?
Angst vor Kritik	sachlich und aufbauend kritisieren
Macht- und Geltungsstreben, Neigung zum Zurückhalten, Filtern und Umformen	andere Informanten benutzen, weitergeleitete Information mit der empfangenen vergleichen

Fehlt das Vertrauen in die Leitung der Organisation bzw. in den Vorgesetzten, so hat der Mitarbeiter als Empfänger von Informationen die Tendenz, sich auch zur Information negativ einzustellen[87]. In vielen Fällen ist tatsächlich der Vorgesetzte selbst die eigentliche Informationsbarriere. Dies ist vor allem dann der Fall, wenn es ihm an innerer Freiheit fehlt, infolge von Misstrauen Angst, Eifersucht oder Ehrgeiz. Sich-wichtig-Machen, Bequemlichkeit, Furcht vor dem Chef oder vor tüchtigen Mitarbeitern wirken sich ebenfalls störend aus.

Blockierungen entstehen auch dort, wo die Weiterleitung von Informationen mit eigenen Interessen kollidiert, so dass Informationen zurückgehalten oder beschönigt

---

87 vgl. Bräutigam (1972)

werden. Der sehr ehrgeizige oder machthungrige Vorgesetzte, der nur das weitergibt, was ihm nützt, ist dafür ein treffendes Beispiel.

Im Zusammenhang mit dem Informationsfluss soll schliesslich noch auf eine besondere und «berüchtigte» Art von Information eingegangen werden: das *Gerücht*. «Ein Gerücht ist eine unkontrolliert, meist mündlich verbreitete, unverbürgte Nachricht, die zwar meist auf Tatsachen zurückgeht, diese aber oft verzerrt, entstellt, verfälscht[88].»

Geht man dem Wesen von Gerüchten auf den Grund, so stellt man fest, dass es Versuche sind, eine *Informationslücke* zu schliessen. Damit ist auch schon das Stichwort gegeben, wo mit Massnahmen gegen Gerüchte angesetzt werden muss: bei der Information. Die Strategie gegen Gerüchte ist: regelmässige und ausreichende Information. Nur mittels regelmässiger und ausreichender Information lässt sich die entscheidende Voraussetzung für Gerüchte eliminieren: das ungestillte Bedürfnis nach Information.

Auch hier gilt: Vorbeugen ist besser als heilen. Weil sich nämlich Gerüchte vor allem horizontal verbreiten, können Vorgesetzte nur beschränkt Sofortmassnahmen ergreifen. Sie können meist nur mit zeitlicher Verzögerung reagieren (und dann ist es oft schon zu spät).

Zwischen der Information und dem Betriebsklima bestehen Wechselbeziehungen. So übt in jedem Krankenhaus das praktizierte Informationssystem einen wesentlichen Einfluss auf das Betriebsklima aus. Umgekehrt findet ein gutes oder schlechtes Betriebsklima im Informationssystem einen augenfälligen Niederschlag. Mangel an Informationen oder unklare, unaufrichtige Informationen beeinträchtigen das gesamte Gefüge der Interaktion und münden in *Unsicherheit* und *Misstrauen*. Dann sucht jeder

Bei Sachverhalten, über die der Mitarbeiter nicht ausreichend informiert wird, beginnt er *Vermutungen* anzustellen und diese Tatsachen zu vermischen. Bei der Weitergabe werden aus den Vermutungen Aussagen über Tatbestände – es kommt zu Gerüchten (siehe oben).

Noch ungünstigere Wirkungen ergeben sich dort, wo sich die Betriebsleitung des Informationswesens bedient, um die Mitarbeiter zu *manipulieren*. So können unrichtige Informationen abgegeben werden, um die Motivation der Mitarbeiter zu beeinflussen. Die Vorgesetzten können sich auch des Informationssystems bedienen, um auf ihre Mitarbeiter Druck auszuüben.

Zwischen der Gestaltung des Informationssystems und dem Verhalten der Mitarbeiter bestehen Wechselbeziehungen. Bei einem schlechten Betriebsklima können diese Wechselbeziehungen zu einem «circulus vitiosus» führen, der das Betriebsklima immer weiter belastet. Meist zeigen sich dabei folgende Stadien:

- In dem Masse, in dem Informationen gefiltert bzw. zensuriert werden, verlieren sie an Glaubwürdigkeit. Das Misstrauen springt vom Einzelfall auf das gesamte Informationssystem über und richtet sich schliesslich auf das Verhalten der Leitung.
- Die Aufmerksamkeit richtet sich vom Informationsinhalt auf die der Information zugrunde liegende Absicht. Der Informationsinhalt und in der Folge in steigendem

Masse jegliches Verhalten der betreffenden Vorgesetzten wird zum Zeichen, dem ein Bedeutungswert zugeschrieben wird.
- Das eigene Verhalten und insbesondere die eigene Abgabe von Informationen wird mit dieser Beziehungshaltung in Einklang gebracht: Anfragen werden nicht mehr sachlich beantwortet, sondern im Hinblick auf die hinter der Anfrage gewitterte Absicht.

Das gegenseitige Vertrauen, das ein gutes Betriebsklima kennzeichnet, fördert sowohl die Bereitschaft zur Abgabe wie auch zur Aufnahme von Informationen. Das mit einem schlechten Betriebsklima verbundene Misstrauen führt zwangsläufig dazu, dass der einzelne sehr genau abwägt, bevor er etwas sagt oder fragt.
Die Gestaltung des betrieblichen Informationssystems stellt eine zentrale Aufgabe der Krankenhausleitung dar. Sie ist es, die durch ihre Informationspolitik die Wege vorzeichnet, auf denen die Führungsaufgabe «Information» angegangen werden soll.
Sie ist es auch, die durch ihre informationspolitische Haltung das Informations- und damit auch das Betriebsklima entscheidend beeinflusst. Der *Personalstelle* fallen in dieser Hinsicht folgende Aufgaben zu:

- Abgeben bzw. Gestalten von sozio-emotionalen Informationen, sowohl aus eigener Kompetenz als auch auf Veranlassung der Leitung.
- Beobachten des Informationsklimas und zu dessen positiver Gestaltung beitragen (teils durch eigene Massnahmen).
- Auslösen von Informationsmassnahmen bei den Vorgesetzten.
- Fördern der Informationsbereitschaft und der entsprechenden Fähigkeiten bei den Vorgesetzten durch ihr eigenes Beispiel, ihren Rat und Massnahmen zur Kaderschulung.

Die Gestaltung der *funktionalen* Information fällt nicht in den Aufgabenbereich der Personalstelle. Sie ist aber häufig in der Lage, Mängel in der funktionalen Information aus den Haltungen der Mitarbeiter frühzeitig zu erfassen und kann durch Ausübung ihres Einflusses und durch ihren Rat zu deren Behebung beitragen.
(Eine Checkliste zum Thema finden Sie in Abb. 13/Anhangband, ein Rollenspiel in Abb. 111/Anhangband.)

564 Informationsmittel

Neben dem Verhalten von Sender und Empfänger spielt natürlich auch das verwendete Informationsmittel eine wichtige Rolle: Ob Sie mit Ihren Mitmenschen mittels Fernsehen, Telefon oder Briefen Informationen austauschen oder ihnen im persönlichen Gespräch begegnen, ist nicht dasselbe. In Abbildung 164 findet sich eine Übersicht über die gebräuchlichen Mittel und Methoden der innerbetrieblichen Information. Diese Mittel/Medien werden in der Regel in drei Gruppen zusammengefasst:
- *Viesuelle (optische) Informationsmittel:* Hier lassen sich zwei Kategorien auseinanderhalten: (1) *stationäre* (für Dauerinformationen, Rahmeninformationen): Schaukasten, Plakat, Schild, Schwarzes Brett, Briefkasten, Rohrpost; (2) *bewegliche* (für inhaltlich wechselnde Informationen): z.B. Laufzettel, Leuchtschrift, Bildschirm.

Abbildung 164: Informationsmittel[130]

Abteilungsversammlung	Flugblatt
Anleitungsschrift	Flugschrift
Anschlag	Formulare
Anschlagbrett	
Ansprache	Gebotstafeln
Anstellungsgespräch	Gesamtarbeitsvertrag
Arbeitsordnung	Geschäftsbericht
Auftragserteilung	Graphik
Aushang	Gruppengespräch
Ausstellung	
	Handzettel
Bericht	Hinweistafeln
Besprechung	Hörner
Besichtigung	
Betriebsfibel	Jahresbericht
Betriebsfilm	Jahresrechnung
Betriebsfunk	Informationsnetz
Betriebsdokumentation	Informationswand
Betriebshandbuch	Industriefilm
Betriebsordnung	Jubiläumsschrift
Betriebskommissionsbesprechung	
Betriebsversammlung	Kaderkonferenz
Brief	Kassetten-Tonbänder
Briefkasten	Kodices
	Konferenzgespräch
Diktaphon	
Dokumentation	Laufzettel
	Lautsprecher
Einführungsschrift	Leuchtsignale
Einzelgespräch	Lohntütennotiz
Fabrikhorn	Megaphon
Fabriksirene	Merkblatt
Mitarbeiterbefragung	Signalpfeifen
Mitarbeiterbesprechung	Sonderbericht
Mitarbeiterbrief	Sprechanlage
	Statistik
Pamphlet	Statuten
Personalzeitung	
Pfeifen	Telefon
Plakat	Television
Panelgespräch	Tonband
Podiumsgespräch	Tonbildschau
	Tonfilm
Rahmenabkommen	
Rapport	Unternehmungsbericht
Referat	
Reglement	Verbotstafeln
Rohrpost	Versammlungen
Rufanlagen	Verträge
Rundschreiben	Videosystem
	Vortrag
Schaukasten	
Schautafeln	Wandschrift
Schilder	
Schwarzes Brett	Zahltagstascheneinlageblatt
Selbstdarstellung	Zirkular
Signale	Zwischenbericht

130 Thommen (1981)

- *Auditive (akustische) Informationsmittel:* Hier lassen sich unterscheiden: (1) *natürliche* (z.B. mündliche Information); (2) *künstliche* (z.B. Telefon, Lautsprecher, Suchanlage).
- *Audiovisuelle Informationsmittel:* z.B. Televisionssysteme, Videoverfahren, Kasetteninformationen.

Nicht jedes Mittel eignet sich für jede Art von Information bzw. Kommunikation. Das gleiche gilt für die vielen verschiedenen Methoden der innerbetrieblichen Information. Oft überschneiden sich informationspolitische Mittel und Methoden; gelegentlich ist ihre Wirksamkeit kontrovers zu beurteilen. Es gilt die Methoden und Mittel zu suchen, auszuprobieren, einzusetzen, die dem jeweiligen Zweck am besten entsprechen. Im folgenden werden einige bewährte Informationsmittel kurz kommentiert.

Akustische Informatonsmittel

Wie bei der Besprechung der zwischenmenschlichen Kommunikation festgestellt wurde, kommt der mündlichen Information deshalb erstrangige Bedeutung zu, weil sie einen *unmittelbaren persönlichen Kontakt* ermöglicht.

- *Persönliches Gespräch:* Im persönlichen Gespräch kann ich direkt erfahren, ob/wie der andere meine Information auffasst (unmittelbare Rückkoppelung). So lassen sich Missverständnisse leichter und schneller feststellen und korrigieren. Fehlende Informationen können sofort ergänzt werden. Individuelle Informationsbedürfnisse können unmittelbar ermittelt werden. Eigentlich müsste das persönliche Gespräch unter den audiovisuellen Informationsmethoden eingereiht werden, da neben den auditiven auch die visuellen Informationen von Bedeutung sind.
- *Telefongespräch:* Die Hauptvorteile der telefonischen Informationen bestehen in der Möglichkeit, *rasch* Kontakt aufzunehmen, sofort zu fragen und zu antworten. Aber auch die Gefahr dürfen nicht übersehen werden: Dass der Angerufene bei einer wichtigen Arbeit unterbrochen wird und dass keine Notizen gemacht werden.
- *Sprechanlage:* Sprechanlagen sollten so installiert sein, dass von einem zentralen Büro aus einzelne Räume erreicht werden können. Auch hier besteht der Hauptvorteil in der raschen Kontaktaufnahme.

Visuelle Informationsmittel

Allein die Grösse des Krankenhauses macht eine nur-mündliche Information gar nicht mehr möglich. Schriftliche Informationen sind notwendig. Auch gibt es bestimmte Normen und Regelungen, die in schriftlicher Form vorliegen müssen: was «schwarz auf weiss» dasteht, ist meist weniger verrückbar als «Mündliches».

- *Hauszeitung:* Unter den schriftlichen Informationsmitteln nimmt die Hauszeitung einen besonderen Platz ein. Ihr Zweck besteht darin, breiteste *Hintergrundinformationen* zu bieten (und damit die Informationsbedürfnisse der Mitarbeiter zu befriedigen und die Solidarität zu fördern). Der Betrieb soll «durchsichtiger» gemacht und dadurch das Verständnis für betriebliche Belange vergrössert werden. Diesen Zweck erfüllt eine Hauszeitung aber nur, wenn eine möglichst intensive Mitwirkung möglichst vieler Betriebsangehöriger angestrebt (und auch erreicht)

wird. Die Informationsbedürfnisse müssen sorgfältig ermittelt und diejenigen ausgewählt werden, die nicht durch ein anderes Informationsmittel (z.B. das persönliche Gespräch) wirksamer zu befriedigen wären.
Die unterschiedlich gelagerten Interessen der verschiedenen Mitarbeitergruppen gilt es zu berücksichtigen. Im weiteren soll die Hauszeitung ansprechend gestaltet sein.
Die Wirksamkeit dieses Informationsmittels ist stark davon abhängig, dass von seiten der Krankenhausleitung die Bereitschaft zur Informationsabgabe nicht nur in Worten besteht.
Das *Verfassen* einer Hauszeitung stösst nicht selten auf folgende Schwierigkeiten: Grosse Unterschiede in den Interessen der verschiedenen Mitarbeitergruppen (es zeigt sich z.B., dass das ohnehin gut informierte Kader an den allgemeinen Informationen weniger interessiert ist als Mitarbeiter ohne Führungsfunktion). Schwierigkeiten bereitet auch die lange Zeitdauer zwischen den Erscheinungsdaten der einzelnen Nummern.
Im Hinblick auf die Aktualität der Informationen ist es deshalb wichtiger, eine Hauszeitung häufiger erscheinen zu lassen, als sie möglichst umfangreich zu gestalten. Insbesondere fällt es oft schwer, wichtige Geschehnisse mitzuteilen, bevor sie auf anderen (informellen) Wegen bekannt geworden sind. Im weiteren kann der Mangel an Stoff zum Problem werden: Je enger die persönlichen Kontakte sind, desto weniger wird es an Informationen fehlen.
Periodische Rundbriefe, Hausmitteilungen oder wöchentliche/14tägige Informationsblätter sind zweckmässiger als eine Hauszeitung, die nur zweimal jährlich erscheint. Sie bieten raschere und aktuelle Informationen ohne grossen Aufwand und werden auch meist sofort gelesen. Sie fördern den schnellen Informationsfluss; Schwerfälligkeit und Umständlichkeit werden vermieden. Im *Brief der Krankenhausleitung* wendet sich die Leitung in einer persönlichen Form an die Mitarbeiter.
Voraussetzung dafür, dass sich die Mitarbeiter angesprochen fühlen, ist: dass die enthaltenen Informationen für sie von Bedeutung sind, dass Vertrauen in die Leitung besteht (Vertrauen aber lässt sich nicht managen; es entsteht nicht durch Worte, sondern durch Taten). Der häufige Gebrauch dieses «Briefes» mindert seine Wirkung: Er sollte nur bei besonderen Anlässen verwendet werden.
- *Anschlagbrett* (Schwarzes Brett): Dieses stellt noch immer ein wichtiges Informationsmittel dar. Die Vorteile sind, dass die Kosten der Information selbst minim sind und auch keine Unterbrechungen in den Arbeitsabläufen entstehen. Das Anschlagbrett steht jederzeit zur Verfügung, so dass Informationen rasch durchgegeben werden können. Die Informationen stehen allen Betriebsangehörigen zur Verfügung stehen, womit der breitestmögliche Adressatenkreis angesprochen wird. Informationen können über längere Zeit am Anschlagbrett belassen und dadurch mehrmals zur Kenntnis genommen werden können.
Allerdings lässt sich bei der Information mittels Anschlagbrett nur sehr schwer feststellen, ob/von wem die Informationen gelesen wurden und welche Wirkungen durch die Informationen erzielt worden sind. Diese Vorbehalte gelten bei jeder schriftlichen Information, sofern nicht die Kenntnisnahme quittiert oder sonst eine Reaktion gezeigt werden muss.

Bei der Information via Anschlagbrett ist folgendes besonders zu beachten: Die Informationen müssen das Interesse der Adressaten ansprechen, ja «fesseln», sonst wird ihnen kaum Zeit geopfert (ausser die Mitarbeiter werden zum Lesen der Anschläge verpflichtet). Die Informationen müssen knapp, prägnant und anschaulich gestaltet sein. Zu viele Informationen werden nicht mehr beachtet. Zudem ist die Aushangsdauer zu begrenzen; der neuste Aushang soll gekennzeichnet sein.
- *Plakat:* Hier wird der Mitarbeiter durch das Mittel des Bildes angesprochen. Damit ein Plakat die angestrebte suggestive Wirkung erzielt, muss es eindeutig verstehbar sein, als Blickfang wirken und einprägsam sein. Was zur Information am Anschlagbrett bemerkt wurde, gilt grundsätzlich auch für die Plakatinformation.
- *Briefkasten:* Dieses Informationsmittel kann bei der Information «von unten nach oben» gute Dienste leisten. Vorschläge oder Mitteilungen können entweder anonym erfolgen oder müssen unterzeichnet werden, wenn darauf eingegangen werden soll. Damit der Briefkasten seinen Zweck erfüllt, muss er als «Institution» bekannt sein (neue Mitarbeiter orientieren). Er muss an einem leicht zugänglichen Ort angebracht sein, und die Benützung soll unauffällig erfolgen können. Wichtig ist, dass die eingegangene Post rasch verarbeitet wird. Unterzeichnete Mitteilungen, Fragen oder Vorschläge müssen beantwortet werden (sonst spricht es sich herum, dass «alles im Papierkorb landet»).
- *Meinungsumfrage:* Sie dient der Erfassung von Einstellungen, Meinungen, Motiven und Erwartungen der Mitarbeiter. Sie ist zu einem speziellen Zweig der Sozialforschung geworden, in welchem Methoden entwickelt wurden, die von der statistischen Auswertung bis zur tiefenpsychologischen Analyse reichen. Die Meinungsforschung bedient sich teils des Fragebogens, teils der standardisierten/gelenkten oder freien Gespräche. Solche Untersuchungen erfordern eine sehr gründliche Vorbereitung.
Eine noch so ausgefeilte Befragungsmethode aber wird keine wesentlichen Informationen liefern, wenn die Mitarbeiter nicht bereit sind, sich offen zu äussern. Diese Bereitschaft hängt weitgehend davon ab, ob sie überzeugt sind, dass ihre Äusserungen anonym bleiben.
- *Merkblatt:* Auf Merkblättern werden die wesentlichen Punkte eines Vorgangs oder Sachverhaltes kurz und prägnant festgehalten. Beispiele: Merkblätter über die Bedeutung der Farbsymbole beim Kardexsystem, die Signalisation beim Tablettensystem, die Anstellungsbedingungen, das Verhalten bei Krankheit und Unfall, über internek Tarife.
- *Schriftliche Richtlinien:* z.B. für standardisierte Behandlungs- und Untersuchungsmethoden, über das Vorgehen bei Aufnahme von Notfallpatienten ausserhalb der normalen Arbeitszeit oder die Abweisung von Patienten, welche ohne Zeugnis kommen.
- *Verteiler oder Umläufe/Rundschreiben:* Vorteile sind: Kürze, jederzeit greifbar; Berichte lassen sich überdenken. Nachteile sind die Eingleisigkeit, ohne Kontrolle über Reaktion beim Empfänger; sie sind zu starr und begrenzt durch die geschriebenen Worte.
- *Protokollauszüge:* Die Abgabe von Protokollauszügen oder ganzer Protokolle kann ebenfalls ein geeignetes Informationsmittel sein.

- *Aktenzirkulation:* Das Zirkulierenlassen von Akten mit namentlicher Auflistung der Adressaten und Quittieren derselben nach Kenntnisnahme findet häufige Anwendung.
- *Formale Berichte:* Vorteile: können sehr umfassend sein; das Material kann ohne Zeitdruck zusammengetragen werden; durch Vervielfältigung ist eine breite Streuung möglich; gibt allen die Gelegenheit, zu zeigen, was sie können. Nachteile: erfordern viel Zeit zum Verfassen und später zum Lesen.

Audiovisuelle Informationsmittel

Obwohl die audiovisuellen Informationsmedien und -verfahren in ihrer Bedeutung weitgehend erkannt sind, werden sie trotzdem noch immer recht selten eingesetzt.

- *Tonbildschau:* Hier tritt zusätzlich zum Bild noch das auditive Element hinzu. Die Tonbildschau findet als Informationsmittel je länger je mehr Verwendung. Das liegt auch am betriebspädagogischen Akzent, der z.B. bei Einführungen oder Ausbildungsfragen gut zu nutzen ist.
- *Tonfilm:* Was für die Tonbildschau gilt, trifft auch für den Tonfilm zu, wobei das Angebot an qualitativ hochstehenden Film zu den sehr unterschiedlichen betrieblichen Themen immer noch klein ist.

Alle diese Informationsmittel stehen zur Verfügung, um den Informationsfluss nach allen Richtungen hin zu gewährleisten. In der Praxis verhält es sich meistens so, dass verschiedene Mittel/Medien miteinander kombiniert werden, um die grösstmögliche Wirkung zu erzielen.

6 Organisationsstrukturen

6	**Organisationsstrukturen**	671
61	**Grundlagen**	673
611	Organisation als Tätigkeit	673
612	Organisieren – ein mehrdimensionales Problem	675
613	Ziele des Organisierens	678
614	Organisieren als Führungsaufgabe	681
615	Organisationszyklus	684
62	**Elemente der Organisation**	688
621	Die Stelle und ihre Elemente	688
622	Stellenarten	694
623	Verbindungswege	700
624	Arbeitsgänge	700
63	**Aufbauorganisation**	701
631	Aufgabenanalyse	701
632	Aufgabensynthese	705
633	Stellvertretung	714
634	Leitungssystem	721
635	Traditionelle Organisationsstrukturen	733
636	Projektorientierte Organisationsstrukturen	741
637	Divisionale Organisationsstrukturen	747
638	Teamorientierte Organisationsstrukturen	752
639	Leitungsorganisation im Krankenhaus: Probleme und Lösungsvorschläge	755
64	**Ablauforganisation**	763
641	Grundlagen	763
642	Arbeitsanalyse	766
643	Arbeitssynthese	768
644	Spezifische Krankenhaus-Probleme	775
65	**Beziehungsorganisation**	779
651	Kommunikationsbeziehungen	779
652	Kommunikation als Aufgabe	786
653	Aufbaustruktur der Kommunikation	787
654	Ablaufstruktur der Kommunikation	792
66	**Informale Organisation**	794
661	Zum Wesen informaler Organisation	794

662	Erscheinungen informaler Organisation	795
663	Auswirkungen auf die formale Organisation	799
664	Informale Organisation als Gestaltungsalternative	801

67 Dokumentation organisatorischer Strukturen ... 802

671	Dokumentation der Aufbaustruktur	802
672	Dokumentation der Ablaufstruktur	809
673	Dokumentation der Beziehungsstruktur	812
674	Dokumentation informaler Strukturen	813
675	Zusammenfassende Dokumentation	814

68 Stellenbeschreibung – ein wertvolles Führungsinstrument ... 815

681	Begriff und Ziele der Stellenbeschreibung	815
682	Inhalt der Stellenbeschreibung	817
683	Anforderungsprofil	824
684	Problematik der Stellenbeschreibung	825

Organisationsstrukturen im allgemeinen und Leitungsstrukturen im besonderen sind Instrumente zur Erreichung der Krankenhausziele. Sie schaffen die formalen Voraussetzungen für eine strukturierte, koordinierte und integrierte Erfüllung der Krankenhausaufgaben. Aufgrund sinnvoller organisatorischer Gestaltung der Aufgabenbereiche, der Arbeitsabläufe und der Kommunikation können die als Aufgabenträger eingesetzten Personen und die zur Aufgabenerfüllung erforderlichen Sachmittel als leistungsfähige Aktionseinheiten zur Zielerreichung beitragen.

61 Grundlagen

Bis anhin haben wir den Begriff der Organisation vorwiegend im institutionellen Sinne verwendet und damit ein organisiertes, soziales System bezeichnet, das durch bestimmte Merkmale gekennzeichnet ist. In diesem letzten Kapitel steht die instrumentale Bedeutung von Organisation im Vordergrund: Organisation als *Tätigkeit* des Organisierens und Organisation als formale *Struktur* bzw. als das Resultat dieser Tätigkeit.

611 Organisation als Tätigkeit

Betrachtet man die Herkunft des Wortes Organisation, so ergeben sich daraus bereits einige interessante Hinweise über Sinn und Zweck des Organisierens. Das Wort Organisation leitet sich vom griechischen «òrganon» her, was ursprünglich «Werkzeug» bedeutete. Daran schliessen sich dann die vielfach übertragenen Bedeutungen des Wortes in den verschiedenen Bereichen an. So wird in der Medizin mit Organ ein Teil des Körpers mit einer bestimmten Form und Funktion bezeichnet.
Im Ausdruck «Sprechwerkzeuge» lässt sich die ursprüngliche Bedeutung des organon unmittelbar fassen. Übrigens: Von daher erhält das «Organ» dann die Bedeutung «menschliche Stimme» bzw. «Sprachrohr», durch welches sich im öffentlichen Leben eine Gruppierung zu Worte meldet («Parteiorgan»).
Organisieren meint demnach eigentlich «mit Organen versehen», das heisst: mit funktionellen Teilen, die als Werkzeuge zur Erfüllung bestimmter Aufgaben dienen (wie das Organ Lunge als Werkzeug der Atmung dient). Diese Teile sollen so zusammengefügt werden, dass sie ein *einheitliches, lebensfähiges Ganzes* bilden: einen *«Organismus»*. Der kurze etymologische Ausflug lässt uns die drei grundlegenden Problembereiche der Organisation bereits deutlich erkennen:

- *Organisieren heisst Strukturieren.* Ein komplexes System wird in einzelne Teilsysteme bzw. funktionelle Einheiten gegliedert, die als Werkzeuge zur Zielerreichung des gesamten Systems dienen.
- *Organisieren heisst Koordinieren.* Da die Funktion eines Werkzeugs von der Funktion anderer Werkzeuge abhängt (Interdependenz), müssen die Aktivitäten der verschiedenen Einheiten aufeinander abgestimmt werden.
- *Organisieren heisst Integrieren.* Damit aus der Summe der verschiedenen Teile ein lebensfähiger «Organismus» wird, müssen diese Teile in ein übergeordnetes Ganzes eingefügt werden, so dass eine funktionelle Einheit entsteht.

Was versteht man unter dem Begriff der Organisation? Im folgenden sollen einige Definitionen vorgestellt werden. «Unter Organisation soll die Gesamtheit der auf Erreichung von Zwecken und Zielen gerichteten Massnahmen verstanden werden, durch die ein *soziales System* strukturiert wird und die Aktivität der zum System gehörenden Menschen, der Einsatz von Mitteln und die Verarbeitung von Informationen *geordnet* werden.»[1]

«Organisation ist die *integrale Strukturierung von Ganzheiten*. Es erfolgt eine *auf Dauer gerichtete* systematische, planvolle Koordination von Menschen und Menschen, Menschen und Sachen sowie von Sachen zu Sachen *zur Erreichung gesetzter Zwecke.*»[2]

«Organisation bedeutet die Schaffung eines *Systems von Regelungen,* welche die Ausrichtung mehrerer Aufgabenträger und ihrer Arbeitsleistungen auf eine zu lösende Hauptaufgabe bezwecken.»[3]

«Organisation ist als Strukturierung von Systemen zur Erfüllung von Daueraufgaben zu bezeichnen.»[4]

«Organisation ist ein *System dauerhaft angelegter Regelungen,* das einen möglichst kontinuierlichen und zweckmässigen Arbeitsablauf sowie den Wirkzusammenhang zwischen den Trägern betrieblicher Entscheidungsprozesse gewährleisten soll, gleichgültig, ob diese Regelungen schriftlich fixiert vorliegen oder nicht.»[5]

Wir verzichten darauf, diesen Definitionen-Katalog noch um eine eigene Definition zu erweitern. Wie auch immer Organisation definiert wird: Die Kernbegriffe Strukturieren, Koordinieren und Integrieren tauchen in den verschiedenen Formulierungen immer wieder mehr oder weniger ausdrücklich auf. Wir werden im weiteren der folgenden Definition folgen: *Organisation ist die Strukturierung von Systemen zur Erfüllung von Daueraufgaben.* Diese Definition beinhaltet eine beabsichtigte Doppelfunktion:

- *Strukturierung als Zustand.* Unter diesem Aspekt meint Organisation die Gesamtheit der gestalteten Teile eines Ganzen bzw. die Anordnung dieser Teile zueinander. Die Art der Gestaltung kann in verschiedenen Formen dokumentiert sein. Beispiele: Organigramm, Organisations-Richtlinie. Daneben aber gibt es auch Gestaltungen, die auf keinem Datenträger festgehalten sind. Beispiele: Informale Strukturen. Für Organisation in diesem Sinne wird meist der Ausdruck *Organisationsstruktur* verwendet.
- *Strukturierung als Tätigkeit.* Organisation als Tätigkeit bezeichnet die Gestaltung eines Systems bzw. ein gestaltendes Aktiv-sein. Ergebnis dieser Tätigkeit ist dann die Organisationsstruktur. Beispiel: Die Neugestaltung einer Stelle führt zu einer Veränderung ihrer Struktur. Für Organisation in diesem Sinne verwendet man meist das Verb *Organisieren.*

Wenn Organisation als Strukturierung von Systemen bezeichnet wird, so heisst das auch, dass der Begriff der Struktur nicht auf soziale Systeme beschränkt ist. Das

---

1 Hill et al. (1974)
2 Akademie (1971)
3 Ulrich (1968b)
4 Grochla (1982)
5 Schwarz (1970)

Phänomen der Struktur findet sich überall: Auch ein Kristall oder ein Baum besitzt eine Struktur, einen geordneten, gegliederten inneren Aufbau.

Was eine organische Struktur von einer anorganischen unterscheidet, ist die Tatsache, dass zwischen den einzelnen Elementen einer organischen (lebendigen) Struktur ein Zusammenhang besteht, der als Integration bezeichnet wird. Unter *Integration* versteht man eine *spezifische Form der Verknüpfung von Elementen zu einem übergeordneten Ganzen*. Die Anordnung der einzelnen Elemente erfolgt in der Weise, dass *Veränderungen eines Elements nicht auf dieses beschränkt bleiben,* sondern sich auch auf andere Elemente des Systems und damit auf das System insgesamt auswirken. In der belebten Natur führt diese spezifische Form der Verknüpfung zu einem «organisch» gegliederten Ganzen, zu einem «Organismus». Organisation stellt damit eine Nachahmung der Gestaltungsprozesse dar, die sich in der Natur abspielen. Allerdings ist das Ergebnis dieser Nachahmung keine Kopie der Natur, denn organisatorische Strukturen sind keine Organismen, sondern *künstliche, von Menschen geschaffene Gebilde eigener Art.* Unter dem Begriff der Nachahmung soll hier lediglich darauf hingewiesen werden, dass beide Gestaltungsvorgänge wesentliche Gemeinsamkeiten, analoge Eigenschaften aufweisen. Der Zusammenhang lässt sich schematisch wie in Abbildung 165 darstellen.

Abbildung 165: Strukturierung von Ganzheiten[131]

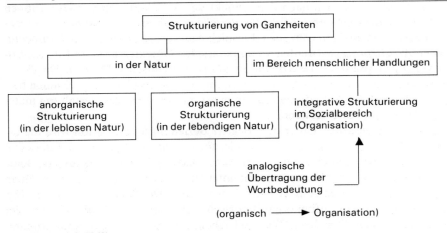

131 vgl. Kosiol (1962)

612 Organisieren – ein mehrdimensionales Problem

Der Aufgabenbereich «Organisieren» weist mehrere Dimensionen auf, die in ihrem Zusammenhang betrachtet werden müssen. Die Dimensionen sind: Objekte, Stufen und Logik. Diese reichlich abstrakte Aussage soll im folgenden erläutert werden. Nach dem *Objekt* (Gegenstand) des Organisierens können folgende Bereiche unterschieden werden:

- *Aufbauorganisation:* Die Aufbauorganisation befasst sich mit der Gestaltung der *Gebildestruktur* (sie wird deshalb auch als Gebildestrukturierung bezeichnet). Bei

der Aufbauorganisation geht es um die Gliederung des Betriebs in *aufgabenteilige, funktionsfähige Teileinheiten* und deren *Koordination*.
Die aufbauorganisatorische Strukturierung eines sozialen Systems erfordert ein Vorgehen in zwei Stufen (ausführlich in Abschnitt 63): *Aufgabenanalyse* (Zerlegung der betrieblichen Gesamtaufgabe in Teilaufgaben) und *Aufgabensynthese* (Zusammenfassung der analytisch ermittelten Teilaufgaben zu Aufgabenkomplexen und deren Zuordnung zu den entsprechenden Subsystemen [Teilbereiche, Abteilungen, Stellen]). Zwischen den Subsystemen werden Leitungs- und Kommunikationsbeziehungen geschaffen.

- *Ablauforganisation:* Die Ablauforganisation befasst sich mit der räumlichen und zeitlichen Strukturierung der zur Aufgabenerfüllung des Betriebs erforderlichen *Arbeitsprozesse* (sie wird deshalb auch als Prozessstrukturierung bezeichnet).
Analog zur Aufbauorganisation wird auch hier in zwei Stufen vorgegangen: *Arbeitsanalyse* (sie stellt eine Verlängerung der Aufgabenanalyse dar, wobei sich die Arbeitsanalyse auf die zur Aufgabenerfüllung notwendigen Verrichtungen/ Tätigkeiten konzentriert); *Arbeitssynthese* (bei der Arbeitssynthese werden die analytisch gewonnenen Arbeitselemente zu Arbeitsgängen kombiniert, diese (gedachten) Aufgabenträgern zugeordnet und in zeitlicher Hinsicht aufeinander abgestimmt). Ein wichtiges Problem besteht darin, die Arbeitsplätze in zweckmässiger Weise anzuordnen und auszustatten.
Grundsätzlich lassen sich nach dem Objekt des Arbeitsprozesses zwei Gruppen von Arbeitsprozessen unterscheiden: *materielle Arbeitsprozesse* (sie werden an realen, materiellen Objekten vollzogen [Beispiel: Anlegen eines Verbandes]); *informationelle Arbeitsprozesse* (werden an immateriellen Objekten bzw. an Informationen vollzogen [Beispiel: Interpretation klinisch-chemischer Daten]). Da dieser Unterscheidung erst vor kurzem in die Organisationslehre Eingang gefunden hat, wird der Begriff der Ablauforganisation meist nur im Sinne der Gestaltung materieller Arbeitsprozesse verwendet.
- *Beziehungsorganisation:* Unter dem Begriff Beziehungsorganisation wird die organisatorische Gestaltung bzw. Strukturierung der materiellen und immateriellen Beziehungen zwischen den Elementen eines sozialen Systems verstanden. Beide Arten von Beziehungen können sowohl unter einem aufbau- als auch unter einem ablauforganisatorischen Aspekt betrachtet werden: Die Strukturierung der *Verbindungswege* ist ein aufbauorganisatorisches Problem; die Strukturierung der *Vorgänge,* die sich über diese Wege vollziehen, ist ein Thema der Ablauforganisation.
Da im Rahmen der Ablauforganisation üblicherweise nur die materiellen Beziehungen geregelt werden, wollen wir die *Gestaltung der informationellen Beziehungen* als Beziehungsorganisation im engeren Sinne bezeichnen (vgl. Abschnitt 65).

Der Zusammenhang zwischen den genannten Begriffen ist in Abbildung 166 schematisch dargestellt.
Nach der *Stufe,* auf der ein organisatorisches Problem geregelt wird, lassen sich zwei Ausprägungen unterscheiden[6]:

6 vgl. Grochla (1982)

Abbildung 166: Objekte der Organisation

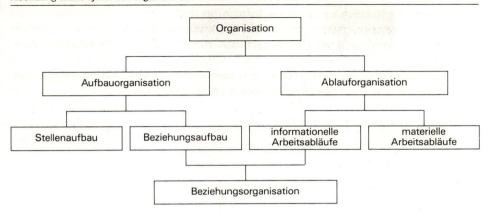

- *Rahmenstruktur:* Zunächst werden auf einer global-prinzipiellen Ebene Grundsatzentscheidungen über die wesentlichen Merkmale der angestrebten organisatorischen Struktur getroffen. Diese grundsätzlichen Entscheidungen bilden den Rahmen für weitere organisatorische Regelungen und sind von der Tendenz her auf längere Geltungsdauer gerichtet.
- *Detailstruktur.* Auf einer detailliert-speziellen Ebene werden die Einzelheiten der Aufbau-, Ablauf- und Beziehungsorganisation festgelegt. Dabei werden die organisatorischen Handlungsspielräume, die durch die Rahmenstruktur gegeben sind, weiter gestaltet. Das Ziel ist, ein funktionsfähiges System organisatorischer Regeln zu schaffen.

Schliesslich werden beim Organisieren auch verschiedene Ebenen der *Logik* unterschieden. Während Organisieren meist ausschliesslich als rationale, sachlogische Aufgabe betrachtet wird, weiss jeder erfahrene Organisationspraktiker, dass dieser sachlich-logische Prozess überlagert wird von offenen oder verdeckten *Konflikten* und *Machtkämpfen* sowie von *Beeinflussungsaktivitäten* der daran beteiligten Personen, um bestimmte organisatorische Veränderungen zu forcieren oder zu verhindern.

Solche Aktivitäten sollen im Unterschied zu den sach-logischen als psycho-logische Aktivitäten bezeichnet werden. Sie sind dadurch motiviert, dass Veränderungen der Organisationsstruktur im Krankenhaus oft auch *Veränderungen der Machtstruktur und/oder des Statussystems* bedeuten. Organisation ist deshalb immer sowohl ein sach-logischer als auch ein psycho-logischer Problemlösungsvorgang.

Die Organisationspraxis zeigt immer wieder, dass es oft wesentlich schwieriger ist, sachlich richtige organisatorische Lösungen zu «verkaufen», als diese Lösungen zu entwickeln. Nur zu oft kommt es vor, dass wegen unüberwindbarer Widerstände einflussreicher Personen sachlich notwendige organisatorische Anpassungen im Betrieb unterbleiben oder zumindest aufgeschoben werden. Auch werden oft sachlich zweckmässige organisatorische Lösungskonzepte in einer Weise abgewandelt, dass sie kaum noch den ursprünglichen Intentionen entsprechen und nur teilweise den bestehenden Zustand der Organisationsstruktur verändern.

Diese Tatsachen gilt es beim Organisieren zu berücksichtigen. Geht es beispielsweise darum, einen Teilbereich neu zu strukturieren, so sind vor der Entscheidung für ein bestimmtes Lösungskonzept nicht nur die Wirkungen auf die sachliche Aufgabenerfüllung, sondern auch die Wirkungen auf die Mitarbeiter/Vorgesetzten abzuschätzen.

Die drei Problemdimensionen des Aufgabenbereichs Organisation lassen sich graphisch in Form eines Würfels darstellen (Abb. 167).

Abbildung 167: Problemdimensionen der Organisation

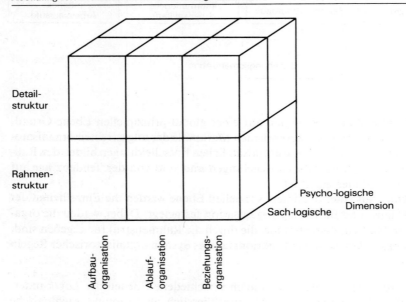

613 Ziele des Organisierens

Oben wurde gefordert, dass die Organisationsstruktur einen Beitrag zur Erreichung der Systemziele leisten solle. Damit ist das Ziel des Organisierens ganz grob umrissen. Um genaueren Aufschluss über die Zielsetzung zu erhalten, müssen wir wieder Sachziel und Formalziel unterscheiden.

Das organisatorische *Sachziel* legt die Leistung fest, die durch die Organisationsstruktur erbracht werden soll. Allgemein lässt sich das Sachziel so formulieren: Auf der *globalen Ebene* (Rahmenstruktur) sollen mit der Gestaltung der Organisationsstruktur die Anforderungen des sozialen Systems in prinzipielle organisatorische Regeln umgesetzt werden. Diese Regeln sollen die Voraussetzung schaffen, dass die Leistungspotentiale des Systems im Sinne der verfolgten Ziele bzw. der zu erfüllenden Zwecke eingesetzt werden.

Auf der *detaillierten Ebene* (Detailstruktur) sollen die prinzipiellen Regeln und die Anforderungen der Teilaufgaben in detaillierte Regeln umgesetzt werden. Diese Regeln umfassen die Arbeitsteilung und Koordination in den Teilbereichen sowie deren Konfiguration (Anzahl der Hierarchieebenen, Grösse der Leitungsspanne).

Neben dem Sachziel sollen mit der Gestaltung der Organisationsstruktur auch bestimmte *Formalziele* verfolgt werden. Im Vordergrund stehen dabei[7]: wirtschaftliche Aufgabenerfüllung, hohe Arbeitszufriedenheit und Motivation der Vorgesetzten/Mitarbeiter sowie Sicherung einer angemessenen Anpassungsfähigkeit des Betriebs. Diese Ziele ergeben sich aus den drei fundamentalen Zielkategorien: den sachlich-ökonomischen Zielen, den individual-sozialen Zielen und dem Flexibilitätsziel.

Aus dem Ziel *wirtschaftliche Aufgabenerfüllung* ergeben sich beispielsweise folgende Anforderungen: Spezialisierungseffekte nutzen, Synergieeffekte ausschöpfen, hohen Koordinationsaufwand vermeiden, Transparenz und Kontrollierbarkeit des Betriebs gewährleisten, vorhandene Ressourcen wirtschaftlich einsetzen.

Im Hinblick auf das Ziel *hoher Arbeitszufriedenheit und Motivation* soll nochmals betont werden, dass Zufriedenheit und Motivation nicht ausschliesslich unter instrumentalen Gesichtspunkten betrachtet werden dürfen: Der Mitarbeiter stellt nicht nur ein Instrument zur Zielerreichung des Systems dar, sondern ist genauso als eigenständiges Subjekt, als Träger persönlicher Bedürfnisse und Erwartungen zu sehen (noninstrumentaler Aspekt).

Die Mitarbeiter/Vorgesetzten stellen die eigentlichen Träger des betrieblichen Arbeitsprozesses dar. Sie haben demzufolge ein unbedingtes Recht darauf, dass ihre Bedürfnisse und Erwartungen als Individuen und als Mitglieder von Gruppen berücksichtigt werden.

Ausserdem erreichen organisatorische Regeln ihr Ziel erst dann, wenn sie befolgt werden. Und befolgt werden sie nur dann, wenn die Systemmitglieder motiviert sind, sich den Regeln entsprechend zu verhalten.

Im Rahmen organisatorischer Regelungen kommt es in erster Linie darauf an, für die Mitarbeiter/Vorgesetzten Handlungs- und Interaktionsspielräume zu schaffen[7]. Der *Handlungsspielraum* setzt sich zusammen aus dem Tätigkeitsspielraum und dem Entscheidungs- und Kontrollspielraum:

- *Tätigkeitsspielraum:* Er bezieht sich auf konkrete Arbeitsinhalte und Rollenerwartungen und stellt die ausführende Komponente des Handlungsspielraums dar. Seine Festlegung erfolgt durch die Stellenbeschreibung. Im Sinne partizipativer Führung ist es wünschenswert, *Ziele* zur Kennzeichnung von Aufgabeninhalten zu verwenden, weil dadurch Soll-Zustände formuliert, die Wege zu ihrer Erreichung jedoch offengelassen werden.
- *Entscheidungs- und Kontrollspielraum:* Durch den Entscheidungsspielraum wird die Teilnahmemöglichkeit an Entscheidungen festgelegt. Die organisatorischen Regelungen sollen gegenseitige Einflussmöglichkeiten in Form freier Kooperation und Koordination zulassen. Der Kontrollspielraum gibt dem Mitarbeiter Möglichkeiten zur Selbstkontrolle.
- *Interaktionsspielraum:* Er soll den Bedürfnissen nach sozialen Kontakten Rechnung tragen sowie die Vorteile von Gruppenprozessen wirksam werden lassen. Die organisatorischen Bedingungen sollen offene Kommunikationsbeziehungen zulassen und kurze Informationswege vorsehen.

---

[7] vgl. Oechsler (1980)

Organisatorische Bedingungen, die solche Bewegungsspielräume ermöglichen und damit tendenziell Voraussetzungen für partizipative Führung schaffen, sind in Abbildung 168 zusammenfassend aufgeführt.

Dem dritten organisatorischen Ziel, der *Anpassungsfähigkeit des Betriebs* kommt im Zeichen zunehmender Umweltdynamik und -komplexität grosse Bedeutung zu. Die Organisation soll die *Flexibilität* des Betriebs fördern, d.h. sie soll den Betrieb in die Lage versetzen, die Anpassungsnotwendigkeiten rechtzeitig zu erkennen, die notwendigen Anpassungsentscheidungen schnell zu treffen (Voraussetzung: weitgehende Entlastung der Betriebsleitung von Routineaufgaben sowie Entscheidungs*dezentralisation*) und die Anpassungsentscheidungen ohne tiefgreifende Beeinträchtigung der täglichen Aufgabenerfüllung in konkrete Handlungsprogramme umzusetzen.

Im Interesse der Flexibilität ist auch die Erhaltung/Verbesserung der *Innovationsfähigkeit* von besonderer Bedeutung. Die Erfahrung zeigt, dass Organisationsstrukturen dann besonders innovationsfördernd sind, wenn Arbeitsteilung und Spezialisierung nicht zu gross sind, die Aufgabenerfüllungsprozesse nur in begrenztem Umgang programmiert werden, die Dezentralisation von Entscheidungen gefördert wird und die Kommunikationsstrukturen möglichst offen bzw. «durchlässig» gestaltet werden.

Zwischen den drei genannten Zielkategorien bestehen vielfältige wechselseitige Abhängigkeiten. Die einzelnen Ziele sind immer nur als Teilziele zu sehen und dürfen nicht isoliert betrachtet werden.

Abbildung 168: Spielräume[132]

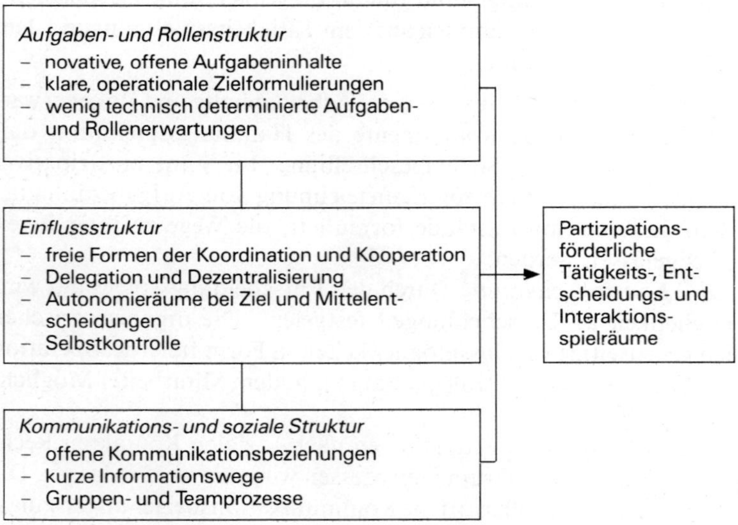

Aufgaben- und Rollenstruktur
- novative, offene Aufgabeninhalte
- klare, operationale Zielformulierungen
- wenig technisch determinierte Aufgaben- und Rollenerwartungen

Einflussstruktur
- freie Formen der Koordination und Kooperation
- Delegation und Dezentralisierung
- Autonomieräume bei Ziel und Mittelentscheidungen
- Selbstkontrolle

Kommunikations- und soziale Struktur
- offene Kommunikationsbeziehungen
- kurze Informationswege
- Gruppen- und Teamprozesse

→ Partizipationsförderliche Tätigkeits-, Entscheidungs- und Interaktionsspielräume

132 Oechsler (1980)

614 Organisieren als Führungsaufgabe

Ziel der organisatorischen Aktivitäten ist die Schaffung einer Organisationsstruktur. Es soll ein System von Regeln entstehen, deren Zweck es ist, das Verhalten der Aufgabenträger auf die Erfüllung der betrieblichen Gesamtaufgabe auszurichten. Und das Ziel der Führung? Kann es nicht mit den selben Worten umschrieben werden? Ist Führung demnach auf die Verwirklichung der organisatorischen Regeln ausgerichtet? Damit wäre die Organisationsstruktur der Bezugsrahmen für die Führung – ist sie das wirklich? Auf diese und ähnliche Fragen soll im folgenden eingegangen werden.

Organisieren muss jeder: Schon die Vertreter der klassischen Managementlehre haben die Bedeutung der Organisation klar erkannt. Wie bei der Besprechung des Führungskreislaufs festgestellt wurde, stellen Planen, Organisieren und Steuern die drei grundlegenden Management-Funktionen dar. Während früher diese Funktionen hauptsächlich dem Top-Management zugeordnet wurden, gilt diese Sichtweite heute als überholt. Die wachsene Komplexität und Differenzierung der Sachzusammenhänge gerade im Krankenhaus stellt höhere Anforderungen an alle Beschäftigten als früher.

Eine dieser Anforderungen lautet: *Selbständigkeit und Mitverantwortung.* Nichtdeterminierte Tätigkeiten, bei denen das Ziel vorgegeben, die Art und Weise der Ausführung aber dem Mitarbeiter überlassen wird, haben an Bedeutung gewonnen. Damit sind je länger je mehr auch auf unteren hierarchischen Ebenen Arbeitsabläufe zu gliedern, und Tätigkeiten aufeinander abzustimmen (auch wenn es sich dabei «nur» um den eigenen Aufgabenbereich handelt). Organisatorische Fähigkeiten sind also keineswegs nur in den oberen Etagen gefragt. Vielmehr muss jeder im Rahmen seines Verantwortungsbereiches als Organisator gesehen werden. So gilt das Prinzip der Arbeitsteilung auch für organisatorische Aufgaben:

- Das *oberste Kader* ist zuständig für Organisationsprobleme, die das Krankenhaus als Ganzes betreffen. Dazu gehören beispielsweise Aufgaben wie die Schaffung einer neuen Organisationsstruktur für das gesamte Spital, der Vollzug wesentlicher Veränderungen in der Leitungsorganisation, die Neuschaffung oder Neuordnung wichtiger Teilbereiche; die Veränderung des Ablaufs wesentlicher Planungs-, Entscheidungs- und Kontrollprozesse.
- Das *obere und mittlere Kader* hat organisatorische Aufgaben zu lösen, die sich innerhalb einzelner Abteilungen stellen. Solche Aufgaben sind beispielsweise die Neuordnung vorhandener Stellen, die Errichtung neuer Stellen oder die Einführung neuer Verfahren/Arbeitsabläufe
- Das *untere Kader* ist verantwortlich für organisatorische Probleme, welche die Arbeitsgruppen und die einzelnen Stellen betreffen. Dabei sind Aufgaben zu bewältigen wie die Neustrukturierung von Arbeitsabläufen oder die Koordination verschiedener Tätigkeiten
- Der *Mitarbeiter* ist mit organisatorischen Fragen konfrontiert, die sich innerhalb seines Zuständigkeitsbereiches ergeben. Dazu gehören Aufgaben wie die Zerlegung grösserer Aufgaben in Teilaufgaben, die Gliederung von Arbeitsabläufen oder die Koordination verschiedener Verrichtungen

Es wäre somit völlig falsch, das Organisieren nur als eine Aufgabe für Organisationsspezialisten zu betrachten. Organisieren gehört zu den Aufgaben jedes Vorgesetzten und jedes Mitarbeiters (selbst wenn dieser mit fast ausschliesslich ausführenden Tätigkeiten betraut ist).

In erster Linie aber sind es die Vorgesetzten, die als Organisatoren tätig sind. Bei ihnen stellt das Organisieren einen essentiellen Bestandteil ihrer Aufgaben dar. Obwohl die Bedeutung der Organisation als Führungsinstrument schon lange erkannt ist, wird dieses Führungsinstrument in der Praxis vielfach noch sehr vernachlässigt. Vorgesetzte sind oft der Meinung, dass ihnen spezielle Kenntnisse fehlten, die zur Organisation eines bestimmten Bereichs erforderlich seien. Ausserdem hätten sie ganz einfach keine Zeit, sich mit allen organisatorischen Einzelheiten zu beschäftigen. Aus solchen und ähnlichen Gründen werden dann oft betriebsinterne und/oder -externe Organisationsspezialisten mit der betreffenden Aufgabe betraut.

Obwohl es zweifellos Organisationsprobleme gibt, welche die Hilfe solcher Spezialisten erfordern, darf nicht vergessen werden, dass die Verantwortung für die Organisation eines Arbeitsbereichs immer beim betreffenden Vorgesetzten liegt. Auch wenn Organisationsspezialisten beigezogen werden, ist sein Einsatz unbedingt erforderlich. Zu den anfangs angeführten Argumenten lässt sich nur folgendes sagen: Der Vorgesetzte, dem wirklich (und nicht nur vermeintlich) das erforderliche organisatorische Wissen fehlt, kann (und sollte) sich dieses Wissen erwerben. Meist ist es aber so, dass die vorhandenen Kenntnisse ausreichen würden, um die meisten anfallenden Organisationsprobleme zu lösen. Was das Argument der fehlenden Zeit betrifft, so ist gerade das ein Grund, die eigenen Aktivitäten unter einem organisatorischen Gesichtspunkt einmal unter die Lupe zu nehmen. Nicht selten erweisen sich Zeitprobleme bei näherem Betrachten nämlich als Organisationsprobleme.

In der Praxis zeigt sich immer wieder, dass oft nicht mit genügend *Systematik* organisiert wird, sondern das Organisieren aus einem blossen Aneinanderreihen von ad-hoc-Handlungen besteht. Vielfach werden Entscheidungen auch über bedeutende organisatorische Veränderungen ohne klare *Problemdefinition, ohne eingehenden Vergleich von Alternativen* sowie ohne klar definierte *Beurteilungskriterien* und *Lösungsanforderungen* getroffen, und nach ihrer Initiierung werden organisatorische Gestaltungsprozesse sich selbst überlassen[8]. Für diesen wenig befriedigenden Zustand scheinen im wesentlichen folgende Gründe von Bedeutung:

- «*Ahnungslosigkeit*»: Viele Vorgesetzte haben die Chance einer adäquaten Organisationsstruktur noch nicht erkannt. Mit «adäquat» ist eine Struktur gemeint, die *den effektiv gegebenen Anforderungen angepasst* ist. Diese Anforderungen ergeben sich aus den spezifischen Aufgaben des betreffenden Bereichs, aus den Fähigkeiten und Erwartungen der Mitarbeiter, aus internen Bedingungen wie Räumlichkeiten, Sachmittel usw. sowie aus Erwartungen von seiten der Umwelt.

  Statt eigene – in diesem Sinne adäquate – Organisationsstrukturen zu entwickeln, werden fremde organisatorische Modelle übernommen und angewendet, auch wenn diese den tatsächlichen Bedürfnissen nicht entsprechen. Man glaubt, eine Organisation kaufen zu können, statt sich diese selbst zu erarbeiten.

[8] vgl. Grochla (1982)

- *«Tendenz zur Statik»:* Viele Vorgesetzte sind der (ausgesprochenen oder unausgesprochenen) Meinung, eine Organisationsstruktur sei etwas Festes, das man einmal schaffen müsse, um es dann über Generationen beibehalten zu können. Diese Sicht der Dinge ist fatal, denn die Organisationsstruktur als ein auf Dauer angelegtes System von Regelungen hat an sich schon die Tendenz zur Erstarrung. Dazu kommt dann als weiterer «Hemmer» die Institution als solche, die sich ebenfalls nicht durch grosse Wandlungsfähigkeit und Innovationsfreudigkeit auszeichnet. Im Gegensatz dazu stehen die Anforderungen einer dynamischen Arbeitswelt, denen statische Organisationsstrukturen je länger je weniger gewachsen sind.

«Ahnungslosigkeit» – «Tendenz zur Statik»: zwei Stichworte zur Feststellung, dass die Führungsaufgabe Organisieren in der Praxis vielfach nicht den Stellenwert besitzt, der ihr eigentlich zukommt.

«Das müssen wir neu organisieren! Alles ist viel zu umständlich. Machen Sie einen Vorschlag, wie wir die Sache verbessern könnten.» Mit diesen Worten entliess der Chef den Organisator und glaubte, damit das Problem gelöst zu haben[9]. Der Organisator erarbeitete einen Entwurf, der klar und logisch war, so dass ihm der zuständige Abteilungsleiter auch nicht widersprach. Als sich der Chef nach einiger Zeit erkundigte, wie denn die neue Organisationsstruktur funktioniere, hörte er zu seiner Überraschung, der Plan habe sich aus diesen und jenen Gründen nicht verwirklichen lassen. Als man der Sache nachging, stellte sich heraus, dass es erstens an der Überzeugung des Abteilungsleiters mangelte und zweitens an seiner Fähigkeit, die organisatorischen Änderungen durchzusetzen.

Ohne Führung ist Organisation wirkungslos. Und eine Führung ohne Organisation hat ebenso wenig Aussicht auf Erfolg. *Organisation und Führung bedingen sich gegenseitig:* Mit der Organisationsstruktur wird der formale Rahmen abgesteckt, innerhalb dessen sich die Führung vollziehen soll. Die Führung ihrerseits bedient sich der Organisation als Instrument, um Menschen und Arbeitsabläufe auf bestimmte Ziele hin zu beeinflussen.

Jede Organisation aber bleibt ohne (positive) Wirkungen, wenn die Mitarbeiter nicht zur Leistung motiviert und mit ihrer Arbeitssituation nicht zufrieden sind. Oder wenn mächtige Vorgesetzte im «dynamischen Prozess der Führung» die Organisationsstruktur derart abwandeln, bis sie zur blossen Zustandsbeschreibung bestehender Einflusssphären und Machtansprüche wird (wie dies so mancherorts der Fall ist). Wie oben angetönt wurde, ist eine Organisationsstruktur etwas Abstraktes in dem Sinne, als sie sich nicht auf wirkliche, lebendige Menschen, sondern auf gedachte, fiktive Norm-Aufgabenträger bezieht. Die wichtigste Variable der Organisation, nämlich der Mensch, fehlt also in ihrem Ansatz. Diese äusserst komplexe Variable aber, die nur zu einem kleinen Teil mit sachlogischen Kategorien zu erfassen ist, stellt den eigentlichen, primären Arbeitsträger dar, ohne den eine Aufgabenerfüllung im Krankenhaus völlig illusorisch wäre.

Die Auseinandersetzung mit dieser «Variablen Mensch» ist die zentrale Aufgabe der Führung. Hier reicht es nicht aus, den Mitarbeiter als reinen Funktionsträger zu betrachten und zu behandeln. Hier wird aus dem anonymen «Kästchen» im Organigramm ein Individuum mit seinen Bedürfnissen, Erwartungen und Problemen, ein

---

9 vgl. Rosner (1973)

soziales Wesen mit seinen Rollen und Abhängigkeiten. Weil es im wesentlichen diese Kräfte sind, die das Arbeitsergebnis bestimmen, erweisen sich sogenannte organisatorische Probleme häufig als Schwierigkeiten organisations-psychologischer oder -soziologischer Art.

«Organisation ist eine Technik – Führen eine Kunst» (Rosner). Trotz der Wichtigkeit einer guten Organisation ist die Bedeutung der Führung zweifellos höher einzuschätzen. Der Einfluss der Führung auf Arbeitsergebnis und Arbeitszufriedenheit ist wesentlich grösser als der Einfluss der organisatorischen Strukturen. Die Effizenz dieser Strukturen hängt in hohem Masse von der Effizienz der Führung ab.

615 Organisationszyklus

Analog zum besprochenen Phasen-Schema des Problemlösungsprozesses lässt sich auch der Vorgang des Organisierens in verschiedene Phasen zerlegen. Da das allgemeine Vorgehen beim Lösen von Problemen bereits beschrieben worden ist, werden hier nur noch einige ausgewählte Aspekte behandelt[10].

Je nach dem organisatorischen Problem, welches zu lösen ist, kommt den einzelnen Phasen unterschiedliches Gewicht zu: Geht es darum, das Krankenhaus als Ganzes zu reorganisieren, so müssen zunächst mit viel Aufwand die Schwachstellen der bestehenden Organisationsstruktur gefunden und analysiert werden. Handelt es sich hingegen bloss darum, einen Arbeitsablauf in einer Abteilung neu zu organisieren, so beschränkt sich die organisatorische Tätigkeit im wesentlichen auf die Auswahl einer zweckmässigen Ablaufvariante.

Probleme erkennen

Oganisationsprobleme sind häufig nicht auf den ersten Blick als solche zu erkennen. So dauert es manchmal recht lange, bis jemand auf die Idee kommt, seine Zeitnot, seine (scheinbare) Vergesslichkeit, seine allgemeine Unzufriedenheit bei der Arbeit könnte etwas mit mangelhafter Organisation zu tun haben. Gerade weil organisatorische Probleme häufig nicht «offensichtlich» sind, ist es wichtig, sein Auge dafür zu schärfen und ein Gespür für organisatorische Mängel zu entwickeln.

Grundsätzlich kann von organisatorischen Problemen immer dann gesprochen werden, wenn die bestehenden organisatorischen Regeln nicht oder nicht in genügendem Masse in der Lage sind, die zur effizienten Aufgabenerfüllung notwendige Ordnungsfunktion zu leisten[11]

Wie bei der allgemeinen Besprechung des Problemlösungsprozesses festgestellt wurde, ist das Erkennen organisatorischer Mängel einerseits Aufgabe jedes einzelnen, setzt aber andererseits auch die Einsicht weiterer Kreise voraus. Gerade wenn es um organisatorische Probleme geht, muss auch auf kollektiver Ebene das Problem als solches erkannt werden, damit sich wirklich etwas ändert.

10 vgl. Grochla (1982)
11 vgl. Grochla (1982)

Lösungen initiieren

Auch bei Organisationsproblemen gilt: Selbst wenn Probleme allgemein als solches erkannt werden, heisst das noch lange nicht, dass sie auch angepackt werden, weil Prioritäten gesetzt werden müssen, Widerstände auftauchen oder Folgeprobleme sich abzeichnen, die den Status quo als vorteilhafter erscheinen lassen.

Ob ein organisatorisches Problem einer Lösung zugeführt werden soll, und – wenn ja – zu welchem Zeitpunkt – das ist ein Grundsatzentscheid, der in dieser Initiierungsphase getroffen werden muss. Um diesen Entscheid fällen zu können, müssen die Chancen und Risiken abgewogen werden, die mit der Inangriffnahme eines Reorganisationsprozesses verbunden sind. Als Barrieren, die die Inangriffnahme eines Problems behindern können, wurden folgende genannt: Wissens-, Motivations-, Macht- und Organisationsbarrieren.

In der Initiierungsphase sind kurz gesagt folgende Aktivitäten erforderlich: Sensibilisieren (für die Problemstellung), Motivieren (zur Inangriffnahme) und Mobilisieren (von Machtpotentialen).

Probleme analysieren

Nachdem der Organisationsprozess initiiert worden ist, beginnt die konkrete Arbeit. Diese besteht zunächst darin, das Problem zu *definieren* und zu analysieren. Bei einer Reorganisation wird folgendermassen vorgegangen: *Erfassen und Analysieren der bestehenden organisatorischen Regeln* (Ist-Zustand) und *Formulieren von Anforderungen an die neue Organisationsstruktur* (Soll-Zustand; Beurteilen des Ist-Zustandes aufgrund der Anforderungen): Soll-Ist-Vergleich.

In dieser Phase geht es darum, organisatorische Mängel und *Schwachstellen* im einzelnen zu *erkennen* und ihre *Ursachen* zu ermitteln. Einem Organisationsproblem können sehr verschiedene Ursachen zugrundeliegen: So kann eine mangelhafte Aufgabenerfüllung z.B. auf Überlastung des betreffenden Aufgabenträgers beruhen. Vielleicht liegt die Ursache aber in einer unklaren Abgrenzung von Kompetenzen oder in ungenügender Information.

Werden Ursachen nicht sorgfältig herausgearbeitet, so ist wohl eine «Symptombehandlung», nicht aber eine echte Problemlösung möglich. Läge in unserem Beispiel die Ursache in ungenügender Information, müsste die Stellenbeschreibung überarbeitet werden. Wäre aber der Kern des Problems eine ungenügende Motivation, so käme etwa eine Umverteilung und/oder Anreicherung der Aufgabe in Frage. Eine Detaillierung der Stellenbeschreibung könnte dann als verstärkte Reglementierung aufgefasst werden und sogar negative Konsequenzen haben. Die Bedeutung einer eingehenden Analyse liegt auf der Hand.

Ziele formulieren

Auch bei organisatorischen Problemen stellt die Formulierung von klaren Zielen eine wichtige Voraussetzung für eine optimale Lösung dar. Die vier Kriterien für die Zielformulierung lauten: Erreichbarkeit, Eindeutigkeit, Überprüfbarkeit und Erreichungszeitraum.

Bei der Festlegung organisatorischer Ziele können sich instrumentale Ziele (die primär den Interessen des Systems dienen) und non-instrumentale Ziele (die primär den Interessen des Mitarbeiters dienen) entweder ergänzen oder konkurrenzieren. Dass sie sich überhaupt nicht beeinflussen, ist deshalb undenkbar, weil die Verwirklichung der instrumentalen Ziele ja durch die Systemmitglieder erfolgt, die ihrerseits von ihren persönlichen Bedürfnissen geprägt sind. Bei organisatorischen Zielen, die ausschliesslich die instrumentale Dimension berücksichtigen, ist die Aussicht auf Erfolg längerfristig nicht allzu gross. Vor diesem Hintergrund ist es verständlich, dass die Zielformulierung beim Organisieren häufig eine konfliktträchtige Angelegenheit bedeutet.

Ideen entwickeln

Die Phase des Suchens nach Ideen/Lösungen spielt auch im Organisationsprozess eine besonders wichtige Rolle. Die sorgfältigsten Problemanalysen und die präzisesten Zielformulierungen helfen nichts, wenn keine Idee zur Lösung des Problems gefunden wird.
Zur Lösung eines Organisationsproblems gibt es nie nur einen einzigen Weg. Und je mehr Vorschläge existieren, umso grösser ist die Wahrscheinlichkeit, dass sich ein sehr guter darunter befindet.

Ideen bewerten

In dieser Phase des Organisationsprozesses geht es darum, die Konsequenzen der einzelnen Lösungsalternativen abzuschätzen. Besondere Beachtung muss dabei möglichen *unerwünschten Konsequenzen* geschenkt werden. Zum Erfassen von möglichen Folgeproblemen, Risiken und Schwierigkeiten sind insbesondere folgende Fragen von Bedeutung: Welche Fakten/Zusammenhänge/Annahmen, die der Lösung zugrundeliegen, können sich ändern? Wo gibt es Lücken oder Überschneidungen in den Zuständigkeiten? Welche Hemmnisse/Schwierigkeiten personeller, zeitlicher, sachlicher, räumlicher Art sind zu erwarten?
Es soll nochmals darauf hingewiesen werden, dass diese Phase der Bewertung und Auswahl durch hohe Konflikthaltigkeit gekennzeichnet ist, weil unterschiedliche Ansichten über die zu erwartenden Wirkungen bestehen und individuelle Interessen der Beteiligten die Bewertung beeinflussen.

Ideen verwirklichen

Ein Lösungskonzept für ein organisatorisches Problem zu finden, ist oft schon schwierig genug. Noch schwieriger aber ist es meist, dieses Konzept dann in die Wirklichkeit umzusetzen.
Das neue organisatorische Konezpt muss *eingeführt* und gegen eventuell auftretende Widerstände *durchgesetzt* werden. Dass dabei nicht nur sachliche, sondern auch psychologische und «politische» Aspekte eine Rolle spielen, wird schon aufgrund der vorangehenden Phasen deutlich.
Ohne Zweifel hängt der Erfolg jeder organisatorischen Regelung letztlich davon ab, ob sie *akzeptiert* wird. Nur wenn sie innerlich bejaht wird, besteht letztlich die Gewähr, dass sich die Systemmitglieder auch aus eigenem Antrieb (und nicht nur unter äusserem Druck) der Regel entsprechend verhalten. Dass die Mitarbeiter eine Regel

akzeptieren aber setzt voraus, dass sie ihren Sinn verstehen: Wir müssen verstehen, um mitverantwortlich handeln zu können. Verstehen wiederum setzt Wissen voraus. Und dieses Wissen entsteht durch Information.

Wie in der Phase der Initiierung können auch bei der Realisation Wissensbarrieren, Motivationsbarrieren oder organisatorisch-technische Barrieren wirksam sein[12]. Schwierigkeiten bei der Einführung und Durchsetzung neuer organisatorischer Regelungen können also hauptsächlich darauf zurückgeführt werden, dass die betreffenden Mitarbeiter/Vorgesetzten über die an sie adressierten Regeln *nicht ausreichend informiert* sind oder sie *nicht richtig verstanden* haben, – *persönlich oder fachlich nicht in der Lage* sind, das von ihnen erwartete Verhalten zu zeigen, – *nicht bereit* sind, die an sie gerichteten Verhaltenserwartungen zu erfüllen, – nicht über die *organisatorisch-technischen Voraussetzungen* (Arbeitsmittel, personelle/finanzielle Ressourcen ...) verfügen, um den organisatorischen Regeln entsprechen zu können. Zur Überwindung dieser Schwierigkeiten sind Aktivitäten wie die folgenden erforderlich:

- *Information:* Damit Informationen «ankommen», müssen sie auf den Adressaten ausgerichtet sein; verständlich sein (einfach, gegliedert, prägnant, mit bereits Gewusstem im Zusammenhang); wahr sein; sachgerecht sein; zum richtigen Zeitpunkt abgegeben werden.
- *Schulung:* Kurse zur Einführung in die neuen/veränderten Aufgaben; Übungskurse, Gruppentraining.
- *Motivation:* extrinsische Motivation (Information, Weiterbildung usw.); intrinsische Motivation (Partizipation, Autonomie, Erweiterung/Anreicherung der Aufgaben); zwischenmenschliche Faktoren: Führungsverhalten, Gruppeneinflüsse.
- *Organisatorisch-technische Massnahmen:* Anpassung der technischen Arbeitsmittel; Anpassung der personellen/finanziellen Ressourcen.

Erfolg überprüfen

Nach einiger Zeit stellt sich die Aufgabe, die neu eingeführten organisatorischen Regelungen hinsichtlich ihrer Wirkungen zu beurteilen und den Erfolg des Organisationsergebnisses festzustellen. Die Erfolgskontrolle spielt im Organisationsprozess insofern eine besondere Rolle, als es sich beim Organisieren um einen komplexen Vorgang handelt, der eine Vielzahl von *Fehlerquellen* beinhaltet[13]:

- *Konstruktionsfehler:* Die Regeln können Mängel und Schwachstellen enthalten.
- *Implementierungsfehler:* Die Regeln werden nicht richtig verstanden, nicht akzeptiert oder können aufgrund fehlender personeller und/oder technischer Voraussetzungen nicht realisiert werden.
- *Prognosefehler:* Die Befolgung der organisatorischen Regeln führt nicht zu den beabsichtigten oder zu nicht beabsichtigten Konsequenzen.
- *Diagnosefehler:* Die Konsequenzen der Regeln entsprechen nicht den Erfordernissen der Situation.
- *Beurteilungsfehler:* Die Erreichung der organisatorischen Ziele trägt nicht zur Erreichung der übergeordneten Ziele des Betriebs bei.

12 vgl. Grochla (1982)
13 vgl. Grochla (1982)

Da sowohl die betriebsinternen Bedingungen als auch das Umfeld des Krankenhauses in einem steten Wandel begriffen sind, weisen organisatorische Regeln zwangsläufig nur eine *beschränkte Geltungsdauer* auf. Auf veränderte Bedingungen, denen die bestehenden Regeln nicht mehr genügen, kann in verschiedener Weise reagiert werden: Man kann partielle Umgestaltungen vornehmen oder es kann eine Anpassung durch informale Verhaltensweisen erfolgen, die der «offiziellen» (aber unzweckmässigen) Regelung widersprechen.

Viel besser aber ist es, die organisatorischen *Regeln systematisch zu überprüfen und weiterzuentwickeln.* Soziale Systeme wie das Krankenhaus sind dynamische Systeme. Soll die Organisation als Instrument zur Zielerreichung des Systems dienen, so muss sie sich dieser Dynamik gegenüber als anpassungsfähig erweisen.

Eine systematische Erfolgskontrolle bildet die Voraussetzung für eine systematische Problemerkennung. Wird ein Problem erkannt, beginnt der beschriebene organisatorische Prozess von vorne, weshalb man vom *Organisationszyklus* spricht.

62 Elemente der Organisation

Das allgemeine Ziel des Organisierens besteht in der Schaffung von Gebilde-, Prozess- und Kommunikationsstrukturen. Diese Strukturen lassen sich aus verschiedenen «Bausteinen» aufbauen, die als *formale Elemente* bezeichnet werden können. Die drei grundlegenden Elemente sind Stellen, Verbindungswege zwischen den Stellen und Arbeitsgänge.

621 Die Stelle und ihre Elemente

Ein organisiertes soziales System besteht aus Subsystemen, die innerhalb des Gesamtsystems bestimmte Aufgaben erfüllen. Diese Subsysteme lassen sich wiederum zerlegen bis in ihre kleinsten Einheiten, die im Betrieb als Stellen bezeichnet werden. Die *Stelle* kann demnach als die *kleinste organisatorische Einheit* definiert werden, die im Rahmen einer Gesamtorganisation einen umschriebenen *Aufgabenkomplex* umfasst, der einem oder mehreren *Aufgabenträgern* zur Erfüllung übertragen ist, wobei dies/er mit den dazu erforderlichen *Kompetenzen* ausgestattet ist/sind und die entsprechende *Verantwortung* tragen.

Zur Aufgabenerfüllung durch den Aufgabenträger bedarf es materieller und immaterieller Stellenelemente[14]:

- *Immaterielle Stellenelemente:* Das sind Aufgaben, Kompetenzen und Verantwortung, die sich entsprechen müssen.
- *Materielle Stellenelemente:* Als materielle Elemente einer Stelle gelten: Menschen, Sachmittel und Energie. Ohne eines dieser Elemente ist die Aufgabenerfüllung durch die Stelle nicht möglich.

14 vgl. Steinbuch (1977)

Aufgabe

Die Organisation soll zur Verwirklichung der Systemziele beitragen. Aus den Systemzielen leiten sich die Aufgaben ab, die zu ihrer Erreichung erfüllt werden müssen (Abb. 169). Die Aufgabe wurde so zum *Grundbegriff* der Organisationslehre, zum Ausgangspunkt aller organisatorischer Tätigkeit.

Abbildung 169: Ableitung von Arbeitsaufgaben aus Systemzielen

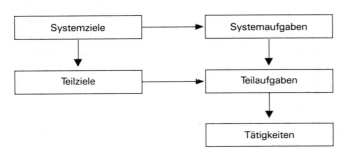

Unter einer *Aufgabe* versteht man eine *Verpflichtung,* eine vorgegebene Handlung durchzuführen. Die Aufgabe stellt ein zu erreichendes *Handlungsziel* dar, eine *Soll-Leistung,* zu deren Erfüllung verschiedene physische und psychische Aktivitäten (Verrichtungen/Tätigkeiten) erforderlich sind.

Zur allgemeinen Beschreibung einer Aufgabe genügen die *Merkmale* Objekt und Verrichtung[15].

- *Verrichtung:* Um eine Aufgabe zu erfüllen, müssen bestimmte Tätigkeiten ausgeführt werden.
- *Objekt:* Jede Aufgabe bezieht sich auf ein (reales oder abstraktes) Objekt, an welchem die Tätigkeit vollzogen wird.

Damit eine Aufgabe eindeutig determiniert ist, müssen zusätzlich Angaben über Aufgabenträger, Sachmittel, Ort und Zeit gemacht werden. Diese Merkmale einer Aufgabe werden deshalb als *Determinanten* bezeichnet[16].

- *Aufgabenträger:* Jede Aufgabe erfordert einen (personalen und/oder technischen) Aufgabenträger, der die Tätigkeiten ausführt, die zur Aufgabenerfüllung notwendig sind.
- *Sachmittel:* Der Aufgabenträger setzt bei seiner Tätigkeit Sachmittel ein, ohne die diese Tätigkeit nicht oder nur schwer möglich ist.
- *Ort:* Die Aufgabenerfüllung erfolgt an einem oder mehreren bestimmten Ort/Orten.
- *Zeit:* Die Erfüllung der Aufgabe wird zu einem bestimmten Zeitpunkt vollzogen und nimmt eine gewisse Dauer in Anspruch.

15 vgl. Kosiol (1962)
16 vgl. Schmidt (1974), Wittlage (1976)

Zwei weitere wichtige Eigenschaften, denen im Hinblick auf die *Organisierbarkeit* von Aufgaben grundlegende Bedeutung zukommt, sind die beiden Grunddimensionen: Wiederholungscharakter und Beherrschbarkeit[17].

Eine bestimmte *Wiederholungshäufigkeit* einer Aufgabe ist unerlässliche Bedingung für ihre organisatorische Regelung. Dabei ist es nicht erforderlich, dass es sich um völlig identische Wiederholungen handelt, sondern nur, dass bestimmte *Gemeinsamkeiten wiederkehren*. In diesem Sinne sind auch einmalig oder selten auftretende Aufgabenkomplexe organisierbar, soweit sie wiederkehrende Teilaufgaben enthalten. Auf jeden Fall ist, soweit seltene Aufgaben vorhersehbar sind, eine Regelung der Zuständigkeit möglich.

Vor allem ablauforganisatorisch wichtig sind *Regelmässigkeit* und *Vorhersehbarkeit* des Wiederholungsrhythmus sowie *Gleichmässigkeit* der zeitlichen Verteilung.

Die *Beherrschbarkeit* von Aufgaben bestimmt das Ausmass, in dem das Verhalten der Aufgabenträger bei der Erfüllung geregelt werden kann. Folgende Faktoren wirken sich auf die Beherrschbarkeit aus[18]:

- die *Komplexität* der Aufgabe, d.h. die Zahl, Verschiedenartigkeit und Interdependenzen der zu verknüpfenden Teilaufgaben und Aufgabenelemente.
- die *Variabilität* der Aufgabe, d.h. die Häufigkeit und Stärke, mit der sich Inhalt und Erfüllungsanforderungen einer Aufgabe im Zeitablauf ändern.
- der *Definitionsgrad* der Aufgabe, d.h. das Ausmass, in dem Verrichtungen, Objekte, Raum und Zeit der Aufgabenerfüllung determiniert und bekannt sind.

Eine Zunahme der Komplexität hat Auswirkungen auf die Regelung der *Arbeitsteilung,* der *Koordination* und der *Konfiguration* (Anzahl der Hierarchieebenen, Grösse der Leitungsspanne). Nimmt z.B. die Zahl der zu vollziehenden Verrichtungen oder der zu bearbeitenden Objekte zu, so führt dies zu einer stärkeren vertikalen oder horizontalen Differenzierung, d.h. zu einer grösseren Komplexität, zu deren Bewältigung neue, spezialisierte Stellen gebildet werden müssen, was zwangsläufig auch die Koordination und Konfiguration beeinflusst.

Ist die *Variabilität* eines Aufgabenbereichs hoch, so muss die organisatorische Struktur dieses Bereichs besonders *anpassungsfähig* sein. Das bedeutet, dass den Stellen genügend weite *Handlungsspielräume* und ausreichende *Entscheidungskompetenzen* übertragen werden müssen. Es sind relativ autonome Aktionseinheiten zu bilden, die sich selbständig an veränderte Aufgabenstellungen anpassen (Teamarbeit).

Nach dem *Definitionsgrad* der Aufgabe kann man entweder von *gut-definierten* oder von *schlecht-definierten* Aufgaben sprechen. Aufgaben mit Routinecharakter sind meist gut definiert und ihre Erfüllung weitgehend regelbar.

Kompetenzen

Kompetenz/Befugnis ist das ausdrücklich zugeteilte Recht, zu handeln und die Aktivitäten auszuführen, die zur Aufgabenerfüllung erforderlich sind. Im Rahmen der Aufgabensynthese werden jeder organisatorischen Einheit Aufgaben zugeordnet und bestimmten Personen als Stellenaufgaben übertragen. Mit diesem Vorgang ist stets die Zuteilung von Kompetenzen und Verantwortung verbunden.

17 vgl. Grochla (1982)
18 vgl. Hoffmann (1980), Grochla (1982)

Leiten sich die *Aufgaben* aus dem Zielsystem des Betriebs ab und verkörpern sie damit Handlungs*anforderungen* an die Personen, denen sie zugeordnet sind, so schaffen Kompetenzen die zur Aufgabenerfüllung notwendigen Handlungs*möglichkeiten,* während durch die Verantwortung die Handlungs- und Rechenschaftsverpflichtung ausgedrückt wird.

Die Kompetenzen eines Aufgabenträgers können grundsätzlich gegliedert werden in:

- *Eigenkompetenzen:* beziehen sich auf die eigene Aufgabenerfüllung (= Handlungskompetenzen);
- *Fremdkompetenzen:* beziehen sich auf die Aufgabenerfüllung anderer Aufgabenträger (= Führungskompetenzen).

Unter den *Eigenkompetenzen* lassen sich aufgrund des Inhalts der Kompetenz folgende Arten unterscheiden:

- *Entscheidungskompetenz:* das Recht, innerhalb eines umschriebenen Rahmens Entscheidungen zu treffen.
- *Ausführungskompetenz:* das Recht, bei der Ausführung einer übertragenen Aufgabe in einem bestimmten Ausmass Methode und Rhythmus der Arbeit selbst zu bestimmen.
- *Verfügungskompetenz:* das Recht, über bestimmte Sachen und Werte zu verfügen.
- *Mitsprachekompetenz:* das Recht, in bestimmten Fragen mitsprechen zu können. Wie weit dieses Recht geht, muss genau festgelegt werden: ob es sich um ein blosses Anhörungsrecht (Mitberatungsrecht), ein Vetorecht oder um ein eigentliches Mitentscheidungsrecht handelt.
- *Antragskompetenz:* das Recht, zu beantragen, dass über eine bestimmte Angelegenheit entschieden wird.
- *Vertretungskompetenz:* das Recht, das betreffende soziale System in bestimmten Belangen nach aussen zu vertreten.
- *Informationskompetenz:* das Recht, bestimmte Informationen zu beziehen.

Unter den *Fremdkompetenzen* (= Führungskompetenzen) können folgende Arten unterschieden werden[19]:

- *Integrationskompetenzen:* Diese treten in zwei Formen auf: *Strukturkompetenz:* (das Recht, Verteilungs- und Arbeitsbeziehungen in einem System zu regeln) und *Zielkompetenz* (das Recht, sich an der Bildung von ökonomischen und sozialen Sach- und Formalzielen zu beteiligen).
- *Koordinationskompetenzen:* das Recht, Massnahmen zur koordinierten Zielerreichung zu ergreifen.
- *Persönlich-disziplinarische Kompetenz (= disziplinarische Weisungsbefugnis):* das Recht, in Fragen der Umgangs- und Verhaltensnormen bei der Aufgabenerfüllung, der Förderung und Weiterbildung Weisungen zu erteilen.
- *Sachlich-funktionale Kompetenz (= fachliche Weisungsbefugnis):* das Recht, in fachlichen Fragen Weisungen zu erteilen. Zwei Formen werden unterschieden: *Anordnungskompetenz* (das Recht, eine getroffene Entscheidung durchzusetzen, d.h. andere Aufgabenträger zur Realisation der Entscheidung zu veranlassen) und *Kon-*

trollkompetenz (das Recht, die Aufgabenerfüllung anderer Aufgabenträger in fachlicher Hinsicht zu kontrollieren).

Die *Zuteilung von Kompetenzen* an eine Stelle umfasst immer zwei Vorgänge: Erstens ist die *Art* und zweitens der *Umfang* der jeweiligen Kompetenz festzulegen. Jeder Stelle im Krankenhaus (auch rein ausführenden Stellen) müssen bestimmte Kompetenzen zugestanden werden, damit eine Aufgabenerfüllung möglich ist.

Verantwortung

Verantwortung bedeutet *persönliches Einstehen für die Folgen von Handlungen und Entscheidungen, soweit diese beeinflusst werden konnten.* Wichtig ist, dass eine Beeinflussung erfolgen kann, indem man aktiv handelt, aber auch, indem man eine solche Handlung unterlässt.

Nach dem Gegenstand der Verantwortung unterscheidet man:

- *Eigenverantwortung:* Einstehen für Folgen des eigenen Handelns (= Handlungsverantwortung);
- *Fremdverantwortung:* Einstehen für Folgen von Handlungen anderer Personen, soweit diese Handlungen durch das eigene Verhalten beeinflusst werden konnten (= Führungsverantwortung).

Die *Handlungsverantwortung* bezieht sich auf folgende Objekte:

- *Ergebnisverantwortung:* Verantwortung für die Erzielung von umschriebenen Arbeitsergebnissen.
- *Budgetverantwortung:* Verantwortung für die Einhaltung des vorgegebenen Budgets.
- *Sachmittelverantwortung:* Verantwortung für die zur Stelle gehörenden Sachmittel.
- *Terminverantwortung:* Verantwortung für die Einhaltung von vorgegebenen Terminen.

Die *Führungsverantwortung* des Vorgesetzten umfasst die

- *Auswahlverantwortung:* Verantwortung für die Auswahl der Mitarbeiter, denen er Aufgaben überträgt.
- *Auftragsverantwortung:* Verantwortung für die ordnungsgemässe Erteilung von Aufträgen: Wer? Was? Warum? Wann? Wo? Wie?
- *Arbeitsmittelverantwortung:* Verantwortung für die Bereitstellung von personellen und sachlichen Mittel sowie von Informationen, die zur Durchführung eines Auftrages erforderlich sind.
- *Aufsichtsverantwortung:* Verantwortung für eine angemessene Aufsicht über die Tätigkeit des Mitarbeiters.

Verantwortung wird meist nicht ausdrücklich übertragen, sondern ergibt sich aus der Übertragung von Aufgabe und Kompetenzen. Zur Vermeidung von Unklarheiten aber sollte *Art und Umfang der Verantwortung* umschrieben und in der *Stellenbeschreibung* dokumentiert sein. Eine Übersicht über die verschiedenen Arten der Verantwortung findet sich in Abbildung 170.

Abbildung 170: Formen der Verantwortung

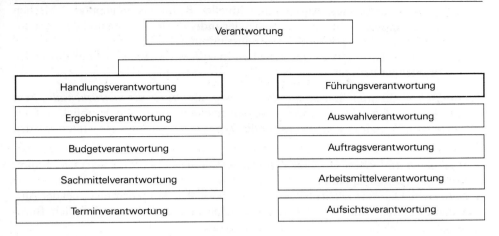

Mensch: Das Hauptmerkmal sozialer Systeme besteht darin, dass in ihnen der Mensch das wesentliche Element darstellt. Der Mensch ist der Aufgabenträger, dem Aufgaben zur Erfüllung zugeordnet sind. Früher ging man davon aus, dass nur der Mensch Aufgabenträger sein könne. Als Konsequenz der technischen Entwicklung aber werden heute *auch Sachmittel höherer Technik* als Aufgabenträger betrachtet. *Jede Stelle* muss jedoch durch mindestens einen *personalen* Aufgabenträger besetzt sein, denn nur ein Mensch kann Kompetenzen und Verantwortung haben. Aus diesem Grund werden technische Anlagen richtiger als Arbeitsträger bezeichnet.

Nach der Art und Weise, wie Menschen und Maschinen als Aufgaben- bzw. Arbeitsträger kombiniert werden, entstehen folgende *Stellentypen:*

Aufgabenträger	*Stellentypen*
eine einzelne Person	(Ein-Personen)-Stelle
eine Gruppe von Personen	Mehr-Personen-Stelle (Ausschuss/Kollegium)
Mensch-Maschinen-Kombination	Mensch-Maschinen-Einheit

Wie schon bemerkt bezieht sich die Gestaltung einer Stelle nicht auf einen konkreten Mitarbeiter/Vorgesetzten, sondern auf eine *gedachte, abstrakte Person*. Diese ist definiert durch die *Summe der Anforderungen, die sie zu erfüllen hat*. Das *Verhalten* der Menschen als der Elemente des sozialen Systems bestimmt das Verhalten des sozialen Systems als Ganzes[20].

Organisation muss immer von bestimmten Annahmen über das Verhalten der Systemmitglieder ausgehen. Die Summe dieser Annahmen macht das *Menschenbild des Organisators* aus. Im Rahmen eines solchen Menschenbildes können die Systemmitglieder etwa verstanden werden als[21]:

- *Werkzeuge:* Sie erbringen Leistungen als Beiträge zur Erreichung von Systemzielen und führen dabei die von der Leitung des Systems gegebenen Anweisungen aus.

20 vgl. Hill et al. (1974)
21 vgl. Hill et al. (1974)

- *Bedürfnisträger:* Das Verhalten der in einem sozialen System tätigen Menschen wird in starkem Ausmass von den individuellen Bedürfnissen geprägt. Zwischen den sich aus diesen Bedürfnissen ergebenden individuellen Zielen und den Systemzielen herrscht nicht notwendig Übereinstimmung.
- *Problemlöser:* Das individuelle Verhalten in sozialen Systemen ist auf das Lösen von Problemen gerichtet.

Sachmittel: Sachmittel sind *materielle Objekte,* die *durch ihr instrumentales Sein im Hinblick auf bestimmte Zwecke gekennzeichnet* sind[22]. Im Hinblick auf ihr «instrumentales Sein» können folgende *Typen* von Sachmitteln unterschieden werden:
- *Basissachmittel:* Diese sind zur Aufgabenerfüllung notwendig. Beispiele: Raum, Mobiliar, Röntgenapparat.
- *Entlastende Sachmittel:* Sie entlasten den personalen Aufgabenträger bei der Aufgabenerfüllung, ohne ihn von der Durchführung zu befreien. Beispiel: Büromaschinen, Wundbostitch, Blutwert-Analysator.
- *Automatische Sachmittel:* Sie befreien den Menschen von der Durchführung der Tätigkeit, so dass er nur noch Kontrollfunktionen auszuüben hat. Beispiele: Elektronische Datenverarbeitung, automatisches Beatmungs- und Narkosegerät.

Als letztes Stellenelement ist schliesslich die *Energie* zu erwähnen. Ohne Energie können weder der Mensch noch die meisten Sachmittel ihre Aufgaben erfüllen. Da die Energie jedoch selten als Element der direkten Aufgabenerfüllung auftritt, kann man sie als *sekundäres Stellenelement* bezeichnen.

622 Stellenarten

Wir können die verschiedenen Arten von Stellen zunächst nach dem *Charakter der Aufgaben* unterscheiden, die ihnen zugeordnet sind (Abb. 171): *Ausführungsstellen* beinhalten ausschliesslich Ausführungsaufgaben; – *Leitungsstellen* (=Instanzen) umfassen Leitungsaufgaben; – *Leitungshilfsstellen* erfüllen Leitungshilfsaufgaben (hier lassen sich die Stellenarten Assistenz und Stab unterscheiden); – *Sonderstellen* beinhalten Sonderaufgaben (hier sind Projektgruppen und Kollegien [Ausschüsse] einzuordnen).

- *Ausführungsstelle:* Von Ausführungsstelle spricht man dann, wenn der Aufgabenkomplex einer Stelle in den rein ausführenden Bereich auf der *untersten hierarchischen Ebene* gehört. Es soll aber nochmals darauf hingewiesen werden, dass das Gesetz der *Einheit von Aufgabe, Kompetenzen und Verantwortung* auch hier gelten muss. Ohne Kompetenzen, d.h. ohne persönliche Handlungsermächtigung ist keine Aufgabenerfüllung möglich.
- *Leitungsstelle/Instanz:* Eine Leitungsstelle/Instanz unterscheidet sich von anderen Stellen durch ihre besonderen
  - *Aufgaben:* bei diesen handelt es sich um *Leitungsaufgaben*

22 vgl. Wegner (1969)

Abbildung 171: Stellenarten

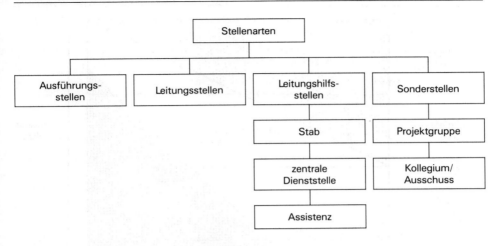

- *Kompetenzen:* Während die Kompetenzen der Nicht-Instanzen grundsätzlich nur die eigene Tätigkeit betreffen, zielen die Kompetenzen der Instanz auch auf die Tätigkeit anderer Stellen. So wird die *Anordnungskompetenz* als wesentliches Merkmal der Instanz genannt.
- *Verantwortung:* Zur Eigenverantwortung tritt bei der Instanz die *Fremdverantwortung.* Diese bedeutet aber wie gesagt nicht ein Einstehen für *alle* Handlungen der nachgeordneten Aufgabenträger, sondern nur für solche Fehlhandlungen, die sich aus einer ungenügenden Erfüllung der Leitungsaufgaben ergeben.

Instanzen können nach folgenden Kriterien unterschieden werden: personaler Umfang, Willensbildung, hierarchische Ebene.

- *Personaler Umfang:* Eine Instanz kann durch eine Person oder durch mehrere Personen gebildet werden. Danach wird unterschieden in *Singularinstanz* und *Pluralinstanz* (typisches Beispiel einer Pluralinstanz ist die Krankenhausleitung). Eine Leitungsperson kann gleichzeitig Singularinstanz und Teil einer Pluralinstanz sein. Das ist z.B. dann der Fall, wenn ein Klinikleiter gleichzeitig Mitglied der Krankenhausleitung ist. Dass diese Doppelstellung auch Probleme mit sich bringt, ist bekannt.
- *Willensbildung:* Bei Pluralinstanzen können folgende Systeme der Willensbildung unterschieden werden: *Direktionalsystem* (ein Mitglied der Instanz hat besondere Rechte bei der Willensbildung) und *Kollegialsystem* (alle Mitglieder der Instanz haben gleiche Rechte hinsichtlich der Willensbildung).
- *Ebene:* Nach der Ranghöhe in der betrieblichen Hierarchie unterscheidet man Hierarchische *oberste Instanz* (=top management. Beispiel: Krankenhausleitung), *mittlere Instanz* (=middle management. Beispiel: Abteilungsleiter/in), *untere Instanz* (=lower management. Beispiel: Gruppenleiter/in).

Je nach Instanzebene ist der Anteil der Grundfunktionen Planen, Entscheiden und Ausführen im Rahmen der Stellenaufgaben verschieden (Abb. 172).

Abbildung 172: Entscheidungs- und Ausführungsaufgaben auf verschiedenen hierarchischen Ebenen[133]

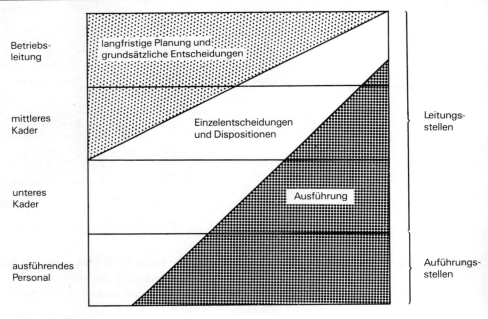

133 Ulrich (1969)

Die quantitativen Verhältnisse zwischen den einzelnen Instanzebenen lassen sich in Form einer Pyramide darstellen (Abb. 173).
- *Stab:* Die Stabsstelle ist eine *Leitungshilfsstelle.* Sie kann als *sekundäre Stelle* bezeichnet werden, weil sie stets einer (primär gebildeten) Instanz zugeordnet ist und diese bei der Erfüllung ihrer Aufgaben unterstützt.
Die Stabsstelle ist durch folgende *Merkmale* charakterisiert:
  - Sie ist eine Leitungshilfsstelle und existiert nur in der *Zuordnung zu einer Instanz.*
  - Sie erfüllt Aufgaben, die sich aus den *Aufgaben der Instanz* ableiten.
  - Ihre *Kompetenzen sind begrenzt:* Stabsstellen besitzen in der Regel *keine Entscheidungskompetenzen,* sondern nur ein Vorschlagsrecht. Besteht ein Stab aus mehreren Personen, so bezieht sich diese Kompetenzbegrenzung natürlich nur auf die Aussenbeziehungen des Stabes. Innerhalb des Stabes hat der Leiter alle üblichen Weisungs- und Anordnungskompetenzen gegenüber seinen Mitarbeitern.

Stabsstellen können Instanzen *aller Ebenen* zugeordnet werden. Sie können zudem eine eigene *Stabshierarchie* bilden, d.h. Stabsstellen einer höheren Instanz besitzen ein Weisungsrecht gegenüber Stabsstellen nachgeordneter Instanzen. Ein Stab kann sowohl eine *Stelle* als auch eine *Abteilung* sein.

- Zu den *Funktionen* des Stabes: Der Stab kann alle Teilaufgaben der Leitungsaufgabe einer Instanz übernehmen, die einer Entscheidung vor- bzw. nachgelagert

Abbildung 173: Quantitative Verhältnisse verschiedener hierarchischer Ebenen

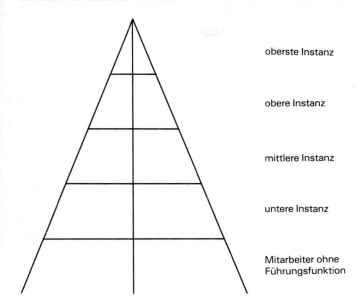

sind[23]. Die einer Entscheidung *vorgelagerten Aufgaben* sind: Beschaffen, Auswerten, Weiterleiten von Informationen; Erarbeiten, Präsentieren von Entscheidungsalternativen. Die einer Entscheidung *nachgelagerten Aufgaben* umfassen: Erarbeiten von Anweisungen und Plänen für die Realisation von instantiellen Entscheidungen; Koordinieren der Aktivität von Stellen, die an der Realisation beteiligt sind; Überwachen der Ausführung instantieller Entscheidungen.

Trifft die Instanz einen Entscheid, der nicht dem Antrag der Stabsstelle entspricht, und ist die Stabsstelle überzeugt, dass dadurch Schaden entstehen kann, so hat sie das Recht bzw. die Pflicht, eine *Wiedererwägung* zu beantragen oder gegebenenfalls einen *Stabsrekurs* einzureichen. Stäbe können nach verschiedenen Kriterien unterschieden werden[24]: Nach dem/der

- *Umfang der Aufgaben* lassen sich Stäbe gliedern in *generalisierter Stab* (unterstützt die Instanz in allen zu erfüllenden Leitungsaufgaben), *spezialisierter Stab* (erfüllt spezielle Funktionen, die sich aus den instantiellen Aufgaben ableiten.
- *Art der Aufgaben* können folgende Stabsarten unterschieden werden: *Informationsstab* (Beschaffung, Aufbereitung und Weitergabe von Informationen), *Beratungsstab* (Erarbeitung von Entscheidungsalternativen), *Planungsstab* (Erarbeitung von Planungsunterlagen), *Kontrollstab* (Entwicklung von Kontrollplänen und -methoden, Überwachung der Realisation von Entscheidungen).
- *personalen Umgang* unterscheidet man *einfacher Stab,* bestehend aus einer Person und *zusammengefasster Stab,* bestehend aus mehreren Personen.

23 vgl. Wittlage (1976)
24 vgl. Wittlage (1976)

- *Einsatzdauer* können Stäbe eingeteilt werden in *ständiger Stab* (der Stab ist eine auf Dauer eingerichtete Stelle) und *temporärer Stab* (die Existenz des Stabes ist zeitlich begrenzt).

Die Effizienz eines Stabes hängt in erster Linie von der Qualität der *Zusammenarbeit mit der entsprechenden Instanz* ab. Probleme können einerseits dadurch entstehen, dass der Stab zwar eine hohe Qualifikation besitzt (Spezialisierung), aber nicht mit den entsprechenden Kompetenzen ausgestattet ist. Andrerseits kann der Stab durch seine Fachautorität die Entscheidungen der Instanz in hohem Masse beeinflussen, ohne dann diese Entscheidungen direkt verantworten zu müssen.

Obwohl dem Vorschlag oder der Empfehlung eines Stabes keine verpflichtende Wirkung zukommt, sind die *Einflussmöglichkeiten* von Stabsstellen trotzdem gross, und zwar aufgrund ihrer *fachlichen Qualifikation;* der *Verpflichtung* von Instanzen, sich mit der zuständigen Stabsstelle zu beraten; des *Fehlens von Anordnungskompetenzen.*

Da Stabsstellen nur konsultative Funktionen erfüllen, wird auf ihre Vorschläge in der Regel sachlicher eingegangen als auf Vorschläge von Instanzen, die solche Anordnungsbefugnisse besitzen und damit die Entscheidungsfreiheit anderer Stellen einschränken.

- *Zentrale Dienststelle:* In der Praxis zeigt sich häufig, dass «reine Stabsstellen» zu sogenannten «Zentralen Dienststellen» ausgeweitet werden. Diese Stellen besitzen bestimmte *eng umgrenzte Entscheidungs- und Anordnungskompetenzen* die es ihnen ermöglichen, selbständig (d.h. unabhängig von den Instanzen, denen sie zugeordnet sind) Aufgaben für das gesamte System zu erfüllen. Typische Beispiele für zentrale Dienststellen sind oft Personalabteilung, Finanzabteilung oder Public-Relations-Abteilung.
- *Assistenz:* Eine Assistenz entspricht mit zwei Ausnahmen den Merkmalen eines Stabes: Während ein Stab eine klar definierte Aufgabe hat, ist das *Aufgabengebiet* der Assistenz *nicht so klar festgelegt.* Eine Assistenz wird im gesamten Aufgabenbereich der Instanz eingesetzt, der sie zugeordnet ist. Zweitens besitzen Assistenzen in der Regel *keine ständig gleichbleibenden Aufgaben,* sondern sind mit wechselnden Aufgaben betraut, die sich von Fall zu Fall aus dem Aufgabenbereich der Instanz ergeben.

Typische Aufgaben der Assistenz betreffen Entscheidungsvorbereitung und ergänzende Detailarbeiten. Assistenz und (reinem) Stab ist gemeinsam, dass sie grundsätzlich *keine Entscheidungen mit Fremdwirkung* treffen können und insofern keine Anordnungskompetenzen besitzen.

- *Projektgruppe:* Die Projektgruppe ist durch folgende *Merkmale* gekennzeichnet[25]: Gruppe von Personen mit *unterschiedlichen Kenntnissen* und aus *unterschiedlichen Tätigkeitsbereichen;* Tätigkeit meist *hauptamtlich;* Erfüllung von *Sonderaufgaben;* Tätigkeit *zeitlich befristet; Aufgabenerfüllung/Zielerreichung* werden von der *Gruppe gemeinsam* angestrebt.

Der Einsatz von Projektgruppen anstelle von isoliert handelnden Personen erfolgt oft aufgrund *technologischer Zwänge* bei der Erfüllung von ausführenden Aufgaben sowie aus der Notwendigkeit heraus, spezialisierte Funktionen zu *koordinieren*.

Die Projektgruppe ist dadurch charakterisiert, dass sie zur Lösung einer bestimmten Aufgabe gebildet wird und ihre Mitglieder im Hinblick auf diese Aufgabe ausgewählt werden. Nach Erfüllung der Aufgabe löst sich die Projektgruppe wieder auf.

Projektgruppen besitzen in der Regel *keine Anordnungskompetenz* und können von daher den Stabsstellen zugerechnet werden.

- *Ausschuss:* Wie die Projektgruppe wird auch der Ausschuss zur Erfüllung von Sonderaufgaben gebildet und ist mit einer Ausnahme durch die selben Merkmale charakterisiert: Während in Projektgruppen üblicherweise hauptamtlich und vollzeitlich gearbeitet wird, sind die Mitglieder eines Ausschusses nur *nebenamtlich* und *meist mit geringem Zeitaufwand* tätig.

  Nach ihren Aufgaben können folgende Ausschüsse unterschieden werden:
  - *Informationsausschuss:* Gegenseitiger Informationsaustausch unter den Mitgliedern;
  - *Beratungsausschuss:* Vorbereiten von Entscheidungen (endgültige Entscheidung erfolgt durch die zuständige Instanz);
  - *Entscheidungsausschuss:* Treffen (eventuell auch Vorbereiten) von Entscheidungen. Die Entscheidung durch einen Ausschuss wird häufig dann gewählt, wenn es erforderlich ist, mehrere Instanzen am Entscheidungsprozess zu beteiligen. Die Verantwortung wird dann von den Mitgliedern gemeinsam getragen.
  - *Kontrollausschuss:* Überwachen von Arbeitsprozessen. Komplexe Abläufe erfordern häufig eine Kontrolle durch verschiedene Bereiche und unter verschiedenen Gesichtspunkten.
- *Stellengruppen:* Die in einem Betrieb vorkommenden Stellen können nach dem Kriterium «Gleichartigkeit der Aufgaben» unterteilt werden in:
  - *Komplementäre Stellen:* Das sind verschiedenartige Stellen, die verschiedene Teilaufgaben einer grösseren Aufgabe erfüllen und sich ergänzen.
  - *Parallelstellen:* Das sind gleichartige Stellen, die zur Erfüllung einer einzelnen Teilaufgabe gebildet werden. Parallelstellen sind besonders auf den untersten Ebenen der Hierarchie häufig.

Lauter gleichgeordnete, nebeneinanderstehende Stellen sind nicht in der Lage, eine koordinierte Leistung zu erbringen. Deshalb müssen jeweils *mehrere Stellen,* die gemeinsame oder direkt zusammenhängende Aufgaben erfüllen, *zu Gruppen zusammengefasst und einer Instanz untergeordnet* werden. Solche Zusammenfassungen von Stellen nennt man *Stellenverbunde*.

Nach dem personalen Umfang lassen sich folgende Stellenverbunde unterscheiden: Arbeitsgruppe (Team), Abteilung, Abteilung höherer Ordnung (Klinik, Bereich, Ressort). Instanzen höheren Grades koordinieren und leiten die Instanzen tieferer Grade und damit die ihnen nachgeordneten Stellengruppen

623 Verbindungswege

Stellen erfüllen immer nur Teilaufgaben. Sie benötigen daher zur Zusammenarbeit und Koordination untereinander gegenseitigen Kontakt. Zu diesem Zweck werden formale Verbindungswege (=Verkehrswege) eingerichtet. Auf diesen Verbindungswegen werden entweder physische oder geistige Objekte (Informationen) ausgetauscht, so dass man primär zwischen Transport- und Kommunikationswegen unterscheiden kann.

- *Transportwege:* Die zwischen den Aufgabenträgern verlaufenden Transportwege dienen der Weitergabe von *realen Arbeitsobjekten.* Die transportierten Arbeitsobjekte werden im Leistungsprozess des Betriebes be- oder verarbeitet. Die Transportwege sind demnach im Rahmen der materiellen Arbeitsprozesse von Bedeutung (Abschnitt 64).
- *Informations- und Kommunikationswege:* Die Kommunikationswege dienen der Weitergabe von *geistigen Arbeitsobjekten,* d.h. von *Informationen* und sind im Rahmen der informationellen Arbeitsprozesse von Bedeutung. Kommunikationswege bzw. die über sie verlaufende Weitergabe von Informationen spielen wohl in kaum einem anderen Arbeitsbereich eine so zentrale und fundamentale Rolle wie im Krankenhaus.

Der Erfolg der Aufgabenerfüllung und die Zufriedenheit der Mitarbeiter/Vorgesetzten hängt in hohem Masse davon ab, ob der Informationsfluss in horizontaler, vertikaler und diagonaler Richtung gewährleistet ist (mehr darüber in Abschnitt 65).

624 Arbeitsgänge

Das zentrale formale Element des Arbeitsablaufs bzw. der Ablauforganisation ist der Arbeitsgang. Die Aufgabenerfüllung im Betrieb ist dadurch gekennzeichnet, dass sie von einem *Arbeitssubjekt* (Arbeitsträger) an einem *Arbeitsobjekt* unter Verwendung von *Arbeitsmitteln* vollzogen wird.

Die an eine Person übertragene Teilaufgabe ist dann erfüllt, wenn das in ihr vorgegebene Ziel erreicht ist. Nach Erreichen dieses Zieles kann der Arbeitsgtträger den gleichen Arbeitsteil wiederholen oder einen anderen vollziehen. Ein Arbeitsteil ist dann raum-zeitlich abgeschlossen, wenn das gesetzte Ziel erreicht ist und der Arbeitsträger in eine Ausgangssituation für weitere gleich- oder andersartige Arbeitsteile zurückgekehrt ist. Dieser Arbeitsteil ist ein Arbeitsgang. Weil er durch die Zusammenfassung bzw. Synthese kleinerer Arbeitsteile (Arbeitselemente) gebildet wird, bezeichnet man ihn als Arbeitsteil höchster Ordnung[26]. Ein *Arbeitsgang* stellt somit eine *geschlossene Abfolge von Verrichtungen an einem Objekt* dar.

Ein Arbeitsgang ist im allgemeinen der Arbeitsteil, der von einer Person an einem Arbeitsobjekt vollzogen wird, um ein bestimmtes Ziel zu erreichen. Wechselt ein Arbeitsobjekt von einer Person zu einer anderen über, so wird durch jede Person ein neuer Arbeitsgang vollzogen. Bearbeitet eine Person mehrere eigenständige Arbeitsobjekte, so gehört zu jedem Objekt ein getrennter Arbeitsgang (der gleichen Person).

26 vgl. Kosiol (1962)

Jeder Arbeitsgang wird in einem *räumlichen Wirkungsbereich* durchgeführt, der zugleich der *Arbeitsbereich* der betreffenden Person ist. Innerhalb eines solchen Wirkungsbereichs sind die *Arbeitsplätze* der Person auseinanderzuhalten. Sie stellen den *Handlungsort* der Person bzw. den *Ort der Aufgabenerfüllung* dar. Im allgemeinen besteht der Wirkungsbereich aus einem einzigen Arbeitsplatz. Im Ausnahmefall vollzieht sich der gleiche Arbeitsgang an verschiedenen wechselnden Arbeitsplätzen. Das gilt z.B. für die Laborantin, die auf verschiedenen Abteilungen Blutentnahmen vornimmt. Man spricht dann im Gegensatz zur Einplatzarbeit von der *Mehrplatzarbeit*.

Die Arbeitsgänge eines Aufgabenträgers sind stets auf eine einzige Stelle bezogen. Die Stellenaufgabe setzt sich aus verschiedenen Teilaufgaben zusammen, die durch entsprechende Arbeitsgänge erfüllt und deshalb auch als *Gangaufgaben* bezeichnet werden.

Die Tatsache, dass ein Stelleninhaber innerhalb seiner Stelle mehrere Arbeitsgänge zu vollziehen hat, nennt man *Mehrgangsarbeit*. Bei *Personalunion* mehrerer Stellen, wenn also mehrere Stellen einen gemeinsamen Stelleninhaber besitzen, spricht man von *Mehrstellenarbeit* des Arbeitsträgers. (Mehrstellenarbeit ist immer zugleich Mehrgangarbeit und meist Mehrplatzarbeit für den Arbeitsträger.)

63 Aufbauorganisation

Nachdem wesentliche Grundlagen der organisatorischen Gestaltung besprochen wurden, soll jetzt auf einen ersten Gegenstand (Objekt) der Organisation eingegangen werden: die *Gebilde- oder Aufbaustruktur*. Die Aufbauorganisation (synonym: Gebildestrukturierung) umfasst die Gliederung der Gesamtaufgabe eines sozialen Systems in Teilaufgaben und die Zuordnung dieser Teilaufgaben (sowie der zu ihrer Erfüllung erforderlichen Kompetenzen und der daraus abgeleiteten Verantwortung an die verschiedenen Subsysteme bzw. an die einzelnen Aufgabenträger).

Die Aufbauorganisation legt damit den Beitrag jedes Aufgabenträgers zur Erreichung der Systemziele fest. Die Regelung der Beziehungszusammenhänge zwischen den einzelnen organisatorischen Einheiten wird als Beziehungsorganisation bezeichnet und in Abschnitt 65 behandelt.

Die Aufbauorganisation erfolgt in einem zweistufigen Prozess: Aufgabenanalyse und Aufgabensynthese. Im folgenden werden zunächst die beiden Phasen beschrieben, dann verschiedene Formen und Typen aufbauorganisatorischer Strukturen vorgestellt.

631 Aufgabenanalyse

Komplexe Aufgaben wie die eines Krankenhauses müssen zur Vorbereitung ihrer arbeitsteiligen Erfüllung in *Teilaufgaben* zerlegt werden. Die Zerlegung einer Oberaufgabe in Teilaufgaben wird als Aufgabenanalyse bezeichnet. Die Aufgabenanalyse stellt den *Ansatzpunkt jeder organisatorischen Aktivität* dar und bildet die Grundlage aller weiteren Überlegungen. Durch die Aufgabenanalyse wird die Gesamtaufgabe schrittweise in ihre einzelnen Bestandteile zerlegt oder aufgespalten (Abb. 122). Die Gesamtaufgabe wird durch die Systemziele bestimmt, so dass die Aufgabenanalyse durch folgende Analyseebenen gekennzeichnet werden kann (Abb. 174): Systemziele (z.B. Deckung des Bedarfs der Bevölkerung an Krankenhausleistungen; Gesamtaufgabe (z.B. Voll- und semistationäre Versorgung des Patienten; Hauptaufgabe (z.B. Diagnose), Teilaufgabe (z.B. Spezielle klinische Untersuchung); Elementaraufgabe (Röntgen).

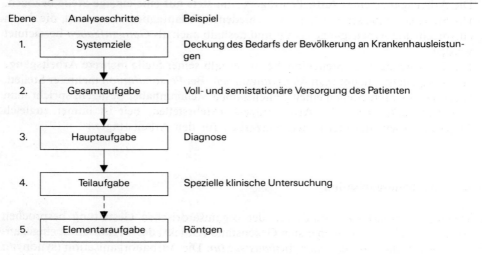

Abbildung 174: Schritte der Aufgabenanalyse

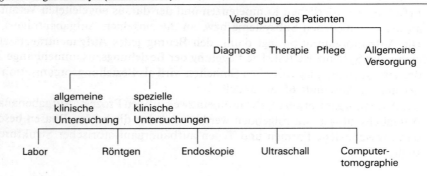

Abbildung 175: Aufgabenanalyse (Baumstruktur)

Die Aufgabenanalyse wurde hier ausschliesslich in Abwärtsrichtung vorgenommen. Wird sie in gleicher Weise in Seitwärtsrichtung durchgeführt, so ergibt sich eine Baumstruktur (Abb. 175). Ausgangspunkt ist wiederum die Gesamtaufgabe. Die *Tiefe der Aufgabenanalyse* hängt in erster Linie von folgenden Faktoren ab: aufbauorganisatorische Aufgabenstellung, Komplexität der Aufgabe, Grad der gewünschten Arbeitsteilung, Einsatz von Sachmitteln, Häufigkeit des Auftreten der Aufgabe. Das Ergebnis der Aufgabenanalyse ist der Aufgabengliederungsplan.

Die Zerlegung der komplexen Gesamtaufgabe eines Krankenhauses in seine Haupt- und Teilaufgaben kann nach unterschiedlichen Gliederungskriterien vorgenommen werden. Diese lauten[27]: Verrichtung, Objekt, Rang, Phase, Zweckbeziehung (Abb. 176).
Jede Aufgabe lässt sich aufgrund dieser fünf Kriterien charakterisieren, so dass man von der *Fünfdimensionalität der Aufgabe* sprechen kann. Im folgenden sollen die Gliederungskriterien näher beschrieben und die isolierten Teilanalysen an einem einheitlichen Beispiel («Briefe schreiben») illustriert werden[28].

Abbildung 176: Gliederungsmerkmale der Aufgabenanalyse[134]

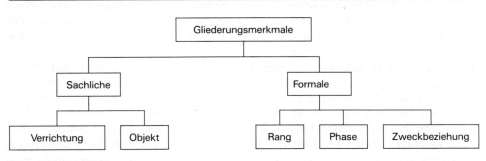

134 vgl. Kosiol (1962)

- *Gliederungskriterium 1: Verrichtung (Verrichtungsanalyse).* Bei der Verrichtungsanalyse werden die Aufgaben nach Tätigkeitsarten gegliedert. In unserem Beispiel könnte man folgende Tätigkeiten unterscheiden: Papier einspannen, Tippen, Papier ausspannen (Abb. 45/Anhangband). Die Gesamtaufgabe eines Krankenhauses lässt sich nach diesem Kriterium in vier allgemeine Grundfunktionen gliedern: Beschaffen von Personal und Ressourcen; Verwalten von Personal und Ressourcen; Produzieren (Diagnose, Therapie, Pflege, Versorgung); Forschen, Entwickeln, Unterrichten.
Durch eine mehrmalige Anwendung des Gliederungskriteriums ergeben sich immer neue Teilaufgaben niedrigerer Ordnung, die eine immer *höhere Homogenität* aufweisen. Diese ist bedingt durch die zunehmende Spezifität der Tätigkeit und demzufolge die abnehmende Zahl der Objekte, auf die sich die Tätigkeit bezieht.
- *Gliederungskriterium 2: Objekt (Objektanalyse):* Bei dieser Gliederungsart steht das Objekt, an dem die Verrichtung vollzogen wird, im Zentrum der Betrachtung. Der Objektbegriff wird dabei sehr weit gefasst und beinhaltet personale Objekte (z.B. Patienten), korporale Objekte (z.B. Sachmittel und geistige Objekte (z.B. Daten). Als korporale Objekte wären in unserem Beispiel Schreibmaschine oder Papier; als geistige Objekte wären Briefkopf, Textteil und Grussteil der Briefe zu sehen (Abb. 45/Anhangband). Im Krankenhaus sind nach dem Kriterium Objekt z.B. folgende Gliederungen denkbar: chirurgische/medizinische/gynäkologische Patienten (personale Objekte); Speiseversorgung/Wäscheversorgung/Sterilversorgung (korporale Objekte).

27 vgl. Kosiol (1962)
28 vgl. Steinbuch (1977)

Durch eine mehrmalige Anwendung des Gliederungskriteriums ergeben sich auch hier immer neue Teilaufgaben niedrigerer Ordnung und höherer Homogenität, welche bedingt ist durch die Einengung des Objekts und die Tatsache, dass bestimmte Objekte nur ganz spezifische Verrichtungen erfordern

- *Gliederungskriterium 3: Rang (Ranganalyse):* Aufgrund des Kriteriums Rang werden *Entscheidungsaufgaben* und *Ausführungsaufgaben* unterschieden. Jeder Ausführungsaufgabe geht eine Entscheidungsaufgabe voraus; sie ist der Ausführungsaufgabe vor- und übergeordnet. Diese Vor- und Überordnung ist aber primär nicht als zeitliches, sondern als qualitatives Moment zu verstehen. In unserem Beispiel liessen sich nach diesem Kriterium eine Entscheidung über das Schreiben der Briefe und das Schreiben selbst auseinanderhalten (Abb. 45/Anhangband). Auch hier ergeben sich mit zunehmender Ordnungsstufe Teilaufgaben höherer Homogenität. Im Gegensatz zu den sachlichen Gliederungskriterien ist das Kriterium Rang nur einmalig anwendbar.
- *Gliederungskriterium 4: Phase (Phasenanalyse):* Die Erfüllung einer Aufgabe erfolgt in der Regel in den drei Phasen Planung, Durchführung und Kontrolle. Danach können *Planungs-, Durchführungs- und Kontrollaufgaben* unterschieden werden. Die Aufeinanderfolge der einzelnen Phasen ist dabei nicht nur zeitlich, sondern in erster Linie sachlich aufzufassen. Am Beispiel: Planen, Schreiben und Kontrollieren des Briefes (Abb. 45/Anhangband). Mit zunehmender Ordnungstiefe ergeben sich Teilaufgaben höherer Homogenität. Wie beim Rangkriterium ist auch hier nur eine einmalige Anwendung möglich.
- *Gliederungskriterium 5: Zweckbeziehung (Zweckbeziehungsanalyse):* Die Zerlegung einer Aufgabe nach dem Kriterium Zweckbeziehung basiert auf einer Einteilung der Aufgaben in zwei Aufgabenarten: (1) *Zweckaufgaben* (= Primäraufgaben): dienen unmittelbar dem Zweck bzw. den Zielen des Systems (z.B. diagnostische, therapeutische, pflegerische Aufgaben); (2) *Verwaltungsaufgaben* (= Sekundäraufgaben): dienen indirekt den Zielen des Systems (z.B. beschaffungstechnische, buchhalterische, informationelle Aufgaben). In unserem Beispiel wäre das Schreiben der Briefe eine Zweckaufgabe, wenn es in einem Schreibbüro erfolgt; eine Verwaltungsaufgabe wäre es, wenn die Briefe in einem Krankenhaus geschrieben würden (Abb. 45/Anhangband). Das Kriterium Zweckbeziehung ist wie die beiden anderen formalen Kriterien Rang und Phase auch nur einmalig anwendbar.

Die *Durchführung* aller fünf Teilanalysen in der betrieblichen Organisationspraxis ist erstens zu aufwendig und zweitens in ihrem fünfdimensionalen Ergebnis zu unübersichtlich. So wird in der Praxis ein vereinfachtes Verfahren angewandt[29]:

- *Schritt 1:* Die Gesamtaufgabe wird in Zweckaufgaben und bedeutsame Verwaltungsaufgaben zerlegt. Die so entstandenen Teilaufgaben werden aufgrund der kombinierten Kriterien Verrichtung und Objekt weiter gegliedert: Sachgliederung. Das Ergebnis sind Zweck- und Verwaltungsaufgaben niedrigster Ordnung: die *Elementaraufgaben.*
- *Schritt 2:* Die Elementaraufgaben werden im Hinblick auf Rand und Phase weiter gegliedert.

29 vgl. Steinbuch (1977)

Unter Beachtung aller fünf Gliederungskriterien wird so ein überschaubarer Aufgabengliederungsplan erarbeitet (Abb. 177).

Abbildung 177: Aufgabengliederungsplan[135]

Aufgabengliederungsplan – Zweck/Verwaltungsaufgaben			
Sachgliederung	Ranggliederung		Phasengliederung
	Entscheidung	Ausführung	
			Planung der ....
			Durchführung der ......
			Kontrolle der ....

135 vgl. Steinbuch (1977)

632 Aufgabensynthese

Die Aufgabensynthese besteht aus zwei Elementen:

- *Stellenbildung:* Zusammenfassung und Verknüpfung der in der Aufgabenanalyse ermittelten Elementaraufgaben zu Aufgabenkomplexen, die den Aufgabenbereich einer Stelle bzw. eines Aufgabenträgers abgrenzen.
- *Stellenbesetzung:* Zuordnung der gebildeten Stellen zu bestimmten (konkreten) Aufgabenträgern.

Das Ergebnis der Aufgabensynthese ist der Stellengliederungsplan, grafisch dargestellt im *Organigramm* (Abb. 228).
Der Zweck der Aufgabensynthese besteht in der Bildung von *verteilbaren Aufgabenkomplexen.* Diese werden bestimmten Aufgabenträgern zur Erfüllung übertragen, die dazu bestimmte Sachmittel einsetzen. Bei der Aufgabensynthese sind somit drei Faktoren zu berücksichtigen[30]: Aufgabe, Aufgabenträger und Sachmittel.
Zunächst zum ersten Bestimmungsfaktor, der *Aufgabe:* Bei der Aufgabenanalyse wird jede Aufgabe aufgrund der fünf Kriterien charakterisiert. Daraus ergeben sich Anforderungen an die Aufgabenträger, die diese Aufgaben zu erfüllen haben sowie Hinweise auf gemeinsame Merkmale, aufgrund derer die Elementaraufgaben zu Aufgabenkomplexen zusammengefasst werden können.
Der zweite Bestimmungsfaktor ist der *Aufgabenträger.* Wie festgestellt wurde, kommen als Aufgabenträger Einzelpersonen, Personengruppen oder Mensch–Maschinen-Kombinationen in Frage. Da jede Stelle mindestens einen personalen Aufgabenträger enthalten muss, wird die Aufgabenerfüllung ganz wesentlich durch die physischen und psychischen Eigenschaften des betreffenden Individuums bestimmt. Dabei wird – wie gesagt – nicht von einem konkreten Individuum ausgegangen, sondern von einer gedachten Person.

30 vgl. Wittlage (1976)

Die Aufgabenerfüllung ist sowohl von der *Leistungsfähigkeit* als auch von der *Leistungsbereitschaft* (Leistungsmotivation) des Aufgabenträgers abhängig. Beide Faktoren bzw. die sie bestimmenden Komponenten werden durch die Aufgabensynthese beeinflusst. Die Art und das Ausmass dieses Einflusses gilt es bei der Bildung von Aufgabenkomplexen zu untersuchen. Im Hinblick auf die *Leistungsbereitschaft* standen früher die *materiellen Arbeitsbedingungen* im Vordergrund der organisatorischen Bemühungen: arbeitsgerechte Sachmittel und funktionsgerechte Arbeitsplatzgestaltung. *Psychologische und soziologische Komponenten* wurden stark *vernachlässigt*. Die Erkenntnisse der Organisationssoziologie und -psychologie aber haben gezeigt, dass diesen Komponenten eine zentrale Bedeutung zukommt und sie deshalb im Rahmen der Aufgabensynthese entsprechend stark berücksichtigt werden müssen.

Unter den psychologischen Faktoren sind in erster Linie die *individuellen Bedürfnisse* des Aufgabenträgers von Bedeutung, und zwar diejenigen, die sich auf die *Aufgabe* beziehen, weil nur sie durch die Aufgabensynthese beeinflusst werden können. Im Hinblick auf diese Bedürfnisse lassen sich folgende *Forderungen* formulieren, die bei der Bildung von Aufgabenkomplexen zu berücksichtigen sind[31]: Der Aufgabenkomplex soll so gestaltet sein, dass er

- vom Aufgabenträger als *bedeutsam und verantwortungsvoll* empfunden werden kann.
- dem Aufgabenträger die Möglichkeit gibt, seine *persönlichen Fähigkeiten* (insbesondere seine Kreativität) in den Prozess der Aufgabenerfüllung einzubringen. Diese Forderung kann kollidieren mit der Forderung nach weitgehender Spezialisierung und Arbeitsteilung.
- dem Arbeitsträger einen Bereich zugesteht, innerhalb dessen sich dieser als *autonom* empfindet. Das bedeutet, dass die Trennung von Entscheidungs- und Ausführungsaufgaben teilweise aufgehoben werden muss.
- dem Aufgabenträger ein hohes Mass an *Selbstkontrolle* ermöglicht.

Moderne Formen der Arbeitsstrukturierung wie Aufgabenbereicherung (Job Enrichment) und Aufgabenerweiterung (Job Enlargement) versuchen diesen Forderungen Rechnung zu tragen.

Der dritte Bestimmungsfaktor der Aufgabensynthese sind die *Sachmittel*. Die Leistung eines personalen Aufgabenträgers wird nicht nur durch seine Leistungsbereitschaft und -fähigkeit, sondern auch durch den Einsatz von Sachmitteln bestimmt, die seine Aufgabenerfüllung nicht nur erleichtern, sondern oft sogar erst ermöglichen. Der Einfluss der Sachmittel auf die Aufgabenerfüllung ist leichter zu erfassen als der Einfluss der Individuen, da die Sachmittel hinsichtlich ihrer Funktionen und ihrer Leistungsfähigkeit eindeutig bestimmt sind. Im Rahmen der Aufgabensynthese wird mit dem Einbezug von Sachmitteln das *Ziel höchstmöglicher Wirtschaftlichkeit* verfolgt, sei es über den Einsatz von Spezialapparaten und/oder einen hohen Auslastungsgrad.

Die Aufgabensynthese als die Zusammenfassung von Aufgaben in Aufgabenkomplexe bedingt ihre *Zentralisation nach einem bestimmten Merkmal*. Da Aufgaben aber nach ganz verschiedenen Kriterien zentralisiert werden können, bedeutet jede

31 vgl. Wittlage (1976)

Zentralisation nach einem Kriterium eine Dezentralisation nach den übrigen Kriterien. Zentralisation und Dezentralisation stellen somit das wesentliche Begriffspaar der Aufgabensynthese dar: Unter *Zentralisation* versteht man die Zusammenfassung gleichartiger Aufgaben in einem Aufgabenkomplex, unter *Dezentralisation* die Verteilung gleichartiger Aufgaben auf mehrere Aufgabenkomplexe.

Bei der Frage der Zentralisation und Dezentralisation geht es um das fundamentale organisatorische *Gleichgewichtsproblem zwischen Aufgabenteilung und Koordination*. Beide Komponenten können nicht isoliert voneinander, sondern immer nur in Verbindung miteinander verwirklicht werden.

Die im folgenden skizzierten *Prinzipien der Aufgabensynthese* beruhen auf denselben Gliederungskriterien, die bei der Aufgabenanalyse verwendet wurden, primär *Verrichtung, Objekt und Rang*. Die einzelnen Zentralisationsarten sollen wiederum an einem einheitlichen Beispiel erläutert werden.

- *Verrichtungszentralisation:* Bei der Anwendung des Prinzips der Verrichtungszentralisation werden zur Bildung von Stellen gleichartige Verrichtungen (z.B. Schreiben, Röntgen, Analysieren) zu Aufgabenkomplexen zusammengefasst (Abb. 178).
  Mögliche *Vorteile* der Verrichtungszentralisation sind: Einsatz von verrichtungsspezialisierten Sachmitteln und Arbeitsmethoden; Erfahrungskonzentration auf einen verrichtungsbezogenen Aufgabenbereich.
  Mögliche *Nachteile* sind: Spezialistentum, abnehmende Flexibilität; verlängerte Transport- und Kommunikationswege; erhöhter Koordinationsaufwand zwischen den Aufgabenkomplexen. Die Verrichtungszentralisation als Prinzip der Aufgabenbildung ist Ausdruck der fortgeschrittenen *Arbeitsteilung und Spezialisierung* auf den *unteren Ebenen* der betrieblichen Hierarchie.
- *Objektzentralisation:* Die Zusammenfassung unterschiedlicher Aufgaben, die sich auf dasselbe Objekt beziehen, wird als Objektzentralisation bezeichnet (Abb. 178). Grundsätzlich ist dieses Prinzip nur dann anwendbar, wenn mehrere Objekte zur Bearbeitung anstehen, wobei sowohl materielle als auch immaterielle Objekte in Frage kommen.
  Mögliche *Vorteile* der Objektzentralisation sind: Einsatz von objektspezialisierten Sachmitteln und Arbeitsmethoden; Erfahrungskonzentration auf einen objektbezogenen Aufgabenbereich; Verkürzung der Transportwege; Verkürzung der

Abbildung 178: Prinzipien der Aufgabensynthese

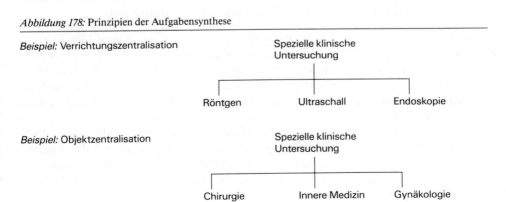

Kommunikationswege innerhalb eines objektbezogenen Aufgabenbereichs; Vermeidung von Arbeitsmonotonie infolge Ausführung unterschiedlicher Tätigkeiten; starke Beziehung des Aufgabenträgers zum Objekt.
Mögliche *Nachteile* sind: Spezialistentum, abnehmende Flexibilität; erhöhte Personalkosten durch den Einsatz von Spezialisten; ungenügende Kommunikation/ Koordination zwischen den verschiedenen objektspezialisierten Stellen.
Auch die Objektzentralisation ist Ausdruck der fortgeschrittenen *Arbeitsteilung und Spezialisierung*. Diese Zentralisationsart gelangt aber in erster Linie auf *höheren Ordnungsebenen* zur Anwendung, wo weniger die Spezialisierung auf bestimmte Tätigkeiten, sondern die *Koordination* im Vordergrund steht. Das Prinzip der Objektzentralisation findet seinen Niederschlag in der *divisionalen Organisationsstruktur*.

- *Entscheidungszentralisation:* Aufgrund des Kriteriums Rang werden bei der Aufgabenanalyse Entscheidungs- und Ausführungsaufgaben unterschieden. Bei der Entscheidungszentralisation werden Aufgaben mit Entscheidungscharakter zu Aufgabenkomplexen zusammengefasst. Dadurch wird eine *Rangordnung* der Aufgabenträger und somit die *Grundlage für die hierarchische Struktur* geschaffen. Zwischen den Stellen entsteht ein sachliches Abhängigkeitsverhältnis, indem die Aktivitäten der ausführenden Stellen durch die Entscheidungen der Leitungsstellen gesteuert werden.

Vorteile der Entscheidungszentralisation sind: einheitliche Willensbildung; geringerer Bedarf an Führungspersonal; Entlastung der horizontalen Kommunikationswege.
Nachteile sind: geringerer Informationsgrad der Entscheidungsträger, dadurch sachlich schlechtere und zeitlich verspätete und/oder verlängerte Entscheidungsfindung; Belastung der vertikalen Kommunikationswege, dadurch Verlust, Filterung und fehlerhafte Übermittlung von Informationen; Beschränkung von Initiative und Kreativität der Mehrzahl der Beschäftigten; kein Autonomiebereich der nur ausführenden Stellen, Handeln fast ausschliesslich fremdbestimmt.
Aufgrund dieser schwerwiegenden Nachteile besteht in manchen Bereichen die Tendenz, ja geradezu der Zwang zur Entscheidungs*de*zentralisation, die sich durch folgende *Vorteile* auszeichnet: Entlastung der oberen Leistungsebenen; sachliche Verbesserung der Entscheidungsfindung; zeitliche Verkürzung des Entscheidungsvorganges; Entlastung der vertikalen Kommunikationswege; Stärkung von Initiative und Verantwortungsbewusstsein; Stärkung der Motivation.

Neben Verrichtung, Objekt und Rang (Entscheidung) können auch die Kriterien Raum, Sachmittel, Zeit und Person als Grundlage für eine Zentralisation verwendet werden. Ein Beispiel wechselnder Zentralisationsart ist in Abbildung 179 dargestellt.
Das Ergebnis der Aufgabensynthese ist ein Katalog von Aufgabenkomplexen. Diese *Aufgabenkomplexe* werden nun mit den zur Aufgabenerfüllung erforderlichen *Kompetenzen* und der daraus resultierenden *Verantwortung* einem gedachten *Aufgabenträger* übertragen, was zur Bildung von (Ein-Personen-)*Stellen* führt (Abb. 180).
Die Dokumentation der Stellenbildung findet ihren Niederschlag in Stellenbeschreibungen und Funktionsdiagrammen. Die *Anzahl* Stellen in einem Betrieb ist in erster Linie abhängig von der Grösse des Betriebs, der Komplexität der zu erfüllenden Stellen und der Leitungsspanne.

Abbildung 179: Wechselnde Zentralisationsart bei der Aufgabensynthese (Organigramm)

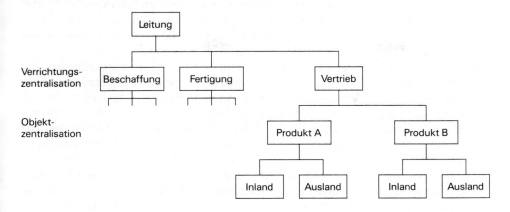

Abbildung 180: Stellenbildung

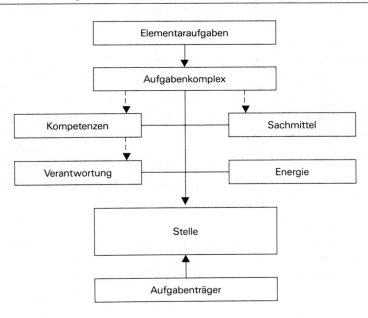

Nachdem der sachliche Stelleninhalt festgelegt ist, ergibt sich die Frage nach der *personalen Besetzung* der Stelle. Aufgrund der Stellenbeschreibung muss ein geeigneter Träger für die Stellenaufgabe gefunden werden (was kein organisatorisches, sondern ein personelles Problem darstellt). Organisatorisch interessant sind nur die Formalprobleme der *verschiedenen Arten möglicher Besetzung*[32].

32 vgl. Kosiol (1962)

Im allgemeinen wird eine Besetzung der Stelle auf lange Sicht als *Dauerbesetzung* angestrebt. Manchmal ist dieses Ziel jedoch nur unter grossen Schwierigkeiten oder überhaupt nicht zu erreichen. Dann muss anstelle der Dauerbesetzung eine *Zeitbesetzung* erfolgen, die vorübergehender und provisorischer Natur ist (zur Stellvertretung als einem Sonderfall der Zeitbesetzung siehe Abschnitt 633).

Als weitere Arten der Besetzung werden *Voll- und Teilbesetzung* unterschieden. Bei der Vollbesetzung wird der gesamte Aufgabenkomplex einer Stelle einer geeigneten Person übertragen. Gelingt es jedoch nicht, einen geeigneten Träger zu finden, so ist es eventuell möglich, dass eine Person wenigstens einen Teil des Aufgabenkomplexes erfüllen kann. Der andere Teil der Stelle bleibt dann vorübergehend unbesetzt.

Die Bildung von Stellen nach den genannten Zentralisations- bzw. Dezentralisationsprinzipien bedeutet noch nicht, dass der Betrieb damit ausreichend strukturiert ist. Vielmehr müssen jetzt noch *mehrere Stellen unter einer übergeordneten Leitungsstelle zusammengefasst* werden. Dieser Prozess wird *Abteilungsbildung* genannt. Zur Bildung einer Abteilung kommt es formal dadurch, dass einem personalen Aufgabenträger in bezug auf andere Aufgabenträger Leitungsaufgaben zugewiesen werden, so dass eine Leitungsstelle entsteht. Eine *Abteilung* ist also ein *Stellenverbund, der eine Leitungsstelle einschliesst.* Der Inhaber dieser Leitungsstelle wird folglich zum *Abteilungsleiter.*

Die Abteilungsbildung erfolgt in drei Phasen, von denen die ersten beiden die Abteilungsaufgabe und die dritte das Beziehungsverhältnis zwischen den einzelnen Abteilungsaufgaben, d.h. die Abteilungsgliederung betreffen: Bestimmung der Art der Abteilungsaufgabe; Bestimmung des Umfangs der Abteilungsaufgabe; Festlegung der Beziehungen zwischen den verschiedenen Abteilungsaufgaben. Die beiden ersten Phasen werden als *primäre Abteilungsbildung* bezeichnet, die dritte Phase als *sekundäre Abteilungsbildung* (Abb. 181).

Die *primäre Abteilungsbildung*, d.h. die *art- und umfangmässige Kombination von Stellen zu einer Primärabteilung* hat zum Ziel, einen *einheitlichen, in sich abgeschlossenen* und von anderen Abteilungen deutlich *abgegrenzten Aufgabenkomplex* zu schaffen[33].

Abildung 181: Abteilungsbildung[136]

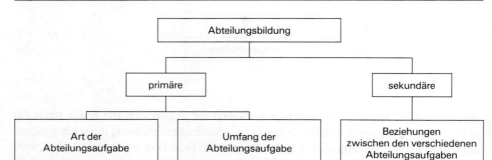

136 vgl. Schwarz (1970)

33 vgl. Schwarz (1970)

Inwieweit dieses Ziel erreicht wird, hängt von den Prinzipien ab, nach denen die Stellenvereinigung vorgenommen wird. Wird die Art der Abteilungsaufgabe allein nach dem Gesichtspunkt gleichartiger Verrichtungen bzw. Objekte festgelegt, so entsteht eine tätigkeits- bzw. objektspezialisierte Abteilung. Dieses organisatorische Ideal wird in der Praxis aber selten erreicht, weil neben den beiden genannten Prinzipien weitere Faktoren eine Rolle spielen. Der wichtigste Faktor ist sicher die *Grösse des Betriebs*, welche sich zunächst auf den Umfang, dann aber auch auf die Art der Abteilungsaufgabe auswirkt.

Der *Umfang einer Abteilung* ist durch zwei Prinzipien begrenzt: nach oben hin durch das *Prinzip der Beherrschbarkeit* (je grösser die Abteilung, desto schwieriger ist sie durch den Leiter zu «beherrschen»); – nach unten hin durch das *Prinzip der Wirtschaftlichkeit* (je weniger Stellen unter einer Instanz zusammengefasst werden, desto unwirtschaftlicher).

Bei *kleinen Betrieben* erfordert das Prinzip der Wirtschaftlichkeit die Kombination sehr verschiedenartiger Teilaufgaben zu einer Abteilung, um die Auslastung einer Leitungsstelle zu gewährleisten. Bei *grossen Betrieben* hingegen existiert eine Vielzahl von Stellen, die in einem natürlichen Zusammenhang stehen. Aufgrund des Prinzips der Beherrschbarkeit müssen deshalb parallele Primärabteilungen gebildet werden, die keine in sich geschlossenen Abteilungsaufgaben haben. Weitere Faktoren, welche die Bildung von Abteilungen beeinflussen können, ergeben sich aus personalen sowie sachmittel- und raumbedingten Gebundenheiten.

Für alle grösseren Betriebe folgt auf die primäre eine *sekundäre Abteilungsbildung*, deren Ziel es ist, durch *fortschreitende Vereinigung von Abteilungen niedrigerer Ordnung zu Abteilungen höherer Ordnung* eine Strukturierung des gesamten Betriebs zu erreichen. Die Anzahl der Ordnungsebenen hängt einerseits von der Grösse des Betriebs ab und andrerseits von der Grösse der Leitungsspanne auf den einzelnen Abteilungsebenen. Als *Kriterien* für die Zusammenfassung von Abteilungen kommen sämtliche Prinzipien der Zentralisation in Frage.

Die *Bezeichnung* der einzelnen Ordnungsebenen eines Abteilungsgefüges ist nicht einheitlich. Üblich sind Bezeichnungen wie Abteilung/Station, Klinik/Hauptabteilung/Bereich.

Auf der Ebene «Hauptabteilungen» lassen sich in erster Linie folgende Gliederungsformen unterscheiden:

- *Gliederung nach Verrichtungen* (auch als *Gliederung nach Zweckbereichen/Funktionsbereichen*/Funktionen bezeichnet). Eine Gliederung nach Funktionsbereichen (Abb. 182) war auch der Ausgangspunkt für die Organisation im Krankenhaus. Mit zunehmender Komplexität und Grösse der Aufgaben aber entwickelte sich daraus eine divisionalistische Struktur, die im berufsständisch organisierten Dreierkollegium zum Ausdruck kommt. Die reine Gliederung nach Zweckbereichen ist heute an Krankenhäusern nicht mehr zu finden.
- *Gliederung nach Objekten:* Diese Gliederungsform bildet das Grundmuster für ein Strukturkonzept, das als *Sparten- oder divisionale Organisation* bezeichnet wird. Es handelt sich dabei um die Differenzierung des Betriebs in relativ autonome Bereiche/Subsysteme.
- *Gliederung nach Aufgabenträgern:* Damit ist eine Gliederungsform gemeint, die nicht von bestimmten Persönlichkeiten ausgeht, sondern von unterschiedlichen Be-

Abbildung 182: Funktionale Gliederung[137]

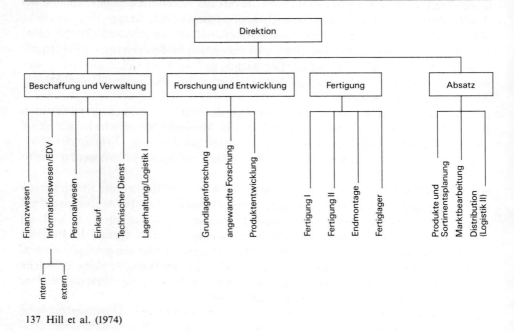

137 Hill et al. (1974)

rufsbildern. Typisch hierfür ist die Gliederung in «Ärztlicher Dienst», «Pflegedienst» und «Verwaltung».

In der Praxis kommen diese Gliederungsformen kaum rein vor, sondern meist kombiniert.

Aus der Zerlegung der Gesamtaufgabe in interdependente Teilaufgaben und ihrer Zuordnung zu verschiedenen Stellen bzw. Stellengruppen ergibt sich die Notwendigkeit der Koordination. Hiezu bedarf es der Regelung der Kompetenzverteilung (=ausbauorganisatorische Massnahme) und der Festlegung der Aufgabenerfüllungsprozesse (=ablauforganisatorische Massnahme).

Durch die *Regelung der Kompetenzverteilung* wird das Ausmass der Zuständigkeit der Stellen für die verschiedenen Teilaufgaben festgelegt[34]. Die Regelung erfolgt in erster Linie durch die Verteilung von Entscheidungsbefugnissen auf eine oder mehrere Personen und die Verteilung von Weisungsbefugnissen.

- *Die Verteilung von Entscheidungsbefugnissen* hat sich am Grundsatz der Übereinstimmung von Aufgabe, Kompetenzen und Verantwortung zu orientieren. Ausgehend von den bei der Aufgabengliederung festgelegten Aufgaben und Verantwortungsbereichen der geschaffenen Stellen müssen für alle Grundsituationen von Entscheidungen Zuständigkeiten festgelegt werden. Wichtig ist, dass die *Entscheidungsbefugnisse klar und unmissverständlich definiert und abgegrenzt* werden. Dadurch können Kompetenzkonflikte vermieden werden, die eine effiziente Auf-

34 vgl. Grochla (1982)

gabenerfüllung erschweren und die Motivation und Zufriedenheit aller Beteiligten verringern. Hiezu empfiehlt sich eine *Dokumentation* der Regelungen in *Stellenbeschreibungen* und Funktionsdiagrammen.
- *Die Verteilung von Entscheidungsbefugnissen auf eine oder mehrere Personen.* Nach dem personalen Umfang des Entscheidungsträgers können zwei Formen von Entscheidungen unterschieden werden:
  - *unipersonale Entscheidungen* (Ergebnis von Entschlüssen einzelner Personen, die dann auch allein für die Konsequenzen der Entscheidungen verantwortlich sind);
  - *multipersonale Entscheidungen* (Ergebnis von Interaktionsprozessen mehrerer mitspracheberechtigter Personen).

  Durch die Vielfalt der Sach- und Fachinformationen ergibt sich bei *Gruppenentscheidungen* die Chance einer *Erhöhung des Informationsniveaus* und damit einer Verbesserung der Entscheidungsqualität. Als *Vorteil unipersonaler Entscheidungen* gegenüber Gruppenentscheidungen wird deren *Schnelligkeit und Wirtschaftlichkeit* angeführt.
- *Die Verteilung von Weisungsbefugnissen:* Hier stellt sich insbesondere die *Frage, ob fachliches und disziplinarisches Weisungsrecht zusammenfallen sollen oder nicht.* Werden fachliche und disziplinarische Weisungsrechte teilweise oder ganz voneinander getrennt, so entstehen matrixähnliche Strukturen. In diesem Fall ist die eindeutige Abgrenzung von entscheidender Bedeutung.

  Durch die *Zusammenfassung von fachlichen und disziplinarischen Weisungsrechten* werden *eindeutige Unterstellungsverhältnisse* geschaffen, die eine klare Kontrolle der Aufgabenerfüllung erleichtern. Dennoch ist in der Praxis des Krankenhauses häufig eine Trennung der Weisungsbefugnisse anzutreffen. In einer Pflegeabteilung z.B. ist die Abteilungsschwester die disziplinarische Vorgesetzte aller Pflegemitarbeiter. Für fachliche Funktionen wie z.B. Therapie- oder Personalangelegenheiten liegt das fachliche Weisungsrecht jedoch auch bei ärztlichen oder Verwaltungs-Instanzen.

Aus der Zerlegung der Gesamtaufgabe in interdependente Teilaufgaben ergibt sich neben der Notwendigkeit der Koordination die Notwendigkeit der *Integration*. Integration bedeutet jene spezifische Form der Verknüpfung zwischen den Elementen eines sozialen Systems, die in Analogie zur Integration in natürlichen Organismen zu einem «organisch» gegliederten Ganzen führt.

Nach verschiedenen Kriterien lassen sich mehrere *Formen* der Integration unterscheiden. Organisatorisch bedeutsam ist eine Differenzierung nach der Art der Systemelemente, die integriert werden müssen (=Objekte der Integration) und nach der Art der Verknüpfung zwischen den Elementen[35].

Unter den *Objekten der Integration* können grundsätzlich immaterielle und materielle Objekte auseinandergehalten werden:
- *Immaterielle Objekte* liegen vor, wenn der Betrieb als Zweck-Mittel-System gesehen wird. Unter diesem Aspekt stellt jedes Mittel zugleich Zweck für die nachgeordneten Mittel und jeder Zweck Mittel im Hinblick auf übergeordnete Zwecke dar. Innerhalb dieser Aufgabenhierarchie lassen sich *zwischen den einzelnen Teil-*

35 vgl. Lehmann (1980)

aufgaben integrative Beziehungen herstellen, die zur Folge haben, dass Veränderungen einzelner Aufgaben über die anderen Aufgaben Auswirkungen auf die betriebliche Gesamtaufgabe zeigen. Dadurch können die Aufgaben losgelöst von den Trägern und vom Prozess der Zielerreichung selbst Gegenstand integrativer Bemühungen werden.
- Als *materielle Objekte* der Integration gelten *Mensch* und *Sachmittel/Maschine*. Je nachdem, welche Kombination im Mittelpunkt der integrativen Verknüpfung steht, lassen sich soziale, soziotechnische und realtechnische Integration unterscheiden.

Das Verhalten eines Systems beruht besonders auf dem Reichtum der zwischen den Elementen bestehenden Beziehungen. Aufgrund der Aktivität der Beziehung unterscheidet man:
- *inaktive Beziehungen:* Diese sind grundsätzlich ohne Einfluss auf eine Änderung der Eigenschaften und Verhaltensweisen eines Systems (und umgekehrt). So stehen z.B. alle Systemelemente stets in einer bestimmten räumlichen Beziehung zueinander.
- *aktive Beziehungen* führen Veränderungen der Eigenschaften und Verhaltensweisen des Systems herbei. Sie bestimmen das hohe Ausmass an Verknüpfungen zwischen den Elementen, das die Integration ausmacht.

Innerhalb der aktiven Beziehungen lassen sich unterschiedliche Intensitätsgrade hinsichtlich ihrer Verknüpfung erkennen, und zwar einseitige und wechselseitige Beziehungen. So können folgende Systeme unterschieden werden (Abb. 183)[36]:
- *Systeme ohne Integration:* nur inaktive Beziehungen; Veränderungen eines Elements führen nicht zu Veränderungen eines anderen Elements oder aller anderen Elemente.
- *Systeme mit partieller Integration:* inaktive sowie einseitige und wechselseitige aktive Beziehungen; jedes Element berücksichtigt die Aktionen eines Teils der anderen Elemente als Aktionsparameter, d.h. es nimmt in seinem Verhalten auf das Verhalten anderer Elemente Bezug.
- *Systeme mit totaler Integration:* inaktive Beziehungen und wechselseitige aktive Beziehungen aller Elemente; jedes Element berücksichtigt die Aktionen aller anderen Elemente als Aktionsparameter.

633 Stellvertretung

Bei der Besprechung der Stellenbesetzung wurde darauf hingewiesen, dass nach dem Kriterium Zeit zwischen Dauer- und Zeitbesetzung unterschieden werden kann. Als *Sonderfall der Zeitbesetzung* gilt die Stellvertretung bzw. die Platzhalterschaft, die dann erforderlich wird, wenn der eigentliche Stelleninhaber verhindert ist.
Die *Regelung der Stellvertretung* im Krankenhaus ist eine *wichtige Aufgabe*. Die Arbeitsprozesse müssen auch in Abwesenheit eines Vorgesetzten reibungslos weiterlaufen. Dies gilt für die Stationsschwester wie für den Verwaltungsdirektor, den Chef

36 vgl. Lehmann (1980)

Abbildung 183: Formen der Integration[138]

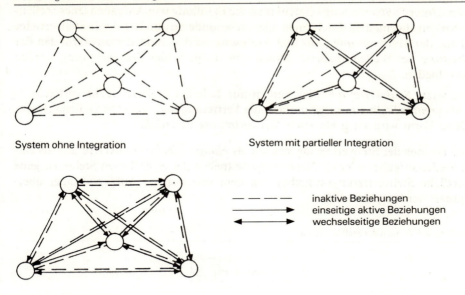

System ohne Integration

System mit partieller Integration

System mit totaler Integration

– – – – – inaktive Beziehungen
———▶ einseitige aktive Beziehungen
◀——▶ wechselseitige Beziehungen

138 Lehmann (1980)

im Labor oder den leitenden Arzt. Für zentrale Bereiche des Krankenhauses stellt die Regelung der Stellvertretung einen eigentlichen Sicherheitsfaktor dar.

Um bei betrieblich oder persönlich bedingter Abwesenheit eines Vorgesetzten zumindest die Erfüllung der ständig und/oder plötzlich (aber dringend) anfallenden Aufgaben zu sichern, kommen grundsätzlich drei organisatorische Lösungen in Frage:

- *Stellvertreter:* entscheiden im Namen, Sinn und Geist des Stelleninhabers in eigener Verantwortung.
- *Ersatzmann:* entscheidet im Namen, nach eigenen Vorstellungen. Der Ersatzmann ist *völlig unabhängig* von der Person des Stelleninhabers tätig. Er tritt nicht als Stellvertreter auf, sondern ist selbst für die betreffende Zeit Selleninhaber. So ist z.B. der Flugkapitän, der an die Stelle seiner erkrankten Kollegen tritt, nicht sein Stellvertreter, sondern Ersatzmann.
- *Platzhalter:* entscheidet weder im Namen des Stelleninhabers noch im eigenen Namen inhaltlich über eine Sache, sondern bloss darüber, ob der Stelleninhaber von einer Angelegenheit sofort Kenntnis erhalten muss oder die Angelegenheit bis zu seiner Rückkehr aufgeschoben werden kann oder ob Dritte zu benachrichtigen sind.

Damit die *Kontinuität der Aufgabenerfüllung* bei Verhinderung eines Vorgesetzten gesichert ist, muss für jede Stelle in der *Stellenbeschreibung* dokumentiert sein, in welcher Form die Zeitbesetzung der Stelle erfolgen soll, d.h. ob ein Stellvertreter, Platzhalter oder ein Ersatzmann vorgesehen ist.

Im folgenden wollen wir uns vorwiegend mit den Problemen der Stellvertretung befassen. Unter *Stellvertretung* versteht man die Erfüllung von Aufgaben eines Stelleninhabers im allgemeinen durch einen oder im besonderen durch mehrere Stellvertreter im Falle der *Verhinderung* (Ab- und Anwesenheit) des und/oder aus Gründen der *Entlastung* des Stelleninhabers[37]. Nach dem *Umfang* der Stellvertretung werden unterschieden:
- *begrenzte Stellvertretung:* hier werden nur Teile der Stellenaufgabe vertreten.
- *unbegrenzte Stellvertretung:* umfasst die Vertretung der gesamten Stellenaufgabe. Diese Form wird auch als *echte Stellvertretung* bezeichnet.

Beide Formen der Stellvertretung können als *Hauptaufgabe* (Stellvertretung als einzige Stellenaufgabe) oder als *Nebenaufgabe* (neben der eigentlichen Stellenaufgabe zusätzliche Stellvertretungsaufgabe) von dem vertretenden Aufgabenträger übernommen werden (Abb. 184).

Abbildung 184: Formen der Stellvertretung

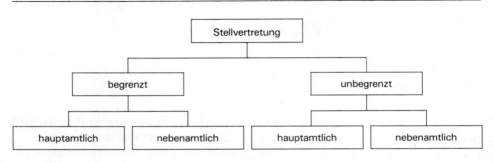

Zur *Charakteristik der echten Stellvertretung:* Der echte Stellvertreter nimmt wie gesagt den *gesamten Aufgabenbereich* des Stelleninhabers wahr. Er ist ermächtigt und verpflichtet, *im Sinne des Stelleninhabers zu handeln,* zu entscheiden und gegebenenfalls zu führen. Er besitzt in der Regel *dieselben Kompetenzen* wie der Stelleninhaber und trägt auch dessen Handlungs- und Führungsverantwortung.

Im Stellvertretungsfall ist der Stelleninhaber nur insoweit für Fehlhandlungen des Stellvertreters verantwortlich, als diese durch das eigene Führungsverhalten beeinflussbar waren. Seine Verantwortung bezieht sich demnach auf die *Wahl* des Stellvertreters, dessen ausreichende *Information* und *Instruktion* und auf die *Erfolgskontrolle.* Der Stellvertreter selbst ist für seine *Vertretungsfähigkeit* (Gesundheit, Informationsniveau usw.) und die ordnungsgemässe Wahrnehmung der Aufgabe verantwortlich.

Damit die Stellvertretung sowohl in Hinsicht auf die Aufgabenerfüllung als auch auf den Stelleninhaber und die ihn vertretende Person befriedigend verläuft, müssen folgende *Voraussetzungen* gegeben sein:
- Zwischen Stelleninhaber und Stellvertreter muss eine Beziehung bestehen, die von *gegenseitigem Vertrauen* geprägt ist. Der Stelleninhaber muss auf die *Loyalität* des

37 vgl. Akademie (1971)

Stellvertreters vertrauen können und der Stellvertreter muss dem Vorgesetzten vertrauen, dass dieser *zu seiner Wahl steht.*
- Die *fachliche Qualifikation* des Stellvertreters muss den Normalanforderungen der Stelle entsprechen. Die Qualifikation ist von der Instanz zu beurteilen, die dann auch über die Wahl des Betreffenden entscheidet.
- Der Stellvertreter muss über den Aufgabenbereich der Stelle und die Beziehungen zu anderen Stellen *ausreichend informiert* sein. Das bedingt einerseits, dass er vom Stelleninhaber informiert wird, und andrerseits, dass er sich aus eigener Initiative um die notwendigen Informationen bemüht.
- Der Stellvertreter muss *zeitlich freigestellt* werden können, falls es sich – wie im Regelfall – um einen nebenamtlichen Stellvertreter handelt. Während die hauptamtliche Vertretung mit zusätzlichen Personalkosten verbunden ist, strapaziert die nebenamtliche Vertretung die Kräfte des Stellvertreters.

Die nebenamtliche Stellvertretung kann erfolgen durch (Abb. 185):
- *Gleichgeordnete Aufgabenträger: Kollegen.* Diese sind zwar meist nicht so gut über das spezifische Aufgabengebiet des Stelleninhabers informiert, haben es aber andrerseits leichter, seine Führungsaufgaben zu übernehmen.

Abbildung 185: Formen der Stellvertretung

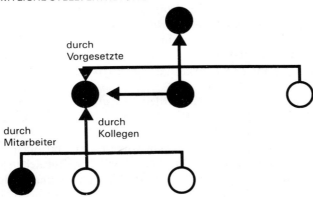
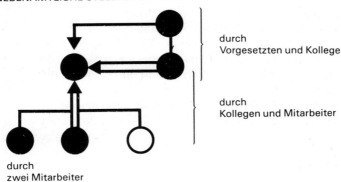

- *Übergeordnete Aufgabenträger: Vorgesetzte.* Der unmittelbare Vorgesetzte ist zwar in der Regel mit den Aufgaben seines Mitarbeiters vertraut, aber häufig *fehlen* ihm *Detailkenntnisse* (mangelnde Fachkenntnisse, mangelnder Einblick in Gruppenbeziehungen). Die zusätzliche Belastung des Vorgesetzten kann zudem zur Vernachlässigung der gesamten Führungsfunktion führen.
- *Nachgeordnete Aufgabenträger: Mitarbeiter.* Diese sind durch ihren engen Kontakt mit dem Vorgesetzten über dessen Tätigkeitsbereich am besten informiert. Bei entsprechender fachlicher Qualifikation besitzen sie deshalb für die Übernahme der Vertretung die *besten Voraussetzungen.* Zudem ist die Betreuung mit Stellvertretungsaufgaben eine ausgezeichnete Möglichkeit, qualifizierte Mitarbeiter zu *fördern.*
- *Stabsstellen* kommen in erster Linie als Träger einer *begrenzten Stellvertretung* in Frage, da sie aufgrund ihrer spezialisierten Fachkompetenz kaum den gesamten Aufgabenbereich eines Linienvorgesetzten wahrnehmen können. Zudem kann die Übertragung von Weisungsbefugnissen Probleme mit sich bringen.
- *Assistenzen* werden aufgrund ihrer engen Kontakte mit dem Stelleninhaber oft als dessen Stellvertreter eingesetzt. Da sie jedoch «von Haus aus» keine Weisungsbefugnisse besitzen, können sich – wie bei den Stabsstellen – in dieser Hinsicht Probleme ergeben.
- *Springer:* Der Springer ist Stellvertreter von Beruf[38]. Er wird so ausgebildet, dass er jederzeit die Vertretung in einem oder mehreren Fachbereichen fachlich und führungsmässig übernehmen kann. Die Problematik der Position eines Springers liegt vor allem in seiner *psychologisch schlechten Situation,* da er häufig als zweitrangiger Mitarbeiter angesehen wird, der «immer nur vertritt», in seiner «Lückenbüsserfunktion» und in der Tatsache, dass er keinen eigenen Bereich dauerhaft übernimmt und somit keine Möglichkeit hat, längerfristige soziale Beziehungen in einer Arbeitsgruppe aufzubauen.
- *Mehrere Aufgabenträger:* In diesem Fall werden die Aufgaben des Stelleninhabers unter mehreren Vertretern aufgeteilt. Dies kann in folgender Form geschehen: zwischen mehreren Kollegen; zwischen mehreren Mitarbeitern; zwischen einem Kollegen und einem Mitarbeiter; zwischen dem Vorgesetzten und einem Kollegen; zwischen dem Vorgesetzten und einem Mitarbeiter; zwischen sämtlichen Mitarbeitern. Umfasst die Stellenaufgabe mehrere, voneinander relativ unabhängige Teilaufgaben, so erweist sich die geteilte Stellvertretung als zweckmässig. Dennoch ist diese Form durch Kompetenzkonflikte, Koordinations- und Kommunikationsprobleme und Uneinheitlichkeit in der Führung gekennzeichnet.
- *Verschiedene Aufgabenträger:* Diese Stellvertretung *von Fall zu Fall* ist sehr beliebt, weil der Vorgesetzte auf diese Weise einer unangenehmen Entscheidung zwischen Konkurrenten ausweichen kann, die in der Ernennung zum Stellvertreter eine Erhöhung ihres Status sehen. Man muss sich bei dieser Form jedoch über folgendes im klaren sein: Die notwendige dauernde und umfassende Information aller Mitarbeiter ist mit einem grossen Aufwand an Zeit und Kraft verbunden. Zudem muss im konkreten Fall trotzdem die Entscheidung getroffen werden.

38 vgl. Höhn (1980)

In bezug auf die Stellvertretung ergeben sich sowohl für den Stelleninhaber wie auch für seinen Stellvertreter bestimmte *Pflichten:*
Der Stelleninhaber hat die Pflicht:

- seinem Vorgesetzten einen fachlich und führungsmässig *qualifizierten Mitarbeiter* als Stellvertreter *vorzuschlagen.*
- seinen Stellvertreter laufend über alle wichtigen Angelegenheiten in seinem Aufgabenbereich zu *informieren* und ihn so zu *fördern,* dass dieser zur Übernahme der Stellvertretung jederzeit in der Lage ist.
- die Aufgabenerfüllung seines Stellvertreters zu *überprüfen.* Falls er Mangel feststellt, muss er versuchen, diese durch vermehrte Information und Förderung zu beheben. Bleiben seine Anstrengungen ohne Erfolg, so ist er verpflichtet, seinen Vorgesetzten zu orientieren.

Der Stellvertreter hat die Pflicht:
- sich dem Stelleninhaber gegenüber *loyal und fair* zu verhalten.
- *im Sinn und Geist des Stelleninhabers zu handeln* und zu entscheiden.
- sich *aus eigener Initiative auf dem laufenden zu halten,* so dass er jederzeit in der Lage ist, die Stellvertretung zu übernehmen.
- den Stelleninhaber über alle wesentlichen Vorkommnisse während der Dauer der Stellvertretung zu *unterrichten.*

Der *Platzhalter* erfüllt wie gesagt die Funktion einer *Auskunfts- und Nachrichtenstelle.* Seine Aufgabe besteht darin, zu entscheiden, ob:

- eine Angelegenheit so wichtig/dringend ist, dass der (abwesende) *Stelleninhaber sofort benachrichtigt* werden muss, unabhängig davon, wo dieser sich zum betreffenden Zeitpunkt aufhält.
- die Orientierung des Stelleninhabers erst *nach seiner Rückkehr erfolgen kann.*
- eine *andere Stelle* des Krankenhauses *informiert* oder gegebenenfalls um eine *Stellungnahme oder Entscheidung* angegangen werden muss.

Damit der Platzhalter diese Aufgabe richtig erfüllen kann, muss er vom Stelleninhaber *ausreichend informiert* werden.
Beim Platzhalter handelt es sich also um eine Person, welche selbst *keine Aufgaben, Kompetenzen und Verantwortung des Stelleninhabers übernimmt,* sondern alle erforderlichen Massnahmen trifft, die dem abwesenden Stelleninhaber die Erfüllung seiner Aufgaben ermöglichen.
Als Platzhalter kommen beispielsweise die Sekretärin oder der Assistent in Frage. Die organisatorische Lösung der Platzhalterschaft ist nur dann zweckmässig, wenn einem Stelleninhaber ausschliesslich *längerfristige Aufgaben* zugewiesen sind, deren Erfüllung bis zu seiner Rückkehr aufgeschoben werden kann.
In der Praxis findet sich auch die *Kombination von Stellvertretung und Platzhalterschaft:* Stellvertretung für die nicht aufschiebbaren Tätigkeiten kombiniert mit Platzhalterschaft für die übrigen Angelegenheiten. Aufgabe des Platzhalters ist es hier, die Unterscheidung zwischen aufschiebbaren und nicht aufschiebbaren Tätigkeiten zu treffen und die Aufgaben, die sofort erledigt werden müssen, samt allen erforderlichen Informationen dem Stellvertreter zu übergeben.

Die Regelung der Stellvertretung ist eng mit der herrschenden Auffassung von Führung und Organisation im Krankenhaus verbunden. Beobachtungen zeigen, dass vorwiegend *autoritär führende Vorgesetzte keine oder nur schwache Stellvertreter* wählen. Sie befürchten einen persönlichen Prestigeverlust durch einen fähigen Stellvertreter. Wer sich weigert, jüngere Mitarbeiter «nachzuziehen», oder sich unersetzlich machen will, schadet den Zielen des Krankenhauses. Meistens sind dies Vorgesetzte, die sich über die Unfähigkeit ihrer Mitarbeiter beklagen oder sich mit dem Hinweis auf praktische Schwierigkeiten herausreden.

Ist der Stellvertreter gleichzeitig der designierte Nachfolger des Stelleninhabers, so ergeben sich menschliche Probleme, welche die wünschenswerte gute Zusammenarbeit zwischen Vorgesetztem und Stellvertreter erschweren. Es besteht die Gefahr, dass der Vorgesetzte im Stellvertreter einen Rivalen sieht, der möglichst bald seinen Platz einnehmen möchte.

Der Stellvertreter kommt aus erklärlichen Gründen nur allzu leicht in Versuchung, am «Stuhlbein des Vorgesetzten zu sägen». Um diese Schwierigkeiten von vornherein auszuschliessen, sollte die Verbindung von Stellvertretung und Personennachfolge wenn immer möglich vermieden werden. Eine *Ausnahme* von dieser Regel ergibt sich dann, wenn ein Nachfolger deshalb in das Aufgabengebiet des Stelleninhabers eingearbeitet werden muss, weil dieser infolge *Pensionierung* oder *Beförderung* in absehbarer Zeit ausscheidet.

Zehn Regeln für die Stellvertretung[39]

Die Anweisungen des Stellvertreters gelten als Anweisungen des Stelleninhabers. Wird es nötig, eine vom Stellvertreter erteilte Anweisung aufzuheben, so sollte dies wenn möglich durch diesen geschehen, oder aber in einer Form, die sein Ansehen im Betrieb nicht beeinträchtigt.

Ein Stellvertreter soll auch in Anwesenheit des Stelleninhabers für diesen Entscheidungen treffen können. Dazu ist eine fortlaufende gegenseitige Information im Geiste echten Vertrauens notwendig.

Vertritt ein Mitarbeiter seinen Vorgesetzten für kurze oder längere Zeit, so ist in der Vertretungszeit das Vorgesetztenverhältnis aufgehoben.

Der Vorgesetzte soll seinen Stellvertreter uneingeschränkt und klar informieren. Im Rahmen der gesteigerten Leistungs- und Verantwortungsbereitschaft werden die gestellten Aufgaben erweitert.

Der Vorgesetzte soll mit einem Mitarbeiter, den er zur Stellvertretung ausgewählt hat, alle Gespräche im Geiste der Gleichberechtigung führen.

Der Vorgesetzte soll von seinem Stellvertreter während der Vertretungszeit keine laufende Information verlangen, und diesem auch keine Anweisungen erteilen.

Der Stellvertreter muss im Sinne des Vorgesetzten handeln und entscheiden, so lange sich dies im Interesse des Unternehmens rechtfertigen lässt.

Der Stellvertreter hat dem Vorgesetzten gegenüber vollkommene Lyoalität zu beachten. Dies verbietet auch eine Kritik am Vorgesetzten gegenüber Dritten. Der Rahmen für diese Loyalität ist durch die Grundsätze und Richtlinien des Unternehmens gegeben; sie findet hier ihre Grenze.

Der oberste Chef muss beachten, dass ein Stellvertreter nur während der Vertretungszeit direkt mit ihm Kontakt pflegt; der eigentliche Vorgesetzte darf während seiner Präsenz im Betriebe nicht umgangen werden. Anweisungen und Kritik sind deshalb auf die Zeit seiner Anwesenheit zu beschränken.
Eine gute Stellvertretung bedarf nicht nur der Anerkennung für den Stellvertreter, sondern auch für dessen Vorgesetzten, denn er hat dazu die Voraussetzung geschaffen.

Als Vorgesetzter in einem Krankenhaus sollten Sie sich folgende vier Fragen stellen (und diese auch mit Ja beantworten):

- Ist meine Stellvertretung geregelt?
- Verfügt mein Stellvertreter in meiner Abwesenheit über ausreichende Kompetenzen?
- Informiere ich ihn regelmässig – halte ich ihn auf dem laufenden?
- Helfe ich mit, unter meinen Mitarbeitern den Führungsnachwuchs zu fördern?

634 Leitungssystem

Durch die Aufgabensynthese, d.h. die Kombination von Elementaraufgaben zu Aufgabenkomplexen entsteht eine rein sachliche Gliederung der Gesamtaufgabe eines Systems. Damit ist die Strukturierung aber noch nicht abgeschlossen. Denn an der Erfüllung dieser Aufgaben sind verschiedene Personen oder Stellen in unterschiedlichen Funktionen beteiligt.
Um eine effiziente Aufgabenerfüllung zu gewährleisten, müssen die *arbeitsteiligen Aktivitäten* dieser Stellen *koordiniert* und in Richtung auf das Gesamtziel beeinflusst, d.h. *gesteuert* werden. Die Stellen, welche solche Steuerungsfunktionen erfüllen, werden *Leitungsstellen (Instanzen)* genannt.
Das *Leitungssystem* stellt die *Gesamtheit der Stellen* dar, denen *Leitungsaufgaben* übertragen sind. Das Leitungssystem kann als aufbau- und ablauforganisatorischer Aspekt der Leitungsfunktion im Betrieb betrachtet werden (Abb. 186)[40].
Die Leitungsfunktion wird durch folgende sechs Merkmale definiert: Initiative, Entscheidung, Anordnung, Verantwortung, Kontrolle, Koordination. (Abb. 187)[41]

- *Initiative:* Eigeninitiative im Sinne von *Handeln aus eigenem Antrieb* (agieren und nicht nur reagieren) sollte nicht ausschliesslich Merkmal leitender Tätigkeit sein: Initiative ist *überall erforderlich,* wo es um die Verwirklichung gestellter Aufgaben, um das Lösen von Problemen und um das Erreichen gesteckter Ziele geht. Was die Initiative des Vorgesetzten von der des Mitarbeiters unterscheidet, ist die Tatsache, dass durch sie *Entscheidungen in bezug auf andere Personen* herbeigeführt wird.
Die Initiative steht zeitlich vor der Entscheidung. Mangel an Entscheidungsfreudigkeit ist gleichzeitig Mangel an Initiative, weil durch die Entscheidung ein Anfang (initium = Anfang) zu neuen Zielen und neuen Wegen gemacht wird. Initiative

---

40 vgl. Rühli (1980)
41 vgl. Joschke (1980), Kosiol (1962)

Abbildung 186: Leitungssystem[139]

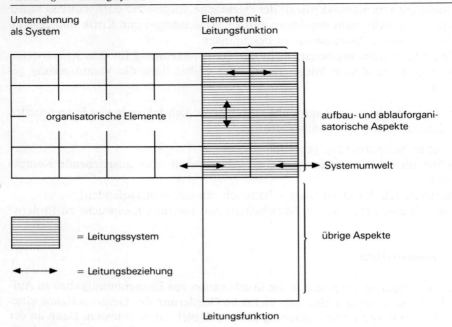

139 Rühli (1980)

Abbildung 187: Merkmale der Leitungfunktion[140]

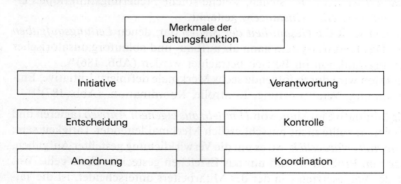

140 vgl. Joschke (1980)

als Leitungsaufgabe beinhaltet zwei Aspekte: *Initiative im Denken* (erstreckt sich auf das Setzen neuer Ziele, auf die Entwicklung von Ideen) und *Initiative im Handeln* (hier geht es um die Durchsetzung von Ideen und die Verwirklichung gestellter Aufgaben).
Initiative im Handeln kann als Leitungsaufgabe nicht hoch genug bewertet werden, weil sie der Schlüssel zur Erreichung der gesteckten Ziele ist.
- *Entscheidung:* Das Recht zur Selbstentscheidung, d.h. zur Entscheidung, die nur das eigene Handeln betrifft, hat jeder Aufgabenträger innerhalb bestimmter Grenzen. Das Recht zur *Fremdentscheidung* aber, d.h. zur *Entscheidung, die das Handeln anderer Personen betrifft,* stellt das Grundmerkmal der Leitungsaufgabe dar. Die *sachliche Trennung von Entscheidung und Ausführung bei der Aufgabenanalyse* und die spätere Zuweisung der Entscheidung auf die Leitungsstellen ist das sachliche Kriterium für die Entstehung von Instanzen. Die Entscheidung ist daher der Kern der Leitung.
Durch die *Trennung zwischen entscheidender und ausführender Person* kommt es zu einer Leitungs- oder Weisungsbeziehung zwischen den Betreffenden: die mit der Fremdentscheidung betraute Person wird zur leitenden Person und erhält dadurch einen übergeordneten Rang.
Durch die sachliche Abhängigkeit der Ausführungsaufgabe von der Entscheidungsaufgabe entsteht auch eine sehr enge *sachliche Abhängigkeit der Aufgabenträger:* einerseits ist der Ausführende auf die Entscheidungen der Leitungsstelle angewiesen, andrerseits hängt die Leitungsstelle bei ihren Entscheidungen von den Informationen ab, die ihr von den nachgeordneten Stellen zukommen und von der Art, wie die Entscheidungen durch diese Stellen ausgeführt werden.
- *Anordnung:* Ein weiteres Merkmal der Leitungsaufgabe ist das, dass der *Inhalt der Entscheidung dem Ausführenden verbindlich übermittelt,* d.h. angeordnet wird. Zwischen der Entscheidung und der Ausführung steht die Anordnung als verbindende Funktion. Erst wenn Entscheidungen in Anordnungen umgewandelt werden, ist der Impuls zur Ausführung gegeben. Überall, wo die Entscheidungsaufgabe von der Ausführungsaufgabe personal getrennt ist, wo also Fremdentscheidungen getroffen werden, muss diese *Trennung durch die Anordnungsfunktion überbrückt* werden.
Entscheidung und Anordnung ergänzen sich als Leitungsfunktionen wie Denken und Handeln. Erst die formal klare und unmissverständliche Anordnung ermöglicht die richtige Ausführung einer Entscheidung.
- *Verantwortung:* Wie jeder Aufgabenträger hat auch der leitend Tätige für die Folgen seines Handelns einzustehen und die Frage nach der Zielorientierung bzw. nach dem Ergebnis seiner Aktivitäten zu beantworten (Eigenverantwortung). Die personale Trennung von entscheidenden und ausführenden Tätigkeiten bringt nun aber weiter eine zusätzliche Art von Verantwortung mit sich: Leiten bezieht sich auf die Tätigkeit anderer, nachgeordneter Personen. Folglich bezieht sich die Leitungsverantwortung auch auf die nachgeordneten Aufgabenträger *(Fremdverantwortung).* Dass der Leitende nicht für alle Handlungen seiner Mitarbeiter einzustehen hat, haben wir bereits festgestellt.
Durch die personale Trennung von Entscheidung und Ausführung wird die *Verantwortungsbeziehung zweiseitig:* Sie enthält nicht nur die *Verantwortungspflicht,* d.h. die Pflicht, auf Fragen nach der eigenen Tätigkeit antworten zu müssen, son-

dern auch ein *Verantwortungsrecht,* d.h. ein Recht zum Fragen nach der Tätigkeit anderer Personen. Das Verantwortungsrecht ist eine Besonderheit der Leitung. Verantwortung ist nicht einfach ein viertes Merkmal der Leitungsfunktion, sondern der «*tragende Urgrund*»[42], in dem die anderen Leitungsaufgaben verankert sind. Leitungsaufgaben werden daher mit Recht auch als Verantwortlichkeiten bezeichnet.

- *Koordination:* Die Zerlegung der Gesamtaufgabe eines Betriebs in Teilaufgaben ist nur sinnvoll, wenn diese aufeinander abgestimmt und auf die Betriebsziele ausgerichtet werden. Die notwendige Delegation von Aufgabe, Kompetenzen und Verantwortung kann nur dann zu positiven Ergebnissen führen, wenn die einzelnen Tätigkeiten sachlich und zeitlich koordiniert werden.
- *Kontrolle:* Die Kontrolltätigkeit ist unbestritten eine Leitungsaufgabe auf allen Leitungsebenen; sie stellt eine regulierende Massnahme dar, die dazu dient, den Ablauf von *Arbeitsprozessen zu steuern, bzw. zu regeln* und damit die *Arbeitsergebnisse zu sichern.*

Von der Leitungsaufgabe ist die *Führungsaufgabe* zu unterscheiden (die mit der Leitungsbeziehung zwischen Vorgesetztem und Mitarbeiter verknüpft ist): bei der Führungsaufgabe handelt es sich um eine *personenbezogene (sozial-humane) Aufgabe.* Führen beinhaltet eine zielorientierte Einwirkung auf die Mitarbeiter aufgrund der Berücksichtigung ihrer individuellen Kenntnisse, Fähigkeiten, Bedürfnisse und Probleme. Die besonderen Eigenarten der Zusammenfassung von Leitungsaufgaben zur Stellenaufgabe einer Instanz machen es erforderlich, neben den allgemeinen Grundsätzen der Stellenbildung spezielle Prinzipien der *Instanzbildung* heranzuziehen. Diese speziellen Prinzipien können in zwei Gruppen zusammengefasst werden, nämlich in solche, die auf den Aufgabenträger und solche, die auf die Aufgabe hin orientiert sind[43].

Die *aufgabenträger-bezogenen Prinzipien* beziehen sich (unabhängig von einem konkreten Aufgabenträger) auf die beiden Komponenten der Leistung: die Leistungsfähigkeit und die Leistungsbereitschaft.

- Die *Leistungsfähigkeit* soll durch die Beachtung folgender Punkte erreicht werden: räumliche Überschaubarkeit des Aufgabenbereichs; zeitliche Leistungsfähigkeit; Normaleignung des Aufgabenträgers; angemessene Leitungsspanne.
- Die *Leistungsbereitschaft* soll durch die Berücksichtigung der folgenden Forderungen verstärkt werden: Möglichkeit der Identifikation des Instanzenträgers mit seiner Aufgabe; Homogenität des Aufgabenkomplexes.

Die *aufgaben-bezogenen Prinzipien* beziehen sich auf die sachlichen Voraussetzungen einer effizienten Erfüllung der Leitungsaufgaben. Die Prinzipien lauten:

- *Anpassungsfähigkeit des Aufgabenkomplexes:* Hier wird berücksichtigt, dass der Betrieb ein offenes, dynamisches System ist. Die Instanzenaufgabe muss dem Instanzenträger eine Bewältigung dynamischer Entwicklungen ermöglichen.
- *Wahrung des Wirkzusammenhangs:* Dieser Grundsatz berücksichtigt die Verflochtenheit der Leitungsaufgaben der verschiedenen Instanzen untereinander und

[42] Kosiol (1962)
[43] vgl. Gangler (1980)

mit den Ausführungsaufgaben. Aus der Anwendung dieses Prinzips ergeben sich eventuelle Mehrfachunterstellungen, welche mit dem Prinzip der «Einheit des Auftragsempfangs» kollidieren.

Die Wirkzusammenhänge zwischen Teilaufgaben sind gerade im Krankenhaus häufig so eng, dass der oben erwähnte Einheitsgrundsatz durch den Grundsatz der «geregelten Mehrheit des Auftragsempfangs» ersetzt werden muss.
- *Kongruenz von Aufgabe, Kompetenzen und Verantwortung:* Dieses Prinzip gilt für alle Aufgabenträger eines Betriebs und nicht speziell für Instanzen. Es soll seiner Wichtigkeit wegen hier nochmals erwähnt werden.

Ein wichtiges Problem der Aufbauorganisation besteht in der Festlegung der Gliederungstiefe (Anzahl der hierarchischen Ebenen) sowie der Gliederungsbreite bzw. Leitungsspanne (Anzahl der Stellen, die einer Instanz unmittelbar unterstellt sind). Beide Dimensionen hängen eng miteinander zusammen. Soll z.B. die Zahl der hierarchischen Ebenen abgebaut werden, so führt dies bei gleichbleibender Stellenzahl zwangsläufig zu grösseren Leitungsspannen (Abb. 188).

Bevor das Problem der Leitungsspanne besprochen wird, sollen kurz ein paar Bemerkungen zur *Gliederungstiefe* gemacht werden. Die Zahl der Hierarchieebenen wird vor allem durch die folgenden zwei Faktoren bestimmt:

- *Grösse des Betriebs:* Je grösser die Zahl der Mitarbeiter, desto tiefer in der Regel die hierarchische Gliederung;
- *Ausmass der Delegation von Entscheidungen und Kompetenzen:* Je mehr Entscheidungen von der Betriebsleitung delegiert werden und je klarer die Kompetenzen definiert sind, desto geringer ist die Belastung der obersten Leitungsebene und

Abbildung 188: Gliederungstiefe und Gliederungsbreite[141]

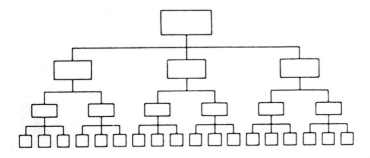

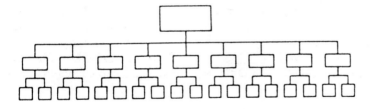

141 Grochla (1982)

desto grösser kann ihre Leitungsspanne sein. Daraus ergibt sich dann eine geringere Gliederungstiefe.

Die *Vorteile einer geringeren Gliederungstiefe* sind: Einsparung von Leitungsstellen; raschere vertikale Kommunikation; Verkürzung der Kontrollwege; Verringerung des Risikos der Informationsfilterung; Verbesserung der Motivation durch Abbau des hierarchischen Gefälles und der Statusdifferenzierung.

Der wichtigste *Nachteil* einer geringen Gliederungstiefe liegt darin, dass eine solche nur durch eine *Erweiterung der Leitungsspanne* erreichbar ist. Dadurch werden die Instanzen stärker belastet. Es besteht die Gefahr, dass sie ihrer Führungsfunktion nicht mehr in vollem Umfang gerecht werden.

Nun aber zur *Gliederungsbreite* (= Leitungsspanne). Als *Leitungsspanne* wird also die Zahl der Mitarbeiter bezeichnet, die einem Vorgesetzten unmittelbar unterstellt sind. Andere Begriffe sind «Subordinationsquote» und «Kontrollspanne». Den Begriff Kontrollspanne verwenden wir nicht, weil für die Bestimmung der Anzahl Untergebener sämtliche Leitungsfunktionen des Vorgesetzten (und nicht bloss die Kontrolle) von Bedeutung sind. Die Leitungsspanne bestimmt nicht nur die Breite der hierarchischen Gliederung, sondern indirekt auch deren Tiefe. Bei gegebener Stellenzahl hängt es allein von der Leitungsspanne ab, ob die Konfiguration (= Form des Stellengefüges) die Gestalt einer flachen oder steilen Pyramide annimmt. Je grösser die Leitungsspanne, desto kleiner ist die Zahl der Instanzenebenen und Vorgesetzten (Abb. 189).

Eine *zunehmende Leitungsspanne* führt zu einer *Zunahme der zu erfüllenden Leitungsaufgaben.* Da die Leistungsfähigkeit des Vorgesetzten beschränkt ist, sind einer Vergrösserung der Leitungsspanne Grenzen gesetzt. Schon seit den Ursprüngen

Abbildung 189: Organisationsstruktur und Leitungsspanne

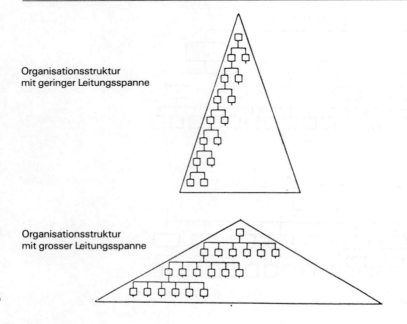

der Organisationslehre wurde deshalb versucht, die optimale Leitungsspanne zu bestimmen. Diese Versuche sind allerdings ohne eindeutige Ergebnisse geblieben, weil die Grösse der Leitungsspanne von zu vielen Faktoren abhängig ist, als dass sie generell festgelegt werden könnte. Die wichtigsten Faktoren sind[44]:

- *Aufgabencharakter:* Je schwieriger und je unterschiedlicher die Mitarbeiteraufgaben, desto grösser ist die Belastung des Vorgesetzten und desto kleiner muss die Leitungsspanne sein.
- *Aufgliederung von Leitungsaufgaben:* Je mehr der Vorgesetzte in der Ausübung seiner Leitungsfunktionen durch Assistenzen/Stäbe unterstützt wird, desto geringer ist seine Belastung und desto grösser kann die Leistungsspanne sein.
- *Delegation von Kompetenzen:* Je mehr der Vorgesetzte Kompetenzen delegiert und je klarer er die delegierten Kompetenzen definiert, desto geringer ist seine Belastung und desto grösser kann die Leitungsspanne sein.
- *Führungsstil:* Je stärker der Vorgesetzte seine Mitarbeiter an Entscheidungen teilnehmen lässt (Partizipation), je mehr Möglichkeiten zur Selbstkontrolle er ihnen gibt und je stärker er seinen Führungsstil auf die ganze Gruppe statt auf einzelne Mitarbeiter ausrichtet, desto geringer ist seine Belastung und desto grösser kann die Leitungsspanne sein.
- *Persönliche Eigenschaften* von Vorgesetzten und Mitarbeitern: Je höher die fachliche Qualifikation und je höher die soziale Kompetenz, desto geringer ist die Belastung des Vorgesetzten und desto grösser kann die Leitungsspanne sein.
- *Planung und Standardisierung* der Aufgabenerfüllung: Je stärker die Aktivitäten der Mitarbeiter voraus geplant sind und je mehr Aktivitäten im Wiederholungsfall mehr oder weniger routinisiert und gleichartig ablaufen, desto geringer ist die Belastung des Vorgesetzten und desto grösser kann die Leitungsspanne sein.

Diese Aufstellung illustriert, dass die «richtige» Leitungsspanne von sehr vielfältigen Faktoren bestimmt wird. Der *Vorteil einer vergrösserten Leitungsspanne* besteht vor allem darin, dass für die Ausübung der Führungsfunktionen *weniger Vorgesetzte erforderlich* sind.

Nachteile einer vergrösserten Leitungsspanne sind:

- Die *Vorgesetzten* werden *stärker belastet,* so dass sie ihre Leitungs- und Führungsfunktionen häufig nicht mehr vollumfänglich wahrnehmen können, was eine verminderte Qualität der Aufgabenerfüllung zur Folge hat.
- Die grössere Belastung der Betriebsleitung führt dazu, dass *nicht mehr genügend Zeit für grundsätzliche, strategische Überlegungen* verbleibt, worunter die Anpassungsfähigkeit des Systems leidet.
- Der enge *Kontakt zwischen Vorgesetzten und Mitarbeitern geht verloren,* was sich auf die Vorgesetzten-Mitarbeiter-Beziehung, das Arbeitsklima und damit auch auf die Zufriedenheit negativ auswirkt.

Die Träger der Leitungsaufgaben, welche die Elemente des Leitungssystems darstellen und als Leitungsstellen oder Instanzen bezeichnet werden, lassen sich aufgrund verschiedener Kriterien charakterisieren[45]:

---

44 vgl. Hill et al. (1974)
45 vgl. Rühli (1980)

- *Gegenstand der Leitungsaufgabe:* hier lassen sich z.B. Krankenhausleitung, Klinikleiter, Abteilungsleiter, Gruppenleiter unterscheiden.
- *Interne Struktur der Leitungsstelle:* Eine Instanz kann aus einer oder mehreren Personen bestehen. Im ersten Fall handelt es sich um *Singular-*, im zweiten Fall um *Pluralinstanzen.* Nimmt in einer Pluralinstanz eine einzelne Person eine Vorzugsstellung ein (z.B. Präsident, Vorsitzender), so spricht man von einer *Direktorialinstanz.* Sind alle Mitglieder gleichgestellt, so liegt eine *Kollegialinstanz* vor.
- *Funktion im Leitungsprozess:* Die Komplexität der Leitungsaufgaben erfordert häufig eine Aufgliederung der Leitungsfunktion. Neben die mit Weisungsbefugnissen ausgestatteten Instanzen treten *Leitungshilfsstellen,* welche primär eine unterstützende und beratende Funktion haben.
- *Permanenz der Leitungsstellen:* Neben den permanenten Trägern der Leitungsaufgaben findet man in vielen Leitungssystemen Elemente, die nur zeitweise aktiv sind. Solche Elemente sind z.B. die Direktionskonferenzen oder die Leitungsausschüsse.

Damit ergeben sich die Grundelemente eines Leitungssystems, wie sie in Abbildung 190 dargestellt sind.

Die multipersonale Bewältigung der Leitungsaufgaben im Betrieb bringt es mit sich, dass Leitungssysteme durch ein differenziertes Beziehungsgeflecht gekennzeichnet sind, das recht unterschiedliche Zusammenhangsformen zwischen den Leitungselementen zur Folge haben kann. Vereinfacht lassen sich *vier Haupttypen von Beziehungen* unterscheiden[46]:

Abbildung 190: Elemente des Leitungssystems[142]

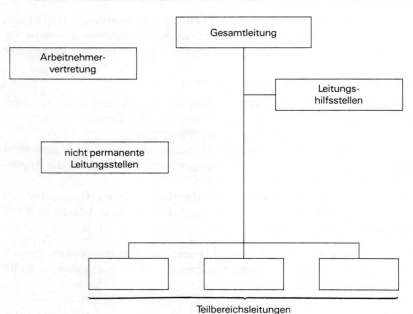

142 Rühli (1980)
46 vgl. Rühli (1980)

- *Vorgesetzten-Mitarbeiter-Beziehung:* Diese zentrale Beziehung ist zunächst durch verschiedene Autoritätsformen charakterisiert. Die Beziehung darf aber keineswegs nur unter dem Aspekt der Unterordnung gesehen werden, sondern stellt *im Hinblick auf die kooperative Aufgabenerfüllung* ein *partnerschaftliches Verhältnis* dar.
- *Beziehung zwischen Mitgliedern einer Pluralinstanz:* Die Arbeitsteilung bzw. das Zusammenwirken in einer Pluralinstanz lässt sich unterschiedlich gestalten: in Form einer Gliederung nach Funktionsbereichen, nach Objektbereichen oder nach Berufsgruppen. Die *Regelung der Willensbildung* bzw. der Rangbeziehungen innerhalb einer Pluralinstanz kann auf verschiedene Art und Weise erfolgen (Abb. 191).
- *Beziehungen zwischen den Instanzen und den Leitungshilfsstellen:* Die Leitungsaufgaben einer Instanz lassen sich in unterschiedlichem Mass ausgliedern und an Leitungshilfsstellen übertragen. Von der reinen Entlastung von nebensächlichen Aufgaben bis zur Abtretung ganzer Leitungs- und Führungsfunktionen sind alle Formen in der Praxis anzutreffen. Entsprechend unterschiedlich in Art, Intensität und Häufigkeit sind die Beziehungen.

Abbildung 191: Regelung der Willensbildung in der Instanz[143]

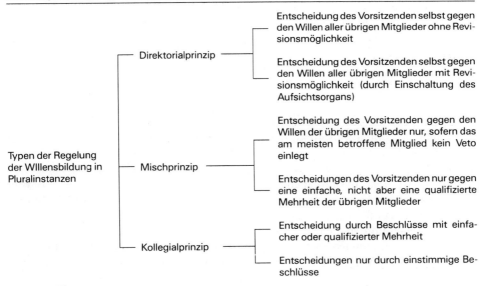

143 Schwarz (1970)

Die *Grundformen von Leitungssystemen* sind das Einlinien- und das Mehrliniensystem. Sie unterscheiden sich grundsätzlich hinsichtlich der Unterstellung des Mitarbeiters:

- Dem *Einliniensystem* (auch einfach «Liniensystem» genannt) liegt das Prinzip der *Einheit des Auftragsempfangs* (Fayol) zugrunde, das besagt, dass ein Untergebener nur von *einer* Instanz Anordnungen erhält. Es besteht nur *ein* Dienstweg (Abb. 192). Die hauptsächlichen *Vorteile* liegen in der Klarheit und in der Einfach-

Abbildung 192: Grundformen des Einlinien- und Mehrlinien-Leitungssytems

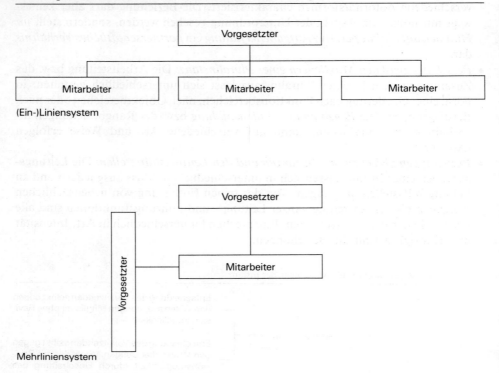

heit der Beziehungen sowie im relativ niedrigen Aufwand. *Nachteile* sind im relativ geringen Koordinationseffekt, in der hohen Belastung und fehlenden Spezialisierung der Vorgesetzten und in der Schwerfälligkeit zu sehen.
- Dem *Mehrliniensystem* liegt demgegenüber der *Spezialisierungsgedanke* zugrunde: Die Leitungsaufgaben werden auf mehrere Vorgesetzte nach Massgabe ihrer speziellen Fähigkeiten verteilt. Jeder von ihnen kann in seinem Zuständigkeitsbereich an die Unterstellten Weisungen erteilen. Dies hat eine Mehrzahl von Dienstwegen und eine entsprechende Mehrfachunterstellung der Mitarbeiter zur Folge. Die bekannteste Form des Mehrliniensystems ist die Matrix-Organisation, bei welcher die Vorgesetzten–Mitarbeiter-Beziehung zweidimensional ausgebildet ist (Abb. 192). Die Vor- und Nachteile des Mehrliniensystems liegen spiegelbildlich zu den beim Einliniensystem genannten.

Die beiden Grundformen werden in Abschnitt 635 erläutert.
Die Strukturierungsform eines sozialen Systems aus verschiedenen Rängen, die in einem Über- und Unterordnungsverhältnis stehen, wird als *Hierarchie* bezeichnet. Hierarchie (griech.=heilige Herrschaft der Priester) ist durch eine bestimmte ungleiche Verteilung begehrter Ressourcen wie Macht, Einkommen, Status, Prestige, Information usw. charakterisiert.

Im Hinblick auf die Zielerreichung und den Bestand des sozialen Systems kann die Hierarchie sowohl positive wie negative Wirkungen haben. Es sind *Mängel* des hierarchischen Systems[47]:

- mit einer Überbetonung des Standpunktes der Spitze verbunden;
- siedelt die Verteilung der Zuständigkeiten zu weit oben an;
- missachtet die Tatsache, dass Untergebene oft sachverständiger sind als ihre Vorgesetzten;
- konzentriert Innovation ebenso wie Unfähigkeit auf die Spitze;
- be- und verhindert die horizontale Kooperation;
- fördert eine formalistische, kompetenzbewusste, starre und aufwendige Koordination;
- blockiert die Initiative von unten;
- vernachlässigt die Bildung eines Konsens über die Ziele des Systems;
- begünstigt Tendenzen zur Vermehrung des Personals und der Stellen, zum Fortbestehen von funktionslos gewordenen Stellen, zur doppelten Ausführung von Arbeiten, zu einem Übermass an Vorschriften, zur überflüssigen Präzision und zur überflüssigen gegenseitigen Kontrolle.

Angesichts dieser vielfältigen negativen Konsequenzen erstaunen die Bestrebungen nicht, die auf einen *Abbau hierarchischer Strukturen* hinwirken. Seit einiger Zeit besteht zudem eine anti-hierarchische Denkströmung mit der Forderung nach möglichst weitgehender Demokratisierung unserer Gesellschaft und der Auflösung autoritärer Strukturen zugunsten teamartig-professionellen Kooperationsformen.

Bevor solche Entwicklungstrends skizziert werden, soll aber doch noch auf einige positive Auswirkungen hierarchischer Systeme hingewiesen werden. Immerhin herrscht Einigkeit in dem Punkt, «dass ein Mindestmass an Hierarchie für die Leistungserfüllung einer arbeitsteiligen Organisation unabdingbar ist: Technologischer Fortschritt, Aufgabenkomplexität sowie Arbeitsteilung erfordern zunehmende Spezialisierung und mithin hierarchische Arbeitsbedingungen, da die spezialisierten Funktionen von autorisierten Personen koordiniert werden müssen».[48]

«Die Vor- und Nachteile der klassischen Hierarchie sind heute sowohl aufgrund praktischer Erfahrung als auch aufgrund theoretischer Systemuntersuchungen bekannt. Das Pyramidenmodell ist vor allem geeignet für die Steuerung von grossen Massen von Elementen – zum Beispiel Menschen –, die möglichst einfache und gleichbleibende Funktionen auszuüben haben. Solange die Ausseneinflüsse, das heisst die Umweltbedingungen, sich nicht verändern und im Inneren keine organisatorischen Umstellungen vorgenommen werden müssen, erweist sich die klassische Hierarchie als die wirksamste, weil schnellste Form der Steuerung und Kontrolle von Arbeits- und Entscheidungsvorgängen.

Die Stärken dieser Organisationsform, nämlich Stabilität und Kontinuität, sind aber gleichzeitig auch ihre Schwächen: Anpassungen an neue Einflüsse, also Veränderungen von Strukturen und Abläufen, vollziehen sich nur sehr langsam und schwerfällig. Die zentrale Steuerung, die schwachen Querverbindungen, die reduzierten Interaktionsmöglichkeiten der Basiselemente sowie die Lücken in der Informationsrückkoppelung wirken als Trägheitsmomente.

47 vgl. Bosetzky/Heinrich (1980)
48 Grunwald (1980)

Ideal ist diese Organisationsform nur für massenhaft anfallende, langfristig nach dem gleichen Muster ablaufende Routinevorgänge – und auch das nur, solange sich entsprechend anspruchslose «Basiselemente» als Menschen finden. Denkbar ungeeignet dagegen ist sie für wechselnde Aufgaben, für rasche Anpassung an neue Umwelteinflüsse, für strukturelle Umstellungen – kurz, für Innovation oder Veränderung schlechthin. Und für Menschen, die mehr sein wollen als Automaten.»[49]

Die komplizierten arbeitsteiligen Prozesse im modernen Krankenhaus machen eine verstärkte horizontale Zusammenarbeit notwendig. Viele Arbeitsprozesse sind derart komplex geworden, dass ein geregelter Ablauf nur noch möglich ist, wenn auch auf den unteren Stufen selbständig gedacht, professionell entschieden und vor Ort koordiniert, das heisst über Arbeitsplatz- und Abteilungsgrenzen hinweg kommuniziert und kooperiert wird. Zudem sind viele Arbeitsprozesse durch ein hohes Mass an Irregularität und Variabilität gekennzeichnet, die die Fähigkeit zum sofortigen Reagieren erfordern.

Flexibilität ist zu einer absoluten Notwendigkeit, die Fixierung der Mitarbeiter an bestimmte Abläufe zu einem gefährlichen Handikap geworden. Parallel dazu haben sich die Einstellungen und Erwartungen der Mitarbeiter und auch der Patienten verändert. Diese und weitere Gründe lassen die Hierarchie in ihrer klassischen Form im Hinblick auf eine optimale Leistungserstellung und Zufriedenheit der Mitarbeiter immer dysfunktionaler werden, so dass eine gewisse «Enthierarchisierung» in manchen Bereichen in Gang gesetzt werden muss.

Möglichkeiten zum Abbau hierarchischer Strukturen sind[50]:

- Ausschüsse (Arbeitsgruppen, Beiräte, Arbeitskreise, Gesprächskreise, Kommissionen, Stäbe)
- Konferenzen (Sitzungen, Tagungen, Besprechungen, Experten- und Rundgespräche)
- Projektgruppen und Teams
- Elemente der Matrix-Organisation (wo sich zwei Hierarchien – eine horizontale und eine vertikale – überlagern und nur durch gemeinsame Aktivitäten Aufgaben erfüllen können)
- Elemente der Management-by-Konzepte (Management by objectives, by Delegation, by Exception)
- Bildung von Betriebseinheiten (Verselbständigung bestimmter Krankenhausaufgaben)

Das Krankenhaus ist vergleichbar mit einem Haus, das nach hierarchischen Strukturprinzipien erbaut worden ist, in dessen einzelnen Räumen sich aber – bei einem Übergewicht des Hierarchischen sicherlich – alle Organisationsformen von extremer Hierarchie bis weitgehender Kooperation auffinden lassen[51].

In der Praxis hat man es immer mit Mischstrukturen zu tun, wobei einzelne Subsysteme je nach Aufgabenstellung, Mitgliederzusammensetzung und Rahmenbedingungen ihre Organisations- und Kooperationsform verändern.

---

49 Lauterburg (1980)
50 vgl. Bosetzky/Heinrich (1980)
51 vgl. Wessen (1958)

635 Traditionelle Organisationsstrukturen

In den vorangehenden Abschnitten sind grundsätzliche Fragen und Gestaltungsmöglichkeiten der Aufbauorganisation zur Sprache gekommen. Unterschiedliche Gestaltungsmöglichkeiten führen zu unterschiedlichen Organisationsstrukturen, d.h. zu unterschiedlichen Ordnungen zwischen den Stellen eines Betriebs. Im folgenden sollen zunächst drei traditionelle Strukturen (in der Literatur als «Organisationstypen» bezeichnet) vorgestellt werden: Einlinienorganisation, Mehrlinienorganisation und Stab-Linien-Organisation.

Ausführungsstellen, Leitungsstellen, Stäbe, Arbeitsgruppen, Abteilungen sind die organisatorischen Einheiten der Gebildestruktur eines Betriebs. Diese Elemente sind in den meisten Organisationsstrukturen grundsätzlich dieselben. Die Strukturen sind somit nicht durch die Elemente charakterisiert, sondern durch die *Beziehungen,* die zwischen diesen Elementen bestehen. Für diese Beziehungen sind in erster Linie die folgenden drei Merkmale bedeutsam[52]: Zentralisation, Unterstellung und Kompetenzen.

- *Zentralisation:* Dieses Merkmal ist bekannt; nach der Art der Zusammenfassung von Aufgaben/Stellen unterscheidet man Verrichtungszentralisation und Objektzentralisation (die anderen Zentralisationsarten sind hier nicht wesentlich).
- *Unterstellung:* Mit Ausnahme der obersten Leitungsebene ist jede Stelle eines Betriebs dadurch gekennzeichnet, dass sie einer oder mehreren Instanzen untergeordnet ist. Danach werden unterschieden: *Einfachunterstellung* (jede Stelle ist nur einer Instanz unterstellt) und *Mehrfachunterstellung* (eine Stelle ist mehreren Instanzen gleichzeitig unterstellt).
- *Kompetenzen:* Nach der Ausstattung mit Kompetenzen lassen sich zwei Arten von Stellen auseinanderhalten: *Stellen mit Vollkompetenz* (besitzen alle üblichen Befugnisse und werden als *Linienstellen* bezeichnet) und *Stellen mit Teilkompetenz* (sind in ihren Befugnissen begrenzt und werden *Stabsstellen* genannt).

Einlinienorganisation

Die Einlinienorganisation – weniger genau oft einfach als Linienorganisation bezeichnet – beruht auf dem Prinzip der *«Einheit des Auftragsempfangs»,* das von Fayol formuliert wurde. Nach diesem Prinzip hat jeder Mitarbeiter *nur einen einzigen direkten Vorgesetzten* und erhält nur von diesem seine Anweisungen. Jede Stelle ist also nur durch eine einzige (vertikale) Linie mit all ihren übergeordneten Instanzen verbunden *(Dienstweg).* Kennzeichnende *Merkmale* sind Verrichtungsstation, Einfachunterstellung und ausschliesslich Linienstellen.

Das *Grundschema* der Einlinienorganisation ist in Abbildung 193 dargestellt. Das *Wesen* der Einlinienorganisation lässt sich wie folgt charakterisieren:

- Die *Linie* ist der *einzige formale Kommunikationsweg* zwischen den Stellen bzw. Instanzen. Alle Informationen wie Anordnungen, Vorschläge, Sachmitteilungen, Beschwerden sind an die Linie gebunden. Formale direkte Verbindungswege zwischen nicht direkt über- bzw. untergeordneten Stellen sowie das *Überspringen von Instanzen sind grundsätzlich unzulässig.*

---

52 vgl. Steinbuch (1977)

- Die Einlinienorganisation ist unmittelbarer Ausdruck des *hierarchischen Denkens*. Die gesamte formale Kommunikation ist streng in vertikalen Bahnen geregelt. Formale horizontale oder diagonale Kommunikationswege sind nicht vorhanden. Das Einliniensystem wird darum auch als «militärisches System» bezeichnet.
- Es gibt *keine Spezialisierung der Leitungsfunktion*. Jeder Vorgesetzte ist aufgrund der «Einheit der Auftragserteilung» für den gesamten Aufgabenkomplex der ihm untergeordneten Stellen zuständig.

Mögliche Vor- und Nachteile der Einlinienorganisation[53]:

Aspekt	mögliche Vorteile	mögliche Nachteile
Kommunikation	• Einheit der Auftragserteilung reduziert Kommunikations- und Entscheidungsprozesse • eindeutige Kommunikationswege	• qualitative und quantitative Überlastung der Vorgesetzten • unterdimensioniertes Kommunikationssystem • lange Kommunikationswege: Zeitverlust, Gefahr der Informationsfilterung durch Zwischeninstanzen • unnötige Belastung der Zwischeninstanzen
Koordination	• klare Abgrenzung der Kompetenzen erleichtert die Koordination • wenig Anordnungen erforderlich • einfache Kontrolle	• keine direkte Koordination zwischen hierarchisch gleichrangigen Instanzen und Stellen • Gefahr der Überorganisation/Bürokratisierung
Qualität der Entscheidungen	• einheitliche, zielorientierte Entscheidungen durch Alleinentscheid	• geringere Entscheidungsqualität infolge mangelnder Spezialkenntnisse • Gefahr der Vernachlässigung einer systematischen Entscheidungsvorbereitung • Gefahr der Informationsfilterung durch Zwischeninstanzen • Starrheit der Entscheidungsfindung • Zeitaufwendige Entscheidungen durch langen Instanzenweg
personaler Aspekt	• qualifizierte Instanzenträger können als solche erkannt und gefördert werden • einfache Kommunikations- und Kompetenzstruktur fördert das Sicherheitsgefühl • grosser Entfaltungsraum der oberen Vorgesetzten	• Betonung des hierarchischen Denkens unvereinbar mit den humanen Ansprüchen der Mitarbeiter • unterdimensionierte Kommunikation senkt Motivation und Arbeitszufriedenheit • geringer Entfaltungsraum der unteren Instanzen/Stellen
Kooperation		• Überbetonung der formalen Autorität erschwert Kooperation zwischen Vorgesetzten und Mitarbeitern • Betonung des hierarchischen Denkens schafft Rivalität statt Solidarität unter gleichrangigen Stellenträgern

53 vgl. Hill et al. (1974), Wittlage (1976)

Abbildung 193: Einlinien-Organisation

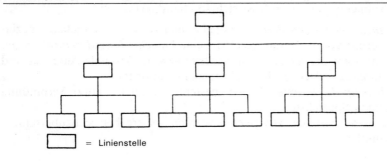

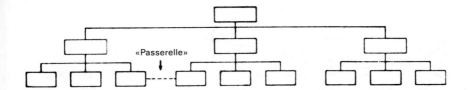

In der Praxis zeigt sich eine Tendenz zur Bildung von *«Passerellen»*, d.h. von horizontalen Querverbindungen (Abb. 193) sowie zur Angliederung von Stäben und/oder Ausschüssen. Die (Ein-)Linienorganisation findet sich in vielen kleinen Krankenhäusern. Für mittlere und grosse Krankenhäuser hat die (Ein-)Linienorganisation schwerwiegende Nachteile. Sie

- ist mangels Querverbindungen für viele notwendige Kommunikationsabläufe *zu schwerfällig.*
- führt zu einer *Überlastung der Führungskräfte.*
- verunmöglicht eine funktionsgerechte Eingliederung der Leistungen von Pflegedienst und Verwaltung.

Mehrlinienorganisation

Die Mehrlinienorganisation (auch als funktionale Organisation bezeichnet) beruht auf dem *Prinzip der Mehrfachunterstellung,* d.h. jede Stelle ist nicht nur einer, sondern mehreren Instanzen untergeordnet. Diese Organisationsstruktur ist eine Verallgemeinerung des «Funktionsmeister-Systems» von Taylor. In diesem System wird jeder Arbeiter nicht nur *einem Meister,* sondern gleichzeitig mehreren «Funktionsmeistern» unterstellt, von denen jeder nur für sein eng begrenztes Spezialgebiet zuständig ist und nur in diesem Weisungen erteilt.

Das Prinzip der Aufgabenteilung wird also auch auf die Leitungsaufgaben angewendet. Kennzeichnende *Merkmale* sind Verrichtungszentralisation, Mehrfachunterstellung und ausschliesslich Linienstellen.

Das *Grundschema* der Mehrlinienorganisation ist in Abbildung 194 dargestellt. Das *Wesen* der Mehrlinienorganisation lässt sich so charakterisieren:

- Nach dem *Prinzip der Spezialisierung* ist die Leitungsfunktion weitgehend spezialisiert (Job-Specialization). Daraus resultiert eine *Entscheidungsdezentralisation*.
- Im Vordergrund steht die *fachliche Kompetenz* bzw. funktionale Autorität und nicht das hierarchische Denken bzw. die formale Autorität.
- Nach dem «*Prinzip des direkten Weges*» besteht eine direkte kurze Verbindung zum kompetenten Spezialisten.
- Aufgrund des «*Prinzips der Mehrfachunterstellung*» ergeben sich überschneidende Kommunikationswege.

Abbildung 194: Mehrlinienorganisation

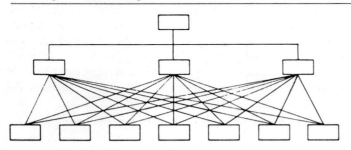

Mögliche Vor- und Nachteile der Mehrlinienorganisation sind[54]:

Aspekt	mögliche Vorteile	mögliche Nachteile
Kommunikation	• kurze Kommunikationswege • keine Belastung von Zwischeninstanzen	• grosser Kommunikationsbedarf
Koordination	• potentiell grosse Koordinationsfähigkeit • direkte Kommunikation erleichtert die Koordination	• kaum vermeidbare Kompetenzkonflikte erschweren die Koordination • Probleme bei der Abgrenzung der Kompetenzen infolge der starken wechselseitigen Abhängigkeiten der einzelnen Elemente der aufgeteilten Leitungsaufgabe
Qualität der Entscheidungen	• Spezialisierung in der Leitungsaufgabe führt zu qualitativ besseren Entscheidungen • Fachkompetenz wichtiger als hierarchische Stellung	• keine Einheit der Leitung kann einheitliche, zielorientierte Entscheidungen erschweren • Einzelaspekte statt Blick für das Ganze bestimmen die Entscheidung (Ressortdenken) • sich widersprechende Entscheidungen infolge Konkurrenzverhaltens zwischen den Fachbereichen • grosser Zeitaufwand, bis ein Gesamtentscheid zustandekommt

54 vgl. Hill et al. (1974), Wittlage (1976)

Aspekt	mögliche Vorteile	mögliche Nachteile
personaler Aspekt	• Entlastung der Vorgesetzten im Hinblick auf universelle Leitungsaufgaben • durch die Bedeutung der Fachkompetenz geringe Gefahr der Willkür • Vorgesetzter hat mehr Beraterfunktion als Befehlsfunktion • Berücksichtigung spezieller Fähigkeiten • Erwerb von spezifischen Kenntnissen und Erfahrungen in einem begrenzten Bereich	• grosser Bedarf an Führungskräften • Unsicherheit von Vorgesetzten und Mitarbeitern bei lückenhaften oder widersprüchlichen Anweisungen

Der theoretische Idealtyp der Mehrlinienorganisation zeigt eine *echte Funktionalisierung,* indem die *gesamte Leitungsaufgabe funktional aufgeteilt wird.* Beispiel: Im Krankenhaus sind die meisten Angestellten gleichzeitig den leitenden Ärzten der verschiedenen Fachdisziplinen, der Leitung des Pflegedienstes und der Leitung der Verwaltung unterstellt. In der Praxis zeigt sich eine Tendenz zur «unechten Funktionalisierung» (siehe unten) sowie ein fliessender Übergang zur Matrix-Organisation, die als eine zweidimensionale Form der Mehrlinien-Organisation betrachtet werden. Bei der *unechten Funktionalisierung* handelt es sich um ein *Mischsystem:*

- Im *primären Leistungsbereich* (Zweckaufgaben) gilt die *Linienorganisation.*
- Die *Administration* und die Hilfsbereiche besitzen ein direktes *funktionales Weisungsrecht* in bezug auf ihre Sachgebiete gegenüber allen anderen Bereichen.

Beispiel: Im ärztlichen Bereich gilt die traditionelle Linienstruktur, während für Personalwesen, Finanzwesen und Technische Dienste eine funktionale Organisation besteht (so wirkt etwa die Personalabteilung bei der Einstellung, Bezahlung, Ausbildung, Beförderung und Versetzung aller Mitarbeiter mit).

Stab-Linien-Organisation

Diese dritte grundlegende Organisationsstruktur, die man auch als «Einlinienorganisation mit Stäben» bezeichnen kann, sucht sowohl die Vorteile des Ein- als auch des Mehrliniensystems zu realisieren.
Kennzeichnende *Merkmale* sind Verrichtungszentralisation, Einfach-Unterstellung sowie Linienstellen und Stabsstellen.

Vier Typen der Stab-Linien-Organisation sind denkbar[55]:

- *Typ 1: mit Führungsstab.* Nur der obersten Instanz (Betriebsleitung) ist ein Stab zugeordnet.
- *Typ 2: mit zentraler Stabsstelle.* Die der obersten Instanz zugeordnete Stabsstelle erfüllt auch für alle nachgeordneten Instanzen Stabsfunktionen.
- *Typ 3: mit Stäben auf mehreren Ebenen.* Den einzelnen Instanzen auf den verschiedenen Ebenen sind jeweils Stäbe zugeordnet.

55 vgl. Grochla (1982)

- *Typ 4: mit Stabshierarchie.* Die Stäbe bilden ein hierarchisch strukturiertes Teilsystem. Die Stäbe der höheren Ebenen besitzen ein fachliches und eventuell auch ein disziplinarisches Weisungsrecht gegenüber den Stäben unterer Ebenen.

Das *Grundschema* der Stab-Linien-Organisation mit Stabshierarchie ist in Abbildung 195 zu sehen.

Bevor die Stab-Linien-Organisation genauer charakterisiert wird, noch einmal kurz das Wichtigste zur *Stabsstelle:*

- Stabsstellen besitzen *weder Entscheidungs- noch Anordnungsrecht* gegenüber Linienstellen, sondern blosses Vorschlagsrecht.
- Ihre Funktion ist eine *Leitungshilfsfunktion* und besteht in der Unterstützung einer Instanz bei der Erfüllung ihrer Leitungsaufgaben. Stabsstellen sind primär mit Aufgaben der Entscheidungsvorbereitung betraut.

Abbildug 195: Stab–Linien–Organisation mit Stabshierarchie[144]

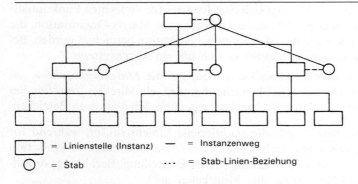

144 Grochla (1982)

Zum *Wesen* der Stab-Linien-Organisation ist festzuhalten:

- Es besteht eine *Funktionsaufteilung der Leitung* nach den *Phasen des Entscheidungsprozesses,* d.h. eine *Trennung von Entscheidungsvorbereitung* (Stab) und *Entscheidung* (Instanz). Diese Trennung führt nicht selten zu Konflikten, welche die Effizienz dieser Organisationsform beeinträchtigen.
- Durch die Zuordnung zu einer Instanz kommt es zu einer *Trennung von Entscheidungskompetenzen* (Instanz) und *Fachkompetenz* (Stab).
- Es gilt das Fayol-Prinzip der «*Einheit des Auftragsempfangs»:* Jeder Mitarbeiter hat nur einen direkten Vorgesetzten und erhält nur von diesem Anweisungen.
- Die *Linie ist der einzige formale Kommunikationsweg* zwischen den Stellen.
- Das hierarchische Denken steht im Vordergrund.
- Durch die Zuordnung entsprechend spezialisierter Stäbe erfolgt eine *Spezialisierung der Leitungsfunktion.*

In dieser idealtypischen Charakterisierung wird der Grundgedanke der Stab-Linien-Organisation deutlich: Sie soll die Vorteile der klaren Kompetenzabgrenzung des Einliniensystems mit den Vorteilen der Spezialisierung des Mehrliniensystems verbinden. Mögliche Vor- und Nachteile der Stab-Linien-Organisation[56]:

Aspekt	mögliche Vorteile	mögliche Nachteile
Kommunikation	• eindeutige Kommunikationswege • geringes Volumen der Kommunikationsprozesse	• lange Kommunikationswege • unnötige Belastung von Zwischeninstanzen • Gefahr der Informationsfilterung durch Zwischeninstanzen • unterdimensioniertes Kommunikationssystem
Koordination	• erhöhte Koordinationsfähigkeit gegenüber der Einlinienorganisation	• Konflikte zwischen Linie und Stab schaffen Koordinationsprobleme
Qualität der Entscheidungen	• erhöhte Qualität der Entscheidung aufgrund verbesserter Entscheidungsvorbereitung durch spezialisierte Stäbe • ausgewogene Berücksichtigung von Einzelaspekten (Stab) und Gesamtschau (Linie)	• Verlust der Transparenz von Entscheidungsprozessen • Manipulation der Entscheidung durch den Stab aufgrund seiner Fachautorität (Stab beeinflusst als graue Eminenz die Entscheidung, ohne die primäre Verantwortung zu tragen). • Ungenügende Berücksichtigung der Stabsarbeit durch die Instanz
personaler Aspekt	• qualitative und quantitative Entlastung der Instanzen • verbesserter Einsatz der Mitarbeiter entsprechend ihrer Leistungsprofile, da Stabs- und Linienaufgaben unterschiedliche Anforderungsprofile aufweisen	• Betonung des hierarchischen Denkens entspricht nicht den heutigen humanen Anforderungen • negative Beeinflussung der Motivation von Stabsmitarbeitern, da sie trotz ihrer hohen Fachkompetenz keine entsprechenden Entscheidungskompetenzen besitzen

In der *Praxis* zeigt sich eine Tendenz zur Bildung von eigenen funktionalen Stabshierarchien (Abb. 46/Anhangband) sowie zur Erweiterung der Stäbe zu zentralen Dienststellen, so dass es zu einer «unechten Funktionalisierung» kommt. In Abbildung 196 findet sich ein Beispiel einer Stab-Linien-Organisation mit Stabshierarchie im Krankenhaus.

Abbildung 196: Stab-Linien-Organisation mit Stabshierarchie

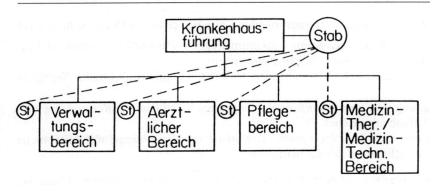

56 vgl. Hill et al. (1974), Wittlage (1976)

Hier noch einmal die drei grundlegenden traditionellen Organisationsformen im Überblick:

- Die *Einlinienorganisation* stellt eine Konsequenz des Grundsatzes der «Einheit des Auftragsempfangs» dar (Fayol).
- Die *Mehrlinienorganisation* (funktionale Organisation) ist Ausdruck des Grundsatzes der Spezialisierung (Taylor).
- Die *Stab-Linien-Organisation* sucht die Vorteile des Ein- und Mehrliniensystems zu vereinen.

Diese Idealtypen kommen in der Praxis kaum vor. Vielmehr finden sich hier *Übergänge* aller Schattierungen und *Mischtypen* verschiedenster Art. Auf entsprechende Tendenzen haben wir bei der Besprechung der einzelnen Grundtypen hingewiesen. Abbildung 197 soll die Zusammenhänge der bisher besprochenen Strukturtypen veranschaulichen. Die Darstellung zeigt, dass die Organisation mit zentralen Dienststellen auf zwei Wegen entstehen kann: von der Fayol-Seite oder von der Taylor-Seite her.

Abbildung 197: Zusammenhänge zwischen den traditionellen Organisationstypen[145]

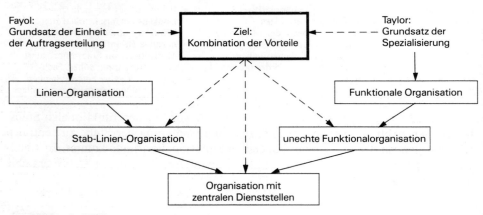

145 Hill et al. (1974)

Als *Modifizierungen* der drei traditionellen Grundtypen in der Praxis kommen vor:
- Einrichtung von direkten Kommunikationswegen («Passerellen») neben der Linie sowie Legalisierung von *«Instanzensprüngen»*.
- Ausbau von Stabsstellen zu *zentralen Dienststellen* mit funktionaler Weisungsbefugnis.
- Übertragung von *Anordnungskompetenzen* an *Stäbe* (beschränkt auf eng definierte Aufgabenbereiche).
- Einrichtung von *Projektgruppen, Kommissionen/Ausschüssen* mit Mitsprache- und eventuell Entscheidungsbefugnissen.

Die Modifizierungen erfolgen mit dem Ziel, die Vorteile der einzelnen Idealtypen zu kombinieren und damit die Effizenz der Organisationsstruktur zu erhöhen. Die in der Praxis realisierten Mischformen können *formal* festgelegt sein oder aber auch einfach *informal* «funktionieren». So wird beispielsweise mancherorts nach den Regeln der funktionalen Organisation (Mehrfachunterstellung) gehandelt, obwohl die formale Organisationsstruktur ein Einlinien- oder Stab-Linien-System ist.

Oft ist man sich solcher Übergänge und Mischformen gar nicht bewusst, z.B. dann, wenn zur Erfüllung von Sonderaufgaben, insbesondere zur Entscheidungsvorbereitung, Projektgruppen oder Kommissionen/Ausschüsse gebildet werden, die aufgrund ihrer begrenzten Kompetenzen als Stabsstellen zu betrachten sind.

Die konsequente Verwirklichung des Einliniensystems ist wie gesagt mit schwerwiegenden Nachteilen verbunden. Deshalb kam es zur Entwicklung des Mehrliniensystems und des Stab-Linien-Systems. Diese Modifizierungen haben sich nun aber in der Praxis vielfach als nicht ausreichend wirkungsvoll erwiesen, so dass nach neuen Organisationsformen gesucht wurde. Bei diesen neuen Formen handelt es sich zum Teil um neuartige Anwendungen der Grundgedanken, die bereits dem Mehrliniensystem zugrunde liegen, teils um Weiterentwicklungen der Prinzipien, die zum Einsatz von Leitungshilfsstellen geführt haben und schliesslich auch um ganz andere Lösungsversuche.

Bei den Organisationskonzepten, die im nächsten Abschnitt vorgestellt werden, handelt es sich um Strukturen, die durch den Wandel des Krankenhaus-Umfelds und die zunehmende Komplexität der Krankenhaus-Aufgaben Bedeutung erlangt haben. Abbildung 198 zeigt diese modernen Organisationsformen im Überblick.

Abbildung 198: Übersicht über neuere Organisationstypen

Projektorientierte Organisationsstrukturen	Divisionale Organisationsstrukturen	Teamorientierte Organisationsstrukturen
Einfluss-Projektorganisation	Cost-Center-Konzept	System überlappender Gruppen
Reine Projektorganisation	Profit-Center-Konzept	Colleague Model
Matrix-Projekt-Organisation	Investment-Center-Konzept	Teams als Ergänzung
	Kybernetische Konzepte	

636 Projektorientierte Organisationsstrukturen

Der Entwicklung projektorientierter Organisationsstrukturen liegen drei neuere Tendenzen zugrunde: erstens das Bemühen, von den streng pyramidenförmigen traditionellen Strukturen wegzukommen; zweitens der Versuch, den Konflikt zwischen den verschiedenen Zentralisationsarten durch eine mehrdimensionale Organisation zu lösen und drittens die wachsende Bedeutung von Projektaufgaben.

Eine Projektaufgabe bzw. ein Projekt ist durch folgende *Merkmale* gekennzeichnet[57]:
- *Komplexität:* Die Aufgabe ist vielschichtig, umfassend und zusammenhängend. Sie besitzt demnach einen hohen Schwierigkeitsgrad, und mehrere Stellen/Bereiche sind durch die betroffen.
- *Einmaligkeit:* Die Aufgabe kehrt in der vorliegenden Form nicht wieder oder ihr nochmaliges Auftreten ist nicht absehbar (nicht-repetitiver, innovativer Charakter).
- *Zeitbegrenzung:* Die Aufgabe ist keine Daueraufgabe, sondern zeitlich befristet.
- *Risiko:* Die Erfüllung der Aufgabe ist mit Unsicherheit verbunden.

Da der Anteil solcher innovativer Aufgaben im Verhältnis zu den Routineaufgaben in vielen Bereichen zunehmend oder bereits gross ist, stellt sich die Forderung nach einer Organisationsform, welche solche Projekte integrieren und zu einer effizienten Bewältigung beitragen kann. Eine solche Organisationsform ist die *Projekt-Organisation,* sie ist durch folgende Merkmale charakterisiert:
- Ihr Zweck besteht darin, ein Projekt, d.h. eine nichtroutinemässige, komplexe, einmalige Aufgabe zu bewältigen.
- Ihre Struktur ist zeitlich begrenzt, da die Aufgabe klar definiert und der Zeitpunkt ihrer Erfüllung absehbar ist.
- Sie ist weder an die hierarchisch gegliederte Betriebsstruktur gebunden noch passt sie in diese hinein.
- Ihre Struktur ist zeitlich begrenzt, da die Aufgabe klar definiert und der Zeitpunkt ihrer Erfüllung absehbar ist.
- Sie ist weder an die hierarchisch gegliederte Betriebsstruktur gebunden noch passt sie in diese hinein.

Die *Grundtypen* der Projektorganisation sind Einfluss-Projekt-Organisation, reine Projekt-Organisation und Matrix-Projekt-Organisation. Diese drei Hauptformen unterscheiden sich im wesentlichen bezüglich der Kompetenzen, die dem Projektleiter übertragen werden[58]. Grundsätzlich gilt: *Der Projektleiter*
- ist im Rahmen seiner Kompetenzen dem Auftraggeber gegenüber *für die Durchführung der im Projektauftrag festgelegten Aufgaben verantwortlich.*
- führt das Projekt von Anfang bis zum Ende und sorgt für die *Erreichung der Projektziele unter Einhaltung des gesetzten Termin- und Kostenrahmens.*
- *wählt* in Abstimmung mit dem Auftraggeber die zur Durchführung des Projekts erforderlichen und ihm *fachlich unterstellten Projektmitarbeiter aus* und steuert für die Dauer des Projektes ihren Einsatz. Disziplinarisch bleiben die Projektmitarbeiter in der Regel ihrem Linienvorgesetzten unterstellt.
- kann je nach Bedeutung des Projektes direkt der Betriebsleitung oder einer Instanz der mittleren Ebene unterstellt sein.
- steht in der Regel *permanent* und *uneingeschränkt* für das Projekt zur Verfügung, während Anzahl und Zusammensetzung der Projektmitarbeiter im Verlauf des Projektes variieren kann.

57 vgl. Hill et al. (1974), Steinbuch (1977)
58 vgl. Grochla (1982)

Im folgenden sollen die einzelnen Formen der Projekt-Organisation näher beschrieben werden.

Einfluss-Projekt-Organisation

Der Einfluss des Projektleiters, nach welchem diese Organisationsform benannt wird, ist auf die Ausübung einer *Stabsfunktion* beschränkt. Diese besteht darin, den Ablauf des Projektes zu *planen,* die Ausführung der Teilaufgaben durch die Projektmitarbeiter zu *koordinieren* und zu *überwachen* sowie den Projekt-Auftraggeber zu *beraten.* Diese Organisationsform wird deshalb auch als «*Projekt-Koordination*», «Stabs-Projekt-Organisation» oder «Projektkoordination durch Stabsstelle» bezeichnet.

Der *Projektleiter* besitzt also *keine Entscheidungs- und Anordnungskompetenzen* gegenüber den Abteilungen, die Teilaufgaben des Projektes durchführen. Die Projektmitarbeiter verbleiben während der gesamten Projektdauer in ihrer Abteilung und erledigen die betreffende Projektarbeit nach den Anweisungen ihrer direkten (Linien-)Vorgesetzten.

Obwohl der Projektleiter keine Weisungsbefugnisse besitzt, kann sein Einfluss auf die Abteilungen und damit auf das Projekt noch erheblich sein. Dieser Einfluss hängt in erster Linie von der *persönlichen Autorität* des Projektleiters ab, seinen *fachlichen Qualitäten* sowie seinen *informalen Kontakten.*

Da der Projektleiter im Vordergrund dieses Organisationstyps steht, wird diese auch als «Einmann-Projekt-Organisation» bezeichnet. Die Grundform einer Einfluss-Projekt-Organisation ist in Abbildung 199 dargestellt.

Abbildung 199: Einfluss-Projekt-Organisation

Vorteile dieses Organisationstyps sind:
- Es besteht die Möglichkeit, die *Gesamtschau* in bezug auf ein bestimmtes Problem mit den *Spezialkenntnissen* in bezug auf bestimmte Fachgebiete zu *kombinieren.*
- Die Bearbeitung des Projekts erfolgt im Rahmen der Normalorganisation (keine Herauslösung einer Parallel-Organisation).
- Indem eine *Aufgabe zum Projekt erklärt* und als Projekt bearbeitet wird, gilt sie als ausserordentlich bedeutsames, abteilungsübergreifendes Problem und wird als solches behandelt.

- Die *Projektmitarbeiter* müssen von ihren Abteilungen *nicht vollamtlich freigestellt* werden.
- Während der gesamten Dauer des Projektes ist in der Person des Projektleiters ein *eindeutiger Verantwortungsträger* vorhanden.
- Alle zur Projektarbeit erforderlichen *Informationen* werden *zentral zusammengefasst*.
- Alle Beteiligten verfügen über einen *zentralen Gesprächspartner*.

Mögliche *Nachteile* der Einfluss-Projekt-Organisation sind:
- *Konflikte zwischen Projektleiter und Linienvorgesetzten* infolge unklarer Kompetenzabgrenzungen.
- *Keine volle Konzentration* der Projektmitarbeiter auf das Projekt infolge Belastung durch projektfremde Aufgaben.
- Aufgrund *mangelnder Kompetenzen* ist der Projektleiter häufig nicht in der Lage, die Projektverantwortung wirklich zu übernehmen und ist aus dem gleichen Grund vielfach überfordert.
- Die Durchführung des Projektes ist ganz von den Abteilungen bzw. den betreffenden Vorgesetzten abhängig.

Aufgrund der geschilderten Nachteile empfiehlt sich die Anwendung dieser Organisationsform nur bei Projekten, deren Teilaufgaben klar abgrenzbar und wenig komplex sind und die keine aussergewöhnlichen Durchsetzungsaktivitäten des Projektleiters erfordern.

Reine Projekt-Organisation
Bei diesem Typ werden die Projektmitarbeiter für die Dauer des Projektes ganz (full time), selten nur zeitweise (part time) aus ihren Abteilungen herausgelöst und in *Projektgruppen* zusammengefasst, die gleichberechtigt neben den anderen Stellengruppen stehen. Die Rangunterschiede zwischen den Mitgliedern der Projektgruppe sind während der Projektdauer aufgehoben.
Wenn die für das Projekt benötigten Fachleute im eigenen Betrieb nicht zur Verfügung stehen, können betriebsexterne Personen als Projektmitarbeiter eingestellt werden. Diese verlassen nach Projektabschluss den Betrieb wieder (externe Berater) oder es wird ihnen ein anderer Aufgabenbereich im Betrieb übertragen.
Im Gegensatz zur Einfluss-Projekt-Organisation liegen hier *sowohl die fachlichen als auch die disziplinarischen Weisungsrechte* gegenüber allen am Projekt Beteiligten sowie ein Grossteil der Entscheidungsbefugnisse zentral in der Hand des *Projektleiters*. Dieser Organisationstyp wird deshalb auch als «task force» oder «Projekt-Organisation mit voller Autorität» bezeichnet. Das Grundschema der reinen Projekt-Organisation findet sich in Abbildung 200.
Vorteile dieser Organisationsform sind:
- Die *full-time-Projektmitarbeiter* können sich voll auf das Projekt *konzentrieren* und werden nicht durch projektfremde Aufgaben belastet; sie gelangen damit zu einem hohen *Problemverständnis*.

Abbildung 200: Reine Projekt-Organisation

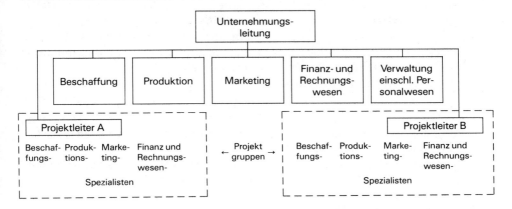

- Es ist möglich, die *geeignetsten Fachleute in der Projektgruppe* zusammenzufassen und zu fördern.
- Durch die Zusammenfassung in Projektgruppen werden die *Vorteile der Teamarbeit* (Kooperation, Kreativität, Kommunikationsintensität) wirksam.
- Der Projektleiter ist aufgrund seiner weitreichenden Kompetenzen zu einer *effizienten Steuerung* des Projektes in der Lage.

Nachteile dieses Grundtyps können sein:

- Schwierigkeiten beim *Freistellen* der benötigten Projektmitarbeiter.
- Schwierigkeiten beim Wiedereintritt in die Normalorganisation; falls nach Projektabschluss keine entsprechende Folgetätigkeit im Betrieb möglich ist, führt dies bei den betreffenden Mitarbeitern zu *Frustrationserlebnissen*.
- Schwierigkeiten bei der *Koordination* des Projektes mit der Normalorganisation und weiteren Projekten.

Der Erfolg der Projektarbeit ist in erster Linie von der *Zusammenarbeit in der Projektgruppe* und wiederum stark von der *Person des Projektleiters* abhängig. Aufgrund der genannten Vorteile und des Aufwandes gelangt die reine Projekt-Organisation besonders bei *sehr komplexen Projekten* zur Anwendung.

Matrix-Projekt-Organisation

Diese Organisationsform steht bezüglich der Kompetenzen des Projektleiters zwischen den beiden vorher besprochenen Formen. Die *Entscheidungs- und Weisungsbefugnisse* sind *gleichzeitig zwischen Projektleiter und Linienvorgesetzten verteilt;* disziplinarisch bleiben die Projektmitarbeiter in den Abteilungen weiterhin ihren Linienvorgesetzten unterstellt. Die fachlichen Weisungsbefugnisse in bezug auf das Projekt aber besitzt der Projektleiter; das heisst: Der Projektleiter bestimmt, was wann in bezug auf das Projekt zu tun ist, der Linienvorgesetzte jedoch hat über das Wie der Aufgabenerfüllung zu entscheiden.

Für die Dauer des Projektes wird die hierarchische Linienorganisation also durch eine zweite, projektbezogene Organisationsstruktur überlagert. Es kommt somit zu einer Überschneidung verrichtungsorientierter (Linie) und objektorientierter (Projekt) Strukturen. Die sich ergebende Organisationsform gleicht formal einer *Matrix* (Abb. 201).

Die Projektmitarbeiter befinden sich damit in einer *Doppelunterstellung*. Wie beim Mehrliniensystem wird auch hier das Prinzip der «Einheit des Auftragsempfangs» zugunsten einer Aufteilung der Leitungsfunktion fallengelassen.

Vorteile dieser Organisationsform sind:

- Sie ermöglicht eine Abwicklung des Projekts ohne Ausgliederung einer Parallel-Organisation und ist deshalb wesentlich *flexibler* als die reine Projektorganisation.
- Sie ermöglicht es, Planung, Durchführung und Kontrolle von Projekten in die Gesamtorganisation zu *integrieren*.
- Sie ermöglicht eine *optimale Koordination* des Projektes mit der Linienorganisation einerseits und weiteren Projekten andrerseits.

Abbildung 201: Matrix-Projekt-Organisation

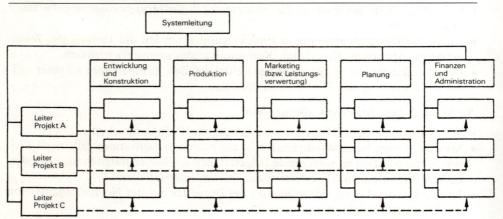

Der *Nachteil* der Matrix-Projekt-Organisation liegt hauptsächlich in den *geteilten Kompetenzen:* Einerseits dringen die Projektleiter in die Kompetenzbereiche der Linienvorgesetzten ein und werden wegen der ihnen zugestandenen Weisungsrechte zu «Fachinstanzen». Andererseits sind auch die Linienvorgesetzten Spezialisten in ihrem Fachgebiet, beraten die Projektleiter hinsichtlich der Durchführung des Projektes und üben die disziplinarische Weisungsbefugnis aus.

So entsteht auf der einen Seite die Gefahr, dass die Linienvorgesetzten sich bemühen, nach wie vor auf die ursprünglich zu ihrem Kompetenzbereich gehörenden Aufgaben Einfluss zu nehmen. Andrerseits sind die Projektleiter bestrebt, ihre Ziele möglichst rasch zu verwirklichen. Sie werden also versuchen, auf die Ausführung des Projektes (Kompetenzbereich des Linienvorgesetzten) einzuwirken.

Der Erfolg der Matrix-Projekt-Organisation hängt also entscheidend davon ab, dass die *klare, eindeutige Abgrenzung der Kompetenzen* und damit die erforderliche *Zusammenarbeit zwischen Linienvorgesetzten und Projektleiter* gelingt. Ansätze zur Problemlösung bestehen darin, dass für die Projektdauer der Projekt-Organisation die Priorität zugeordnet wird oder dass die Kompetenzabgrenzung durch genaue ‚Vortrittsregeln' erfolgt, die in der Stellenbeschreibung dokumentiert sind.

Die Matrix-Projekt-Organisation bietet sich bei Aufgaben an, die sich durch eine hohe Komplexität, einen hohen innovativen Gehalt und abteilungsübergreifende Auswirkungen auszeichnen.
Im Unterschied zu eindimensional-hierarchischen Strukturen handelt es sich bei der Matrix-Projekt-Organisation um eine zweidimensionale Struktur. Die Dimensionen sind: «Funktionsbereiche» und «Projekte». Dieses Modell einer zweidimensionalen Organisationsstruktur hat nun aber nicht bloss im Rahmen der Projekt-Organisation Bedeutung erlangt, sondern weit über diesen Rahmen hinaus. Es wird heute als Strukturmodell für die Gesamtorganisation eines Betriebs betrachtet und angewendet.
Die traditionellen Organisationstypen sind zur Lösung von Problemen, wie sie z.B. in grösseren Krankenhäusern auftreten, vor allem deshalb wenig geeignet, weil es sich dabei um *mehrdimensionale Probleme* handelt. In den *klassischen Organisationsstrukturen* versucht man sich so zu helfen, dass man die *verschiedenen Dimensionen zeitlich nacheinander* berücksichtigt. Um eine bessere Problemlösung zu erreichen bzw. um sich komplexeren Aufgabenstellungen anpassen zu können, ist eine mehrdimensionale Struktur wie die Matrix-Organisation notwendig, bei der gleichzeitig zwei oder mehr Dimensionen berücksichtigt werden.
In einer vierdimensionalen Matrix-Struktur können beispielsweise folgende Dimensionen vorkommen: Patientenkategorie (Sparte), Sektor, Zweckbereich (Funktionsbereich), Projekt[60]. Die vier Dimensionen sind gleichwertig; die Leitungsfunktionen werden nach Dimensionen auf vier Manager aufgeteilt: Der *Departementschef* koordiniert seinen Leistungsbereich; der *Sektor Manager* koordiniert die Aktivitäten in seinem Sektor; der *Functional Manager* koordiniert sein Fachgebiet; der *Project Manager* koordiniert die Abwicklung des ihm zugewiesenen Projekts.
Einfacher ist natürlich eine nur *zweidimensionale Matrix-Organisation*. Die beiden Dimensionen sind dann beispielsweise Funktionsbereiche und Sparten. Das Modell einer zweidimensionalen Matrix-Organisation im Krankenhaus wird weiter unten vorgestellt.

637 Divisionale Organisationsstrukturen

Eine divisionale Organisationsstruktur ist das Ergebnis der *Objektzentralisation* bei der Aufgabensynthese bzw. Abteilungsbildung. Das bedeutet, dass eine Zusammenfassung von Aufgaben erfolgt, die sich auf dasselbe Objekt beziehen. Durch die Anwendung des Prinzips der Objektzentralisation ergeben sich auf der zweiten Ebene der betrieblichen Hierarchie die *Divisionen* (=Sparten), d.h. *Subsysteme,* die durch folgende *Merkmale* gekennzeichnet sind: In ihnen werden die Zweckaufgaben (=Primäraufgaben/Kernfunktionen) des Betriebs wahrgenommen (Sekundäraufgaben können von zentralen Abteilungen erledigt werden) und sie erfüllen diese Zweckaufgaben weitgehend *autonom.*
Die Leitungsbeziehungen in diesen Divisionen sind häufig in der Form modifizierter Stab-Linien-Systeme gestaltet. Da eine Division üblicherweise alle für einen Betrieb notwendigen Stellen in ihrer Aufbaustruktur besitzt, kann sie als eigentlicher «Betrieb im Betrieb» bezeichnet werden. Das Grundschema einer divisionalen Organisation (Spartenorganisation) findet sich in Abbildung 202.

Abbildung 202: Divisionale Organisationsstruktur

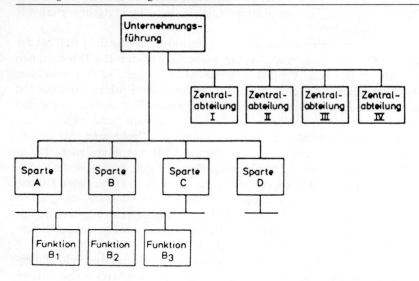

Aufgrund der weitgehenden divisionalen Autonomie müssen die Aktivitäten der verschiedenen Divisionen durch irgendwelche Steuerungsverfahren im Hinblick auf die Ziele des Gesamtsystems *koordiniert* werden. Am weitesten entwickelt sind *Koordinationskonzepte,* die auf *finanziellen Zielvorgaben* beruhen. Dabei lassen sich drei unterschiedlich restriktive (d.h. den Autonombereich der Divisionen einschränkende) Konzepte unterscheiden: Cost-Center Konzept, Profit-Center-Konzept und Investment-Center-Konzept. Im folgenden soll das Profit-Center-Konzept näher erläutert werden.

Bevor die Merkmale dieses Konzepts skizziert werden, soll nochmals betont werden, dass es sich dabei um ein *Koordinations- und Kontrollkonzept* handelt, nicht um eine eigentliche Organisationsform. Dieses Konzept sagt direkt nichts aus über den strukturellen Aufbau eines Betriebs, weist aber indirekt (durch seinen Zusammenhang mit der objektorientierten Aufgabengliederung) auf den divisionalen Organisationstyp hin.

Das Schema eines solchen Profit-Center-Konzepts ist in Abbildung 203 dargestellt. Das Konzept ist durch folgende *Merkmale* charakterisiert:

- Die Division (hier: Profit Center) ist für die *selbständige Erarbeitung von Gewinnen* verantwortlich. Die Zielvorgabe besteht in der Aufforderung zur Erzielung einer bestimmten Gewinngrösse.
- Die Division besitzt zur Erreichung der vorgegebenen Gewinngrösse die volle *Handlungsfreiheit,* die nur durch Restriktionen aufgrund der Zielsetzung des Gesamtsystems (Objektgruppe, Qualität usw.) eingeschränkt wird.

Da der absolute Gewinn unter anderem stark von den Investitionsmöglichkeiten der einzelnen Divisionen abhängt, wird ein permanenter Kampf um Investitionsmittel zwischen den Divisionen unvermeidlich. Eine Verbesserung bringt es, wenn statt des absoluten Gewinns der *relative Gewinn* (d.h. die Rendite) als Kriterium verwendet

Abbildung 203: Profit-Center-Konzept

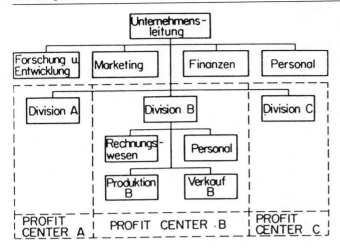

wird. Dazu bedient man sich des *ROI-Verfahrens* (Return-on-Investment). Die *ROI-Kennziffer* setzt den erzielten Gewinn zum investierten Kapital ins Verhältnis:

Formel

Gewinn, Umsatz und investierte Kapital können in ihre Komponenten zerlegt werden, so dass eine genaue Analyse der Erfolgskomponenten der Divisionen möglich ist. Das Profit-Center-Konzept ist wie gesagt ein Konzept zur Koordination der einzelnen Divisionen in der divisionalen Organisationsstruktur. Die Vor- und Nachteile dieser Struktur treten dann am deutlichsten hervor, wenn sie den Vor- und Nachteilen der funktionalen Organisation gegenübergestellt werden. Zur Erinnerung:

- Die *funktionale Organisation* beruht auf der verrichtungs-orientierten Aufgabengliederung (Verrichtungszentralisation).
- Die *divisionale Organisation* ist Ausdruck der objekt-orientierten Aufgabengliederung (Objektzentralisation).

Die möglichen Vor- und Nachteile der divisionalen und funktionalen Organisation sind in der folgenden Tabelle zusammengestellt[61].

---

61 vgl. Wittlage (1976)

Aspekt	Divisionale Organisation		Funktionale Organisation	
	mögliche Vorteile	mögliche Nachteile	mögliche Vorteile	mögliche Nachteile
Entscheidung	• Sachnähe der Entscheidungen • kürzerer Instanzenweg, dadurch schnellere Entscheidungsfindung • Betriebsleitung kann sich auf strategische Entscheidungen konzentrieren	• dispositive Entscheidungen der Divisionen im Vordergrund (kurzfristige Sicht) • geringeres Gewicht der Entscheidungen der Betriebsleitung	• grösseres Gewicht der strategischen Entscheidungen der Betriebsleitung • bessere Abstimmung von strategischen und dispositiven Entscheidungen	• längerer Instanzenweg, dadurch Entscheidungsfindung zeitaufwendiger • geringere Berücksichtigung der Entwicklung einzelner Objekte
Koordination/ Kommunikation	• geringerer Koordinations- und Kommunikationsaufwand • kürzere Kommunikationswege	• Schwierigkeiten bei der Koordination von Zielen der Division mit Zielen des Gesamtsystems • Gefahr der Filterung von Informationen, welche die Division verlassen	• geringere Koordinationsschwierigkeiten (Funktionsbereiche haben keine eigenen Ziele) • bessere Information der Betriebsleitung über alle Bereiche • geringere Gefahr der Informationsfilterung	• Koordination der Funktionsbereiche zeitaufwendiger • erhöhter Kommunikationsaufwand • längere Kommunikationswege
personaler Aspekt	• objektbezogene Spezialisierung und Erfahrungen	• Spezialistendenken • geringere Flexibilität	• funktionsbezogene Spezialisierung und Erfahrungen • höhere Flexibilität • Spezialistendenken weniger ausgeprägt	
Wirtschaftlichkeit	• erhöhte Wirtschaftlichkeit durch Einsatz von objektspezialisierten Arbeitsträgern und Sachmitteln	• höherer Verwaltungsaufwand bei sich überschneidenden Funktionen der einzelnen Divisionen/Doppelarbeiten	• geringere Gefahr der Doppelarbeit • grösseres Gewicht der Wirtschaftlichkeit aller Betriebsbereiche	• geringere Nutzungsmöglichkeit objektspezialisierter Arbeitsträger und Sachmittel

Unter den divisionalen Strukturen sind schliesslich auch die *kybernetischen Strukturmodelle* zu erwähnen. Bei diesen Modellen werden kybernetische Systemeigenschaften wie Selbstregelung, Anpassung usw. auf soziale Systeme übertragen, um damit die Dynamik der Systeme zu beschreiben und zu erklären. Zu diesen Eigenschaften kurz einige Erläuterungen[62]:

- *Selbstregelung* ist die Fähigkeit eines Systems, ohne Steuerung von aussen einen vorgegebenen Sollwert einzuhalten (Stabilität).
- *Anpassung* ist die Fähigkeit eines Systems, einen Sollwert nicht nur stabil zu halten, sondern ihn auch an eine veränderte Umwelt anzupassen.
- *Lernfähigkeit* ist die Fähigkeit eines Systems, aus Erfahrungen Konsequenzen für das zukünftige Verhalten zu ziehen (insbesondere durch verbesserte Informationsrückkoppelung).
- *Selbstdifferenzierung* ist die Fähigkeit zur selbständigen Erhöhung des Komplexitäts- und Organisationsniveaus.

Der kybernetisch orientierten Organisationstheorie geht es vor allem darum, zu untersuchen, wieweit solche Eigenschaften zur Automatisierung von Sozialsystem ausgenützt werden könnten. Das Beispiel eines kybernetischen Strukturmodells, das hier skizziert wird, weist folgende Merkmale auf (Abb. 204):

Abbildung 204: Kybernetisches Organisationsmodell

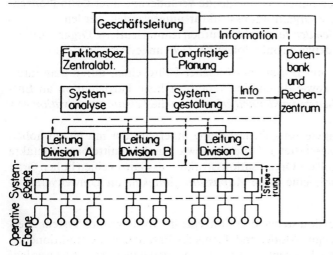

- *Organisationselemente* sind nicht mehr Aufgaben und Aufgabenträger, sondern ablaufbezogene *Teilsysteme* wie Lagerdisposition, Auftragsabwicklung usw.
- Diese Teilsysteme erfordern *keine menschlichen Entscheidungsprozesse* mehr. Bei Störungen greifen spezialisierte Systemanalytiker und -planer ein, die sich aus Mitgliedern des mittleren Managements rekrutieren.
- Die Organisationsstruktur in Betrieben mit kybernetisch gesteuerten Bereichen ist grundsätzlich *divisional*. Die Divisionen, deren Leiter direkt der Betriebsleitung

62 vgl. Hill et al. (1974)

unterstehen, sind in zwei Ebenen gegliedert: Die *Systemebene* wird weitgehend aus kybernetischen Systemen gebildet; die *operative Ebene* erfüllt Ausführungsaufgaben.
- Es bestehen *Zentralabteilungen,* welche Zusatzfunktionen für alle Divisionen des Betriebs übernehmen. Insbesondere werden Zentralabteilungen für *Systemanalyse* eingerichtet, wo hauptsächlich Informationsanalyse betrieben wird.
- *Rechenzentrum* und *Datenbank* liefern die erforderlichen *Informationen* und steuern die Systemebene

An der Generation, die solche Systeme schafft, wird es auch liegen, den Menschen in derart automatisierten und technisierten Strukturen einen neuen humanen Platz zuzuweisen.

638 Teamorientierte Organisationsstrukturen

Die Besonderheit teamorientierter Organisationsformen liegt darin, dass *Entscheidungskompetenzen* nicht an einzelne Personen, sondern *an Gruppen* übertragen werden. Dies macht eine Strukturierung erforderlich, die nicht das Leitungssystem des Betriebs als Ganzes betrifft, sondern sich auf die *Umwandlung von Singular- und Pluralinstanzen* beschränkt. Folglich kann im Prinzip jede der bis jetzt besprochenen Strukturformen ohne einschneidende Veränderung ihrer Grundkonzeption in eine teamorientierte Organisationsstruktur umgewandelt werden.

Ausgehend von den *Vorteilen der Teamarbeit* wurden teamorientierte Organisationskonzepte entwickelt, mit denen primär folgende *Ziele* angestrebt werden:

- Durch die Möglichkeit zum Einsatz persönlicher Fähigkeiten, durch gute interpersonale Beziehungen sowie durch eine verantwortliche Partizipation an Entscheidungen soll die *Arbeitszufriedenheit erhöht* und die *Leistungsmotivation verstärkt* werden.
- Durch die flexibel gestaltete Aufgabenerfüllung innerhalb der mit einem hohen Mass an Autonomie ausgestatteten Gruppen sowie durch unmittelbare Kontakte zwischen den Gruppen soll die Organisationsstruktur als Ganzes einen hohen Grad an *Flexibilität* und damit eine hohe *Anpassungsfähigkeit* an Umweltveränderungen erreichen.

In der theoretischen Diskussion stehen drei Konzepte im Vordergrund: System überlappender Gruppen, Colleague Model und Teams als Ergänzung des traditionellen Organisationsmodells. Diese Konzepte sollen im folgenden näher betrachtet werden.

System überlappender Gruppen

Den Ausgangspunkt für dieses Konzept bildeten Untersuchungen an der Universität Michigan, die zeigten, dass die Fähigkeiten der Mitarbeiter eines Betriebs dann optimal genutzt werden, wenn sie Mitglied einer oder mehrerer funktionierender Gruppen waren. Aus dieser Erkenntnis heraus entwickelte Likert ein Konzept, in welchem

die Organisationsstruktur als ein System von *sich überlappenden Gruppen* aufgefasst wird, die durch *Bindeglieder* vertikal und horizontal *miteinander verbunden* sind (Abb. 205).
Weitere *Merkmale* dieses Systems sind: Jede Gruppe erhält ein *gemeinsames Gruppenziel*, das sie durch ihre Aktivitäten aufgrund kollektiver Entscheidungsprozesse erreichen soll.

Abbildung 205: System überlappender Gruppen (Linking Pin Model)

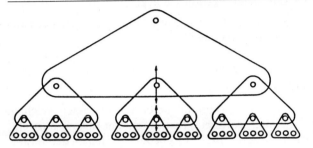

«*Bindeglieder*» sind Gruppenmitglieder, die gleichzeitig zwei Gruppen angehören:
- Als *vertikale Bindeglieder* fungieren die jeweiligen *Gruppenleiter*. Sie sind Mitglieder zweier verschiedener hierarchischer Ebenen und üben sowohl Führungsaufgaben als auch blosse Funktionen eines Gruppenmitglieds aus. Als Mitglieder der übergeordneten Gruppe sollen sie die Interessen der eigenen Gruppe bei Entscheidungen der übergeordneten Gruppe vertreten.
- Als *horizontale Bindeglieder* fungieren beliebige Gruppenmitglieder. Ihre Funktion besteht darin, die Aktivitäten von Gruppen gleicher Ebene zu koordinieren.

Durch die Einrichtung dieser Bindeglieder soll die Intensität der Kommunikation innerhalb und zwischen den verschiedenen Ebenen verstärkt und damit eine effiziente Zusammenarbeit im gesamten Betrieb gewährleistet werden.
Das «System überlappender Gruppen» wird in erster Linie als *Partizipationskonzept* betrachtet, weniger als eine Alternative zu konventionellen Organisationsstrukturen. Partizipation bedeutet die Möglichkeit aller Systemmitglieder, *direkt* auf die Aufgabenerfüllung innerhalb des eigenen Gruppenbereichs und *indirekt* über die Bindeglieder auf die Aufgabenerfüllung im gesamten System Einfluss nehmen zu können. Wesentliche Punkte dieses Konzepts lassen sich auch *innerhalb traditioneller Strukturen* verwirklichen, nämlich dann, wenn in einem Betrieb ein *partizipativ-kooperativer Führungsstil* praktiziert und für eine wirkungsvolle vertikale und horizontale *Koordination* gesorgt wird.

Kollegial-Modell

Das «Kollegial-Modell» wurde aufgrund der Kritik am Stab-Linien-System entwickelt. Das Ziel dieses Konzepts besteht darin, die Konflikte, die sich aus den psychologisch und soziologisch mangelhaft geregelten Beziehungen des Stabes zur Instanz ergeben, zu reduzieren.

In *Kollegial-Gruppen* sind die bisherigen Mitarbeiter des Stabes und der Instanz zu einem Team zusammengefasst; dieses Team setzt sich zusammen aus:
- *Leitungseinheit:* Diese arbeitet unmittelbar an den Zweckaufgaben des Betriebs;
- *Unterstützungseinheiten:* Diese sorgen für die Aufrechterhaltung der Planungs- und Realisationsprozesse.

Die Unterscheidung der beiden Einheiten ist dabei nicht Ausdruck eines Rangunterschieds.

Bei Entscheidungen werden die Entscheidungsobjekte gegliedert in
- Probleme, die nur einen Aufgabenträger betreffen und/oder über deren Lösung Einigkeit besteht; hier erfolgen Einzelentscheidungen.
- Probleme, die mehr als ein Teammitglied betreffen und hinsichtlich deren Lösung nicht von vornherein Übereinstimmung herrscht; hier sind deshalb Gruppenentscheidungen erforderlich.

Mit dem «Kollegial-Modell» soll also der herkömmliche Grundsatz, nach welchem der Stab lediglich ein neutrales und untergeordnetes Instrument der Instanz darstellt, überwunden werden. Die Experten (bisherige Stabsmitglieder) werden an der Verantwortung beteiligt und sind damit nicht mehr gezwungen, ihren Einfluss auf manipulative Art geltend zu machen.

Teams als Ergänzung des traditionellen Organisationsmodells

Der Grundgedanke dieses Konzepts besteht darin, dass die laufenden (Routine-)Aufgaben im Rahmen der traditionellen Organisationsstruktur (meist Stab-Linien-System) erfüllt werden, während die Lösung von Forschungs- und Entwicklungsaufgaben in Teamarbeit erfolgt. Es werden dabei folgende Gruppen gebildet:
- *Entscheidungsgruppe:* setzt sich aus Mitgliedern der Betriebsleitung zusammen. Sie formuliert das zu lösende Problem, konstituiert die Planungsgruppe, legt Termine fest und entscheidet über die zu realisierende Lösungsalternative.
- *Planungsgruppe:* wird aus Mitarbeitern gebildet, die über möglichst fundiertes Fachwissen verfügen und verschiedenen Fachbereichen entstammen. Diese Gruppe erarbeitet alternative Lösungsvarianten für das vorgegebene Problem.
- *Planungsausschuss:* in ihm sind Mitarbeiter der betroffenen Betriebsbereiche vertreten. Er tritt zusammen, wenn die Planungsgruppe zusätzliches Fachwissen benötigt oder eine Klärung von Sachfragen erforderlich ist.
- *Informationsgruppe:* besteht ebenfalls aus Mitarbeitern der betroffenen Betriebsbereiche. Ihre Mitglieder werden von der Planungsgruppe über den Fortschritt des Projekts sowie über allfällige Änderungen in den betroffenen Bereichen informiert.

Schematisch lässt sich dieses Konzept wie in Abbildung 206 darstellen. Mit diesem Konzept von Schnelle wird angestrebt, komplexe Aufgaben bei sich ständig ändernden Umweltbedingungen zu bewältigen.

Abbildung 206: Teams als Ergänzung des traditionellen Organisationsmodells[146]

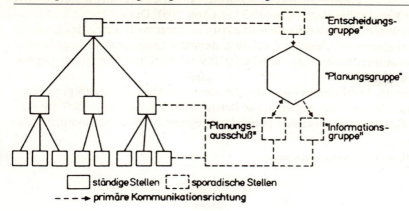

146 Grochla (1982)

639 Leitungsorganisation im Krankenhaus: Probleme und Lösungsvorschläge

Verschiedene Krankenhäuser besitzen heute eine *kollegial strukturierte Leitung* in Form des *Dreierdirektoriums,* dem der leitende Chefarzt, der Leitung des Pflegedienstes und der Verwaltungsleiter angehören. Bei den zunehmenden Anforderungen, die sich aus den Bereichen der Medizin, der Organisation und Technik, der Finanzierung, der staatlichen Reglementierungen sowie der Gesundheits-, Sozial- und Gesellschaftspolitik an das Krankenhaus stellt, drängt sich die Frage auf, ob die gegenwärtige Leitungsorganisation diesen Anforderungen noch gewachsen ist. Diese Frage wird im folgenden untersucht. Dabei werden zunächst die Schwachstellen der bestehenden Struktur aufgezeigt und anschliessend ein Matrix-Strukturmodell vorgestellt.

Ausgangspunkt für die Organisation der Krankenhausleitung war eine funktionale, zentral-direktoriale Organisationsstruktur, wie sie in Abbildung 207 dargestellt ist. Mit zunehmender Grösse und Komplexität der Aufgaben im Bereich des ärztlichen und pflegerischen Dienstes sowie des Versorgungs- und Verwaltungsdienstes ent-

Abbildung 207: Zentral-direktoriale Leitungsorganisation

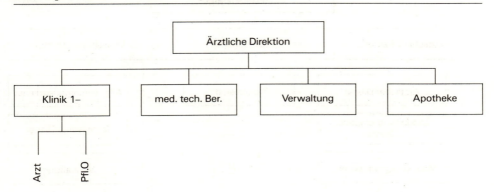

wickelten sich daraus andere Organisationsformen, in denen auch der administrative Bereich in der Krankenhausleitung vertreten ist (Abb. 208). Diese Entwicklung mündete schliesslich in eine *dezentrale divisionalistische Struktur* in Form des *Dreierdirektoriums* mit einem der leitenden Chefärzte, dem/der Leiter/in des Pflegedienstes und dem Verwaltungsdirektor. In Abbildung 209 ist der Grundtyp dieser Organisationsform dargestellt.

Die Mitglieder des Direktoriums sind den *Organen des Krankenhausträgers* gegenüber *gemeinsam* für eine ordnungsgemässe Betriebsführung *verantwortlich*. Im Rahmen dieser Gesamtverantwortung können abgegrenzte Aufgabenkomplexe den

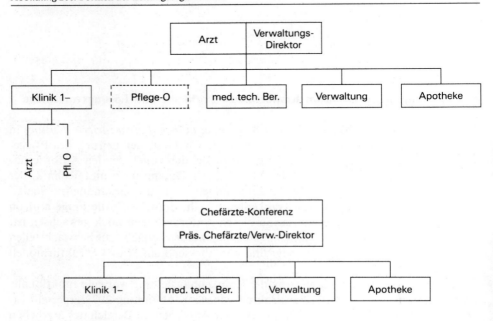

Abbildung 208: Formen der Leitungsorganisation

Abbildung 209: Dreierdirektorium der Krankenhausleitung

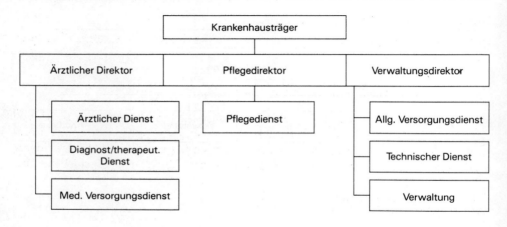

einzelnen Mitgliedern des Direktoriums zur Bearbeitung übertragen werden, ohne dass dadurch die gemeinsame Verantwortung berührt wird.

Ist das Dreierdirektorium als *Kollegialinstanz* strukturiert, so sind alle Mitglieder gleichgestellt und *gleichberechtigt* an allen Entscheidungen beteiligt. Beschlüsse können *nur einstimmig* gefasst werden. Wird Einstimmigkeit nicht erreicht, so entscheidet das zuständige Organ des Krankenhausträgers unter Berücksichtigung der verschiedenen Auffassungen der Mitglieder der Krankenhausleitung.

In der kooperativen Leitungsstruktur erfolgt die Beratung der Krankenhausleitung durch die Bereichsleiter in Form der institutionalisierten ‚*Krankenhauskonferenz*‘. Dieser gehören in der Regel an:

- die Mitglieder der Krankenhausleitung;
- die leitenden Fachärzte (in grösseren Krankenhäusern meist nur die Fachbereichsvertreter);
- die Oberschwestern (-pfleger) und Abteilungsschwestern/-pfleger;
- die Abteilungsleiter des medizinisch-technischen Dienstes, des diagnostisch-therapeutischen Dienstes, des Versorgungsdienstes und der Verwaltung.

Die Funktion der Krankenhauskonferenz besteht vor allem darin,

- die Krankenhausleitung in Fragen der Arbeitsgestaltung und der Personalpolitik zu *beraten*.
- durch *Intensivierung der interpersonellen Kommunikation* die Voraussetzungen für eine reibungslose Zusammenarbeit aller Leistungsstellen der Diagnostik, Therapie, Pflege, Versorgung und Verwaltung zu schaffen.

Analysiert man die Organisationsstruktur im Krankenhaus, dann werden vor allem die folgenden Schwachstellen sichtbar[64]:

- Das Problem der Integration des klinisch (diagnostisch und therapeutisch) selbständigen ärztlichen Dienstes in die Gesamtorganisation ist nicht bewältigt.
- Es bestehen Antinomie (Widersprüche) und Konkurrenz zwischen den Zielvorstellungen der ärztlichen und pflegerischen Leitung einerseits und den gesamtbetrieblichen Zielvorgaben andrerseits.
- Die Krankenhausleitung ist primär berufsständisch organisiert. Die Folge davon ist, dass die eigentlichen Managementfunktionen entweder vernachlässigt oder aber uneinheitlich ausgeführt werden.

Im folgenden werden diese Probleme näher beschrieben und Strategien zu ihrer Lösung formuliert[65].

Problem Nr. 1: Integration des ärztlichen Dienstes

Ausgangspunkt der geschichtlichen Entwicklung des Krankenhauses war die Pflege armer und kranker Menschen. Die ärztliche Versorgung wurde erst später «aufgepfropft». Als Folge davon führen auch heute noch Diagnostik und Therapie innerhalb der Gesamtorganisation des Krankenhauses vielfach ein Eigenleben. Das

---

64 vgl. Eichhorn (1976, 1980a/b)
65 vgl. Eichhorn (1976, 1980a/b)

einzelne Krankenhaus stellt nicht selten eine *Addition mehrerer selbständiger Fachkliniken* dar. Viele der leitenden Fachärzte dehnen ihre diagnostisch-therapeutische Eigenverantwortung auf den Bereich der Organisation aus und betrachten ihren Aufgabenbereich als völlig eigenständiges Gebiet.

Mit der zunehmenden Konzentration der fachärztlichen Krankenhausversorgung im Krankenhaus werden künftig noch weit mehr fachlich hochqualifizierte und eigenverantwortliche Ärzte am Krankenhaus tätig sein als früher. Damit aber kommt in Zukunft der Organisation und Leitung des Arztdienstes noch erhöhte Bedeutung zu. Diese Probleme lassen sich nur lösen, indem man die bisher vernachlässigte *ärztliche Organisationsfunktion* intensiviert. Bei der Fülle der Planungs-, Organisations- und Kontrollaufgaben, die damit auf den leitenden Chefarzt zukommen, wird dieser in den meisten Krankenhäusern als *hauptamtlicher ärztlicher Direktor* tätig sein müssen. (Anmerkung: Die Aufgaben der ärztlichen Direktionen werden heute von einem der Chefärzte nebenamtlich, d.h. neben seinen Aufgaben als Facharzt, Lehrer und Leiter eines ärztlichen Fachbereiches wahrgenommen.)

Problem Nr. 2: Antinomie zwischen ärztlich-pflegerischen und ökonomischen Zielen

Ziel jedes Krankenhauses ist es, die Kranken optimal zu versorgen. Der Begriff «optimal» ist dabei nicht absolut, sondern relativ auszulegen, d.h. unter Berücksichtigung der begrenzt vorhandenen personellen und finanziellen Mittel.

Zielantinomien entstehen nun in der Regel dadurch, dass Ärzte und Pflegepersonal von ihrer Aufgabe und von ihrer Ausbildung her stets versucht sind, das Bestmögliche für den Patienten zu erbringen. («Für unsere Patienten ist das Beste gerade gut genug».)

Aus dieser Einstellung heraus werden dann *Maximierungstendenzen* verfolgt und im Grunde genommen entbehrliche Leistungen als unbedingt notwendig postuliert, ohne Berücksichtigung der dadurch entstehenden Kosten, allein unter Anstrebung des maximal möglichen und sichersten Behandlungserfolges.

Voraussetzung für die Lösung dieses Problems ist, dass die Ärzte und das Pflegepersonal einzel- und gesamtwirtschaftliche Überlegungen in ihre Entscheidungen mit einbeziehen. Dies wiederum setzt voraus, dass *ärztliche und pflegerische Leitung in die ökonomische Gesamtverantwortung integriert werden.* Durch volle Integration in den Entscheidungsprozess bezüglich personeller und finanzieller Belange kann erreicht werden, dass Ärzte und Pflegepersonal sich mit der ökonomischen Komponente der gesamtbetrieblichen Zielvorstellung identifizieren.

Problem Nr. 3: Berufsständische Organisation der Krankenhausleitung

Das ganz spezifische Merkmal der Krankenhausleitung besteht darin, dass sie primär *berufsständisch organisiert* ist. Das Direktorium ist ein Gremium von «Divisionalisten». Die Folge davon ist, dass im Bereich der Leistungserstellung «dreispurig» nebeneinander organisiert wird. Hierzu ein Beispiel: Die auf der Pflegeabteilung tätigen Ärzte unterstehen dem zuständigen leitenden Facharzt, die dort tätigen Schwestern/Pfleger der Abteilungsschwester bzw. dem Abteilungspfleger, das dort tätige Haus- und Wirtschaftspersonal der Betriebsdirektion, obwohl auf den Abteilungen eine einheitliche Leitung für den Patienten erbracht werden muss. Eine

Abstimmung der Arbeitsabläufe ist in der Regel nur über die Spitze der drei Berufsverbände möglich.

So schafft die berufsständische Organisation eine *bereichsbezogene (divisionalistische) Leitungsstruktur,* bei der die funktionsbezogenen Managementfunktionen für jeden Bereich getrennt wahrgenommen werden. Dadurch wird zwar eine hohe bereichsbezogene Flexibilität geschaffen, gleichzeitig aber ein Leistungsspektrum für die verschiedenen Dienste vorausgesetzt, das in der Praxis kaum abzudecken ist.

Darüber hinaus *fehlt* es an der notwendigen *Verknüpfung der verschiedenen Einzelbereiche* (Diagnostik, Therapie, Pflege, Versorgung), die ja nicht aufgrund ihrer Einzelleistungen, sondern erst in Verbindung mit den Leistungen der anderen Bereiche wirksam sind. Dieses Problem lässt sich lösen, indem die berufsständische Struktur durch eine funktionsorientierte Struktur ergänzt wird. Auf diese Weise können die Vorteile beider Strukturformen optimiert werden, bei gleichzeitiger Minimierung der jeweiligen Nachteile.

Matrix-Strukturmodell

Zur Überwindung der aufgezeigten Schwachstellen der bisherigen Leitungsorganisation bietet sich eine Strukturform an, welche berufsständische und funktionsbezogene Interessen gleichzeitig und gleichwertig berücksichtigt. Eine solche Organisationsform, welche zwei verschiedene Dimensionen simultan und gleichwertig miteinander verknüpft, ist die Matrix-Organisation. Die beiden Dimensionen werden hier als «Ressorts» und «Bereiche» bezeichnet[66]:

In den *Ressorts* sind die betrieblichen *Grundfunktionen in bezug auf das Gesamtsystem* Krankenhaus verankert:

- *Klinikressort:* klinische Leistungserstellung (ärztliche und pflegerische Betreuung, Diagnostik und Therapie sowie medizinische Versorgung) mit Planung, Organisation und Kontrolle;
- *Kaufmännisches Ressort* mit Beschaffung und Bewirtschaftung, Personalwesen, Finanzwesen, Kommunikation und Information sowie Verwaltung;

Die Aufgabe der Ressorts liegt in der *spezialisierten und integrierten Erfüllung der betrieblichen Grundfunktionen* für das Gesamtkrankenhaus – also *nicht bereichsbezogen*. Diese erfolgt in Abstimmung mit den jeweiligen Bereichen und unter Berücksichtigung von deren fachlichen und spezifischen Belangen. Die Ressorts sind den *Ressortleitern* unterstellt.

In den *Bereichen* sind die betrieblichen *Grundfunktionen in bezug auf die einzelnen Leistungsbereiche* zusammengefasst (quer durch alle Ressorts hindurch). Die Bereichsgliederung entspricht der berufsständischen Gliederung. Danach werden folgende Bereiche unterschieden: Bereich Arztdienst, Bereich Pflegedienst, Bereich Diagnostisch-therapeutischer Dienst, Bereich Medizinischer Versorgungsdienst, Bereich Allgemeiner Versorgungsdienst, Bereich Technischer Dienst, Bereich Verwaltungsdienst, Bereich Sonstige Dienste.

Die *Aufgaben* der Bereiche sind:

---

66 vgl. Eichhorn (1976, 1980a/b)

- Sie sorgen dafür, dass die *fachlichen und spezifischen Belange der einzelnen Krankenhausdienste* im Rahmen der Gesamtleistung des Krankenhauses angemessen berücksichtigt werden.
- Sie sind für die auf den jeweiligen Dienst gerichtete *Koordination der betrieblichen Grundfunktionen* im Hinblick auf eine optimale Gestaltung des Arbeitsablaufs verantwortlich.

Die Bereiche sind den *Bereichsleitern* unterstellt. Das Schema einer solchen Ressort- und Bereichsgliederung in Matrixform ist in Abbildung 210 dargestellt.

Die Krankenhausleitung ist in diesem Modell eine *Pluralinstanz,* bestehend aus den *Bereichs- und Ressortleitern* als dem *Gesamtvorstand.* Im Hinblick auf die besondere Situation des Krankenhauses erscheint es zweckmässig, das Gewicht der Ressorts gegenüber den Bereichen stärker zu betonen. Innerhalb des Gesamtvorstandes bilden deshalb die *Ressortleiter* den *engeren Vorstand,* dessen Sprecher gleichzeitig den Gesamtvorstand koordiniert.

Abbildung 210: Ressort- und Bereichsgliederung in Matrixform[147]

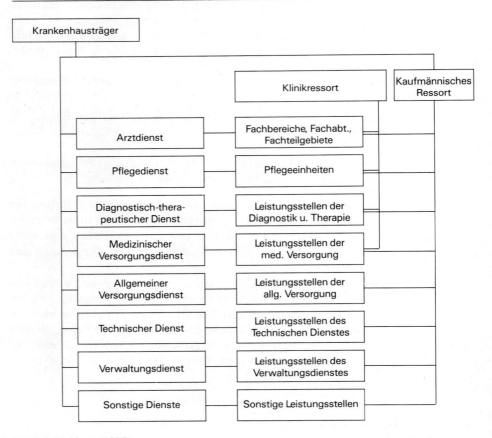

147 vgl. Eichhorn (1976))

In der Krankenhauswirklichkeit sind mancherorts bereits Ansätze zur Matrix-Organisation der Krankenhausleitung anzutreffen. Ansätze in dieser Richtung sind:
- Der Verwaltungsdirektor ist zuständig für die Funktionen «Personalwesen, Planung, Organisation und Kontrolle» nicht nur in bezug auf den Verwaltungsdienst, sondern auf das Gesamtkrankenhaus.
- Die Krankenpflegeleitung ist zuständig für die Funktion «Planung, Organisation und Kontrolle» nicht nur im Pflegedienst, sondern auch in Teilen des Diagnostisch-therapeutischen Dienstes.

Je nach Grösse des Krankenhauses ist denkbar, Einzelbereiche zusammenzufassen, so dass *drei Bereiche* entstehen:
- *A-Bereich:* Arztdienst, Diagnostisch-therapeutischer Dienst und medizinischer Versorgungsdienst. Leitung: Ärztlicher Chef
- *P-Bereich:* Pflegedienst. Leitung: Pflegechef
- *V-Bereich:* Allgemeiner Versorgungsdienst, Technischer Dienst und Verwaltungsdienst. Leitung: Verwaltungsdirektor

Diese drei Bereiche werden mit den beiden *Ressorts* verknüpft:
- *Klinikressort:* Einsatz medizinischer und pflegerischer Ressourcen. Leitung: Klinischer Direktor.
- *Kaufmännisches Ressort:* Personalwesen, Finanzwesen, Informationswesen. Leitung: Kaufmännischer Leiter.

Die Krankenhausleitung setzt sich somit aus zwei *Funktionsmanagern* (=Ressortleiter) und *drei Bereichsmanagern* (=Bereichsleiter) zusammen. Es ist vorstellbar, dass die beiden Funktionsmanager den «Geschäftsführenden Ausschuss» bilden. Eine derart strukturierte Matrix-Organisation ist in Abbildung 211 dargestellt.

Abbildung 211: Matrix-Modell der Krankenhausleitung

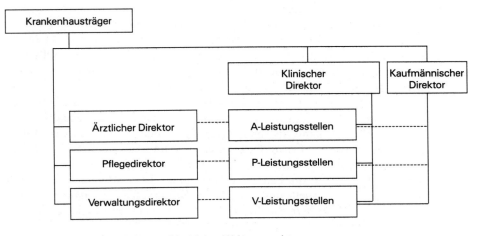

Wie bereits bei der allgemeinen Besprechung der Matrix-Organisation bemerkt wurde, ist diese Strukturform mit einer Aufteilung der Leitungsfunktionen verbunden:
- Der *Funktionsmanager* koordiniert die Aktivitäten, welche seine Ressort betreffen.
- Der *Bereichsmanager* koordiniert die Aktivitäten in seinem Fachbereich

Damit kommt es zu einer Mehrfachunterstellung der Leistungseinheiten und zu der für die Matrix-Organisation charakteristischen *Aufteilung der Kompetenzen:*
- Das *disziplinarische Weisungsrecht* wird wegen der gebotenen Kontinuität *nicht aufgeteilt,* sondern ganz den *Funktionsmanagern* übertragen.
- Das *fachliche Weisungsrecht* wird aufgeteilt. Weil sowohl Funktionsmanager als auch Bereichsmanager Fremdentscheidungskompetenzen haben, benötigen beide entsprechende fachliche Weisungsbefugnisse.

Von der klaren und eindeutigen Abgrenzung der fachlichen Weisungsbefugnisse ist das Funktionieren der Matrix-Organisation in hohem Masse abhängig. Kompetenzüberschneidungen lassen sich jedoch nie ganz ausschliessen, was zur gemeinsamen Konflikthandhabung zwingt und sich im Hinblick auf die notwendige Flexibilität des Managements auch als positiv erweist.

Die *Vorteile* einer derart strukturierten Krankenhausleitung bestehen zunächst darin, dass zwei unterschiedliche Interesserichtungen (Funktionsorientierung und berufsständische Orientierung) gleichwertig berücksichtigt werden[67]. Diese bewirkt einerseits die im Hinblick auf eine kooperative Führung wünschenswerte *Verflachung der Leitungshierarchie;* andererseits erfolgt die notwendige *Integration des ärztlichen und pflegerischen Dienstes* in die Gesamtorganisation und in die wirtschaftliche Gesamtverantwortung für das Krankenhaus.

Ein weiterer Vorteil ist darin zu sehen, dass die *funktionale Spezialisierung* der Ressorts mit einer *fachlichen Ergebnisverantwortung* der Bereiche in optimaler Weise *kombiniert* wird. Diese Kombination fördert gleichzeitig Kreativität und Innovation. Durch die ganzheitliche Betrachtung des Krankenhauses wird zudem die *Qualifikation des Managements erhöht.*

Der Koordinationszwang hat ein *hohes Informations- und Koordinationsniveau* zur Folge: Durch Abbau von kommunikationshemmenden Hierarchien und Interessenkonflikten wird der Informationsfluss schneller und unverfärbter. Der gesellschaftliche, sachlich und psychologisch bedingten *Tendenz zu einem kooperativ-partizipativen Führungsstil* wird entsprochen: Formale Autoritäten treten zugunsten persönlicher und *fachlicher Autoritäten* in den Hintergrund und der *Entscheidungsprozess* läuft *multipersonal* ab: Entscheidungskollegien fällen Gruppenentscheidungen.

Die Matrix-Organisation kann an veränderte Situationen im Bereich der Organisation des Krankenhaus- und Gesundheitswesens und an sozio-ökonomische Bedingungen *leicht angepasst* werden (z.B. durch Einfügen neuer Bereiche wie semistationäre Versorgung, Rehabilitation, Lehre und Forschung). Durch die Ressorts wird die fachlich-methodische, personelle und qualitative *Kontinuität der primären Leitungsfunktionen* im Bereich der betrieblichen Grundfunktionen gewährleistet (Spezialisierung auf funktionsbezogene Managementaufgaben).

---

67 vgl. Eichhorn (1976, 1980a/b)

64 Ablauforganisation

Die Bildung funktionsfähiger Einheiten und deren Anordnung innerhalb einer Aufbaustruktur ist nur der eine Bereich der Organisation. Der andere Bereich, die Ablauforganisation, bezieht sich auf die *Erfüllung der Aufgaben* und umfasst die *raumzeitliche Strukturierung der zur Aufgabenerfüllung erforderlichen Arbeitsprozesse*[68]. *Ziel* der Ablauforganisation ist die Schaffung einer *dauerhaften und anpassungsfähigen Prozessstruktur*. Das heisst: Die zahlreichen und vielfältigen Arbeitsprozesse, die zur Erfüllung der betrieblichen Gesamtaufgabe notwendig sind, sollen so strukturiert werden, dass ein möglichst hoher Grad an Zweckmässigkeit, Wirtschaftlichkeit, Stabilität, Elastizität und Koordination erreicht werden kann. *Element* der Ablauforganisation ist der *Arbeitsgang,* d.h. eine *geschlossene Abfolge von Tätigkeiten,* die ein Arbeitsträger ausführt, um eine bestimmte Aufgabe zu bewältigen. Im Mittelpunkt der ablauforganisatorischen Gestaltung stehen folgende Probleme:

- die Festlegung eines Arbeitsgangs durch Beschreibung der Verrichtungen, die an einem Objekt vorgenommen werden müssen;
- die Festlegung der Reihenfolge der Verrichtungen innerhalb eines Arbeitsganges;
- die Festlegung der zeitlichen Verteilung der einzelnen Verrichtungen;
- die Bestimmung des jeweiligen Arbeitspensums für einen Aufgabenträger;
- die Bildung von Gangfolgen, d.h. die Festlegung der Reihenfolge, in der die einzelnen Arbeitsgänge vollzogen werden sollen;
- die Festlegung von Pausen zwischen den einzelnen Arbeitsgängen.

Die Gestaltung effizienter ablauforganisatorischer Regelungen stellt grundsätzlich ein äusserst komplexes Problem dar, das im Rahmen dieser Ausführungen nur angetönt werden kann. Analog zur Aufbauorganisation mit ihren Phasen der Aufgabenanalyse und -synthese wird in der Ablauforganisation zwischen den Phasen der Arbeitsanalyse und Arbeitssynthese unterschieden.

641 Grundlagen

Bevor die Phasen der Ablauforganisation beschrieben werden, sollen zwei grundlegende Fragen zur Sprache kommen: die Aufgabenerfüllungs-Situation und das Problem der Organisierbarkeit von Aufgabenerfüllungs-Prozessen.
Jede Aufgabe ist Teil einer *Aufgabenerfüllungs-Situation,* die bestimmt wird durch[69]: die zu erfüllende *Aufgabe;* den *Aufgabenträger,* dem die Aufgabe übertragen wird; das *Sachmittel,* das zur Aufgabenerfüllung eingesetzt wird; die *Interdependenz,* die zu anderen Aufgabenerfüllungsvorgängen besteht. Bei der Aufgabenanalyse wird von dieser Aufgabenerfüllungssituation weitgehend abstrahiert. Bei der Aufgabensynthese wird die Situation nur hinsichtlich des Leistungspotentials von Aufgabenträger und Sachmittel einbezogen. Erst bei der *Arbeitssynthese* schliesslich geht die *Aufgabenerfüllungs-Situation* umfassend in die Synthese ein.

68 vgl. Kosiol (1962)
69 vgl. Frese (1980)

Eines der schwierigsten Probleme der Ablauforganisation besteht darin, die Interdependenz zu anderen Aufgabenerfüllungsvorgängen (d.h. die Abhängigkeit der betrachteten Verrichtungen von den Verrichtungen anderer Aufgabenträger) zu berücksichtigen. Es handelt sich dabei um ein simultanes Problem: die Regelung der Aufgabenerfüllung für einen Aufgabenträger ist von der Regelung der Aufgabenerfüllung für andere Aufgabenträger streng genommen nicht zu trennen.
Die raumzeitliche Strukturierung der Arbeitsabläufe hängt weitgehend von deren *Organisierbarkeit* bzw. Regelbarkeit ab. Es können folgende Stufen der Regelbarkeit unterschieden werden[70]:

- *Stufe 1: Freier Arbeitsablauf:* Der Aufgabenerfüllungsvorgang ist durch keinerlei organisatorische Regeln bestimmbar.
- *Stufe 2: Inhaltlich gebundener Arbeitsablauf:* Die zur Aufgabenerfüllung erforderlichen Aktivitäten sind inhaltlich bestimmbar. In der Regel können zusätzlich die zu verwendenden Arbeitsmittel sowie der Ort der Aufgabenerfüllung angegeben werden.
- *Stufe 3: Abfolgegebundener Arbeitsablauf:* Die zur Aufgabenerfüllung erforderlichen Aktivitäten sind zusätzlich in ihrer Abfolge regelbar. Damit ist der Weg des zu bearbeitenden Objekts festgelegt.
- *Stufe 4: Zeitlich gebundener Arbeitsablauf:* Auf dieser Stufe kann auch die Dauer und eventuell der Zeitpunkt der einzelnen Aktivitäten bestimmt werden.
- *Stufe 5: Taktmässig gebundener Arbeitsablauf:* Die erforderlichen Aktivitäten wiederholen sich ständig, so dass sie planmässig vorbestimmbar und taktmässig aufeinander abstimmbar sind.

Die *Stufe der Regelbarkeit* hängt ab von der *Art der Aufgabe* (Ausführungsprozesse sind regelbarer als Entscheidungsprozesse), von der *Gleichartigkeit* sowie von der *Häufigkeit* der Aufgabenerfüllung. Bei der raumzeitlichen Strukturierung muss der Aspekt der Regelbarkeit beachtet werden, um sowohl eine Unter- als auch eine Überorganisation zu vermeiden.
Betrachtet man beispielsweise die zeitlichen Rahmenbedingungen der ärztlichen und pflegerischen Arbeit auf einer Station, so zeigt sich folgendes[71]: Zunächst einmal sind ärztliche und pflegerische Arbeiten durch ihre hohe *Irregularität* gekennzeichnet. Ob eine Arbeit regelmässig oder unregelmässig durchgeführt werden kann oder muss, hängt von zwei Gruppen von Bedingungen ab: An erster Stelle stehen die *medizinischen Erfordernisse* des Patienten. Eine Reihe von Massnahmen sind nur durchzuführen, wenn unter den Patienten der Station Schwerkranke vorhanden sind (z.B. Sitzwache, Monitor), andere wiederum nur, wenn die Patienten komatös oder zerebral stark geschädigt sind (z.B. Katheter einführen, häufiger Wäschewechsel, Absaugen des Schleimes). Verordnungen und Spritzen betreffen nicht jeden Tag alle Patienten auf der Station, ebenso Transporte von Patienten in die zentrale Diagnostik- und Behandlungstrakte.
Besonders einschneidend wirken Neuaufnahmen und Entlassungen auf die Gestaltung der Stationsarbeit: Sie erfordern stets erhebliche Mehrarbeit. Am Beispiel der Neuzugänge lässt sich übrigens auf eine Kettenreaktion hinweisen, die in Kranken-

---

70 vgl. Nordsieck (1961), Wittlage (1976)
71 vgl. Siegrist (1978)

häusern häufig anzutreffen ist: Knappes Bettenangebot führt zu kurzer Verweildauer, somit zu erhöhtem Patientendurchlauf (mehr Neuaufnahmen, mehr Entlassungen). Daraus ergibt sich steigende Arbeitsbelastung, die wiederum zu höherer Fluktuation des Personals führen kann.

Die Tatsache, ob eine bestimmte Tätigkeit an einem Arbeitstag überhaupt durchzuführen ist, und wenn ja, bei wie vielen Patienten, hängt also wesentlich von den medizinischen Erfordernissen des Patientengutes der Station ab. Weil die Einflussnahme auf diese Grösse sehr begrenzt ist, liegt hier eine kaum überwindbare Grenze aller Bemühungen um organisatorische Gestaltung der Arbeitsprozesse auf einer Station. Eine zweite, wenn auch erheblich geringere Einflussgrösse auf die Regularität einzelner Arbeitsvollzüge stellt die *personelle Besetzung* dar. So werden einige regelmässige Beschäftigungen, vorwiegend im Bereich der Grundpflege, bei Personalknappheit übergangen oder nur flüchtig ausgeführt. Ein weiteres Beispiel irregulär ablaufender Arbeiten auf der Station sind teilweise chirurgische Visiten oder die Blutdruck- und Pulsmessung.

Ärztliche und pflegerische Arbeiten sind aber nicht nur durch ihre unregelmässige Erscheinung gekennzeichnet, sondern zusätzlich durch eine hohe *Variabilität* des einzelnen Arbeitsvollzuges. Dies gilt sowohl in zeitlicher, wie auch in arbeitsorganisatorischer Hinsicht. Variabilität des Arbeitsvollzuges bezieht sich zunächst auf die Unterschiede zwischen verschiedenen Personen und Stationen im zeitlichen Ablauf einer Arbeitsaufgabe.

Für diese Unterschiede scheinen hauptsächlich drei Faktoren verantwortlich zu sein:
- die berufliche Routine der Ausführenden (je höher die Routine, desto schneller die Erledigung der Arbeitsaufgabe);
- die personelle Besetzung (je weniger Personen, desto grösser der Zeitdruck, d.h. desto kürzer die Zeitspanne pro Arbeitsvollzug);
- die organisatorischen Rahmenbedingungen einer Tätigkeit (z.B. ist die Visite in der Chirurgie personell und zeitlich eng verbunden mit der Abkömmlichkeit vom Operationssaal).

Zeitliche Variabilität des Arbeitsvollzuges bezieht sich zweitens auf *tägliche Schwankungen,* die bei den einzelnen Ausführenden mehr oder weniger kontinuierlich auftreten. Solche Schwankungen hängen einerseits von den genannten Einflüssen auf die Arbeitsmenge ab, andererseits von Störungen, Unterbrechungen und schliesslich von subjektiven Bedingungen wie Müdigkeit, Arbeitslust usw.

Am gravierendsten sind die vielen unvorhersehbaren *Störungen* und *Unterbrechungen.* Häufigste Unterbrechungsanlässe sind Beschaffung von Informationen und Sachmitteln, Telefonanrufe und unvorhergesehene Zwischenfälle bei anderen Patienten. Entscheidungskompetenz und Informationsmonopol des Arztes bringen es mit sich, dass dieser von nachgeordnetem Personal häufig gestört wird.

Zusammenfassend lässt sich sagen, dass die ärztlichen und pflegerischen Arbeitsvollzüge auf einer Station durch hohe Irregularität und Variabilität gekennzeichnet sind, die ihre organisatorische Gestaltung sehr schwierig machen und sowohl in bezug auf die Arbeitsqualität wie auch die Zufriedenheit der Betroffenen problematische Auswirkungen zeigen.

642 Arbeitsanalyse

Die Gesamtheit der betrieblichen Arbeitsprozesse stellt ein Gefüge von *Arbeitsgängen* dar, von denen jeder aus verschiedenen *Arbeitsteilen* zusammengesetzt ist. Die Kenntnis dieser Teile und insbesondere ihrer sachlichen, räumlichen und zeitlichen Zusammenhänge ist für die Bildung von Arbeitsgängen unbedingte Voraussetzung. Zu diesem Zweck müssen die in der Aufgabenanalyse ermittelten *Elementaraufgaben weiter zerlegt* werden. Diese weitere Analyse wird als Arbeitsanalyse bezeichnet. Die *Arbeitsanalyse* stellt damit nichts anderes als eine *verlängerte, erfüllungsbezogene Aufgabenanalyse* dar[72].

Die Arbeitsanalyse beginnt inhaltlich da, wo die Aufgabenanalyse aufhört: bei den Teilaufgaben niedrigster Ordnung (=Elementaraufgaben), die als Ergebnis der Aufgabenanalyse vorliegen. Der Übergang von der Aufgaben- zur Arbeitsanalyse liegt dabei in keiner Weise auf einem bestimmten Gliederungsniveau fest, sondern kann auf verschiedenen Stufen angesetzt werden (Abb. 212). Er ist grundsätzlich immer da zu sehen, wo die Frage nach dem Was (Was ist der Inhalt der Aufgabe?) übergeht in die Frage nach dem Wie (Wie ist die Aufgabe im einzelnen zu erfüllen?).

Abbildung 212: Aufgaben- und Arbeitsanalyse

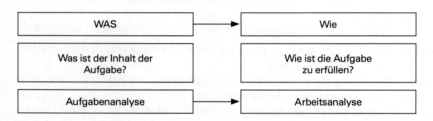

Wie bei der Aufgabenanalyse kommen auch bei der Arbeitsanalyse sowohl die sachlichen als auch die formalen Gliederungskriterien in Frage. Die drei formalen Kriterien Rang, Phase, Zweckbeziehung sind aber bei der Ablauforganisation von untergeordneter Bedeutung, da hier die *Verrichtung an einem Objekt im Vordergrund* der Betrachtung steht. Die beiden Kriterien werden in der Praxis *kombiniert* verwendet, weil durch eine Gliederung nach der Verrichtung eigentlich auch das Objekt bestimmt wird (Abb. 213).

Abbildung 213: Gliederungskriterien der Arbeitsanalyse

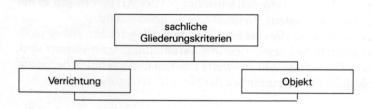

72 vgl. Kosiol (1962), Wittlage (1976)

Die *Elementaraufgabe* (=Teilaufgabe niedrigster Ordnung) ist der *Ausgangspunkt für die Arbeitsanalyse* und stellt damit den Arbeitsteil höchster Ordnung dar. Durch fortschreitende Zerlegung dieses Arbeitsteils höchster Ordnung gelangt man über Arbeitsteile mittlerer Ordnung (=Arbeitsstufen) zu Arbeitsteilen niedrigster Ordnung (=Arbeitselemente). Unter einem *Arbeitselement* versteht man denjenigen Bestandteil einer Arbeit, in den noch zerlegt werden muss, um einen Arbeitsprozess sachgerecht strukturieren zu können (Abb. 214). Zur Verdeutlichung ist eine solche Zerlegung an einem Beispiel («Kundenbestellung bearbeiten») durchgeführt (Abb. 47/Anhangband).

Abbildung 214: Schritte der Arbeitsanalyse

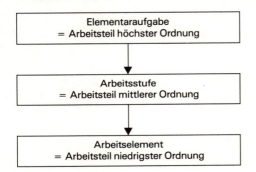

Die in der Arbeitsanalyse gewonnenen *Arbeitsteile* werden *zusammengefasst* als *Verrichtungen oder Tätigkeiten* bezeichnet. Eine solche Gliederung in Arbeitsstufen und Arbeitselemente kann nur vorgenommen werden, wenn festzustellen ist, wann jeweils eine Arbeitsstufe bzw. ein Arbeitselement beginnt oder wann der vorangehende Arbeitsteil endet. In der Praxis haben sich dafür folgende Regeln herausgebildet: Der Beginn einer neuen Arbeitsstufe bzw. eines neuen Arbeitselementes kann immer dann angenommen werden, wenn der Arbeitsträger wechselt, das Arbeitsobjekt wechselt oder die Arbeitsmittel wechseln.

Das *Ergebnis* der Arbeitsanalyse muss die *Gesamtheit aller Arbeitselemente* sein, die durchgeführt werden müssen, um die betriebliche Gesamtaufgabe zu erfüllen. Das Ergebnis muss folgenden Inhalt aufweisen: alle Arbeitselemente, Reihenfolge (soweit nicht die Reihung willkürlich erfolgen kann), Bezeichnung der Arbeitselemente, die parallel erfolgen können. Die *Tiefe der Arbeitsanalyse* ist hauptsächlich von der ablauforganisatorischen Aufgabenstellung, der Komplexität der Gesamtaufgabe, dem Grad der gewünschten Arbeitsteilung sowie von der Häufigkeit des Auftretens einer Arbeit abhängig.

Von der Arbeitsanalyse ist die *Arbeitsganganalyse* zu unterscheiden. Während die Arbeitsanalyse von der Elementaraufgabe ausgeht und diese weiter gliedert, ist der Ausgangspunkt der Arbeitsganganalyse der *Arbeitsgang,* d.h. ein synthetischer (im Verlauf der Arbeitssynthese gebildeter) Komplex von Arbeitsteilen, der nach denselben Gliederungskriterien zerlegt wird. Die entstehenden Arbeitsteile sind jedoch durch die Vorwegnahme synthetischer Überlegungen als Grundlage der Arbeitssynthese nicht geeignet.

643 Arbeitssynthese

Die Gesamtheit der Arbeitsprozesse, die zur Aufgabenerfüllung vollzogen werden, stellt ein Gefüge von Arbeitsgängen dar. Diese Arbeitsgänge werden durch die Zusammenfassung der analytisch ermittelten Arbeitselemente gebildet. Die Arbeitssynthese umfasst somit die Kombination von geeigneten *Gangelementen* (=Arbeitsteile niedrigster Ordnung=Arbeitselemente) zu *Gangstufen* (=Arbeitsteile mittlerer Ordnung) und *Arbeitsgängen* (=Arbeitsteile höchster Ordnung) sowie die Zuordnung der Arbeitsgänge zu (gedachten) Arbeitsträgern (Abb. 215).

Abbildung 215: Schritte der Arbeitssynthese

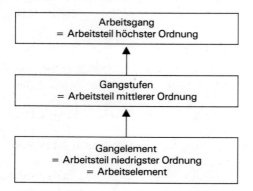

Nach dem Gesichtspunkt, der im Vordergrund der Betrachtung steht, werden folgende Aspekte der Arbeitssynthese unterschieden[73]: personale Arbeitssynthese (=Arbeitsverteilung), temporale Arbeitssynthese (=Arbeitsvereinigung), lokale Arbeitssynthese (=Raumgestaltung).

- *Arbeitsverteilung:* Die mit der Arbeitsanalyse ermittelten Arbeitselemente werden zu Arbeitsgängen kombiniert. Diese werden bestimmten Arbeitsträgern zur Durchführung zugeordnet.
- *Arbeitsvereinigung:* Die Arbeitsgänge müssen zeitlich zusammengefügt und aufeinander abgestimmt werden.
- *Raumgestaltung:* Die Arbeitsplätze müssen zur bestmöglichen Arbeitsdurchführung optimal angeordnet und ausgestattet werden.

Es ist zu beachten, dass es sich bei der personalen, temporalen und lokalen Arbeitssynthese nur um verschiedene *Teilaspekte ein und desselben Geschehens* handelt. Zwischen diesen partiellen Aspekten bestehen Wechselbeziehungen, die eine *simultane Berücksichtigung* erfordern. Mit anderen Worten müssen bei der Ablauforganisation die Aspekte Zeit, Raum und Arbeitsträger nicht nacheinander, sondern gleichzeitig in die Betrachtung einbezogen werden.

Der Inhalt der Arbeitssynthese besteht in der Bildung von Arbeitsgängen zum Zwecke einer optimalen Aufgabenerfüllung. An die Gestaltung des Arbeitsablaufs

[73] vgl. Kosiol (1962), Wittlage (1976)

bzw. an die Arbeitssynthese ergeben sich daraus die folgenden beiden Grundforderungen[74]: *1. Postulat:* Der Ablauf der Arbeit muss eine richtige und rechtzeitige Aufgabenerfüllung ermöglichen. *2. Postulat:* Das mit der Aufgabe vorgegebene Ziel muss mit möglichst geringem Aufwand erreicht werden.

Um das 1. Postulat zu erfüllen, müssen folgende *vier Leitsätze* befolgt werden:

- Die *Aufgabe* muss *klar und eindeutig formuliert* und allen Beteiligten *bekannt* sein.
- Die Erfüllung der Aufgabe (d.h. der Arbeitsablauf) muss *geplant* und wenn immer möglich *schriftlich fixiert* werden.
- Die qualitativen und quantitativen *Anforderungen,* die sich aus den gebildeten Arbeitsgängen ergeben, sind auf die Kenntnisse und das Leistungsvermögen des gedachten Arbeitsträgers *abzustimmen.*
- *Anschlusspunkte* an oder von anderen Arbeitsabläufen sind zu berücksichtigen (die Interdependenz der Teilaufgaben erfordert eine integrierte Aufgabenerfüllung).

Auf das 2. Postulat beziehen sich die folgenden *vier Leitsätze:*

- Nur die Gangelemente, Gangstufen und Arbeitsgänge dürfen einbezogen werden, die zur *Aufgabenerfüllung wirklich notwendig* sind (keine Doppelarbeiten, keine überflüssigen Kontrollen).
- Der kürzeste Weg zum Aufgabenziel muss gewählt werden (Vermeidung langer Transportwege, Stetigkeit der Arbeitsfolge).
- Der *Ablauf muss sich zwangsläufig entwickeln,* d.h. eine Gangstufe muss sich sachlich-logisch aus der vorhergehenden ergeben.
- Die eingesetzten *Arbeitsträger und Arbeitsmittel* sollen *optimal ausgelastet* sein.

Personale Arbeitssynthese: Arbeitsverteilung

Die Arbeitsverteilung erfolgt in zwei Schritten: erstens in der Bildung von Arbeitsgängen (Arbeitszerlegung), zweitens in der Zuteilung der Arbeitsgänge an Arbeitsträger (Arbeitsbesetzung).

- *Arbeitszerlegung:* Der Begriff «Arbeitszerlegung» ist insofern verwirrend, als in diesem Schritt Arbeitsgänge nicht in kleinere Arbeitsteile zerlegt, sondern aus solchen gebildet werden. Das *Ergebnis dieser Kombination von Arbeitsteilen* aber ist ein Zustand, der als *Arbeitszerlegung* zu bezeichnen ist: eine *Zerlegung des gesamtbetrieblichen Aufgabenerfüllungsprozesses in einfache, interdependente Teilprozesse.* Die Arbeitszerlegung ist eine Form der Arbeitsteilung.
  Wie an anderer Stelle erwähnt wurde, tritt die Arbeitsteilung in zwei Formen auf: als Berufsdifferenzierung (Job-Specialization) und als Arbeitszerlegung (Task-Specialization). Aufgrund der Bedeutung der Arbeitszerlegung soll auf ihre Formen und Auswirkungen anschliessend gesondert eingegangen werden.
- *Arbeitsbesetzung:* In diesem zweiten Schritt, der sich an die Bildung von Arbeitsgängen anschliesst, werden die Arbeitsgänge in Form von *Arbeitspensen den Arbeitsträgern zugeteilt.* Dabei müssen drei Faktoren berücksichtigt werden:
  - Der *Arbeitsträger* muss bei gegebener Arbeitsmenge und gegebenen Arbeitsmitteln in der Lage sein, die Stelle mit ihren Arbeitsgängen zu übernehmen.

[74] vgl. Nordsieck (1961), Wittlage (1976)

- Die *Arbeitsmittel* müssen bei gegebenem Leistungsvermögen des Arbeitsträgers und gegebener Arbeitsmenge am zweckmässigsten einsetzbar sein.
- Das *Arbeitspensum* (Summe der zu vollziehenden Arbeitsgänge) spielt in diesem Zusammenhang die grösste Rolle. In der Praxis steht folgende Frage im Vordergrund: Welches Arbeitspensum kann bei gegebenen Arbeitsmitteln und bei gegebenem Leistungsvermögen des Arbeitsträgers diesem übertragen werden, so dass eine optimale Auslastung der Kapazitäten gegeben ist?

Grundsätzlich sollte jeder Arbeitsträger das tägliche Arbeitspensum zugewiesen bekommen, das er unter normalen Bedingungen ohne Überlastung der Person und/oder Maschinen längere Zeit bewältigen kann: das *Normalpensum*. Zudem sollten die Arbeitspensen die einzelnen Arbeitsträger *gleichmässig belasten*. Dies kann aber nicht allein durch die Arbeitsverteilung erreicht werden, da die Menge der Arbeit im Zeitablauf variiert.

Arbeitszerlegung und Arbeitsbesetzung müssen nach bestimmten Kriterien vorgenommen werden. Folgende *Kriterien* sind dabei besonders bedeutsam[75]:

- *Art der Zentralisation:* Werden einem Arbeitsgang mehrere Arbeitselemente oder einem Arbeitsträger mehrere Arbeitsgänge zugeordnet, so empfiehlt es sich, dabei nach einer Zentralisationsart vorzugehen. Vor allem die folgenden Arten kommen in Frage: Verrichtungs-, Objekt-, lokale, Phasenzentralisation.
- *Kapazität:* Da jeder Arbeitsträger eine bestimmte Normalkapazität besitzt, ist die Kombination von Arbeitselementen zu Arbeitsgängen von der Übereinstimmung von Kapazitätsverfügbarkeit und Kapazitätsbedarf abhängig.
- *Arbeitsteilung:* siehe unten
- *Sachmitteleinsatz:* Die Arbeitsverteilung muss den Einsatz von Sachmitteln für bestimmte Arbeitselemente in verschiedener Hinsicht beachten: Vollausnutzung, Einsatzart, Angemessenheit des Einsatzes, Umfang des Einsatzes.
- *Datenzugriff:* häufig muss bei verschiedenen Arbeitselementen bzw. Arbeitsgängen auf gleiche Daten zurückgegriffen werden. Die Speicherung von gleichen Daten an verschiedenen Arbeitsplätzen oder der Zugriff auf einmalige Daten von verschiedenen Arbeitsplätzen aus ist kostenaufwendig. Deshalb sollten alle Arbeitsgänge, die gleiche Daten benötigen, wenn möglich am gleichen Arbeitsplatz bearbeitet werden.

Da die genannten Kriterien teilweise widersprüchliche Forderungen enthalten, muss versucht werden, ein Optimum anzustreben.

Die Arbeitszerlegung (Arbeitsteilung) hat unmittelbare ökonomische und sozioemotionale *Wirkungen,* die bei der Bildung von Arbeitsgängen d.h. bei der Arbeitssynthese berücksichtigt werden müssen[76]: Die *ökonomischen Wirkungen* sind im wesentlichen: Trainingseffekt durch häufige Wiederholung; kurze Anlern- und Einarbeitungszeiten verringern die Verluste bei Personalwechsel / leichte Ersetzbarkeit des einzelnen Arbeitsträgers; Einsatz von geringer qualifizierten Arbeitsträgern senkt die Lohn- und Gehaltskosten; Einsatz technisch rationeller Verfahren möglich; Spezialisierung und Rationalisierung der Arbeitsplätze; Übertragung von Planung und Arbeitsvorbereitung an Spezialisten ermöglicht eine systematischere und rationellere

---

[75] vgl. Steinbuch (1977)
[76] vgl. Hill et al. (1974)

Koordination; Verkürzung der Durchlaufzeiten der zu bearbeitenden Objekte; weitgehende Unabhängigkeit der Aufgabenerfüllung von den individuellen Kenntnissen und Fähigkeiten der Arbeitsträger.

Bei den ökonomischen Wirkungen werden im allgemeinen nur die kurzfristigen Effizienzvorteile bei konstanten Bedingungen beachtet, nicht aber der durch starke Arbeitszerlegung bedingte *Verlust an Flexibilität* (sowohl des Systems als auch der Individuen). Dieser Verlust hat zur Folge, dass bei wechselnden Bedingungen die Leistung rasch sinken kann. Dazu kommt, dass bei langfristiger Betrachtung die ökonomischen Vorteile durch eine *Häufung negativer sozio-emotionaler Wirkungen* mehr als ausgeglichen werden. Solche sind: Nichtgebrauch und Verlust (Verkümmerung) geistiger Fähigkeiten; einseitige psycho-physische Belastung (dadurch Tendenz zu rascher Ermüdung); Reizarmut (Mangel an neuartigen Stimuli) führt zu Monotonie, was neben körperlichen Symptomen auch Unaufmerksamkeit, Fehler und rasche Ermüdung zur Folge hat; der ständige Abbruch von *unvollendeten Handlungen* bewirkt den Verlust des Sinnzusammenhangs und Frustration oder Gleichgültigkeit; Entfremdung (Verlust der Beziehung zur Arbeit) kann zu Apathie und physischen Gesundheitsstörungen führen; geringere oder fehlende Motivation wirken sich auf Leistung und Zufriedenheit negativ aus.

Diese negativen sozio-emotionalen Effekte, die bei zu starker Arbeitszerlegung auftreten können, äussern sich oft in einer ganzen Reihe von Symptomen: hohe Fluktuationsrate (Kündigungen), hohe Abwesenheitsrate (Krankheit und sonstiges Fernbleiben), niedrige Arbeitsqualität.

Die genannten negativen Wirkungen der Arbeitszerlegung können nur dadurch vermieden werden, dass bei der Gestaltung des Arbeitsinhaltes folgenden *Anforderungen* entsprochen wird[77]:

- *Repetitivität der Arbeit:* Ein bestimmtes Mass an Wiederholung einzelner Aktivitäten darf nicht überschritten werden.
- *Sinnzusammenhang:* Die Arbeit muss als sinnvoll und bedeutsam empfunden werden können und darf nicht nur aus ‚unvollendeten Handlungen' bestehen.
- *Planung und Kontrolle:* Jeder Arbeitsträger soll über ein gewisses Mass an Handlungsfreiheit und Raum zur Selbstkontrolle verfügen, d.h. in einem gewissen Rahmen seine Aktivitäten selbst einteilen und kontrollieren können.
- *Soziale Interaktionen:* Die Arbeit muss ein ausreichendes Mass an sozialer Interaktion ermöglichen.

Als Antwort auf diese Forderungen wurden verschiedene Formen der Arbeitszerlegung entwickelt. Grundsätzlich lassen sich – in der Reihenfolge abnehmender Arbeitszerlegung – drei Stufen unterscheiden: elementare Teilarbeit, Mehrfach-Teilarbeit und ganzheitliche Arbeit.

- *Elementare Teilarbeit:* vollständige Zerlegung eines Arbeitsprozesses in seine einfachsten Elemente und getrennte Ausführung jedes Arbeitselementes durch eine spezialisierte Stelle. (Im Extremfall besteht ein solches Arbeitselement aus einem einzigen Handgriff.) Merkmale: Die Arbeit ist völlig repetitiv und setzt sich aus lauter «unvollendeten Handlungen» zusammen. Planung und Kontrolle sind weitgehend fremdbestimmt. Soziale Interaktion ist unnötig, meist auch unmöglich und unerwünscht.

77 vgl. Hill et al. (1974)

- *Mehrfach-Teilarbeit:* Ein bestimmtes Individuum verrichtet mehrere elementare Tätigkeiten nacheinander, die eigentlich von verschiedenen Arbeitsträgern ausgeführt werden könnten. Hier kommen drei Formen vor:
  - *Springer-Prinzip:* Einige besonders angelernte Individuen springen bei unvorhergesehenen Ausfällen einzelner Arbeitsträger in die Lücke. Der Springer erlebt damit einerseits recht grosse Abwechslung, befindet sich andrerseits aber in einer psychologisch schwierigen Situation.
  - *Job Rotation:* Hier wechseln alle an einem Arbeitsprozess Beteiligten systematisch und regelmässig ihre Arbeitsplätze. Bei dieser Arbeitsform wird die Repetitivität zwar gemildert, aber der Charakter von «unvollendeten Handlungen» bleibt bestehen.
  - *Job Enlargement* (Aufgabenerweiterung): Dem Arbeitsträger wird eine zusammenhängende Sequenz von mehreren Aktivitäten zugewiesen. Das Ergebnis der Tätigkeit hat noch nicht unbedingt den Charakter einer «vollständigen Handlung» und die Fremdplanung und Fremdkontrolle bleiben bestehen. Gegenüber den vorher genannten Formen ist der Arbeitsinhalt aber deutlich vergrössert.
- *Ganzheitliche Arbeit:* Aus der Aufgabenerweiterung (job enlargement) als einer quantitativen Vergrösserung des Aufgabenbereichs resultiert nicht zwangsläufig eine ganzheitliche, interessante und sinnvolle Aufgabe (durch eine blosse Häufung uninteressanter Aufgaben wird die Arbeit nicht interessanter).

Als Weg zu ganzheitlichen (auch nicht als abgebrochen erlebten) sinnvollen Stellenaufgaben ist das Konzept der *Arbeitsbereicherung* (job enrichment) von Bedeutung. Mit diesem Konzept wird eine *qualitative* Bereicherung der Arbeitsinhalte angestrebt mit dem Ziel, die Durchführungs-, Entscheidungs-, Kontroll- und Verantwortungsfähigkeiten des Mitarbeiters zu vergrössern.

In der folgenden Tabelle sind die Unterschiede zwischen Job Enlargement und Job Enrichment vergleichend gegenübergestellt[78].

Funktion	Job Enlargement	Job Enrichment
Deutsch	Aufgabenerweiterung	Aufgabenbereicherung
bedeutet	horizontales Befrachten der Aufgaben: Zusammenbau mehrerer Arbeitsvorgänge zu einem natürlichen, sinnvollen Aufgabenpaket	vertikales Betrachten der Aufgaben: Anreicherung der Aufgabe mit Selbständigkeit und Verantwortung in der Planung, Abwicklung und Kontrolle der Arbeit
mit anderen Worten	Rückgängigmachen der Arbeitsteiligkeit (Taylorismus)	Verschieben von Entscheidungs- und Kontrollbefugnissen von einer hierarchischen Ebene auf die nächsttiefere
oder	Heben des Anspruchsniveaus und Einbau von Abwechslung in die Aufgabe des einzelnen Mitarbeiters	Einbau von «Vorgesetztenfunktionen» (Autonomie) in die Aufgabe des Mitarbeiters
Ziel	Bekämpfung der Monotonie am Arbeitsplatz Verhinderung von Gefühlen der Anonymität, Abhängigkeit und Ohnmacht Ermöglichen einer Identifikation mit dem Produkt, Kunden oder Dienstleistungsempfänger Ermöglichen des Gefühls eines persönlichen Einflusses auf das Geschehen im überschaubaren Arbeitsbereich als Voraussetzung für das persönliche Leistungs- und Erfolgserlebnis	

78 vgl. Gangler (1977), nach Wunderer/Grunwald (1980)

Vor dem Hintergrund der Bedürfnispyramide von Maslow können die beiden Konzepte folgendermassen beurteilt werden[79]: Durch Job Enlargement wird die Gefahr einseitiger Belastungen gemildert (Stufe 1: Physiologische Bedürfnisse). Job Enrichment als rein qualitative Arbeitserweiterung berührt diesen Bereich nicht. Die zweite Stufe der Bedürfnishierarchie (Bedürfnis nach Sicherheit) wird durch einen besseren Ausbildungsstand betroffen, den Job Enlargement und Job Enrichment erfordern. Positive Wirkungen in bezug auf das Bedürfnis nach sozialem Kontakt werden sich hauptsächlich bei Job Enrichment aufgrund der höheren Koordinationserfordernisse ergeben. Positive Ergebnisse sind bei Job Enrichment auch hinsichtlich Selbstachtung und Anerkennung durch Kollegen (Stufe 4) sowie bezüglich der Selbstverwirklichung (Stufe 5) zu erwarten, obschon genauere Aussagen nur im Einzelfall unter Berücksichtigung der betreffenden Individuen gemacht werden können.

Temporale Synthese: Arbeitsvereinigung

Die Arbeitsvereinigung ist auf die *zeitliche Koordination von Arbeitsgängen* ausgerichtet. Das Ziel der temporalen Synthese besteht darin, die *optimale Durchlaufzeit aller Arbeitsobjekte* zu schaffen und zugleich eine möglichst gleichmässige Belastung aller Arbeitsträger zu gewährleisten. Die Durchlaufzeit setzt sich dabei aus den Komponenten *Bearbeitungs-, Warte- und Transportzeit* zusammen.

Der Idealfall einer zeitlichen Strukturierung wäre ein Arbeitsablauf, bei dem die Durchlaufzeit gleich der Summe der Bearbeitungszeiten ist. Dieser Zustand ist dann zu erreichen, wenn alle an einem Objekt arbeitenden Individuen für ihre Tätigkeiten und alle zu bearbeitenden gleichartigen Objekte gleich hohe Bearbeitungszeiten brauchen und keine Transport- und Wartezeiten auftreten. Da diese Voraussetzungen in der Praxis des Krankenhauses nicht zu realisieren sind, besteht die Aufgabe der temporalen Synthese darin, diesem Idealzustand möglichst nahe zu kommen.

Die zeitliche Koordination der Arbeitsabläufe hängt weitgehend von deren *Regelbarkeit* ab. Damit Arbeitsgänge zeitlich aufeinander abgestimmt werden können, muss der Zeitpunkt des Beginns der Arbeitsgänge bekannt sein; die Dauer der verschiedenen Arbeitsgänge muss zumindest in Form von Durchschnittswerten vorliegen und die zeitliche Aufeinanderfolge der verschiedenen Arbeitsgänge muss determiniert sein. Sind diese Voraussetzungen erfüllt, so vollzieht sich die temporale Arbeitssynthese in den folgenden Stufen[80]:

- Die erste Stufe beinhaltet die *Bildung von Arbeitsgangfolgen:* Wird an einem Arbeitsplatz nicht nur ein Arbeitsgang vorgenommen, sondern eine Reihe von Arbeitsgängen, so ist zu bestimmen, in welcher Folge diese Arbeitsgänge durchzuführen sind. Es können *vier Arten von Arbeitsfolgen* unterschieden werden:
  - *Verrichtungsgleiche Folge:* Die gleiche Tätigkeit wird an unterschiedlichen Objekten immer wieder ausgeführt. Beispiel: Berechnen von Rechnungen und Gutschriften.
  - *Objektgleiche Folge:* An gleichartigen Objekten werden unterschiedliche Verrichtungen durchgeführt. Beispiel: Berechnen und Schreiben von Rechnungen.

---

79 vgl. Gangler (1977), nach Wunderer/Grunwald (1980)
80 vgl. Steinbuch (1977)

- *Verrichtungs- und objektgleiche Folge:* An gleichartigen Objekten wird die gleiche Verrichtung vorgenommen. Beispiel: Berechnen nur von Rechnungen.
- *Verrichtungs- und objektungleiche Folge:* Die Arbeitsgänge eines Arbeitsplatzes unterscheiden sich sowohl in der Verrichtungsart wie auch in den Objekten. Beispiel: Berechnen von Rechnungen und Diktieren von Mahnungen.
- Die zweite Stufe umfasst die *Bestimmung der Arbeitsfrequenz:* Arbeitsgänge können an einem Arbeitsplatz in unterschiedlicher Frequenz bearbeitet werden:
  - *Kontinuierliche Bearbeitung:* Erfolgt an einem Arbeitsplatz nur die Bearbeitung eines Arbeitsganges, so kann von einer kontinuierlichen Bearbeitung gesprochen werden.
  - *Diskontinuierliche Bearbeitung:* Werden zwei oder mehrere verschiedene Arbeitsgänge an einem Arbeitsplatz durchgeführt, so ist neben der Arbeitsfolge auch die Frequenz zu bestimmen, in der die verschiedenen Arbeitsgänge wechseln sollen.
- Die dritte Stufe schliesslich besteht in der *Bestimmung des zeitlichen Arbeitsablaufes:* Gemeinsam mit der Bestimmung der Arbeitsfrequenz erfolgt auch die Bestimmung des zeitlichen Arbeitsablaufes bei regelmässigem Arbeitsplatzwechsel. Beides kann nur gemeinsam bestimmt werden, der Arbeitsablauf ist die Folge der Arbeitsgänge über alle Arbeitsplätze, an denen die gleiche Aufgabe bearbeitet wird. Ziel der Bestimmung des zeitlichen Arbeitsablaufes ist die Minimierung der Durchlaufzeit. Das bedeutet in der Hauptsache die *Minimierung der Wartezeiten.*

Lokale Arbeitssynthese: Raumgestaltung

Neben dem personalen und dem temporalen ist schliesslich noch der lokale Aspekt, d.h. die Gestaltung des räumlichen Wirkungsbereichs der Aufgabenerfüllung von Bedeutung. Innerhalb der lokalen Arbeitssynthese können drei Teilprobleme unterschieden werden:

- *Anordnung der Arbeitsplätze:* Im Rahmen der Bestimmung des Standortes muss zwischen standortabhängigen und standortunabhängigen Stellen unterschieden werden. Eine *standortgebundene Stelle* liegt etwa dann vor, wenn diese durch ein *festinstalliertes Sachmittel* besetzt ist (z.B. Computertomograph), also grundsätzlich nicht mobil ist. In diesem Fall wird durch die Festlegung des Standortes für eine solche Stelle gleichzeitig die lokale Zuordnung der mit dieser Stelle in direkter Beziehung stehenden Stellen beeinflusst.
  Eine ähnliche standortgebundene Situation ist dann gegeben, wenn im Arbeitsprozess die zu bearbeitenden *Objekte unbeweglich oder nur unter erheblichem Aufwand beweglich* sind, so dass die Anordnung der Stelle auf die betreffenden zu bearbeitenden Objekte ausgerichtet werden muss.
  Die Arbeitsplatzanordnung wird grundsätzlich durch das «*Prinzip des kürzesten Weges*» bestimmt. Dieses Prinzip steht in engem Zusammenhang mit dem der zeitlichen Synthese zugrunde liegenden Prinzip der kürzesten Durchlaufzeit. Das Ziel der lokalen Synthese besteht also darin, die einzelnen Arbeitsplätze so anzuordnen, dass die Arbeitswege möglichst kurz sind.
- *Gestaltung der Arbeitsumgebung:* Umgebungsbedingungen wie Temperatur, Luftfeuchtigkeit, Licht, Farbgebung und Geräuschepegel spielen gerade im Arbeits-

bereich Krankenhaus, wo nicht nur die wesentlichen Arbeitsträger, sondern auch die «zu bearbeitenden Arbeitsobjekte» Menschen sind, eine wichtige Rolle.

Mit der Gestaltung des Arbeitsplatzes und der Arbeitsplatzumgebung sollen die objektiven Voraussetzungen für eine hohe Leistungsbereitschaft sowie hohes Leistungsvermögen der Arbeitsträger und damit eine optimale Erreichung der Krankenhausziele geschaffen werden.

Zum Schluss noch eine Bemerkung zur *Programmierung von Arbeitsabläufen:* Programmierung bedeutet in diesem Zusammenhang, dass für die Erfüllung von Aufgaben *spezifische Verfahrensweisen* vorgeschrieben werden. Programme legen also detailliert fest, *mit welchen Handlungen ein Arbeitsträger auf das Eintreten bestimmter Situationen reagieren soll.* Die Programmierung kann sich auf korporale und mentale Aufgabenerfüllungsprozesse beziehen. Es wird dadurch beispielsweise festgelegt:

- *wann* (unter welchen Bedingungen) gehandelt werden soll (Zeitregeln, zeitliche Vorgaben)
- *welche Handlungen* in einer bestimmten Situation ausgeführt werden sollen (Handlungswahlregeln, bedingte Vorgabe von Arbeitsleistungen)
- *wie* bestimmte Tätigkeiten ausgeführt werden sollen (Methodenregeln, arbeitsmethodische Vorgaben)
- *welche Ergebnisse* ein Arbeitsprozess bringen soll (Ergebnisregeln, Zielvorgaben)
- *welche Aufgabenträger* im Arbeitsprozess jeweils zusammenarbeiten sollen (Kooperationsregeln)

Die Programmierung in diesem Sinne trägt zu einer *Routinisierung* von Verhaltensweisen bei. Durch Programme können Arbeitsprozesse vereinheitlicht und eine sachgerechte Aufgabenerfüllung auch in aussergewöhnlichen Situationen erleichtert werden.

644 Spezifische Krankenhaus-Probleme

Die Komplexität und Interdependenz der Arbeitsabläufe im Krankenhaus nebst der raschen Weiterentwicklung im Bereiche von Medizin bzw. Medizintechnologie stellen nicht nur die Aufbauorganisation, sondern auch die Ablauforganisation vor einige Probleme. Drei solche Probleme sollen im folgenden skizziert werden[81]:

Ärztliche Spezialistenteams: Die Weiterentwicklung der Medizin und der medizinischen Technik ist mit einem rapiden Anstieg des Gesamtwissens im Bereich der Medizin verbunden. Dazu kommt die ständige wachsende Summe der von den einzelnen Ärzten gemachten Erfahrungen als dem Fundament, aus dem medizinische Wissenschaft und ärztliche Praxis ihre Gesetzmässigkeiten und Regeln ableiten. Als zwangsläufige Folge dieser Entwicklung hat sich der einzelne Arzt in zunehmendem Masse spezialisiert.

Die *ganzheitliche Behandlung* des Patienten macht es jedoch erforderlich, die Vielzahl der Fachspezialisten bei der Behandlung des einzelnen Patienten organisatorisch

---

[81] vgl. Eichhorn (1980b)

zusammenzuführen. Der *solitär arbeitende Fachspezialist* wird damit *durch das Spezialistenteam abgelöst,* das system- oder problem-orientiert arbeitet, unabhängig von der traditionellen Fachdisziplin. Anstelle der vertikalen Organisation des Arztdienstes (Chefarztsystem) tritt eine mehr horizontale Struktur (Teamarztsystem).
Von der Funktions- zur Zimmerpflege. In dem Bestreben, dem Patienten die jeweils bestmögliche Pflege zu geben, werden die Patienten nicht mehr in erster Linie nach der ärztlichen Fachdisziplin, sondern *nach Art und Umfang der notwendigen pflegerischen Betreuung gruppiert.* Dabei werden baulich, einrichtungsmässig, aber auch personell unterschiedlich ausgestattete Pflegeeinheiten vorgesehen: entsprechend der abnehmenden Versorgungsintensität Pflegeeinheiten für Intensivpflege, Normalpflege, Langzeitpflege und Minimal-/Teilzeitpflege.
Der Ablauf der pflegerischen Versorgung innerhalb einer Pflegeeinheit war früher funktionsorientiert: Jede Pflegekraft führte bestimmte Verrichtungen für eine grössere Anzahl von Patienten aus («Funktionspflege»). Die Verkürzung der Verweildauer und die damit verbundene Steigerung der Versorgungsintensität, die zunehmende Technisierung der Krankenhausarbeit und die erhöhte Personaldichte lassen den modernen Krankenhausbetrieb zunehmend unpersönlicher erscheinen. Im Hinblick auf die für die Gesundung kranker Menschen unabdingbar notwendige *individuelle Betreuung* wird der Ablauf der Pflegearbeit innerhalb der Pflegeeinheiten heute zunehmend *patientenorientiert* organisiert: Einzelne Pflegekräfte (oder auch ein Pflegeteam) sind für die *Gesamtpflege einer kleinen Patientengruppe* verantwortlich («Gruppenpflege», «Zimmerpflege» oder «Einzelpflege»).
Angemerkt sei, dass bei diesem Organisationsprinzip das Pflegepersonal die Voraussetzungen und Arbeitsbedingungen findet, die den Vorstellungen über eine eigenständige Pflegetätigkeit am ehesten entsprechen.
Zentrale Einrichtungen: Die verbesserten technischen Möglichkeiten sind der Grund dafür, dass bestimmte Versorgungsdienste eine Mindestkapazität besitzen, die vom einzelnen Krankenhaus nicht immer rationell ausgelastet und nur dann wirtschaftlich betrieben werden können, wenn man sie *für mehrere Krankenhäuser gemeinsam* einrichtet. Dies ist der Grund dafür, bestimmte Versorgungsdienste aus dem einzelnen Krankenhaus auszugliedern und zu Zentraleinrichtungen innerhalb der Krankenhausregion zusammenzufassen: *regionale Zentralisierung* (z.B. Zentralapotheke, Zentralwäscherei, Zentrale für technische Dienste).
Nicht selten überträgt man auch einzelne Versorgungsdienste (vor allem beim Reinigungsdienst und bei der Wäschereinigung) *gewerblichen Betrieben,* die infolge ihrer erwerbswirtschaftlichen Dynamik kostengünstiger arbeiten können («Industrialisierung von Versorgungsdiensten»).
Die wesentlichen Zusammenhänge im Rahmen der Ablauforganisation sind in Abbildung 216 schematisch dargestellt. In Abbildung 217 findet sich eine Übersicht über Aufbau- und Ablauforganisation, in Abbildung 112/Anhangband ein Rollenspiel zum Thema.

Abbildung 216: Schema der Ablauforganisation

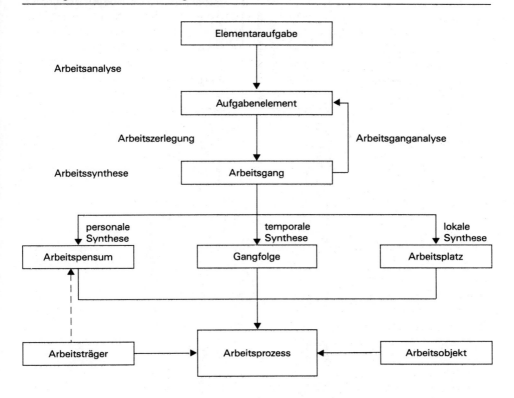

Abbildung 217: Schema der Aufbau- und Ablauforganisation

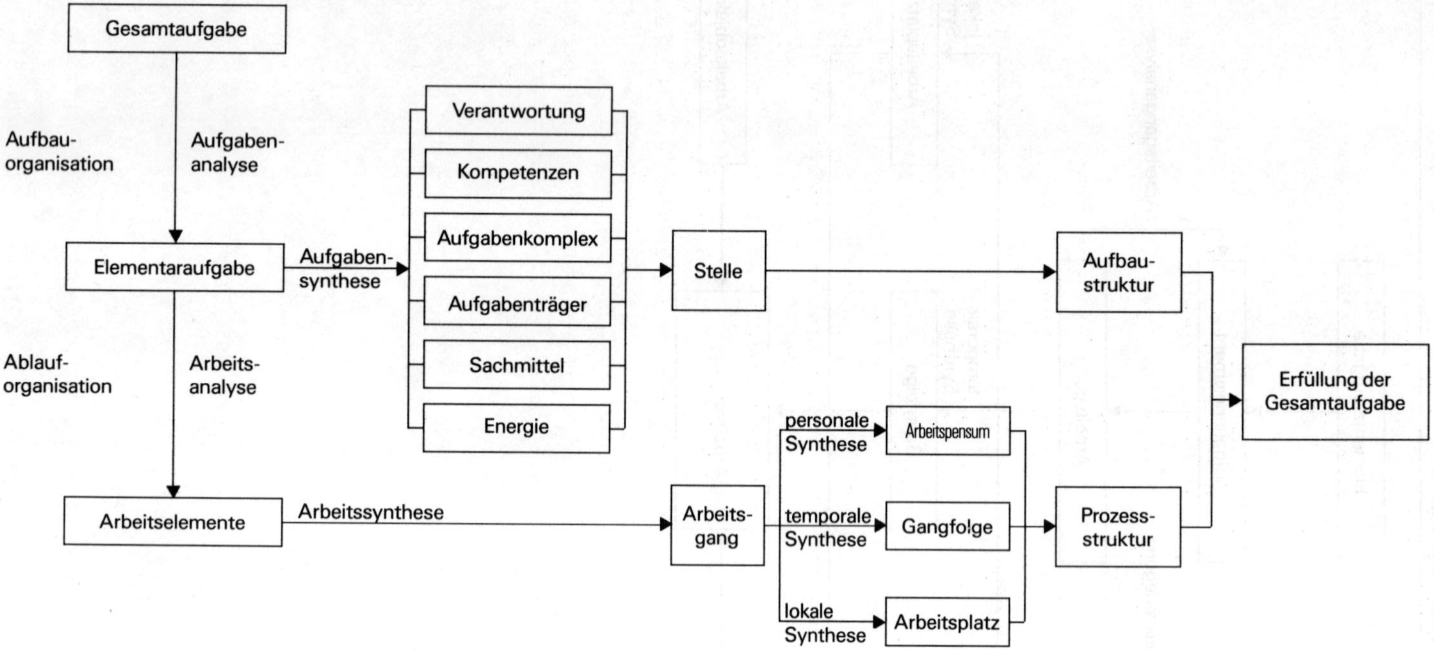

65 Beziehungsorganisation

Ein System ist charakterisiert durch seine Elemente und durch die wechselseitigen Beziehungen zwischen den Elementen, wobei zwischen materiellen und immateriellen Beziehungen zu unterscheiden ist. Die materiellen Beziehungen bzw. die Weitergabe von materiellen Objekten sind im Rahmen der Ablauforganisation erörtert worden. In diesem Kapitel sollen die *informationellen Beziehungen,* d.h. die *organisatorische Gestaltung der Kommunikation* zur Sprache kommen.

Da das Thema Kommunikation im vorhergehenden Kapitel behandelt wurde, soll hier nur noch auf organisatorisch bedeutsame Aspekte eingegangen werden.

651 Kommunikationsbeziehungen

Die Kommunikationsbeziehungen in einem Betrieb lassen sich auf verschiedene Art gliedern. Am zweckmässigsten erscheint in unserem Zusammenhang eine Gliederung in autoritätsbegründete und nicht-autoritätsbegründete Kommunikation.

Die *autoritätsbegründete Kommunikation* beruht auf der *formalen Autorität,* welche die Stellung des Vorgesetzten gegenüber seinen Mitarbeitern in der betrieblichen Hierarchie charakterisiert. Diese Autorität beinhaltet das Recht des Vorgesetzten, seinen Mitarbeitern Anordnungen zu erteilen. Daher setzt die Ausübung der Autorität eine direkte Beziehung zwischen zwei Personen voraus. Je nachdem, ob die Beziehung mehr auf die Aufgabe oder auf die zu führende Person ausgerichtet ist, kann zwischen *Leitungs- und Führungsbeziehungen* unterschieden werden. Die für die autoritätsbegründete Kommunikation typischen Kommunikationssysteme sind zugleich die Grundformen betrieblicher Leitungssysteme: das Einliniensystem und das Mehrliniensystem. Die *konkretisierten Leitungs- bzw. Führungsbeziehungen* verlaufen als *Dienstwege* vertikal durch die hierarchische Struktur.

Die *nicht-autoritätsbegründete Kommunikation* beruht auf der Mitgliedschaft zum betreffenden sozialen System. Aufgrund der Aufgaben- bzw. Personenorientierung der Kommunikationsbeziehungen können *Arbeits- und soziale Beziehungen* unterschieden werden. Die konkretisierten Arbeits- und sozialen Beziehungen verlaufen als *vertikale, horizontale und diagonale Kommunikationswege* durch den Betrieb.

In Abbildung 218 sind die verschiedenen Kommunikationsbeziehungen schematisch dargestellt.

Die Kommunikationswege stellen wie gesagt das eigentlich «Verbindende» zwischen den Elementen eines sozialen Systems dar. Diese Wege können nach folgenden Kriterien unterschieden werden[82]: Grundlage, Durchlässigkeit, Richtung, Verbindungsart, Informationsart.

Je nachdem, ob die Kommunikationswege auf der *Grundlage* einer bewussten organisatorischen Gestaltung durch eine bestimmte Instanz oder spontan auf der Basis eines bewussten oder unbewussten Verhaltens der beteiligten Aufgabenträger entstanden sind, unterscheidet man *formale* und *informale Kommunikationswege.* Formale und informale Kommunikationswege bilden zusammen das *effektive betriebliche Kommunikationsnetz* und treten in den unten genannten Ausprägungen auf.

---

82 vgl. Bartram (1969)

Abbildung 218: Kommunikationsbeziehungen

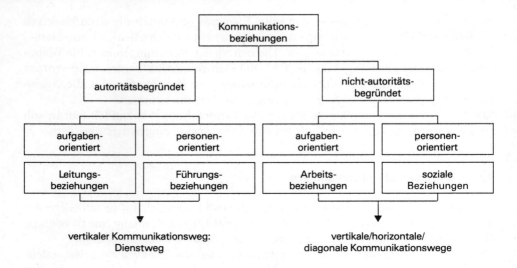

Aufgrund der Anzahl Richtungen, die für die Informationsübertragung offenstehen *(Durchlässigkeit),* wird zwischen einseitigen und zweiseitigen Kommunikationswegen unterschieden.

- Bei *einseitigen* Kommunikationswegen tritt ein Aufgabenträger als Sender, ein anderer als Empfänger auf (z.B. akustische/optische Alarmanlagen, Rundschreiben der Betriebsleitung). Solche Verbindungswege stellen streng genommen keine echten Kommunikationswege dar, weil die Wechselseitigkeit als konstituierendes Element der Kommunikation gilt; sie müssten also eigentlich als Informationswege bezeichnet werden.
- Bei *zweiseitigen* Kommunikationswegen sind beide Aufgabenträger sowohl Sender als auch Empfänger (Rückmeldung). Beispiele: mündliche Aussprache, Telefongespräch. *Vorteile des zweiseitigen Kommunikationsweges* sind: Der jeweilige Sender erfährt, ob und wieweit seine Nachricht verstanden wurde; dadurch wird die Genauigkeit der Informationsübertragung vergrössert. Zudem hat der Empfänger die Möglichkeit, sofort zu antworten. Als *Nachteile* sind der höhere Aufwand an Zeit und Kosten zu sehen sowie die Tatsache, dass höhere Kanalkapazitäten erforderlich sind.

Zweiseitige Kommunikationswege drängen sich vor allem bei der Führung, der Kooperation und der Instruktion auf, wogegen bei reinen Mitteilungen einseitige Wege im allgemeinen genügen.

Die Unterscheidung der Kommunikationswege nach der *Richtung* geht von der betrieblichen Hierarchie als einem System der Über- und Unterordnung aus und gelangt so zu vertikalen, horizontalen und diagonalen Kommunikationswegen (Abb. 219).

- *Horizontale Kommunikationswege:* Die Aufgabenträger, die miteinander kommunizieren, befinden sich auf der gleichen hierarchischen Ebene (Abb. 220). Eine gut funktionierende horizontale Kommunikation kann wesentlich zur Lösung der Pro-

Abbildung 219: Kommunikationsrichtungen

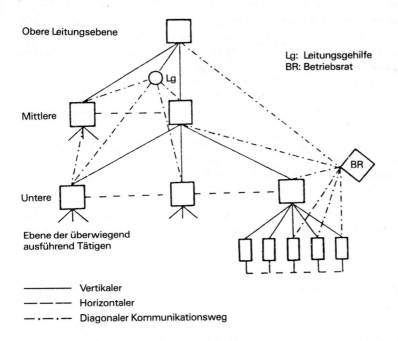

Abbildung 220: Horizontale und vertikale Kommunikationswege

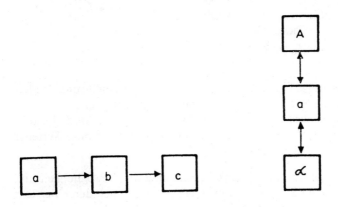

bleme und Schwierigkeiten beitragen, die sich aus der horizontalen Arbeitsteilung, Stellen- und Abteilungsgliederung ergeben (Selbstkoordination, Kooperation).
- *Vertikale Kommunikationswege:* Die Kommunikationspartner gehören verschiedenen hierarchischen Ebenen an; die vertikalen Wege sind Ausdruck des betrieblichen Leitungssystems (Abb. 220). Innerhalb der vertikalen Kommunikation lassen sich *Abwärts- und Aufwärtskommunikation* unterscheiden. Vor allem mit der Abwärtskommunikation (Anordnungswege) befasst sich die traditionelle Organisationslehre zur Genüge, während die Aufwärtskommunikation spärlicher behandelt wird und in der Praxis infolge Filterung von Informationen oft mangelhaft funktioniert.
- *Diagonale Kommunikationswege:* Die Kommunikationspartner gehören verschiedenen hierarchischen Ebenen in sachlich unterschiedlichen Aufgabengebieten an. Wie die horizontalen tragen auch die diagonalen Kommunikationswege wesentlich zu einer koordinierten Aufgabenerfüllung bei.

Die Verbindung zwischen der Informationsquelle und dem Bestimmungsort der Information durch Kommunikationswege kann auf zweierlei Art hergestellt werden (Abb. 221):

Abbildung 221: Kommunikationswege[148]

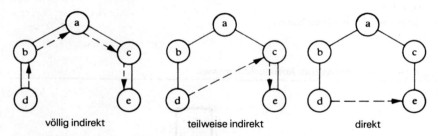

148 Kosiol (1962), nach Wunderer/Grunwald (1980)

- *Direkte Kommunikationswege:* Die Information fliesst von der Quelle unmittelbar bis zum Bestimmungsort, ohne Einschaltung eines Aufgabenträgers.
- *Indirekte Kommunikationswege:* Zwischen Informationsquelle und Bestimmungsort wird eine oder mehrere Stellen als Sammler, Verbinder oder Verteiler dazwischengeschaltet (z.B. Dienstweg).

Die Vorteile der *direkten* Wege sind ihre Billigkeit, Schnelligkeit, Beweglichkeit und Zuverlässigkeit. Auf der anderen Seite besteht die Gefahr der mangelnden Übersicht und Orientierung der Vorgesetzten über die Tätigkeit ihrer Mitarbeiter.
Bei den *indirekten* Wegen verhält es sich gerade umgekehrt: sie sind schwerfällig, kostspielig, langsam und für (bewusste oder unbewusste) Auslassungen, Veränderungen und Ergänzungen besonders anfällig (weil die Nachrichten/Informationen in mehreren Stationen verarbeitet werden).
Um die Vorteile beider Arten zu kombinieren, sind folgende Mischformen denkbar[83]:

83 vgl. Kosiol (1962)

- Direktverkehr mit nachträglicher formloser Benachrichtigung der zuständigen Instanz;
- Direktverkehr mit genauem anschliessendem Bericht an die Instanz;
- Indirekter Verkehr (=Instanzverkehr) mit dauernden oder gelegentlichen Ausnahmegenehmigungen zum Direktverkehr.

Von der jeweiligen Situation hängt es ab, ob ein direkter oder indirekter Informationsaustausch zweckmässig ist. «Aus der Sicht multilateraler Kommunikation und Information entspricht die Möglichkeit der *direkten* Kommunikation zwischen den Stellen und Aufgabenträgern den Prinzipien kooperativer Führung.»[84]
Nach der *Art der Information,* die übertragen wird, lassen sich verschiedene Arten von Kommunikationswegen unterscheiden. Doch dient ein Kommunikationsweg in der Praxis fast nie nur der Übertragung einer einzigen Informationsart, so dass das Kriterium Informationsart eher untergeordnete Bedeutung hat. Grundsätzlich lassen sich nach diesem Kriterium Mitteilungswege und Appellwege unterscheiden. *Reine Mitteilungswege* dienen der Übertragung von Informationen, bei denen der *Sachinhalt klar dominiert;* sie verlaufen sowohl horizontal als auch diagonal und vertikal durch das ganze Strukturgefüge. Sie sind meistens zweiseitig, können also in beiden Richtungen benützt werden. Bei den Informationen, die auf *Appellwegen* übermittelt werden, steht der Appellcharakter klar im Vordergrund. Die Appellwege wiederum lassen sich in Anrufungs-, Anordnungs- und Mitsprachewege aufteilen[85]:

- *Anrufungswege* werden dort notwendig, wo eine Stelle bestimmte Aufgaben auszuführen hat, eine dazu erforderliche Entscheidung aber durch eine andere Stelle gefällt werden muss. Eine Anrufung kann auch den Charakter eines *Vorschlags* oder eines *Antrags* haben. Auch *Rückfragen* und *Beschwerden* können den Anrufungen zugerechnet werden. Während die meisten Anrufungen sowohl horizontal wie vertikal vorkommen können, haben Beschwerdewege einen eigenen Charakter; sie sind nur vertikal vorhanden, und meist werden Zwischeninstanzen übersprungen.
- *Anordnungswege* verlaufen *vertikal* und *nur einseitig.* Eine Instanz, die gegenüber einer anderen Stelle ein Weisungsrecht besitzt, kann dieser Stelle direkte Anordnungen erteilen.
- *Mitsprachewege* sind notwendig, wenn sich mehrere Stellen in eine Entscheidungskompetenz teilen und sich gegenseitig abstimmen müssen (Kollegialprinzip). Mitsprachewege sind zweiseitig benützbar.

Einen prominenten Fall unter den Kommunikations- bzw. Informationswegen stellt der *Dienstweg* dar. Unter Dienstweg wird der vertikale Kommunikationsweg verstanden, der Vorgesetzte und Mitarbeiter ohne Überspringen von Zwischeninstanzen miteinander verbindet. Er ist *Ausdruck und Stütze der hierarchischen Struktur* des Betriebs. Nach heutiger Ansicht stehen vertikale, horizontale und diagonale Kommunikationswege in ihrer Bedeutung gleichberechtigt nebeneinander. Ihr Beitrag zur Übermittlung der betrieblichen Informationen erfolgt unter jeweils spezifischen Aufgabenstellungen.

84 Wunderer/Grunwald (1980)
85 vgl. Hill et al. (1974)

Der Grund, weshalb wir den Dienstweg hier speziell betrachten, besteht darin, dass ihm im Arbeitsbereich Krankenhaus aus sehr verschiedenartigen Gründen nach wie vor besondere Bedeutung zukommt.

Der Dienstweg ist der Kommunikationsweg, der für *Weisungen, Vollzugsmeldungen und Anträge* eingeschlagen werden soll. Grundsätzlich gilt: Der Dienstweg ist einzuhalten, damit der direkte Vorgesetzte erfährt, was in seinem Aufgabenbereich geschieht und damit die Weisungen verschiedener Instanzen sich nicht durchkreuzen. Wo sich niemand an den Dienstweg hält, wo kreuz und quer herumbefohlen wird, ist eine klare, zielgerichtete Führung unmöglich. Dies gilt für das Krankenhaus als Ganzes wie auch für die einzelnen Abteilungen.

Für den Vorgesetzten bedeutet die Einhaltung des Dienstweges, dass er nicht in die Zuständigkeitsbereiche seiner Kollegen «hineinregiert» und dass er in seinem eigenen Zuständigkeitsbereich Zwischeninstanzen nicht überspringt, sondern seine Anordnungen von Stufe zu Stufe nach unter weiterleitet (Abb. 222)[86].

Ebenso falsch wie das Umgehen von Dienstwegen ist aber auch das *allzu sture Festhalten am Dienstweg*. Der Dienstweg gilt für Anordnungen und Aufträge von einer gewissen Bedeutung, nicht aber für jede Kleinigkeit, namentlich nicht für kurze Auskünfte, Mitteilungen und dergleichen. Auch in wichtigen Fragen kann manchmal die Zeit zu knapp sein, um den vollen Dienstweg einzuhalten. Kein Vorgesetzter darf beispielsweise untätig zusehen, wie schwerwiegende Fehler gemacht werden, nur weil die Zeit nicht ausreicht, um auf dem ordentlichen Dienstweg für eine Korrektur zu sorgen.

Bei jeder Umgehung des Dienstweges besteht aber die Pflicht zur sofortigen *Orientierung der übersprungenen Instanzen*. Wird diese Orientierung unterlassen, zeigt jede Umgehung des Dienstweges nachteilige Folgen: Die Autorität des übergangenen Vorgesetzten wird geschwächt; die übergangenen Instanzen werden unsicher; es entstehen persönliche Reibereien; die Zusammenarbeit wird gestört.

Der Dienstweg schliesst keineswegs aus, dass die verschiedenen Stellen direkt miteinander verkehren können und sollen. Über diese direkten, kreuz und quer verlaufenden Kommunikationswege werden aber nicht Anordnungen erteilt, sondern Mitteilungen, Vorschläge und Auskünfte weitergegeben. Wollte man sich in allen Angelegenheiten der täglichen Routine stets an den Dienstweg halten, würde sich eine unerträgliche Belastung der höheren Vorgesetzten und eine bürokratische Erstarrung ergeben. Zur Entlastung der Vorgesetzten bestehen verschiedene Möglichkeiten (Abb. 222).

Als *Grundregel* gilt: Der Dienstweg soll für das Erteilen von Aufträgen und Weisungen sowie für wichtige Meldungen immer eingehalten werden. Muss in dringenden Fällen einmal eine Ausnahme gemacht werden, so sind die übergangenen Instanzen sofort zu orientieren. Weniger wichtige Fragen können im Einvernehmen mit den Vorgesetzten im «Direktverkehr» ausserhalb des Dienstweges erledigt werden. Als Vorgesetzter sollten Sie sich von Zeit zu Zeit die folgenden Fragen stellen:

- Halte ich mich selbst nach Möglichkeit in allen wichtigen Fragen an den Dienstweg?
- Orientiere ich jeweils sofort die übersprungenen Instanzen, wenn ich ausnahmsweise direkt bei untern Stellen eingreifen muß?

Abbildung 222: Dienstweg[149]

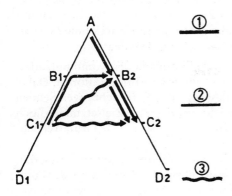

① ... Der Dienstweg ist in allen wichtigen Fragen sowie bei Aufträgen und Weisungen unbedingt einzuhalten ...

② ... laufende Sachfragen können durch die zuständigen Stellen direkt geregelt werden ...

③ ... Mitteilungen, Vorschläge usw. können, wenn der Vorgesetzte damit einverstanden ist, auf direktem Wege an Dritte gemacht werden.

Fragen von geringerer Bedeutung können z. B. auf Vorschlag von C1 durch B1 mit B2 geregelt werden, ohne dass der gemeinsame Vorgesetzte A damit belastet wird. Laufende Sachfragen kann C1, wenn B1 damit einverstanden ist, direkt mit C2 oder B2 behandeln. Grundsätzliche Anordnungen müssen dagegen stets von der Spitze über den Dienstweg weitergegeben werden, und zwar auch dann, wenn sie z. B. durch B1 oder C1 angeregt wurden.

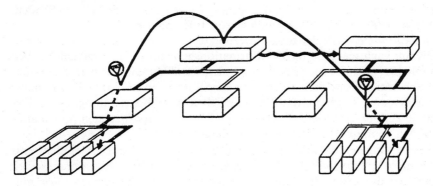

Ein Vorgesetzter soll weder Zwischeninstanzen überspringen, ... noch in andere Abteilungen hineinregieren, ... sondern sich bei seinen Anordnungen an den Dienstweg halten.

149 Ulrich (1968b)

- Halten sich meine Mitarbeiter, namentlich meine engsten Mitarbeiter, ebenfalls an den Dienstweg?
- Wird in meinem Zuständigkeitsbereich der Dienstweg allzu bürokratisch eingehalten, d.h. auch für Bagatellfälle?
- Kann ich eventuell meine eigene Arbeitslast vermindern, indem ich meinen Mitarbeitern mehr Freiheit im Direktverkehr einräume?

652 Kommunikation als Aufgabe

Wird die Kommunikation als Aufgabe, also als Zielsetzung für menschliche Handlungen verstanden, so kann sie wie jede Aufgabe durch die fünf Merkmale Verrichtung, Objekt, Hilfsmittel, Raum und Zeit gekennzeichnet werden[87]:

- *Kommunikationsverrichtung:* Die vier Grundverrichtungen der Kommunikation sind: Empfangen, Speichern, Umwandeln und Senden von Informationen. Dabei besteht jeder Kommunikationsvorgang mindestens aus den Verrichtungen Senden und Empfangen, zu denen dann entsprechend den spezifischen Zielsetzungen noch die beiden anderen Grundverrichtungen hinzutreten können. Jede Grundverrichtung lässt sich in verschiedene Einzelverrichtungen zerlegen.
- *Kommunikationsobjekt:* Eine genaue Analyse des Kommunikationsobjektes, d.h. der Information, ist wichtig für die Festlegung der übrigen Komponenten der Kommunikation. So erfordert z.B. eine Information, die in Form einer Zeichnung Anweisungen über die Bedienung eines Apparates enthält, beim Empfänger die Verrichtungen Lesen und Verstehen. Da es sich um eine Anweisung handelt, ist ein Kommunikationsweg mit den Eigenschaften eine Anordnungsweges erforderlich.
- *Kommunikations-Hilfsmittel:* Die Kommunikation bedient sich in der Regel einer Reihe von Hilfsmitteln. Diese lassen sich aufgrund der Verrichtungen einteilen, die bei der Kommunikation zur Durchführung gelangen: Hilfsmittel zum Senden, Empfangen, Speichern und Umwandeln von Informationen.
- *Kommunikationszeit:* Bei der Strukturierung der Kommunikation spielt die Zeit ebenfalls eine wichtige Rolle, da die Informationsbewegungen grundsätzlich neben der räumlichen auch in der zeitlichen Dimension ablaufen. Als Ausgangspunkt für die ablauforganisatorisch orientierte Gestaltung der zeitlichen Komponente gilt die allgemeine Zeitplanung der betrieblichen Aufgabenerfüllung. Aus dieser können die Zeitpunkte abgeleitet werden, zu denen die verschiedenen Informationen von den Kommunikationsträgern benötigt werden.
Anschliessend müssen die Kommunikationsprozesse so strukturiert werden, dass die Informationen zur richtigen Zeit von den Quellen zu den Bestimmungsorten gelangen. Daraus ergeben sich Anhaltspunkte für die Wahl der geeigneten Kommunikationsmittel.
- *Kommunikationsraum:* Ein wesentliches Merkmal der Kommunikation liegt in ihrer Raumüberbrückungs-Funktion. Die Träger der verschiedenen Phasen des Informationsflusses befinden sich an einem bestimmten Ort im Betrieb, woraus sich bestimmte Anforderungen an die Gestaltung der Kommunikation ergeben.
Als wesentliche Faktoren müssen berücksichtigt werden:
  - die Veränderung der örtlichen Komponente: Die Informationsübertragung ist am einfachsten, wenn die Kommunikationspartner einen festen Standort haben. Schwieriger wird es, wenn Sender und/oder Empfänger durch einen veränderlichen Standort gekennzeichnet sind;
  - die Entfernung zwischen den Kommunikationspartnern: Liegt eine grosse Entfernung vor, so müssen Hilfsmittel für die Informationsübertragung eingesetzt werden.

[87] vgl. Kramer (1965)

653 Aufbaustruktur der Kommunikation

Bei der Gestaltung der Aufbau- (Gefüge-)struktur der Kommunikation geht es darum, die Kommunikationsträger durch Einfügung von Kommunikationswegen in eine sinnvolle und zweckmässige Ordnung zu bringen. Wenn es auch zunächst so aussieht, als würden die verschiedenen Teilaufgaben isoliert nebeneinanderstehen, so ist das überhaupt nicht der Fall, da ja alle Teilaufgaben letztlich auf die Erfüllung der Gesamtaufgabe gerichtet sind, sind sie inhaltlich eng miteinander verbunden. Dieser Zusammenhang bleibt auch für die Ablauforganisation bestimmend. Erst durch das Miteinander der Aufgabenträger wird eine Erfüllung der Gesamtaufgabe möglich. Ein solches *Miteinander* aber *erfordert Kommunikation.*

Aus der Aufgabenanalyse und -synthese wird ersichtlich, welche Kommunikationsbeziehungen zur Erfüllung der betreffenden Aufgaben erforderlich sind. Damit steht der Aufbauorganisation ein Hilfsmittel zur Verfügung, welches ihr hilft, die mit den Teilaufgaben betrauten Aufgabenträger sinnvoll einzuordnen. Aufgrund der *Kenntnis der notwendigen Kommunikationsbeziehungen* können die Aufgabenträger so durch Kommunikationswege verbunden und in die gesamte Aufbaustruktur eingeordnet werden, dass eine optimale Aufgabenerfüllung möglich wird.

Ergeben sich aus der Aufgabenanalyse z.B. durch Gliederung nach dem Rangkriterium Informationen mit Weisungscharakter, so ist damit bereits festgelegt, dass die betreffenden Kommunikationspartner durch einen vertikalen Kommunikationsweg miteinander verbunden sein müssen. Daraus folgt für die Aufbauorganisation, dass der weisungsberechtigte Sender auf einer höheren Ebene der Hierarchie einzuordnen ist als der Weisungsempfänger.

Weitere Bestimmungsfaktoren für die Aufbauorganisation ergeben sich aus den Überlegungen zur Zahl der in einer Gruppe auftretenden Kommunikationsbeziehungen sowie aus den Überlegungen zur Kommunikationskapazität (Leistungsfähigkeit eines Kommunikationssystems).

Da die Aufbauorganisation als umfassenderes Element auch die Aufbaustruktur der Kommunikation beinhaltet, kann der Fall eintreten, dass andere Faktoren eine Gestaltung der Aufbaustruktur verlangen, welche von den Forderungen abweicht, die sich aus den Kommunikationsbeziehungen ergeben. In jedem Fall sind jedoch Aufbaustruktur und Kommunikationsnetz genau aufeinander abzustimmen. Bei der Gestaltung des Kommunikationssystems steht die Festlegung der Kommunikationswege im Mittelpunkt. Die zu beantwortende Frage lautet: Welche Kommunikationswege sind für die Aufgabenerfüllung erforderlich? Bevor diese Frage untersucht wird, soll kurz das Problem der maximal möglichen Kommunikationswege erörtert werden. Dieses Problem ist im Zusammenhang mit der Frage nach der optimalen Leitungsspanne seit langem Gegenstand wissenschaftlicher Überlegungen.

Es soll hier nur der Versuch von Graicunas skizziert werden, der anhand mathematischer Analysen die Zahl der interpersonalen Beziehungen zwischen einem Vorgesetzten und einer wechselnden Anzahl von direkt unterstellten Mitarbeitern untersuchte[88]. Es wurden drei Arten von möglichen Beziehungen unterschieden (am Beispiel eines Vorgesetzten A mit seinen drei Mitarbeitern B, C und D):

---

88 vgl. Kramer (1965), Hill et al. (1974)

- vertikale Einzelbeziehungen (einseitige Kommunikation von A zu B, A zu C, A zu D)
- vertikale Gruppenbeziehungen (einseitige Kommunikation von A zu B+C, A zu B+D, A zu C+D)
- horizontale Kreuzbeziehungen (ein- oder zweiseitige Kommunikation zwischen B und C, B und D, C und D)

Unter der Voraussetzung, dass sich alle diese Beziehungen voneinander unterscheiden, entwickelt sich die Zahl der möglichen Beziehungen r in Abhängigkeit von der Zahl der Untergebenen n nach der Formel

Mit wachsender Zahl der Untergebenen steigt die Zahl der möglichen Beziehungen *überproportional* an (Abb. 223). Obwohl die Untersuchungen nur auf die Beziehun-

Abbildung 223: Progressiver Anstieg der Beziehungen bei steigender Anzahl der Untergebenen[150]

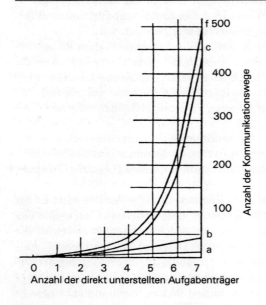

a vertikale Einzelbeziehungen
b horizontale Kreuzbeziehungen
c vertikale Gruppenbeziehungen
f Summe der vertikalen und horizontalen Beziehungen

Zahl der Untergebenen (Leitungsspanne)	Zahl der Beziehungen (direkte Einzel-, direkte Gruppen- und Kreuzbeziehungen)
1	1
2	6
3	18
4	44
5	100
6	222
7	490
8	1 080
12	29 708
18	2 359 602

[150] Hill et al. (1974), Kramer (1965)

gen bzw. Kommunikationswege einfacher Arbeitsgruppen gerichtet waren, zeigen sie dennoch eindringlich, dass *von etwa vier bis fünf unterstellten Aufgabenträgern an die Zahl der Kommunikationswege sehr rasch ansteigt.* Wegen dieses progressiven Anwachsens ist es notwendig, jeweils einige Kommunikationspartner zu einer Kommunikationseinheit zusammenzufassen. Diese kann dann über je einen Kommunikationsweg mit anderen Kommunikationseinheiten in Verbindung stehen.

Die Zahl der Mitglieder einer solchen Kommunikationseinheit sollte keinesfalls ein Punkt überschreiten, von dem an die Progression besonders wirksam wird (d.h. bei fünf bis sechs Gruppenmitgliedern). Im Hinblick auf die Bildung von Kommunikationseinheiten mit einer überschaubaren Zahl von Kommunikationswegen empfiehlt sich deshalb die Schaffung von kleineren Arbeitsgruppen. Dies hat allerdings zur Folge, dass mehr Vorgesetzte benötigt werden. Damit erhöht sich die Zahl der hierarchischen Ebenen, was zu einer grösseren Gliederungstiefe führt.

Bei der Strukturierung des Informationsflusses innerhalb einer Kommunikationseinheit ergeben sich mehrere grundsätzliche Möglichkeiten für die Anordnung der Aufgabenträger und ihre Verbindung durch Kommunikationswege. Wenn eine Kommunikationseinheit nur aus zwei Personen besteht, dann genügt *ein* Kommunikationskanal, um die Verbindung zwischen diesen herzustellen.

Wenn wir aber an Krankenhäuser denken, dann ist es realistischer, sich Gebilde mit mehr als zwei Personen vorzustellen: Krankenhäuser mit hundert und mehr Beschäftigten sind keine Seltenheit. Trotz des grösseren Umfangs und damit auch des anderen Charakters grösserer Betriebe vollzieht sich Kommunikation – hier nur entsprechend vervielfacht – immer auf die gleiche Art und Weise, wie das im Grundmodell des Kommunikationsprozesses dargestellt wurde. Es kommt zur Bildung von *Mehr-Kanal-Strukturen,* die als *Kommunikationsnetze* bezeichnet werden.

Als Hilfsmittel für die Darstellung solcher Netze wird die Graphentheorie verwendet, bei der für Sender und/oder Empfänger *Punkte* (Knoten) und für die zwischen ihnen vorhandenen Kommunikationsbeziehungen *Strecken* (Kanten) stehen.

Zahlreiche Experimente, vor allem in kleinen Gruppen, haben ergeben, dass die Leistungsfähigkeit, das Arbeitstempo, die Fehlerquote und die Zufriedenheit der Gruppenmitglieder wesentlich davon abhängen, wie das betreffende Kommunikationsnetz strukturiert ist. Die Grundformen der Kommunikationsnetze werden als Stern, Kette und Kreis bezeichnet. Diese Grundtypen sollen anhand einer übersichtlichen Kommunikationseinheit mit 5 Mitgliedern näher erläutert werden[89]. In allen Netzen bestehen Kanäle, die jedem Mitglied die Kommunikation mit jedem anderen Mitglied erlauben. Unterschiedlich ist nur die Weglänge und die sich aus der Anordnung der Wege ergebende Rangordnung der Mitglieder.

- *Stern:* Der Stern (Abb. 224) ist eine stark zentralistische Struktur: Die Kommunikation kann stets nur über das Zentrum A stattfinden; nur A steht mit den anderen Mitgliedern in direkter Beziehung. Daraus ergibt sich eine stark hierarchische Struktur mit A in der Führerrolle. Auch heute ist man noch vielerorts der Ansicht, dass der Stern generell für die effiziente Aufgabenerfüllung am geeignetsten sei; der autoritäre Vorgesetzte, der ohne Rücksprache mit den Mitarbeitern Aufträge erteilt, um dann anschliessend die Vollzugsmeldungen entgegenzunehmen, ist noch lange nicht ausgestorben.

[89] vgl. Staerkle/Jaeger (1972), Kramer (1965)

Abbildung 224: **Kommunikationsnetze**

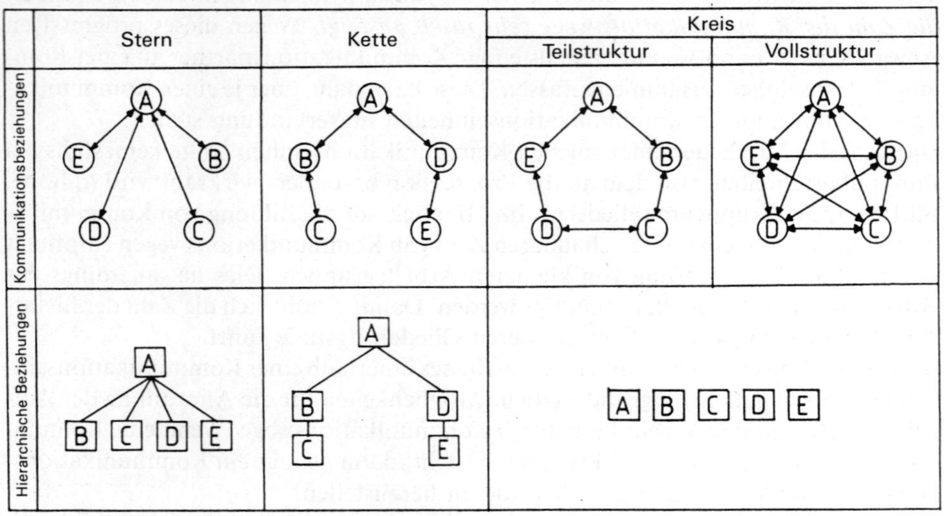

	Stern	Kette	Kreis	
			Teilstruktur	Vollstruktur
Kommunikationsbeziehungen	(Stern-Graph)	(Ketten-Graph)	(Kreis-Teilstruktur)	(Kreis-Vollstruktur)
Hierarchische Beziehungen	A über B,C,D,E	A über B,D; B über C; D über E		A B C D E

Der grosse Nachteil dieses Kommunikationsmusters liegt darin, dass der einzige zufriedene dabei derjenige ist, der die zentrale Position innehält, also der Gruppenleiter. Die anderen Gruppenmitglieder, also die «Randpositionen» sind extrem unzufrieden.

- *Kette:* Auch die Kette (Abb. 224) stellt ein zentralistisches (und damit hierarchisch strukturiertes) System dar, allerdings nicht so ausgeprägt wie der Stern: Sowohl B und D als auch C und E können nur über A miteinander kommunizieren; nur B und C, D und E stehen miteinander in direkter Verbindung. B und D haben die wichtige Funktion von Verbindungsstellen, welche Informationen von C bzw. E empfangen und sie dann an A weiterleiten.
- *Kreis:* Der Kreis (Abb. 224) ist ein stark dezentralisiertes Kommunikationsmuster. In der Form a sind jeweils zwei Mitglieder nur über Umwege zu erreichen; der Ausfall eines Punktes hat einen Zerfall des Systems zur Folge. Die Form b wird als *Vollstruktur* bezeichnet (all-channel-structure). Diese Form gestattet jedem Mitglied unmittelbar mit jedem anderen Mitglied in Verbindung zu treten (völlige Kommunikationsfreiheit). Bei der Kreisform kommt es zu keiner Überordnung eines Mitglieds: Alle Mitglieder befinden sich auf der gleichen Rangebene.

Zahlreiche Experimente haben ergeben, dass für einfache und wiederkehrende Aufgaben ein hierarchisch strukturiertes Kommunikationsnetz wie der Stern rascher zu guten Leistungen führt. Die Beschränkung der Kommunikationskanäle erlaubt dem zentralen Mitglied A, die Arbeit der übrigen Mitglieder zu koordinieren und zu kontrollieren, was bei A zu grosser, bei den übrigen Mitgliedern zu geringer Zufriedenheit führt.

Bei schwierigeren und neuartigen Aufgaben sowie in unsicheren Situationen ist der Kreis dem Stern eindeutig überlegen. Solche Aufgaben werden vom Kreis rascher richtig gelöst. Kommt der Gruppenleiter im Stern mit seiner Aufgabe nicht mehr weiter, dann sind die anderen Gruppenmitglieder nicht imstande, sich nun auf einmal selbst mit dieser zu beschäftigen, weil sie gewohnt sind, alles dem Leiter zu überlassen. Anders im Kreis: Da sind alle gewohnt, mitzuarbeiten. Sie können sich deshalb sofort auf eine veränderte Situation einstellen.

In einem qualifizierten Aufgabenzusammenhang, wie ihn das Krankenhaus darstellt, ist der Vorgesetzte je länger je mehr auf das «selbständige Funktionieren» seiner Mitarbeiter angewiesen. In einem Arbeitsteam, wo alle Teammitglieder (inklusive Teamleiter) voneinander abhängen und die Zusammenarbeit aller erforderlich ist, um die gestellten Aufgaben zu bewältigen, reicht der Stern nicht aus. Selbständiges Denken und spontane (informale) Zusammenarbeit lassen sich nicht anordnen. Wer auf die Bereitschaft zur Zusammenarbeit angewiesen ist, muss für ein möglichst dichtes Kommunikationsnetz sorgen. Zudem erfüllt der Kreis auch grundlegende emotionale Bedürfnisse nach zwischenmenschlichen Kontakten in der Gruppe. Die Befriedigung der Mitglieder ist durchwegs höher als bei den Gruppen mit beschränkter Kommunikationsmöglichkeit. Auch gemeinsame Lernprozesse der Gruppe werden am stärksten durch die Kreisstruktur gefördert.

Wie sich die verschiedenen Strukturen auf die Geschwindigkeit der Aufgabenerfüllung, die Zufriedenheit der Gruppenmitglieder und die Flexibilität der Gruppe auswirken, ist in der folgenden Tabelle zusammenfassend gezeigt[90]:

Effizienzkriterien	Kommunikationsstruktur		
	Kreis	Kette	Stern
Geschwindigkeit der Erfüllung			
- einfacher Aufgaben	niedrig	hoch	sehr hoch
- komplexer Aufgaben	sehr hoch	hoch	niedrig
Zufriedenheit der Gruppenmitglieder	hoch	niedrig	sehr niedrig
Flexibilität der Gruppe	gross	gering	sehr gering

Aus der Tabelle geht hervor, dass man beispielsweise Geschwindigkeit bei der Lösung einfacher (oder standardisierter) Aufgaben auf Kosten der Flexibilität und der Zufriedenheit erreichen kann (und umgekehrt). Die Forschungsergebnisse deuten darauf hin, dass es eine für alle Aufgaben gleichermassen optimale Struktur der Kommunikationsnetze nicht gibt. Struktur und Prozesse der Kommunikation sind in jedem Fall auf die konkreten Erfordernisse (Aufgaben und Bedürfnisse) auszurichten. In Arbeitsgruppen, die sich frei konstituieren, findet man im allgemeinen mehr oder weniger ausgeprägte Vollstrukturen (Kreis).

Die einzelnen Aufgabenbereiche können sowohl in bezug auf die Art als auch auf die Menge der anfallenden Aufgaben Schwankungen unterworfen sein. Solche Änderungen sind dann auch mit anderen Kommunikationserfordernissen verbunden. Bei der Gestaltung der Kommunikationsstruktur müssen deshalb Massnahmen vorgesehen werden, die eine laufende gegenseitige Anpassung zwischen Aufgabenbereich und Kommunikation ermöglichen.

Ist eine Stelle durch Zunahme der zu erfüllenden Aufgaben nicht mehr in der Lage, die Kommunikation über die vorhandenen Kommunikationswege abzuwickeln, so stehen folgende Möglichkeiten zur Verfügung[91]:

---

90 vgl. Withauer (1981)
91 vgl. Kramer (1965)

- *Erhöhung der Kapazität* der vorhandenen Kommunikationswege und Kommunikationsmittel (Grenzen: Leistungsfähigkeit der Aufgabenträger);
- *Einrichtung zusätzlicher Kommunikationswege* ohne Erhöhung der Zahl der Aufgabenträger (Grenzen: Leistungsfähigkeit der Aufgabenträger);
- *Erhöhung der Zahl von Aufgabenträgern* (Achtung: Zusätzliche Aufgabenträger erfordern ihrerseits zusätzliche Kommunikationswege)
- *Bildung einer neuen Stelle,* welche die zusätzlichen Aufgaben übernimmt;
- *Zuordnung der zusätzlichen Aufgaben zu anderen Kommunikationseinheiten* oder *Delegation* von Aufgaben.

(Eine Fallstudie zum Thema finden Sie in Abb. 113/Anhangband.)

654 Ablaufstruktur der Kommunikation

Durch den Kommunikationsaufbau wird der *Rahmen* für die Bewegung der Informationen im Laufe des Arbeitsprozesses geschaffen. Um die Bewegung der Information selbst, d.h. um ihre Übertragung geht es bei der Gestaltung der Ablaufstruktur. Folgende Probleme stehen dabei im Vordergrund:

- *Technische Probleme:* Die Übertragung von Zeichen und Signalen muss möglich sein.
- *Sprachliche Probleme:* Für Sender und Empfänger muss ein gemeinsamer Zeichenvorrat mit Verbindungsregeln zum Designat vorliegen, damit die Zeichen verstanden werden können.
- *Verhaltenstheoretische Probleme:* Die Nachrichten müssen beim Empfänger zu Informationen werden, d.h. sein Verhalten beeinflussen.

Die meisten dieser Probleme sind im vorhergehenden Kapitel angesprochen worden, so dass wir uns im folgenden auf die Darstellung von grundlegenden Prinzipien und Regeln beschränken.

Bei der Gestaltung der Ablaufstruktur der Kommunikation sind eine Reihe von Prinzipien zu beachten, deren Befolgung als unbedingte Voraussetzung für eine funktionierende Kommunikation anzusehen ist. Es handelt sich um *Idealprinzipien,* die im allgemeinen nicht vollkommen, sondern bloss annäherungsweise verwirklicht werden können. Sie lauten: Optimaler Informationsumfang, minimale Informationsflusszeit, minimale Kommunikationswege, minimale Störungseinflüsse und Elastizität der Kommunikationsstruktur.

- *Optimaler Informationsumfang:* Dieses Grundprinzip des Kommunikationsablaufs beinhaltet die Forderung nach einer Informationsmenge, die im Hinblick auf die Zielerreichung optimal ist. Dabei müssen wir uns bewusst sein, dass sich diese Forderung nicht nur auf funktionale, sondern auch auf motivierende Informationen bezieht. Die Bestimmung des optimalen Umfangs von Informationen ist nicht immer einfach, aber wichtig: ist der Umfang zu gering, so wirkt sich die daraus resultierende Unsicherheit oder Unzufriedenheit auf die Aufgabenerfüllung negativ aus. Ist der Umfang zu gross, so wird der Arbeitsprozess gehemmt, was zeitliche Verzögerungen und ungenügende Wirtschaftlichkeit zur Folge hat.

- *Minimale Informationsflusszeit:* Die Informationsflusszeit ist derjenige Zeitraum, der zwischen der Abgabe der Informationen durch die Informationsquelle und dem Erreichen des Bestimmungsortes liegt. Die Forderung nach der Minimierung der Flusszeit bedeutet, dass der Zeitaufwand für Senden, Übertragen und Empfangen der Informationen möglichst minimal sein sollen. Selbstverständlich ist hierbei nicht das absolute Minimum anzustreben, sondern eine Grösse, die den (subjektiven und objektiven) Informationsbedarf der Aufgabenträger angemessen berücksichtigt.
- *Minimale Kommunikationswege:* Aus der Sicht der Ablauforganisation kommt es darauf an, den Weg der Informationen von der Entstehung bis zu den Orten ihrer Verwendung möglichst kurz zu halten. Ein minimaler Kommunikationsweg liegt beispielsweise dann nicht vor, wenn zwei gleichgeordnete Mitarbeiter nur über zwei Vorgesetzte miteinander kommunizieren können. Ein derartiger Informationsfluss verstösst sowohl gegen das Prinzip des kürzesten Kommunikationsweges als auch gegen das der kürzesten Flusszeit. Ausserdem wird die Gefahr von Störungseinflüssen erhöht und die Kapazität der Vorgesetzten unnötig belastet.

  Im Hinblick auf eine optimale Kommunikation sollte daher in solchen Fällen der kürzeste, also der direkte Kommunikationsweg gewählt werden. Daneben können gegebenenfalls die Vorgesetzten über die Kommunikation informiert werden (es geht so immer noch bedeutend schneller als auf die andere Art). Dieses Beispiel zeigt auch, dass es häufig nicht zweckmässig ist, den Kommunikationsweg ohne Ausnahme an den starren Dienstweg zu binden.
- *Minimale Störungseinflüsse:* Ein besonderes Problem bei der Gestaltung der Ablaufstruktur der Kommunikation liegt darin, die Störungen, welche die Informationsübertragung beeinträchtigen, auf ein Minimum zu reduzieren. Die Störungen können technischer oder semantischer Natur sein (dabei sind vor allem die letzteren von Bedeutung). Die semantischen Störungen lassen sich minimieren, wenn bei der Stellenbesetzung darauf geachtet wird, dass sich das Aufgabenbild der Stelle und das Eignungsbild des Bewerbers weitgehend decken. Zudem muss jeder Mitarbeiter über eine so genaue Beschreibung seines Aufgabenbereichs verfügen, dass er in der Lage ist, die richtigen Beziehungen zwischen Nachrichten und Signalen herzustellen und so eine möglichst störungsfreie Nachrichtenübertragung zu gewährleisten.
- *Elastizität der Kommunikationsstruktur:* Ein letztes grundlegendes Prinzip für den Kommunikationsablauf ist die Forderung nach einer elastischen Kommunikationsstruktur. Die Befolgung der vorher genannten Prinzipien ist nur möglich, wenn die Kommunikationsstruktur nicht starr, sondern beweglich ist und sich schnell an veränderte Situationen anzupassen vermag. Grundsätzlich ist dabei zu unterscheiden zwischen Veränderungen, die vorhersehbar sind und solchen, deren Auftreten ungewiss ist. Bei der ersten Gruppe ist eine Anpassung leicht möglich, indem von Anfang an Alternativlösungen erarbeitet werden können. Bei der zweiten Gruppe muss von Fall zu Fall nach einer Lösung gesucht werden.

Analog zur Programmierung von korporalen Aufgabenerfüllungsvorgängen kann sich die Programmierung auch auf die Kommunikation zwischen Stellen beziehen. In diesem Fall wird festgelegt[92],

---

92 vgl. Grochla (1982)

- *bei welchen Sachverhalten* eine Kommunikation aufgenommen werden soll (Regelung der Kommunikationsauslösung);
- *wer mit wem* in Verbindung treten soll (Regelung der Kommunikationspartner);
- *wann und wie lange* eine Verbindung aufgenommen bzw. aufrechterhalten werden soll (Regelung der Kommunikationszeitpunkte bzw. -dauer);
- *welche Sachverhalte* die Kommunikation umfassen soll (Regelung des Kommunikationsinhaltes);
- *welche Mittel* dabei benutzt werden sollen (Regelung der Kommunikationsmittel).

66 Informale Organisation

Ein soziales System, in dem alle Verhaltenserwartungen formalisiert sind, ist nicht denkbar. Wenn Regeln aber nicht bewusst gesetzt, nicht auf die Erreichung betrieblicher Ziele ausgerichtet und in keinem Organisationshandbuch dokumentiert sind, dann heisst das noch lange nicht, dass sie nicht existieren. Ganz und gar nicht: Die Normen, die jeden von uns am wesentlichsten geprägt haben, waren nicht-formalisierte, die uns sozusagen mit der Muttermilch eingegeben und von klein auf «einverleibt» wurden. Auf unser Thema bezogen bedeutet das: Neben der formalen (offiziellen) besteht in jedem Krankenhaus auch eine informale (inoffizielle) Organisationsstruktur. Wie stark (im positiven und im negativen Sinne) sich diese sowohl auf die Aufgabenerfüllung wie auch auf die interpersonalen Beziehungen, die individuelle Arbeitszufriedenheit und Motivation auswirken kann, weiss jeder aus eigener Erfahrung.

661 Zum Wesen informaler Organisation

Während die Existenz informaler Strukturen früher verdrängt und als Problembereich ignoriert wurde, ist heute ihre Bedeutung unumstritten. Bevor auf einzelne informale Erscheinungen eingegangen wird, sollen einige grundlegende Aspekte informaler Organisation zur Sprache kommen. Während die formale Organisation ein bewusst gestaltetes System von Regelungen darstellt, welche die Erfüllung von Daueraufgaben gewährleisten sollen, umfasst die informale Organisation den Komplex von formal unbeabsichtigten sozialen Regelung und Erscheinungen, die entstehen, weil die Mitglieder des Betriebs soziale Wesen sind und sich auch im Betrieb als soziale Wesen verhalten. Eine Organisation wird dann als informal bezeichnet, wenn sie folgende Merkmale aufweist:

- Das Verhalten ihrer Mitglieder orientiert sich an *persönlichen Wünschen und Erwartungen*.
- Die Beziehungen basieren auf den durch Herkunft und ausserbetriebliche Rollen beeinflussten persönlichen *Sympathien und Gemeinsamkeiten*.
- Die Organisation entsteht *spontan*, d.h. sie ist kein Ergebnis bewusster Gestaltung.

Die Ursachen informaler Regelungen/Strukturen liegen in der Tatsache begründet, dass sich die im Krankenhaus tätigen Aufgabenträger keineswegs nur als isoliert und rational im Sinne der Betriebsziele handelnde Arbeitsträger, sondern auch als typisch menschliche Individuen und soziale Wesen verhalten. «Die logischen Absichten und die wirtschaftlichen Ziele bilden nur *einen* Faden in dem gesamten Gewebe ihres Lebens. Andere Fäden sind ihre Zuneigungen und Abneigungen, ihre Fähigkeiten, ihre Deutung der Verhältnisse und Ereignisse in ihrer Umgebung, ihre Impulse und Wünsche und schliesslich die ihnen gewohnten Formen der Zusammenarbeit.» (Whitehead) Aus dieser Charakterisierung des menschlichen Verhaltens lassen sich drei Gruppen von Faktoren ableiten, welche die informale Organisation im Betrieb beeinflussen:

- die *Bedürfnisse* oder Motive, die der einzelne mit seiner Persönlichkeitsstruktur in den Betrieb hineinbringt;
- die vielfältigen sozialen *Beziehungen* und Interaktionen mit anderen Menschen während der Arbeit;
- die Divergenz von institutionalen Zielen und Zielen der Individuen bzw. Gruppen.

Vor dem Hintergrund dieser Ursachen informaler Erscheinungen wird auch verständlich, dass informale Strukturen in *jeder* Organisation existieren, auch wenn dieser formal sehr stark strukturiert ist. Informale Phänomene dürfen deshalb nie einfach als Ausdruck einer mangelhaften formalen Organisation betrachtet werden. Wie bereits angetönt kann die informale Organisation auf die betriebliche Aufgabenerfüllung bezogen *sowohl funktionale als auch dysfunktionale Folgen* haben, d.h. die Integration der Elemente einer Organisation zu einem handlungsfähigen Ganzen fördern oder Konflikte verursachen (wobei sich solche Konflikte auch fruchtbar auswirken können).

Manche Forscher schätzen die funktionalen Folgen der informalen Organisation so hoch ein, dass nach ihrer Meinung die formale Organisation ohne informale Strukturen nicht funktionieren könnte. Andere wiederum sind der Ansicht, dass im Zuge der immer stärkeren Formalisierung vieler Arbeitsprozesse die informalen Erscheinungen immer mehr *neben* der formal geregelten Aufgabenerfüllung auftreten und diese darum immer weniger beeinflussen. Beide Ansichten lassen sich in der Theorie nur schwer überprüfen. Die Praxis im Krankenhaus zeigt allerdings mit aller Deutlichkeit: Ohne informale Organisation wäre ein koordiniertes Zusammenwirken, wie es die komplexen und interdependenten Aufgaben erfordern, nicht denkbar.

662 Erscheinungen informaler Organisation

Eine erste informale Erscheinung ist die *informale Kommunikation.* Die formale Kommunikation verläuft über festgelegte Kommunikationswege, welche als konkretisierte Leitungs-, Führungs- und Arbeitsbeziehungen zu betrachten sind. Diese formalen Kommunikationswege sind im Organisations-Handbuch dokumentiert. Neben diesen formalen, «offiziell» festgelegten Beziehungen aber gibt es in jedem Betrieb ein nicht offiziell festgelegtes Netz von Beziehungen, das durch andere Momente bestimmt wird. Psychologische Faktoren wie *Sympathie und Antipathie,* soziologische Phänomene wie *Streben nach Macht, Status und Prestige, gleiche politische Anschauungen,* Mitgliedschaft beim selben Verein und ähnliches sind hier ausschlaggebend.

Im formalen Organigramm treten weder diese Beziehungen noch die daraus resultierenden Kommunikationswege in Erscheinung. Der Informationsfluss hält sich auch nicht an die vorgesehenen offiziellen Bahnen, sondern verläuft kreuz und quer durch den Betrieb. Ein mögliches Beispiel einer solchen informalen Kommunikationsstruktur ist in Abbildung 48/Anhangband dargestellt[93]. A ist Abteilungsleiter einer Krankenkasse; B ist seine Sekretärin; C und D sind Bürochefs; E, F, G, H und I sind Mitarbeiter. Wir haben die folgende Situation:

- C kommt seit Jahren mit der Sekretärin B ausgezeichnet aus, die seit etwa 10 Jahren im Betrieb arbeitet und als die graue Eminenz der Abteilung betrachtet wird. Diese informale Beziehung zwischen C und B hat zur Folge, dass C durch rechtzeitige und ausführliche Informationen gegenüber D bevorzugt ist.
- A und I sind Mitglieder eines lokalen Philatelisten-Vereins; sie duzen sich. Da I mit seinem Chef D nicht besonders gut auskommt, ergibt sich oft, dass I mit seinen Vorschlägen und Einwänden direkt zu A geht; umgekehrt wird I über manches orientiert, was D erst nachträglich oder überhaupt nie zu hören bekommt.
- D und F sind Nachbarn und gute Freunde. Wenn irgendwelche Belange der Arbeit zwischen den zwei Abteilungen zu regeln sind, wird dies meistens zwischen diesen zwei Kontaktmännern – unabhängig vom Dienstweg – getan.

Wie jeder aus eigener Erfahrung weiss, sind es gar nicht selten die informalen Kommunikationswege, auf denen die wesentlichsten oder folgeschwersten Informationen übermittelt werden. Die informale Kommunikation übt sowohl auf das Betriebsklima wie auch auf die Arbeitszufriedenheit und die Leistungsmotivation der Systemmitglieder einen entscheidenden Einfluss aus.

Eine zweite informale Erscheinung sind die *informalen Gruppen*. Eine Gruppe umfasst eine Reihe von Personen, die in einer bestimmten Zeitspanne häufig miteinander Umgang haben, deren Anzahl derart begrenzt ist, dass die Personen direkt zueinander in Verbindung treten können (Homans)[94]. Die informalen Gruppen in Organisationen sind zusätzlich dadurch gekennzeichnet, dass ihre Beziehungen formalorganisatorisch nicht geplant sind. Sie bilden sich wie erwähnt aufgrund gegenseitiger Sympathien, gemeinsamer sozialer Merkmale wie Geschlecht, Alter, Dauer der Betriebszugehörigkeit, Ausbildung und Beruf, Stellung in der Betriebshierarchie sowie inner- und ausserbetrieblichen Interessen.

Auch Mitglieder formal gebildeter Arbeitsgruppen haben die Tendenz, informale Gruppen zu bilden, indem sie über die Kooperation, wie sie die Aufgabenerfüllung erfordert, hinaus ein persönliches Zusammengehörigkeitsgefühl entwickeln. Die zur Bildung informaler Gruppen führenden unterschiedlichen Faktoren machen deutlich, dass der einzelne Aufgabenträger durchaus mehreren informalen Gruppen angehören kann. Diese Tatsache hat ein dichtes Netzwerk informaler Gruppen zur Folge, das sich über den gesamten Betrieb erstreckt. Dieses Netz kann nach verschiedenen Kriterien gegliedert werden. Die wichtigsten *Formen informaler Gruppen* sind:

- *informale Arbeitsgruppen,* die in ihren formalen Arbeitsgruppen verwurzelt sind.
- *informale Ranggruppen.* Sie entstehen durch die sozio-ökonomische Schichtung im Betrieb und schaffen soziale Trennlinien.

---

93 vgl. Müller (1973)
94 vgl. Bartram (1969), Wittlage (1976)

- *autonome Gruppen* mit den unterschiedlichen Entstehungsursachen.
- *Bezugsgruppen.* Das sind Gruppen, denen ein Aufgabenträger angehö- ren möchte oder angehört, auf die er sein Verhalten in wesentlichen Belangen ausrichtet.

Nach aussen sind informale Gruppen aufgrund mehrerer gleichzeitiger Mitgliedschaften einzelner Aufgabenträger die Ursache für informale Kommunikationsnetze meist instabiler Art, weil die Möglichkeiten der Kontaktaufnahme im Betrieb häufig begrenzt sind und sich die meisten Gruppen in einer ständigen Umformung befinden. Kommt es zur Bildung von dauerhaften und/oder exklusiven informalen Gruppen, so neigen diese wie jede echte Gruppe zur Ausbildung von *Stereotypen* (Vorurteilen) über sich selbst (Autostereotype) und über andere Gruppen oder aussenstehende Individuen. Diese bleiben natürlich nicht ohne Auswirkungen auf die Kommunikation und Kooperation.

Ein drittes informales Phänomen stellen die *informalen Normen* dar, die sich innerhalb von informalen Gruppen entwickeln. Die Grundlage für die Entstehung solcher sozialer Normen wird durch die Einstellungen gebildet, die von der Mehrheit der Gruppe im Hinblick auf bestimmte Situationen geteilt werden. Diese Regeln beeinflussen einerseits das Verhalten der Gruppenmitglieder zueinander (interne Normen) und andrerseits das Verhalten gegenüber gruppenfremden Personen und (formalen) Regelungen (externe Normen). Solche informalen Normen beziehen sich auf jeden Bereich des sozialen Zusammenlebens im Betrieb; sie regeln das gewohnheitsmässige Verhalten beim Essen, beim Umgang miteinander, beim Grüssen, beim Auftreten bestimmter Situationen.

Eine weitere informale Erscheinung besteht in der Existenz von *informalen Rollen.* Während die formale Rolle die «offiziellen» Erwartungen der Organisation an ihre Mitglieder beinhaltet und mehr oder weniger klar formuliert und schriftlich fixiert ist, entwickelt sich die informale Rolle aufgrund der Interaktionen innerhalb der (formalen oder informalen) Gruppen, denen die einzelnen Organisationsmitglieder angehören. Diese Rolle stellt einen Komplex von Verhaltenserwartungen dar, die sich auf die Aufgabenerfüllung, das Benehmen, die Gesinnung, Werte und Interaktionen einer Person richten, die als Gruppenmitglied eine bestimmte Gruppenposition inne hat und in der Gruppe eine bestimmte Funktion erfüllen muss. Diese Funktion kann allerdings für das betreffende Gruppenmitglied sowohl positiv wie auch negativ sein. Besondere Bedeutung kommt dabei der Rolle des *informalen Führers* zu. Das Phänomen des informalen Führers beruht darauf, dass Autorität in Organisationen grundsätzlich in zwei Erscheinungsformen auftritt, die nicht immer zusammenfallen:

- *formale Autorität:* Sie beruht auf der Ermächtigung zum Handeln, die dem Inhaber einer Position vom Betrieb zugeteilt wird.
- *informale Autorität:* Sie wird einem Vorgesetzten von seinen Mitarbeitern aufgrund seiner Fachkenntnisse oder seiner Persönlichkeit zuerkannt.

Die tatsächliche/effektive (Führungs-)Autorität eines Vorgesetzten (die grösser oder kleiner als die formale sein kann) stellt daher ein Konglomerat von Ausübung (formaler) und Anerkennung (informaler) Autorität dar. Ein informaler Führer ist folglich jemand, der aufgrund persönlicher Eigenschaften eine von der Gruppe anerkannte Autorität in bezug auf die Aufgabenerfüllung und/oder die persönlichen Beziehungen ausübt. Die informale Führerschaft kann sich (muss aber nicht) personell mit der formalen decken. Wie selten solche Führerpersönlichkeiten sind, die beide Formen der Autorität auf sich vereinigen, zeigt das erwähnte *Divergenztheorem* der Kleingruppenforschung, das besagt, dass die Rollen des Tüchtigsten und des Beliebtesten in einer Gruppe fast immer auseinanderfallen.

Als letzte informale Erscheinung in Organisationen sollen schliesslich die *informalen Statuskriterien* erwähnt werden. Als sozialer Status wurde der relative Rang verstanden, der einer bestimmten Position aufgrund von allgemeinen gesellschaftlichen Wertvorstellungen und spezifischen betrieblichen Faktoren zugeordnet wird. Unter diesen betrieblichen Faktoren sind formale und informale Kriterien für den sozialen Status im Betrieb bestimmend:

- *formale Kriterien:* Rangordnung und Einkommensstruktur des Betriebs
- *informale Kriterien:* Beruf, Ausbildung, Dauer der Betriebszugehörigkeit, Herkunft, Können, formaler Rang des Vorgesetzten des betreffenden Positionsträgers usw.

Wie bereits festgestellt wurde, bringt das Statussystem in einer Organisation vielfältige Probleme mit sich. So rufen etwa Statusunterschiede eine soziale Distanz zwischen Personen und Gruppen hervor, die zu schweren Störungen in der Kommunikation führen kann. «Es wurde gezeigt, dass das Status-System des Krankenhauses einen geradezu kastenähnlichen Charakter von gegenseitigen Absonderungen aufweist, die in sehr wirksamer Weise die informellen Beziehungen zwischen dem Krankenhauspersonal verschiedenen Ranges einschränken. Man könnte natürlich erwarten, dass sich diese Barrieren auch auf die Arbeitssituationen übertragen. Darüber hinaus scheint eine beinahe universale Tendenz für diejenigen mit hohem sozialem Rang zu bestehen, sich von denjenigen, die einen niederen Rang haben, fernzuhalten; sie verkehren bestenfalls in ihrer eigenen Fachsprache mit ihnen.»[95] Wie Abbildung 225 zeigt, pflegen Ärzte mehr Kontakte mit ihrer eigenen Gruppe als anderes Stationspersonal; sie nehmen zudem häufiger Kontakte zu den Krankenschwestern auf als diese zu ihnen.

Abbildung 225: Verteilung der Interaktionen[151]

Richtung der beobachteten Interaktionen	Beobachtete Gruppen		
	Ärzte (N = 228)	Krankenschwestern N = 562)	andere (N = 441)
Interaktionen innerhalb der eigenen Gruppe	74,12%	61,57%	61,68%
Mit den verbleibenden Gruppen relativ höheren Status	23,24%[A]	9,43%[C]	1,36%[C]
Mit den verbleibenden Gruppen relativ niederen Status	2,64%[B]	29,00%[B]	36,96%[A]

A = Krankenschwestern B = Andere C = Ärzte
Die Werte (N) beziehen sich auf die Gesamtzahl aller beobachteten Unterhaltungen, die Mitglieder aller Gruppen einschliessen.

151 Wessen (1958)

95 vgl. Wessen (1958)

Der soziale Status ist diejenige informale Erscheinung, welche am stärksten formal beeinflusst ist. Dies kommt darin zum Ausdruck, dass der Betrieb das Statussystem nicht nur toleriert oder anerkennt, sondern durch betriebliche Massnahmen sogar fördert und erhält.

663 Auswirkungen auf die formale Organisation

Auswirkungen der informalen Erscheinungen ergeben sich für jene Bereiche der organisatorischen Gestaltung, die besonders durch zwischenmenschliche Kontakte charakterisiert sind: die Bildung von Stellen, die Gestaltung des Kommunikationssystems, der Leitungsbeziehungen und der Kooperation[96].

Bei der *Bildung von Stellen* müssen vor allem die positiven Auswirkungen berücksichtigt werden, die sich durch die Arbeit in informalen Gruppen ergeben: verbesserte Koordination, Kooperation und Motivation, höhere Arbeitszufriedenheit und raschere Bewältigung komplexer und neuartiger Aufgaben. In den verschiedenen Formen teamorientierter Organisation können solche positive Erscheinungen wirksam werden. Vor allem die verstärkte Kooperationsbereitschaft und -fähigkeit lässt sich direkt auf die zwischenmenschlichen Beziehungen zurückführen. Die Forderung, die sich daraus an die Bildung von Stellen ergibt, lautet: Stellen und Abteilungen müssen aufgrund häufiger, arbeitsplatzbedingter Kontakte, gemeinsamer Interessen und Ziele den Aufbau und die Pflege informaler Gruppenbeziehungen ermöglichen.

Formal vorgesehene *Kommunikationsnetze* können durch informale Verhaltensweisen der an ihnen beteiligten Aufgabenträger eine Veränderung der Durchlässigkeit oder Verbindungsart einzelner Kommunikationswege erfahren oder durch eine Neuschaffung von Kommunikationswegen, die in der formalen Organisation gar keine Vorlage haben.

Für die informale Veränderung der formal geregelten *Durchlässigkeit* von Kommunikationswegen gibt es – sieht man von der völligen Stillegung eines Weges ab – zwei Möglichkeiten: Formal einseitige werden zu zweiseitigen Kanälen und formal zweiseitige werden zu einseitigen Kanälen.

Die *informale Zweiseitigkeit* beruht bei horizontalen Kommunikationswegen in erster Linie auf den *Grundbedürfnissen* des Menschen, also auf dem Streben nach Sicherheit, Selbstverwirklichung und Eingliederung in die soziale Umwelt. Handelt es sich z.B. beim Sender eines formal einseitigen Kanals um einen Menschen mit ausgeprägtem Sicherheitsbedürfnis, der sich bei einem fachlich kompetenten Empfänger um Informationen bemüht, die seinen Aufgabenbereich betreffen, so kann daraus ein kollegialer Erfahrungsaustausch zustandekommen, der zu einer Verbesserung der Aufgabenerfüllung beiträgt. Die *informale Sperrung einer Kommunikationsrichtung* bei formalen zweiseitigen Wegen kann auf sachliche und/oder psychologische Ursachen zurückgehen. Soweit sie sachlich begründet ist (z.B. auf einer Veränderung des Aufgabeninhalts beruht), ist sie als Vorwegnahme einer ohnehin notwendigen formalen Anpassung zu begrüssen. Etwas anderes ist es, wenn z.B. die so

---

96 vgl. Bartram (1969), Grün (1966), Schwarz (1970), Wittlage (1976)

wichtige Kommunikationsrichtung von unten nach oben durch Zeitmangel der oberen Vorgesetzten oder eine zu grosse soziale Distanz (grosse Statusunterschiede) blockiert wird.

Auch im Hinblick auf ihre *Verbindungsart* unterliegen formale Kommunikationswege einem zweifachen Einfluss, nämlich: Abwandlung formal direkter zu indirekten und Abwandlung formal indirekter zu direkten Bahnen.

Die *informale Entstehung indirekter Kanäle* tritt bei horizontalen und diagonalen Direktverbindungen häufig durch eine Einschaltung des Vorgesetzten auf, die auf mangelnder Delegationsbereitschaft beruht. *Informale Direktverbindungen* kommen z.B. bei diagonalen Kommunikationswegen dadurch zustande, dass Instanzen direkt Kontakt zu nachgeordneten Stellen fremder Subordinationslinien aufnehmen, d.h. entgegen der Regelung der formalen Organisation den unmittelbaren Vorgesetzten umgehen. Dieses Verhalten kann, wenn es sachlich gerechtfertigt ist, zu einer zweckmässigen Beschleunigung der Kommunikation führen.

Die *informale Neuschaffung von Kommunikationswegen* kann viele Ursachen haben. Wir wollen hier nur zwei Beispiele herausgreifen: Das Bedürfnis nach Selbstverwirklichung hat bei aufstrebenden Führungskräften fast zwangsläufig die Herstellung informaler Kontakte zur Folge, da ihnen die formalen Kommunikationswege zur Anknüpfung von «Beziehungen» nicht ausreichen. Entstehung und Existenz informaler Gruppen sind stets eng an spezifische Kommunikationsnetze gebunden, die sich aus formalen und selbständig gebildeten informalen Wegen zusammensetzen.

Diese kurze Betrachtung informaler Abwandlungen formaler Kommunikationsnetze zeigt, dass informale Erscheinungen nur selten einfach positiv oder negativ auf das Arbeitsgeschehen einwirken. Einunddieselbe Erscheinung kann je nach Situation positive oder negative Auswirkungen haben.

Im weiteren wird auch das *Leitungssystem* einer Organisation durch informale Erscheinungen beeinflusst. Lange bestand die Ansicht, die Führungsbeziehung zwischen Vorgesetztem und Mitarbeiter solle so weit wie möglich von persönlichen Belangen freigehalten werden (Grundsatz der Sachlichkeit). Bei konsequenter Befolgung dieser Regel ergibt sich dann die Situation, dass der Vorgesetzte seine Mitarbeiter nicht mehr im eigentlichen Sinne führt, sondern fast ausschliesslich aufgabenbezogen tätig ist, d.h. seine Mitarbeiter nur noch leitet. Damit wird ihm ihr soziales Leben völlig fremd. Diese Entfremdung trägt dazu bei, dass sich informale Führer bilden, die eine integrierende und stabilisierende Funktion in der Gruppe ausüben. Die von den Mitarbeitern anerkannte Autorität des informalen Führers führt dazu, dass sich übergeordnete Instanzen nicht an den offiziellen Vorgesetzten wenden, sondern an den informalen Führer. In speziellen Situationen mag dieses Vorgehen von Vorteil sein – ein häufiges Übergehen des formalen Führers jedoch dazu, dass dessen Autorität in der Gruppe nicht mehr anerkannt wird. Daraus ergibt sich die Forderung an die formale Organisation, die organisatorischen Voraussetzungen dafür zu schaffen, dass sich die Funktionen des formalen und des informalen Führers vereinigen lassen.

Einen starken Einfluss üben informale Strukturen und Prozesse schliesslich auch auf die *Kooperation* aus. Die hohe (und laufend zunehmende) Komplexität und Interdependenz der Aufgaben im Krankenhaus machen ein System *freier Kooperation* notwendig, da sich das hierarchische System für die vielfältigen Erfordernisse und

Formen der Kontaktaufnahme zwischen den Abteilungen und Stellen quer durch das Stellengefüge des Betriebs hindurch als zu schwerfällig erweist.

Obwohl diese freie Kooperation in ihrer Bedeutung formal anerkannt wird, kann sie mit dem Steuerungssystem in Konflikt geraten. Dies ist darauf zurückzuführen, dass fast ausschliesslich Ein-Mann-Entscheidungen getroffen werden. Solche singuläre Entscheidungen aber werden aufgrund der zunehmenden Spezialisierung je länger je problematischer, so dass auch diese Entwicklung eine verstärkte freie Kooperation erfordert. Diese notwendige freie Kooperation ist formal nicht regelbar (dazu ist keine formale Organisation in der Lage). Sie setzt gute (informale) zwischenmenschliche *Beziehungen* voraus, welche sich wiederum nur entwickeln können, wenn der entsprechende *Handlungsspielraum* gegeben ist.

664 Informale Organisation als Gestaltungsalternative

Die informale Organisation wird heute als eine Gestaltungsalternative zur formalen Organisation betrachtet, weil eine Verhaltensbeeinflussung durch informale Regelungen auch dann erfolgt, wenn auf formale Regelungen bewusst verzichtet wird. Dieser Ansatz soll im folgenden näher erläutert werden[97].

Zunächst einmal stellt sich die Frage nach dem *organisatorischer Gehalt informaler Organisation:* Als organisatorischer Gehalt einer Regelung sollen die Art und die Intensität des regulatorischen Eingriffes in das Leben des sozialen Systems verstanden werden. Was die *Art* des Eingriffs angeht, so zeigt sich, dass die informale Organisation in der Lage ist, alle sogenannten *Ordnungskomponenten* abzudecken:

- Das *Arbeitsverfahren* kann durch informale Normen festgelegt werden.
- Das *Arbeitsergebnis* und die *Arbeitszeit* können auf informalen Standards beruhen.
- Der *Arbeitsraum* kann durch die räumliche Nähe von Mitgliedern informaler Gruppen bestimmt sein.
- Die *Arbeitszuordnung* kann durch informale Führer erfolgen.

Die informale Organisation lässt auch *unterschiedliche Intensitäten* des Eingriffs (Organisationsgrade) zu, so dass sie auch von daher mit der formalen Organisation verglichen werden kann.

Als nächstes stellt sich die Frage nach der *Organisationskapazität.* Mit Organisationskapazität soll die Fähigkeit eines sozialen Systems bezeichnet werden, Organisation zu schaffen (Entwurfs-Kapazität) und zu praktizieren (Vollzugs-Kapazität. Ein Vergleich der informalen mit der formalen Organisation zeigt, dass *die informale Organisation sowohl die Entwurfs- wie auch die Vollzugs-Kapazität weniger belastet,* d.h. sowohl Aufwands- als auch Akzeptanz-Vorteile aufweist:

- Die *Aufwandsvorteile* resultieren daraus, dass der Aufwand für die Erarbeitung und Überwachung der Regelungen vermieden wird; sie entstehen spontan, entwickeln sich selbsttätig und werden informal kontrolliert.
- Die *Akzeptanzvorteile* sind im Verzicht auf Fremdbestimmung begründet; das soziale Gebilde kann sich selbst Normen setzen und ihre Einhaltung mithilfe eines gruppenspezifischen Sanktionssystems überwachen.

97 vgl. Grün (1980)

Es wäre jedoch falsch, aus dem bisher Gesagten zu schliessen, die informale sei der formalen Organisation grundsätzlich überlegen, denn die informale Organisation erfasst nicht unbedingt *alle* Vorgänge, die zur Erreichung der Systemziele geregelt werden müssen. Zudem kann das Ergebnis informaler Regelungen kann den offiziellen Zielen des Systems widersprechen. Falls jedoch die informale Organisation genügend umfassend und zielkonform ist, erweist sie sich in ihrer Kapazität der formalen Organisation überlegen.

Stellt man schliesslich die Frage nach den Funktionen informaler Organisation, so lassen sich diese mit den Stichworten *Ergänzung* und *Substitution* umreissen. Von *Ergänzungsfunktion* wird dann gesprochen, wenn die für die Zielerreichung bedeutsamsten Arbeitsprozesse *formal* geregelt sind, wenn aber im Rahmen der formalen Organisation bewusst eine informale Organisation akzeptiert wird. Diese Funktion wird in der Praxis des Arbeitsvollzugs ständig genutzt, weil nicht alle Verhaltensspielräume durch formale Regelungen ausgefüllt werden können und sollen.

Von *Substitutionsfunktion* spricht man dann, wenn bei einem Arbeitsprozess bewusst auf formale zugunsten von informalen Regelungen verzichtet wird. Dieser Fall setzt voraus, dass neben der informalen bereits eine formale Organisation besteht oder geplant ist. Die informale Organisation wird dann sanktioniert, die formale zumindest reduziert oder gegebenenfalls ausser Kraft gesetzt.

Für diese Überlegungen zur informalen Organisaton als Gestaltungsalternative zur formalen Organisation gelten folgende Einschränkungen:

- Die «*Offizialisierung*» der informalen Organisation kann zu *nicht voraussehbaren Veränderungen* führen. So ist es z.B. möglich, dass ein informaler Führer an Einfluss verliert, wenn er zum formalen Führer bzw. Vorgesetzten gemacht wird.
- Die *Stabilität* der informalen Organisation ist *nicht gewährleistet*. So können z.B. geringfügige personelle Veränderungen weitreichende Konsequenzen für die formale Organisation haben, insbesondere wenn Führerrollen betroffen sind.
- Die *Beobachtung* der informalen Organisation ist *erschwert*, weil allein schon der Akt der Beobachtung eine Verhaltensänderung bewirkt.

67 Dokumentation organisatorischer Strukturen

Da Organisation als Struktur bzw. Strukturierung von Systemen zu verstehen ist, kommt der Darstellung von Strukturen grosse Bedeutung zu. Die Dokumentation kann als Hilfsmittel bei der organisatorischen Tätigkeit, aber auch als Nachschlagewerk verwendet werden. Die vielen verschiedenen Darstellungstechniken lassen sich grob in verbale, tabellarische und grafische einteilen (Abb. 226)[98].

671 Dokumentation der Aufbaustruktur

In der betrieblichen Praxis werden zur Darstellung der Aufbauorganisation in erster Linie folgende Dokumentationsarten eingesetzt: Organigramm (Schaubild der Aufbauorganisation), Stellenbeschreibung (Aufstellung der wesentlichen Merkmale ei-

[98] vgl. Schwarz (1970)

Abbildung 226: Dokumentationstechniken der organisatorischen Gestaltung[152]

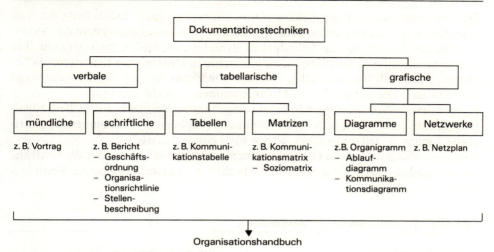

152 vgl. Joschke (1980)

ner Stelle), Stellenbesetzungsplan (Dokumentation der personellen Besetzung der einzelnen Stellen), Funktionendiagramm (Dokumentation der Anteile der Stellen an der Erfüllung der Gesamtaufgabe). Diese vier Dokumentationsarten überschneiden sich in Teilen ihres Inhaltes (Abb. 227). In ihrer Kombination ergibt sich eine vollständige und vielen Zwecken dienliche Sammlung aufbauorganisatorischer Regelungen.

Abbildung 227: Dokumentationsarten der Aufbauorganisation[153]

153 Steinbuch (1977)

Organigramm

Das Organigramm (= Organisationsplan) stellt eine grafische Darstellung der Aufbaustruktur dar. Es veranschaulicht im einzelnen: das Verteilungssystem der Aufgaben und die Zuordnung von Teilaufgaben an Stellen, die Stellengliederung und ihre Zusammenfassung zu Abteilungen, die hierarchische Ordnung der Instanzen, die Zuordnung von Leitungshilfsstellen (Stäben) sowie das System der Instanzenwege (Dienstwege). Die Symbolik von Organigrammen ist nicht genormt.

In der Praxis haben sich folgende Regeln eingebürgert: Rechtecke für Stellen, Abteilungen; Linien für Über- oder Unterordnungen (Vollinien = Vollkompetenz, gestrichelte Linien = Teilkompetenz), Kreise für Leitungshilfsstellen.

Drei Darstellungsarten von Organigrammen kommen vor (Abb. 228): die vertikale, die horizontale Darstellung sowie die Mischform (vertikal-horizontale Kombination).

Abbildung 228: Darstellungsarten von Organigrammen

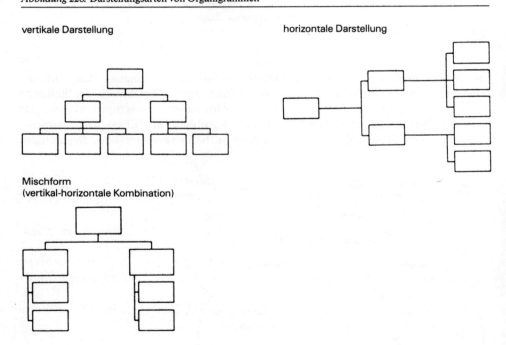

Der Inhalt eines Organisgrammes wird manchmal durch zusätzliche Daten ergänzt:
- Stellenleiter: Zusätzlich zu Bezeichnung der Stelle oder Abteilung wird noch der Name des Stellenleiters in den Rechtecken vermerkt.
- Instanzenebene: Durch die Wahl von verschiedenen Rechteckgrössen oder unterschiedlichen Linienarten für die Rechtecke werden die Instanzenebenen wie Bereiche, Hauptabteilungen, Abteilungen usw. dargestellt.
- Mitarbeiterzahl: Durch eine Zahl im Stellensymbol wird die Zahl der Arbeitsplätze dieser Stelle vermerkt.

In Abbildung 49/Anhangband sind diese Ergänzungen an einem Ausschnitt aus einem Organigramm veranschaulicht.
Bei der *Entwicklung* eines Organigramms sind folgende *Regeln* zu beachten:
- Auf eine vollständige Darstellung der Organisation wird meistens verzichtet. Man stellt oft nur die oberen leitenden und beratenden Stellen dar.
- Aus Gründen der Übersichtlichkeit werden nicht alle Arbeitsgruppen und Ausschüsse ins Organigramm aufgenommen. Man beschränkt sich auf die wesentlichen Stellen.
- Die Funktion der einzelnen Stellen kann in einem Stichwort ausgedrückt werden. Dieses muss aber sehr präzis sein.
- Die Organisation ist so zu gestalten, dass es keine Doppelbesetzungen gibt (Abb. 229).
- Die Titelsucht soll im Organigramm keinen Eingang finden. Das Organigramm darf nicht zum Statusinstrument entarten.
- Das Organigramm dient nicht dazu, die Stellvertreterfrage zu lösen.

Abbildung 229: Doppelbesetzung

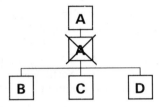

Die Bedeutung der Organigramme wird durch folgendes begrenzt:
- Organigramme zeigen nicht, welche Aufgaben die verschiedenen Stellen erfüllen und welche Ziele die Stellen erreichen müssen.
- Die Vielzahl der Beziehungen zwischen den einzelnen Stellen geht aus dem Organigramm nicht hervor.
- Das Organigramm gibt nur formale statische Abbilder der Organisationsstruktur.
- Die informellen Beziehungen sowie die dynamischen Beziehungen mit der Umwelt werden vernachlässigt.
- Oft verwirren Organigramme, wenn die Stellen mit Status und Prestige in Verbindung gebracht werden.

Zusammenfassend lässt sich sagen: Das Organigramm zeigt nur das Wesentliche einer Organisationsstruktur, aber dies in sehr übersichtlicher und verständlicher Weise.

Stellenbesetzungsplan

Unter dem Stellenbesetzungsplan versteht man die Dokumentation der personalen Besetzung der einzelnen Stellen in seiner einfachsten Form enthält der Stellenbesetzungsplan nur die Stellenbezeichnungen und die Namen der Stelleninhaber (Beispiel in Abb. 50/Anhangband). In der betrieblichen Praxis wird er häufig noch um folgende Daten ergänzt: Vermerk der hierarchischen Stufe, auf welcher die Stelle eingeordnet ist; Nennung des Stellenvertreters des Stelleninhabers; Geburtsdatum des Stelleninhabers; Eintrittsdatum des Stelleninhabers in den Betrieb; Zahl der direkten und indirekten Untergebenen (Beispiel in Abb. 50/Anhangband).

Funktionendiagramm

Das Funktionendiagramm verknüpft die Aufgaben eines Betriebs mit seinen Stellen. Es kann als matrizenähnliche Dokumentation von Stellen, Aufgaben und Funktionen bezeichnet werden. Ein Funktionendiagramm besteht im wesentlichen aus drei Komponenten[99]: Aufgabenkatalog (Auflistung der Einzelaufgaben), Stellenverzeichnis (beinhaltet in der Regel höhere und mittlere Kaderstellen sowie wichtige Spezialistenstellen), Funktionen (Umschreibung der Tätigkeit, mit der eine Stelle zur Aufgabenerfüllung beiträgt).

Das Funktionendiagramm zeigt auf, welche Stellen oder Personen an der Lösung einzelner Aufgaben mitwirken. Die im Schnittpunkt der Zeilen (Sachaufgaben) und Kolonnen (beteiligten Stellen) enthalten Funktionen sollten in einer gemeinsamen Aussprache aller einbezogenen Stelleninhaber vergeben werden. Die *horizontale Leseart* zeigt die Arbeitsteilung bei der Erfüllung einer Aufgabe (innerbetriebliche Koordination und Zusammenarbeit). Aus der *vertikalen Leseart* resultiert der gesamte Aufgabenbereich des betreffenden Stelleninhaberrs (Kurzform seiner Stellenbeschreibung).

Der *Aufgabenkatalog* bildet die Grundlage des Funktionendiagramms. Es wird von bestimmten Basis-Aufgaben ausgegangen, die dann an die spezifischen Verhältnisse angepasst werden. Bei dieser Anpassung sind folgende Punkte zu beachten:

- Vollständigkeit: Sind tatsächlich alle Aufgaben enthalten, die laufend oder periodisch zu erfüllen sind?
- Detaillierungsgrad: Enthält er Aufgaben, die zu wenig konkretisiert bzw. unbedeutend sind?
- Verständlichkeit: Sind alle Aufgaben mit den im jeweiligen Betrieb geltenden Begriffen umschrieben?
- Systematik: Ist der Aufgabenkatalog logisch und klar gegliedert, so dass die einzelnen Aufgaben ohne Mühe aufgefunden werden können?

Die Verwendbarkeit und der Erfolg eines Funktionendiagramms hängen entscheidend von der Qualität der Basis-Aufgaben-Liste ab, die bei der Erarbeitung des Aufgabenkatalogs benutzt wird.

In einem zweiten Schritt muss entschieden werden, welche *Stellen* in das Funktionendiagramm einbezogen werden sollen. Dies setzt voraus, dass über die Aufbaustruktur Klarheit herrscht. Das Stellenverzeichnis ist keine Abbildung des Organigramms und sollte einen bestimmten Umfang nicht überschreiten. Stellen, die gleiche Aufgaben erfüllen, werden zusammengefasst. Um das Funktionendiagramm nicht zu «überladen», erweist es sich in vielen Fällen als zweckmässig, stufenweise vorzugehen.

So kann in grösseren Krankenhäusern ein Funktionendiagramm erster Stufe geschaffen werden, in dem neben den zuständigen politischen Instanzen und den Gremien

99 vgl. Häfeli

der Gesamtleitung die wichtigsten Bereichsleiter figurieren. In einem weiteren Schritt sind dann die Funktionendiagramme zweiter Stufe zu erarbeiten, die beispielsweise die Führungskräfte eines Departementes oder einer Klinik sowie die unterstützenden zentralen Spitaldienste beinhalten. Beim stufenweisen Vorgehen ist darauf zu achten, dass die Funktionendiagramme sich nicht gegenseitig überlappen.

Die *Funktionen* stellen das eigentliche Bindeglied zwischen Aufgaben und Stellen dar. Sie zeigen an, auf welche Weise eine Stelle bei der Erfüllung einer bestimmten Aufgabe mitwirkt. Die im Funktionendiagramm mit Abkürzungen oder Symbolen bezeichneten Einzelfunktionen sind aus dem Führungsprozess abgeleitet. In der Regel werden folgende Funktionen unterschieden:

I = Initiativfunktion: Anregen, Initiieren, Impulse geben.
P = Planungsfunktion: Analysieren, Planen, Entscheidungen vorbereiten;
E = Entscheidungsfunktion: Entscheidungen treffen (Em = Mitentscheidung; Eg = Entscheidung in Grundsatzfragen usw.);
M = Mitsprachefunktion: Mitsprechen, Mitberaten, Anträge stellen;
O = Anordnungsfunktion: Mitarbeiter zum Handeln veranlassen;
A = Ausführungsfunktion: Zugewiesene Arbeit ausführen;
K = Kontrollfunktion: Arbeitsergebnisse und/oder Arbeitsverhalten anderer Aufgabenträger kontrollieren (wird nur aufgeführt, sofern die Kontrollfunktion über die übliche Kontrollaufgabe hinausgeht).

Die Funktionen, die einer Stelle zugeordnet werden, hängen in erster Linie von der Art der Aufgaben und von der Position der Stelle in der Aufbaustruktur ab. Einer Stelle können pro Aufgabe mehrere Funktionen zugeordnet werden. Häufig ist am rechten Rand des Formulars eine Spalte für «Bemerkungen» vorhanden, in der gewisse Regelungen ergänzt oder präzisiert werden können, sei es durch genauere Umschreibungen oder durch Verweis auf andere Führungsinstrumente und Dokumente. Das Funktionendiagramm kann wie die Stellenbeschreibung als Organisations- und Führungsmittel eingesetzt werden. Seine Vorzüge sind insbesondere:

- Es eignet sich in hohem Masse für komplexe Organisationen, in denen verschiedenartige Bereiche zu koordinieren sind und vielfältige Formen der Zusammenarbeit auftreten. Es ist aufgaben- und nicht primär stellenbezogen; es vermag deshalb neben den Aufgaben des einzelnen Stelleninhabers vor allem das Zusammenwirken zwischen den Stellen aufzuzeigen.
- Es ermöglicht eine klare, anschauliche und eindeutige Abgrenzung von Aufgaben und Kompetenzen und trägt damit zu einer Verminderung von Reibereien und Konflikten bei.
- Im Vergleich zu anderen Organisationsinstrumenten ist der Zeitaufwand für die Überarbeitung eines in standardisierter Form vorliegenden Aufgabenkataloges und für die Erstellung des Funktionendiagramms gering.
- Im Laufe der Erarbeitung eines Funktionendiagrammes kommt es zu wertvollen Lerneffekten. Da die Funktionen erst durch kooperatives Bemühen der betroffenen Stelleninhaber zugeteilt werden können, gehen die gewählten organisatorischen Regelungen gut ins Bewusstsein der Teilnehmer ein. Zudem werden durch die Diskussionen auch Aufgaben und Probleme anderer Instanzen und Stellen ausserhalb des eigenen Tätigkeitsfeldes beleuchtet.

- Eine Anpassung an veränderte organisatorische oder personelle Bedingungen ist leicht möglich.

Das Funktionendiagramm kann die Stellenbeschreibung insofern nicht ersetzen, als die organisatorische Eingliederung und die Stellvertretungsverhältnisse der aufgeführten Stellen nebst der genauen Umschreibung der Aufgaben und Kompetenzen fehlen. Zusätzlich zum Funktionendiagramm empfiehlt sich daher die Erarbeitung von Stellenbeschreibungen. Da nur Positionen auf mittleren und höheren hierarchischen Ebenen in ein Funktionendiagramm aufgenommen werden sollen, stellt sich die Frage, wie die Tätigkeitsgebiete unterer Kader und ausführender Stellen geregelt werden können. Die Erfahrung zeigt, dass es auf dieser Ebene vollauf genügt, einfach und präzis gehaltene Stellenbeschreibungen bzw. Aufgabenlisten auszuarbeiten.

Bei der *Einführung* des Funktionendiagramms ist dem Motivationsproblem gebührend Beachtung zu schenken. Denn nur ein von allen betroffenen Instanzen und Mitarbeitern akzeptiertes Instrument kann voll wirksam werden. In der Praxis hat sich etwa folgendes Vorgehen als zweckmässig erwiesen:

- Orientierung der zuständigen Instanzen über Sinn, Zweck, Aufbau, Möglichkeiten und Grenzen des Funktionendiagramms; Klärung von Fragen der Aufbauorganisation; Bezeichnung der Bereiche und Stellen, die in das Funktionendiagramm einbezogen werden.
- Orientierung aller Beteiligten über das System und das Vorgehen durch Organisator.
- Betriebsspezifische Anpassung des Basis-Aufgabenkatalogs durch die betroffenen Stelleninhalber unter Anleitung des Organisators.
- Verteilung der Funktionen an einer gemeinsamen Sitzung unter der Leitung des Organisators.
- Überprüfung der getroffenen Lösungen durch die Beteiligten mittels einer Vernehmlassung.
- Ausarbeitung, Verabschiedung und Inkraftsetzung der bereinigten Fassung.
- Periodische Überprüfung und nötigenfalls Anpassung der im Funktionendiagramm enthaltenen Regelungen.

In Abbildung 51/Anhangband ist ein Funktionendiagramm mit Abkürzungen, in Abbildung 52/Anhangband eines mit Abkürzungen und Rangstufen und in Abbildung 53/Anhangband eines mit Symbolen aufgeführt.

Stellenbeschreibung

Die Stellenbeschreibung (= Pflichtenheft = Job Description) orientiert sich an der (Ein-Personen-)Stelle als der kleinsten organisatorisch bedeutsamen Einheit. Durch die Stellenbeschreibung werden unabhängig vom jeweiligen Stelleninhaber alle wesentlichen Merkmale einer Stelle schriftlich, verbindlich und in einheitlicher Form festgelegt. Auf dieses wichtige Organisations- und Führungsinstrument wird in Abschnitt 68 gesondert eingegangen. Von der Stellenbeschreibung zu unterscheiden ist die Arbeitsplatzbeschreibung, die der arbeitswissenschaftlich-analytischen Untersuchung von Arbeitsplätzen dient.

672 Dokumentation der Ablaufstruktur

Je nach Art des Arbeitsablaufs und dem speziellen Zweck der Dokumentation werden in der Ablaufdarstellung unterschiedliche Merkmale der Ablaufstruktur hervorgehoben[100]:
- im Arbeitsablaufplan: Art und Reihenfolge der Tätigkeiten
- im Materialflussplan/Verkehrsplan/Beleglaufplan: die räumlichen Verhältnisse eines Arbeitsablaufs und die Objektbeziehungen
- im Datenflussplan: die logische Struktur von Prozessen der Informationsverarbeitung
- im Harmonogramm: die zeitliche Struktur hintereinander geschalteter oder überlagerter Arbeitsgänge in zeitmassstäblicher Abbildung
- im Netzplan: die logisch bzw. technisch bedingte Reihenfolge der Tätigkeiten und ihre Beziehungen

Aus der Vielfalt der verwendeten Ablaufdarstellungen werden im folgenden nur diejenigen herausgegriffen und besprochen, die in die organisatorische Praxis des Krankenhauses Eingang gefunden haben.

Arbeitsablaufplan

Der Arbeitsablaufplan (= Arbeitsablaufdiagramm) ist eine Kombination zwischen tabellarischer und symbolischer Darstellungstechnik. Er stellt einen Arbeitsprozess, gegliedert in einzelne Arbeitsteile dar und bringt deren zeitliche Aufeinanderfolge zum Ausdruck. Für Tätigkeiten oder Sachen, die entweder in einem Ablauf wiederholt auftreten oder in verschiedenen Abläufen immer wieder vorkommen, werden Symbole verwendet. Diese weichen bei verschiedenen Autoren voneinander ab. Die AMA (American Management Association) verwendet die Symbole, die in Abbildung 55/Anhangband verwendet sind.
Zusätzlich zur zeitlichen Aufeinanderfolge der Arbeitsteile kann noch deren Verteilung auf die veschiedenen Stellen festgehalten werden. Ein Beispiel soll dies veranschaulichen[101]. In diesem Beispiel geht es um den Arbeitsablaufplan einer Inserataufgabe (Abb. 54/Anhangband): In der Röntgenabteilung wird eine Röntgenassistentin benötigt. Die Abteilungsleiterin meldet dem leitenden Arzt den Bedarf. Der Arzt erstellt ein Anforderungsprofil. Anhand dieses Profils entwirft die Personalabteilung einen Inserattext. Eine interne Werbestelle besorgt die grafische Gestaltung. Die Personalabteilung lässt das Inserat in bestimmten Zeitungen erscheinen.
Ein solcher Arbeitsablaufplan wird in der Praxis vor allem dazu dienen, die Belastung einzelner Stellen und die Zweckmässigkeit der einzelnen Arbeitsteile eines Ablaufs zu überprüfen. Ein weiteres Beispiel eines Arbeitsablaufplans findet sich in Abbildung 55/Anhangband.

---

100 vgl. Schwarz (1970)
101 vgl. Ulmann (o. J.)

Materialflussplan

Der Materialflussplan stellt generell den Weg von Gegenständen dar. Hier stehen also die räumlichen Verhältnisse eines Arbeitsablaufs im Vordergrund des Interesses. Als Grundlage einer solchen Ablaufdarstellung empfiehlt es sich, einen massstäblichen Grundrissplan zu verwenden, in den alle Stationen des Transportablaufs eingezeichnet werden können. Als Beispiel ist im Anhang der Transportablaufplan «Auswärtige Verpflegung» aufgeführt (Abb. 56/Anhangband). Der Transportablaufplan kann verwendet werden, um die Zweckmässigkeit bestimmter Transportwege zu überprüfen, um minimale Transportwege einzurichten oder um eine Layout-Planung durchzuführen (lay-out, engl.: Auslage), d.h. eine Planung der Anordnung von Arbeitsplätzen, Maschinen usw. im Arbeitsraum.

Datenflussplan

Der Datenflussplan ist die derzeit am häufigsten eingesetzte Dokumentationstechnik für Abläufe. Obwohl er besonders für Abläufe der Elektronischen Datenverarbeitung entwickelt wurde, kann er auch für alle anderen Abläufe gut verwendet werden. Zwei Beispiele von Datenflussplänen und die nach DIN 66001 gebräuchlichen Symbole sind in Abbildung 57/Anhangband dargestellt.

Formularflussplan

Mithilfe der Darstellungstechnik des Datenflussplanes werden auch sogenannte Formularflusspläne erarbeitet, in denen der Fluss eines Formulars von Stelle zu Stelle sowie die Art der Bearbeitung festgehalten wird. Formulare sind im modernen Krankenhaus zu einem der wesentlichsten Hilfsmittel geworden – aber gelegentlich auch zu einer Fehlerquelle. Der Verwendungszweck eines Formulars, die richtige Reihenfolge der bearbeitenden Stellen, die Übertragung von Daten aus Formularen auf andere Schriftstücke usw. sind aus organisatorischer Sicht von grosser Bedeutung. Solche teilweise recht komplizierten Sachverhalte und Abläufe werden mithilfe grafischer Darstellungen oft ohne weiteres verständlich. Als Beispiel findet sich in Abbildung 58/Anhangband der Formularflussplan «Eintrittsmeldung».

Balkendiagramm

Balkendiagramme sind aufgrund ihrer Anschaulichkeit und einfachen Handhabung weit verbreitet. Sie stellen Zeitbänder (Balken) in einem Koordinatensystem dar, auf dessen Abszisse (horizontale Achse) eine Zeiteinteilung angebracht ist, während die Ordinate (vertikale Achse) Teilaufgaben bzw. -aktivitäten, Bearbeitungsstellen usw. enthält. In der entsprechenden Zeile werden die Zeitbänder vom Beginn des Vorgangs bzw. der Belegung bis zu deren Ende ausgezogen. Balkendiagramme treten in zwei Varianten auf: als Arbeitsfortschrittsplan und als Kapazitäts-Auslastungsplan. Werden in der Vorspalte der Ordinate die verschiedenen Aufgabenträger eingetragen, so ergibt sich ein Kapazitäts-Auslastungsplan wie er in Abbildung 59/Anhangband abgebildet ist. Ein solcher Plan verdeutlicht in der Vertikalen die kapazitive Auslastung der Aufgabenträger zu einem bestimmten Zeitpunkt und in der Horizontalen die zeitliche Belastung einzelner Aufgabenträger durch bestimmte Aufgaben.

Netzplan

Mit den herkömmlichen Formen der zeitgebundenen Darstellung von Arbeitsabläufen (z.B. Balkendiagramm) ist es zwar möglich, den Zeitverbrauch einzelner Arbeitsgänge sowie die Reihenfolge und Dauer einfacher (linearer) Arbeitsgangfolgen aufzuzeigen, sie sind jedoch nicht geeignet, die gegenseitigen Abhängigkeiten der Aktivitäten innerhalb eines Tätigkeitskomplexes abzubilden. Zur Darstellung solcher komplexer Prozessstrukturen wurde die Netzplantechnik entwickelt. Ein Netzplan ist die Darstellung der *Abläufe eines Projektes und ihrer gegenseitigen Abhängigkeiten* in graphischer, tabellarischer und algebraischer Form. Er enthält die zur Realisation eines Projektes wesentlichen Vorgänge und Ereignisse sowie ihre logischen und zeitlichen Abhängigkeiten.

Ein *Vorgang* ist ein zeitforderndes Geschehen mit definiertem Anhang und Ende, z.B. die Ermittlung und Analyse des organisatorischen Ist-Zustandes. Jeder Vorgang wird zeitlich durch zwei Ereignisse begrenzt, sein Anfangs- und sein Endereignis. Ein *Ereignis* ist das Eintreten eines definierten *Zustandes*. Jeder Netzplan besteht aus einer Anzahl von Vorgängen und Ereignissen, die zu einer Ablaufstruktur geordnet sind. Nach dem Schwerpunkt der Darstellung unterscheidet man tätigkeitsorientierte und ereignisorientierte Netzpläne.

Im tätigkeits- (vorgangs-)orientierten Netzplan, wird jeder Vorgang durch einen Pfeil und jedes Ereignis durch einen Kreis dargestellt. Ein *Vorgang verbunden mit seinem Anfangs- und Endereignis* wird als *Netzplanelement* bezeichnet. Durch die Richtung der Tätigkeitspfeile wird der zeitliche Ablauf des Projekts angezeigt. Die Ereignisse werden fortlaufend numeriert, wobei das Anfangsereignis die Nummer 0, das Endereignis die höchste vorkommende Nummer erhält. Die Tätigkeiten/Vorgänge werden manchmal im Netzplan selbst durch Stichworte bezeichnet. Bei komplizierten Plänen werden sie der besseren Übersichtlichkeit wegen auf einer separaten Liste aufgeführt. Bei jedem Vorgang wird die erforderliche Zeit in Zahlen angegeben.

Der Netzplan kommt bei der Durchführung grösserer Projekte (z.B. Spitalneubau) zur Anwendung, d.h. überall dort, wo viele Arbeitsgänge notwendig sind, die teilweise nebeneinander, teilweise nacheinander verlaufen und die voneinander abhängig sind. So können z.B. bei einem Spitalneubau die Malerarbeiten erst begonnen werden, wenn die Gipserarbeiten beendigt sind, diese wiederum erst, nachdem der Elektriker seine Leitungen verlegt hat usw. Ein einfacher Netzplan findet sin in Abbildung 60/Anhangband.

Arbeitsübersichtsplan

Der Arbeitsübersichts- und Kontrollplan für Pflegestationen/-gruppen (Abb. 61/Anhangband) gibt – mit deutlicher Visualisierung – eine Übersicht über[102]:

- Anzahl Patienten und evtl. freie Betten
- Anzahl Aufstehpatienten/bettlägrige Patienten mit unterschiedlichen Abhängigkeitsstufen
- den patientenbezogenen Arbeitsanfall/Tag
- die pflegerischen Arbeiten bei den einzelnen Patienten/Tag

---

[102] Reimann (1980)

- einmalige Verordnungen/Anordnungen in einer Vorausschau von einer Woche (z.B. Entlassung, Operation, Röntgen, EKG)
- Arbeitsanhäufungen an bestimmten Tagen
- die Arbeitsdurchführung (Kontrolle der durchgeführten Verordnungen)

Der Plan kann noch erweitert werden, indem Personalsymbole verwendet werden, mit deren Hilfe die Arbeitsverteilung vorgenommen wird, so dass auch deutlich wird, welcher Mitarbeiter welche Arbeiten zu erledigen hat.
Zur Handhabung: Der Plan wird bei der Dienstübergabe im Beisein beider Schichten kontrolliert und auf den neuesten Stand gebracht. Visitenanordnungen oder Veränderungen in der Pflegesituation der Patienten werden eingetragen (z.B. «Patient kann jetzt aufstehen»). Es wird festgestellt, ob alle Arbeiten bereits getan sind und was der Nachmittag- bzw. Nachtdienst noch machen muss.

673 Dokumentation der Beziehungsstruktur

Da die Kommunikation zwischen den einzelnen Stellen des Betriebs zentrale und fundamentale Bedeutung besitzt, spielt auch ihre Darstellung eine wichtige Rolle (wird aber in der Praxis leider oft stark vernachlässigt). Zur Dokumentation der Kommunikation werden Kommunikationstabellen, -matrizen und -diagramme verwendet, die man zusammengefasst als Kommunigramme bezeichnen kann.

Kommunikationstabelle

Die Kommunikationstabelle ist für die Ist-Aufnahme und Analyse von Kommunikationsbeziehungen bestimmt. Sie nimmt in ihren Feldern die Kommunikationsarten (Spalten) verschiedener Stellen (Zeilen) unter Angabe von Häufigkeit und zeitlicher Beanspruchung auf.

Kommunikationsmatrix

Eine Kommunikationsmatrix kann in der normalen viereckigen Tabellenform oder dreieckig angelegt werden. Diesen Darstellungen liegt jeweils eine Auflistung aller am Kommunikationsprozess beteiligten Stellen zugrunde. In Abbildung 62/Anhangband sind drei Formen der Kommunikationsmatrix vermerkt: Das erste Beispiel zeigt eine Matrix, in der die Anzahl Kommunikationsvorgänge zwischen verschiedenen Abteilungen festgehalten sind; im zweiten Beispiel ist angegeben, ob zwischen den untersuchten Stellen eine Kommunikationsbeziehung besteht (1) oder nicht (0); die dritte Matrix enthält die Anzahl Kommunikationsstunden pro Woche, die von verschiedenen Stellen/Vorgesetzten zur Kommunikation eingesetzt wurden.

Kommunikationsdiagramm

Mit Kommunikationsdiagrammen kann die Gesamtheit der zwischen den Stellen bestehenden Kommunikationsbeziehungen abgebildet werden. Sie treten in zwei unterschiedlichen Darstellungsformen auf: in Kreisform und in Viereckform. Im Kreisdiagramm sind die am Kommunikationsprozess beteiligten Stellen ringförmig angeordnet und die zwischen ihnen bestehenden Kommunikationsbeziehungen durch Linien unterschiedlicher Stärke gekennzeichnet. Die Stärke der Linien dient dabei als Mass für die Kommunikationsdauer, -häufigkeit oder -intensität. Im Kreisdiagramm in Abbildung 63/Anhangband ist die Kommunikationszeit in Stunden pro Monat zwischen den betreffenden Stellen festgehalten. Das Kreisdiagramm ermöglicht vor allem einen schnellen Überblick über die bestehenden Kommunikationsbeziehungen. Das in Abbildung 63/Anhangband wiedergegebene Kommunikationsdiagramm in Viereckform bringt in der unteren Hälfte der Matrix die Gesamtdauer der Kommunikation zwischen den jeweils aufgeführten Stellen und in der oberen Hälfte zusätzlich die Häufigkeit, mit der die Stellen kommunizieren, zum Ausdruck. Die Zahlenangaben in den Feldern der Matrix können natürlich statt Kommunikationshäufigkeit oder Kommunikationsdauer auch die Kommunikationswege zum Ausdruck bringen.

674 Dokumentation informaler Strukturen

Die informalen Strukturen sind weitgehend durch emotionales Verhalten bestimmt, d.h. durch Sympathie, Antipathie oder Indifferenz. Aufgrund dieser drei Kriterien gelang es mithilfe der Soziometrie, soziale Beziehungen sichtbar zu machen. Zwei Darstellungsformen haben für die Organisation Bedeutungen erlangt: das Soziogramm und die Soziomatrix.

Soziogramm

Im Soziogramm werden die emotionalen Beziehungen zwischen Individuen in der Regel nach den drei Kriterien Anziehung (Sympathie), Abstossung (Antipathie) und Gleichgültigkeit (Indifferenz) dargestellt. Hiezu werden bestimmte Symbole verwendet. Unterschiedliche gegenseitige Beziehungen werden durch gegenläufige Pfeile dargestellt. In Abbildung 64/Anhangband ist das Soziogramm einer Arbeitsgruppe mit fünf Mitgliedern aufgeführt.

Soziomatrix

In der Soziomatrix können in die Zeilen und Spalten Personen eingetragen und durch Zeichen (+ = Sympathie, - = Antipathie, 0 = Indifferenz) ihre Beziehungen unter bestimmten Gesichtspunkten dargestellt werden. Ein einfaches Beispiel zeigt Abbildung 65/Anhangband. Erläuterung: In einer Gruppe von sechs Mitgliedern soll jedes eines der Mitglieder nennen, mit denen es am liebsten die Ferien verbringen möchte, und ein Mitglied nennen, mit dem es am wenigsten gern in die Ferien fahren möchte. Sympathie wird durch ein +, Antipathie durch ein - und Indifferenz durch eine 0 dargestellt. Die Analyse der Spalten und Zeilen ergibt deutliche Hinweise. So zeigt sich die grosse Beleibtheit von C und A, die absolute Indifferenz gegenüber D und die ausgeprägte Abneigung gegenüber E und F, die auch untereinander sich nicht verstehen (E lehnt F ab, und F lehnt E ab).

675   Zusammenfassende Dokumentation

In diesem letzten Abschnitt soll noch auf zwei übergreifende Dokumentationsformen hingewiesen werden: die Organisations-Richtlinie und das Organisations-Handbuch.

Organisationsrichtlinien

Organisationsrichtlinien sind betriebliche Veröffentlichungen mit verbindlichen organisatorischen Regelungen. Sie werden meist von der Organisationsabteilung erstellt, zumindest jedoch von ihr veröffentlicht. Die Veröffentlichung sollte mithilfe eines systematisierenden Formulars erfolgen und eine Numerierung aufweisen, die einen klassifizierenden Teil enthält, um damit die Archivierung der Richtlinien zu erleichtern.

Eine Organisationsrichtlinie sollte folgenden Inhalt haben: Benennung gemäss dem organisatorischen Inhalt, Richtliniennummer, Herausgabedatum, Gültigkeitsdatum, Verteiler, Bezeichnung der Richtlinien, welche durch die neue Richtlinie ihre Gültigkeit verlieren, Richtlinieninhalt, Unterschrift des zuständigen Bereichsleiters, Unterschrift des Organisationsleiters bzw. der für Organisationsfragen zuständigen Person.

Um den Charakter der organisatorischen Verbindlichkeit und Aktualität von Organisationsrichtlinien zu erhalten, ist es notwendig, diese auf dem aktuellen Stand zu halten, d.h. sie laufend anzupassen.

Organisationshandbuch

Das Orgnaisationshandbuch stellt eine gegliederte Zusammenfassung der allgemein gültigen organisatorischen Regelungen und Vorschriften dar. Es soll der Sicherung der gestalteten Organisation, der Verdeutlichung der Betriebsziele, als Nachschlagewerk und als Instrument zur Durchsetzung eines bestimmten Führungsstils dienen. Das Organisationshandbuch sollte möglichst *übersichtlich gegliedert* sein. Dazu dient ein klassifizierendes Nummernsystem, das in gleicher Weise bei den Organisationsrichtlinien angewendet wird. Damit ist sichergestellt, dass die nachfolgend herausgegebenen Richtlinien problemlos in das Organisationshandbuch eingefügt werden können.

Ein Organisationshandbuch kann folgenden Aufbau haben:

Einleitung: Im ersten Teil eines Organisationshandbuches sind eingeordnet: Inhaltsverzeichnis, Vorwort, Benutzungsanleitung.

Allgemeiner Teil: In diesem nur indirekt zur Organisation gehörenden Teil werden häufig veröffentlicht: Betriebsziele, Betriebspolitik, Betriebsgrundsätze, Arbeitsordnung.

Aufbauorganisation: Der die Aufbauorganisation betreffende Teil sollte enthalten: Organigramm, Stellenbesetzungspläne, Funktionendiagramme, Unterschriftenregelungen, Lagepläne.

Ablauforganisation: Neben allen ablauforganisatorischen Arbeitsanweisungen sollte dieser Teil auf jeden Fall enthalten: Reise- und Spesenordnung, Kassenordnung, Benutzerordnung des Rechenzentrums.

Beziehungsorganisation: In diesem Teil ist neben dem allgemeinen Leitbild der Kommunikation folgendes enthalten: Kommunikationstabellen, Kommunikationsmatrizen, Kommunikationsdiagramme.
Projektorganisation: Hier sollten alle wesentlichen Regelungen der Projektorganisation enthalten sein: Allgemeine Projektorganisation, Laufende Projekte.
Verzeichnisse: In diesem Teil sollten alle häufig gebrauchten Verzeichnisse des Betriebes mit Ausnahme des Telefonverzeichnisses eingeordnet sein: Kontenplan, Kostenartenplan, Kostenstellenverzeichnis, Kostenträgerplan, Kurzeichenverzeichnis, Lagerverzeichnis, Formularverzeichnis, Fachwörterverzeichnis.
Anhang: Im abschliessenden Anhang des Organisationshandbuches können Aufnahme finden: Sachwortverzeichnis, Änderungsnachweis.

Das Organisationshandbuch sollte bei jeder Stelle vorhanden sein.

68 Stellenbeschreibung – ein wertvolles Führungsinstrument

Das Ziel des Krankenhauses besteht darin, seine Patienten optimal zu versorgen. Dieses Ziel kann nur erreicht werden, wenn alle Vorgesetzten und Mitarbeiter ihre Aufgabe, die sie im Rahmen der Gesamtaufgabe zu erfüllen haben, genau kennen und genau wissen, was von ihnen erwartet wird. Wenn nicht klar feststeht, was der einzelne zu tun hat, ist dieser nicht in der Lage, sein ganzes Wissen und Können zur Erfüllung seiner Aufgabe einzusetzen.
Sind die Kompetenzen der einzelnen Stelleninhaber nicht eindeutig definiert, kommt es zu mangelhaften Arbeitsergebnissen, Reibereien und Konflikten. Wo nicht klar ist, wer wofür die Verantwortung trägt, können sich fatale Folgen zeigen. Die eindeutige Umschreibung von Aufgaben, Kompetenzen und Verantwortung ist nur einer unter mehreren Bereichen, in denen die Stellenbeschreibung wertvolle Dienste leisten kann.

681 Begriff und Ziele der Stellenbeschreibung

Eine Stellenbeschreibung ist «die schriftliche, verbindliche und in einheitlicher Form abgefasste Festlegung der Eingliederung einer Stelle in den Organisationsaufbau, ihrer Ziele, Aufgaben, Kompetenzen und Verantwortlichkeiten sowie ihrer wichtigsten Beziehungen zu anderen Stellen»[103]. An anderer Stelle wird die Stellenbeschreibung definiert als «Darstellung des Stelleninhaltes durch genaue Formulierung der Aufgaben, Kompetenzen und Verantwortung bezogen auf die Gliederungsmerkmale (Aufgabenbild), Darstellung der persönlichen Anforderungen an den Stelleninhaber (Besetzungsbild), Angabe der instanziellen Beziehungen des Stelleninhabers innerhalb des Leitungsaufbaus des Betriebes (Instanzenbild) und Angabe der Kommunikationsbeziehungen ausserhalb der formalen Autoritätsstruktur (Kommunikationsbild)»[104].

103 Acker (1969)
104 Akademie (1971)

Im Unterschied zur Stellenbeschreibung umfasst die *Arbeitsplatzbeschreibung* die schriftliche Darstellung der Tätigkeiten, die an einem Arbeitsplatz durchzuführen sind; sie dient der arbeitswissenschaftlich-analytischen Untersuchung von Arbeitsplätzen mit dem Ziel der richtigen Bewertung und Einstufung.

Die *Einsatzmöglichkeiten* bzw. die *Ziele,* die mit Stellenbeschreibungen verfolgt werden, sind vielfältig. Die Stellenbeschreibung soll:

- *die Transparenz erhöhen:* Die durch die einzelne Stelle zu erfüllenden Aufgaben, die ihr zugeteilten Kompetenzen und Verantwortlichkeiten, die hierarchischen Über- und Unterordnungsverhältnisse sowie die individuellen Handlungsspielräume werden für den einzelnen Stelleninhaber und die gesamte Organisation klar erkennbar und Zusammenhänge verstehbar.
- *zur Überprüfung und Verbesserung der Organisationsstruktur beitragen:* Aufgrund der Stellenbeschreibung können organisatorische Strukturen auf ihre Wirksamkeit hin überprüft werden; so lassen sich ineffiziente Strukturen erkennen und damit vereinfachen, verbessern oder beseitigen.
- *die Stellenbesetzung erleichtern:* Die klare Festlegung der Anforderungen an den Stelleninhaber hilft bei der Anwerbung von Personal, bei der innerbetrieblichen Stellenausschreibung, bei der Auswahl und bei der Einarbeitung von neuen Mitarbeitern. Auch die Analyse des Personalbedarfs wird erleichtert.
- *die Kontrolle objektivieren:* Klar umschriebene Aufgaben (wenn möglich: präzis formulierte Ziele und Leistungsstandards) geben die Möglichkeit, den Grad ihrer Erfüllung eindeutig und objektiv festzustellen sowohl im Rahmen der Selbst- wie auch im Rahmen der Fremdkontrolle.
- *die Beurteilung ermöglichen:* Wenn nicht klar ist, was der einzelne genau zu tun hat, kann sein Tun auch nicht beurteilt werden. Die Stellenbeschreibung stellt eine wichtige Grundlage für die Mitarbeiterbeurteilung dar und damit auch für die Beförderung dar.
- *die Förderung erleichtern:* Aufgrund der formulierten Stellenanforderungen werden allfällige Lücken im Wissen und Können des Stelleninhabers sichtbar, die dann durch gezielte Förderung und Schulung angegangen werden können. Neben Ausbildungsbedürfnissen werden auch Aufstiegsmöglichkeiten erkennbar.
- *die Führung erleichtern:* Der Vorgesetzte wird von der Aufgabe entlastet, seinem Mitarbeiter dauernd Anweisungen und Anordnungen geben zu müssen; dem Mitarbeiter ist ein klar umschriebenes Aufgabengebiet zur selbständigen Bearbeitung zugewiesen. Aufgrund der personenunabhängigen Formulierung von Erwartungen kommt es zu einer «Versachlichung der Herrschaft», was die Vorgesetzten-Mitarbeiter-Beziehung von Spannungen befreit.
- *die Arbeitsplanung erleichtern:* Indem generalisierte, personenunabhängige Rollenerwartungen festgelegt sind, können (Arbeits-)Verhaltensprozesse besser geplant werden.
- *zu hoher Leistung motivieren:* Die Umschreibung der Arbeitsaufgabe und ihrer Eingliederung in den gesamten Aufgabenzusammenhang kann dazu beitragen, dass die Aufgabe als strukturiertes Ganzes wahrgenommen wird, dem im Hinblick auf die Erfüllung der Gesamtaufgabe wesentliche Bedeutung zukommt. Eine entsprechend konstruierte Stellenbeschreibung ist zudem eine Herausforderung an Wollen und Können des Stelleninhabers. Beides trägt zu einer erhöhten Leistungsmotivation bei.

- *die Arbeitszufriedenheit erhöhen:* Eine klar erkennbare, geschlossene Arbeitsaufgabe trägt in hohem Masse zur Zufriedenheit bei. Die klare Umschreibung der Aufgaben macht dauernde Eingriffe des Vorgesetzen in den Realisationsprozess überflüssig. Damit wird die Arbeitsaufgabe als «gute Gestalt» wahrgenommen, was Zufriedenheit und Verantwortungsbewusstsein entstehen lässt.
- *die Zusammenarbeit verbessern:* Indem gegenseitige Erwartungen und (formale) Beziehungen geklärt werden, kann mittels der Stellenbeschreibung Einfluss auf das Informations- und Kommunikationsverhalten genommen werden.

Wieweit mit der Stellenbeschreibung diese Ziele erreicht werden, hängt nicht nur von ihrem Inhalt und ihrer Aktualität, sondern in entscheidendem Masse auch vom Kontext ab, in dem sie sich befindet: Die Stellenbeschreibung ist Teil eines umfassenden Systems von Führungs- und Organisationsinstrumenten, die sich gegenseitig beeinflussen.

So wird beispielsweise das jeweilige Beurteilungssystem sich mehr oder weniger stark auf die Stellenbeschreibung beziehen und umgekehrt die Stellenbeschreibung sich mehr oder weniger spezifisch an der Mitarbeiterbeurteilung orientieren.

Dass die Wirksamkeit der Stellenbeschreibung als Führungsinstrument entscheidend davon abhängt, in wessen Händen sich dieses Instrument befindet, liegt auf der Hand: Eine Stellenbeschreibung wird – je nachdem, ob sie im Rahmen einer autoritären oder einer kooperativen Führung eingesetzt wird – nicht bloss anders aussehen und andere Zwecke in den Vordergrund stellen, sondern auch recht unterschiedliche Wirkungen haben.

Die Stellenbeschreibung bedeutet eine Bestrebung zur Strukturierung der Arbeitsaufgabe: Statt zur Ausführung von Aufträgen, die dem Mitarbeiter von Fall zu Fall aufgrund seiner Fähigkeiten übertragen werden, erhält er durch dieses Führungsinstrument einen umschriebenen Aufgabenbereich zugewiesen, für den er verantwortlich ist. Ein weiterer Schritt in dieser Richtung besteht in der «Führung durch Zielvereinbarung»: Hier erfährt die Aufgabenerfüllung noch eine genauer bestimmte Ausrichtung, nämlich auf die Ziele, die im Aufgabenbereich des Mitarbeiters liegen und deren Erreichung seine Tätigkeit zu dienen hat.

682 Inhalt der Stellenbeschreibung

Den Grundinhalt einer Stellenbeschreibung bilden meist folgende Punkte: Bezeichnung der Stelle (inkl. Stellvertretung), Unter- und Überordnungsverhältnisse, Zielsetzung der Stelle, Aufgaben, Kompetenzen, Richtlinien, Arbeitskontakte (Zusammenarbeit mit anderen Stellen), Informationen, Unterschriften.

Im folgenden sollen diese Punkte im Rahmen eines möglichen Aufbaus einer Stellenbeschreibung näher erörtert werden (die Numerierung bezieht sich auf das methodische Modell für die Entwicklung von Stellenbeschreibungen in Abbildung 145 Anhangband).

105 vgl. Acker (1969)

0. Bezeichnung der Stelle: Der «Formularkopf» einer Stellenbeschreibung enthält in der Regel folgende Informationen (Abb. 230):

- *Funktion:* Jede Stelle ist mit einer Bezeichnung zu versehen und im Organisationsplan (Organigramm) festzuhalten.
- *Bereich:* Name der Abteilung bzw. des Departementes, damit die Lokalisation der Stelle klar ist.
- *Stelleninhaber:* Wenn möglich sollte der Name des gegenwärtigen Stelleninhabers vermerkt werden.

Abbildung 230: Stellenbezeichnung (Formularkopf einer Stellenbeschreibung)

STELLENBESCHREIBUNG	Krankenhaus ....
Organisation-Handbuch/OHB	Kapitel ....
01 Funktion	02 Bereich ....
04 Stellvertretung durch:	
Stellvertretung für:	
05 Blatt .... 06 Referenz	07 Revision am ....
08 Unterschrift	am ....
09 Genehmigung	am ....

- *Stellvertretung:* Hier wird die aktive und die passive Stellvertretung vermerkt, also (1) Name des Mitarbeiters, der bei Abwesenheit des formalen Stelleninhabers dessen Aufgaben wahrnimmt und (2) Namen der Mitarbeiter, deren Aufgaben bei Abwesenheit durch den Inhaber der dieser Stelle erfüllt werden.
- *Blattnummer und Gesamtseitenzahl*
- *Referenz:* numeriert gemäss Funktionsverzeichnis nach (1)
  Struktureinheit: Sammelbegriff für alle vorkommenden organisatorischen Einheiten wie Gruppe, Abteilung und Ressort; (2)
  Stellenart: Bezeichnung für alle Stellen, die im Prinzip eine gleiche oder ähnliche Aufgabenkombination aufweisen. Die Stellenart soll nach Möglichkeit eine funktionale Bezeichnung tragen (z.B. Analytiker, Revisor, Telefonistin usw.) Alle Mitarbeiter, die einer im Formularkopf genannten Struktureinheit angehören und einer bestimmten Stellenart zugeordnet sind, haben üblicherweise die gleiche Stellenbeschreibung.
- *Revision:* Eine Stellenbeschreibung «lebt» nur dann, wenn sie mindestens alljährlich überprüft und revidiert wird. Das Beurteilungsgespräch – als wiederkehrende Führungsmassnahme – bietet dazu die ideale Gelegenheit. Das jeweilige Revisionsdatum ist einzutragen.

- *Unterschriften:* Da die Stellenbeschreibung als eine Art Vertrag zwischen Stelleninhaber und nächsthöherem Vorgesetzten betrachtet werden kann, ist sie von beiden gemeinsam zu entwickeln und in der Folge auch zu unterschreiben.
- *Genehmigung:* An dieser Stelle steht die Unterschrift der Instanz, welche die Stellenbeschreibung zu genehmigen hat.

1. Unter- und Überordnungsverhältnisse: Indem die Unter- und Überordnungsverhältnisse fixiert sind, wird die organisatorische Eingliederung der Stelle in das hierarchische System der Organisation und damit auch die Position des Stelleninhabers ersichtlich. Folgende Einordnungsverhältnisse sollten festgehalten werden:
- *Direkt übergeordnete Stelle:* Hier wird der unmittelbare Vorgesetzte aufgeführt, der dem Stelleninhaber gegenüber ein disziplinarisches und fachliches Weisungsrecht besitzt.
- *Andere weisungsbefugte Stellen:* Meist ist der unmittelbare Vorgesetzte nicht die einzige Instanz, die dem Stelleninhaber gegenüber in disziplinarischer und/oder fachlicher Hinsicht weisungsberechtigt ist.
- *Nebengeordnete Stellen:* Auch die nebengeordneten Stellen können erwähnt werden, um die Beziehungen innerhalb des hierarchischen Systems klarzustellen.
- *Nachgeordnete Stellen:* Die nachgeordneten Linien- und Stabsstellen können gegliedert werden in direkt-nachgeordnete und indirekt-nachgeordnete Stellen sowie andere Stellen, denen gegenüber der Stelleninhaber disziplinarisch und/oder fachlich weisungsberechtigt ist.

Drei Beispiele von sprachlichen Festlegungen der Über- und Unterordnungsverhältnisse finden sie in Abbildung 66–68/Anhangband. Die Eingliederung der beschriebenen Stelle in die Organisationsstruktur wird am besten mit Hilfe von Organigrammen graphisch dargestellt. Unterstehen der beschriebenen Stelle jedoch keine weiteren organisatorischen Einheiten, so ist allerdings ein Organigramm kaum sinnvoll. Ein Organigramm enthält in der Regel Name der *beschriebenen Stelle;* unmittelbar *übergeordnete Stelle* (mit Bezeichnung); unmittelbar *nachgeordnete* (Linien- und Stabs-)*Stellen; teilweise über- und nachgeordnete Stellen* (mit gestrichelten Linien. Falls sich diese partielle Über- bzw. Unterordnung bloss auf einen kleineren Teil der gesamten Stellenaufgaben bezieht, braucht sie nicht ins Organigramm aufgenommen zu werden); teilweise über- und nachgeordnete Stellen (mit gestrichelten Linien). Falls sich diese partielle Über- bzw. Unterordnung bloss auf einen kleineren Teil der gesamten Stellenaufgaben bezieht, braucht sie nicht ins Organigramm aufgenommen zu werden.

2. Zielsetzung der Stelle: Entsprechend der Aufgabengliederung bzw. Arbeitsteilung findet auch eine Zerlegung der Gesamtzielsetzung statt. Die in den Stellenbeschreibungen enthaltenen Stellenziele bestimmen allgemein und langfristig, welcher persönliche Beitrag von den einzelnen Stelleninhabern zum Erreichen der Organisationsziele und damit auch der Bereichs-, Ressort-, Abteilungs-, Stabs-, Gruppenziele erwartet wird.

Aufgabe der Vorgesetzten ist es, Stellenziele durch Einzelziele zu konkretisieren und damit die Tätigkeit ihrer Mitarbeiter kurz- oder allenfalls mittelfristig auf ihre Stellenziele auszurichten. Sollen Mitarbeiter Aufgaben übernehmen und sich zielgerichtet für deren Erfüllung einsetzen, so müssen sie wissen, welche Ziele damit verfolgt werden sollen und welcher Beitrag zur Erreichung der Gesamtzielsetzung der Organisation die betreffende Stelle zu erbringen hat.

Somit muss jede Stellenbeschreibung eine kurzgefasste Zielsetzung der Stelle enthalten. Aus der Zielsetzung lassen sich die Aufgaben ableiten, die zur Zielerreichung notwendig sind.

Im Rahmen einer «Führung durch Zielvereinbarung» werden die aus der Gesamtzielsetzung abgeleiteten Teilziele zu Leistungszielen für den einzelnen Mitarbeiter konkretisiert.

Beispiel einer Zielsetzung für die Stelle einer Leiterin des Pflegedienstes: «Sicherstellung der bestmöglichen pflegerischen Versorgung der Patienten hinsichtlich der Grund- und Behandlungspflege und ihrer Grundbedürfnisse unter Beachtung der ärztlichen Zuständigkeit bei der Durchführung diagnostischer und therapeutischer Massnahmen.»

3. Aufgaben: Die Aufgaben ergeben sich als logische Folge aus der Zielsetzung einer Stelle. Die klare Umschreibung und Abgrenzung der Aufgaben ist eine wesentliche Voraussetzung für die korrekte Mit-Delegation von Kompetenzen und Verantwortung. Nur wenn der Aufgabenbereich präzise definiert ist, kann der Stelleninhaber bei Fehlleistungen zur Verantwortung gezogen werden. Mit der Zuteilung von Aufgaben werden meistens gleichzeitig Entscheidungsabläufe festgelegt, Arbeitsabläufe bestimmt und der Informationsfluss vorgegeben.

Die Aufgabenzuweisung erfolgt auf der Grundlage einer konsequenten Aufgabenzerlegung. So lässt sich beispielsweise die Gesamtaufgabe des Pflegebereichs eines Krankenhauses in vier Teilaufgaben – entsprechend den vier Pflegeabteilungen – aufteilen. Die vier Abteilungsaufgaben werden weiter zerlegt in Ressortaufgaben, diese in Gruppenaufgaben und diese schliesslich in einzelne Stellenaufgaben.

Grundsätzlich sollten in der Stellenbeschreibung nur die charakteristischen Aufgaben vermerkt werden, nicht alle einzelnen Verrichtungen, die zur Aufgabenerfüllung erforderlich sind. Die Stellenbeschreibung soll Aufgaben umschreiben, nicht Arbeitsabläufe regeln (dies geschieht verbindlich in Arbeitsanweisungen/Handbüchern).

Die Stellenbeschreibung soll nur Aufgaben enthalten, die vom Stelleninhaber regelmässig auszuführen sind. Regelmässigkeit besteht auch dann, wenn eine Aufgabe zwar nicht ständig vorliegt, jedoch bei ihrem Auftreten vom betreffenden Stelleninhaber zu erfüllen ist.

Zum Aufgabenbereich eines Stelleninhabers gehören selbstverständlich auch allgemeine Aufgaben/Pflichten, die nicht spezifisch auf eine Stelle bezogen und demzufolge nicht in der Stellenbeschreibung aufzuführen sind.

Die Aufgaben können in folgende vier Gruppen gegliedert werden:

- *Führungsaufgaben:* Dazu gehören alle Aufgaben, die sich im Rahmen Führungsprozesses (Willensbildung, -durchsetzung, -sicherung) sowie im Hinblick auf die Steuerung des Arbeitsverhaltens der Mitarbeiter in der Realisationsphase ergeben. Beispiel: «Alle Tätigkeiten in der Pflegegruppe zeitlich, sachlich und personell koordinieren.»
- *Fachaufgaben:* Das sind Aufgaben, die sich im Hinblick auf die Erreichung von Sachzielen ergeben.

Beispiel: «Die Pflege selbständig nach den vom Spital mit den Schulen gemeinsam erarbeiteten Richtlinien ausführen.»
- *Besondere Aufgaben:* Darunter sind Aufgaben zu verstehen, die der Stelleninhaber in inner-, ausser- oder überbetrieblichen Gremien zu erfüllen hat; es sollten aber nur solche Aufgaben in die Stellenbeschreibung aufgenommen werden, die mit seiner Stelle im Zusammenhang stehen.
Beispiel: «In der Gesprächsgruppe für Suchtkranke mitwirken.»
- *Aufgaben ad personam:* Das sind Aufgaben, die sich allein aus der Persönlichkeit des betreffenden Stelleninhabers, aus dessen Kenntnissen, Fähigkeiten und Neigungen ergeben und weder mit dem Stellenziel noch mit der umschriebenen Funktion in einem direkten Zusammenhang stehen.
Beispiel: «Den Bildungsausschuss des Regionalverbandes leiten.»

4. Kompetenzen: Der genauen Umschreibung der zugeteilten Kompetenzen kommt in der Stellenbeschreibung zentrale Bedeutung zu. Da die verschiedenen Arten von Kompetenzen an anderer Stelle genannt worden sind, sollen sie hier nur noch stichwortartig wiederholt werden. Zunächst einmal gilt es klar zu unterscheiden zwischen:

- *Eigenkompetenzen:* Entscheidungs-, Ausführungs-, Verfügungs-, Mitsprache-, Antrags-, Vertretungs-, Informationskompetenzen.
- *Fremdkompetenzen:* Integrations-, Koordinations- und Weisungskompetenzen.

Die Weisungskompetenzen sind weiter genau zu kennzeichnen als persönliche (disziplinarische) oder fachliche Weisungsrechte, wobei letztere entweder die Anordnungs- oder Kontrollbefugnis beinhalten können. Die Umschreibung der Befugnisse einer Stelle umfasst nicht nur die Definition der *Art,* sondern auch die Festlegung des *Umfangs* der jeweiligen Kompetenzen.

Die *Eigenkompetenzen* lassen sich in abgestufter Form festlegen. Folgende Kompetenzordnung hat sich in der Praxis bewährt:

- *Kompetenzstufe A:* das Recht, völlig selbständig zu handeln und zu entscheiden (Entscheidungsbefugnis, E).
- *Kompetenzstufe B:* das Recht, selbständig zu handeln und zu entscheiden, verbunden mit der Pflicht, den Vorgesetzten gleichzeitig oder nachher in Kenntnis zu setzen.
- *Kompetenzstufe C:* die Pflicht, den selbständig vorbereiteten Entscheid vor der Ausführung dem Vorgesetzten zu unterbreiten.
- *Kompetenzstufe D:* das Recht auf Antrag und Mitsprache; keine Entscheidungskompetenz (Mitwirkung, M).

Sie finden nachfolgend ein Beispiel einer Aufgabenumschreibung mit Zuordnung von Kompetenzstufen (Abb. 7/Anhangband). *Zugewiesene Kompetenzstufen sind verbindlich.* Mit der Übernahme von Kompetenzen ist selbstverständlich die Übernahme entsprechender *Verantwortung* verbunden. Alle Aufgaben (Führungs- wie Fachaufgaben, ‚besondere Aufgaben' und ‚ad-personam-Aufgaben') können direkt mit den Kompetenzstufen versehen werden. In manchen Organisationen werden in der Stellenbeschreibung die Aufgaben zusätzlich mit Angaben über die zeitliche Belastung gekoppelt (in Prozent). Als Ansätze gelten:

- 1 Stunde pro Woche = 2,5%
- 1 Stunde pro Monat = 0,5%
- 1 Stunde pro Jahr = 0,05%

Im Anhang (Abb. 8/Anhangband) ist ein Beispiel eines Aufgabenblattes mit Kompetenzstufen und zeitlicher Belastung in % angeführt.

5. *Richtlinien:* Richtlinien erleichtern die Aufgabenerfüllung. Sie bestehen aus Hinweisen darauf, wie der *Arbeitsablauf* zu gestalten ist, wie sich die Arbeit vereinfachen lässt, welche Stellen zu konsultieren sind, welche Unterlagen verwendet werden müssen und welche Normen Gültigkeit haben. Sie dienen als Richtschnur, um ein gleichgerichtetes Verhalten und Handeln aller Mitarbeiter sicherzustellen.
Richtlinien sind als verbindlich zu betrachten. In der Stellenbeschreibung werden die Richtlinien selbst *nicht* aufgeführt, sondern es wird bloss auf sie hingewiesen. Richtlinien können beinhalten: Aufgabenpläne, Aufgabengliederungspläne, Aufgabenverteilungspläne, Organisationspläne (Organigramme), Arbeitsablaufregelungen, Kompetenzordnungen, Personalregelungen und Stellenpläne, Führungsleitsätze sowie Weisungen für die Mitarbeiterbeurteilung.

6. *Arbeitskontakte/Zusammenarbeit mit anderen Stellen:* Die Zusammenarbeit mit anderen Stellen ist von grosser Wichtigkeit. Es dürfte klar sein, dass trotz relativ strenger Abgrenzung eines ‚funktionalen Territoriums' mit Hilfe einer Stellenbeschreibung eine Fülle von inner- und ausserbetrieblichen Kontakten gepflegt werden müssen; denn jede Stelle ist nur ein (interdependenter) Teil des Ganzen. Welcher Art die Arbeitsbeziehungen zwischen den Stellen sind, wurde weiter oben beschrieben. Innerhalb der immateriellen (kommunikativen) Arbeitsbeziehungen gibt es rein informative oder koordinierende Kontakte, beratende oder mitentscheidende Kontakte. Meist werden wichtige Entscheide nicht im Alleingang aufgrund der Beratung mehrerer Instanzen.

7. *Informationen:* Ausreichende und rechtzeitige Informationen sind für das Erreichen des Stellenziels von grosser Bedeutung. Darum müssen die Informationskanäle in den verschiedenen Richtungen festgelegt werden. In der Stellenbeschreibung wird vermerkt, welche Informationen der Stelleninhaber:

- von wem, wann, in welcher Form erhält;
- an wen, wann, in welcher Form abzugeben hat.

Wegleitung für das Verfassen von Stellenbeschreibungen[106]

- *Ziel der Wegleitung:* Die Wegleitung soll das Verständnis für Sinn und Zweck von Stellenbeschreibungen verbessern und Richtlinien (mit Beispielen) bereitstellen, damit die Stellenbeschreibungen überall nach einheitlichen Gesichtspunkten verfasst werden.

106 vgl. Kantonsspital Baden (o. J.)

- *Was ist eine Stellenbeschreibung?* Die Stellenbeschreibung ist eine Aufzeichnung der einer bestimmten Stelle zugeordneten bzw. einem Mitarbeiter übertragenen Aufgaben, Verantwortung und Kompetenzen. Sie enthält alle Besonderheiten einer bestimmten Stelle und fixiert die Art der gegenseitigen organisatorischen Beziehungen.
- *Zweck der Stellenbeschreibung:* Die Stellenbeschreibung erfüllt organisatorische und personalpolitische Zwecke. In *organisatorischer* Hinsicht soll mit der Stellenbeschreibung:
  - die Eingliederung der Stelle in die Gesamtstruktur des Krankenhauses sichtbar gemacht werden
  - eine klare Ordnung der Zuständigkeiten geschaffen werden (ohne Überschneidungen und Lücken);
  - dazu dienen, dass in bezug auf Art und Umfang der Stellenaufgaben zwischen dem Stelleninhaber und seinen Vorgesetzten eine einheitliche Auffassung besteht.

  In *personalpolitischer* Hinsicht dient die Stellenbeschreibung als Grundlage für Personalbeschaffung und Personaleinsatz, für eine objektivierte Stellenbewertung und eine aufgabenbezogene Mitarbeiterbeurteilung.
- *Entwurf:* Der Stelleninhaber entwirft die Stellenbeschreibung und bespricht sie mit dem direkten Vorgesetzten; allfällige weiter zuständige (z.B. fachliche/funktionale) Vorgesetzte sind beizuziehen. Nach erfolgter Bereinigung wird die definitive Fassung dem nächsthöheren Vorgesetzten zur Genehmigung vorgelegt. Der direkte Vorgesetzte sorgt für die notwendigen Anpassungen, die nach dem gleichen Verfahren vorgenommen werden.
- *Umfang:* Die Praxis beweist, dass sich jede Stelle auf zwei bis drei maschinengeschriebene Seiten A4 aussagefähig beschreiben lässt. Die Limitierung des Umfanges hat zur Folge, dass sich der Verfasser auf die Darstellung der wichtigsten Aufgaben beschränken muss. Eine Aufzeichnung sämtlicher Details wäre sinnlos und ausserdem unmöglich.
- *Aufbau:* Die Stellenbeschreibung soll nach der im Organisations-Handbuch beschriebenen Systematik aufgebaut werden.
- *Grundlagen:* Vor dem Verfassen der Stellenbeschreibung müssen die notwendigen Grundlagen und Informationen beschafft werden. Dazu stehen folgende Möglichkeiten offen:
  - Vorgehende Diskussion mit dem (den) Vorgesetzten über den Aufgabenbereich und Zweck der Stelle;
  - Überprüfung der Beziehungen der eigenen Aufgaben mit denjenigen anderer Stellen in der Organisation;
  - Erfassen des Aufgabenbereichs der übergeordneten organisatorischen Einheit anhand der Stellenbeschreibung des Vorgesetzten;
  - Studium bereits bestehender Stellenbeschreibung sowie der im Organisations-Handbuch aufgeführten Beispiele.

Ein methodisches Modell für die Entwicklung von Stellenbeschreibungen finden Sie im Anhang (Abb. 145).

683 Anforderungsprofil

Die Anforderungen an einen Stelleninhaber können in Form eines Anforderungsprofils formuliert werden. Die Anforderungen persönlicher und fachlicher Art, denen der Inhaber einer bestimmten Stelle zu entsprechen hat, lassen sich aus den zu erfüllenden Arbeitsaufgaben ableiten, die in der Stellenbeschreibung oder in Arbeitsplänen festgehalten sind. Ein Anforderungsprofil sollte Antwort geben auf folgende Fragen:

- Welche fachliche Vorbildung bzw. welcher Ausbildungsgang wird vorausgesetzt?
- Welcher körperliche Einsatz wird verlangt?
- Welche geistigen Fähigkeiten sind erforderlich?
- Welche sozialen Fähigkeiten sind notwendig?
- Über welche praktischen Berufserfahrungen muss der Stelleninhaber verfügen?

Die Anforderungen, die an den Inhaber einer bestimmten Stelle gerichtet werden, lassen sich in fachliche und persönliche Anforderungen gliedern (wobei gewisse Anforderungen auch beiden Bereichen zugeordnet werden können). So ergeben sich die folgenden beiden Elemente eines Anforderungsprofils:

- *Fachprofil:* Dieses beinhaltet die fachlichen Anforderungen an den Stelleninhaber, also solche, die die berufliche Grundbildung (Berufsbild), die beruflichen Kenntnisse, Fertigkeiten und Erfahrungen betreffen. Die Analyse der fachlichen Anforderungen erfolgt unter der Leitfrage: Was muss er wissen und können?
- *Persönlichkeitsprofil:* Dieses enthält die persönlichen Anforderungen an den Stelleninhaber, also Anforderungen, die geistige und soziale Fähigkeiten und die Einstellung zur Arbeit betreffen. Die Analyse der persönlichen Anforderungen steht unter der Frage: Welche Verhaltensweisen/Eigenschaften soll der Stelleninhaber mitbringen, um die Stellenaufgabe zu erfüllen? Oder einfacher: Was muss er *sein*?

Ein Anforderungsprofil (subjekt-zentriertes Berufsbild) einer Stelle kann mit dem Fähigkeitsprofil des Stelleninhabers verglichen und der Grad der Identität der beiden Profile festgestellt werden. Im Idealfall sollten die beiden übereinstimmen, d.h. kongruent (deckungsgleich) sein. Es ist zweifellos falsch, einem Interessenten eine Stelle anzubieten, die ihn in bezug auf seine Fähigkeiten unterfordert. Ebenso falsch aber ist es, einem wenig qualifizierten Bewerber eine Stelle zu offerieren, deren Anforderungen er höchstwahrscheinlich nicht gewachsen ist. Fähigkeitsprofile sind weitgehend von den Bildungsprofilen der Mitarbeiter abhängig. Bildungsprofile haben stark statischen Charakter. Es ist deshalb notwendig, sie zunehmend stärker zu dynamisieren, denn keine Bildungsstufe vermag genügende Voraussetzungen zu liefern, um sowohl den heutigen wie auch den zukünftigen Anforderungen des modernen Arbeitslebens zu genügen.

Oft können die fachlichen bzw. bildungsmässigen Anforderungen relativ leicht und eindeutig festgelegt werden, wogegen persönliche Anforderungen bedeutend schwieriger zu formulieren sind. Dies darf nicht dazu führen, dass die Erarbeitung von Persönlichkeitsprofilen vernachlässigt wird, denn

- die Auswahl geeigneter Kandidaten wird durch ein Persönlichkeitsprofil sehr erleichtert (weil die Erwartungen an die Persönlichkeit formuliert sind).

- bestimmte persönliche Anforderungen werden an jeden Mitarbeiter (nicht nur an jeden Vorgesetzten) gestellt; so erhalten beispielsweise soziale Fähigkeiten immer stärkere Bedeutung.

Ein Persönlichkeitsprofil ist ein Raster, welches die für eine bestimmte Stelle charakteristischen Eigenschaften beinhalten soll. Diese Eigenschaften werden in der Regel in drei Gruppen gegliedert:
- *Intelligenz:* Niveau, Orientierung, (theoretisch/praktisch), sprachliche Begabung, technische Begabung, kaufmännische Begabung, Urteilsfähigkeit und Kreativität usw.
- *Arbeitscharakter:* Arbeitstempo, Arbeitsqualität, Sinn für Details, Organisationstalent, Flexibilität usw.
- *Persönlichkeit:* Vitalität, Dynamik, Durchsetzungsfähigkeit, Anpassungsfähigkeit, Verhandlungsgeschick, Kontaktfähigkeit, Teamfähigkeit, Initiative, Entscheidungsfähigkeit, Selbständigkeit usw.

Um die verwendeten Merkmale zu gewichten, kann eine graduelle Abstufung vorgenommen und in Form von Spalten grafisch dargestellt werden (Abb. 69/70/Anhangband). Dabei bedeutet: 1 = nicht unbedingt erforderlich, 2 = wünschenswert, 3 = sehr wünschenswert, 4 = erforderlich, 5 = unbedingt erforderlich.

So kann ein Anforderungsprofil die einzelnen fachlichen und persönlichen Anforderungen an einen Stelleninhaber in der Gewichtung wiedergeben, die ihnen in bezug auf die jeweilige Stelle beigemessen wird. Mit demselben Schema kann auch ein Fähigkeitsprofil eines Stellenbewerbers erstellt werden, wie es sich aufgrund des Bewerbungsgesprächs ergibt. Anhand der grafischen Veranschaulichung lässt sich auch visuell auf einen Blick feststellen, wieweit dieses Fähigkeitsprofil mit dem Anforderungsprofil der Stelle übereinstimmt.

684 Problematik der Stellenbeschreibung

Zunächst ergeben sich mit der Stellenbeschreibung für die Organisation als Ganzes und für den einzelnen Stelleninhaber zweifellos zahlreiche Vorteile (die bei der Besprechung der Einsatzmöglichkeiten zum Teil schon angesprochen wurden)[107]:
- Die Mitarbeiter kennen ihre Aufgaben, Kompetenzen und Verantwortlichkeiten; sie können sich bei ihrer Arbeit darauf konzentrieren; Kompetenzstreitigkeiten werden erheblich vermindert.
- Die Über- und Unterordnungsverhältnisse und die funktionalen Anordnungsrechte sind klar geregelt; dies begünstigt schnelle und klare Entscheidungen und wirkungsvolle Stabsarbeit.
- Die Delegationsbereiche können zwischen Vorgesetzten und Mitarbeitern klar festgelegt werden, was einerseits den Vorgesetzten entlastet und andererseits dem Mitarbeiter einen definierten Handlungsspielraum zugesteht.
- Die allgemeine Kenntnis der Aufgaben, Kompetenzen und Verantwortlichkeiten fördert die Zusammenarbeit.

107 vgl. Acker (1969)

- Ist zur Erfüllung einer Aufgabe die Mitwirkung mehrerer Stellen erforderlich, so wird durch die Stellenbeschreibungen die Koordination erleichtert und verbessert.
- Die Mitarbeiter erhalten Klarheit über Entwicklungs- und Beförderungsmöglichkeiten.
- Neue Mitarbeiter können leichter und schneller eingearbeitet werden.
- Die Leistungen der Mitarbeiter lassen sich leichter messen oder beurteilen.
- Die Mitarbeiter können zielgerichteter ausgebildet oder beruflich gefördert werden.
- Unbesetzte Stellen können leicht ausgeschrieben und die Bewerber besser ausgewählt werden.
- Die Ausarbeitung von Arbeitsplatzbeschreibungen für die gerechte Lohn- und Gehaltseinstufung wird erleichtert.

Diesen Vorteilen stehen folgende Gefahren gegenüber[108]:

- Der finanzielle und personelle Aufwand, der zur Entwicklung und ständigen Anpassung der Stellenbeschreibungen getrieben werden muss, ist erheblich.
- Unklare Formulierungen tragen eher zu (Interpretations-)Schwierigkeiten als zu einer Klärung/Transparenz bei (siehe unten).
- Die Formalisierung der Arbeit hat eine Lähmung der Eigeninitiative zur Folge.
- Die Mitarbeiter ziehen sich auf Vorschriften zurück, anstatt selbständig, eigenverantwortlich und kreativ zu denken.
- Durch die Strukturierung ergibt sich eine Begrenzung/Einschränkung von Handlungsspielräumen, die gerade dynamische Persönlichkeiten trifft.
- Die Stellenbeschreibungen können sich verselbständigen; ein Papierkrieg kann entfesselt werden, der keine produktiven Wirkungen hat.
- Die Stellenbeschreibung hinkt in der Regel hinter dem Status quo hintendrein; diese Diskrepanz wird dadurch noch verschärft, dass die Beteiligten dem Revisionsaufwand aus dem Weg gehen.
- Aus machtpolitischen Gründen werden unklare («Gummi»-)Formulierungen bevorzugt, die Raum für entsprechend motivierte Übergriffe bzw. Überschreitungen lassen.

Was die in Stellenbeschreibungen verwendeten Begriffe anbelangt, so sollten diese zwei Forderungen erfüllen: Sie sollten eindeutig und konsistent sein. Ein Blick auf die Praxis zeigt, dass diese Forderungen gar nicht so selbstverständlich sind, wie es vielleicht scheint.

Ein grundlegender Fehler, der immer wieder gemacht wird, besteht darin, dass nicht von den Aufgaben ausgegangen wird, sondern von der Verantwortung[109]. Der Satz: «Er ist verantwortlich für...» geistert durch die meisten Stellenbeschreibungen. Dabei bleibt jedoch die Kernfrage, was der Stelleninhaber denn wirklich tut, unbeantwortet. Es wird nichts darüber ausgesagt, ob der Stelleninhaber das, wofür er verantwortlich ist, selbst tut oder ob seine Mitarbeiter tätig werden. Darauf kommt es aber entscheidend an.

108 vgl. Neuberger (1976)
109 vgl. Höhn (1978b)

Ebenso bleibt offen, ob der Stelleninhaber im Rahmen seiner Verantwortung zu entscheiden oder zu beraten hat. Der eigentliche Zweck der Stellenbeschreibung wird auf diese Weise nicht erfüllt: Klarheit darüber zu schaffen, welche Aufgaben und Kompetenzen mit einer Stelle verbunden sind. Besonders gefährlich sind unklare Begriffe wie «Er kümmert sich um...», «Er sorgt dafür, dass...», «Er stimmt sich ab mit...», «Er bemüht sich um...», «In Zusammenarbeit mit...» Welche Kompetenzen besitzt der Stelleninhaber in diesen Fällen? Hat er die Befugnis, zu entscheiden? Berät er andere, damit sie entscheiden? Tut er beides nicht und stellt nur seine Dienste zur Verfügung?

Mit solchen unklaren Begriffen wird die Wirksamkeit jeder Stellenbeschreibung in Frage gestellt. Der grundlegende Satz in jeder Stellenbeschreibung muss deshalb lauten: «Folgende fachlichen Aufgaben hat der Stelleninhaber *selbst* wahrzunehmen:...» Selbst bedeutet: *Er* und kein anderer, also nicht einer seiner Mitarbeiter oder Kollegen oder gar sein Vorgesetzter. Dies muss bei der Formulierung der einzelnen Aufgaben unmissverständlich zum Ausdruck gebracht werden.

Das gleiche Problem findet sich bei der Unterstellung des Stelleninhabers. Hier liest man Formulierungen wie: «Er erhält Weisungen von...» Dabei bleibt jedoch unklar, was dies inhaltlich bedeuten soll. Handelt es sich hier um Anordnungen, die mit Durchsetzungsbefugnis verbunden sind, so dass neben dem direkten (Haupt-)Vorgesetzten ein zweites Vorgesetztenverhältnis in einem bestimmten Fachbereich besteht? Oder sind damit nur Empfehlungen gemeint, die der Stelleninhaber akzeptieren, aber auch verwerfen kann? Dass dieser Unterschied nicht unwesentlich ist, braucht wohl nicht betont zu werden.

Viele der verwendeten Begriffe sind nicht nur *unpräzise,* sondern werden auch von verschiedenen Lesern oder in verschiedenen Zusammenhängen unterschiedlich verstanden, d.h. sie sind *inkonsistent.* Zumindest die Kernbegriffe, die in den Beschreibungen auftauchen, müssen deshalb definiert und innerhalb der Organisation einheitlich gebraucht werden.

Ein zweiter kritischer Punkt von Stellenbeschreibungen ist ihre mangelnde *Aktualität* und *Flexibilität.* Stellenbeschreibungen erfüllen ihren Zweck nur dann, wenn sie regelmässig (ca. alle zwei Jahre) an sich ändernde Bedingungen angepasst werden. Sonst besteht die Gefahr, dass sie entweder überflüssig werden oder aber einer zweckmässigen Aufgabenerfüllung im Wege stehen.

Schliesslich muss als dritter Punkt das Problem gesehen werden, dass die Stellenbeschreibung durch ein zuviel an Regeln zur Überorganisation – und damit zu einer übermässigen Einengung des individuellen Handlungsspielraumes – führen und die persönliche Entfaltung und Initiative des Stelleninhabers hemmen kann. Diese Gefahr, die ohne Zweifel besteht, hängt weitgehend davon ab, wieweit bei der Ausgestaltung der Stellenbeschreibung auf persönliche Eigenschaften, Erwartungen und Vorstellungen Bezug genommen wird. Es kommt damit auf die adäquate Formulierung im Einzelfall an[110].

---

110 vgl. Baumgarten (1976)

Literaturhinweise

ACKER, H.: Stellenbeschreibung. In: HWO 1969
Akademie für Organisation (Hrsg.): Handlexikon Organisation. Frankfurt a/M. 1971
ALTMANN, H.: Überzeugungskraft durch sichere Rede-, Verhandlungs- und Konferenztechnik. Kissing 1978
ANTONS, K.: Praxis der Gruppendynamik. Göttingen. 4. Aufl. 1976
ARGYRIS, C.: Das Individuum und die Organisation: Einige Probleme gegenseitiger Anpassung. In: TÜRK (1975)
ATKINSON, J. W.: Einführung in die Motivationsforschung. Stuttgart 1975
ATW Adaptive Teachware: Handbuch der Führungshilfen. KRYKA/ZELLWEGER. Zürich 1975

BAETGE, J.: Betriebswissenschaftliche Systemtheorie. Opladen 1974
BARTRAM, P.: Die innerbetriebliche Kommunikation. Stuttgart 1969
BAUMGARTEN, R.: Führungsstile und Führungstechniken. Berlin/New York 1977
BECKER, H.: Effizienz und Macht in Organisationen. In: Management-Zeitschrift i.O. 5/1984
BECKER, U./SADLER, G.: Versteckte Weisheiten: 2. Buch Mose, 18. Kapitel. In: ZfO 2/74
BERKEL, K.: Konflikte und Konfliktverhalten. In: MAYER 1978
BERNSDORF, W. (Hrsg.): Wörterbuch der Soziologie. Stuttgart 1969
BLAKE, R./MOUTON, J.: Verhaltenspsychologie im Betrieb. Düsseldorf/Wien. 5. Aufl. 1977
BLEICHER, K.: Führung. In: HWO 1980 (a)
BLEICHER, K.: Kompetenz. In: HWO 1980 (b)
BLEICHER, K./MEYER, E.: Führung in der Unternehmung, Formen und Modelle. Renbek bei Hamburg 1976
BORDEMANN, G.: Verhaltensregeln im Führungsalltag. Heidelberg 1978
BOSETZKY, H./HEINRICH, P.: Mensch und Organisation. Köln 1980
BRÄUTIGAM, G.: Die innerbetriebliche Information. In: MAYER/HERWIG (1972)
BRÄUTIGAM, G.: Informationswesen, innerbetriebliches. In: HWP 1975
BRANDT, V./KÖHLER, B.: Norm und Konformität. In: Handbuch der Psychologie. Band 7: Sozialpsychologie. Göttingen 1972
BROCHER, T.: Gruppendynamik und Erwachsenenbildung. Braunschweig. 12. Aufl. 1976
BRUGGEMANN, A./GROSKURTH, P./ULICH, E.: Arbeitszufriedenheit. Bern 1975
BÜLOW, F./NELL-BREUNING VON, O.: Solidarismus. In: BERNSDORF 1969
Bundesamt für Statistik (Hrsg.): Personal im schweiz. Gesundheitswesen. Beiträge zur Schweiz. Statistik/Heft 127. Bern 1984 (a)
Bundesamt für Statistik (Hrsg.): Betriebsstatistik und Rechnungsstatistik der Krankenhäuser. Statist. Quellenwerke der Schweiz, Heft 777. Bern 1984 (b)
Bundesrat, Schweizerischer: Richtlinien für die Verwaltungsführung im Bunde (RVF). Bern 1974
BURGHARDT, A./WISWEDE, G.: Konflikt im Betrieb. In: HWPS 1981

CAPOL, M.: Leistungsbeurteilung als integriertes Führungsmittel. In: IO 5/1974
CLAUSS, G. et al. (Hrsg.): Wörterbuch der Psychologie. Leipzig 1976
COHN, R.: Zur Grundlage des themenzentrierten interaktionellen Systems. In: Gruppendynamik 5/1974
COHN, R.: Von der Psychoanalyse zur themenzentrierten Interaktion. Stuttgart 1975
COMELLI, G.: Warum wir Mitarbeiter falsch beurteilen. In: plus 1/1973

DAHL, R. A.: The concept of power. Behavioral Science. 1957
DAHMS, K.: Über die Führung. München/Basel. Reinhardt 1963
DELHEES, K.: So steigern Sie die Kreativität Ihrer Mitarbeiter. In: IO 11/1983
DEUTSCH, M.: Konfliktregelung. München/Basel 1976
DEUTSCH, M.: 50 Jahre Konfliktforschung. In: GRUNWALD/LILGE (1982)

ECKARDSTEIN VON, D./SCHNELLINGER, F.: Betriebliche Personalpolitik. München 1978
EICHHORN, S.: Krankenhaus-Betriebslehre. Stuttgart 1975/77
EICHHORN, S.: Struktur und Organisation des Krankenhaus-Managements. In: ZfO 10/1976
EICHHORN, S.: Struktur und Organisation der Krankenhausleitung. In: MÜLLER, H. (Hrsg.): Führungsaufgaben im modernen Krankenhaus. Köln 1980 (a)

Eichhorn, S.: Organisation der Krankenhausbetriebe. In: HWO 1980 (b)
Eschenburg, T.: Über Autorität. Frankfurt 1976

Feurer, W.: Das Wesen der innerbetrieblichen Information. In: Ackermann A. et al. (Hrsg.): Innerbetriebliche Information als Führungsaufgabe. Bern 1959
Fiedler, F.: A theory of leadership effectiveness. New York 1967
Fiedler, F.: Das Kontingenzmodell: Eine Theorie der Führungseffektivität. In: Kunczik, M. (Hrsg.): Führung. Düsseldorf/Wien 1972
Fiedler, F./Chemers, M./Mahar, L.: Der Weg zum Führungserfolg. Ein Selbsthilfeprogramm für Führungskräfte. Stuttgart 1979
Fischer, L.: Weibliche Arbeitnehmer. In: HWPS 1981
Fischer, L.: Jüngere/ältere Arbeitnehmer. In: HWPS 1981
Fittkau, B.: Fragebogen zur Vorgesetzten-Verhaltens-Beschreibung (FVVB). Göttingen 1971
Fittkau, B./Müller-Wolf, H./Schulz von Thun, F.: Kommunizieren lernen (und umlernen). Braunschweig 1977
Fittkau-Garthe, H.: Vorbeugen statt feuern. Konfliktmanagement. In: Management-Magazin. Hamburg 9/1978
Fittkau-Garthe, H.: Grundlegung eines zielorientierten kooperativen Beurteilungssystems. In: Neubauer, R./Rosenstiel, L. von (Hrsg.): Handbuch der Angewandten Psych. München 1980
Forster, J.: Teamarbeit. In: Grunwald/Lilge (1982)
Franke, J.: Die Mitarbeiterbeurteilung. Wiesbaden 1981
French, J./Raven, B.: The bases of social power. In: Group Dynamics, Research and Theory. New York 2. Aufl. 1960
Frese, E.: Ziele als Führungsinstrumente – Kritische Anmerkungen zum «Management by Objectives». In Zfo 1971
Frese, E.: Aufgabenanalyse und -synthese. In HWO 1980
Fröhlich, W./Drever, J.: dtv-Wörterbuch zur Psychologie. München. 11. Aufl. 1978
Fromm, E.: Der moderne Mensch und seine Zukunft. Frankfurt 1960
Fromm, E.: Durch mehr Freiheit volle Irrenhäuser. In: Pardon 6/1975

Gangler, E.: Humanisierung der Arbeitswelt und Produktivität. Ludwigshafen 1977
Gangler, E.: Instanzenbildung. In HWO 1980
Gehlen, A.: Die Seele im technischen Zeitalter. Reineck 1957
Gehlen, A.: Urmensch und Spätkultur. 2. Aufl. Frankfurt/M. 1964
Gibb, J.: Climate for trust formation. In: Bradford, L. (Hrsg.): T-Group theory and laboratory method. New York 1964
Girschner, W.: Unternehmenssteuerung und Selbstverwirklichung. Königstein 1978
Glaser, W. R.: Z FA 6051: Soziales und instrumentales Handeln. Stuttgart 1972
Golembiewski, R./Coukie, M.: The centrality of interpersonal trust in group processes. In: Cooper, C. (Hrsg.) Theories of group process. London 1975
Gottschall, D.: Der Chef ist nicht mehr unantastbar. In: mm 8/1974
Graumann, C. F.: Motivation. In: Einführung in die Psychologie Bd. 1. Frankfurt 1969
Graumann, C. F.: Interaktion und Kommunikation. In: Graumann, C. (Hrsg.): Sozialpsychologie. In: Handbuch der Psychologie, Band 7 Göttingen 1972
Grochla, E.: (Hrsg.) Handwörterbuch der Organisation. Stuttgart 1969. 2. Aufl. 1980
Grochla, E.: Grundlagen der organisatorischen Gestaltung. Stuttgart 1982
Grün, O.: Informale Erscheinungen in der Betriebsorganisation. Berlin 1966
Grün, O.: Informale Organisation. In: HWO 1980
Grunwald, W.: Innerbetriebliche Information. In: Stoll, F. (Hrsg.) Arbeit und Beruf (Kindlers «Psychologie des 20. Jahrhunderts»). Weinheim/Basel 1983
Grunwald, W./Lilge, H.-G. (Hrsg.): Partizipative Führung. Betriebswirtschaftliche und sozialpsychologische Aspekte. Bern/Stuttgart 1980
Grunwald, W./Lilge, H.-G. (Hrsg.): Kooperation und Konkurrenz in Organisationen. Bern/Stuttgart 1982

Hackmann, J./Ooldham, G.: Work redesign, Reading 1980
Häfeli, M.: Das Funktionsdiagramm. Ein Organisations- und Führungsinstrument für Spitäler. Aarau o.J.
Häusler, J.: Führungsstile und Führungsverhalten. In: HWB, Stuttgart. 4. Aufl. 1974
Hartmann, H.: Funktionale Maturität. Stuttgart 1964
Heckhausen, H.: Leistungsmotivation. In: Handbuch der Psychologie. Bd. 2. Göttingen 1965
Heckhausen, H.: Leistung und Chancengleichheit. Göttingen 1974

HECKHAUSEN, H.: Ein kognitives Motivationsmodell und die Verankerung von Motivkonstrukten. In: LENK, H. (Hrsg.): Handlungstheorien – interdisziplinär. Band 3. München 1981
HEIGL-EVERS, A./HEIGL, F.: Die themenzentrierte interaktionelle Gruppenmethode. In: Neue Sammlung. Göttingen 4/1973
HEINEN, E. (Hrsg.): Betriebswirtschaftl. Führungslehre. Wiesbaden 1978
HERZBERG, F.: Job attitudes: Review of research and opinion. Pittsburgh 1957
HILL, W./FEHLBAUM, R./ULRICH, P.: Organisationslehre. Bern 1974
HITLER, A.: Mein Kampf. München 1931
HÖHN, R.: Kreativität. In: PE 1978 (a)
HÖHN, R.: Stellenbeschreibung. In: PE 1978 (b)
HÖHN: Stellvertretung. In HWO 1980
HOFFMANN, F.: Aufgabe, In: HWO 1980
HOFSOMMER, W.: Personalbeurteilung als Kommunikationsproblem. In: NEUBAUER, R./ROSENSTIEL, L. VON. 1980: Handbuch der Angewandten Psychologie München
HOFSTÄTTER, P.: Gruppendynamik. Hamburg 1979
HOLM, K.: Der Intrarollenkonflikt des Werkmeisters. In: CLAESSENS, D. (Hrsg.): Rolle und Macht. München 1968
HOMANS, G.: Theorie der sozialen Gruppe. Köln 1960
HORNEY, K.: Der neurotische Mensch unserer Zeit. Stuttgart 1951
HOYOS, C. Graf: Motivation. In HWB 1974 (a)
HOYOS, C. Graf: Arbeitspsychologie Stuttgart 1974 (b)

IRLE, M.: Führungsverhalten in organisierten Gruppen. In: MAYER/HERWIG (1970)
IRLE, M.: Lehrbuch der Sozialpsychologie. Göttingen 1975
IRLE, M.: Führungsprobleme, psychologische. In: HWO 1980
IRLE, M.: Soziale Systeme. In: HWO 1980

JALENKE, J.: Interpersonale Wahrnehmung. Stuttgart 1975
JONES, M. R. (Hrsg.): Nebraska symposium on motivation. Lincoln 1955
JOSCHKE, J.: Führungsfunktion und Leitungsaufbau im Unternehmen. In: HWO 1980
JOSCHKE, H.: Darstellungstechniken. In: HWO 1980

KANT, I.: Grundlegung zur Metaphysik der Sitten. (Riga 1786) wiederholter Abdruck. Stuttgart 1978
Kantonsspital Baden: Wegleitung für das Verfassen von Stellenbeschreibungen (o. J.)
KATZ, D.: The Functional Approach to the Study of Attitude Change. In: Public Opinion Quarterly. Vol. 24 1960
KAUFMANN, F.: Das Informationsproblem in der Unternehmung. Bern 1963
KERBER, W.: Arbeit. In HWP 1975
KIESER, A.: Autorität im Betrieb. In: HBW 1974
KIESER, A.: Individuum und Organisation. In: HWO 1980
KIESER, A./KUBICEK, H.: Organisation. Berlin/New York 1977
KIRSCH, W./ESSER, W. M.: Konflikthandhabung im Betrieb. In: HWB 1974
KIRSTEN, R./MÜLLER-SCHWARZ, J.: Gruppen-Training, Reineck 1979
KLEINBECK, U./SCHMIDT, K.-H.: Die Analyse leistungsbezogener Verhaltenssequenzen: Der Instrumentalitätsaspekt. In: SCHMALT, H./MEYER, W. (Hrsg.): Leistungsmotivation und Verhalten. Stuttgart 1976
KLIS, M.: Überzeugung und Manipulation – Grundlagen in Theorie betriebswirtschaftlicher Führungsstile. Wiesbaden 1970
KLIS, M.: Machttheoretische Grundlagen moderner Führungsstile. In: Zfo 1/1971
KOSIOL, E.: Organisation der Unternehmung. Wiesbaden 1962
KOSIOL, E.: Grundprobleme der Ablauforganisation. In: HWO 1980
KOSSBIEL, Personalbereitstellung und Personaführung. Wiesbaden 1976
KRAMER, R.: Information und Kommunikation. Berlin 1965
KRÜGER, W.: Konflikt in der Organisation. In: HWO 1980
KRÜGER, W.: Konfliktsteuerung in der Unternehmung. In: ME 1983
KÜCHLER, J.: Gruppendynamische Verfahren in der Aus- und Weiterbildung. München 1979

LAING, R.: Phänomenologie der Erfahrung. Frankfurt 1977
LANDAU, E.: Psychologie der Kreativität. Basel 1969
LANTERMANN, E. D. Interaktionen: Person, Situation und Handlung. München 1980
LATTMANN, Ch.: Führungsstil und Führungsrichtlinien. Bern/Stuttgart. 1975 (a)
LATTMANN, Ch.: Die Leistungsbeurteilung als Führungsmittel. Zweck und Aufgaben von Qualifikationssystemen. Bern/Stuttgart 1975 (b)

LATTMANN, Ch.: Führung durch Zielsetzung. Bern/Stuttgart 1977
LATTMANN, Ch.: Die Verhaltenswissenschaftlichen Grundlagen der Führung. Bern 1981
LAUTERBURG, Ch.: Vor dem Ende der Hierarchie. Modelle für eine bessere Arbeitswelt. Düsseldorf/Wien. 2. Aufl. 1980
LAWLER, E.: Motivierung in Organisationen. Bern/Stuttgart 1977
LEAVITT, H.: Grundlagen der Führungspsychologie. München 1974
LEHMANN, H.: Integration. In: HWO 1980
LERSCH, P.: Der Mensch als soziales Wesen. Eine Einführung in die Sozialpsychologie. 2. Aufl. München 1965
LEWIN, K.: A Dynastic Theory of Personality. New York 1935
LILGE, H.-G.: Wertgrundlagen partizipativer Führung. In: GRUNWALD/LILGE (1980)
LILGE, H.-G.: Menschenbilder als Führungsgrundlage. In: ZfD 1/1981
LILGE, H.-G.: Zum Koordinationsproblem. Ansätze zu einem organisch-strukturellen Bedingungsrahmen von Kooperation und Konkurrenz. In: GRUNWALD/LILGE (1982)
LINDSKOLD, S.: Die Entwicklung von Vertrauen, der GRIT-Ansatz und die Wirkung von konziliantem Handeln auf Konflikt und Kooperation. In: GRUNWALD/LILGE (1982)
LUHMANN, N.: Macht. Stuttgart 1975
LUHMANN, N.: Funktionen und Folgen formaler Organisation. Berlin. 3. Aufl. 1976
LUKASCZYK, K.: Zur Theorie der Führer-Rolle. In: Psychologische Rundschau. 11/1960

MACHARZINA, K.: Neue Entwicklungen in der Führungsforschung. In: ZfO 1, 2/1977
MACHARZINA, K.: Führungsmodelle. In: HWO 1980
MACHARZINA, K./ROSENSTIEL, L. VON (Hrsg.): Führungswandel. In: Unternehmung und Verwaltung. Wiesbaden 1974
MARCH, J./SIMON, H.: Organisation und Individuum. Wiesbaden 1976
MARR, R./SCHULTES, G.: Mitarbeiterbeurteilung. In: ME 1983
MARX, K.: Ökonomisch-philosophische Manuskripte (1844). In: MARX/ENGELS II: Politische Ökonomie. Frankfurt 1966
MASLOW, A. H.: A theory of human motivation. In: Psychological Review. 50/1943
MASLOW, A. H.: Psychologie des Seins. München 1973
MASLOW, A. H.: Motivation und Persönlichkeit. Olten 1977
MAYER, A. (Hrsg.): Organisationspsychologie. Stuttgart 1978
MAYER, A./HERWIG, B. (Hrsg.): Handbuch der Psychologie. Bd. 9: Betriebspsychologie. Göttingen 1972
MAYNTZ, R.: Soziologie der Organisation. Reineck 1963
MCGREGOR, D.: Der Mensch im Unternehmen. Düsseldorf/Wien 1970 BW Q 245
MEIER, A.: Koordination. In: HWO 1969
MEIER, M.: Beurteilung der Pflegequalität. In: Krankenpflege 4/1983
MERTON, R.: Social theory and social structure. New York 1968
MEYER, E. (Hrsg.): Handbuch Gruppenpädagogik – Gruppendynamik. Heidelberg 1977
MOLDENHAUER, P./GRUNWALD, G.: Menschenbild. In: Personalenzyklopädie. Bd. 2. München 1978
MOREL, J.: Wandel im Wertsystem. In: HAUF, M. et al. (Hrsg.) Sozialer Wandel. Bd. 1. Frnakfurt/M. 1975
MÜLLER, M.: Leistungsbewertung ja – Persönlichkeitsbewertung nein! In: IO 10/1975
MÜLLER, R.: Menschenkenntnis im Betrieb. Zürich 1973
MÜLLER, W. R.: Führung und Identität. Bern/Stuttgart 1981
MÜLLER, W. R./HILL, W.: Die situative Führung. In: Die Betriebswirtschaft 3/1977
MÜLLER-WOLF, H.: Trainingsmaterialien zum Kommunikations- und Verhaltenstraining. In: FITTKAU et al. 1977

NAGER, F.: Wende in der Medizin? In: Zürcher Zeitung Nr. 249/1985
NEUBAUER, R./ROSENSTIEL, L. VON (Hrsg.): Handbuch der Angewandten Psychologie. Band 1: Arbeit und Organisation. München 1980
NEUBERGER, O.: Experimentelle Untersuchung von Führungsstilen. In: Gruppendynamik. 3/1972
NEUBERGER, O.: Das Mitarbeitergespräch. München 1973
NEUBERGER, O.: Theorien der Arbeitszufriedenheit. Stuttgart 1974
NEUBERGER, O.: Führungsverhalten und Führungserfolg. Berlin 1976
NEUBERGER, O.: Motivation und Zufriedenheit. In: MAYER (1978)
NEUBERGER, O.: Motivation. In HWO 1980
NEUBERGER, O.: Rituelle (Selbst-)Täuschung. Kritik der irrationalen Praxis der Personalbeurteilung. In: Die Betriebswirtschaft. Stuttgart 1/1980
NEUBERGER, O.: Führung. Ideologie-Struktur-Verhalten. Stuttgart 1984
NEUMANN, K. H. (Hrsg.): Optimal Führen. Konzeption und Methodik neuen Führens in der modernen Leistungsgesellschaft. Heidelberg 1969

NICK, F. R.: Management durch Motivation. Stuttgart 1974
NIEDER, P./NAASE, Ch.: Führungsverhalten und Leitung. Bern 1977
NIEDER, P./NAASE, Ch.: Fehlzeiten. In: HWPS 1981
NIEDER, P./NAASE, Ch.: Fluktuation. In: HWPS 1981
NORDSIECK, F.: Betriebsorganisation. Stuttgart 1961

OECHSLER, W.: Der organisatorisch-strukturelle Kontext partizipativer Führung. In: GRUNWALD/LILGE 1980
OLDENDORFF, A.: Sozialpsychologie im Industriebetrieb. Köln 1970
ORGANISATOR, der: Zehn Regeln für die Stellvertretung. 9/1973

PARSONS, T.: Die jüngsten Entwicklungen in der strukturell-funktionalen Theorie. In: Kölner Zeitschrift für Soziologie und Sozialpsychologie 16. 1964
PFEIFFER, D.: Organisationssoziologie. Stuttgart 1976
PIONTKOWSKI, U.: Psychologie der Interaktion. München 1976
PREGLAU, M.: Organisation, Führung und Identität. In: MOREL, J. et al. (Hrsg.) Führungsforschung. Göttingen 1980
PREISER, S.: Sozialisationsbedingungen sozialen und politischen Handelns. In: Landeszentrale für polit. Bildung (Hrsg.): Selbstverwirklichung und Verantwortung in einer demokrat. Gesellschaft. Mainz 1977

QUISKE, F./SKIRT, S./SPIESS, G.: Arbeit im Team. Reinbek 1975

REBER, G.: Anreizsysteme. In: HWO 1980
REIMANN, R.: Instrumente zur Organisation des Pflegedienstes. In: Krankenpflege 6/1980
RICHTER, H. E.: Lernziel Solidarität. Reinbek 1974
ROHDE, J.: Soziologie des Krankenhauses. Stuttgart. 2. Aufl. 1974
ROHRACHER, H.: Einführung in die Psychologie. 1965
ROSENSTIEL, L. VON: Motivation im Betrieb. München 1972
ROSENSTIEL, L. VON: Anerkennung und Korrektur. In: HWB 1974
ROSENSTIEL, L. VON: Arbeitsgruppe. In: MAYER (1978)
ROSENSTIEL, L. VON: Gruppen und Gruppenbeziehungen. In: HWO 1980
ROSENSTIEL, L. VON: Grundlagen der Organisationspsychologie. Stuttgart 1980
ROSENSTIEL, L. VON/OLT, W./RÜTTINGER, B.: Organisationspsychologie. Stuttgart 1983
ROSNER, L.: Moderne Führungspsychologie. München. 3. Aufl. 1973
ROSNER, L.: Voraussetzungen, Eigenschaften und Fähigkeiten der Führungspersönlichkeit. Zürich 1983
ROTTER, J.: Generalized expectancies for interpersonal trust. In: American Psychologist 26/1971
RÜHLI, E.: Leistungssysteme. In: HWO 1980
RÜTTINGER, B.: Konflikt und Konfliktlösen. München 1977
RÜTTINGER, B.: Macht im Betrieb. In: HWPS 1981

SAAMANN, W.: Alternatives Führen: Mitarbeiter qualifizieren. Wiesbaden 1984
SAHM, A.: Führungsverhalten in Problem- und Konfliktsituationen. In: ZfO 8/1970
SAHM, A.: Humanisierung der Arbeitswelt – Verhaltenstraining statt Verordnung. Freiburg 1976
SAHM, A.: Humanisierung im Führungsstil. Frankfurt/M. 1977
SAHM, A.: Lernziel: Zusammenarbeit. Frankfurt/M. 1979
SAHM, A.: Verhaltenstraining im Betrieb. Frankfurt/M. 1979
SAHM, A.: Neue Methoden zur Leistungsmotivation der Mitarbeiter, Kissing. 2. Aufl. 1980
SAHM, A.: Was Führungskräfte heute zur Leistung motiviert. Kissing 1981 (a)
SAHM, A.: Übungsziel: Führungsverhalten. Berlin 1981 (b)
SAHM, A.: Motivation. In: ME 1984
SANDI, P.: Gruppenpsychologie. München 1973
SEGER, I.: Knaurs Buch der modernen Soziologie. München/Zürich 1970
SEIDEL, E.: Betriebliche Führungsformen. Stuttgart, Poeschel 1978
SEIDEL, W.: Gruppen, Begriff und Interpretation. In: PE 1978
SHERIF, M.: The Psychology of social norms. New York 1936
SIEGRIST, J.: Arbeit und Interaktion im Krankenhaus. Stuttgart 1978
SIKORA, J.: Handbuch der Kreativ-Methoden. Heidelberg 1976
SJOLUND, A.: Gruppenpsychologie für Erzieher, Lehrer und Gruppenleiter. Heidelberg 1976

SCHEIN, E. H.: Das Bild des Menschen aus der Sicht des Management. In: GROCHLA, E. (Hrsg.): Management. Düsseldorf/Wien 1974
SCHEITLIN, V.: Betriebsklima und moderne Führungspraxis. Zürich 1971

SCHIMANK, U.: Identitätsbehauptung in Arbeitsorganisationen – Individualität in der Formalstruktur. Frankfurt/M. 1981
SCHLEISSHEIMER, B.: Interesse. In: ROMBACH, H. (Hrsg.): Wörterbuch der Pädagogik. Freiburg 1977
SCHMIDT, G.: Organisation – Methode und Technik. Giessen 1974
SCHULER, H.: Das Bild vom Mitarbeiter. München 1972
SCHULER, H.: Leitungsbeurteilung in Organisationen. In: MAYER 1978
SCHULZ VON THUN, F.: Psychologische Vorgänge in der zwischenmenschlichen Kommunikation. In: FITTKAU, B./MÜLLER-WOLF, H./SCHULZ VON THUN, F. (Hrsg.): Kommunizieren lernen (und umlernen). Braunschweig 1977
SCHULZ VON THUN, F.: Kommunikation, innerbetriebliche. In: PE 1978
SCHULZ VON THUN, F.: Miteinander reden: Störungen und Klärungen. Psychologie der zwischenmenschlichen Kommunikation. Reinbek 1981
SCHWÄBISCH, L./SIEMS, M.: Anleitung zum sozialen Lernen für Paare, Gruppen und Erzieher. Reineck 1979
SCHWARZ, H.: Betriebsorganisation als Führungsaufgabe. München 1970

STAEHLE, W. H.: Organisation und Führung sozio-technischer Systeme. Stuttgart 1973
STAEHLE, W. H.: Management. Eine Verhaltenswissenschaftliche Einführung. München, Vahlen 1980 (a)
STAEHLE, W. H.: Menschenbilder in Organisationstheorien. In: HWO. Stuttgart, Poeschel 2. Aufl. 1980 (b)
STAERKLE, R./JAEGER, F.: Information und Kommunikation. In: OLH 1972
STEERS, R./PORTER, L. (Hrsg.): Motivation and work behavior. New York 1975
STEINBUCH, P.: Organisation. Ludwigshafen 1977
STEINHERR, L.: Selbstentlastung. Kissing 1979
STEINLE, C.: Führung. Grundlagen Prozesse und Modelle der Führung in der Unternehmung. Stuttgart, Poeschel 1978
STEINLE, C.: Führen durch Ziele – nötiger denn je! In: io. Zürich 2/1980
STÖBER, A. M./BINDIG, R./DERSCHKA, P.: Kritisches Führungswissen. Emanzipation und Technologie in wissenschaftssoziologischer Sicht. Stuttgart 1974
STOGDILL, R.: Handbook of leadership. New York/London 1974
STROEBE, G.: Gezielte Verhaltensänderung. Heidelberg 1978
STROEBE, R. W.: Kommunikation I. Heidelberg 1977
STROEBE, R. W.: Führungsstile. Heidelberg 1979
STROEBE, R. W.: Grundlagen der Führung. Heidelberg, Sauer. 4. Aufl. 1984
SWISSAIR: Mitarbeiter und Vorgesetzte. Leitbild für eine leistungsorientierte und partnerschaftliche Zusammenarbeit. Zürich 1982

TANNENBAUM, R./WESCHLER, J./MASSARIK, F.: Leadership and organization. New York 1961
THIEL, S./TRILL, R.: Kommunikationssystem im Pflegebereich. In: Das Krankenhaus 2/1984
THIELE, B./BRIKKE, H.: Das Betriebsklima im Krankenhaus. In: Krankenpflege 2/1974
TÜRK, K. (Hrsg): Organisationstheorie. Hamburg 1975
TÜRK, K.: Grundlagen einer Pathologie der Organisation. Stuttgart 1976
TÜRK, K. (Hrsg.): Handlungssysteme. Opladen 1978
TÜRK, K.: Personalführung und soziale Kontrolle. Stuttgart 1981 (a)
TÜRK, K.: Organisation und Individuum. In: HWPS 1981 (b)

ULICH, E./GROSKURTH, P./BRUGGMANN, A.: Neue Formen der Arbeitsgestaltung. Möglichkeiten und Probleme der Verbesserung der Qualität des Arbeitslebens. Frankfurt a/M. 1973
ULMANN, P.: Ablauforganisation. Manuskript VESKA-Schulung. o.J.
ULRICH, H.: Die Unternehmung als produktives soziales System. Bern/Stuttgart 1968 (a)
ULRICH, H.: Organisations-Brevier. Bern 1968 (b)
ULRICH, H.: Verbesserung der Organisationsstruktur von Unternehmungen. Bern 1969

VONTOBEL, J.: Leistungsbedürfnis und soziale Umwelt. Bern/Stuttgart/Wien 1970
VOPEL, K.: Interaktionsspiele. Hamburg 1978
VROOM, V.: Work and motivation. New York 1964

WEBER, M.: Wirtschaft und Gesellschaft. Tübingen. 5. Aufl. 1972
WEGNER, G.: Systemanalyse und Sachmitteleinsatz in der Betriebsorganisation. Wiesbaden 1969
WEILENMANN, G.: Gewandtheit gewinnt. Wirksame Verhandlungstaktik und Konferenztechnik. Zürich 1974
WEISSER, J.: Probleme lösen – Entscheidungen vorbereiten. Heidelberg 1979
WERNER, H.: Motivation und Führungsorganisation. Heidelberg 1972

Wessen, A.: Beobachtungen zur sozialen Struktur des Krankenhauses. In: König, R. (Hrsg.): Kölner Zeitschrift für Soziologie und Sozialpsychologie. Köln/Opladen 1958
Wieringa, C.: Beitrag in: Bachmann C. (Hrsg.): Kritik der Gruppendynamik. Frankfurt 1981
Wild, J.: Betriebswirtschaftliche Führungslehre und Führungsmodelle. In: Wild, J. (Hrsg.): Unternehmungsführung. Berlin 1974
Wild, J.: MbO als Führungsmodell für die öffentliche Verwaltung. In: Die Verwaltung. Berlin 6/1973
Wiswede, G.: Soziologie abweichenden Verhaltens. Stuttgart 1973
Wiswede, G.: Rollentheorie. Stuttgart 1977
Wiswede, G.: Gruppe im Betrieb. HWPS 1981
Wiswede, G.: Soziologie konformen Verhaltens. Stuttgart 1976
Wittlage, H.: Unternehmensorganisation. Berlin 1976
Wunderer, R.: Die Leitsätze für Zusammenarbeit im Metallwerk Plansee. In Plansee-Werkzeitung 1975
Wunderer, R.: Kooperationskonflikte, laterale. In: PE 1978
Wunderer, R./Grunwald, W./Moldenhauer, P.: Führungslehre. Bd. I: Grundlagen für die Führung. Bd. II: Kooperative Führung. Berlin/New York 1980

Zaleznik, A.: The motivation, productivity and satisfaction of workers. Boston 1958
Zand, D.: Vertrauen und Problemlösungsverhalten von Managern. In: Gruppendynamik 4/1973
Zeidler, K.: Führung in Organisationen. In: Specht, K. (Hrsg.) Soziologie im Blickpunkt der Unternehmung. Herne/Berlin 1974 (a)
Zeidler, K.: Kommunikation in Organisationen. In: Specht, K. (Hrsg.) 1974 (b)
Zündorf, L./Grunt, M.: Hierarchie in Wirtschaftsunternehmen. Frankfurt/New York 1980
Zwicky, F.: Jeder ein Genie. Frankfurt 1971

Abkürzungen:

HWB: Grochla, E./Wittmann, W. (Hrsg.) Handwörterbuch der Betriebswirtschaft. Stuttgart. 4. Aufl. 1974
HWO: Grochla, E. (Hrsg.) Handwörterbuch der Organisation. Stuttgart. 1. Aufl. 1969. 2. Aufl. 1980
HWP: Gangler, E. (Hrsg.) Handwörterbuch des Personalwesens. Stuttgart 1975
HWPS: Beckerath, P. (Hrsg.) Handwörterbuch der Betriebspsychologie und Betriebssoziologie. Stuttgart 1981
ME: Management-Enzyklopädie. Landsberg 1983
MM: Manager-Magazin. Hamburg
OLH: Organisationsleiter-Handbuch. Degelmann, A. (Hrsg.) München 1972
PE: Personal-Enzyklopädie, München 1978
ZfO: Gesellschaft für Organisation (Hrsg.): Zeitschrift für Organisation, Wiesbaden, Gabler

Sachregister

Die Seitenangaben mit vorangehendem A beziehen sich auf den Anhangband.

Abhängigkeit 21, 23, 43f., 172, 176, 211, 235, 428
Ablauforganisation s. Arbeitsanalyse/ Arbeitssynthese/Organisation/Organisieren 676, 763ff., 777f.
Absentismus s. Fehlzeiten
Abteilungsbildung 710ff.
Abwehrmechanismen 101
Aggression 101, 162
Akzeptanz 50f., 142, 165, 431, 580, 686, 801
Ambivalenzkonflikt 116
Anerkennung 120f., 126, 131, 143, 214, 317, 466ff., A9, A149
Anerkennungsprofil 471
Anforderungsprofil 140, 493, 824f.
Anreiz 81, 103f.
Anspruchsniveau 98f., 125f.
Arbeit 16, 120ff., 372f.
Arbeitsablaufplan 809f., A58
Arbeitsanalyse 766ff., A51
Arbeitsaspekte 120ff.
Arbeitsbedingungen 121, 200
Arbeitsdifferenzierung 146
Arbeitselement 767
Arbeitsergebnis 105, 122f., 239
Arbeitsfaktoren s. Arbeitsmerkmale
Arbeitsgang 700f.
Arbeitsganganalyse 767
Arbeitsgruppe s. Gruppen
Arbeitsklima 116f., A119f.
Arbeitsleistung s. Leistung
Arbeitsmerkmale 105, 129, A115ff.
Arbeitsmotivation s. Motivation
Arbeitspensum 770
Arbeitsplan A57
Arbeitsprozess s. Ablauforganisation 676
Arbeitssynthese 768ff.
Arbeitsteilung 55, 160, 216, 426ff., 680, 707f., 732, 769ff.
Arbeitsübersichtsplan 811f., A62
Arbeitsumgebung 724f.
Arbeitsunterweisung 435f.
Arbeitsunzufriedenheit s. Zufriedenheit
Arbeitsvereinigung 773f.
Arbeitsverschärfung 162
Arbeitszerlegung 426f.
Arbeitszufriedenheit s. Zufriedenheit
Assistenz s. Stabsstelle 698, 718
Attitude s. Einstellung
Aufbauorganisation s. Aufgabenanalyse/Aufgabensynthese/Organisation/Organisieren 675f., 701ff., 778
Aufgabe 111f., 122f., 347ff., 820f.
-, Beherrschbarkeit 690
-, Definition 689
-, Determinanten 689
-, Merkmale 689
-, Wiederholungscharakter 690
Aufgabenanalyse 701ff., A50
Aufgabenbereicherung s. Job Enrichment
Aufgabenbild 815

Aufgabenerweiterung s. Job Enlargement
Aufgabengehalt 135, 279, 317, 706
Aufgabengliederung s. Arbeitsteilung
Aufgabengliederungsplan 705
Aufgabenkomplex s. Aufgabe 705f.
Aufgabensynthese s. Aufgabe 705ff.
Aufgabenteilung s. Arbeitsteilung
Aufgabenträger s. Aufgabe 683, 689, 705
Auftragserteilung 422ff., A5, A27
Ausführungsstelle (s. Stelle) 694, 704, 723
Ausschuss 698
Autonomie 20f., 93, 105, 111, 117f., 129f., 138, 187, 189, 268, 314, 344, 348f., 381, 681, 690
Autorität (s. Macht) 28, 37ff., 87, 198, A122
-, Definition 37
-, fachliche 38f., 303
-, formale 38, 40, 302ff., 416
-, Führungs- s. Führungsautorität
-, informale 41, 797f.
-, Legitimation 37ff., 40
-, persönliche 39, 304
-, Quellen 37ff.,

Balkendiagramm 810, A60
Bedeutung 105f., 129, 165, A24
Bedürfnishierarchie 89ff., 318, 321
Bedürfnispyramide s. Bedürfnishierarchie
Bedürfnisse (s. Motivation) 18, 80, 89ff., 117, 225, 316ff., 577, A115f.
-, nach Achtung 92, 244
-, nach Leistung s. Leistungsmotivation
-, nach Macht 244, 317
-, nach Selbstverwirklichung 92f.
-, nach Sicherheit 90f., 118, 120f., 127, 316
-, nach Wachstum 106, 317, 366
-, physiologische 89f.
-, soziale 91f., 316
Beeinflussung (s. Macht) 7f., 28f., 45f., 48f., 249ff., 258, 377, 383, 415, 550, 566ff., A80
Beeinflussungsprozess 52f.
Beförderung 109f., 120f., 126, 138, 162, 297ff.
Befriedigung (s. Zufriedenheit) 116, 119ff., 122f., 142f., 165, 376
Befugnisse s. Kompetenzen
Belohnung 29, 115f., 122f., 129f., 143, 175
Bereichsmanager 747, 762
Beschwerde 463
Besetzungsbild 815
Bestrafung 29, 115f., 143, 162f.
Betriebsklima s. Arbeitsklima
Beurteilung s. Personalbeurteilung
Bevormundung 592f.
Bewertung s. Personalbeurteilung
Bezahlung 108, 121, 127, 130, 138, 143

Beziehungsorganisation s. Information/
   Kommunikation/Organisation 779ff.
Blinder Fleck 569ff.
Botschaft s. Nachricht
Brainstorming 248, 409f., A4

Charisma 39
Critical-Incident-Method s. Kontrolle

Datenflussplan 809f., A59
Delegation 347ff., 429, 725, A19, A143
Demokratisierung 75
Dezentralisation 707ff.
Dialog s. Gespräch
Dienststelle, zentrale (s. Stabsstelle) 698
Dienstweg 425, 783ff.
Differenzierung s. Arbeitsdifferenzierung
Direktorialsystem (s. Instanz) 695, 729, 756ff.
Disziplinarmassnahmen 161
Divergenztheorem 257, 259, 263f., 798

Effizienz (s. Leistung) 62
Eigenkompetenzen (s. Kompetenzen) 691
Eigenschaftstheorie 4f., 39f., 322f., 406
Eigenständigkeit s. Autonomie
Eigenverantwortung s. Handlungsverantwortung
Eignung 80
Einführung neuer Mitarbeiter s. Mitarbeiter
Einkommen s. Bezahlung
Einliniensystem s. Liniensystem
Einstellung 85f., 405, 578, A114, A118
Elementaraufgabe 704, 767
Emanzipation 20, 22f.
Empathie 431, 581
Entfremdung 17, 139, 164ff.
Entlohnung s. Bezahlung
Entpersönlichung 139
Entscheidung 111, 175, 180, 314, 325ff., 338, 680, 713, 723, A19, A26, A98
Entscheidungskompetenzen s. Entscheidung/Kompetenzen
Entscheidungsprozess 387ff.
Erfolg 81, 100, 114, 116, 316f.
Erfolgskontrolle s. Kontrolle
Ersatzmann 715
Erwartungen 50f., 81, 113ff., 147, 265f., 305, 309f., 313f., 369
Extrinsische Faktoren 107ff., 130f., 136

Fachkompetenz s. Sachkompetenz
Fachrekurs 463
Fähigkeiten 51, 53, 79f., 106, 122f.
Feedback s. Rückmeldung
Fehlzeiten 133ff., 662, 181, 194, 200, 241, A78f.
Flexibilität 199, 680, 732, 791, 827
Fluktuation 133, 137ff., 168, 181, 200, 241
Formalisierung 63
Formalziele s. Ziele
Formularflussplan 810, A60
Frageformen 585f.
Fremdbild 563, 579
Fremdkompetenzen (s. Kompetenzen) 691f.
Fremdverantwortung s. Führungsverantwortung
Frustration 101f., 174, 216, 528, A75
Fügsamkeit 25
Führer
-, Eigenschaften 5, 102f., 306ff.

-, informaler 797
Führerrolle 47, 244, 257ff., 260f., 262ff., A93ff.
Führung
-, Bedeutung 4
-, Beeinflussung und 9
-, Begründungen 9ff.
-, Definition 7f., 377f.
-, durch Delegation s. Delegation
-, durch Zielvereinbarung s. Zielformulierung
-, Erklärung von 4f.
-, Grundauffassungen 87.
-, Handlungsdimensionen 16ff.
-, kooperative s. Führungsstil
-, Organisation und 681ff.
-, Wesensmerkmale 4
-, Zieldimensionen 12ff., 69
Führungsaufgaben 299f., 389ff., 433, A141
Führungsautorität (s. Autorität/Macht) 302ff.
Führungsdefinitionen 7f.
Führungsgespräch 591ff.
Führungsideologien 9f.
Führungskompetenzen s. Fremdkompetenzen
Führungskonzept 347, 367ff.
Führungskreislauf 387ff.
Führungsorientierungen 258f., 264, 330f., 33ff.
Führungsprozess 45ff., 54
Führungsrichtlinien 368ff., A17ff.
Führungsrolle s. Führerrolle
Führungssituation 5
Führungsspirale 393
Führungsstil 124, 269, 323ff., 342ff., 357, 476f., 592ff.
-, autoritärer 324ff., 336ff., 476, 592ff.
-, kooperativer 324ff., 337ff., 343f., 477ff., 593
-, partizipativer s. kooperativer
-, situativer 329, 332, 340ff., 346f.
Führungsverantwortung (s. Verantwortung) 301, 351, 692, 723
Führungsverhalten 130f., 308ff., 333ff., 480, A151ff., A154ff.
Führungsziele 20ff., 268f., 455f.
-, formale 64
-, instrumentale 12, 69
-, non-instrumentale 13, 69
-, sachbezogene 64
Funktionalitätsvergiftung 568
Funktionendiagramm 803, 806ff., A54ff.
Funktionsmanager 747, 762
Funktionsteilung 55

Ganzheitlichkeit 63, 105, 111, 129
Gefühle 117, 158, 242ff., 314, 528, 645
Gehorsam 41ff., A77
Gerüchte 664
Gespräch (s. Kommunikation) 580ff., A45ff., A104
-, Effizienz 589f.
-, Formen s. Gesprächsformen
-, Leitung s. Gesprächsleitung
-, Regeln 623f.
Gesprächsformen 596ff.
Gesprächsleitung 599, 600ff.
Gewohnheiten 86
Glaubwürdigkeit 33f.
Gliederungsbreite s. Leitungsspanne
Gliederungstiefe 725f.
Gruppen 210ff., A118, A121, A133ff.
-, Arbeits- 218
-, Arten 216ff.

-, Definition 210f.
-, Einflüsse 131, 160, 249ff.
-, formale 217
-, informale 217, 796f.
-, Machtstruktur 231ff.
Gruppenarten s. Gruppen
Gruppendruck 22f., 249ff.
Gruppendynamik (s. Gruppe) 234ff., A90, A136ff.
Gruppeneffektivität 239, 256, 279f., 281
Gruppenentwicklung 234ff., 270ff.
Gruppengrösse 219f.
Gruppennormen 149, 222ff., 265, 281
Gruppenprozess s. Gruppendynamik
Gruppenrollen 226ff., 271, 294
Gruppenziele 221ff.
Gruppenverhalten 254ff.

Habit s. Gewohnheit
Halo-Effekt 519f., 525
Handlungsdimensionen 16ff., 81
Handlungskompetenzen s. Eigenkompetenzen
Handlungsspielräume s. Verhaltensspielräume
Handlungsverantwortung (s. Verantwortung) 692
Harmonogramm 809
Herabsetzung 592f.
Herrschaft s. Macht
Hierarchie (s. Autorität/Macht) 10f., 66, 92, 119f., 165, 183, 191, 338, 592ff., 658, 696f.
-, Autorität und 38
-, Definition 730
-, Ebenen 681, 725
-, Kreativität und 414
-, Nachteile 731
-, Organisation und 55, 681
-, Vorteile 731
Humanisierung 75
Human-Resources-Mouvement 73
Hygienefaktoren 124ff., 320

Ideenfindung 401, 409f., 686, A4
Identifikation 30
Identität 20f., 25f., 65, 146f., 169
Individualität 65, 181, 290, 414
Informale Organisation s. Organisation, informale
Information (s. Kommunikation/Nachricht) 29, 118, 168f., 188f., 363, 375, 383, 414, 452, 555, A2, A16f., A22f., A108
-, Bedarf 650f., 653ff.
-, Definition 650
-, Funktion 651f.
-, Hindernisse 657ff.
-, Mittel 665ff.
-, Mitverantwortung und 687
-, Richtungen 657ff.
Informationsfluss 655ff., 793
-, Hindernisse 662ff.
-, Richtungen 657ff., 781f.
Informationsplan A49
Informationswege s. Information/Kommunikationswege
Innovation 680
Instanz (s. Stelle) 694ff., 727ff.
Instanzenbild 815
Integration 24, 140, 142ff., 158ff., 161, 180, 202f., 345, 428, 436ff., 713f.
Interaktion 17, 45ff., 87, 211, 256, 269, 384, 430, 547, 565, 798
Interaktionstheorie 6
Interdependenz s. Abhängigkeit

Interesse 34, 84, 120f.
Interpretationsspielräume (s. Verhaltensspielräume) 27f.
Intrinsische Faktoren 105ff., 129, 136

Job Enlargement 111, 772
Job Enrichment 111, 117, 772
Job Rotation 772
Job Specialization s. Spezialisierung
Johari-Fenster 569ff.

Kohäsion 20, 23f., 135, 220, 239ff., 269, 279, 281ff., 291, 342f.
Kollegialmodell 753f.
Kollegialsystem (s. Instanz) 695, 729, 755ff.
Kommunikation (s. Gespräch/Information/Nachricht/Verständigung) 121, 174, 237, 246, 288, 339, 375, 393f., 547ff., 779ff., A112ff.
-, Ablaufstruktur 792f.
-, Aufbaustruktur 787ff.
-, Definition 548
-, Funktionen 549, 566ff.
-, informale 795f., A52
-, Kommunikation über s. Metakommunikation
-, Richtungen 549, 780ff.
-, Störungen s. Kommunikationsstörungen
-, Vorgang s. Kommunikationsprozess
-, Zweck 550f., 556
Kommunikationsbild 815
Kommunikationsdiagramm 812f., A64
Kommunikationsmatrix 812, A63
Kommunikationsnetze 789ff., 799f., A52
Kommunikationsprozess 552ff.
Kommunikationsstörungen 557, 582f., 589f., 604, 798, A112ff.
Kommunikationssystem 185f., 375, 680, 795f., A52
Kommunikationstabelle 812
Kommunikationswege 700, 779ff., 793, 799f., A52
Kommunikationsziele 548f.
Kompetenzen 118, 311, 316, 347ff., 350, 821f.
-, Definition 690
-, Arten 691f.
Kompetenz, soziale 379f.
Konferenzen (s. Gespräch/Kommunikation/Kommunikationsstörungen) 603ff.
-, Ablauf 608f.
-, Formen 616ff.
-, Leitung (s. Gesprächsleitung) 609f., A12f., A47f.
-, Protokoll 613f.
-, Regeln 614f., 623f.
-, Sitzordnung 621
-, Umgebungsbedingungen 619f.
-, Vorbereitung 606f.
Konflikt 73, 151f., 170ff., 216, 245ff., 265ff., 313f., 339
Konfliktarten 173f.
Konflikthandhabung 245ff., 267f., 376, 471ff., 613, A91f., A150
Konfliktprophylaxe 475
Konfliktreaktionen 472ff.
Konformität 20, 25f., 50, 168f., 222
Kongruenzprinzip 352f.
Konkurrenz 160, 174, 283, 286ff., 315
Konsummation 17f.
Kontakte, soziale 109, 212f., 796f., 822
Kontrolle 121, 233, 314, 357, 359, 383, 437ff., 724, A7, A99f.
-, Erfolgs- s. Ergebniskontrolle

839

-, Ergebnis- 359, 361, 442f.
-, Fremd- 442ff.
-, Selbst- 442ff., 446f., A47
-, Verhaltens- 366, 442f.
-, Verlaufs- s. Verhaltens-
Kooperation 24, 162, 168ff., 188, 190, 265, 276ff., 286ff., 291, 315, 345, 386f., 455f., 581, 800, A18
Kooperative Führung s. Führungsstil, kooperativer
Koordination (s. Integration) 11, 160, 175, 277, 288, 426ff., 712f., 724
-, Organisation und 673ff.
-, Selbst- 11, 429
-, Techniken 423f.
Korrektur 449ff., A8
Krankenhaus
-, Ablauforganisation 775f.
-, Grundverhältnis zum 144f.
-, Leitungsorganisation 755ff.
-, als Organisation 54ff.
-, als soziales System 61f.
Krankenstand 133f.
Kreativität 404ff., 413f.
Kreativitätsbarrieren 407ff.
Kritik 453ff., A8, A101, A148
Kybernetische Modelle 6, 60, 751f.

Legitimation 30
Leistung 97f., 131ff., 239, 279, 281, 372f., 451
Leistungsbedürfnis s. Leistungsmotivation
Leistungsbeurteilung s. Personalbeurteilung
Leistungsfähigkeit 79f., 199, 417, 491
Leistungsmotivation 11, 79, 97f., 103ff., 108ff., 168f., 318f., 438, 447, 438, 452
Leistungsorientierung 25f., 376
Leistungsprinzip 99f.
Leistungsstandard 99, 365, 445, 492ff.
Leistungsziele s. Ziele
Leitungsfunktion 721ff.
Leitungshilfsstelle s. Stabsstelle
Leitungsspanne 159, 725ff.
Leitungsstelle s. Instanz
Leitungssystem (s. Instanz) 721ff., 727f., 800
Lernfähigkeit 199
Liniensystem 729f., 733ff.
Linking-Pin-Model s. System überlappender Gruppen
Lokomotion 20f., 268
Loyalität 25f., 431

Macht (s. Autorität/Beeinflussung/Hierarchie) 28ff., 147, 165, 175, 182, 193, 231ff., 357, 375, 415, 439
-, Definition 28
-, Gehorsam und 42f.
-, Grundlagen 29f., 49, 52f.
-, Instrumente 32ff., 52f.
-, Mitarbeiter- 43f.
-, Mittel der 32ff.
-, Organisation und 677, 683
Machtbeziehung 29, 52f.
Machtmittel 32ff., 49, 52f.
Machtmotivation 49, 52f.
Machtsystem 182f.
Management 388ff.
-, by delegation s. Delegation
-, by objectives s. Zielformulierung
Managementfunktionen 390f.
Managerial Grid s. Verhaltensgitter
Manipulation 32, 34ff., 568
Marginalkonflikt 265f.

Materialflussplan 809f.
Matrixorganisation 745ff., 759ff.
Mehrliniensystem 730, 735ff.
Menschenbild 50f., 69ff., 330f., 693f.
-, complex man 74
-, optimistisches 70f.
-, pessimistisches 70f.
-, rational-ökonomisches 71
-, self-actualizing-man 73
-, social man 72
-, Theorie X/Y 71, 440, 455
Metakommunikation 565
Misserfolg 100, 114
Misstrauen s. Vertrauen
Mitarbeiter
-, ältere 198ff., A86
-, ausländische 201ff.
-, Einführung neuer 203, 433ff., A6
-, jugendliche 196ff., A82ff.
-, Pflichten der 147, 187ff., 226
-, Rechte der 147, 189ff.
-, schwierige 104ff., A86f.
-, weibliche 191ff., A81
Mitarbeiterbeurteilung s. Personalbeurteilung
Mitarbeiterqualifikation s. Personalbeurteilung
Mitverantwortung s. Verantwortung
Morphologische Analyse 411f.
Motiv 18, 81, 87, 88f., 142f.
Motivation 22f., 49, 76ff., 106, 165, 181, 316ff., 529, 550, A20, A76, A115ff.
-, Definition 77
-, Konzepte 77ff.
-, Organisation und 679
Motivationsprobleme 146, 181
Motivationsprozess 79ff.
Motivationsstörungen 168
Motivationstheorie 5f.
Motivatoren 124ff., 320, 467f.
Motivkonflikt 96f.

Nachricht (s. Information/Kommunikation) 558ff., 591
-, Aspekte 558ff., 566, 583, 591ff.
-, Definition 555
Netzplan 809, 811, A61
Normen 50f., 99, 149, 165, 211, 265, 369, 492f., 797

Objekt (s. Aufgabe) 689
Organigramm 212, 802f., 804ff., A52
Organisation (s. Organisieren/Organismus) 55, 142f., 673ff.
-, Bedeutung 55, 683
-, Elemente 688f.
-, Grundverhältnis zur 144f.
-, informale 794ff.
-, Pathologie 166ff., 183f., 205f.
-, Stufen 676f.
Organisationsfehler 687f.
Organisationsgrundsätze 369
Organisationshandbuch 814f.
Organisationsplan s. Organigramm
Organisationsprobleme 682f., 684ff., A110ff.
Organisationsrichtlinien 814
Organisationsstrukturen s. Organisation
-, divisionale 708, 747ff.
-, funktionale (s. Mehrliniensystem) 711
-, informale 794ff.
-, kybernetische 751f.
-, Matrixmodelle 745ff., 759ff.
-, projektorientierte 741ff.
-, Stab-Linien-Organisation s. dort
-, teamorientierte 752ff.

Organisationsziele 687ff., 685
Organisationszyklus (s. Organisieren) 684ff.
Organisieren (s. Organisation) 675ff. A19, A110ff.
Organismus (s. Organisation) 675

Partizipation 74, 79, 118, 160, 262, 326ff., 341f., 344, 378, A3
Persönlichkeitstheorie 75, 306ff.
Personalbeurteilung 366, 443, 483ff., A20, A32ff., A102f., A151ff.
-, Anforderungen 502ff.
-, Beurteilungsgespräch 489., 495, 508ff., A10f.
-, Fehler 519ff.
-, Instanzen 515ff.
-, Merkmale 503ff., 537ff., A27ff., A40
-, Methoden 497ff.
-, Objekte 487ff.
-, Prinzipien 536f.
-, Prozess 491ff.
-, Selbstbeurteilung 515f., A145f.
-, VESKA-Modell 533ff., A44f., A124ff.
-, Wirkungen, unbeabsichtigte 527ff.
-, Zwecke 485f.
Personenbezug 16ff., 25ff.
Platzhalter 715, 719
Pluralinstanz (s. Instanz) 695, 729, 760
Position (s. Hierarchie) 66, 147, 165, 183, 298
Prestige (s. Macht/Status) 183, 214, 298
Prioritäten 396f.
Privilegien (s. Macht/Status) 147, 162, 183
Problemanalyse 398ff., 685, A1
Problemlösung 387ff., 393ff., 472f., 682, 684ff., A1
Professionskonflikt 174
Profit-Center-Concept 748f.
Projekt 742
Projektgruppe 698f.
Projektorganisation 741ff.
Prophezeihung, sich selbst erfüllende 76

Qualifikation s. Personalbeurteilung 25

Rangordnung s. Hierarchie
Rationalisierung 102
Rationalität 191
Reaktanz 175f.
Rede 635ff., A15, A156f.
-, Aufbau 638f.
-, Manuskript 641f.
-, Regeln 644f.
Reiz 80f., 103f.
Reizwortanalyse 410f.
Resignation 176
Rhetorik s. Rede
Rivalität s. Konkurrenz
Rolle, soziale 27, 66, 147ff., 211, 226ff., 232ff., 369, 375, A88f., A121
Rollenakkumulation 157
Rollenattribute 148
Rollendistanz 157, 163
Rollenerwartungen s. Erwartungen
Rollenidentität 26
Rollenkonflikt 151f., 154ff., 193, 265ff., 316
Rollensatz 151, 152f., 193
Rollensegment 148f., 151, 153f.
Rollensender 148

Rollensystem 185
Rückmeldung 105, 111, 115, 117f., 129f., 198, 207, 445, 450ff., 485, 563f., 568ff., 580
-, Definition 569
-, Regeln 575f.

Sachbezug 16ff.
Sachkompetenz 30f., 38f., 303
Sachmittel (s. Aufgabe) 689, 694
Sachziele s. Ziele
Sanktionen 29, 115f., 147, 161, 222, 225, 439
Sanktionsmacht 29, 31
Selbständigkeit s. Autonomie
Selbstbestimmung s. Autonomie
Selbstentfaltung 73, 126, 194, 248f., 305, 531
Selbstbeurteilung s. Personalbeurteilung/Selbstkritik
Selbstbild 563, 579, A142
Selbstkritik 460f., 518, A41ff., A123, 142f., A145
Selbstoffenbarung 558ff., 566ff., 636ff.
Selbststeuerung 42, 93, A25
Selbstverwirklichung 18, 92f., 159, 372ff.
Self-fulfilling prophecy s. Prophezeihung, selbst erfüllende
Set s. Einstellung
Sicherheitsbedürfnis 51, 117, 120f., 127
Signale 554ff.
Sinn 105, 117, 129, 138, 165, A24
Situationstheorie 5
Solidarität 20, 23f., 214, 220, 269, 374, 381
Sozialbezug 16ff., 22ff.
Soziale Faktoren 120f., 127ff., 135
Sozialisation 114f.
Sozialtechnologie 36, 559, 568
Soziogramm 229f., 232ff., 813, A65
Soziomatrix 229, 813, A65
Spannungen, soziale 172, 180, 220
Spartenorganisation s. Organisationsstrukturen, divisionale
Spezialisierung 158, 314, 426, 680, 707f., 730, 736
Springer 718, 772
Stab-Linien-Organisation 737ff., A51
Stabsstelle (s. Stelle) 696ff., 719, 737ff.
Statik 683
Status 183f., 214, 298, 414, 658, 677, 798
Stelle 688ff.
-, Arten 694ff.
-, Definition 688
-, Elemente 688
-, Typen 693
Stellenbeschreibung 423, 493, 715, 802f., 808, 815ff., A6, A158ff.
-, Definition 815
-, Inhalt 817ff.
-, Modelle 818ff., A86ff., A158ff.
-, Problematik 825ff.
-, Zwecke 816, 823
Stellenbesetzung (s. Stelle) 705, 709f.
Stellenbesetzungsplan 803, 805f., A53
Stellenbildung (s. Stelle) 705, 708f.
Stellenelemente s. Stelle
Stellenverbund (s. Stelle) 699
Stellvertretung 710, 714ff.
Stimulus s. Reiz
Subsystem 57f.
Supersystem 57

841

Sympathie 30
Synektik 412f.
Synergie 185
System, soziales 55ff.
Systemhierarchie 58
Systemmerkmale 56, 59f., 63f.
Systemtheorie 6, 56ff.
System überlappender Gruppen 752f.
Standortbestimmung s. Personalbeurteilung

Tabu 147
Tätigkeitsanalyse 421f.
Task specialization s. Arbeitszerlegung
Team s. Gruppen
Teamarbeit 290ff.
Themenzentrierte Interaktion 272ff.
Transportwege 700, A58
Trieb 18

Ueberforderung 200, 418
Ueberkomplizierung 166
Ueberstabilisierung 167
Uebersteuerung 166
Ueberzeugung 33f.
Unterforderung 198, 200, 418
Unzufriedenheit s. Zufriedenheit

Valenz 115ff., 363
Verantwortung 99, 105, 115, 118, 126, 301, 314, 317, 347, 351, 455f., 681, 723
Verbindungswege 700
Verhalten 79ff.
-, abweichendes 158ff.
-, des Vorgesetzten 130f., 308f.
-, in Gruppen 254ff., 284ff., A140
Verhaltensgitter 259, 33ff., 479f.
Verhaltensmodell 79ff.
Verhaltensorientierungen 163f., 333ff.
Verhaltensspielräume 27f., 111, 165, 176, 348, 419, 426, 550, 679f., 801
Verhaltenssteuerung 41ff.
Verhaltensstörungen 162f., 167
Verhandlung (s. Gespräch/Kommunikation) 624ff., A105ff.
-, Ablauf 628ff.
-, Auswertung 634f.
-, innere Haltung 625f.
-, Regeln 630f.
-, Tricks 633
-, Vorbereitung 626ff., A14
Verrichtung (s. Aufgabe) 689
Verständigung (s. Gespräch/Kommunikation) 584f., 587f., 648, 652, 662
Verständlichkeit s. Verständigung
Verstärkung 129
Vertrauen 373, 380ff., 431, 439, 446, 513, 568, 575, 599
Verwaltungsaufgaben (s. Aufgabe) 704
Verzerrungswinkel 567f.
Vielfältigkeit 105, 111, 129
Vitalität 86
Vorausurteil 75
Vorgesetzter (s. Führer)
-, Beziehung zum 135
-, Bild vom 136
-, Eigenschaften 4f., 39f., 322f.
-, Verhaltensorientierungen s. dort
-, Motivation 316ff.
-, Pflichten 311ff.
-, Rechte 311
-, Rolle 262ff., 297ff.
-, Verhalten s. Führungsverhalten
Vorurteil 75, 202, 242, 522, 582

Wahrnehmung 552ff., 564, 575, 577ff.
Wechselseitigkeit 372f., 384f., 431, 536f.
Werte 84f., 174, 346, 369, 431
Weisungsbefugnis 416f., 425, 691f., 713
Weisungsformen 338, 418ff.
-, Dauerauftrag 420f.
-, Einzelauftrag 419f.
Weisungstechnik s. Auftragserteilung
Widerstand 44f., 50f., 52f.
Wiedererwägung 463
Willensbildung 324ff., 389ff.
Willensdurchsetzung 324ff., 415ff.
Willenssicherung (s. Kontrolle/Korrektur) 387ff., 392f.
Wir-Gefühl s. Zusammengehörigkeitsgefühl
Würde, menschliche 36, 531

X-Theorie 71

Y-Theorie 71

Zentralisation 707ff.
Zielantinomie 15, 64
Zielbild 366f.
Zieldimensionen der Führung 12ff.
-, instrumentale 12
-, non-instrumentale 13
Ziele
-, Entwicklungsziele 361ff.
-, Formalziele 64, 679
-, identische 15, 64
-, indifferente 15, 64
-, instrumentale 12, 69
-, komplementäre 13, 64
-, konkurrierende 14, 64
-, Kriterien 685
-, Leistungsziele 361ff., 493
-, non-instrumentale 13, 69
-, Sachziele 64, 678f.
Zieleinklang s. Zielharmonie
Zielformulierung 64, 359ff., 400, 501f., 824, A21, A144
Zielharmonie 13, 64
Zielkongruenz 15
Zielneutralität 15, 64
Zielübereinstimmung s. Zielkongruenz
Zielvereinbarung s. Zielformulierung
Zielwiderspruch s. Zielantinomie
Zufriedenheit 31, 79, 82., 106ff., 117, 124ff., 131ff., 137, 165, 220, 239, 342ff., 550, 679, 791, A42f., A78
Zugehörigkeitsgefühl 240f.
Zusammenarbeit s. Kooperation
Zusammengehörigkeitsgefühl 211ff.
Zusammenhalt, innerer s. Kohäsion
Zwang 181, 32f., 148, 182, 278, A25
Zweckaufgabe (s. Aufgabe) 704
Zweckorientierung 64, 142f.
Zweifaktorentheorie 124ff., 320

A. Leuzinger / Th. Luterbacher:

Mitarbeiterführung im Krankenhaus 3

Andreas Leuzinger / Thomas Luterbacher

Mitarbeiterführung im Krankenhaus

Band 3 (Anhang)

Verlag Hans Huber
Bern Stuttgart Toronto

Dr. phil. Andreas Leuzinger
Grantenegg

8784 Braunwald

cand. med. Thomas Luterbacher
Schneeglöggliweg 9

8048 Zürich

CIP-Kurztitelaufnahme der Deutschen Bibliothek

Leuzinger, Andreas:
Mitarbeiterführung im Krankenhaus / Andreas Leuzinger; Thomas Luterbacher. – Bern; Stuttgart; Toronto: Huber
  ISBN 3-456-81632-4

NE: Luterbacher, Thomas:

Bd. 3. (Anhang). – (1987)

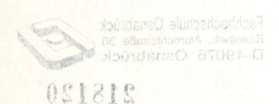

© 1987 Verlag Hans Huber, Bern
Satz und Druck: Lang Druck AG, Liebefeld/Bern
Printed in Switzerland

Abbildung 1: Checkliste Entscheidungsfindung[1]

Drei Phasen der Entscheidungsfindung

Phase I: Problemanalyse
Phase II: Ausarbeitung von Lösungsmöglichkeiten und Auswahl des Lösungsweges
Phase III: Durchführung des Lösungsweges

Phase 1 (5 Schritte)

1. Erfassen von Fehlern
   - Wo sind Verbesserungen notwendig?
   - Wo können bessere Ergebnisse erzielt werden?
   Dazu 3 Vorfragen:
   - Was weiss ich über das Leistungspotential meiner Mitarbeiter und über die Leistungskapazität meiner technischen Mittel?
   - Wie gross ist die Differenz zwischen derzeitiger Leistung und der optimalen Leistungsmöglichkeit?
   - Wie intensiv ist das Leistungsinteresse aller Beteiligten?

2. Erkennen der Tatsachen
   - An wen und wie und über was stelle ich Fragen?
   - Wie kann ich die erhaltenen Informationen noch «hinterfragen»?

3. Finden der Ursachen des Problems
   - Wurde falsch gehandelt?
   - War die Handlungsmethodik unzulänglich?
   - Wurde etwas verändert?
   - Wurde etwas versäumt?
   - Wie unterscheidet sich die jetzige Situation von der Situation vor dem Auftreten des Problems?

4. Lösungsziel definieren
   - Was soll erreicht werden?
   - Was soll mit welchen technisch-ökonomischen Mitteln erreicht werden?
   - Was soll mit welchen Mitarbeitern erreicht werden (Quantität und Qualität)?

5. Lösungshemmnisse einkalkulieren
   - Welche technischen Schwierigkeiten oder Grenzen hemmen die Problemlösung?
   - Welche Schwierigkeiten oder Grenzen hinsichtlich der Mitarbeiter hemmen die Problemlösung?
   - Welche sonstigen unabänderlichen Tatsachen hemmen die Problemlösung?

1 Sahm (1980)

Phase 2 (2 Schritte)

1. Alternativlösungen ausarbeiten
   - Orientiere ich mich an meinen bisherigen Erfahrungen?
   - Orientiere ich mich an der bisherigen Erfahrung anderer?
   - Suche ich neue Wege?
   - Suche ich zusammen mit meinen Mitarbeitern neue Wege?
   - Ziehe ich Innovations-Experten zu Rate?

2. Alternativlösungen analysieren
   - Wird die Alternativlösung dem Ziel gerecht?
   - Wird die Alternativlösung eine Wiederholung der eingetretenen Situationen verhindern?
   - Berücksichtigt die Alternativlösung alle vorhandenen (oder zu erwartenden) Hemmnisse und Grenzen?
   - Wo können bei der Durchführung Schwierigkeiten auftreten und wie sind sie zu vermeiden oder zu überwinden?

Phase 3 (4 Merkmale eines Aktionsplanes)

1. Kritische Überprüfung der Risiken
   - Warum gerade diese Verfahrensweise?
   - Welche Fehlermöglichkeiten?
   - Welche kalkulierbaren Schwierigkeiten?
   - Welche unkalkulierbaren Gefahren?

2. Entscheidung über das Verfahren
   - Wer soll was mit welchen Mitteln tun?
   - Welche Kompetenzen haben die Funktionsträger?
   - Welche Zwischenziele sind vorgegeben?
   - Welche Inhalte und Formen der Kontrolle?

3. Informationen an Beteiligte und Betroffene
   - Wer muss über was informiert werden?
   - Wann müssen die Informationen erfolgen?
   - Ist allen das Verfahren hinreichend erklärt?
   - Ist die Begründung für die Entscheidung über das Verfahren hinreichend akzeptiert?
   - Wissen die einzelnen, ob und welche Vorteile sie von der Lösung des Problems haben?
   - Wissen die einzelnen, was von ihnen bei der Durchführung des Lösungsweges erwartet wird?

4. Beteiligung der Mitarbeiter
    - Was tue ich, wenn ich meine Mitarbeiter an der Entscheidung nicht mitwirken lassen konnte?
    - Wie kann ich sie von meiner Entscheidung überzeugen?
    - Wie verhalte ich mich, wenn ich auf Misstrauen oder Ablehnung stosse?
    - Kann ich nicht doch vor meiner Entscheidung meine Mitarbeiter konsultieren?
    - Wie verhalte ich mich, wenn es Schwierigkeiten gibt?
    - Kann ich partizipativ führen, d.h. meine Mitarbeiter wirklich mit entscheiden lassen?
    - Wie verhalte ich mich, wenn meine Mitarbeiter eine Entscheidung wollen, die ich nicht verantworten kann?

Abbildung 2: Checkliste Brainstorming[2]

1. *Vorbereitung:*
   - *Problem festlegen,* nur klar definierte Probleme ergeben brauchbare Resultate
   - *Teilnehmerkreis festlegen* und einladen, 5 bis 12 Personen
   - *Hilfsmittel vorbereiten* (Einführung, Protokoll, Auswertung)
   - *Raum* mit Atmosphäre bestellen (bequemes Mobiliar)
   - *keine reguläre Sitzungen* zum Brainstorming verwenden

2. *Durchführung:*
   - *schriftliche Unterlagen* zwecks Studium zustellen
   - *Regeln und Dauer* bekanntgeben (max. 20 Min.)
   - *Problem erklären*
   - *Thema «transparent» machen,* d.h. von allen akzeptierte Arbeitsdefinition finden
   - *Ideen gewinnen,* Ideen verbinden, alle Ideen festhalten
   - *Glocke* gegen Regelverstösse bereithalten

3. *Regeln:*
   - *Protokollführer* (evtl. 2) ernennen
   - *Kritik verboten*
   - den *Gedanken freien Lauf* lassen, je spontaner, ausgefallener, ungewöhnlicher, verschrobener, unorthodoxer, skuriler eine Idee ist, desto besser
   - *jede Idee begrüssen,* soviel Ideen wie möglich produzieren: Quantität vor Qualität
   Bereits vorgebrachte Ideen aufnehmen, fortführen und weiterentwickeln (es gibt kein Urheberrecht)

4. *Aufgabe des Moderators:*
   - *Regeln* überwachen
   - *Teilnehmer* aktivieren
   - *Keine Führerrolle* – ausgleichend wirken
   - *Ideenfluss anregen* (Pausen, Nachdenken und Ermüdungserscheinungen richtig deuten)

5. *Auswertung (später):*
   - *Vorschläge gruppieren* und bewerten
   - *Protokoll* durch telefonische *Umfrage ergänzen*

---

2 WPI / Wirtschaftspädagogisches Institut Luzern

Abbildung 3: Checkliste: Vor der Auftragserteilung

Um sicher zu sein, nichts wichtiges zu vergessen, sind vor der Erteilung eines Auftrages folgende Fragen zu stellen:

1. *Ist klar, WAS genau erreicht werden soll? (Zielsetzung)*
   - Weiss ich selbst alles Notwendige über die Aufgabe?
   - Wäre es nicht besser, den Auftrag zuerst schriftlich zu formulieren?

2. *Ist klar, WER den Auftrag ausführen soll?*
   - Wer ist für die Aufgabe zuständig?
   - Ist er durch den Auftrag nicht überlastet/überfordert?
   - Hat er irgendwelche persönliche Schwierigkeiten, die ihn am Erfolg hindern könnten?
   - Kann er sich mit der Aufgabe identifizieren?
   - Ist die Erteilung des Auftrages an ihn den anderen Mitarbeitern gegenüber vertretbar?

3. *Ist klar, WARUM der Auftrag ausgeführt werden muss?*
   - Kann ich die Aufgabe begründen? Wie?
   - Kann ich sie überschaubar und in allen wesentlichen Zusammenhängen darstellen?
   - Welche Sachverhalte/Zusammenhänge sind wesentlich? Welche nicht?
   - Bin ich bereit, auf Fragen, Einwände und Vorschläge meines Mitarbeiters einzugehen bzw. konstruktive, sachliche Antworten zu geben?
   - Kann ich meinem Mitarbeiter das Gefühl vermitteln, dass er mit der Erledigung des Auftrages einen für den Betriebserfolg wesentlichen Beitrag leistet?

4. *Ist klar, WANN der Auftrag ausgeführt werden soll?*
   - Handelt es sich um einen unbedingt einzuhaltenden («Muss»-)Termin? Wie kann ich ihn rechtfertigen?
   - Handelt es sich um einen «Soll-Termin»? Kann der Mitarbeiter dazu seine Zusage geben? Wird er ihn einhalten können?
   - Ist die Aufgabe so schwer überschaubar, dass Zwischentermine vereinbart werden müssen? Wann? Nach welcher Phase?

5. *Ist klar, WIE der Auftrag ausgeführt werden soll?*
   - Muss ich mit dieser Aufgabe auch die Verantwortung und Kompetenzen übertragen?
   - Muss ich die Wege und Mittel bindend vorschreiben? (Handlungsspielraum)
   - Mit wem soll zusammengearbeitet werden? Sind die Leute verfügbar?
   - Auf welche heiklen Stellen/Schwierigkeiten/Gefahren und Möglichkeiten zur Arbeitserleichterung muss ich hinweisen?
   - Sind alle notwendigen Hilfsmittel verfügbar?

6. *Ist klar, WO der Auftrag ausgeführt werden soll?*

Abbildung 4: Checkliste: Einführung neuer Mitarbeiter[3]

1. Liegt eine Stellenbeschreibung vor?
   Gibt es ein Anforderungsprofil?
2. Ist der vorgesehene Arbeitsplatz vollständig eingerichtet?
   Sind alle notwendigen Arbeitsmittel vorhanden?
   Was muss ich tun, um allfällige fehlende Mittel zu beschaffen?
3. Liegt geeignete Arbeit (Arbeit, die der neue Mitarbeiter bewältigen kann) für die ersten Tage vor?
4. Habe ich für den Neuen am Tag seines Eintritts genügend Zeit vorgesehen?
5. Wer begrüsst und informiert den Neuen im Falle meiner unvorhergesehenen Verhinderung?
   Habe ich den betreffenden Mitarbeiter darüber unterrichtet?
6. Sind die Kollegen über den Eintritt des Neuen informiert worden?
7. Wo sind Schwierigkeiten zu erwarten?
   Wie kann ich ihnen begegnen?

3 vgl. Bordemann (1978)

Abbildung 5: Führungshilfe «Kontrollieren»[4]

Kontrollieren heisst: die Leistung beurteilen und verbessernde Massnahmen einleiten.

1. *Bestimmen Sie entscheidende Kontrollpunkte*
    11 Haben Sie die erste Kontrolle kurz nach Beginn der Bearbeitung dieser Aufgabe eingeplant, bevor ein grösserer Schaden entstehen kann?
    12 Haben Sie beim Planen der Kontrolle die Schwachstellen berücksichtigt?
    13 Stehen die sich wiederholenden Kontrollen, wie Unfallverhütung oder Ordnung am Arbeitsplatz in Ihrer Agenda?

2. *Schaffen Sie Bedingungen für die Selbstkontrolle Ihrer Mitarbeiter*
    21 Haben Sie Vertrauen zu Ihren Mitarbeitern?
    22 Sind die (Teil-)Ziele messbar?
    23 Wenn JA, übertragen Sie die Kontrolle an die ausführenden Mitarbeiter und behalten Sie sich nur Stichproben vor.
    24 Wenn NEIN, schaffen Sie diese Bedingungen!

3. *Kontrollieren Sie die Leistung, nicht aber die Person*
    31 Haben Sie für objektive Leistungsmassstäbe gesorgt?

4. *Analysieren Sie die Fehler, um die objektiven Ursachen aufzudecken*
    41 Bei akuter Gefahr hat die Korrektur Vorrang vor der Analyse.
    42 Fragen Sie WO, WANN, WIE ein Fehler entstanden ist, bevor Sie die Frage nach dem WARUM stellen.
    43 Suchen Sie die objektiven Ursachen, nicht den Schuldigen.
    44 Sind Sie bereit, auch sich selbst als eine der möglichen Fehlerquellen zu erwägen?

5. *Leiten Sie verbessernde Massnahmen ein*
    51 Ist die Korrektur tatsächlich so dringend, dass sie ohne Analyse des Fehlers sofort eingeleitet werden muss?

---

4 ATW / Adaptive Teachware Zürich

Abbildung 6: Checkliste: Kritisieren und Korrigieren

Bei Kritik und Korrektur stellen sich Fragen:

		ja	nein
1	Wird kritisiert statt korrigiert?		
2	Richtet sich die Kritik gegen einen Abwesenden?		
3	Wird der Kritisierte von anderen blossgestellt?		
4	Liegt der Anlass zur Kritik länger zurück?		
5	Wird das Kritikgespräch in sachlichem, umgekehrten Ton eröffnet?		
6	Unterbleiben persönliche Angriffe, Anspielungen auf Charkatereigenschaften oder Lebensumstände des Kritisierten?		
7	Bezieht sich die Kritik nur auf ein Verhalten oder eine Leistung		
8	Werden die kritisierten Abweichungen genau und konkret bezeichnet?		
9	Kann der Kritisierte dazu Stellung nehmen?		
10	Wird Ausflüchten, Beschönigungen und Notlügen mit moralischen Vorwürfen begegnet?		
11	Werden bei Unstimmigkeiten oder Unwahrheiten sachliche Fragen nach Einzelheiten gestellt?		
12	Werden Argumente, Einwände und Widerstände gegen das geforderte Verhalten offen und partnerschaftlich diskutiert?		
13	Wird das künftige Verhalten konkret und eindeutig vereinbart?		
14	Wird auf Nebensächlichkeiten herumgeritten?		
15	Werden konstruktive Vorschläge gefunden, die dem Kritisierten helfen, sich an die Vereinbarung zu halten?		
16	Werden mit dem Kritisierten verstärkte Kontrollen vereinbart?		
17	Wird dabei an der guten Absicht des Kritisierten gezweifelt?		

Abbildung 7: Checkliste: Bestätigen und Anerkennen

Bei Bestätigung und Anerkennung stellen sich Fragen:

		ja	nein
1	Wird häufiger kritisiert als richtiges Verhalten bestätigt?		
2	Wird möglichst häufig positive Rückkoppelung gegeben?		
3	Enthält die Anerkennung versteckte Kritik oder kann sie als Kritik aufgefasst werden?		
4	Werden durch die Anerkennung des einen Mitarbeiters andere herabgesetzt?		
5	Werden persönliche Eigenschaften gelobt?		
6	Wird ein Verhalten oder eine Leistung bestätigt?		
7	Sind Bestätigung und Anerkennung nicht pauschal, sondern genau und konkret?		
8	Werden auch richtige Ansätze oder Teilerfolge bestätigt		
9	Sind Bestätigung oder Anerkennung der Leistung oder dem Verhalten angemessen?		
10	Schmückt der Vorgesetzte sich mit den Federn des Mitarbeiters?		
11	Erfährt der Mitarbeiter, welche positive Auswirkungen sein Verhalten und seine Leistungen in einem übergeordneten Zusammenhang haben?		
12	Wird durch Bestätigung und Anerkennung die Selbständigkeit des Mitarbeiters gefördert?		

Abbildung 8: Checkliste: Vorbereitung des Beurteilungsgesprächs[5]

Sich fragen:
1. *Habe ich alle Beurteilungsunterlagen beisammen?*

2. *Wie waren meine Beobachtungen bezüglich Arbeitsverhalten des Mitarbeiters?*
   - Wie richtig?
   - Wie tätigkeitsorientiert und merkmalbezogen habe ich beobachtet?
   - Wie häufig?
   - Wie regelmässig und wie oft habe ich beobachtet?
   - Wie zuverlässig?
   - Wie genau und nachprüfbar habe ich beobachtet?

3. *Warum habe ich die Leistungen des Mitarbeiters so beurteilt?*
   - In der Bemühung um eine möglichst gerechte Beurteilung?
   - Aus einer vorgefassten Meinung heraus?
   - Wegen der Sorge, nicht zu gut/zu schlecht zu beurteilen?

4. *Mit welchen Einwänden des Mitarbeiters muss ich rechnen?*
   - höhere Selbsteinschätzung?
   - Vorwurf der Subjektivität der Beurteilung?

5. *Worauf muss ich als «Sender» und «Empfänger» im Beurteilungsgespräch achten?*
   - *Als Sender:*
     Argumente überlegen
     mich klar und eindeutig ausdrücken
     den anderen nicht verletzen
   - *Als Empfänger:*
     aufmerksam zuhören, was der Mitarbeiter sagt
     darauf achten, WIE er es sagt
     spüren, was er nicht sagt

6. *Ist der Zeitpunkt für das Gespräch günstig?*
   - für mich? (Habe ich genügend Zeit zur Verfügung?
   - für den Mitarbeiter?

---

5 Sahm (1977)

Abbildung 9: Checkliste: Förder-/Qualifikationsgespräch[6]

1. *Vorbereitung*
   - **Sammeln** und Ordnen der *Qualifikationsunterlagen*
   - Individuellen *Vorgehensplan aufstellen:* Reihenfolge der Gesprächspunkte – Fragestellungen – Ziele und Schwerpunkte – Massnahmen
   - Mit welchen *Einwänden* ist zu *rechnen?* – berechtigte Einwände – subjektive Sicht des Beurteilten – falsche Einstellung zum Betrieb
   - *Qualifikationsgespräche nicht hinausschieben,* aber auch nicht nach starrem «Besprechungsplan» vorgehen (nicht jede Besprechung dauert gleich lange!)
   - *Zeitpunkt der Durchführung* soll nicht nur für mich, sondern vor allem für den Mitarbeiter ideal sein

2. *Durchführung*
   - *Gesprächsbeginn* ist sehr wichtig: Atmosphäre schaffen, Gesprächston finden, Kontakt
   - *Zu Stellungnahmen herausfordern,* Zwiegespräch, nicht Vortrag
   - Ermuntern, die *positiven Möglichkeiten aufzeigen,* nicht «abkanzeln»
   - *Unvoreingenommen* zuhören
   - Den *Mitarbeiter ausreden lassen,* nicht laufend unterbrechen
   - Die *eigenen Reaktionen kontrollieren:* Kritik (Beurteilung) ruft Gegenkritik hervor, eventuell auch «Dampf ablassen», nur in Ausnahmefällen: Abbruch (höflich)
   - *Pausen* nicht scheuen, Zeit zum Überdenken geben
   - *Schwerpunkte* setzen: Nah-/Fernziele
   - *Massnahmen zur Verwirklichung* angeben! – Was werde ich tun – Was muss er unternehmen

3. *Überlegungen nach dem Gespräch*
   - Habe ich in diesem Gespräch den *Willen des Mannes geweckt,* mit mir zusammenzuarbeiten? Oder habe ich Widerstand erzeugt? Falls ja, wie hätte ich mich ausdrücken müssen, um diese Reaktion zu vermeiden?
   - Habe ich dem Mann *genügend Zeit* gegeben, seine eigenen Ansichten zum Ausdruck zu bringen?
   - Habe ich ihn *sicherer* gemacht, anstatt ihn unsicher zu machen? Ist er überzeugt davon, dass er wirklich alles richtig verstanden hat?
   - Habe ich eine ganz *bestimmte Arbeitsweise* vorgeschlagen, wie er beginnen kann, seine Tätigkeit zu verbessern? Und versteht er genau, was von ihm erwartet wird?
   - Ist er überzeugt, dass dieses *Bestreben,* ihn zu *fördern, von Dauer* sein wird? Handelt es sich nicht um etwas, worüber wir alle für einige Monate begeistert sind, und das wir dann vergessen?
   - Habe ich irgend *etwas versprochen,* von dem ich nicht sicher bin, ob ich es halten kann; z.B. Beförderungen oder Gehaltserhöhungen?
   - Wie wäre *meine Reaktion* gewesen, wenn ich als Gesprächsteilnehmer auf der anderen Seite gesessen hätte?

6 IAP / Institut für Angewandte Psychologie Zürich

Abbildung 10: Checkliste: Konferenzvorbereitung[7]

1. *Prüfen,* ob eine Zusammenkunft *wirklich nötig* ist, oder ob
   - ☐ telefonische Erledigung möglich ist und zum Ziel führt (z.B. ein telefonisches «Konferenzgespräch»)
   - ☐ die Angelegenheit auf dem Zirkularweg erledigt werden kann
   - ☐ durch Delegierung von Kompetenzen die Zusammenkunft hinfällig wird

2. *Wenn Zusammenkunft nötig,* abklären, ob eingeladen werden soll zu einer
   - ☐ Besprechung (Zweck: Orientierung, Meinungsbildung)
   - ☐ Sitzung (Meinungsbildung, Willensbildung)
   - ☐ Konferenz (Beschlüsse)

   Wen erwarte ich?

3. *Datum festlegen* (sogenannte Tabu-Tage vermeiden [z.B. Monatsende, Ferienbeginn, Zahltag usw.])

4. *Zeit festlegen* (auf Zugsverbindungen achten, sowohl beim Beginn als auch beim Schluss)

5. *Ort festlegen* (selbstverständlich stehen wirtschaftliche Überlegungen im Vordergrund. Man wähle den hinsichtlich Zugsverbindungen günstigen Ort)

6. *Lokal festlegen* (die Bedeutung des Raumes für die Sitzungsatmosphäre ist bekannt)

7. *Teilnehmer* (welche sind am Thema interessiert?)

8. *Verpflegung* und Unterkunft organisieren.
   Auftrag für Reservation am _____ an _____

9. *Thema und Tagesordnung* (konferenz-psychologisch gliedern), Thema fest umreissen / Tagesordnung nicht überladen.
   - Was *kann* erreicht werden?
   - Was *muss* erreicht werden?
   - *Wie kann das Ziel erreicht werden?*
     Pausen nicht vergessen.
     Entwurf für die Tagesordnung.

10. *Unterlagen*
    - *Was soll abgegeben werden?* (Tagesordnung auf jeden Fall)
      Vorher zusenden oder erst anlässlich der Zusammenkunft abgeben?
    - Versand der Tagesordnung am
    - Versand der Unterlagen am

---

7 SBB / Schweizerische Bundesbahnen

11. *Hilfsmittel*
    - [ ] VU-Graph
    - [ ] Dia-Projektor
    - [ ] Flic-Flac
    - [ ] Flanellwand/Flanellbrett
    - [ ] Filmprojektor (KBP)
    - [ ] Wandtafel
    - [ ] Tonbandgerät
    - [ ] Leinwand
    - [ ] Verlängerungskabel und Stecker

12. *Sitzordnung* nötig? (Namenskarten)

13. *Schreibmaterial* nötig? An Ort und Stelle vorhanden? – Mitnehmen?

14. *Blumen?*

15. *Aschenbecher* (vorhanden)?

16. *Protokollführer* (auch er soll sich vorbereiten; deshalb verständigt man ihn frühzeitig und nicht erst, wenn die Verhandlungen im Gange sind)

17. *Protokoll-Form*
    - [ ] wörtliches Protokoll
    - [ ] Beschlussprotokoll
    - [ ] zusammenfassendes Protokoll

18. *Erfrischungen:* Am Automaten einnehmen? – Vorher bestellen, bei wem?

19. *Gegenargumente* – Auch das gehört noch zu den Vorbereitungen! (Welche könnten gegebenenfalls vorgebracht werden? Was ist darauf zu erwidern?)

20. *Hilfe an die Teilnehmer* (Wie den Teilnehmern helfen, sich gründlich und gut auf die Besprechung/Sitzung/Konferenz vorzubereiten?)

21. *Wie steht es bei mir selbst?* (Bin ich so vorbereitet, wie es die Teilnehmer von mir erwarten dürfen und erwarten müssen? – Wenn nicht, was ist noch zu tun?)

Abbildung 11: Checkliste: Vorbereitung von Verhandlungen[8]

Was sollten Sie vor jeder Verhandlung bedenken?

1. Verhandlungsthema
2. Verhandlungspartner
   - Stellung
   - Aufgabe
   - Beurteilung
3. Verhandlungsort
   Verhandlungstermin
   Verhandlungsdauer
4. Verhandlungsunterlagen
   - eigene
   - für den Partner
5. Kernproblem
   Was ist das eigentliche, «tiefere» Problem?
6. Verhandlungsspielraum
   - Zeit
   - Minimum-Bedingungen
   - Maximum-Bedingungen
   - Kompromiss
7. Verhandlungsziele (Prioritätenliste)
8. Argumente des Verhandlungspartners
9. Eigene Argumente
10. Verhandlungsklima
11. Verhandlungsgrundsätze
12. Verhaltensregeln

8 vgl. Altmann (1978)

Abbildung 12: Checkliste: Vorbereitung einer Rede

Was sollten Sie vor jeder Rede berücksichtigen?

1. Hinweisschilder
    - ☐ Hotel, Stockwerk, Raum, Parkplatz, Garderobe
    - ☐ Sekretariat, Information, Pressebetreuung
    - ☐ Kasse, Anmeldung, Kontrolle

2. Raum
    - ☐ Beleuchtung (blendfrei, Regulierung)
    - ☐ Tischordnung (möglichst nah ans Rednerpult, möglichst Breite, nicht Tiefe des Saals nutzen, möglichst Grätenform, vordere Plätze zuerst auffüllen, überflüssige Plätze hinten absperren)
    - ☐ Reservetische und Reservestühle
    - ☐ Zuhörerunterlagen (Block, Kugelschreiber, Broschüren, Namensschilder)
    - ☐ Temperatur (Regulierung von Heizung und Klimaanlage)
    - ☐ Reservierte Plätze für Ehrengäste
    - ☐ Dekoration (Blumen, Hinweisschilder, Leitsätze)

3. Rednerpodium
    - ☐ Rednerpult (Standfestigkeit, Höhe)
    - ☐ Beistelltisch für Unterlagen, Stuhl
    - ☐ Büchertisch zur Ausstellung von Fachliteratur
    - ☐ Getränke (Glas Wasser)
    - ☐ Diskussionsforum (Tische, Stühle, Mikrofone, Namensschilder)
    - ☐ Mikrofon (Lautstärke, Sprech- und Hörprobe)
    - ☐ Beleuchtung (blendfrei, Lesbarkeit)
    - ☐ Tafel (Kreide, nasser Schwamm, trockener Lappen)
    - ☐ Overheadprojektor (volle Cellophanrolle, Ersatzrolle, lose Folien, verschiedenfarbige Stifte plus Reservestifte, Ersatzbirne, Leinwand, Überprüfung der Bildschärfe, Sehprobe von den hinteren Reihen)
    - ☐ Diaprojektor (s. Overheadprojektor, Verdunkelungsmöglichkeit)
    - ☐ Zubehör (Verlängerungskabel, Zeigestab, Mehrfachstecker)
    - ☐ Elektriker bereitstellen

4. Ablauf
    - ☐ Rauchverbot (Hinweistafeln, Aschenbecher für Pause)
    - ☐ Pausen (Zeit, Räumlichkeiten, Service, Durchlüften)
    - ☐ Getränke (Service, Bezahlung)
    - ☐ Informationsstellen (Telefon, Auskünfte)
    - ☐ Eröffnung (Programmhinweise, Organisationsauskünfte, Zeitablauf, Begrüssung der Ehrengäste, Hinweise auf das Thema, Vorstellung des Redners)

Abbildung 13: Führungshilfe: «Information»[9]

Mangel an Information ist der grösste Feind richtigen Handelns.

1. *Haben Sie schon untersucht, wieviel Schaden in Ihrem Verantwortungsbereich durch Mangel an Informationen entsteht?*
   - Warum ist diese Verspätung aufgetreten? Zuwenig Informationen bereits in der Planungsphase? Zuwenig Informationen während der Realisierung wegen mangelhafter Kontrolle? Zuwenig Informationen über die aufgetretenen Schwierigkeiten?
   - Warum streiten zwei Mitglieder Ihrer Gruppe, statt zu arbeiten? Wegen verschiedenen Ansichten, die aus Mangel an Informationen entstanden sind?
   - Vergeudet man in Ihrer Abteilung zuviel Zeit mit falscher Kreativität, die den Mangel an Informationen ersetzen soll?
   - Findet jeder die gewünschte Information, ohne lange suchen zu müssen?
   - Werden Sie vom gleichen Mitarbeiter mehrmals in Ihrer Arbeit durch Anfragen gestört, nur weil Sie die erste Information unvollständig abgegeben haben?

2. *Würgen Sie nicht selbst den Informationsfluss ab?*
   - Können Sie aufmerksam zuhören?
   - Trennen Sie die Suche nach Ideen von deren Bewertung?
   - Manchmal muss man aus Takt oder Taktik die Wahrheit verschleiern. Tun Sie es so oft, dass Sie als eine unzuverlässige Informationsquelle angesehen werden?
   - Lassen Sie zu, dass durch Unordnung in der Dokumentation benötigte Informationen nicht einfach und schnell gefunden werden können?
   - Erteilen Sie Informationen verständlich? Überzeugen Sie sich konsequent, dass die Information richtig verstanden wurde?
   - Information ist Macht; versuchen Sie nicht, zuviel dieser Macht selbst zu behalten?

3. *Respektieren Sie die Autorität der Tatsachen*
   - Ertragen Sie Tatsachen! Meinungen sind nur dann wichtig, wenn es keine entsprechenden Tatsachen gibt.
   - Versuchen Sie Tatsachen auszuschmücken oder anderweitig zu verstümmeln, wenn Sie Ihre Mitarbeiter, Kollegen oder Ihren Vorgesetzten informieren? Tun Sie es nicht! Die Tatsachen werden früher oder später doch bekannt!
   - Wenn Sie den Tatsachen gegenübergestellt werden, wiegen die Tatsachen mehr, als Ihre ganze Persönlichkeit! Lernen Sie deswegen mit den Tatsachen zu operieren.

9 ATW-VESKA / Vereinigung Schweizerischer Krankenhäuser

4. *Nützen Sie die Macht des Fragens für das Informieren und Informiertwerden voll aus?*
   - Keine Frage ist dumm! Nur die Antwort kann dumm sein. Noch dümmer ist es aber, eine Frage zu unterschätzen. Vielleicht zielt sie ins Schwarze, auch wenn es nicht auf den ersten Blick ersichtlich ist.
   - Wenn Sie informieren, stellen Sie Kontrollfragen. Fragen Sie nicht: «Haben Sie verstanden?», sondern stellen Sie sachliche Fragen. Dadurch überzeugen Sie sich besser, ob die Information tatsächlich richtig verstanden wurde.
   - Warten Sie nicht, bis die Information zu Ihnen kommt. Fragen Sie und hören Sie aufmerksam zu. Wiederholen Sie die Antwort mit Ihren eigenen Worten.

Abbildung 14: Arbeitsordnung für Londoner Angestellte (1870)

- Täglich, vor Arbeitsbeginn, ist das Büro gründlich aufzufegen, der Ofen auszuräumen und der Staub zu beseitigen.
- Alle Angestellten sind dafür verantwortlich, dass der Arbeitsraum gut geheizt wird. Für das Heizmaterial sorgen die Herren Commis. Jeder Angestellte hat einen gleichen Anteil Kohlen mitzubringen.
- Privatunterhaltungen während der Dienstzeit sind grundsätzlich unerwünscht.
- Die regelmässige Arbeitszeit beträgt 12 Stunden. Wenn es die Arbeit erfordert, muss jeder Commis ohne Aufforderung Überstunden machen.
- Angestellte, die sich politisch betätigen, werden fristlos entlassen.
- Es wird erwartet, dass sich jeder Angestellte des übermässigen Tabak- und Alkoholgenusses enthält.
- Ladies und hochgestellten Persönlichkeiten ist anständig zu begegnen.
- Als Lektüre wird vor allem die Bibel empfohlen, jedoch sind auch andere Bücher erlaubt, sofern sie sittlich einwandfrei sind.
- Jeder Angestellte hat die Pflicht, für die Erhaltung seiner Gesundheit zu sorgen. Kranke Angestellte erhalten keinen Lohn. Deshalb sollte jeder verantwortungsbewusste Commis von seinem Lohn eine gewisse Summe zurücklegen.
- Ein Angestellter darf sich nicht irren. Wer es mehrmals tut, wird entlassen.
- Wer dem Chef widerspricht, zeigt damit, dass er vor dem Prinzipal keinen Respekt empfindet. Daraus ergeben sich Konsequenzen.
- Weibliche Angestellte haben sich eines frommen Lebenswandels zu befleissigen.
- Ferien gibt es nur in dringenden familiären Fällen. Lohn wird während dieser Zeit nicht gezahlt.
- Denken Sie immer daran, Tausende wären sofort bereit, Ihren Arbeitsplatz einzunehmen.
- Und vergessen Sie nicht, dass Sie Ihrem Prinzipal Dank schulden. Er ernährt Sie schliesslich.

Abbildung 15: Führungsgrundsätze der Psychiatrischen Universitätsklinik (PUK) Zürich 1976

- Alle unsere Bemühungen dienen dem Wohlergehen unserer Kranken.
- Wir pflegen – wenn immer möglich – eine kooperative Führung.
- Als Vorgesetzte sind wir zugleich Mitarbeiter.
- Wir sind Menschen mit Unzulänglichkeiten und üben deshalb Toleranz und zeigen Verständnis.
- Wir erhalten oder verlangen die notwendigen Informationen und geben sie nach bestem Wissen und Gewissen weiter.
- Wir wissen um unsere Pflichten; wir streben aber Handlungs- und Entscheidungsfreiheit im eigenen Aufgabenbereich im Sinne klarer Kompetenzzuteilung (Rechte) an.
- Wir sparen nicht mit der Anerkennung guter Leistungen und kritisieren sachlich und aufbauend.
- Wir wollen uns Zeit nehmen, unsere Mitarbeiter zu verstehen und auf ihre Probleme einzugehen.
- Wir fördern und unterstützen die fachbezogene, wie die persönliche Weiterbildung.
- Wir streben Mitsprache- und ggf. Mitbestimmungsrecht an.

Abbildung 16: Leitsätze der Zusammenarbeit der Metallwerke Plansee AG[10]

Die folgenden Leitsätze der Zusammenarbeit sollen als Grundordnung das Verhalten der Mitarbeiter im Unternehmen als Leistungsgemeinschaft bestimmen. Ihre Anerkennung als gemeinsames Vorhaben ist eine notwendige Voraussetzung für den Erfolg des einzelnen und der Belegschaft.

Damit hat jeder Mitarbeiter das Recht, sich auf die Einhaltung dieser Leitsätze zu berufen. Er wird aber auch daran gemessen, ob er sie selber zur Grundlage seines Handelns macht.

1. Die Grundregeln der Zusammenarbeit

Zusammenarbeit bedeutet, Einzelziele von Mitarbeitern und Abteilungen auf gemeinsame Unternehmensziele ausrichten und dabei die Fähigkeiten und den Willen aller einsetzen.

Zusammenarbeit setzt allseitige Bereitschaft und persönliches Bemühen voraus. Sie erfolgt zwischen Mitarbeitern, Führungskräften und Unternehmensleitung. Spezialisierung und steigende Anforderungen verlangen immer mehr Zusammenarbeit in und zwischen Gruppen.

Für die gewählte Form der Zusammenarbeit gelten folgende Grundregeln:

11 Achtung vor der Würde des Mitmenschen durch gegenseitiges Verständnis und Vertrauen sowie durch Aufrichtigkeit, Gerechtigkeit, Toleranz und Hilfsbereitschaft.

12 Recht jedes einzelnen auf persönliche Mitgestaltung am Arbeitsplatz sowie auf von Mitverantwortung getragene Mitbestimmung am Leistungsprozess des Unternehmens.

13 Der Wille zur Zusammenarbeit geht über den unmittelbaren Bereich des Unternehmens hinaus. Er umfasst besonders die Familie der Mitarbeiter unter Wahrung ihrer Privatsphäre, Gemeinden, Land sowie die Sozial- und Wirtschaftspartner.

2. *Kooperative Führungsaufgaben*
Die Grundregeln der Zusammenarbeit gestalten auch die Führungsaufgaben:
21 Planen: Ziele erarbeiten, festlegen und die Verfahrensweisen zu ihrer Erreichung bestimmen. Als Ziel verstehen wir, was wir als Ergebnis wollen und erarbeiten müssen.
- Pläne müssen realisierbar sein und veränderten Gegebenheiten angepasst werden können.
- Bei der Planung soll der Mitarbeiter die Möglichkeit haben, im Rahmen seiner Aufgaben und entsprechend seinem Können mitzuwirken. Dabei müssen die Zusammenhänge zwischen Einzelaufgaben und übergeordneten Zielen sichtbar gemacht werden.

22 Entscheiden: Ein bewusstes Auswählen zwischen verschiedenen Möglichkeiten.
- Entscheidungen sind vorher auf ihre Auswirkungen auf die Unternehmensziele sowie auf andere Bereiche innerhalb oder ausserhalb des Unternehmens zu prüfen. Ebenso sind berechtigte Interessen von Mitarbeitern zu beachten.
- Wer an der Entscheidungsvorbereitung beteiligt ist, wird sich auch zur Entscheidung bekennen.
- Entscheidungen sollen dort vorbereitet werden, wo der grösste Sachverstand herrscht und sind dort zu treffen, wo Zuständigkeit und rechtliche Verpflichtung liegen.
- Fällige Entscheidungen sind unverzüglich zu treffen oder herbeizuführen. Entscheidungen sind den Betroffenen in sachlicher und verständlicher Weise zu begründen. Damit werden Vertrauen und Mitarbeit gefördert.
- Aufgabe jedes Vorgesetzten ist es, seine Mitarbeiter zu befähigen, Entscheidungen, die in ihre Aufgabenbereiche fallen, selbst treffen zu können.

23 Delegieren und verantworten: Übertragen von Aufgaben, die der Mitarbeiter selbständig und in eigener Verantwortung übernimmt. Mitarbeiter mit Verantwortung setzen sich mehr ein, gewinnen rascher Erfahrungen und erzielen bessere Leistungen.
- Jeder Mitarbeiter soll einen eigenen Aufgabenbereich haben, in dem er selbständig handelt, entscheidet und Verantwortung trägt.
- Führungskräfte behalten gegenüber ihren Vorgesetzten die Verantwortung für die Erfüllung der übertragenen Aufgaben.
- Die Zuständigkeit bei zeitweiser Abwesenheit wird durch klare und rechtzeitige Regelung der Stellvertretung festgelegt.

24 Organisieren: Aufstellen von Regeln und Treffen von Massnahmen zur Erleichterung der Zusammenarbeit und zur Verbesserung ihres Ergebnisses.
- Eine gute Organisation soll die Fähigkeiten des einzelnen voll zur Entfaltung bringen und die Leistungsfähigkeit der Gemeinschaft verbessern. Sie muss aufgaben- und menschengerecht gestaltet sein und veränderten Situationen angepasst werden.

25 *Bewerten:* Messen von Leistungen, Verhalten und Ergebnissen an vorgegebenen Massstäben.
- Gute Arbeit und kooperatives Verhalten verdienen Anerkennung. Diese soll ausgesprochen werden.
- Konstruktive und sachliche Kritik an nicht befriedigenden Leistungen und Verhaltensweisen sind unerlässlich; aus Schwierigkeiten und Fehlern sollen Mitarbeiter und Vorgesetzte lernen.
- Allen Beteiligten muss Gelegenheit zur Stellungnahme und die Möglichkeit zur Aussprache mit dem nächsthöheren Vorgesetzten gegeben werden.

3. *Kooperative Führungsmittel*

Der Einsatz geeigneter Führungsmittel wird unsere Zusammenarbeit erfolgreich gestalten:

31 *Informieren:* Wechselseitige Beschaffung und Weitergabe von Kenntnissen, die zur Erreichung der uns gestellten Ziele und Aufgaben dienen.
- Information ist keine Einbahnstrasse. Informationsrecht und Informationspflicht gilt für alle. Wer neben den unmittelbar mit seiner täglichen Arbeit in Beziehung stehenden Fragen auch über wesentliche betriebliche und wirtschaftliche Zusammenhänge informiert ist, kann wirkungsvoller und verantwortungsbewusster handeln.

32 *Motivieren:* Alle Einflüsse, Anregungen und Massnahmen, die den Bedürfnissen und Wünschen der Mitarbeiter entgegenkommen, ein Mehr an Bereitschaft zur Zusammenarbeit und an Leistungswillen von sich aus aufzubringen. Immer mehr Mitarbeiter sollen:
- Sinn und Zweck ihrer Arbeit erkennen,
- ihre unmittelbaren Arbeitsbedingungen mitbestimmen,
- stärker an der Zielbestimmung und Planung beteiligt werden,
- mehr Selbständigkeit bei der Arbeit und mehr Mitverantwortung erhalten,
- grössere Möglichkeiten bekommen, ihre Fähigkeiten einzusetzen und zu erweitern und
- eine sichere und dem Wert der Arbeit entsprechende Gegenleistung erhalten.

33 *Beurteilen:* Jeder Mitarbeiter hat das Recht, zu erfahren, wie seine Leistungen und seine Zusammenarbeit beurteilt werden.
- Die Leistung ist an der Erfüllung der gesteckten Ziele zu messen. Die Zusammenarbeit zeigt sich in der Bereitschaft und Fähigkeit des Mitarbeiters, zur Verbesserung des Gesamtergebnisses in Gruppe, Abteilung, Bereich und Unternehmen beizutragen.
- Der Vorgesetzte soll darüber in regelmässigen Abständen mit seinem Mitarbeiter sprechen. Die Beurteilung soll den Mitarbeiter über die Einschätzung seiner Leistung und seiner Zusammenarbeit informieren, Kontakt und Verständnis zwischen Vorgesetzten und Mitarbeitern verbessern und gegebenenfalls Förderungsmassnahmen einleiten.

34 Fördern: Alle Massnahmen und Verhaltensweisen, die zur Entfaltung und Bereicherung der Fähigkeiten des Mitarbeiters und zu seiner Persönlichkeitsentwicklung beitragen. Die Fähigkeiten sollen nicht nur für einen bestimmten Verantwortungsbereich, sondern für das ganze Unternehmen voll zur Wirkung kommen.
Wichtige Förderungsmittel sind:
- der bestmögliche Einsatz – gemäss Fähigkeit und Ausbildungsstand – des Mitarbeiters unter Berücksichtigung der betrieblichen Erfordernisse,
- die Stärkung des Selbstvertrauens,
- die Ausbildung und Weiterbildung am Arbeitsplatz,
- inner- und ausserbetriebliche Schulungen – fachlich sowie zur besseren Zusammenarbeit und Führung,
- Einsatz für zeitlich befristete Sonderaufgaben zur Entdeckung zusätzlicher Fähigkeiten und als Möglichkeit der Bewährung in neuen Aufgaben,
- Aufgaben- oder Arbeitsplatzwechsel.

35 Entlohnen: Grundlage unseres Entlohnungssystems ist die Bewertung nach folgenden Massstäben: Arbeitsaufgabe, Erfahrung, Leistung und Verhalten.
- Vorgesetzte und Personalabteilung überprüfen im Einvernehmen mit dem Betriebsrat regelmässig die Bezüge und sorgen für eine gerechte Entlohnung aller Mitarbeiter nach diesen Massstäben.

Abbildung 17: Führungsgrundsätze der Swissair[11]

1. Führung durch Zielsetzung
Aktivieren, Ausrichten, Konzentrieren der Kräfte aller an gemeinsamen Zielen Beteiligten!
Die Organisationsstruktur ist ein Mittel zur Regelung der Kompetenzen, Pflichten, Informationswege und zur Ausrichtung der Kräfte auf die gemeinsame Aufgabe. Sie ist nie Selbstzweck.
Die Beziehung Führer-Geführter, Chef-Untergebener, Vorgesetzter-Mitarbeiter soll zu einer zielbewussten und partnerschaftlichen Zusammenarbeit entwickelt werden.
Mitarbeiter und Vorgesetzte sollen sich mit ihrer ganzen Persönlichkeit an Aufgaben engagieren können und nicht nur mit dem Kopf oder ihren physischen Kräften. Deshalb wollen sie auch um ihrer selbst willen akzeptiert werden und nicht nur, weil sie über bestimmte Fähigkeiten, Fertigkeiten und Kenntnisse verfügen.
Die Beteiligten sollen im Rahmen ihrer Kompetenzen und Pflichten ihre Aufgabe planen, Entscheidungen selbständig treffen, diese realisieren und das Ergebnis kontrollieren.
Führung durch Zielsetzung verpflichtet den Vorgesetzten, mit den Beteiligten klare Ziele zu erarbeiten. Er überlässt es jedoch ihnen so weit wie möglich, wie sie diese erreichen wollen. Indem er Spielraum gewährt, fördert er Initiative und Engagement.
Führung durch Zielsetzung verpflichtet die Mitarbeiter, alles in ihren Möglichkeiten Stehende zu unternehmen, um vorgegebene oder gemeinsam erarbeitete Ziele qualitätsbewusst, termingerecht und wirtschaftlich zu erreichen.

11 Swissair (1982)

2. Die Aufgaben des Vorgesetzten und des Mitarbeiters
*Der Vorgesetzte als Führer und Berater,
der Untergebene als kompetenter Mitarbeiter*

Eine der grundlegenden Aufgaben des Vorgesetzten ist es, selbständig denkende und handelnde Arbeitspartner heranzubilden, denen er nicht nur Pflichten, sondern auch Handlungsverantwortung, nicht nur Kompetenzen, sondern auch die Kontrolle über ihre Arbeit übertragen kann. Er bemüht sich, nicht nur ein verantwortungsbewusster Chef zu sein, sondern auch ein gesprächsbereiter und anregender Helfer und Berater. Er fördert seine eigene fachliche, organisatorische und menschliche Kompetenz und die seiner Mitarbeiter. Als Führungskraft ist er für die Erreichung der Unternehmensziele in seinem Bereich verantwortlich und verlangt von seinen Mitarbeitern die erforderlichen Leistungen.

Der Vorgesetzte erteilt klare, überblickbare Aufträge und vergewissert sich durch Rückfragen, dass diese sinngemäss aufgefasst und bearbeitet werden.

Die grundlegende Aufgabe des Mitarbeiters ist es, seine Pflichten wahrzunehmen und zu erfüllen, seine Kompetenzen auszuschöpfen und seine Fähigkeiten einzusetzen. Er soll nicht blosser Befehlsempfänger sein, sondern ein engagiertes Mitglied unserer Arbeitsgemeinschaft. Er denkt aktiv mit, plant innerhalb des erteilten Auftrages seine Arbeit selbständig, trifft die nötigen Entscheidungen unter Einbeziehung seiner Partner, die davon betroffen werden, und realisiert diese in Übereinstimmung mit den betrieblichen Möglichkeiten und Verhaltensregeln. Er kontrolliert schliesslich im Rahmen seiner Kompetenzen seine Aufgabe und übernimmt dafür die Verantwortung. Er orientiert seinen Vorgesetzten unaufgefordert und periodisch über den Verlauf und das Ergebnis. Der Mitarbeiter wendet sich an seinen Vorgesetzten, wenn ihm ein Auftrag unverständlich oder unzweckmässig scheint.

3. Der Informationsaustausch zwischen Vorgesetzten und Mitarbeitern
Miteinander reden – einander verstehen!

Führung durch Kommunikation ist die anspruchsvolle Herausforderung an alle Beteiligten, Einweg-Information zu einem Dialog zu erweitern.

Unter Kommunikation verstehen wir nicht nur einen genügenden Informationsaustausch von oben nach unten, von unten nach oben und auf gleicher Ebene, sondern ebenso die gleichzeitige Bemühung, Information verständlich zu machen. Dies setzt voraus, dass nicht nur Sachinformation übermittelt, sondern auch Bedeutung und Sinn, die sie beinhaltet, mitgeteilt werden. Indem die Beteiligten selbst ihre Gefühle (Zustimmung, Engagement, Erwartungen, Befürchtungen, Enttäuschung) aussprechen, machen sie sich gegenseitig klar, wie sie persönlich zu einer Aufgabe (Auftrag, Zielsetzung usw.) stehen. Sie fördern dadurch das Verständnis für die Sache und die Zusammenarbeit.

Die Klarheit wird ferner erhöht, indem die Zusammenhänge sichtbar gemacht werden, in welchen eine Information steht, und wir ihren Hintergrund und Stellenwert ansprechen.

Kommt ein Sachgeschäft nicht oder nur schleppend voran, so liegt dies oft nicht nur im Schwierigkeitsgrad der Aufgabe, sondern auch in ungeklärten, gestörten zwischenmenschlichen Beziehungen, die auf die Sachebene verschoben und mit rationalen Argumenten «zugedeckt» werden. Da aber nicht die Sache, sondern

das untergründige Spannungsfeld «gemeint» ist, kann der vermeintlich sachliche Schlagabtausch ewig weitergehen. Vorgesetzte und Mitarbeiter sind bestrebt, sich solch unfruchtbarer Debatten bewusst zu werden und diese durch Klärung der Situation zu beenden. Das heisst, dass Konflikte nicht unter den Tisch gewischt, sondern unter den Beteiligten ausgetragen werden.
Um schliesslich sicherzugehen, dass die Information beim Adressaten richtig ankommt, stellen wir dessen Empfangsbereitschaft fest, indem wir Rückmeldung verlangen oder als Empfänger selber eine solche unaufgefordert übermitteln.

4. Vorgesetzte und Mitarbeiter als Leiter und Teilnehmer von Arbeitsgruppen
Jeder Vorgesetzte ist Mitarbeiter – jeder Mitarbeiter ist auch Leiter
Jeder ist Teilnehmer oder Leiter in verschiedenartigen informellen oder formellen Gruppierungen. Diese können zeitlich limitiert, periodisch (Konferenzen, Orientierungen, Projektgruppen, Bereichsseminare) oder permanent (zum Beispiel der engere Mitarbeiterkreis) sein.
Leiter sein heisst unter anderem Verhältnisse schaffen, die es allen Beteiligten ermöglichen, sich für die Arbeitsziele zu aktivieren und Wesentliches beizutragen (Ziele setzen, Ideen sammeln, abklären, Machbarkeit prüfen, Entscheide vorbereiten, orientieren, usw.). Der Leiter regt die Teilnehmer zur Meinungsäusserung an, indem er auch seinen eigenen sachlichen und persönlichen Standort in bezug auf die Aufgabe bekanntgibt. Er beachtet den Gesprächsverlauf, um einzugreifen, wenn sich ein unergiebiger Gruppenkonsens bildet oder Teilnehmer infolge von Missverständnissen in verschiedene Richtungen auseinanderstreben. Er macht auf unterschwellige Spannungen aufmerksam und hilft sie bereinigen, soweit dies möglich ist. Er lässt der Arbeitsgruppe genügend Spielraum und achtet darauf, dass sich die Teilnehmer aktivieren können und nicht durch unausgesprochene Befürchtungen oder unterdrückte Gefühle blockiert sind. Er sucht in diesem Prozess von Sachbearbeitung und Kommunikation den Überblick zu behalten, um der gemeinsamen Aufgabe, wie den Bedürfnissen der Teilnehmer, Rechnung zu tragen. Er ist für die Einhaltung der verfügbaren Zeit verantwortlich und dafür besorgt, dass die erarbeiteten Ergebnisse in geeigneter Form festgehalten werden. Schliesslich vergewissert er sich, ob in bezug auf das Resultat genügend Übereinstimmung und Klarheit erreicht wurden, um den Beteiligten Engagement zu ermöglichen. Dazu gehört, dass Widerstände angesprochen und abgebaut werden.
Teilnehmer sein heisst mitwirken, sich offen äussern, Offenheit ertragen, Zustimmung und Ablehnung bekanntgeben, Alternativen vorschlagen, aktiv mitarbeiten, auch wenn eigene Ideen von der Gruppe nicht angenommen werden. Er engagiert sich an der gemeinsamen Aufgabe; er fühlt sich für eine wirkungsvolle Zusammenarbeit und die Zielerreichung mitverantwortlich. Er wagt es, selbst unübliche Lösungsansätze vorzubringen. Er hilft sich selber und der gemeinsamen Arbeit mehr, wenn er Unbehagen oder Zustimmung ausdrückt, sich kritisch äussert oder selber Kritik entgegennimmt, als wenn er schweigend dasitzt und sich durch aufkeimenden inneren Widerstand blockiert.
Vorgesetzte ermöglichen es ihren Mitarbeitern, in Projektteams, Arbeitsgruppen und Sitzungen selber die Leitung zu übernehmen. Die Leitungsübergabe des Chefs an Mitarbeiter heisst jedoch nicht Abgabe der Chefverantwortung. Der Mitarbeiter, welcher leitet, übernimmt lediglich die Verantwortung für den Ablauf einer

Arbeitsbesprechung. Dadurch kann er nicht nur seine Leiterkompetenz entwickeln, sondern sich auch besser in die Anforderungen hineinversetzen, die mit einer Leiteraufgabe verbunden sind.

5. *Die Arbeitsgestaltung des Vorgesetzten und des Mitarbeiters*
   Es gibt Realitäten, die kaum zu ändern sind. Und es gibt Realitäten, die wir zum Wohle aller und des Unternehmens verändern können

Vorgesetzte und Mitarbeiter haben die Aufgabe, periodisch zu überprüfen, ob die bestehenden Arbeitsplätze, -abläufe, Vorschriften noch zweckmässig sind und eine anspornende Arbeitsweise ermöglichen.

Es ist eine der wichtigsten Vorgesetztenaufgaben, dafür zu sorgen, dass Arbeitsplätze, -abläufe und Nahtstellen nicht nur technisch optimal gestaltet sind, sondern ebenso den menschlichen und betrieblichen Möglichkeiten Rechnung tragen. Diese Aufgabe kann er jedoch nicht für sich allein am grünen Tisch lösen; er ist auf seine Mitarbeiter als die unmittelbar Beteiligten und Betroffenen angewiesen. Sie kennen die Schwierigkeiten, Belastungen, Engpässe, den Leistungsdruck aus direkter Erfahrung und sind oft am besten in der Lage, Schwachstellen zu erfassen.

Der Vorgesetzte geht auf die Verbesserungsvorschläge seiner Mitarbeiter ein und sucht mit ihnen nach zweckmässigen Lösungen. Der Zeitaufwand zahlt sich längerfristig aus: die Beteiligung der betroffenen Mitarbeiter hilft Widerstände abbauen und Lösungen finden, die alle akzeptieren können. Dadurch werden Voraussetzungen für persönliches Engagement an den Aufgaben geschaffen.

6. *Delegation von Aufgaben und Kompetenzen, Entscheidung und Verantwortung*
   Verantworten – in Wort und Tat antworten: auf alltägliche und nicht alltägliche Herausforderungen!

Die Delegation von Aufgaben und Kompetenzen «nach unten» erfolgt an jene Mitarbeiter eines Arbeitsbereiches, die aufgrund ihrer Befähigung und ihrer hierarchischen Stufe die betreffenden Sachverhalte, die Abläufe und die Tragweite ihrer Entscheidungen noch voll überblicken können.

Der Vorgesetzte ist verantwortlich für die Auswahl, Ausbildung, Förderung und den Einsatz der Mitarbeiter im Sinne der Gesamtunternehmung. Er schafft zweckmässige Arbeitsbedingungen. Er delegiert die Kontrolle der Arbeit so weit wie möglich. Jedoch bleibt er für die Zielerreichung verantwortlich und hat deshalb das Recht und die Pflicht, sich über den Fortgang der Geschäfte zu informieren.

Der Mitarbeiter ist verantwortlich für die Aufgabenerfüllung und Kontrolle im Rahmen seiner Kompetenzen, Pflichten und Zielsetzungen. Er delegiert keine Pflichten «nach oben» zurück, für deren Ausübung er die Voraussetzungen besitzt. Er orientiert seinen Vorgesetzten laufend.

Entscheidungen werden grundsätzlich auf der dafür bezeichneten Stufe getroffen. Der Mitarbeiter entscheidet innerhalb seiner Kompetenzen selbständig und trägt für die Durchführung und Kontrolle der Arbeit seinem Vorgesetzten gegenüber die Verantwortung. Ist er über die Richtigkeit seiner Handlungsweise im Zweifel, oder reichen die Grundlagen für eine fundierte Entscheidung nicht aus, unterbreitet er die Sachlage seinem Vorgesetzten, der ihm aufgrund seiner Erfahrung und Lagebeurteilung zusätzliche Gesichtspunkte vermitteln kann.

Muss aber ein Mitarbeiter eine Entscheidung treffen, die seine Kompetenzen überschreitet, so handelt er nach bestem Wissen und Gewissen im Sinne der Unternehmung und orientiert seinen Vorgesetzten bei nächster Gelegenheit.

Entscheide, die der Vorgesetzte trifft, betreffen oft in hohem Masse auch seine Mitarbeiter. Daher engagiert er sie an der Entscheidungsfindung. Durch eine klare Darlegung der Situation und der Beweggründe ermöglicht er es ihnen, seinen Entscheidungsprozess nachzuvollziehen. Je stärker er seine Mitarbeiter einbezieht, umso bereitwilliger wird sein Entscheid, für den er selber die Verantwortung übernehmen muss, akzeptiert.

7. *Die betriebliche Disziplin*
   Von der «Fremddisziplin» zur Selbstdisziplin
   Ordnung, Sicherheit, Effizienz, Wirtschaftlichkeit sowie auch die Funktionsfähigkeit eines partnerschaftlichen Zusammenwirkens erheischen ein hohes Mass an Disziplin der Vorgesetzten und Mitarbeiter.
   Die Vorgesetzten fördern die Selbstdisziplin der Mitarbeiter, indem das Interesse und Verständnis für die eigene Aufgabe und die grösseren Zusammenhänge geweckt werden.
   Disziplin wollen wir in erster Linie ohne Ausübung von Druck und Sanktionen erreichen. Diese würden die Entfaltung aller zu selbständigen, eigenverantwortlichen Mitarbeitern behindern und beträchtliche Verluste an Initiative und Produktivität zur Folge haben!
   Die betriebliche Disziplin, die für unser Luftfahrt-Unternehmen lebenswichtig ist, wird am besten sichergestellt, wenn Vorgesetzte und Mitarbeiter aller Stufen ihre Aufgabe und die damit verbundene Verantwortung kennen.
   Sich verantwortlich fühlen kann nur, wer sich für seine Aufgabe engagiert. Engagement jedoch erwächst nicht aus dem Zwang, sondern aus der Freiheit.

Abbildung 18: Bewertung von Mietwohnungen[12]

Problem: Mietwohnung

Bedingungen \ Alternativen		A: Jahnstrasse	B: Hoher Weg	C: Bergstrasse
Ksten höchstens 800.— DM/Monat		erfüllt	erfüllt	erfüllt
Mind. 80 m², höchstens 130 m²		erfüllt	erfüllt	erfüllt
Mindestens 3 Zimmer		erfüllt	erfüllt	erfüllt
Kein Kohle-Einzelofen		erfüllt	erfült	erfüllt
Keine anh. Ruhestörung in der Nacht		erfüllt	erfüllt	erfüllt
Kriterien	Ziele			
Kosten/Monat	möglichst gering	572.— DM/Monat (3 Jahre)	755.— DM/Monat (5 Jahre)	685.— DM/Monat (lfd. Erh. mit Beamtengehalt)
Wohnfläche	100 m²	82 m²	94 m²	112 m²
Zimmerzahl/ Schnitt	4 Zimmer mögl. günstig	3 Zimmer und Essdiele, guter Schnitt, keine Garage	5 Zimmer, sehr guter Schnitt, Sammelgarage	4½ Zimmer, ungünstiger Schnitt, Einzelgarage
Ausstattung	möglichst gut	durchschnittlich, solide	solide, schöne Bodenbeläge	solide, Edelholz-Türen, Parkett im Wohnzimmer
Heizung, Warmwasserbereitung	möglichst bequem	Zentralheizung, zentrale Warmwasseraufbereitung	Zentralheizung, elektr. Warmwasserbolier	zentral versorgte Oelöfen, elektr. Warmwasserboiler
Wegaufwand	möglichst gering	alles gut erreichbar	alles äusserst gut erreichbar	grosse Wegzeiten, schlechte Busverbindung; W=0,7 (ev. Verbesserung W=0,3)
Umgebung	möglichst schön	Miethäuser, Industrie, zum Park	Innenstadt	Villen, Höhenlagen, gute Sicht; W=0,6 (Sicht wird ev. verbaut; W=0,4)
Umwelteinflüsse	möglichst keine	ruhige Umgebung, keine Immissionen, W=o,8; (ev. Ind.-Abgase; W=o,2)	Verkehrslärm von 06.00–22.00	sehr ruhig, gute Luft W=o,7 (ev. Umgebungsstrasse; W=0,3)
Mietdauer	6 Jahre	Mietvertrag für 10 Jahre	ev. 6 Jahre; W=0,8 (Eigenbedarf nach 3 Jahren; W=0,2)	Mietvertrag für 3 Jahre; dann Kündigung; W=0,2 (Verlängerung auf 6 Jahre; W=0,8)

12 vgl. Weisser (1979)

Abbildung 19: Formular Auftragserteilung

Erteilte Aufträge

Wann	Wem	Auftrag	Termin/ Frist
13.2	M	Beschwerde von S. Untersuchen	15.2.
13.2	K	Briefentwurf f. Eingabe EDV	18.2.
14.2	K	Zeitschrift B + V Nr. 15 beschaffen	18.2.
14.2.	L	Gutachten von C einholen	20.2.

Abbildung 20: Beurteilungsskala mit Stufengraden (numerische Form)

1. Fachkenntnisse	1	2	3	4	5
2. Einsatzfreude, quantitative Leistung	1	2	3	4	5
3. Qualitative Leistung	1	2	3	4	5
4. Selbständigkeit	1	2	3	4	5
5. Initiative	1	2	3	4	5
6. Anpassungsvermögen, Beweglichkeit, vielseitige Einsatzfähigkeit	1	2	3	4	5
7. Umgangsformen	1	2	3	4	5
8. Sinn für Teamarbeit	1	2	3	4	5
9. Führen von Lern- und übrigem Personal	1	2	3	4	5
10. Einstellung gegenüber Patienten	1	2	3	4	5

Abbildung 21: Beurteilungsskala mit Stufengraden (Prädikate-Form)

Nur die sicher erkannten Befunde ankreuzen! ☐ ☒ ☐ ☐

Anlagen und Fähigkeiten	sehr gut	gut	genügend	ungenügend
Auffassungsvermögen (Begreifen)				
Vorstellung (Linien–Fläche–Raum, Arbeitsablauf)				
Beobachtungsfähigkeit				
Konzentrationsfähigkeit				
Handgeschick (Feingefühl, Fingerfertigkeit)				

Abbildung 22: Beurteilungsskala mit Stufengraden (kombinierte Form)

	nicht ausreichend	ausreichend	gut	sehr gut	hervorragend
	0	1	2	3	4
Verhalten im Betrieb					
Kooperation mit Chef, Kollegen					
Verträglichkeit					
Loyalität					
Einfühlungsvermögen					
Ehrlichkeit					

Abbildung 23: Graphische Beurteilungsskala (numerische Form)

	negativ –					–O–	positiv +			
1. Krankenpflege										
11 Grundpflege	5	4	3	2	1	–O–	1	2	3	4	5
12 Behandlungspflege	5	4	3	2	1	–O–	1	2	3	4	5
13 Spezielle Pflege	5	4	3	2	1	–O–	1	2	3	4	5
Vorbereitung und Organisation:	5	4	3	2	1	–O–	1	2	3	4	5
14 Umsichtige und rationelle Arbeitseinteilung	5	4	3	2	1	–O–	1	2	3	4	5

Abbildung 24: Graphische Beurteilungsskala (prädikate Form) (persönliches Verhalten)

Gegenüber Patienten	☐ Verständnisvoll	☐ fürsorglich einfühlend	☐ jovial wenig distanziert	☐ wenig einfühlend
	☐ taktvoll	☐ freundlich	☐ ängstlich	☐ gleichgütig unaufmerksam
	☐ gut beobachtend	☐ achtsam	☐ beobachtet noch wenig	☐ unachtsam
Gegenüber Vorgesetzten	☐ zuvorkommend	☐ korrekt	☐ befangen	☐ vorlaut
Gegenüber Mitarbeitern	☐ guter Teamgeist	☐ kameradschftlich	☐ kontaktarm	☐ unkollegial
Gegenüber Schülern	☐ kollegial	☐ verträglich	☐ besserwissend	☐ unkollegial
	☐ gut anleitend	☐ hilfsbereit	☐ belehrend	☐ von oben herab
Zuverlässigkeit	☐ zuverlässig	☐ pflichtbewusst	☐ noch wenig zuverlässig	☐ unzuverlässig
Wesensart	☐ ausgeglichen ☐ _____	☐ fröhlich ☐ _____	☐ verschlossen ☐ _____	☐ launisch ☐ _____
Äussere Erscheinung	☐ korrekt	☐ ordentlich	☐ auffällig	☐ ungepflegt

Abbildung 25: Beurteilungsskalen mit Verhaltensmustern

Beispiel 1:

1. Schritt: Definition des Merkmals, z. B. Zusammenarbeit und Anpassung:
Ist der Mitarbeiter unterschiedlichen Anforderungen anderer Mitarbeiter, Funktionen oder Zielsetzungen gerecht geworden, ohne dass dadurch seine selbständige Arbeitsausführung beeinträchtigt worden ist?
War er zur Zusammenarbeit bereit, hat er sie von sich aus angestrebt ...?

2. Schritt: Stufendefinition
1 = Der Mitarbeiter nahm alle Gelegenheiten zur Zusammenarbeit wahr und beteiligte sich erfolgreich am Erfahrungsaustausch und an der Teamarbeit. Er arbeitete selbständig und wurde dennoch den unterschiedlichsten Anforderungen anderer Mitarbeiter, Funktionen oder Zielsetzungen mühelos gerecht. Kritik verwertete er vorteilhaft.
2 = ...
3 = Der Mitarbeiter erkannte und nutzte die Vorteile des Erfahrungsaustauschs und der Teamarbeit. Er wurde gewöhnlich unterschiedlichen Anforderungen anderer gerecht, ohne seine Selbständigkeit aufzugeben.
4 = Der Mitarbeiter sah ab und zu entweder die Bedeutsamkeit von Erfahrungsaustausch und Teamarbeit nicht, oder er strebte sie nicht besonders an. Er wurde unterschiedlichen Anforderungen anderer nicht immer ...
5 = ...

Beispiel 2:

Merkmal	Stufe				
	A	E	I	O	U
Sorgfalt und Ordnung	Geht sehr unsorgfältig mit den Einrichtungen, Arbeitsmaterialien und den Hilfsmitteln um. Hält keine Ordnung in seinem Arbeitsbereich.	Geht wenig sorgfältig um mit den Einrichtungen, Arbeitsmaterialien und Hilfsmitteln. Hält nur äusserlich Ordnung in seinem Arbeitsbereich. Muss öfters zum Einhalten der Termine ermahnt werden.	Geht im allgemeinen sorgfältig um mit Einrichtungen, Arbeitsmaterialien und Hilfsmitteln. Bemüht sich, Termine einzuhalten. Hält normalerweise Ordnung in seinem Arbeitsbereich.	Geht sorgfältig um mit Einrichtungen, Arbeitsmaterialien und Hilfsmitteln. Hält gute Ordnung in seinem Arbeitsbereich. Termine werden von ihm strikte eingehalten.	Sein sorgfältiger Umgang mit Einrichtungen, Arbeitsmaterialien und Hilfsmitteln wirkt vorbildlich. Die Ordnung in seinem Arbeitsbereich wirkt positiv auf die anderen. Hilft mit, die Termine einzuhalten.

Abbildung 26: Quantitative Beurteilungsskalen

Stufe 1	Es kommt nie vor	= 0 mal während der Qualifikationsperiode
Stufe 2	Es kommt sehr selten vor	= nicht mehr als 2mal während der Qualifikationsperiode
Stufe 3	Es kommt hie und da vor	= nicht mehr als 4mal während der Qualifikationsperiode
Stufe 4	Es kommt häufig vor	= nicht weniger als 6mal während der Qualifikationsperiode
Stufe 5	Es kommt sehr häufig vor	= nicht weniger als 8mal während der Qualifikationsperiode

Abbildung 27: Checklist-Methode der Beurteilung (Ausschnitt aus Checkliste)

Verhaltensweisen	ja	nein
– Hat die Führungskraft im allgemeinen gute Ideen?	☐	☐
– Hat sie ein besonderes Interesse an der Arbeit gezeigt?	☐	☐
– Deckt sie im allgemeinen den Untergebenen den Rücken	☐	☐
– Zeigt sie gegenüber ihren Vorgestzten Respekt!	☐	☐
– Bevorzugt sie bestimmte Mitarbeiter?	☐	☐
– Nimmt sie sich Zeit, mit den Mitarbeitern über ihre Sorgen zu sprechen?	☐	☐
– WErden die Anweisungen der Führungskraft im allgemeinen befolgt?	☐	☐

Abbildung 28: Methode der kritischen Ereignisse (Formblatt)

Erkennen von Problemsituationen

A. Erkennt nicht das Problem	A. Erkennt das Problem, sobald es auftritt
B. Erkennt nicht die Bedeutung des Problems	B. Erkennt die Bedeutung des Problems
C. Erkennt nicht die spezielle Situation	C. Erkennt die Situation, die zu einem Problem führt
Datum Item Ereignis	Datum Item Ereignis
17.7 C Verschleppt einen Eilbrief	17.7 C Ofenproblem
Rot	Blau
Eine Eilzustellung ging zur gleichen Zeit wie die reguläre Post ein. Anstatt den Eilbrief zuerst vorzulegen, legt er ihn zur normalen Post.	Der Mitarbeiter hat an einem Freitag bis spät geabeitet. Er entdeckt einen elektrischen Ofen, der versehentlich abgeschaltet war. Er ruft deshalb seinen Vorgesetzten zu Hause an. Diese Handlung verhindert, dass der Ofen über das Wochenende auskühlt.

Abbildung 29: Fragschema zur Arbeitsumschreibung und Beurteilung einer Laborantin[13]

Frage 1 «Was tut die zu beurteilende Mitarbeiterin?» (Arbeitsumschreibung; Tätigkeitskatalog)	Frage 2 «Wie wird die Arbeit ausgeführt?» (Beurteilung)			
	U	B	G	A
a) Planen und organisieren von chronischen Toxizitätsversuchen		x		
b) Durchführen und überwachen der Versuche			x	
c) Zusammenstellen und verrechnen der Versuchsergebnisse				x
d) Anlernen der Lehrlinge und überwachen ihrer Arbeiten in der Histologie	x			
e) Einteilen und überwachen der Laborarbeiten: z. B. Anfertigen von histologischen Präparaten			x	
f) Durchführen von speziellen histologischen Arbeiten, wie besondere Einbettungsverfahren, Färbemethoden usw.				
g) Beurteilen von mikroskopischen Schnittpräparaten				x

13 Capol (1974)

Abbildung 30: Fragschema zur Ermittlung von Leistungsursachen und Festlegung von Verbesserungsmassnahmen (Cheflaborantin)[14]

Frage 1 «Wie ist die Leistung zustandegekommen?» Tatbeständliche und ursachliche Begründung.	Frage 2 Welche Massnahmen können vorgesehen und durchgeführt werden zur Leistungsverbesserung?
Teilfunktion a) Beurteilung B Fachlich anerkennenswert. Die persönliche Arbeitstechnik ist noch zu verbessern. Unerfahrenheit am neuen Arbeitsplatz.	Periodische Fehlerbesprechungen mit dem Vorgesetzten. Klarere Auftragserteilung durch den Vorgesetzten anlässlich dieser Besprechung.
Teilfunktion b) Beurteilung G Selbständig mit grosser Berufserfahrung	
Teilfunktion c) Beurteilung A Tadellos, äusserst zuverlässig. Beherrscht neue Auswertungsmethoden.	Heranziehen zur Einführung dieser neuen Methoden in anderen Laboratorien der Forschungs- und Betriebslaboratorien.
Teilfunktion d) Beurteilung U Völlig unerfahren, verliert die Geduld, fühlt sich unsicher.	Besuch des nächsten Anlernkurses für Vorgesetzte. Vermehrte Hilfen durch den Vorgesetzten. Bessere Einführung in die neue Teilfunktion.
Teilfunktion e) Beurteilung G Fachlich einwandfrei. Noch etwas langsam.	
Teilfunktion f) Beurteilung G Grosse Erfahrung, hervorragende Arbeitsergebnisse, zeitlich noch verzögert.	
Teilfunktion g) Beurteilung A Ungewöhnlich sicher und zuverlässig in der Beurteilung. Hat sich viele Zusatzkenntnisse durch Selbststudium angeeignet.	Vermehrter Einsatz bei solchen Spezialaufgaben.

14 Capol (1974)

Abbildung 31: Schema für Zusatzfragen und Gesamtqualifikation[15]

Folgerungen

Seit dem letzten Mitarbeiter-Gespräch hat sich der Mitarbeiter in seiner Arbeitsleistung:
erheblich verbessert ☐ eher verschlechtert ☐
leicht verbessert ☐ auffallend verschlechtert ☐
nicht verändert ☐

Besitzt der Mitarbeiter besondere Kenntnisse oder Fähigkeiten, die am jetzigen Arbeitsplatz gar nicht oder zu wenig zum Einsatz kommen?
JA ☐ NEIN ☐

Wenn ja, welche:

Wäre eine Versetzung des Mitarbeiters wünschbar?
Wenn, ja JA ☐ NEIN ☐
    sofort später
An einen weniger anspruchsvollen Arbeitsplatz ☐ ☐
An einen Arbeitsplatz mit gleichen oder ähnlichen Anforderungen ☐ ☐
An einen Arbeitsplatz mit höheren Anforderungen ☐ ☐
Welchen Arbeitsplatz würden Sie vorschlagen:

Wäre der Mitarbeiter fähig, auch Führungsaufgaben zu übernehmen?
Nein ☐ Bemerkungen:
Nur nach entsprechender Ausbildung ☐
Ja, sofort ☐
Er hat bereits Führungsaufgaben ☐

Sehen Sie im gegenwärtigen Arbeitsbereich Aufstiegsmöglichkeiten für den Mitarbeiter?
Nein ☐
Bedingte ☐
Ja ☐ Welche?

Hat der Mitarbeiter persönliche Aufstiegs-, Versetzungs- oder Ausbildungswünsche geäussert?
Nein ☐
Unbestimmte ☐
Ja ☐ Welche?

Kennen Sie Gründe allfälliger Unzufriedenheit des Mitarbeiters?
JA ☐ NEIN ☐

Wenn ja, welche?

Haben Sie im Zusammenhang mit der weiteren Beschäftigung des Mitarbeiters zusätzliche Vorschläge und Anträge zur Förderung des Mitarbeiters zu stellen?
JA ☐ NEIN ☐

Wenn ja, welche (evtl. auf welchen Zeitpunkt):

15 Capol (1974)

Qualifikation

Name:
Vorname:
Geburtsdatum: Abteilung:
Eintrittsdatum: Dienst / Sektor:
Funktionsbezeichnung: Name des direkten
                                                                 Vorgesetzten:

Gesamtbild des Mitarbeiters:

Unter Berücksichtigung der Erfüllung der einzelnen Aufgaben bzw. Tätigkeiten sowie deren Begründungen waren die Arbeitsleistungen des Mitarbeiters während der vergangenen Periode gesamthaft betrachtet:

ausgezeichnet   ☐   befriedigend   ☐
gut   ☐   unbefriedigend   ☐

Wollen Sie bitte in einem knappen Überblick die Arbeitsleistungen des Mitarbeiters verbal zusammenfassen:

a) positive Aspekte:

b) negative Aspekte:

Datum der letzten Qualifikation:

Datum der nächsten Qualifikation:

Mitarbeitergespräch:

Datum der Besprechung: Bemerkungen:
Reaktion des Mitarbeiters:
    positiv   ☐
    keine Reaktion   ☐
    negativ   ☐

Unterschrift des direkten
Vorgesetzten: Datum:

Visum des nächsthöheren
Vorgesetzten: Datum:

Abbildung 32: Beurteilungsbogen PUK-ZH[16]

Qualifikationen

Name: _____ Vorname: _____

Jahrgang: _____ Eintritt: _____

Funktion: _____

1. Fachkenntnisse	1	2	3	4	5*
2. Einsatzfreude, quantitative Leistung	1	2	3	4	5
3. Qualitative Leistung	1	2	3	4	5
4. Selbständigkeit	1	2	3	4	5
5. Initiative	1	2	3	4	5
6. Anpassungsvermögen, Beweglichkeit, vielseitige Einsatzfähigkeit	1	2	3	4	5
7. Umgangsformen	1	2	3	4	5
8. Sinn für Teamarbeit	1	2	3	4	5
9. Führen von Lern- und übrigem Personal	1	2	3	4	5
10. Einstellung gegenüber Patienten	1	2	3	4	5
11. Einstellung gegenüber den Vorgestzten des Pflegebereiches	1	2	3	4	5
12. Einstellung gegenüber der gesamten Klinkleitung	1	2	3	4	5

Beschreibung der Wesensart und der besonderen Eigenschaften des Mitarbeiters:

_____

_____

_____

_____

_____

Weitere Bemerkungen:

_____

_____

_____

Datum: _____ Besprochen mit dem Mitarbeiter: ja / nein

Unterschrift: _____

* 1 = nicht vorhanden   3 = genügend   5 = sehr gut
  2 = ungenügend   4 = gut
Zutreffendes bitte ankreuzen

[16] Psychiatrische Universitätsklinik Zürich (PUK)

Abbildung 32 (Fortsetzung)

Beurteilung / Zusatzblatt für Vorgesetzte

Verhalten gegenüber Vorgesetzten, Kameraden:

Ausgesprochen empfindlich gegenüber Kritik. Kritisiert sehr unsachlich. Ungeeignet für Zusammenarbeit. Ist auffällig egoistisch eingestellt. Hat Freude, wenn andern etwas misslingt.	1
Erträgt Kritik schlecht. Kritisiert oft unsachlich. Wenig geeignet für Zusammenarbeit. Wenig hilfsbereit. Denkt selten an andere.	2
Bemüht sich, sachlich zu kritisieren. Erträgt Kritik. Zur Zusammenarbeit bereit. Ist anpassungsfähig und hilfsbereit. Denkt auch an andere.	3
Aufgeschlossen gegenüber Kritik. Kritisiert sehr sachlich. Positive Einstellung zur Zusammenarbeit. Sehr hilfsbereit. Denkt zuerst an andere, dann an sich.	4
Wertet Kritik sehr positiv aus. Übt aufbauende und wertvolle Kritik Wirkt anspornend oder ausgleichend in der Zusammenarbeit. Seine Hilfsbereitschaft ist sprichwörtlich.	5

Verhalten gegenüber Personal und Patienten:

Findet keinen Kontakt. Wird von der Umgebung abgelehnt.	1
Hat Mühe, Kontakt zu finden. Wird nur von wenigen geschätzt.	2
Bemüht sich um Kontakt. Wird von allen geschätzt.	3
Hat guten Kontakt. Wirkt sich gut auf Personal und Patienten aus.	4
Sehr gewandt im Umgang mit Personal und Patienten. Wird von allen ausserordentlich geschätzt.	5

Abbildung 32 (Fortsetzung)

Verhalten als Vorgesetzter:

Kann sich nicht durchsetzen; findet weder Anerkennung noch Beachtung. Lässt jegliche Initiative vermissen. Unfähig, die Mitarbeiter zu führen.	1
Hat grosse Mühe, sich durchzusetzen, muss sich auf seine Stellung berufen. Hat wenig eigenen Antrieb; muss mitgezogen werden. Besitzt wenig Geschick, die Mitarbeiter zu führen.	2
Vermag sich meist durchzusetzen; wirkt manchmal zu wenig überzeugend. Bemüht sich, Eigeninitiative zu entwickeln. Versteht es, die Mitarbeiter anzuleiten und zu lenken.	3
Besitzt das Vertrauen der Mitarbeiter und vermag sich in allen Lagen durchzusetzen. Erkennt Probleme und entwickelt Eigeninitiative. Ist geschickter Lenker und Helfer für die Mitarbeiter.	4
Kann sich aufgrund persönlicher Überlegenheit und Überzeugungskraft mühelos durchsezten. Äusserst initiativ und zielstrebig. Versteht es, Verständnis und die nötige Stimmung für Teamarbeit zu schaffen; kann begeistern.	5

Auftreten, äussere Erscheinung:

Mehrheitlich aufdringlich. Betont von sich eingenommen. Unordentliche, ungepflegte Erscheinung.	1
Lässt sich mitunter gehen. Neigt zu Überheblichkeit. Wirkt oftmals zu wenig gepflegt.	2
Wirkt natürlich und unbefangen. Manchmal etwas zu unbestimmt. Im allgemeinen gut gepflegt.	3
Sicheres und bestimmtes Auftreten. Gute Umgangsformen. Gut gepflegte Erscheinung.	4
Absolut vorbildlich. Äusserst gewandt. Achtet sehr sorgfältig auf sein/ihr Äusseres.	5

Abbildung 32 (Fortsetzung)

Besuchte Kurse

1. zur *Persönlichkeitsbildung*
   (mit Datumangabe)

_____

_____

_____

_____

2. zur *fachlichen Weiterbildung*
   (mit Datumangabe)

_____

_____

_____

_____

Datum:

_____

Unterschrift des Erstqualifizierenden: _____

Unterschrift des Zweitqualifizierenden: _____

Kenntnisnahme des Qualifizierten: _____

Abbildung 33: Beurteilungsbogen mit 3 Stufengraden

QUALIFIKATION	Bei Schülern und Lehrlingen Schule und Beruf:	Bei Mitarbeiter(innen) Funktion:
	Spital:	Dienstjahr:

Name und Vorname:

Bewertungsperiode vom: bis:

Abteilung: Bewerter:

Persönliches Verhalten	Gegenüber Patienten	☐ verständnisvoll einfühlend	☐ taktvoll	☐ gut beobachtend
		☐ fürsorglich	☐ freundlich	☐ achtsam
		☐ joval wenig distanziert	☐ ängstlich	☐ beobachtet wenig
		☐ wenig einfühlend	☐ gleichgültig unaufmerksam	☐ unachtsam
	Gegenüber Vorgesetzten	☐ korrekt ☐ vorlaut	☐ höflich	☐ befangen
	Gegenüber Mitarbeitern	☐ guter Teamgeist ☐ unkollegial	☐ kameradschaftlich	☐ kontaktarm
	Gegenüber Unterstellten	☐ kollegial	☐ gut anleitend	☐ verträglich
		☐ hilfsbereit	☐ besserwissend	☐ belehrend
		☐ unkollegial	☐ von oben herab	
	Zuverlässigkeit (u.a. Pünktlichkeit)	☐ zuverlässig ☐ unzuverlässig	☐ pflichtbewusst	☐ wenig zuverlässig
	Wesensart	☐ ausgeglichen ☐ launisch	☐ fröhlich	☐ verschlossen
	Äussere Erscheinung	☐ korrekt ☐ ungepflegt	☐ ordentlich	☐ auffällig
Arbeitsverhalten	Einstellung zur Arbeit	☐ arbeitet korrekt und engagiert	☐ befolgt Intruktion genau	☐ verwertet Erfahrungen
		☐ korrekt	☐ bemüht sich, Instruktionen einzuhalten	☐ lernt aus Fehlern
		☐ macht nur interessante Arbeit gut	☐ nimmt Instruktionen zu wenig ernst	☐ macht oft die gleichen Fehler
		☐ arbeitet lustlos	☐ befolgt Instruktionen ungenau	☐ gleichgültig

Arbeitsverhalten	Einsatz und Initiative	☐ mitreissend ausdauernd ☐ sieht die Arbeit nicht	☐ gibt sich Mühe	☐ nachlassend unterschiedlich
	Selbständigkeit	☐ selbständig ☐ weiss sich zu helfen ☐ noch unselbständig	☐ Unvorhergesehenem gewachsen ☐ Kontrolle häufig nötig ☐ hilflos	☐ Kontrolle selten nötig ☐ verliert die Übersicht
	Ordnung am Arbeitsplatz	☐ ordnungsliebend ☐ muss oft ermahnt werden	☐ räumt auf	☐ wenig Sinn für Ordnung
	Umgang mit Geräten, Arzneimitteln, Material, Einrichtungen	☐ sorgfältig ☐ im Rahmen ☐ unsorgfältig	☐ sparsam ☐ wenig sorgfältig ☐ verschwenderisch	☐ ordentlich ☐ wenig sparsam
	Rapportwesen	☐ gut und zuverlässig ☐ mangelhaft	☐ meist vollständig	☐ lückenhaft
Berufliches Können	Qualität	☐ einwandfreie sorgfältige Arbeit ☐ unsorgfältige Arbeit	☐ sorgfältige Arbeit	☐ wenig sorgfältige Arbeit
	Arbeitsplanung	☐ überdenkt Arbeitsabläufe folgerichtig ☐ überlegt Arbeitsabläufe nicht	☐ überdenkt Arbeitsabläufe meistens folgerichtig	☐ überdenkt Arbeitsabläufe mangelhaft
	Arbeitsleistung	☐ speditiv ☐ nicht speditiv	☐ gleichmässig	☐ zu bedächtig oder zu hastig
	Hygiene	☐ fachgerecht	☐ meist fachgerecht	☐ nicht fachgerecht
Allgemeines	Lernfähigkeit	☐ erfasst Neues rasch und sicher ☐ erfasst nur schwer	☐ begreift Neues	☐ begreift langsam
	Konzentration	☐ sehr gut ☐ zerstreut	☐ gut	☐ mässig, wechselnd
		☐ _____ ☐ _____	☐ _____ ☐ _____	☐ _____ ☐ _____

Abbildung 34: Gewichtung von Beurteilungsmerkmalen durch unterschiedliche Anzahl von Merkmalsaspekten

Krankenbeobachtung
21 Interesse an Informationen über den Zustand des Patienten   5 4 3 2 1 -O- 1 2 3 4 5
22 Erkennen von Veränderungen im Zustand des Patienten – mit angemessener Reaktion darauf – einschliesslich der erforderlichen Berichterstattung   5 4 3 2 1 -O- 1 2 3 4 5

Soziales Verhalten
31 Verhalten gegenüber den Patienten:
  • Kontaktbereitschaft und Formen des Kontaktes   5 4 3 2 1 -O- 1 2 3 4 5
  • Verständnis für die physische, psychische und soziale Situation des Kranken   5 4 3 2 1 -O- 1 2 3 4 5

32 Verhalten gegenüber den Mitarbeitern:
  • Kollegiale Hilfsbereitschaft   5 4 3 2 1 -O- 1 2 3 4 5
  • Aufnahme und Weitergabe von Informationen   5 4 3 2 1 -O- 1 2 3 4 5
  • Verantwortungsbewusste Ausführung übernommener Arbeiten   5 4 3 2 1 -O- 1 2 3 4 5
  • Kritik und Urteilsfähigkeit   5 4 3 2 1 -O- 1 2 3 4 5

Abbildung 35: Gewichtung von Beurteilungsmerkmalen durch Multiplikatoren

	Note	Position Sem. 1, 2, 3	Sem. 4, 5, 6	Punktezahl
1. Beobachten, erkennen der Bedürfnisse, entsprechendes Handeln		× 2	2	=
2. Pflegeprinzipien, Hygiene, Prophylaxe		× 2	1	=
3. Wiedereingliederung, Gesundheitserziehung		× 1	2	=
4. Mitmenschliches Verhalten, Kontaktfähigkeit		× 1	1	=
5. Teamarbeit, Organisation, Rapportwesen		× 1	1	=
6. Ordnung, wohnliche Atmosphäre, Abteilungsunterhalt		× 1	1	=
7. Anleitung (Mitarbeiter)		× 1	1	=
8. Lernen		× 1	1	=

Abbildung 36: Nino-Profile zum Vorgesetztenverhalten[17]

Nino-Profile zum Vorgesetztenverhalten: Für die Eigenkontrolle des Management

Die abgebildeten fünf Verhaltensprofile für Vorgesetzte der drei Management-Ebenen, für die gesamte Führungsmannschaft (blau durchgezogen) sowie für den Vorstandsvorsitzenden Dr. Günter Mordhorst (blau gestrichelt) setzen sich aus den Ergebniswerten von fünf Fragebogen-Komplexen zusammen. Die Komplexe (unterschiedliche Kriterien typischen Vorgesetztenverhaltens) sind folgendermaßen definiert:

☐ Inwieweit verhält sich der Vorgesetzte seinen Mitarbeitern gegenüber freundlich zugewandt und respektiert sie?
☐ Wie stark kann er seine Mitarbeiter durch seine Aktivität mitreißen und stimulieren?
☐ In welchem Ausmaß beteiligt er seine Mitarbeiter an Entscheidungen und läßt sie mitbestimmen?
☐ Wie stark kontrolliert er seine Mitarbeiter?
☐ Daneben ist noch ein »Kombinationsmerkmal« aus den Kriterien »freundliche Zuwendung« und »stimulierende Aktivität« gebildet, welches das eigentlich gewünschte Führungsverhalten darstellt.

Zum Verständnis der Profile: Der Skalenpunkt 5 ist der Idealwert. — außer bei der Skala »Kontrolle«; in diesem Fall stellt der Skalenpunkt 3 das Optimum dar.

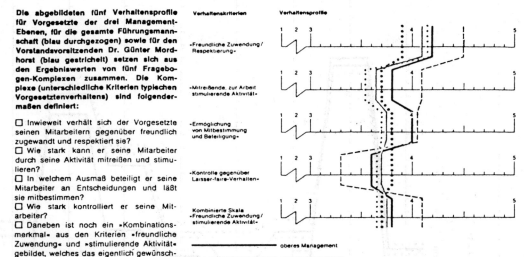

17 Gottschall (1974)

Abbildung 37: Nino-Profile zur Zufriedenheit am Arbeitsplatz[18]

Nino-Profile zur Zufriedenheit am Arbeitsplatz: Viel Freiheit und kaum Routine

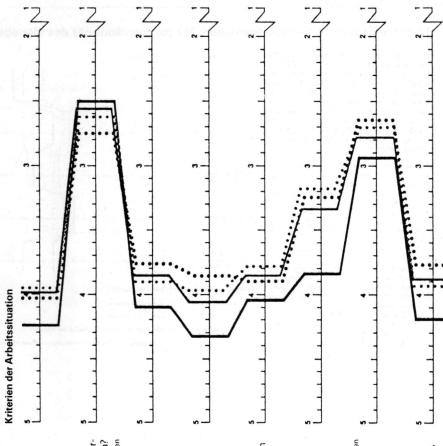

Situationsprofile

Kriterien der Arbeitssituation

Wie gefällt Ihnen das Verhältnis zu Ihrem direkten Vorgesetzten?
5 = sehr gut/4 = gut/3 = befriedigend/2 = mässig/1 = nicht gut

Besprechen Sie mit Ihrem Vorgesetzten auch Probleme persönlicher Art, die mit Ihrer Arbeit eigentlich nichts zu tun haben?
5 = meistens/4 = häufig/3 = manchmal/2 = selten/1 = nur in Ausnahmefällen

Wie würden Sie das Betriebsklima in Ihrer Abteilung beurteilen?
5 = sehr gut/4 = gut/3 = erträglich/2 = mässig/1 = eher schlecht

Wie frei fühlen Sie sich bei Ihrer Arbeit?
5 = vollkommen frei/4 = relativ frei/3 = bisweilen kontrolliert/
2 = kontrolliert/1 = stark kontrolliert und wenig frei

Wie würden Sie das Beziehungsverhältnis zu Ihren Kollegen und unter Ihren Kollegen in Ihrer Abteilung beurteilen?
5 = sehr gut/4 = gut/3 = befriedigend/2 = teilweise befriedigend/
1 = nicht zufriedenstellend

Werden Sie über alle wichtigen Neuerungen und andere Dinge durch Ihren Vorgesetzten, Betriebszeitung oder Besprechungen informiert?
5 = ja, immer/4 = häufig/3 = ausreichend/2 = hin und wieder/1 = sehr selten

Werden in Ihrer Abteilung Besprechungen einberufen, an denen alle teilnehmen?
5 = sehr häufig/4 = häufig/3 = gelegentlich/2 = selten/1 = fast nie

Fühlen Sie bei Ihrer Arbeit einen Druck zu höherer Leistung, der Ihnen nicht angemessen erscheint?
5 = fast gar keinen/4 = wenig/3 = etwas/2 = relativ stark/1 = sehr stark

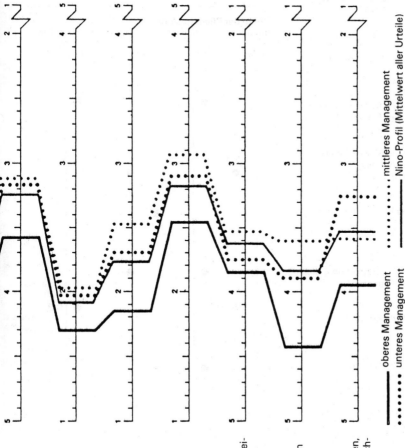

Haben Sie das Gefühl, dass Ihre Leistung anerkannt wird?

5 = sehr stark/4 = relativ stark/3 = ausreichend/2 = wenig/1 = zu wenig

Ich habe richtig Freude an der Arbeit.

1 = richtig/2 = ziemlich richtig/3 = weder richtig noch falsch/
4 = ziemlich falsch/5 = falsch

Gibt Ihnen ihre Arbeit genügend Möglichkeiten, Ihre Fähigkeiten zu gebrauchen?

1 = sehr viele Möglichkeiten/2 = ziemlich viele Möglichkeiten/
3 = durchschnittlich viele Möglichkeiten/4 = wenig Möglichkeiten/
5 = keine Möglichkeiten

Sind Sie mit Ihren Aufstiegsmöglichkeiten zufrieden?

1 = sehr zufrieden/2 = ziemlich zufrieden/3 = weder zufrieden noch unzufrieden/4 = ziemlich unzufrieden/5 = sehr unzufrieden

Wie gefällt Ihnen ganz allgemein der Betrieb, in dem Sie arbeiten?

5 = sehr gut/4 = gut/3 = befriedigend/2 = ausreichend/1 = nicht gut

Meine Arbeit verläuft immer im gleichen Trott – daran kann man nichts machen

5 = falsch/4 = ziemlich falsch/3 = weder richtig noch falsch/
2 = ziemlich richtig/1 = richtig

Könnten Sie Ihrem direkten Vorgesetzten widersprechen, ohne befürchten zu müssen, dass das Verhältnis verschlechtert wird?

5 = fast immer/4 = häufig/3 = manchmal/2 = selten/1 = fast nie

18 Gottschall (1974)

Abbildung 38: Beurteilung der Pflegequalität[19]

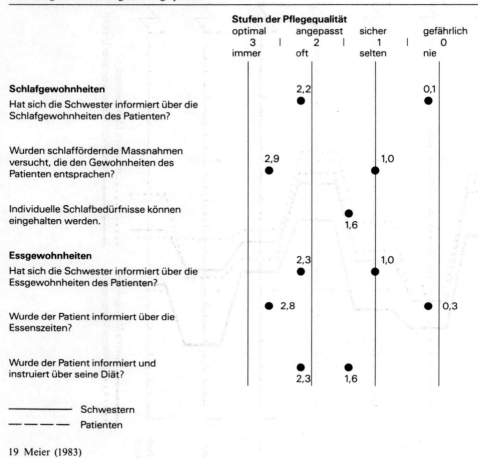

――――― Schwestern
― ― ― ― Patienten

19 Meier (1983)

Abbildung 39: VESKA-Modell: Beurteilungsbogen (Standortbestimmung für Mitarbeiter)

Name, Vorname	Geb.-Datum
Spital	Eintritt
Funktion	Abteilung
Beurteilungsperiode vom bis	
Datum der letzten Beurteilung	
Anlass der Beurteilung	
☐ Periodische Beurteilung	☐ Wunsch des Mitarbeiters
☐ Ablauf der Probezeit	☐ Austritt (Arbeitszeugnis)
☐ Ausserordentliche Leistungsveränderung	☐ Sonstiger Anlass

Abbildung 40: Muster Teil B der Standortbestimung

Teil B: Mitarbeiterbeurteilung						
Name:	Funktion:					Abt.:
Aufgaben/Tätigkeit:	K	L	M	N	O	Bemerkungen:

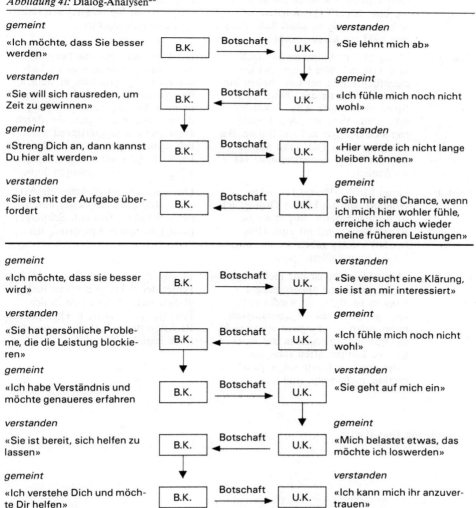

Abbildung 41: Dialog-Analysen[20]

---

20 Saamann (1984)

Abbildung 42: Reaktionen von Vorgesetzten[21]

Chef 1:	«Frau Meier, ich seh grad, die Akte Hühnermann ist falsch eingeordnet. Vertriebsangelegenheiten kommen in den roten Ordner.»	Der Chef gibt zu erkennen, dass Fehler sein dürfen und behandelt die Sekretärin kollegial-sachlich. Sie reagiert vermutlich gefühlsmässig positiv oder neutral.
Chef 2:	«Frau Meier, darf ich Ihnen das mal zeigen. Sehen Sie mal hier: Akte Hühnermann. Das ist eine Vertriebsangelegenheit. Sie haben das nun in den blauen Ordner geheftet. Aber sehen Sie mal: Vertriebsangelegenheiten sind im roten Ordner bei uns. Habe ich Ihnen damals erklärt, wissen Sie noch? Also roter Ordner – können Sie sich das merken? Nicht? Das müssen Sie sich gut einprägen, sonst haben wir hier bald ein Chaos, nicht?»	Freundlich, aber der Chef nutzt ein kleines Versehen für eine umständliche Lektion. Die Sekretärin wird wie eine Schülerin behandelt. Ihre Fähigkeit zur Informationsverarbeitung wird eher niedrig eingeschätzt («können Sie sich das merken?») Das Versehen wird ziemlich «breitgetreten» – der Chef hebt seine Überlegenheit in diesem Punkt stark hervor. Sie reagiert vermutlich gefühlsmässig negativ.
Chef 3:	«Frau Meier? Kommen Sie doch mal bitte, ja? Wie lange sind Sie eigentlich schon bei uns? Sehen Sie mal hier. Was ist das? Nun? Fällt Ihnen nichts auf? Aha. – Aus Versehen, aus Versehen. Aus Versehen legt sich der Igel auf die Bürste. Bei uns gibts keine Igel, Frau Meier, haben wir uns da verstanden? Na hoffentlich.»	Der Chef demütigt die Sekretärin durch inquisitorisches und schulmeisterliches Verhalten; er stellt ihr ihr «Versagen» drastisch vor Augen und würdigt die Entschuldigung durch einen Witz herab, der durch seine grobe Schlagfertigkeit zusätzlich demonstriert, wer hier Herr der Lage ist. Sie reagiert stark negativ auf diesen «unverschämten Ton».
Chef 4:	«Frau Meier. (Pause) Die Akte Hühnermann im blauen Ordner. Ich such mich halbtot. Mir steht die Arbeit weiss Gott bis zum Hals (seufzt) – Bitte geben Sie mir eine Kopfschmerztablette, ja?»	Die wehleidig-anschuldigende Art sagt: «Ich leide, und zwar durch deine Schuld.» Das ruft Schuldgefühle und innere Empörung hervor.
Chef 5:	«Frau Meier, es ist mir nicht angenehm, die Sache anzusprechen. Aber es ist Ihnen da wieder eine – äh – gewisse – äh – Ungenauigkeit unterlaufen. – Ist irgend etwas nicht in Ordnung – Sorgen in der Familie? Sie können offen sprechen, jeder von uns hat ja seine Tiefpunkte, nicht wahr, und...»	Er gibt zu erkennen, dass er in dem Fehler der Sekretärin etwas Pathologisches sieht, gefällt sich in der Pose des gönnerhaften Therapeuten. Reaktion der Sekretärin: vermutlich stark negativ.

21 Schulz von Thun (1981)

Chef 6: «Frau Meier, Ihre Sorgfalt ist wirklich eindrucksvoll. Selbst die Akte Hühnermann hier im blauen Ordner wirft nur einen leichten Schatten auf diesen Charakterzug.»

Etwas von oben herab, aber ansonsten wegen der Ironie sehr uneindeutig. Kumpelhafte Flachserei? Oder heisst der Klartext: «Ich halte Sie für eine so grosse Belastung, dass ich nur noch mit Galgenhumor über die Runden komme?» Auch die Sekretärin wird unsicher sein, wie sie den Beziehungsaspekt deuten soll. Es sei denn, sie «kennt» den Chef und weiss, «wie es gemeint ist.»

Abbildung 43: Konferenz-Teilnehmer

1. Der Vielredner
Er hat zu allem etwas zu sagen und fürchtet, einen Gedanken zu vergessen, wenn er ihn nicht sofort loswerden kann. Er muss vom Diskussionsleiter im Redefluss gestoppt werden, damit die anderen Teilnehmer nicht unwillig werden.
Mittel dazu sind:
- Redezeitbegrenzung (z.B. Einführung der 30-sec-Regel)
- Unterbrechung von seiten des Diskussionsleiters, kurze Kommentierung des zuletzt Gesagten und Fortsetzung des Themas.

2. Der Besserwisser
Gruppe zu einer seiner Behauptungen exemplarisch Stellung nehmen lassen und ihn so mit seiner Wirkung auf andere konfrontieren.

3. Der Uninteressierte
Als Diskussionsleiter gezielt nach seinen Aufgaben fragen und Beispiele aus seinem Interessenbereich bringen lassen.

4. *Der Ängstliche*
   - leichte Fragen stellen,
   - Beitrag durch Lob verstärken,
   - Selbstbewusstsein heben.

5. *Der Positive*
   Er ist am Thema interessiert und trägt positiv zur Diskussion bei.
   - ihn bewusst in die Diskussion einschalten,
   - ihn Ergebnisse zusammenfassen lassen.

6. *Der Negative*
   Er hält von Gruppenarbeit sowieso nichts und versucht, die Sitzung auffliegen zu lassen. Als Diskussionsleiter seine Kenntnisse, Fähigkeiten und Erfahrungen anerkennen und versuchen, sie bewusst einzusetzen.

7. *Der Resolute*
   Er folgt zunächst der Diskussion mit mehr oder weniger Geduld. Dann aber steht er auf und sagt, was er eigentlich von der ganzen Sache hält. Damit scheint das Problem endgültig gelöst zu sein.
   Als Diskussionsleiter ‚Ja-aber-Technik' anwenden.

8. *Der Bedeutsame*
   Tritt «von oben» an das Problem heran.
   - Bewusst Gegenmeinung aufbauen,
   - ‚Ja-aber-Technik' anwenden.

Abbildung 44: Informationsplan

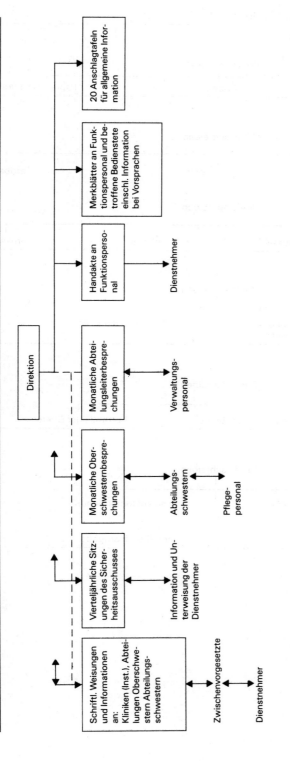

49

Abbildung 45: Aufgaben-Analysen (Teil-Analysen)[22]

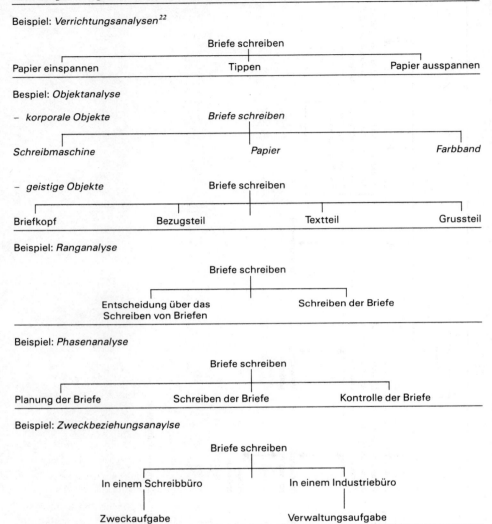

22 vgl. Steinbuch (1977)

Abbildung 46: Stab-Linien-Organisation Kantonsspital Basel

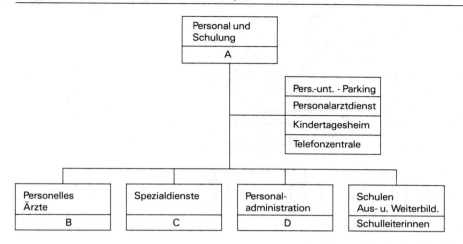

Abbildung 47: Arbeitsanalyse «Kundenbestellung bearbeiten»

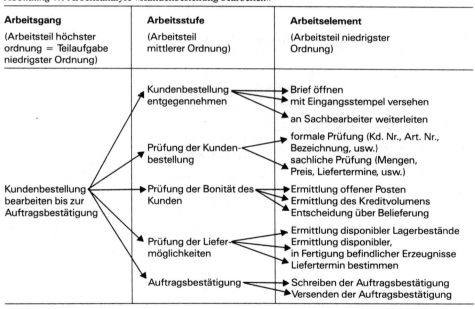

Abbildung 48: Formale und informale Kommunikationsbeziehungen[23]

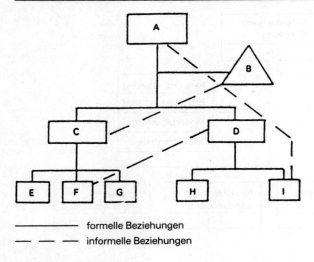

23 Müller (1973)

Abbildung 49: Erweiterter Organisationsplan (Organigramm)

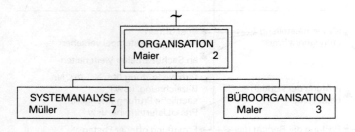

Abbildung 50: Stellenbesetzungsplan

Einfacher Stellenbesetzungsplan

Stellenbezeichnung	Stelleninhaber
Abteilungsleitung Programmierung	Müller
Systemprogrammierung	Maier
Anwendungsprogrammierung Rechnungswesesen	Mauser
...	
...	
...	

Erweiterter Stellenbesetzungsplan

Stufe	Stellenbezeichnung	Untergebene direkt	Untergebene indirekt	Stellen-inhaber	Stell-vertreter
3	Leitung Organisation	6	72	Schneider	Schulze
4	Leitung Allgemeine Organisation	4	12	Schulze	Schmidt
4	Leitung Datenverarbeitung	5	54	Schnabel	Müller
...	...				
...	...				
...	...				

Abbildung 51: Funktionendiagramm mit Abkürzungen[24]

beteiligte Stellen	Spital-träger	Spital-leitung	Kliniken A, B, C		Verwaltung und Betrieb				Bemerkungen (Präzisierungen und Verweise)
			Klinik-chef	Ober-schwester	Verwal-tungs-direk-tor	Abteilungsleiter		Per-sonal-wesen	
						Buchh. u. EDV	Oeko-nomie		
Sachaufgaben									
14 Datenverarbeitung									
.1 Konzeptionelle Arbeiten und Projektierung		E			OK	P			M: Rechenzentrum
.2 Einführung neuer Anwendungen									
– kaufmännisch-administrativ					E	A		M	
– medizinische			Em	M	Em	A			
37 Dienstpläne und Arbeitszeit									
.1 Grundsätzliche Dienst- und Arbeits-zeitregelung	K	E			P			M	vgl. Verordnung über ... vom ...
.2 Dienstpläne erstellen									
– Ärzte und spez. Klinikpersonal			O						A: Kliniksekretariat
– Pflegepersonal im Pflegedienst				A					
– Hauswirtschaftspersonal							O		A: Hausbeamtin
52 Einkauf									
.1 Einkaufskompetenzen festlegen	Eg*	En		P					* Richtlinien vom ... im Rahmen des Gesamtbudgets
.2 Einkaufsbudget pro Material- und Gerätekategorie festlegen			M		E		A		

Funktionen (Erläuterungen vgl. Abb. 52)

24 Häfeli

Abbildung 52: Funktionendiagramm mit Abkürzungen und Rangstufen

Rangstufen		Geschäftsleitung	Verkaufsdirektor	Inland Verkaufschef	Inland Verkaufsbüro	Inland Vertreter	Export Verkaufschef	Export Verkaufsbüro	Export Vertreter	Dessinateur	Mustererste	Orderbüro	Fertiglager	Spedition
1	Unternehmungsleitung	●												
2	Abteilungschefs		●											
3	Departementschefs			●			●			●		●		
4	Bürochefs und -angestellte				●	●		●	●		●		●	●

Sachaufgaben	Geschäftsleitung	Verkaufsdirektor	Verkaufschef (I)	Verkaufsbüro (I)	Vertreter (I)	Verkaufschef (E)	Verkaufsbüro (E)	Vertreter (E)	Dessinateur	Mustererste	Orderbüro	Fertiglager	Spedition
1 Verkaufspolitik	E_G	E_M	B		B	B		B	B				
2 Verkaufsprogramm	$E_{G/W}$	E_N	E_M		B	E_M		B	B				
3 Marktforschung	E_G	E_M	E_N	A	A	E_N	A	A					
4 Musterdessins	E_W	E_N	E_M		B	E_M		B	B/A	B			
5 Verkaufsmusterung	E_W	E_N	E_M		B	E_M		B	B	B/A			
6 Preiskalkulation	$E_{G/W}$	E_W	E_N	A		E_N	A						
7 Werbung	E_G	E_W	E_N	A	B/A	E_N	A	B/A					
8 Kundenbesuche	$E_{W/AW}$	$E_{W/AW}$	$E_{N/AW}$		A	$E_{N/AW}$		A	A_W				
9 Kundenempfänge	$E_{W/AW}$	$E_{W/AW}$	$E_{N/AW}$	A	A_W	$E_{N/AW}$	A	A_W	A_W				
10 Verkaufskorrespondenz	E_W	E_W	E_N	A		E_N	A						
11 Verkaufsstatistik	E_W	E	K	A		K	A						
12 Auftragsabwicklung		E_W	E_M			E_M					$E_{N/A}$		
13 Fertiglager		E_W	E_M			E_M						$E_{N/A}$	
14 Spedition		E_W	E_M			E_M							$E_{N/A}$
15 Fakturierung		E_A	E_N	A		E_N	A						
16 Kundenreklamationen	E_W	E_W	E_N	A		E_N	A						

E_G = Entscheidung in Grundsatzfragen
E_N = Entscheidungsbefugnis im Normalfall
E_W = Entscheidungsvorbehalt für wichtige Fälle
E_M = Mitentscheidungsrecht

B = Beratungs- oder Vorschlagsrecht
A = Ausführung oder Sachbearbeitung
A_W = Ausführungsvorbehalt für wichtige Fälle
K = Ergebniskontrolle und -auswertung

Abbildung 53: Funktionendiagramm mit Symbolen

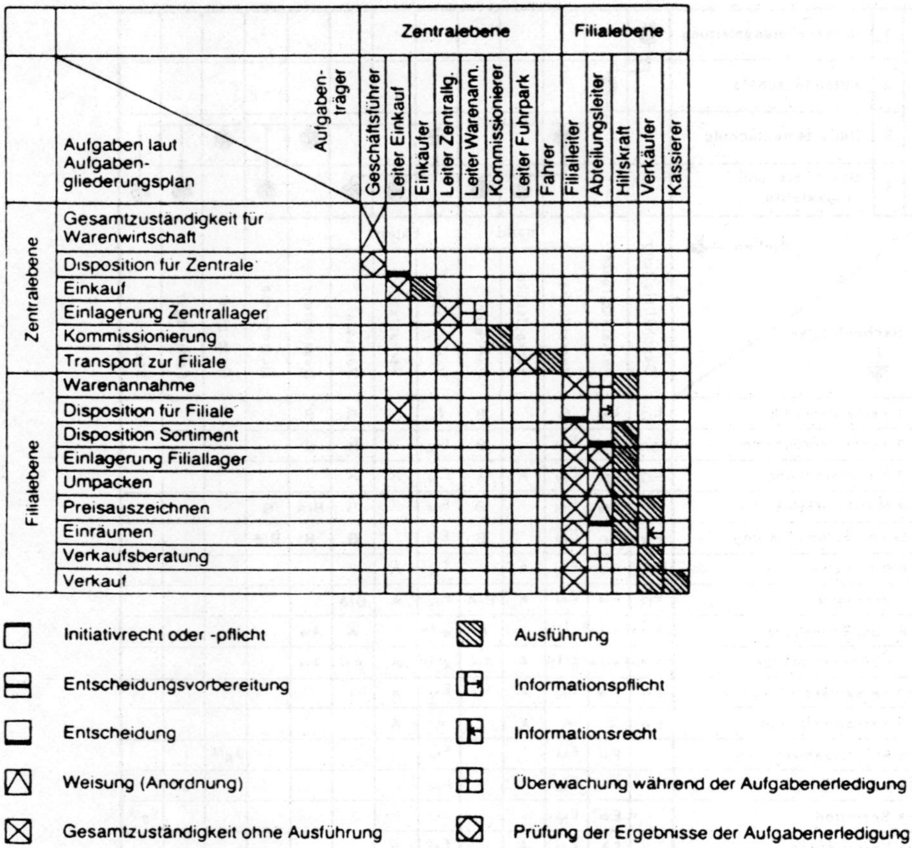

		Aufgaben-träger	Zentralebene						Filialebene				
	Aufgaben laut Aufgabengliederungsplan		Geschäftsführer	Leiter Einkauf	Einkäufer	Leiter Zentrallg.	Leiter Warenann.	Kommissionierer	Leiter Fuhrpark	Fahrer	Filialleiter	Abteilungsleiter	Hilfskraft	Verkäufer	Kassierer
Zentralebene	Gesamtzuständigkeit für Warenwirtschaft	⊠												
	Disposition für Zentrale	⊟												
	Einkauf		⊠▨											
	Einlagerung Zentrallager				⊠⊟									
	Kommissionierung						⊠							
	Transport zur Filiale							⊠						
Filialebene	Warenannahme									⊠⊟	▨			
	Disposition für Filiale	⊠									⊟			
	Disposition Sortiment										⊠▨			
	Einlagerung Filiallager										⊠▨			
	Umpacken										⊠			
	Preisauszeichnen										⊠△			
	Einräumen										⊠⊟			⊞
	Verkaufsberatung										⊠⊟	▨		
	Verkauf										⊠			▨

☐ Initiativrecht oder -pflicht   ▨ Ausführung

⊟ Entscheidungsvorbereitung   ⊞ Informationspflicht

☐ Entscheidung   ⊞ Informationsrecht

△ Weisung (Anordnung)   ⊞ Überwachung während der Aufgabenerledigung

⊠ Gesamtzuständigkeit ohne Ausführung   ◊ Prüfung der Ergebnisse der Aufgabenerledigung

Abbildung 54: Arbeitsplan «Inserataufgabe»[25]

Arbeitsstufen	ARBEITSABLAUF INSERATAUFGABE						
	Bearbeitende Stellen						
	leit.KH-Arzt	Abteilungs-leiterin	Personal-chef	Personal-Assistent	Personal-Sekretärin	Werbung	Zeitung
1. Personalbeschaffungsauftrag schreiben							
2. Anforderungen eintragen							
3. Kopie ablegen							
4. Text entwerfen							
5. Text bereinigen							
6. Text prüfen							
7. Endgültigen Text diktieren							
8. Endgültigen Text schreiben							
9. Entwurf vernichten							
10. Original an Zeitung							
11. Kopie I ablegen							
12. Inserat-Kontrollkarte schreiben							
13. Kopie II mit Anforderung zusammenheften und ablegen							

Erklärung der Weg-Linien:
——— Anforderung, — — — Doppel der Anforderung, —·—·— Entwurf des Inserates, —··—··— endgültige Fassung des Inserates, ······ Karteikarte

Legende:
- ☐ = Schriftstück
- ⌹ = Schriftstück mit Kopie
- U = Hefter
- ⵁ = Ordner
- W = Buch
- ⌦ = Kartei

- ◯ = Handlung
- ⌢ = schreiben
- ⇌ = abschreiben
- ⌣ = lesen, zur Kenntnisnahme
- (= sprechen
- Y = prüfen
- X = verbessern
- ⊥ = ablegen
- X = vernichten

[25] Ulmann

Abildung 55: Arbeitsablaufplan «Rechenstelle»[26]

Lfd. Nummer	Verrichtung	Symbol	Arbeitszeit Min./Stck.
1	Rechnungsunterlagen prüfen		6
2	Rechnungsunterlagen an Fakturistin		-
3	Rechnung schreiben		12
4	Rechnung an Leiter Fakturenstelle		-
5	Rechnung kontrollieren		3

Symbole: ● Arbeitsverrichtung   △ Lagerung

○ Transport   □ Kontrolle

26 Grochla (1982)

Abildung 56: Transportablaufplan «auswärtige Verpflegung»[27]

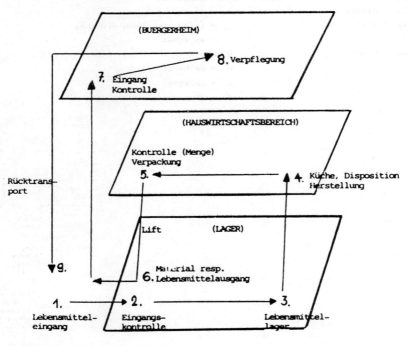

27 Ulmann

Abbildung 57: Datenflussplan

Symbol	Bedeutung	Symbol	Bedeutung
▭	Bearbeiten, allgemein (process)	▭	Lochkarte (punched card)
▭	Ausführen einer Hilfsfunktion (auxiliary operation)	～	Lochstreifen (punched tape)
▱	Eingreifen von Hand (manuel operation)	○	Magnetband (magnetic tape)
▱	Eingeben von Hand (manuel input)	⌻	Trommelspeicher (magnetic drum)
▽	Mischen (merge)	⌻	Plattenspeicher (magnetic disk)
△	Trennen (extract)	⌻	Matrixspeicher (core storage)
⋈	Mischen mit gleichzeitigem Trennen (mmmm)	⌒	Anzeige (display)
◇	Sortieren (sort)	→	Flusslinie (flow line)
▱	Datenträger, allgemein (input/output)	⇒	Transport der Datenträger
⌻	Datenträger, gesteuert vom Leitwerk der Datenverarbeitungsanlage (online storage)	↯	Datenübertragung (communication link)
▽	Datenträger, nicht gesteuert vom Leitwerk der Datenverarbeitungsanlage (offline storage)	○	Übergangsstelle (connector)
▱	Schriftstück (document)	---{	Bemerkung (comment, annotation)

Beispiel 1:
Datenflussplan Rechnungsstelle

Beispiel 2:
Datenflussplan Rechnungsschreibung EDV

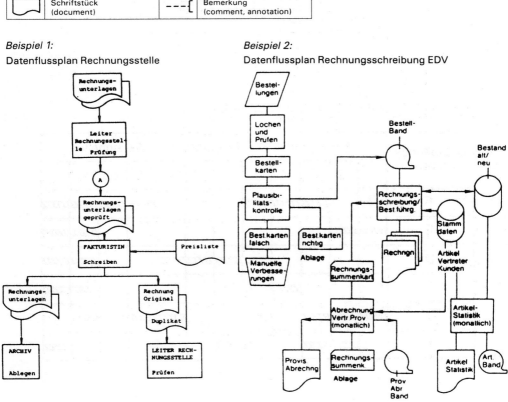

Abbildung 58: Formular-Flussplan «Eintrittsmeldung»[28]

Stelle	Art der Bearbeitung	Ablauf
\multicolumn{2}{FORMULAR-ABLAUF EINTRITTSMELDUNG}	
Personalabteilung	Erstellen der EM Ablage des Originals in EM-Ordner	
Sekretariat	Eintragung auf Personalkontrolliste und Visieren der EM	
Verwaltung	Erstellen der Lohnkarte und Visieren der EM	
Verwaltung	Aufnahme des Eintrittes in Hauszeitung Wegwerfen der Kopie	
Krankenkasse	Eintragung in Versichertenregister	
Personal-Fürsorgestiftung	Ablage in Terminkontrolle - Nach Ablauf der Karenzfrist Erstellen des Aufnahmegesuchsformulares - Ablage in Ordner "Unerledigtes" - Nach Unterzeichnung des Gesuches durch Angestellten EM vernichten	

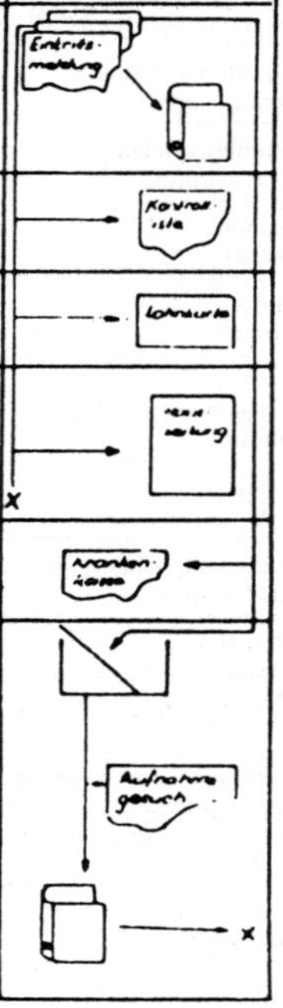

28 Ulmann

Abbildung 59: Balkendiagramm. Beispiel: Kapazitäts-Auslastungsplan

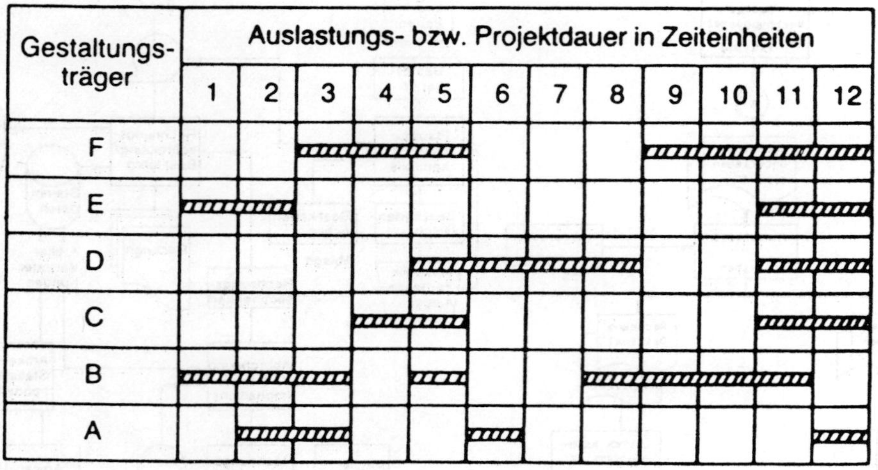

Gestaltungsträger	Auslastungs- bzw. Projektdauer in Zeiteinheiten											
	1	2	3	4	5	6	7	8	9	10	11	12
F			▨	▨	▨				▨	▨	▨	▨
E	▨	▨									▨	▨
D					▨	▨	▨	▨			▨	▨
C				▨	▨						▨	▨
B	▨	▨	▨			▨	▨		▨	▨	▨	▨
A			▨	▨			▨	▨				▨

Abbildung 60: Netzplan «Büro»[29]

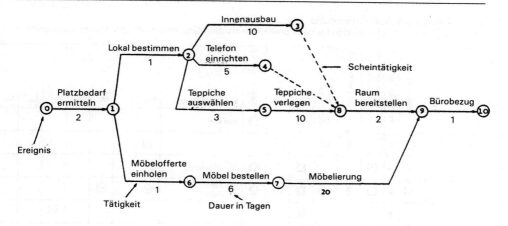

29 Ulmann

Abbildung 61: Arbeitsübersichtsplan[30]

Muster einer Plan- oder Arbeitstafel
(statt farbiger Symbole wurden hier aus drucktechnischen Gründen grafische Symbole gesetzt)

Name	Diabetes	Pflegestufe	Ganzwaschung Teilwaschung	gut beobachten	Spritzen iv., im., sc.	RR	Prophylaxen	Verordnungen	Besonderheiten	Mo.	Di.	Mi.	Do.	Fr.	Sa.	So.
		↑			◉			◘	Inhalation							
	◁	↑		!	◈							⊠				
			→	▧		◘		◇	Blasenspülung	▣						
	◁	↑	□	!	◈	◘	◇	◇	Eis, Föhn Inhalation	◈		▣				
		↑				◘						▣		▥		
		↑	□	!	◉	◘	◇	◘	Eis, Föhn Venenpflege							
		↑	□	!		◘	◇	◇	Eis, Föhn	◈						
			→	▧												
		↑				◘		◘	Beine einreiben	▣	▣					
	◁	↑			◈			◘	Augentropfen			▥				
	◁	↑												⊠		
			→	□		◉	◘	◇	Inhalation	⊠						
			→	▧		◉	◘		Aufsetzen							
		↑	□	!		◘	◇	◇	Eis, Föhn Beine einreiben							
		↑														
		↑				◘							▥			

Erklärung der Symbole:

↑	– Aufstehpatient
→	– Patienten, die beim Aufstehen Hilfe benötigen
↓	– Fest bettlägerige Patienten
△	– Patienten mit Diabetes

□ – Ganzwaschung
▧ – Teilwaschung
! – Patienten, die einer besonderen Beobachtung bedürfen
◉ – Spritzen und Infusionen

◘ – Vom Pflegepersonal durchzuführendeMassnahmen
□ – Diagnostik
▣ – Entlassung
□ – Gedrehte Symbole nach durchgeführter Massnahme

30 Reimann (1980)

Abbildung 62: Kommunikations-Matrix

Beispiel 1: Kommunikationsmatrix (Anzahl Kommunikationsvorgänge)

	Abt. A	Abt. B	Abt. C
Abt. A	–	712	318
Abt. B	704	–	511
Abt. C	209	530	–

Beispiel 2: Kommunikationsmatrix (Angabe, ob zwischen den Stellen eine Beziehung besteht [1] oder nicht [0])

	A	B	C	D	E
A	–	1	1	1	1
B	1	–	1	0	0
C	0	1	–	1	0
D	0	0	1	–	1
E	1	0	0	1	–

A hat mit allen Seiten (B-E) direkte Verbindung; die Stellen B-E nur mit den im unvollständigen Ring benachbarten Stellen:

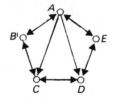

Beispiel 3: Kommunikationsmatrix (Anzahl Kommunikationsstunden pro Woche)

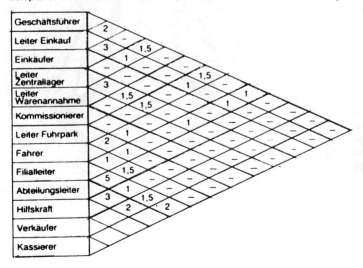

Abbildung 63: Kommunikationsdiagramm

Viereck-Form

	A	B	C	D	E	F	G	H	I	J	K	L	M
A		3	—	2	—	—	1	—	1	—	—	—	—
B	2		4	2	—	—	1	—	1	—	—	—	—
C	—	3		—	—	—	—	—	—	—	—	—	—
D	1,5	1	—		6	2	1	—	1	—	—	—	—
E	—	—	—	3		—	—	—	—	—	—	—	—
F	—	—	—	1,5	—		—	4	—	—	—	—	—
G	1,5	1	—	1,5	—	—		3	1	—	—	—	—
H	—	—	—	—	—	1	2		2	4	—	—	—
I	1	1	—	1	—	—	1	1		20	5	5	10
J	—	—	—	—	—	—	—	1,5	5		15	10	—
K	—	—	—	—	—	—	—	—	1	3		—	—
L	—	—	—	—	—	—	—	—	1,5	2	—		—
M	—	—	—	—	—	—	—	—	2	—	—	—	

A = Geschäftsführer
B = Leiter Einkauf
C = Einkäufer
D = Leiter Zentrallager
E = Leiter Warenannahme
F = Kommissionierer
G = Leiter Fuhrpark
H = Fahrer
I = Filialleiter
J = Abteilungsleiter
K = Hilfskraft
L = Verkäufer
M = Kassierer

Kreis-Form

Maßstab der Strichstärke
— 1 - 5 h
— 6 - 10 h
— 11 - 15 h
— 16 - 20 h
— 21 - 25 h
— 26 - 30 h
— 31 - 35 h

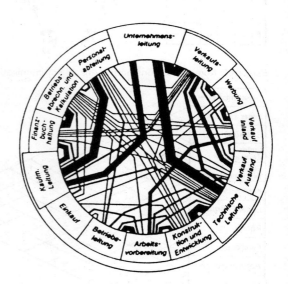

Abbildung 64: Soziogramm

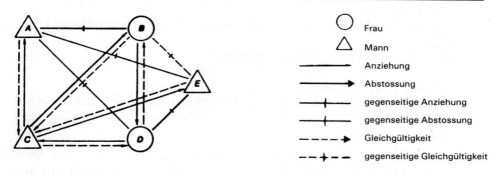

Abbildung 65: Soziomatrix

Wähler	Gewählte						Abgegebene Stimmen		
	A	B	C	D	E	F	+	−	Total
A			+		−		1	1	2
B	+				−		1	1	2
C	+					−	1	1	2
D			+			−	1	1	2
E			+			−	1	1	2
F		+			−		1	1	2
Erteilte + Stimmen	2	1	3	0	0	0	6		
Erteilte − Stimmen	0	0	0	0	3	3		6	
Total	2	1	3	0	3	3			12

65

Abbildung 66: Stellenbeschreibung Abteilungsschwester/-pfleger Psychiatrie

0. Stellenbezeichnung
Abt. Schwester/Abt. Pfleger: Leiterin/Leiter einer Abteilung oder mehrerer Unterabteilungen
Rang: Abteilungsschwester/Abteilungspfleger

1. Organisatorische Eingliederung
11 Unterstellung: Die Abt. Schwester/Abt. Pfleger ist der Pflegedienstleitung unterstellt. In medizinisch-therapeutischen Belangen ist der Abteilungsarzt Fachvorgesetzter.

12 Überstellung: Der Abt. Schwester/dem Abt. Pfleger ist das ihrer/seiner Abteilung zugeteilte Personal unterstellt. Gegenüber dem zugewiesenen Hausdienstpersonal ist sie/er im Rahmen der bestehenden Dienstanweisungen weisungsberechtigt.

13 Stellvertretung:
- Die Abt. Schwester/der Abt. Pfleger hat in der Regel Stellvertretungen zu übernehmen.
- Die Abt. Schwester/der Abt. Pfleger wird durch die bezeichnete dipl. Schwester/den bezeichneten dipl. Pfleger vertreten.

2. Ziel der Stelle
Die Abt. Schwester/der Abt. Pfleger gewährleistet die Funktion des Pflegebetriebes auf ihrer/seiner Abteilung und ist bestrebt, auf derselben einen hohen Pflegestandard zu erreichen und die Zusammenarbeit mit andern der Rehabilitation der Patienten dienenden Dienstzweigen (Therapie-Ateliers, Sozialdienst, Seelsorge) zu fördern und zu unterstützen.

3. Aufgaben
31 Organisation und Personalwesen: Die Abt. Schwester/der Abt. Pfleger
- erstellt die Dienst-, Frei- und Ferienpläne für das zugeteilte Personal
- nimmt am Führungsrapport teil
- beantragt die Zuteilung für Aushilfspersonal
- übernimmt Informationen vom Vorgesetzten und leitet diese an ihre/seine Mitarbeiter weiter
- organisiert und überwacht den Dienstbetrieb und den Pflegeablauf auf ihrer/seiner Abteilung
- berät die Pflegedienstleitung in bezug auf Beförderungen und Versetzungen ihrer/seiner Mitarbeiter
- fördert die Selbständigkeit der Mitarbeiter und Schüler
- qualifiziert ihre/seine Mitarbeiter und Schüler (nach Richtlinien)
- sichert mit zweckmässigem Einsatz das Erreichen der gesetzten Praktikumsziele der Schüler
- führt neue Mitarbeiter in die Belange der Abteilung ein
- unterstützt die Mitarbeiter bei der Lösung beruflicher und auf Anfrage privater Probleme

32 Klinischer Bereich: Die Abt. Schwester/der Abt. Pfleger
- nimmt neueintretende Patienten entsprechend der bestehenden Richtlinien in Empfang
- führt die Stationsapotheke und ist für die Einhaltung der einschlägigen Vorschriften (z.B. Betäubungsmittel und Giftgesetz) verantwortlich
- trägt die Führungsverantwortung über folgendes:
  beobachtet die Kranken
  führt das Rapportsystem (Kardex)
  führt Kuren, Therapien und ärztliche Weisungen durch
  gestaltet den Tagesablauf und die Freizeitbeschäftigung der Patienten
  koordiniert und organisiert Kontakte der Patienten zu abteilungsfremden Stellen (z.B. Therapie, Seelsorge)
  fördert Kontakte von Patienten zu ihren Angehörigen und anderen Bezugspersonen
  nimmt die notwendigen Vorkehrungen bei Sterbefällen vor.

33 Administrativer Bereich: Die Abt. Schwester/der Abt. Pfleger
- erstellt Bedarfsmeldungen für Mobiliar, Krankenpflegematerial und Unterhaltsleistungen sowie für Kleider und Wäsche der Patienten
- führt die Inventare der Mobilien und Krankengeräte
- berät bei Umbauten in ihrer/seiner Abteilung
- meldet die Bettenbelegung und Personalmutationen
- führt die Anwesenheitskontrolle für das Personal

34 Diverses: Der Abt. Schwester/dem Abt. Pfleger können auch andere Aufgaben zugewiesen werden, sofern sie dem Wesen nach der Haupttätigkeit entsprechen

35 Besondere Aufgaben: Die Abt. Schwester/der Abt. Pfleger kann zur Dienstleistung in der Betriebsfeuerwehr entsprechend dem Reglement verpflichtet werden.

4. Befugnisse

Abbildung 67: Stellenbeschreibung Leitender Operationspfleger

0. *Stellenbezeichnung*
   Leitender Operationspfleger
   Stellvertretung durch: Stellvertretende Operationsschwester
   Stellvertretung für: Instrumentierende Operationsschwester

1. *Unterstellungsverhältnisse*
   11 Übergeordnete Stellen:
   - Leiter Pflegedienst
   - Chefarzt Chirurgie
   - Verwaltungsleiter
   - Belegarzt

   12 Nebengeordnete Stellen:
   - Leitender Anästhesiepfleger
   - Leitende Laborantin
   - Hausbeamtin
   - Küchenchef

   13 Untergeordnete Stellen:
   - Operationsschwester/-pfleger
   - TOA
   - TOA-Schülerinnen und Schüler
   - Hilfspersonal
   - Reinigungsdienst
   - Praktikantinnen

2. *Zielsetzung*
   - Gewährleistung:
     - eines reibunglosen Ablaufes des Operationsbetriebes
     - einer optimalen Betreuung der Patienten im Operationssaal
     - der Asepsis im Operationssaal
     - des Notfalldienstes rund um die Uhr
   - Erfüllung des Ausbildungsauftrages

3. *Aufgaben*
   31 Fachaufgaben:
   - instrumentieren und zudienen, sachgerecht, bei allen anfallenden Operationen je nach Personalbedarf
   - bereitstellen des erforderlichen Materials für alle Operationen
   - überwachen der Hygiene und Asepsis
   - vorbereiten und lagern der Patienten vor der Operation
   - kontrollieren der Arbeitsabläufe während den Operationen
   - disponieren und umdisponieren von Personal bei Programmänderungen
   - fachliche Hilfeleitung im ganzen OP-Bereich, Chirurgie, Gynäkologie, Medizin, Gipszimmer, Notfallversorgung
   - aufbewahren und fachgerechte Anwendung, Instandhaltung und Reinigung aller Instr., Einw.-mat. und Implant.
   - Koordinieren bei der Beschaffung von OP-Material und Erstellen des Budgets für das nächste Jahr
   - einhalten der Regeln betr. Medikamentenabgabe und Verbrauch
   - ausbilden und überwachen der TOA-Schüler

32 Führungsaufgaben:
- organisieren der eigenen Arbeit
- planen und organisieren des Personaleinsatzes sowie einhalten der Arbeitszeiten
- erstellen der Pikett-, Frei- und Ferienpläne
- anleiten, kontrollieren und korrigieren aller OP-Mitarbeiter
- kontrollieren von Absenzen, Ferien, Urlaub, Krankheit und Militärdienst
- durchführen regelmässiger Rapporte zu Informationszwecken
- qualifizieren der OP-Mitarbeiter
- schreiben von Zeugnissen
- teilnehmen am täglichen Kaderrapport
- informieren der Mitarbeiter über berufliche Neuerungen
- mitwirken bei Personaleinstellungen (inkl. TOA-Schüler) im OPS
- planen und einführen von Neuerungen

33 Sonstige Aufgaben:
- führen der OP-Statistiken
- erstellen der nötigen Inventare
- mitarbeiten bei der Kostenerfassung
- abrechnen des Materials bei allen operativen Patienten
- erstellen von Preislisten für Einwegmaterial im OPS

Abbildung 68: Stellenbeschreibung Leiter des Personaldienstes (Personaladjunkt des Verwaltungsdirektors)

0. Stellenbezeichnung
Leiter des Personaldienstes (Adjunkt)
01 Stellvertretung durch:

02 Stellvertretung für:
- Verwaltungsdirektor während dessen Abwesenheit
- in allen Verwaltungsbereichen exklusive Neubauten, Umbauten und übriger technischer Dienst

1. Unterstellungsverhältnisse
11 Übergeordnete Stelle: Verwaltungsdirektor
12 Untergeordnete Stellen: 2 Sachbearbeiterinnen des Personaldienstes

2. Zielsetzung
- Auswahl und Anstellung einer genügenden Anzahl von geeigneten Mitarbeitern (im Rahmen der Befugnisse gemäss Verordnung über die Krankenhäuser, die Beamtenverordnung und das Angestellten-Reglement)
- Betreuung und Weiterbildung des Personals
- Stellvertretung des Verwaltungsdirektors

3. *Aufgaben*
   31 Stellenplan
   - Überprüfen des von den Dienstzweigen gemeldeten Personalbedarfes
   - Erstellen von Anträgen für Stellenplanerweiterungen oder -abänderungen
   - Überwachen des Personalbestandes (Plafonierung)

   32 Organisations-Unterlagen
   - Erstellen der Organigramme für den gesamten Betrieb
   - Anordnen und Kontrolle der Ausfertigung von Stellenbeschreibungen für alle Dienstzweige

   33 Koordination: des Personaleinsatzes zwischen verschiedenen Dienstzweigen

   34 Mutationen
   341 Eintritte
   - Personalwerbung: Prospekte, Inserate, interne Ausschreibungen
   - Personalselektion: Vorstellungsgespräche, Einholen von Auskünften, Entscheid nach Anhören der zuständigen Gruppenchefs
   - Personaleinstellung: Festsetzen des Salärs, Ausfertigen der Dienstverträge beim AR-Personal bis Klasse 11, Anträge erstellen und an die vorgesetzten Stellen weiterleiten beim übrigen Personal, Erledigen fremdenpolizeilicher Formalitäten, Information der internen Stellen über Eintritte
   - Anmeldungen bei Beamtenversicherungskasse, AHV-Ausgleichskasse und Kreisbüro
   - Beantworten von Fragen über offene Stellen

   342 Austritte
   - führen von Austrittsgesprächen
   - Schreiben von Austrittsbestätigungen an den Beteiligten und interne sowie externe Stellen
   - Erstellen der Austrittszeugnisse für alle Zweige der Verwaltungsdirektion
   - Beantworten von Fragen über ausgetretenes Personal

   343 Zwischen Ein- und Austritten
   - Individuelle Beförderung: Zweimal jährlich prüfen der Fälligkeit und Angemessenheit, dabei Qualitätsrapporte mit dem zuständigen Gruppenchef
   - Beförderung anordnen oder Erstellen der entsprechenden Anträge
   - Generelle Besoldungsänderungen: Anordnen und Überwachen der Durchführung
   - behandeln von Gesuchen betreffend bezahlten und unbezahlten Urlauben
   - Schwangerschaftsurlauben, längeren Ausfällen wegen Krankheit und Unfällen. Orientierung über reduzierten Lohnanspruch. Anordnen der reduzierten Lohnzahlung
   - Behandeln von Gesuchen wegen Änderung der Arbeitszeit (Teilzeit etc.)

35 *Personalbetreuung und -administration*
   351 *Betreuung*
   - Zweckmässiges Einführen neuer Mitarbeiter
   - Betreuen des Personals bei persönlichen und beruflichen Schwierigkeiten
   - Antrag stellen für Zuwendungen aus dem Hilfsfonds
   - Sichern der Kontakte bei Spitalaufenthalt und sonstigen längeren Krankheits- und Unfallabwesenheiten
   - Verbundenheit kundtun bei Hochzeit, Niederkunft und Todesfällen in der Familie
   - Beraten der Gruppenchefs in allen personalrechtlichen Fragen
   - Entgegennehmen von Anregungen, Wünschen und Reklamationen
   - Schlichten von Konflikten
   - Behandeln von Disziplinarfällen

   352 *Administration*
   - Aufbauen und führen der Personalkartei
   - Erstellen von Personalstatistiken für verschiedene klinikexterne Stellen
   - Anordnen und Kontrolle der Führung der Absenzkontrollen (bei den verschiedenen Dienstzweigen)
   - ablegen der Akten des Personaldienstes
   - orientieren der Mitarbeiterinnen des Personaldienstes über die Schweigepflicht

36 *Weiterbildung*
   - Orientieren des Personals über bestehende Weiterbildungsmöglichkeiten
   - behandeln von Gesuchen betreffend Teilnahme von externen Weiterbildungskursen und Kongressen
   - vorbereiten und durchführen von klinikinternen Weiterbildungsveranstaltungen in Zusammenarbeit mit den Vorgesetzten der betreffenden Zweige und dem Personalausschuss

37 *Beratung von Aussenstellen*
   - Beraten von Facharbeitern des kantonalen Finanzsekretariates und der Gesundheitsdirektion bei besoldungsrechtlichen Änderungen usw.
   - Orientieren der Verwaltungsleitungen privater psychiatrischer Kliniken über besoldungsrechtliche Regelungen beim Kanton

38 *Voranschlag*
   - Ausarbeiten des Salärbudgets und Festlegen der Voranschlagszahlen für die Weiterbildung sowie die internen Verrechnungen betreffend den Austausch von Lernpflegepersonal

39 *Hauszeitung «Information»*
   - Redigieren von 3 Ausgaben pro Jahr
   - Zusammentragen und zum Teil Abfassen von Artikeln
   - Zusammenstellen der Texte bis zur Druckreife
   - Sicherstellen des Versandes der Hauszeitungen

4. *Kompetenzen*
   Der Leiter des Personaldienstes hat folgende Kompetenzen:
   - unterzeichnet die Anstellungsverträge des AR-Personals bis inklusive Klasse 11
   - ordnet Beförderungen im Rahmen der einschlägigen Bestimmungen an für das AR-Personal bis inklusive Klasse 11
   - verfügt über die Ausbildungskredite im Rahmen des Voranschlages

5. *Arbeitsgruppen*
   Der Leiter des Personaldienstes nimmt an folgenden Rapporten teil:
   - Kader der Verwaltungsdirektion
   - Leitendes Oberpflegepersonal mit Verwaltungsdirektor
   - Sitzungen der Schulkommission
   - Sitzungen des Personalausschusses
   - Je nach Bedarf: Rapport des Ökonoms mit dem Gruppenchef

6. *Funktionelle Beziehungen (Arbeitskontakte) zu:*
   - Personalsekretär der Finanzdirektion
   - Sachbearbeiter der Gesundheitsdirektion
   - Beamtenversicherungskasse
   - Klinik- und Forschungsdirektor
   - Leiter Sozialpsychiatrischer Dienst
   - Leitende Oberschwester / leitender Oberpfleger
   - Schulleiter
   - Chef Rechnungswesen
   - Ökonom, technischer Adjunkt
   - gesamtes übriges Personal bei Sonderfällen
   - kantonales Arbeitsamt, kantonale Fremdenpolizei, Einwohnerkontrolle, AHV-Ausgleichskasse

Abbildung 69: Schema: Anforderungsprofil (allgemein)

Kriterien	1	2	3	4	5	Bemerkungen
1. Körperliche Anforderungen:						
• Körperliche Widerstandskraft						
• Nervenkraft						
• Tauglichkeit der Sinne						
• Geschicklichkeit						
• Fingerfertigkeit						
• Körpergeschick						
2. Geistige Fähigkeiten						
• Auffassungsgabe						
• Beobachtungsgabe						
• Aufnahmefähigkeit, Gedächtnis						
• Geistige Beweglichkeit						
• Vorstellungsvermögen						
• Kombinationsfähigkeit						
3. Besondere Begabungen:						
• Praktischer Sinn						
• Technische Begabung						
• Kaufmännische Ader						
• Sinn für Planung						
• Sprachliche Begabung						
• Mathematische Begabung						
• Künstlerisches Talent						
4. Arbeitsverhalten:						
• Arbeitseinsatz, Initiative						
• Konzentrationsfähigkeit						
• Arbeitstempo						
• Ordnungssinn, Sorgfalt						
• Gleichmässigkeit						
• Diskretion						
• Ausdauer, Belastbarkeit						
• Selbständigkeit						
• Zuverlässigkeit						
5. Soziales Verhalten:						
• Gewandtheit im Umgang						
• Einordnungsfähigkeit						
• Sinn für Zusammenarbeit						
• Menschliches Verständnis						
• Selbstbeherrschung						
6. Besondere Anforderungen:						
•						
•						
•						

Abbildung 70: Schema: Anforderungsprofil (Pflegebereich/Diplomierte Schwester/Pfl)

Kriterien	5	4	3	2	1
1. *Schulung und Berufslaufbahn* • Vom SRK anerkanntes Diplom • Genügend Berufserfahrung • Besuch fachlicher Kurse • Besuch von Kursen für Organisationsfragen					
2. *Persönliches Profil* • Sauberkeit, Hygiene • Adrette, gepflegte Erscheinung • Korrekte Berufskleidung (nach Vorschrift des Hauses)					
3. *Fachliches Profil* • Grundpflegekenntnisse • Schulgemässes Arbeiten • Sterilität • Desinfektion • Hygiene • Weiterbildung • Kenntnisse der Pflegequalität • Speditives Arbeiten • Ausdauer • Beobachtung • Rapport • Wesentliches Erfassen • Fachliche Anleitung • Anwendung von Hilfsmitteln • Anwendung von Gelerntem • Anordnung befolgen und einhalten					
4. *Organisatorische Belange* • Freude • Können, Geschick • Überblick • Instruieren • Delegieren • Planen • Pädagogik • Anleitung einer Gruppe • Speditives Arbeiten • Kenntnisse organisatorischer Hilfsmittel • Anwendung organisatorischer Hilfsmittel					
5. *Verhalten* • Zuverlässig • Interessiert • Aufgeschlossen • Einsatzfreudig • Einsatzwillig • Pünktlich • Taktvoll • Korrekt • Verantwortungsbewusst • Kooperativ nach allen Seiten, Teamgeist • Schafft Vertrauensverhältnis • Offen gegen Kritik • Schafft gute Atmosphäre • Einfluss aufs Arbeitsklima • Fördert Mitarbeiter • Lebhaft, begeisterungsfähig • Liebevoll im Umgang mit Patienten • Geschick, sich den Bedürfnissen der Patienten anzupassen • Guter Kontakt • Umsichtig • Belastbar • Anpassbar an Situationen • Tolerant • Durchsetzungsvermögen • Vorbild • Positive Einstellung zum Betrieb					

Abbildung 71: Fallstudie «Frustration»

1. *Situation*
Gruppenchef Keller sitzt nachdenklich in seinem Feierabendsessel. Die Pfeife ist ihm ausgegangen, seine Gedanken drehen sich um das vorangegangene Telefongespräch.
Da hat ihn doch tatsächlich Herr Manz, der Mann einer seiner Sachbearbeiterinnen angerufen und ihm erklärt, Frau Manz sei mit den Nerven fertig. Er verbiete ihr, weiterhin unter Herrn Keller zu arbeiten. Die schriftliche Kündigung würde morgen folgen. Allerdings könne er seiner Frau weitere Arbeit unter Herrn Keller auch während der Kündigungsfrist nicht mehr zumuten.
Herr Keller ist überrascht, wie heftig Herr Manz am Telefon geworden ist. Andererseits hat er gewisse Schwierigkeiten mit Frau Manz kommen sehen. Es hatte damit begonnen, dass Frau Manz immer Schlag Feierabend alles fallen und liegen liess, um das Spital ja keine Sekunde zu spät zu verlassen. Herr Keller machte ihr deswegen wiederholt Vorwürfe, die aber nichts nützten.
Dann hatte Herr Keller einmal Frau Manz in einem ruhigen Gespräch unter vier Augen gebeten, sie möchte doch so gut sein, am Abend jeweilen noch die paar Minuten länger zu bleiben, die sie brauche, um eine begonnene Arbeit zu beenden. Um etwa ein Formular fertig auszufüllen oder um gebrauchte Unterlagen wieder in der Registratur abzulegen. Frau Manz versprach, sie wolle das tun.
Eine Zeitlang ging alles gut. Frau Manz blieb nun häufig ein paar Minuten länger. Herr Keller freute sich und lobte sie deswegen einige Male. Doch dann liess er es bleiben; schliesslich blieb er selbst gewöhnlich noch länger als Frau Manz. Dafür begann nun Frau Manz, Herrn Keller beim Nachhausegehen immer häufiger zu melden: «Ich habe dann noch dasunddas erledigt.» Anfänglich quittierte Herr Keller diese Meldung mit: «Ja, ist gut» oder «Fein, freut mich». Doch dann verleidete ihm diese Lobhascherei der Sachbearbeiterin. Er reagierte nurmehr brummend bis mürrisch.
Am heutigen Abend nun hatte sich Frau Manz gute zehn Minuten nach Büroschluss von ihm verabschiedet mit der Erklärung, sie habe noch sämtliche Akten eingereiht. Kunz hatte darauf lediglich trocken erwidert: «Das brauchen Sie mir gar nicht lange zu erzählen; ich hab' das schon gesehen.»
Jetzt überlegt sich Gruppenchef Keller, was zu tun sei. Herr Manz hatte nämlich damit geschlossen, dass er sich beim Personalchef über Keller beschweren wolle.

2. *Aufgabe*
Beantwortung der Frage: Was ist zu tun?

Abbildung 72: Fallstudie «Motivation»

1. Situation
Cheflaborantin Frau Müller beklagt sich nie über ihre Mitarbeiter. Ganz im Gegenteil! Sie behauptet immer, dass auch aussergewöhnliche Belastungen von ihrer Gruppe spielend bewältigt werden. Wie macht sie das nur?

2. Aufgabe
Werfen Sie einen Blick auf die Art und Weise, wie Frau Müller mit ihren Mitarbeitern umgeht. Wählen Sie jeweils zwei Möglichkeiten:
Kreuzen Sie bitte diejenigen Varianten an, die Frau Müller Ihrer Meinung nach praktiziert:
A: Sie fragt Ihre Mitarbeiter nach ihrer Meinung.
B: Sie sagt ihren Mitarbeitern immer, wie die einzelnen Aufgaben auszuführen sind.

A: Wenn ein Mitarbeiter etwas falsch macht, springt Frau Müller gleich ein und führt die Arbeit selbst durch.
B: Frau Müller lässt jede Aufgabe gänzlich von demjenigen Mitarbeiter durchführen, der diese Aufgabe übernommen hat. Bei aufgetretenen Schwierigkeiten hilft sie mit Rat oder mit Beschaffen von entsprechenden Bedingungen.

A: Frau Müller stellt ihren Mitarbeitern nie anspruchsvolle Aufgaben. Diese erledigt sie selbst.
B: Frau Müller fördert ihre Mitarbeiter unter anderem auch durch anspruchsvolle Aufgaben. Sie sorgt dabei für entsprechende Bedingungen (Instruktion, Überwachung usw.).

Abbildung 73: Fallstudie «Motivation»

1. *Situation der Schwester Tina*
   In der Gruppe von Sr. Marthy ist Sr. Tina, die vor einem Jahr diplomiert wurde.
   Sie hat eine umgängliche Art und findet leicht Kontakt.
   Am Anfang lebte sie sich sehr schnell in ihre Arbeit ein und scheute auch vor schwierigen Aufgaben nicht zurück.
   In letzter Zeit hat jedoch ihr Interesse an der Arbeit nachgelassen, ihre Kolleginnen beklagen sich bei der Stationsschwester, dass sie bequem und faul sei, sie schiebe gerne die ihr aufgetragenen Arbeiten auf oder lasse sie liegen.
   Sr. Marthy gegenüber äusserte sie die Bemerkung, dass die Arbeit auf der Station sie nicht befriedige und dass sie andere Erwartungen hätte. Sie fühle sich hier unterfordert, deshalb setze sie sich weniger ein als zu Beginn. Bei dieser Gelegenheit beklagte sie sich auch über ihre Mitarbeiterinnen im Team, die sie nicht mehr mochten und ihr ständig Vorwürfe machten. Sie komme sich je länger je mehr als Aussenseiter vor, es sei nichts mehr recht, was sie tue.

2. *Fragen*
   - Wo sehen Sie die Ursachen für die Unzufriedenheit von Sr. Tina?
   - Was schlagen Sie vor, um die Situation zu verbessern?

Abbildung 74: Fallstudie «Befehlsverweigerung»

1. *Vorfall* (Entlassung einer Hilfe)
   Da Herr Hausmacher z.Zt. sehr viel zu tun hat in seiner Abteilung, wird ihm aus einer anderen Abteilung eine Mitarbeiterin zugeteilt. Nach kurzer Zeit stellt er fest, dass diese zerstreut und unter Einschaltung von häufigen Gesprächspausen arbeitet.
   Herr Hausmacher teilt seinem Chef mit, dass diese Mitarbeiterin ihn nur belaste! Darauf erfolgt die Anweisung des Chefs, zu beantragen, die Frau zu entlassen! Herr Hausmacher widerspricht: «Nein, das kann ich nicht. Mein Kollege aus der anderen Abteilung ist dafür zuständig!»
   Der Chef erteilt ihm ein zweites und drittes Mal die Anweisung, zu beantragen, der Mitarbeiterin zu kündigen.

2. *Fragen*
   21 Warum widersetzt er sich dieser Anweisung?
   22 Wie kann er verhindern, dass ihn sein Chef für einen eigensinnigen «Befehlsverweigerer» hält und ihn, sollten sich ähnliche Fälle wiederholen, als uneinsichtig beurteilt?
   23 Wie kann man den Personaleinsatz im Spital zweckmässig organisieren/steuern?

Abbildung 75: Fallstudie «Arbeitszufriedenheit»

1. *Situation*
   Oberschwester Rita hat kürzlich zusammen mit der Stationsschwester eine neue, vierköpfige Pflegegruppe gebildet, zu der neben 2 dipl. Krankenschwestern auch Ruth (Pflegerin FS SRK) und Erika (Spitalgehilfin) gehören. Alle scheinen gut miteinander auszukommen und arbeiten zur besten Zufriedenheit der Vorgesetzten und Patienten. Dennoch ist die Stationsschwester nicht ganz beruhigt: Die Spitalgehilfin Erika scheint ihr nicht ganz in die Gruppe zu passen, weil das Mädchen ständig zu «Lumpereien» aufgelegt ist.
   Nach verschiedenen Warnungen erwischt die Stationsschwester Erika, wie sie im Office mit dem zu der Station zugeteilten Putzmädchen zu Musik aus einem Kassettengerät tanzt. Der Rest der Gruppe hat seine helle Freude daran. Die Stationsschwester aber teilt Erika mit, dass sie noch im Laufe der Woche in eine andere Abteilung versetzt werde.
   Nach diesem Vorfall sinken die Arbeitsfreude und die Leistungen der Gruppe merklich, und die Stationsschwester fragt die Pflegerin Ruth nach dem Grund. Ruth erklärt, dass Erika trotz ihrer Ausgelassenheit die Gruppe bei froher Laune gehalten habe. Wenn Erika versetzt werde, möchten die übrigen eher mit ihr versetzt werden.

2. *Frage*
   Was soll die Stationsschwester tun?

Abbildung 76: Fallstudie «Fehlzeiten»

1. *Situation*
   In Ihrer Abteilung fällt ein *Angestellter* dadurch auf, dass er *regelmässig zu spät kommt,* und zwar immer Montags. Sie selbst haben ihn durch Ihr Vorbild nicht dazu verleitet, da Sie stets pünktlich erscheinen. Was unternehmen Sie, um ihn zu einem pünktlichen Arbeitsbeginn zu veranlassen?

2. *Möglichkeiten des Vorgehens*
   21 Sie erwarten ihn an einem Montag an seinem Arbeitsplatz und stellen ihn in Gegenwart seiner Kollegen zur Rede. Dabei ermahnen Sie ihn eindringlich, sich zu bessern und zukünftig pünktlich zu erscheinen.
   22 Sie weisen ihn unter vier Augen auf sein mangelhaftes Verhalten hin. Dabei bringen Sie zum Ausdruck, dass Sie sein Verhalten als einen schlechten Charakterzug ansähen. Sie müssten annehmen, dass er sich in anderen Dingen ebenso unzuverlässig verhält. Da er den Kollegen ein schlechtes Beispiel gibt, wird er, wenn er sich nicht bessert, die Konsequenzen zu tragen haben.
   23 Sie rufen Ihren Mitarbeiter zu sich und fragen ihn nach den Gründen seiner Unpünktlichkeit. Auch wenn er einen subjektiv verständlichen Grund angibt, erklären Sie ihm, dass er zukünftig pünktlich erscheinen muss. Sie weisen ihn auf sein unkollegiales Verhalten hin und versuchen, ihm die Folgen klarzumachen, die seine mangelnde Arbeitsdisziplin haben kann, wenn alle Mitarbeiter sich ähnlich verhalten würden.

3. *Beschreiben Sie Ihr Vorgehen!*

Abbildung 77: Fallstudie «Fehlzeiten»

1. *Situation*

   Gestern abend feierte der Männerchor ein Festchen.
   Heute kam Herr Müde, der leitend im Männerchor tätig ist, nicht zur Arbeit.
   Da Sie ihn gern für Sonderaufgaben einsetzen, fehlt er Ihnen ganz besonders.
   Am folgenden Tag erscheint Herr Müde wieder zur Arbeit und entschuldigt sich, es sei ihm übel gewesen.
   Kurz darauf meldet Ihr Stellvertreter, dass dessen Frau gestern Herrn Müde im Sonntagskleid in der Stadt gesehen haben.

2. *Fragen:*
   - Greifen Sie die Sache auf?
   - Berücksichtigen Sie bei den allfällig in Aussicht zu nehmenden Massnahmen die Qualität der Arbeitsleistung und die Dauer der Betriebszugehörigkeit des betreffenden Mitarbeiters?

Abbildung 78: Fallstudie «Fehlzeiten»

1. *Situation*

   Im Spital fehlen wegen Krankheit und Ferien täglich einige qualifizierte Mitarbeiterinnen im Pflegedienst, die nicht durch ungeschulte Kräfte ersetzt werden können. Aus dieser Situation heraus fasste die Personalabteilung folgenden Entschluss:
   «Es werden die drei besten Krankenschwestern aus den drei Hauptabteilungen in Spezialpraktika so ausgebildet, dass sie von einer Stunde auf die andere in allen Abteilungen einspringen können. Wir machen diese 3 Schwestern zur Elite des Hauses. Mit der zusätzlichen Ausbildung wird ihre hierarchische Stellung und ihr Gehalt erhöht. Sie erhalten eine Woche mehr Ferien und ein speziell gestaltetes Namensschild, das sie vor den andern auszeichnet. Die Oberschwester und der Oberpfleger werden gebeten, uns je die beste Schwester zu melden.»

2. *Fragen*
   - Wie reagieren wohl die ausgewählten Schwestern?
   - Warum reagieren sie so?
   - Wie würden wohl männliche Mitarbeiter reagieren?

Abbildung 79: «Beeinflussung durch die Umwelt» (Beeinflussungsstern)*

Wovon lasse ich mich in meinen Einstellungen und meinem Verhalten am meisten beeinflussen?

Markieren Sie für jeden Beeinflussungsfaktor auf dem dazugehörigen Strahl einen Punkt zwischen 0 und 20. Hat ein Faktor keinen Einfluss, dann setzen Sie die Markierung auf den Null-Punkt. Faktoren mit sehr grossem Einfluss erhalten eine 20er Bewertung usw. (Die Markierung von Zwischenpunkten ist natürlich ebenfalls möglich.)

Verbinden Sie anschliessend die nebeneinanderliegenden Markierungspunkte durch Geraden. Es wird sich ein Stern mit unterschiedlich grossen Zacken ergeben.

Führen Sie in Zweier- oder Dreiergruppen ein Gespräch über die persönliche Bedeutung der verschiedenen Faktoren.

* Mächler

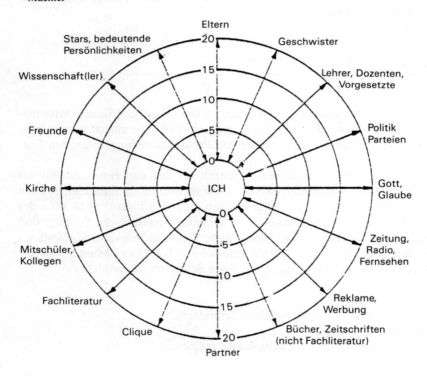

Abbildung 80: «Mitarbeiterin»

1. *Fragen:*
   Gibt es typisch weibliche Eigenschaften?
   – Wenn ja, nennen Sie einige!
   – Wenn nein, Begründung?

   Welcher Ansicht können Sie zustimmen?
   – Die Frau ist ein psychisch anderes Wesen, da sie von Natur aus eine andere biologische Funktion hat als der Mann. Ihre Mutterfunktion bringt es mit sich, dass ihre Psyche eindeutig auf das Menschliche, die Gefühlswelt, ausgerichtet ist.
   – Die Frau ist ein psychisch anderes Wesen, da sie aufgrund jahrtausendealter Tradition in eine ganz bestimmte Rolle hineingedrängt wurde. Das kleine Mädchen, dessen Psyche ursprünglich derjenigen seines Bruders entsprach, lernt sich in jeder Generation von neuem bereits in der Kinderstube als zukünftige Frau zu verhalten.

2. *Antworten:*

Abbildung 81: Fallstudie «Mitarbeiterin»

1. *Situation*
   Frau Ruth Osterwalder ist bereits seit über 10 Jahren eine bewährte Teilzeitschwester. Sie steht in Scheidung – mit zwei schulpflichtigen Kindern und einem Kleinkind.
   Nun *möchte sie hundertprozentig arbeiten,* d.h. als Vollzeitschwester eingesetzt werden. Der Grund ist vor allem finanzieller Natur. Der Scheidungsprozess zieht sich über längere Zeit hinweg. Frau Osterwalder hat bereits viel Geld investiert, um sich gegen eine Scheidung zu wehren.
   Der *Eindruck von Frau Osterwalder* ist folgender: nervös und überarbeitet, verhärmt und überfordert, bleich und abgemagert, schlechte Konzentrationsfähigkeit. Sie versucht sich durch Bemerkungen über den Scheidungsprozess in den Mittelpunkt zu stellen.
   Das *Gespräch* über eine eventuelle Vollzeitbeschäftigung ergibt die Wünsche: Keine Arbeit über Wochenenden, kein Spätdienst, keine Nachtwache, Berücksichtigung der Wäschetage, die Möglichkeit zu Hause zu bleiben, wenn die Kinder krank sind.
   Frau Osterwalder sieht nur ihre eigenen Probleme; sie sucht Selbstbestätigung durch den Beruf. Dabei will sie diese Probleme verdrängen, hat aber viel Selbstmitleid mit sich. Sie braucht viel Rücksicht von seiten der Mitarbeiterinnen und Vorgesetzten. Sie sieht keine andere Möglichkeit, als durch die Ausübung ihres Schwesternberufes, ihre Familie zu unterhalten.

2. *Fragen*
   • Soll Frau Osterwalder vollzeitig als Schwester Ruth angestellt werden?
   • Wenn ja, unter welchen Bedingungen?

Abbildung 82: «Jugendliche Mitarbeiter»

1. *Von wem könnte folgender Ausspruch stammen:*
   «Die Jugend liebt heutzutage den Luxus. Sie hat schlechte Manieren, verachtet die Autorität, hat keinen Respekt vor den älteren Leuten und schwatzt, wo sie arbeiten sollte.
   Die Jugendlichen stehen nicht mehr auf, wenn Ältere den Raum betreten. Sie widersprechen ihren Eltern, reden in Gesellschaft dazwischen, schlagen die Beine übereinander und tyrannisieren die Lehrer.»

2. Können Sie im *Umgang mit jugendlichen Mitarbeitern typische Wesenszüge und Verhaltensweisen erkennen?*

Abbildung 83: «Jugendliche Mitarbeiter» (Generationenkonflikt)

1. Welches können die Ursachen dafür sein, dass die Konfrontation der Generationen sich in den letzten Jahren bedeutend verstärkt hat?
2. Oft finden ältere Vorgesetzte nur mit Mühe einen echten Kontakt zu den Jugendlichen.
   Welches sind die Gründe für diese Situation?
3. Sofern Auseinandersetzungen zwischen den Generationen etwas gemildert werden können, welches sind die Mittel, im Betrieb oder zu Hause, dazu?

Abbildung 84: Fallstudie «Jugendliche Mitarbeiter» (Kochlehrling Heiri)

1. Heiri ist Kochlehrling, 17 Jahre alt, im 2. Lehrjahr. Er kommt aus geordneten Familienverhältnissen; er wohnt bei den Eltern. Seine Leistungen waren bis anhin gut.
2. Im jetzigen Zustand ist Heiri unpünktlich, kommt verschlagen und unrasiert, öfters zu spät zur Arbeit; er wirkt unkonzentriert. Auch ist er unfallanfällig; er verlässt den Arbeitsplatz unaufgeräumt.
3. Heiris Schulleistungen lassen nach; er meldet sich häufig krank, schwänzt die Gewerbeschule.
   Heiri gibt freche Antworten.

Abbildung 85: Fallstudie: «Lebenskünstlerin oder Faulpelz»

1. «Geh', hol mir...!» Danach folgen noch einige ziemlich barsche Anordnungen, die Martha (im 3. Lehrjahr) an ihre «jüngere» Kollegin Käthy richtet. Diese reagiert jedoch recht gelassen und sagt: «Mach' es selber! Ich habe Gescheiteres zu tun!» und wischt weiter.
2. Käthy ist seit sechs Monaten in der Ausbildung. Sie hatte vorher mehrere Berufe «ausprobiert», wie sie sagte, und fühlte sich nun hier im Spital anscheinend recht wohl. Doch eines geht ihr ziemlich auf die Nerven: diese «Bald-Diplomierte»! «Die ist ja gar nicht älter und weiss auch nicht viel mehr als ich», meint Käthy, «befehlen kann sie gut und glaubt, alles besser zu wissen, sogar besser als die Diplomierten!»
3. Käthy gestattet sich auch, hin und wieder zu spät zu kommen oder manchmal etwas vorzeitig zu verschwinden. Bei gewissen Aufräumarbeiten ist sie selten dabei. Sie bringt es sogar zustande, dass sie plötzlich krank «macht» und der Arbeit fernbleiben muss, so 2 bis 3 Tage im Monat.
4. Mit der Verantwortung und dem Pflichtbewusstsein nimmt sie es nicht immer so genau. Sie könnte es schon, wenn sie wollte. Doch sagt sie sich: die anderen sollen auch etwas tun!
5. In der Freizeit betreibt Käthy – im Gegensatz zu Martha – intensiv Sport, und dies mit einigem Erfolg. Kommt sie jedoch nach ihrem freien Tag in den Betrieb, dann glaubt sie, sich zuerst etwas ausruhen zu müssen.
6. Ihre Kollegin Martha arbeitet ja schon, sagt sie sich, diese Streberin, und bringt verständlicherweise mit dieser Haltung auch die Laborleiterin des öfteren aus der Fassung.

Abbildung 86: Fallstudie Vroni*

1. Situation
Vroni sagt in gedrückter Stimmung zu ihrer Lehrschwester: «Ich mag nicht mehr nach Hause. Meine Eltern haben kein Vertrauen zu mir.» Ein Gespräch mit ihr ergab folgende Zusammenhänge:
Vroni ist 18 Jahre alt. Als sie die erste Primarklasse in Bernhof besuchte, wurde die Ehe ihrer Eltern aufgelöst. Ihre Mutter zog mit ihrer einzigen Tochter in ihre Heimat nach Deutschland zurück, wo sie erneut heiratete. In einer Tagesheimschule löste Dora unter strenger Aufsicht ihre Aufgaben. Trotzdem verschlechterten sich Leistung und Disziplin.
Ihr Vater in der Schweiz entschloss sich deshalb nach fünf Jahren, sie in ein Internat ins Bündnerland zu schicken. Doch auch hier genügte sie den Anforderungen nicht. Nach Aussage der Schulleitung seien die geistigen Fähigkeiten für das Erlangen der Maturität zu schwach. Der Vater steckte sie nun in eine Schwesternschule, wo sie heute durchschnittliche Leistungen erbringt und disziplinarisch nicht auffällt.
Vroni ist jeden Abend bei ihren Eltern, bei Vater und Stiefmutter. Sie schreiben ihr alles vor, was sie zu tun und zu lassen hat. Sie verbieten ihr das Rauchen und unter der Woche den Ausgang. Samstags darf sie nur bis 23.00 Uhr ausgehen, und dies nur mit einem Freund, der von ihren Eltern «bestellt» worden ist.
Der Vater ist enttäuscht, dass seine Tochter nicht eine akademische Laufbahn eingeschlagen hat. Die Stiefmutter mag das Mädchen nicht. Und Vroni wirft ihrem Vater vor, er habe die zweite Frau nur des Geldes wegen geheiratet. Nur deshalb ist es ihm möglich gewesen, sich als Facharbeiter einen eigenen Betrieb aufzubauen. Für sie habe nie jemand Zeit gehabt!

2. Fragen
- Wie wirkt sich das Verhalten der Eltern auf die charakterliche und geistige Entwicklung dieses jungen Menschen aus?
- Was hat sich wohl Vroni während einer zehntägigen Geschäftsreise der Eltern zuschulden kommen lassen, dass sie sich heute nicht mehr nach Hause wagt?
- Wie könnte man Vroni aus dieser Situation heraushelfen?

* WPI

Abbildung 87: Fallstudie «Schwester Susi»

1. Situation
Als sich die Abteilungsschwester bei Herrn Otto nach seinem Befinden erkundigt und mit ihm ein wenig über dieses und jenes plaudert, lenkt plötzlich Herr Otto das Gespräch auf Pfl. Susi. «Sie hat kürzlich bei mir geweint, weil sie auf der Abteilung niemand verstehe und sie der Abteilungsschwester nichts recht machen könne. Ich bin zufrieden mit ihr und finde es nicht recht, dass ein junges Mädchen, das einen solchen Beruf ergreift, sich nicht besser verstanden fühlt.»
Es stimmt, dass die Abteilungsschwester Pfl. Susi in letzter Zeit oft ermahnen muss, den Kopf bei der Arbeit zu haben. Zudem erscheint ihr Susi verschlossen, und sie weiss nie so richtig, woran man mit ihr ist. Nach dem Gespräch mit Herrn Otto, beginnt Pfl. Susi die Abteilungsschwester zu beschäftigen.

2. Frage
Was sollen Sie sich als Abteilungsschwester nun überlegen?

Abbildung 88: Fallstudie «Pfleger Küfer»

1. Vorfall
Peter, 20jähriger Lernpfleger, ist im zweiten Lehrjahr. Im Moment richtet er die Abendmedikamente. Der Abteilungspfleger, Herr Küfer, sitzt am Pult und füllt Formulare aus. Da tritt Hans, ein älterer Pfleger, ins Stationszimmer. Sofort entsteht zwischen ihm und Herrn Küfer ein angeregtes Gespräch, auch über private Dinge.
Peter, der dieses Gespräch mithört, beginnt sich in Gedanken zu fragen, wieso seine eigenen, wiederholten Versuche, mit Herrn Küfer über ähnliche Angelegenheiten zu sprechen, auf taube Ohren stiessen. Er hat das Gefühl, dem Abteilungspfleger gehe es nur darum, dass er die Arbeit erledigt. Es scheint, dass er sich reichlich wenig für ihn als Menschen interessiert. Er kümmert sich nicht darum, wer er ist, mit wem er es zu tun hat, solange er Schüler ist.
Peter hat von Mitschülern gehört, dass sie mit Herrn Küfer ähnliches erlebt haben. Darum hat sich Peter schon einige Male vorgenommen, er wolle mit Herrn Küfer über dieses Problem sprechen. Aber aus Angst, noch mehr abgelehnt zu werden, liess er die Angelegenheit bis anhin auf sich beruhen.

2. Fragen
- Wie würden Sie als Schüler dieses Problem angehen?
- Soll sich Peter nur auf berufliche Dinge beschränken oder auch private (nicht intime) Angelegenheiten zur Sprache bringen?

Abbildung 89: Arbeitsfragen «Ältere Mitarbeiter»

1. Welche Vorurteile und Verallgemeinerungen herrschen in unserer Gesellschaft gegenüber dem alternden Menschen vor?
2. Können Sie im Umgang mit älteren Mitarbeitern typische Wesenszüge und Verhaltensweisen erkennen? Welche?

Abbildung 90: Fallstudie «Ältere Mitarbeiter»

1. Vorfall
In der Gruppe von Herrn Kobler arbeiten zwei Mitarbeiter, die mehr als 10 Jahre im Betrieb sind. Vor einem halben Jahr trat der Gruppe ein neuer Mitarbeiter, Herr Funk, bei. Er übernahm neben neuen Aufgaben auch vereinzelt Arbeiten von seinen älteren Kollegen, da nicht jeder dauernd nur die gleichen Aufgaben übernehmen wollte.
Nach einigen Wochen stellte sich heraus, dass bestimmte Arbeiten, bei denen die älteren Herren stets behaupteten, sie nicht rascher bewältigen zu können, schneller und auch besser ausgeführt wurden. Da Herr Kobler feststellte, dass die Leistungssteigerung dem neuen Mitarbeiter zu verdanken war, übergab er diese Aufträge mehr und mehr Herrn Funk.
Natürlich konnte es nicht ausbleiben, dass dies den beiden älteren Herren auffiel. Der eine von ihnen meckert nun in der Abteilung herum und macht «stillen Stunk».

2. Frage
Was soll Herr Kobler unternehmen?

Abbildung 91: Fallstudie «Schwierige Mitarbeiter»

1. Situation
Herr Marty ist Küchenchef eines Heims, 28jährig; Lohn Fr. 3000.—/Monat; willig, gutmütig und hilfsbereit. Des weitern:
- Keine Berufslehre; wurde von der früheren Heimleitung ohne Zeugnisse angestellt; genügt nicht mehr
- Kocht einseitig, nicht den Patienten angepasst; geht nicht sorgfältig mit Material und Maschinen um
- Arbeitet wenig, schwatzt auf den Abteilungen herum; hat keine Führungsqualitäten (lässt sich von seiner Mutter beraten)
- Fasst Äusserungen der Heiminsassen als persönliche Beleidigungen auf
- Betrinkt sich, kommt am nächsten Tag nicht zur Arbeit, arbeitet unkonzentriert

Die jetzige Heimkommission überlegt sich, ob sie Hrn. Marty eine Kündigung nahelegen soll. Wird er entlassen, findet er wohl kaum mehr eine Stelle. Eine Versetzung kommt nicht in Frage.

2. Frage
Wie gehen Sie vor?

Abbildung 92: Fallstudie «Sozialfall Muster»

1. Situation
Herrn Muster ist 42jährig; er übt den Beruf eines Krankenpflegers (dipl.) aus. Seine Ehefrau hat MS und ist an den Rollstuhl gebunden. Die Familie zählt vier schulpflichtige Kinder – das Älteste, eine Tochter ist vierzehnjährig.
Die Wohnung ist kostspielig, alle Zimmer ebenerdig wegen des Rollstuhls. Der Arbeitsweg von Herrn Muster beträgt eine halbe Stunde mit dem Velo.
Wochentags kommt morgens für zwei Stunden eine Haushaltshilfe.
Die älteste Tochter ist mit den Hausarbeiten überfordert. Folgen sind u.a. Schulschwierigkeiten. Herr Muster hat öfters Absenzen wegen Krankheit der Kinder, oder wegen plötzlichem Ausfall seiner Haushaltshilfe.
Herr Muster ist in Gedanken viel zu Hause; er wirkt unfroh, nervös und wenig belastbar.
Herr Muster wünscht geregelte Arbeitszeiten; keinen Abend- und Nachtdienst mehr; auch will er möglichst Samstags und Sonntags frei.
Von dieser Situation her und den daraus resultierenden Wünschen ergeben sich Planungsschwierigkeiten, Unruhe in der Arbeitsgruppe, vor allem aber auch Spannungen.

2. Fragen
Was ist in dieser Situation zu tun?

Abbildung 93: Fallstudie «Grossraumbüro»

1. Situation
In einem Grossraumbüro arbeitet ein Team von 7 Angestellten. Seit längerer Zeit gibt *eine Sekretärin* immer wieder Anlass zu Unstimmigkeiten, Aggressionen, Streitigkeiten und Unzufriedenheiten im Team. Von den Mitarbeitern wird diese Sekretärin als eine äusserst launische, hässige, starrköpfige und dabei höchst empfindliche und reizbare Person erlebt, die – wenn überhaupt – gerne schnippische Antworten gibt und mit giftigen Blicken um sich schiesst.
Ihre angenehmen Aufgaben erledigt sie gewissenhaft und zuverlässig. Ihr nicht passende Arbeiten schiebt sie auf die lange Bank oder sucht sie zu umgehen. Ihren Unwillen lässt sie dabei ihre Mitarbeiter intensiv spüren.
Dem Frieden zuliebe, wagt man kaum mehr, ihr an sich wichtige Aufgaben zu übertragen...
Mitarbeitergesprächen steht sie ausweichend gegenüber. Bei härteren Konfrontationen droht sie mit der Kündigung. Zum Leidwesen ihrer Mitarbeiter ist eine solche nie erfolgt. Vom Betrieb aus möchte man von einer Kündigung absehen, da es sich hier um eine alleinstehende ältere Dame handelt.
Andererseits vergiftet diese Sekretärin das gesamte Arbeitsklima, den Kameradschaftsgeist und die Arbeitsfreude der einzelnen Mitarbeiter.

2. Frage
Etwas muss geschehen – aber was? Es sind konkrete Vorschläge zur Verbesserung dieser Situation zu erarbeiten.

Abbildung 94: Aufgaben «Rollenbeobachtung»

Rollenverhaltensweisen lehnen sich an das Schema an, das wir in Abschnitt 245 wiedergegeben haben. Für die konkrete Durchführung der Beobachtung empfiehlt es sich, die vier verschiedenen Gruppen von Verhaltensweisen an *vier verschiedene Beobachter* zu vergeben oder *jeden Beobachter ein Mitglied der Gruppe beobachten zu lassen*. In das freie Feld des Schemas können Zeitmarken eingetragen werden.

Aufgabenrollen
Initiative und Aktivität
Informationssuche
Meinungserkundung
Information geben
Meinung äussern
Ausarbeiten
Koordinieren
Zusammenfassen
Erhaltungs- und Aufbaurollen
Ermutigung
Grenzen wahren «Torhüten»
Regeln formulieren
Folge leisten
Gruppengefühle ausdrücken
Aufgaben- und Gruppenrollen
Auswerten
Diagnostizieren
Übereinstimmung prüfen
Vermitteln
Spannung vermindern
Negative Rollen
Aggressives Verhalten
Blockieren
Selbstgeständnisse
Rivalisieren
Suche nach Sympathie
Spezialplädoyers
Clownerie
Beachtung suchen
Sich zurückziehen

Aus Antons k: a.a.O.

Abbildung 95: Fallstudie «Rolle in der Arbeitsgruppe»

1. Vorfall

Herr Keller, Buchhaltungschef, ist plötzlich ernsthaft erkrankt. Sein Stellvertreter, Herr Tobler, leitet nun die Abteilung. Dieser aber wird das Spital in nächster Zeit aus privaten Gründen verlassen.

Ein Mitarbeiter empfiehlt, anstelle Toblers seinen Schwager, Vetterli, einzustellen. Da gerade kein anderer geeigneter Bewerber vorhanden ist und der Einfachheit halber, stimmt man diesem Vorschlag gern zu. Tobler ist nun dabei, Vetterli einzuarbeiten.

Nach zwei Monaten tritt Tobler aus und tags darauf nimmt der Verwaltungsleiter die Mitarbeiter zusammen und teilt ihnen mit, dass nun Herr Vetterli der Chef-Stellvertreter sei und die Abteilung führe.

Ein langjähriger Mitarbeiter (Herr Giller) meldet sich zum Wort, er hätte erwartet, dass *er* zum Chef-Stellvertreter ernannt werden würde und nicht ein neuer, unbekannter «Anfänger».

Mit Ausnahme von Vetterlis Schwager nicken alle übrigen Mitarbeiter und bekunden damit offensichtlich Unterstützung für Herrn Giller; es ist auch tatsächlich so, dass Herr Giller fachlich ausgezeichnet ist, aber absolut keine Führungseigenschaften besitzt.

Für Vetterli wird die Lage prekär, da er sieht, dass er nicht auf die Unterstützung seiner Mitarbeiter zählen kann.

2. Fragen
- Wie retten Sie die Situation in diesem Moment, wenn Sie der Chef wären?
- Wie würden Sie sich verhalten, wenn Sie Vetterli wären?
- Würden Sie Vetterli, also den Schwager eines Mitarbeiters, als Vorgesetzten in dieselbe Abteilung einstellen?
- Was sagen Sie zum Informationswesen in diesem Betrieb?

Abbildung 96: Aufgaben «Gruppendynamik»

1. Aufgabe
Stellen Sie drei Flaschen aufrecht auf einen Tisch oder auf den Fussboden. Ordnen Sie sie so an, dass jede Flasche einen der Eckpunkte eines gleichseitigen Dreiecks bildet. Der Abstand zwischen den Grundflächen von je zwei Flaschen sollte ein wenig grösser sein als die Länge eines Messers.
Konstruieren Sie unter Verwendung nur der vier Messer eine Plattform, die auf den Flaschen ruht. Keines der Messer darf den Boden berühren. Die Plattform muss stark genug sein, um ein volles Wasserglas tragen zu können.

2. Aufgabe
Finden Sie heraus, ob es möglich ist, unter Verwendung nur der vier Messer eine auf vier Flaschen ruhende Plattform zu konstruieren. Jede Flasche wird aufrecht auf die Ecke eines gedachten Quadrats gestellt. Die Seiten des Quadrates sollen ein wenig länger als ein Messer sein, so dass zwischen den Grundflächen je zweier benachbarter Flaschen ein Messer gut Platz hat. Es müssen alle vier Flaschen verwendet werden, und die Plattform muss gleichmässig auf allen vier Flaschen ruhen. Die Plattform soll stark genug sein, um zwischen den Flaschen ein volles Wasserglas tragen zu können. Nur die vier Messer dürfen verwendet werden, und keines darf den Boden berühren.

3. Aufgabe
Diesmal nehmen Sie nur zwei Flaschen. Stellen Sie sie aufrecht hin, und zwar so, dass der Abstand zwischen ihren Grundflächen der Länge eines Messergriffs zusätzlich der Länge eines Messers entspricht. Die zwei Flaschen stehen also weiter voneinander entfernt als bei den beiden vorhergehenden Aufgaben.
Errichten Sie unter Verwendung nur der vier Messer eine Brücke zwischen den beiden Flaschen, die in der Mitte das Gewicht eines vollen Wasserglases zu tragen vermag. Die Enden der Brücke ruhen auf den beiden Flaschen. Keines der Messer darf den Boden berühren.

4. Aufgabe
Zwei Flaschen werden aufrecht hingestellt, und zwar so, dass der Abstand zwischen ihren Grundflächen eben über eine Messerlänge beträgt. Konstruieren Sie unter Verwendung von nur drei Messern eine Brücke zwischen dem oberen Rand der anderen. Keines der Messer darf den Boden berühren. Die Brücke muss stark genug sein, um ein volles Wasserglas tragen zu können.

Abbildung 97: Arbeitsfragen «Konflikte»

Konflikte im Arbeitsteam
1. Nennen Sie die häufigsten Ursachen von Konflikten innerhalb einer Arbeitsgruppe?
2. Wie soll ein Gruppenleiter beim Lösen eines Konfliktes innerhalb seines Teams vorgehen?

Abbildungen 98-99: Fallstudien «Konflikte»

Spaltung im Team

1. Situation
Auf der Abteilung Medizin II legen Ärzte Wert auf eine kooperative Zusammenarbeit mit der Oberschwester und den Stationsschwestern.
Die Pflegemassnahmen werden von den Ärzten verordnet. Das Pflegepersonal ist verantwortlich, dass die Patienten die entsprechende Pflege erhalten.
Sr. Marianne kritisiert in letzter Zeit immer öfter die Verordnungen der Ärzte, sie hat andere Pflegevorschläge, die ihrer Meinung nach der jeweiligen Krankheit der Patienten angepasster wären.
Der Abteilungsarzt hörte davon und mahnt sie im Interesse der Patienten zur Kooperation. Das betreffende Team ist gespalten:
Zwei Schwestern geben Sr. Marianne recht und möchten die Pflegemassnahmen zwar mit den Ärzten besprechen und eine Möglichkeit zur Mitsprache haben. Zwei Schwestern finden, dass der Arzt dafür kompetent und letztlich auch verantwortlich sei.

2. Frage
- Als Abteilungsschwester bzw. -pfleger sind Sie in dieser Auseinandersetzung mittendrin:
- Welches ist Ihre Meinung zu diesem Konflikt?
- Wie verhalten Sie sich den Schwestern bzw. den Ärzten gegenüber?

Schwester Rita*

1. Vorfall
Sr. Susanne führt auf einer Chronisch-Kranken-Abteilung ein Team von 10 Mitarbeiterinnen:
- Fünf Mitarbeiterinnen haben die FA SRK-Ausbildung abgeschlossen
- Drei Mitarbeiterinnen sind als Schülerinnen eingesetzt
- Zwei Mitarbeiterinnen arbeiten als Schwesternhilfen mit

Sr. Susanne möchte das *Arbeitsklima verbessern;* sie spürt eine gewisse Unzufriedenheit und Spannung in der Gruppe. Sie weiss nicht so recht, woher dies kommt, ahnt jedoch, dass Sr. Rita evtl. der «Stein des Anstosses» sein könnte.
Sr. Rita ist vor sechs Monaten als Frisch-Diplomierte auf die Abteilung gekommen. Sie hat sich auffallend rasch eingelebt, ist sehr aktiv gewesen und hat viel Interesse an allem gezeigt. In Gesprächen und an Rapporten demonstrierte sie ihre theoretischen Kenntnisse. Wenn sie etwas nicht wusste, stellte sie Fragen.
In der Zusammenarbeit mit der ihr zugeteilten Schülerin zeigte sie sich als sehr engagiert. Sie nahm jede mögliche Situation wahr, um daraus Lernsituationen zu machen. Auch versuchte sie, die theoretischen Kenntnisse der Schülerin in den Pflegealltag miteinzubeziehen – eine ideale Mitarbeiterin!

* WPI Wirtschaftspädagogisches Institut, Ballwil/LU

Nun zeigen sich jedoch Symptome im Team, die auf verschiedene Spannungen hinweisen. So scheint es, dass sich Sr. Rita fürchtet, den anderen zu helfen. Sie arbeitet so schnell resp. langsam, dass sie mit ihrer Schülerin in einem Viererzimmer gerade zur Zeit fertig ist und dies, obwohl die anderen zeitweise bedeutend mehr Arbeit haben und sie diese hin und wieder unterstützen könnte und sollte. Daraufhin angesprochen, gelingt es ihr immer wieder, mit gut getarnten Ausreden ihr Arbeitsverhalten zu rechtfertigen.

Irgendwie spürt die Abteilungsschwester, Susanne, dass Sr. Rita in ihrer Arbeit z.T. recht unsicher ist. Einmal hat sie eine «gute Kollegin» gebeten, beim Spritzenaufziehen und -verabreichen dabeizusein. Diese Unsicherheit überspielt sie jedoch im Team mit vielem Reden und Aufbauschen von Kleinigkeiten. Auch betont sie, wie ihr die Arbeit gefalle und wie sie von ihr fasziniert sei. Sie spricht unaufhörlich an zum Teil stark abgebaute Patienten – aber nicht mit ihnen.

Gegenüber der Oberschwester verhält sie sich zuvorkommend, zuvorkommender als gegenüber den Teammitgliedern.

Sr. Susanne will nun dieses Problem angehen. Sie entschliesst sich, mit Sr. Rita ein Gespräch zu führen.

2. Frage:
Wie würden Sie an ihrer Stelle vorgehen?

Abbildung 100: Arbeitsfragen «Führerrolle»*

Jedes Gruppenmitglied beantwortet individuell die Fragen:
- Was erwarte ich von meinem Vorgesetzten?
- Was erwartet mein Vorgesetzter von mir?

Der Vorgesetzte schreibt auf,
- was er für die Gruppe leisten kann und
- was er von der Gruppe erwartet.

Alle Aussagen werden an eine Tafel geheftet und die gemeinsamen Punkte auf eine besondere Liste übertragen.
Die gegensätzlichen Punkte werden einzeln durchgegangen, wobei jede Seite im Sinne der anderen Seite argumentiert.
Nachdem die Rolle des Vorgesetzten (neu) definiert ist, können auch die Rollen der einzelnen Gruppenmitglieder überprüft werden.

* aus Weber H.: Arbeitskatalog

Abbildung 101: Fallstudie «Führerrolle»*

1. Vorfall

Im zentralen Abrechnungswesen der Verwaltung wird als neuer Gruppenleiter Herr Schulze eingestellt. Herr Schulze ist deutscher Staatsangehöriger. Er arbeitet seit einigen Jahren auf der Agentur Basel.

Die Mitarbeiter der Abteilung «Abrechnungswesen» wundern sich, weshalb nicht einer von ihnen zum Gruppenleiter befördert wurde. Doch bald merken sie, dass Herr Schulze nicht nur qualifiziert, sondern auch sehr tüchtig und gründlich arbeitet. Viele Mitarbeiter finden Herrn Schulze sogar zu tüchtig. Vor allem die anderen Gruppenleiter der Abteilung befürchten, Herr Schulze könnte die in drei Jahren frei werdende Stelle des Abteilungsleiters einnehmen.

Auch die Untergebenen von Herrn Schulze sind von den draufgängerischen Arbeitsmethoden ihres neuen Chefs nicht sonderlich begeistert. Herr Marti und Herr Bühlmann, zwei Untergebene, die gerne selbst Gruppenleiter geworden wären, ziehen es in Folge vor, den Dienst zu quittieren. Sie werden jedoch bald wieder durch zwei neue Mitarbeiter ersetzt. Diese Neuen verstehen sich mit Herrn Schulze sehr gut.

Einmal nach dem Feierabend erzählte Herr Schulze einem der neuen Mitarbeiter, man habe ihm bei seinem Eintritt in die Verwaltung bei Bewährung die Stelle des Abteilungsleiters schriftlich versprochen. Diese Neuigkeit macht in der Abteilung bald die Runde. Einige Mitarbeiter von Herrn Schulze erkundigen sich sogar bei der Betriebsleitung über die Wahrheit dieses Gerüchtes. Der Personalchef erklärt hierzu, das sei alles dummes Gerede. Er wisse nichts von einer solchen Vereinbarung. Im übrigen gibt er nur ausweichend Antwort.

2. Fragen
- Wer hat welche Fehler gemacht?
- Wie hätten Sie sich als Personalchef verhalten?
- Ist Herr Schulze ein wertvoller Mitarbeiter?
- Sehen Sie ihn als Abteilungsleiter?

* IMAKA / Institut für Management- und Kaderschulung Zürich

Abbildung 102: Fallstudie: «Führung einer Gruppe»

1. *Ausgangslage*
   Gruppenchef Jäger leitet die 1. Handwerker-Gruppe im Bezirksspital.
   Die 2. Handwerker-Gruppe untersteht Jägers Kollege Meinecke.
   Gemeinsamer Vorgesetzter der Herren Jäger und Meinecke ist der Chef Betriebstechnik, Herr Zünd.

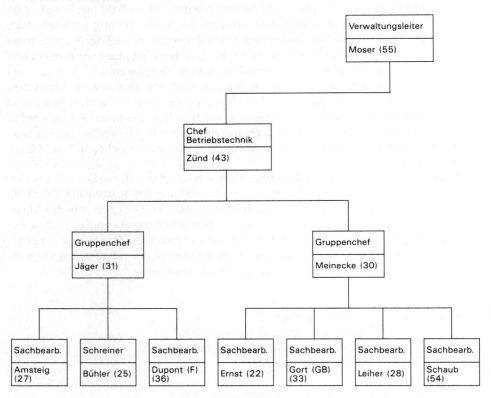

Fall 1:
Schreiner Bühler beschwert sich beim Betriebsdienst-Chef Zünd über seinen Vorgesetzten, Herrn Jäger. Vor ein paar Wochen hatte Herr Bühler, der damals erst einen Monat im Betrieb verbracht hatte, von Herrn Jäger einen Sonderauftrag erhalten. Herr Bühler sollte an einem Arbeitsplatz eine Arbeit durchführen. Herr Jäger ermahnte Herrn Bühler ausdrücklich, dafür nicht mehr als eine Stunde zu verwenden. Als der Verwaltungsleiter, Herr Moser, Herrn Bühler sieht, wirft er ihm vor, eine liederliche Arbeit verbrochen zu haben. Herr Bühler versucht, sich mit Hinweis auf Herrn Jägers Instruktionen zu rechtfertigen – doch ohne Erfolg.
Darum berichtet Herr Bühler nun Herrn Zünd. Herr Jäger habe ihn falsch instruiert. Man hätte für eine ordnungsgemässe Arbeit mehr Zeit gebraucht. Künftig wolle er solche Aufträge von Herrn Jäger entschieden zurückweisen.

Fall 2:
Herr Dupont ist dank seiner langjährigen Erfahrung und mit seinen 36 Jahren der beste von Herrn Jägers Mitarbeitern. Er hat gut deutsch gelernt und ist auch bei seinen Kollegen beliebt.
Nun kommt Herr Dupont aus seinen Ferien in Frankreich zurück und berichtet, es sei ihm in seiner Heimatstadt eine besser bezahlte Stelle angeboten worden. Falls ihm Herr Jäger nicht eine Gehaltsaufbesserung zusichern könne, würde er weggehen. Für seine vier Kinder erhalte er in Frankreich ausserdem wesentlich höhere Sozialzulagen.

Fragen:
211 Soll man auf Drohungen überhaupt eingehen?
212 Soll man bei guten Mitarbeitern auf Drohungen eingehen?
213 Wie ist dieser Fall zu behandeln?

Fall 3:
Schlosser Amsteig macht in jüngster Zeit einen zunehmend bedrückteren Eindruck. Herr Jäger stellt bei ihm auch einen gewissen Leistungsabfall fest. Es sieht so aus, als ob sich Herr Amsteig auf strikte Pflichterfüllung beschränkt; darüber hinaus tut er keinen Streich zuviel. Das fällt Herrn Jäger auch daran auf, dass Herr Amsteig Schlag Feierabend die Türklinke in der Hand hat, um stets rechtzeitig heimzugehen. Schliesslich stellt der Gruppenchef Jäger Herrn Amsteig seines neuen «Minimalismus» wegen zur Rede. Darauf meint Herr Amsteig: «Sehen Sie, diese Frage zeigt mir, dass Sie gute und sehr gute Leistungen als selbstverständlich voraussetzen. Wenn aber einem der Kollegen oder mir etwas abverheit, sind Sie sofort mit Tadel da. Aber einmal ein Wort der Anerkennung...? Noch nie gehört!»

Fall 4:
Zur Gruppe des ehrgeizigen kaltschnäuzigen und von seiner Arbeit fast besessenen Herrn Meinecke gehört auch Herr Leitner mit seinem sonnigen Gemüt. Herr Leitners grosse Schwäche ist das Fischen. Um seinem Steckenpferd möglichst viel Zeit widmen zu können, hat sich Herr Leitner zum Experten aller Bestimmungen über den Krankenstand entwickelt.
Dem Gruppenchef kommen Herr Leitners Kurzkrankheiten je länger desto verdächtiger vor. Bisher konnte ihm Herr Meinecke allerdings noch nichts nachweisen. Doch heute hat Herr Meinecke von seinem Mitarbeiter Herrn Ernst gehört, einer von Ernsts Bekannten hätte Herrn Leitner an dessen letzten Krankheitstag fischen gesehen.

Fall 5:
Herr Meinecke übergibt seinem Mitarbeiter Herrn Ernst, Elektroinstallateur, den Auftrag, eine Schalttafel zu konstruieren. Er gibt Herrn Ernst einige wenige Erläuterungen, wird dann vom Telefon unterbrochen und weggerufen. Im Weggehen rät er seinem Mitarbeiter noch: «Bei allfälligen Unklarheiten wenden Sie sich einfach an mich.»
Zwei Tage später schnappt Herr Meinecke im Vorübergehen ein Telefongespräch auf, das Herr Ernst führt. Aus den Worten von Herrn Ernst muss Herr Meinecke allerdings schliessen, dass sein Mitarbeiter offenbar fachlich falsch beraten wird. Herr Meinecke hat aber weder Zeit noch Lust, gleich an Ort und Stelle einzugreifen und später hat er die betreffenden Gesprächsfetzen wieder vergessen.
Drei Tage später bringt Herr Ernst seinem Gruppenchef die fertige Schalttafel. Nach kurzer Prüfung stellt Herr Meinecke mehrere Mängel fest. Er reibt diese Mängel Herrn Ernst gebührend unter die Nase und schickt ihn weg, um das gleich nochmal, aber besser, zu konstruieren.

Fall 6:
Die Mitarbeiter Ernst und Leiher anerkennen den Gruppenchef Meinecke nicht. Ihre Leistung lässt zwar nichts zu wünschen übrig; sie schikanieren und provozieren jedoch den deutschen Vorarbeiter durch Sticheleien und arrogantes Auftreten. Meinecke beklagt sich beim Chef Betriebstechnik.

Fragen:
- Fehlt es am Gruppenchef oder an den Jüngeren?
- Sollten sich die Jüngeren oder der Gruppenchef ändern? Kann man erwarten, dass sich Menschen ändern?
- Soll nötigenfalls der Gruppenchef versetzt werden? Oder die jüngeren Arbeiter?

Fall 7:
Die Abwesenheit aus Krankheitsgründen hat bei Herrn Gort stark zugenommen. Betriebschef Zünd vernimmt auf Umwegen, dass diese Abwesenheiten nicht krankheitsbedingt seien. So sei Herr Gort mit dem Wagen unterwegs gesehen worden.

Fragen:
- Kann gegen Absentismus dieser Art etwas Wirksames unternommen werden?
- Soll man grosszügig sein und ein Auge schliessen?
- Soll man zur Abschreckung ein hartes Exempel statuieren?
- Gibt es eine allgemeine gültige Art des Vorgehens gegen Absentismus?

Fall 8:
Der stille Herr Schaub wirkt zusehens gedrückter. Betriebschef Zünd stellt ihn zur Rede. Herr Schaub beschwert sich bitter darüber, dass Gruppenchef Meinecke ihn bei jedem kleinen Fehler zwar anständig aber doch kleinlich kritisiere, während er für seinen guten Einsatz nie ein Lobeswort zu hören bekomme.

Frage:
- Wie ist dieser Fall im einzelnen zu behandeln?

Abbildungen 103/104: Fallstudien «Entscheidungsfindung»

Oberpfleger Müller
1. Situation
Seit einiger Zeit hat Oberpfleger Müller das Gefühl, dass das Arbeitsklima auf seiner Abteilung belastet sei. Einzelne Mitarbeiter weichen ihm in letzter Zeit aus – bei der Arbeit, in den Pausen, ja sogar ausserhalb der Arbeitszeit. Zwei sonst sehr tüchtige Mitarbeiter haben mit ihren Leistungen merklich nachgelassen. Am letzten Wochenrapport hat fast nur Herr Müller gesprochen – alle waren auf raschen Abschluss bedacht.
Dabei lässt Herr Müller seinen Mitarbeitern in ihrer Arbeit weitgehend freie Hand. Ja, sein Führungsstil kann durchaus als kooperativ bezeichnet werden. Er hört sich immer alle Meinungen an, bevor er entscheidet. Seine Mitarbeiter versorgt er auch regelmässig mit allen nur verfügbaren Informationen. Herr Müller ist nun bald ein Jahr in seinem Amt. Anfänglich ging alles gut, doch eben die letzten vier Wochen...
Vor wenigen Wochen hat das Spital einen sehr schönen Neubau eröffnen können, der für viele Mitarbeiter eine enorme Verbesserung der Arbeitsbedingungen brachte – grosse, helle Räume, mit den modernsten Einrichtungen. Aus betrieblichen Gründen bleibt die Abteilung von Herrn Müller im Altbau. Immerhin stehen ihm nun viel mehr Räumlichkeiten zur Verfügung.
Gestern abend nun bat ihn ein Mitarbeiter um Versetzung in eine andere Abteilung auf Anfang nächsten Jahres. Als Begründung nannte ihm der Mitarbeiter, fachliche Weiterbildung und Vorbereitung auf eine Kaderposition.

2. Aufgaben
- Analysieren Sie dieses Problem
- Treffen Sie eine Entscheidung

Gipsstation
1. Situation
Doktor Hengartner leitet die Gipsstation im Kurort-Spital. Den jahresbedingten Wintersportmöglichkeiten gemäss, sind November, Dezember, Januar, Februar, März ausgesprochene Spitzenmonate. Zwar läuft der Betrieb rund, ausgenommen zu Spitzenzeiten. Von den fünf Personen, die Doktor Hengartner unterstehen, sind dann alle so ausgelastet, dass keine Möglichkeit zum Delegieren und damit zur persönlichen Entlastung bleibt.
Anfang Oktober überlegt sich nun Doktor Hengartner Lösungsvarianten zu diesem Problem.

2. Frage
Was kann Dr. Hengartner kurzfristig, aber auch längerfristig vorkehren, um die Situation zu meistern?

Abbildung 105: Fallstudie «Kontrolle»

1. Situation
Herr Schmidt ist der neue Oberpfleger in der «Klinik am See». Die meisten Mitarbeiter kennen ihn bereits und freuen sich auf die Zusammenarbeit mit ihm. Er bringt allen Vertrauen entgegen und es sieht so aus, dass man bei ihm recht selbständig arbeiten darf. Das haben sich die meisten Pfleger und -pflegerinnen schon immer gewünscht.
Bei seinem Dienstantritt hat Herr Schmidt zusammen mit den Pflegern und Pflegerinnen die Aufgaben der einzelnen Mitarbeiter durchgesprochen; man war sich über Zielsetzung, Dienstgestaltung und Aufgaben einig. Auch bei dieser Besprechung gefiel es den Mitarbeiter/-innen sehr, dass Herr Schmidt manchen Gesprächspunkt mit der Feststellung abschloss: «Sie wissen ja, worauf es ankommt»!
Alle gingen motiviert an die Arbeit. Am Anfang hatte Herr Schmidt auch selbst noch ziemlich viel zu tun, um sich in seine Aufgabe richtig einzuarbeiten. Er besuchte die Abteilungen daher relativ selten und beschränkte sich bei der Kontrolle auch mehr oder weniger auf Stichproben.
Als er aber nach der eigenen Einarbeitungsphase mehr und mehr Zeit dazu fand, begann er sein lange geplantes Kontrollsystem durchzuführen.
Er besuchte die Abteilungen nun regelmässig. Auf einmal ergaben sich Schwierigkeiten; er stellte viele Ungenauigkeiten, und nach seiner Meinung, Nachlässigkeiten fest. Er hatte sich nämlich eine Reihe von Checklisten aufgestellt und kontrollierte nach diesen Punkt für Punkt. So gab es in seiner Tasche z.B. Checklisten über folgende Themen:

- *Sauberkeit der Patienten*
- *Diätkontrolle*
- *Medikamenten-Verwaltung*
- *Raumpflege*

Jede dieser Checklisten enthielt zwischen 15 und 25 Kontrollpunkte.
Die Mitarbeiter/-innen hatten diese Checklisten nicht. Jeweils, wenn Herr Schmidt eine Unstimmigkeit feststellte, stellte er den dafür verantwortlichen Mitarbeiter zur Rede und wies ihn an, in Zukunft besser aufzupassen.
Auch in solchen Situationen sagte er immer: *«Sie wissen ja, worauf es ankommt.»*
Wenn er eigentlich einen eher kooperativen Führungsstil praktizierte, so war doch sein Auftreten immer so bestimmt und sicher, dass kaum jemand einen Widerspruch oder eine Frage riskierte.
Die Klinik hatte es nun in der folgenden Zeit nicht leicht, da die Belegung bis an die oberste Grenze anstieg und einige recht schwierige Patienten zu betreuen waren. Dazu war die Personalsituation durch den Ausfall von drei Pflegern und dem Mangel an Hilfskräften äusserst angespannt.
Gerade in dieser Zeit verschlechterte sich auch das Arbeitsklima, weil Herr Schmidt immer mehr Differenzen mit Hilfe seiner Checklisten feststellte. Immer öfter stellte er Mitarbeiter/-innen zur Rede und sprach einzelne strenge Verweise aus.

Als sich das gar nicht änderte, nahm er sich einmal die Zeit, über die ganze Angelegenheit nachzudenken. Sein erster Gedanke war wieder: «Die Leute wissen doch, worauf es ankommt. Warum klappt es denn immer schlechter?» Er machte sich eine ganze Reihe Notizen, bereitete einige Unterlagen vor und rief seine Abteilungspfleger/-innen zu einer Besprechung.

2. *Frage*

Das war vor ungefähr 3 Wochen. Seitdem ist die Stimmung in der Klinik am See wieder bestens, und es sind kaum noch Differenzen vorgekommen.

Was meinen Sie, was Herr Schmidt damals vor 3 Wochen seinen Abteilungspflegern/-innen mitzuteilen hatte und welche Unterlagen er ihnen übergeben hat? Schreiben Sie bitte auf, was Sie an seiner Stelle unternommen hätten.

Abbildung 106: Fallstudie «Kritik»

1. Situation
Küchenchef Burri arbeitet seit zwölf Jahren im Spital. Nachdem Sie ihn in den ersten Jahren relativ häufig kontrollierten und überwachten, unterliessen Sie dies in den letzten Jahren.
Ausser einigen Gerüchten über einen unvollendeten Führungsstil Burris, hatten Sie zu verstärkten Kontrollen keinen Grund.
Herr Burri war immer zur Stelle. Zur Vorbereitung seiner Aufgaben kam er morgens meistens eine Stunde früher und zur Erledigung der Pendenzen arbeitete er oft am Abend über die normale Arbeitszeit hinaus.
Vor drei Monaten erkrankte Herr Burri ernstlich. Nach einer längeren Rekonvaleszenzzeit wird er am kommenden Montag seine Tätigkeit wieder aufnehmen.
Sie haben Herrn Burri während seiner dreimonatigen Abwesenheit vertreten. Dabei mussten Sie feststellen, dass dieser während seiner normalen Arbeitszeit laufend Fehler, vor allem Führungsfehler, machte. So stellen Sie unter anderem fest, dass er seine Mitarbeiter in keiner Art und Weise zur Selbständigkeit erzogen hatte.
Zwei jüngere Köche, die noch nicht lange in Ihrem Betriebe arbeiten, haben sich während Ihrer Vertretung sehr gut entwickelt und Ihnen gegenüber Befürchtungen geäussert, dass ihre Freude an der Arbeit und an der vorübergehend gewährten Selbständigkeit bei der Rückkehr von Herrn Burri ein Ende finden würden. Bei der Diskussion mit diesen jungen Leuten erfahren Sie, dass Herr Burri sehr autoritär führe und keine Einwände oder Ansichten der Mitarbeiter gelten lasse.
Diese Aussprache gab Ihnen dann auch Klarheit über die relativ hohe Rate der Fluktuation in der Küche.
Sie möchten Herrn Burri trotzdem weiterhin als Küchenchef behalten; seinen negativen Eigenschaften lassen sich viele positive Eigenschaften entgegenhalten. Andererseits sind Sie aber entschlossen, sofort nach der Rückkehr von Herrn Burri – bevor er wieder voll seine Tätigkeit aufnehmen wird – mit ihm ein Gespräch zu führen.

2. Aufgaben
- Überlegen Sie sich, wann und *wie* Sie *dieses Kritikgespräch durchführen* wollen.
  - *Vorschläge:* Ort, Zeitpunkt, Argumente, Anerkennung vorausschicken, Rücksicht auf Abwesenheit, Motivierung zur Behebung eines Missstandes
  - *Weitere Vorschläge:*
- *Führen Sie das Gespräch durch.*

Abbildungen 107/108: Fallstudien «Mitarbeiterbeurteilung»

Max Müller

1. Situation

Max Müller, 35 Jahre, ledig, Mitarbeiter im technischen Dienst, seit 3 Jahren im Spital, wurde vor ¾ Jahren aus der Werkstatt zur Reparaturabteilung versetzt. Max Müller ist als Betriebsschlosser eingesetzt und mit der turnusmässigen Wartung und Reparatur von Betriebseinrichtungen in verschiedenen Abteilungen nach einem vorgegebenen Wartungsplan beauftragt.

Der Vorgesetzte stellt fest, dass der Betriebsschlosser Müller seinen Aufgaben in der vorgegebenen Zeit in der Regel gerecht wird. Darüber hinaus zeigt es sich, dass er zusätzliche Arbeitsspitzen bewältigen kann.

Die von Herrn Müller durchgeführten Arbeiten geben im allgemeinen keinen Anlass zu Beanstandungen.

Der Vorgesetzte ist froh darüber, dass sein Mitarbeiter Müller sich auch in Stresssituationen nicht aus der Ruhe bringen lässt und bei gleichzeitigem Arbeitsanfall die richtigen Prioritäten findet. Bei der Lösung schwieriger Probleme ist er findig und vielseitig. Der Vorgesetzte beobachtet, dass Herr Müller sorgfältig mit seinem Werkzeug umgeht.

Der Werkstattmeister beschwerte sich unlängst, dass Müller auf das sofortige Anbringen eines Schutzgitters an einer Maschine bestand und damit den Arbeitsfluss behinderte. Wie sich herausstellte, hatte der Maschinenbediener das Schutzgitter entfernt, weil er schneller arbeiten wollte, und ihm die Sicherheitsvorrichtung dabei hinderlich erschien.

Bei der letzten Arbeitsbesprechung in der Reparaturabteilung erklärten die Kollegen: «Seit unser Müller krank ist, reichen die Vorräte an Dichtungsringen nicht mehr aus.» Der Elektriker Klaus berichtet, wie prima seine Zusammenarbeit mit dem Kollegen Müller sei.

Der Meister füllt Herrn Müllers Beurteilungsbogen aus und bittet ihn zu einem Beurteilungsgespräch zu sich.

2. Auftrag

Max Müller soll anhand des beigefügten Beurteilungsbogens beurteilt werden.

Helmut Huber

1. *Situation*
Helmut Huber, 45 Jahre, verheiratet, 2 Kinder (12 und 17 Jahre), medizinischer Laborant, 10 Jahre im Krankenhaus, seit 5 Jahren Gruppenleiter.
Helmut Huber unterstehen zwei verschiedene Labors des Spitals, das erste mit 7 Mitarbeitern und das zweite mit 5 Mitarbeitern.
Der zuständige Chefarzt denkt daran, Herrn Huber ein weiteres Labor mit 1 Sachbearbeiter und 1 Mitarbeiterin zu übertragen. Er bespricht diesen Plan mit dem Betroffenen und stellt fest, dass dieser sich durch eine solche Erweiterung seines Aufgabengebietes zeitlich überfordert fühlt.
Herr Huber erklärt, er habe alle Hände voll zu tun, um den bisherigen Anforderungen gerecht zu werden, er müsse öfter Arbeit mit nach Hause nehmen, um einigermassen klar zu kommen.
Der Chefarzt erlebt bei Abteilungsbesprechungen, wie Herr Huber anstehende Probleme recht langatmig beschreibt.
Die Leiterinnen verschiedener Pflegeabteilungen beschweren sich über das Wachsen des «Lack»-Berges.
Der Chefarzt findet, dass er seinen Gruppenleiter öfter «anstossen» muss, wenn es etwas zu verbessern gilt, und dass dieser bei solchen Besprechungen leicht nervös wird. Bei der Übernahme von Sonderaufträgen zögert Herr Huber in der Regel.
Budgetkontrollen ergeben bei Herrn Huber keine nennenswerten Abweichungen. Der Materialverbrauch ist im Vergleich zu anderen Abteilungen durchschnittlich.
Eine Durchleuchtung des Arbeitsbereiches Huber zeigte, dass Herr Huber die notwendigen Besprechungen mit seinen Gruppenleiterinnen und auch mit den kooperierenden Stellen durchführt.

2. *Aufgabe*
Der Chefarzt füllt Herrn Hubers Beurteilungsbogen aus und bittet ihn zu einem Beurteilungsgespräch zu sich.

Abbildung 109: Fallstudie «Gesprächsführung»

1. Situation
Personen
- *Schwester Anna* – 35 Jahre – ruhig, ziemlich streng – ist seit einigen Jahren Abteilungsschwester im mittelgrossen Spital Mallos.
- *Schwester Beatrice* – 28 Jahre – aufstrebend, nicht besonders konsequent – ist seit einem Jahr Gruppenleiterin auf der Abteilung von Schwester Anna. Vorher war Schwester Beatrice als diplomierte Krankenschwester in einem anderen Krankenhaus tätig.
- *Schwester Klara* (K) ist die Oberschwester der Klinik
- *Dr. Müller* ist der Chefarzt

Gespräch
- An einem Nachmittag spielt sich zwischen den beiden Schwestern folgendes Gespräch ab:
  - *Schwester Anna (A):* «Schwester Beatrice! – Ich habe heute nachmittag mit Schwester Klara (K) gesprochen. Sie hat sich über Ihre Gruppe besorgt gezeigt.»
  - *Schwester Beatrice (B):* «Besorgt? Wieso? Wie soll ich das verstehen?»
  - A: «Herr Doktor Müller soll ihr gesagt haben, dass auf unserer Abteilung – und besonders in Ihrer Gruppe – Schwester Beatrice – den Patienten und der Hygiene herzlich wenig Aufmerksamkeit gewidmet sei. Man schwatze nur, aber pflegen tue man wenig.»
  - B: «Na also, hören Sie, Schwester Anna, wie kann Dr. Müller nur so etwas sagen?»
  - A: «Näheres weiss ich auch nicht. Aber das Gespräch war mir alles andere als angenehm, das können Sie sich denken.»
  - B: «Ja, aber dabei darf man es doch nicht bewenden lassen! Ich würde...»
  - A fällt Schwester Beatrice ins Wort: «Warten Sie, Schwester Beatrice! Wir machen es folgendermassen. Wir lassen uns etwas Zeit, beruhigen uns zunächst, denken darüber nach und übermorgen, nach der Visite, reden wir dann über die ganze Geschichte gründlich. Machen wir es so?»
  - B: «Gut! Ich versuche mich inzwischen zusammenzureissen!»

Beide Damen nützen die Zeit und bereiten sich auf das Gespräch vor.
Schwester Anna geht von ihrer Kenntnis aus, dass die Gruppe von Schwester Beatrice tatsächlich etwas nachlässig ist.
Schwester Beatrice dagegen ist überzeugt, dass Dr. Müller einfach immer an irgend jemendem herummeckern muss. «Ob mit Recht oder Unrecht, ist ihm gleich», denkt Schwester Beatrice.

2. Aufgaben
Beschreiben Sie so detailliert wie möglich, wie sich einerseits Schwester Anna und andererseits Schwester Beatrice auf das wichtige Gespräch vorbereiten.

Abbildung 110: Rollenspiel «Verhandeln»*

Es soll rationalisiert werden......!

Situation
Herr Graber ist Verwalter eines mittelgrossen Krankenhauses. Dieses Krankenhaus hat vor drei Jahren das Kostenstellensystem eingeführt. Nach den üblichen anfänglichen Schwierigkeiten mit der Budgetierung, hat sich dieses System recht gut eingespielt.
Es zeigt sich jetzt, dass die Abteilung für Chronisch-Kranke (Abteilung 3), von der wirtschaftlichen Seite her gesehen, das echte Sorgenkind von Herrn Graber ist. Die Abteilungen 1 (Innere Medizin) und 2 (Chirurgie) schneiden gut ab. Nur Abteilung 3 überschreitet dauernd die budgetierten Ausgaben.
Herrn Graber schwebt vor, dass man durch Rationalisierung manche Ausgaben reduzieren, ja sogar abschaffen könnte.
Der Leitende Chefarzt, Vorsitzender des leitenden Ausschusses des Krankenhauses, Dr. Zoft, beschliesst, an der nächsten Sitzung eine Zielsetzung für die Rationalisierung der Abteilung für Chronisch-Kranke auszuarbeiten. Eingeladen sind, wie üblich, alle drei Chefärzte, die drei Oberschwestern, der Verwalter und die Hausbeamtin.

1. Rolle: Leitender Chefarzt Dr. Zoft
Sie orientieren die Anwesenden nochmals über das Ziel des ersten Punktes der heutigen Sitzung:
«Der leitende Ausschuss soll versuchen, dem Chefarzt der Abteilung 3, Herrn Dr. Abel, klarzumachen, dass es nötig ist, die Wirtschaftlichkeit seiner Abteilung zu verbessern. Herr Dr. Abel soll diese Sitzung als keine Kritik, sondern als eine kollegiale Hilfe ansehen.»
Im weiteren schlagen Sie den folgenden Ablauf der Diskussion vor:
«Zunächst wird ein Brainstorming veranstaltet, dessen Leitung Herr Graber übernimmt. Herr Graber hat sich dafür bereits vorbereitet. Nachher werden die Ideen in verwandte Gruppen geordnet und auf die Wichtigkeit für das Erstellen einer guten Zielsetzung zur Rationalisierung der Abteilung 3 geprüft. Schliesslich wird unter der Leitung von Dr. Abel die Zielsetzung gemeinsam ausgearbeitet.»
Sie geben noch die voraussichtlich notwendige Zeit dafür mit etwa einer Stunde an.
Nachdem Sie sich evtl. Fragen oder Gegenvorschläge angehört und diese beantwortet haben, übergeben Sie das Wort Herrn Graber, der das Brainstorming leitet.
Sie nehmen am Brainstorming teil wie jeder andere. Im Hinblick auf Ihre leitende Position halten Sie sich jedoch eher zurück, damit Sie den Ideenfluss nicht übermässig beeinflussen. Auf der anderen Seite verhalten Sie sich nicht passiv, weil es als Desinteresse an der Rationalisierung der Abteilung 3 auszulegen wäre und dadurch die Motivation der anderen gehemmt werden könnte.

* ATW-VESKA

2. *Rolle: Verwalter, Herr Graber*
Sie werden vom leitenden Chefarzt Dr. Zoft aufgefordert, ein Brainstorming zum Thema «Rationalisierung der Abteilung für Chronisch-Kranke» zu leiten.
Sie wenden ein, dass diese Formulierung des Themas dazu verleiten würde, nur die möglichen Rationalisierungsmassnahmen zu suchen. Heute geht es aber vor allem darum, eine umfassende *Zielsetzung* für die Rationalisierung zu erstellen. Es sollen also alle Aspekte der Rationalisierung zur Sprache kommen, auch die negativen. Ausserdem sollten auch Termine, Kosten- und Zeitaufwand, Einfluss auf die Patienten und vieles mehr spontan von verschiedenen Seiten beleuchtet werden, damit eine realistische, von allen akzeptierbare Zielsetzung zustande kommt.
Sie schlagen also das folgende Thema vor: «Was alles beachtet werden muss, wenn die Abteilung 3 rationalisiert werden soll.»
Als Beispiel nennen Sie die folgenden Ideen:
- Die Versorgung der Patienten darf darunter nicht leiden
- Wie wird es in anderen Krankenhäusern gemacht?
- Tarife erhöhen?
- Die Rationalisierung muss sofort eingeleitet werden

Sie erklären, dass *alle* Beiträge willkommen sind, auch die scheinbar abwegigen. Sie bitten eine Kollegin oder einen Kollegen, auf dem Hellraumprojektor oder an der Wandtafel die Ideen zu notieren.
Sie unterstreichen nochmals, dass es nicht nur um die Ideen für die Rationalisierungsmassnahmen geht, sondern um alle Aspekte dieses Problems.
Sie belehren die Teilnehmer mit Nachdruck, dass es während dieser Phase des Brainstorming total falsch wäre, wenn jemand versuchen würde, zu den einzelnen Ideen gleich Stellung zu nehmen oder sogar die aufgeworfenen Ideen zu bewerten oder zu kritisieren. (Das gilt natürlich vollumfänglich auch für den leitenden Arzt, Dr. Zoft, und selbstverständlich auch für Sie!)
Dann fragen Sie, ob es noch Bedenken gibt. Abschliessend lesen Sie nochmals das Thema vor:
«Was alles beachtet werden muss, wenn die Abteilung 3 rationalisiert werden soll.»
Sie eröffnen den Ideenfluss und bringen selbst natürlich auch Ideen, besonders dann, wenn er ins Stocken zu geraten droht. Auch Ihr Kollege, der die Ideen notiert, soll sich aktiv an der Ideensuche beteiligen.
Nachdem der Ideenfluss ausgetrocknet ist (nach ca. 10 bis 15 Minuten) brechen Sie das Brainstorming ab und bedanken sich bei Ihren Kollegen.

3. *Rolle: Chefarzt der Abteilung 3, Dr. Abel*
Sie sind in einer heiklen Situation. Es ist nicht leicht, sich von Kollegen helfen zu lassen. Empfindliche Charaktere können darunter sehr leiden, weil es ihr Selbstbewusstsein und ihre Selbstsicherheit untergraben könnte.
Sie sind jedoch anders. Sie sehen ein, dass Ihre Aufgabe als Chef sehr vielseitig ist und dass niemand allen Ansprüchen gewachsen ist. Sie wissen auch, dass jeder Erfolg Ihre Autorität stärkt, auch wenn zu diesem Erfolg andere beigetragen haben. Sie haben die Macht der Gruppe erkannt und sind gern bereit, von ihr zu profitieren.
Während des Brainstormings können Sie natürlich nicht viele Massnahmen vorschlagen, weil Sie bereits vieles erfolglos versucht haben. Um so mehr sind Sie aber imstande, auf verschiedene Gefahren aufmerksam zu machen.
Sie tun es aber keineswegs als Kritik an den Vorschlägen und Ideen, die von Ihren Kolleginnen und Kollegen vorgebracht werden. Sie melden die möglichen negativen Einflüsse an. So zum Beispiel:
- Die Chronisch-Kranken sind oft launenhafter als die anderen Patienten
- Die Chronisch-Kranken sind im Durchschnitt älter als die anderen
- Die Chronisch-Kranken haben eher die Möglichkeit, inoffizielle Gruppen und Kommunikationsnetze aufzubauen, wodurch die Arbeit des Pflege- und Hilfspersonal erschwert wird
- Und noch manches mehr...

Nachdem die erste Phase des Brainstorming, die der Verwalter, Herr Graber, leitet, abgeschlossen ist, wird Dr. Zoft zuerst die vorgebrachten Ideen gruppieren, damit eine bessere Übersicht entsteht. Nachher wird er Ihnen die Leitung der Sitzung übertragen. Sie sollen das Auswerten der Ideen und die Ausarbeitung der endgültigen Zielsetzung leiten.
Sie sorgen dafür, dass nur konstruktive Kritik geübt wird. Es geht dabei vor allem darum, jede Idee sorgfältig zu prüfen, bevor sie als unrealistisch gestrichen wird. Es ist nicht auszuschliessen, dass sich der Autor einer gestrichenen Idee beleidigt fühlt. Sie müssen sehr freundlich und äusserst sachlich argumentieren.
Beim Leiten der Ausarbeitung der endgültigen Zielsetzung für die Rationalisierung Ihrer Abteilung lassen Sie sich von der Führungshilfe ZIELSETZUNG führen.
Nachdem Ihrer Meinung nach eine brauchbare Zielsetzung ausgearbeitet wurde, übergeben Sie die Leitung der Sitzung zurück an den leitenden Chefarzt, Dr. Zoft.

4. Rolle: Teilnehmer der Sitzung
In Ihrem Krankenhaus herrscht im allgemeinen ein gutes Klima. Es wird manchmal gestritten, aber meist auf sachlicher Ebene und ohne unangenehme Folgen für die zwischenmenschlichen Beziehungen.
Auch heute wollen Sie Dr. Abel helfen, sein Problem der Wirtschaftlichkeit der Abteilung für Chronisch-Kranke endlich zu lösen. Sie sind gern bereit, Ihre Erfahrungen, Kenntnisse und Ideen einer nützlichen Sache zur Verfügung zu stellen. Natürlich denken Sie dabei vor allem an die Interessen Ihres Verantwortungsbereiches. Jede Massnahme, die der Abteilung 3 helfen würde, aber auf Ihrem Gebiet neue Schwierigkeiten brächte ist Ihnen zunächst unsympathisch. Trotzdem sind Sie zu Konzessionen bereit, wenn Sie durch sachliche Argumente überzeugt werden.
Während des Brainstormings halten sie sich an die Anweisungen von Herrn Graber, dem Verwalter, der die erste Phase des Brainstormings leitet. Sie wissen, dass es dabei vor allem auf zwei Dinge ankommt:
- Ideen, Vorschläge, Bedenken usw. sehr knapp, und vor allem vorurteilslos, vorzubringen. Man muss sich keiner, auch der scheinbar ausgefallensten Idee schämen. Schlimmer ist es, wenn man während des Brainstormings nicht einmal den Mund öffnet vor Angst, sich zu blamieren.
- Während der ersten Phase des Brainstormings sind keine Kritik an vorgebrachten Ideen, kein Bewerten, keine Stellungnahme erlaubt. Dadurch wäre alles verdorben!

Während der weiteren zwei Phasen des Brainstormings – Ordnen der Ideen und Bewerten derselben – machen Sie aktiv mit, wobei Sie ständig versuchen, auf der sachlichen Ebene zu bleiben.

Abbildung III: Rollenspiel «Informieren»*

Situation
Der leitende Chefarzt Dr. Hefti nimmt sich vor, gemeinsam mit seinen engsten Mitarbeitern das Informationswesen in «seinem» Krankenhaus wieder einmal etwas unter die Lupe zu nehmen.
Er überlegt sich, auf welche Weise dieses Thema am besten anzupacken wäre. Nach einer gründlichen Abwägung entscheidet er sich für ein informelles Gespräch. Es soll kein Protokoll erstellt werden, es sollen auch keine Beschlüsse gefasst werden. Es geht darum, Erfahrungen seiner Mitarbeiter zu sammeln. Dr. Hefti erhofft sich von dieser informellen Sitzung auch eine Reihe von Ideen, die später aufgegriffen und zu geeigneten Massnahmen ausgearbeitet werden könnten.
Um dieser Sitzung eine neutrale, informelle Note zu geben, vereinbart er mit seinen Oberärzten, Oberschwestern und mit dem Verwalter ein Zusammentreffen in einem Gruppenraum des Schulungszentrums.

* ATW-VESKA

Rolle Dr. Hefti
Als Leitfaden für die informelle Sitzung mit Ihren engsten Mitarbeitern benützen Sie die Führungshilfe «Information» (s. S. 16).
Zu Beginn der Sitzung bitten Sie Ihre Mitarbeiter, nach Möglichkeit offen zu sprechen, weil der Sinn der Sitzung im Erfahrungsaustausch und in der Suche nach Ideen liege, wie man das Informationswesen in Ihrem Krankenhaus verbessern könnte.
Sie lesen jeweils einen Punkt der Führungshilfe vor und bitten Ihre Mitarbeiter, ihre Vorstellungen, Erfahrungen und Ideen zu diesem Punkt zu äussern.
Sie leiten ein Gespräch im Sinne der gegenseitigen Hilfe der Anwesenden. Alle sollen von Erfahrungen, Vorstellungen und Ideen der anderen profitieren.
Während des Gesprächs notieren Sie die erbrachten Ideen, um diese zum Abschluss des Gesprächs zu rekapitulieren, eventuell auf ihre Realisierbarkeit zu prüfen. Selbstverständlich wieder unter aktiver Mitarbeit aller Anwesenden.
Sie fordern die Anwesenden auf, sich während der Sitzung auch Notizen zu machen zu den geäusserten Erfahrungen und Ideen, die auf dem Gebiet jedes einzelnen Anwesenden realisiert werden können.
Sie versuchen, die einzelnen Punkte der Checkliste wenn nötig zu verallgemeinern (z.B. im Punkt 11 kann es sich statt um Verspätung, um eine beliebige Art von Schwierigkeit oder Panne handeln) oder umgekehrt, auf Ihr Krankenhaus zu konkretieren (z.B. in den Punkt 15 auch die Störungen durch mehrmalige Rückfrage der Patienten hineinbeziehen).

Rolle Teilnehmer an der Sitzung
Sie arbeiten mit dem leitenden Chefarzt gern zusammen. Er versteht es, mit einer festen Hand in Samthandschuhen das Krankenhaus zu leiten. Deswegen fürchten Sie auch nicht, dass die Erfahrungen, die eventuellen Mängel, die Sie zugeben oder Ihre Ideen von ihm oder von den anderen missbraucht werden. Das gute Führungsklima fördert die Zusammenarbeit und die gegenseitige Hilfsbereitschaft.
Während des Gespräches konzentrieren Sie sich auf zweierlei:
1. Sie berichten über Ihre positiven und negativen Erfahrungen und bringen auch Ihre Vorstellungen und Ideen zur Geltung, die den Informationsfluss in Ihrem Krankenhaus fördern könnten.
2. Sie stellen Ihren Gesprächspartnern Fragen, um sicher zu sein, dass Sie die vorgebrachten Erfahrungen und Ideen richtig verstanden haben. Dies erleichtert Ihnen baldiges Anwenden von guten Vorschlägen, die Sie von den anderen Sitzungsteilnehmern hören.
   Sie vermeiden wenn möglich allgemeine Behauptungen. Sie versuchen vielmehr, stets auf die Ihnen gut bekannten Tatsachen und Vorfälle hinzuweisen.
   Sie bemühen sich, das ganze Gespräch in einer aufgelockerten Atmosphäre abzuwickeln.

Abbildung 112: Rollenspiel «Organisation»*

Situation
- Die Verwaltung der Medikamente hat in der Klinik Kaiserthal in der letzten Zeit mehrmals zu Beanstandungen Anlass gegeben.
- Fest steht bisher allerdings nur, dass laufend mehr Medikamente angefordert werden, als tatsächlich an die Patienten zu verabreichen sind.
- Das Oberpflegepersonal hat sich deshalb vorgenommen, die Möglichkeiten für bessere organisatorische Voraussetzungen für die Verwaltung der Medikamente zu diskutieren und die einzelnen Massnahmen schriftlich festzuhalten.
- Man will sich also nicht damit aufhalten, die Sünden der Vergangenheit aufzudecken und zu analysieren. Es soll alle Kraft darauf verwendet werden, die Sache in Zukunft richtig in den Griff zu bekommen.
- An der Sitzung nehmen folgende Personen teil:
  - Oberschwester Rosi   – Vizeoberschwester Vreni
  - Oberpfleger Herr Lang   – Vizeoberpfleger Herr Keller
- Bei der Durchsetzung neuer organisatorischer Massnahmen ist man sich gerade bei diesem Problem klar darüber, dass es vor allem gelingen muss, das gesamte Pflegepersonal von der eminenten Wichtigkeit einer sorgfältigen Medikamenten-Verwaltung zu überzeugen. Nachlässigkeiten sollen hier keinesfalls mehr geduldet werden.
- In diesem Zusammenhang ist noch erwähnenswert, dass Sr. Vreni bei einem grossen Teil des Pflegepersonals besonderen Einfluss hat. In erster Linie das jüngere Personal orientiert sich meistens nach ihr.

Rolle: Oberschwester Rosi
- Betonen Sie gleich zu Anfang der Diskussion, wie sehr Sie für eine bessere Medikamenten-Verwaltung sind und dass aus Kostengründen die Sache unbedingt heute zum Abschluss kommen muss.
- Gleichzeitig betonen Sie aber, dass die neuen Regelungen nicht mit wesentlichen Mehrarbeiten für das Pflegepersonal verbunden sein dürfen. Das Personal ist ohnehin überlastet und darf nicht noch mehr aufgebürdet bekommen.
- Darin sind wohl auch die Gründe zu suchen, weshalb die Verwaltung der Medikamente bisher nicht so ganz zuverlässig geklappt hat.
- Spielen Sie in allem den verbindenden «guten Geist» der Klinik. Sie versuchen es möglichst allen Seiten recht zu machen, soweit das irgendwie möglich ist. Wenn aber Entscheidungen und Richtlinien erforderlich sind, so bejahen Sie diese auch. Versuchen Sie aber immer wieder, das Pflegepersonal von weiterer Arbeit zu entlasten.
- Wenn irgend jemand den Verdacht äussert, dass das Pflegepersonal unter Umständen Medikamente entwendet hat, so widersprechen Sie mit aller Entschiedenheit und verteidigen zumindest das Ihnen unterstellte Personal leidenschaftlich. Lenken Sie auch von der Suche nach Schuldigen der Vergangenheit ab und weisen Sie darauf hin, dass man sich doch bereits geeinigt hat, alle Kraft auf eine neue Organisation der Medikamenten-Verwaltung zu verwenden.
- Bringen Sie über diese Hinweise hinaus auch Ihre eigenen Ideen in die Diskussion.

* ATW-VESKA

Rolle: Schwester Vreni
- Stellen Sie sich auf den Standpunkt, dass die Medikamenten-Verwaltung auch jetzt nicht so schlecht geklappt haben kann. Sie könnten sich jedenfalls nicht vorstellen, wo grosse Mengen verloren gehen sollten. Woher die Apotheke auf die errechneten Zahlen kommt, können Sie sich einfach nicht erklären.
- Immerhin sind Sie bereit, konstruktiv an einer besseren Medikamenten-Verwaltung mitzuwirken. Betonen Sie aber, dass viel Mehrarbeit dem Pflegepersonal nicht zugemutet werden kann und Sie jetzt schon wüssten, dass Ihre Kollegen genauso denken.
- Für den Fall, dass irgend jemand den Verdacht äussert, dass das Pflegepersonal Medikamente entwendet hat, so stellen Sie das Ansinnen als absurd hin und weigern sich, weiter darüber zu diskutieren.
- Wenn die Diskussionsrunde Sie bitten sollte, die neuen Regelungen dem übrigen Pflegepersonal zu erläutern, so nehmen Sie den Auftrag mit Begeisterung an. Fühlen Sie sich geehrt, dass die Wahl wieder auf Sie fällt. Bringen Sie aber nochmals Ihre Einschränkungen vor:
  - möglichst wenig Mehrarbeit
  - keine Bürokratie
  - keine Pedanterie

  Bringen Sie über diese Hinweise hinaus auch Ihre eigenen Ideen in die Diskussion.

Rolle: Oberpfleger Herr Lang
- Sie spielen die Rolle eines Mannes, der alles sehr genau nimmt. Betonen Sie, dass es höchste Zeit wird, dass die Medikamenten-Verwaltung neu organisiert wird. Drängen Sie darauf, dass Schritt für Schritt festgelegt werden muss, wie das in Zukunft laufen muss.
- Evtl. Mehrarbeit für das Pflegepersonal stellen Sie als unvermeidlich hin. Verlangen Sie, dass eine Organisations-Richtlinie jetzt schriftlich niedergelegt wird und weisen Sie darauf hin, dass diese von jedermann in Zukunft peinlich genau eingehalten werden muss.
- Seien Sie ruhig etwas pedantisch und sorgen Sie dafür, dass sofort damit begonnen wird, die Richtlinien-Punkte aufzuschreiben und evtl. neue Formulare zu beschliessen. Das Entwerfen der Formulare ist allerdings für später zurückzustellen.
- Kommen Sie dann auch auf die Ursache der Unordnung bei der Verwaltung der Medikamente zu sprechen. Auch wenn man sich laut der Ausgangssituation ja eigentlich abgesprochen hat, nicht nach den Sünden der Vergangenheit zu suchen, so lassen Sie in diesem Punkt zunächst nicht locker. Stellen Sie sogar den Verdacht auf, dass es Pflegepersonal geben müsse, welches Medikamente entwendet.
- Weisen Sie auf die Differenzen hin, die die Apotheke errechnet hat und stellen Sie die Frage, wo diese Sachen denn geblieben sein sollen. Besonders lässt doch aufhorchen, dass ausserordentlich viel Nervenberuhigungsmittel verschwunden sind. Wenn Sie aber sehen, dass Ihre Gesprächspartner diesen Verdacht zurückweisen, so beharren Sie nicht mehr auf der Weiterdiskussion dieses Themas.
- Lassen Sie dann die Meinung gelten, dass jetzt alle Kraft auf eine neue, bessere Organisation des Medikamentenwesens verwendet werden muss und sorgen Sie wieder dafür, dass die neuen Richtlinien niedergeschrieben werden.
- Bringen Sie über diese Hinweise hinaus auch Ihre eigenen Ideen in die Diskussion.

Rolle: Pfleger Herr Keller
- Geben Sie sich etwas verwundert, warum man aus dieser Sache einen solchen Aufwand macht. Weisen Sie darauf hin, dass Differenzen bei der Medikamenten-Kontrolle in jeder Klinik vorkommen und hingenommen werden. Man sollte sich viel lieber auf die Pflegearbeit konzentrieren und das viele Organisieren lassen.
- Tun Sie so, als ob es in dieser Klinik noch recht gut laufe mit den Medikamenten, gegenüber früheren Erfahrungen aus einer anderen Klinik.
- Zeigen Sie Ihre Abneigung gegen organisatorische Massnahmen aller Art und sagen Sie das ruhig etwas temperamentvoll. Sie machen zwar mit in der Gruppe und sträuben sich auch nicht dagegen, dass letztlich doch neue Organisations-Richtlinien niedergeschrieben werden; bringen aber zum Ausdruck, dass Sie das für übertrieben halten und davon überzeugt sind, dass das in der Praxis dann doch nicht durchgeführt wird.
- Die Diskussion über den Verdacht, dass eventuell Medikamente vom Pflegepersonal entwendet wurden, lässt Sie kalt. Weisen Sie nur darauf hin, dass Sie die ganze Sache überdreht finden und man lieber wieder an die Arbeit auf der Abteilung gehen sollte.
- Bringen Sie über diese Hinweise hinaus auch Ihre eigenen Ideen in die Diskussion.

Abbildung 113: Fallstudie «Kommunikation»*

1. *Situation «Der neue Chef»*

   Herr Dr. Baumann hat heute die chirurgische Abteilung übernommen. Er ist von einem kleineren Krankenhaus gekommen, wo er die gleiche Funktion belegte. Er weiss aus Erfahrung, dass eine gut funktionierende Kommunikation das beste Führungsinstrument ist. Deswegen gilt seine erste Management-Sorge dem Kommunikationsnetz.
   Herr Dr. Baumann wurde bereits beim Einstellungsgespräch etwas schockiert, als ihm sein zukünftiger Vorgesetzter – und ab heute also sein Chef – der leitende Chefarzt Dr. Zoft auf seine Frage geantwortet hat:
   «Wissen Sie, Herr Dr. Baumann, wir sind ein altes, renommiertes Krankenhaus. Bei uns hat sich alles bereits seit Jahren so eingespielt, dass wir von Richtlinien nicht viel halten. Vor allem nicht auf solchen Gebieten, wie es die Kommunikation ist. Da muss man ganz flexibel sein. Unsere Ärzte, sowie das Pflegepersonal und die anderen Mitarbeiter sind es gewöhnt, selbständig zu arbeiten. Jeder weiss, was er zu tun hat und mit wem er Kontakte unterhalten muss. Wir legen auch keinen Wert auf den Papierkram. Je weniger man schreibt, desto mehr kann man sich seiner eigentlichen Arbeit widmen, stimmt's?»
   «Und wie steht's mit den Patienten, Herr Dr. Zoft? Weiss das Personal Bescheid, wie wichtig die Kommunikation mit den Patienten ist?» fragt Dr. Baumann noch.
   «Aber selbstverständlich, Herr Baumann, weiss man das. Es gibt zwar unter den Patienten immer wieder Meckerer, aber daran gewöhnt sich ja jeder schnell. Es war doch immer so, nicht wahr?»
   Dr. Baumann verschweigt im Moment lieber seine eigene Meinung und fragt weiter, worüber, wann und wie er dem leitenden Chefarzt berichten müsse. Es folgt die prompte Antwort: «Meine Sekretärin wird Ihnen jeweils rechtzeitig mit-

* ATW-VESKA

teilen, wann ich Sie sprechen muss oder wann eine Sitzung stattfindet, an der Sie teilnehmen müssen. Nur keine Formalitäten, Herr Dr. Baumann! Es wird schon gut gehen.»

«Ich lasse mich gern überraschen», dachte sich damals Herr Dr. Baumann, ohne natürlich ein Wort laut zu sagen. Nun ist es so weit. Er ist der neue Chef, der leitende Arzt der chirurgischen Abteilung. Die Abteilung wartet darauf, wie er sich aufführt.

Bei der Übernahme der Abteilung von seinem Vorgänger hat Dr. Baumann wenn möglich alle erhaltenen Informationen gleich in das Diktiergerät gesprochen und eine Kopie der Abschrift liess er sich von seinem Vorgänger unterschreiben. Bald hat sich gezeigt, dass es nur wenig nützte. Die Ärzte auf seiner Abteilung sowie die Oberschwester und die Stationsschwester waren oft anderer Meinung, als er sich von der Abschrift jeweils gebildet hatte. Das gleiche traf übrigens auch in bezug auf seine Gespräche mit den anderen leitenden Ärzten, mit dem Leiter des technischen Dienstes und mit dem Verwalter zu.

Während der ersten Tage kam er zur Verwirklichung seines Vorsatzes, die Kommunikationsnetze zu durchschauen und in seiner Abteilung das formelle Kommunikationsnetz eventuell neu aufzubauen, fast gar nicht. Er wurde ständig von allen Seiten nach dem oder jenem gefragt, das Telefon klingelte bei ihm fast ununterbrochen – er wusste nicht, wo ihm der Kopf stand.

Das Peinlichste an der ganzen Geschichte war, dass er nur selten die verlangten Informationen geben konnte. Wie auch? Er war neu und es war ziemlich wenig Schriftliches vorhanden. Bis auf das Material über die Patienten. Hier hat er bereits bei der Übernahme der Abteilung eine tadellose Ordnung vorgefunden.

Dr. Baumann versuchte zuerst, seinen Stellvertreter, Herrn Dr. Gross, einzuspannen, aber ohne Erfolg. Dr. Gross hat wahrscheinlich seine Enttäuschung noch nicht verarbeitet, dass nicht er, sondern ein Neuer zum leitenden Arzt wurde. Herrn Dr. Baumann ist jedoch bald aufgefallen, dass sich sowohl die Ärzte als auch die Oberschwester oft auf die Meinung des Assistenzarztes Dr. Jahn berufen. In administrativen und leitenden Aufgaben, versteht sich. Fachlich war ja Dr. Baumann von Anfang an auf der Höhe und hat dadurch seine ersten guten Punkte für seine Autorität gesammelt.

Während der ersten regelmässigen Wochensitzung konnte sich Dr. Baumann kein richtiges Bild machen. Es schien so, als ob jeder auf seinem eigenen Pferd reiten und Dr. Jahn die Peitsche schwingen würde. Dr. Jahn wusste auf jede Frage Antwort und er machte auch kein Hehl daraus, dass eigentlich er und nicht der Vorgänger von Herrn Dr. Baumann oder sein Stellvertreter Dr. Gross der eigentliche Herr im Hause war.

Als Herr Dr. Baumann während ein paar weiteren Tagen feststellen musste, dass wieder einiges durcheinandergeriet und als ihm dabei opponiert wurde: «So haben Sie es doch nicht gesagt. Ich hab' es so verstanden......», war ihm alles klar.

2. *Aufgabe*

Ihnen auch? Was würden Sie anstelle von Dr. Baumann in bezug auf das offenbar falsch gestaltete Kommunikationsnetz unternehmen?
Beschreiben Sie die einzelnen Schritte in der richtigen Reihenfolge und geben Sie jeweils die entsprechende Begründung an.

Abbildung 114: Einstellung zum Mitarbeiter haben Sie?[31]

Bitte entscheiden Sie sich, welcher der zwei jeweils angegebenen Alternativen Sie mehr zustimmen können: a oder b. Kreuzen Sie die entsprechende Zahl auf der Skala an.

0 = unentschieden   2 = überwiegende Zustimmung
1 = gewisse Zustimmung 3 = volle Zustimmung

Wenn Sie mit dem Ankreuzen fertig sind, zählen Sie bitte getrennt für die rechte und die linke Seite der Skala Ihre Punktwerte zusammen! Wo haben Sie mehr Punkte gesammelt – auf der a- oder b-Seite?

Dem Durchschnittsmenschen ist eine Abneigung gegenüber der Arbeit angeboren, und er versucht, Arbeit zu vermeiden, wo immer er kann.	3	2	1	0	0	1	2	3	Sich physisch oder geistig anzustrengen, ist dem Menschen ebenso eigen, wie der Spieltrieb. (Unabhängig davon kann eine bestimmte Arbeit natürlich befriedigend oder auch enttäuschend sein.)
Als Folge der Abneigung gegenüber der Arbeit muss der Mensch gezwungen, bedroht kontrolliert oder bestraft werden, um die erwartete Leistung zu erbringen.	3	2	1	0	0	1	2	3	Äussere Kontrolle und Androhung von Strafen sind nicht wirksam, Menschen zu veranlassen, bestimmte Ziele zu erreichen. Im Grunde ziehen die Menschen es vor, Eigenverantwortung und Selbstkontrolle zu übernehmen.
Der Durchschnittsmensch zieht es vor, angeleitet zu werden. Er versucht Verantwortung abzuwälzen, entwickelt wenig Ehrgeiz, verlangt nach Sicherheit und möchte sich vor allem wie die Mehrheit der Menschen verhalten.	3	2	1	0	0	1	2	3	Der Mensch übernimmt nicht Verantwortung, sondern sucht sie. Scheu vor Verantwortung, Mangel an Ehrgeiz und Sicherheitsdenken sind die Folgen von schlechten Erfahrungen, aber nicht charakteristisch für die Menschen.
Der Durchschnittsmensch nutzt seine Intellektuellen Fähigkeiten nur teilweise aus, er denkt träge und unproduktiv.	3	2	1	0	0	1	2	3	Einfallsreichtun und Kreativität finden sich weit mehr, als man allgemein annimmt.
Summe:									

31 Werner (72), nach Kirsten/Müller (1979)

Abbildung 115/116: Arbeitsfragen: Was ist für mich wichtig?

Beantworten Sie bitte durch Ankreuzen die nachfolgenden Fragen.

1) Wo liegen unter Berücksichtigung Ihres derzeitigen Alters *die Hauptinteressen Ihres Lebens?* (Geben Sie bitte die Rangfolge 1 bis 3 in den Kreisen an)

○	○	○
in meinem Beruf	in meiner Familie	in meiner Freizeit

2. *Welche Bedingungen sind wichtig für Ihre Zufriedenheit im Beruf?*

	wichtig	weniger wichtig	nicht wichtig
berufliche Anerkennung	○	○	○
Sicherheit des Arbeitsplatzes	○	○	○
gute Aufstiegs- und Karrierechancen	○	○	○
hoher Freizeitwert des Wohnortes	○	○	○
gutes Betriebsklima	○	○	○
genügend Zeit für Familie und Privatinteressen	○	○	○
Position ohne Konkurrenzdruck bzw. Rivalität der Kollegen	○	○	○
Sonstiges	○	○	○

3) *Welche* der nachfolgenden *Motive sind für Sie ausschlaggebend, Karriere zu machen?* (Geben Sie bitte Ihre Meinung in der Reihenfolge 1 bis 6 in den Kreisen an.)

○ höheres Einkommen	○ Angst, von Kollegen überrundet zu werden (Konkurrenzdruck)
○ Prestige und Ansehen	○ Streben nach verantwortungsvoller Teilnahme am Entscheidungsprozess
○ freie Gestaltung des Berufes	○ Befriedigung
○ Sonstige Motive	○ An Karriere und beruflichem Aufstieg bin ich nicht interessiert

4) *Wo liegt die Grenze,* bei der Sie bereit wären, *auf weiteren beruflichen Aufstieg zu verichten,* d.h. endet Ihr berufliches Aufstiegsstreben dann,

○ wenn Ihr Familienleben darunter leidet?

○ wenn Sie ein bestimmtes (nicht unbedingt das höchstmögliche) Einkommen erreicht haben?

○ wenn Sie sich durch Ihren Beruf gesundheitlich stark belastet fühlen?

○ wenn Sie ein bestimmtes Alter erreicht haben? (nämlich ...... Jahre)?

○ wenn Sie, um eine bessere Position zu bekommen, Ihren Wohnort verlegen müssten?

5) *Welchen Stellenwert wird unsere Gesellschaft* in Zukunft *dem beruflichen Aufstieg der Karriere beimessen?*

○ Andere Werte, wie Privatleben und Freizeit werden in Zukunft wichtiger gehalten als die berufliche Karriere.

○ Die berufliche Karriere wird in Zukunft für noch wichtiger gehalten als andere Werte wie Privatleben und Freizeit.

○ Die berufliche Karriere wird in Zukunft für wichtig gehalten, aber ebenso wichtig sind andere Werte wie Privatleben und Freizeit.

6) *Bemerkungen*

116 Was ist für mich wichtig? (Bedeutung von Arbeitsfaktoren)[32]

	Was ist für Sie als Mitarbeiter wichtig?	Was glauben Sie als Führungskraft, ist für Ihre Mitarbeiter wichtig?
Anerkennung		
Fachwissen		
Unterstützung durch Führungskraft		
Sicherheit		
Bezahlung		
Arbeitsinhalt		
Aufstiegsmöglichkeiten		
Loyalität der Führungskraft		
Arbeitsbedingungen		
Führungsstil		

32 Stroebe (1978)

Abbildung 117: Einstellung zur Gruppe[33]

Welche Einstellung zum Phänomen «Gruppe» haben Sie? Ein wesentlicher Faktor für Ihr Verhalten als Kursteilnehmer und Gruppenleiter am Arbeitsplatz ist Ihre Einstellung zum sozialen Objekt «Gruppe» bzw. zur Arbeit in und mit Gruppen. Sie können dazu diesen Fragebogen benutzen. Kreuzen Sie bitte die Ziffer an, die Ihrer persönlichen Einstellung am ehesten entspricht:

	richtig				falsch
1. Gruppen behindern die Entfaltung der individuellen Persönlichkeit.	1	2	3	4	5
2. Komplizierte Aufgaben erledigt ein Einzelner besser als die Gruppe.	1	2	3	4	5
3. Teamarbeit verringert die Leistungsfähigkeit des Einzelnen.	1	2	3	4	5
4. Gute Ideen gehen in einer Gruppe häufig unter.	1	2	3	4	5
5. In Gruppen kommt die Leistungsfähigkeit des Einzelnen nicht zum Tragen.	1	2	3	4	5
6. Spezialisten sind für Gruppenarbeit nicht geeignet.	1	2	3	4	5
7. Der Entschluss einer Gruppe ist mehr wert als der eines Einzelnen.	1	2	3	4	5
8. Gruppenbeschlüsse bestimmen das Verhalten der Gruppenmitglieder.	1	2	3	4	5
9. Eine Gruppe produziert mehr gute Einfälle als ein Einzelner.	1	2	3	4	5
10. Erfahrungen in einer Gruppe sind wichtige Lebenserfahrungen.	1	2	3	4	5
11. In einer Gruppe lernt man auf andere Rücksicht nehmen.	1	2	3	4	5
12. In einer Gruppe ist jeder gleichberechtigt.	1	2	3	4	5
13. In einer Gruppe hat jeder die Möglichkeit, sich zu entfalten.	1	2	3	4	5
14. Zum Ergebnis von Gruppenarbeit trägt jeder gleich viel bei.	1	2	3	4	5
15. In einer Gruppe sollte jeder jedem helfen.	1	2	3	4	5
16. Gruppenbeschlüsse sind von jedem Gruppenmitglied einzuhalten.	1	2	3	4	5
17. Eigenbrötler gibt es in jeder Gruppe.	1	2	3	4	5
18. Egoisten sind in einer Gruppe fehl am Platz.	1	2	3	4	5

33 Küchler (1979)

Abbildung 118: Analyse des Betriebsklimas

Das Betriebsklima wirkt auf die Atmosphäre am Arbeitsplatz ein; es ist mitbestimmend für Arbeitsmoral und Zufriedenheit der Mitarbeiter. Die Arbeitsplatz-Atmosphäre wird weitgehend geprägt durch: *persönliche Faktoren; angewandte Arbeitsverfahren* und die Art, wie sie durchgesetzt werden; *Achtung vor den Mitarbeitern; Beziehungen zwischen den Mitarbeitern*
Diese Analyse beinhaltet 36 Aspekte aus dem Umfeld des Arbeitsplatzes; einige davon sind auch für *Ihren eigenen Arbeitsplatz* charakteristisch.
Geben Sie an, bis zu welchem Grad Ihre eigene Situation wiedergespiegelt wird (mit einem Kreuz in die betreffenden Kästchen): 1 Ich stimme nicht zu; 2 Ich neige dazu, nicht zuzustimmen; 3 Ich neige dazu, zuzustimmen; 4 Ich stimme zu

	1	2	3	4

1. Über die Ziele unseres Krankenhauses bin ich informiert
2. Arbeitsanweisungen und Leistungskriterien sind klar festgelegt
3. Richtlinien und Prioritäten sind bekannt
4. Das Delegationsprinzip als Führungsgrundsatz hat volle Gültigkeit
5. Einige Entscheidungen, die zur Zeit noch auf höherer Ebene getroffen werden, sollten selbst getroffen werden können
6. Jedem Mitarbeiter wird eine gute Einführung vermittelt
7. Jedem Mitarbeiter wird Unterstützung für die Weiterbildung gegeben
8. Es herrscht eine freundliche Atmosphäre und ein guter Teamgeist
9. Es herrscht durchwegs Übereinstimmung bei Festsetzen der Ziele zwischen Vorgesetzten und Mitarbeitern
10. Unsere Leistung leidet unter mangelhafter Planung und Koordination
11. Mein Chef sagt mir, wenn er mit meiner Arbeit zufrieden ist
12. Die Anforderungen sind hoch und erfordern besondere Anstrengungen
13. Die gültige Führungsphilosophie regt dazu an, die Probleme selbständig zu lösen
14. Die Spitalleitung hat erkannt, dass die Stärke von Mitarbeitern von ihrem Können und ihrer Weiterentwicklung abhängt
15. Die Leitung erkennt, dass es wichtiger ist, zueinander passende Mitarbeiter zusammenzubringen, als allein auf Verhaltensregeln und straffe Organisation zu bauen

16. Unsere Mitarbeiter kennen die Pflichten, Kompetenzen und Verantwortung für ihren Bereich
17. Gute Arbeit wird nicht genügend anerkannt
18. Die Mitarbeiter scheinen nicht besonders stolz auf die Qualität ihrer Arbeit zu sein
19. Es herrscht ein herzliches und gegenseitiges Verständnis zwischen Leitung und Mitarbeitern
20. Wenn man keine Schwierigkeiten bekommen will, hält man sich am besten an die Vorschriften
21. Die Leitung zeigt ein faires Verhalten und eine faire Handlungsweise
22. Die meisten Vorgesetzten erklären die Ziele des Krankenhauses auf eine verständliche Art
23. Die Entscheidungen unserer Leitung sind nicht sehr durchsichtig
24. Gehaltserhöhungen und Beförderungen erfolgen leistungsgerecht
25. Die Mitarbeiter werden ständig gedrängt, ihre Leistungen und die der Gruppe zu verbessern
26. Unsere Vorgesetzten haben genügend Kompetenz, um Schwierigkeiten unter ihren Mitarbeitern zu beseitigen
27. Unsere Vorgesetzten werden dafür belohnt, dass sie die Entwicklung der Talente und Fähigkeiten ihrer Mitarbeiter fördern
28. Unnötige Arbeiten und auch Anweisungen werden auf ein Minimum begrenzt
29. Um Erfolg zu haben, muss man sehr geschickt sein und handeln
30. Wenige Vorgesetzte verstehen die Aufgabe ihres Teams so wie sie es eigentlich sollten
31. Unsere Leitung setzt die Bemühungen der Mitarbeiter so ein, dass sie mit den Krankenhauszielen und Prioritäten übereinstimmen
32. Unsere Arbeit ist zufriedenstellend und wiegt Nachteile, die mit der Tätigkeit verbunden sind, bei weitem auf
33. Unsere Mitarbeiter sind kooperativ und helfen sich gegenseitig bei der Arbeit
34. Unsere Leitung sitzt gerne mit unseren Mitarbeitern zusammen und diskutiert über ihre Leistungen und Entwicklungschancen
35. Unsere Mitarbeiter werden ermutigt, bessere Wege für die Ausübung ihrer Tätigkeit zu finden
36. Unsere Leitung wird von der Mehrheit unserer Mitarbeiter respektiert und ist angesehen

Abbildung 119: Fragen zum Rollenverhalten in der Gruppe[34]

1. Welche beiden Mitglieder der Gruppe können die anderen am leichtesten beeinflussen, ihre Meinungen zu ändern?	7. Welche beiden neigen am ehesten dazu, ihre persönlichen Ziele über die Gruppenziele zu stellen?	13. Welche beiden bemühten sich besonders, aufkommende Streitigkeiten zwischen anderen zu schlichten?
2. Welche beiden können die anderen am wenigsten beeinflussen ihre Meinungen zu ändern?	8 Welche beiden neigen am ehesten dazu, die Gruppenziele über die persönlichen Ziele zu stellen?	14. Welche beiden wünschten sich am meisten, dass die Gruppenatmosphäre herzlich, freundlich und angenehm sein solle?
3. Welche beiden standen im Verlauf des Treffens am stärksten in Widersruch zueinander?	9. Welche beiden waren am ehesten bereit, Themen zu erörtern, die sich nicht direkt auf die Aufgabe bezogen?	15. Welche beiden waren die stärksten Rivalen hinsichtlich Macht und Einfluss in der Gruppe?
4. Welche beiden werden von der Gruppe als Gesamtheit am meisten anerkannt?	10. Welche beiden zeigen das grösste Verlangen, etwas zustandezubringen?	16. Welche beiden haben sich am stärksten bemüht, die Gruppendiskussion in Gang zu halten?
5. Welche beiden sind am ehesten bereit, Mitglieder, die angegriffen werden, zu schützen und zu verteidigen?	11. welche beiden wollten Konflikten in den Gruppendiskussionen aus dem Wege gehen?	17. Welche beiden würden Sie auswählen, die mit Ihnen am Projekt arbeiten sollen?
6. Welche beiden versuchen sich möglichst viel ins Rampenlicht zu rücken?	12. Welche beiden neigen dazu, sich von der aktiven Diskussion zurückzuziehen, wenn starke Differenzen aufzutreten beginnen?	18. Mit welchen beiden reden Sie gewöhnlich am wenigsten?

34 Kirsten/Müller (1979)

Abbildung 120: Selbstbewertung des Autoritätsverhaltens in der Arbeitsgruppe[35]

Stufen Sie sich selbst auf den folgenden Skalen ein!

Wie drücke ich meine Gedanken aus?	0	1	2	3	4	5	6	7
	sehr unklar				ausserordentlich klar			
Wie höre ich anderen zu?	0	1	2	3	4	5	6	7
	mit wenig Verständnis u. Aufgeschlossenheit				sehr verständnisvoll und aufgeschlossen			
Wie trage ich meine Ideen vor?	0	1	2	3	4	5	6	7
	mit geringer Überzeugungskraft				absolut überzeugend			
Wie bleibe ich beim Besprechungsthema?	0	1	2	3	4	5	6	7
	wenig konsequent				mit grosser Konsequenz			
Wie ist meine Grundeinstellung gegenüber anderen?	0	1	2	3	4	5	6	7
	misstrauisch				vertrauensvoll			
Wie offenbare ich meine «Gefühle» in einer Sache?	0	1	2	3	4	5	6	7
	zurückhaltend				ganz offen			
Wie beuge ich mich dem Willen anderer?	0	1	2	3	4	5	6	7
	äusserst willig				bereitwillig			
Wie ist mein Drang «Häuptling» in der Gruppe zu sein?	0	1	2	3	4	5	6	7
	kaum nennenswert				sehr stark			
Wie verhalte ich mich anderen gegenüber?	0	1	2	3	4	5	6	7
	kühl				herzlich			
Wie beeindrucken mich Bemerkungen anderer über meine Meinung und Verhaltensweise?	0	1	2	3	4	5	6	7
	gar nicht				beeinflussend			
Wiefühle ich mich in die Situation anderer ein?	0	1	2	3	4	5	6	7
	keinerlei Sensitivität				weitgehendes Verständnis			
Wie reagiere ich auf Widerspruch und Widerstand in der Gruppe?	0	1	2	3	4	5	6	7
	resignierend				kämpferisch			
Wie ist mein Beitrag zum produktiven Denken in der Gruppe?	0	1	2	3	4	5	6	7
	unbedeutend				besonders positiv			
Wie toleriere ich entgegengesetzte Meinungen?	0	1	2	3	4	5	6	7
	intolerant				ausgesprochen tolerant			

Anmerkung:
Wenn Sie sich selbst eingestuft haben, können Sie sich durch Ihre Mitarbeiter beurteilen lassen. Ein Beurteilungsvergleich gibt Ihnen sicherlich beachtenswerte Hinweise.

35 Sahm (1980)

Abbildung 121: Fragebogen zur Selbstreflexion[36]

Dieser Fragebogen ist kein «Messinstrument», sondern dient als Anregung zur Selbstreflexion und anschliessender Diskussion.

	eher ja	eher nein
1. Es fällt mir schwer, meine Gefühle anderen Menschen zu zeigen.	○	○
2. Ich erlebe oft und intensiv meine Gefühlsregungen.	○	○
3. Ich spreche oft mit anderen Menschen über meine emotionale Erlebnisse.	○	○
4. Ob ich meine Gefühle zeige oder nicht, hängt von den Gesprächspartnern ab.	○	○

5. Es fällt mir leichter, meine Gefühle zu zeigen wenn der Gesprächspartner

6. Nennen Sie zwei Gefühle, bei denen es Ihnen besonders schwer fällt, sie anderen zu zeigen:

   a) _____

   b) _____

7. Kreuzen Sie das an, was für Sie zutrifft:
   Im Umgang mit anderen Menschen habe ich folgende Gefühle:
   a) häufiger, als ich es mir wünsche (+)
   b) seltener, als ich es mir wünsche (—)

Zärtlichkeit	Langeweile	Wunsch nach Nähe
Wohlwollen	Erstaunen	Wunsch nach Distanz
Dankbarkeit	Engagement	Verbundenheit
Angst	Verwirrung	Heiterkeit
Ablehnung	Sehnsucht	Bedrücktheit
Mitgefühl	Skepsis	Unwohlsein
Hoffnung	Selbstbewusstsein	Teilnahmslosigkeit
Betroffenheit	Gelassenheit	

- Die Gruppe teilt sich in Paare auf. In diesen Paaren sollen sich die Teilnehmer gegenseitig ihre Gefühlsfragebogen erklären, wobei sie sich gegenseitig akzeptierend zuhören sollen, um damit dem Partner zu helfen, seine Gedanken und Gefühle zu klären, die das Ausfüllen des Fragebogens in ihm ausgelöst hat.
- Wählen Sie jemanden aus, den Sie gerne mögen. Erklären Sie sich gegenseitig Ihre Gefühls-Fragebogen. Hören Sie sich gegenseitig akzeptierend zu, um damit dem anderen zu helfen, seine Gedanken und Gefühle zu klären, die das Ausfüllen des Fragebogens in ihm ausgelöst hat.

36 Schwäbisch/Siems (1979)

Abbildung 122: VESKA-Modell-Beurteilungsbogen

VESKA-BOGEN
Standortbestimmung für Mitarbeiter

Modell-Beurteilungsbogen

Name, Vorname		Geb.-Datum	
Spital		Eintritt	
Funktion		Abteilung	
Beurteilungsperiode vom	bis		
Datum der letzten Beurteilung			
Anlass der Beurteilung			
☐ Periodische Beurteilung		☐ Wunsch des Mitarbeiters	
☐ Ablauf der Probezeit		☐ Austritt (Arbeitszeugnis)	
☐ Ausserordentliche Leistungsveränderung		☐ Sonstiger Anlass	

1.10.86

ZIELE UND MASSNAHMEN

1 **Welche Ziele** sollen bis am   erreicht werden? (Möglichst konkrete Angaben)

2 **Welche Massnahmen** werden festgelegt?

☐ **Innerhalb der Abteilung** (konkrete Angaben, evtl. Zeitplan)

☐ **Ausserhalb der Abteilung** (Massnahmen erläuern, evtl. Zeitplan)

☐ Zusätzliche schulische Weiterbildung

☐ Seminare, Kurse, Tagungen usw.

☐ Interne Veröffentlichungen / Dokumente

☐ Fachbücher, Fachzeitschriften

☐ Praxis in anderen Abteilungen

Sonstige:

☐

☐

☐

☐

STELLUNGNAHME

1 **Stellungnahme des Mitarbeiters:** (Erforderlich, falls keine Einigung hinsichtlich Beurteilung, Ziele und Massnahmen erzielt werden konnte.)

Datum   Unterschrift des Mitarbeiters

2 **Bemerkungen des Vorgesetzten zur Stellungnahme des Mitarbeiters:**

Datum

Sichtvermerk des Mitarbeiters   Unterschrift des Vorgesetzten

UNTERSCHRIFTEN

Datum des Beurteilungsgesprächs:

Unterschrift des Mitarbeiters:

Unterschrift des Vorgesetzten:

1 Arbeitseinsatz

Interesse, das der Mitarbeiter an seiner Arbeit zeigt, welchen Grad an Ausdauer er erreicht und wieweit er fachlich auf dem laufenden ist.

Zu beobachten:
- Wieweit packt er Arbeiten von sich aus an?
- Wie oft bringt er Vorschläge bezüglich der Arbeitsgestaltung?
- Wieviel Ausdauer bringt er auf, um ein gestecktes Ziel zu erreichen?
- Wieweit ist er fachlich auf dem laufenden?

Stufenbeschreibungen	Bemerkungen
K arbeitet nur auf Weisungen hin bringt keine Anregungen gibt rasch auf fachliche Kenntnisse reichen häufig nicht aus	
L muss oft auf Arbeiten hingewiesen werden macht sehr selten Vorschläge gibt schneller auf als die meisten Kollegen hat in fachlicher Hinsicht hie und da Schwierigkeiten	
M packt meistens von sich aus an bringt hie und da eigene Ideen arbeitet im allgemeinen ausdauernd ist fachlich ziemlich auf dem laufenden	
N muss sehr selten auf Arbeiten hingewiesen werden bringt häufig eigene Vorschläge zeigt grosse Ausdauer besitzt überdurchschnittliche Fachkenntnisse	
O erledigt alle anfallenden Arbeiten von sich aus bringt sehr oft Anregungen und Ideen arbeitet aussergewöhnlich ausdauernd/ist unermüdlich verfügt über umfassende Fachkenntnisse/ist fachlich stets auf dem neusten Stand	

2 Verantwortung

Wieweit sieht der Mitarbeiter die Folgen seines Handelns voraus, wieweit richtet er sich danach und wieweit ist er bereit, für die Folgen einzustehen.

Zu beobachten:
- Wieweit ist er in der Lage, die ihm übertragenen Aufgaben verantwortungsbewusst zu erledigen, so dass keine besondere Überwachung und Kontrolle nötig ist?
- Wieweit befolgt er die Betriebsvorschriften? (Hygienevorschriften, Pflegeverrichtungen, festgelegte Arbeitsabläufe, Bedienungsvorschriften, Sicherheitsvorschriften, Schweigepflicht usw.)?
- Wieweit hält er vereinbarte Termine und andere Zusagen ein, die für die Arbeit bedeutsam sind?
- Wieweit ist er bereit, für die Folgen seines Handelns einzustehen und einen nachweisbaren Fehler zuzugeben?

Stufenbeschreibungen	Bemerkungen
K sieht die Folgen seines Handelns sehr häufig nicht voraus schenkt den Betriebsvorschriften keine Beachtung hält wichtige Termine/Zusagen sehr oft nicht ein versucht häufig Fehler zu verheimlichen	
L Wird sich der Folgen seines Handelns häufig erst nachher bewusst schenkt betrieblichen Vorschriften zuwenig Beachtung hält Termine/Zusagen oft nicht ein versucht hie und da einen Fehler zu verdecken	
M sieht die Folgen seines Handelns meistens voraus / handelt im allgemeinen verantwortungsbewusst hält sich meistens an die betrieblichen Vorschriften hält Termine/Zusagen im allgemeinen ein gibt nachweisbare Fehler zu	
N handelt sehr verantwortungsbewusst hält sich nur selten nicht an die Vorschriften hält sehr selten Termine/Zusagen nicht ein meldet Fehler, die für die Arbeit bedeutsam sind, meist von sich aus	
O handelt äusserst verantwortungsbewusst hält sich nur in begründeten Ausnahmefällen nicht an die Vorschriften hält Termine/Zusagen wenn immer möglich ein meldet bedeutsame Fehler unverzüglich	

3 Zusammenarbeit

Bereitschaft des Mitarbeiters, mit anderen zusammen eine Arbeit als gemeinsame Aufgabe zu bewältigen.

Zu beobachten:
- Wieweit bietet er anderen seine Hilfe an?
- Wieweit strebt er die Zusammenarbeit mit anderen von sich aus an?
- Wieweit ist der bereit, andere Meinungen zu dulden?
- Wieweit ist er fähig, sachbezogene Kritik zu ertragen?
- Wieweit gibt er Informationen weiter, die für die Arbeit bedeutsam sind?

Stufenbeschreibungen	Bemerkungen
K bietet fast nie seine Hilfe an arbeitet nur mit anderen zusammen, wenn er dazu angewiesen wird lehnt andere Meinungen ab erträgt keine Kritik hält sehr oft wichtige Informationen zurück	
L bietet selten seine Hilfe an strebt die Zusammenarbeit nicht sehr an hat wenig Verständnis für andere Meinungen ist selten bereit, sachbezogene Kritik zu akzeptieren leitet häufig Informationen nicht weiter	
M bietet anderen hie und da seine Hilfe an strebt die Zusammenarbeit auch von sich aus an duldet andere Meinungen ist im allgemeinen bereit, sachbezogene Kritik zu akzeptieren gibt die wesentlichen Informationen gewöhnlich weiter	
N bietet sehr oft seine Hilfe an verpasst selten eine Gelegenheit, mit anderen zusammemzuarbeiten lässt andere Meinungen immer gelten akzeptiert sachbezogene Kritik leitet sehr zuverlässig alle wichtigen Informationen weiter	
O bietet anderen wenn möglich seine Hilfe an nimmt jede Gelegenheit zur Zusammenarbeit wahr befasst sich mit den Ansichten anderer, auch wenn sie den seinen entgegengesetzt sind ist immer bereit, sachbezogene Kritik zu akzeptieren / verarbeitet sie konstruktiv leitet absolut zuverlässig immer alle wichtigen Informationen weiter	

4 Arbeitssystematik

Wieweit plant der Mitarbeiter seine Arbeit und wie zweckmässig geht er vor.

Zu beobachten:
- Wieweit hat er den Überblick über die anfallende Arbeit?
- Wieweit geht er systematisch vor?

Stufenbeschreibungen	Bemerkungen
K verliert sehr rasch den Überblick geht unsystematisch vor / gerät sehr oft in (vermeidbare) Zeitnot	
L verliert ziemlich leicht den Überblick geht eher unsystematisch vor / teilt seine Arbeit häufig ungenügend ein	
M hat im allgemeinen den Überblick teilt seine Arbeit im allgemeinen sinnvoll ein / geht in der Regel systematisch vor	
N verliert auch in schwierigen Situationen selten die Übersicht teilt seine Arbeit auch unter grossem Zeitdruck meistens gut ein / geht auch dann zweckmässig vor	
O behält auch in kritischen Situationen stets den Überblick vermag auch in sehr schwierigen Situationen seine Arbeit immer sinnvoll einzuteilen und richtig vorzugehen	

5 Sorgfalt

Wie sorgfältig und genau führt der Mitarbeiter seine Arbeit aus und wie geht er mit betriebseigenen Arbeitsmitteln um.

Zu beobachten:
- Wie sorgfältig und genau sind seine Arbeitsergebnisse?
- Wie geht er mit Einrichtungen und Geräten um?
- Wie geht er mit Verbrauchsmaterial um?

Stufenbeschreibungen	Bemerkungen

K arbeitet sehr unsorgfältig und ungenau
  trägt zu Einrichtungen und Geräten keine Sorge / schenkt ihrer Pflege keine Beachtung
  hat extrem hohen Verschleiss an Verbrauchsmaterial	

L arbeitet häufig zuwenig sorgfältig und genau
  geht mit Einrichtungen und Geräten oft unsorgfältig um / pflegt sie zu wenig
  geht mit Verbrauchsmaterial wenig sparsam um	

M arbeitet im allgemeinen genau und sorgfältig
  geht in der Regel sorgfältig mit Einrichtungen und Geräten um / pflegt sie den Anforderungen gemäss
  hat einen normalen Verschleiss an Verbrauchsmaterial	

N arbeitet mit überdurchschnittlicher Sorgfalt und Genauigkeit
  behandelt Einrichtungen und Geräte sehr sorgfältig / pflegt sie gut
  hat überdurchschnittlich wenig Verschleiss an Verbrauchsmaterial	

O Arbeitsergebnisse zeichnen sich stets durch grösste Sorgfalt und Genauigkeit aus
  geht mit Einrichtungen und Geräten äusserst sorgfältig um / pflegt sie ausgezeichnet
  hat extrem wenig Verschleiss an Verbrauchsmaterial	

6. Belastbarkeit

Das Verhalten des Mitarbeiters in Ausnahmesituationen (bei übermässigem Arbeitsanfall, starken Misserfolgen, sehr schlechten Arbeitsbedingungen usw.)

Zu beobachten:
- Wie konzentriert arbeitet er in Ausnahmesituationen?
- Wie kommt er in Ausnahmesituationen voran?

Stufenbeschreibungen	Bemerkungen
K ist in Ausnahmesituationen nicht in der Lage, konzentriert zu arbeiten kommt nicht voran	
L ist in Ausnahmesituationen häufig nicht in der Lage, konzentriert zu arbeiten kommt oft nicht recht voran	
M arbeitet in Ausnahmesituationen im allgemeinen konzentriert kommt gewöhnlich gut voran	
N arbeitet in Ausnahmesituationen sehr konzentriert kommt sehr gut voran	
O arbeitet auch in extremen Ausnahmesituationen äusserst konzentriert kommt äusserst gut voran	

	K	L	M	N	O	Bemerkungen
1. Arbeitseinsatz						
2. Verantwortung						
3. Zusammenarbeit						
4. Arbeitssystematik						
5. Sorgfalt						
6. Belastbarkeit						

Abbildung 123: Fragen zur Gruppe

- Nennen Sie mindestens 3 Kriterien, die das Wesen einer Gruppe ausmachen.

  _____

  _____

- Neben der formellen Organisation einer Gruppe besteht ein Netz von spontanen Beziehungen unter den Mitarbeitern, die von der Arbeit unabhängig sind. Wie nennen Sie diese Struktur? _____

  _____

- Kreuzen Sie diejenigen Faktoren an, die von den informellen Beziehungen unter den Mitarbeitern stark geprägt werden:
  - ○ Gruppengrösse
  - ○ Arbeitsmoral
  - ○ Gruppenziel
  - ○ Gruppenleistung
  - ○ Betriebsklima
  - ○ Arbeitszufriedenheit

○ Was ist für die Eigeninitiative der Gruppen förderlich?
  - ○ Guter Kontakt zur Verwaltung
  - ○ Möglichkeit, an Entscheidungen teilzunehmen
  - ○ Beziehung zum Reinigungsdienst
  - ○ Selbständigkeit in der Ausführung von Aufgaben
  - ○ Anerkennung der Gruppenleistung

○ Nennen Sie Vorteile der Gruppenleistung gegenüber der Einzelleistung.

- Welche Rollen sind für das gute Funktionieren einer Arbeitsgruppe wichtig?
  - ○ Führerrolle (Koordinator)
  - ○ selbständiger Mitarbeiter
    Kritiker
  - ○ Spassmacher
  - ○ Fachliche Autorität
    Aussenseiter

- Wo wirken sich Gruppennormen aus?
  - ○ Gruppenklima
  - ○ Gruppenleistung
  - ○ Beziehung zu Vorgesetzten
  - ○ Beziehung zu andern Arbeitsgruppen

- Wählen Sie Ursachen von Konflikten in Arbeitsgruppen aus:
  - ○ Beziehung zu Vorgesetzten
  - ○ Uneinigkeit in der Zielbestimmung
  - ○ Schwierige Mitarbeiter
  - ○ Aussenseiter
  - ○ Ausländer
  - ○ Einführung von Neuerungen
  - ○ Schwierige Patienten
  - ○ Teilzeitangestellte

- Wählen Sie die Punkte aus, die für den Zusammenhalt der Gruppe förderlich sind:
  - ○ vermehrte gruppeninterne Kommunikation
  - ○ Einordnung in die Gruppenhierarchie
  - ○ Isolation der Gruppe gegenüber Aussenstehenden
  - ○ Gruppeneigene Normen
  - ○ Meinungsunterschiede vermeiden

Abbildung 124: Fragen zur Gruppe

Fragen	Antworten
● Begünstigt die formelle Gruppenstruktur die Zusammenarbeit?	
● Unterscheiden sich formelle und informelle Gruppenstrukturen stark – *in der Zielsetzung:* werden die betrieblichen Ziele von den Mitarbeitern informell abgelehnt? – *in den Gruppennormen:* verhält man sich informell unkooperativ während formell Kooperation gefordert wird? – *in der Rollenverteilung:* gibt es Aussenseiter, Cliquen, hat der Vorgesetzte informell wenig Einfluss?	
● Hat die Gruppe ein hohes Mass an Zielgerichtetheit (Lokomotion)?	
● Hat die Gruppe einen ausreichend starken Zusammenhalt (Kohäsion)?	
● Werden mögliche Konfliktquellen in der Gruppe – Aussenseiter – Cliquenbildung – vom Vorgesetzten erkannt?	
● Verhält sich der Vorgesetzte bei Konflikten in der Gruppe sachlich ausgleichend und vermittelnd?	
● Werden Gruppenmitglieder vor anderen blossgestellt?	
● Weitere Bemerkungen	

Abbildung 125: Fragen zur Gruppe

	1	2	3	4	5	6	7	8	9	10	
Jeder misstraut jedem.											Jeder vertraut jedem.
Jeder arbeitet für sich allein.											Jeder bemüht sich, dem andern zu helfen.
Wir hören einander nicht zu.											Wir hören, verstehen und werden verstanden.
Unser Teamziel wird nicht verstanden.											Das Teamziel wird klar verstanden.
Das Team stellt sich gegenüber dem Ziel negativ ein.											Alle Teammitglieder fühlen sich dem Ziel gegenüber verpflichtet.
Wir unterdrücken, leugnen und vermeiden Konflikte.											Wir akzeptieren Konflikte und diskutieren sie durch.
Unsere Fähigkeiten, Kenntnisse und Erfahrungswerte werden vom Team nicht genützt.											Unsere Fähigkeiten, Kenntnisse und Erfahrungswerte werden vom Team voll ausgenützt.
Die Kontrolle über unsere Leistung wird durch Fremde ausgeübt.											Wir kontrollieren uns selbst.
Unsere Organisationsstruktur ist kastelartig und wir werden zur Uniformität gepresst.											Die Organisationsstruktur ist frei, unterstützend und hat Respekt vor individuellen Differenzen.

Abbildung 126: Fragen zum Gruppenprozess[37] Teil A

Notieren Sie beobachtbares verbales und nonverbales Verhalten der Gruppenmitglieder nach den Vorschlägen der Kategorie, in der Sie beobachten. Versuchen Sie, sich auf die Kommunikationsprozesse zu konzentrieren und nicht so sehr auf den Inhalt der Diskussion. Ihre Aufgabe ist es, als Gruppenprozess-Beobachter der Gruppe später durch Ihren Bericht zu helfen, ihre Kommunikationsfähigkeit zu verbessern. Notieren Sie vor allem Verhalten, das veränderbar ist – also z.B. nicht, dass ein erkälteter Teilnehmer «durch die Nase spricht».

Kategorie 1: STRUKTUR

Wie geht die Gruppe bei der Aufgabenbewältigung vor? – Welche Verhaltensregeln bilden sich heraus? – Welches Leitungsverhalten können Sie feststellen? – Wie werden Entscheidungen getroffen?

Kategorie 2: GRUPPENKLIMA

Wie ist die Stimmung in der Gruppe? – Wie gehen die Mitglieder mit eigenen und fremden Gefühlen um? – Werden sie geäussert? – Welche nonverbalen Signale (Körperhaltung, Gesten etc.) zeigen Wechsel im Klima an? – Welche Gefühlslage wird durch die Sprechweise (Klang der Stimme, Tonstärke etc.) angezeigt?

Kategorie 3: UNTERSTÜTZUNG

Wie beeinflussen die Teilnehmer die Entwicklung der Gruppe? – Welche hilfreichen Verhaltensweisen können Sie beobachten (Ansprechen schweigender Mitglieder, aktives Zuhören, Verstärkung, Eingehen auf Äusserungen anderer)?

Kategorie 4: STÖRUNGEN

Welche Verhaltensweisen stören die Aufgabe der Gruppe (Blockieren, Unterbrechen, Dominieren, Rückzug, Passivität, Ironie etc.)?

Kategorie 5: KOOPERATION

Wie werden die einzelnen Beiträge zusammengeordnet? – Welche Verhaltensweisen führen zu Zustimmung? – Welche Verhaltensweisen führen zum Konsensus? – Welche Verhaltensweisen sind zu beobachten, die zu einem nur oberflächlichen Konsensus führen («Ich auch» – «Ich stimme zu» etc.)?

37 Vopel (1978)

Abbildung 126: Fragen zum Gruppenprozess[38] Teil B

		1	2	3	4	5	6	7	
Alle Fragen beziehen sich auf die vorangegangene Sitzung. Bitte setzen Sie in jede Zeile ein Kreuz, lassen Sie keine aus!									
Wieviel konnte ich über mich lernen?	wenig								viel
Wieviel habe ich über Gruppenvorgänge lernen können?	wenig								viel
Wieviel Erfahrung konnte ich für mich persönlich gewinnen?	wenig								viel
Wieviel Erfahrung konnte ich für meine berufliche Tätigkeit gewinnen?	wenig								viel
Wie konnte ich mich entfalten?	gut								schlecht
Wieviel meiner mitgebrachten Erfahrungen konnte ich anwenden?	wenig								viel
Wie schätze ich die Transfer-Möglichkeiten meiner neugewonnenen Erfahrungen auf meinem Tätigkeitsbereich ein?	schlecht								gut
Wie hat die Gruppe in dieser Sitzung ihre Probleme bearbeitet?	diffus								zielstrebig
	oberflächlich								tiefgehend
	erfolgreich								erfolglos
	geduldig								ungeduldig
	rational								emotional
Wie habe ich mich in der Gruppe während dieser Sitzung erlebt und gefühlt?	gehemmt								gelöst
	produktiv								unproduktiv
	einflussreich								einflusslos
	abgelenkt								konzentriert
	verstanden								unverstanden
	abhängig								selbständig
	aktiv								reaktiv
	vertrraut								fremd
	gruppenbezogen								personenbezogen
	angenommen								abgelehnt
	gelangweilt								interessiert
	verantwortlich								nicht verantwortlich
	erregt								ruhig
Wie war die Beteiligung in der Gruppe gestreut?	breit								vereinzelt
Wie gern bin ich in der Gruppe gewesen?	gern								ungern

Nachdem jedes Gruppenmitglied am Ende der Gruppensitzung die Skalen ausgefüllt hat, können die Gruppenmittelwerte pro Skala berechnet werden.
Die Gruppenmittelwerte und die Gruppenextremwerte können in Kurvenformularen aufgezeichnet werden.

38 Antons (1976)

Abbildung 127: Gruppenprozess-Analyse[39]

Prozessanalysen bestehen in der Regel aus einer Vielzahl von Fragen. Wenn diese alle in die Gruppe zurückgemeldet werden sollen, ist dies mit grossem Zeitaufwand verbunden. In manchen Fällen kann es zur Lähmung der Gruppe bzw. zur Unzufriedenheit der Teilnehmer führen. Um einer solchen Gefahr vorzubeugen, schlage ich einen verkürzten Fragebogen vor. Er enthält lediglich vier Dimensionen. Seine Kürze erlaubt es, ihn gegen Ende jeder Gruppensitzung ausfüllen und auswerten zu lassen. Es empfiehlt sich, zumindest die Ergebnisse in der Dimension 1 zu visualisieren. So hat die Gruppe jederzeit in einer Art Fieberkurve ihre Entwicklung vor Augen.

Fragen:

Wie habe ich mich heute in der Gruppe gefühlt?

1	2	3	4	5	6	7
sehr wohl						sehr unwohl

Waren mir heute die Ziele der Gruppe klar?

1	2	3	4	5	6	7
völlig klar						völlig unklar

Wie arbeitete die Gruppe heute?

1	2	3	4	5	6	7
tiefgehend gründlich						oberflächlich

Wie verhielt sich der Gruppenleiter?

1	2	3	4	5	6	7
lernfördernd						lernhemmend

39 Küchler (1979)

Visualisierung: Die Kurve ergibt sich aus der Verbindung der Punkte, die die Mittelwerte für die Dimension 1 (Wie habe ich mich heute in der Gruppe gefühlt?) darstellen. Sie werden nach jeder Sitzung in die Grafik eingetragen. Die Punkte ober- und unterhalb der Kurve bezeichnen die beste bzw. schlechteste Einzelbewertung.

	1	2	3	4	5	6	7	8	Nr. der Sitzung
1	•	•	•	•			•	•	
2			•	•	•	•		•	
3	•					•			
4							•		
5	•	•			•				
6			•	•			•		
7					•				
Bewertungsstufen									

Abbildung 128: Persönliches Verhalten im Team

	+	5	4	3	2	1	–
• Klarheit im Ausdrücken meiner Gedanken	gross						gering
• Fähigkeit, aufmerksam und verstehend zuzuhören	gross						gering
• Fähigkeit, Ideen einprägsam und überzeugend vorzubringen	gross						gering
• Reaktion auf Kommentare oder Bewertung meines Verhaltens	positiv						negativ
• Verhalten gegenüber den Teamkollegen	freundlich						kühl
• Verständnis, warum ich tue, was ich tue (Einsicht)	vollkommen klar						keine Ahnung
• Verständnis für die Gefühle der Teamkollegen (Einfühlungsvermögen)	volles						geringes
• Neigung und Bereitschaft, auf früheren Ideen anderer Gruppenmitglieder aufzubauen	hoch						gering
• Fähigkeit, andere in der Gruppe zu beeinflussen	hoch						gering
• Bereitschaft, sich von anderen beeinflussen zu lassen	hoch						gering
• Reaktion auf Meinungen, die den meinen entgegengesetzt sind	positiv						negativ
• Neigung und Bereitschaft zu engen Kontakten mit anderen in der Gruppe	hoch						gering

Abbildung 129: Fach- und Führungsaufgaben[40]

Wie sieht das Verhältnis zwischen Fach- und Führungsaufgaben bei Ihnen aus? Beantworten Sie sich bitte die folgenden Fragen:*

- Womit verbringe ich meine Arbeitszeit?

    _____ % mit _____

    _____ % mit _____

    _____ % mit _____

- Wieviel % der Zeit investiere ich in Führungsaufgaben?

    Wieviel % der Zeit investiere ich in Spezialistentätigkeit?

- Was muss ich eigentlich unbedingt selbst tun?

- Welche Spezialistenaufgaben will ich in der nächsten Zeit delegieren?

- Was muss ich meinen Mitarbeitern vermitteln – z.B. durch mehr Information oder Training – damit sie fähig und motiviert sind, erfolgreich zu arbeiten?

Viele Konflikte, viel Unsicherheit, Überforderung und Stress lassen sich vermeiden, wenn ein Vorgesetzter dazu steht, dass er Vorgesetzter ist und nicht versucht, seinen Mitarbeitern ein Spezialistenwissen vorzugaukeln, das er gar nicht hat bzw. gar nicht haben soll (weil zu viel Detailkenntnisse dem Überblick im Wege stehen).

40 Stroebe (1978)

Abbildung 130: Selbsteinschätzung in der Führung

	4	3	2	1	0	1	2	3	4	
Beharre auf meinen Standpunkt und am Gewohnten.										Kann mich auf neue Situationen gut und rasch umstellen.
Bin impulsiv, spontan, lebhaft, aggressiv und zupackend.										Handle überlegen, beherrscht und abwartend.
Bin ängstlich, besorgt, missgestimmt, einsam, schüchtern, leicht entmutigt.										Bin selbstsicher, zäh, selbstvertrauend, und zufrieden.
Bin überempfindlich, leicht erregbar und reizbar.										Reagiere eher ruhig, bin wenig empfindlich.
Gebe mich verschlossen, zurückhaltend und kühl.										Bin gesellig, freimütig und warmherzig.
Handle zögernd, leicht ermüdend, irritierbar und unentschlossen										Bin entschlossen, aktiv, energisch, widerstandsfähig und gut gelaunt.
Verhalte mich lieber gehorchend, unterordnend und nachgiebig.										Bin lieber befehlend, selbstsicher, herrschend und durchsetzend.
Bin verschlossen, pessimistisch und gehemmt.										Bin fröhlich, humorvoll, aufgeschlossen und kontaktfähig.
Habe keine eigenen Interessen, einfach und unkritisch.										Bin vielseitig interessiert, geistig unabhängig und selbstkritisch.
Lasse mich bezüglich der Werte stark von aussen beeinflussen; ausg. auf Aussenwelt.										Gehe meine eigenen Wege, bin im Denken unabhängig und in mich gekehrt.
Bin leicht beeindruckbar, habe rasch wechselnde Gefühle, je nach den äusseren Umständen.										Lasse mich nicht leicht aus der Ruhe bringen und bin in mir gefestigt.
Bin Verstandesmensch.										Bin Gefühlsmensch.

Abbildung 131: Fremd- und Selbstbeobachung in der Führung

- *Analysieren Sie* ein *Führungsproblem aus Ihrem Erfahrungsbereich,* gewonnen durch *Fremdbeobachtung.*
  Erfahrung mit Mitarbeitern, mit Spitalärzten, mit Angehörigen des Pflegebereiches etc., mit politischen Behörden, z.B. Gesundheitsdepartementen etc.

- *Beurteilen Sie sich selber* in bezug auf Ihre eigene Führungsposition, gewonnen durch *Selbstbeobachtung:*
  - Wie finde ich selbst *Kontakt* mit anderen Personen?
  - Wie beurteile ich meine *eigene Grundstimmung?* – (Bin ich aggressiv? Wenn ja, warum?)
  - Wie steht es mit meinem *eigenen Geltungsstreben,* meinem *eigenen Machttrieb?*
  - Wer ist mein *Gegenpart,* wer sind meine *Gegenspieler?* Wer sind meine *Mauerblümchen* oder meine *Prügelknaben?*
  - Was unternehme ich selber im Sinne der *Psychohygiene* für die Erhaltung meiner eigenen seelischen Gesundheit?

- Wie ist Ihr *Auswahlverfahren bei der Wahl von leitenden Personen?* (Auswahlkriterien etc.)

Abbildung 132: Delegation

Prüfen Sie sich selbst, ob Sie richtig delegieren. Markieren Sie durch Ankreuzen für sich selbst, wo Sie noch Nachholbedarf haben:

- Ist Ihre Auftragserteilung klar? ○
- Übertragen Sie Aufgaben, Befugnisse und Verantwortung? ○
- Sind die Kompetenzen (Befugnisse) und die Verantwortung klar abgegrenzt? ○
- Wählen Sie für jede Aufgabe den geeigneten Mitarbeiter und leiten Sie ihn an? ○
- Orientieren Sie Ihre Mitarbeiter – Informieren und koordinieren Sie deren Tätigkeit ○
- Sichern Sie die Zusammenarbeit Ihrer Mitarbeiter? ○
- Organisieren Sie sich selbst? ○
- Erziehen Sie Ihre Mitarbeiter zur Selbständigkeit? ○
- Ist bei Ihren Mitarbeitern Mitdenken und Kostendenken vorhanden? ○
- Kann das Ergebnis kontrolliert werden? ○
- Werden Fehler sachlich kritisiert und Erfolge anerkannt? ○
- Tragen Sie nach oben die Verantwortung für Fehler selbst? ○

Abbildung 133: Führungshilfe: «Zielsetzung»[41]

- *Sind Ihre Ziele verständlich?*
  - Zerlegen Sie ein kompliziertes oder langfristiges Ziel in überschaubare Teilziele.
  - Man fürchtet oder lehnt alles ab, was man nicht überschauen kann.
  - Drücken Sie Ihr Ziel in einfachen Worten und Sätzen aus. Verwenden Sie konkrete, allgemein verständliche Hauptwörter und aktive Zeitwörter.
  - Schreiben Sie das Ziel am besten auf. Erst dann sehen Sie, was noch unklar ist.
  - Lassen Sie Ihre Mitarbeiter das Ziel in eigenen Worten wiedergeben. Stimmt die Wiedergabe mit Ihrer Auffassung widerspruchslos überein? Lassen Sie nicht locker, bevor es tatsächlich so ist!
  - Sind Vergleichsmöglichkeiten gegeben?
  - Streichen Sie alle verbliebenen abstrakten Ausdrücke, die Sie nicht durch konkrete Wörter ersetzen konnten.
  - Gruppieren Sie einzelne Teile der Zielformulierung in Teilziele.
  - Ersetzen Sie in der ursprünglichen Zielformulierung alle abstrakten Ausdrücke durch konkrete Haupt- und Zeitwörter.

- *Sind Ihre Ziele messbar?*
  - Ist Ihr Ziel so formuliert, dass Sie später objektiv feststellen können, ob es erreicht wurde oder nicht.
  - Angestrebte Zahlen und Fakten, das sind eben messbare Ziele!

- *Haben Sie das Ziel verkündet oder vereinbart?*
  - Lassen Sie bei der Zielformulierung Ihre Wunschvorstellungen beiseite. Stützen Sie sich auf Fakten.
  - Lassen Sie die Verantwortlichen an der Zielformulierung mitarbeiten.
  - Lassen Sie den informellen Führer Ihrer Gruppe an der Zielformulierung mitwirken, bevor sie für definitiv erklärt wird.
  - Lassen Sie die Meckerer an Ihrer Zielformulierung herumstechen.
  - Mit einer messbaren, von allen Beteiligten verstandenen und akzeptierten, realistischen Zielformulierung ist das Ziel bereits halb erreicht.

41 ATW

Abbildung 134: Selbstbeurteilung des Vorgesetzten[42]

Jene Antworten ankreuzen, die für Sie persönlich am besten zutreffen. Die Antworten sollen Ihnen persönlich zur Erfassung Ihrer gegenwärtigen Führungssituation dienen.

- *Wie weit kann ich als Vorgesetzter Ziele, Tätigkeiten und Methoden in meinem Bereich beeinflussen?*
  - Ich glaube, dass mein Einfluss gross ist ☐
  - Mein Einfluss ist bescheiden, derjenige meiner Vorgesetzten ist bedeutend grösser ☐
  - Ich habe einen bestimmten Einfluss, vor allem trifft dies aber doch für höhere Vorgesetzte zu ☐
  - Mein Einfluss ist gross, besonders wenn ich ihn indirekt ausübe; d.h. mit meinen Mitarbeitern besondere Beziehungen pflege ☐

- *Inwieweit kenne und verstehe ich die Probleme meiner Mitarbeiter*
  - Ich kenne und verstehe sie gut ☐
  - Ich kenne und verstehe sie ein bisschen ☐
  - Ich kenne und verstehe sie ziemlich gut ☐
  - Ich kenne und verstehe sie sehr gut ☐

- *Ich welchem Umfang vertraue ich meinen Mitarbeitern?*
  - Ich habe kein Vertrauen ☐
  - Ich habe zu ihnen ein «gütiges» Vertrauen, schliesslich sind sie meine Untergebenen ☐
  - Ich habe Vertrauen, dennoch behalte ich die Kontrolle über die Entscheidung in der Hand ☐
  - Ich habe zu meinen Mitarbeitern völliges Vertrauen ☐

- *In welchem Masse vertrauen Ihnen Ihre Mitarbeiter?*
  - Sie haben zu mir kein Vertrauen ☐
  - Sie achten und respektieren mich (Diener–Herr-Verhältnis) ☐
  - Meine Mitarbeiter haben ziemlich viel Vertrauen zu mir ☐
  - Sie haben völliges Vertrauen zu mir ☐

- *In welchem Masse beteilige ich meine Mitarbeiter an Entscheidungen, die ihre Arbeit betreffen?*
  - Sie sind weder beteiligt noch gefragt ☐
  - Sie sind nicht beteiligt, aber gelegentlich frage ich sie nach ihrer Meinung ☐
  - Ich frage meine Mitarbeiter, aber die Entscheidung liegt bei mir ☐
  - Meine Mitarbeiter sind an allen Entscheidungen beteiligt ☐

- *Wie genau und zuverlässig sind die mir für eine Entscheidungsfällung zur Verfügung stehenden Informationen*
  - Meine Informationen sind im allgemeinen unvollständig und ungenau ☐
  - Ich habe wenig genaue und zuverlässige Informationen zur Verfügung ☐
  - Es stehen mir leidlich genaue und zutreffende Informationen zur Verfügung ☐
  - Durch zuverlässigen Informationsfluss sind meistens vollständige und ungenaue Informationen verfügbar ☐

Abbildung 135: Checkschema: Persönliche Arbeitstechnik

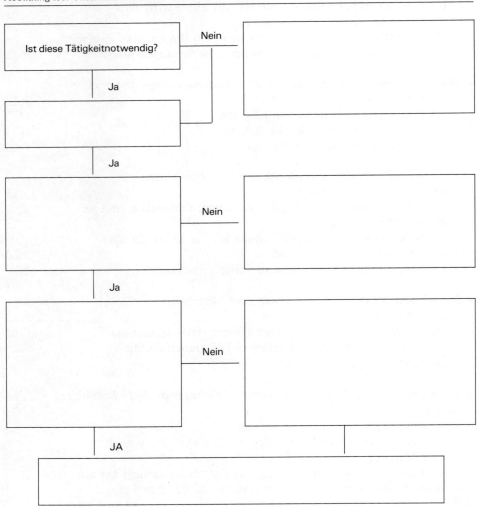

Abbildung 136: Checkliste: Selbstkontrolle[43]

- Analysieren Sie die Zeitanforderungen im Hinblick auf die Betriebs- und Einführungsbereiche:
  - Führen Sie auf, was Sie tun
  - Stufen Sie Ihre Zeitaufwendungen als Betriebs- oder Führungsfunktion ein
  - Welche Ergebnisse erzielen Sie?
  - Besteht ein richtiges Verhältnis zwischen den Zeitaufwendungen für Betriebs- und Führungsfunktionen?
- Was sollten Sie sonst noch tun?
  - Welche Ihrer Arbeiten lassen sich ausschalten, ändern oder delegieren?
  - Was steht dem wirksamen Einsatz Ihrer Zeit für Führungsaufgaben entgegen?
  - Was können Sie tun, um diese Beeinträchtigungen auf ein Minimum zu reduzieren?

	Ja	Nein
• Hat jeder der Ihnen unterstehenden Mitarbeiter das Gefühl, ausreichende Vollmachten zu haben?	☐	☐
Üben Sie diese Vollmachten aus?	☐	☐
Haben Sie das Gefühl, dass Ihnen ausreichende Vollmachten übertragen werden?	☐	☐
Üben Sie die Ihnen übertragenen Vollmachten aus?	☐	☐
• Welche zusätzlichen Vollmachten haben Sie in den vergangenen sechs Monaten delegiert? Welche zusätzlichen Vollmachten haben Sie innerhalb der vergangenen sechs Monaten übernommen? Haben Sie diese Vollmachten ausgeübt? Fällen Sie die Entscheidungen?	☐	☐
• Übergehen Sie die Ihnen unterstellten Mitarbeiter bei Entscheidungen, die Teil Ihrer Aufgabe sind?	☐	☐
• Besteht Übereinstimmung zwischen Ihnen und Ihren Mitarbeitern?	☐	☐
• Welche zusätzlichen Arbeiten möchten Ihre Mitarbeiter übertragen haben?	☐	☐
• Welche zusätzlichen Aufgaben möchten Sie selber noch übertragen haben?	☐	☐

43 ATW

Abbildung 137: Persönliches Kritikprofil[44]

Wenn Sie Ihr persönliches «Kritikverhalten» einmal überprüfen wollen, können Sie dies anhand der folgenden Fragen tun. Ersetzen Sie im untenstehenden Schema das Wort «Anerkennung» einfach durch «Kritik» und kreuzen Sie in den Skalen Ihre Schätzungen an. Wenn Sie die Kreuze miteinander verbinden, erhalten Sie Ihr «Kritikprofil».
Die nachfolgenden Fragen sollen Sie dazu anregen, über das Thema «Kritik» nachzudenken.

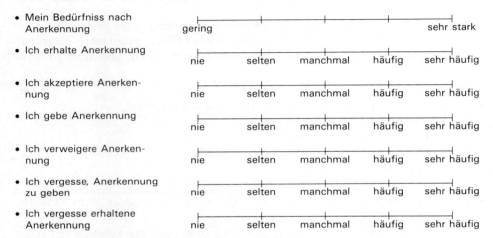

Hier einige Fragen zu Ihrem «Kritikprofil»:

- Wie zufrieden sind Sie mit Ihren Eintragungen?
- Wie ist die Art der Kritik, die Sie äussern?
- Welche Worte gebrauchen Sie, wenn Sie Kritik aussprechen?
- Welche nicht-verbale Kritik üben Sie aus? (z.B. Gesten, Stirnrunzeln, Kopf schütteln)
- Haben Sie Ihr Kritikverhalten schon einmal mit Erfolg geändert?
- Wer (Ehefrau/mann, Chef, Mitarbeiter, Freunde) vermittelt Ihnen zur Zeit Kritik?
- Kopieren Sie das Kritikverhalten anderer? Was ist daran gut und was schlecht?

44 Stroebe (1978)

Abbildung 138: Persönliches Anerkennungsprofil[45]

Wollen Sie Ihr eigenes Anerkennungsverhalten überprüfen, dann gehen Sie bitte die folgenden Punkte durch. Kreuzen Sie in den Skalen Ihre Schätzungen an. Wenn Sie die Kreuze miteinander verbinden, erhalten Sie Ihr persönliches Anerkennungsprofil. Die danach aufgeführten Fragen sollen als Anregung dienen, über das wichtige Thema Anerkennung nachzudenken.

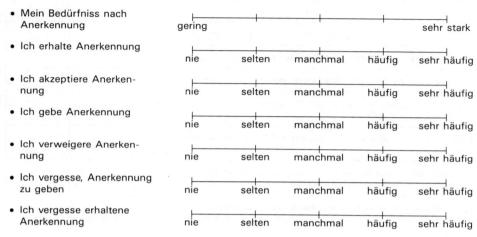

Fragen zum Anerkennungsprofil:

- Wie zufrieden sind Sie mit Ihren Eintragungen?
- Was möchten Sie gerne ändern?
- Wie ist die Art der Anerkennung, die sie geben?
- Welche nicht-verbale Anerkennung geben Sie? (z.B. zustimmendes Blinzeln, Gesten)
- Haben Sie Ihr Anerkennungsverhalten schon einmal mit Erfolg geändert?
- Wer (Ehefrau, Chef, Mitarbeiter, Freunde) vermittelt Ihnen zur Zeit Anerkennung?
- Kopieren Sie das Anerkennungsverhalten anderer? Was ist daran gut und was ist daran schlecht?

45 Stroebe (1978)

Abbildung 139: Sind Sie auf Probleme oder Konfliktsituationen vorbereitet?[46]

	Bekannt	Unbekannt
• Welcher Mitarbeiter ist einer grösseren arbeitsmässigen Belastung am wenigsten gewachsen?		
• Welcher Mitarbeiter wird bei einer psychischen Belastung als erster «durchdrehen»?		
• Welcher Mitarbeiter ist am unselbständigsten und beansprucht mehr von Ihrer Zeit als notwendig?		
• Wer bewegt sich unter Ihren Mitarbeitern am sichersten?		
• Kennen Sie die Kollegen, die Sie «auf die Palme bringen»?		
• Wissen Sie, ob Sie sich eine Depression nicht anmerken lassen?		
• Was würden Sie tun, wenn sich Ihr Chef ungerechtfertigterweise über Sie ärgern würde?		
• Wer von Ihren Mitarbeitern reagiert auf Kritik am empfindlichsten?		
• Welche Methoden helfen Ihnen, um während der Arbeit aufkommenden Ärger zu bekämpfen?		
• Wie verhalten Sie sich gegenüber einem Wütenden?		

46 Sahm (1970)

Abbildung 140: Erfassung des Vorgesetztenverhaltens (durch die Mitarbeiter mit Hilfe eines Fragebogens)[47]

Sehr geehrte(r) Mitarbeiter(in)!
Unsere Frage an Sie ist: Wie verhalten sich Vorgesetzte ihren unterstellten Mitarbeitern gegenüber? Wir bitten Sie deshalb, die folgenden Fragen so zu beantworten, wie Sie es in Ihrer Zusammenarbeit mit Ihrem Vorgesetzten erlebt haben. Ihre persönliche Meinung, Ihr Urteil, unabhängig davon, was Ihre Kollegen denken, ist wertvoll. Es gibt also kein «richtig» oder «falsch». Nur das, was Sie persönlich erfahren und erlebt haben, ist von Bedeutung!

Anweisung zum Ausfüllen des Fragebogens
Im folgenden finden Sie verschiedene Verhaltensbeschreibungen von Vorgesetzten. Hinter jeder Beschreibung sind jeweils fünf Abstufungen der Stärke oder Häufigkeit dieses Verhaltens angegeben.
Versuchen Sie jetzt bitte Ihren Vorgesetzten so zu beschreiben, wie Sie ihn persönlich erlebt haben, *durchkreuzen Sie jeweils die Zahl der ausgewählten Antwortstufe am rechten Rand,* die nach Ihrer Meinung am ehesten seinem Verhalten entspricht.

Ein Beispiel zur Erläuterung:
1. Er kritisiert seine unterstellten Mitarbeiter auch in Gegenwart anderer.
1. oft 2. relativ häufig 3. hin und wieder 4. selten 5. fast nie
                          1 ✗ 3 4 5

Sie durchkreuzen die Antwortstufe 2 (wie hier am rechten Rand), wenn Sie meinen, dass Ihr Vorgesetzter *relativ häufig* seine unterstellten Mitarbeiter in Gegenwart anderer kritisiert.
Bitte lassen Sie keine Beschreibung aus!

- Er kritisiert seine unterstellten Mitarbeiter auch in Gegenwart anderer.
  1. oft 2. relativ häufig 3. hin und wieder 4. selten 5. fast nie
                         1 2 3 4 5

- Er zeigt Anerkennung, wenn einer von uns gute Arbeit leistet.
  1. fast nie 2. selten 3. manchmal 4. häufig 5. fast immer
                         1 2 3 4 5

- Er bemüht sich, langsam arbeitende unterstellte Mitarbeiter zu grösseren Leistungen zu ermuntern.
  1. sehr selten 2. selten 3. hin und wieder 4. relativ häufig 5. oft
                         1 2 3 4 5

- Er weist Änderungsvorschläge zurück.
  1. fast immer 2. häufig 3. manchmal 4. selten 5. fast nie
                         1 2 3 4 5

- Er weist seinen unterstellten Mitarbeitern spezifische Arbeitsaufgaben zu.
  1. fast nie 2. selten 3. manchmal 4. häufig 5. fast immer
                         1 2 3 4 5

- Er ändert Arbeitsgebiete und Aufgaben seiner unterstellten Mitarbeiter, ohne es mit ihnen vorher besprochen zu haben.
  1. oft 2. relativ häufig 3. hin und wieder 4. selten 5. sehr selten
                         1 2 3 4 5

47 Frittkau (1971), nach Wunderer/Grunwald (1980)

- Hat man persönliche Probleme, so hilft er einem.
  1. sehr selten 2. selten 3. hin und wieder 4. relativ häufig 5. oft

  1 2 3 4 5

- Er steht für seine unterstellten Mitarbeiter und ihre Handlungen ein.
  1. fast nie 2. selten 3. manchmal 4. häufig 5. fast immer

  1 2 3 4 5

- Er behandelt seine unterstellten Mitarbeiter als gleichberechtigte Partner.
  1. fast nie 2. selten 3. manchmal 4. häufig 5. fast immer

  1 2 3 4 5

- Er überlässt seine unterstellten Mitarbeiter sich selbst, ohne sich nach dem Stand ihrer Arbeit zu erkundigen.
  1. fast immer 2. häufig 3. manchmal 4. selten 5. fast nie

  1 2 3 4 5

- Er «schikaniert» den unterstellten Mitarbeiter, der einen Fehler macht.
  1. fast immer 2. häufig 3. manchmal 4. selten 5. fast nie

  1 2 3 4 5

- Er legt Wert darauf, dass Termine genau eingehalten werden.
  1. überhaupt nicht 2. wenig 3. zu einem gewissen Grad 4. relativ stark 5. sehr stark

  1 2 3 4 5

- Er entscheidet und handelt, ohne es vorher mit seinen unterstellten Mitarbeitern abzusprechen.
  1. oft 2. relativ häufig 3. hin und wieder 4. selten 5. sehr selten

  1 2 3 4 5

- In Gesprächen mit seinen unterstellten Mitarbeitern schafft er eine gelöste Stimmung, so dass sie sich frei und entspannt fühlen.
  1. fast nie 2. selten 3. manchmal 4. häufig 5. fast immer

  1 2 3 4 5

- Treffen seine unterstellten Mitarbeiter selbständig Entscheidungen, so fühlt er sich übergangen und ist verärgert.
  1. oft 2. relativ häufig 3. manchmal 4. selten 5. fast nie

  1 2 3 4 5

- Er gibt seinen unterstellten Mitarbeitern Aufgaben, ohne ihnen zu sagen, wie sie sie ausführen sollen.
  1. fast immer 2. häufig 3. manchmal 4. selten 5. fast nie

  1 2 3 4 5

- Er achtet auf Pünktlichkeit und Einhaltung von Pausenzeiten.
  1. fast gar nicht 2. kaum 3. etwas 4. relativ stark 5. sehr stark

  1 2 3 4 5

- Er ist freundlich, und man hat leicht Zugang zu ihm.
  1. fast nie 2. selten 3. manchmal 4. häufig 5. fast immer

  1 2 3 4 5

- Er reisst durch seine Aktivität seine unterstellten Mitarbeiter mit.
  1. überhaupt nicht 2. kaum 3. etwas 4. stark 5. sehr stark

  1 2 3 4 5

- Seine Anweisungen gibt er in Befehlsform.
  1. oft 2. relativ häufig 3. manchmal 4. selten 5. sehr selten

  1 2 3 4 5

- Bei wichtigen Entscheidungen holt er erst die Zustimmung seiner unterstellten Mitarbeiter ein.
  1. fast nie 2. selten 3. manchmal 4. häufig 5. fast immer

  1 2 3 4 5

- Er freut sich besonders über fleissige und ehrgeizige unterstellte Mitarbeiter.
  1. überhaupt nicht 2. kaum 3. etwas 4. stark 5. sehr stark

  1 2 3 4 5

- Persönlichen Ärger oder Ärger mit der Geschäftsleitung lässt er an seinen unterstellten Mitarbeitern aus.
  1. oft 2. relativ häufig 3. manchmal 4. selten 5. fast nie

  1 2 3 4 5

- Auch wenn er Fehler entdeckt, bleibt er freundlich.
  1. fast nie 2. selten 3. manchmal 4. häufig 5. fast immer

  1 2 3 4 5

- Er wartet, bis seine unterstellten Mitarbeiter neue Ideen vorantreiben, bevor er es tut.
  1. fast immer 2. häufig 3. manchmal 4. selten 5. fast nie

  1 2 3 4 5

- Er versucht, seinen unterstellten Mitarbeitern das Gefühl zu geben, dass er der «Chef» ist und sie unter ihm stehen.
  1. sehr stark 2. stark 3. etwas 4. kaum 5. überhaupt nicht

  1 2 3 4 5

- Er ist am persönlichen Wohlergehen seiner unterstellten Mitarbeiter interessiert.
  1. überhaupt nicht 2. wenig 3. etwas 4. relativ stark 5. sehr stark

  1 2 3 4 5

- Er passt die Arbeitsgebiete genau den Fähigkeiten und Leistungsmöglichkeiten seiner unterstellten Mitarbeiter an.
  1. fast nie 2. selten 3. manchmal 4. häufig 5. fast immer

  1 2 3 4 5

- Der Umgangston mit seinen unterstellten Mitarbeitern verstösst gegen Takt und Höflichkeit.
  1. oft 2. relativ häufig 3. manchmal 4. selten 5. niemals

  1 2 3 4 5

- Er regt seine unterstellten Mitarbeiter zur Selbständigkeit an.
  1. überhaupt nicht 2. kaum 3. etwas 4. stark 5. sehr stark

  1 2 3 4 5

- In «Geschäftsflauten» zeigt er eine optimistische Haltung und regt zu grösserer Aktivität an.
  1. überhaupt nicht 2. wenig 3. zu einem gewissen Grad 4. relativ stark 5. sehr stark

  1 2 3 4 5

- Nach Auseinandersetzungen mit seinen unterstellten Mitarbeitern ist er nachtragend.
  1. oft 2. relativ häufig 3. manchmal 4. selten 5. fast nie

  1 2 3 4 5

Abbildung 141: Fragebogen zur Erfassung des Führungsverhaltens[48]

	Führungsstil			
	Autokratisch	Patriarchalisch	Konsultativ	Partizipativ
Vertrauen				
Wieviel Vertrauen wird den Mitarbeitern entgegengebracht?	○ sehr wenig	○ wenig	○ ziemlich viel	○ sehr viel
Wie frei fühlen sich die Mitarbeiter, mit Vorgesetzten zu sprechen?	○ sehr gehemmt	○ etwas gehemmt	○ ziemlich frei	○ vollkommen frei
Sind Anregungen von Mitarbeitern erwünscht und werden brauchbare Vorschläge realisiert?	○ selten	○ manchmal	○ meistens	○ immer
Motivation				
Wie werden Mitarbeiter motiviert?	○ durch Druck und Sanktionen	○ durch Geld	○ durch Anerkennungen	○ durch Mitarbeit und Selbstführung
Auf welchen Ebenen fühlen sich die Mitarbeiter für den Erfolg des Betriebes verantwortlich?	○ auf Geschäftsleiter-Ebene	○ auf Geschäfts- und Abteilungsleiter-Ebene	○ auf vielen Ebenen	○ auf allen Ebenen
Kommunikation				
Wieviel Kommunikation wird darauf verwendet, die Ziele des Betriebes bekanntzumachen?	○ sehr wenig	○ wenig	○ ziemlich viel	○ sehr viel
Welche Richtung hat der Informationsfluss?	○ nur nach unten	○ meist nach unten	○ nach oben und unten	○ nach allen Seiten
Wie werden Mitteilungen nach unten aufgenommen?	○ mit grossem Argwohn	○ mit Argwohn	○ mit Vorsicht	○ ohne jeglichen Argwohn
Wie zuverlässig fliessen Mitteilungen nach oben?	○ oft falsch	○ für den Chef frisiert	○ etwas gefiltert	○ ungefiltert
Wie genau wissen Vorgesetzte über Probleme ihrer Mitarbeiter Bescheid?	○ sehr ungenau	○ ungenau	○ ziemlich genau	○ ganz genau
Entscheidungsfindung				
Auf welchen Ebenen werden Entscheidungen gefällt?	○ meist oben	○ Richtlinien oben, etwas Delegation	○ Richtlinien oben, viel Delegation	○ auf fast allen Ebenen
Bis zu welchem Grad fällen Mitarbeiter Entscheidungen, die in ihr eigenes Arbeitsgebiet fallen?	○ gar nicht	○ manchmal	○ häufig	○ beinahe immer
Zielsetzung				
Wie werden die Ziele des Betriebes festgelegt?	○ durch Anweisung	○ durch Anweisung und Einladung zu Kommentaren	○ durch Anweisung nach Diskussion	○ in Arbeitsgruppen
Wieviel Widerstand wird diesen Zielen entgegengesetzt?	○ sehr viel	○ viel	○ wenig	○ gar keiner
Von welcher Ebene aus wird Kontrolle ausgeübt?	○ ganz oben	○ ziemlich weit oben	○ durch Delegation bis zum Mittelbau	○ auf fast allen Ebenen

48 nach Baumgarten (1977)

Abbildung 142: Einschätzung meines Gruppenleiterverhaltens[49]

Wie schätzen Sie selbst Ihr Verhalten als Gruppenleiter ein? Wie wird es von anderen eingeschätzt?
Kreuzen Sie in jeder Dimension die Ziffer an, die das realisierte Verhalten innerhalb der Polaritäten am ehesten wiedergibt.

• *Wertschätzung* freundlich, tolerant, ermutigend, geduldig, achtend, anerkennend.	+3 +2 +1 0 -1 -2 -3	*Geringschätzung* unfreundlich, intolerant, entmutigend, ungeduldig, verachtend, abwertend.
• *Partnerschaftliches Verhalten* realisiert durch sein Verhalten Gleichberechtigung, verhält sich als Gruppenmitglied, sieht den Einzelnen.	+3 +2 +1 0 -1 -2 -3	*Nicht-Partnerschaftliches Verhalten* stellt Überlegenheit heraus, blickt auf die Gruppe herab, sieht nicht den Einzelnen.
• *Initiative – Förderung* vorschlagend, sich zurückhaltend, ermöglicht Entscheidungsfreiheit und selbständiges Arbeiten.	+3 +2 +1 0 -1 -2 -3	*Dirigismus* befehlend, anordnend, kontrollierend, verhindert selbständiges Entscheiden und Arbeiten.
• *Hohe Steuerungsfähigkeit* erkennt Probleme der Gruppe schnell, hilft bei ihrer Überwindung.	+3 +2 +1 0 -1 -2 -3	*Fehlende Steuerungsfähigkeit* ist für Probleme der Gruppe blind, verhält sich bei erkannten Problemen hilflos
• *Engagement* stark engagiert und interessiert, bemüht, stellt Informationen und Material bereit, setzt sich ein.	+3 +2 +1 0 -1 -2 -3	*Distanz* ohne Engagement und Interesse, überläßt alles den anderen, stellt nicht Informationen und Material bereit, setzt sich nicht ein.
• *Echtheit* ist menschlich unvollkommen, zeigt sich mit seinen Gefühlen und Schwächen, offen, ohne Maske.	+3 +2 +1 0 -1 -2 -3	*Unechtheit* stellt sich als perfekt dar, verbirgt Gefühle und Schwächen, fassadenhaft.
• *Einfühlendes Verständnis* Verständnis für die Sichtweise anderer, kann sich in andere und deren Probleme hineinversetzen, gibt Gesprächspartner das Gefühl, verstanden zu werden.	+3 +2 +1 0 -1 -2 -3	*Verständnislosigkeit* sieht Probleme anderer nur aus seiner Perspektive, verständnislos für andere Sichtweisen, gibt Gesprächspartner nicht das Gefühl, verstanden zu werden.

49 Küchler (1979)

Abbildung 143: Mein Verhalten als Redner

Wie beurteilen Sie Ihre Fähigkeiten als Redner?
Wie werden Sie von anderen beurteilt?
Verteilen Sie Noten von 1 bis 6 (6 bedeutet «ausgezeichnet»).

- *Auftreten und Körpersprache*
  - Sicherer Gang zum Rednerpult
  - Sichere Haltung (kein Anlehnen)
  - Angemessene Kleidung
  - Steht ruhig auf beiden Füssen
  - Gute Gesten
  - Bewegliches Mienenspiel
  - Extravertierte Körperhaltung
  - Bewusster erster Sprecheinsatz

- *Kontakt mit den Zuhörern*
  - Hat offenen Blickkontakt
  - Erringt Aufmerksamkeit
  - Gewinnt Sympathie
  - Trifft Motive der Zuhörer
  - Spricht Gefühle an
  - Bringt interessante Brückenschläge
  - Nennt Vorteile für den Zuhörer

- *Inhalt der Rede*
  - Sagt Neues
  - Sagt Wichtiges/Interessantes
  - Beherrscht das Thema
  - Klare Gliederung
  - Verständliche Gedankengänge
  - Gute Einleitung
  - Kommt zur Sache
  - Nennt Kerngedanken
  - Bringt Zusammenfassungen, Merksätze, Formeln, Wiederholungen
  - Guter Schluss

- *Sprache*
  - Kurze Sätze
  - Drückt sich genau aus
  - Verständliche Wörter
  - Treffende Beispiele
  - Interessante Vergleiche
  - Einprägsame Bilder
  - Aktive Ausdrucksweise
  - SIE- und WIR-Formulierungen
  - Setzt Medien richtig ein
  - Gute schriftliche Unterlagen

- *Redetechnik*
  - Kommt mit Luft gut aus
  - Artikuliert klar
  - Hat Resonanz in der Stimme
  - Variiert seine Lautstärke
  - Spricht hoch und tief
  - Variiert sein Sprechtempo
  - Betont Wichtiges
  - Macht richtige Pausen

- *Persönlichkeit*
  - Steht hinter dem, was er sagt
  - Bringt eigene Gedanken
  - Spricht frei
  - Sagt seine persönliche Meinung
  - Berichtet von persönlichen Erfahrungen/Erlebnissen
  - Spricht mit Schwung und Begeisterung
  - Reisst die Zuhörer mit

Abbildung 144: Beurteilung des Sprechverhaltens[20]

				Bemerkungen
Stimmfarbe	schrill dunkel melodisch	mittel mittel monoton	hell hell dürr/spröde	
Stimmkraft	leise aufdringlich dynamisch	mittel mittel lasch	laut wechselnd ermüdend	
Sprechtempo	stockend schnell pausenlos	rhytmisch hastig mittel	fliessend langsam lange Pausen	
Aussprache	überdeutlich verschluckend Schriftsprache	deutlich näselnd Sprachgemisch	nuschelnd stotternd Dialekt	
Satzbau	kurz verschachtelt abstrakt fehlerfrei sagt zu wenig	mittel abgebrochen mittel mittel mittel	lang Wiederholungen konkret Grammatikfehler sagt zu viel	
Sprachmarotten	viele «Ä...» viele «Ich»	viele «und» viele «Ich würde sagen»	viele «nicht?»	
Sprechbeginn (Einstiege)	schüchtern fragend	bestimmt ungeduldig	dominant originell	

(Geändert und ergänzt nach Bernd Weidmann)

Abbildung 145: Methodisches Modell einer Stellenbeschreibung

Methodisches Modell für die Entwicklung von Stellenbeschreibungen	**1**

Klinik/Institut/Abteilung: _____

Besondere Kennzeichen bzw. Kenn-Nr. (Identifikation): _____

0. Bezeichnung der Stelle im Stellenplan:
_____

01 Stelleninhaber: _____

02 Stellvertretung durch: _____

Stellvertretung für: _____

1. Unterstellungsverhältnisse

11 **Vorgesetzte Stelle:** _____

12 **Andere weisungsbefugte Stellen:**
- 121 _____
- 122 _____
- 123 _____
- 124 _____

13 **Nebengeordnete Stellen:**
- 131 _____
- 132 _____
- 133 _____
- 134 _____

14 **Nachgeordnete Stellen:**

141 **Direkt Unterstellte**
_____

142 **Übrige Unterstellte**
_____

143 **Andere Stellen**/Personen, an welche Weisungen erteilt werden
_____

Methodisches Modell für die Entwicklung von Stellenbeschreibungen

2

2. **Zielsetzung**   Arbeitsziele der Stelle

_____
_____

3. **Aufgaben**   (siehe auch Seite 4)

   31 **Führungsaufgaben** mit   Kompetenzstufen   Zeitaufwand in %

   _____   _____   _____
   _____   _____   _____

   32 **Fachaufgaben:** siehe Seite 4 mit Richtlinien, Kompetenzstufen, Arbeitskontakten und Information

   _____
   _____

   33 **Besondere Aufgaben:**

   _____
   _____

   34 **Aufgaben ad personam:** _____

   _____
   _____

4. **Kompetenzen**
Aufgaben mit den einzelnen Kompetenzstufen verbinden

   A: Vollumfängliche Kompetenz
   B: Kompetenz zur Ausführung mit Meldung an den Vorgesetzten
   C: Kompetenz zur Ausführung erst nach Genehmigung

5. **Richtlinien**

_____
_____

6. **Arbeitskontakte**

_____
_____

Methodisches Modell für die Entwicklung von Stellenbeschreibungen	
	3

7. Informationen

71 von: _____
_____

72 an: _____
_____

Erstellt am:	Stelleninhaber:	Vorgesetzter:	Personalstelle:
_____	_____	_____	_____
Revidiert am:			
_____	_____	_____	_____

Methodisches Modell für die Entwicklung von Stellenbeschreibungen

4

Kenn-Nr.:

Klinik/Institut/Abteilung:

* A: vollumfängliche Kompetenz
  B: ausführen mit Meldung an den Vorgesetzten
  C: zuerst genehmigen lassen, dann ausführen

* Kompetenzstufe	Arbeitskontakte	Information	von	an	was
Nr.	Führungs- resp. fachtechnische Aufgaben	Richtlinien			